地球の歩き方 D09● 2024～2025 年版

香港 マカオ 深圳

COVER STORY

香港のスカイラインを彩る新たなアイコンが誕生した。ウオーターフロントの広大な埋め立て地が文化とアートの一大拠点「西九文化區」（→P.16）としてお目見え。なかでもファサードの巨大LEDスクリーンでアートが放映されるミュージアム「M+」は、圧倒的な存在感を放つ。ヴィクトリア湾沿いはプロムナードになっていて、絶好の夜景スポットに。もうひとつの人気プロムナードが尖沙咀のアベニュー・オブ・スターズ（→P.178）だ。「友よ、水になれ」の名言を呼び起こすように、ブルース・リー像（当ページ写真）が水の中でポーズを決める。

地球の歩き方 編集室

HONG KONG  CONTENTS

基本情報

91 香港の交通ガイド Transportation

別冊マップ CONTENTS

111 エリアガイド Area Guide

誕后天地麻油

311 ホテルガイド Hotel Guide

出発前に必ずお読みください！

旅のトラブルと安全情報

11、282、332、403、410、414、449、464～468

437 準備と技術編 Travel Information

Column

歩き方の使い方

住 **住所**
原則として漢字と英語（マカオはポルトガル語）を併記しています。香港島、九龍サイドの中心部以外は英語表記を省略しています。
道路表記の略称
Rd.：Road
St.：Street
Bldg.：Building

☎ **電話番号**
フリーダイヤル
FAX **ファクス番号**
URL **ホームページアドレス**
(http:// は省略)
E-mail **e メールアドレス**
営 **営業時間**
開 **開館時間**
休 **休業日・休館日**
料 **料金**
カード **使用可能なクレジットカード**
※カード種類→ P.7
地 **MTR（地下鉄）出口**

中：中環	上：上環
金：金鐘	西：西營盤
灣：灣仔	尖：尖沙咀
銅：銅鑼灣	佐：佐敦
北：北角	油：油麻地
炮：炮台山	旺：旺角
鰂：鰂魚涌	太：太子
天：天后	深：深水埗

map 掲載地図のページと物件位置を表します。マップは主要部が別冊 P.4 ～ 33、その他は各エリアページにあります。

エリアごとに色分けしてあります（グルメやショッピングなどのテーマ別項目における各物件のマップ下の色帯部分は、エリアを表しています）。

- 香港島
- 九　龍
- 新　界
- 島　部
- 深　圳
- マカオ

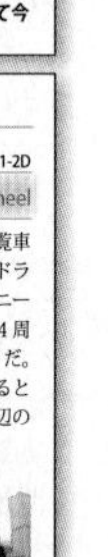

エリアへの行き方を記してあります。

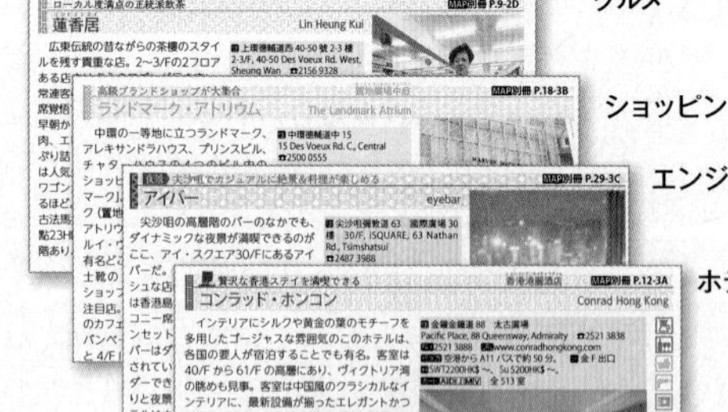

グルメ

ショッピング

エンジョイメント

ホテル

ホテルのデータ

S	シングルルーム
W	ダブルルーム
T	ツインルーム
Su	スイートルーム

※いずれも 1 部屋当たりの 1 泊の料金を記しています。

- コーヒーメーカー、または湯沸かし器
- ミニバー
- バスタブ
- ヘアドライヤー
- セーフティボックス
- レストラン
- バー、またはラウンジ
- フィットネスジム
- プール
- スパ
- 日本人、または日本語を話すスタッフ
- 無料 Wi-Fi

（グレーのアイコン）設備なし
（半分カラーのアイコン）いくつかの部屋にのみ適用

地　図

- Ⓢ ショップ
- Ⓡ レストラン
- Ⓗ ホテル
- Ⓑ 銀行
- 郵便局
- 映画館
- タクシー乗り場
- A2 地下鉄、鉄道駅出入口
- ツーリストインフォメーション
- 病院
- 教会
- モスク
- 学校
- 公衆トイレ
- バスターミナル、バス停
- ガソリンスタンド
- 空港
- Ⓟ 駐車場

読者投稿

クレジットカード

A アメリカン・エキスプレス
D ダイナースクラブ
J JCB
M マスターカード
V ビザ

●休業日に頻出する「旧正月」とは、中国の旧暦の正月のことで、毎年日にちが変わります。2024年は2月10日～12日、2025年は1月29日～31日です。
●高級ホテル、中級ホテルなどのホテルのカテゴリーは、料金だけでなく、規模、立地、設備、コンセプトなど、総合的に考慮して分けてあります。
●ホテル、ショッピングセンター（主要物件）の名称は原則として日本語読みと現地表記（漢字）で併記しています。

■掲載情報のご利用に当たって

編集部では、できるだけ最新で正確な情報を掲載するよう努めていますが、現地の規則や手続きなどがしばしば変更されたり、またその解釈に見解の相違が生じることもあります。このような理由に基づく場合、または弊社に重大な過失がない場合は、本書を利用して生じた損失や不都合について、弊社は責任を負いかねますのでご了承ください。また、本書をお使いいただく際は、掲載されている情報やアドバイスがご自身の状況や立場に適しているか、すべてご自身の責任によるご判断のうえでご利用ください。

■現地取材および調査時期

本書は、2023年4月から5月の取材調査データを基に編集されています。また、追跡調査を2023年9月まで行いました。しかしながら時間の経過とともにデータの変更が生じることがあります。特にホテルやレストランなどの料金は、旅行時点では変更されていることも多くあります。したがって、本書のデータはひとつの目安としてお考えいただき、現地では観光案内所などでできるだけ新しい情報を入手してご旅行ください。

■発行後の情報の更新と訂正について

本書発行後に変更された掲載情報や訂正箇所は、「地球の歩き方」ホームページの本書紹介ページ内に「更新·訂正情報」として可能なかぎり最新のデータに更新しています（ホテル、レストラン料金の変更などは除く）。下記URLよりご確認いただき、ご旅行前にお役立てください。

URL **www.arukikata.co.jp/travel-support**

■投稿記事について

投稿記事は、多少主観的になっても原文にできるだけ忠実に掲載してありますが、データに関しては編集部で追跡調査を行っています。投稿記事のあとに（東京都　○○ '23）とあるのは、寄稿者と旅行年を表しています。旅行年が記されていないものは2019年以前の投稿です。なお、ホテルやレストランの料金など追跡調査で新しいデータに変更している場合は、寄稿者データのあとに調査年を入れ['23]としています。

■フロア表記について

香港のフロア階数の表示はおもに以下のようになっており、日本とは異なります。
B/F（欧文表記）＝地庫（香港の表記）＝日本式の地下
G/F（同上）＝地下（同上）＝日本式の1階
1/F（同上）＝1樓（同上）＝日本式の2階
2/F（同上）＝2樓（同上）＝日本式の3階
※階数が上がっても同様。

ジェネラル インフォメーション

香港の基本情報

香港特別行政区旗
通称区旗。描かれている花は香港のシンボルであるバウヒニア（洋紫荊）。

▶旅するための実践広東語→ P.480

正式国名
中華人民共和国香港特別行政区
Hong Kong Special Administrative Region of the People's Republic of China

国　歌
中華人民共和国国歌
「義勇軍行進曲」

面　積
1114㎢。東京都の約半分（2022 年）。

人　口
約 735 万人（2022 年）

元　首
習近平中国国家主席。行政長官はジョン・リー（李家超）。

政　体
一国両制（一国二制度）。社会主義と資本主義が併存する。

民族構成
約 92%が漢民族。

宗　教
仏教・道教、キリスト教、イスラム教、ヒンドゥー教、シーク教、ユダヤ教など。

言　語
公用語は英語と中国語（広東語と北京語）。

通貨と為替レート

HK$

▶通貨と両替→ P.456

通貨単位は香港ドル(HK$) とセント(¢)。1HK$ ＝ 100¢ ＝ 約 19.4 円 (2024 年 3 月現在)。 紙幣は 1000HK$、500HK$、100HK$、50HK$、20HK$、10HK$ の 6 種類。硬貨は 10HK$、5HK$、2HK$、1HK$、50¢、20¢、10¢ の 7 種類がある。
　発券銀行が 3 つあるため、紙幣のデザインが複数あることに注意したい。

尖沙咀や旺角など旅行者の多いエリアには両替商が多い

上の段から香港渣打銀行、香港上海滙豐銀行、中國銀行香港分行の各紙幣。下ブロック右上は政府金融管理局発行の 10HK$ 紙幣

硬貨の大部分は香港の花、バウヒニア（洋紫荊）が描かれたものだが、エリザベス女王の肖像が入ったものも残っている

2018 年 12 月から 2020 年 1 月にかけて発行された各紙幣

入出国

ビザ

日本国籍の人の香港入境は、90日以内の滞在なら不要。中国本土への、日本人のビザなし入境措置は2023年9月現在、停止されており、目的に応じたビザ取得が必要。

パスポート

パスポートの残存有効期間は、香港滞在が1ヵ月以内ならば「入境時1ヵ月＋滞在日数以上」。

▶香港のビザ→P.444
▶中国のビザ
→P.402、445
▶出入国について
→P.446（香港）、P.409（マカオ）、P.400～401欄外（深圳）
▶旅の準備と手続き
→P.444

日本からのフライト時間

東京から香港までのフライトは、直行便で行きが4時間35分～5時間5分、帰りが4時間10分～4時間40分。大阪からは行きが4時間～4時間10分、帰りが3時間45分～4時間。現在7社の直行便が運航している。

▶旅のプラン
→P.438

気候

香港は亜熱帯気候に属し、夏の期間が長く、高温多湿だが、一応冬の時季もある。ここ数年、台風の勢力が強まっており、7～9月の台風シーズンには注意が必要。

観光のベストシーズンは10～12月の秋から初冬にかけて。この時季はさわやかに晴れる日が多い。

香港と東京の気温と降水量

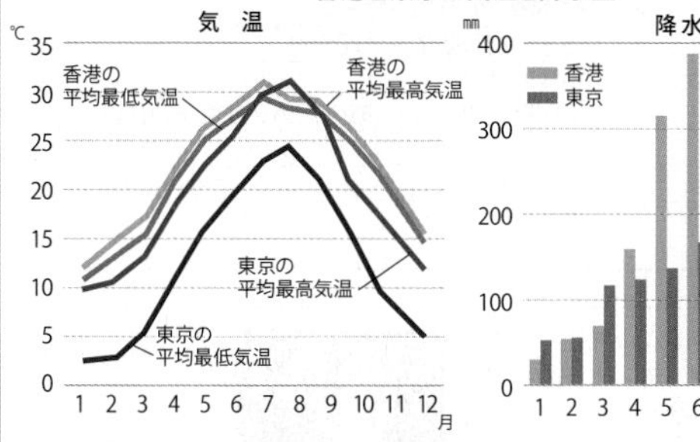

▶旅のシーズン＆持ち物→P.439

郊外へ行くと季節の花が楽しめる

中国との国境付近は湿原が広がり、野鳥の生息地となっている

時差とサマータイム

時差は日本の1時間遅れ。日本の8:00が香港では7:00となる。サマータイムはない。

電話のかけ方

日本から香港へかける場合

事業者識別番号 0033（NTTコミュニケーションズ） 0061（ソフトバンク） 携帯電話の場合は不要	＋	国際電話識別番号 010 ※	＋	香港のエリア番号 852	＋	相手先の電話番号 1234 5678

※携帯電話の場合は010のかわりに「0」を長押しして「＋」を表示させると、香港のエリア番号からかけられる。
※NTTドコモ（携帯電話）は事前にWORLD CALLの登録が必要。

香港から日本へかける場合

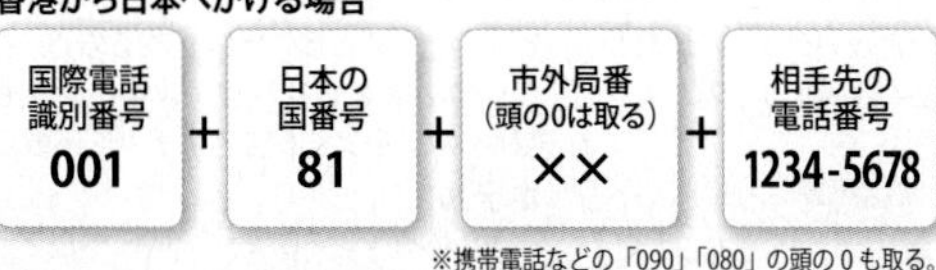

※携帯電話などの「090」「080」の頭の0も取る。

▶電話のかけ方
→P.460

ビジネスアワー

商店やレストランの営業時間はエリアによって違うので注意。写真の銅鑼灣や尖沙咀の店は比較的遅くまで営業している

以下は一般的な営業時間の目安。商店やデパート、レストランなどは、店によって異なる。

銀　行
月〜金曜 9:00〜16:30、土曜は銀行によって異なるが、ほぼ〜13:00(土曜休業のところもある)。日曜、祝日休み。営業時間中は両替が可能。

商　店
11:00 〜 20:00 または 21:00。セブン - イレブンやサークル K などのコンビニエンスストア、一部のファストフード店は 24 時間営業。大型ショッピングモールは 10:00 〜 22:00 くらい、百貨店は通常 22:00 まで営業。

レストラン
11:00〜22:00くらいだが、飲茶レストランや粥・麺の店、茶餐廳は7:00くらいから営業。旧正月を除き年中無休の店が多い。高級レストランではランチとディナーの間に1時間ほど休憩を取る店が多いので注意したい。

祝祭日（おもな祝祭日）

▶香港の祭りと祝祭日→ P.470

※旧正月の3日間は、休業となるレストランや店が多いので、旅行計画を立てるときには注意が必要。

年によって日にちが変わる休日もあるが、ここでは 2023 年に従った。

1月	1/1	新正月※ 1/1 が日曜のため 2 日も振替休日
	1/22 〜 24	旧正月※旧暦元日の 1/22 が日曜のため 25 日も振替休日（2024 年は 2/10 〜 12、13 日も振替休日）
4月	4/5	清明節
	4/7	受難節（イースター）
	4/8	受難節翌日（イースター翌日）
	4/10	復活節（イースターマンデー）
5月	5/1	メーデー
	5/26	佛誕節（釈迦誕生日）
6月	6/22	端午節（ドラゴンボート）
7月	7/1	香港特別行政区成立記念日
9月	9/30	中秋節翌日
10月	10/1	国慶節※ 10/1 が日曜のため 2 日も振替休日
	10/23	重陽節
12月	12/25	クリスマス
	12/26	ボクシングデー

電圧とプラグ

電圧は 220V で周波数 50Hz。プラグは現在 BF タイプ（角 3 ピンのイギリスタイプ）に統一されているが、古いホテルなどでは B タイプが残っていることもある。変換プラグは持参したい。日本国内用の電化製品はそのままでは使えないので、変圧器が必要。

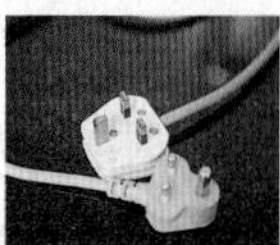

左／プラグは大部分がBFタイプ　右／プラグは複数の形状が存在する。ホテルではこのようなアダプターを用意していることもある

映像方式

ビデオ
香港のテレビ・ビデオ方式（PAL 方式）は、日本やアメリカ（NTSC 方式）と異なるので、一般的な日本国内用ビデオデッキでは再生できない。

DVD・ブルーレイディスク
リージョンコードの確認を忘れずに。DVD の場合、日本のリージョンコードは 2、香港は 3 のため、「All code」と明記されているものでないと日本では見られない。ブルーレイのリージョンコードは、香港も日本と同じ A なので、香港で購入したソフトも日本で見られる。

チップ

▶チップはどうする⁉ → P.459

イギリス文化の名残のチップの習慣が薄れ、チップが必要な場面は少ない。

タクシー
タクシーではチップは不要。

レストラン
レストランでは合計金額の 10%がサービス料として上積み請求されるので、おつりの小銭を残す程度でよい。大衆食堂やファストフード店ではチップ不要。

ホテル
ホテルのトイレでは 2 〜 5HK$、ベルボーイや部屋係には 10HK$ が目安。

飲料水

香港の水道水は日本と同じく、軟水。水道水は飲用可とされているが、水道管が非常に汚れている恐れがあるため、生水は飲まないほうがよい。ミネラルウオーター（礦泉水（コンチュンソイ）や蒸留水（チンラウソイ））はコンビニで購入できる。

ポピュラーなミネラルウオーターの「Bonaqua」

郵便

▶郵便→ P.462

郵便局の営業時間は場所によって多少違うが、だいたい月～金曜 9:30 ～ 17:00、土曜～ 13:00。日曜、祝日は休み。中環の郵政總局は、月～土曜 8:00 ～ 18:00、日曜、祝日は 12:00 ～ 17:00。

日本までの航空便は、はがきまたは 20g までの封書で 5.4HK$、30g までは 8.1HK$、40g まで 10.3HK$、50g まで 12.3HK$。小包は、船便 1kg まで 250HK$、航空便 0.5kg まで 108.7HK$。詳しくは URL www.hongkongpost.hk/en/home/index.html

香港のポストは緑色

税金

▶関税と持ち込み制限品→ P.446、447、450、451、453

消費税はかからない。ローカルな食堂やファストフード店以外のレストランでは 10%のサービス料が加算される。ゲストハウスや格安ホテル以外のホテルでも 10% のサービス料が加算。出国税は 120HK$、空港保安税は 55HK$ で、いずれもチケットに含まれている。24 時間以内に出国した場合、または空港のスカイピア経由の場合には、出国税の払い戻しを受けることができる。

また、香港への持ち込み品には関税はかからないが、一定量以上のアルコールやたばこには物品税が課せられる。

安全とトラブル

▶トラブル対策→ P.464

2023 年 9 月現在、外務省の渡航安全情報では、香港に危険情報は発出されていない。だが、香港旅行を計画する際には、最新の情報を入手し、状況を把握することをおすすめする。また、近年、繁華街でのスリや人通りの少ない場所や郊外での強盗被害が増えているので、十分注意したい。以前からあるだましや詐欺まがいのトラブルに加えて、いかさま賭博による詐欺事件も報告されているので要注意。また、デモや集会に遭遇しても近づかないこと。

年齢制限

香港では、18 歳未満のたばことアルコールの購入、またカテゴリー 3 に属する映画（暴力、性的描写などの多いもの）の 18 歳未満の入場が禁止されている。競馬場への入場、馬券やサッカーくじ、マークシックスの購入は 18 歳以上のみ可能。

度量衡

通常、長さはインチ（吋。1 吋＝ 2.54cm）、重さは斤、両（1 両＝ 37.5g、1斤＝ 16 両＝約 600g）などの中国の伝統的単位やポンド（磅。1 磅＝ 453.6g）などが混在して使われることが多い。

その他

レジ袋は有料

個人商店を含むほぼすべての店のプラスチック製レジ袋は 1 枚 1HK$。（ブティックなどの紙製の手提げ袋も 1 枚 1HK$）。

PHS 機器の所持禁止

2016 年 5 月 10 日から、香港域内への持ち込みに加え、域内での所持や使用も禁止され、違反者は最大 5 万 HK$ の罰金と禁固 2 年の刑に処せられる可能性があり、注意が必要。

マナー［喫煙に関する規則］

2007 年から禁煙の範囲があらゆるオフィス、公共の場、飲食店、バーとカラオケの室内エリアに広げられ、バスターミナルも禁煙になった。また公営の市場（市場内の食堂も含む）、公衆トイレ、プール、体育館、運動場、コロシアム、博物館、図書館、大部分の公園も基本的に禁煙（公園やプロムナードでは喫煙場所が設けられているところもある）。一部のレストランやバーでは、屋外に喫煙エリアを設けているので、スタッフに確認するとよい。禁煙の場所で喫煙した場合の罰金は一律 1500HK$。

また、公共の場でのゴミの投棄、つばや痰を吐く行為に対しては一律 3000 HK$ の罰金が科せられる。

街なかの分別ごみ箱。紙、金属、プラスチックに分別して捨てる

香港のエリア・ナビ

九龍半島と香港島を合わせた主要エリアと、中国大陸からつながる新界と呼ばれるエリアからなる香港。メインの街の位置関係、エリアの特徴や観光ポイントをつかんでおこう。

※（　）内のページは、エリアガイドの本文参照ページです。

錦田
元朗
屯門
新界
New Territories
香港国際空港
香港ディズニーランド
大嶼山
Lantau Island
長洲島

元朗／錦田　ユンロン／カムティン

客家の城壁村がある

観光客にも開放されている客家の村「吉慶圍」では客家の人々の生活や建築に触れられる。西鐵綫でアクセスできる。（→ P.355、map P.356、別冊 P.2-2B）

灣　仔　ワンジャイ

高層ビル群と下町が隣り合う

海沿いは香港會議展覧中心を核とした副都心としての役割を担うエリア。駅周辺は歓楽街、南の山側は古い建物も残る生活エリア。（→ P.129、map 別冊 P.12 ～ 13、20 ～ 21）

トラムが走る莊士敦道は繁華街

上　環　ションワン

海産物問屋、漢方薬店が多い

古くからの商業の中心地で、老舗が健在。海産物問屋や漢方薬店、骨董店などが通りごとに集まっている。香港の文化にも触れられる。（→ P.149、map 別冊 P.9、10、16）

骨董や中国みやげの屋台街、キャット・ストリート

大嶼山　ランタオ島

空港のある香港最大の島

島の北側には香港国際空港が、北東部には香港ディズニーランドがある。自然が豊かな島には海水浴場やハイキングコースもたくさんある。（→ P.370、map P.374 ～ 375）

ランタオ島にある香港ディズニーランド
写真提供：Hong Kong Disneyland Resort

ヴィクトリア・ピーク

昼も夜も訪れたい絶景ポイント

最も有名な観光ポイントで、展望台からの眺めは“100 万ドルの夜景”として知られる。（→ P.36、map P.37）

油麻地／旺角 ヤウマーデイ／ウォンコッ

生活感いっぱいの下町エリア

油麻地には青空市場、ナイトマーケットが立つ。旺角は若者文化の発信地。ローカルなショッピングセンターやスナック類の店が多い。（→ P.184、map 別冊 P.24 ～ 25、31 ／→ P.190、map 別冊 P.26 ～ 27、32）

沙　田 シャティン

郊外の高層団地群

駅上には巨大ショッピングセンターの新城市廣場がある。沙田競馬場、客家の城壁村「曾大屋」、車公廟といった見どころ、郊外立地の大型ホテルも複数ある。（→ P.358、map P.359）

西　貢 サイコン

海鮮料理とマリンスポーツの街

海辺にある西貢では活魚屋で魚介類を仕入れ、その場で調理して食べるのが最高！　マリンスポーツセンターもある。（→ P.346、map P.346、347）

尖沙咀 チムシャツォイ

香港最大の繁華街

南北に貫くネイザン・ロードを軸としてあらゆる種類の店、レストラン、ホテルが建ち並ぶ、ツーリスティックなエリア。交通の起点でもある。（→ P.172、map 別冊 P.22 ～ 23、28 ～ 30）

九龍城 カオルーンシティ

安くてうまいレストランが集まる街

広東料理からエスニック料理まで評判の店が軒を連ねる。（→ P.204、map P.205）

銅鑼灣 コーズウェイ・ベイ

一大商業エリア

百貨店、ショッピングセンター、レストランが密集している。エリアの面積に対するおいしいレストランの割合が高い。（→ P.135、map 別冊 P.14 ～ 15、19）

沙田
西貢
九龍
Kowloon
九龍城
旺角
油麻地
尖沙咀
上環
中環
灣仔
銅鑼灣
ヴィクトリア・ピーク
香港島
Hong Kong Island
淺水灣
赤柱
南Y島

淺水灣／赤柱 レパルスベイ／スタンレー

香港島南側のビーチエリア

旧レパルスベイ・ホテルを改装した「レパルスベイ」にはリゾート感いっぱいのレストランが入っている。赤柱には中国雑貨と洋服店が並ぶアーケード「スタンレー・マーケット」がある。（→ P.165、map P.165 ／→ P.167、map P.168）

レパルスベイのビーチ

中　環 セントラル

香港の政治・経済の中心地

世界中の銀行の支店、大企業のオフィスが集中している。ユニークなデザインのビルが林立し、海沿いには観覧車の香港摩天輪がある。ショッピングセンター、ホテルも多い。（→ P.112、map 別冊 P.10～11、17、18）

北
0　10km

3泊4日モデルコース

1日目 香港到着! ヴィクトリア・ピークに上り、夜景を満喫

フルーツやスパイスをアクセントにしたカクテルが流行中

14:00 香港国際空港**着**

↓

15:30 ホテル**にチェックイン**

↓

16:30 アベニュー・オブ・スターズ(→P.178)**を散策**

左/ヴィクトリア湾に臨む絶景ポイントでもある 右/映画スターの手形やブルース・リーの彫像が展示されている

↓ 徒歩約10分

17:15 スターフェリー**に乗って中環へ**

船からの景色は最高

↓ 船で約10分

17:30 **中環フェリー埠頭前(8號碼頭と9號碼頭の間)から15Cのバスで**ピークトラム乗り場**へ**(→P.37)

↓ バスで約5分

18:00 ピークトラム**に乗ってヴィクトリア・ピークへ上る**

ピークトラム車内

↓ ピークトラムで約8分

18:30 ヴィクトリア・ピーク(→P.36)**で夜景観賞**
夜景を見たあとはピークギャレリア(→P.128)に立ち寄ってもいい。

トラム駅の真上にあるピークタワーの展望台で夜景観賞

↓ 15番のバスで約40分

20:30 モット32(→P.220)**で夕食**
モダンにアレンジされた中国料理と独特の世界観のおしゃれ空間で、スペシャルな食体験ができる。

左/19世紀のチャイナタウンの邸宅をイメージした店内
右/上質の素材を用いた創作点心

2日目 九龍の下町からおしゃれなソーホー、海辺の赤柱まで一気に観光

赤柱には花文字の店が多い

10:00 **旺角の**倫敦大酒樓(→P.222)**で飲茶の朝食**
ワゴンが回る昔ながらの飲茶の雰囲気も味わおう。

↓ 徒歩約5分

11:00 女人街(→P.193)**でばらまきみやげを買う**

女人街は女性物衣類や雑貨の屋台街

↓ MTRで約20分

12:30 **灣仔の**甘牌燒鵝(→P.235)**で極上ローストのランチ**

↓ トラムで約10分

看板料理はガチョウのロースト。日本では味わえない肉のうま味を堪能しよう

14:00 **中環の**ソーホー&ノーホー(→P.115)**で街歩き**
中環駅のあたりでトラムを下り、ミッドレベル・エスカレーター(→P.115欄外)でソーホーへ。

おしゃれな店が多いエリア。ユニークな店が集まる「PMQ」(→P.124)にも立ち寄りたい

↓ バスかタクシーで約30分

15:30 **香港島の海辺の町、**赤柱**観光**(→P.167)
ファッションやみやげ物、花文字などの店が並ぶ商店街を散策しよう。

赤柱はのどかな海辺の町。自然も豊かな香港の一面に触れられる

↓ バスかタクシーで約30分

18:00 三希樓(→P.231)**で四川料理の夕食**
四川料理のほか広東料理も揃えた名店。

トウガラシで炒った鶏のから揚げ

↓ MTRで約15分

20:00 **尖沙咀プロムナードから**シンフォニー・オブ・ライツ(→P.178)**を見物**

少し早めに行って、見物場所を確保

↓ 徒歩約10分

21:00 ナッツフォード・テラス(→P.179)**で一杯**

細い路地にバーやレストランが十数軒並ぶ

観光もグルメも買い物もと、楽しみ満載の香港。せっかくだから足を延ばしてマカオにも行ってみたい。そんな欲望を満たすべく効率よく巡るプランをご紹介。

日目 マカオへ1日トリップ

聖ドミニコ教会は内部も美しい

:00 上環からマカオ行きターボジェット(→P.411)に乗る

⬇ ターボジェットで約1時間

:30 **マカオ到着**

⬇ タクシーで約10分

:40 **セナド広場** (→P.419) **から街歩きスタート**

観光の起点となるセナド広場

⬇ 徒歩約10分

:00 **聖ポール天主堂跡**
(→P.424)
その後、セナド広場界隈の世界遺産、聖ドミニコ教会(→P.419)、市政署大樓 (→P.424) などを見て回る。

マカオ一(いち)の観光名所、聖ポール天主堂跡

⬇ 徒歩約10分

:30 **ガロ** (→P.428) **でポルトガル料理の昼食**
味に定評のある老舗レストラン。

シーフードリゾット(手前)は店のいち押し

⬇ バスかタクシーで約30分

:00 **タイパの官也街** (→P.423) **を散策**
おみやげ店やストリートフードの店が並ぶ官也街。小腹がすいたらマカオスナックを食べ歩き。余裕があればタイパ・ハウス(→P.422)を見学。

エッグタルト(左)。ポルトガルの缶詰店もある(右)

⬇ 徒歩約12分

:30 **ショップス・アット・ヴェネチアン** (→P.431)
ゴンドラに乗ったり、ポルトガルタルトの名店「ロード・ストーズ・ベーカリー&カフェ」で休憩。

館内には水路があり、ゴンドラ巡りができる

⬇ 徒歩約5分

8:30 館内L3のフェスティビータ・フードコートで夕食。

各国料理の約30店が並ぶ巨大なフードコート

⬇ ヴェネチアンの無料シャトルバスで約20分

9:30 外港フェリーターミナルからターボジェットで香港へ戻る

4日目 帰国まで食事や買い物を楽しむ

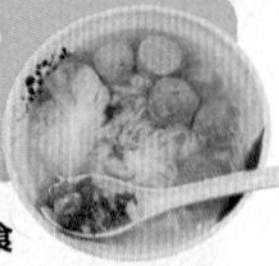

9:00 **美都餐室** (→P.187) **でローカルな朝食**

名物ローカル料理を制覇!

左/昔ながらの風情を残すカフェ　右/麺類やサンドイッチ、トーストなど地元流の朝食を。写真はパイナップルパンとコーヒー

⬇ 徒歩約10分

10:00 **油麻地ヒスイ市** (→P.185) **をのぞいてみる**

左上/入口は赤い中国門　右上/値段交渉を忘れずに。まとめ買いすれば少し安くなる　下/ヒスイは、安いものは数十HK$から高価なものまである

⬇ MTRかタクシーで約10分

11:00 **尖沙咀散策**
スーパーでフードみやげを物色。K11アートモール (→P.267) B2のマーケット・プレイスは、地元の食品から輸入品まで揃っている。

上/パッケージがかわいいフルーツティー(マーケット・プレイス)　下/K11アートモールは個性的な雑貨やファッションを集めたショッピングセンター

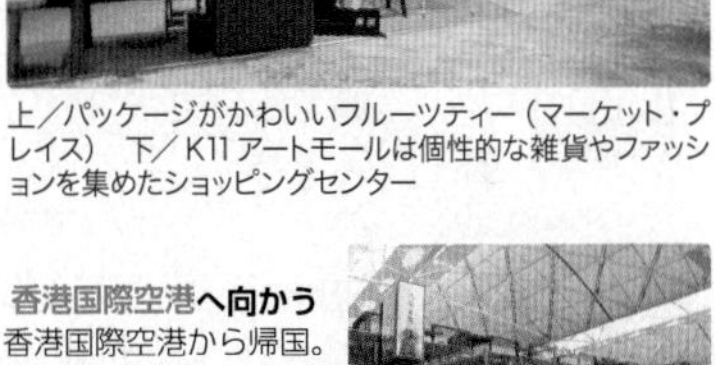

⬇

12:00 **香港国際空港へ向かう**
香港国際空港から帰国。

香港国際空港の中にも香港の有名店が入っているので、買い物や飲茶などができる

新たな香港に出合える旬のスポット

香港のウオーターフロントに誕生した「アート」がキーワードの
西九文化區とヴィクトリア・ドックサイド。
必訪リストのトップに入れたい、ビューも楽しみも
スケールの大きな見どころだ。

西九文化區（サイ ガウ マン ファー コイ）
West Kowloon Cultural District

尖沙咀の北西側、ヴィクトリア・ハーバーに面した約 40 ヘクタールの埋め立て地に、文化・芸術・エンターテインメント・グルメ関連の施設を集結させた最旬のエリア。
今までにない位置からのハーバービューもすばらしく、絶景スポットとしても堂々のデビュー。アートとともに絵画のような眺めも堪能しよう!

M＋ ➡ P.17
戲曲中心 ➡ P.18
香港故宮文化博物館 ➡ P.18
フリースペース
ウオーターフロント・プロムナード

香港の新たな観光拠点「西九文化區」。写真提供：西九文化區管理局

左／多ジャンルのパフォーマンスやイベントの会場「フリースペース」
右上／フードトラックも出店。ピクニック気分で食事するのもいい
右下／LED 画面が特徴の M＋

西九文化區　☎ 2200 0217　URL www.westkowloon.hk/en
行き方 **MTR**：九龍駅 C1 または D1 出口から S.C.「エレメンツ」を経由して 2/F のアーティストスクエアブリッジを渡って徒歩約 10 分。柯士甸駅 D 出口から無料循環バス利用で約 10 分。※**無料循環バス**：毎日 9:00 ～ 20:30 に 20 分間隔で運行。乗り場は MTR 柯士甸駅（戲曲中心近く）、M＋（B1 階）、香港故宮文化博物館、西九文化區西側入口の 4 ヵ所。**公共バス**：佐敦～尖沙咀間のネイザン・ロードのバス停を経由し博物館道沿いの M＋、香港故宮文化博物館前のバス停、九龍駅バスターミナル終着の 296D バスで 15 ～ 20 分。map 別冊 P.4-2B

左／散歩や夜景観賞で訪れたいウオーターフロント・プロムナード　右／サンセットもすばらしい

おもなアートスポット M＋

アジア初の視覚文化ミュージアム
M＋

20～21世紀のビジュアルアート、建築やデザイン、動画など幅広いアートを収集・展示するミュージアム。逆T字型の建物のファサードが、動画作品を上映する巨大LEDスクリーンになっているのが特徴。1万7000㎡に及ぶスペースに33のギャラリーと3つの映画館、視聴覚ライブラリーなどを配置。眺めのよい屋上庭園やG/FのM＋ショップ、B1のレストランやカフェなどは入場券なしで楽しめる。

夜景で存在感を発揮するLEDの巨大スクリーンは香港の新アイコンに

上／世界的に有名な建築ユニットが設計した建物はスタイリッシュ。B2～L3まである　下／「未来城市 Future City」の展示(L2)。1970年の大阪万博で建設された菊竹清訓設計のエキスポタワーのジョイント部分とキャビンパネルが並ぶ

香港の街じゅうに落書きのようにメッセージを書き続けた「九龍皇帝」こと曾灶財の作品(G/F)

右／ジョージ・ラム、レスリー・チャンなど1980年代の人気歌手のレコードジャケット(G/F)　左／香港島のスカイラインが一望できる屋上庭園

住 九龍西九文化區博物館道38　38 Museum Drive, West Kowloon Cultural District, Kowloon　☎ 2200 0217　URL www.mplus.org.hk/en　開 10:00～18:00(金曜～22:00。最終入場は閉館30分前)　休 月曜　料 一般入場券120HK$、特別展を含む入場券140HK$(両入場券とも7～11歳、学生、60歳以上は半額)、6歳以下は無料。　カード AMV　行き方 map → P.16

M＋ショップ(G/F)

トラベルケース150HK$とポーチ120HK$～、後方はノート180HK$

展示作品をモチーフにしたグッズやアーティスト作品、オリジナル商品、書籍など品揃え豊富。
営11:00～19:00(金曜～22:00)

M＋ロゴのトートバッグ48HK$

レストラン&カフェ

店内はアールデコ調のインテリア。ライブやDJプレイもある

五感で楽しめるレストラン
FAM 囍公館(ヘイコングン)

レストランが並ぶ海沿いの一画にある「FAM」は、食(Food)、アート(Art)、音楽(Music)の要素を合わせたレストラン。斬新なプレゼンテーションで供される創作中国料理が楽しめる。夜景も望める。

凝った作りの点心2品。左はエビ餃子、右はニンジンに見立てた細切りダイコンのパイ(ともに78HK$)

イチジクとパイナップル入りの豚肉甘酢炒め(208HK$)

香り付きのスモークの演出が楽しいカクテル「Whole Smokey」(138HK$)

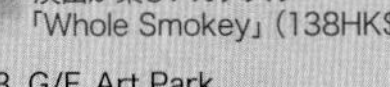

住 西九藝術公園G/F　1-3號舗　Unit No.1-3, G/F, Art Park　☎ 2866 3667　営 12:00～22:00　休 無休　カード AMV　行き方 map → P.16

休憩にぴったり！
キュレーター・クリエイティブ・カフェ・アットM＋
CURATOR Creative Café at M+

ラテプリンターを使って展示作品やロゴのラテアートを施したコーヒーが人気。海景色を眺められる屋外席もある。

晴れた日は屋外席へ

プリントラテのコーヒー「Artsy Print Coffee」(98HK$)

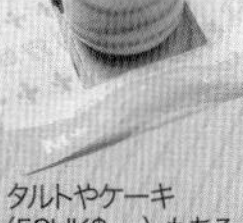
タルトやケーキ(52HK$～)もある

住 M＋, B1/F　☎ 6999 2008　営10:00～20:00(金曜～22:00)　休 無休　カード MV　行き方 map → P.16

見応えたっぷり！芸術品の宝庫

香港故宮文化博物館

ヒョン ゴン グー コン マン ファー ポッ マン グン

Hong Kong Palace Museum

上／1/F の清代宮廷生活の展示ギャラリー。皇帝が身支度を整える再現映像も流れる　左下／詩の朗読とともに流れる幻想的な映像を寝転がって見られるコーナー　右下／画面上で習字体験ができる人気コーナー

西九文化區の西端に 2022 年 7 月にオープン。中国の伝統建築と現代的なデザイン・技術を合わせた建物自体が芸術品。7800㎡の展示エリアに 9 つのギャラリーを配し、北京の故宮博物院から貸し出された 900 点以上の芸術品をメインに展示。公に展示されたことのない貴重な宝物も含まれている。

紫禁城で暮らした皇帝たちの暮らしぶりがわかる衣装や装飾品のギャラリーは特に興味深い。随所に映像を駆使したり、書道をデジタルで体験するコーナーがあったりと、飽きることなく鑑賞できる。盛りだくさんの展示内容なので、余裕をもって訪れたい。

左／清の 6 代皇帝、乾隆帝がお祝いの儀式の際にまとった「龍袍」という衣装　中／18 世紀に宮廷内で使われていた時計付きの鏡　右／1776 年、広東省と広西チワン族自治区の総督が乾隆帝に朝貢した七宝の一対の象。「太平有象」（天下泰平）の意味が込められている

ショップ（LG/F）

小規模だが、紫禁城や展示品に関連するグッズや書籍を販売

メモパッド各 38HK$

大きめサイズのトートバッグ 168HK$

G/F の正面入口。展示ギャラリーは G/F ～ 4/F

住 九龍西九文化區博物館道 8　8 Museum Drive, West Kowloon Cultural District, Kowloon　☎ 2200 0217　URL www.hkpm.org.hk　開 10:00 ～ 18:00（金・土曜、祝日～ 20:00。最終チケット販売は閉館 1 時間前）　休 火曜（祝日の場合は開館）、旧正月 2 日間　料 一般入場券 60HK$、特別展を含む入場券 150HK$（両入場券とも 7 ～ 11 歳、学生、60 歳以上は半額）、6 歳以下は無料。※当日券もあるが、事前にウェブから購入しておくのが望ましい。　カード AMV　行き方 map → P.16

最新設備のチャイニーズオペラの劇場

戲曲中心 *Xiqu Centre*

ヘイ コッ チョン サム

中国の伝統的なランタンから発想を得た建物。三角形の正面入口は舞台の幕が開く様子を表している

西九文化區の施設のなかで、2019 年先陣を切って登場したオペラ劇場。広東オペラを含む、中国伝統劇「戲曲」の継承と発展を目的に建設された。1000 人以上収容可能な大劇場、茶館劇場やホール、レストランやショップが入居している。

上／階段のある広大な吹き抜けでは展示が企画されることも　左／衣装や歴史資料も展示

ライブハウス感覚の茶館劇場

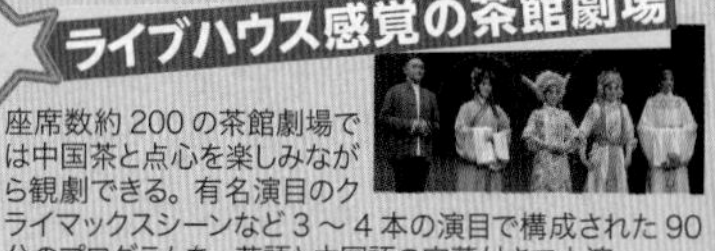

座席数約 200 の茶館劇場では中国茶と点心を楽しみながら観劇できる。有名演目のクライマックスシーンなど 3 ～ 4 本の演目で構成された 90 分のプログラムを、英語と中国語の字幕付きで上演

住 尖沙咀柯士甸道西 88　88 Austin Rd. West, Tsimshatsui　☎ 2200 0217　URL www.westkowloon.hk/en/xiqucentre#overview　開 10:00 ～ 22:30(チケット売り場は～ 21:00)　休 無休　カード AMV　行き方 柯士甸駅 E 出口から徒歩約 1 分、佐敦駅 C2 出口から徒歩約 15 分　map P.16、別冊 P.22-2A

ヴィクトリア・ドックサイド

Victoria Dockside 維港文化匯（ワイ ゴン マン ファー ウイ）

尖沙咀の南端、ハーバーに面した一帯は、1910年にホルツ埠頭が完成し東洋の玄関口に。80年代には商業・ビジネスの拠点として発展。そんなアイコニックな場所が再開発され、遺産とアートを基軸に複合施設「ヴィクトリア・ドックサイド」が誕生。ローズウッド・ホンコン（→下記）と高級サービスアパートメント、K11ミュシーア（→P.20）からなる新たなランドマークだ。
map 別冊 P.29-4A

近未来的なデザインの建物がK11ミュシーア。右奥のタワーがローズウッド・ホンコン

ラグジュアリーを極めた珠玉のホテル

ローズウッド・ホンコン

Rosewood Hong Kong 香港瑰麗酒店（ヒョンゴンムイライチャウディム）

65階建てビルの24～40階がホテルで、8割以上の部屋からダイナミックな海景色を楽しめるのがいちばんの魅力。端正で品格のあるデザイン、膨大な数のアート作品にため息が出るばかり。わが家のようにくつろいでほしいとの思いから、こまやかな配慮やサービスも万全。それぞれ特色ある8つのダイニングは、宿泊しなくても足を運びたい。

上／アート作品が飾られたロビー　左下／大理石のバスルームにはシンクがふたつ設置。風水で縁起がよい八角形のモチーフがあちこちに　右下／シックで落ち着いた客室。ベッドから備品まで快適さを追求

香港のハーバービューをひとり占め

ローズウッド・ホンコン→P.326
●**ホルツカフェ Holt's Café**：住 尖沙咀梳士巴利道18 香港瑰麗酒店2樓　2/F, Rosewood Hong Kong, 18 Salisbury Rd., Tsimshatsui　☎ 3891 8732　営 7:00～22:30　休 無休　カード ADMV　地 尖沙咀駅（連絡通路経由）／尖東駅J2出口　※要予約。　map 別冊P.29-4D
●**バタフライルーム The Butterfly Room**：住 ☎ 休 カード 地 map 同上　営 12:00～22:30　※要予約。
●**ダークサイド→ P.293**

バラエティに富むダイニング

看板メニューのプレミアムバーベキューポークライス（258HK$）

ホルツカフェ

香港の食堂「茶餐廳」（→P.76）をベースにしたレストラン。茶餐廳のメニューを、厳選素材を用いてアレンジしたフードやドリンクのほか、各国料理も提供。

豪華なロブスターヌードル（688HK$）

氷にもこだわった香港ミルクティー（80HK$）

バタフライルーム

エレガントなアフタヌーンティーが好評の終日営業のラウンジ。

ダークサイド

ジャズのライブもあるアールデコ調のバー。すご腕のバーテンダーが作るカクテルが秀逸。

文化・アートを融合させたショッピングモール

K11 ミュシーア
K11 MUSEA

B2/F から地上 7/F まで 10 フロア、いたるところに世界クラスのアーティストの作品 50 以上が展示されている。モールの核ともいえるのが、中央にあるアトリウム。銀河を思わせる吹き抜けに巨大な球体「ゴールドボール」を配し、空間全体をインスタレーションとして魅せる。

ショップは 250 以上。ハイエンドのブランドを中心に、旗艦店や香港初出店の店も多く、レストランもほかにはないラインアップだ。ニューヨーク近代美術館のギフトショップ「MoMA デザインストア」、カフェとショップを有する「フォートナム&メイスン」は規模が大きい注目店。B2/F にはフードコート形式の飲食スペースがある。

「MUSEA」の名称は「A Muse by the Sea」が由来。ギリシャ神話の女神、ミューズに着想を得たという

上／ポップなコラージュ作品で埋め尽くされた 3/F の一画
下／ 2/F と 3/F をつなぐ「ビッグステップ」

左／ 7/F にあるピーコック・プレイグラウンド。8/F 屋上にも自然公園を設置　右／休憩スペースもアートな空間

建物の外壁から内装まで植物を多用

住 尖沙咀梳士巴利道 18 維港文化匯 Victoria Dockside, 18 Salisbury Rd., Tsimshatsui ☎ 3892 3890 URL www.k11musea.com 営 10:00 ～ 22:00 休 無休 地 尖沙咀駅（連絡通路経由）／尖東駅 J2 出口 map 別冊 P.29-4D

注目のレストラン

永遠の愛をイメージしたテーマカフェ

カメリア *Camellia*

壁一面のツバキの花の装飾、ピンクのメインカラーで彩られた店内、美しいプレゼンテーションで話題を集めるレストラン。パスタやリゾットといった洋食、スイーツと、メニューは幅広く、店のいち押しはテーブルがさらに華やぐアフタヌーンティーセット。

左／日本の栗や抹茶、ソーメンを使ったアフタヌーンティーセット（2 人用 588HK$。時期によって変わる）。セットに付くコーヒーや紅茶をほかのドリンクに変える場合は半額で提供　右／おすすめのドリンク 2 品。左はゴールデンマンゴーラッシー（88HK$）、右はストロベリージャスミンフルーツティー（78HK$）

花の都、パリからインスピレーションを得たインテリア

住 K11 MUSEA, MUSE EDITION, G/F 033 號舗 ☎ 2885 2320 営 12:00 ～ 22:00 休 旧正月 2 ～ 3 日間 カード M V 地 尖沙咀駅（連絡通路経由）／尖東駅 J2 出口 map 別冊 P.29-4D

高さ約 35m のアトリウムは圧巻の光景。2/F に設置された幅 10m の球体「ゴールドボール」はイベントスペース

左／子供向けのプレイルーム「ドーナツプレイハウス」(写真) や「レゴランド・ディスカバリーセンター」もある　右／ひときわ目を引く 2 体の骸骨は「Asian Dope Boys」という作品

左／アジア料理中心のモダンなフードコート「フード・プレイグラウンド」(B2/F)　右／G/F の通路に展示されているスターリング・ルビーの作品

MoMAデザインストア(1/F)

デザイン性に優れたアイテムがズラリ。家具からインテリア、おもちゃ、文具、アクセサリーまで並ぶ

蒸した牛肉のパティと、陳皮と牛肉の炒め物の 2 品を合わせた鴛鴦遠年陳皮牛肉 (手前、300HK$)。後方左がガチョウの脚のロースト、"嘆"燒原隻鵝髀 (350HK$)

モダンなひねりを効かせた創作広東料理店

ヨンズ・ビストロ *YUNG'S BISTRO* 鏞鏞・藝嚐館

ガチョウのローストで有名な老舗「鏞記酒家」の姉妹店。伝統の広東料理に斬新なアレンジを加え、趣向を凝らしたプレゼンテーションで登場する料理に驚きの連続だ。炭火ストーブで供されるガチョウの脚のローストは、外せない。11:00 ～ 17:30 に提供の点心もおすすめ。

上／レトロなモチーフがおしゃれにデザインされている　下／伝統の丸窓を用いた印象的な内装

住 K11 MUSEA, 7/F 701 號 舖　☎ 2321 3800　営 11:30 ～ 22:00 (土・日曜、祝日 11:00 ～)　休 無休　カード A M V
地 尖沙咀駅 (連絡通路経由) ／尖東駅 J2 出口　map 別冊 P.29-4D

テラス席、バーカウンターも配する規模の大きな店

再生された歴史建造物がおもしろい！

街市（市場）の象徴、赤いカサのランプがアートに

昔の姿を残しつつ、おしゃれにリノベされた再生ビルが続々と登場するなかで、最旬のスポット2ヵ所をご紹介。

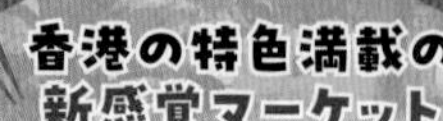

香港の特色満載の新感覚マーケット 中環街市（チョンワンガイシー） Central Market

香港初期の市場として誕生以来、長い歴史をもつ中環街市。閉鎖期間を経て2021年、人々が集い食も買い物も遊びも楽しめる場に生まれ変わった。昔の看板や標識などのレトロな雰囲気と最新のトレンドが交差し、ワクワク感がいっぱい。おみやげ探しに食べ歩きに訪れたい。

「上 UP」の表示がある側が上り階段、「落 DOWN」が下り階段

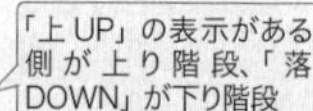

昔の風情が残る階段は人気の写真スポット

市場の歴史は1842年にスタート。1939年に再建された市場は2003年閉鎖、2021年に新生「中環街市」が誕生した

中環街市
住 中環皇后大道中93及德輔道中80
93 Queen's Rd. C. and 80 Des Voeux Rd. C., Central
☎ 3618 8668 URL www.centralmarket.hk
営 10:00～22:00 休 無休 地 中D2またはC出口、香港駅C出口 map 別冊P.18-1A

探訪ナビ

どんな店があるの？

G/F、1/F、2/Fの3フロア。直線的に細長い造りで中央にアトリウム、イベント広場を設置。境界のないオープンな設計で、植物を多用しているのも特徴。店舗数は約90。元の市場にあった10数店が健在。老舗や香港産の食材店、レトロ雑貨を中心にインテリアやアート、ライフスタイル、スキンケアの店など。レストランも個性派揃い。※ショップは11:00以降、レストランは11:30くらいからオープン。

2/Fの通路は24時間通行可

メインの入口は1/F皇后大道中（クイーンズ・ロード・セントラル）に面している。2/F南側の入口はミッドレベル・エスカレーター（→P.115）へ、2/F北側の入口は恒生銀行ビルへつながっている。このふたつの入口を結ぶ館内通路は24時間通り抜けができる便利な「道」になっている。

「中環食街」に面する通路が24時間通行可能

アトリウムを囲む造り。G/Fの中庭はレストランのテラス席。イベントにも使われる

各フロアの特徴

G/F 「中環食坊 Dining Ground」。アジア料理が中心のレストラン街。食品、ワイン、デリ、ペストリーなどを販売する「シェフズ・マーケット」も。

1/F 「香港有禮 Hong Kong Gift」。香港の特産品や雑貨などの店がメイン。

2/F 「好掂檔 Little Little」エリアは生活雑貨やファッション、アクセサリー、スキンケア用品など。「中環食街 Street Food Central」はストリートフード店集合エリア。

ストリートフード店が並ぶ「中環食街Street Food Central」。立ち食い用のテーブルもある

中環 STREET FOOD CENTRAL 食街

好掂檔

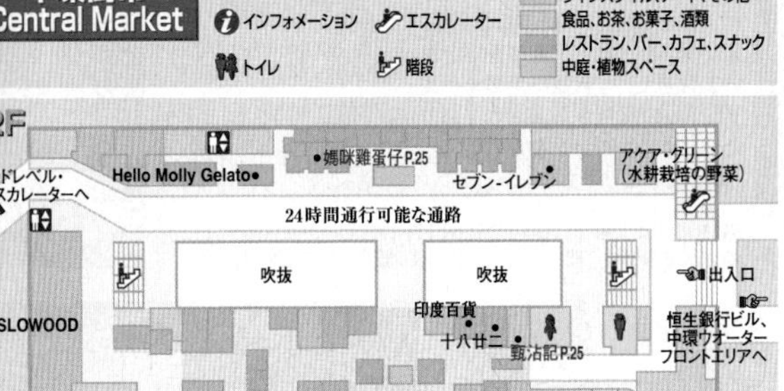

カフェやドリンク店も各フロアに

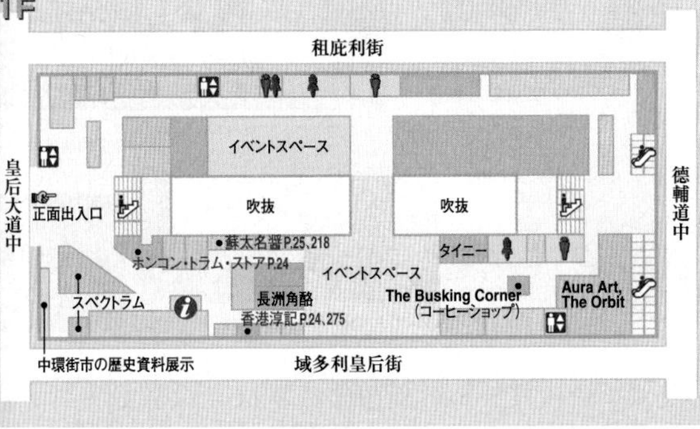

レトログッズの店、「ホンコン・トラム・ストア」（→P.24）は、トラムをはじめ香港の乗り物の模型が揃っている

エスニック雑貨の「印度百貨」もある

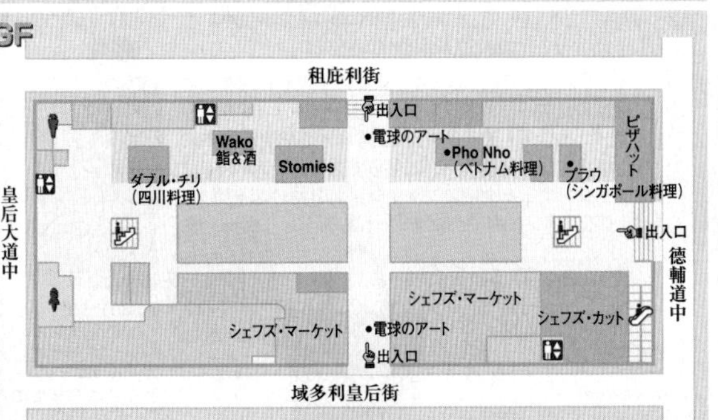

G/Fのレストラン街。手前はシンガポール料理の「プラウ」

香港らしさ満点のグッズやお菓子をゲット!

おすすめショップガイド

ここでしか買えない雑貨やお菓子は要チェック。
小物雑貨の店が複数あり、おみやげのまとめ買いもできる。
地元スナックやスイーツの有名店が集まっているので、はしごして食べ歩くのも楽しい。

左／電飾付きトラムの模型が目印
右／1949～1986年運行のトラムの座席に座って写真撮影できる

香港の「オールディーズ」が詰まった

ホンコン・トラム・ストア
Hong Kong Tram Store
叮叮老香港辦館（デンデンロウヒョンゴンバングン）

香港島北角のトラムが走る市場街（春秧街→P.146）をイメージして作られた店は、まるでおもちゃ箱。乗り物模型、レトロな日用品、スナック菓子など、昔の香港を感じる品揃え。写真撮影用のオールドトラムの座席が設置されてあったり、昔の体重計が置かれていたりと、見るだけでも楽しい。

昔の2階建てバス、ツアー用のトラム、スターフェリーの模型（78～98HK$）

茶餐廳（香港の食堂）ドリンクを模したカード（各18HK$）

郵便ポストをデザインしたポシェット（98HK$）

上／プロウンクラッカー、グミ、ゼリーなど懐かしのお菓子（15～25HK$）　下／レトロなグッズがぎっしり

住 中環街市1樓117舗　Shop117, 1/F, Central Market
☎ 9852 0500　営 11:30～20:30　休 無休　カード JMV

レトロかわいい雑貨がズラリ

香港淳記（ヒョンゴンソンゲイ）
Seon Hong Kong

縁起のよい模様やモザイク石の模様、食堂やドリンクスタンドの紙コップの絵柄など、香港の日常のシーンから切り取ったモチーフをグッズにデザイン。バッグや文房具、食器やステンレスボトルなど、さまざまなアイテムを展開していて、かわいい物や香港好きのハートに刺さるはず。

DATA → P.275

キーホルダーは4個100HK$

香港の人気男性グループのニックネーム入りのグッズもある。ファイル、定規各20HK$

インテリアにもなるお皿（98HK$）

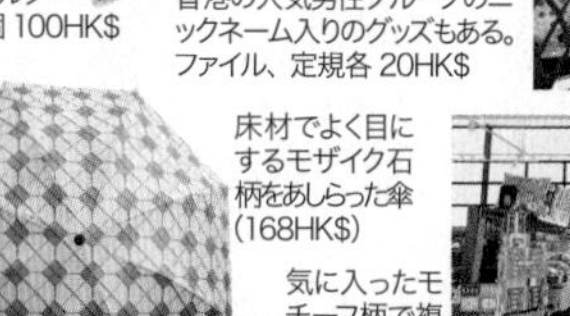

床材でよく目にするモザイク石柄をあしらった傘（168HK$）

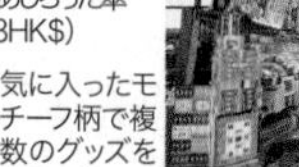

気に入ったモチーフ柄で複数のグッズを揃えてもいい

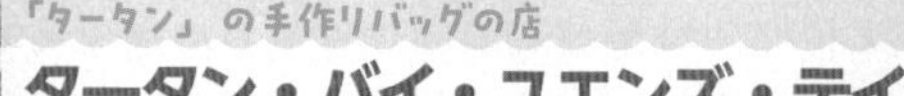

容量260mℓのステンレスボトル（268HK$）

「タータン」の手作りバッグの店

タータン・バイ・ユエンズ・テイラー
Tartan by Yuen's Tailor

イギリス統治時代にはイギリス軍の軍服や礼服を、中国返還後はスーツやドレスなどのオーダーメイドを行う老舗「ユエンズ・テイラー」。1994年から旧中環街市に店を構えていた経緯から、こちらでスコットランド伝統のタータンチェック地のファッション小物の店を開業。バッグをメインに帽子やマフラーもある。

スコットランド製の生地で手作りされている

中央が創業者で職人のユエンさん。「ユエンズ・テイラー」は1974年創業。現在、大館（→P.120）内に店をもつ

左／小サイズのバッグ 680HK$
右／巾着型ポシェット 980HK$

香港のアイコンともいえる赤・白・青のトリコロールカラーのビニール生地を元にデザインした香港版のタータンもある

住 中環街市2樓P06A　P06A, 2/F, Central Market
☎ 6686 6095　営 12:00～19:00　休 旧正月2～3日間　カード AMV

左／ステーキとワインのダイニング「シェフズ・カット」(G/F)
右／1/Fで目立つ存在の「ホンコン・トラム・ストア」(→P.24)

カリッフワッがたまらない進化形「雞蛋仔」

媽咪雞蛋仔 Mammy Pancake

マーミーガイダーンチャイ

香港人がこよなく愛するおやつ「雞蛋仔（ガイダーンチャイ）」はベビーカステラをつなげたような卵風味の焼き菓子。人気を誇るこの店の雞蛋仔は、滑らかできれいな焼き上がり。外はカリッと歯応えよく、中はしっとり。種類も豊富で、スイーツ系ならチョコレートチップ入り、セイボリー系なら2種類のチーズが入ったダブルチーズ「雙重芝士」や塩漬け卵の黄身入り「黄金」を。パッケージも感動的なかわいさだ。

チョコチップ入りは27HK$。店の近くにミニテーブル（立ち食い用）があるので、できたてをほおばりたい

パッケージには湯気を逃がすための小さい穴が開いている

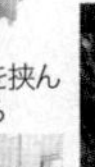

ピーナッツバターとバターを挟んだワッフル（格仔餅）もある

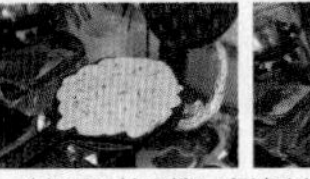

左／専用の焼き機に卵液を流し込んでていねいに焼く　右／焼き上がった後、粗熱を取ってからパッケージへ

行列ができる人気店。店舗も多数ある

注文ごとに厨房で焼かれる

住 中環街市2樓242B舗　Shop 242B, 2/F, Central Market
☎なし　営 11:30～21:00　休 旧正月　カード MV

素朴で優しい味のココナッツキャンディ

甄沾記 Yan Chim Kee

ヤンチムゲイ

1915年の創業以来、根強い人気のココナッツ菓子店。濃厚なココナッツ風味のキャンディが有名で、硬さやフレーバーが全7種類ある。ココナッツ好きには素材そのものの味が楽しめるチップスやアイスクリームがおすすめ。ココナッツミルク風味のエッグロールも好評。

ココナッツ・シーソルトキャンディも人気（椰子海鹽硬〈軟〉糖、100g入り35HK$）

菓子類やココナッツプリンなどもある

オリジナル味のココナッツキャンディはハードとソフトタイプがある（200g入り35HK$）

おみやげによいココナッツ・エッグロール（椰汁蛋巻、80HK$）

濃厚ココナッツアイス（椰子雪糕）とマンゴーアイス（芒果雪糕）はともに40HK$

ココナッツミルクドリンク。左はショウガ入り（各25HK$）

1960年代のアイスクリームのパッケージ模型に立つ創業者のヤンさん

住 中環街市2樓P05B舗　P05B, 2/F, Central Market　☎なし
営 12:00～20:00　休 祝日、旧正月　カード MV

香港の有名調味ソースブランド

蘇太名醬 Mrs. So's XO Sauce

ソウタイメンチョン

創業者の蘇さんは忙しい現代にも家族で食卓を囲んでほしいと、独自の処方による各種の調味ソースを考案。入門には滋味あふれるXO醤がおすすめ。炒め物など調理に用いるほかに、麺に添えたり鍋物のつけだれに入れたり、蒸した野菜や豆腐にかけるだけでおいしい一品に。

XO醤は辛さが4段階、サイズが100～300gの3種ある(141HK$/190g)。そのほかのソースを含めると20数種のラインアップ

1/Fの一角に同ブランドの商品を集めた簡易な店がある

多用途の家傳八寶醤（左、78HK$/190g）と超激辛の火爆辣椒醤（右、65HK$/190g）

おみやげによいパッケージ入り。オレンジ色のパッケージはXO醤、黄色はそのほかの調味ソース、水色は精進ソース

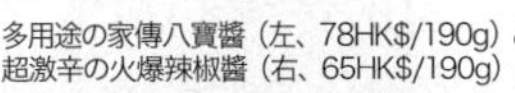

住 中環街市1樓115號舗　No.115, 1/F, Central Market
☎ 6898 5173　営 11:00～20:00　休 無休　カード ADJMV

※P.24～25で紹介の店　地 中D2または C出口、香港駅C出口　map P.23、別冊P.18-1A

上海街沿いに連なる建物群が「618上海街」。1920年代から1960年代に建てられた唐楼を保存・活性化の目的で改修。2010年初め頃までは建築資材店が並んでいた

昔の香港を体感できる!

618上海街(ロッヤッパッ ション ホイ ガイ)

618 Shanghai Street

香港小店

618上海街
住 旺角上海街618　618 Shanghai St., Mongkok
☎ 2618 8980　URL 618.ura-vb.org.hk/tc
営 11:00～23:00　休 無休　地 旺C2出口
map 別冊P.32-1A

旺角の上海街にある約100年の歴史をもつ14棟の唐楼が、ショッピングモール「618上海街」として生まれ変わった。唐楼は歩道に柱を据え、2階から上がアーケード状に張り出した広東伝統の建築物。地上階が店舗、上階が住居として使われていた。

1950～1960年代当時、九龍で最も栄えた通りが上海街。「618上海街」は石の柱や店名表示、塗装など、建物の雰囲気がわかるよう手付かずの部分が残されているのがポイントだ。館内は歴史アイコンを描いたウオールアートで彩られている。レトロがテーマの店やレストランを散策気分で巡ってみよう。

おすすめショップ&レストラン

Shop　おもしろそうなモノに出合える

文化屋雑貨店(マン ファーン ゴッ チャップ フォー ディム)
Bunkaya Zakkaten

東京原宿にあった「文化屋雑貨店」と経営は違うが、パートナーシップを結んで2009年に開業。キッチュなおもしろ雑貨をメインに香港デザイナーのファッション小物やアクセサリーも並ぶ。

上／店は小規模だが、さまざまなアイテムがギュッと詰まっている　下／ここ旺角店のほか深水埗にも店舗がある

オリジナルデザインのTシャツ 458HK$

ワッペン 88HK$

昭和レトロなソフビ人形「チャーミーちゃん」368HK$

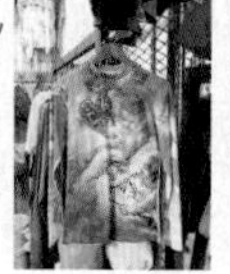

店頭のディスプレイ

雑貨のほかにTシャツや靴もある。バッグはオリジナル商品

住 618上海街1/F 104　☎ 2721 2088
営 12:00～20:00　休 旧正月3日間　カード MV
他店舗 住 深水埗大南街171　G/F　☎ 3170 3272

香港らしい個性派グッズをセレクト

リストア REstore

香港製の雑貨を集めた店。メインは、ミニバス看板仕様のネームプレートやキーホルダー。地元の文化や食をモチーフにしたミニチュア雑貨や手作りアクセサリーの「十兄弟工作室」の商品にも注目。

ミニバス看板と同じデザインのネームプレート(100HK$)とキーホルダー(60HK$)

香港のデザイナーや作家が手がけるグッズが並ぶ

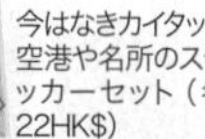

今はなきカイタック空港や名所のステッカーセット(各22HK$)

住 618上海街1/F 102B & C　☎ 2789 8815
営 11:00～21:00　休 旧正月3日間　カード MV

レトロな食器から実用品まで

黒地(ハッ ディ) Hak Dei

景徳鎮のティーカップ(90HK$)とレンゲ(5HK$)

香港で長年愛されている食器や生活雑貨、デザイン性の高い調理器具などがセレクトされている。職人手作りの駱駝牌の魔法瓶(→P.50)も置いている。

DATA→P.289

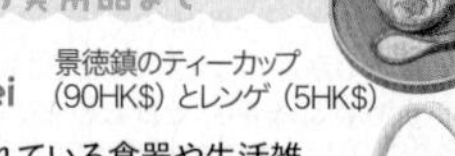

幅広い商品が揃うセンスのよい店

伝統的なニワトリ柄の食器。湯飲み25HK$、お碗45HK$、ティーポット95HK$

上海街にあった愛鳥家たちが集う茶樓をイメージしたディスプレイ

伝統的な漢方茶店、涼茶舗の壁画

1950～60年代のにぎわう上海街618號周辺を描いた壁画が入口に

建設当時の姿を残す柱。刻まれているのは昔ここで営業していた電気店の名前

この地で営業していた自転車店も壁画で紹介

2/Fはシンガポールの屋台料理を集めたフードコート形式の「厨尊香港」

探訪ナビ

どんな店があるの？

G/F、M/F、1～3/Fの5フロアあり、約20店が入居（屋上はレストラン）。メインの店は雑貨店、古着屋、セレクトショップなど。ショップの開店は11:00～12:00頃。

二次元コードでタイムスリップ

館内に表示された二次元コードをスマホで読み取ると、オリジナルの建物の姿、歴史や風物が追体験できる。

G/F入口付近や壁画に二次元コードあり

Restaurant

文房具とカフェがコラボレーション

銀の冰室 Silver Cafe

銀之冰室（ンガン チー ビン サッ）

クリエイターでキュレーターでもあるウィリー・チュンさんが開いた独創的なカフェ。昔の文房具やおもちゃなどを展示した店内で、安心・安全な素材を厳選した飲食を提供。※2024年3月現在、閉店。

木とコンクリートを用いたレトロモダンな店内

店主のウィリーさん。後方の絵は愛猫の阿銀。店名はこのネコの名前が由来

揚げトースト（哈哈蝦多士、50HK$）は人気メニュー。食材はすべて香港製

日本のカフェからの着想もあり

コレクションした文房具やおもちゃを展示する「銀の文房具」がカフェの向かいにある

左は自家農場のアカジソを使った鮮紫蘇檸檬（36HK$）、右は生のパイナップルをふんだんに用いた粒粒鮮菠蘿冰（パイナップル・パンチ、38HK$）

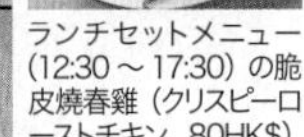
ランチセットメニュー（12:30～17:30）の脆皮燒春雞（クリスピーローストチキン、80HK$）

住 618上海街3/F 301A＆302　☎ 3468 2433
営 12:00～21:00（金～日曜は～22:00）　休 旧正月3日間　カード ADJMV

ノスタルジックなマレーシア食堂

蘇媽．蘇媽馬來西亞茶餐室（ソウ マー ソウ マー マー ロイ サイ アー チャー チャン サッ）

Kedai Kopi Semua Semua

扉を開ければ東南アジアのローカル食堂。街角の光景を描いたアートや年代物の生活雑貨が異国の風情を醸し出している。看板メニューは豚肉のうま味に漢方の薬材が溶け合ったスープ、バクテー（肉骨茶）。選べる肉の部位はスペアリブ（一字骨）がおすすめ。

DATA→P.250

香港に5店舗ある

手前はココナッツミルクを加えて炊いたご飯に牛肉煮込みを添えたナシ・レマ・ウィズ・レンダンビーフ（66HK$）、後方右がスペアリブのバクテー（138HK$）

食事時は混み合う人気店。土日、祝日を除く17:30までは人気メニューにホットドリンクが付くお得なセットがある

マレーシアのミルクティー、テ・タリ（26HK$）。高い位置から注いで攪拌させる独特の入れ方をする

MTR屯馬綫全線開通で誕生した

新駅周辺そぞろ歩き

新界・九龍を横断する香港の鉄道路線最長の屯馬綫が 2021 年 6 月に全線開通した。新設された 4 駅のうち、見どころや話題の店がある土瓜灣、宋皇臺、啟德の 3 駅周辺を徹底ガイド。

新旧の住宅ビルのコントラストが際立つ

市場周辺は商店が並び、活気に満ちている。物価は中心部より若干安い

下町風情漂う

1 土瓜灣駅界隈 To Kwa Wan

尖沙咀から車で 10 分ほどの土瓜灣は、古き香港の姿が残る聖域ともいえる場所。カラフルな住宅ビルの階下は生活感あふれる店が並び、中心部とは違う雰囲気。再開発真っただ中で新しい店も増えているが、のんびり散策にはうってつけの街。

土瓜灣街市（市場）の目の前にある土瓜灣駅 A 出入口

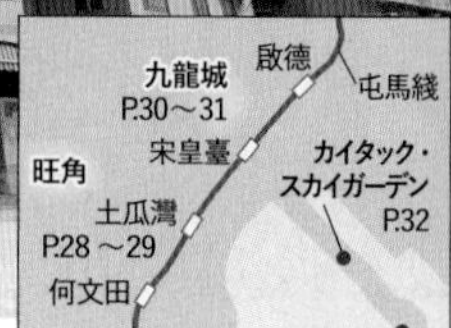

土瓜灣 To Kwa Wan

※土瓜灣：map P.28、別冊 P.3-3C。P.28〜29 で紹介のスポット：map P.28

見どころ

巨大建築アートのような建物群

土瓜灣十三街（トウクヮワンサップサームガーイ） To Kwa Wan 13 Street

木廠街と馬頭角道に挟まれたアパート棟が立ち並ぶ一画を総称して十三街という。築 50 年以上の各棟に住居が密集。建物と建物の間の細い道は 11 あり、通りに面して自動車修理工場や部品販売店などが並ぶ。地 土瓜灣駅 A 出口

上／長い歴史をもつ建物群「土瓜灣十三街」
下／建物間の通り名は龍、鹿、麒麟、鶴など縁起のよい動物や鳥の名が入っている

赤れんがのアート施設

牛棚藝術村（ンガウパンンガイソッチュン） Cattle Depot Artists Village

1908 〜 1999 年まで動物検疫所を兼ねた牛の食肉解体場として使われたれんが造りの建物。閉鎖後は歴史建築物に指定され、改装ののちアート施設として再生。アートや文化展、ワークショップなどが行われている。隣接する牛の保管所だった場所は牛棚藝術公園に。

赤れんがの洋風建築物に 5 棟の長屋があり、やギャラリーが入居してい

住 土瓜灣馬頭角道 63　63 Ma Tau Kok Rd., To Kwa Wan ☎ 2364 2959 開 公共スペース 10:00 〜 22:00 休 無休 料 無料 地 土瓜灣駅 A 出口

左上／ピンクの塗装が映える海心亭　下／岩場にそびえる魚尾石

海に面した眺めのよい公園
ホイ サム ゴン ユン
海心公園
Hoi Sham Park

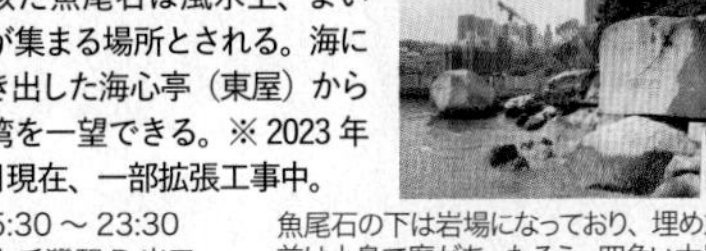

公園の丘の上にある魚の尾に似た魚尾石は風水上、よい気が集まる場所とされる。海に突き出した海心亭（東屋）からは湾を一望できる。※ 2023 年 4 月現在、一部拡張工事中。

開 5:30 ～ 23:30
地 土瓜灣駅 D 出口

魚尾石の下は岩場になっており、埋め立て前は小島で廟があったそう。四角い大岩は海心石と呼ばれる縁結びの石

探訪ナビ

土瓜灣へのアクセス
MTR 利用：尖東（地下通路で尖沙咀駅と直結）から屯馬綫で 8 分、6HK$。または尖沙咀から油麻地（荃灣綫）、何文田（觀塘綫）で屯馬綫に乗り継ぎ 14 分、6HK$。香港島の金鐘から東鐵綫の紅磡で屯馬綫に乗り継ぎ 14 分、15HK$。
バス利用：尖沙咀スターフェリー乗り場前のバスターミナルから 5、5A、5C、5P、28 のバスで土瓜灣道や馬頭圍道沿いのバス停下車。所要 15 ～ 20 分、4.8 ～ 6.4HK$。

土瓜灣ヒストリー
2013 年土瓜灣の工事現場から宋代の遺構や文物が発見され、宋王臺の伝説（→ P.207 コラム）を裏付ける手がかりに。北宋の頃から貿易港として栄えていたと推測される。

1960 ～ 1970 年代に埋め立てが進み、香港発展の機動力となる工場地帯となったが、その後工場は移転。この地域は住宅街になり、近年は高層アパートの建設が進む。

注目のカフェ＆レストラン

自家焙煎の厳選コーヒー豆を販売
サンチョンプイタウ
生昌焙豆
Sang Roastery

ロースト日付入りで販売。コーヒー豆の種類は数ヵ月ごとに変わる

2022 年 10 月オープン。選び抜いたシングルオリジンにこだわり、温度や湿度によってローストの仕方を変えてベストな状態で販売するコーヒー豆は、愛好家の間でまたたくうちに評判に。豆とテイクアウトコーヒーの販売がメインだが、5 つほど席があり店内で飲むこともできる。

コーヒー休憩してください

コーヒーの香りに包まれた店内

古い街の新しい店

右／エスプレッソのほか、ハンドドリップコーヒーもある　左／店内で豆をロースト

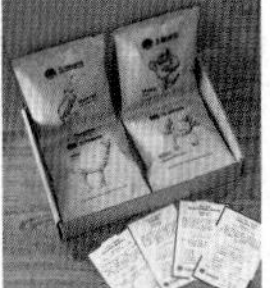

左／ 3 種類あるドリップバッグはおみやげにおすすめ（5 包入り各 80HK$）　右／産地ごとの香りや味わいが楽しめる「テイスティングパック」（4 種入り 150HK$）

アメリカーノ（32HK$）とほうじ茶ラテ（中央、45HK$）。右はエスプレッソとミルクを合わせた「ダーティ」（35HK$）

住 土瓜灣土瓜灣道 114　G/F　G/F, 114 To Kwa Wan Rd., To Kwa Wan　☎ 9350 1540　営 11:00 ～ 18:30　休 旧正月 5 日間　カード AMV（200HK$ 以上の場合のみ使用可）　地 土瓜灣駅 A 出口

地元で愛されるサイフォンコーヒー店
ジョン・チョイ・カフェ 2015
John Choy Café 2015

世界の産地のコーヒー豆、約 40 種類をラインアップ。コーヒーはすべてサイフォンで抽出しており、好みの豆で注文も可能。インスタント麺の料理やサンドイッチもあり、本格コーヒーとローカルな軽食が一緒に楽しめるのが魅力。日本の純喫茶を思わせる居心地のよいカフェだ。

いち押しのグリルサンドイッチ（アメリカンクラブハウスサンド、40HK$）はパンがサクサクでおいしい。ラテやカプチーノは 40HK$ ～

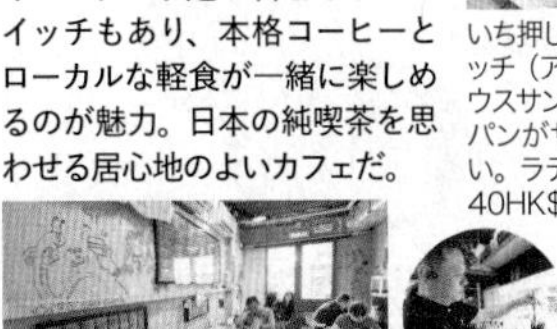

カジュアルなカフェ

サイフォンで 1 杯ごとに抽出する店主のジョン・チョイさん

住 土瓜灣偉景街 1-3　1-3 Wai King Rd., To Kwa Wan
☎ 2333 6422　営 8:00 ～ 18:00
休 無休　カード 不可　地 土瓜灣駅 A 出口

オールドスタイルの洋食店
ゴータンボウチャンテン
哥登堡餐廳
Goteborg Restaurant

1970 年代にはやった香港風ステーキレストランの形態を残す店。40 年ほど前の創業時と変わらない雰囲気の店内に、常連客が集う。※ 2024 年 3 月現在、閉店。

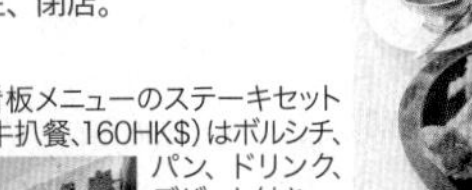

電車のボックス席のようなテーブル席が健在

看板メニューのステーキセット（牛扒餐、160HK$）はボルシチ、パン、ドリンク、デザート付き

歴史を感じる重厚な外観

住 土瓜灣馬頭圍道 440　G/F
G/F, 440 Ma Tau Wei Rd., To Kwa Wan
☎ 2714 9339、2715 1639
営 11:00 ～ 22:30　休 旧正月 4 日間
カード 不可　地 土瓜灣駅 B 出口

2 宋皇臺（ソンウォントイ）駅界隈（九龍城（ガウロンセン））
Sung Wong Toi

異国の香りが漂うタイ雑貨店

宋皇臺駅は食通の街として知られる九龍城（Kowloon City、→ P.204）に隣接していて、改札から地下通路を経由しB3出口を出れば、にぎわう九龍城の中心だ。

九龍城は潮州料理の名店をはじめ、レストランからスイーツ店までグルメが集まる街。タイ人やタイ系の華僑が多く移り住んだ場所でもあり、タイ料理店や食材店が軒を連ね、異国の匂いに満ちている。さらに、近年おしゃれなカフェやベーカリーが登場し、注目度が急上昇！

南角道にある宋皇臺駅出入口

焼きバナナやもち米のお菓子が店前に

探訪ナビ

宋皇臺へのアクセス

MTR利用：尖東（地下通路で尖沙咀駅と直結）から屯馬綫で11分、6HK$。または尖沙咀から油麻地（荃灣綫）、何文田（觀塘綫）で屯馬綫に乗り継ぎ、17分、6HK$。香港島の金鐘から東鐵綫の紅磡で屯馬綫に乗り継ぎ、16分、15HK$。

バス利用：九龍城へのバスは→ P.204 欄外。

九龍城ヒストリー

九龍城には潮州系の人々が多く住み、また「リトルバンコク」と呼ばれタイ系の人々も多く根を下ろしている。潮州人は1960～1970年代にかけ中国や、尖沙咀などの古い潮州人居住地区から移住。同郷意識が強く、広東語が苦手な潮州人は家賃の安い九龍城に一大コミュニティを形成した。1970年代には潮州系タイ人（華僑）の女性が生活改善のため香港の同郷に嫁入りし、以後徐々にタイの文化が九龍城に持ち込まれてきた。

九龍城は潮州料理店も数多い。写真は老舗の「創發潮州飯店」（→ P.226）

仏具店の店頭に並ぶ線香

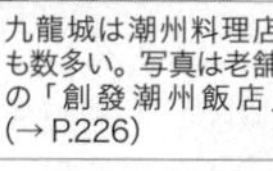
城南道はタイの雑貨店や料理店が並ぶ通り

タイのレストラン＆ショップ

メニュー豊富でリーズナブルな人気店

オレンジ・エレファント・タイ・レストラン
Orange Elephant Thai Restaurant

香港人の好みに合わせて辛さや味がアレンジされており、スパイシーというよりも味のバランスよく仕上がっている。比較的リーズナブルで気軽に使えるのも魅力のひとつ。トムヤムクン（小サイズ95HK$）をはじめ、卵でくるんだシーフード炒飯（102HK$）やカキと卵の鉄板焼き（98HK$）などがおすすめ。

手前はパッタイ・ウィズ・プロウン（エビ入り米麺炒め、88HK$）、後方はタイ・ハイナン・チキンライス（128HK$）

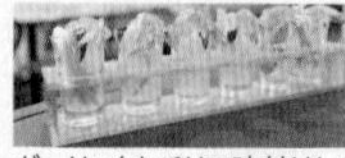
ガーリックとチリで味付けしたフレッシュプロウン（88HK$）はサラダ感覚で

カジュアルなレストラン

詳細・DATA → P.249

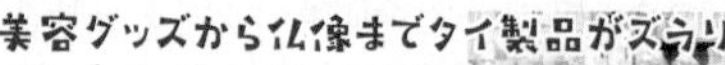

タイ・アーツ・アンド・クラフツ
Thai Arts And Crafts
泰屋（タインゴッ）

小さな店内はタイの暮らしに密着した商品がぎっしりと並んでいる。薬や美容・健康グッズ、衣料品、お香や祭壇のお供え物、仏像や神像etc。アロマオイルやマッサージ用品はおみやげにもなる。

アロマオイルやボディマッサージオイルは人気商品

ドリアンやマンゴーなど季節の果物も販売

ガネーシャ（右）などカラフルな神像も

コットンの袋に入ったエッセンシャルオイルの芳香剤（各39HK$）

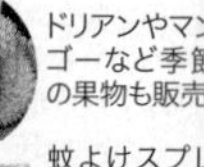
蚊よけスプレーミニサイズ20HK$～

住 九龍城衙前圍道52B　52B Nga Tsin Wai Rd., Kowloon City　☎ 2382 5599
営 10:00～22:00　休 無休　カード 不可
衙前圍道と城南道の交差点近くにある

最上階の熟食中心には香港式カフェの人気店「樂園」がある

地元野菜を中心に品揃えのよい青果商

中国料理の調味料や調味ペーストも種類豊富

ココナッツジュースも飲める

見どころ

美食の街の市場は見応えあり

九龍城街市（ガウ ロン セン ガイ シー）
Kowloon City Market

食通をうならせるのはレストランだけではない。扱う商品の質も種類も香港随一の九龍城街市は、食のプロも通ってくるほど。3フロアあり、地上階（1樓）は野菜や果物、魚介、2樓は肉類、乾物など。珍しい食材や売り買いの様子に心躍る。3樓はタイ料理店もある食堂街「熟食中心」。

住 九龍城衙前圍道 100　100 Nga Tsin Wai Rd., Kowloon City
開 6:00 ～ 20:00（店によって営業時間は異なる）

古い建物のリノベカフェ

シャビーシックな雰囲気が話題

南角（ナームコッ） Nan Kok

代表メニューが書かれたブラックボード

コーヒーもフードも丹精込めてます!

80 年以上前に建てられた伝統建築の唐樓（→ P.132）を改修。前身の金属製品店の看板や鉄格子を残す店内は、古めかしさとおしゃれなセンスが溶け合っている。ほとんどの食材は九龍城の市場や商店から調達。地元の味に徹底してこだわるのがこの店流だ。いち押しの腐乳（豆腐の発酵食品）ソースのホタテのフェットチーネは、想像をくつがえすおいしさ。

上／奥に細長い造り。壁や天井はオリジナルの建物を生かしている　下／前身の金属製品店の屋号看板が壁に

手前はシナモンフレンチトースト(78HK$)。後方は自家製陳皮を入れたコーヒーソーダ(48HK$)

ココナッツミルク、パンダンリーフシロップを合わせたコーヒーにココナッツアイスをのせた「アイス・パンダン・コーヒー」(56HK$)

北海道ホタテのフェットチーネ (138HK$)。塩味の強い濃厚チーズのような腐乳がクリーミーなソースとマッチしたパスタだ

スクランブルエッグのサワードウトースト、生ハム入り（58HK$）

住 九龍城南角道 3 G/F　3 號舖
Shop 3, G/F, 3 Nam Kok Rd., Kowloon City
☎なし　営 8:00 ～ 18:30（土・日曜、祝日 8:30 ～）　休 無休　カード MV
宋皇臺駅 B2, B3 出入口の目の前にある

---

100 年老舗の漢方薬店がカフェに再生

大和堂咖啡店（ダーイ ウォー トン ガー フェイ ディム）
Tai Wo Tang Cafe

コーヒーは豆選びから抽出まで力を入れている

1920 年から 2012 年まで九龍城で営業していた「大和堂蔘茸藥行」は、香港映画のロケ地としても使われた古い造りの漢方薬店だった。閉店を余儀なくされた店は 2018 年にカフェとしてよみがえり、九龍城の名物カフェに。昔の構造や内装を残しながらモダンな息吹を加えた店は、コーヒーの芳醇なアロマに満ちている。

長居したくなる落ち着いた雰囲気

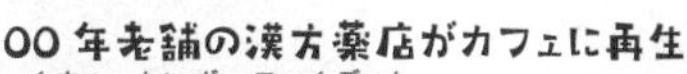

シングルオリジンのコーヒー (80HK$ ～)

ユニークな軽食、雞蛋仔與雞は卵風味の焼き菓子に鶏のから揚げをトッピングしたもの(98HK$)

店の入口にあった鉄の扉はインテリアに

金色の屋号が入った看板、薬材の箪笥、薬材をカットするための木製の台などは昔のまま

住 九龍城衙前塱道 24 G/F　G/F, 24 Nga Tsin Long Rd., Kowloon City
☎ 2623 2006　営 8:00 ～ 21:00（月曜～ 18:00）　休 旧正月　カード AMV

※ P.30 ～ 31 で紹介の見どころ、店：地 宋皇臺駅 B3 出口　map P.205

駅前は高層アパート群が連なる

啟德駅A出入口

旧啟德空港の跡地を巡る起点

3 啟德駅界隈

カイタック

Kai Tak

1998年に閉港した啟德空港の跡地は再開発計画が進行中。高層住宅が出現するこのエリアに開業した啟德駅は、旧滑走路にできたカイタック・スカイガーデンやクルーズターミナルにも近い（駅前からバスでアクセス可）。

探訪ナビ

啟德へのアクセス

MTR利用：尖東（地下通路で尖沙咀駅と直結）から屯馬綫で13分、7.5HK$。または尖沙咀から油麻地、何文田経由で、19分、7.5HK$。香港島の金鐘から紅磡経由で18分、15HK$。

見どころ

旧啟德空港の滑走路に完成した遊歩道

カイタック・スカイガーデン

Kai Tak Sky Garden

啟德空中花園

カイ タック ホン チョン ファー ユン

2021年に市民の憩いの場として誕生。旧空港の滑走路は1本のみで、現在は承豐道Shing Fung Rd.に姿を変えた。この道路の東側にカイタック・クルーズターミナル（→下記）があり、カイタック・スカイガーデンはクルーズターミナルの西に隣接する形で、承豐道の真上に造られた。長さ約1.4kmの遊歩道には四季をテーマにした植物が植えられ、休憩広場を3ヵ所設置。かつての啟德空港を知る香港ファンにとっては、滑走路の面影をしのぶ場所に。

上／可憐なテイキンザクラ　下／咲き誇るカンゾウの花

正面の建物が隣接するカイタック・クルーズターミナル

設計は旧空港から着想を得ていて、遊歩道は飛行機の翼と胴体をイメージ、細部まで航空にまつわるコンセプト

左／広場の休憩スポット　右／犬の散歩に訪れる人も

住 九龍承豐道　☎2806 3210　開 24時間　料 無料　行き方 啟德駅A出口すぐの沐安街のバス停から22Mのバスで約20分、承豐道下車。5.6HK$（土瓜灣駅前からも乗車可）。九龍城の太子道西から22のバスで約30分、5.9HK$。　map 別冊P.3-3C

かつての空港が海の玄関口に

カイタック・クルーズターミナル

Kai Tak Cruise Terminal

啟德郵輪碼頭

カイ タック ヤウ ロン マー タウ

旧空港の滑走路跡地に造られた豪華客船ターミナル。機能的で優美なデザインの3階建ての施設だ。屋上は2万3000m²の細長く延びる公園になっていて、展望台や芝生、小さな池などが配置され、カフェやレストランもある。晴れた日は香港島から九龍半島まで360度のパノラマが楽しめる。

夕日の九龍のスカイライン

突端では雄大な海景色が望める

緑あふれる公園。遊歩道が数百m続く

上／イギリスの有名建築家ノーマン・フォスター率いる会社が設計を担当　下／観塘方面の夜景

住 九龍承豐道33　33 Shing Fung Rd., Kowloon　☎3465 6888　開 屋上公園は7:00～23:00　休 無休　行き方 カイタック・スカイガーデン同様、22Mまたは22のバスで20～30分、終点カイタック・クルーズターミナル下車。5.6～5.9HK$。map 別冊P.3-3C

大南街はカフェが続々出店

カオスの街からトレンド発信！ Sham Shui Po

深水埗（ザムソイポウ）でおしゃれカフェ＆ショップ巡り

昔ながらの食堂や露店がひしめき合う深水埗に変化の波が到来。中心部より家賃が安いこともあり、古いビルをリノベしたスタイリッシュなカフェや店が増殖中。アジア屈指の生地屋街が今やカフェ激戦区と呼ばれるようになった。時が止まったかのような街並みに点在する旬の店をリストアップ！

露店が並び活気あふれる街

革の卸商も多く、皮革製品の店もリニューアル

実際に使われていたバス停標識の前は撮影スポットに

カフェ＆スイーツ店

思わず写真を撮りたくなる！

カラーブラウン Colour Brown

1階の天井を抜いた空間の奥にレトロならせん階段が存在感たっぷり。以前は生地屋（階上は倉庫）だった建物を改修したカフェの店内には、ビンテージ雑貨や1960年代のバス停標識がさりげなく飾られていて、写真スポットが随所に。エスプレッソを鴛鴦茶（コーヒーと紅茶のミックス）仕立てにするなど、地元色を生かしたメニューにも注目したい。

DATA → P.256

左／店主のエドウィンさん　右／店頭の半屋外のスペースにも席がある

香港のクラフトビール醸造所とコラボした干し梅ハチミツ風味のビール（48HK$）

カボチャのフムスをベースに8種類の野菜を盛り合わせたオールデイグリーンボウル（118HK$）

右／イメージカラーの深いグリーンが映えるらせん階段。上階はイベントやワークショップに使われている　上／店は奥に延びる造り　下／手前はマンゴーバスクチーズケーキ（66HK$）、後方は黒ビールのようなスチームド・アイスコーヒー（44HK$）

上／2020年にリニューアルした店内は無機質なモノトーン。細長いスペースの奥にテーブル席がある　下／サウサリートは、店主がコーヒー修業で住んでいたサンフランシスコの町の名

草分け的存在の無機質カフェ

カフェ・サウサリート Café Sausalito

2014年当時、本格的なカフェがなかったこのエリアに開業し、香港のカフェブームを牽引。シングルオリジンのコーヒー豆を中心に自家焙煎し、注文と同時に豆をひき1杯1杯丹念に抽出。スペシャルの塩漬けレモン風味のコーヒー「ノスタルジック」やコーヒーカクテルもある。パスタやベーグルサンドもおいしい。

ハンドドリップコーヒーは5つの産地から選べる（65HK$～）

ゆっくり時間をかけてドリップ

コーヒー豆（右）は100HK$（100g）くらいから。ドリップバッグ（左）は98HK$（5包）

住 深水埗大南街201　201 Tai Nan St., Sham Shui Po　☎なし　営 9:00～18:00　休 旧正月　カード A M V　地 深 A2出口　map 別冊P.33-3B

左／濃厚な自家製クリームソースとビーフのパスタ（98HK$）は食べ応えあり　右／手前はフィラデルフィア風チーズステーキのベーグルサンド（76HK$）

香港風味のビーガンアイスクリーム

ヘーシュッゴウチュンムンディム 池雪糕専門店

HEA Ice Cream

香港のご当地テイストのアイスクリーム店。その味は塩漬けレモン＆セブンアップ、ジンジャー、黒ゴマ、豆腐の4種類。2種類まで組み合わせ自由で、話梅（干し梅）やココナッツなどのアイスキャンディーもトッピング可能。素材の味が濃厚でおいしいアイスは、卵やバター、乳製品は一切用いず、アーモンドミルクや豆乳などを使って、手作りされている。

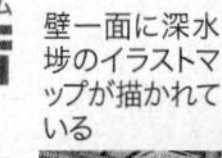

壁一面に深水埗のイラストマップが描かれている

上／カウンターと25席ほどのシンプルな店　下／コーンスリーブも香港らしさ満点

左／塩漬けレモン＆セブンアップ（左）はさわやかなソーダ味でレモンゼストのトッピング付き。右は黒ゴマと豆腐、トッピングはポップライス。各38HK$　右／ショウガをたっぷり使ったアイス（トッピングはポメロ）。干し梅アイスキャンディーはオプションのトッピング（＋8HK$）

住 深水埗界限街10F 南楓樓G/F 5號舖 Shop 5, G/F, Nam Fung Mansion, 10F Boundary St., Sham Shui Po ☎ 5345 5954 営 12:30～20:00 休 月曜、旧正月3日間 カード AMV
地 太D出口または深A2出口 map 別冊 P.33-4B、P.26-1B

深水埗のはずれ、太子駅寄りにある

コーンかカップを選べる。どのアイスクリームも砂糖控えめで後味さっぱり

ショップ

香港映画人の心意気に浸れる

エルフラブ elf lab

木の扉を開けるとおもちゃ箱のような空間。店主は多数の香港映画を手がけるアート＆衣装ディレクター、アーヴィング・チャン氏。映画の仕事で出合った手作りの美を紹介しようと、2021年にこの店を開いた。撮影に使われた道具のほか、香港デザイナーの作品を販売。※2024年3月現在、閉店。

映画関連のピンバッジ（60HK$）

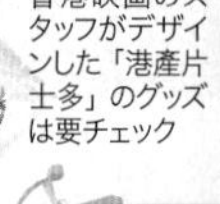

店名はアーヴィングさんの愛犬の名前から。かわいい犬や猫のキーホルダーやバッジもある

香港映画のスタッフがデザインした「港產片士多」のグッズは要チェック

イーソン・チャン、ギョン・トウらのPVにも登場する店内

住 太子荔枝角道180-182 昌福大廈G/F 1號舖 Shop1, G/F, Cheong Fook Mansion, 180-182 Lai Chi Kok Rd., Prince Edward
☎非公開 営 12:00～20:00 休 月曜、旧暦1/1 カード MV
地 太D出口または深A2出口 map 別冊 P.33-4B、P.26-1B

ピンクのコーギーの看板が目印

人気映画『飯戲攻心』の衣装になったTシャツ（220HK$）

上／膨大な数のレコードは、ロック、ソウル、ファンク、サイケデリック、ジャズ、映画音楽など多ジャンル　下／店に掲げられた慣用句。意味は「音を聞くと物事の真理がわかる」

インディーズ中心のレコード店

ホワイト・ノイズ・レコード

White Noise Records

若いお客さんも増えています

オーナーのGaryさん

イギリスの電子音楽のバンド名を店名に掲げ、独自に選んだ世界中のインディ・ミュージックのレコードやカセットを販売。ただのレコード店ではなく、自社レーベルを立ち上げ、内外のアーティストのプロモーション、イベントやライブも企画。香港の音楽シーンを世界につなげる役割も担う。

1960～70年代のレアもののほか、日本のレコードも豊富

店名の由来のバンド「ホワイト・ノイズ」の1960年代のファーストアルバム（右、275HK$）。左はイギリスのバンド「ブラック・カントリー・ニュー・ロード」の日本語版アルバム

カフェ・サウサリート（→P.34）の隣にある

住 深水埗大南街199 G/F G/F, 199 Tai Nan St., Sham Shui Po
☎ 2591 0499 営 12:00～20:00 休 火曜、旧正月 カード AJMV
地 深A2出口 map 別冊 P.33-3B

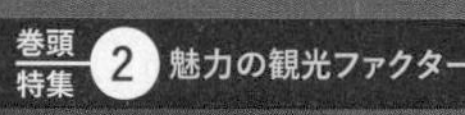

何度行っても見飽きない

ヴィクトリア・ピークの絶景

太平山頂（タイペンサーンデン）

Victoria Peak

香港観光で外せないのがヴィクトリア・ピーク。中環の高層ビル群から対岸の九龍半島、かなたに新界の山並みが望め、足元から香港のエネルギーがゾクゾクと伝わってくる。ピークのベストビューポイントと観光スポットを押さえて、いざ山上へ！

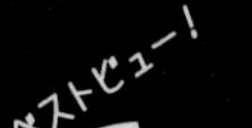

ベストビュー！

スカイテラス428

Sky Terrace 428　摩天台（モーティントイ） 428

ピークタワーの屋上、海抜428mに位置する有料展望台。ピークで最も高い位置にあり、眺めも壮大、360度見渡せる。ピークタワーの詳細→P.126。

ピークのアイコン「ピークタワー」。屋上のスカイテラス 428、娯楽施設、レストラン、ショップが入居している

住 山頂山頂道 128　凌霄閣屋頂　Rooftop, The Peak Tower, 128 Peak Rd., The Peak　☎2849 0668　URL www.thepeak.com.hk/jp　営10:00～22:00（土・日曜、祝日 8:00～）　休 無休　料75HK$（3～11 歳、65 歳以上 38HK$）　カード M V　行き方 ピークトラム駅から徒歩約 5 分。

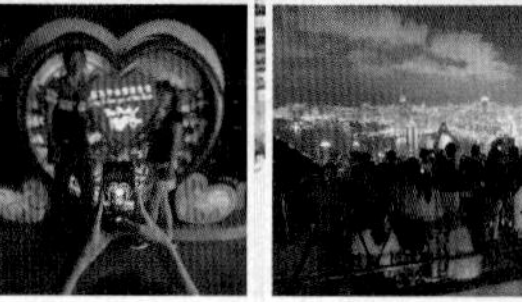

左／スカイテラス 428 にあるハートのオブジェはカップルに人気の撮影スポット。願掛けもできる　右／日没直後はたいへん混み合うので要注意

絶景ポイントが点在する天空の小道

ピーク・サークル・ウオーク

Peak Circle Walk（爐峰自然歩道）

※ピークタワー～盧吉道～夏力道～ピークタワーのピーク一周散策

ピークタワーから西に延びる盧吉道Lugard Rd.は太平山の山肌に張り付くように設置された幅2～3mの遊歩道。平坦で舗装された歩道を20分ほど歩くと視界が開け、絶景が目の前に。標高約400mの遊歩道をくねくねと歩けば、角度を少しずつ変えたパノラマが現れ、小鳥のさえずりと南国植物の生い茂る森林浴も気持ちいい。

盧吉道は約2.3km、ゆっくり歩いて1時間ほどで克頓道、夏力道と合流する地点にある公園に着く。ガゼボやベンチがあり、ひと休みしたら夏力道を東へ向かおう。30～40分ほどで出発点のピークタワーに到着。所要1.5～2時間。

※昼間は平日でも散歩する住民や観光客の往来があるが、夜は街灯もまばらでひと気も減るので女性だけやひとりで歩くのは避けること。飲料水は持参しよう。

盧吉道、克頓道、夏力道の合流地点に作られたガゼボのある公園。ここから夏力道経由でピークタワーまで約 1.3km

左／夏力道を約 20 分進むとルガード滝（Lugard Falls）がある　上／気根が伸び放題でトンネル状になったインドゴムの木

ピークタワーから徒歩約 20 分のあたりから見晴らしのよいポイントが複数箇所ある。景色を楽しんだら一周せずにピークタワーへ引き返してもいい

遊歩道で見られる植物や昆虫などの説明板（日本語併記）が随所に

香港島西側からハーバーの広がりが眺め渡せる

西に進むと景色も変化する。写真は西九文化區（→ P.16）新油麻地台風シェルター。のっぽのビルは香港一高い環球貿易廣場

スカイテラス 428 からの息をのむ夜景。ヴィクトリア・ハーバー両岸の光の帯が港町香港の姿を美しく浮かび上がらせる

ヴィクトリア・ピークのあらまし

観光地としてのヴィクトリア・ピーク（香港での通称「山頂」）は太平山の中腹、海抜396mの高台を指す。ユニークな形のピークタワーがある一帯だ。ピークタワーには展望台の「スカイテラス428」（→P.36）や展望レストラン、ショップ、マダム・タッソー・ホンコン（→P.127）、ピークトラムの駅がある。真向かいにもショッピングセンター「ピークギャレリア」（→P.128）があり、絶景と食事、買い物が楽しめる一大観光地となっている。ちなみに実際の太平山頂上（別名扯旗山、標高552m）はここから徒歩で30分ほど登ったところ。

住盧吉道　Lugard Rd.　map 別冊 P.4-4A

無料で楽しめる元祖展望台

ピークトラムは 2022 年に新しい車両に変わり、輸送力もぐんとアップした

タイペンサーンシーチテン
太平山獅子亭
Tai Ping Shan Lions View Point Pavilion

左／彩り鮮やかな東屋がある展望台。眼下にピークトラムが見える　右／ここからの眺めも十分きれい

ピークタワー前の芬梨道を東へ数分行ったところにある中国式東屋の屋外展望台。1976年建造で、1997年にピークタワーができるまではここがメインの展望台だった。スカイテラス428より迫力に欠けるとはいえ、見事な眺めを満喫できる。

住山頂芬梨道　Findlay Rd., The Peak　開24 時間　料無料　行き方ピークトラム駅から徒歩 3 分。

ピークへのアクセス

[ピークトラム利用] 中環のトラム駅（map 別冊 P.11-4C）から山頂駅まで約 10 分で結ぶ。混雑するので要注意。

☎ 2522 0922　URL www.thepeak.com.hk/ja　営7:30 ～ 23:00 に 15 ～ 20 分間隔で運行。週末など混雑時は 10 分間隔。料片道 62HK$、往復 88HK$（3 ～ 11 歳、65 歳以上は片道 31HK$、往復 44HK$）　カード M V

※始発駅の中環トラム駅への行き方：MTR 中環駅 J1、J2、K 出口から徒歩約 10 分。中環スターフェリー埠頭前のバス停（map 別冊 P.11-2D）から花園道の中環トラム駅行き 15C のバスで約 5 分（10:10 ～ 22:00 の間に 10 ～ 30 分間隔）。※ピークトラムが運休中は 15C のバスも運休。

[バス利用] 中環の 5 號碼頭前のバス停発（始発～ 9:52 までは交易廣場バスターミナル発）、交易廣場バスターミナル経由のシティバス 15 利用。6:00 ～翌 0:15 に 6 ～ 30 分間隔、所要約 40 分。料12.1HK$

[ミニバス利用] 中環のフォーシーズンズホテル・ホンコン G/F のバス乗り場から、ミニバス 1 が 6:30 ～ 24:00 に 5 ～ 12 分間隔、所要約 30 分。料10.9HK$

[タクシー利用] 中環、銅鑼灣から 20 ～ 25 分。料金の目安は 80 ～ 90HK$。

※ P.36 ～ 37 に掲載のスポット：map P.37

鳥肌が立つような感動体験 ヴィクトリア・ハーバーの夜景に浸る

Night view of Victoria Harbour

香港の夜のお楽しみは夜景観賞。アートのようにきらめくヴィクトリア・ハーバーのパノラマ夜景は香港一の絶景だ。定番かつ最高の観賞場所は尖沙咀プロムナード。新たに誕生した穴場的スポットでは夜景をひとり占めできる。ベストタイムは日没後から 30 分ほど。香港のエネルギーをも体感できる美夜景を堪能しよう!

中環から望む西九文化區。アート映像が流れる巨大 LED スクリーンは M＋

最新の夜景スポット

西九文化區のウオーターフロント・プロムナード

Waterfront Promenade, West Kowloon Cultural District

西九文化區海濱長廊（サイ カウ マン ファー コイ ホイ バン チョン ロン）

尖沙咀西側の注目エリア、西九文化區（→ P.16）。ハーバー沿いに設けられた約 2km の遊歩道は、新たなハーバービューの名所に。九龍半島の西端に位置していて、サンセットの絶景スポットでもある。周りは芝生のアートパークになっていて開放感いっぱい。一角にカフェやレストランもある。

行き方 西九文化區への行き方→ P.16　map P.16、別冊 P.4-2B

ベストビュー

尖沙咀プロムナード

Tsimshatsui Promenade

尖沙咀海濱長廊（チムシャツォイホイパンチョンロン）

対岸の香港島のライトアップが美しいビル群を真正面に望めるのが尖沙咀プロムナード。間近に迫力ある夜景パノラマが楽しめるベスト観賞場所だ。スターフェリー乗り場近くにある 2 階建ての観景台（展望デッキ）がおすすめ。プロムナードを歩きながら、少しずつ見え方が変化する夜景を楽しむのもいい。毎晩 20:00 から開催される光のショー「シンフォニー・オブ・ライツ」も観賞したい。

※尖沙咀プロムナードの詳細→ P.177

灣仔の流線形の建物、香港會議展覧中心の真正面あたりも観賞ポイント

尖沙咀プロムナードの観景台からの夜景

天気がよければドラマチックなサンセットも

灣仔フェリー埠頭の展望デッキ

Wan Chai Ferry Pier Public Observation Deck

灣仔渡輪碼頭公眾觀景台（ワンチャイドウロンマータウコンチョンクンギントイ）

埠頭へ続く歩道は華やかな装飾が

あまり知られていないが、灣仔のスターフェリー乗り場（灣仔渡輪碼頭）の屋上は展望デッキになっていて、九龍サイドのスカイラインが一望できる。訪れる人も少なく、ゆったりと観賞するには最適。

開 7:00 ～ 23:00　map 別冊 P.5-3C

展望デッキで思いおもいに夜景を楽しむ人々。デッキにはガーデンやベンチがある

シンフォニー・オブ・ライツは、音楽は聞こえないが光線や華やかな光の変化は楽しめる

西九文化區のプロムナードから見た香港島の西側から中環方面の夜景

地元の人気スポット

オーシャンターミナル・デッキ

Ocean Terminal Deck 海運觀點（ホイワンクンディム）

Level4 とその上の屋上の２フロアが展望デッキ

尖沙咀のハーバーシティ（→ P.264）内、オーシャンターミナルの屋上西端にある展望デッキは、少し高い位置から見渡せるのがメリット。「シンフォニー・オブ・ライツ」のショーもよく見える。

住 尖沙咀廣東道海港城海運大廈　Ocean Terminal, Harbour City, Canton Rd., Tsimshatsui
☎ 2118 8666　開 7:00 ～ 24:00　休 無休　地 尖 E 出口または連絡通路経由 L6 出口
map 別冊 P.28-4A

スターフェリーに乗って

ハーバーを運航するスターフェリーからの夜景も感動的。両サイドの夜景を見ながら、キラキラ輝く海上を進む贅沢なひとときだ

シンフォニー・オブ・ライツ　A Symphony of Lights 幻彩詠香江→ P.178

道教寺院にお参り＆願掛け

霊験あらたかなパワースポット詣で

香港には廟と名がつく寺院がたくさんある。廟とは神話の神々や歴史上の人物を祀った祠や道教の寺を含めた宗教施設。香港の人々は願い事があると廟に詣で、かなえばお礼参りをする。なかでもパワーが強いとされるふたつの廟をご紹介。現地のお参り方法を実践して運気アップを祈願！

本殿に当たる黄大仙大殿。精緻な装飾や彩りが映え

運気全般アップ

香港人の信仰の要

嗇色園黄大仙祠

シックシックユンウォンダイシンチー

Sik Sik Yuen Wong Tai Sin Temple

本殿前

4世紀の仙人・黄初平（黄大仙）を祀り、観世音菩薩、孔子も合祀する道教寺院。もとは病気治癒を願う寺だったが、「有求必應（求めれば必ず願いがかなう）」と称され、あらゆる願いを受け止める懐の広い寺として毎日たくさんの人々がお参りに訪れる。正式な創立年は1921年。金色の屋根と朱塗りの柱、五行（木・火・土・金・水）思想を表した建築デザインも見どころ。

上／混雑時は線香の灰で、服に穴が開いたりやけどしたりしないように注意を　右／山門にある麒麟は中国故宮の物を模した像。御利益にあやかろうと像をなでる人続出

祭祀に向かってます～

修行を積み祭祀や儀式を執り行う道士

参道の売店でお守りを買う

縁結び（異性運）「月老」のお守り28HK$。バッグに入れておけばいいそう

左／参道には縁起物のお飾りやお守りを売る店が並ぶ
右／金運によさそうな飾り物

住 九龍黄大仙竹園村２　2 Chuk Yuen Village, Wong Tai Sin, Kowloon　☎ 2327 8141
URL www.wongtaisintemple.org.hk/en　開7:30～16:30　休 無休　料 無料　行き方 観塘綫黄大仙駅 B2 出口を出て目の前。map 別冊 P.3-3C

●**従心苑**：本殿向かって右側奥にある小庭園。時間があればのぞいてみたい。
開8:00～16:30　料 無料

お参りの仕方

1 正門を入り左へ向かい、本殿前から本殿左側へ進むと、線香置き場がある。ここで線香を9本ピックアップ。無料だが隣の香料箱（賽銭箱）に気持ち次第で心付けを。

2 すぐそばの線香点火場所で、線香に火をつける。

3 本殿の前で、線香を掲げて3礼、心の中で自分の姓名、生年月日、住所、願い事を唱える。

4 道教の三大理念「師」「道」、「經」を表わす3つの線香台にそれぞれ3本ずつ線香を立てる。

“おみくじ”のような籤紙(チムチー)占い

日本でいうおみくじに近いもので、おうかがいを立てて神様の助言をいただくという趣旨。内容は仕事、恋愛、健康、家族などシンプルなものがよい。

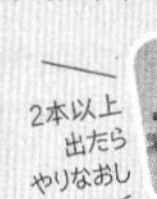

本殿脇の窓口で竹の棒が入った筒「籤筒(チムトン)」を借りる。→ おうかがいを立てたい内容を心の中で唱えながら筒を振り、1本のみ振り落とす。

2本以上出たらやりなおし

↓ うかがい事項ごとに出た番号を紙に控えておこう。

境内向かって左側の建物内に解簽檔(占い師が解読してくれる店)で、くじ番号を読み解いてもらう。店は約160軒ある。営10:00頃～17:00頃

↓

日本語のできる占い師もいる

出た番号とうかがい事項を伝えると、その番号に該当するピンクの紙「簽紙」に書かれた内容を解説してくれる。1案件につき広東語、英語は30HK$、日本語は40HK$が相場。別料金で占いも行っている。

→ 簽紙に書かれた漢詩にご託宣がある。

●自分で解読する方法

中国語がわかる人は、解簽檔や書店で売られている中国語の解説本(解簽簿)を買って読む。ホームページ(→P.40)にも解説が載っている。

運気変転、病気平癒

金色の風車で運勢変転！

車公廟(チェーコンミウ)

Che Kung Miu

風車は28HK$～

新界の大圍にある車大元帥(車公)を祀る廟。車公は南宋(1127～1279年)の将軍で文武両道に秀でた功績から神聖視されている。伝説によると流行していた疫病の沈静祈願でこの寺を建てたところ、完成直後に鎮まったという。運勢を変える風車を目当てに参拝客が絶えない(詳細→P.360)。

左／本殿の巨大な車公像はインパクト大　右上／立派な山門。毎年旧正月3日の車公の誕生日には大勢の信者でにぎわう　右下／緑の瓦、赤い壁に金色の装飾が映える本殿。建立年は不詳。現在の建物は1994年に改築されたもの

風車を購入したなら、境内の香炉の上でひと回しし霊気を吸わせるとより運気アップ

住 新界大圍車公廟道　Che Kung Miu Rd., Tai Wai, New Territories
☎ 2697 2660　URL www.ctc.org.hk/en/directcontrol/temple21.asp
開8:00～18:00　休 無休　料 無料　行き方 屯馬綫の車公廟駅B出口から徒歩約8分、東鐵綫／屯馬綫大圍駅B出口から徒歩約10分。map P.359参照、別冊P.3-2C

お参りの仕方

1. 入口付近の売店で線香や風車を販売しているので必要に応じて購入。

2. 本殿前で火をつけた線香を掲げもち、お祈りをする。

3. 本殿に入る。線香は3本のみ持参できる。車公に頭を下げて自分の名前と願い事を伝えて線香を供える。

4. 風車を回す。よい運勢に変えたいなら時計回りに回し逆境を転じる。現状保持を望むなら反時計回りに回して良運をとどめる。

5. かたわらの太鼓を3回たたき、参拝が済んだことを車公に伝える。

知っておくと香港ツウに！

コスパ最強の食＆買い物

この数年、物価上昇が著しい香港。そんななかでも「安くてなんだか得した気分」と気分が上がる旅のヒントは、地元の人御用達の店や使い方にあり！　お得感が味わえる店やスーパーマーケットをリポートします。

観光客にも人気の熟食中心

旅行者も使える「To Go ご飯」

選べるおかず弁当「兩餸飯（リョンソンファン）」が大ブーム！

街の必需店となった兩餸飯

コロナ禍で外出が制限され家で食事をすることが増えた香港で、急成長した店が「兩餸飯」。「2種類のおかずとご飯」を意味する兩餸飯は、選べるおかずの弁当店だ。家庭料理の数々がショーケースに並び、好きな料理を指さし注文。盛りのよさ、種類の多さ、味が人気の鍵で、レストラン顔負けの料理とバリエーションを誇る店も。コロナが収束した今も、人気は冷めやらない。チェーン展開する店もあるなか、おすすめ店をピックアップ！

2種類のおかず＋ご飯の店「兩餸飯」

値段	おかず2種類とご飯（兩餸飯）：30HK$くらい～ おかず3種類とご飯（三餸飯（サムソンファン））：35HK$くらい～ 1～2種のおかずのみ（淨餸（チンソン））：40HK$くらい
代表的な料理	豚肉の甘酢炒め（黑醋排骨）、ナスのピリ辛煮込み（魚香茄子）、豚肉の蒸しハンバーグ（肉餅）、卵焼き（芙蓉煎蛋）など。スープやドリンクもある。

豚肉の酢豚風、エビとブロッコリー炒め、卵豆腐の3品チョイスで50HK$。これで普通盛り、量は多いので要注意

ハンパない盛り加減

この店は規模が大きく、先に会計を済ませてから注文するシステム。おかず2品とご飯の弁当40HK$

圧倒的な品数を誇る

權發小廚（キュンファッシウチュー） Kuen Fat Kitchen

レストランから転身した店で、味のよさとメガ級の盛りで「最強兩餸飯」と称される。エビのから揚げや蒸し魚など本格的な料理もあり、約30種類のおかずがラインアップ。

19:00前後は店前に行列が。佐敦にイートインスペース併設の店舗が新設された

住 油麻地彌敦道513　泰和商業大樓G/F　G/F, Tai Wo Commercial Bldg., 513 Nathan Rd., Yaumatei　☎なし　営 10:30～22:30　休 無休　カード 不可　地 油B1出口　map 別冊P.32-4A
イートイン可の佐敦店　住 彌敦道317-321 金漢大廈G/F

スパイシーなタイ料理弁当

泰風情（タイフォンチン）

タイ料理のメッカ、九龍城（→P.30、204）では、タイ料理のランチボックスもある。ここ「泰風情」の店頭でタイカレーのほか、中国料理の総菜も合わせて10種類くらいを販売している。

こぢんまりとしたタイ料理店。店内でも食べられる

グリーンチキンカレーと豚ひき肉とインゲン炒め、チキンレッグのから揚げの3品で42HK$はお得感あり

ピリッとスパイシー

兩餸飯 36HK$、三餸飯 42HK$

住 九龍城衙前圍道62　G/F　G/F, 62 Nga Tsin Wai Rd., Kowloon City　☎ 2382 1182　営 11:00～21:00　休 月曜　カード 不可　地 宋皇臺駅B3出口　map P.205

ていねいな調理の味で勝負

佳記美食（ガーイゲイメイセッ） Kai Kee

料理は10種類くらいだけど、はずれがなく家庭的な味わいが人気を集めている。2品とご飯で32HK$、追加1品9HK$。カレーや梅菜扣肉（漬け物と豚肉の角煮）もある。店内で飲食可能。

店内にテーブル席あり

店は全6店舗

上／鶏肉煮込み、ニガウリの豆豉炒め、ダイコンと揚げ麩の煮炒めの3品弁当にスープを付けて46HK$　下／驚くほど大量に盛り付けてくれる

住 佐敦上海街88　G/F　G/F, 88　Shanghai St., Jordan　☎ 3105 1087　営 10:00～22:00　休 無休　カード 不可　地 佐C2またはA出口　map 別冊P.31-4A

ココもCheck!

シティスーパーのデリコーナーも使える

世界各国の輸入食品を多く扱う「シティスーパー City'super」。ハーバーシティ店（→P.45）のデリコーナーでは、肉類のグリル料理と野菜のミールセット（68HK$～）のほか、ヘルシー指向のセットを販売している。洋食をテイクアウトしたいときはシティスーパーへ。

メインとサイドを選べるヘルシーコンボ（豆腐ステーキセット、56HK$）。併設のフードコート「クックト・デリ・バイ・シティスーパー」で食べてもいい

自家製のロースト類が店頭に並ぶ

穴場の人気店はココ

安くてうまい！ローカルご飯の店

とことん安さとおいしさの両方を追求するなら、地元の人が愛用する名店を目指そう。ローカル度満点、香港らしさにどっぷり浸れる。

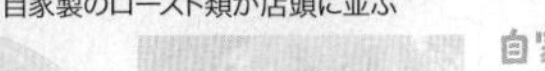

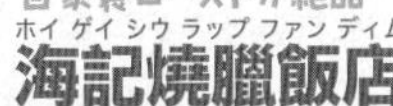

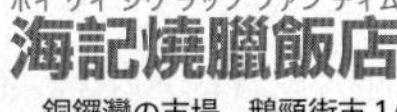

左／チャーシュウとダックレッグのロースト、ゆで鶏のミックスご飯、スープ付き（白切肥雞・鴨脾・叉燒拼飯、60HK$）
右上／じっくり煮込んだ濃厚ラムカレー（ご飯付き）、咖哩羊骨腩飯（55HK$）
右下／皮がカリッ、肉厚ジューシーな豚のローストのせご飯、化皮燒肉飯（48HK$）

自家製ローストが絶品

海記燒臘飯店（ホイ ゲイ シウ ラップ ファン ディム）

店主の梁海さんが接客

銅鑼灣の市場、鵝頸街市 1/F の熟食中心（食堂の集合地）にある老舗。「燒臘」（ロースト類）が看板メニューで、焼きたてがテーブルに。ジューシーでボリューム満点、48HK$～という値段で大満足だ。もうひとつのスペシャル料理がラムカレー。とろとろに煮込んだ香ばしいカレーをロースト類と合わせて食べる常連客も多い。

住 灣仔寶靈頓道 21 鵝頸街市 1 樓　鵝頸熟食中心 3 號舖　Shop 3, Bowrington Road Cooked Food Centre, 1/F, Bowrington Road Market, 21 Bowrington Rd., Wanchai　☎ 2574 4798　営 10:00～19:00　休 日曜、旧正月　カード 不可　地 銅 B または A 出口　map 別冊 P.14-3A

海鮮料理をつまみにビール！

金山海鮮酒家（カム サン ホイ シン チャウ ガー） Kam Shan Seafood Restaurant

1982 年創業。昔ながらのスタイルを保持する海鮮レストラン。地元のなじみ客が多く集う。驚くのは大瓶ビールが 1 本 18HK$ という安さ！　海鮮料理は時価のものが多いが、オーダーの際にだいたいの値段を聞いておくと安心。予算はひとり 300HK$ くらいから。

住 油麻地吳松街 62-68　62-68 Woosung St., Yaumatei　☎ 2332 7366
営 17:00～23:30　休 無休　カード 不可　地 佐 A 出口　map 別冊 P.31-3B

左上／ G/F、1/F の 2 フロアある庶民的なレストラン。英語付きのメニューあり　左下／屋台街「廟街」近くの店　右／おすすめのゆでエビ、白灼海中蝦（時価、230HK$ くらい、手前）。広東料理全般がメニューにあり、後方は時菜炒牛肉（野菜と牛肉炒め、98HK$）、奥は揚州炒飯（128HK$）

リニューアルして登場！ 屋台気分が味わえる熟食中心 2

海防道臨時熟食小販市場（ホイ フォン ドウ ラム シー ソッ セッ シウ ファン シー チョン）

Haiphong Road Temporary Cooked Food Hawker Bazaar

尖沙咀の市場に隣接した食堂集合地。2020 年の改装で赤い傘のランプや屋台風の装飾が施され、旅行者向けに。牛肉団子麺で有名な「德發牛丸粉麵」、ポークチョップバーガーが人気の「華香園」をはじめ、約 10 店舗が営業。

住 尖沙咀海防道 30　30 Haiphong Rd., Tsimshatusi
営 店によって異なり、だいたい 8:00 頃～ 19:00 頃
地 尖 A1 出口　map 別冊 P.28-3B

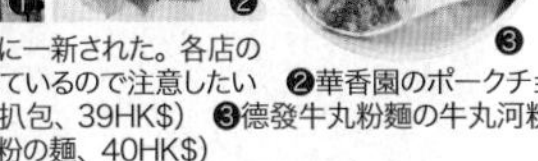

❶レトロモダン風に一新された。各店のテーブルが決まっているので注意したい　❷華香園のポークチョップバーガー（豬扒包、39HK$）　❸德發牛丸粉麵の牛丸河粉（牛肉団子入り米粉の麺、40HK$）

吳松街臨時熟食小販市場（ノー チョン ガイ ラム シー ソッ セッ シウ ファン シー チョン）

Woosung Street Temporary Cooked Food Hawker Bazaar

以前はバラック小屋のようなディープな場所だったが、2021 年に改装し、円柱形の建物に一新。広東の総菜や海鮮、軽食など約 10 軒が入店。夕方以降にぎわう。

住 油麻地吳松街 29-39　29-39 Woosung St., Yaumatei
営 店によって異なり、軽食店は 7:00 頃～ 18:00、料理店は昼頃～ 23:00 頃　地 佐 A 出口　map 別冊 P.31-3B

❶海鮮の店は夕方以降オープン　❷建物の外にもテーブル席が並ぶ。目の前が廟街のナイトマーケット（→ P.188）　❸「豐味小食」のポークチョップ、目玉焼きのせご飯とミルクティーのセット（葱油豬扒蛋飯と奶茶、45HK$）

↓事前にダウンロードしておきたい

旅行者にも利用価値のあるアプリ

MTR Mobile
香港の鉄道、MTR の公式アプリ。MTR の路線図が見られ、最寄駅から目的地へのルートや運賃、運行時間の検索も可能。アプリ内でチケットも購入できる。

OpenRice
香港で最も人気のグルメサイト。有名店やローカル屋台にカフェまで、あらゆる飲食店のユーザーレビューや営業時間をチェックできる旅行者の強い味方。お得なクーポン情報もあり、店の予約も可能。

Google 翻訳
カメラを向けるだけで画像内のテキストを翻訳してくれる機能は、ローカル店でのメニューも解読、注文時にとても便利。テキストや音声翻訳ももちろん可能。

食品みやげの宝庫!

スーパーマーケットを使いこなす

香港ならではの調味料やお菓子、麺類、お茶など珍しい物やお宝商品と出合えるスーパーマーケットは、見て回るだけでも楽しい。香港のスーパーはローカル系、高級系、マニアック系（インドやアジア各国の専門スーパー）があり、膨大な店舗数。地元のものが豊富なローカルスーパーや輸入物も揃えた高級スーパーを巡れば、完璧。中国料理に興味があれば、中国各地の食品が揃う裕華國貨地下の店（→ P.46）へ。

代表的スーパーの商品セレクション

大手ブランド、李錦記（リキンキ）のペースト状の中国料理の素。左から鶏のから揚げと合わせるレモンソース、サテー風味の鍋スープ、マーボー豆腐の素

干し貝柱のほぐし身。ピリ辛味で身はしっとり。そのままご飯や豆腐にふりかけたり、お酒のつまみにもいい

同ブランドの肉や魚用のマリネソースシリーズ

香港で大人気の「出前一丁」。日本にはない味も数多くある。トウガラシマークの付いたチリを利かせたピリ辛スープが売れ筋。上から海鮮、XO 醤海鮮、ゴマ油風味

19.2HK$

西貢の調味料メーカー「冠益華記」の桂林辣椒醬。豆豉（トウチー）やニンニクが利いたチリソース

8.9HK$

李錦記の甜豉油（甘口醤油）。点心や揚げ物に合う

17HK$

香港で世代を超えて支持される嘉頓（Garden）のお菓子やパン。種類豊富なクラッカーのなかでもおすすめは Pop-Pan のネギ入りクラッカー

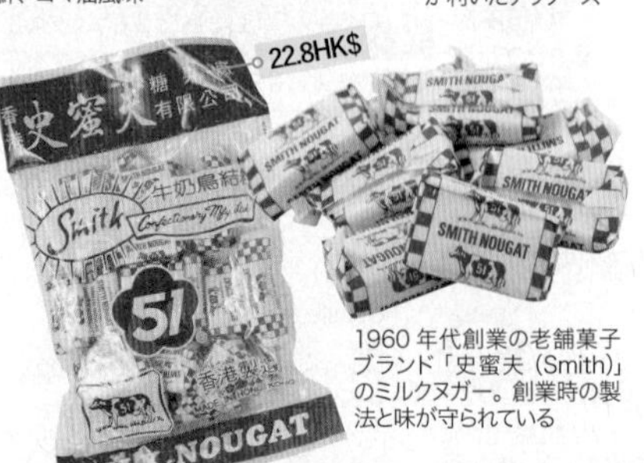

1960 年代創業の老舗菓子ブランド「史蜜夫（Smith）」のミルクヌガー。創業時の製法と味が守られている

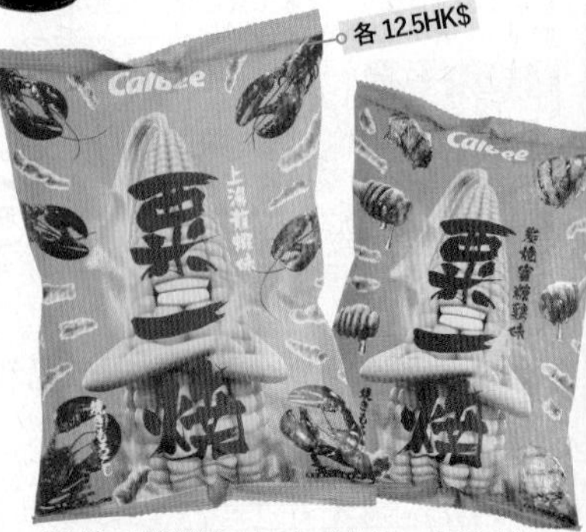

カルビーの香港限定スナック。右はハニー BBQ チキン味、左はロブスター風味の焼きもろこし

香港式ミルクティー（奶茶）のインスタントパウダー。甘さ控えめで茶葉の香りもよい

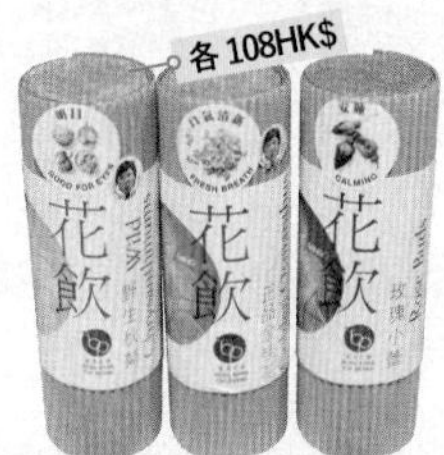

明茶房（MingCha）のフラワーティーは、パッケージもかわいくおみやげにおすすめ。それぞれ効能が記されているので参考に。左から野菊、キンモクセイ、バラのつぼみ

より手軽に使えるローズティーのティーバッグ

位元堂のカメゼリー（亀苓膏、解毒作用があるとされる漢方のゼリー）。写真は美肌にもよいという霊芝入りの商品

茶餐廳（ローカル食堂）で使用されているエバミルク「ブラック&ホワイト（黒白淡奶）」の便利な個装タイプの商品。缶入りより持ち帰りやすく、使い切りなのがよい

オランダ産牛乳 100% 使用の「ブラック&ホワイト」のミルクティーが新登場。ミルクたっぷりで甘さ控えめ、まろやかな味わい

新しいユニークな味のドリンクを生み出す閣樓釀造（Mezzanine Makers）のクラフトコーラ(左)。スパイスたっぷりで、とてもさわやか。右は同社のシナモンやナツメグ、花椒、香港のショウガで作ったスパイシージンジャーソーダ

十字牌の牛乳はフレーバーのバリエーションが豊富。おすすめはマンゴーパパイヤ牛乳

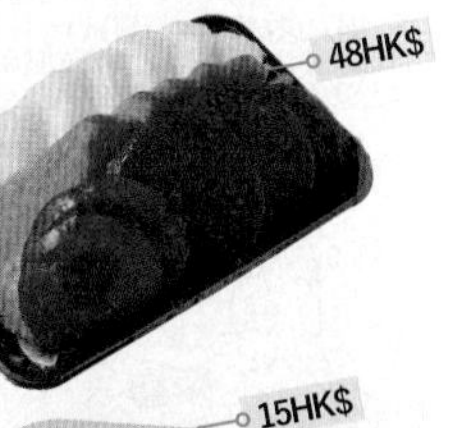

マーケットプレイスはさまざまな種類のカットフルーツを販売していて、ホテルで試してみるのに最適。右写真はパイナップル、スイカ、レッドドラゴンフルーツのセット

のどによい漢方キャンディ。念慈菴は香港の有名ブランドで、各種フレーバーが揃っている。写真は甘酸っぱいプラム味

漢方薬材とハチミツ、ミントで作られたのど飴。のどや口の中がすっきり、鼻の通りもよくなる

おもなスーパーマーケット

※営業時間は店舗によって異なる。多くの店が8:00（または 9:00）～ 22:00。無休。

ローカルスーパー

●ウエルカム　Wellcome　惠康超級市場

1945 年創業の香港で最も歴史のあるスーパー。280 店以上ある。銅鑼灣記利佐治街 25-29 の店舗は 24 時間営業（map 別冊 P.19-2B）。

●パークン　PARKnSHOP　百佳超級市場

住宅街を中心に約 150 店。

高級スーパー

●マーケットプレイス　Market Place

ウエルカム系列。中心部のショッピングセンター内に多く、尖沙咀の K11 アートモール B1/F やアイ・スクエア LG にある。全 43 店。

●シティスーパー　city'super

尖沙咀ハーバーシティ（→ P.264）L3、中環 IFC モール（→ P.263）L1、銅鑼灣タイムズ・スクエア(→ P.265)B1/F など全 4 店。営 10:00 ～ 22:00（尖沙咀・銅鑼灣店は金・土曜、祝日～ 23:00）

●フュージョン fusion

パークン系列。マンションビルや郊外のショッピングモール内を中心に約 60 店。

●テイスト Taste

パークン系列。マンションビルや郊外のショッピングモール内にある。全 16 店。

オーガニック・自然食品のスーパー

●スリーシックスティ　3hree sixty

九龍駅真上のエレメンツ（→ P.268）1/F、赤柱のスタンレー・プラザ（→ P.170）2/F にある。

日系スーパー

●イオン・スーパーマーケット尖沙咀店 AEON SUPERMARKET Tsimshatsui Store

住 尖沙咀彌敦道 100 The One LG1 & LG2　☎ 2673 6108
営 10:00 ～ 23:00
休 無休　カード J M V
地 尖 A2 出口　map 別冊 P.29-1C　※「イオン・スタイル」「リビング・プラザ・バイ・イオン」や「DAISO Japan」も店舗展開。

中国各地の名産品がザクザク
裕華國産百貨、地下の食品売り場

香港の老舗百貨店「裕華國貨」（→ P.270）。地下 1 階はスーパーマーケット形式の食品売り場になっていて、マニアックな商品に出合える。中国各地の調味料や食材をはじめ、台湾製品も多く、マレーシア、シンガポールなどアジアの品々も。多種多様なお茶の品揃えは圧巻。

裕華國産百貨（裕華國貨）
Yue Hwa Chinese Empolium
住 佐敦彌敦道 301-309　裕華國産百貨 B/F
B/F, Yue Hwa Chinese Products Emporium, 301-309 Nathan Rd., Jordan　☎ 3511 2222
営 10:00 ～ 22:00　休 旧正月 3 日間
カード A J M V　地 佐 A 出口
map 別冊 P.31-3B

粒状に固めた普洱茶。こちらは自然発酵で熟成された生茶タイプ。1 粒 1 回分なので使いやすい

普洱茶の沱茶。お碗形に固められており、砕いて使う。こちらは通常の熟茶の普洱茶（麹菌で加速発酵させたもの）

中国茶のコーナーは必見！

中国茶の品揃えは専門店並み。価格帯も幅広く、600g 単位で鐵觀音 80HK$ ～、普洱茶（プーアル茶）72HK$ ～とリーズナブル。普段使いのお茶を量り売りで購入してみたい

スーパーフードと称されるビーツを使った乾麵。香港製

高品質といわれる中国寧夏産の有機クコの実

中国料理に欠かせない豆瓣醤（トウバンジャン）。左は伝統製法で作られた香港の頤和園のもの、右は台湾製

潮州のバクテーのスープの素（シンガポール製）。バクテーはシンガポールやマレーシアで人気のポークリブのスープ

オリジナル商品もある

裕華國貨ブランドの各種ジンジャーティーのティーバッグ（上）と黒ゴマペースト（下）

台湾製の洛神花茶（ハイビスカスの仲間の花を紅茶に配合）のインスタントパウダー。解毒作用があるそう

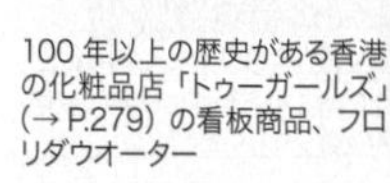

100 年以上の歴史がある香港の化粧品店「トゥーガールズ」（→ P.279）の看板商品、フロリダウオーター

中国の花生酥。ピーナッツをすりつぶし、砂糖や水飴を加えて焼き固めた素朴なお菓子

小袋入りのお菓子に注目!

マークス&スペンサー・フード

衣料品から家庭用品、コスメと幅広い品揃えと、品質のよさで定評があるイギリスの百貨店。香港に約20店舗あり、なかでも食品のみを販売する「マークス&スペンサー・フード」は、何かと便利。デリやベーカリーコーナーが充実しているほか、食べきりサイズの小袋のお菓子がズラリと並び、ちょっとしたおみやげにできる。チョコ菓子、グミやゼリーなど15～39HK$。

カラフルな小袋入りのお菓子。チョコ菓子はおいしくて種類も多い（26HK$～）

左／サンドイッチやサラダも人気　右／旺角のランガム・プレイス内の店

かわいいグミやゼリーも

イギリス製のお茶、クッキーやビスケットもおすすめ

マークス&スペンサー・フード　MARKS & SPENCER FOOD

［ランガム・プレイス店］

住 旺角亞皆老街8　朗豪坊B2/F　25號舖　Shop No.25, B2/F, Langham Place, 8 Argyle St., Mongkok

☎ 2274 1928　営 8:00～22:00（金・土曜～22:30）　休 無休　カード AJMV　地 旺C3出口　map 別冊P.32-2A

［ウインザーハウス店］

住 銅鑼灣告士打道311　皇室堡G/F G1-G3舖　Shop G1-G3, G/F, Windsor House, 311 Gloucester Rd., Causeway Bay

☎ 2795 8297　営 8:00～22:30　休 カード 同上　地 銅E出口　map 別冊P.19-2B

スイーツが充実した「7CAFÉ＋」が登場!

セブン-イレブンでは600以上の店舗で自社ブランド「7CAFÉ」の本格コーヒーを販売。さらにフラッペやサンデーパフェ、焼き菓子、和スイーツなども揃えたコンセプトストア「7CAFÉ＋」がお目見え。おやつや手軽な朝食を買うのに使える。

尖沙咀の加拿芬道にある「7CAFÉ＋」

ドリンクやスイーツ類のほか、日用雑貨も置いている

サンドイッチやサラダラップも並ぶ

コーヒーはホット15HK$、アイス17HK$。アラビカ種のコーヒー豆を使い、店で抽出

ドリンクセット43HK$

チキンレッグ、魚蛋などスナックもある

住 尖沙咀加拿芬道加拿芬廣場G/F　G21號舖

営 8:00～22:00　地 尖B2出口　map 別冊P.29-2C

住 旺角西洋菜南街158　G/F　営 9:00～22:00

地 旺B2出口　map 別冊P.32-1A

スーパーで買える香港のクラフトビール

香港には20を超えるクラフトビールの醸造所があり、ネーミングやラベルデザインにこだわったビールを生み出している。スーパーマーケットにも顔を揃える、代表的な銘柄をご紹介。※330mℓ缶25.9～27HK$

ヤングマスター Young Master Ales 少爺麥啤（シウイエマクベー）

香港のクラフトビールの代表格。ゴーゼビールに塩漬けレモンでアクセントをつけたサワーエール「鹹檸啤」はさわやかでクラフトビール初心者におすすめ

グワイロー gwei·lo 鬼佬（グワイロー）

イギリス人3人が立ち上げた醸造所。ラガー、ペールエール、IPAをベースにコラボや限定物も製造。安定した生産ラインでアジア各国へも進出

ホンコンビール Hong Kong Beer Co. 香港啤酒有限公司（ヒョンゴンベーザウヤウハンコンシー）

1995年設立の香港で最も歴史があるクラフトビール会社。香港の地名やビーチ名を冠したビール名やラベルは、香港らしさ満点

ヒーローズ Heroes Beer Co.

ストーリーを秘めたポップアートのようなラベルが特色。烏龍茶やジャスミン茶のフレーバーのビールなど、種類豊富なラインアップを誇る

ビールやドリンクはまとめ買いがお得

スーパーやコンビニでは2個買うと割引される商品がたくさんある。コンビニのサークルKでは、ビールがお得。種類は限定されるが330mℓ缶11.5HK$のビールが2缶で17HK$、500mℓ缶13.5HK$が2缶で20.5HK$と、2本買いでかなり安くなる。

2件〇〇HK$という表示があれば要チェック

香港らしさ満点の おみやげ雑貨

文化や街のシーンをデザインした雑貨が増えている香港。そんな香港らしさがあふれるグッズはおみやげにぴったり。ここで紹介の商品やショップを参考に、心躍るグッズとの出合いを楽しんで！

中国モチーフ、香港島のトラム画などの陶器のコースター（4 枚セット 268HK$）Ⓐ

香港に約 160 店あるドラッグストア、ワトソンズ Watsons の「ワトソン・ペパーミント・ドロップス」。ワトソンズのルーツは 1841 年香港に設立された薬局で、当時から販売しているイギリス製のナチュラル・ペパーミントウオーターがこれ。肌のかゆみやほてりを鎮め、リフレッシュ効果も（42.9HK$）

ロースト店「燒臘店」をフィーチャーした「香港猿創」の人気エコバッグ。一緒に付いてくるガチョウのローストのぬいぐるみのおなかに畳んでしまえる（199HK$）Ⓑ

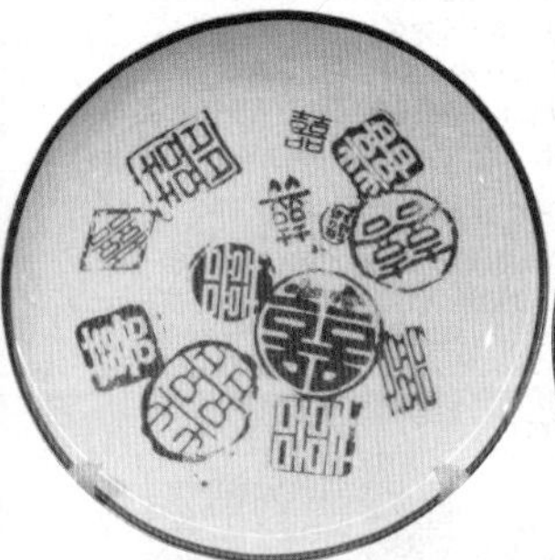

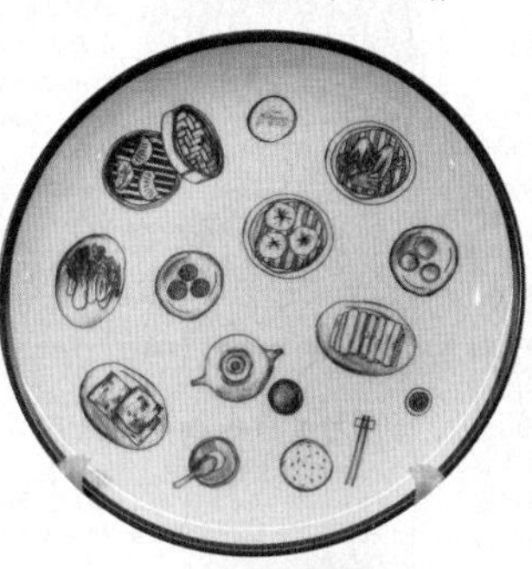

飲茶（右）、ダブルハピネスのハンコ（左）のお皿は、飾っておきたくなるかわいさ（4 枚セット 348HK$）Ⓐ

かわいいお年玉袋はおみやげの包装にも使える（10 枚入り 40HK$）Ⓔ

※文末のアルファベットは以下の取り扱い店に対応。

Ⓐ：G.O.D. → P.273
Ⓑ：香港猿創→ P.273
Ⓒ：香港淳記→ P.24、275
Ⓓ：誠品生活 尖沙咀店→ P.281
Ⓔ：グローカル・マージャン→ P.125
Ⓕ：華藝帆布→ P.278
Ⓖ：ミルフィーユ・ファッション・セレクトストア Mille-Feuille Fashion Select Store
住尖沙咀河内道 18　K11 購物藝術館 3/F 302 號舗　Shop302, 3/F, K11 Art Mall, 18 Hanoi Rd., Tsimshatsui
☎ 9803 3061　営 12:00 ～ 21:30（土・日曜、祝日 11:30 ～ 22:00）
休 無休　カード MV　地 尖 D3 または D2 出口（尖沙咀駅連絡通路経由で N4 出口が B2/F 入口に直結）
map 別冊 P.29-3C

香港の逸品が集合！ 食のセレクトショップ

上水貨舗（ションソイ フォー ポウ） BeWater Mart

100％メイド・イン・ホンコンが店のコンセプト。えりすぐりの質のよい商品を集めて販売している。食品がメインで、あちこちの老舗を巡らなくても、名店の看板商品が買えるのがメリット。

住 大圍積壽里 1-3 G/F
G/F, 1-3 Chik Sau Lane, Tai Wai
☎ 6341 0061
営 10:00 ～ 23:45
休 旧正月 1 日　カード JMV
行き方 大圍駅A出口から徒歩約 2 分
map 別冊 P.3-2C

軽食メニューもあり、イートインも可能。2023 年 8 月現在、店は大圍店のみ

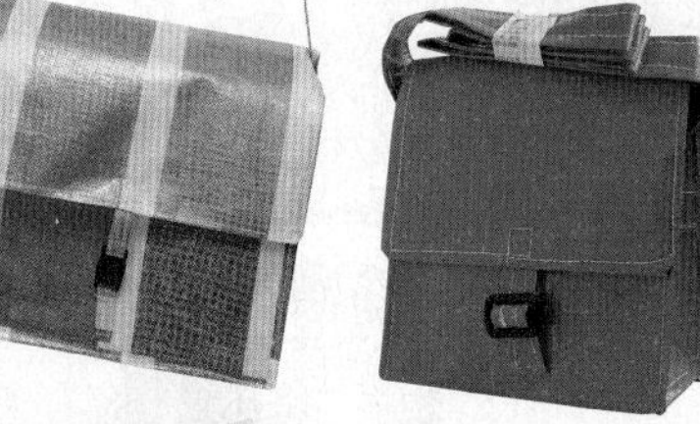

香港のアイコンのひとつ、トリコロールカラーのビニールシートで作ったショルダーバッグ（120HK$）Ⓕ

鮮やかなブルーのビニール生地製はレアもの（ショルダーバッグ90HK$）Ⓕ

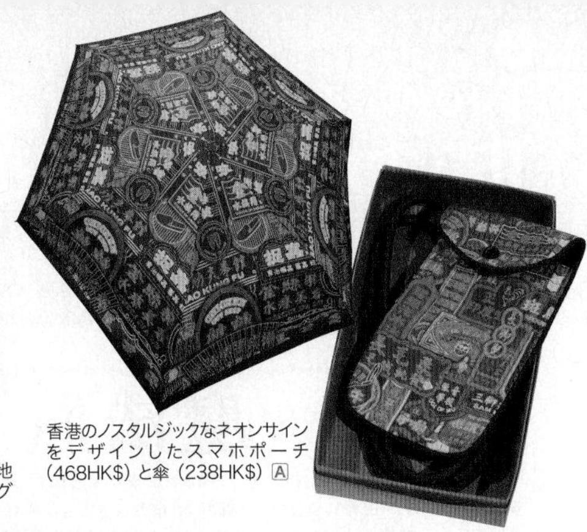

香港のノスタルジックなネオンサインをデザインしたスマホポーチ（468HK$）と傘（238HK$）Ⓐ

エッグタルトとミルクティーのポストカード（各 20HK$）Ⓖ

マージャン牌をモチーフにしたブレスレット（各 240HK$）Ⓔ

刺繍がすてきなティータオル（139HK$ ～）Ⓐ

茶餐廳（食堂）や屋台のローカル麺のイラストステッカー（25HK$）Ⓖ

ソフトクリーム販売車のグッズが人気!

片方ずつ柄が違うソックス「Pair Pair Full」の香港デザインシリーズ。尖沙咀時計塔前の販売車が描かれている（118HK$）Ⓓ

車体の模様をデザインしたバッグ（268HK$）Ⓒ

香港名物のソフトクリーム販売車（雪糕車 Softee Truck）は形も色もかわいい。深水埗の福榮街（→ P.200）のおもちゃ屋で 48HK$

ピーナッツバターやクリームコーンなどローカルフレーバーのポップコーンはオリジナル商品（1 個 65HK$）

伝統の醸造法を守る老舗「悦和醬園」の醤油、コリアンダー醤油、オイスターソース（24 ～ 42HK$）

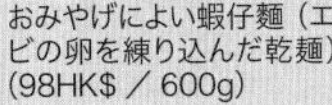

おみやげによい蝦仔麺（エビの卵を練り込んだ乾麺）（98HK$ ／ 600g）

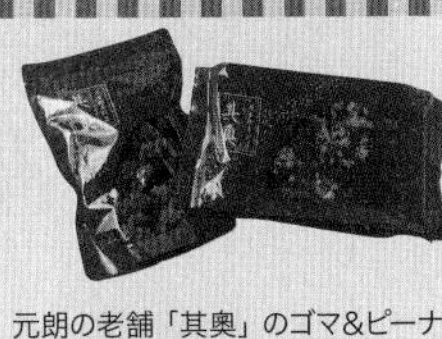

元朗の老舗「其奥」のゴマ&ピーナッツ飴（右、42HK$）とグルテン素材の甘辛いお菓子（齋燒鵝、38HK$）

信記檸檬のドライフルーツ。甘草風味の砂糖漬けレモンとプラム（各 30HK$）

深水埗のベーカリー「均香餅家」の雞仔餅（甘じょっぱいビスケット風菓子、46 HK$）

香港のクラフトビールも販売。写真は carbon brews のスイカやトロピカルフルーツの香りのビール（各 38HK$）

100%香港製造！味わい深いお宝商品

近年、香港では「百分百香港製造」「伝統手做」といったキャッチフレーズに表される、純粋な香港製品、職人技が生む手作り品が見直されている。
若い世代には逆に新鮮さが魅力。おみやげになるものをセレクトしてみた。

1 駱駝牌（ロットーパーイ）の魔法瓶

STORY

駱駝牌（CAMEL）は、1940年創業の魔法瓶ブランド。砂漠で生きるラクダのように、困難に負けず歩み続けよと命名、3代目の現在まで香港製造を貫いている。内側のガラス瓶以外、職人により手作りされる魔法瓶は優れた保温力を誇り、1960年代には海外にも輸出、香港が誇る大ヒット商品に。近年インターネットで香港製造の逸品として人気が再燃。パステルカラーや渋めの色など斬新な色展開、復刻版やコラボものがマニアの熱い視線を集める。同社の魔法瓶工場を改修したカムラックス・ホテル（→P.314）も話題。

手入れ方法 使用後は内部を水ですすぎ、柔らかい布で拭くか、乾かしておく。

香港レトロ雑貨コレクター垂涎の品。写真は1970年代の製品(容量1.1ℓ、398HK$)

ブーム再燃のきっかけとなったモダンなタイプ（容量0.45ℓ、256HK$)はマルチな色展開。毎年新色が出る。内側がガラスのため、漢方薬やコーヒーを入れても酸化しにくく、匂いもつきにくい

［販売店］ 黑地（→P.289）、G.O.D.（→P.273）。

2 梁蘇記（リョンソウゲイ）の傘

STORY

1885年広州で、傘の製作販売店として創業。1941年に香港に進出し支店を増やすも、工場生産品の普及で現在手作り傘を踏襲するのはこの店1軒に。4代目の梁孟誠さんは、高度な技を受け継ぐ最後のひとり。創業時に掲げた永久無料修理サービスを現在も受け継ぎ「直せない傘はない」と胸を張る。1994年に一家の歴史が映画や舞台劇になったり、映画『ワンス・アポン・ア・タイム・イン・チャイナ』の中でこの店の傘が使われたりしている。オーダーメイドもでき、一生ものになる傘が手に入る。

梁蘇記 Leung So Kee
住 尖沙咀彌敦道 111-181 柏麗購物大道 G36 號舗 Shop G36, Site B & C, Park Lane Shopper's Boulevard, 111-181 Nathan Rd., Tsimshatsui ☎2386 5629
営 11:30～20:00 休 旧正月3日間
カード AMV 地 尖 A1 または B1 出口
map 別冊 P.28-1B

店の奥の工房で修理や製作に専念する梁孟誠さん。骨部分は無料で修理可（布や持ち手、他店の傘は有料）

手作りの折り畳み傘 339～478HK$

2023年3月に尖沙咀に移転した

長傘は杖として使えるタイプもある

『ワンス・アポン・ア・タイム・イン・チャイナ』でジェット・リーが武道具として使ったのと同じクラシックタイプの長傘（1380HK$）

3 利工民（レイコンマン）の下着

STORY

1923年広州で創業、1950年代に香港に移転。以来、香港を代表する下着メーカーとして名をはせる。ブルース・リー（李小龍）やチャウ・シンチー（周星馳）などが愛用したことで知られ、映画の中でも着用姿が見られる。細い糸が高密度に織られていて、薄手で肌触りが滑らか。香港の暑い夏にも快適で、汗をかいても肌にべたつかず、風通しがよい。そして生地は強靭で長持ち。高価な値段も納得の品質だ。最も織り目が細かい「金鹿」を筆頭に、4ランクあり、女性物もある。

利工民　Lee Kung Man
住旺角上海街505　505 Shanghai St., Mongkok
☎2384 0270　営10:00～19:00　休旧正月9日間　カードJMV　地旺E1出口　map別冊P.32-2A
他店舗　住灣仔莊士敦道224　☎2572 8840

前開きの裏側に刺繍入りタグが付いているのがポイント

洗濯の仕方
洗濯は水で行う。漂白剤、乾燥機は使用しないこと。

前開きとTシャツタイプ、タンクトップなどがある。前開きシャツは秋蟬が135HK$～、最高級の金鹿は350HK$～。32～46号まで8サイズ揃う

古き香港を彷彿させる店

4 徳昌森記蒸籠（タッチョンサムゲイチンロン）のせいろ

STORY

清代末期（1900年頃）に広州で開業、2代目から徳昌と名乗り、香港に移転して今に続くおよそ100年の歴史があるせいろの製造販売店。5代目となった現在も手作業で竹を細工し、一つひとつ仕上げる。香港で半数以上の中国料理レストランがここのせいろを使用。海外輸出もしている。

徳昌森記蒸籠
Tuck Chong Sum Kee Bamboo Steamer Co.
住西營盤西邊街12　12 Western St., Sai Ying Pun　☎2548 8201　営9:30～15:00（土曜～13:00）　営日曜、祝日、旧正月10日間　カード不可　地西B1出口　map別冊P.8-2B

入口付近に商品が並び、奥で製作

せいろは直径6cmから52cmのものまである（中サイズ50HK$）

5代目の林植鴻さん、林應鴻さん兄弟が製造から営業まで担う。昔ながらの道具で竹に穴を開け、釘や接着剤などを用いず仕上げる

手入れ方法　カビが生えやすいので、使用後はしっかり乾燥させるのが大事。

5 標記蔴雀（ビウゲイマーチョツ）のマージャン牌

好きな言葉や絵柄のマージャン牌は香港の記念品に

STORY

中国発祥の麻雀は香港の国民的ゲーム。以前はマージャン牌の店が尖沙咀の廣東道周辺にたくさんあったが、今は大量生産の波にのまれ姿を消した。そんな状況下でも手彫りの伝統技を守る職人、標記蔴雀の張順景さんは「一つひとつ違う手彫りの牌は機械彫りにはない味わいがある」と、淡々と牌に向き合う。オーダーメイドは、文字や絵柄は何でもOK。数個なら所要1～2日。サンプルで気に入ったものがあれば販売してくれる。

標記蔴雀　Biu Kee Mah-Jong
住佐敦佐敦道26F　26F Jordan Rd., Jordan
☎2730 4028　営12:00～23:00　休旧正月1日　カード不可　地佐AまたはC2出口
map別冊P.31-4A

50年以上やってます

張さんは3代目。専用のナイフで既成の牌に直接彫り進める

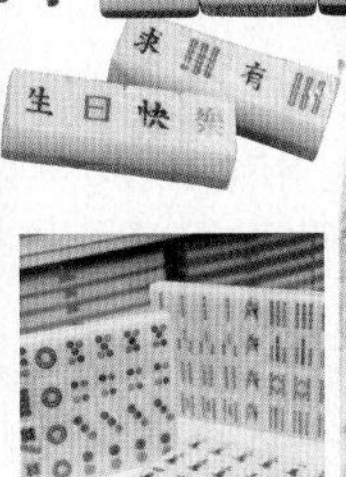

左／手彫りのマージャン牌1セット5500HK$～。昔は竹や木、象牙で作られたが、今は合成樹脂製　右／1個からでもオーダー、購入可（1個100HK$～）

これであなたも飲茶マスター!?

教えます! 飲茶のすべて

ホカホカ点心

香港グルメの基本は飲茶に始まり、飲茶に終わるといっても過言ではない。食器の触れ合う音、人々の歓談する声。喧騒のなかに垣間見る香港人の百態。小さな点心には広東料理の技と美味へのこだわりがギュッと詰まっている。そしておなかも心も大満足になる頃には、いつの間にかあふれる香港パワーをもらっていることに気づくだろう。

おいしいよ!

Q いつ、どこで飲茶はできるの?

A 広東料理の酒樓、ホテルのレストランなどでできる。これらのレストランは香港中どこにでもある。ランチタイム(12:00頃~14:30頃)の飲茶のほかに、早茶(7:00頃)や、下午茶(14:30~17:00頃)のできるレストランもある。手っ取り早く点心を食べたいときには、夜も営業している点心専門店へ。昼ならランチタイムで混雑する1時間前(12:00前)に入店するのがベストタイミング。

「酒樓」「酒家」と名がつく広東料理店の店内。飲茶タイムは食の熱気と人々の活気に満ちている

点心専門店はカジュアルな形態

わずかだが、昔の茶樓スタイルを貫く老舗もある(→ P.220 蓮香居)

入口カウンターの案内係が席へ案内してくれる。常連客が多い住宅地にある店では自分で席を探し着席するところもある

Q 店に着いたらまず何をする?

A 通常は、案内係に人数を告げ案内してもらう。週末や休日など混雑時は予約を受け付けない店もあるので、並ぶ覚悟で臨もう。満席のときは人数を告げて整理券をもらい、整理券の番号が呼ばれるか、電光掲示板に番号表示されるまで待つ。あらかじめ相席でもよいと告げれば、早く順番が回ってくることが多い。

飲茶でよく飲まれるお茶

飲茶の主役はあくまでお茶。好みのお茶を注文して飲茶を楽しもう。

普洱(ポウレイ)	プーアル茶は香港で最もポピュラーなお茶。 油を流す効果は抜群だが、こうじカビを発酵させた独特の風味がある。
鐵觀音(ティックンヤム)/水仙(ソイシン)	日本でもおなじみのウーロン茶。 前者はやや強い味、後者はマイルドな味。
龍井(ロンジン)	緑茶の一種。渋みがありつつさっぱりとした味わい。
香片(ヒョンピン)	ジャスミン茶。口中をすっきりさせるのによい。
壽眉(サウメイ)	料理の味を邪魔しないくせのない上品な味わいで、おすすめ。
菊花(コッファー)	杭州菊の花を乾燥させたもの。茶葉と混ぜたものが一般的。

お茶にこだわり、茶葉によって茶器を変える店もある

Q 席に着いたらどうする？

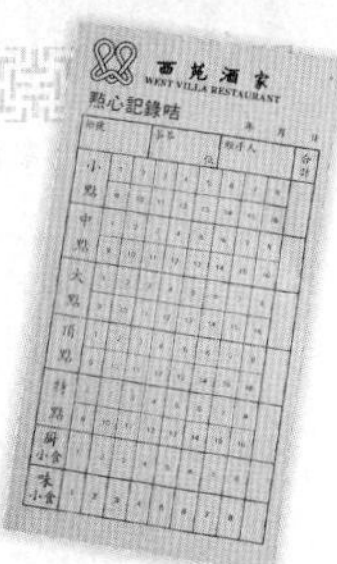
西苑酒家
WEST VILLA RESTAURANT
點心記錄咭

A 席に座るとすぐ「飲乜嘢茶（ヤムマッイエチャー）？（お茶は何にしますか？）」と聞かれるので、好みのお茶の名前を言おう。間もなく茶葉に湯をさしたティーポットと「點心記錄咭（ディムサムゲイロッカッ）（点心カード）」が運ばれてくる。お茶とお湯の入ったふたつのティーポットが出てくる店もある。

左／ポピュラーなのは普洱（プーアル）、鐵觀音（ウーロン）、香片（ジャスミン）
右／オーダー式でもワゴン式でも使う點心記錄咭。点心が来た時点でハンコを押していく

Q 点心のオーダーの仕方は？

A オーダーシート方式とワゴン方式があるが、現在は、ほとんどの店がオーダーシート方式だ。

オーダーシート。注文する点心の欄に注文数を書き込んで渡す

オーダーシート方式

点心の名前が列記されたシートに自分で印をつけたり、点心メニューから注文する。店によっては写真入りでわかりやすいところもある。シートには点心名のほか、値段を表す「小・中・大・特・頂」（→P.54 Information）の区別が書いてあるので、おおよその値段を知ることができる。

ワゴン方式

ワゴンは点心の種類ごとにタイプが異なる。写真は蒸し物のワゴン

点心を積んだワゴン（カート。点心車）を押して客席の間を売り歩く。点心名は担当者が連呼しているほか、車の前にも札がかかっているが、よくわからない場合は「唔該（ムゴイ）（スミマセン）」と言って中身を見せてもらうとよい。

- 食べたい点心を見つけた！→指さして「要（イウ）」。
- サービス係に「これ食べる？」と聞かれたが、欲しくないとき→「唔要（ムイウ）（要らない）」と言って断る。
- 食べたい点心が回ってこない→サービス係に直接頼むとよい。あれば持ってきてくれる。

臆せずどんどんセイロの中身を見せてもらおう

ワゴン方式の店は少なくなったが、庶民的な雰囲気たっぷりの香港らしい飲茶が楽しめる。

左／ホットプレート付きのワゴンではダイコン餅や腸粉を焼きながら回ってくる　右／デザートを豊富に揃える店では、写真のような甘味満載のワゴンが巡回する

Q 飲茶にもマナーがあるの?

A 次のような作法やルールを知っていれば、怖いものなし!

相手の湯飲みを気遣う

香港人にとって飲茶は、お茶や点心を楽しみながらコミュニケーションを図る、大事な社交や情報交換の場。絶えず同席の人の湯飲みに気を配り、からになる前にお茶をつぎ合うのがマナー。

高級店では目にも美しい芸術作品のような点心も

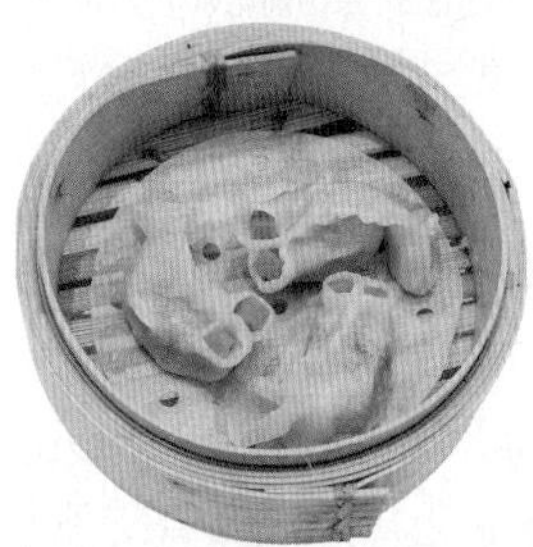

中国テイストが愛らしい金魚形の蒸し餃子

カラフルで楽しいプリンやゼリーなどのデザート点心

「ありがとう」のサイン

お茶をつがれたら、人さし指と中指の指先でコツコツとテーブルをたたいて感謝の気持ちを表す。もともとは、高貴な人に対する叩頭という昔の礼儀作法に由来するというが、食事や会話を中断せず「ありがとう」が表現できる、小粋なサイン。

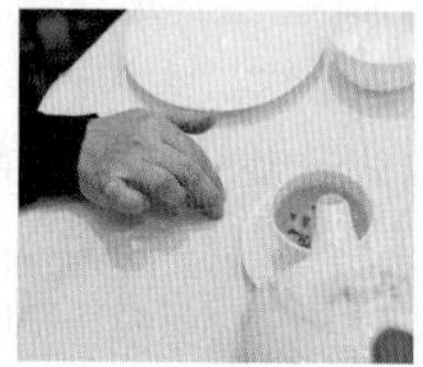

指先でテーブルをたたくのが「ありがとう」のサイン

ティーポットにお茶がなくなったときは

ポットのフタをずらしておくのが「お湯を入れて」のサイン。サービス係が目ざとく見つけて熱々のお湯を足してくれる。

これが「お湯入れて」のサイン。混雑時など気づいてくれなかったら、催促しよう

Information

点心の値段

安いほうから小・中・大・特(その上の「頂」がある場合もある)の4種類の均一料金としている店がほとんど。小點15～20HK$、中點20～30HK$、大點30～40HK$、特點40～50HK$程度。

はやりの点心

叉焼菠蘿包(チャーシュウ入りパイナップルパン)は、ここ数年で香港中に広がった超ヒット点心。最近のはやりはとろとろのカスタードあん入りのまんじゅう、流沙奶黄包。流れ出るあんがポイントで、冷めると固まってしまうので、熱々を食べるのがコツ。

叉焼菠蘿包。チャーシュウ以外の中身を入れた創作物も登場している

咸蛋(塩漬け卵)の黄身を使ったどろっとしたあんが決め手

あっ、湯飲みを洗ってる!

ローカルな店でよく見かける「洗杯(サイブイ)」という所作で、1煎目のお茶を使って湯飲みや食器を自分ですすぐ。高級店ではやらない。テーブルに洗杯の専用容器があれば、行おう。やり方は次のとおり。

テーブル上の盅(チョン)(専用容器)の中に茶碗やレンゲを入れ、1煎目のお茶を上から注ぐ

指か箸で茶碗のふちをつまみ、くるくると回して洗う。洗った食器を出したあと、箸の口が触れる部分にお茶をかけて終了

点心メニューの解読法

飲食のトレンドの影響で、最近は広東以外の地方の点心や創作点心も多く、見慣れない名前の点心も目にするようになった。以下の解読法である程度の内容を知ることができる。

法則1　点心名の後半部分に注目。ここに点心の正体が隠れている。
(例)蟹皇蒸燒賣(カニみそのせシュウマイ)
家郷咸水角(田舎風餅皮の揚げ菓子)

法則2　中国料理のメニュー解読法(→P.214)が応用できる。基本的には材料＋味付け＋調理法の組み合わせだ。
(例)豉汁　蒸　鳳爪
Ⓑ:味付け　Ⓒ:調理法　Ⓐ:材料
(鶏爪先のトウチー味蒸し)
Ⓐ　Ⓑ　Ⓒ

蟹皇蒸燒賣

Q お勘定はどうする?

「お勘定してください」のアピールは片手を上げて回したり、サインをするジェスチャーで

A　サービス係に點心記錄咭を渡し「埋單(マイタン)」と言う。係の人を呼ぶときは人さし指を立てた手を下向きにしてぐるぐる回したり、サインをするジェスチャーをする。

計算書が来たら記されている点心名を見て、来なかったもの、注文しなかったものが交じっていないかどうかチェック。問題なければ現金かカードで支払う。

計算書には通常、茶葉代とXO醤などの調味料代やピーナッツなどのお通し代（10〜20HK$程度)、サービス料10%が加算されている。チップはつり銭のコインの一部を置く程度でOK。お客が自分で點心記錄咭をレジに持っていって支払う店もあり、その場合はチップは不要。

サロンコンサートもある優雅な茶藝館

香港公園内にある樂茶軒茶藝館は、中国伝統の調度品に囲まれて良質の中国茶と精進点心が味わえるとあって、根強いファンをもつ。茶葉は100種以上、豆腐や野菜を巧みに使った精進点心は、化学調味料を一切使用せず、ていねいに手作りされた優しい味。

ここでは、毎週末に中国伝統音楽の生演奏が聴けることも大きな魅力。毎週日曜の夕刻に開かれるサロンコンサートは、店主で茶人の葉榮枝さんが、香港チャイニーズオーケストラなどに所属するプロの演奏家の協力を得て始めたもの。美しい調べに耳を傾けながら中国茶の味と香りを利くという、贅沢なひとときを堪能できる。

左／約30種ある日替わりの点心は28HK$〜。後方左は甘味点心の紫イモのケーキ（38HK$）右／中国伝統の意匠や家具、装飾を施した店内

また、毎週土曜の19:00〜21:00には、中国茶や点心を味わいながら二胡や箏（中国の琴）の生演奏を楽しめる。ミュージックチャージは不要。心静かに喫する夜の飲茶は、忘れ難い思い出になるだろう。

日によって奏者は変わる。写真は琵琶と竹笛、法器の奏者が出演。演奏の合間に広東語で楽曲等の説明がされる

樂茶軒茶藝館　LockCha Tea House
住 金鐘紅棉路10　香港公園茶具文物館羅桂祥茶藝館 G/F　G/F, The K. S. Lo Gallery, Hong Kong Park, 10 Cotton Tree Drive, Admiralty
☎2801 7177　営10:00〜20:00(土曜〜21:00)
休 第2火曜、旧正月2日間　カード AMV　地 金 C1出口　※ランチタイムの飲茶は要予約。※サロンコンサートは不定期で16:00〜18:00。お茶付きで、1人150HK$。要予約。　map 別冊P.11-4D

カロリー目安表示付き

点心メニュー

点心の代表格をカテゴリー別に一挙紹介。意外に脂っこいものもあるので、表示のカロリーの目安を参考に、バランスを考えてオーダーしよう。

高、中、低：カロリーの高低
[　]内はその点心に合う調味料。空欄のものは何もつけないのがベター。

蒸し物

低 **蟹皇蒸燒賣**（ハイウォンチンシウマイ）
カニみそのせシュウマイ。豚肉を使ったボリュームあるシュウマイを、卵を入れた皮でくるんで蒸したもの。

低 **鮮蝦菜苗餃**（シンハーチョイミウガウ）
野菜入りエビ蒸し餃子。浮き粉で作った薄皮の中に青菜とエビがたっぷり入った、誰にも好まれるヘルシーな点心。

低 **鮮蝦餃**（シンハーガウ）
エビ入り蒸し餃子。飲茶を代表する人気No.1の点心。浮き粉で作る半透明で薄い皮、エビのプリプリ感がたまらない。[豆瓣醤、醤油]

高 **潮州粉果**（チウチャウファンクォ）
潮州地方独特の点心で、芋の粉にピーナッツや干しエビ、豚肉を混ぜたあんにセリで香りをつけ、蒸したもの。

低 **豉汁蒸鳳爪**（シーチャプチンフォンチャウ）
鶏の爪先のトウチー（豆豉：黒豆の発酵調味料）蒸し。「もみじ」と呼ばれる部位を加工してトウチーとオイスターソースで味付けしてある。

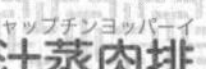

低 **豉汁蒸肉排**（シーチャップチンヨッパーイ）
豚肉のスペアリブのトウチー蒸し。類似のものにニンニク風味の「蒜茸蒸肉排（シュンヨンチンヨッパーイ）」がある。

高 **珍珠雞**（チャンチューガイ）
うるち米のちまき。貝柱、鶏肉、シイタケを具にした炊き込みご飯をハスの葉で包んで蒸したもの。

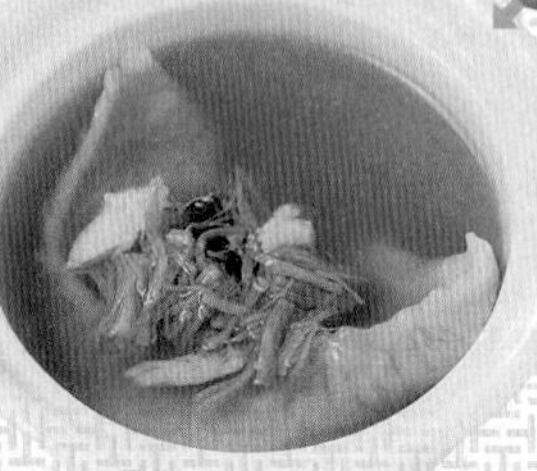

中 **灌湯餃**（グントンガウ）
スープ入り餃子。卵入りの皮に寒天を混ぜた具を包んで蒸した後、さらにスープに入れて蒸す、ジューシーな点心。[赤酢]

中 **叉燒滑腸粉**（チャーシウワッチョンファン）
ライスクレープチャーシュウ巻。つるつるの食感。甘めの合わせ醤油をかけて食べる。エビ入りのものもおいしい。

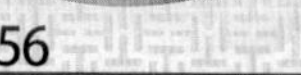

※飲茶のおすすめ店→ P.220 ～ 222

揚げ物・焼き物

韮黄脆春巻（ガウウォンチョイチョンギュン）
黄ニラ風味の春巻。春巻は数種あるが、写真は黄ニラの味を効かせてサクサクに揚げたもの。［ウスターソース］　高

咸水角（ハムソイコッ）
餅皮の揚げ菓子。中は干しエビやひき肉のあん。外はカリッとして中はモチモチの食感がおもしろい。　高

香煎蘿蔔糕（ヒョンチンロウバッゴウ）
焼きダイコン餅。米粉にダイコン、干しエビ、中華ハムを混ぜ、蒸して薄切りにし油で焼く。蒸したままのもの（下の蒸蘿蔔糕）もある。［辣椒醤（トウガラシペースト）］　高

酸甜炸雲呑（シュンティムチャーワンタン）
揚げワンタンのスイートサワーディップ。揚げワンタンを甘酸っぱいケチャップ味のソースにつけて食べる。　高

鮮蝦腐皮巻（シンハーフーペイギュン）
エビ入り揚げゆば巻。エビ入りの具をゆばで巻き、薄く畳んで揚げたもの。湯葉の食感を楽しもう。［ウスターソース］　高

これもGood!

蒸蘿蔔糕（チンロウバッゴウ）
蒸しただけのダイコン餅。こちらはダイコンの味がジューシー。　低

まんじゅう・パン類

叉焼焗餐包（チャーシウコッチャンパーウ）
チャーシュウ入りパン。外見はミニサイズのアンパンだが、中身はチャーシュウまんじゅうと同じ。　中

叉焼包（チャーシウパーウ）
チャーシュウまんじゅう。チャーシュウをオイスターソースの甘めのたれで煮たものが入っている。　中

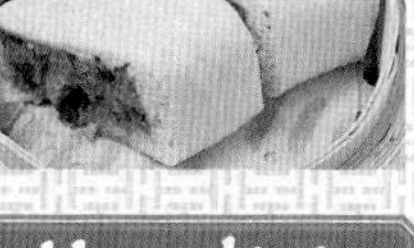

潮式糯米巻（チウセッロウマイギュン）
中華ソーセージ（臘腸（ラップチョン））入り蒸しまんじゅう。もち米を入れた皮で中華ソーセージを巻いて蒸し上げたもの。　中

甘い点心

芒果布甸（モングォボウディン）
マンゴープリン。甘酸っぱくクリーミーでトロピカルな味わいの香港を代表するおすすめデザート。　中

炸煎堆（チャーチントイ）
ゴマつき揚げ団子。餅皮の中に少量のあんを入れて揚げ、仕上げにゴマをまぶしたもの。　高

迷你蛋撻（マイネイダーンタッ）
ミニエッグタルト。キュートなサイズのエッグタルトは飲茶でしか味わえない。すぐに売り切れる人気点心のひとつ。　中

馬拉糕（マーライゴウ）
中華蒸しパン。伝統的な点心で、ほのかな甘味と風味のよさはブラウンシュガーから。　中

サプライズがいっぱいの創作点心
形のおもしろさやアイデアを競う創作点心が、続々登場している。

左／ツバメの巣の砂糖漬けがのったゴマ団子　右／カスタードクリーム入りのパンダまんじゅうとライオンの肉まん。動物点心は子供にも人気。最近では着色に野菜の汁を使うなど、安全でおいしいものを追求している

中国料理 オススメ メニュー集

香港で食べられる中国各地料理の紹介と、味わってみたいメニューをご紹介。

広東料理

「食は香港にあり」。香港の広東料理はまさに世界レベルのグルメの宝庫。「食在広州（食は広州にあり）」の言葉が、そのまま今の香港に当てはまる。

食通をうならせる！

中華ハムと鶏の基本のスープをベースにフカヒレやアワビなどを味わう宴会料理をはじめ、海鮮料理、飲茶、粥や麺まで食への貪欲な追求と洗練された技を堪能できる。

基本は「原汁原味（ユンチャップユンメイ）」

材料の鮮度とそのものの持ち味を生かすことが大前提。さらに多彩な調味料を駆使し、積極的に食材やメニューの幅を広げ、絶えず変化と成長を続ける生命力も魅力だ。

独特の食材と料理法

干した魚介類やシイタケ、ツバメの巣などの乾物（乾貨（ゴンフォー））を珍重。健康面を考え、薬膳に基づいたスープも重視する。

庶民派メニューも絶品

広東粥、ワンタン麺にも有名店があり、リーズナブルな値段でおいしい料理にありつける。

おすすめベスト3

1 叉焼拼焼肉（チャーシウペンシウヨッ）

宴会の前菜にも出てくるロースト。甘辛味のチャーシュウ（後方）と塩味の焼肉（手前）は日本人の口にも合うベストチョイス。

2 炸子雞（チャーチーガイ）

広東風のローストチキンで、若鶏を丸揚げにしたもの。皮はカリッと香ばしく、身は塩味が効いてしっとりとしている。

3 清蒸星斑（チェンチンセンパン）

宴会に欠かせない格式高い料理。活魚に薬味をのせて姿蒸しにし、沸かした油と醤油をかける。ご飯にぴったり。

※広東料理のおすすめ店→ P.223 ～ 225

皮蛋生薑（ペイダーンサンキョン）

前菜のショウガ添えピータン。黄身の部分がトロトロのピータンに、甘酢漬けショウガのさわやかさが絶妙のコンビ。香港のピータンは食感も味も格別なので、ぜひトライして。

杞子紅棗燉响螺（ケイチーホンチョウダンヒョンロウ）

バイ貝の二重蒸しスープ。食療に基づいたスープは広東料理の一大特色。二重蒸しでじっくりエキスを抽出。

One Point

体に優しいスープ
「例湯(ライトン)」もおすすめ

多くのレストランでは「例湯」（本日のスープ）を出している。漢方薬材や肉類、野菜を長時間煮出したスープ「老火湯（ロウフォートン）」は香港のおふくろの味。価格もリーズナブル。

西蘭花帯子（サイランファーダイチー）

ブロッコリーとホタテ貝柱の炒め物。干し貝柱やカニを使ったり、野菜は季節の青物を使う場合もある。

通の逸品

啫啫唐生菜煲（チェーチェートンサンチョイボウ）

中国レタスの土鍋煎り。エビの発酵調味料で味付けした乙な味。ヘルシーブームの最近の人気メニュー。テーブルで調理するエンターテインメント性がウケている、おいしい野菜料理だ。もう1品軽めの料理をというときにおすすめ。

干燒伊麵（ゴンシウイーミン）

カップ麺に似た食感の卵入り麺を炒めてオイスターソースで味付けしたもの。宴会の締めによく出される。

薑葱魚鰾煲（キョンチョンユーピウボウ）

魚の浮き袋の土鍋煮込み。干した浮き袋を戻し、カマの部分とともにショウガとネギで甘辛く煮込んだコラーゲン豊富な土鍋料理。

海鮮もオーダーしてみよう

店名に「〇〇海鮮酒家」とあったり、店に水槽や生けすがあれば海鮮料理がオーダーできる。全部を海鮮メニューにしなくとも、例えば前菜代わりに「白灼蝦（パッチョッハー）（ゆでエビ）」を頼んでみては？　分量は2～3人なら半斤(約300g)で十分。

店頭に据えられた水槽にはハタやクエなど高級魚が泳ぐ

ネギとショウガ入りのゆでエビ(羌葱白灼蝦)。シンプルだけど、エビの甘味とプリプリ感がたまらない。トウガラシ入りの醤油をつける

潮州料理

広東省のほかの地方とは言語や習慣の違う潮州の料理は、その伝統やアイデンティティをかたくなに守り続けている。漬物、海苔、味噌など日本人の口に合う食材も多いので、滞在中にぜひ試してみよう。

おすすめベスト3

5つのこだわり

❶**海鮮**

広東省東端の沿海地方に位置し、海の幸に恵まれていて、海鮮料理が得意。

❷**食材**

左遷の地であった潮州には中央の飲食文化が伝わり、フカヒレ、アワビなど高級食材を使う宴会料理が発達した。

❸**美観**

宴会料理では、芸術的な飾り切りや盛りつけなど目にもごちそう。

前菜盛り合わせにはニンジンの彫刻が付くのが伝統的

❹**味**

「食は広州、味は潮州」の言葉どおり、甘さと塩辛さのバランスを考慮した味付け。あっさりしていて、油も少なく日本人の口に合う。

❺**調味料**

料理ごとに小皿に入れた専用の調味料が付く。日本の味噌やしょっつる、ポン酢に似たものもある。

1 潮州凍蟹（チウチャウトンハイ）

魚介類をいったん塩水でゆでて冷ます独特の食べ方で、身が締まり、甘味とうま味が味わえる。潮州特産の花蟹はゆでるとまだら模様が華やか。

2 鹵水鵝片（ロウソイゴーピン）

香料や氷砂糖で調味した醤油だれで、ガチョウの胸肉を漬け煮にしてある。鹵水（たれ煮）は潮州の特徴的料理。手羽先や内臓などの部位、卵や豆腐など具材のバリエーションも豊富。米酢をつけるとあっさりする。

3 潮州蠔仔烙（チウチャウホウチャイロッ）

ベビーオイスターの卵焼き。「烙」は潮州語で「餅」の意味。小さくて風味の濃いカキをアヒルの卵に混ぜて焼く総菜で、魚露（ユーロウ）（魚の発酵調味料）をつけて食べる。

※潮州料理のおすすめ店→ P.226 ～ 227

碧緑川椒雞球

ピッロッチュンチウガーイカウ

鶏肉を醤油や香辛料で炒めたもの。色鮮やかな付け合わせは、解毒作用をもつ珍珠葉（和名：コミカンソウ）の素揚げ。

通の逸品

打冷

ダーラン

これは潮州独特の屋台風の夜食スタイル。各種たれ煮、海鮮の塩煮などの冷ました料理と、粥が定番。ガチョウやイカのたれ煮がオープンキッチンに下がっていたらこれ。潮州粥は広東粥と違い、日本の粥に近い味付けをしない白粥で、箸でかきこむ。

上／魚料理や総菜など、調理済みの料理がズラリ。これが打冷。食べたいものを指さし注文
右／ぶら下がる花蟹やたれ煮の数々

芋茸香酥鴨

ウーヨンヒョンソウンガップ

アヒル肉のタロイモ包み揚げ。マッシュしたタロイモは料理や菓子のあん、デザートによく使われる。

沙爹牛肉

サーテーンガウヨッ

牛肉の沙爹醤（沙茶醤、サテーソース）炒め。インドネシアやマレーシアの独特のソースが華僑によって潮州にもたらされた。

黄金煎伊麵

ウォンカムチンイーミン

宴会料理のメニュー。卵をかけた麺をきつね色になるまで焼き、グラニュー糖と鎮江香醋（黒酢）をつけて食べる。

蠔仔肉碎泡粥

ホウチャイヨクソイパーウチョッ

ベビーオイスターとひき肉の雑炊。薬味のセリが香ばしくおいしいご飯物。

One Point

少々苦いが、胃も口の中もさっぱりするお茶。食欲増進、消化促進の効果もあるという

州名物、工夫茶

コンフーチャー

潮州は昔からお茶の集散地で、潮州人のお茶きは有名。伝統的な潮州料理の店では、食前後に濃く入れた鐵観音茶がおちょこ大の湯飲み入って出てくる。これが工夫茶だ。作法に則っれた茶の味と香りを楽しもう。

※上海料理のおすすめ店→ P.228 ～ 229

上海料理

おすすめベスト3

醤油をベースにした甘辛いはっきりした味の料理が多く、日本人の中国料理のイメージに最も近い。旧式の店と新派のレストランがある。

香港では滬菜（ウーチョイ）の総称で呼ばれる

香港では近隣の蘇州、杭州、寧波、揚州、無錫の料理も上海料理というカテゴリーに属する。歴史的エピソードをもつ料理も多い。

究極のグルメ、上海蟹

秋の味覚は何といってもこれ。蟹尽くしのメニューもあるので、季節が合えばぜひ堪能したい。

普段メニューも美味

リーズナブルな家庭料理メニューも豊富。うどんに似たつるつるしたのど越しの麺や焼き餃子もあり、味の予想がつくので安心して注文できる。

1 小籠包（シウロンバーウ）

人気点心の豚ひき肉包み蒸し。極薄の皮からたぷたぷのスープが透けて見え、食欲をそそる。 針ショウガを入れた鎮江醋（黒酢）につけて食べる。

2 東坡肉（トンポーヨッ）

日本料理の豚の角煮や沖縄料理のラフテーに近い。脂身付きの豚肉を醤油や紹興酒、氷砂糖で照り煮にしたもの。詩人の蘇東坡の考案とされる。

3 清炒蝦仁（チンチャウハーヤン）

川エビのむき身を、塩と紹興酒で味付けしただけのあっさりした素炒め。緑茶の葉を加えた龍井蝦仁（ロンジンハーヤン）もおすすめ。

清蒸大閘蟹（チェンジンダーイジャッハイ）

あまりに有名な上海ガニの姿蒸し。舌に吸い付くほど濃厚なカニミソは一度食べたら忘れられない季節の美食。 9月中旬にはメス、11月にはオスが出回る。

賽螃蟹（チョイポンハイ）

カニもどき。清代から伝わる有名メニュー。実はカニは入っておらず、材料は魚肉と卵白だが、なぜか本当にカニの味がする。黒酢をかけて食べる。

One Point

上海料理の名脇役

紹興酒（シウヒンチャウ）

上海料理をさらに引き立てるのが紹興酒。なかでも熟成期間の長い花彫酒は銘酒として知られる。写真は8年物の花彫酒。

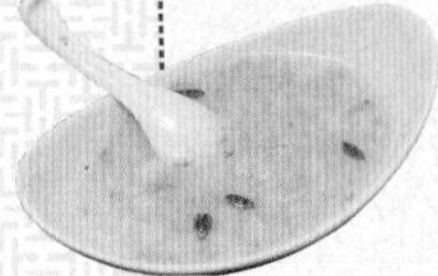

桂花酒釀丸子（クヮイファーチャウヨンユンチー）

キンモクセイの香りをつけた甘酒に小さな白玉を浮かべた名物デザート。甘酒料理も上海料理の特徴のひとつ。

酸辣湯（シュンラートン）

四川ルーツの辛く酸っぱい味が食欲をそそる。豆腐、キクラゲ、シイタケ、タケノコ、豚肉などを具に、黒酢とトウガラシを効かせたとろみスープ。

菘子黄魚（ソンチーウォンユー）

中国ではポピュラーな魚、イシグチの甘酢あんかけ。まるごと香ばしく揚げた魚に甘酸っぱいあんをかけた宴会メニュー。

北京料理

※北京料理のおすすめ店
→ P.229 ～ 231

濃い味付けで油の多いリッチな味いが特徴。北京に首都を定めて以の宮廷料理の流れを汲むメニュー、北京や周辺地域（山東、揚州、満、モンゴル）の料理が融合して今日北京料理に。
香港の北京料理店は、上海料理や川料理と共通のメニューも多く、料には広東料理の影響も見られる。廷料理の北京ダックが最大の名物。最近は中国から進出してくる店もえ、今まで紹介されなかったメニューも取り入れられている。

料理がメイン
牛肉、豚肉のほか羊肉の料理が多い。飯物や魚介類はあまりない。

や饅頭の水準が高い
小麦粉を使った饅頭や餃子、包子どの点心がおいしい。

ンターテインメント性もある
スタッフが行ってくれる北京ダックのライス、麺打ちの実演など、視覚的も楽しい。

おすすめベスト3

1 北京塡鴨（パッキンティンガップ）
北京ダック。餌をたくさん与えて大きく育てたアヒルを窯で丸焼きにした料理。おもにパリパリに焼けた皮の部分を味わう。

北京ダックの食べ方

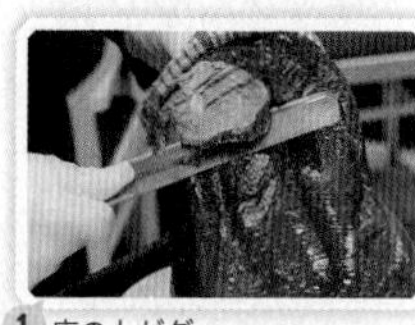

1 店の人がダックをスライスしてくれる

2 薄餅（小麦粉のクレープ）の上にダック、ネギ、キュウリをのせ、甘味噌をつける（好みでダックを多めにのせてもいい）

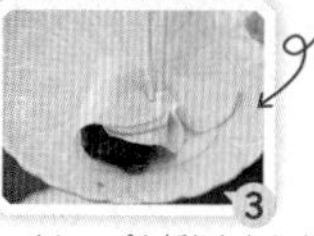

3 クレープを折りたたむようにしてくるむ。

4 巻き終えたところ

2 鮮肉鍋貼（シンヨッウォーティップ）
豚ひき肉を入れた焼き餃子。日本のものより皮が厚い。ゆでた水餃子もある。

3 葱爆羊肉（チョンバーウヨンヨッ）
マトンとネギの強火炒め。濃い醤油味でしつこさを感じない。爆（バオ）は強火でさっと炒める調理法。

北京爆炒麺（パッキンバーウチャウミン）
うどんのようなコシのある太麺を、千切りの野菜と一緒に炒めた焼きそば。

宮爆蝦球（コンバーウハーカウ）
エビチリ。サクッと揚げたエビにチリソースがよく合う。香港の四川料理のエビチリに比べると甘味が強く、辛さは控えめ。

One Point 北京料理のおすすめデザート

芝麻醤糖餅（チーマーチョントンペン）
中にゴマペーストが挟んであり香ばしくおいしい菓子。

高力豆沙香蕉（コウリクタウサーヒョンチウ）
バナナのあんこ入りフリッター。泡立てた卵白を衣にして揚げてあり、ふわふわした食感と熱々のバナナがたまらない。

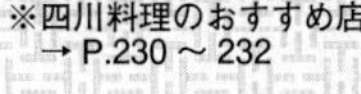
※四川料理のおすすめ店
→ P.230 ～ 232

四川料理

激辛ブームの香港で人気の四川料理。酸辣粉の大衆店や火鍋の店なども増えている。

味の基本

トウガラシの辛味の「辣（ラーッ）」と舌がしびれる辛味の「麻（マー）」。

辛さの理由

四川省は盆地で高温多湿の風土のため、病気にかかりやすかったことから、薬効のあるトウガラシが使われるようになった。

ただ辛いだけではない

「三椒（胡椒、山椒、花椒）」と、香りを添える「三香（ネギ、ニンニク、ショウガ）」、そのほか醤油や酢、豆板醤、豆豉（黒豆の発酵調味料）などの調味料を使い、味に奥行きを出している。これが四川料理の最大の魅力。

おすすめベスト3

1 麻婆豆腐（マーボータウフー） 激辛

マーボー豆腐。日本のものより花椒を効かせてあり、四川料理の特色である「麻」と「辣」の両方の味がよく生きている。

2 干燒蝦球（ゴンシウハーカウ）

エビのチリソース。ニンニクの香りがよく効いた、ホットでスパイシーなチリソースはファンの多い代表的なソース。

3 四川擔擔麺（セイチュンダームダームミン）

タンタン麺。芝麻醤（ゴマだれ）とラー油を効かせたスープはクセになるおいしさ。麺は細め。

干扁四季豆（ゴンピンセイクヮイタウ）

インゲンの強火炒め。強火でカラカラに炒める干扁という調理法で、ご飯に合う。四川料理店で野菜メニューをというときはぜひこれを。

酸辣粉（シュンラーッファン） 激辛

重慶の名物麺。サツマイモを加工した麺に、豚のだしをベースに辛味と香味、酸味を加えたスープがからまる。香港では近年酸辣粉の店が急増。

水煮桂花魚（ソイチュークヮイファーユー） 激辛

ケツギョ（淡水魚）の水煮。沸騰した湯でさっと煮たケツギョに、トウガラシや花椒の香りを移した沸騰油をかける家庭料理。牛肉バージョンもある。

辣子雞（ラーッチーガイ） 激辛

鶏のから揚げのトウガラシ煎り。トウガラシが山盛りの見た目は強烈なインパクト。辛さにも深みがある。

One Point 人気の小皿料理

お酒のつまみにもなる軽めの総菜。

紅油抄手（ホンヤウチャウサウ）

ゆでワンタンのラー油あえ。四川ではワンタンのことを「抄手」という。飲茶の点心としても見かける。

夫妻肺片（フーチャイファイピン）

ある夫婦が屋台で売り歩いたのが始まり。牛肉と内臓のたれ煮を芝麻醤（ゴマだれ）、ピーナッツ、トウチー、花椒、ラー油などであえた冷菜。

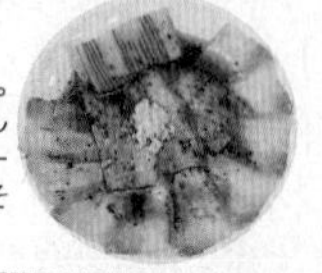

蒜泥白肉（シュンナイバッヨッ）

ゆで豚のニンニクソース。ゆでた豚肉をスライスしてニンニクを効かせ、ラー油と醤油で食べる。それほど辛くない。

※多くの四川料理店では、メニューに辛さの程度を示すマークがあるので参考にしよう。

客家料理

※客家料理のおすすめ店→P.232

中原から香港に移住してきた客家（ハッカ）
の人々に伝わる料理。東江菜（トンゴンチョイ）とも呼
ばれ、素朴で濃厚な味わい。価格は
手頃。

味は濃い
客家の人々のルーツが北方系である
ことや、保存をきかせるために味付け
が濃く、脂っこいが、辛味はなくマイ
ルド。

保存が得意
漬物、乾燥させた野菜、肉や魚の塩
漬けなど保存食品が豊富で、繰り返し
火を入れる土鍋煮込み料理が多い。

食材は
鶏、豚などの家畜や豆腐など、農
村の食材が中心。

鹽焗雞（イムコッガイ）
まるごと鶏の塩蒸し。下ごしらえした鶏を紙に包み熱した塩の山の中に入れる。客家料理を代表する料理で、鶏のうま味が凝縮されている。

梅菜扣肉（ムイチョイカウヨッ）
梅菜（漬物）風味の豚の角煮。甘味のある漬物と脂身たっぷりの豚肉を煮込んだボリュームのある料理。

八珍炆豆腐（バッチャンマン タウフー）
揚げ豆腐とひき肉の煮込み。揚げ豆腐にひき肉を詰め、野菜などと煮込んである。

素 菜

※素菜のおすすめ店→P.233

素菜（ソウチョイ）は齋（ツァイ）とも言う。寺院から発展
したいわゆる精進料理。少し前まで
はおもに老人食、祭事などの行事食
として食べられていたが、ヘルシー
ブームで人気が再燃、最近は新しい
スタイルのベジタリアンレストランも
増えている。

齋鹵味（ツァイロウメイ）
グルテンの煮付け。香港の精進料理店で最も人気のあるメニューで女性の大好物。食感も形状も違うグルテンに甘辛味、カレー味などいろいろな味付けをしている。

五柳仙斑（シーラウシンバーン）
ゆでたタロイモをマッシュにして型抜きし、魚の形にして揚げた伝統的な料理。

七彩生菜包（チャッチョイサンチョイバーウ）
サイコロ切りにした野菜やキノコを炒め、レタスに包み甘味噌をつけて食べる、カラフルな一品。

法海蒲團（ファッホイポウテュン）
1960年代に流行した寺院料理。炒めた野菜やキノコを碗に盛り、湯葉をのせて皿にひっくり返し、周囲を青菜で飾り中央に髪菜をたっぷり盛る。シェフの技が光る美しい一皿。

火鍋（フォーウォー）

※火鍋のおすすめ店→ P.233

香港式火鍋とは

日本のしゃぶしゃぶのように、沸かしたスープに思いおもいの具を入れて火を通し、たれにつけて食べる。冬場のみならず、1年を通して人気。夏場は冷房の効いた室内で盛り上がるのが香港の火鍋の醍醐味。

どこで食べる?

「○○火鍋酒家」と銘打つレストランや火鍋専門店、街市の熟食中心など。最近はひとり鍋の店もフードコート内にある。

予算は?

スープ+具材の値段。頼む具にもよるがひとり当たり300～500HK$前後。

一度に全種類入れず、まずは早く煮える団子類で腹ごしらえ。次いで海鮮、肉、そのほか味の出るものを入れよう

薬味（醬料（チョンリウ））

やや甘めの合わせ醤油に、好みでトウガラシやニンニクをブレンドする。北方系ではネギ、コリアンダー、味噌、芝麻醬（ゴマだれ）、芝麻油（ゴマ油）、ラー油、砂糖なども入れる。

スープ

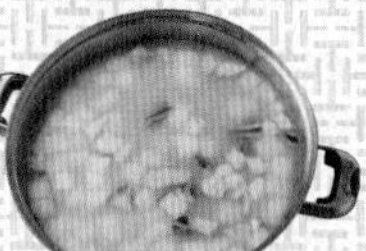

スープ（湯底（トンダイ））は定番から変わり種まで種類豊富。辛味スープと辛くないスープを半々ずつ仕切りのついた鍋で頼むのが一般的。

八寶冬瓜雞粒湯底（パッボウトンクヮガイラップトンダイ）

トウガンと鶏肉の白濁スープ。漢方的には鍋物は体がヒートするので、冷ます作用のあるトウガンを使用。

麻辣湯底（マーラットンダイ）

トウガラシがたっぷり入った四川風のホットなスープ。

おもな具材

四寶丸（セイボウユン）

火鍋に欠かせないのが練り物の団子。四寶は4種盛り合わせのこと。店によってオリジナル団子がある。写真はチーズや黒トリュフ入りなどの変わり種。

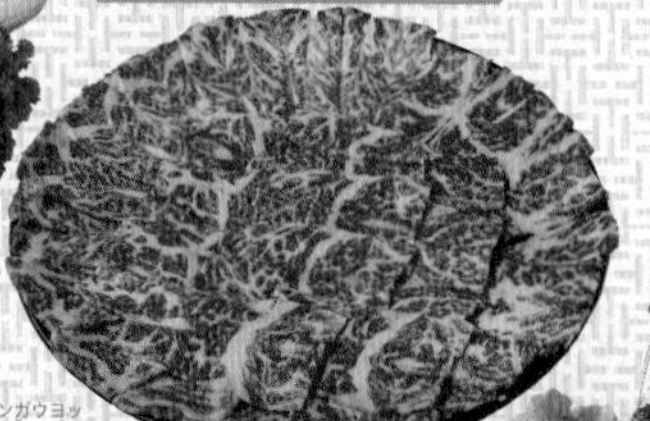

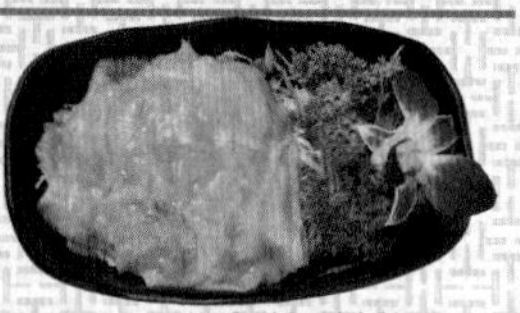

爽脆豬肚尖（ソンチョイチュートウチム）

豚ミノ。がっつり食べたあとは、コリッとした歯応えのホルモン系で目先を変えて。

牛肉（ンガウヨッ）

メインの具のひとつ。包丁さばきが重要で、専任の職人が切っている（手切牛とメニューにあることも）。

海鮮（ホイシン）

エビ、カニ、ホタテ、イカや、ハマグリなどの貝類が人気。魚もある。

炸釀油炸鬼（チャーヨンヤウチャークヮイ）

イカのすり身のせ揚げパン。油で揚げた具も味をよくするのでチョイスしたい。

生根（サンカン）

グルテン揚げボール。油揚げのような食感で、鍋物の常連。

金菇菜（カムグーチョイ）

エノキタケ。キノコ類のなかではこれがいちばん人気。

白菜（バクチョイ）

くせのない、ポピュラーな青野菜。

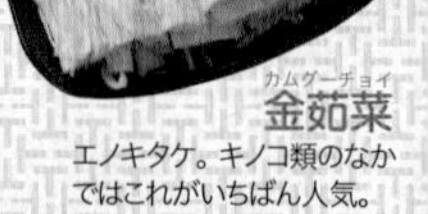

醉翁蝦（チョイヨンハー）

エビの紹興酒漬け。エビは海鮮のなかでも人気のある具。紹興酒漬けもおいしい工夫。

西洋菜（サイヨンチョイ）

クレソン。野菜の具のなかではクレソンが人気。地元の人は、野菜は締めに大量に食べる。

鍋の締めは?

うどんやビーフンなどの麺類で締める。

紹興酒漬けのエビは串に刺したまま鍋に

上級グルメにトライ!

海鮮料理

鮮魚店から
海鮮料理店まで
利用の仕方をレクチャー

特大のシャコや珍しい貝類、大ぶりのハタなどが泳ぐいけすが並ぶ海鮮料理店。本格的海鮮を味わうなら足を延ばして海沿いの町へ行こう。

\ 新鮮で珍しい魚がたくさん! /

海鮮檔の店頭の水槽。珍しい貝や魚に目を奪われる

手軽に食べるには

少人数の場合や魚介を選ぶ自信のない人は、直接レストランに行き、店のメニューから料理を注文するとよい。お得なコースも用意されているし、多くは直営の海鮮檔をもつので、活きのよい材料で調理している。客の入りがよく、清潔感のある店を選ぶとよい。予算は材料によるが、ひとり400HK$前後〜。

魚を買う

1 海鮮檔の並びをざっと見て歩き、だいたいの感じをつかむ。

うわっ! でかい!!

料金が表示されている店もある。1両(37.5g)、1斤(約600g)といった重さで量り売り

2 利用する店を決める。

選ぶポイントは客が多く海鮮の種類が多いこと。こういう店は商品の回転が速く、新鮮なものが買える。

3 目当ての魚介を、指さしなどでしっかり伝える。

適量がわからないときは店のスタッフに人数を告げ相談するとよい。目方を量るときは、海鮮を入れたビニール袋の水を切っているかどうかを確認。

上／スタッフに相談しつつ食べたい魚介を選ぶ
左／目方を量る際に料金もチェック

4 選び終えたら値段交渉してみる。

大量に買った場合は交渉有利。

5 買った海鮮を持ってレストランに行く。

ほとんどの場合、鮮魚店のスタッフが提携している店に連れていってくれる。提携店の場合には、魚介の料金は飲食代と一緒に勘定する。

スタッフに おすすめを聞こう

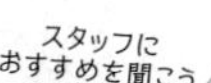

レストランで調理してもらう

レストラン(海鮮酒家、海鮮飯店など)では着席後に調理法の希望を聞かれる。海鮮によって定番の調理法があるので、わからない場合はおすすめに従うのもよい。そのほかの料理や飲み物はメニューから注文しよう。

左／調理法のメニューがある店も　右／選んだ海鮮が調理されてテーブルへ。感動の瞬間!?

有名な海鮮エリア

西貢(サイコン)
香港の食通御用達のスポット。行き方など→P.346。

南Y島(ラムアトウ)**(ラマ島)**
ちょっと船旅して海鮮が楽しめる。島のふたつの港、索罟灣と榕樹灣のどちらのエリアでも海鮮レストランはあるが、索罟灣のほうが数が多い。行き方など→P.393。

鯉魚門(レイユームン)
比較的中心部に近く、古くからある海鮮エリア。行き方など→P.344。

市街地の「○○海鮮酒家」
ここでも海鮮料理が食べられる。魚介の種類の多さや野趣は海鮮檔併設のレストランに及ばないが、料理の味や技術はこちらのほうが上。高級店は値段も張るが、材料も厳選しており、究極のグルメが味わえる。多くの料理は「時価」となっているので、値段を確認しながら注文すること。

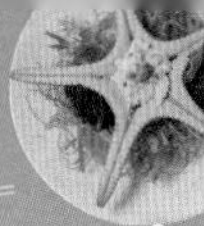

\ 食べにきてね! /

海鮮料理

食材とメニュー図鑑

Menu **白灼蝦**:さっとゆでてトウガラシ入りの醤油だれで食べる、シンプルながらうまい。ふたりで半斤(1斤は約600g)が目安。
醉蝦:酔っぱらいエビ。白灼蝦の高級路線で、紹興酒などを注いで跳びはねるエビを客の前でボイルする。

白灼蝦

基圍蝦、高米蝦(エビ)

淡水と海水の交わるところにすむ小エビ。養殖物が多い。元気に泳ぎ回るものが新鮮。

龍蝦(ロブスター)

青味がかっているのが香港、中国近海産で、赤くて斑点があるのがオーストラリア産。手足を元気に動かしているものが活きがいい。

写真は東星斑

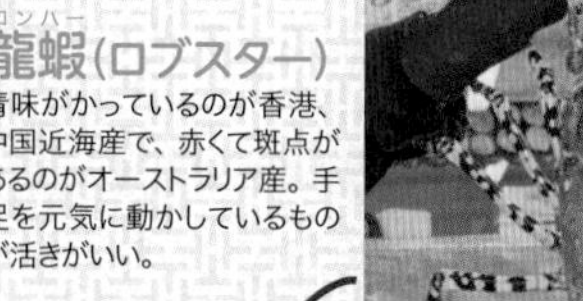

石斑魚(ハタ類)

石斑には、老鼠斑、紅斑、虎斑、青斑などたくさん種類があり、弾力のある肉質のおいしい白身魚。老鼠斑はとても高価。

清蒸石斑魚

蒜茸焗龍蝦

Menu **蒜茸焗龍蝦**:ニンニクと醤油だれをかけて蒸した料理。
上湯焗龍蝦:上湯スープをかけて蒸した料理。

Menu **清蒸石斑魚**:まるごと蒸し上げ、沸かした油と醤油のたれをかけ、薬味に香菜をのせて食べる、香港では最もおいしいとされる魚の食べ方。たれはご飯にかけて食べるのが香港流。

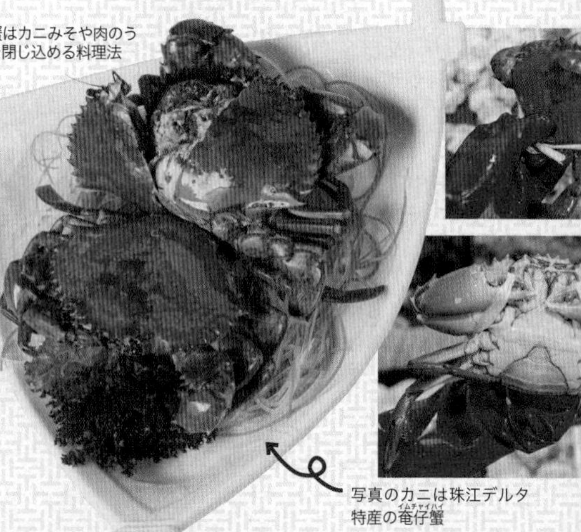

油焗蟹はカニみそや肉のうま味を閉じ込める料理法

膏蟹、肉蟹などのカニ類

あぶくを吹いているもの、手足を動かしているものが活きがよい。希少な黄油蟹は真夏が旬だが、そのほかのカニは夏は産卵期なので避けたほうがよい。

Menu **清蒸膏蟹**:蒸しガニ。
油焗蟹:下味をつけたカニを中温の油に浸し、じっくり熱を通す料理法。
羌葱焗肉蟹:ネギとショウガ風味炒め。
豉椒焗蟹:豉椒風味炒め。

写真のカニは珠江デルタ特産の奄仔蟹

取材協力:全記海鮮菜館(→ P.234)

※海鮮料理のおすすめ店→ P.233 ～ 234

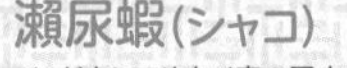

貴妃蚌(クワイフェイボン)(バカ貝やハマグリに似た貝)

大きめのハマグリに似た貝。固く閉じているものを選ぶ。

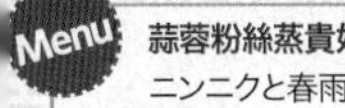

Menu **蒜蓉粉絲蒸貴妃蚌**:ニンニクと春雨をのせた蒸し物。
蒜茸蒸貴妃蚌:ニンニク風味の蒸し物。

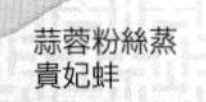

蒜蓉粉絲蒸貴妃蚌

瀨尿蝦(ライリウハー)(シャコ)

インドネシアやタイ産の巨大なシャコは30cm近くもある。

椒鹽瀨尿蝦

Menu **椒鹽瀨尿蝦**:香ばしく素揚げして、塩、コショウ、スパイスを振ったもの。

元貝(ユンブイ)／扇貝(シンブイ)(ホタテ貝)

日本のホタテ貝に見かけも味も近い。ホタテに似た貝柱をもつ帯子(タイラギ)もポピュラーだが、これよりも肉質は軟らかく美味。しっかり貝殻を閉じているものを選ぶ。

Menu **蒜蓉粉絲蒸元貝**:ニンニクのみじん切りと春雨をのせた蒸し物。

蒜蓉粉絲蒸元貝

蟶子皇(センチーウォン)(マテ貝)

日本でいうマテ貝だが、サイズは数倍大きい。注文の際はひとり1本が目安。

豉椒炒蟶子皇

Menu **豉椒炒蟶子皇**:野菜とともにトウチー(豆豉)で炒めたもの。

墨魚(マッユー)(紋甲イカ)

身が肉厚で軟らかいモンゴウイカは春夏の味覚。ほかに、ヤリイカに近いものを尤魚(ヤウユー)と呼び、年間を通じて見かける。

Menu **刺身**:イカの刺身は香港でも人気。
椒鹽鮮魷:イカのフリッター。

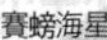

イカの刺身

海星(ホイセン)(ヒトデ)

干してスープに入れたり、身を調理して食べる。ヒトデは血の巡りや内臓の働きをよくするといわれている。

賽螃海星

Menu **賽螃海星**:干し貝柱、エビのむき身を卵白と一緒に炒めてある。

その他の海鮮メニュー

鮑魚(バーウユー)(トコブシ)

Menu **清蒸鮑魚**:トコブシの姿蒸し。

象拔蚌(チョンバッポーン)(ミル貝)

Menu **堂灼象拔蚌**:ミル貝の湯引き。

海鮮檔スタッフのアドバイス

- 海鮮は1年のうち、冬場の1～2月頃が最もおいしい。カニやロブスターの肉がいちばん分厚くなる。夏は魚がおすすめ。
- ロブスターは東シナ海産が肉質よし。オーストラリア産は大味。

香港ローカル料理 粥麵店＆茶餐廳 ガイド＆メニュー集

香港の食の醍醐味は街角の庶民派グルメにある。あれこれ食べ歩いてみよう。

粥麵店利用ガイド

お粥

香港のお粥は、
スープと一緒に米を炊き上げる
広東粥がメイン。

粥麵專家（チョッミンチュンガー）とは

粥・麺、またはその両方の専門店。店頭のオープンキッチンで調理しながら売っていることが多い。

左／店頭のオープンキッチンで調理される
右／モダンな店が増え、観光客にも利用しやすくなっている（写真は何洪記→ P.238）

エリア

粥麵店はビジネス街やホテル近くに多く、古い街並みや街市（ガイシー）（市場）付近、住宅街にもある。

混雑時は相席が普通

混雑時間

最も混むランチタイム（13:00～14:00）を避けること。12:00前には入っていたい。

お粥のタイプ

基本の白粥

油をまぶした米をだし（豚、鶏、干した魚介、貝柱など）入りのスープで攪拌しながら炊き上げる。米粒の形が崩れ、クリーミーなトロトロ状態に。

大鍋で炊かれたお粥を注文と同時に小さい鍋に小分けして調理

生滾粥（サーンクヮンチョッ）

基本の白粥を熱々に沸かし、その中に生の具材（魚介、肉）を入れて供する。具材から出たうま味が粥に溶け込むのが特徴。

屋台の粥

柴魚花生粥（チャイユーファーサンチョッ）（干し魚とピーナッツの粥）、豬骨粥（チュークヮッチョッ）（とんこつ粥）など。あらかじめ具を入れて煮込んである安価な粥。

名物の粥

新界の沙田名物の雞粥（ガイチョッ）（骨付き鶏粥）や、水蟹粥（ソイハイチョッ）（カニ粥）、泥鯭粥（ナイマーンチョッ）（アイゴ粥）は夜食の定番メニューとして有名。また、潮州のお粥は日本と同様の味付けをしていない白粥で、漬物や塩辛類を添えて食べる。

沙田名物の雞粥は鶏肉が主役でたっぷりの鶏肉を米と煮込んだもの

食べ方のコツ

- 非常に熱いので、表面の部分からそっとレンゲですくって食べる。かき混ぜ過ぎると水と糊状の部分に分離してしまい、味が落ちる。
- 潮州の白粥はレンゲを使わず、箸でかきこむ。
- 調味料はコショウ程度。

サイドメニュー

棒状のパンが油炸鬼（油條）

エビ入りの腸粉（鮮蝦腸粉）

▶お粥に合うもの

油器（ヤウヘイ）：揚げパン類。特に有名なのが油炸鬼（ヤウチャークァイ）、または油條（ヤウティウ）と呼ばれる棒状のもの。そのまま食べても、ちぎって粥に入れても美味。

米粉クレープ類：シンプルな腸粉（チョンファン）、干しエビとネギで味をつけた蝦米腸（ハーマイチョン）、揚げパンを巻いた炸兩（チャーリョン）がおすすめ。

ご飯・麺類：糉（チョン）（ちまき）、炒麵（チャウミン）（モヤシ入り焼きそば）、炒米粉（チャウマイファン）（炒めビーフン）など。

手前があっさり醤油味の炒麵、後方右が腸粉

▶麺に合うもの

油菜

油菜がベスト

メニューには郊外油菜（ガウンゴイヤウチョイ）とある場合も。油菜はゆで野菜に沸かし油と合わせ醤油やオイスターソースをかけて食べる方法。最もポピュラーなのは菜の花の茎に似た菜心（チョイサム）で、菜遠（チョイユン）は先端に近い軟らかいえりすぐりの部分。ほかに芥蘭（ガイラン）（カイランという青菜）、韮菜花（ガウチョイファー）（ニラの花芽）、生菜（サンチョイ）（レタス）といった野菜がある。

麺

香港の人は麺好きで、多種多様な麺がある。

麺の系統

雲呑麺(ワンタンミン)に代表される広東系、肉や魚の団子を具として使う潮州系、そのほか上海、北京、四川などの北方系がある。

1940年代のワンタン麺の屋台。これが麺屋の原形だ

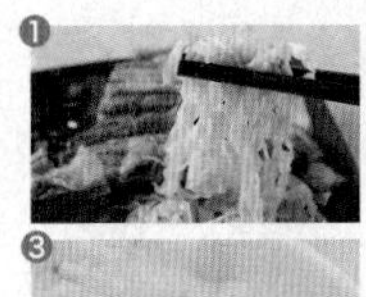
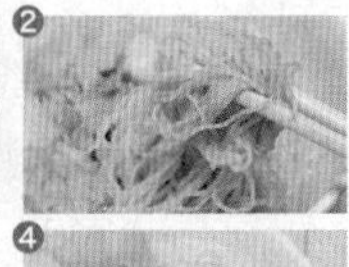

麺の種類

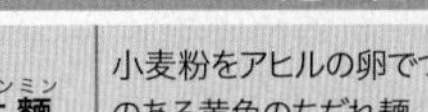
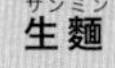

生麺(サンミン)	小麦粉をアヒルの卵でつなぎ、かん水※を使うコシのある黄色のちぢれ麺。太い粗麺(チョウミン)(❶)と細い幼麺(ヤウミン)(❷)がある。
河粉(ホーファン)	日本のきしめんに似た白い米粉の麺。❸
米粉(マイファン)	ビーフン。❹
伊麺(イーミン)	クリーム色をした卵入りの揚げ麺。インスタント麺に似ている。伊府麺ともいう。❺
油麺(ヤウミン)	スパゲティのような形状の太い光沢のある麺。❻

スープ

麺のスープは湯底(トンダイ)と呼ばれ、いくつかの系統がある。

澄まし系	雲呑麺に代表される、清湯(チントン)と呼ばれる澄んだスープ。牛や豚、鶏の骨に大地魚(ダイデイユー)(干しヒラメ)、干しエビ、貝柱、羅漢果でコクとうま味、香りを出す。
白濁系	潮州麺では牛骨や魚類のスープを使う。

食べ方のバリエーション

●湯麺(トンミン)(スープ麺)
スープの中に麺と具材が入っている。

●撈麺(ロウミン)(あえ麺)／撈米(ロウマイ)
具材ののった麺またはビーフンと、スープが別々に出てくる。スープはそのまま飲んでも、麺をたぐり入れてもよい。

裏ワザ

スープ餃子の浄水餃

麺だけ、具だけ頼む際の言い方は、浄(チン)○○。浄雲呑(チンワンタン)はスープワンタン。浄麺(チンミン)は麺をおかわりしたいときに。

麺の具

海鮮類	魚片(ユーピン)(鯇魚(ワンユー)という白身魚の薄切り)。ほかにエビやカニ、貝柱、アワビなど。
肉、臓物類	牛腩(ンガウナム)(牛バラ肉の煮込み)、牛筋(ンガウカン)(牛スジ肉)、牛肚(ンガウトウ)(牛モツ)、豬潤(チューヨン)(豚レバー)など。
団子などの練り物	団子は魚蛋(ユーダン)(魚団子)、鯪魚球(レンユーカウ)(川魚のすり身団子)、牛丸(ンガウユン)(牛肉団子)、墨魚丸(マッユーユン)(イカ団子)など。ほかに魚片(ユーピン)(カマボコのような練り物)。

Column

超ローカルな車仔麺(チャーチャイミン)にトライ!

麺とトッピングの具をそれぞれ選んで注文する車仔麺。もともとは屋台食で、現在は専門店にのみある。自分好みの麺が作れる香港人の大好きなスタイル。

オーダー用紙

左／調理済みの具材が何十種類も並ぶさまはビュッフェのよう。オーダーは、まず麺の種類を選び、具材は指さしでよい。オーダー用紙があるところも　右／具はダイコン、手羽先、豬皮(豚皮)、豬紅(豚の血を固めた豆腐状のもの)、咖喱魚蛋(カレー味の魚団子)、野菜、ソーセージなど。2種類入りで40HK$くらい

※かん水：中華麺やワンタンの皮に使われ、独特の風味や食感、色合いを出すアルカリ性の食品添加物。
また、防腐剤の効果もあり、地元では「梘水(ガーンソイ)」という。

指さし注文にも使える 粥・麺メニュー集

お粥

ペイダーンサウヨッチョッ
皮蛋痩肉粥
ピータンと塩漬けの豚赤身肉の粥。胃に優しく、体の熱気を抑えるといわれ、地元では好まれている。

おすすめ

ユーピンチョッ
魚片粥
鯇魚という淡水魚の肉を薄く削いで熱々の粥に入れたもの。生滾粥（→P.70）の代表作。

パッチョッ　ヤウティウ
白粥と油條
消化のよいプレーンなお粥。揚げパンと一緒に食べれば地元っぽい朝食メニューに。

ンガウヨッチョッ
牛肉粥
薄切り牛肉の粥。鮮牛肉粥ともいう。肉のうま味が粥に溶け込んでいる。ほかに牛ひき肉に揚げた米粉を砕いて混ぜた砕牛肉粥がある。

サンクゥンハイチョッ
生滾蟹粥
カニ粥。生のカニを豪快に使った、ごちそう感のある一品。カニのうま味は粥と合う。

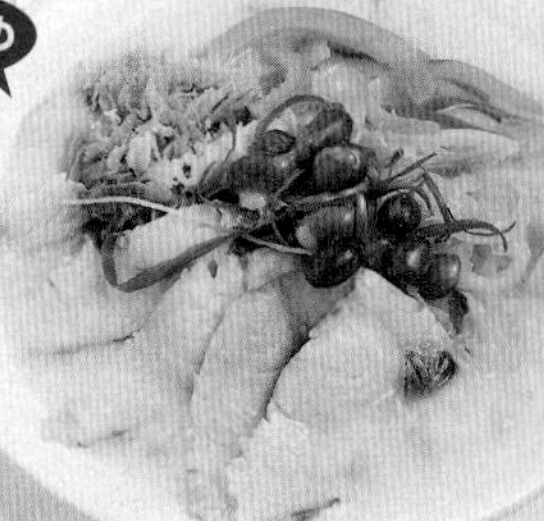

おすすめ

ライワーンテンチャイチョッ
茘灣艇仔粥
五目粥。かつて広州の茘灣を行き交うサンパン（舟）で売られていた名物粥。具はスルメ、豚皮、ピーナッツ、ミンチ肉など。

カップダイチョッ
及第粥
豚の内臓やレバーが入ったお粥。その昔、母親の作ったこの粥で科挙に合格したという伝説のスタミナ粥。

あえ麺

キントウチャーチョンロウミン
京都炸醤撈麺
ジャージャー麺。豚肉と醤油、豆板醤、甘味噌などの調味料を油で炒めて作った味の濃いたれをかけた麺。

おすすめ

ハーチーロウミン
蝦子撈麺
エビ子のあえ麺。乾燥させた川エビの卵を香ばしく煎ったものをたっぷりふりかけてある。写真はワンタン添え。

※粥・麺のおすすめ店→ P.237 ～ 239

スープ麺

※メニューの麺はほかの種類の麺に変えてオーダーできる。

雲呑麺（ワンタンミン）
ワンタン麺。広東を代表する麺で、ワンタンの大きさ、スープの味には店によって流派やこだわりが見られる。

上湯牛腩米粉（ションドンンガウナムマイファン）
骨付き肉を長時間煮込んだ澄ましスープに、軟らかく煮込んだ牛バラ肉入り。コラーゲンたっぷりの麺。

蜜汁叉焼伊麺（マッチャップチャーシウイーミン）
チャーシュウのせ麺。写真は卵麺の伊麺をチョイスしたもの。

咖喱筋腩伊麺（ガーレーカンナムイーミン）
スジ肉、バラ肉のカレー卵麺。カレーには卵麺が合う。

四寶米粉（セイボウマイファン）
4種の具入りビーフン。魚団子、肉団子、魚皮餃（魚のすり身を皮にしたギョウザ）、カマボコと、潮州系の代表的な具材が一碗に。

魚蛋河（ユーダーンホー）
魚団子入りきしめん。潮州系の店では魚、牛、豚などの肉を棒でたたいて作った弾力性のある「丸（団子）」が有名。

One Point

潮州麺に入っている練り物系の具は、辣椒油（ニンニクやトウガラシ入りラー油）をつけて食べる。スープに少し入れてもよい。

その他の麺

肉絲炒麵（ヨクシーチャウミン）
豚肉の細切りあんかけ揚げ麺。いわゆるかた焼きそばで、揚げた麺にあんをかけたもの。

車仔麺（チェーチャイミン）
麺とトッピングをそれぞれ選べる麺。麺は濃い味の醤油スープがよくからむ、太めの油麺がおすすめ。具は3～5種類が適量。

サイドメニュー

炸鯪魚球（チャーレンユーカウ）
揚げた魚団子。蜆介醤（しじみの塩辛）をつけて食べる。

蠔油菜心（ホウヤウチョイサム）
青野菜のオイスターソースがけ。

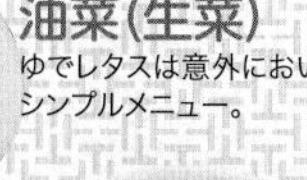

腐乳通菜（フーユートンチョイ）
通菜（空心菜）をゆでて、腐乳（豆腐の発酵調味料）をかけたもの。

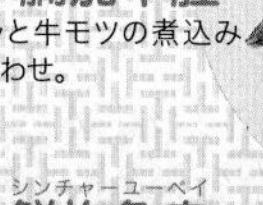

浄牛腩加牛肚（チンンガウナムガーンガウトウ）
牛バラと牛モツの煮込み盛り合わせ。

油菜（生菜）（ヤウチョイ　サンチョイ）
ゆでレタスは意外においしいシンプルメニュー。

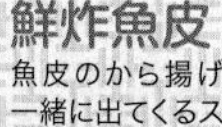

鮮炸魚皮（シンチャーユーペイ）
魚皮のから揚げ。一緒に出てくるスープに浸して食べるとよい。潮州系。

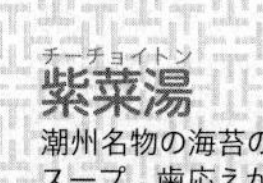

紫菜湯（チーチョイトン）
潮州名物の海苔のスープ。歯応えがあり香りがよい。

焼味（ロースト）

※焼味のおすすめ店→ P.235

焼味とは

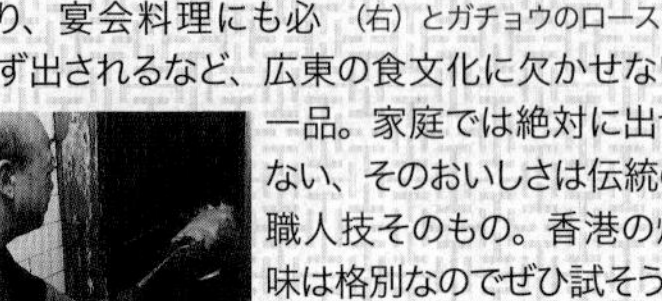

宴席に不可欠の豚の丸焼き（右）とガチョウのロースト

独特の窯を用いて肉を炭火で丸焼きにするロースト料理は、神様へのお供えにしたり、宴会料理にも必ず出されるなど、広東の食文化に欠かせない一品。家庭では絶対に出せない、そのおいしさは伝統の職人技そのもの。香港の焼味は格別なのでぜひ試そう！

火加減やたれの合わせ方は職人技

どこで食べられるの？

ホテルのレストラン、酒楼（広東料理店）、ファストフード店、一部の茶餐廳で。また街市（市場）やスーパーでは、総菜や弁当としてテイクアウトが可能。

上級者は焼臘店（シウラップディム）と呼ばれる専門店で自分好みの組み合わせをオーダーしてみよう。

ロースト類

おすすめ

焼肉（シウヨッ）

豚の丸焼き。皮の表面に気泡ができてパリパリなのが特徴。近年は飲茶の人気メニューにもなっている。塩味だけの味付けであっさり。

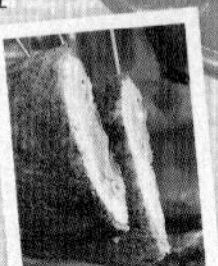

調理場につるされた焼肉

焼鵝（シウンゴー）

ガチョウの丸焼き。北京ダックに近い味わいで、脂ののった肉はたまらなくおいしい。梅ジャムのような冰梅醬（ビンムイジャン）をつけて。

叉焼（チャーシウ）

チャーシュウ。ローストの代表格で、叉焼醬（チャーシウチョン）の甘辛い味はあとを引くおいしさ。

切雞拼燒鵝（チッガイペンシウンゴー）

手前が白切雞というゆで鶏。湯の中に鶏をまるごと浸すという調理法だが、ローストの部類に入る。写真はガチョウのローストとの盛り合わせ（2種類の具を選ぶ雙拼の一例）。

ご飯物

おすすめ

叉焼皇飯（チャーシウウォンファン）

チャーシュウ飯。赤身7：脂身3の肩ロース部位が極上とされる。

裏ワザ

咸蛋（ハムダン）（ゆでた塩漬け卵）をプラスしてみよう。ほどよい塩味が甘いローストとよく合い、ご飯が進む！

珍味五寶飯（チャンメイシーボウファン）

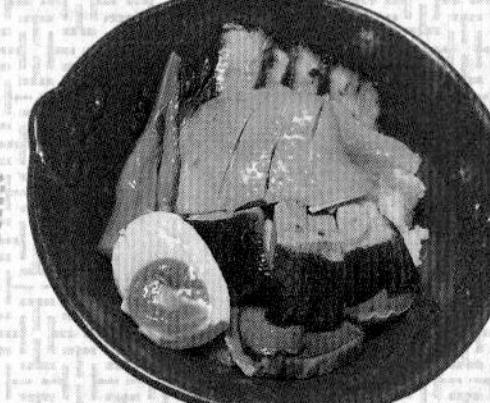

5種類のローストの盛り合わせご飯。選ぶのに迷ったら、組み合わせが決まっているメニューを頼むとよい。

焼臘店（シウラップディム）で

ローストを買う（テイクアウト）

店の前にチャーシュウやガチョウのローストなどがぶら下がっていたら、それが焼臘店。種類や部位、分量を注文すると、職人が分厚いまな板の上で切り分けてくれる。弁当の場合、量は適当に見つくろってくれ、たれも付けてくれる。

肉の塊がディスプレイされている焼臘店

ご飯（麺）物は具をミックスで

ご飯物や麺をオーダーする際には単品のほか、雙拼（ションペン）（2種類の具のせ）、三拼（サームペン）（3種類の具のせ）も注文できる。

店内で食べる際はメニューから選べばよい

ナタのような包丁を振るうさまは迫力満点

煲仔飯（土鍋炊き込みご飯）

※煲仔飯のおすすめ店→ P.236

煲仔飯とは

日本の釜飯に近い炊き込みご飯のこと。専用の土鍋で米を炊いた上に具材をのせて蒸らし、そのままテーブルへ。寒い冬の屋台で、アツアツの煲仔飯をハフハフ言いながら食べる醍醐味は一度体験したら忘れられない。

いつ、どこで食べられるの？

以前は冬限定。現在は1年中食べられる人気メニューだ。もともとは廟街など下町の路上の屋台でのみ食べられる料理だったが、今や茶餐廳や酒樓、ホテル内の中国料理レストランにも登場する。以前は炭火で炊くのが常だったが、最近はガスコンロで調理するところがほとんど。

廟街の一角、路上で食べる煲仔飯は格別

おすすめ

窩蛋免治牛肉煲仔飯（ウォーダンミンチーンガウヨッボウチャイファン）
牛肉ミンチを入れて蒸らしたあと、仕上げに生卵を割り入れて供する。

熱々のご飯と混ぜると卵が半熟になる

おいしさの秘密は醤油にあり

炊き上がった煲仔飯にかける甜豉油（ティムシーヤウ）（合わせ醤油）は、氷砂糖、だし、たまり醤油、生醤油、ラードを合わせたもので、煲仔飯の絶妙の引き立て役だ。

甜豉油。かける分量はお好みで

おすすめ

北菇滑雞煲仔飯（バッグーワーッガイボウチャイファン）
下ごしらえした鶏と戻した干しシイタケをのせたもので、比較的クセのない味。

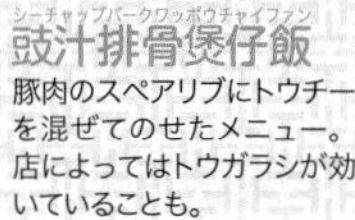

おすすめ

金銀蒜粉絲開邊蝦煲仔飯（カムンガンシュンファンシーホイビンハーボウチャイファン）
開いたエビに、揚げニンニクと生ニンニク、春雨をのせて蒸らした、味も香りもよいメニュー。

豉汁排骨煲仔飯（シーチャップパークワッボウチャイファン）
豚肉のスペアリブにトウチーを混ぜてのせたメニュー。店によってはトウガラシが効いていることも。

豉汁帯子煲仔飯（シーチャップダイ チー ボウチャイファン）
ホタテにトウチー（黒豆の発酵調味料）を混ぜてのせたもの。海鮮を用いたメニューは比較的さっぱりしている。

※エビやホタテなど海鮮の具の炊き込みご飯は、銓滿記餐廳小廚（→P.236）で食べられる。

煲仔飯の食べ方

1 具をいったん別の皿に移す。

2 ご飯と合わせ醤油をよく混ぜ合わせる。

3 茶碗にご飯を取り分け、具をのせる。

4 土鍋の内側についたおこげをスプーンなどでこそげ落とす。

裏ワザ

おこげのおいしさも味わいたい。スープを入れておじや風にするもよし、はがしたおこげにグラニュー糖をつけて食べるのもオツだそう。

具を取り出さずに醤油をかけて具ごと箸でかき混ぜてもよい

茶餐廳(チャーチャンテン)利用ガイド

香港B級グルメが大集合。メニューが豊富で、旅行者にとっても利用しやすい

茶餐廳とは

香港人の食生活で大きな存在感をもつのが茶餐廳だ。"香港式ファミレス"とも形容される多彩で経済的なB級メニュー、注文後秒速で料理が出るスピーディさ。いつでもどこでも、ひとりでも、誰とでも利用できる便利さ。香港人が要求する「平(ペン)、靚(レン)、正(チェン)(安く、質がよく、いい感じ)」を満たす茶餐廳は、最も香港らしい場所である。

香港人の生活スタイルにマッチした茶餐廳は、近年ますますヒット、競争も激化している。モダンな内装の店や24時間営業の店、コンセプトに趣向を凝らした店も増加中。

店内はシンプル。写真は昔ながらの茶餐廳

何が食べられるの?

飲み物も多種多様。茶餐廳にしかないユニークなメニューもある

ありとあらゆるものが飲食でき、メニュー数は100を超える。中国料理をはじめ、西式(洋食)、さらには泰式(タイ風)、日式(日本風)のメニューがすべて漢字で書かれており、香港の食文化の貪欲さと柔軟さに感服だ。レストラン顔負けのメニューや、ユニークなオリジナルメニューを出す店もあり、価格は年々上がっている。

左/伝統的な店では店頭でパンやタルト、カップケーキなどを販売
右/テーブルに箸やスプーン入れの引き出しが付いているところも

お得なセットメニューが豊富

調味料は各テーブルに備わる

1日中何かしらのセットメニューがある。壁に張られたメニューもチェックしてみよう。おもなセットは次のもの。

朝　　餐:朝食セット
下午茶餐:アフタヌーンティーセット
晩　　餐:ディナーセット
常　　餐:オールデイセット

スープマカロニと目玉焼き、パイナップルパンの朝食セット(35～45HK$)

利用法

お勘定は出入口脇のレジで

空席に座ると、コップに入ったお茶(極度の出がらしなので飲まない人が多いが、何も頼まない場合は有料になる)が出され、いざ注文。英語はあまり通じないのでメニューを指さして注文しよう。セットメニューの場合は、飲み物を指定する(冷たい飲み物の場合には1～2HK$高くなる)。

お勘定はレジに伝票を持っていって支払う。取り扱いは現金のみ(カードは不可)。チップは不要。

\ 茶餐廳攻略のカギはコレ! /

メニュー解読

茶餐廳でやっかいなのが、漢字でびっしり書いてあるメニューの解読だ。メニュー読み解きのコツを紹介しよう。

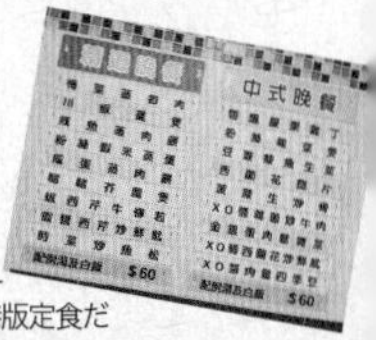

ディナーセットのおかずメニュー(ご飯とスープ付き)。まさに香港版定食だ

メニュー名の成り立ち

メニュー名は「材料+料理の正体」または「調理法+材料+料理の正体」が基本。調理法と料理の正体がキーポイント。

例1　「材料+料理の正体」

蝦醬　雞粒 + 炒飯
↓
エビみそと　鶏肉の角切りの + チャーハン

例2　「料理法+材料+料理の正体」

干炒 + 雜錦 + 米粉
↓
炒めた + 五目 + ビーフン

左／モダンな内装のファミレス風の店が主流になりつつある　右／定番的メニューのチャーハン。写真はエビやイカが入った海鮮炒飯

料理の正体のキーワード

ご飯・麺類　●湯（トン）:スープのある　●炒（チャウ）:炒める　●撈（ロウ）:あえる

ご飯の調理法

飯（ファン）	ぶっかけご飯
炒飯（チャウファン）	チャーハン
湯飯（トンファン）	おじや
粥（チョッ）	お粥

麺の種類

麵（ミン）	かん水を使った黄色い麺	烏冬（ウードン）	うどん
河（ホー）	きしめんのような米の麺	公仔麵（コンチャイミン）	インスタント麺
米粉（マイファン）	ビーフン	意粉（イーファン）	スパゲティ
貴刁（クワイティウ）	幅広の米の麺	通粉（トンファン）	マカロニ

パン　●三文治（サンマンチー）:サンドイッチ　●多士（トーシー）:トースト

スプレッド

牛油（ンガウヤウ）	バター	醬（ジョン）	ピーナッツバター
果占（クォチム）	ジャム	奶（ナイ）	コンデンスミルク

パンメニューは朝食やおやつにいい

飲み物　●熱（イッ）:ホット　●凍（トン）:アイス

種類

咖啡（ガーフェー）	コーヒー	檸檬茶（コンモンチャー）	レモンティー
奶茶（ナイチャー）	ミルクティー	鴛鴦茶（ユンヨンチャー）	コーヒーと紅茶のミックス

1940年創業のオランダの「黑白淡奶（ブラックアンドホワイト）」のエバミルクは、茶餐廳のミルクティーに不可欠。香港用に乳脂肪分を多くしているという

甘味

種類

雪糕（シュッゴウ）	アイスクリーム
新地（サンディ）	サンデー
賓治（バンチー）	パンチ

左／温かい飲み物もグラスで出す店もある。写真はミルクティー
右／アイスコーヒーはガムシロップもミルクも入っている

応用編

煎蛋免治牛肉飯炒底（牛ひき肉と目玉焼きのせチャーハン）。「炒底」を最後に付けると、ご飯がチャーハンになる

茶餐廳のすごさはメニューがフレキシブルなこと。以下の言葉を使いこなして、自分好みのわがままオーダーを。

応用ワード

キーワード	意　味	使用例
底（ダイ）	ベース	加底（ガーダイ）（大盛り）、炒底（チャウダイ）（チャーハンにする）、烘底（ホンダイ）（サンドイッチのパンをトーストする）
多（トー）	多めにする	多奶（トーナイ）（ミルク多め）
少（シウ）	少なめにする	少甜（シウティム）（ガムシロップ少なめ）
走（チャウ）	入れない	走甜（チャウティム）（ガムシロップ抜き）、走青（チャウチェン）（ネギ抜き）

メニュー選びに困ったら参考にして!

茶餐廳メニュー集（チャーチャンテン）

ご飯物

豉椒排骨飯（シーチウパイクヮッファン）

骨付き豚肉とピーマンなどをトウチー（豆豉）で炒めたものをご飯にのせた定番のぶっかけご飯。

咖喱牛坑腩（ガーレインガウハンナム）

牛肩バラ肉のカレー。香港のカレーは日本に比べコクや甘味よりも、トウガラシを加えた強い辛味が特徴。

揚州炒飯（ヨンジャウチャウファン）

野菜とチャーシュウやハムなどの具入り卵チャーハン。日本の感覚に近い。

窩蛋牛肉飯（ウォーダンンガウヨッファン）

生卵入り牛肉ご飯。牛肉を醤油味で炒めてご飯にのせ、熱いうちに生卵を割り入れている。

魚香茄子飯（ユーヒョンケーチーファン）

マーボーナスぶっかけご飯。魚香茄子はナスとひき肉のピリ辛ソース炒め。

パン

公司三文治（コンシーサンマンチー）

クラブサンドイッチは具がたっぷりの定番メニュー。

菠蘿油（ボーローヤウ）

温めたパイナップルパン（菠蘿包→P.88）にバターを挟んである。ミルクティーと合う朝食の人気メニュー。

油占多士（ヤウチムトーシー）

バターとジャム（イチゴかアンズ）入りのトースト。

おすすめ

西多士（サイトーシー）

フレンチトースト。ピーナッツバターやイチゴジャム入りで、ヘビーだけどクセになる味。シロップをかけて食べる。

加央西多士（ガーヨンサイトーシー）

カヤジャム（マレーシア発のココナッツミルクのペースト）入りもある。

奶醬多士（ナイチョントーシー）

ピーナッツバターとコンデンスミルクのトースト。

※茶餐廳のおすすめ店→ P.241 ～ 243

麺類

星州炒米（シンチャウチャウマイ）
シンガポールスタイルの焼きビーフン。スパイシーなカレー味で、野菜たっぷり。

葱油雞扒撈公仔麵（チョンヤウガイパーロウコンチャイミン）
グリルチキンとネギ油をトッピングしたインスタントラーメンのあえ麺。

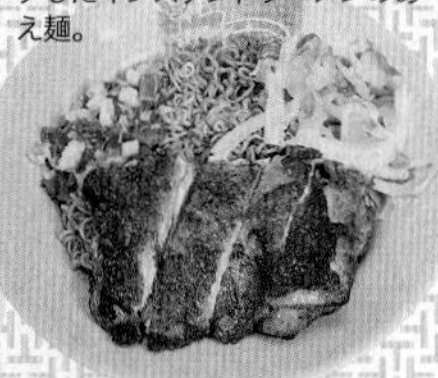

干炒牛河（コンチャウンガウホー）
牛肉入り炒め米麺。濃い醤油ソースで幅広い米の麺とネギ、モヤシを炒めてある。

公仔麵（コンチャイミン）
定番のインスタントラーメン。ハムや卵などのトッピングを選べる。「出前一丁」はほかの麺より3～5HK$高い。

牛肉燴意粉（ンガウヨッウイイーファン）
スパゲティミートソース。フライパンで炒めたケチャップ味のスパゲティ。香港ではスパゲティは軟らかめが基本。

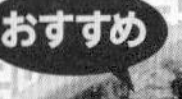

意式焗肉醬茄子意粉（イー セッ コッ ヨッチョン ケー チー イー ファン）
スパゲティミートソースのドリア風。ナスやチーズが入ったソースをかけグリルしてある。

鮮茄豬扒煎蛋通粉（シンケーチューパージンタントンファン）
スープマカロニも香港人が好きなメニュー。写真はトマトスープに目玉焼き、ポークチョップをのせた豪華版。

飲み物

★：ホットとアイス(熱、凍)があるメニュー。アイスは1～2HK$ほど高い。

奶茶（ナイチャー）
ミルクティー。濃厚で口当たりが滑らか。砂糖を入れたほうが美味。★

檸檬茶（ニンモンチャー）
レモンティー。レモンの量が半端じゃないのが香港風。★

咖啡（ガーフェー）
コーヒー。エバミルク入りがスタンダード。★

凍檸賓（トンニンパン）
レモン入り「リベーナ」。リベーナ(利賓納)は歴史あるカシス風味の飲み物。

熱檸檬菜蜜（イッニンモンチョイマッ）
レモン入りクレソンエキス。レモンたっぷり。

熱檸檬可樂（イッニンモンホーロッ）
レモン入りホットコーラ。初期の風邪の妙薬で、ショウガを加えるとさらに効果あり(!?)。

好立克（ホウラップハッ）
「ホーリックス」。ミルク風味の麦芽飲料。★

紅豆冰（ホンタウビン）
アズキミルク。お汁粉に冷たいミルクを注いだような飲み物。ココナッツミルクの場合や、アイスクリームがのっているものも。

杏仁霜（ハンヤンション）
アーモンドミルク。杏仁豆腐のような香りがかすかに漂う、美肌効果のある飲み物。★

阿華田（オーワーティン）
「オバルティン」。チョコレート風味の麦芽飲料の商品名。★

黒牛（ハッンガウ）
アイスフロートコーラ。イギリス統治時代からある飲み物。トッピングのアイスはチョコレートで色もおしゃれ。

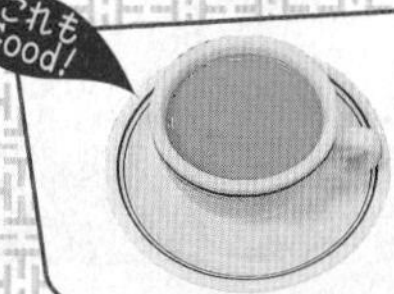

これもGood!

鴛鴦茶（インヨンチャー）
コーヒーと紅茶をミックスしたもの。意外にいける香港スペシャル。★

屋台＆スナック類

香港の"食のパワー"をストレートに感じられるのは、何といっても屋台（大牌檔）とスナック類の販売店。後者は小販と呼ばれる移動式のスタンドや空き店舗で営業する形態の店だ。

今では屋台のあるストリートは数えるほどになってしまったが、香港グルメの原動力ともいえるその活気のなかに身を置けば、素顔の香港に魅了されるはず。

廟街（→ P.188）は路上食堂が並ぶ、数少ない屋台街だ。20:00 くらいから 21:00 頃が最もにぎわう

揚げ物や魚団子、臓モツ系の煮込みなどを売る小販（旺角）

何が食べられるの？

メニューは多く、茶餐廳メニューから粥や麺、総菜や海鮮料理、なかには火鍋や煲仔飯（土鍋炊き込みご飯）まで扱う店もある。

小販ではおもに歩きながら食べるのに便利な小食（スナック類）やジャンクフードを扱う。

佐敦の柯士甸道から廟街に入ると立派な廟街の門がある。この先から屋台街が始まる

どこにあるの？

下記に挙げた屋台スポットのほか、街市（市場）内の熟食中心（食堂の集合地）でも屋台と同じような雰囲気を味わえる。

小販は旺角の登打士街（map 別冊P.32-3B）周辺や花園街（→P.192）のほか、油麻地の廟街（→P.188）周辺など。コンビニでも屋台フードを売っている。

利用法

- テーブルの上には箸立て、コップ、レンゲと碗、お茶の入ったポットなどが置かれている。小さなたらいのような容器が用意されていれば、その容器を使ってひととおり食器をお茶で洗おう。
- 複数の店が並んでいる場合は、ほかの店から飲み物や料理を注文してもよい。
- 小販では、1個や10HK$といった最小単位から注文できる。

指さし注文OK

利用上の注意　観光客でなく地元の人でにぎわっている店を選ぶとよい。衛生面の注意は常に忘れずに。特に海鮮は注意が必要で、体調がすぐれないときは見合わせたほうがよい。雑踏の中では持ち物にも十分注意を払うこと。

屋台スポット

佐敦から油麻地にかけての廟街

夕方から夜にかけて海鮮をメインとする広東料理の店が出る。煲仔飯（土鍋炊き込みご飯）も人気。冬なら火鍋も。混雑するので、貴重品には十分気をつけよう。

ロースト類やたれ煮の店。調理場につるされているものがメニュー代わり

map 別冊P.31-1B、2B、3B、4A

尖沙咀・海防道臨時熟食小販市場

海防道に面した市場に隣接している。2020年に整然とした造りに改装され、観光客の姿も増えた。麺類、パンや軽食などの店が主流。牛肉団子の老舗「德發牛丸粉麵」は地元で人気のある有名店（詳細→P.43）。map 別冊P.28-3B

ポークチョップバーガーが有名な「華香園」

中環

吉士笠街と威靈頓街、士丹利街の交わる坂道周辺。はやりのドリンクやスナック店もあり、昼食時はにぎわう。map 別冊P.18-2A

中環の屋台街は、昼食時はビジネスマンの利用が多い

深水埗の耀東街周辺

地元っ子が集まる古くからある屋台街。お粥や海鮮など「宵夜（夜食）」中心のメニューが多い。麺類やお粥は早朝から営業しているが、夕方から深夜までの店もある。map 別冊P.33-2B

お粥、麺類、潮州料理などの店が数軒ある

有名店のある熟食中心（市場の中の食堂エリア）

P.81で紹介の店、銅鑼灣の鵝頸街市1/Fの熟食中心（map 別冊P.14-3A）、上環街市2/Fの熟食中心（map 別冊P.16-3A）、九龍城街市（→P.31、map P.205）など。

小食（スナック類）の種類

焼賣（シュウマイ）

飲茶のリッチな味わいのそれとは違って、多量の小麦粉に少量の豚肉を練り込んだもの。皮は黄色で、串に刺さっている。備え付けの醤油をつけてパクリ。1串8HK$くらいから。

カレー味の付けだれが決め手。かなり辛いがうまい！

魚蛋（魚のすり身団子）

魚のすり身団子を揚げて串に刺し、カレーの味をつけてある。最もポピュラー。1串（平均5粒）8HK$前後。「勁辣（ギンラッ／激辛）」がはやり。

煀蕃薯（焼き芋）、鹽焗雞蛋（塩卵）

冬になると登場する名物屋台。焼き芋はねっとりとした味わい（1ポンド〈約454g〉16HK$）。塩卵は乾煎りして熱した塩の中に卵を埋めてゆで卵のようにしたもの（4個20HK$）。隣で焼き栗も売っている。

煎釀三寶（鉄板焼き）

ピーマンやナス、トウガラシ、厚揚げ、ソーセージ、タロイモなどに魚のすり身をつけ、鉄板で焼いたもの。油で揚げたものもある。3アイテムで15HK$前後。

雞蛋仔

1970年代から愛されているおやつ。30個のくぼみをつけた焼き器に卵液を流し入れて焼く。表面はきつね色でカリカリ、中はアツアツのモチモチ。1個25HK$くらいから。

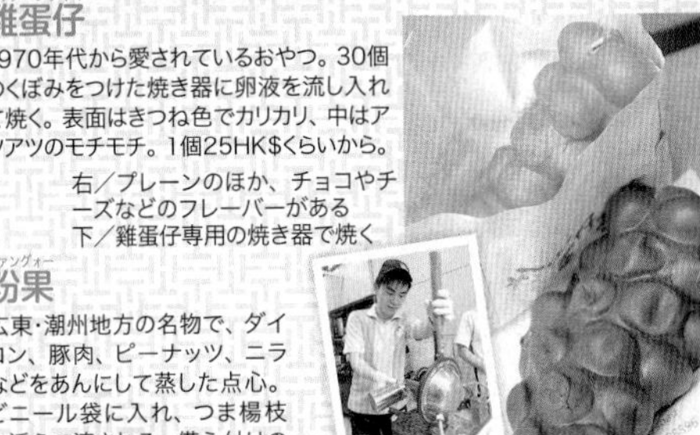

右／プレーンのほか、チョコやチーズなどのフレーバーがある
下／雞蛋仔専用の焼き器で焼く

粉果

広東・潮州地方の名物で、ダイコン、豚肉、ピーナッツ、ニラなどをあんにして蒸した点心。ビニール袋に入れ、つま楊枝を添えて渡される。備え付けの醤油をつけて。3個10HK$前後。

齋腸粉

米のクレープを巻いたもの。そのままでは味がないので、香ばしいピーナッツソースと甘いソース、ゴマを振りかけてくれる。10HK$前後。

Column

熟食中心の中で5つ星以上の味を提供する ABCキッチン

上環の高層アパート群に隣接した熟食中心（ローカル食堂の集合地）に、大人気の店がある。熟食中心（熟食市場）といえば、茶餐廳メニューと同様なローカル食が集まるところ。そんな常識を覆したのがこのイタリアン＆スパニッシュレストランだ。一流レストランのシェフが店の閉店をきっかけに始めたとあって、味とサービスは一流で、1日中客が途切れることがない。ワイン（ボトル138HK$～）やサングリアとともにお値打ちの料理に舌鼓を打とう。

月～金曜はランチセット（58HK$）あり。ディナーは毎日予約でいっぱいなので、早めに予約を入れたい。

ABC キッチン ABC Kitchen
住 上環德輔道西 38　皇后街熟食市場 CF7
CF7, Queen Street Cooked Food Market, 38 Des Voeux Rd. West, Sheung Wan　☎9278 8227　営12:00 ～ 14:30、19:00 ～ 22:30　休 日曜、旧正月　カード MV（ディナーのみ使用可）
地 上 A1出口　※ディナーは早めに要予約。map 別冊 P.9-2D

左上／地元の人々が集まる熟食中心で食事をするのも楽しい体験　左下／小さなキッチンだが繰り出す料理は本格派　右／メニューは月に1度入れ替わる。日替わりスープ 33HK$、ダックコンフィやニョッキといったメインは 178HK$ ～

あれもこれも試してみたい! スイーツメニュー集

おすすめベスト3

1

楊枝甘露（ヨンチーカムロウ）

ザボン入りマンゴータピオカミルク。ザボン&マンゴーの甘酸っぱさとミルキーなジュースが絶妙コンビ。

2

芒果布甸（モングォボウディン）

おなじみマンゴープリン。定番中の定番だけど、フレッシュマンゴーがたっぷり入ったマンゴープリンは香港の名物スイーツだ。

3

雙皮燉奶（ションペイダンナイ）

濃厚なミルク味がやみつきになる牛乳プリン。広東省の順德発祥で、表面に膜が付いているのがその名の由来。ホットとアイスがあり、アイスのほうがさっぱり。牛乳プリンのアレンジ系もある。Ⓒ

創作アレンジ系

皇牌（ウォンパーイ）

マンゴー専門店の「皇冠」の看板商品。マンゴーのスノーアイス（かき氷）の上にマンゴー果肉をたっぷりのせ、マンゴージュースボール、チーズクリーム、バニラアイスをトッピングしたマンゴー尽くしスイーツ。Ⓕ

杏汁波波爽冰木蓮凍（ハンチャッ ブポーボーソン ビン モク リン トン）

杏仁のジュースにモクレンの種のエキスのゼリー、フルーツシャーベットを合わせたヘルシー系。Ⓓ

草莓乳酪涼粉（チョウムイユーロッリョンファン）

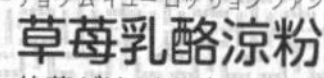

仙草ゼリーにストロベリーヨーグルトを合わせたもの。意外に合うマッチング。Ⓔ

黄金到（ウォンカムドウ）

楊枝甘露（→上記）のかき氷。マンゴージュースがかかった氷の中にはマンゴープリン、マンゴー果肉、ポメロ、豆腐クリームが入っている。Ⓔ

芒果脆脆（モングォチョイチョイ）

マンゴースティッキーライス・ミルフィーユ。ココナッツミルクと砂糖で炊いたもち米にマンゴーとココナッツミルクを合わせたマンゴースティッキーライスをパイに挟んである。Ⓕ

人気定番スイーツ

モングォナイセッダンションペイナイ
芒果奶昔燉雙皮奶
濃厚な牛乳プリンにマンゴーミルクセーキのソースがたっぷり。フレッシュマンゴーの酸味が合う。

シンジャップグォサイマイロウ
鮮雜果西米露
ベースとなっている西米露はタピオカ入りココナッツミルク。さまざまなフルーツと相性よし。

モングォリョンファンシウユンチー
芒果涼粉小丸子
仙草ゼリーにマンゴーの果肉と果汁、ミニ餅団子をトッピング。Ⓐ

コッライヨンサイマイボウディン
焗荔茸西米布甸
タロイモとタピオカの焼きプリン。タロイモのホクホク感がたまらない人気のホットスイーツ。Ⓑ

イエウォンダンションペイナイ
椰皇燉雙皮奶
ココナッツミルクプリン。写真は美容によいとされるゼリー状の桃膠（とうきょう：桃の木の樹脂）をトッピングしたもの。Ⓓ

ヒョンノンチュークーリッダンナイ
香濃朱古力燉奶
チョコレート風味の牛乳プリン。Ⓒ

イエチャップチーマイロウ
椰汁紫米露
紫米を煮込んでココナッツミルクをかけたお汁粉。写真は小粒の団子をトッピングしたもの。体に優しい味わい。Ⓐ

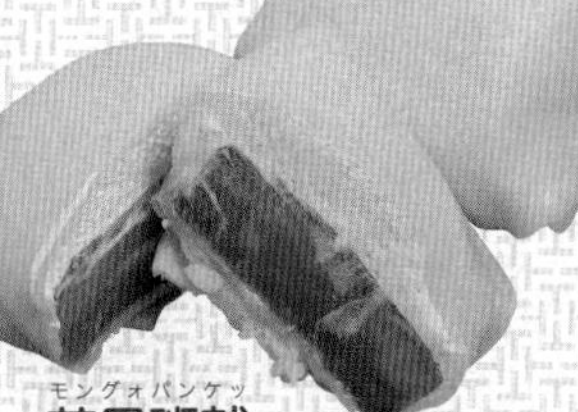

モングォパンケッ
芒果班戟
薄いクレープ生地でマンゴー果肉とクリームを包んだマンゴーパンケーキ。

ビンファーダンガイダン
冰花燉雞蛋
卵プリン。広東の伝統スイーツで、卵の味がしっかり濃厚。Ⓒ

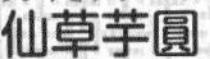

シンチョウウーユン
仙草芋圓
仙草ゼリーをベースに、台湾九份名物のもちもちのイモ団子（芋圓）と黒タピオカ、シログワイ入りのタピオカをのせたもの。Ⓑ

ヒョンワッガーフェーダンナイ
香滑咖啡燉奶
大人の味わい、コーヒー牛乳プリン。Ⓒ

※文末のアルファベット→P.85。

広東伝統甘味

特に美容や体によいものは、その効能やどの部位によいかを記載。

マーヨントンユン
麻蓉湯丸

白玉団子の糖水。滑らかな団子の中にはゴマあんが入っている。スープはショウガが効いていてほっこり温まる。

滋養強壮、美肌

モックヮナームバッハンダンシュッイー
木瓜南北杏燉雪耳

パパイヤ、白キクラゲ、漢方の薬材入りの糖水(甘いスープ)。

腸の浄化

マックヮリョンファン
蜜瓜涼粉

ベースの仙草ゼリーはさほど漢方臭さや苦味はなく、食べやすい。トッピングにはフルーツなどが用いられ、写真はハネデューメロン。

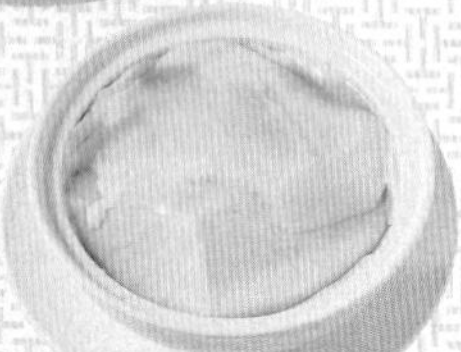

タウフーファー
豆腐花

おぼろ豆腐のような軟らかい豆腐に蜜やシロップをかけて食べる。ホットとアイスがある。

のど、せき

ハンヤンロウ
杏仁露

アーモンド汁粉は甘さ控えめで、香りもよく優しい味。体も温まる。写真はハスの実入り。

抗酸化作用、美髪

チーマーウー
芝麻糊

ゴマ汁粉。黒ゴマをすりつぶして作る。写真はハスの実（蓮子）入り。

体力補充、健脳作用、美肌

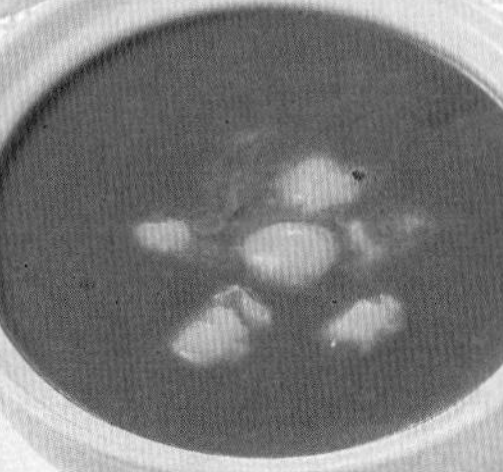

ハットウロウ
合桃露

クルミ汁粉。写真はハスの実入り。

消化促進

レンチーホンタウサー
蓮子紅豆沙

ベースはアズキ汁粉（紅豆沙）で、写真はハスの実を入れたメニュー。陳皮（ミカンの皮を干したもの）が隠し味。

胃、解毒

グヮイレンゴウ
亀苓膏

カメゼリー。カメの腹の板状の部位と薬材を煎じて作る。苦いので蜜をかけよう。涼茶舗にある。

美肌

美肌

イエチャップチェンダンクンイン
椰汁清燉官燕

ツバメの巣のココナッツミルク煮。ツバメの巣は滋養たっぷりで美容にいいこと尽くし。

シュッハップゴウ
雪蛤膏

カエルの卵巣の脂肪のシロップ煮。透明の寒天のようなものがカエルの脂肪。ハスの実とナツメ入り。

お菓子類

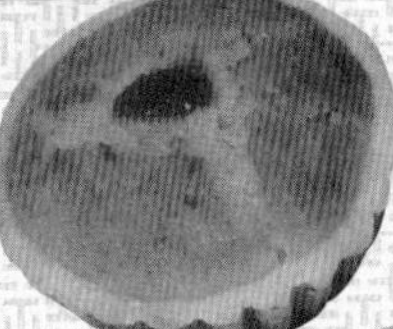

椰撻（イエタッ）
ココナッツタルト。生地にココナッツがたっぷり入っていてしっとりなのにサクサク。

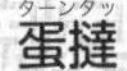

蛋撻（ターンタッ）
エッグタルト。パイ皮（酥皮、下）とクッキー皮（曲奇皮、上）の2種類ある。パイやパン、お菓子は餅店、餅家と名がつくパンやケーキの店にある。

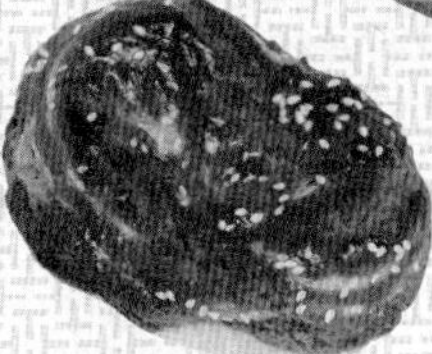

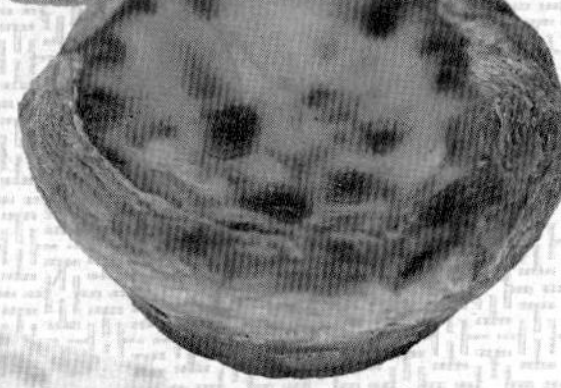

蛋糕仔（ダンゴウチャイ）
ミニサイズのカップケーキ。いくつでも食べられそう。

鮑魚酥（パーウユーソウ）
形がアワビに似ていることからこの名がついた。ボリュームあるパイのような菓子。

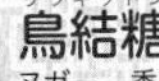

鳥結糖（リウキットン）
ヌガー。香港のヌガーは甘さを抑えた味で、おみやげにもよい。

老婆餅（ロウポウベン）（左）と合桃酥（ハップトウソウ）（右）
冬瓜の砂糖煮をあんにした焼き菓子の老婆餅は元朗名物。合桃酥はクルミ入り中国風クッキー。

雞仔餅（ガイチャイベン）
発酵調味料「南乳」の風味を生かした伝統菓子。皮と一体化したあんには豚の脂身やナッツ類も入っており、甘さの中にしょっぱさが感じられるユニークな味。

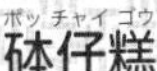

砵仔糕（ポッチャイゴウ）
ういろうのような食感の素朴な伝統菓子。キビ砂糖を使用した黄色（左）と白砂糖使用の白（右）がある。

蓮蓉餅（リンヨンベン）（左）と蓮蓉酥（リンヨンソウ）（右）
蓮蓉酥はハスの実あんとアヒルの塩漬け卵が入った中国式パイ。ピンクに着色した婚礼用もある。蓮蓉餅は中秋節に欠かせない月餅。

飲み物

冰凍木瓜鮮奶（ピントンモックヮシンナイ）
アイスパパイヤミルク。Ⓒ

珍珠奶茶（チャンチューナイチャー）
台湾発の大粒タピオカ入りミルクティー。ジューススタンドにて購入可。

芒椰蘆薈爽（モンイエロウウイソン）（右）と粒粒爽果爽（ラップラップソングォソン）（左）
100％フレッシュ果実を使ったドリンク。右はキウイ、マンゴー、ココナッツの3層のジュースの上にマンゴー果実がのったもの、左はマンゴージュースの上にマンゴー果実をのせたもの。

文末のアルファベットは以下の店に対応。それ以外は多くの甘味店で取り扱っている。Ⓐ 地茂館甜品→P.252　Ⓑ 滿記甜品→P.251　Ⓒ 義順牛奶公司→P.252　Ⓓ アーモンド・デザート→P.251　Ⓔアンティー・スイート・デザート→P.252　Ⓕクラウン・マンゴー・エキスパート→P.253

アフタヌーンティー

優雅なひととき

アフタヌーンティーとは

1840年代イギリスのビクトリア朝時代に貴族の女性を中心に広まった、午後3時頃から優雅にお茶とスナックを楽しむ習慣。当時イギリス領だった香港にも伝えられ、高級ホテルを中心に今に伝わる。一方、イギリス労働者階級には夕方に軽食を取るハイティーという習慣があったが、香港では両者は混同され、同じ意味で使われることが多い。

内容はどんなもの?

最も伝統的なのは銀の3段重ねのトレイ。甘いスイーツから軽食系のサンドイッチまで整然と並んでいる。乳脂肪分の高いクロテッドクリームとジャムをつけて食べるスコーンも楽しみのひとつ。基本的なマナーとして食べる順番は、トレイの下から上へとされている。とはいえ店によってトレイに並ぶものも変わるので、あまり気にしなくてもよい。

また、ビュッフェ形式でスイーツや軽食などを提供するアフタヌーンティーもある。

シェフがその場でスイーツを作ってくれるところもある

眺めがよい、インテリアがすばらしいなど、居心地のよいホテルラウンジで午後のひと時を楽しみたい

上／紅茶の質や種類も大事なポイント　右／スコーンもクリームやジャムも自家製の場合が多い

予約は?
予約をしたほうがスムーズに入店できる。人気店では予約を受けつけない店もあるので注意。平日のほうがすいていて入りやすい。

服装は?
ホテルのドレスコード（男性のサンダル履き＆短パン禁止、スマートカジュアルなど）が適用される所が多い。ちょっとドレスアップして出かけたい。

ひとりでもOK?
ひとり用のアフタヌーンティーセットがあり、ひとりでも十分楽しめる。

どこで食べられるの?

ホテルのラウンジはゆったりとくつろげる

本場イギリス式のアフタヌーンティーなら高級ホテルのラウンジで。ザ・ペニンシュラ・ホンコンの「ザ・ロビー」やリージェント・ホンコンの「ロビー・ラウンジ」（ともに→P.254）が人気。最近はカフェやレストランでも楽しめ、アフタヌーンティー専門のカフェもある。

茶餐廳や麺屋にもアフタヌーンティーセット（下午茶餐（ハーンチャーチャン））がある?!

人気スナックのチキンウイングとエッグタルト、ミルクティーのセット（43HK$、金華冰廳→P.241）

もともと広東地方には午後のおやつの時間に点心や麺などの軽食を取る習慣があったため、茶餐廳や麺屋でもこの時間には軽食と飲み物のお得なメニューを用意している。時間はだいたい14:30～17:00。

最新ブーランジェリーから
ローカルの名店まで

香港のパン大特集

Hong kong's Bread

香港のパンの歴史は長く、さまざまな国の食文化を取り入れたユニークなパン揃い。最近はパン職人が丹精込めて作るこだわりのベーカリーが急増し、パンのレベルがぐんとアップした。パン好き、スイーツファンは人気店のチェックをお忘れなく。

下町に誕生した 香港を席巻するベーカリー2店

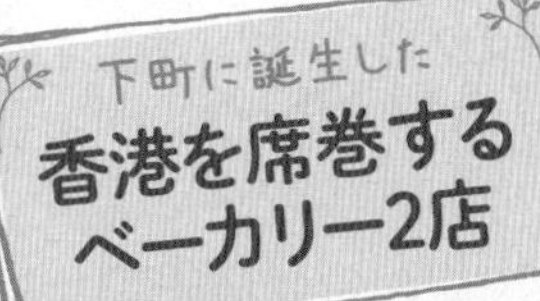

上／日本のイチゴを使った季節限定のペストリー 下／新製品の親子丼パン(24HK$)は卵の中に鶏肉が入ったおかずパン

吟味した素材を使ったこだわりパン

品穀(バンコッ) Big Grains

会社勤めをしていたアンドリューさんが、安全でヘルシーかつおいしいパンを食べたいと一念発起。東京やフランスで修業し、店をもつにいたった。なかでもこだわりが詰まっているのがクロワッサン。生地が25層もあるしっとりと繊細な食感は、フランス産の石臼製法の小麦と発酵バターを使い、3日を費やして生み出される。バゲットやケーキもおいしい。

クロワッサンは全５種類（25HK$ ～）

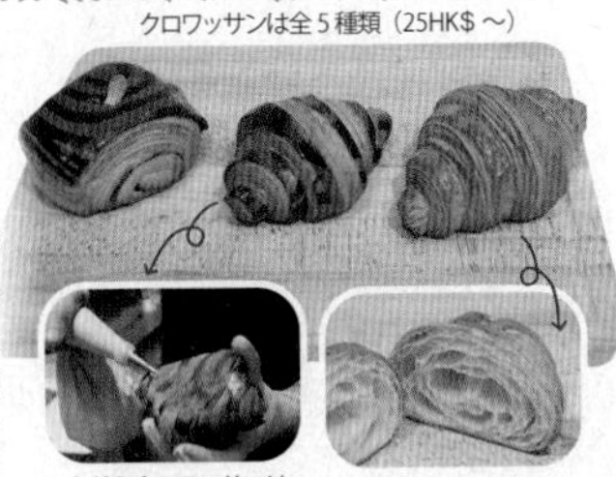

セサミクロワッサンは購入時にゴマクリームを注入

生地はしっとり、バターのよい香り

クリームが軽やかで甘さ控えめのタルト(33HK$ ～)。おすすめは右のレモンユズタルト

フルーツティーも販売。中央はハチミツメレンゲムースをのせたプーアルミルクティー（各 36HK$）

スイーツ担当のパティシエ、ジェフリーさん

住 灣仔太和街 10-20 福和大廈 G/F B 舗 Shop B, G/F, Fook Wo Bldg., 10-20 Tai Wo St., Wanchai ☎3956 8620 営8:00 ～ 20:00 休 旧正月3日間 カード 不可 地 灣 A3 出口 map 別冊 P.21-3C
[他店舗] 住 佐敦白加士街 61 ☎3702 0186

極上パンが味わえる「街のパン屋さん」

ベイクハウス bakehouse

サックリそしてしっとりの食感が絶妙のクロワッサン（20HK$）

フォーシーズンズホテル・ホンコンで長年ペストリーシェフを務めたグレゴワールさんが、独立。2018年に開いたのがこの店だ。味わい深いサワードウがいち押しで、この生地を用いたエッグタルトも絶品！ カフェを併設しており、ランチタイムは長蛇の列ができる。「ご近所のパン屋さんが私の夢だったんです。たくさんの人においしいパンを食べてほしかった。この場所は最高、夢がかないました」。グレゴワールさんの笑顔が印象深い。

左／エッグタルトは必食（1 個 12HK$）。皮はサワードウのパン生地、とろけるカスタードは上品な甘さ 右／月～金曜 11:30 ～ 14:00 に提供のセットランチ（128HK$ ～）。写真のメインはシェフおすすめのポークシュニッツェルサンド

おいしいものが最高！

左／歴史のある建物を活用。写真はショップの隣のカフェスペース 右／パン職人のグレゴワールさん

住 灣仔大王東街 14 14 Tai Wong St. East, Wanchai ☎ なし 営8:00 ～ 18:00（テイクアウトは～ 21:00。ランチメニューは 11:30 ～ 14:00） 休 旧正月３日間 カード AMV 地 灣 A3 出口 map 別冊 P.20-3B ※香港に 5 店舗ある。

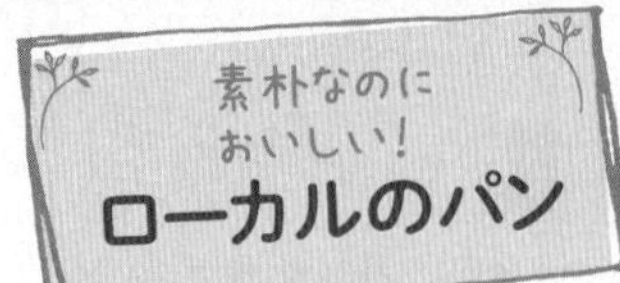

ローカルのパン

香港でしか味わえない、特徴ある地元のパン「港式麵包(ゴンセッミンパーウ)」はぜひ試してみたい。日本のパンと共通点もありつつ、ちょっと違った発想で作られたものもあり、これがまた意外においしい。

戦後の1950～1960年代、それまで西洋人や上流社会の特権だった西洋料理が庶民の味としてローカル化するなかで、香港人の口に合うパンが続々登場して今も愛されている。

香港のパンが食べられる食堂はB級グルメの宝庫、茶餐廳(チャーチャンテン)、冰室(ビンサッ)。そして街のパン屋さんの餅店(ベンディム)。また、中国菓子を扱う餅家(ベンガー)でもパンを売っていることが多い。

香港のパン "必食度"ランキング

1位 菠蘿包(ポーローパーウ)

堂々1位はパイナップルパン。日本のメロンパンに近い発想で、やっぱりパイナップルは入っていない。1960年代、西洋風のパンに飽き足らなかった香港人が、卵や砂糖、ラードを混ぜたカバーをかぶせて焼いたのが始まり。ふわふわのパンにカリカリのトップが絶妙のおいしさ。茶餐廳の朝食定番メニューだ。写真はバター入りの菠蘿油(ボーローヤウ)。

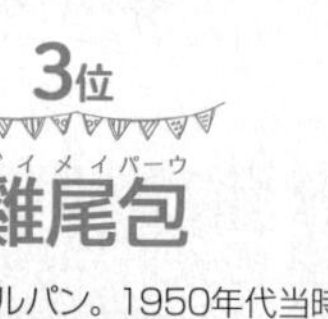

2位 墨西哥包(マクサイゴーパーウ)

メキシコパン。1946年頃に発案された。スペインからメキシコに伝わったパン「コンチャ(貝殻の意味)」が原型で、メキシコ移民の夫婦が香港に戻ったのち、さらに改良を加えて作った。砂糖、バター、ミルクをペースト状にしたものをパン生地の上に貼り付けて焼く。しっとりと優しい味わい。

3位 雞尾包(ガイメイパーウ)

カクテルパン。1950年代当時、パンがあまり香港人の口に合わなかったため、残った生地に砂糖やバター、ココナッツファインで作ったあんを入れて焼き上げたところ評判になったという。「雞尾酒(カクテル)」のようにブレンドするので、この名がついたそう。

4位 腸仔包(チョンチャイパーウ)

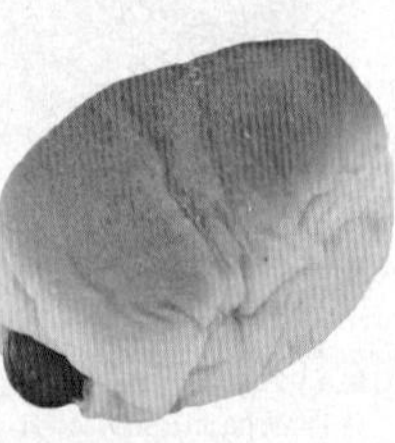

ソーセージパン。甘くない総菜パンの代表格。バターロールのようなプレーンなパンにソーセージを挟んだだけの素朴な一品だが、妙にうまい。男性に人気。

5位 椰絲包(イエシーパーウ)

ココナッツパン。ココヤシの果肉を削った粉、ココナッツファインがフィリングになっている。ココナッツのエキゾチックな甘い香りが南方らしさを感じさせる。

※パンはシンプルなもので1個5HK$～、具材入りやトッピングありは7～10HK$。

パン屋に並ぶ お菓子もチェック！

ウー ディップ ソウ
蝴蝶酥

名前からしておしゃれなパイ。茶餐廳のショーケースにも大きなサイズのものが入っている。

サー ヨン
沙翁

ドーナツのような揚げ菓子。ポルトガルの「ソーニョス（夢）」という菓子が原型と思われる。見つけたらぜひ食べてみよう。穴の開いたドーナツ形もある。

ガイ パーイ
雞批

チキンパイ。鶏肉やハムの入ったホワイトソース味のフィリングと、かすかに甘くサクサクな皮のコンビがいい。イギリス風の一品。

こちらも 定番人気パン

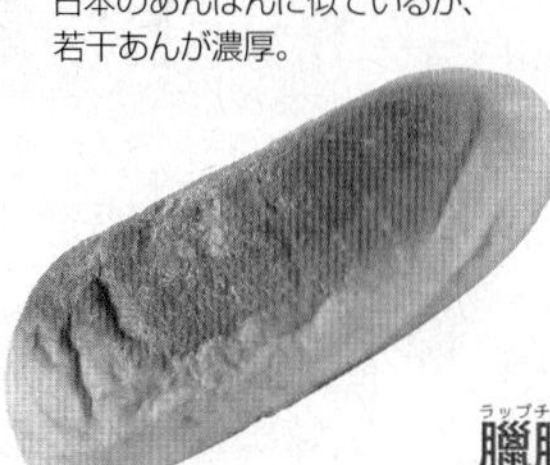

チー バー ウダン ゴウ
紙包蛋糕

紙の筒の中に生地を入れて焼く、シフォンケーキのような軽いケーキ。優しい味で子供も大好き。

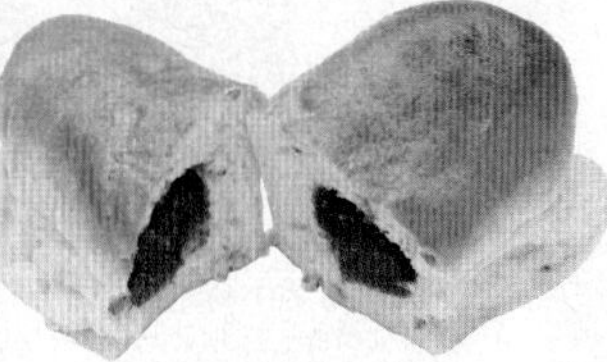

ホン タ ウ パーウ
紅豆包

アズキあんぱん。味も見た目も日本のあんぱんに似ているが、若干あんが濃厚。

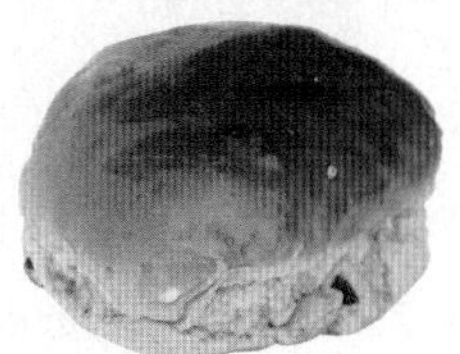

タイ チー マック パーウ
提子麥包

ブドウパン。干しブドウの入った丸いパンで、日本のものに似ている。

イエ シー ナイ ヤウ パーウ
椰絲奶油飽

軟らかい餐包（ツァンパーウ）（プレーンなパン）にココナッツクリームを挟み、さらにココナッツファインをふりかけてあり、まさにココナッツ尽くし。味も香りもスイート。

ユン チュー チャイ パーウ
軟豬仔包

軟らかい子豚パン。同じ名前だが、こちらは卵や砂糖、ミルクを使っている甘いパン。

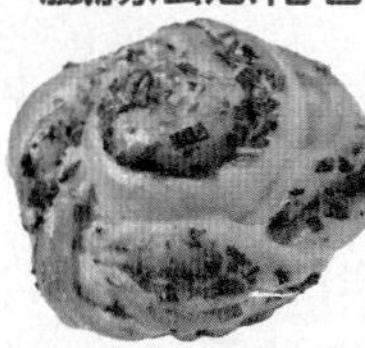

ラップチョンファッチョンファーギュン
臘腸法葱花卷

細かく刻んだ中華ソーセージをミルクパンの生地に混ぜ花の形に焼き、アサツキを散らしたパン。

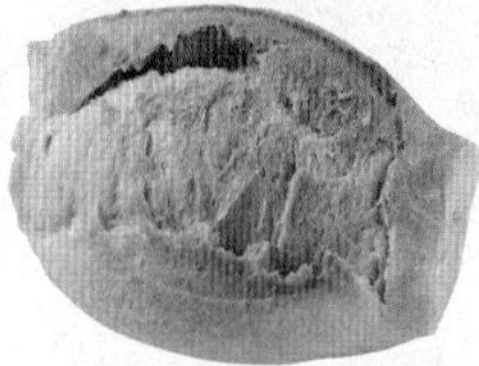

ガン チュー チャイ パーウ
硬豬仔包

硬い子豚パン。子豚を上から見たような形なのでこの名前に。日本でいうフランスパンで、卵や砂糖を入れず、水と塩のみで作る素朴なパン。半分に割ってトーストしてもおいしい。

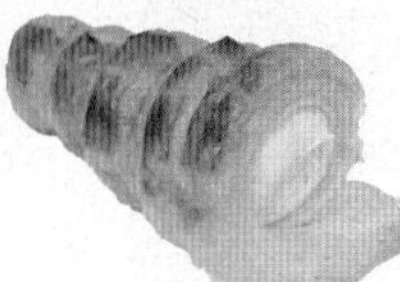

ナイ ヤウ トン
奶油筒

クリームホーン。円錐形のパイ生地の中にクリームを詰めたパン。

人気のパン屋

ABC 餅屋　ABC Cake House
住 灣仔皇后大道東255　G/F　G/F, 255 Queen's Rd. East, Wanchai　☎2544 0301　営8:00～18:00　休 土・日曜、祝日、旧正月　カード 不可　地 灣 A3 出口　map 別冊 P.21-4C

金樺餅店
住 西灣河筲箕灣道57-87 太安樓 G/F　16A 號舗　Shop 16A, G/F, Tai On Building, 57-87 Shau Kei Wan Rd., Sai Wan Ho　☎ 3116 5753　営5:30～20:00　休 旧正月3日間　カード 不可　地 西灣河駅 A 出口　map 別冊 P.3-3C

明華餅家
住 旺角煙廠街1-3D　1-3D, Yin Chong St., Mongkok　☎2782 5232　営7:00～21:00　休 旧正月　カード 不可　地 旺 E2 または油 A2 出口　map 別冊 P.32-3B

アーバン・ベーカリー・ワークス　Urban Bakery Works
住 中環皇后大道中15　置地廣場中庭3樓322號舗　Shop 322,3/F, Landmark Atrium, 15 Queen's Rd. C., Central　☎3565 4320　営7:30～20:00（土・日曜、祝日8:30～）　休 無休　カード M V　地 中 G 出口　map 別冊 P.18-3B

＼Sweets News／

香港のスイーツ耳寄りニュース

旬のアフタヌーンティーから香港ならではのユニークなスイーツまで、スペシャルな話題をお届け!

季節ごとに内容が変わるアフタヌーンティーセット（2人用728HK$）。ホテルスタッフのページボーイの帽子を模した陶器の中にスコーンが入っている

新たにカフェが併設
ザ・ペニンシュラ・ブティック＆カフェでお茶タイム

香港を代表するホテル「ザ・ペニンシュラ・ホンコン」の地下のブティックに、2021年カフェが誕生した。拡張されたブティックに併設のカフェでは、スイーツや軽食、飲み物を提供。ページボーイの帽子の陶器やペニンシュラベアがお皿にのったかわいらしいアフタヌーンティーセットもおすすめ。おみやげショッピングを兼ねて訪れたい。

いちごロールケーキ（70HK$）は人気のケーキ

北海道産ミルクのソフトクリームにイチゴをふんだんに使ったクラシックパフェ（155HK$）

マンゴープリン（70HK$）

フランス人シェフのバティストさん

ペニンシュラグリーンの深い緑色がテーマカラー

ブティックの人気おみやげ品

クッキーやチョコレート、中国茶や紅茶、XO醤などが人気。キーホルダーやピンブローチ、ポストカードなども要チェック。

お茶はシグネチャー商品。グリーンはオリジナルブレンドの紅茶（230HK$）、赤は中国茶（285HK$）

キュートなアフタヌーンティーのチャーム（各75HK$、キーホルダー198HK$）もある

スイートハートチョコレートのギフトボックス（9個入り520HK$）

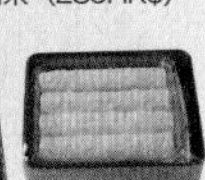

パルミエパイ（左、255HK$）、バターエッグロール（右、210HK$）。すべての商品タグに日本語が併記されている

ザ・ペニンシュラ・ブティック＆カフェ
The Peninsula Boutique & Café
半島精品店與咖啡廳（ブンドウチンバンディムユーガーフェーテン）

住 尖沙咀梳士巴利道　半島酒店商場B/F　7-9號舗　Shop 7-9, B/F, The Peninsula Arcade, Salisbury Rd., Tsimshatsui　☎ 2696 6969
営 10:00～19:00（アフタヌーンティーセットの提供時間は11:45～18:30、カフェのラストオーダー18:00）
休 無休　カード AMV　地 尖E出口
map 別冊P.28-4B

カフェ、ブティック、書籍の販売コーナーを設置

サプライズなスイーツ
當文歴餅店（トンマンレッペンディム）・バイ・ドミニク・アンセルのケーキに注目

世界的に有名なパティシエ、ドミニク・アンセル氏がプロデュースするベーカリー・カフェ。注目したいのは見た目が楽しい香港限定のスイーツ。香港のジュースのパッケージ形のケーキや、クッキーを固めた容器に入れて飲むミルクティーなど、見るだけでワクワクする。※2024年3月現在、閉店。

クッキーでできたカップにミルクティーを注いで飲む「香港ミルクティークッキーショット」（48HK$）

「香港ローカル」をかたどったケーキの数々。パンやサンドイッチもあり、ランチもできる

香港のパイナップルパンがケーキに。パンの部分はココナッツのムースとダックワーズ、中にクリームとフルーツのジャムが入っている（68HK$）

レモンジュースボックス（68HK$）の中はマスカルポーネムースとサクサクの生地

カニコロッケのブリオッシュサンド（68HK$）

マシュマロがのったホットチョコレート（68HK$）

カフェスペースは約40席

當文歴餅店・バイ・ドミニク・アンセル　Dang Wen Li by Dominique Ansel
住 尖沙咀廣東道3-27 海港城海運大廈G/F OT G63A號舗　Shop OT G63A, G/F, Ocean Terminal, Harbour City, 3-27 Canton Rd., Tsimshatsui　☎ 2613 8618　営 12:00～20:00（金～日曜、祝日は～21:00）　休 無休　カード AMV　地 尖沙咀駅連絡通路経由L5またはL6出口　map 別冊P.28-4A　**他店舗**　住 中環皇后大道中80　H Queen's G/F 2號舗　☎ 3482 7735

香港の交通ガイド

Transportation

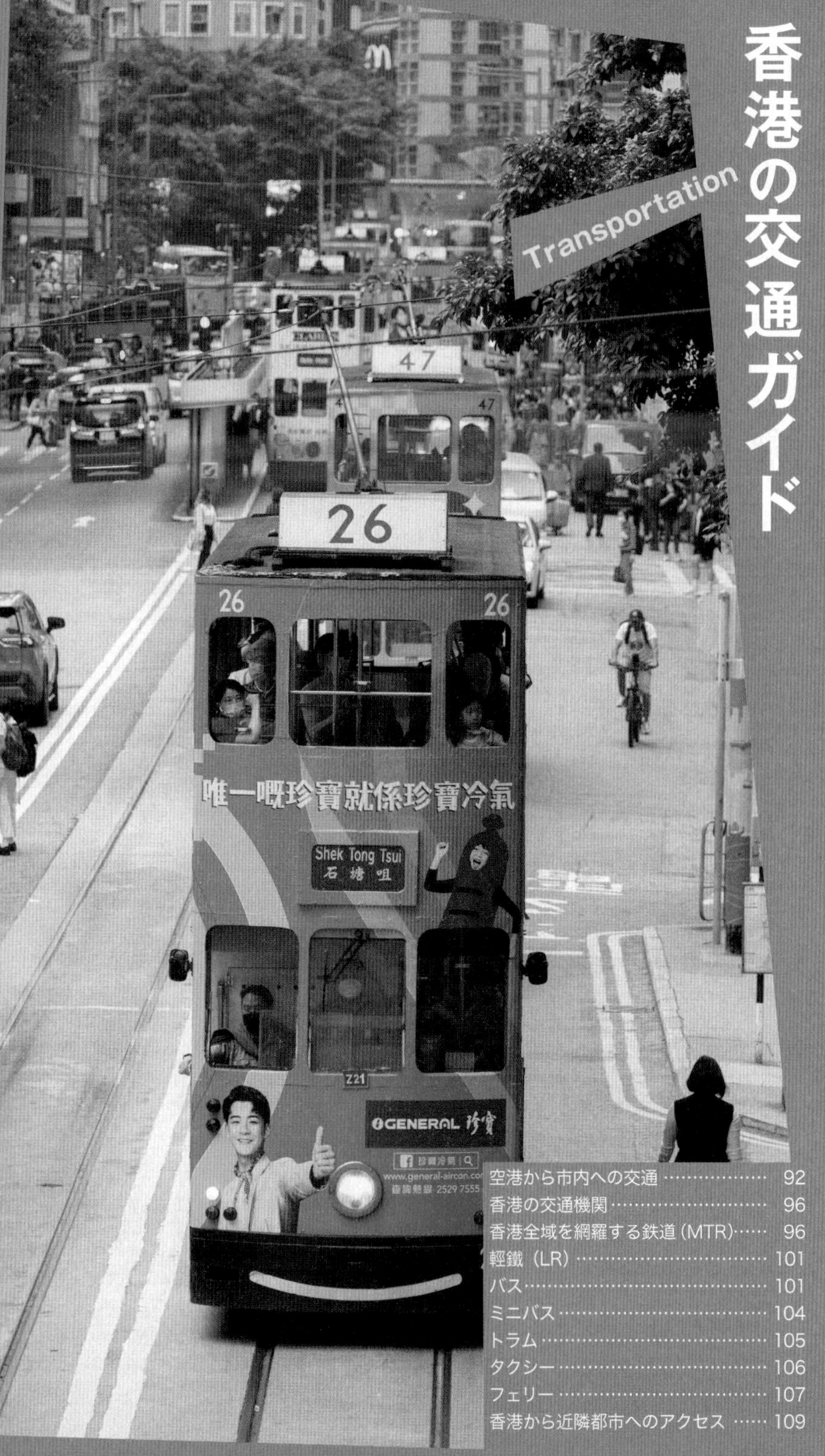

空港から市内への交通

充実した市内への交通機関

香港国際空港から市内まで約35km、アクセスは快適そのものだ。空港に直結した鉄道「エアポートエクスプレス（機場快綫（ゲイチョンファイシン））」が空港と市内を結んでいる。また繁華街やホテルへ乗り換えなしで行けるエアポートバスや、タクシーの選択肢もある。

エアポートエクスプレス Airport Express (AEL) 機場快綫（ゲイチョンファイシン）

エアポートエクスプレス

エアポートエクスプレスは、「博覽館（ボッラムグン） Asia World-Expo」始発で、空港から新界のニュータウン「青衣（チンイー） Tsing Yi」、そして尖沙咀西側の新開発区にある「九龍（ガウロン） Kowloon」を経て、中環の海側にある「香港（ヒョンゴン） Hong Kong」駅へいたる鉄道で、MTR（港鐵）によって運営されている。

所要時間は空港〜青衣14分、〜九龍22分、〜香港24分。8〜14分間隔で運行している。

空港からの料金　(単位：HK$)

	青衣駅	九龍駅	香港駅
大人	70	105	115
当日往復	120	185	205
子供	35	52.5	57.5

※当日往復：発券当日のみ有効の往復特別切符。

●チケットの購入場所

各種チケット、交通系ICカード「オクトパス」（八達通（バッダーットン）、→P.97）は、空港到着ロビーにある機場快綫客務中心（ゲイチョンファイシンハッモウチョンサム）（Airport Express Customer Service Centre）で買える。片道、同日の往復チケットは自動券売機でも購入可能。

MTRのウェブサイトから電子チケットを購入することも可能（→欄外）。

到着ロビーに2ヵ所ある機場快綫客務中心

●割安のグループチケット

2人、3人、4人用のグループチケットがあり、機場快綫客務中心で購入できる。2023年9月現在、空港〜九龍間の2人用チケット150HK$、3人用210HK$、4人用250HK$と、往復割引より割安。空港へ行く際は各駅（博覽館を除く）の客務中心で購入可能（チケットは購入当日のみ有効）。

エアポートエクスプレス
問い合わせ：MTR（港鐵）
☎2881 8888（24時間ホットライン）URL www.mtr.com.hk

エアポートエクスプレスの運行時間
空港発香港方面が5:54〜翌0:48、香港駅発空港方面5:50〜翌0:48。

エアポートエクスプレスの車内はゆったりとしている

エアポートエクスプレス乗車に使えるチケット

●通常のチケット「機場快綫智能車票 Airport Express Smart Ticket」
料 片道：大人70〜115HK$、3〜11歳35〜57.5HK$
有効期間：発券当日のみ
購入場所：機場快綫客務中心、自動券売機

●交通系ICカード「オクトパス Octopus（八達通）」
香港のほとんどの交通機関や買い物に使える。大人用は200HK$（うちデポジット50HK$）、詳細は→P.97。
購入場所：機場快綫客務中心、MTR各駅の客務中心
カード A J M V（空港の機場快綫客務中心のみ使用可、MTR各駅の客務中心は使用不可）

●電子チケット「エアポートエクスプレス・二次元コードチケット（機場快綫二維碼）」
MTRのウェブから購入。通常のチケットより若干安くなる（有効期間は発売日から92日間）。二次元コードを改札にかざして使用。
料 空港〜香港駅110HK$（205HK$）、空港〜九龍駅100HK$（185HK$）、空港〜青衣駅65HK$（120HK$）
※（　）内は往復料金。カード M V

機場快綫客務中心（エアポートエクスプレス・カスタマーサービスセンター）
営5:44〜翌1:22（駅の開門時間）
カード A J M V
map P.448
各種乗車券やツーリストオクトパスの販売のほか、オンラインで購入したツーリスト・デイパス（→P.97）のチケットへの交換などを行う。

●オクトパスで乗車するとお得になるコト

▶料金が安くなる

通常のチケットより、プリペイドカードのオクトパス（→P.97）を使った場合、大人料金は各区間とも 5HK$、子供料金は 2.5HK$ 安くなる。※同様に電子チケットも割安。

また、オクトパスを使って空港と青衣、九龍、香港駅とを同一日内に往復した場合、復路は無料になる。

▶接続する MTR に無料乗車できる

エアポートエクスプレスにオクトパスを使って乗車すると、接続する MTR（輕鐵、東鐵綫の 1 等席を除く）に無料で乗車できる。

例えば空港→香港駅＝中環（MTR）→銅鑼灣と乗った場合、中環～銅鑼灣間は無料になる。また、市内から東涌綫（MTR）を利用して青衣まで行き、そこからエアポートエクスプレスに乗った場合にも市内駅から青衣までの運賃は無料になる。ただし、付帯条件（→欄外）がある。

エアポートバス　Airport Bus　機場巴士（ゲイチョンバーシー）

空港と各地を結ぶエアポートバスは目的地まで乗り換えなしで行け、料金もエアポートエクスプレスより安い。停車バス停の数が少ない「A＋番号」の路線と、空港の諸施設を周回するため所要時間がかかる「E＋番号」の路線の 2 種類があるので注意。早朝や深夜には「N（一部は NA）＋番号」のナイトバス（→ P.95 欄外）も運行。

エアポートバスは香港各地に路線が整備されていて、車内アナウンスや電光掲示板での降車案内もあり、利用しやすい。左はシティバスの車両、右は龍運バス

●運賃の支払い方法

▶現金で

車内の料金箱へ現金を投入する場合はおつりが出ないので、小銭を用意するか、バス乗り場に併設されたチケット売り場でチケットを購入する。

▶オクトパスで

すべてのバスでオクトパスが使える。オクトパスの購入、チャージは空港内の機場快綫客務中心（→ P.92 欄外）で。

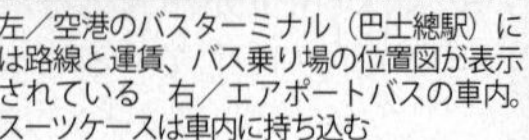

左／空港のバスターミナル（巴士總站）には路線と運賃、バス乗り場の位置図が表示されている　右／エアポートバスの車内。スーツケースは車内に持ち込む

オクトパスで エアポートエクスプレス 乗車時の割引条件

- ▶エアポートエクスプレスまたは MTR の改札を出てから 1 時間以内に乗り換えること（尖東～尖沙咀間の乗り換えは 30 分以内）。
- ▶オクトパスの残額が有料区間以上残っていること。

エアポートエクスプレスと MTR 東涌綫の乗り換え

電車は同じルートを走っているが、日本の新幹線と在来線のように改札口や切符売り場が異なる。乗り換えはいったん改札を出て、別の改札から入り直す。また「乗り換え切符」は販売されていない。

空港から市内への 最も経済的な行き方

一般交通機関を利用するリピーター向けの方法。空港のバスターミナルから出ている東涌駅行きのバス S1 に乗り、MTR 東涌綫の東涌駅へ行く（5:30 ～ 24:00 の間に 5 ～ 10 分間隔で運行、所要約 10 分。3.7HK$）。バスは東涌駅前のバスターミナルに着く。駅構内の客務中心でオクトパスを購入すれば、市内へ割引料金で行ける。乗り換えの手間はあるが、最も安上がりだ。ただし、ラッシュ時は避けたほうがよい。

エアポートエクスプレス各駅からの無料シャトルバスは運休中

エアポートエクスプレスの香港駅、九龍駅から市内の主要ホテルなどを結んで運行されていた無料シャトルバスは、2023 年 9 月現在、運行停止中。

● A系統、E系統のおもな路線一覧（2023年9月現在）

▶香港島地区

A11 空港～港珠澳大橋香港口岸～上環・マカオフェリーターミナル～中環～金鐘～灣仔～銅鑼灣～北角碼頭

［運行時間］8:10～翌0:15、15～30分間隔。 料41.9HK$

E11 経路は**A11**とほぼ同じだが、始発がアジアワールド・エキスポで、空港施設を周回する。終点はMTR天后駅。

［運行時間］5:20～24:00、20～40分間隔。 料21.7HK$

A12 空港～西環～灣仔（北）～北角～太古～西灣河～筲箕灣～柴灣～小西灣（藍灣半島）

［運行時間］7:45～23:45、60分間隔。 料47.1HK$

▶九龍地区

A21 空港～油麻地～佐敦～尖沙咀～尖沙咀東部～紅磡駅

［運行時間］7:00～24:00、12～30分間隔。 料34.6HK$

A22 空港～佐敦～土瓜灣～九龍城～牛頭角～觀塘～MTR藍田駅

［運行時間］9:45～23:45（土・日曜、祝日～23:55）、20～30分間隔。 料40.8HK$

E23 空港（空港施設を周回）～上海街～黃埔花園～土瓜灣～九龍城～彩虹～慈雲山（南）

［運行時間］13:20～24:00、20～30分間隔。 料18.6HK$

▶新界地区

A31 空港～荃灣（如心廣場）

［運行時間］5:30～24:00、15～30分間隔。 料19.8HK$

E32 アジアワールド・エキスポ～空港ターミナル～MTR葵芳駅

［運行時間］5:30～24:00、12～30分間隔。 料11.2HK$

A41 空港～沙田（愉翠苑）

［運行時間］5:35～24:00、15～60分間隔。 料23.4HK$

そのほか、空港から新界地区のニュータウンを結ぶ路線もある。

エアポートバス各路線の沿線主要ホテル

路線	ホテル
A11	マンダリン・オリエンタル、JWマリオット・ホテル・ホンコン、アイランド シャングリ・ラ ホンコン、コンラッド、アッパー・ハウス、エンパイヤホテル・ホンコン・ワンチャイ、グロスター・ルックコック、ノボテル・センチュリー、パークレーン・ホンコン・ア・プルマン、リーガル・ホンコン
A12	ジェン・ホンコン・バイ・シャングリ・ラ、ハーバービュー、グランド・ハイアット・ホンコン、ルネッサンス・ハーバービューホテル・ホンコン、ハーバープラザ・ノースポイント
A21	メトロパークホテル・モンコック、イートン・ホンコン、ネイザン、プルデンシャル、ミラ・ホンコン、ホリデイ・イン・ゴールデンマイル、重慶大厦、シェラトン・ホンコン・ホテル&タワーズ、ザ・ペニンシュラ・ホンコン、パーク・ホテル・ホンコン
A22	ラルゴス、リーガル・オリエンタル、ハーバープラザ・8ディグリーズ、シルカ・シービュー・ホンコン
E23	リーガル・エアポート、リーガル・オリエンタル
A31	パンダ
E32	ホンコン・スカイシティ・マリオット
A41	リーガル・リバーサイド、ロイヤル・パーク

エアポートシャトル Airport Shuttle 酒店巴士（チャウディムバーシー）

民間のバス会社による主要ホテルへのシャトルバス。香港島、九龍、新界合わせて約100のホテルをカバーしている（※2023年9月現在、運休中）。

エアポートバス

●シティバス（城巴）

おもに空港と香港島・九龍の各市街地を結ぶバスを運行。
☎2136 8888（24時間ホットライン）
URL www.citybus.com.hk
営8:00～20:00 休 無休

●龍運バス

空港・東涌と新界（西貢を除く）を結ぶバスを運行。
☎2745 4466（親会社KMBの24時間ホットライン）
URL www.lwb.hk
営8:00～21:00 休 無休
※現金とオクトパスが使える。A系統のみカスタマーサービス、またはチケットオフィスでチケットの購入が可能（カード M V）。

エアポートバスの運行時間

路線によって違い、「A系統、E系統のおもな路線一覧」を参照。ナイトバスは0:20～5:10くらいまで運行。

エアポートバスの所要時間

〈中環まで〉
A11：約45分／E11：約55分
〈灣仔まで〉
A11：約55分／A12：約45分／E11：約65分
〈銅鑼灣まで〉
A11：約65分／E11：約75分
〈北角まで〉
A12：約65分
〈旺角まで〉
A21：約40分
〈佐敦まで〉
A21：約60分／A22：約35分／E23：約50分
〈尖沙咀まで〉
A21：約70分
〈尖沙咀東部まで〉
A21：約80分
※道路の混雑状況によって所要時間は異なるので、余裕をみること。

タクシー

目的地まで直接行けるタクシーは便利。空港から市内までは少し遠いが、3～4人でエアポートエクスプレスに乗ることを考えれば、料金も決して高くない。

●タクシー乗車時のルールと注意

①行き先別にタクシーの色が分かれているので注意すること。

▶香港島、九龍半島の繁華街、ランタオ島の愉景灣北へは「赤色ボディ」のタクシーで。

▶九龍半島の新界地区で荃灣、沙田より北の地域に行く場合は「緑色ボディ」のタクシーで。

▶ランタオ島内へは「水色ボディ」のタクシーで。

空港のタクシー乗り場は3つの行き先ごとに分かれている。案内表示を見て利用するタクシーの乗り場へ

②有料道路代は客側負担となる。香港島へは西區海底トンネルを通り、往復のトンネル通行料50HK$がメーター料金に加算される。

③トランクに荷物を入れると、荷物1個につき6HK$加算。

④空港から出発、または乗り入れた場合の追加料金はない。

⑤タクシー利用客があまり多くないため、観光客と見ると高い料金をふっかけてくる運転手もいる。トラブルを避けるため、乗車時にメーター走行であることを確認すること。

⑥全座席でシートベルトを着用しなければならない。

香港島と九龍エリアは赤色のタクシー。空港のタクシー乗り場は次々タクシーがやってくる。トランクに荷物を入れた場合は1個につき6HK$が料金に加算される

左／新界地区タクシーは緑色
右／ランタオ島タクシーは水色

中国広東省へのリムジンサービス

ワゴン車や乗用車で、深圳、広東省内の指定の場所までドア・ツー・ドアで送迎するスカイリモSkylimo（航天跨境轎車〈ホンティンクワギンキウチェー〉）というサービスがある。料金は場所や時間によって異なるが、4人乗りの乗用車で900HK$～。

エアポートバスのN系統（夜間運行）のおもな路線

〈N11〉
空港～尖沙咀（漆咸道南）～紅磡海底トンネル～銅鑼灣～中環～上環マカオフェリーターミナル
空港発：深夜1:50～4:50、上環マカオフェリーターミナル発：深夜 1:20～4:20 料32.1HK$、約60分間隔。

〈N21〉
空港～深水埗～旺角～油麻地～尖沙咀スターフェリー埠頭
空港発：深夜0:20～4:40、尖沙咀スターフェリー埠頭発：深夜1:30～5:10 料23.8HK$、20～30分間隔。

タクシー料金の目安

※下記の料金に有料道路代が加算される。

●香港サイドへ
中環まで335HK$、所要約35分。灣仔まで340HK$、所要約40分。銅鑼灣まで340HK$、所要約45分。

●九龍サイドへ
尖沙咀まで265HK$、所要約45分。旺角まで260HK$、所要約40分。

●新界地区へ
沙田まで285HK$、所要約45分。荃灣まで220HK$、所要約30分。香港ディズニーランドまで145HK$、所要約20分。

スカイリモ（リムジンサービス）

運行時間：24時間
問い合わせ：ターミナル1のメインランド／マカオ・トランスポートセンター Mainland/Macau Transport Centreに各旅行会社のカウンターがある。おもな旅行会社は以下のとおり。

● **China Travel（香港中旅社）**
☎3604 0118
● **Eternal East Tours（永東旅行社）**
☎2261 2566
● **KC Trans-Island（冠忠環島）**
☎2261 2636
● **S.T.Travel（三通旅遊）**
☎3197 9312

香港の交通機関

香港は世界でもまれな「おもしろ乗り物天国」だ。トラムにスターフェリー、そしてダブルデッカーの2階建てバス。陸上を、海を、さまざまな乗り物が駆け回っていて、乗り物そのものが観光スポットであるといっても過言ではない。ユニークな乗り物を使って、効率よく香港を回ってみよう。

香港全域を網羅する鉄道 MTR (Mass Transit Railway、港鐵)

香港のすべての鉄道は MTR(港鐵公司(ゴンティッコンシー))が統括している。地下鉄となる中心部は繁華街をくまなく結んでいて、初心者でも使いやすく、何より渋滞の心配がないのがいい。香港島と九龍サイドを移動するときは特に便利。タクシーなら海底トンネルを通って 30 分以上かかるが、地下鉄なら乗車時間 5 〜 7 分だ。

地下鉄は数ヵ所地上を走る。椅子はステンレス製、連結部にトビラはない

全 10 路線ある

2023 年 9 月現在、香港の鉄道 MTR は 10 路線、100 駅あり、路線図やホームの表示はライン別に色分けされている。各線相互の乗り換え駅などは路線図で確認しよう(別冊 P.34 の鉄道路線図)。

料金は 4 〜 64HK$。運賃は「海を渡ると高くなる」システムで、駅間距離と比例していない。2021 年に香港内最長路線の屯馬綫が全線開通、2022 年に東鐵綫が海を越えて香港島の金鐘駅まで延伸し、鉄道網が一段と整備された。

▶港島綫(西港島綫)・アイランドライン「青色」

香港島の北岸沿いに、堅尼地城(キンネイデイセン)と柴灣(チャイワン)の間を東西に走る(上環〜堅尼地城は西港島綫となる)。

▶南港島綫・サウスアイランドライン「黄緑色」

香港島の金鐘から香港島を南下し海洋公園(ホイヨンゴンユン)駅を経て、南部の海怡半島(ホイイーブンドウ)駅を結ぶ。

▶將軍澳綫・チョンクヮンオウライン「紫色」

香港島・北角から九龍サイドの油塘(ヤウトン)を経て寶琳(ボウラム)を結ぶ。さらに將軍澳(チョンクワンオウ)から康城(ホンセン)へ支線がある。

▶荃灣綫・チュンワンライン「赤色」

香港島の中環(チョンワン)(セントラル)から海を渡り九龍の繁華街を抜けて、西北部の荃灣(チュンワン)を結ぶ。

▶觀塘綫・クントンライン「緑色」

九龍半島南東部の黃埔(ウォンポー)から油麻地(ヤウマーデイ)を経て東へ延び、調景嶺(ティウゲンレン)を結ぶ。

▶屯馬綫・テュンマーライン「茶色」

2021 年に全線開通。屯門(テュンムン)から新界・九龍の 8 行政区を東西に横切り、馬鞍山の烏溪沙(ウーカイサー)を結ぶ。

▶東鐵綫・イーストレイルライン「水色」

香港島の金鐘(ガムチョン)から紅磡(ホンハム)を経由し、新界を北上。中国と接する

MTR(港鐵)
☎ 2881 8888(24 時間ホットライン)
URL www.mtr.com.hk
運行時間は路線によって異なるが、おおむね 5:28 〜翌 1:30。

地下鉄路線間の楽な乗り換え

●港島綫⇔荃灣綫
金鐘駅で。
●荃灣綫(中環方面)⇔觀塘綫(觀塘方面)
旺角駅で。
●荃灣綫(荃灣方面)⇔觀塘綫(觀塘方面)
太子駅で。
●港島綫(上環方面)⇔將軍澳綫
北角駅で。
●港島綫(柴灣方面)⇔將軍澳綫
鰂魚涌駅で。
●觀塘綫⇔將軍澳綫(寶林方面)
調景嶺駅で。
●觀塘綫⇔將軍澳綫(北角方面)
油塘駅で。

地下鉄禁止事項

▶車内、駅構内をゴミで汚したり、痰を吐いてはダメ。
▶車内、駅構内での喫煙、車内での飲食(水も不可)。
▶落書き。
▶切符を折り曲げたり、指ではじくこと。

など、かなり細かく禁止事項が設けられており、違反した場合、最高 5000HK$ の罰金と禁固 6 ヵ月の刑が科せられる。

地下鉄注意事項

▶チケット購入後、またはオクトパスで入札後、150 分以内に下車駅の改札口を出ないと無効。
▶チケットを紛失すると始発駅から終着駅までの料金を請求される。

客務中心(カスタマーサービスセンター)
☎2881 8888(24 時間ホットライン) 營 駅によって異なるがだいたい 5:50 〜翌 1:30 カード 不可(17 の駅ではオクトパス関連のグッズや一部の特別乗車券で MV が使用可)

▶乗り越し運賃の精算。
▶券売機使用のための両替。
▶オクトパス、ツーリスト・デイパスの購入。
▶オクトパスのチャージ、払い戻し。ロックの解除。
▶記念品やグッズも販売している。

各駅の改札付近にある客務中心

羅湖まで延びる。

▶東涌綫・トンチョンライン「オレンジ色」

香港島・中環の香港駅から九龍駅を経てランタオ島の東涌にいたる。空港には乗り入れていないので要注意。

▶迪士尼綫・ディズニーランドリゾートライン「ピンク」

東涌綫の欣澳駅から香港ディズニーランドのある迪士尼駅を結ぶ。

▶機場快綫・エアポートエクスプレス 「深緑色」

ランタオ島沖の人工島にある博覽館駅から空港、青馬大橋を通って九龍、香港島北部の香港駅を結ぶ急行鉄道（→ P.92）。

MTR のオリジナルグッズショップ「MTR e-Store」

金鐘駅構内にある、乗り物グッズを販売する MTR のショップ。電車やバスの模型のほか、キーホルダーや文房具、エコバッグなど、おみやげになるグッズも。鉄道ファンは必見。
住 金鐘駅 Shop24（B 出口付近）
☎ 2922 4800 営8:00 ～ 20:00
休 無休 カード M V

COLUMN オクトパスを使いこなす

香港のほとんどの交通機関や買い物の際に使える IC カード「オクトパス」。香港人の 99％が利用している。旅行者にとっても、交通のみならず使える店が増えているので、大変便利なカードだ。ミニサイズやキャラクターもの、腕時計型などさまざまな形状のオクトパスも出ている。

種類と料金

オクトパスの種類	料金（ ）内はデポジット額
成人用	200HK$（50HK$）
子供用（3 ～ 11 歳）	100HK$（50HK$）
シニア用（65 歳以上）	100HK$（50HK$）

シニア用オクトパスは要チェック

子供用オクトパス（小童八達通）は自己申請で、シニア用オクトパス（長者八達通）はパスポートを提示すれば購入可能。これらのオクトパスはエアポートエクスプレスや一部の乗り物を除くおもな交通機関で優待料金（半額、あるいは 2HK$）が適用される。特にシニア用は優待割引率が高いので、利用価値ありだ。

購入場所

- MTR の馬場駅を除く各駅の客務中心（カスタマーサービスセンター）、エアポートエクスプレス・カスタマーサービスセンター。
- 輕鐵（Light Rail）の一部の駅。
- 中環フェリー埠頭 5、6 號埠頭のカスタマー＆オクトパス・サービスセンター。

使い方

- 改札機のセンサー上にカードをかざすと機械が読み取り、自動改札機のゲートが開く。
- 残額からデポジットを引いた額が使用可能額。デポジットのうち 35HK$（2017 年 10 月 1 日以降発行分は 50HK$）は予備額で、残額が 0 以下でなければ 1 回のみはここから自動的に立て替えされる。
- 残額は駅の券売機の近くにある「八達通查閱機 Octopus Enquiry Machine」または「八達通服務站（Octopus Service Points）」にカードを当てると画面に表示される。

オクトパスの残額確認はこの機械で

- 不要になった場合、客務中心（カスタマーサービスセンター）でカードを返還すれば保証金 50HK$ を含めた残額を払い戻してくれる。購入後 90 日以内に払い戻しを行う場合、手数料 11HK$ が差し引かれる。※残額 500HK$ 以上の場合は客務中心では返還の手続きができず、日数もかかる。

構内にある増値機

チャージについて

- チャージ額は最低 50HK$ から最高 3000HK$ まで。
- チャージは以下の方法で可能

① MTR の駅の自動券売機付近にある「増値機 Add Value Machine」で行う。50HK$、100HK$ 紙幣が使える。

② MTR 駅の客務中心、バスのカスタマーサービスセンターや窓口、サンフェリー乗り場の窓口で可能。また、コンビニや一部のスーパーやマクドナルド（→ P.98 欄外）でも可能。

知っていると便利なコト

- 長期間使用しなかったり、改札を通れなかったりした場合は、客務中心へ持っていくとロックを解除してくれ使用再開できる。
- 英語でなんて言う？
  チャージ（増額）：add value
  チャージしてください：Please add value to my Octopus.
  払い戻し（返金）：refund
  払い戻ししてください：Please refund the remaining value.

利用価値のあるオクトパス。空港や各駅のカスタマーサービスセンターで購入できる

ツーリスト・デイパス

[購入場所]

MTR 各駅（羅湖、落馬洲、馬場駅を除く）の客務中心で買えるほか、MTR のウェブからも購入できる。

1 日乗り放題のツーリスト・デイパス

左／ MTR の改札口。1 回券の単程票は改札機のセンサーにタッチして入り、出るときは挿入する
右／従来型の自動券売機

オクトパス

☎2266 2222（ホットライン）
URL www.octopus.com.hk

[利用可能な交通機関]

▶ MTR（港鐵）全線。
▶すべてのバス。
▶スターフェリー（天星小輪）、港内・港外綫フェリー。
▶マクシキャブ（緑ラインのミニバス）、ミニバス（赤ライン）の 450 路線。
▶ピークトラム、トラム（電車）、一部のタクシー。

[買い物で使える場所]

▶コンビニ、スーパー
▶スターバックス、マクドナルド、大家樂や大快活をはじめ、使える店は拡大中。
▶ワトソンズ、マニングス、莎莎。奇家餅家、泰昌餅家（ともに→ P.253）など。
▶一部の映画館、香港オーシャンパーク、競馬場、公営プールなどの入場料。
▶郵便局。

[チャージが可能なショップ]

▶セブン - イレブン、サークル K、ワトソンズ、マニングス、スーパーのウエルカムやパークン、スターバックス、マクドナルドなど。

オクトパスの期限

オクトパスを 3 年間使用またはチャージしなかった場合、「不常用八達通（Inactive Octopus）」とみなされ、毎年 15HK$ の手数料が差し引かれ、デポジットが 0 になった時点で失効、使用再開ができなくなる。

目的駅までの切符、単程票

切符の種類

旅行者に便利な切符は以下の 3 種類。

①單程票（タンチェンピウ） Single Journey Ticket

目的の駅までの 1 回券。MTR 各駅（馬場駅を除く）の券売機で買える。3 ～ 11 歳の子供と 65 歳以上のシニアには割引料金の「特惠單程票（タッワイタンチェンピウ） Concessionary Single Journey Ticket」がある。

②オクトパス　Octopus　八達通（バッダーットン）

複数の交通機関で利用可能な IC カード（→詳細は P.97）。チャージして繰り返し使える。

③ツーリスト・デイパス　Tourist Day Pass　遊客全日通（ヤウハッチュンヤットン）

滞在中のいずれか 1 日、MTR 全線乗り放題（※）のパス。有効期間は発券日から 30 日間。購入は滞在 14 日未満の観光客にかぎられ、大人用 65HK$、子供用（3 ～ 11 歳）30HK$。※東鐵綫の 1 等席、羅湖および落馬洲、エアポートエクスプレスを除く。

自動券売機での切符の買い方

券売機は多くの駅に設置されている単機能タイプのほかに、一部の駅に設置された新タイプの「三合一（3-in-1）」という複合機がある。この機械は切符の購入、オクトパスの増額、オクトパスの利用記録や切符の内容確認の 3 つがタッチパネル操作でできる。

●従来タイプの券売機の使い方

①画面上の目的駅を押す。
②金額が表示されるのでお金を入れる。
③切符とおつりを受け取る。

また、複数枚買うときは②の画面で「多張 Multiple」を押す。子供やシニアの切符は、②の画面で「特惠 Concessionary 」を押し、「小童 Child」か「長者 Senior Citizen」を選び、次の画面で枚数を指定すると金額が表示される。※子供料金：3 ～ 11 歳、シニア料金：65 歳以上。

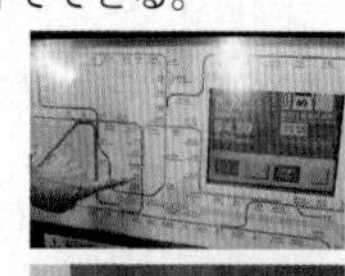

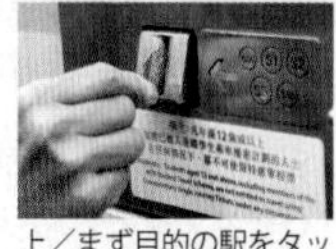

上／まず目的の駅をタッチすると、切符のタイプ（成人・子供用など）や枚数を選ぶ画面が出る
下／硬貨は 50 セントから使える

●複合機「三合一（3 -in -1）」の使い方

▶切符の購入

①左上タッチパネルの 「購票（切符購入）」を押す。
②左下タッチパネルで利用する路線を選び、次画面で目的駅を押す。
③金額が表示されるのでお金を入れるか、オクトパスをカードリーダーに当てる。
④切符とおつりを受け取る。

▶オクトパスの増額

①オクトパスをカードリーダーに当て、左上のタッチパネルの「増值（増額）」を押す。操作終了までオクトパスをリーダーにかざしたままにしておく（ホルダーあり）。
②画面に残額が表示される。50HK$、または 100HK$ 紙幣を投入する。

③「下一歩（次へ）」を押すと「交易完成（取引終了）」の文字が出る。念のため確認機能を使って、チャージされたか確認したほうがよい。

「三合一」の機械

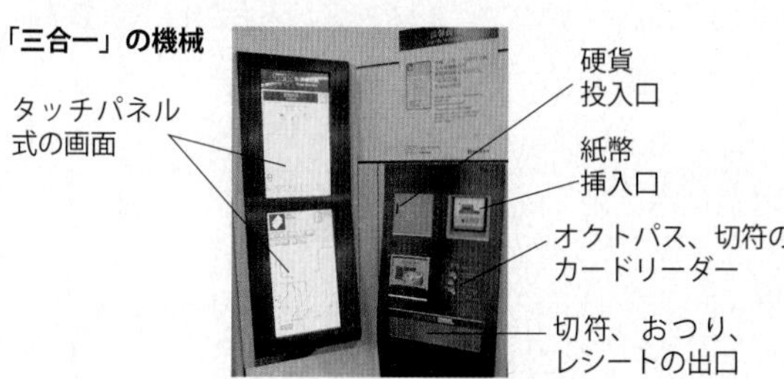

中国・深圳へのアクセスに使える東鐵綫(トンティッシン)

東鐵綫は、金鐘(ガムチョン) Admiralty から中国本土の入境駅・羅湖(ローウー) Lo Wu まで 47.5km、16 駅を走る。乗り換え駅は 4 つ。発着駅の金鐘で南港島綫、港島綫、荃灣綫に乗り換えられるほか、九龍側の紅磡(ホンハム) Hung Hom で屯馬綫、九龍塘(ガウロントン) Kowloon Tong で九龍半島を東西に走る觀塘綫、新界の大圍(タイワイ) Tai Wai で屯馬綫と連結している。

新界北部、深圳へのアクセスに使える路線

東鐵綫には上水(ションソイ) Sheung Shui から分岐し、深圳の福田口岸に接続する支線の落馬洲支綫（2 駅、7.4km）がある。

●乗り方と運賃

1 等車と 2 等車があり、運賃は 2 等が 4 ～ 54HK$。1 等（頭等(タウダン)）は 2 等の倍額。1 等車は羅湖／落馬洲行きの 4 両目、金鐘行きの 6 両目にあり、あらかじめ 1 等切符を買うか、オクトパス利用の場合には 1 等車乗車口付近にある「頭等核准器(タウダンハッチョンヘイ) First Class Processor」にオクトパスをかざし、承認を受けてから乗車する。車内での清算には 1000HK$ という高額の手数料がかかる。

港鐵特惠站（MTR Fare Savers）を活用

港鐵特惠站（MTR Fare Savers）という端末機にオクトパスをかざしてから乗車すると、運賃が 2HK$ 安くなるサービスがある。この端末機は指定の駅の改札付近や駅近隣のショッピングセンター内などに設置されている。

設置場所 URL www.mtr.com.hk/en/customer/tickets/fare_saver.html

尖沙咀ハーバーシティのゲートウェイ・アーケード 3/F にある港鐵特惠站

トイレのある MTR 駅

上環、中環、灣仔、炮台山、北角、尖沙咀、油麻地、旺角、太子、深水埗、南港島綫の各駅など主要な駅にはトイレが設置されている。授乳室のある駅もある。

東鐵綫運行時間

〈金鐘～羅湖〉
6:04 ～ 23:01 に頻発。
（税関 開6:30 ～ 24:00）
〈上水～落馬洲〉
6:00 ～ 22:11 に 1 時間に 5 ～ 6 本の割で運行。
（税関 開6:30 ～ 22:30）

COLUMN MTR 駅構内に注目

人気店が駅構内にあり便利

ショップが充実

MTR 駅構内には、MTR Shops と銘打ち、さまざまな店が出店している。

インターネット無料アクセスポイントを設置

一部の駅構内にはインターネットの無料アクセスポイント「アイセンター　iCentre」が設置されている。2023 年 9 月現在、中環、旺角、銅鑼灣ほか全部で 13 駅にあり、自由に端末が使える。1 回につき 15 分、5 ページまで。

また、全駅で無料 Wi-Fi の使用が可能。「免費 Wi-Fi 熱點」の看板がホットスポットで、場所は駅によって違うが、だいたい改札付近にある。「MTR-Free Wi-Fi」を選んで規約に同意すればすぐに使用できる。1 回につき 15 分、1 日 5 アクセスまで。USB の充電コーナーも 16 駅にあり、一部はコードレス充電可。1 回につき最長 15 分まで。

中環駅のアイセンター

東鐵綫料金表

（単位：HK$）

金 鐘	10.0	29.0	30.0	30.0	37.0	37.0	38.0	55.0	39.0	43.0	43.0	49.0	49.0	108.0	108.0
5.0	會 展	24.0	30.0	30.0	37.0	37.0	38.0	55.0	39.0	43.0	43.0	49.0	49.0	108.0	108.0
14.5	12.0	紅 磡	8.0	8.0	13.0	13.0	16.0	31.0	16.0	23.0	23.0	25.0	25.0	87.0	87.0
15.0	15.0	4.0	旺角東	8.0	13.0	13.0	14.0	31.0	16.0	23.0	23.0	25.0	25.0	87.0	87.0
15.0	15.0	4.0	4.0	九龍塘	13.0	13.0	14.0	31.0	16.0	23.0	23.0	25.0	25.0	87.0	87.0
18.5	18.5	6.5	6.5	6.5	大 圍	8.0	8.0	16.0	9.0	13.0	13.0	15.0	25.0	87.0	87.0
18.5	18.5	6.5	6.5	6.5	4.0	沙 田	8.0	16.0	9.0	13.0	13.0	15.0	15.0	69.0	69.0
19.0	19.0	8.0	7.0	7.0	4.0	4.0	火 炭	15.0	8.0	13.0	13.0	15.0	15.0	62.0	69.0
27.5	27.5	15.5	15.5	15.5	8.0	8.0	7.5	馬 場	15.0	19.0	19.0	27.0	27.0	58.0	62.0
19.5	19.5	8.0	8.0	8.0	4.5	4.5	4.0	7.5	大 學	9.0	9.0	13.0	13.0	60.0	58.0
21.5	21.5	11.5	11.5	11.5	6.5	6.5	6.5	9.5	4.5	大埔墟	8.0	9.0	9.0	58.0	60.0
21.5	21.5	11.5	11.5	11.5	6.5	6.5	6.5	9.5	4.5	4.0	太 和	9.0	9.0	58.0	58.0
24.5	24.5	12.5	12.5	12.5	7.5	7.5	7.5	13.5	6.5	4.5	4.5	粉 嶺	8.0	54.0	54.0
24.5	24.5	12.5	12.5	12.5	7.5	7.5	7.5	13.5	6.5	4.5	4.5	4.0	上 水	54.0	54.0
54.0	54.0	43.5	43.5	43.5	34.5	34.5	31.0	29.0	30.0	29.0	29.0	27.0	27.0	羅 湖	54.0
54.0	54.0	43.5	43.5	43.5	34.5	34.5	31.0	29.0	30.0	29.0	29.0	27.0	27.0	27.0	落馬洲

※黄土色　　　の部分は頭等（1等）料金。　2023年9月10日現在

馬場駅 Racecourse

競馬開催日のみ使用される駅で、普段は経由しない。馬場駅には自動券売機がないので、あらかじめ往復きっぷを買うか、オクトパスで乗るとよい。

東鐵綫と屯馬綫の乗り換え駅である紅磡駅。写真は屯馬綫のホーム

●中国に行く足に使う

▶羅湖から

終点の羅湖の改札がそのまま中国・深圳の出入境検問所へつながっている。金鐘から羅湖まで所要44分、54HK$。なお羅湖駅は国境立ち入り禁止区域内にあるため、政府の許可なく駅の外に出ることはできない。

▶落馬洲から

上水から湿原を抜けて西北に延びる落馬洲支綫の終点、落馬洲 Lok Ma Chau が福田の出入境検問所につながっている。所要時間は金鐘から50分、54HK$、紅磡から44分、43.5HK$。上水からは12分、27HK$。

▶中国各地への直行列車

紅磡から中国の各地への直通車（チットンチェー）（直行列車）は、2023年9月現在、運休中。西九龍駅と中国各地を結ぶ廣深港高速鐵路が2018年に開通して以来、こちらの高速鐵路が主流になっている（→ P.109）。

COLUMN　開発めまぐるしい東鐵綫と屯馬綫

香港で最古の路線「東鐵綫」

東鐵綫は九廣鐵路（KRC）として英国植民地時代の1910年に開通。1982年に電化された。1996年に九廣東鐵と改名、1998年に起点となる駅名が九龍から紅磡に改名された。2007年に九廣西鐵（屯門～南昌）とともにMTR（港鐵）と合併し、それぞれ東鐵綫、西鐵綫と名を変えた。

そして2022年、紅磡から海を越え、灣仔北部の會展駅を経由し金鐘駅まで延伸。ついに香港島から羅湖まで路線がつながった。

新界東部～九龍～新界西部をつなぐ一大路線「屯馬綫」

新界西部を走る西鐵綫（屯門～紅磡）と、新界東部の路線、馬鞍山綫（大圍～烏溪沙）をつなぐ形で、一部路線を新設。2021年に啟德～紅磡間が完工し、東西を横断する全長約56kmの最長路線が誕生した。駅数は27、屯門～烏溪沙の所要時間は約75分。通勤の足として活躍している。

東鐵綫と屯馬綫をつなぐMTR延長計画

東鐵綫を西に延伸する計画が進行中で、2027年を目途に羅湖駅の南西に古洞駅を建設、2034年には古洞駅から屯馬綫の錦上路駅間に3駅を設け「北環綫」を開通させるという計画だ。

輕鐵 Light Rail (LR)

輕鐵の車体は複数のタイプがある

輕鐵は新界北西部を走る全長36.15km、香港唯一のライトレール・トランジット（先進型の路面電車）。13路線（うち2路線は混雑時のみ運行）、68駅あり、うち4駅で屯馬綫と連絡している。イギリス時代の1988年に開通した当時は九廣輕鐵といったが、2007年に港鐵（MTR）の一部となった。

以前輕鐵は他の鉄道路線と接続していなかったため、沿線住民の利用がメインで、観光客にはなじみのない交通手段だった。以前の西鐵綫が屯馬綫になったことで、香港の各地から輕鐵の駅にアクセスしやすくなり、観光客にとっても利用価値が高まった（輕鐵の詳細→ P.354）。

輕鐵の路線

メインとなる駅は、元朗、天水圍、兆康、屯門、屯門碼頭の5つだが、路線網が複雑なので、路線図をよく見て利用しよう。電車には系統番号が付いているので、行き先とともにチェックして乗れば確実だ。

乗り方と運賃

輕鐵の大きな特徴はトラム（→ P.105）に似たホームしかない駅の構造と、6つのゾーン別に設定された運賃だ。乗る際はホームに設置された自動券売機で切符を買うか、オクトパスを使って乗る。駅には改札はなく、切符をチェックする車掌もいない。だがときどき抜き打ち検札があり、無賃乗車には罰金が科せられる。

バス (Public Bus、巴士)

尖沙咀スターフェリー乗り場前のバスターミナルは九龍側のバス交通の要

バスは香港の主要な公共交通機関のひとつで、最も多くの人が利用する交通手段だ。渋滞に巻き込まれると時間が読めないという欠点はあるものの、香港中をくまなく網羅する路線数と台数で機動力を誇る。ヴィクトリア・ピークや香港島南側の淺水灣、赤柱などへはバスを活用しよう。

バスの種類と運行エリア

香港では4つの会社が729の定期バス路線を運営しており、全車両とも冷房完備。香港には公営バスはない。

輕鐵
☎2881 8888（MTR24時間ホットライン）
URL www.mtr.com.hk
運行時間：5:11～翌1:35
運賃：5.5～7.5HK$

輕鐵11路線のおもな行き先

505	三聖～兆康
507	屯門碼頭～田景
610	屯門碼頭～元朗
614	屯門碼頭～元朗
614P	屯門碼頭～兆康
615	屯門碼頭～元朗
615P	屯門碼頭～兆康
705	天水圍循環綫
706	天水圍循環綫
751	天逸～友愛
761P	天逸～元朗

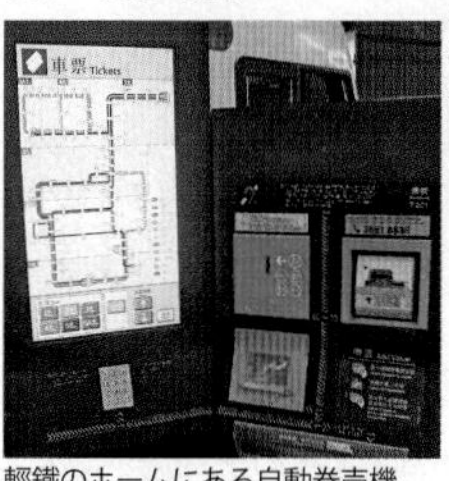

輕鐵のホームにある自動券売機。路線図を見て、行き先の地域ブロックボタンを選択。オクトパスのチャージ（増値）もできる

各バス会社の問い合わせ先
●九龍バス（九巴）
☎2745 4466（ホットライン、8:00～21:00）
URL www.kmb.hk
●シティバス（城巴）
☎2136 8888（ホットライン、8:00～20:00）
URL www.nwstbus.com.hk
●龍運バス
☎2261 2791
URL www.lwb.hk
●新大嶼山バス
☎2984 9848
URL www.nlb.com.hk
●港鐵バス
☎2881 8888（24時間ホットライン）
URL www.mtr.com.hk

バスの運行時間
路線によって違うが、ほぼ6:00～24:00。

バス停の看板には停車するバスの番号が表示されている

黄色いボディのシティバス

バスの運賃

市内を走るバスは3.5～14.2HK$、新界は2.3～50HK$、海底トンネルで海越えのバスは10.9～42HK$程度。

バス内でのおもな禁止・注意事項

- ▶喫煙、飲食、ツバや痰吐き、ゴミのポイ捨ては禁止。
- ▶盲導犬以外の動物や家禽類を連れての乗車。
- ▶ダブルデッカーの上層や階段に立ってはいけない。
- ▶車内で大声を出したり、前の椅子の背を足で押したり座席に足を乗せてはならない。
- ▶1HK$未満の小銭で合計2HK$以上支払ってはならない。

2017年から登場した真っ赤な九龍バス

●九龍バス

九龍巴士（1933）有限公司（KMB、通称九巴（ガウバー））。1933年設立。九龍と新界の大部分をカバーする433路線を運営、3901台を有する世界最大級のバス会社。ゴールドと赤のノンステップ低床バスがメインで、2017年から真紅の新車両を導入。2023年7月からダブルデッカーの電動（EV）バスが導入された。

●シティバス

城巴有限公司（通称城巴（センバー））。1977年設立、2023年7月にファーストバスと合併。香港島と、おもに空港と市街地を結ぶ空港バス（エアポートバス→P.93）、屯門と深圳灣を結ぶ路線など計200路線を運営。車体は黄地に赤と青のライン入り。

●龍運バス

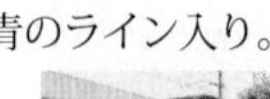

龍運バスはオレンジ色、または白とオレンジのツートンカラー

龍運巴士有限公司（通称龍運（ロンワン））。1996年設立。KMBの子会社で、空港やディズニーランドと新界を結ぶ34路線を運営。

●新大嶼山バス

新大嶼山（1973）有限公司（通称嶼巴（ユーバー））。1973年設立。空港を除くランタオ島の路線のほか、深圳灣と新界を結ぶ計32路線を運営。ダブルデッカーは58台。

新界の住民の足、港鐵バス

●港鐵バス

港鐵の運営するバスで、大埔で東鐵綫、元朗、屯門で屯馬綫や輕鐵と沿線の団地を結ぶ接続バス（番号の頭にKが付く）を運営する。

香港島と九龍・新界を結ぶ隧道バス（海底トンネルバス）はKMB、城巴が運行している。

中環フェリー埠頭前にあるバスターミナルは多数の路線が発着する香港島の交通基地

乗車の際は

バスは前乗り後ろ降り、前払いで、路線によって料金は異なる。運賃を払うとき、おつりは一切もらえないので、小銭を用意しておこう。また、すべてのバスルートでオクトパスが使える。

乗りたいバスが来たら、手を挙げて「乗りま～す」

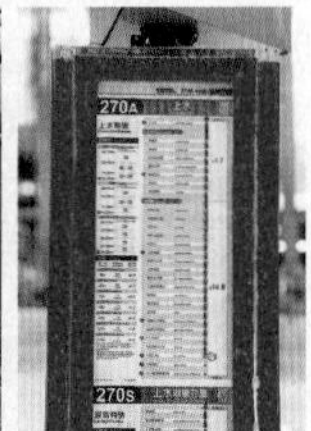

左／運転席のそばにオクトパスのセンサーがある　中／バスの車内　右／バス停にはそこを通るバスの路線案内が出ている

降りたい停留所で下車するには

降車する停留所が近づいたら、押しボタンか天井や窓枠の上に付いている黒いベルトを押してベルを鳴らそう。案内アナウンスや、次の停留所が表示される電子掲示板が設置されたバスが増えている。案内が出ないバスの場合は地図を目で追うか、周りの人に教えてもらおう。下車する通りと横切る通りの名や、有名な建物があればその名を漢字で書いて見せ、降りる所を教えてもらうとよい。

左・中／シティバスは車内の路線案内（左）と次に停まる停留所の案内が表示される新タイプ（中）のバスがある　右上／黒いベルトを押すと「チン」と鳴る。これが「次降ります」の合図　右下／座席の近くには降車ボタンがある

同じ距離を乗っても料金が違う？

公共バスの大きな問題点は、同じ距離を乗っても路線により料金が違うこと。例えば、銅鑼灣から中環に行くのに、「香港島内を走る 1 ケタ系統のバス」に乗ると、4.4HK$ で行けるのに、900 番台のバスに乗ると 20HK$ 以上するという現象が起こる。

解決案としては、地図などを見て自分の行きたい場所への路線が複数見つかったら、各バス停に張ってある路線図を見て、目的地とバスの終点が離れていないバス路線を探そう。

バス内での禁止事項が掲げられている

「落」のマークは出口のこと。前乗り、後ろ降り

路線図が入手できる場所

●九龍バス（KMB）

〈KMB カスタマーサービスセンター 顧客服務中心〉
住 尖沙咀スターフェリー乗り場横　☎2745 4466（ホットライン）
営11:00 ～ 14:00、15:00 ～ 20:00
休 無休
map 別冊 P.28-4A

●シティバス（城巴）

住 香港国際空港バス乗り場「グランド・トランスポーテーションセンター機場地面運輸中心 顧客服務中心」
☎2136 8888（ホットライン）
営8:00 ～ 20:00　休 無休

住 金鐘（東）巴士總站
☎2136 8888（ホットライン）
営14:45 ～ 18:45　休 水・日曜、祝日

COLUMN

深夜の強い味方、ナイトバス

MTR の終電が出た深夜 1:00 以降に利用できる交通機関としてナイトバスがある。このバスは夜どおし、早朝 5:00 頃まで運行している。タクシーはもちろん 24 時間営業だが、ひとりでタクシーに乗るのは怖い……とか、安くホテルに戻りたいときにはナイトバスは心強い乗り物だ。

路線はナイトバス専用で、昼間走っているバスとは異なり、多くが市街地からベッドタウンに向かって延びている。利用価値があるのは海底トンネルをくぐって対岸に行く路線だ。旅行者に便利なルートを以下に選んでみた。

●香港島内を結ぶルート

N8X は上環・マカオフェリーターミナル始発で、MTR 港島綫に沿って中環、金鐘、灣仔、銅鑼灣、天后、北角を結び、小西灣まで行く。

●トンネルバスルート

N121 は上環・マカオフェリーターミナル始発で中環、金鐘、灣仔を経て、海底トンネルを通り、紅磡駅、九龍城を経て牛頭角まで行く。N122 は筲箕灣、北角、銅鑼灣から紅磡、旺角、太子を経て美孚まで行く。

●尖沙咀・ネイザン・ロード沿いルート

尖沙咀から MTR 荃灣綫に沿って北上する路線（紅磡始発）。N271 は油麻地を通って大埔まで、N281 は油麻地を通って馬鞍山まで、N216 は旺角を通って油塘まで、N241 は青衣まで行ける。

●空港～市街地を結ぶルート

昼間走っている空港バスとほぼ同じ路線を走る N○○（昼間運行のバスと同じ数字 2 ケタ）のナイトバスがある（→ P.95 欄外、空港施設は 24 時間開放）。

ミニバス
●問い合わせ
運輸署 Transport Department
☎2804 2600

ミニバスの路線検索
ミニバスは複数の会社が運営している。以下の検索サイトで運賃や運行の詳細を調べられる。
● i-busnet ドットコム（中国語）
URL www.i-busnet.com/minibus
● www.16seats.net 小巴薈
URL www.16seats.net
●運輸署
URL www.td.gov.hk/en/transport_in_hong_kong/public_transport/minibuses/index.html

ミニバス利用の詳細
- ▶最終目的地の表示はフロントガラスの内側と屋根の上にある。
- ▶定員 16 人または 19 人で立ち席なし。定員に達したらそれ以上乗車させない。
- ▶始発地点は繁華街の裏側など。ある程度乗客が集まらないと出発しない。
- ▶フロントガラスに、「直通」とあったら、始発から最終目的地まで停まらない。
- ▶同様に「新路」とあったら、バイパス経由なので街なかはほとんど通らない。

シートベルト着用
ミニバスでもシートベルト着用が義務。違反者は最高で5000HK$ の罰金および懲役 3 ヵ月の実刑が科せられる。事故も起きているので安全のために必ず着用を。

途中乗車は手を挙げて
ミニバスが来たら手を挙げて「乗ります！」の合図をする。

下車場所をアピール！
乗客は降りたい場所の手前で「有落（ヤウロッ）！」と叫び、運転手は片手を上げて「了解」の合図。あうんのやりとりは旅行者にはなかなかまねできない。そこで乗車時に降りたい場所を漢字で書いたメモを運転手に見せ「麻煩你差唔多到話我知（マーファンネイ　チャームトードウワーンゴーチ）」（着いたら教えてください）と言っておく（メモ書きでもいい）。下車ブザーのついたミニバスも登場している。

ミニバス台数
赤のバスは 847 台、緑のバスは3299 台が運行している（2023 年）。

経由地と行き先、料金、オクトパス使用可が掲示されたミニバス発着停留所

バス路線図を入手する
バス路線図は各バス会社が販売も行っており、カスタマーサービスセンターや案内所で入手できる。また、書店やコンビニなどで売られている香港の地図帳『香港街道地方指南 Hong Kong Guidebook』（115HK$）にもバス路線が掲載されている。

また、九龍バス、シティバスのホームページにはいずれも路線検索メニューが入っている。日本出発前に必要な路線図をチェックしておくのもよいだろう。

『香港街道地方指南』は 1 年ごと改定版が出る

ミニバス（Mini Bus、小巴）
ミニバスは日本製のマイクロバスを使い、公共バスの走っていない部分をさらに密に結んでいる乗り物で、広東語で小巴（香港小型巴士）と呼ばれる。ミニバスには 2 種類あり、黄色いボディで屋根に赤いラインが入ったバスと黄色いボディで屋根に緑のラインが入ったバスで、営業免許が異なる。

ミニバスの発車場所は裏通りにあることが多い

ミニバスは香港人にとっては非常に便利なフレキシブルさをもっているが、降りるときに「落車！」「有落！」（降ります）と叫ばないとならないため、広東語に不慣れな観光客にとって使い勝手がよいとはいえない（最近は降車ブザーの付いたバスもある）。ミニバスは 16 人または 19 人乗り、3 歳以上の乗客はシートベルト着用が義務づけられている。

ミニバスの種類
●ミニバス（赤ラインのミニバス）
公共小巴（通称紅 Van）。古くからあるミニバスで、出発地と最終目的地は決まっているが、乗り降りはどこでもできる。料金は前払いで、路線図、運行時間の規定はなく、24 時間運行の場合が多い。運賃は乗った区間によって変わり、2～23HK$ 前後。乗車時に料金を運転手に聞いて渡す。高額紙幣以外ならおつりが出る。オクトパスが一部使える。

緑のラインのミニバス。路線案内板があることも。写真は尖沙咀北京道の乗り場

●マクシキャブ（緑ラインのミニバス）
專綫小巴（通称緑 Van）。政府の管轄下にあり、路線、乗降場所やルートも決まっている。乗客は乗車時に運転席脇の料金箱に支払う。おつりは出ない。オクトパスが使える路線が多い。

トラム Tram (電車)

香港島の北側を東西に結ぶトラムは、1904年開通の香港を象徴する交通機関。2階建ての路面電車は世界でも珍しい存在だ。車体いっぱいに広告が描かれ、道路の真ん中を悠々と走るトラム、香港でこそ体験できる乗り物だ。中環～金鐘～灣仔～銅鑼灣間の移動なら、目的地によっては道路から直接乗れるトラムのほうが地下鉄より便利な場合もある。本数も多く、次々にやってくる。停留所の屋根には駅名が明記された表示板（→欄外の写真）がある。運行時間は5:04～翌0:37。

トラムは間断なくやってくる。2階のいちばん前の席が眺めがよく「トラム観光」におすすめ

トラム
●香港電車
Hong Kong Tramways
☎2548 7102（カスタマーサービスホットライン、24時間）
URL www.hktramways.com

トラムの6路線
▶堅尼地城～跑馬地
▶堅尼地城～筲箕灣
▶石塘咀～銅鑼灣
▶石塘咀～北角
▶上環（西港城）～筲箕灣
▶跑馬地～筲箕灣

トラム路線

香港島の繁華街を東西に結ぶ本線のほか、競馬場のある跑馬地（ハッピーバレー）方面と、路上市場がある北角（ノースポイント）への支線がある。

● 3つのルート、6路線

▶本線ルートは香港島の東西を結ぶ

上環よりさらに西側にある堅尼地城（ケネディタウン）から中環、金鐘、灣仔、銅鑼灣、北角、太古を通り筲箕灣にいたる。

▶跑馬地への支線

銅鑼灣エリアから競馬場がある跑馬地に回る支線で、競馬場の外周道路、黃泥涌道 Wong Nai Chung Rd. に沿って走る。支線内は一方通行で、ヘネシー・ロード（軒尼詩道）から分かれたあと、タイムズ・スクエア東側～競馬場北側～競馬博物館と回り、またヘネシー・ロードへ合流する（途中、跑馬地總站で乗り換え）。

▶北角の支線

北角が終点で、春秧街の街市（市場）の中を抜ける支線。市場の軒先をトラムが通り過ぎていくさまは、香港を象徴する風景のひとつ。

左／乗車口は「上」 右／降車口は「落」

トラムの乗り方

運賃は全線一律で3HK$（3～12歳は1.5HK$、65歳以上は1.3HK$)、あと払い。おつりはもらえないので小銭を用意しておこう。オクトパスが使える。案内放送はないので、地図を見ながら降りる場所を見つけよう。停留所は250～500mごとに設置されており、必ず停まるので安心だ。

駅名表示板の見方

①：駅の番号。数字の後ろのWはWest（西）の略。西方向（堅尼地城方向）行きを表している。東方向（筲箕灣方向）行きはEが付く。
②：駅名
③：西方向行きの路線の駅を表す。東方向行きは「東行站」。

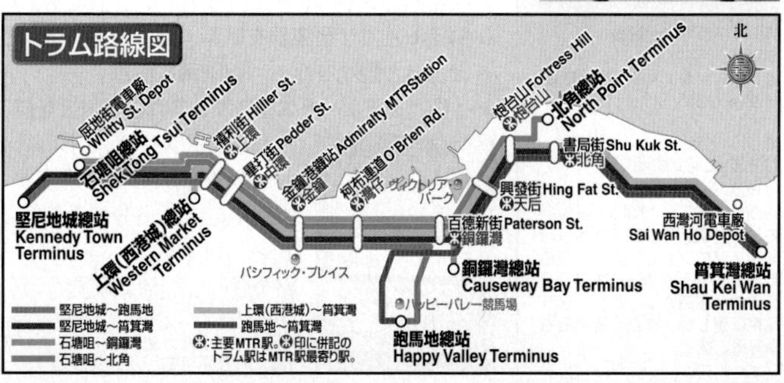

タクシー Taxi (的士)

香港滞在中に利用することの多いタクシー。以前はトラブルが多かったが、今では幾分減少傾向にある。しかし、万一のトラブルを避けるため、深夜の女性ひとりでの利用は避けたい。

赤色ボディのタクシー

ワゴン車を改造した４人乗りタクシーも増えており、無料 Wi-Fi、端末充電器付きで料金は普通車と同じ。

ワゴンタイプの４人乗りタクシー

タクシーの種類と基本料金（2023年９月現在）

香港のタクシーは営業エリアごとに車体の色で３つに分かれており､それぞれ決まったエリアでしか営業できない。ただし、空港と香港ディズニーランドおよび港珠澳大橋香港口岸へはどのタクシーでも行ける（→ P.95）。

●香港島と九龍

赤色ボディに銀色の屋根。基本料金は 2km まで 27HK$、以後 200m ごとに 1.9HK$ 加算。93.5HK$ 以降は 200 m ごとに 1.3HK$ 加算（新界地区は走れるが、空港周辺以外のランタオ島へは乗り入れできない）。

●新界地区

緑色ボディに白色の屋根。基本料金は 2km まで 23.5HK$。以後 200m ごとに 1.7HK$ 加算。74.5HK$ 以降は 200m ごとに 1.3HK$ 加算。

●ランタオ島

水色ボディに白色の屋根。基本料金は 2km まで 22HK$、以後 200m ごとに 1.7HK$ 加算。175HK$ 以降は 200m ごとに 1.5HK$ 加算。

対岸へは海底トンネル通行料がかかる

香港島と九龍側を結ぶ海底トンネルを使用する場合、トンネル代は往復分を乗客が負担するという規則だ。以下の３つのトンネルがあり､いずれも片道 25HK$､往復 50HK$。通常 50HK$ がメーター料金に加算される。※ 2023 年末までに時間帯によって通行料を変動させる「ロードプライシング」を導入の予定。

▶銅鑼灣と尖沙咀東部を結ぶ「海底隧道（通称 紅磡海底隧道）」

▶太古城と觀塘を結ぶ「東區海底隧道」

▶上環とエアポートエクスプレス九龍駅付近を結ぶ「西區海底隧道」

海越えタクシー専用スタンド「過海的士站」（→ P.107 欄外）から乗車すれば、通行したトンネル料金片道分のみの支払いでよい。海底トンネル以外にも、トンネルや橋などの有料道路を通行した際は､実費片道分を乗客が支払う。

緑色のタクシースタンドの看板の下に、対岸に行くタクシー専用を表す看板が付いている。この乗り場は 15:00 ～翌 6:00 の間のみ使用可能という時間指定あり

タクシー基本情報

▶定員

運転手以外に定員は４～５人。３歳以下の子供は数に入れない。

▶シートベルト

後部座席を含めすべての座席でシートベルト着用が義務づけられている。違反者には最高で 5000HK$ の罰金および懲役３ヵ月の実刑。

▶空車の見分け方

空車にはダッシュボードに "For Hire""Taxi""空車" などの赤いマークが出ていて、屋根の表示灯が点灯している。

▶ドアの開閉

自動ドアではなく、自分で開け閉めする。ただし、ワゴンタイプは自動ドアなので、安全のため自分で開け閉めしないように。

▶海越えタクシー（Cross Harbor Taxi 過海的士）

海を越えて対岸へ行くタクシー専用スタンド（→ P.107 欄外）があり、ここから乗ればトンネル通行料が片道分で済む。

タクシー

●問い合わせ

運輸署 Transport Department
☎2804 2600

●タクシーでの忘れ物問い合わせ

ロードコープ・馬路的事 不容有失 ☎1872920（24 時間ホットライン、英語、中国語のみ）

●タクシーに関する苦情

☎2889 9999

トラブルがあった場合は運転手の名前と車の番号を控えておくと、苦情を入れる際に役立つ。レシートをもらっておくことが大事。緊急の場合は ☎999（警察）へ通報。

●台数

赤のタクシーは約１万 5000 台、緑は約 2800 台、青は約 75 台が営業。

タクシー配車サービス

タクシー配車サービスを行っている団体は 20 以上あるが、代表的なものは以下。混雑時は時間がかかる。

●香港島と九龍：香港的士商會
☎2574 7311

●新界：新界的士商會
☎2476 4247

●ランタオ島：大嶼山的士聯會
☎2984 1328

タクシーをひろいにくい時間帯

16:00 ～帰宅ラッシュの 19:00。16:00 ～ 17:00 は運転手のシフト交代で車庫に向かう時間帯。フロントガラスに「暫停載客」の表示板が出ていたら、行き先が車庫方面でないかぎり乗車は難しい。また、雨の日も争奪戦となる。

タクシーに乗車する

●タクシースタンドから

緑色の“Taxi Stand 的士站”の標識があるタクシー乗り場にはタクシーが次々来る。ホテルや主要オフィスビル前のタクシースタンドはタクシーをひろいやすい。

●流しのタクシーをひろう

手を肩の高さくらいに挙げて止める。

●タクシーが停まれない場所

路肩に黄色の二重線が引かれている大通りでは乗降車できないという規則がある。

●行き先を伝える

英語が通じない運転手が多く、広東語は発音が難しいので、紙に行き先を中国語で書いて見せるのが最もスムーズ。

料金の支払い

メーターに出た金額を支払う。なお、1HK$ 以下の 10 セントの単位はチップとして切り上げて支払うことが慣習化しており、運転手もその分のおつりを返してくれないのが普通。荷物を後ろのトランクに積んだ場合は荷物 1 個につき 6HK$ 加算（車椅子を除く）。高額紙幣の受け取りを拒否されることもあり、短距離利用の際は 100HK$ 以下の紙幣を用意しておこう。

料金の支払いは香港ドルの現金のみで、クレジットカードや外貨は使えない。全タクシーに「レシート発行機」が付いているので、何かあった際のことを考え、レシートをもらっておこう。

フェリー Ferry（渡海小輪）

香港はもともと海上交通の街。繁華街はヴィクトリア湾を挟んで、香港島と九龍半島側とに分かれている。その間には地下鉄も海底トンネルも通じているが、フェリーでのんびり対岸に渡るのも香港ならではの楽しみのひとつだ。また、離島へのフェリーや、新界地区のベッドタウンへの足として使われるフェリーなど、複数の船のルートがある（マカオへのフェリーについては→ P.413 ～ 414）。

港内綫フェリー

ヴィクトリア湾内を往復するフェリー（香港島サイドと九龍サイドを結ぶ）で、スターフェリーが代表格。海底トンネルを通るバスに押されて、フェリー路線は年々減少している。

上／1 等の船内は観光客が多い。海が間近に感じられる 2 等席も趣がある　下／一度は乗りたいスターフェリー

降車専用で、乗車はできない場所もある（路面に英語と広東語で表示）

海越えタクシー専用スタンド

●過海的士站

Cross Harbor Taxi Stand

海を渡って対岸に行く場合も普通にタクシーをひろって行けるが、乗車を断られることもある。海底トンネル通過に時間がかかること、地理に詳しくないことなどが要因。確実なのは以下の海越えタクシー専用スタンドを利用すること。トンネル通行料も片道分だけで OK。おもなスタンドは以下の場所。

〈尖沙咀〉
天文臺道 Observatory Rd. を漆咸道南 Chatham Rd. S. へ向かった左側。

〈銅鑼灣〉
百德新街 Paterson St. のファッション・ウオークの前から。

〈灣仔〉
港灣道 Harbour Rd. の海港中心の向かい、港灣道公園の前。

〈中環〉
中環フェリー埠頭、5 号碼頭の南側。

中環フェリー埠頭前には通常のタクシースタンドと海越えタクシー専用スタンドの両方がある

中環のスターフェリー乗り場、中環天星碼頭

●スターフェリー　Star Ferry　天星小輪（ティンシンシウロン）

天星小輪有限公司は 1898 年設立。125 年の歴史を誇るスターフェリーは、交通機関というより「香港の観光名所」のひとつともいうべきもの。10 分ほどのヴィクトリア湾の航海を楽しもう。

▶スターフェリーは 2 路線

①尖沙咀～中環：1 等（2 階席）5HK$〈2.9HK$〉（土・日曜、祝日 6.5HK$〈3.9HK$〉)、2 等（1 階席）4HK$〈2.8HK$〉（土・日曜、祝日 5.6HK$〈3.7HK$〉）

②尖沙咀～灣仔：1 等（2 階席）5HK$〈2.9HK$〉（土・日曜、祝日 6.5HK$〈3.9HK$〉)、2 等（1 階席）4 HK$〈2.8HK$〉（土・日曜、祝日 5.6HK$〈3.7HK$〉）

※〈〉内は 3 ～ 12 歳（身長 95cm 以上なら 3 歳未満でも適応）の子供料金。65 歳以上はシニア用オクトパスを使えば 2HK$。

▶乗船方法

改札機の横にある自動販売機でトークン（プラスチック製のコイン）を購入し、改札機に入れるシステム。オクトパスが使える改札機もある。

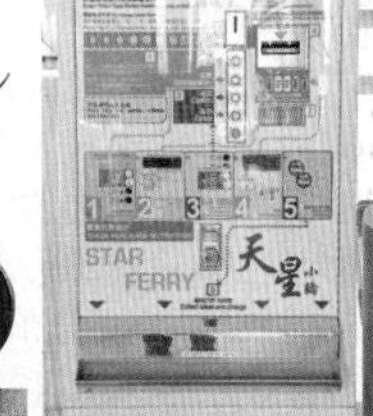

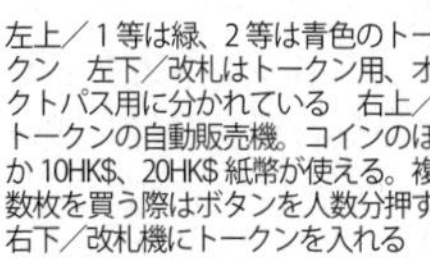

左上／1 等は緑、2 等は青色のトークン　左下／改札はトークン用、オクトパス用に分かれている　右上／トークンの自動販売機。コインのほか 10HK$、20HK$ 紙幣が使える。複数枚を買う際はボタンを人数分押す　右下／改札機にトークンを入れる

●サンフェリー　Sun Ferry　新渡輪（サンドウロン）

新渡輪服務有限公司（新渡輪）が運航。スターフェリーの補完的役割としてヴィクトリア湾内の路線をもつ。路線と料金は、北角～紅磡：8.5HK$〈4.3HK$〉、北角～九龍城：8.5HK$〈4.3HK$〉（オクトパス使用可能）。※〈〉内は 3 ～ 11 歳および 65 歳以上の料金。

港外綫フェリー

ひと味違った香港体験を試すなら、離島への旅もいい。海鮮料理や、豊かな自然の風景に触れられるだろう。離島への路線

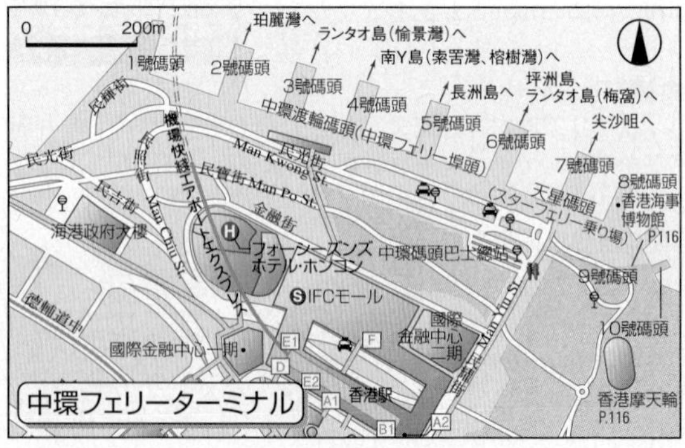

乗務員の制服はセーラー服

スターフェリー
☎2367 7065
URL www.starferry.com.hk
〈尖沙咀～中環〉
6:30 ～ 23:30 に 6 ～ 12 分間隔で運航。所要約 9 分。
〈尖沙咀～灣仔〉
尖沙咀発 7:20 ～ 22:50、灣仔発 7:30 ～ 23:00。8 ～ 20 分間隔で運航。所要約 9 分。
　スターフェリー乗り場は天星碼頭と呼ばれる。

スターフェリーのツウな情報

- ▶座席は木製で、背もたれが前後どちらにも変えられるようになっている。
- ▶フェリー乗り場の突き当たりにトイレがある。フェリー内にはない。
- ▶フェリーにはそれぞれ名前があり、その名前には“星”がつく。ちなみに最も古いフェリーは 1958 年製造の“午星”、次に古いのが 1959 年製造の“日星”と“北星”。

サンフェリー
☎2131 8181（24 時間ホットライン）
URL www.sunferry.com.hk
●港内綫
〈北角～紅磡〉
北角発 7:23 ～ 19:23、紅磡発 7:05 ～ 19:35。15 ～ 90 分間隔で運航。所要約 8 分。
〈北角～九龍城〉
北角発 7:17 ～ 19:17、九龍城発 7:05 ～ 19:35。15 ～ 30 分間隔（土・日曜、祝日は 30 ～ 150 分間隔）で運航。所要約 14 分。

サンフェリーは地元の人の利用が多い

は港外綫フェリーと呼ばれており、中環フェリー埠頭（中環渡船碼頭）2～6號碼頭に乗り場がある。

坪洲島行きの港九小輪の船

サンフェリー（新渡輪）は中環とランタオ島の梅窩、長洲島を結ぶ路線をはじめ、離島間を結ぶ船を運航している。

港九小輪（HKKF）は中環と南丫島・榕樹灣、南丫島・索罟灣、坪洲島を結ぶ船を運航。

また翠華船務（香港）有限公司（Tsui Wah Ferry Service 〈H.K.〉 Ltd.）は香港仔～南丫島・榕樹灣、全記渡有限公司（Chuen Kee Ferry Ltd.）は香港仔～南丫島・索罟灣をそれぞれ運航（離島への船は→ P.372 ～ 373）。すべてオクトパス使用可能。

●ディスカバリーベイフェリー　Discovery Bay Ferry　愉景灣航運

▶中環～愉景灣　高速船

ランタオ島の愉景灣（ユーギンワン）Discovery Bay は 1980 年代から開発された香港駐在の外国人が多く住み、ゴルフ場やスポーツ施設がある高級住宅地。このルートは 24 時間運航。

港外綫フェリー乗り場

●中環フェリー埠頭（中環渡船碼頭）

香港駅北側の民光街にある。九龍サイドからのアクセスはスターフェリーが便利（スターフェリー埠頭のすぐ隣が港外綫フェリー乗り場）。MTR なら中環駅 A 出口から連絡歩道橋を通って約 8 分。

港九小輪

☎2815 6063
URL www.hkkf.com.hk

ディスカバリーベイフェリー

☎3651 2345
URL www.dbcommunity.hk

中環～愉景灣の路線は中環フェリー埠頭 3 號碼頭を発着（詳細は→ P.372）。オクトパス使用可能。

そのほかの船

ランタオ島の東涌から対岸の屯門埠頭間を 7:00 ～ 19:00 に快速船が運航。所要約 25 分、19.5HK$。また、屯門～東涌～ランタオ島大澳を結ぶ船もある（→ P.379 欄外）。

COLUMN　香港から近隣都市へのアクセス（2023年9月現在）

※Ⓔ：エコノミークラス、Ⓢ：スーパークラス。電話番号の（H）：ホットライン、同（A）：空港カウンター

※香港から深圳への鉄道に関しては本文 P.400 ～ 401 欄外を参照。

バス

香港国際空港や香港島、九龍、新界の各地から数社の長距離バスが定期運行している。空港から深圳の皇崗（ウォンコン）の出入境検問所まで所要約 50 分、香港島から約 1 時間、旺角から約 40 分。香港各地から広州までは約 3 時間、マカオ・珠海までは港珠澳大橋利用で約 40 分～。運行時間は深圳行きがだいたい 6:15 ～ 24:00、広州行きが 7:45 ～ 20:40、マカオ行きが 24 時間、珠海行きは 6:40 ～ 23:00。バス会社によって異なる。

●香港国際空港～深圳のバス会社

香港中国旅行社　China Travel Service (Hong Kong)　☎3604 0118（8:00 ～ 20:00）

永東旅行社有限公司　Eternal East Tours
☎2261 2566

冠忠環島　Kwoon Chung Trans-Island
☎2261 2636

三通旅遊　S.T. Travel　☎3197 9312

フェリー

中国に行く船の発着港は空港のスカイピア、尖沙咀中港城、上環信德中心の 3 ヵ所。

香港国際空港→蛇口
8:15 ～ 21:45 の間に 25 ～ 95 分に 1 便運航。所要約 30 分。料 Ⓔ 310HK$、Ⓢ 390HK$。

※香港国際空港からは虎門（太平）行き（1 日 3 便）、中山行き（1 日 3 便）、福永行き（1 日 4 便）なども出ている。

九龍（尖沙咀中港城）→中山
8:00 ～ 20:00 の間に 7 便運航。所要約 90 分。
料 Ⓔ 240HK$、Ⓢ 320HK$。

※広州（南沙）、蛇口行きなどの便もある。

香港島（上環信德中心）→珠海（九洲港）→蛇口港
9:00 ～ 18:00 の間に 3 便運航。所要約 1 時間。
料 Ⓔ 140HK$、Ⓢ 180HK$。

問い合わせ先：珠江客運有限公司
☎3018 3798　URL www.cksp.com.hk

鉄道

廣深港高速鐵路　Guangzhou-Shenzhen-Hong Kong Express Rail Link（XRL）

2018 年開通の高速鉄道。香港西九龍駅と中国・広州南駅間を結ぶ短距離ルート、北京、昆明、潮州、桂林、杭州など中国各地の都市につながる長距離ルートの便がある。短距離ルート は 1 日 27 便が香港西九龍駅発 8:28 ～ 22:35、広州南駅まで 7 駅、約 1 時間で結ぶ。北京西駅行き（1 日 1 便）は所要約 9 時間。時速 350 キロ（香港域内は 200 キロ）という速さに加え、香港からの出境と中国への入境が香港西九龍駅でできるので便利。

問い合わせ先：MTR　☎2120 0888　URL www.highspeed.mtr.com.hk

斬新なデザインの香港西九龍駅

＼マカオがぐんと近くになった！／

新開通の港珠澳大橋でマカオへバス旅行

2018年に約9年の歳月をかけて開通した香港、マカオ、珠海を結ぶ世界最長の海上橋「港珠澳大橋」。全長55km、香港国際空港東側の人工島にできた香港口岸からいったん海底トンネルに入った後海上に出て、約30分でマカオ人工島の澳門口岸へ。さらにそこから約10分で珠海へいたる。

港珠澳大橋シャトルバス（港珠澳大橋穿梭巴士）を利用してマカオへ行ってみると、思ったよりバスの旅は快適。新たなマカオへの交通手段として選択肢のひとつに入れたい。

香港からマカオへの行程

1 港珠澳大橋香港口岸へ行く

市内からA系統のエアポートバス（→P.93）、またはMTR東涌綫で終点の東涌駅に行き、駅前のバスターミナルから新大嶼山バスB6のバスを利用。香港国際空港からはB4のバスで。

2 旅検大樓内で出国審査

出国審査場の「Visitors」のカウンターへ

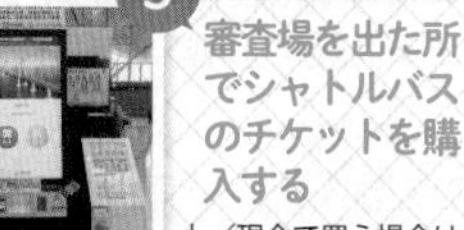

3 審査場を出た所でシャトルバスのチケットを購入する

上／現金で買う場合はチケットカウンターへ　下／オクトパス専用の自動券売機もある

4 穿梭巴士 Shuttle Bus、HZM Busの表示に従い、乗り場へ移動

5 シャトルバス乗車

右／港珠澳と書かれた金色のバス　左／車内はきれいでリラックスできる

6 マカオ半島東側の澳門口岸に到着

左／邊檢大樓に入り入国審査へ。入国審査を経て、G/Fへ下りると公共バス、タクシー、カジノホテルへの無料送迎バス乗り場がある。いずれかの交通手段でマカオ市内へ
右／**公共バス乗り場は混み合う**

香港～マカオを運行するバスはこのふたつ

●港珠澳大橋シャトルバス
港珠澳大橋穿梭巴士　HZM Bus

香港口岸～澳門口岸を結ぶバス（珠海行きもある）。24時間、10～20分（深夜は30分～1時間）間隔で頻発。マカオまで65HK$（0:00～5:59は70HK$）。澳門口岸まで所要約40分。料金が安く、何より本数が多いのが利点。ただし、時期によっては混雑する。

●香港市内からマカオの統合カジノホテルへ直通のバス　跨境巴士

ワン・バス（港澳1號）とホンコン・マカオ・エクスプレス（港澳快線）の2社が運営。香港、マカオ側とも15分～1時間40分間隔で運行、全行程所要約115分（港珠澳大橋の所要時間は約30分）。片道160～180HK$。香港口岸や澳門口岸へのアクセスが省けて便利だが、車内のアナウンスは中国語のみ。イミグレ通過時はバスが待機しているが、乗客確認は行われないので、外国人にとっては不安要素も残る。

港珠澳大橋シャトルバス
港珠澳大橋穿梭巴士

●**HZM Bus**（通称は金巴〈カムバー〉）　☎3753 3888　URL www.hzmbus.com

●**ワン・バス 港澳一號　One Bus**　☎3703 3981　URL www.onebus.hk
乗降場所は佐敦の廣東道505。マカオ側はマカオ半島のサンズ、コタイのザ・ロンドナー、ヴェネチアン。香港発8:00～18:00、マカオ発11:25～21:25。

●**ホンコン・マカオ・エクスプレス 港澳快線　HK-MO Express**　☎2979 8778　URL www.hkmoexpress.com
乗降場所は尖沙咀の中港城、西九龍のエレメンツ、太子上海街695（チケット販売所）、マカオ側はギャラクシー、ヴェネチアン、MGMコタイなど。香港発8:00～20:20、マカオ発7:50～21:25。以上詳細は→P.412～413。

エリアガイド

香港島

Area Guide

中環のマップは別冊 P.10 〜 11
拡大図は別冊 P.17、18

中環 セントラル Central

中環フェリー埠頭前はバス乗り場やタクシー乗り場が集まる交通の要

中環への行き方

空港から

A11、A12 のエアポートバスで約 50 分。エアポートエクスプレスで香港駅まで 24 分。

香港島の各エリアから

バス、トラム、MTR（地下鉄）を利用。どれも本数が多い。

九龍サイドから

MTR、フェリー、またはタクシーやバスで海底トンネルを渡る。

● MTR（地下鉄）

西營盤、上環、金鐘、灣仔からは 5HK$、銅鑼灣からは 6HK$。海を渡ると一気に高くなり、尖沙咀から 12HK$、油麻地、旺角から 15HK$。九龍サイドから行く場合は中環行きを利用。

●フェリー

尖沙咀〜中環間をスターフェリー（天星小輪）が運航している。所要約 9 分。6 〜 12 分間隔で運航（6:30 〜 23:30）。1 等 5HK$（土・日曜、祝日 6.5HK$）、2 等 4HK$（土・日曜、祝日 5.6HK$ ）。尖沙咀、中環ともに天星碼頭という埠頭から発着。map 別冊 P.11-1D

●タクシー

タクシーで海底トンネルを渡る場合、片道だけでも往復分の通行料がかかるので注意。3 本ある海底トンネルの通行料金はどれも一律片道 25HK$、往復 50HK$。運転手が対岸に帰ることを希望している海越えタクシー（過海的士站〈→ P.107〉から乗車の場合）は片道分の負担でよい。

●バス

中環と九龍サイドを結ぶ深夜バスもある。皇后像廣場前の德輔道中から N121 のバスが觀塘近くの牛頭角まで運行（16.6HK$）。

九龍半島側から、対岸の香港島を眺める。海岸線に沿って続く高層ビル群が、競い合うように天を突いている。背後に迫りくる山々をバックに、林立しているさまは実に壮観。

中環（チョンワン）は、変化に富んだ、味のある街である。第一には香港の経済の中心地という顔をもつ。世界中の主要な銀行がここに支店をおき、国際規模の大企業のオフィスが集中している。日本や欧米企業の香港支店も多く、一大ビジネス街を形成している。ここは、清朝とのアヘン戦争に勝って（1842 年）香港島を手に入れたイギリスが、まず最初に植民地香港の中枢部として開発を始めたところで、ヴィクトリア市と呼ばれ、一貫して政治・経済の中心として発展してきた。そして今も行政機関の集まっている地区であることに変わりはない。

上／中環駅前の皇后大道中の交差点。正面の德己立街の坂道を上れば蘭桂坊（→ P.114） 下／シャープなビルが天を突くオフィス街。左端は中銀大廈

しかし、ビルの谷間を歩けば、高級から B 級までのレストランやブティック、超安売りの屋台まである。さらに山側に行くとバーが集合した「ランカイフォン（蘭桂坊）」や世界のグルメスポット「ソーホー SOHO」があり、その表情は多彩。丸の内と新宿と浅草、それに六本木が混じり合ったような地区だ。

この街は、パイ菓子のように薄い層が重なっている構造だ。海岸寄りには近代的な超高層ビル、その裏側にはごちゃごちゃした庶民の市場や屋台の食べ物屋、そのまた後ろには急勾配の山々が迫り、山麓にはアパート群が点在し、標高が高くなるにつれて高級邸宅が増える――とまあ、こんな具合に、異なった性格のもの同士が層をなして東西に延びている。MTR やトラム（2 階建て路面電車）は、このビル群に沿って、海岸線と並行に走っている。

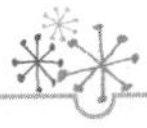

歩き方

香港島の中心、セントラル（中環）。ウオーターフロントの高層ビルには一流金融機関が入居し、国籍もさまざまな人々がキャリアファッションに身を包み闊歩する**国際的な街**だ。

中環は、ただのオフィス街ではなく、旅行者にとっても魅力あるショッピングビルやナイトスポットも集まっている。高級ブティックが並ぶMTR中環駅周辺はさしずめ銀座、蘭桂坊（ランカイフォン）Lan Kwai Fongは六本木のようだ。ナイトスポットはさらにミッドレベル・エスカレーターの中腹にあるソーホーへと続く。エスカレーターの下の坂道には、露店の物売りや屋台が連なる。中環は**世界有数の大都会と庶民の暮らしが隣り合っている**のが特徴だ。

香港の見どころとして脚光を浴びる「大館」（→ P.120）。ソーホー（→ P.115）の近くにあり、食事や買い物も楽しめる

A. ランドマーク周辺は買い物エリア→map P.113

MTR中環駅の真上にあるランドマーク・アトリウム（→P.261）はブランドショッピングの先駆け的ビル。ここを中心に遮打道（チェダードウ）Chater Rd.、トラムが走る徳輔道中（タッポウドウチョン）Des Voeux Rd. Central、皇后大道中（ウォンハウダーイドウチョン）Queen's Rd. Central周辺にショッピングビルが集中し、そのほとんどが**連絡通路でつながっている**。雨の日も便利。

オフィス勤めの人々が急ぎ足で行き交うランドマーク周辺

歩き方のコツ

●連絡橋を活用

中環駅周辺のビルは連絡橋で結ばれている。中環駅A出口を出た所からスターフェリー乗り場へも連絡橋で行ける。

●坂道はエスカレーターで

ソーホー SOHO など山側への移動はミッドレベル・エスカレーター（→ P.115 欄外）を利用。中環駅 D2 出口を出て皇后大道中を西へ進むと交差する閣麟街から半山區へ向けてエスカレーターが設置されている。

●金鐘、上環へはトラムが便利

ミッドレベル・エスカレーター沿いの坂道、閣麟街

中環フェリー埠頭（渡輪碼頭）前からのおもなバス

map 別冊 P.11-2C

8 號碼頭と 9 號碼頭の間にある乗り場

15C ピークトラム中環駅行き

6 號碼頭と 7 號碼頭の間にある乗り場

629 海洋公園行き※月～金曜 9:30発、土・日曜、祝日10:30発の1日1便。

人力車観光バス（ファーストバス H1、H2） ※乗り降り自由の巡回バス（→ P.442）

3A摩星嶺行き［上環、西營盤経由］

5 號碼頭前の乗り場

15 山頂（ピーク）行き

※ 10:00 以降このバス停を発着。6:00 の始発から 9:52（土曜は 9:44、日曜は 9:57）までは交易廣場バスターミナル発（map 別冊 P.11-2C）。

3 號埠頭前の乗り場

12 羅便臣道循環線［香港公園、ソーホー（孫中山紀念館）を経由］

中環碼頭巴士總站

7 石排灣行き［香港仔を経由］

91 鴨脷洲／海怡半島行き［香港仔を経由］

皇后大道（クイーンズ・ロード）は海沿いにあった

香港島北部の市街地を東西に走る皇后大道は、ヴィクトリア市のメインストリートとして造られた道で、当時は海沿いにあったが、埋め立てがどんどん進んだため、今の位置になってしまった。

干諾道（ゴンノッドウ）と徳輔道（タッポウドウ）は直線的に造られているが、皇后大道はクネクネと曲がっている。昔の海岸線はこんなだったのかと、ふと 19 世紀頃の香港に思いをはせてみるのもいい。そういえば、石段の急坂は皇后大道より海側には見あたらない。

B.開発の進む國際金融中心(クォッチャイガムヨンチョンサム)周辺→map P.113

中環フェリー埠頭のあるヴィクトリア湾沿いは、再開発計画によって姿を一変させた。埋め立て地に観覧車の香港摩天輪（→P.116）が造られ、その東側にイベントスペース、海沿いには中西区プロムナード（→P.116）が整備された。この一画でひときわ目立つ存在が**國際金融中心**(クォッチャイガムヨンチョンサム)IFC（一期と二期の2棟のビルがある）。ビル内には**IFCモール**（→P.263）があり、エアポートエクスプレス香港駅、フォーシーズンズホテル・ホンコンとも連結している。

IFCモールL4のオープンエアのデッキから國際金融中心二期の高層ビルを望む

國際金融中心二期
Two International Finance Centre

88階建て、415.8mの香港第2位の高さのオフィスビル。摩天楼の設計で名高いアメリカの建築家、シーザー・ペリが手がけたスタイリッシュなビルだ。英語表記の頭文字を取った「IFC」が通称。

住 金融街　Finance St.
☎2295 3308
地 香港駅A1、A2、B1、B2、D、E1、E2出口　map 別冊P.11-2C

都爹利街(トーデーレイガイ) Duddell St.の石段とガス灯

蘭桂坊のにぎわいからやや離れた都爹利街と雪廠街Ice House St.が交差するビルの谷間の石段には香港で唯一現存するガス灯がある。石段は1875年から1889年の間に、4つあるガス灯は20世紀初頭に設置された。2018年の台風で、石段の手すりとガス灯が破損したが、翌年修復完了。黄昏になると明かりが灯りロマンティックな風情を漂わせている。

map 別冊P.18-4B

ガス灯と石段は香港法定古蹟に指定されている

C. 英国植民地時代の名残を歩く→map P.113

手前は和平紀念碑、後方のクラシカルな石造りの建物が終審法院大樓

中環には英国植民地時代のコロニアル建築が残る。その象徴のひとつが皇后像廣場(ウォンハウジョンゴンチョン)（→P.117）の横に立つ終審法院大樓The Court of Final Appeal Bldg.（旧立法會大樓）で2015年から最高裁判所として使われている。

向かいの香港上海滙豐銀行總行大廈(ヒョンゴンションホイウイフォンガヌホンチョンホンダーイハー)（→P.117）のG/F吹き抜け部分を通り抜けて皇后大道中を越えた炮台里(バーウトイレイ) Battery Pathの坂を上ると、極東地区で最も歴史のある英国教会、**セント・ジョンズ教会** St. John's Cathedral（→P.118）だ。

蘭桂坊
Lan Kwai Fong

世紀廣場
威靈頓街　Wellington St.
鏞記酒家
和安里 Wo On Lane
けやき
Nunu燒
珍姐海鮮火鍋飯店
高山民藝P.278
ハングリー・コリアン(韓国料理)
ウエストウッド・カーベリー
グリル・カンボ
十八座狗仔粉
The Plaza
十二味
ラッキー・タイ(タイ料理)
榮華里
Wing Wah Lane
バタフライ・オン・ランカイフォン
Nuevo Tapas Bar
ベイルート(地中海料理)
Pieology Pizzeria
カラット(インド料理)
Mine(バー)
Gate(バー)
セブン-イレブン
德己立街
D26(バー)
花屋
蘭桂坊
カリフォルニア・タワー 加州大廈
Faye(クラブ/25～26F)
文(6F)
Baci(イタリア料理/GF)
インソムニア(バー)
チャイナ・バー(バー)
Leo's Lounge & Pub
センス・オブ・タッチ(1～5F)
Lan Kwai Fong
チョコレート(バー)
セブン-イレブン
Ebeneezer's Kebabs & Pizzeria
Buraq(トルコ料理)
POKE HK
Fire N Ice(バー)
AKJ拾(バー)
Mehfil(バー)
トキオ・ジョー(日本料理)
協興大廈
イタリアン・ビステッカ(2F)
D'Aguilar St.
Boomeran(クラブ)
雲咸街へ
雲咸街へ
LKFタワー
北
0　20m

※周辺図 別冊P.10～11

D. ナイトスポット蘭桂坊(ランカイフォン)

→map P.113、P.114

MTR中環駅から山に向かって德己立街(タッケイラップガイ) D'Aguilar St.を上っていくとすぐにあるの

上／世界中の観光客が集う夜遊びエリア、蘭桂坊　下／バーが並ぶ德己立街。蘭桂坊は夕方以降歩行者天国になる

が、夜遊びエリア、**蘭桂坊**だ。平日は仕事を終えたビジネスマンが夕方から集まり、多国籍な雰囲気。週末には地元の若者たちも繰り出し、坂道に連なるバーや各国料理のレストランは深夜までにぎわう。バーエリアは蘭桂坊の山側を東西に走る雲咸街Wyndham St.にまで拡大している。

德己立街を山に向かって右に折れた威靈頓街 Wellington St.界隈にはブティックやカフェなどが並ぶ。雲咸街を山のほうに進むと骨董店が多い**ハリウッド・ロード**（荷李活道 Hollywood Rd.）。さらに北西方向に進むと注目エリア、**ソーホー SOHO**だ。

E. 旬のスポットが集まるソーホー→map P.113

South of Hollywood Rd.（ハリウッド・ロードの南）と名づけられたソーホーは、かつては家族経営の印刷屋が集まる住宅地だった。ミッドレベル・エスカレーターの完成とともに繁華街へと変貌を遂げ、**士丹頓街** Staunton St. と**伊利近街**Elgin St.一帯に小粋なレストランやバーが集まっている。香港のクリエイターのショップやカフェが入店した「PMQ」（→P.124）は注目スポットだ。皇后大道中と閣麟街が交わるあたりからミッドレベル・エスカレーターで行ける。

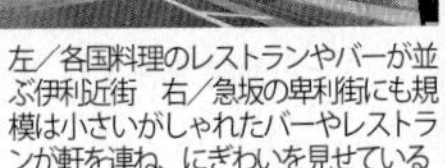

左／各国料理のレストランやバーが並ぶ伊利近街　右／急坂の卑利街にも規模は小さいがしゃれたバーやレストランが軒を連ね、にぎわいを見せている

F. おしゃれな店が多いノーホー→map P.113

ハリウッド・ロード北側の**ノーホーNOHO**（North of Hollywood Rd.）は、次々と新しい店が登場し、街の彩りも変化した。歌賦街Gough St.と、この道の東端に接する鴨巴甸街Aberdeen St.にはアート系雑貨店、カフェやレストランが並ぶ。歌賦街の北側の**九如坊** Kau U Fongにはギャラリーやレストランがある。

比較的小規模なブティックやレストランが多い

G. 生活感あふれる一画→map P.113

皇后大道中と荷李活道の間の路地には、石畳の両側に露店が連なる。砵典乍街 Pottinger St.は手芸用品やパーティグッズの露店街（→P.126）。嘉咸街 Graham St. は生鮮食料品の路上市場が風物詩となっていたが、再開発計画で露店は新設のビル内「嘉咸市集」（map 別冊P.17-2B）への移転が進行中。

また、皇后大道中沿いに立つ中環街市Central Market（→P.22）が改装を終えて、おしゃれな複合施設に再生。新たな観光名所になっている。

坂道の嘉咸街で営業を続ける屋台は数少なくなった

ソーホー＆ノーホー
map 別冊 P.17

ソーホーは西側にも延長

ソーホーの西側、必列者士街を経て、太平山街周辺までおしゃれな街は広がりを見せている（→ P.155）。

歴史の道『孫中山史蹟徑』～もうひとつのソーホーの顔

ソーホー、ノーホー地区は、19 世紀末に中国近代革命の父、孫文（孫中山）が足跡を残した歴史スポットでもある。今もゆかりの史跡が残っているので、案内板に目を留めてみよう。士丹頓街…革命組織「興中會」跡地、孫文が洗礼を受け、後に下宿もした「美國公理會」跡地。歌賦街…孫文と親友 3 人が革命の夢を誓い合った友人宅「楊耀記」跡地、孫文が通った学校「中央書院（今日の皇仁書院の前身）」跡地など。

百子里公園 Pak Tsz Lane Park

「孫中山史蹟徑」（→上記）のひとつ。香港初の革命組織、輔仁文社の跡地に造られた。輔仁文社のメンバーは後に孫文が結成した興中會に入り、孫文とともに清朝打倒へ向けた集会などを行った。園内には教義を書いたモニュメントがある。住 三家里　Sam Ka Lane　地 中 D2 または上 A2 出口　map 別冊 P.17-2B

辮髪を切り落とす像が象徴的

ミッドレベル・エスカレーターで香港ウオッチング

中環とミッドレベル（半山區）を結ぶ 18 基のエスカレーター、3 基の動く歩道と階段が連なる全長約 800m、高低差 135m の中環至半山自動扶手電梯。中環の中環街市からスタートし、アパート群や路上市場を眺めつつ、高台へ。ハリウッド・ロードと交差する所で大きくカーブするとソーホーエリア、さらに高層マンション群へと入っていき、干德道Conduit Rd. で終点。上るごとに景観が変わるミニトリップで、香港の断面図を垣間見る。エスカレーター運行時間：6:00 ～ 10:00 までは上から下へ（通勤のため）、10:00 ～ 24:00 までは下から上へ動く。map 別冊 P.10-2B、3B、3A、4A

坂の多い中環で有効なツール。中環の起点は中環街市（→ P.22）1/F と直結している

見どころ

●観覧車でハーバーを見下ろす空中散歩　map 別冊 P.11-2D

香港摩天輪（ヒョンゴンモーティンロン） The Hong Kong Observation Wheel

海沿いの中環フェリー埠頭前の広場に観覧車がある。観覧車の高さは20階建てビルに相当する60m。8人乗りのゴンドラは冷暖房と高速Wi-Fi完備で、快適に空中散歩を楽しめる。ユニークなのは周回回数。混み具合により1回の乗車につき3～4周回ってくれるので、シャッターチャンスもバッチリ狙えそうだ。乗車時間は約15分。香港と九龍の景色を一度に眺められるとあって、夜景観賞スポットとしても人気を集めている。周辺の広場では時期によってイベントが開催される。

左／世界各地の観覧車を手がけるスイスAEX社が運営　右／ゴンドラはVIP用1台を含む42台、定員は8名(VIPキャビンは5名)

香港摩天輪
住 民光街33　33 Man Kwong St.
☎2339 0777
URL www.hkow.hk
営12:00～22:00（金～日曜、祝前日、祝日11:00～23：00。最終搭乗は終了30分前）
休 無休　料 大人20HK$、3～11歳と65歳以上10HK$、2歳以下無料　カード M V
行き方 中環フェリー埠頭から徒歩約3分。MTR中環駅A出口、香港駅A2出口から徒歩5～7分。※台風シグナル3以上発令時は運転中止。

観覧車の夜景もきれい。観覧車の東側はイベントスペース（中環海濱活動空間）になっており、期間によってさまざまな催しが行われる

●散歩や夜景観賞によい散策道　map 別冊 P.11-2D

中西区プロムナード（中西區海濱長廊（チョンサイコイホイバンチョンロン）） Central and Western District Promenade

中環地区（中環段）と上環地区（上環段）に整備されたプロムナード。中環のほうはフェリー埠頭から東へ金鐘の添馬公園（Tamar Park）までつながっていて、海辺の遊歩道のほか、緑地が広がる敷地にイベント広場、ペットガーデン、展望スペース、簡易カフェもある。早朝は野鳥がさえずり、眺めもよく気持ちがいい。尖沙咀側の夜景も望める。

左／香港のスカイラインが一望できる。上環地区のプロムナードはマカオフェリーターミナルの西側にある　右／緑いっぱいの憩いのスペース

中西区プロムナード
住 龍和道 Lung Wo Rd.
☎2896 6192　開24時間
行き方 中環スターフェリー乗り場から徒歩約5分。
地 中A出口、金A出口

●世界貿易港としての香港の歴史をたどる　map 別冊 P.11-1D

香港海事博物館（ヒョンゴンホイシーボウマッグン） Hong Kong Maritime Museum

中環フェリー埠頭の8號碼頭にある博物館。海上貿易における香港の発展の歴史や航路、船の変遷などがわかる。船のデッキをイメージしてデザインされた博物館は、A～Dデッキの4つのエリアに、漢代の陶器の船や明代に航路を開拓した武将、鄭和の「宝船」の模型、古い時代の芸術作品や資料など貴重な品々を展示。

造船技術の展示エリアには、遣唐使を乗せた遣唐船や、インドネシアや韓国の木造船の模型を展示

香港海事博物館
住 中環8號碼頭　Central Ferry Pier No.8　☎3713 2500
URL www.hkmaritimemuseum.org　開9:30～17:30（土・日曜、祝日10:00～19:00）　休 旧正月2日間　料 大人30HK$、60歳以上と18歳以下は15HK$
カード J M V　行き方 中環フェリー埠頭から徒歩約1分。

上／ヴィクトリア湾に突き出た埠頭にある　下／屋上階にあるカフェはひと息入れるのにぴったり

操舵室や機関室のシミュレーションコーナーもある。清代の海賊、張保仔を描いた約 18 mの「靖海全図」という絵巻をスクリーンに投影し、タッチパネルを操作して物語の細部をたどるハイテクを駆使した展示も興味深い。

●ビルの谷間の憩いの場 map 別冊 P.11-3C

皇后像廣場（ウォンハウジョンゴンチョン） Statue Square

この広場は 1896 年、ヴィクトリア女王即位 60 周年を記念して造られた。当初は女王の銅像が建てられており、その後 1906 年には香港上海滙豐銀行の役員トーマス・ジャクソンの金融経済に対する貢献をたたえて銅像が建てられた。そのほか数体の銅像があったが、それぞれ別の場所へ移され、現在はトーマス・ジャクソンの像のみがポツンと立っている（女王の像はヴィクトリア・パーク〈→ P.141〉にある）。

広場から德輔道中を挟んで斜め向かいは中國銀行、こちら側の古めかしい建物は終審法院大樓 The Court of Final Appeal Bldg. だ。

左／噴水がある大きな公園。写真左がトーマス・ジャクソン像　右／広場に隣接する終審法院大樓

●中環のシンボル的なビル map 別冊 P.11-3C

香港上海滙豐銀行總行大廈（ヒョンゴンションホイウイフォンガヌホンチョンホンダーイハー） HSBC Main Building

香港上海銀行（略称 HSBC、中国語で香港上海滙豐銀行）はイギリスの金融グループの銀行で、本店ビルはここ中環にある。ユニークなビルのデザインはイギリス人建築家、ノーマン・フォスターによるものだ。その鉄骨の印象から、地元の人々に「蟹（ハイ）ビル」の愛称で呼ばれている。一般窓口は 3/F。

1985 年建造。地上 48 階、高さ約 180m のビルは風水に基づくデザイン

香港の紙幣のうちの 1 種類がこの銀行の発行するもので、そこに描かれている建物がこのビル。イギリス植民地の発展にともなって巨大化したこの銀行は、かつては上海にも拠点をもっていた。大陸で中華人民共和国が成立したあと、上海のほうは事実上ほとんど機能しなくなったにもかかわらず、香港では、経済的支配者といわれるほどになっている。

通り抜けできるグランドフロアは「よい気」のとおり道

この銀行はよい気（エネルギー）の道「龍脈」の上に立ち、龍（気）の通り道としてグランドフロアをすっぽり開け放ち、龍のうねりに合わせて地面もかすかに波打つように造られている。

建物前に陣取る 2 頭の獅子像は、口を開けた獅子が運気を吸い

皇后像廣場
住 德輔道中
Des Voeux Rd. C., Central
地中 K 出口

香港中央郵便局（郵政總局）
住 康樂廣場 2
2 Connaught Place
☎2921 2222　営8:00～18:00（日曜 12:00 ～ 17:00）
休 祝日　地中 A 出口
map 別冊 P.11-2C

香港中央郵便局のスーベニアショップ
The Post Shop（郵趣廊）
住 康樂廣場 2 2 Connaught Place
☎2921 2337　営10:00 ～ 18:00
休 日曜、祝日
カード M V（300HK$以上購入の場合のみ使用可能）
地中 A 出口　map 別冊 P.11-2C
郵政總局（香港中央郵便局）G/F の東寄りにある、郵便関連のグッズを集めたショップ。梱包用品も置いてある。
また、郵展廊 Postal Gallery という一角には切手のコレクションや郵便の歴史などの展示コーナーがある。
営8:00 ～ 18:00（日曜 12:00 ～ 17:00）休 祝日
グッズは尖沙咀中間道の郵便局や空港の郵便局など、約 50 軒の郵便局でも購入できる。

香港上海滙豐銀行總行大廈
地上 48 階（178.8m）、地下 4 階、総面積は 9 万 9171m²。屋上にはヘリポートがある。1985 年竣工。約 50 億 HK$ をかけて造られた。地中 K 出口

香港新聞博覽館（ヒョンゴンサンマンボッラムグン）
Hong Kong News-Expo
新聞、ラジオ、テレビのニュース報道の歴史を紹介する博物館。体験型ゲームで楽しめる展示コーナーもある。付近は、新聞社や印刷所が多かった場所。建物の前身は街市（市場）で、1883 年に香港にやってきた孫文が洗礼を受けた、アメリカ会衆派伝道所の跡地でもある。
住 必列啫士街 2
2 Bridges St.　☎2205 2233
URL hkne.org.hk　開10:00 ～ 19:00　休 月曜　料 無料　地中 D2 または上 A2 出口
map 別冊 P.16-4A

テレビ報道の歴史に関するコーナーには、1970 年代に使用されていたカメラや各テレビ局のロゴ入りマイクなどを展示

込み、口を閉じた獅子がその運気を逃さないようにしている。この獅子に触ると運気が上がるとされている。

ビルの前に対をなす獅子像

つり構造という橋造りの技術を取り入れた地上空間。歴史や建物の案内板も設置

●静かに香港の歴史を刻む壮麗な教会 map 別冊 P.11-4C

セント・ジョンズ教会（聖公會聖約翰座堂〈センコンウイセンヨッホンチョートン〉） St. John's Cathedral

ピークトラム駅近くにあるイエローの教会。1849 年創建、香港現存最古の教会で法定古蹟に指定されている。13 世紀初頭のゴシック様式を模した造りで規模が大きい。1941 ～ 45 年の日本軍占領時代には日本人倶楽部として使われた。ステンドグラスが美しい大聖堂内の聖ミカエル礼拝堂は日本軍に抵抗した戦死者を祀り、数々のイギリス軍旗が飾られている。

左／装飾は簡素、厳かな空気が漂う 右／敷地内には書店とコーヒー店「ザ・ネスト」がある

●香港の自然に触れられる map 別冊 P.10-4B

香港動植物公園〈ヒョンゴンドンチッマッゴンユン〉 Hong Kong Zoological & Botanical Gardens

ヴィクトリア・ピーク山すその斜面に造られた 5.6 ヘクタールの公園。最初に植物園として開かれたのが 1871 年、その後長い年月市民に親しまれている。公園は雅賓利道 Albany Rd. を挟んで 2 エリアに分かれており、東側は鳥舎や子供の遊び場がある市民の憩いの場。西側はサルや爬虫類を飼育する動物区で、ボルネオのオランウータンや南米のタマリンなどが見られる。熱帯の植物が生い茂り、まるでジャングルのよう。都会の中とは思えない空間だ。

左／東側の噴水の周りは花々が美しい広場になっている 右／南米の珍しいサル、ゴールデンライオンタマリン

●さまざまな施設が充実した公園 map 別冊 P.11-4D

香港公園〈ヒョンゴンゴンユン〉 Hong Kong Park

中環の東隣、金鐘のパシフィック・プレイス 1/F から 3 番「Hong Kong Park」と書かれたエスカレーターを上がった所にある香港公園は、香港島内で最もくつろげる場所のひとつだ。公園内には婚姻註冊處（登記所）があるので、式を挙げた直後のカップルが

歴史を秘めたポッティンガー・ストリート Pottinger St.

ポッティンガー・ストリートは石畳の風情ある坂道。1850 年代に香港初代総督のヘンリー・ポッティンガーの名前から命名された、中環で最も歴史がある通りのひとつだ。建設当時は海岸線だった皇后大道（クイーンズ・ロード）を起点に延びるこの通り沿いには香港初のカトリック教会があり、目抜き通りだったことがうかがえる。ヨーロッパ系と中国系の住民の居住地の境がこの通りだった。

map 別冊 P.18-2A、3A

石畳の坂道は写真スポットに。皇后大道と交わるあたりは露店が並ぶ（→ P.126 コラム）

セント・ジョンズ教会
住 花園道 4-8 4-8 Garden Rd.
☎ 2523 4157 開 7:00 ～ 18:00（水曜～ 18:30、土曜～ 19:30、祝日 9:00 ～ 16:00）
休 無休 地 中 K 出口

教会内にあるカフェ「ザ・ネスト」。屋外に席がある

香港動植物公園
住 雅賓利道 Albany Rd.
☎ 2530 0154 開 6:00 ～ 19:00（噴水周りの噴水池平台花園 5:00 ～ 22:00、温室 9:00 ～ 16:30）
休 無休 料 無料
行き方 中環フェリー埠頭の 8 號と 9 號の埠頭の間にあるピークトラム駅行きのシティバス 15C で終点下車、花園道の西側を上がり、香港禮賓府の前を過ぎると斜め前に入口がある。または、怡和大廈（干諾道側）からシティバス 12 に乗車、堅道の「明愛中心 Caritas Centre」で下車、道を戻り己連拿利を南（山側）に少し進むと小さな入口の門がある。急坂を、中環から歩けば約 25 分。

香港公園
住 紅棉路 19 19 Cotton Tree Drive
☎ 2521 5041 開 6:00～23:00
休 無休 料 無料
（次ページへ続く）

記念撮影をしていたり、雑誌のグラビア撮影もよく行われている。

広い敷地内にはいろいろな設備が整っている。ぜひ、のぞいてみたいのが茶具文物館（→下記）だ。

また、メッシュで覆われた約 3000m² のエイビアリー（観鳥園）があり、マレー半島からインドネシア、フィリピンなどの熱帯雨林にすむ約 80 種、600 羽の鳥が放し飼いにされている。熱帯や乾燥地帯の植物が見られる植物園（温室）もある。

左／風水スポットである園内の滝は落差 10m ほど
右／エイビアリーで見られるバリ島に生息する美しい鳥、カンムリシロムク

●香港最古の西洋建築 map 別冊 P.11-4D

茶具文物館（チャーコイマンマッグン） Museum of Tea Ware

1846 年に完成した香港最古の西洋建築といわれるフラッグスタッフ・ハウス（もとイギリス連隊指揮官邸）内に、伝統的な中国の茶器や茶葉などが展示されている。G/F は常設展、1/F は半年に 1 回程度展示物が変わる特別展のためのスペース。G/F では、陸羽の『茶經』に遡る中国茶の歴史や工夫茶のお点前が説明されているほか、お茶の入れ方や当建物の歴史についてのビデオが放映されている。また、館内の入口付近の「雙魚茶館」（支店→ P.287）では、中国茶や茶器の販売もしている。

香港公園の中の壮麗な建物内にある

●歴史遺産とアート、企画展がコラボした複合施設 map 別冊 P.12-3A

アジアソサエティ・ホンコンセンター（亞洲協會香港中心（アーチャウヒップウイヒョンゴンチョンサム）） Asia Society Hong Kong Centre

アジアの美術品の収集家としても名高い実業家ジョン・ロックフェラー 3 世によって 1956 年に創設された、アジア諸国とアメリカの相互理解を目的とする NPO の香港センター。香港の実業家らが、30 年近く放置されていた英国軍の弾薬庫跡地を買い取り、同センターとなった。

レストラン「アモー」や、アジアのアートや工芸品を扱うショップなどがあるパビリオンと、19 世紀半ばから 20 世紀にかけて建てられた旧英国軍の弾薬庫を修復・改装したギャラリー、劇場などがある。アジアの文化、芸術にまつわる展覧会やイベントが開催されており、観覧できる。

左／弾薬工場だった建物。弾薬輸送用の軌道も残っている
右／空中庭園のアート作品

（前ページから）
行き方 MTR 金鐘駅 C1 出口からパシフィック・プレイスに入り、同 S.C. 内の西側のエスカレーターを利用。駅から徒歩約 7 分。ヴィクトリア・ピークへ行くトラム乗り場の裏側にも公園の入口がある。
［エイビアリー、植物園］
開 9:00 ～ 17:00 休 無休
料 無料

エイビアリーの正式名称は Edward Youde Aviary。隣接してサイチョウやカンムリバトが見られる雀鳥展覧區も設置。

香港公園の風水スポット

香港公園は自然の地形を生かし、風水によって設計された公園。山から降りてくる龍脈（エネルギーの通り道）の上に位置し、龍が通る際によい気を循環させるため、水を用いた施設が多数ある。なかでも温室の近くにある人工滝はよい気の噴射口になっており、滝の裏側は心を浄化する場所とされている。

茶具文物館
住 紅棉路 10　香港公園
Hong Kong Park, 10 Cotton Tree Drive ☎2869 0690
開 10:00 ～ 18:00（12/24、旧暦 12/31 ～ 17:00） 休 火曜、旧正月 2 日間 料 無料
行き方 MTR 金鐘駅 C1 出口からパシフィック・プレイスに入り西側のエスカレーターで香港公園に上がる。
※ビデオは通常は英語と広東語のみだが、10 名以上集まれば日本語ビデオも放映可。

アジアソサエティ・ホンコンセンター
住 金鐘正義道 9
9 Justice Drive, Admiralty
☎2103 9511
URL asiasociety.org/hong-kong
開 11:00 ～ 18:00（毎月最終木曜～ 20:00）※最終入場は閉館 60 分前。
休 月曜 料 無料 地 金 C1 出口

孫中山紀念館
住 衛城道 7　7 Castle Rd.
☎2367 6373 URL hk.drsunyatsen.museum 開 10:00 ～ 18:00（土・日曜、祝日～ 19:00、12/24、旧暦 12/31 ～ 17:00）
休 木曜（木曜が祝日、孫文の誕生日〈11/12〉と命日〈3/12〉の場合は開館）、旧正月 2 日間
料 無料
行き方 距離的には MTR 上環駅が近いが、中環駅からのほうがわかりやすくて楽。D2 出口から皇后大道中を進み、ミッドレベル・エスカレーターで堅道に出て、西へ約 200m。所要約 15 分。

何東（何啓東〈ロバート・ホートン〉、1862 ～ 1956 年）は香港の富豪。その一族は政治経済への影響力を今も保有。

歴史遺産もアートも観賞できる
「大館(ダーイグン)」徹底ガイド

香港島中環の一等地に残る英国統治時代の歴史的建築物を10年の歳月をかけて修復した「大館」は、香港の歴史と建築、文化が学べ、さらにはアート、グルメやショッピングも楽しめる“古くて新しい”観光スポット。見るべきスポット、注目の店を一挙ご紹介！

上／ブロック01の警察総部大楼（警察本部）は1919年創建の建物 中／ブロック03の營房大楼は警官の宿舎だった 左下／ブロック内JCギャラリーのらせん階段はフォトジェニック 右下／ミッドレベルエスカレーター直結の連絡階段

大館はこんなところ

香港が英国統治下だった19世紀半ばから20世紀初頭にかけて、法治制度の中心施設として中環地区に建設された警察・司法関連の歴史的建築群を、10年かけて修復。2018年、16の法定歴史建築物と新築の2棟のアートスポットからなる複合施設としてオープンした。

歴史的建築物そのものが見どころであると同時に、歴史展示ギャラリーや建物を生かしたレストラン、ショップなどが設けられ、見る、学ぶ、食べる、買うが一度に楽しめる施設へと再生し、香港観光に外せないスポットとなった。

歴史ギャラリーを見ていってください

大館の3エリア

●警察署エリア：ブロック01～08
旧警察本部と警察官の宿舎だった建物がメイン。歴史ギャラリー、ショップやレストランが多数入店。
●裁判所エリア：ブロック09
●監獄エリア：ブロック10～21
ヴィクトリア監獄だった建物群で、関連の展示室がある。新設の建物のブロック20、21はモダンアートのギャラリー。

左上／コロニアルな館内にショップが並ぶ（ブロック01） 左下／マダムフー・グラン・カフェ・シノワ（→P.122）のバルコニー席 右／赤れんが造りの監獄の建物。左側は監獄ギャラリーのあるB倉

まずはココから

最も大きくて目立つコロニアルな建物、ブロック03、G/Fのビジターサービスで施設内マップやパンフレットを入手して、館内散策スタート。ビジターサービスではオリジナルグッズも販売している。

ビジターサービス　服務處
開10:00～20:00

数は少ないがビジターサービスでグッズを販売。写真は警察エムをデザインしたピンバッジ

大館の歩き方

敷地内に18の建物があり、もともとの目的ごとに3つのエリアに分かれている。建物を結ぶ階段や通路は入り組んでいてわかりにくいが、各建物に付けられたブロックナンバー（01～21）を目印に見学しよう。

歴史的背景

1841年に香港を占領した英国は、英国式の司法制度整備に着手し、同年、大館の敷地に裁判関連部署の建と刑務所を建設、その後植民地警察部隊も設立された。1850～60年代に中国大陸から大量の難民が押し寄せたとなどから治安が悪化し、刑務所の増改築が行われ、域利監獄と命名。警察官宿舎が建てられ、警察本部機能もこに移された。警察官や市民は、法治制度の中心となったこの場所を「大館」という愛称で呼ぶようになった。

※アルファベットはマップ内の位置と対応。

秘められたエピソード

A 吉凶を占うマンゴーの木

香港警察から伐採せず大切に手入れするように念押しされた樹齢約 60 年のマンゴーの木。数年ごとに実をつけ、そのたびに重大な事件や出来事が起きたという。一方でその実を食べれば昇進するという言い伝えを信じる警察官もいた。（ブロック 02 前）

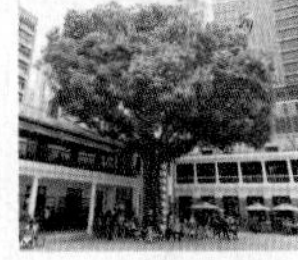

B ホー・チ・ミンが見上げた空

フランス当局の訴追を逃れ香港に潜入したベトナムの革命家、ホー・チ・ミンは 1931 年香港警察に逮捕され 2 年間ここに収監された。唯一外出が許された狭い中庭で何を思い巡らせたのだろう。（ブロック 11 と 12 の間の中庭。B 倉の北側）

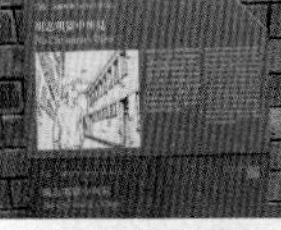

ホー・チ・ミンの秘話が書かれた「大館故事」のプレート。同様のプレートは館内に 20 ほどある

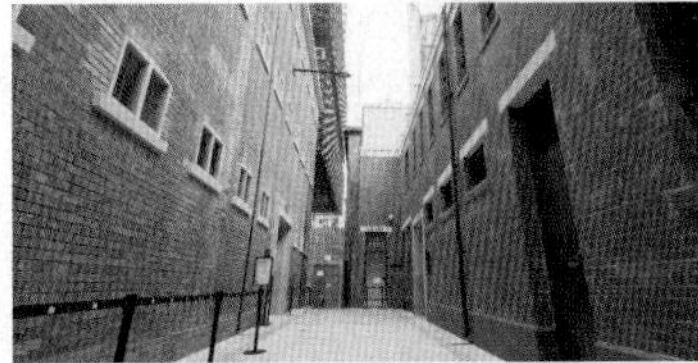

C サリーポートとレッドサークル

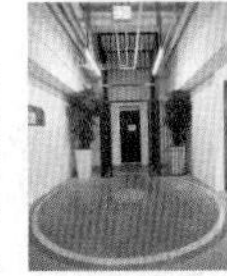

監獄の保安・警備対策の設備とシステム。サリーポートと呼ばれる出入口は厳重な二重の鉄格子があり、医療施設もあった D 倉にはレッドサークルが描かれている。この赤い丸の中に受刑者はひとりずつ立つことが許され、医療担当官は鉄格子の向こうから受刑者に医薬品を渡していた。（ブロック 14、1/F）

D 憩いの広場のその昔

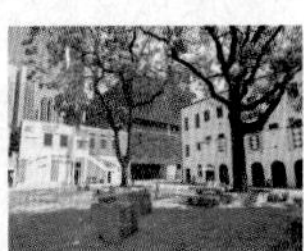

監獄エリアの中庭「プリズン・ヤード」は、19 世紀初めは鞭打ちなどの懲罰刑の執行場所だった。後年、受刑者たちの運動場に。現在の大館では壁画や彫刻などのパブリックアートが楽しめる憩いの広場となっている。

E 階段で洗濯？

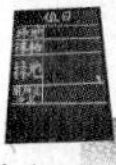

掃除当番を記入する黒板が柱に残されている

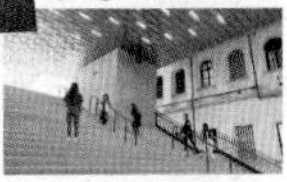

ブロック 21 の地下空間に設けられたランドリー・ステップス（洗衣場石階）は、階段を座席に、映画上映やパフォーマンスが行われる半屋外劇場。階段脇の一角が、軽犯罪で収監された受刑者が、洗濯や繕い物などの軽作業をする場所だったことからこの名前がつけられた。

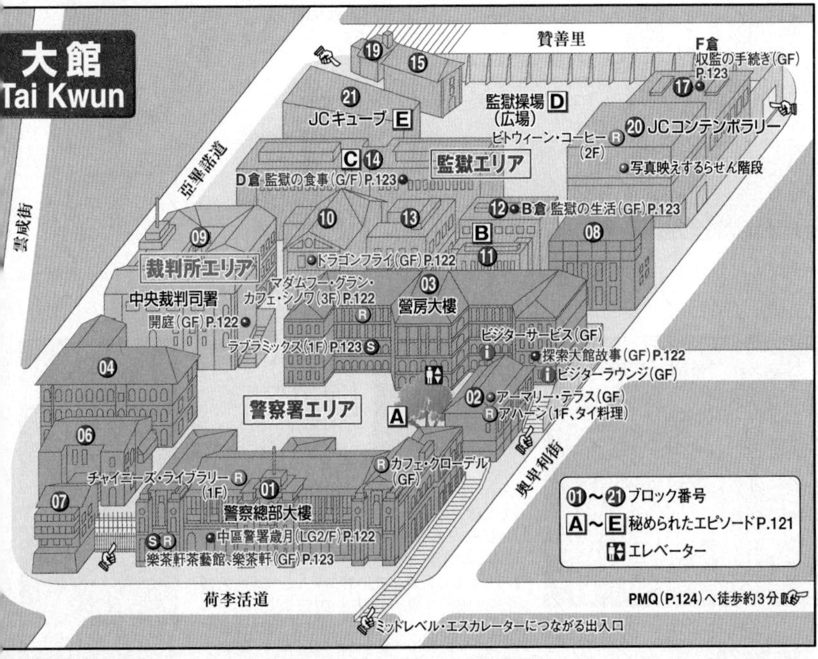

大館
Tai Kwun
贊善里
F倉
収監の手続き（GF）
P.123
17
19
15
21
JCキューブ E
監獄操場 D
（広場）
ビトウィーン・コーヒー（2F）
20 JCコンテンポラリー
写真映えするらせん階段
亞畢諾道
雲咸街
C 14
監獄エリア
D倉 監獄の食事（G/F）P.123
10
13
12 B倉 監獄の生活（GF）P.123
B
11
08
09
裁判所エリア
ドラゴンフライ（GF）P.122
マダムフー・グラン・カフェ・シノワ（3F）P.122
03
營房大樓
中央裁判司署
開庭（GF）P.122
ラブラミックス（1F）P.123
ビジターサービス（GF）
探索大館故事（GF）P.122
ビジターラウンジ（GF）
04
警察署エリア
A
02 アーマリー・テラス（GF）
アハーン（1F、タイ料理）
06
奥卑利街
カフェ・クローデル（GF）
チャイニーズ・ライブラリー（1F）
01
07
警察總部大樓
中區警署歲月（LG2/F）P.122
樂茶軒茶藝館、樂茶軒（GF）P.123
01～21 ブロック番号
A～E 秘められたエピソード P.121
エレベーター
荷李活道
PMQ（P.124）へ徒歩約3分
ミッドレベル・エスカレーターにつながる出入口

大館　Tai Kwun
住 中環荷李活道 10　10 Hollywood Rd., Central　☎ 3559 2600　URL www.taikwun.hk　開 8:00 ～ 23:00（ビジターサービス 10:00 ～ 20:00。※各ギャラリーや展示室によって開館時間が異なる）　休 無休　地 中 D2 出口　料 無料　※無料ガイドツアー（英語）は火・土曜 14:00 ～、約 45 分間（ホームページから要予約）。map 別冊 P.18-3A

館内の歴史ギャラリー

中區警署歳月
The Story of Central Police Station

中区警察署の歴史、建物の詳細などを写真や模型を交えて展示。警察官の日常や、多国籍だった香港警察の様子もわかる。

住ブロック 01、LG2F　LG204
開11:00 ～ 19:00

展示室へ上る階段脇の壁画。昇進面接の順番を待つ警官を描いたもので、緊張の様子が伝わってくる

このギャラリーを見れば大館の概要がつかめる

探索大館故事
Main Heritage Gallery

大館の施設の歴史がわかるギャラリー。銃や防具など警察の装備も展示されている。

住ブロック 03、G/F G011
開10:00 ～ 19:00

1950 ～ 1960 年代の防護盾や警棒などの装備

警察署の業務の詳細を展示

開庭 The Court Rises

かつてこの中央裁判司署で裁かれた、香港の歴史上注目を集めた案件を映像で再現している。

住ブロック 09、G/F
開11:00 ～ 18:00

裁判所だった建物入口のレリーフ

数々の事件が裁かれた 1 号法廷

レストラン Restaurant & Bar

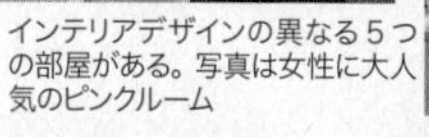
インテリアデザインの異なる 5 つの部屋がある。写真は女性に大人気のピンクルーム

上海マダムのサロンをイメージ

マダムフー・グラン・カフェ・シノワ
Madame Fu Grand Café Chinois

ブロック 03 の 3/F を占める広東料理レストラン。コロニアルスタイルのデザインを生かしたゴージャスなインテリアが、優雅な雰囲気を演出。マダムの邸宅に招かれたような気分で、正統派の広東料理を味わえる。バルコニーでのブランチやハイティー（2 人用 550HK$）も人気。

住ブロック 03、3/F　03-3/F　☎ 2114 2118　営11:00 ～ 23:00（金・土曜～翌 0:30）休 無休　カード J M V

左／クジャクのはく製が入口に　中／中庭を見下ろすオープンエアのバルコニー席。ランプシェードはすべてエルメスのスカーフ　右／点心（100HK$ 前後～）からデザートまでメニューは豊富

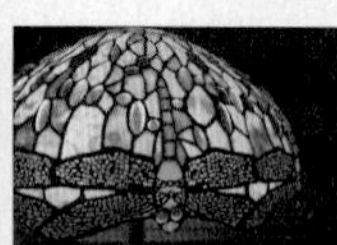
左／ドアを開けるとターコイズブルーの世界が広がる。金・土曜の 20:00 ～ 23:00 はライブミュージックあり　右／ステンドグラスのランプすべてにトンボが舞う

話題騒然の幻想的なバー

ドラゴンフライ
Dragonfly

香港のナイトライフで話題のバーを手がける著名デザイナー、アシュレー・サットンが、大館と同時代のアートフォームであるアール・ヌーボーを取り入れてデザインしたバー。天井を埋め尽くすステンドグラス製のランプは、水面で羽化したトンボを表現している。趣向を凝らした質の高いカクテルと料理も好評。非日常を味わえるとっておきのバーだ。

住ブロック 10 & 13、G/F　G01　☎ 9359 0999
営17:00 ～翌 1:00（金・土曜～翌 2:00）休 無休
カード A M V

見た目だけでなく、味わいも格別なカクテル（138HK$ ～）

※監獄のブロックのうち６つはＡ～Ｆ倉と呼ばれる。

監獄展示室

左／監房内を見て回れる　右上／シルエット映像で面会の様子を投影　右下／監房内はとても狭くて簡素

監獄の生活（B 倉）

懲罰や刑務作業など、受刑者たちの日常が監房内にプロジェクターで投影されている。実際に監房内に入ることもできる。

㊟ブロック 12 、G/F　開11:00 ～ 19:00

収監の手続き（F 倉）

中央裁判司署で有罪判決を受けた後、監獄に入るまでの手続きを紹介。囚人に支給される物品の展示もある。

㊟ブロック 17、G/F　開11:00 ～ 19:00

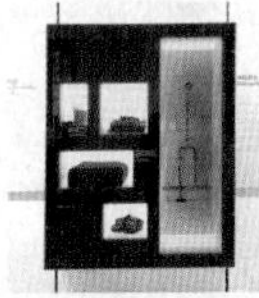

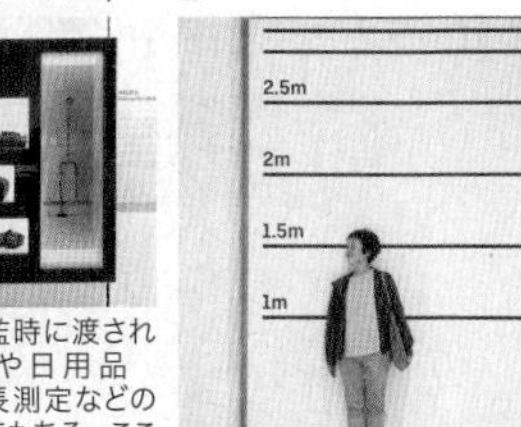

左／収監時に渡される衣類や日用品
右／身長測定などの身体検査もある。ここは記念撮影スポット

監獄の食事（D 倉）

食事の変遷を展示。かつては食事による懲罰があった一方で、後年は月餅など、年中行事の特別メニューも出されていた。

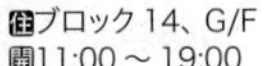

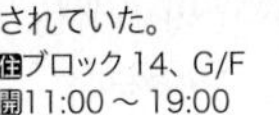

㊟ブロック 14、G/F
開11:00 ～ 19:00

栄養価が考慮された 2006 年当時の献立

上質な中国茶と点心で飲茶ランチ

樂茶軒茶藝館（ロッチャーヒンチャーガイグン） LockCha Tea House

伝統的な広東の茶室の風情が漂うティーサロン。中国茶の専門店が母体なので、香り高い中国茶が種類豊富。お茶のお供は、ヘルシーなベジタリアン点心が用意されている。お茶を用いたカクテルやクラフトビールもあり、新感覚のお茶体験も楽しめる。

㊟ブロック 01, G/F, G07　☎ 2276 5777
営11:00 ～ 22:00　休 旧正月　カード A J M V

上／鳥籠のランプシェードや棚に並ぶ茶缶など古き時代を思わせるインテリア。屋内と屋外に席がある　下／お茶のメニューは 40 種類以上。各種銘茶を揃えている　右／お茶の風味とビールのうま味が調和したティービール。4 種飲み比べセットは 98HK$

コールドブリューの中国茶は持ち歩きに便利（48HK$）

左／ともに大豆ミートの揚げ団子 2 種（58HK$）
右／黒トリュフシュウマイ（手前）とジンジャーショーロンポー（後方左）、大豆ミート団子（奥左）はビーガン、ほかもベジタリアンの点心（32HK$ ～）。メニューは毎日変わる

ショップ Shop

東西クロスオーバーの陶磁器

ラブラミックス Loveramics

香港が誇る陶磁器のブランド。世界各国のデザイナーが手がける、おしゃれで使い勝手もよい食器は、内外から注目の的。香港のレストランやカフェでも多く使われている。

㊟ブロック 03, 1/F , 104　☎ 2884 0003　営11:00 ～ 19:00（金・土曜～ 20:00）　休 無休　カード A M V

右上／カラーバリエーション豊富なティーポット　左下／ライフスタイルを発信する店　右下／ 200 年前の模様とロマンティックな物語から着想したデザイン。お皿、ボウルは 59HK$ ～

おみやげによい中国茶が揃う

樂茶軒（ロッチャーヒン） LockCha Shop

ティーサロン（→上記）に隣接。センスのよいパッケージの中国茶葉を揃えている。なかでもプーアル茶は上等品で、種類豊富。茶器のコレクションも見もの。

㊟ブロック 01, G/F , G06　☎ 2276 5777　営11:00 ～ 20:00　休 旧正月
カード A J M V

上／小箱入りの各種中国茶（各 78HK$）　下／ハローキティとコラボしたプーアルの餅茶（258HK$）

左／ギャラリーのような店

右／中国の作家の手による茶器も数多く扱っている

※ P.122 ～ 123 に掲載のギャラリー、展示室は 休 無休、料 無料。ギャラリー、展示室、すべての店：地中 D2 出口　map P.121

香港アート＆デザインのハブ施設

PMQで個性派ショップ巡り

ソーホーエリアにあるPMQ(元創方)は、2014年誕生の注目スポット。警察官舎だった建物を官民一体となって全面改装したふたつの棟に、香港のクリエイターやデザイナーをはじめ、香港を代表するブランドのコンセプトショップ、飲食店など約140店が入居しており、新たなアートの発信基地を担う。

香港色濃厚なグッズやこだわりグルメも楽しめ、作り手のクリエイターたちとも会えるPMQ。扉を開けるたびにいろんな出会いが待っている。

学校から警察官舎という経歴を持つ建物。吹き抜けの廊下を通って店を見て回るのは学園祭の模擬店巡りのような楽しさもある

通路の床から、中環のノスタルジックな街並みがポップアップする3Dアート

▶PMQ 元創方　住 中環鴨巴甸街 35　35 Aberdeen St., Central　☎2870 2335　URL www.pmq.org.hk　開 12:00 ～ 23:00　休 無休（営業時間、休みは各店で異なる）　地 中 D2、上 A2 出口　map 別冊 P.17-2A　※建物の歴史を紹介する無料ガイドツアー　開 火・木・土曜 14:00 ～ 15:00、15:30 ～ 16:30（広東語。英語、北京語は事前リクエスト）

▶地下展示廊　料 無料。定員制。ストーントン棟入口のインフォメーションカウンターで見学希望時間を告げ、整理券をもらう。

PMQこうなっている

アーティスティックな案内表示

各建物が面している通りにちなんで、「ハリウッドHollywood」と「ストーントンStaunton」と名づけられた2棟からなる（部屋番号の頭のHとSが棟名）。 2棟間はキューブQubeと呼ばれる展示スペースでつながっている。 ただし、2棟間を行き来できるのはキューブ屋上（4/F）の空中庭園。 地下に建物基礎部分が見られる展示室がある。

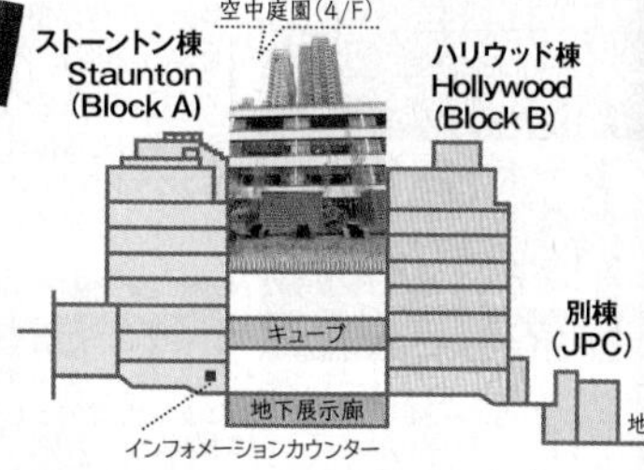

ハリウッドはH、ストーントンはSの略称で部屋番号の前に記されている

歴史がわかる展示スペース

2007年の発掘調査で出土したフロアタイル

左／地下展示廊では、この施設の保存の決め手となった遺跡、中央書院の花崗岩の基礎部分を見学できる　右／ストーントン棟5/Fに展覧廳がある。508室では警察官舎の前身で創建時の学校「中央書院」の歴史について、509室には警察官家族の部屋の一部を再現。写真は中央書院の模型

ONE POINT

PMQの名前の由来

この建物はそもそも1951年に建てられた既婚者向けの警察官舎(Police Married Quarters)だったことから、その頭文字を取って名づけられた。

歴史遺産として価値あり

警察官舎の前身は1889年建造の名門校、中央書院。同校が移転し、改築して1951 ～ 2000年まで警察官舎として使われた。その後敷地内で重要な遺跡(地下展示廊で見学可)が見つかったことから保存され、再生するにいたった。

※店名の前のアルファベットと数字は部屋番号

注目のショップはココ

H405 (4/F) 雑貨

イサティス・スタジオ
Isatisse Studio

デザイナーのイザベルさんの空想の世界がカラフルで楽しいイラストに。「幸せは、望めば目の前にある」というブランドビジョンのもと、暮らしの活力になるようなグッズを創作している。ショップはシンプルな造りだけど、あふれかえる色彩の独特な世界。

DATA → P.276

左／「パーフェクトデイ」と名づけられた巾着バッグ(180HK$) 右／寿司バー巾着バッグ(180HK$)。ランチバッグにぴったり

イザベルさん(写真)が作ったバッグやクッションカバー、ファッション小物などがズラリ

「イサティス」はメインキャラクターの名

ピンバッジ各40HK$

外観もイラストでいっぱい

S405 (4/F) 雑貨

グローカル・マージャン
Glocal Mahjong 一筒(ヤットン)

「マージャンでつながり、インスピレーションを与える」をモットーに2020年に設立。マージャンをテーマにした商品を販売するほか、ワークショップやゲーム企画なども手がける。店内には手彫りのデザイン牌をはじめ、キーホルダーやソックス、ブレスレットなど多彩なグッズが並ぶ。

アジア各国のマージャン牌も展示されている

犬をデザインモチーフにしたマージャン牌セット。デザイン牌は1個から購入できる(1個80HK$、4個箱入り288HK$)

チャンさん親子で経営

香港製のマージャン牌キーホルダー(各90HK$)

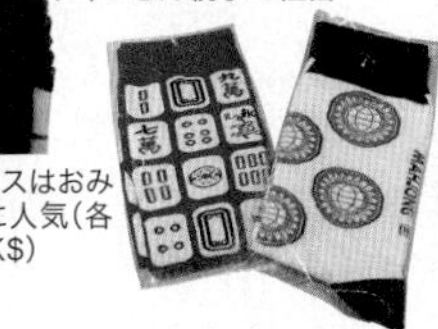

ソックスはおみやげに人気(各40HK$)

台湾人デザイナー作のマグカップ(4つセットで380HK$)

☎ 2546 3178 営14:30 ～ 19:00 休無休 カード M V

S402 (4/F) 雑貨、インテリア、ファッション

グルー・アソシエイツ
GLUE Associates

気鋭のクリエイター集団が立ち上げた雑貨ブランド。香港の文化を反映させたユニークなグッズからハイセンスなアクセサリー、ファッションまで暮らしを楽しくするアイテムが揃っている。せいろに入った点心キャンドルは人気商品。

左／鉄道切符をデザインしたトートバッグ(各780HK$)。ジッパーを線路に見立て、引き手が列車の模型になっているのがポイント
右／香港製点心キャンドル「Be Candle」シリーズ。各種餃子やチャーシュウまんじゅうなど、細部までリアルな作りは感動もの(各180HK$)

グラフィック、インテリア、商品デザインに携わる自社クリエイターの作品のほか、香港やアジアのデザイン雑貨もある

ワークウエアをベースにした「Made By Scrub」のメンズウエア

☎ 9536 0030
営13:00 ～ 19:00
休旧正月3日間
カード A J M V

S403 (4/F) 自然派ケア用品

ベイズ・トゥ・ベイシックス
Bathe to Basics

100%天然成分で作る香港製バス&ボディケア用品の店。シンプルで高品質な製品作りに徹している。種類豊富な手作り石鹸はおみやげによい。

左／リップバームはマグノリアとジャスミンの香りの2種類あり(58HK$ ～) 中／看板商品のひとつ、洗顔ミルク。エキストラバージンオリーブオイルを主成分に手作りしたもので、保湿力が高い(158HK$ ～) 右／店内の造りもシンプル&ナチュラル

☎ 2858 8135 営13:00 ～ 19:00 休旧正月2日間 カード A M V

ピークにある名物レストラン
ピーク・ルックアウト
The Peak Lookout
太平山餐廳（タイペンサーンチャンテン）

20 世紀初めは駕籠をかつぐ人足の待機所だった建物を 1947 年からレストランとして利用。石造りの山小屋風の建物内にクラシカルな調度品を配し、趣たっぷり。テラス席も心地よい。メニューはアジア料理から西洋料理まで幅広い。
住 山頂山頂道 121　121 Peak Rd., The Peak　☎2849 1000
営12:00 ～ 22:00（土・日曜、祝日 8:00 ～）
休 無休　カード A D J M V
行き方 ピークトラム駅、ピークのバス停から徒歩約 3 分。　map P.37

夜は生演奏もあり、ロマンティック

●孫文ゆかりの地にある博物館　map 別冊 P.10-3A

孫中山紀念館（シュンチョンサーンケイニムグン）　Dr. Sun Yat-Sen Museum

香港で医学を学び、青春の日々を過ごした"近代中国の父"孫文（孫中山、1866 ～ 1925）の生誕 140 年を記念して、2006 年にオープン。展示品のうち 7 割が内外各地の博物館の所蔵品だが、関係者から寄贈された初公開の品もある。優美なエドワード様式の建物は 1914 年落成、何東（ロバート・ホー・トン。→ P.119 欄外）の弟の邸宅「甘棠第（カムトンダイ）」を修復したものだ（データは→ P.119 欄外）。

アーチ型のバルコニーをもつ 4 階建ての記念館。建物の前には孫文の像が立っている

●ショッピングも食事も、もちろん最高の眺望も楽しめる　map P.37

ピークタワー（凌霄閣（レンシウコック））　The Peak Tower

ピークで最も目立つユニークな形のタワーは、イギリス人建築家テリー・フェレルのデザインによるもの。屋上の広々としたスカイテラス 428（→ P.36）は 360 度見渡せる展望台だ。人気の「マダム・タッソー・ホンコン」（ろう人形館。→ P.127）が P1 に、ピークトラムの乗り場が G/F にある（降車は P1）。

COLUMN

オフィス街に潜む露店街

オフィスビルの谷間には露店街があり、クールな都会とローカルな下町とのギャップがおもしろい。

ポッティンガー・ストリート　Pottinger St.　砵典乍街

坂道の石畳の道。皇后大道中から威靈頓街までの数十 m には小物雑貨、手芸用品店、アクセサリーやパーティグッズの露店が連なっている。map 別冊 P.18-2A

左上／中国飾りや手芸品の店もある　右上／石畳に沿って店が連なる。目を引くパーティグッズの店が多い（ともにポッティンガー・ストリート）下／利源西街にはチャイナ服の店もある

利源東街・利源西街
Li Yuen St. East・Li Yuen St. West

衣料品の屋台街。おもに女性物のカジュアル服、バッグや小物類が安い。map 別冊 P.18-2B

永吉街 Wing Kut St.

中環と上環のちょうど中間にある小さな通り。洋服やアクセサリーの屋台がズラリ。map 別冊 P.18-1A

永吉街の老舗名店「檸檬王（ニンモンウォン）」

1973 年から永吉街で屋台での販売にこだわり続けた涼果（中国のドライフルーツ）の店。人気が高まり、2018 年に同ストリートに店舗を構えるにいたった。甘草檸檬（秘製甘草粉付き砂糖漬けレモン、55HK$ ～）が人気の看板商品。

歴史も展示されたギャラリーのような店

住 上環永吉街 18　G/F　G/F, 18 Wing Kut St.　☎2513 8139　営10:00 ～ 18:00
休 日曜、祝日、旧暦 12/31、旧正月 4 日間　カード M V　地 上 E1 出口
map 別冊 P.18-1A

上／地元の人はもちろん、中国からの観光客も詰め掛ける
下／左はレモン風味のショウガ、中央は甘草オリーブ。右が人気の甘草檸檬

ショップは中国みやげやファッションの店など。1/F にはアートの中に入り込んだ写真が撮れる「マッドネス 3D アドベンチャー」（入場無料）もある。眺めのよい飲食施設は G/F の「パシフィックコーヒー」、『フォレスト・ガンプ』をテーマにした「ババ・ガンプ・シュリンプ」（3/F）。

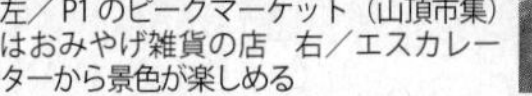

左／ P1 のピークマーケット（山頂市集）はおみやげ雑貨の店　右／エスカレーターから景色が楽しめる

ピークタワー
住 山頂道 128　128 Peak Rd., The Peak　☎2849 0668
URL www.thepeak.com.hk/en
営 店によって異なり、開店は 10:00 または 11:00、閉店は 19:00 または 20:00 頃。レストランの閉店は 21:00 または 22:00。行き方 ピークトラム駅から徒歩 1 分、ピークのバス停から徒歩約 3 分。

ユニークな形状のビル。P2、P1、G/F ～ 3/F の 6 フロアからなる

●世界の著名人のろう人形が 100 体以上！ map P.37

マダム・タッソー・ホンコン（香港杜莎夫人蠟像館）Madame Tussauds Hong Kong

世界で有名なろう人形館。ファッションゾーン（時尚專區）やミュージックアイコンズ（樂壇巨星）など 11 のゾーンに分かれ、映画スターやミュージシャンから、スポーツ選手、政治家まで、100 体以上のリアルな有名人のろう人形が展示されている。アンジェラベイビーと一緒にファッション誌『ELLE』の表紙撮影をしたり、ファッションショーのランウェイを歩きモデル気分を味わったりと、趣向を凝らしたさまざまな参加型の体験や、ゲーム感覚の無料アトラクションも楽しめる。館内は Wi-Fi フリーなので、撮った写真はすぐに SNS にアップも可能！

左／アジアやハリウッドのスターが集うパーティ会場の「ホンコングラマー」　右／草間彌生ギャラリーも人気だ

マダム・タッソー・ホンコン
住 山頂道 128　凌霄閣 P101 號舖　Shop P101, The Peak Tower, 128 Peak Rd., The Peak
☎2849 6966
URL www.madametussauds.com/hong-kong
開 10:30 ～ 21:30（最終入場は 20:30）休 無休
料 299HK$（子供〈3 ～ 11 歳〉と 65 歳以上 265HK$、3 歳未満無料）※オンライン購入の場合は、それぞれ 230HK$、190HK$。
カード M V　行き方 ピークトラム駅から徒歩約 3 分、ピークのバス停から徒歩約 5 分。
※ピークトラムやスカイテラスとのセットチケットもある。

COLUMN

香港の妖怪伝説をビジュアル化した「豚肉窩貼／香港鬼怪商店」

のっぺらぼうの妖怪、赤ちゃんの命を奪うキツネの妖精など、妖怪話が香港にはたくさんある。また、幽霊警察署や怪奇現象が起こるビルなど、まことしやかに語られる怪談にもこと欠かない。そんな話をコミカルなタッチでビジュアル化し、ステッカーやグッズを作成するのが「豚肉窩貼」。創始者のキャシーさんは熱を込めて語る。「妖怪伝説や怪談には香港の歴史や社会、習慣、暮らしが色濃く反映されています。忘れ去られていく話、ひいては香港の文化を若い人に伝えたく、この企画を立ち上げました」。

遊び心いっぱいのグッズは、違った角度から香港への興味を深めてくれる。楽しい（？！）妖怪に出合えるショップは上環駅近くのショッピングモール内にある。

左／ステッカーは 1 枚 30HK$　右／スマホケース 278HK$

豚肉窩貼／香港鬼怪商店
住 中環德輔道中 173　Nan Fung Place 1/F　105 號舖　Shop105, 1/F, Nan Fung Place, 173 Des Voeux Rd. C., Central
☎ なし　営 11:00 ～ 20:00
休 旧正月 3 日間
カード 不可　地 上 E3 出口
map 別冊 P.10-2B

小さな店の集合エリア内にある

ピークギャレリア
住 山頂道 118
118 Peak Rd., The Peak
URL www.hanglungmalls.com/en/peak-galleria
営 10：00 ～ 22:00（店舗ごとに営業時間は異なる）
行き方 ピークのバス停から徒歩すぐ、ピークトラム駅から徒歩約 3 分。

モノポリードリーム™
住 山頂廣場 3 樓 301 號舗
Shop301, L3, Peak Galleria
☎3905 4511、5632 9329
URL www.monopolydreams.com/hk/en 営 10：00 ～ 20:00（最終入場 19:00） 休 無休
料 大人 260HK$、3 ～ 11 歳、65 歳以上 220HK$ カード M V

ゴー＠ピークギャレリア
住 山頂廣場 2 樓 201-202 & 219
Shop 201-202 & 219, L2, Peak Galleria ☎ なし
URL www.go-hubs.com
営 11：00 ～ 20:00（ゴー・ミュージアム：月～木曜 11:00 ～ 18:30、金～日曜、祝日 11:00 ～ 20:00、最終入場は閉館 30 分前） 休 無休 料 ゴー・ミュージアム 208HK$ ～

SF空間のアート体験施設「ゴー・ミュージアム」は有料

●大規模な改装を終えて再オープン

map 別冊 P.37

ピークギャレリア（山頂廣場） Peak Galleria

ピークタワーの向かいに立つショッピングモール。2020 年に改装を終え、ガラス張りのきらめく湾曲壁面が印象的な建物に生まれ変わった。G/F、L1、L2、L3 の 4 フロアあり、レストランやカフェ、雑貨やライフスタイルの店を中心に、体験型パビリオンの「モノポリードリーム ™」（L3、→下記）や複合施設のゴー＠ピークギャレリア（L2、→下記）が入居。L3 にある展望デッキは穴場のビュースポット（入場無料）。

左／ライトアップされるといっそう華やぐ。店舗数は約 50。地下の L/G にバス、タクシー乗り場がある 右／展望デッキは比較的すいていてヴィクトリア湾、その反対側の海景色も望める

モノポリードリーム™ MONOPOLY DREAMS ™（大富翁夢想世界 ™）

ボードゲーム、モノポリーをテーマにした世界初のアトラクション。モノポリーに関連する部屋で、ゲームやインタラクティブな体験ができ、ゲームの世界に没入する 4DX ライドシアターもある。

ミスター・モノポリーの世界を体験。館内にはおみやげショップもある

ゴー＠ピークギャレリア Go@PeakGalleria

香港のスナック＆軽食店、サッカーをテーマにしたレストラン、香港特産の商品や雑貨ショップ、SF アートの体験型施設「ゴー・ミュージアム」を併せもつ広いスペースの施設。

左／ショップエリアには美容グッズ、食品、雑貨などがズラリ 右／香港のアイコンマグネット（40HK$ ～）

COLUMN

ピークトラムがリニューアル！

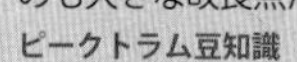

花園道にある中環駅から山頂駅まで一気に上がるケーブル鉄道「ピークトラム」。乗り物自体がアトラクションのように楽しめるとあって大人気。そのため生じる大混雑を緩和するため、2022 年 8 月に新車両が登場し、駅もリニューアルされた。

大きく変わったのはこの 3 点

まず乗客の定員が 120 人から 210 人に増大。深緑色でモダンなデザインの新車両は天井もシースルー。ふたつ目は、中環駅と山頂駅が改修され、中環駅は、待合エリアが最大 1300 人収容可能な広さに拡張されたこと。3 つ目は中環駅構内に展示ギャラリーの設置。運行の歴史やシステム、初代車両のレプリカを展示するなど見どころが増えたのも大きな改良点だ。

車両はスイス製。傾斜がきつくなると、平衡感覚が失われ、窓の外のビルが傾いて見える

ピークトラム豆知識

- 1888 年に運行開始した香港で最初の公共交通機関。
- 約 1.4km を所要約 10 分で運行。終点の標高は 396m。途中に 4 駅ある。
- 世界でも有数の急勾配（傾斜は 4 ～ 25.7 度）で、昇るにつれ、高層ビルがどんどん斜めに見えてくる。席は進行方向右側がおすすめ。

※ピークトラム利用について→ P.37 URL www.thepeak.com.hk/en

左／大きな窓と天窓から景色が楽しめる 中／中環駅構内にある初代車両のレプリカ 右／中環駅前に全長 10m のアート作品「アイ・オブ・インフィニティ」が登場

灣仔 ●Wanchai

九龍
灣仔
ヴィクトリア・ピーク
香港島

灣仔のマップは別冊 P.12 ～13
拡大図は別冊 P.20 ～ 21

高感度エリア、星街周辺には「ブルーボトルコーヒー」をはじめ、おしゃれなカフェが点在

灣仔は古きよき香港の面影を残す山側の生活エリアから、近未来的な景観のウオーターフロントまで、海に向かって大通りを横切るごとにがらりと表情が変わる街だ。中環と銅鑼灣という二大繁華街に挟まれ、観光客は素通りしがちなエリアだったが、1842年に英国統治が始まってすぐに造られた皇后大道東 Queen's Rd. East、トラムの通る莊士敦道 Johnston Rd. 界隈は、歴史的建築物を生かした再開発が功を奏し、新旧が混在する魅力ある街としてにぎわいを取り戻した。

告士打道 Gloucester Rd. 沿いには、政府関係のオフィスや一流企業が入居する高層ビルが建ち並ぶ。中環～灣仔～銅鑼灣を一体化する都市開発計画のもと、香港の行政、文化の中心的役割を担っている。ウオーターフロントには、1997 年 7 月に香港返還式典が行われたコンベンション・アンド・エキシビションセンター（香港會議展覧中心）を中心に、香港藝術中心などの施設がある。

古くから港町として栄えた灣仔は、夜の顔ももつ。かつては紅灯区（歓楽街）としても世界の船乗りたちに知られ、明治以降、「からゆきさん（娼婦）」も連れてこられて日本人街もあったという。オフィス街、告士打道と軒尼詩道 Hennessy Rd. の間にある謝斐道 Jaffe Rd.、駱克道 Lockhart Rd. がかつての紅灯区で、今もなおバー、パブ、ナイトクラブが集まり、夜の街としてにぎわっている。

左／香港會議展覧中心（→ P.133）の新翼。この建物のすぐ東隣に MTR 會展駅が開業した　右／ MTR 會展駅 A3 出口は連絡通路で海港中心とつながっている

灣仔への行き方

香港島内から

● MTR（地下鉄）

西營盤、上環、中環、金鐘からは港島綫の柴灣行きで 3～9 分（5～6HK$）。銅鑼灣からは堅尼地城行きで次の駅（5HK$）。

●トラム

小回りが利き待ち時間も少なく意外に便利なのがトラム（路面電車）だ。中環の德輔道中（約 200m おきに乗り場がある）から筲箕灣、北角、跑馬地行きで約 15 分。銅鑼灣の怡和街から、上環街市、屈地街行きで約 10 分。一律 3HK$（12 歳以下は 1.5HK$、65 歳以上は 1.3HK$）。

九龍サイドから

中環行きに乗り、金鐘で港島綫の柴灣行きに乗り換え次の駅（尖沙咀から 12HK$、約 8 分。油麻地、旺角から 15HK$、12 ～ 14 分）。また、尖沙咀からスターフェリーでも行ける。所要約 8 分、料金 5HK$（土・日曜、祝日 6.5HK$）。

中国人観光客でにぎわう 金紫荊廣場

香港會議展覧中心の海側に、金色の紫荊花（香港のシンボルフラワー、バウヒニア）の像がある。1997 年 7 月の香港返還の日に中国政府から寄贈されたものだ。像がある広場は金紫荊廣場と呼ばれ、中国人観光客が記念撮影に訪れる名所になっている。

区旗掲揚儀式が行われる

毎朝 8:00、中華人民共和国国歌がテープで流れるなか、5 名の警察官によって区旗掲揚が行われる。7 月と 10 月を除く毎月 1 日は楽隊が登場する特別の儀式があり、第 2 日曜はボーイスカウトが儀式を行う。

開 7:50 ～ 8:03（7 月、10 月を除く 1 日は 7:45 ～ 8:13）
地 會展駅 B2 出口
map 別冊 P.5-3C

広場の北側は灣仔臨時海濱花園（プロムナード、P.131）

セントラルプラザ Central Plaza（中環廣場）

灣仔でひときわ目立つ香港第3位の高さ（78階建て）のオフィスビル。対岸の尖沙咀のネイザン・ロードから真正面に見える。map別冊 P.13-1C～2C

ウオーターフロントのビル群は行政・文化の要

灣仔環境資源中心（環保軒）Wanchai Environmental Resource Centre

灣仔郵政局旧庁舎を保存利用した建物で、中には環境やリサイクルに関する資料が展示されている。現在の灣仔郵政局の東隣にある。

住 皇后大道東 221
221 Queen's Rd. East
☎2893 2856　開10:00～17:00
休 火曜、祝日　料 無料
地灣 A3出口　map別冊 P.21-4C

香港の歴史建築物に関するパンフレットも置いてある

住宅街の中にポツンと残る歴史的建造物

李節街10號には古い建物（住宅）が1990年代初めまで存在していた。再開発計画で取り壊されたが、その後独特な造りの建築物を残す意味もあって、香港大學建築学系により休憩所の一部として同場所に再建された。周辺はミニ公園になっており、近くに行ったら立ち寄ってみるのもいいだろう。map別冊 P.20-2B

李節街10號の異色の建物。以前は住宅だった

歩き方

A. ウオーターフロントの高層ビル街

告士打道より北は、戦後の埋め立て地で「**ニュー灣仔**」というべきエリア。スターフェリーで灣仔渡輪碼頭に降り立つと、目の前には高層ビルが林立する。ひときわ高いビルは**セントラルプラザ**（中環廣場（チョンワンゴンチョン）。→欄外）だ。

會議道（ウィイードウ）Convention Ave.と港灣道（ゴンワンドウ）Harbour Rd.に挟まれたウオーターフロントの中心は、**香港會議展覧中心**（ヒョンゴンウィイージンラムチョンサム）（→P.133）。海鳥が飛ぶ姿をイメージした流線形の建物では、世界規模の会議や見本市、一流アーティストのコンサートが催される。この建物を取り囲む海沿いは散歩道のプロムナードが設置されている。

香港會議展覧中心の両サイドにはグランド・ハイアット・ホンコン（→P.320）とルネッサンス・ハーバービュー・ホテル・ホンコン（→P.321）がある。港灣道から告士打道までのブロックには灣仔政府大樓（政府の合同庁舎）があり、その南に香港特別行政區政府總部の巨大な複合ビル群がある。

B. ネオン輝く歓楽街を歩くなら

告士打道と軒尼詩道の間は、かつて「**紅灯区**」と呼ばれた古くからの歓楽街。今も謝斐道（チューフェイドウ）、駱克道（ロッハッドウ）界隈には、バーやパブ、クラブ、風俗関係の店が集まる。ハッピーアワーやレディスデイなどの割引があり、女性同士でも安心の健全な店も多いが、なかには「ぼったくりバー」もあるので注意。通りから中の様子が見えない店には入らないほうがよい。

駱克道には欧米人でにぎわうバーやパブが多い

C. 庶民の暮らしが息づく交加街（ガウガーガイ）周辺

細い道の両脇に露店が出て活気を呈する（太原街）

トラムが走る莊士敦道（ヅォンシートンドウ）と皇后大道東（ウォンハウダーイドウトン）に挟まれた路地には、地元の人々の衣食住に関する店が連なり、下町の活気あふれる昔ながらの灣仔を見ることができる。狭い歩道を行き来する人の波は絶えることがない。

しかし、唐樓（→ P.132 欄外）と呼ばれる集合住宅の老朽化が進み、**再開発が進行中**。高層ビルが続々建設されるなかで、今なお生活感のあるエリアは次の通り。

ビルの谷間の太原街は衣料品や中国飾り、祭事用品などの屋台が連なる

●**機利臣街（ゲイレイソンガイ） Gresson St.**：野菜、果物、切り花や観葉植物、日用雑貨の青空市場。map 別冊 P.20-2B

●**太原街（タイユンガイ） Tai Yuen St.、太和街（タイウォーガイ） Tai Wo St.、交加街（ガウガーガイ） Cross St.**：野菜、乾物、衣類、アクセサリー、小物の屋台や露店が並ぶ。map 別冊 P.21-3C

●**灣仔道（ワンチャイドウ） Wanchai Rd.**：莊士敦道との交差点から西南側の灣仔道沿いは生鮮食品や乾物、日用品などが並ぶ商店街だ。map 別冊 P.21-2D ～ 3D、3C

D. 歴史的建築物と共存、開発が進む莊士敦道・皇后大道界隈

皇后大道東は古い建物が残り、昔の趣を残す通り。正面は歴史のある洪聖廟

スクラップ＆ビルド（取り壊しと開発）を繰り返し、常に変化し続けてきた香港の人々の間で懐古主義の機運が高まり、歴史的建築物の保存と修復に目が向けられるようになった。

莊士敦道と皇后大道東の界隈は古きよき香港と近代建築との融合が進むエリアだ。19世紀末に建てられた質屋は、香港政府とデベロッパーの協力により改修され、レストラン＆バーに

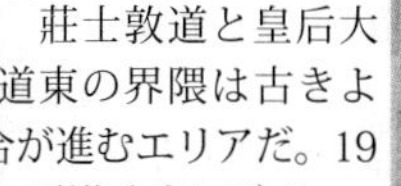

昔の質屋の入口や屋号を残して改装

灣仔臨時海濱花園（ワンチャイラムシーホイバンファーユン） Wanchai Temporary Promenade

香港會議展覽中心の北側から海沿いに延びるプロムナード。西は中西區プロムナードにつながり、東はリニューアルされた灣仔スターフェリー埠頭から銅鑼灣方面に延びている。香港會議展覽中心付近からは九龍側と中環方面、両サイドの海景色が一望のもと。灣仔スターフェリー埠頭周辺は休憩所やペットガーデンなどが整備されている。昼間もよいが、夜景散歩にもいい。

地 會展駅 B2 または A2 出口
map 別冊 P.13-1D

上／香港會議展覽中心の辺りからは中環の高層ビル群が望める
下／灣仔スターフェリー埠頭の近くには遊歩道にベンチや休憩ブースを設置。埠頭の屋上は展望台（→ P.39）になっている

郵便局

住 告士打道 5　稅務大樓 1 樓　1/F, Revenue Tower, 5 Gloucester Rd.
営 9:30 ～ 17:00（土曜～ 13:00）
休 日曜、祝日
map 別冊 P.13-2C

灣仔ヘリテージ・トレイル

ガイドマップはウェブサイトでダウンロードできる。
URL www.ura.org.hk/media/950737/eng_final.pdf

COLUMN 質屋の歴史建物で広東料理を楽しむ

100 年以上の歴史ある質屋「和昌大押（ウォーチョンダーインガッ）」は、回廊式のバルコニーを備えた 4 棟連結の建物。立派な唐樓（→ P.132 欄外）の姿を残す歴史遺産だ。改装後はレストランとして使われており、2021 年末からは広東料理店がお目見え。2 フロアを使って都会の中の庭園をイメージした「和昌飯店（ウォーチョンファンディム）」は、エレガントでスタイリッシュ。1/F は点心やカクテルを、2/F は伝統料理を新しい手法でアレンジした創作広東料理が楽しめる。※ 2024 年 3 月現在、閉店。

お酒を楽しむのにもよいバルコニー席

左／手前は陳皮と黒酢を使った豚のスペアリブ、不知年陳皮黒醋骨（328HK$）　右／ 1/F のダイニング

和昌飯店　Woo Cheong Tea House
住 灣仔莊士敦道 62　1 ～ 2 樓　1-2/F, 62 Johnston Rd., Wanchai　☎ 2866 3444　営 12:00 ～ 22:00　休 無休
カード A J M V　地 灣 A3 出口　map 別冊 P.20-2B
※予約をしたほうがよい。

生まれ変わり、「J Senses」という複合施設（→欄外）を生み出した。

香港が英国に割譲され、皇后大道が造られたのは 1842 ～ 43 年頃。最も古い道路のひとつであるこの通りの界隈には、古くから香港の人々の信仰の対象となっている廟や 19 世紀～ 20 世紀初頭に建てられた建物が残っている。その一部は修復され、これらの歴史的建物を巡る「**灣仔ヘリテージ・トレイル**」（→ P.131 欄外）も整備されている。

その一方で香港の初期の高層ビル建築の要、**ホープウェルセンター（合和中心**（ハップウォーチョンサム）**）** 周辺では大規模な再開発が進み、高層アパートの階下にショップやレストランをストリート状に配した「リートン・アベニュー」（→ P.134）が誕生した。

上／複合施設「J Sensen」。左側は質屋があった唐樓で、現在は和昌飯店（→ P.131 コラム）が入店。右側のビル低層階にもレストランが並ぶ　下／ビルの壁面に描かれた質屋のアイコン。上部は福の象徴のコウモリ、下部の丸はお金を表しており、「押」は質屋を意味する

E. 住宅街の隠れ家スポット、星街（シンガイ）周辺

皇后大道東の西寄り、スリー・パシフィック・プレイス近くの山側の住宅街におしゃれな店が点在している。永豐街（ウィンフォンガイ）と聖佛蘭士街（センファッラーンシーガーイ）に挟まれた一画に、**星街（シンガイ） Star St.、日街（ヤッガイ） Sun St.、月街（ユッガイ） Moon St.** という路地が入り組み、センスのよいセレクトショップやテラスのあるカフェ、レストランが点在している。ロマンティックな通りの名にふさわしく、静かで落ち着いた雰囲気が漂い、気ままに散策が楽しめる。

オープンな雰囲気で手作りパスタとワインが楽しめるイタリアン「Pici」

コスモポリタンが注目。J Senses
莊士敦道沿いにある広東伝統の建築様式の唐樓と隣のビルからなる複合施設。昔ながらの灣仔の面影とともに国際都市香港の魅力を味わえる。モダンなビルには四川料理の「杏（→ P.232）」、タイ料理の「RUAM」、ハンバーガーの「Five Guys」などが、東隣の質屋を改装した建物内には広東料理の「和昌飯店」（→ P.131 コラム）がある。地灣 A3 出口　map 別冊 P.20-2B、3B

唐樓（騎樓）
中国式の低層集合住居。歩道に支柱を据え、2 階以上の部分が歩道側に張り出しアーケード状になった建築様式。地上階は店舗、階上は住居として使われており、香港では 19 世紀末から 20 世紀初めに数多く建てられた。

星街周辺
行き方 金鐘駅 F 出口から連絡通路経由でスリー・パシフィック・プレイスの出口から徒歩すぐ。灣仔駅A3出口から徒歩約12分。map 別冊 P.12-3B

星街、日街、月街の通り名の由来は
すぐ近くの電氣街 Electric St. と関係がある。1880 年に香港電燈公司が設立され、香港島に電力を供給し始めた。当時の発電所の所在地がこの電氣街であり、これを記念して付近の通りを日街、月街、星街、光明街と名づけたとのこと。ちなみに南宋時代の名著『三字經』の「三光者、日月星（三光とは天上に輝く日、月、星である）」のくだりに由来している。

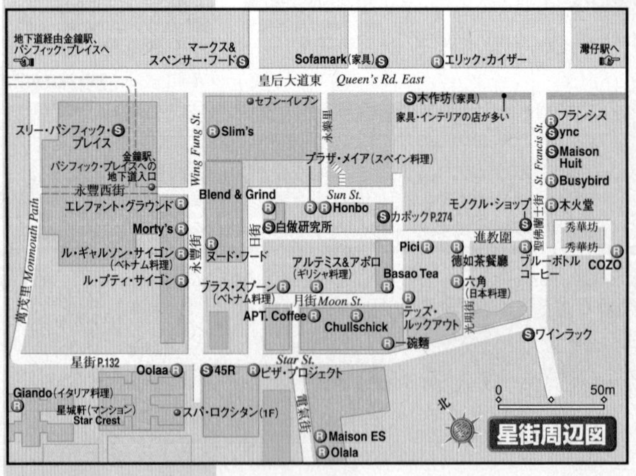

※周辺図 別冊 P.12 ～ 13

上／ペルースタイルのグリルチキンが名物の「Chullschick」　下／聖佛蘭士街から秀華坊への階段は写真スポット

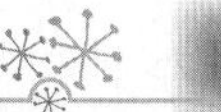

見どころ

●国際的な見本市会場 map 別冊 P.13-1C

香港會議展覽中心(ヒョンゴンウイイージンランムチョンサム) H.K.Convention and Exhibition Centre

国際貿易港である香港には世界中の商品が集まってくる。ここでは常に、国際的な見本市が催されている。世界最大級のガラスをはめ込んだ館内からのヴィクトリア湾と、九龍サイドの眺望はすばらしく、階上にあるレストランやバーは名店揃い。G/F には香港製のデザイングッズを集めたデザインギャラリー（→ P.276）がある。1997 年 7 月 1 日の中国返還式典の会場となった新翼部分にも、雰囲気のよいレストランやカフェが入店している。

翼を広げた鳥のような流線形のデザイン

香港會議展覽中心
住 博覽道 1
1 Expo Drive
地 會展駅 B3 出口

香港會議展覽中心・新翼
5 つの展覧ホール、ふたつの会議ホール、52 の会議室を有し、国際的イベントが開催されている。map 別冊 P.5-3C

香港藝術中心
HK Arts Centre
約 400 人収容の劇場、映画館、ギャラリーなどがあり、営利目的にとらわれない作品を紹介している。
住 港灣道 2
2 Harbour Rd. ☎2582 0200
開 8:00 ～ 23:00 地 會展駅 B3 出口 map 別冊 P.12-1B

香港藝術中心にはアート関連の書籍やアイテムを販売するショップやカフェもある

●現役住宅の歴史建築 map 別冊 P.21-4C

藍屋建築群(ラームンゴッキンチョックヮン) Blue House Complex

藍屋

壁一面鮮やかなブルーで彩られたバルコニー付き 4 階建ての唐樓。1870 年代には病院や医薬の神、華陀廟がおかれたが、1922 年に改築され、名武術家の黄飛鴻ゆかりの武道館や学校、酒屋などが雑居していた。1970 年代に政府によりブルーに塗られたことから「藍屋」の愛称がつき、今も創建当時の木造の階段などが残る。香港故事館（→下記）が入居している。景星街沿いの中庭がオープンスペースとして開放されていて、ひと休みできる。付近の黄屋と橙屋（→下記）を合わせて藍屋建築群と称し、観光名所になっている。

藍屋
住 石水渠街 72-74A
72-74A Stone Nullah Lane
地 灣 A3 出口

現在も集合住宅として使われている歴史的建物。バルコニーがあるのが独特

黄屋と橙屋

黄屋は石水渠街から慶雲街に進み左側にある 1928 年建造の 3 階建て唐樓。白の外壁にグリーンの木窓といったヨーロッパ風の外観が特徴。こちらも政府の所有となった際に黄色のペンキを塗ったことから「黄屋」と呼ばれるようになった。橙屋は藍屋の裏側、景星街にある小さな唐楼で、かつて製材場として使用されていた。ベジタリアンカフェがある。

黄屋
住 慶雲街 2-4
2-4 Hing Wan St.

橙屋
住 景星街 8
8 King Sing St.
地 灣 A3 出口

左／黄屋は、現在は白くペイントされている。入口のファサードに西洋建築の意匠が見られる
右／橙屋は約 60 年の歴史がある建物

●失われつつある香港の庶民文化に出合える map 別冊 P.21-4C

香港故事館(ヒョンゴングーシーグン) Hong Kong House of Stories

藍屋（→上記）内にある、香港の文化保全を目的とする民間のミニ博物館。一般家庭から寄贈された古い日用品や昔の写真など、かつての香港を感じられるリアルで生活感あふれる展示がなされ

香港故事館
住 石水渠街 72-74A
72-74A Stone Nullah Lane
☎2835 4372
URL houseofstories.sjs.org.hk
開 10:00 ～ 18:00 休 水曜、祝日 料 無料 行き方 灣仔駅 A3 出口から徒歩約 12 分。

縁起物の福禄寿三星の置物など、人々の暮らしや文化に触れられる展示内容

茂蘿街 7 號
住 茂蘿街 7　7 Mallory St.
☎2907 3733 URL mallory.ura-vb.org.hk 開 10:00～22:00（G/F のパブリックスペースは 8:00 ～）休 無休 地 灣 A3 出口

アニメファンが集う 東方 188 商場
ここは小さな店が集まった、いわゆる香港的雑居ビル。G/F、1/F、2/F に並ぶのは、アニメやマンガの DVD、コミック、カード、フィギュア、ゲームソフトなど。アイドル物もあり、マニアックな品揃えだ。ストリートファッションの店も多く、けっこうにぎわっている。開店時間の遅い店が多い。灣仔駅から徒歩約 15 分。
住 灣仔道 188　188 Wanchai Rd. 営 店によって異なるが、10:00 頃～ 22:00 頃 地 灣 A3 出口 map 別冊 P.13-2D

北帝廟
住 石水渠街　Stone Nullah Lane
開 8:00 ～ 17:00 地 灣 A3 出口

香港故事館の周辺にはおしゃれなカフェが増えている

ている。老舗食べ歩きツアーといったワークショップ、映画上映会やコンサートも開催。レトロなおみやげグッズも販売している。灣仔の歴史的建造物を紹介したトレイルマップも無料で入手できるので、灣仔観光のスタートに訪れるのがおすすめ。

●歴史建築をコミュニティスペースに再生　map 別冊 P.13-2D

茂蘿街 7 號（マウローガイチャッホウ）　M7

外壁の色から通称「緑家」と呼ばれていた、1910 年代建築の唐樓(→ P.132 欄外)を再生。G/F ～ 4/F の 5 フロアに展示スペース、カフェやショップなどが点在し、ワークショップやイベントが開催されることも。赤れんがの壁が残る共同キッチン、コロニアルなバルコニーの装飾など創建当時の建築様式に注目したい。

左／ 2/F の共同キッチン跡　右／バルコニーや木造フレンチドアなど、オリジナルの特徴を生かした造り

●提灯や屋根飾り、神像など見どころの多い古刹　map 別冊 P.21-4C

北帝廟（バッタイミウ）　Pak Tai Temple

1863 年に建立され、もとは玉虚宮と呼ばれていた。水害を防ぐ北斗の神、北帝（玄武帝）を祀る。屋根の上の歌舞に興じる人物像や龍の飾りの陶塑、廟内の 1604 年鋳造、高さ 3m の北帝の銅像は見もの。

左／屋根の広東オペラを楽しむ人々の彫像は神に芝居を捧げるという意味だそう　右／北帝は漁民の信仰があつかった

COLUMN　レトロな中国カラーの「リートン・アベニュー」

かつては婚礼用品を扱う店が集まる通りとして知られ、囍帖街（ヘイティプガーイ）とも呼ばれていた利東街。一帯は都市再開発で高層マンションに生まれ変わり、マンションの G/F と地下にショップ＆レストランを集めた「リートン・アベニュー」が造られた。

荘士敦道と皇后大道東を結ぶ施設内の歩道が「利東街」。このプロムナードの周辺にレトロな街並みが再現され、ベンチやアート作品が点在し、そぞろ歩きする人々でにぎわっている。以前の利東街を思い起こさせる老舗も入店。

リートン・アベニュー Lee Tung Avenue（利東街（レイトンガイ））
住 灣仔皇后大道東 200
200 Queen's Rd. East, Wanchai
☎3791 2304 営 10:00 ～ 22:00（店舗によって異なる）休 無休 地 灣 A3 出口 map 別冊 P.21-2C

左／以前この通りにあった建物を模した造り。店は約 50 軒ある。
中／旧正月の前後は赤い提灯で飾られる　右／ベーカリーとワインバー＆レストランが一体となった人気店

銅鑼灣（トンローワン）／コーズウェイ・ベイ ● Causeway Bay

銅鑼灣のマップは別冊 P.14 ～ 15
拡大図は別冊 P.19

銅鑼灣のランドマークのひとつ、タイムズ・スクエア。駅の真上にあり、待ち合わせ場所として使う人も多い

香港島の北側、灣仔（ワンチャイ） Wanchai と北角（パッコッ） North Point に挟まれた一画が銅鑼灣。九龍側から見ると、ちょうど尖沙咀東部の向かいに当たる。香港島随一の商業地区なので、ほかの地区とのアクセスは実に容易。香港島の北側の、どの街ともトラムや MTR で結ばれている。

正午、"ドーン"という空砲の音が、銅鑼灣の街に響き渡る。現在では香港島一（いち）の商業地区となった銅鑼灣も、その発展のもとをたどっていくとアヘン戦争に行き着く。アヘン戦争終結後のイギリス軍の香港駐屯を機に、1843 年、銅鑼灣の西の外れ、後にイースト・ポイントと呼ばれる場所に倉庫が建設された。一寒村に過ぎなかった銅鑼灣も、アヘン密貿易商の筆頭として巨万の富を築いたジャーディン・マセソン商会の本拠地として、発展していった。

第 2 次世界大戦後、海の埋め立てが始まり、都市開発が進められ、市街地が拡大していった。現在目にするデパートやホテルは、ほとんどがその埋め立て地の上に立っている。こうして、商業地区としての色彩を強める一方で、ジャーディン・マセソン商会の街という特色はしだいに薄れていった。

今ではショッピングセンター、デパートやホテル、それに路地裏を埋め尽くす無数のレストランが、尖沙咀（チムシャツォイ）に次ぐツーリストエリアの地位をゆるぎないものにしている。また、ブティックや人気のスイーツ、スナック系の店が次々に出現する若者のトレンド発信地でもある。勢いのあるこの街には、香港パワーがみなぎっている。

軒尼詩道～怡和街は、バスやトラムが行き交う銅鑼灣のメインストリート

軒尼詩道の崇光（そごう）前の交差点付近は銅鑼灣の中心地。ショッピングセンターが集まる商業エリアだ

銅鑼灣への行き方

香港島内から

● MTR（地下鉄）
西營盤、上環、中環方面からは港島綫の柴灣行きで 3 ～ 11 分（5 ～ 6HK$）。北角方面から堅尼地城行きで 3 ～ 6 分（5 ～ 6HK$）。

● トラム
中環方面からは北角行き、筲箕灣行きに乗車、右側にハイサン・プレイスが見えたら次の停留所で下車。北角方面からは西方向に向かうすべてのトラムが利用でき、崇光（そごう）が見えてきたら下車。一律 3HK$（12 歳以下は 1.5HK$、65 歳以上は 1.3HK$）。

九龍サイドから

● MTR（地下鉄）
中環行きに乗り、金鐘で港島綫の柴灣行きに乗り換えて 2 つ目。旺角、油麻地からは 14 ～ 16 分、尖沙咀からは 10 分。15HK$。

● バス
旺角や油麻地のネイザン・ロード（彌敦道）から海底トンネルを通って香港島へ行く海隧バス 102、104、112 がある。所要約 15 分。

歩行者天国
銅鑼灣駅周辺は歩行者天国が実施される。駅 E 出口前の記利佐治街から東角道を経て崇光（そごう）裏の駱克道の一部は月～金曜の 16:00 ～ 24:00（土・日曜、祝日は 12:00 ～）の時間帯、記利佐治街から南側の百德新街は終日、歩行者専用の通りとなる。

map 別冊 P.19-2A、2B

人出が多い東角道と記利佐治街

地下の食品売り場が充実
崇光（そごう）Sogo

駅の真上にある崇光は銅鑼灣のランドマーク的存在。地下2階から地上16階にわたる売り場には、化粧品、ブランド品、スポーツウエアや子供服、家庭用品などあらゆるものが揃っている。注目したいのは地下2階の食品売り場。日本の商品が充実のスーパーマーケットをはじめ、スナックやスイーツの店、中国菓子の有名店、日本の薬を扱う薬局もある。11階に日本の書籍や雑誌を扱う崇文堂（→P.281）が入店。

住 軒尼詩道555
555 Hennessy Rd. ☎2833 8338
営10:00～22:00 休 無休
カード A D J M V 地 銅D2またはD3出口 map 別冊P.19-2A

食品売り場は日本の物がメイン。お茶のコーナーはおみやげによい中国茶が揃っている

カロライン・ヒル・ロードはプチグルメ通り

銅鑼灣駅の南東、緑が茂る静かなカロライン・ヒル・ロード（加路連山道）。ここに、レストランやカフェが10軒ほど並んでいる。テーブルが10卓以下のこぢんまりとした店が多く、どこも洗練された雰囲気で観光客も入りやすいのが魅力。なかにはうわさを聞きつけた若者たちが行列を作る店も。滷水（たれ煮込み）の食堂「滷友記」や、かき氷の「シャリシャリ」など選択肢も豊富。map 別冊P.19-4B

煮込み料理、滷水が楽しめるカジュアルな食堂「滷友記」

ショッピングモールとオフィスタワーの複合ビル、ワールドトレードセンター（世貿中心）

歩き方

街歩きの起点は銅鑼灣駅の真上に立つ崇光（そごう）デパート。ここの目の前の道がヘネシー・ロード（軒尼詩道、東側は通り名が変わり怡和街となる）で、この大通りを境に北側（海側）と南側（山側）に分けて紹介しよう。

ヘネシー・ロード北側

●いつもにぎわう崇光周辺

夜遅くまで人通りが絶えず、週末ともなるとまるで縁日のように人々があふれ返る。崇光東側の東角道East Point Rd.には、カジュアルファッションの店が多数入居する、**アイランド・ビバリー**、**東角ラフォーレ**（→P.266コラム）といった雑居系ショッピングセンター、そして通りの突き当たりには**ワールドトレードセンター**がある。告士打道Glousester Rd.を挟んだ向かいは、**ヌーン・デイ・ガン**（→P.140）のある岩壁だ。

崇光裏の駱克道Lockhart Rd.や、謝斐道Jaffe Rd.にはレストランや、若者向けのトレンドを意識した店が並ぶが、はやり廃りとともに店の移り変わりも早い。

香港のトレンド発信地として若者に人気のファッションビル「東角ラフォーレ」

上／駅前の記利佐治街は16:00～24:00（土・日曜、祝日は12:00～）の間、歩行者専用道路となり、会社帰りの人や買い物客が遅くまで行き交う　下／ハイサン・プレイス前の啟超道は曜日や時間帯によって歩行者天国となり、特に週末は混雑する

●ファッション・ウオーク＆フードストリート

銅鑼灣駅E出口隣のファッション・ウオークのモールには人気ブランドが集合している

崇光正面入口を背にして左の記利佐治街（ゲイレイヅオウジガイ）Great George St. に入ると、ファッションブティックが目につくようになる。左に曲がると百德新街（パッタッサンガイ）Paterson St.、京士頓街（キンシートンガイ）Kingston St. 沿いのビルの下層階はすべて店舗になっており、この周辺は**ファッション・ウオーク**（→ P.140）と呼ばれている。

厚福街は世界各国料理のレストランが集まる**フードストリート（食街）**になっており、食事にも困らない。

記利佐治街を真っすぐ行くとパークレーンホテルの向かいに、「ウインザーハウス」（→欄外）があり、信号を渡ればヴィクトリア・パーク（→ P.141）だ。

ファッション・ウオークの厚福街のビル下層階にあるフードストリート。写真はミルクレープが有名な NY 発のパティスリー「レディ M」

ヘネシー・ロード南側

●銅鑼灣の目玉スポット、ハイサン・プレイス

ヘネシー・ロード沿い、崇光の向かいに立つハイサン・プレイス（→ P.266）は、人気のファッションブランドをはじめ、大型書店やスタイリッシュなレストランを備えたショッピングセンター。銅鑼灣の人の流れを変え、周辺の通りも活性化させ、銅鑼灣でいちばん人が集まる一画となった。

左／ヘネシー・ロード南側の巨大 S.C「ハイサン・プレイス」。写真は南側、啟超道沿いの入口　右／ハイサン・プレイス地下にはTギャラリア（→ P.268）が入店し、観光客でにぎわう

●安くてうまいグルメストリート渣甸街（チャアディンガイ）

崇光から横断歩道を渡ってすぐ左側の、客待ちをするミニバスが並ぶ通り。道の両側に、粥、麺、ロースト、スナックなどの店が並び、ローカル御用達の食堂街の様相を呈している。

多くの飲食店が昼頃から 22:00 または 23:00 頃まで営業。手前のネオンサインが目立つ麺屋の文輝墨魚丸大王は翌 2:00 まで営業

揚げ物や串焼き、肉や魚の団子といったスナックの販売店も人気

カジュアルブランドが充実のS.C.
ウインザーハウス
Windsor House　皇室堡（ウォンサッポウ）

18 フロアを有する館内には、およそ 120 のショップ、20 のレストラン、映画館がある。「GU」をはじめ、人気のファストファッションブランドや「セフォラ」や「莎莎」などのコスメショップ、キッズブランドをラインアップ。香港らしいデザインアクセサリーと雑貨の「香港猿創」（→ P.273）は注目店。子供向けのゲーム施設もあり、大人も子供も楽しめる S.C. だ。

住告士打道311　311 Gloucester Rd.　☎2895 0668　営店によって異なるが、だいたい 11:00 ～ 21:00 または 22:00　休無休
地銅E出口　map 別冊 P.19-2B

上／吹き抜けを取り囲んで店が並ぶ　下／フランス発のコスメショップ「セフォラ」

カフェ風の車仔麺店
麵檔（ミンドン）

レトロなタイルや年代物のラジオ、伝統のニワトリ柄の器がノスタルジックな風情を醸す車仔麺（→ P.71）専門店。麺は 6 種類、具材は約 30 種類あり、好みの組み合わせをテーブルにあるオーダーシートで注文。具材 3 種類で 46HK$ ～。ご飯ものや野菜の一品メニューもある。

住勿地臣街 10　10 Matheson St.　☎2889 9011　営11:00 ～ 20:00　休無休　カードMV
地銅F1出口　map 別冊 P.19-4A

上／ひとりでも入りやすい店
下／蒜油生炸雞髀飯（57HK$）は隠れた人気メニュー

●香港島版「女人街」渣甸坊（チャアディンフォン）

渣甸街と平行する、人がやっとすれ違えるくらいの狭い路地にヘアアクセサリー、下着、Tシャツ、フィットネスウエア、手芸用品などの屋台がぎっしりと並ぶ。女性用の衣料、小物が多く、さしずめ**ミニ女人街**といったところ。まとめ買いしたくなる安さだが、スリには気をつけよう。

安さが魅力の屋台街。会社帰りの女性も立ち寄る（渣甸坊）

●タイムズ・スクエア周辺

銅鑼灣南側のランドマークは、ショッピングセンター、タイムズ・スクエア（→ P.265）だ。正面の羅素街（ロソウガイ） Russell St. にはスパの集合ビルや、高級時計店、ブランドショップなどが並ぶ。裏手（南側）の耀華街（イウワーガイ） Yiu Wa St. は、小さなセレクトショップや雰囲気のよいカフェ、バーなどが多い通り。また、タイムズ・スクエアの東隣には、ショッピングビルのリーシアタープラザ（→欄外）がある。

タイムズ・スクエアの 10/F 〜 13/F はレストラン街「食通天」。地下にも人気レストランがある

タイムズ・スクエア前の羅素街には係員のいるタクシー乗り場があり、通りの向かいには九龍行きのタクシーが客待ちしている

●流行ブランドの路面店が並ぶ禮頓道（ライトンドウ）

銅鑼灣の南側をジグザグに走る禮頓道 Leighton Rd. は、旬のファッション店やスポーツブランドが彩る通り。オフィスビルの下層がショップになったレイトン・センター（禮頓中心）を核に、スポーツブランドや、「マリメッコ」などの個性的でおしゃれなブランドの路面店が点在している。

●ハイソな雰囲気の希慎道（ヘイサンドウ）

リーシアタープラザの正面入口前の交差点を東側に渡ると希慎道 Hysan Ave.。この界隈は人通りも少なく落ち着いた雰囲気が漂う。香港マダム御用達の高級ショッピングモール、リー・ガーデンズ（→ P.266）がある。古株のリーガーデン 1 を筆頭に次々に数を増やし、1 〜 6 まで 5 つのモール（4 はなし）で構成されている。いちばん新しいリーガーデン 3 は注目の店がめじろ押し。

リーガーデン 3。ライフスタイルショップが多く、雑貨のセレクトショップ、ホームレスもある

渣甸坊
屋台の店開きは 12:00 前後で、21:00 〜 22:00 頃まで営業。

リーシアタープラザ
利舞臺廣場 Lee Theatre Plaza
かつては有名な広東オペラの劇場であったが、現在はショッピングビルに。B2/、B/1、G/F にユニクロ、2/F にコットン・オン、3/F 〜 4/F に無印良品（MUJI）などが入店。16/F 〜 22/F はレストランフロア。
住 波斯富街 99
99 Percival St.
map 別冊 P.19-3A

「トランスフォーマー」をテーマにしたレストラン、ザ・アーク　The Ark
タイムズ・スクエアの向かいのビル内に 2023 年 4 月オープン。トランスフォーマーシリーズに登場する宇宙船「アーク」をイメージした店は 2 フロアあり、G/F はフィギュアやグッズのショップ、1/F はファストフードのレストラン。トランスフォーマーの戦士の顔をかたどったバンズのハンバーガーが話題。
住 羅素街38 金朝陽中心G/F〜1/F　A&B號舖
Shop A&B, G/F&1/F, Soundwill Plaza, 38 Russell St.　☎なし
営 11:00〜23:00　休 無休
カード A M V
地 銅A出口　map 別冊P.14-3B

ファサードは宇宙船風

進化系コーヒーが飲めるスターバックス・フラッグシップ店
Starbucks Flagship Store
星巴克旗艦店
リーガーデン 3 にある「スターバックス・リザーブ」と称する限定スタバに注目。サイフォン、水出し、ナイトロコールドブリューと最新の抽出法でコーヒーを提供するのをはじめ、ブレンドティーやコーヒーカクテル専門のバーコーナーも設置。店内は開放感たっぷり。
住 新寧街 1　利園三期 1/F
Shop 101-110　Shop 101-110, Lee Garden Three, 1 Sunning Rd.
☎ 2377 3375　営 7:30〜21:00（金曜〜 22:00、土・日曜、祝日 8:00 〜 22:00）　休 無休
カード A J M V　地 銅 F1 出口
map 別冊 P.19-3B

街市の1/Fには熟食中心（食堂の集合地）があり、熱気みなぎる食事体験ができる

●庶民の胃袋を支える巨大市場

タイムズ・スクエアのすぐ西の高架線の下を走る堅拿道（キンナードウ）Canal Rd. の西側にはこのエリア最大の食品市場、鵝頸街市（ンゴーゲンガーイシー）がある。夕方17:00過ぎ頃が最も活気がある。ガード下の「スリッパたたき」（→下記コラム）も有名だ。

郵便局
住 告士打道311　皇室堡10樓1015-1018室
No.1015-1018, 10/F, Windsor House, 311 Gloucester Rd.
営 10:30～18:00（土曜～14:00）
休 日曜、祝日
map 別冊P.19-2B

●堅拿道東（キンナードウトン）から競馬場へ

堅拿道東を山側に向かって行くと、前方にハッピーバレー競馬場 Happy Valley Racecourse（→P.307）がある。レースは通常、7、8月を除く毎週水曜の夜。入場無料の競馬博物館（→P.141）もある。

銅鑼灣の市街地にすっぽりはまり込んだ夜景のきれいな競馬場

COLUMN　香港の伝統儀式、スリッパたたき

ライバル、恋敵……渡る世間には鬼がつきもの。香港人の間ではそんな人間関係の悩みを解決する儀式が存在する。それは「打小人（ダーシウヤン）」。広東地方に伝わる、道教の巫術儀式のひとつだ。

どんな意味なの？

小人とは、相手の作為、非作為にかかわらず、あなたの行く手をはばむ特定または不特定多数の存在。あなたにチャンスをくれる「貴人」とは陰陽の関係だ。この小人を呪うとか成敗するのが目的ではなく、運命の間違いで絡まってしまった互いの縁を断ち切り、以後は関係なく互いの道を歩もうという"大人のさよなら"の儀式なのだ。

いつ行うの？

誰かと縁を切りたいとき、ツキのないとき、体調が悪いときには常時。ほかに、中国の二十四節気のひとつ、驚蟄（ゲーンチァ）（日本の啓蟄（けいちつ）。新暦3月5日頃）には、春雷に驚いて虫けらなど不浄なものや危険な白虎が横行するので、1年の無事安泰を祈りこの儀式を行う習わしがある。

どんな儀式なの？

1. お札に自分の名前と目標人物の名前を書く。相手の名を書かないで心の中にしまっておいても可。
2. 儀式の執行者は年配の女性が多い。目標人物の名を書いたお札を石の上に敷き、スリッパでビシバシと執拗にたたく。
3. 紙細工の虎や小人の口に豚の脂身を塗り、満腹にして悪さをさせなくする。
4. 緑豆や生米を周囲にまいて穢（けが）れを祓い、紙製の宝物を燃やして神に供える。
5. 1対の小さなバナナ状の木片を投げ、結果を確認。2個が違う方向になる聖杯（センブイ）が出たら成功、儀式は終了。

ただし、小人の怨念が思いのほかしつこい場合は、この組み合わせの聖杯が出ない。成功を意味する聖杯が出るまで儀式は続く。必死の形相でスリッパを振り上げ、バージョンアップした宝物を火にくべるお婆さん。繰り返すこと2回、ようやく聖杯が出た。これで費用はふたりで140HK$だった。

どこで体験できるの？

灣仔の鵝頸橋（ンゴーゲンキウ）のガード下（map 別冊P.14-3A）では、数人の女性が1年中この儀式をやっている（8:00頃から17:00頃まで）。費用は願いごとの内容によって違うが1回40HK$～。啓蟄（けいちつ）の日（2024年は3月5日）には香港中の廟で見られるが、依頼者が多いため費用はやや高めだ。

左／啓蟄の日、油麻地の天后廟の周辺は「打小人」を取り仕切る女性たちでいっぱいになる　右／とりつかれたように一心にスリッパを打ちつける。左隣の女性が依頼人

見どころ

●最新トレンドの店が集まるファッション地帯　map 別冊 P.19-1B、2B

ファッション・ウオーク　Fashion Walk

左／香港最大の売り場面積を誇る京士頓街の「カポック」　右／「キングストン」エリアにもカフェやショップが入店

銅鑼灣駅 E 出口北東側、百德新街と京士頓街、加寧街の 3 つの通り沿いのビルの下層階のショッピングモールを総称してファッション・ウオークと呼ぶ。百德新街には「ヘロンプレストン」や、「ツモリチサト」など個性派ブランド店が並ぶ。百德新街と京士頓街の交差点には「カポック」（→ P.274）の香港最大店、京士頓道の「D-mop」や「アディダス」と人気店がめじろ押し。京士頓街北側には、ドイツの家電製品店「ジャーマン・プール」が大々的に展開する「ファッション・ウオーク・キングストン」がある。厚誠街はフードストリート（食街）だ。

約 10 軒のレストランが並ぶフードストリートは午後からにぎわい始める。カフェや洋食の店がメインで、旬の店がセレクトされている

●歴史的ないわれのある号砲　map 別冊 P.19-1A

ヌーン・デイ・ガン（午炮）　The Jardine Noonday Gun

ワールドトレードセンターの向かい、告士打道 Gloucester Rd.、維園道 Victoria Park Rd. を渡った海べりの岩壁上に置かれた大砲がヌーン・デイ・ガン。毎日正午ちょうどに、紺色の制服に身を包んだ男性がやってきて、空砲を“ドーン”と 1 発放つ。「ヌーン・デイ・ガン」と呼ばれるこの儀式を行っているのは、ジャーディン・グループ。19 世紀前半、アヘン取引で巨利を得た英国系商社である。

さすがは大砲。予想外に大きな音がする

ファッション・ウオーク
住 百德新街 Paterson St.、加寧街 Cleveland St.、京士頓街 Kingston St. 周辺
営 店によって異なるが、だいたい 10:30 ～ 21:00、レストランはだいたい 12:00 ～ 23:00
地 銅 E 出口

希雲街周辺で多国籍スイーツ＆スナックを食べ歩き

銅鑼灣駅から南東へ約 5 分、全長 100 mほどの希雲街を中心に、テイクアウトできるスイーツ＆スナック店が続々オープン。注目店は、チョコチップやゴマフレーバーの雞蛋仔（卵風味のお菓子）が人気の「媽咪雞蛋仔」。ほかにもハワイのローカルフードのポキ、焼きたてのスフレパンケーキなど注目店多数。map 別冊 P.19-4B

店の前に甘い香りが漂う雞蛋仔の店「媽咪雞蛋仔」

ヌーン・デイ・ガンへの行き方

1 告士打道沿いにあるワールドトレードセンター駐車場へのエレベーターで B1/F に下りる。
2 駐車場の壁に表示されているヌーン・デイ・ガンへの矢印をたどる。
3 細い地下道を約 30m 進む。この地下道は告士打道を横断する通路になっている。
4 階段を上ればヌーン・デイ・ガンの場所。

ヌーン・デイ・ガン 午炮にまつわる言い伝え

1800 年代半ば、香港経済を牛耳っていたジャーディン・マセソン商会では、同社の船が入港する際には、祝砲を撃って迎えるという習慣があった。あるとき、何も知らないで近くを航海中の英海軍の高官が祝砲の大音響にビックリした。祝砲は元来、政府が海軍の船を迎えるときに撃つものであり、一民間企業が撃つとはどういうことだ！と怒った海軍がこの祝砲を禁止し、懲罰として毎日正午、1 日も欠かさずに号砲を撃たせることにしたという。

●香港競馬の歴史がわかる　map 別冊 P.14-4A

香港賽馬博物館（ヒョンゴンチョイマーボッマッグン） The Hong Kong Racing Museum

香港競馬と競馬場の歴史が資料や写真で紹介されている

ハッピーバレー競馬場のスタンド席2/Fにある、香港競馬の歴史を紹介する博物館。8つのギャラリーとミニシアターがあり、英国人の紳士淑女が集う19世紀末の貴重な写真や当時の新聞、馬具やチャンピオンカップなど、歴史の重みを感じさせる展示内容。厩舎の内部や名馬の剥製など、興味深い展示コーナーも。ミニシアターでは香港競馬の魅力を紹介する20分間のムービーが上映されている。ミュージアムショップでは馬をモチーフにしたグッズが売られている。香港賽馬會（The Hong Kong Jockey Club）の運営。
※香港的競馬の楽しみ方→P.307。

左／騎手の体重測定の様子を再現した展示　右／ショップには馬や蹄鉄などをデザインしたウエアやバッグをはじめ、小物雑貨もある

●香港最大規模の公園　map 別冊 P.15-1C～2D

ヴィクトリア・パーク（維多利亞公園（ウェイトゥーレイアゴンユン）） Victoria Park

銅鑼灣の東の外れに突然現れる緑地が、ヴィクトリア・パーク。もともとは、避風塘（ヌーン・デイ・ガンの前にあるV字型の入江）の一画だったところで、第2次世界大戦以後の埋め立て工事の際、都市計画の一環として造られたものだ。公園ができたのは1955年。イギリスのヴィクトリア女王にちなみ、この名がつけられた。

第2次世界大戦中に日本軍に徴集され、戦後香港政府が取り戻したヴィクトリア女王の像は、図書館に面した高士威道側入口付近

広さが約19ヘクタールもある香港最大の公園で、いたるところに設置された木陰のベンチは市民の憩いの場。また、プールやジョギングコース、各種運動場の設備も整い、早朝の太極拳から夜のデートまで、いろいろな人が思いおもいに楽しんでいる。

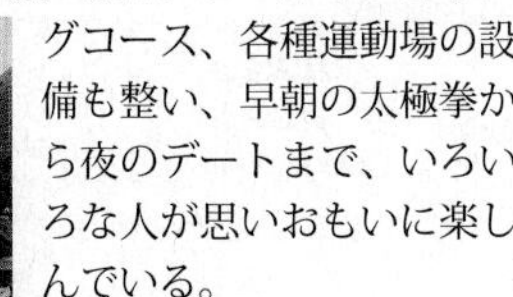
毎年3月頃に「香港フラワーショー」が行われ、期間中は公園内が花で埋め尽くされる

香港賽馬博物館
住 跑馬地馬場快活看台2樓 2/F, Stands, Race Cource, Happy Valley　☎2966 8065
URL www.hkjc.com　開 12:00～19:00（夜間レース開催日は博物館～21:00）
休 無休　料 無料
行き方 MTR銅鑼灣駅A出口から徒歩約15分。中環の交易廣場のバスターミナルからシティバス（城巴）75を利用。なお、博物館そばのバス停を過ぎると香港仔へのトンネルに入ってしまうので、乗車時に、運転手に博物館へ行きたいことを言っておくとよい。

ミュージアムショップ Museum Shop
営 12:00～20:30（日曜、祝日10:30～。夜間レース時は～21:00）　休 無休　カード M V

読者投稿
榮記粉麵
地元臭がプンプンとした車仔麺（→P.71）の店。トッピングは漢字でメモ書きして注文。ガツンとした車仔麵のスープは、かなりいけます。
（京都府　ヤマハ）['23]
住 糖街15-23 15-23 Sugar St.　☎2802 2877
営 11:30～21:00　休 旧正月4日間　カード 不可　地 銅E出口
map 別冊 P.19-3B

ヴィクトリア・パーク
住 高士威道 Causeway Rd.
開 24時間　地 銅E出口
毎年旧正月の時期と中秋（十五夜）の時期には、公園中に提灯がともされ、アトラクションも行われて、家族連れで夜遅くまでにぎわう。旧正月前には花市が開かれる。

読者投稿
ヴィクトリア・パークのプール
屋外プールのみだが、子供用から競泳用の50mプールまで、数タイプのプールがある。広いプールサイドにはレストランもあり、宿泊ホテルにプールがなくてもここで十分楽しめる。（千葉県　Y.O）['23]
維園游泳池 Victoria Park Swimming Pool
住 興發街1　1 Hing Fat St.
☎2570 8347　開 6:30～12:00、13:00～17:00、18:00～22:00
休 月曜の13:00～17:00（祝日の場合はその週の金曜）、旧正月3日間、2/14～4/15
カード 不可　地 天A2出口
料 14歳以上17HK$（土・日曜、祝日19HK$）、3～13歳・60歳以上8HK$（土・日曜、祝日9HK$）　map 別冊 P.15-1D

大坑（ダーイハン） Tai Hang

大坑のマップは P.142
周辺図別冊 P.14～15

評判のよいレストランが多いエリア。写真は新村街のシーフードレストラン

大坑への行き方

香港島・九龍どちらが起点でも MTR 利用が便利。天后 Tin Hau 駅 B 出口から徒歩約 10 分。

● MTR（地下鉄）

中環から天后までは 9 分、6HK$。尖沙咀から 12 分、15HK$。

●バス、トラム

中環 5～6 號埠頭前から中環交易廣場バスターミナル、金鐘駅前（C1 出口そばの金鐘道沿い）経由の 11、511 のバスで大坑道のバス停下車。トラムなら北角行きで天后駅前の興發街下車。

低層アパートの G/F にレストランや食堂が並ぶ

大坑は香港随一の繁華街銅鑼灣（トンローワン） Causeway Bay と天后（ティンハウ） Tin Hau の間、高士威道（コウシーワイドウ） Causeway Rd. と大坑道（ダーイハンドウ） Tai Hang Rd. に挟まれた静かなエリア。地名は、かつてこの付近に渓流があり、洪水を防ぐため大きな暗渠「大坑渠（ダーイハンコイ）」を掘って水を海に流したことに由来する。古くは漁民の村で、毎年中秋節を挟んだ 3 日間に行われる「大坑舞火龍」の祭りは、100 年以上の歴史をもつ香港の無形文化財だ。

メインストリートの浣紗街（ウンサーガイ） Wun Sha St. 周辺には、甘味屋や大衆的なレストランが並ぶ。その西側の低層アパートが碁盤の目のような通りを形成している一画には、タクシー専門の整備工場やクリーニング店などに交じって、おしゃれなレストランやスイーツ店が続々と登場し、食べ歩きスポットとして注目されている。

歴史のある建物の G/F でヘアサロンが営業している

歩き方

街歩きの起点は蓮花宮

大坑へはMTR天后駅から行くのが便利。B出口から高士威道を横切り、銅鑼灣道 Tung Lo Wan Rd. をたどれば、大坑のシンボルともいえる蓮花宮（→下記）へは徒歩約10分。蓮花宮を見学・参拝したら、目の前の道を西に進むと大通りの浣紗街に出る。

この浣紗街と、その西側の碁盤の目状に道が交差する一画を散策してみよう。この一画は開発の手をすり抜けた異空間。歴史のある建物にも注目しつつ、話題のレストランやカフェが点在する通りを巡って、気になる店をチェック。10分もあれば一巡できる。

奶茶（ミルクティー）で有名な屋台「炳記茶檔」は大坑の名物店

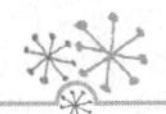

見どころ

●八角形の美しい寺 map P.142

蓮花宮（リンファーコン） Lin Fa Kung

ハスの形をした大きな岩の上に舞い降りた観音様を祀ったという言い伝えが残る、1846年建立の古廟。香港の廟には珍しい八角形のお堂はハスの花を模したとされ、外壁に施された桃や鶴などの漆喰のレリーフが美しい。言い伝えのとおり巨石の上に立つお堂の天井には、この地で行われる祭り「大坑舞火龍（→欄外）」にちなんだ見事な龍が描かれている。1986年に改修され、香港一級歴史建築に指定された。

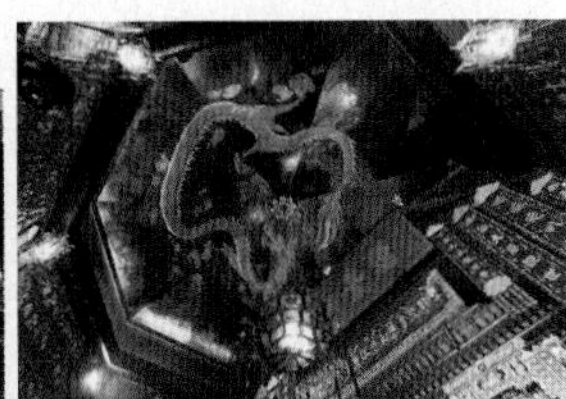

●迫力満点の火龍祭りの歴史と詳細を展示 map P.142

大坑火龍文化館（ダーイハンフォーロンマンファーグン） Tai Hang Fire Dragon Heritage Centre

1949年に再建された3階建ての歴史建物内に2022年オープン。文化遺産である大坑舞火龍とともに、客家の村だった大坑の伝統文化も展示し広く伝える場として開かれた。G/Fで祭りの詳細展示や舞火龍のビデオ上映（1時間に1回）を実施。1/Fはレストラン、2/Fは多目的スペース。

左／建物の前身は1909年建造の学校で、1949年の再建後も教育目的に使用されていた　右／2分の1サイズの火龍の頭。実際は45kgの大物。祭りに際し火龍は毎年作製される

パン好きは要チェック！ フレンチベーカリーのプラムコット Plumcot

パリの有名洋菓子店で腕を磨いたフランス人パティシエが腕を振るう小さな実力店。ていねいに手作りされた風味のよいパンや焼き菓子が味わえる。ホットチョコレート（アイスもあり）は大人の甘さのいち押しドリンク！

住 新村街10A　G/F　G/F, 10A Sun Chun St.　☎2573 6293
営8:00～18:00　休 月・火曜、旧正月3～4日間　カード 不可
行き方 MTR天后駅B出口から徒歩約12分。map P.142

大坑舞火龍 Tai Hang Fire Dragon Dance

1880年から伝わる祭り。当時この地には客家の村があり、台風や疫病のはやりに見舞われた住人が「中秋節に三日三晩火の舞を続けろ」とのお告げを受け、厄災を逃れたことに始まる。野草でこしらえた67mの胴体に1万本以上の線香を刺した火龍と約300人の踊り子が大坑の通りを練り歩く。開催日時：旧暦8月14～16日（2023年は9月28～30日）の20:15頃～22:30（9/30は22:00終了）。URL www.taihangfiredragon.hk.home.html

蓮花宮

住 花蓮街・蓮花宮西街 Lily St. & Lin Fa Kung St. West
開8:00～17:00
料 無料　行き方 MTR天后駅B出口から徒歩約10分。

左／巨石の上に立つお堂。2層構造になっており、観音様が祀られている　中／八角形の天井を舞う金色の龍　右／女性的な雰囲気の小さなお寺

大坑火龍文化館

住 書館街12　12 School St.
☎2805 0012　URL www.firedragon.org.hk/en　開10:00～18:00　休1/1、旧正月3日間、12/25、12/26、一部の祝日
料 無料　地 天B出口
ビデオ上映：11:00～17:00の毎正時に1日7回、上映時間は12分。

G/Fの一角でグッズも販売。クリアファイルは3枚セット36HK$

北角のマップは
P.144 ～145

北角（バッコッ） ／ ノースポイント ● North Point

銅鑼灣（トンローワン） Causeway Bay の東、ヴィクトリア・パークの向こうは住宅街が連なる北角の街。いわゆる観光名所や人気のショッピングスポットはないが、このあたりをトラムや徒歩で回ると、香港の庶民の普段着の暮らしが見えてくる。ローカル御用達の安くて

北角のメインストリート、英皇道

北角への行き方

● **MTR（地下鉄）**
北角エリアには北角、天后、その間の炮台山と 3 つの駅があり、目的地によって下車駅を選ぶ。中環から北角までは 13 分、7.5HK$。九龍サイドからなら中環行きに乗って金鐘で港島綫の柴灣行きに乗り換える。尖沙咀から 16 分、15HK$。

●**トラム、バス**
中環の香港上海滙豐銀行總行大廈の前から北角行きトラムに乗る。3HK$ で終点まで約40分。
時間のないときは、途中の銅鑼灣まで MTR で行き、怡和街からトラムの北角行きに乗る。銅鑼灣の崇光（そごう）前からは、112、116 のバスに乗ってもいい。約 20 分。

●**フェリー**
紅磡、九龍城から北角へフェリーが運航している。紅磡からは 7:05 ～ 19:35 の間、九龍城からは 7:05 ～ 19:35 の間、15 ～ 90 分間隔、8.5HK$。紅磡から所要 8 分、九龍城から所要 14 分。北角からは紅磡行きが 7:23 ～ 19:23 の間、九龍城行きは 7:17 ～ 19:17 の間に 15 ～ 30 分間隔で運航。土・日曜、祝日は 30 ～ 150 分間隔で運航。
※九龍城側の乗り場となる九龍城渡輪碼頭は、九龍城の街の南側、土瓜灣にある。

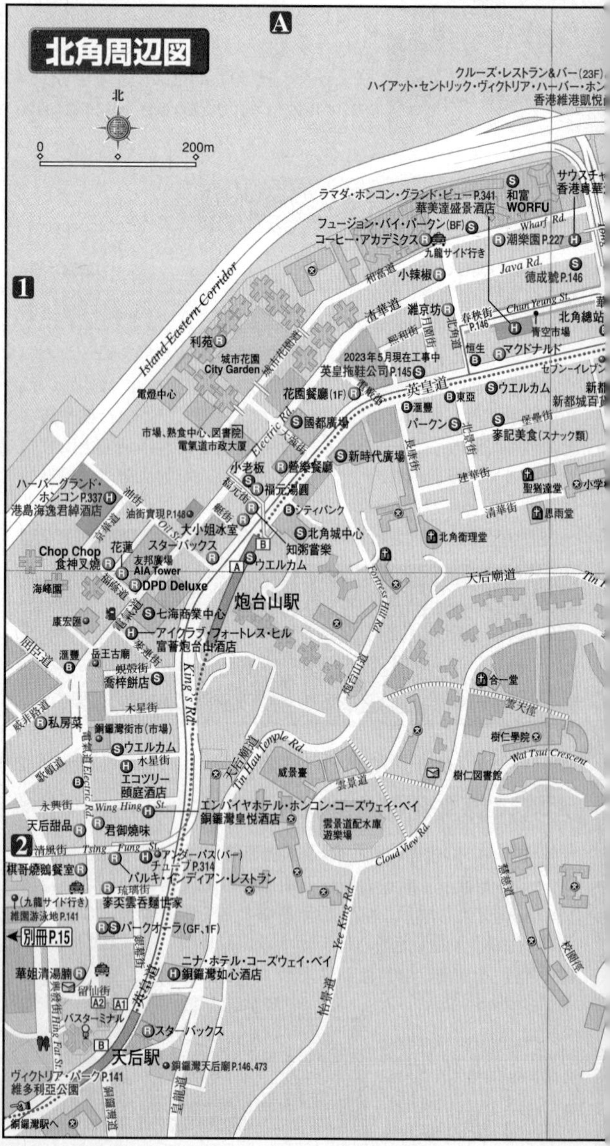

北角周辺図

おいしい食堂や食品や日用品を扱う露店街などが多く、気に入った店で地元体験するのがおすすめ。

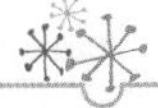

歩き方

メインストリートは英皇道（インウォンドウ）King's Rd.。この通りをトラムが、真下をMTR（地下鉄）が走っており、移動に利用できる。MTRは西から天后、炮台山、北角の3駅があり、各駅間は徒歩で15～20分。

天后駅周辺

天后駅から北側の電氣道（ディンヘイドウ）Electric Rd.沿いには、評判のよいレストランが多い。麺や軽食、燒味（ロースト類）や甘味からタイやベトナム、マレーにインドなどの各国料理店が、狭い範囲に集まっている。

天后駅～炮台山駅

英皇道沿いは幼稚園や学校が多く、文教地区であることがわかる。また、英皇道の西側へ踏み込むと、ローカル店や市場が集まる雑然とした雰囲気に包まれる。

炮台山駅周辺

英皇道の南側には山が迫り、中腹部までアパート群が連なる。英皇道周辺と、海側の電氣道周辺のホテルは銅鑼灣へのアクセスもよく、庶民のグルメが味わえる穴場。

炮台山駅～北角駅

ショッピングセンターや商業ビルが増え、北角駅に近づくにつれ、人出もパワーアップする。駅の北側の渣華道（チャアワァドウ）Java Rd.や、馬寶道（マァボウドウ）Marble Rd.は露店が並ぶ、人々の生活を体感できるエリアだ。

天后駅近くの電氣道。アパートのG/F部分に食堂がズラリ。エスニック料理やスイーツ店が多い

読者投稿

北角の楽しみ方

北角の物価は本当に安い！また、狭い路地を2階建てのトラムが進む光景も見もの。トラムの終点で下車し、果物などを買って食べ歩きすると、現地の人になったようだ。

（愛知県　masa）['23]

香港製の刺繍スリッパ専門店

英皇拖鞋公司（インウォントーハイコンシー）

ビルの間の小さな空間にあるスタンド。1960年の創業以来、一貫して中国スリッパや刺繍靴を扱う。荃灣に工場があり、スパンコールやビーズ付けなどの細かい工程はベテラン職人が手作業で行う。材質は絹、革、ナイロン、デニムまで多岐にわたり、色使いや柄も豊富で、100HK$前後で購入できるのも魅力。サイズ表記は現在ほとんど使われていない旧式なので、試し履きして選ぶとよい。

住 英皇道315　麗宮大廈G/F　G/F, Majestic Apartment, 315 King's Rd.　☎2570 3560
営 10:30～20:30　休 旧正月10日間　カード 不可　地 北A2またはA4出口　map P.144-1A

刺繍がかわいいスリッパ。価格は65～105HK$前後

炮台山駅のすぐ後ろまで山が迫る。この山には戦時中、大砲の砲台があった

見どころ

●「天后」の地名や駅名の由来となった廟　map P.144-2A

銅鑼灣天后廟（トンローワンティンハウミウ）　Tin Hau Temple, Causeway Bay

MTR 天后駅近くにある。清代初期の 1747 年、広東から旧啓徳空港付近を経て移住した客家系の戴氏がヴィクトリア港を望む丘の上に廟を創建し、現在もその子孫が管理している。ここに漂着したという伝説の赤い香炉（一説には香港の旧称「紅香爐＝赤い香炉の島」の由来ともいわれる）、二進式と呼ばれる中国伝統の建築様式、門の上の珠を奪い合う龍や精緻な人物像など 19 世紀の改修時の面影をよく残している。

屋根や軒の彩色陶器の装飾は必見。廟内中央には海の守り神、天后が、その脇には財神が祀られている

●市場を高みの見物　map P.144-1A、1B

春秧街（チョンヨンガイ）　Chun Yeung St.

左／商店と露店が並ぶ春秧街。トラムや車が来ると買い物客は道端へ　右／トラムが通過すると、道路にも歩行者があふれる

英皇道を天后から北へと「北角」行きトラムは真っすぐ走り、北角道（バッコッドウ） North Point Rd. へと左折する。と、同乗の香港人はほとんど降りてしまい、ここが終点か、と慌てるのだが、そうではない。

トラムはさらに春秧街へ右折して、街市（ガイシ）（市場）の中へ突入していく。下車して街市を冷やかすのも楽しいが、トラムの 2 階席に陣取って見物するのもよい。

道路に沿って立っている正規（?）の建物がほとんど肉屋であるのに対して、道路上に出っ張って立っている屋台は野菜がメイン。そのほか、魚などの海産物、日用雑貨、花屋などが並んでいる。以

左／威勢のいい声が飛び交う鮮魚店。エビやカニ、貝類まで種類豊富　右／バッグや靴、衣類まで生活に必要な物は何でも揃う

銅鑼灣天后廟
住 銅鑼灣天后廟道 10
10 Tin Hau Temple Rd., Causeway Bay　開 7:00～17:00　休 無休
料 無料　地 天 B 出口

春秧街
地 北 A2 出口

カレーペーストが人気の
天然椰子號（ティンニンイエチーホウ）
Tin Yin Coconut (HK) Co., Ltd.

1964 年創業時はココナッツ専門店。現在はココナッツ製品もあるが、香料や自家製調味料、スープの材料などがメイン。ここの大人気商品がカレーペースト（咖喱膽〈ガーレイダム〉）だ。新鮮なココナッツジュースをふんだんに使っており、マイルドな香港カレーが自宅で再現できる。
住 馬寶道 34　34 Marble St.
☎ 2571 6305
営 9:00 ～ 19:30
休 旧暦 12/31、旧正月 3 日間
カード 不可
地 北 A4 出口
map P.145-1B

咖喱膽 30HK$。煮込んだ野菜や肉にこのペーストを投入すると香港風カレーに。魚介の炒め物の調味にもよい

エッグロールの名店
德成號（タッセンホウ）　Duck Shing Hou

創業約 80 年の老舗。卵風味のエッグロール（蛋巻）は香港の定番のお菓子のひとつだが、ここの物はひと味違う。生地は厚めでしっとり、サクサクであとを引く味。プレーン、バター、ココナッツの 3 種類があり、小サイズ 1 缶 117HK$ ～。人気商品なので売り切れ続出。なるべく早い時間に来店したほうがよい。
住 渣華道 64　64 Java Rd.
☎ 2570 5529　営 9:30 ～ 19:00（売り切れた時点で閉店）
休 日曜、祝日、旧正月 6 日間
カード 不可　地 北 A1 出口
map P.144-1B

濃厚卵風味のエッグロール

前はトラムのスレスレまでせり出していた屋台の多くは街市の中へ移され、その数も減った。値段は街なかのスーパーよりずっと安い。見たこともない野菜や果物もたくさんあって、興味を引かれる。

春秧街から糖水道 Tong Shui Rd. へ右折した所がトラムのターミナルで、北角行きの終点である。中環行きのトラムはその少し先が始発になる。

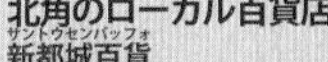

北角のローカル百貨店

新都城百貨
人気の香港ブランドが複数入っている。
住 英皇道 416-426 新都城大厦
☎2562 8111
営11:00 ～ 21:30

華豐百貨
歴史ある建物に入っている。
住 英皇道 395
☎2856 0333
営10:30 ～ 21:30
以上ともに地北 B2 出口
map P.144-1B

馬寶街
地北 A2 または A4 出口

●にぎわう青空市場 map P.145-1B

馬寶道 Marble Rd.

北角駅の北側には露店が並び、活気に満ちた通りがある。書局街 Shu Kuk St. を挟んで西の馬寶道は、おもにローカル志向の洋服、子供服、下着、アクセサリー類、魚屋などの露店がひしめく青空市場。書局街から東の馬寶道は、これまたローカルな女性物・男性物の衣類の店が集まっており、同様の露店も出ている。このあたりの露店市場や店には休日ともなれば、香港で働くフィリピンや東南アジア各国の女性たちが大挙して繰り出してくる。

タイの食料品店もあり、香味野菜や果物など珍しい物がズラリ

馬寶道の衣料品の屋台はとにかく安い。下着や子供服まで扱う

●香港では数少ない広東オペラ専門の劇場 map P.145-1B

新光戲院大劇場 Sunbeam Theatre

1972 年の開業時から粵劇（広東オペラ）を専門に上演してきた民間の劇場。かつて「芝居見物は新光」といわれた客席や舞台のレトロ感は圧巻。今は映画や現代劇も上演している。ロビーは出入りは自由なので、粵劇独特の雰囲気を感じてみよう。また作品の CD や DVD のショップもあるので、興味のある人はのぞいてみてもいい。

新光戲院大劇場
住 英皇道 423
423 King's Rd.
☎2563 2959
URL www.sunbeamtheatre.com
開11:30 ～ 23:30（公演のない日は～ 20:30、チケットオフィス～ 21:00） 休 無休 カード M V
地北 B1 出口

左／金と赤の龍の装飾で彩られたロビーにあるチケット売り場。チケットの値段は公演によって異なり、180 ～ 500HK$ くらい　右／華やかな時代を彷彿とさせるロビー

ロビーには広東オペラの CD や書籍を販売する店がある

北角駅の真上、英皇道と書局街の交差点に立つ

油街實現
住 油街 12
12 Oil St.
☎2512 3000
開10:00～20:00（月曜 14:00～、月曜が祝日の場合は 10:00～）※ 12/24、旧暦 12/31 は 17:00 閉館。
休 旧正月 2 日間
料 無料　地 炮 A 出口

アート体験のできる参加型ギャラリーカフェもある

●歴史的建築物がアートスペースに　map P.144-1A

油街實現（ヤウガイサッイン） Oi!

1908 年、当時は海岸だった炮台山油街に建設された英国ロイヤル香港ヨットクラブのクラブハウスを香港政府が修復し、2013 年にアートスペースとなった。若手アーティストの作品発表、ビデオやコンピューターを駆使したメディアアートなどの新しい芸術表現の場として広く門戸が開かれている。さらに 2022 年に、建物に隣接する約 3000㎡の屋外アートスペースと、展示会やイベント用の建物が加わった。

中庭には木々が茂り、喧騒とは無縁のオアシス的な雰囲気で、気ままにアート散策が楽しめる。

左／赤れんが造りのコロニアル建築物は 1938 年まではクラブハウスとして、その後は香港政府の倉庫として使われていた　右／中庭の芝生は人々の憩いの場に

左／油街實現がある場所は、かつては海岸だったことを波や鳥の声で再現した展示室
右／オーガニックの野菜やハーブ、スパイスのガーデンもある

香港映画ファン必見！
香港電影資料館（ヒョンゴンディンインチーリウグン）
Hong Kong Film Archive

香港映画の歴史的遺産の保存と一般公開を目的とした資料館。3000 作品にも及ぶ香港映画関連の資料が閲覧できるほか、企画展示や映画上映が行われている。
住 西灣河鯉景道 50
50 Lei King Rd., Sai Wan Ho
☎2739 2139
URL www.filmarchive.gov.hk
開10:00 ～ 20:00（リソース・センター～ 19:00〈土曜～ 17:00、日曜、祝日 13:00 ～ 17:00〉）休 火曜、旧正月 2 日間　料 無料　行き方 MTR 西灣河駅 A 出口から徒歩約 5 分。
map 別冊 P.3-3C

COLUMN　海にまつわる博物館

香港海防博物館（ヒョンゴンホイフォンボッマッグン）

香港島の東端、筲箕灣にある大型の博物館。海から攻めてくる外敵との攻防戦の要所として 1887 年に英国軍が築いた軍事施設「鯉魚門砲台」を修復、改造。丘の斜面にある要塞の造りを生かし、約 600 年にわたる香港の海防史を紹介している。軍営跡や武器庫、燃料庫などが残る「歴史トレイルエリア」も整備されている。

砲台や大砲が何基も残る。対岸に鯉魚門が望める

香港海防博物館
Hong Kong Museum of Coastal Defence
住 筲箕灣東喜道 175　175 Tung Hei Rd., Shau Kei Wan
☎2569 1500　URL hk.coastaldefence.museum　開10:00 ～ 17:00（3 ～ 9 月は～ 18:00）　休 木曜、旧正月 2 日間
料 無料　行き方 MTR 筲箕灣駅 B2 出口から東區走廊（高架道路）に沿って北へ徒歩約 15 分。map 別冊 P.3-3C

消防艇アレキサンダー・グランサム号展示ギャラリー

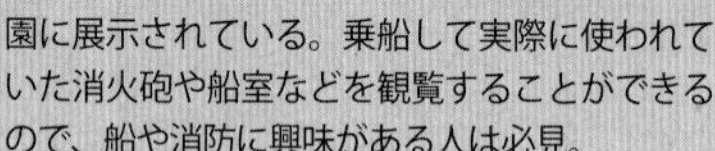
全長約 40m、排水量 503 トンの船。船のそばに展示ギャラリーがある

数多くの船が行き交うヴィクトリア湾で 2002 年まで約 50 年間、海難救助や海上の消火活動に当たった消防艇が、海沿いの鰂魚涌公園に展示されている。乗船して実際に使われていた消火砲や船室などを観覧することができるので、船や消防に興味がある人は必見。

消防艇アレキサンダー・グランサム号展示ギャラリー
Fireboat Alexander Grantham Exhibition Gallery
葛量洪號滅火輪展覽館
住 鰂魚涌鰂魚涌公園 Quarry Bay Park, Quarry Bay
☎2367 7821　開10:00 ～ 18:00（12/25、旧暦 12/31 ～ 17:00）　休 火曜、旧正月 2 日間　料 無料　行き方 MTR 太古駅下車、D2 出口を出て、太古城中心を通り抜けて北へ直進。東區走廊に架かる陸橋を越えた鰂魚涌公園の海沿いにある。駅から徒歩約 10 分。map 別冊 P.3-3C

上環（ションワン）●Sheung Wan

九龍
●上環
ヴィクトリア・ピーク
香港島

上環のマップは別冊 P.9、10
拡大図は別冊 P.16

海産乾物や漢方の薬材を扱う店が並ぶ永樂街。漢方の独特の匂いが漂う

近代的なオフィスやきらびやかなブランドショップが集まる中環（チョンワン）Central から西へ歩くと、旧中環街市を過ぎたあたりから、古びたビルが姿を見せ始め、漢字の看板が目立つようになる。上環から西營盤にかけてのエリアは、港町香港で最も古くから栄えた中国人商人街。利にさとい中国商人たちが競って土地を獲得した名残で、MTR 上環駅付近の路地は狭く入り組み、その道沿いに漢方薬や中国茶など昔ながらの商いを続ける店が並ぶ。香港の中国人が培い、今も大切にしている昔ながらの暮らしのひとこまを見つけることができる。

ハリウッド・ロード（荷李活道（ホーレイウッドウ） Hollywood Rd.）界隈には、今もなおあつい信仰を集める文武廟をはじめとする廟や、かつては医学研究所だった香港医學博物館など歴史的な見どころが点在する。周辺の唐樓（低層の中国式住宅）には、老舗に交じってギャラリーや雑貨店、カフェ、ビストロなどが店を開き、古きよきものと流行が入り交じったエリアへと変貌を遂げつつある。

上環、西營盤は坂の多い街。歩きやすい靴で回ろう

左／トラムが走る德輔道西。このあたりは乾物問屋が多い
右／住宅街の中の太平山街（→ P.155）は、アートとグルメが集まるストリート

上環への行き方

香港島内から

● MTR（地下鉄）

中環、金鐘、灣仔方面からは港島綫の堅尼地城行きで 3 ～ 7 分（5 ～ 6HK$）。堅尼地城方面からは柴灣行きで、3 ～ 6 分（5 ～ 6HK$）。

ウエスタン・マーケット前にトラムの発着ターミナルがある

●トラム

銅鑼灣、中環方面から堅尼地城行きに乗車。上環のメインストリートの德輔道中には停留所が数百 m おきにある。

九龍サイドから

● MTR（地下鉄）

中環行きに乗り、終点の中環で港島綫の堅尼地城行きに乗り換える。旺角、油麻地からは所要 15 ～ 17 分、15HK$。尖沙咀からは 11 分、12HK$。

香港を語るうえで重要な場所
荷李活道公園（ホーレイウッドウゴンコン） Hollywood Road Park

回廊式の中国庭園は、かつて英国軍の軍営があったところ。1841 年、香港島にイギリス軍が上陸し、ユニオンジャックを掲げて正式に香港占領を宣言、この地を「ポゼッション・ポイント」と呼ぶようになった。当時、この場所は海に面していて、「水坑口」と呼ばれており、公園の東側にある「水坑口街」（英名は Possession Street）という道にその名を残す（→ P.473）。

住 荷李活道 263
263 Hollywood Rd.
地 上 A2 出口　map 別冊 P.9-2D

入口には中国式の牌楼がある

**骨董品店が並ぶ
ハリウッド・ロード
Hollywood Rd.
荷李活道**

ハリウッド・ロードが鴨巴甸街 Aberdeen St. と交差するあたりと、文武廟から西側に骨董品店が多い。中国の陶磁器やヒスイの宝飾品、漆の工芸品、仏像から出土品とおぼしきものまで、ある店はギャラリー風に、またある店では無造作に並べられている。高級店と庶民的な店が混在しており、値段は目利きでないと難しいが、旅の記念に買って帰れそうな手頃な小物もある。

行き方 中環駅 D2 出口からミッドレベル・エスカレーター経由で徒歩約 10 分。上環駅 A2 出口からは約 8 分。

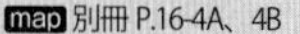 別冊 P.16-4A、4B

骨董品店が軒を連ねる文武廟西側のハリウッド・ロード

ハリウッド・ロードと交差する路地、東街にもビンテージ品や古道具の店がある

樓梯街

樓梯街は皇后大道中から堅道まで約 250m、高低差約 100m の階段の道。

左／中華基督教青年會周辺は散策する観光客の姿がある　右／樓梯街の石段と、19 世紀に建てられた中華基督教青年會

歩き方

上環のおもしろさは、香港に古くから住み着いた中国人たちの日々の暮らしや伝統、オールド香港の面影に触れられるところにある。坂道も多いので、履き慣れた靴で歩こう。

A. 街並みの変化がおもしろい皇后大道

上環エリアへは直接地下鉄やトラムで行くのもいいが、中環から歩いていくと、モダンなビル街から古めかしい商人街へと、変化する**皇后大道中**（ウォンハウタイドウチョン）Queen's Rd. Central の街並みを見物できる。

皇后大道は西へ行くにつれローカル度が増す。写真は西營盤の正街近く

ひときわ高いビルの中環中心（チョンワンチョンサム）The Center 付近を境に高層ビルはなくなり、道がうねうねとカーブし出すと、その両側に、文房具店、アンティーク時計店、老舗の菓子屋など、古くから商いを続ける店が並ぶ。

皇后大道中から山の手に延びる樓梯街（ラウタイガイ）Ladder St. の石段を上れば、**キャット・ストリート**（→ P.153）や**文武廟**（→ P.152）がある。

B. 古きよき香港の面影を残すハリウッド・ロード付近

おもな見どころをくまなく回るなら、ミッドレベル・エスカレーターがハリウッド・ロードと交差するあたり（map 別冊 P.10-3B）から、ハリウッド・ロードを歩くコースがおすすめ。骨董店やギャラリーが点在する通りを西に行くと、香港で最も古い廟、文武廟がある。廟の西側で交差する急な階段、樓梯街を上れば古いれんが造りの中華基督教青年會（YMCA）や、香港醫學博物館（→ P.151）、1950 年代のテラス式の唐樓が残る**永利街**（ウィンレイガイ）Wing Lee St. がある。樓梯街を下ると**キャット・ストリート**、さらに下ると上環駅へ出る。

C. クリエイターが集まる太平山街周辺

路地の奥にもショップやカフェが出店。写真はフランスのワインとチーズ・食料品店「La Guinguette」の壁画アート

文武廟から山側へ樓梯街を上り、四方街(セイフォンガイ) Square St.、居賢坊(コイインフォン) Kui In Fong を経由して西へ進むと、太平山街(タイペンサーンガイ) Tai Ping Shan St. に出る。英国統治時代初期からの中国人居住区であったこの周辺は近年、クリエイターやアーティストが作品を展示・販売するショップやカフェ、ブティックが出現し、散策が楽しめる（→ P.155）。

D. 上環駅周辺の商店街

ツバメの巣やフカヒレ、魚の浮き袋など高級乾物の卸店が多い永樂街

皇后大道中の北側、上環駅周辺の細い通りは、建物の老朽化、不動産高騰により、虫食いのように再開発が進んでいるが、ハンコ屋通りの文華里(マンワーレイ) Man Wah Lane(→欄外)など昔ながらの商店街や庶民的な食堂もいまだ健在。

漢方薬材、乾物、中国茶などの問屋が多い**文咸東(マンハムトン)（西(サイ)）街(ガイ)** Bonham Strand East（West）、**永樂街(ウィンロッガイ)** Wing Lok St. は、一般客への小売りも歓迎。歩き疲れたら、ウエスタン・マーケット（→ P.154）でひと休みするのもいい。

E.「海味街」の活気を味わう

足に自信があれば、上環から西營盤まで歩いてみよう。トラム通りの**徳輔道西(タッボウドウサイ)** Des Voeux Rd. West は、**別名「海味街(ホイメイガイ)」**。1年中、年の瀬のアメ横のようなにぎわいの、活気ある海産乾物街だ（→ P.154）。

南に迂回する**高陞街(コウセンガイ)** Ko Shing St. はかつては船乗り相手の歓楽街があったところだが、今は**「薬材街(ヨッチョイガイ)」**と呼ばれ漢方薬の匂いが漂う。

徳輔道西から高陞街にかけての一帯は海産乾物街

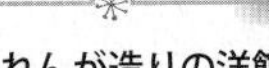

見どころ

●れんが造りの洋館 map 別冊 P.9-3D

香港醫學博物館(ヒョンゴンイーホクボッマッグン) Hong Kong Museum of Medical Science

1886 年、香港にペスト襲来の報を受け、細菌学者の北里柴三郎ら日本人医師グループが来港、多くの市民を惨禍から救った。これを教訓に造られた細菌研究所を改装、一般公開している。香港における医学の発展の歴史をパネルや医療器具を展示しながら紹介。最新ディスプレイで人体の内部構造やその動きを紹介する「ヒューマンボディ」の展示コーナーもある。

文武廟脇の急な階段を上っていくと右側にある。外観も内部も歴史が色濃く残っている

ハンコ屋横丁
文華里 Man Wah Lane

上環駅南の德輔道中と文咸東街に挟まれた細い路地が文華里。2～3m 四方のボックス型簡易店舗が 50m ほどの間に十数軒並び、印鑑彫りや名刺印刷業を営んでいる。印鑑は小さいものなら 2 時間くらいで彫り上がる。値段は素材の石によるが、200HK$ くらいから。地上 A2 または A1 出口

李光圖章(レイクォントウチョン)
Lee Kwong Chop and Printing

住 文咸東街 49 文華里口 Man Wa Lane, 49 Bonham Strand E. ☎2543 6770 営9:00～18:00（土曜～13:00）
休 日曜、祝日、旧正月 3 日間
カード 不可 地上 A2 出口
map 別冊 P.16-3B

店主は英語ができる。文咸東街と文華里の角にある。

路地にハンコ屋が並んでいる

お粥のおかずに最適な鹹蛋(ハムダン)

鹹蛋は、アヒルの卵を灰と塩を水に混ぜた液体の中に漬け、取り出したあと 25～30 日置いたもの。塩分が卵にしみ込むと、白身は液状だが、黄身は弾力性をもつようになる。

炒め物などの料理にも使われるが、表面をきれいに洗ってゆでたあと、お粥のおかずとして食べるのが一般的。また鹹蛋の黄身は月餅やチマキに入れるので、中秋節や端午節の前には、鹹蛋の消費量は相当なものになる。以前は上環地区に鹹蛋の問屋が並んでいた。

表面はスミのように真っ黒

香港醫學博物館

住 半山區堅巷 2 2 Caine Lane, Mid-Levels ☎2549 5123
URL www.hkmms.org.hk
開10:00～17:00（日曜、祝日 13:00～。12/24、旧暦 12/31 は 10:00～15:00）
休 月曜、1/1、12/25、旧正月 3 日間
料20HK$（6 歳未満と 60 歳以上、学生 10HK$） 地上 A2 出口

文武廟
㊟荷李活道 124-126
124-126 Hollywood Rd.
☎2540 0350
開8:00 ～ 18:00　休無休
地上 A2 出口

3つの建物からなる。左が文武廟、中央が列聖宮、右が公所

兩進三開間式建築
清代（1644 ～ 1912 年）に中国南方に流行した様式で、前後の 2 部屋をもつのが特徴。文武廟では後方の部分が数段高くなっている。

お参りをしてみよう
まずは文武廟へ。その後、列聖宮にもお参りすれば完璧。
線香は廟内のコーナーで売っている（10HK$）。代金を備え付けの箱に入れ、自分でろうそくから火をつける。線香の束を持った手を胸の前に掲げ正面の祭壇の前で三礼、その後 3 本ずつに分けて香炉に立てる。2 週間燃え続ける大塔香は燃やす期間の希望により値段も変わるが、200HK$ くらいから。

水月觀音堂、觀音堂、百姓廟
水月觀音堂：㊟太平山街 7
觀音堂：㊟太平山街 34
百姓廟：㊟太平山街 40
開だいたい 8:00～17:00
休無休
ともに地上 A2 出口

嚤囉上街に骨董品屋が集まったのは……
1843 年頃、このあたりはまだ海岸地区で、インド人水夫たちの停泊中の宿舎があった。Indian Lane の意味をもつ「嚤囉街」が広東語名となったことも、インド人が住んでいたことを証明している。やがて彼らはほかへ移り、中国人が増えていった。その中国人の多くは商人だったが、なかに骨董品やガラクタを売る者があり、けっこうもうけたことから同業者が増え、骨董の街になったという。
また一説によれば、1860 年の英仏連合軍の北京侵入に関係があるという。侵入した外国兵たちは清朝の離宮、円明園を焼いた際、多くの物を奪った。帰途香港に立ち寄った彼らはそれらを嚤囉上街で売り、お金にして持ち帰ったので骨董街ができたともいわれる。

●お参りとともに見学したい歴史ある文化財　map 別冊 P.16-4A

文武廟（マンモウミウ）　Man Mo Temple

荷李活道と樓梯街の角にある香港島では由緒ある古廟。1847 ～ 1862 年に華人の富裕商人が建立した。伝統的な兩進三開間式建築（→欄外）で、屋根には精緻な陶器の彫像が並び、中に入れば天井から無数に下がるつり鐘状の線香（大塔香（ダーイタップヒョン））や、熱心にお参りする参拝者などその雰囲気に圧倒されそう。

廟に入るとつり鐘状の渦巻き線香が目に飛び込んでくる

廟はおもに三部分からなり、「文武廟」は向かって左の廟。「文」（知恵と学業）をつかさどる文昌帝、「武」（公正と忠義）をつかさどる『三国志』の関羽こと関帝の二神が祀られている。祭事の際に神像を乗せた轎子（神輿（みこし））や 1847 年鋳造の鐘にも注目しよう。

中央の「列聖宮」には観音、城隍、天后、龍母など民間信仰の神々が祀られる。向かって右の「公所」は開港初期、西洋の司法制度に不慣れな華人のために契約や裁判、調停を神前で行っていた建物で、文武廟が初期の香港で特別な役割を果たしていたことがわかる。

左／文武二帝の本尊が祀られている最奥部　中／左が関帝（商売や家内安全の神様）、右が文昌帝（学問の神様）　右／ガラスケースの中に見事な細工の神輿がある

●小さなお寺も趣深い　map P.155

太平山街（タイペンサーンガイ）の觀音堂（クンヤムトン）・百姓廟（パッセンミウ）

太平山街には小さな廟やお堂が多く、地元では廟宇街と呼ばれている。東から水月觀音堂（水月宮）、その向かいにもうひとつの觀音堂、すぐ西に百姓廟と続く。水月觀音堂は千手観音を祀るお堂。上環最古（1840 年創建）の觀音堂は、望海観音像を祀っている。ともに建物の 1 階部分に移築されたもの。

百姓廟は正式の名を廣福義祠といい、1856 年に創建。地蔵菩薩を祀り、香港に出稼ぎに来てそのまま異郷で生涯を終えた華人の安息を願い建てられたという。

左／観音堂　中／赤く塗られた建物内にある水月觀音堂　右／百姓廟には濟公や縁結びなどの神も祀られている

●みやげ物からアンティーク雑貨まで、お宝探し map 別冊 P.16-3A、4A

キャット・ストリート（摩羅上街） Upper Lascar Row

文武廟から樓梯街を 5 〜 6m 下って左に曲がると、通称 " キャット・ストリート " と呼ばれる摩羅上街だ。100m 余りの路地に露天商や、店を構える骨董店がズラリ。玉石混淆のおもしろさを味わえる。観光客向けのアンティーク風みやげや玉石のアクセサリーを売る露店もある。

左／中国チックな飾り物、雑貨、おもちゃ、古物などがズラリと並ぶ。気に入ったものがあれば値段交渉してみよう　右／骨董店の軒先に並ぶ文革時代のアンティーク陶器

キャット・ストリート
住 摩羅上街 Upper Lascar Row
営 店によって異なるが、だいたい 11:00 頃〜 18:00 頃
地 上 A2 出口

キャット・ストリートの名の由来
ガラクタのことを、中国語で " ネズミの物 " というところから、ガラクタ品の店が並び、それを求めて人々が集まる摩囉上街を " キャット・ストリート " と呼ぶようになった。そのほかにも、どろぼうマーケット（Thieves' Market）、警官マーケット（Paddy's Market）、三燒（Sam Shu、米から作った安くて強い蒸留酒）コーナーなどと呼ばれていた。通りの名称の由来に関する故事がたくさんあり、それは生活に根づいた街だった証でもある。

COLUMN

レトロ雑貨コレクター垂涎の日用雑貨店

創業 1959 年の朱榮記（チューウィンゲイ）は、今も街の便利店として愛されている雑貨舗（日用品店）だ。2 代目店主の朱耀昌さんは、隙間なく積み上げられた種々雑多な品物から、手品のように所望の品を出してくる。なかには、1970 年代以前生まれの香港人が見たら泣いて懐かしがる日用品も潜んでおり、映画関係者が訪れる店としても知られている。製造中止となった赤いブタの貯金箱は在庫限りで売り切れとなったが、人気を反映して復刻された。朱榮記は香港庶民文化保護にも一役買っている。

竹にラッカーを施した二段重ねの菓子入れ。小物入れや、インテリアとしても使えそう (198HK$ 〜)

プラスチック製品が台頭し始めた 1970 年代に中国の伝統柄をコピーして作られた食器。皿 29.9HK$ 〜、お碗小サイズ 19.9HK$ 〜

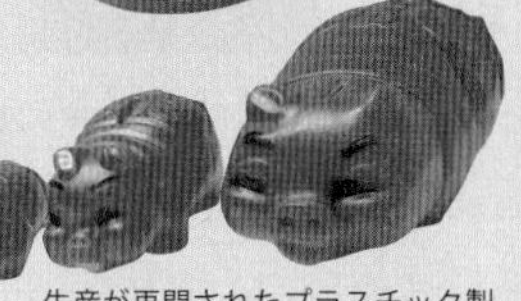

生産が再開されたプラスチック製のブタの貯金箱（中サイズ 98HK$）

香港庶民生活のアイコン、ブリキの郵便受けも人気のみやげ品

地面も軒下もめいっぱい活用した店先のディスプレイ

肉や魚を入れるためのストロー製の買い物バッグ（258HK$）。作る人がいなくなり在庫かぎり

どの家庭にもあった中国製魔法瓶（198 HK$）は今ではお宝グッズ

朱榮記　Chu Wing Kee
住 水坑口街 24-26　24-26 Possession St.　☎2545 8751　営 10:00 〜 18:00（土曜〜 17:00）　休 日曜、旧正月 3 日間　カード 不可　地 A2 出口　map 別冊 P.9-2D

●アンティークとローカル雑貨が詰まった旧市場　map 別冊 P.16-2A

ウエスタン・マーケット（西港城（サイゴンセン））　Western Market

風格のあるれんがの建物

コンノート・ロード・セントラル（干諾道中（ゴンノットウチョン） Connaught Rd. C.）と摩利臣街 Morrison St. が交差する一画に、ウエスタン・マーケット（上環街市の旧館）がある。現在の上環街市は文咸東街にあるが、アーチ形の窓をもつれんが造りの建物は、建造物としても十分に価値があるとして保存されることになり、1991 年に内部を新しくしてウエスタン・マーケットとなった。

館内はノスタルジックな空気に包まれ、小さいながらも魅力的な店が入っているのでおみやげ探しにおすすめ。G/F には骨董品、ジュエリー、中国伝統品などがあり、1/F は布地やレース類の店が集まっている。G/F の「80M 巴士専門店」は香港の乗り物模型の宝庫だ。ベーカリーカフェや人気の甘味店「滿記甜品」（→ P.251）も G/F にある。

ウエスタン・マーケット
住 德輔道中 323
323 Des Voeux Rd. C.
☎6029 2675
営 店によって異なるが、だいたい 11:00 ～ 19:00
休 無休　行き方 MTR 上環駅 B または C 出口から徒歩約 7 分。すぐそばにトラム駅もあるので、香港島サイドからならトラムが便利。

1/F は小売りも行う生地問屋が集まっている

●中国人商人が活躍したかつての経済の中心地　map 別冊 P.9-2D

文咸西街（マンハムサイガイ）　Bonham Strand West

ウエスタン・マーケットの南西側を走る文咸西街は"南北行（ラムバッホン）"とも呼ばれ、もう 1 本海側の永樂街（ウインロッガイ） Wing Lok St. とともに 19 世紀中頃から中国商人が活躍した場所だ。中国と取引する貿易商を"北行"、東南アジアと取引する貿易商を"南行"と呼んだところからこの名前がつき、今も 1868 年創立の南北行センター（南北行公所）が存在している。

干しアワビや朝鮮人参などの高級食材や、漢方薬を扱う問屋が多く、平日の午前中にはそろばん片手の商人たちのやりとりが見られることもある。

文咸西街では漢方薬材や乾物問屋の商売の様子が見られる

文咸西街
地 上 A2 または B 出口

德輔道西
地 西營盤駅 A2 出口

あやしい臭いの正体は「鹹魚（ハームユー）」
德輔道西の海産物問屋街が途切れるあたりにある梅芳街 Mui Fong St. には、鹹魚（塩漬け干し魚）を売る店がある。魚の種類によって霉香鹹魚（塩漬けにして発酵させたもの）や、實肉鹹魚（ただ塩漬けにしたもの）などがあり、あたり一帯に異臭を放っている。かつては庶民の食べ物だったが、今では肉よりも高価。

鹹魚の店は減りつつある

あの世と縁の深い(!?)通り
荷李活道の文武廟より西側には棺桶屋や死装束屋、皇后大道西の西營盤寄りには線香屋、仏具屋（線香や、紙で作ったあの世への贈り物を売る店）がある。map 別冊 P.9-2C ～ 3D

きらびやかな正月飾りを売る仏具屋（皇后大道西）

●中国料理に関心のある人は必見！　map 別冊 P.9-2C

德輔道西（タッボウドウサイ）（Des Voeux Rd. West）の「海味街（ホイメイガイ）」

上環から堅尼地城（Kennedy Town）行きのトラムに乗り約 5 分、干諾道西から德輔道西に入り 100m ほど行ったあたりから、通り沿いに延々と中国料理材料店が続く。その多くは"海味（ホイメイ）"という看板を掲げ、干しエビや貝柱などの海産乾物を商う専門店。「海味街」と呼ばれるこの一帯には、中国料理に欠かせないキクラゲ、干しシイタケなどの農産乾物や漢方食材、調味料などを扱う店もあり、中国料理の奥深さを目の当たりにする。

德輔道西の両側に海産乾物の店がズラリと並んでいる。朝から買い物客でにぎわい、特に旧正月前は混雑する

リエイターが集う歴史ある住宅街

太平山街界隈へ

AROUND TAI PING SHAN ST.

太平山街一帯は、香港島がイギリスに割譲されて間もな
、中国人の居住区に定められたエリア。活版印刷、板金、
動車修理などの小さな工場の入った唐樓(中国式アパート)
上に人々は今も暮らし、庶民のご近所づきあいも、夜の
す暗がりもいまだに残る。

そんな古くからの下町に、世界一忙しい都市に暮らしなが
もマイペースで好きなこと、新しいことを始めようとするアー
ィストやクリエイターたちが注目。唐樓を改装して、ギャラリー、雑貨ショップ、カフェなどが次々と店を開け、新たなコミュニティが誕生した。

上／店主のこだわりが感じられる店を見て歩くのも楽しい
下／壁画アートが彩るエリア。写真は四方街

※周辺図別冊P.9-2D、3D
太平山街周辺：行き方上環駅A2出口から徒歩12～15分

ギャラリーやカフェ、デザイン事務所などが並ぶ太平山街

アーティスティックな通りに変貌!

太平山街 Tai Ping Shan St.

香港島がイギリスに割譲されたあと、このエリアには多くの中国人が移住した。人口の急増にともない治安が急速に悪化したため、イギリス軍は現在のキャット・ストリート(→P.153)の付近に兵舎と警察署を建設し、治安維持に努めた。その結果この地域は太平(平和)を取り戻したため、太平山街と名づけられたといわれている。

香港をはじめ世界のクラフトビール約250種を揃える専門店「クラフティシモ」

クラフティシモ Craftissimo

住 太平山街22-24 Shop D
Shop D, G/F, 22-24 Tai Ping Shan St. ☎6053 7760
営15:00～22:00（金～土曜13:00～23:00、日曜13:00～）
休 不定休
map P.155

チョコレート専門カフェ

グース・チョコレート Goose' Chocolate

ひとつの産地のカカオ豆のみで作るシングルオリジンチョコを用いたスイーツがおいしい。カカオ豆の焙煎から行う自家製チョコのプリンやスムージー、ホットチョコレートは、甘さ抑えめで香り高い。ミッドセンチュリーの家具や装飾品が並ぶかわいいカフェ。

いち押しのシングルオリジンチョコレートプディング（58HK$）は、チョコの味と香りが濃厚で、とても滑らか

左・右／レトロで小さな店は和やかな雰囲気

存在感のあるガチョウのライトが入口に

住 太平山街16 G/F G/F, 16 Tai Ping Shan St. ☎ なし
営12:00～18:00（ラストオーダー17:00） 休 月・火曜、祝日
カード 不可 map P.155

九龍
西營盤
ヴィクトリア・ピーク
香港島

西營盤 ● Sai Ying Pun

西營盤のマップは P.157
周辺図別冊 P.7、8 ～ 9

西營盤への行き方

香港島内から
● **MTR（地下鉄）**
中環、金鐘、灣仔方面からは港島綫の堅尼地城行きで 5 ～ 9 分（5 ～ 6HK$)。堅尼地城方面からは柴灣行きで 2 ～ 4 分（5HK$)。
● **トラム**
銅鑼灣、中環方面からは堅尼地城行きに乗車。德輔道西の東邊街または西邊街で下車。一律 3HK$（12 歳以下は 1.5HK$、65 歳以上は 1.3HK$)。
九龍サイドから
● **MTR（地下鉄）**
中環行きに乗り、終点の中環で港島綫の堅尼地城行きに乗り換える。尖沙咀、油麻地、旺角からは所要 13～19 分、15HK$。

西營盤の地名の由来は
「營盤」という言葉には「武装した人が駐屯する砦」という意味がある。西營盤の地名の由来には次のふたつの説がある。ひとつは、1800 年前後に広東省沿岸で大暴れした海賊、張保仔の基地があったという説。もうひとつは英国軍が 1841 年に上環の荷李活道公園（→ P.149 欄外）付近に初上陸し、一帯に整備したインド人の傭兵を駐留させる軍営地の西側地区という意味だともいわれている。

いわくのある石造りビル
西營盤社區綜合大樓
Sai Ying Pun Community Complex
19 世紀末に外国人看護婦の宿舎、戦後は精神病院として使用されていた建物を、ファサード部分を残し地域のコミュニティセンターとして再生。改修されるまで 30 年以上も廃屋だったこともあり、かつては「鬼屋」（お化け屋敷）と呼ばれ、幽霊目撃談があとを絶たなかった。map P.157

花崗岩で造られた回廊が保存されている。今では結婚記念写真の人気スポット

上環 Sheung Wan から、乾物屋が連なるトラム通りの德輔道西 Des Voeux Rd.West をさらに西に向かって歩く。西營盤の中心部は、急勾配の東邊街 Eastern St. と西邊街 Western St. の間に、海岸線から山に向かって第一街 First St. 、第二街 Second St. と碁盤の目のように規則正しく街路が整備されている。これは 19 世紀半ばに香港政府が中国人居住区として土地を開発した名残。急坂のメインストリート、正街 Centre St. に商店が集まり、庶民の暮らしとともに普段着の歴史が刻まれてきた。

坂道の正街からはヴィクトリア湾が望め、古くから商人の港町としてにぎわった香港の面影をしのぶことができる

MTR 港島綫が上環から西に延伸し、2015 年に西營盤、香港大學、堅尼地城の 3 駅が完成。これにともなう再開発や不動産高騰のあおりで、古いアパートは高層マンションに建て替わり、多くの個人商店が移転や店じまいを余儀なくされ、街の表情は刻々と変化している。特に高街 High St. の変貌ぶりは目を見張るほどだ。レストランやしゃれたバーが並び、ローカル一色だったこのエリアでも西洋人が数多く見かけられるようになった。

歩き方

西營盤は坂が多く、上り下りは足腰に自信のある人でもきつい。正街にある街市のエスカレーター（第二街～第三街の間）と、第三街～般咸道 Bonham Rd. の間の屋根付きの屋外エスカレーター（いずれも上りのみの一方通行）を利用しよう。東邊街、西邊街に挟まれた通りは東西に約 300m ほどなので、歩いて散策するとよい。西營盤駅利用の場合は、最も高い場所にある般咸道沿い出口（C 出口）から正街へ行くルートがおすすめ。下り坂で楽なだけでなく、急坂の先にヴィクトリア湾を望むことができる。

正街には全長 85m の屋外エスカレーターが設置されている

西營盤駅 B1、B2 出口方面の通路には西營盤の生活感いっぱいの壁画がある

この地区のランドマーク的歴史建築の西區社區中心（map P.157)。1922 年に産科医院として開業、現在は地域の女性の活動・支援の拠点になっている

見どころ

●レストラン街へと変貌した map P.157

高街（コウガイ） High St.

東西に延びる通りは海側から第一街、第二街、第三街と名づけられ、その上の高街も当初は第四街と呼ばれていた。古くからの住宅街で、自動車修理工場が多かったが、各国料理のレストランやバーが増え、今や「リトル・ソーホー」とも呼ばれるようになった。散策途中のランチや休憩に。

レストラン街と化した高街は西營盤駅C出口から徒歩数分

●親しみやすい展示の map 別冊 P.8-3B

香港大學美術博物館（ヒョンゴンダーイホクメイソッボッマッグン） The University Museum and Art Gallery

西營盤の西、香港大學の構内にある博物館。中国の絵画、書、青銅器や陶磁器など、紀元前から清代にいたる出土品から芸術作品まで、収蔵品は3000点以上。常設展示は2～3ヵ月ごとに入れ替え。すいていてマイペースで美術鑑賞できる。ティーサロンの「博寮茶座」を併設。

左／開学当時は図書館だった歴史ある建物
右／春秋時代（紀元前770～453年）の青銅製の鼎

ケネディタウンの人気カフェ
アラビカ・ホンコン
% Arabica Hong Kong

日本の京都発のカフェ「アラビカ」が出店しており、海辺の絶好のロケーション。海景色を眺めながらほっとひと息つける。「アラビカ・ホンコン」は香港に9店舗ある。

住 堅尼地城爹核士街1 裕福大廈G/F Shop 4 Shop 4, G/F, Grand Fortune Mansion, 1 Davis St., Kennedy Town
☎2326 4578 営8:30～19:00（土・日曜、祝日～20:00）
休 旧正月3日間 カード MV
地 堅尼地城駅C出口
map 別冊 P.6-3B

ブレンド（32HK$～）とシングルオリジンがある

香港大學美術博物館

住 般咸道90 90 Bonham Rd.
☎2241 5500
URL www.umag.hku.hk
開 9:30～18:00（日曜13:00～）
休 祝日、大学の休校日（HPで確認） 料 無料 地 香港大學駅A2出口または西營盤駅C出口

博寮茶座 The Gallery

住 香港大學徐展堂樓G/F
営 10:00～17:00（日曜14:00～）
カード MV 休 地 map 同上

西營盤中心部

皇后大道西 Queen's Rd. West
ラマダ・ホンコン・ハーバービュー 華美達海景酒店
友膳方
阿一豬扒酸辣米綫
759阿信屋
香港仔有記粉麵廠
ウエルカム
中國
九龍行き
Sooner
五福里
第一街 First St.
パークン
A-1ベーカリー
正街街市（市場）
マーケット・プレイス
縉城峰 Island Crest
歯科医院
第二街 Second St.
Bones & Blades
公衆浴場
Polygon
Hemma
醫院道
ロコファーマ
長春社
常豐里
德星里
西營盤街市（市場）
元福里
ファインプリント
福壽里
西邊街 Western St.
西區社區中心P.156
ミッシング・ピース
香港佐治五世紀念公園
mian bakery
高円堂
Centre St.
佳宝食品超級市場
第三街 Third St.
興里
El Macho
余均益P.219
合興（レトロハンカチ）
培記麵廠
崇真會救恩堂
小学校
餘樂里
長安里
西營盤駅
元勝里
東邊街 Eastern St.
パントリー・セントラル
フレンチフレア
新寶馬餐廳
So. High
エリック・カイザー
高街P.157
正街
Thai on High
ガジュマルの木（神木）
十字水室P.242
Zenith Bar & Grill
勝本
Ricos
メトロポリタン
英記麵家
High St.
ソーン&バロウ（1F）P.275
英華台
西營盤社區綜合大樓 P.156
フライング・ピッグ
ハイストリート・グリル
CAPO
Turkuaz
西尼道
美沙酮（麻薬患者の更生施設）
インターナショナル・パークン
エスカレーター（正街自動扶梯連接系統）
般咸道
英皇書院
小学校
Stephen's Lane
中國
聖士提反里
スターバックス
イル・ベル・パエーゼ
Bonham Rd.
香港大學へ
巴丙頓道 Balington Path
北
0 50m

香港仔のマップはP.158
周辺図別冊 P.3-3C

香港仔（ヒョン ゴン チャイ）／アバディーン
Aberdeen

香港仔への行き方

中環から
交易廣場のバスターミナルからシティバス70に乗り、香港仔下車。6.1HK$。中環碼頭巴士總站（フェリー乗り場近くのバスターミナル）発の7、91のバスも香港仔の街なかを経由する。所要約40分。

銅鑼灣から
軒尼詩道のハイサン・プレイス前からシティバス72の華貴行きに乗り、香港仔下車。6.1HK$。所要約30分。

香港仔の観光アドバイス

香港の原風景ともいえる漁民の町の風情を満喫するのが観光ポイント。P.159欄外の観光サンパンで湾内をひと巡りするのもよいが、対岸の鴨脷洲にMTR駅ができたので、渡し船（街渡）で対岸に渡り、両岸から景色や水上生活の船などを眺めてみるのもいい。鴨脷洲の渡し船乗降所からMTR利東駅へは徒歩約3分。

逆に鴨脷洲から香港仔を訪れたなら、中心部への帰りの足は70番の中環行きバスが便利（中環まで所要約20分）。

香港仔天后廟
Tin Hau Temple, Aberdeen

創建は1851年。石排灣付近の漁民たちが資金を集めて建立し、以来漁民の守り神として信仰を集めている。現在の建物は1999年の再建後のものだが、海から拾われたという銅鐘、屋根を飾る広東省石灣の特産の精巧な人物像などが見学ポイント。

住 香港仔大道182
182 Aberdeen Main Rd.
開 8:00～17:00　休 無休
料 無料　行き方 香港仔のバスターミナルから徒歩約8分。
map P.158

創建当初は海辺にあったが、後世の埋め立てにより現在は市街地に位置する

香港仔灣は香港の重要な船だまり。漁船はここから外洋へ出ていく。漁船のほかサンパン（木造の小舟）やクルーザーも停泊している

香港仔と鴨脷洲を結ぶ渡し船（街渡）の鴨脷洲側の乗り場。香港仔側には乗り場が2ヵ所あり、交互に運航。4～10分間隔で所要約3分（2.2HK$）

かつて香港仔は、ヴィクトリア・ピークやレパルスベイ（淺水灣）と並ぶ、香港有数の観光地だった。香港仔には、水上生活者の船がびっしりと浮かび、その景観と人々の暮らしを見るために、多くの観光客が訪れた。漁業を生活の糧とする香港仔の人々は、船を仕事場兼住居とし、約60年前はその数15万人もいたという。彼らは、陸上での生活を嫌い、船の住居を捨てようとはしなかった。しかし、40年ほど前から、政府の政策によって続々と高層団地が誕生。船で生活していた人々も陸地に定住するようになり、今の香港仔にかつての面影はない。

対岸は鴨脷洲（アップレイザウ）Ap Lei Chau という島で、鴨脷洲大橋で香港仔側と結ばれている。ここにも高層団地がびっしりと立っており、工業団地もある。

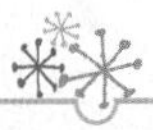

歩き方

香港仔中心（ヒョンゴンチャイチョンサム） Aberdeen Centre という高層アパート群が街の中心をなし、この下層部分にレストランやショップが入り、一部がショッピングセンターとなっている。おしゃれな店はなく、ローカル色満点だ。いちばんにぎやかな通りが**成都道**（シントゥドウ） Cheng Tu Rd. と**南寧街**（ナームニンガイ） Nam Ning St.。成都道にはレストランや香港ブランドのショップが集まっている。このふたつの通りがぶつかる北側は市場だ。また、香港仔中心内には「**香港仔廣場**（ヒョンゴンチャイゴンチョン）」という公園のような一画があり、人々の憩いの場となっている。周りにはファストフード店や人気レストランが軒を連ねている。

湾に沿っては**香港仔海濱公園**（ヒョンゴンチャイホイバンゴンユン）が整備されており、数多くの船が停泊する湾内が眺められる。

左／香港仔中心の中に設けられた香港仔廣場
右／ショッピングセンターが並ぶ繁華街、成都道

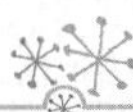

見どころ

●海沿いを散歩するのにぴったり map P.158

香港仔海濱公園（ヒョンゴンチャイホイバンゴンユン） Aberdeen Promenade

市街地から香港仔海傍道を挟んだ海沿いの一帯 700m くらいが公園になっている。サンパンを模した休憩エリアや展望デッキ、子供の遊び場などがあり、市民の憩いの場だ。湾や対岸が望めて気持ちがよい。

園内のサンパン（木造の小舟）を模した休憩エリア

サンパンで湾内観光

香港仔の対岸の鴨脷洲の洪聖古廟近くの桟橋から出発し、湾内をひと巡りする観光サンパン（小舟）のツアーがある。Seayou Explorer Travel という会社が主催しており、「Aberdeen1773」という 1 時間のツアーは 1 日 4 便、大人 220HK$（日本語音声ガイドあり）。湾内を 1 周したあとは水上生活者の家を見学。
URL www.aberdeen1773.com

湾内に停泊するサンパン

香港仔の歴史や観光ポイントを記した表示板も設置されている（香港仔海濱公園）

香港仔海濱公園

P.158 欄外の行き方に掲載のバスは、この公園付近のバス停に停車する。香港仔の街の中心から徒歩約 5 分。

COLUMN

巨大アウトレットビル「ホライズン・プラザ」

香港仔対岸の島、鴨脷洲は高層アパートが密集する住宅地区だが、南側に工業ビルや倉庫が集まる一画がある。何の変哲もない工業ビルのひとつが、香港で有名なアウトレットビル「ホライズン・プラザ」だ。在住外国人や旅行者も多く、買い物フリークの聖地といった場所だ。1/F ～ 28/F にファッションから家具・インテリア、雑貨、キッズ用品まで約 100 店が入居している。有名ブランドから香港ブランドまで多様な顔ぶれで、割引率は 30% くらいから最大 90%。アクセスは MTR 海怡半島駅から徒歩、またはタクシーで。

周辺は工業地区

左／雑貨・インテリアの店「テキーラ・コーラ」(1/F)　右／「レーン・クロフォード・ウエアハウス」(25/F)

ホライズン・プラザ　Horizon Plaza（新海怡廣場（サンホイイーゴンチョン））
住 鴨脷洲利榮街 2　2 Lee Wing St., Ap Lei Chau
☎2554 9089　URL www.horizonplazahk.com　営 だいたい 10:00 ～ 19:00　行き方 海怡半島駅 C 出口から徒歩約 15 分、タクシーなら 5 分。map P.160

大人も楽しい！

香港オーシャンパーク

Ocean Park Hong Kong

ヒョンゴンホイヨンゴンユン
香港海洋公園

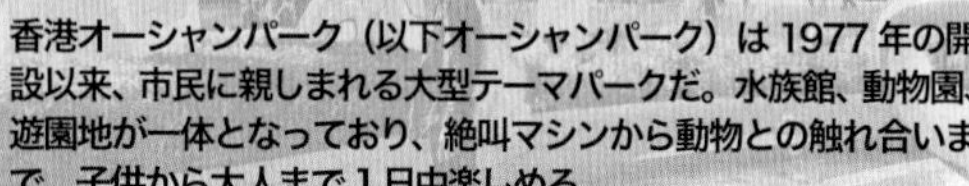

香港オーシャンパーク（以下オーシャンパーク）は 1977 年の開設以来、市民に親しまれる大型テーマパークだ。水族館、動物園、遊園地が一体となっており、絶叫マシンから動物との触れ合いまで、子供から大人まで１日中楽しめる。

2021 年に隣接して全天候型のプール施設「ウオーターワールド・オーシャンパーク・ホンコン」（以下ウオーターワールド、→ P.164）が誕生。周辺には規模の大きなホテル（→ P.164）も開業し、一大レジャーエリアに進化を遂げた。

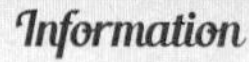

Information

- 園内はふたつのエリアに分かれている。正面入口を入ってすぐの山の麓エリアが「ウオーターフロント」、山の上のエリアが「サミット」。エリア間の移動手段は、地上のケーブルカーと地下のオーシャン・エクスプレスがある（→ P.161）。景色を楽しむなら前者、急ぐ場合は後者を利用。
- ショーや動物とのミート＆グリート、餌やりタイムなど催し物のスケジュールは日によって変わるので、HP でチェックするか、園内の掲示版で確認しよう。
- アトラクションのなかには身長、年齢制限のあるものもあるので注意。
- ウオーターワールドへのアクセスはオーシャンパークの正門ゲート前から運行の無料シャトルバスを利用（→ P.164）。

❶入口付近には謎の海洋生物のオブジェが並ぶ　❷マスコットキャラクターのウィスカー君　❸ノースポール・エンカウンター（→ P.163）内、アザラシが泳ぐ水中トンネル　❹サミット（山頂エリア）から望むレパルスベイ方面。天気がよいと遠くの島々まで見える　❺サミット（エリア）には絶叫マシンがある　❻海洋公園駅 B 出口から連絡通路を通って正門ゲートへ　❼ショーの時間やアトラクションの待ち時間の案内板

香港オーシャンパーク
住 香港仔黃竹坑道
Wong Chu Hang Rd., Aberdeen
☎3923 2323
URL www.oceanpark.com.hk
開10:00 ～ 19:00（ウオーターフロント～ 19:00、サミット～ 18:30）
※時期によって変わるので要チェック。
休 火曜（特例日を除く）料 大人 498HK$、子供（3 ～ 11 歳）249HK$。3 歳未満は無料。並ばなくても指定のアトラクションに優先的に乗車できる「ファストラック FasTrack」パスは 280HK$ ～。
カード A M V
行き方 MTR：九龍側からなら荃灣綫で金鐘にて南港島綫に乗り換え。尖沙咀から 14 分、15HK$。中環からは港島綫で金鐘にて乗り換え、12 分、6HK$。海洋公園駅下車 B 出口から徒歩約 2 分。
バス：中環スターフェリー埠頭前のバス乗り場からシティバス 629 の海洋公園行きで終点下車、所要約 20 分。平日は 9:30 発、土・日曜、祝日は 10:30 発の 1 日 1 便運行。大人 12.4HK$、子供 6.2HK$。

エリアをつなぐ乗り物

●ケーブルカー（登山纜車）

日本でいうところのロープウエイが、山肌の急斜面をぬうように設置されている。香港島南部からはるか島々まですばらしい眺めが楽しめる。所要約15分。強風の日は運休。

天気がよいと最高の眺めが楽しめる

●オーシャン・エクスプレス（海洋列車）

南朗山の地下を通り、約4分で両エリアを結ぶケーブル鉄道。海底列車に見立てた演出も楽しい。

海底探検気分が味わえる列車

注目のレストラン

ペンギンをかたどったシーフードピザ（288HK$）

ペンギンを見ながら食事

タキシード・レストラン
Tuxedos Restaurant
冰極餐廳（ビンギッチャンテン）

水中を泳ぐ様子もよく見える

「サミット」エリアの南極の展示館「サウスポール・スペクタキュラー」（P.163）に隣接。氷の部屋をイメージしたレストラン内からペンギンが泳ぐ様子が見られる。メニューはピザやパスタなどの洋食、キッズミールもある。ついつい食事よりペンギンに目が釘付けに!?

大きなアクリルガラスの向こうはペンギンの世界

☎3923 2161、3923 2323
営11:00～17:00
カード A M V

ソーダベースのさわやかなドリンク各種（60HK$～）

おみやげグッズ

正門ゲートを入った左側にパーク全体のおみやげを扱うショップがある。

広い店内に充実の品揃え

防水加工のキッズ用リュック（279HK$）

ゴマフアザラシ（左）とレッサーパンダのぬいぐるみ（100HK$～）

パンダのぬいぐるみのキーホルダー（各90HK$）

各エリアのアトラクション＆ショー

ウオーターフロント

The Waterfront（海濱樂園）

水族館やパンダ館、子供向けのアトラクションなど和み系の施設が多いエリア。

マンタが悠々と泳

ビューイングパネルに広がる海中世界

左／元気に遊びまわる姿が愛らしい 右／屋内と屋外に展示場がある

リトル・ミーアキャット・アンド・ジャイアントトータス・アドベンチャー

Little Meerkat and Giant Tortoise Adventure 小狐獴與大象龜之旅

アフリカ出身のミーアキャット、2 家族 19 頭の展示施設。一角ではアルダブラゾウガメ 2 頭も見られる。

左／ゾウガメの餌やりタイム 右／ミーアキャットの見張り役が立ち上がって監視

グランドアクアリウム

The Grand Aquarium 海洋奇観

目玉の水族館。らせん状に進んで深海へとたどる造りになっている。直径 5.5m の展望ドーム、幅 13m のビューイングパネルから水中世界が望める。マンタやエイ、シュモクザメなど、400 種類以上、約 5000 匹の海の生物がいる。

上／青い卵形の建物がグランドアクアリウム 左／ミルクフィッシュ（牛奶魚）が回遊する水槽

オールド・ホンコン

Old Hong Kong 香港老大街

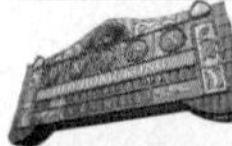

1950 ～ 1970 年代の香港の街並みを再現。唐樓スタイル（→ P.132 欄外）の建築物や旧式のトラムなどを見物し、香港のストリートフードで腹ごしらえ。おみやげショップもある。

左上／オールド・ホンコン入口　左下／映画のセットのような古い街並み 右／スナックや伝統菓子などを販売している

ゴールドフィッシュ・トレジャーズ

Goldfish Treasures 金魚寶殿

額縁を模した水槽の中に、珍しい観賞用金魚が泳ぐさまは、一幅の絵画のよう。

上／頭の上に赤いコブが付いている「タンチョウ（鶴頂紅）」 下／ジャイアントパンダ・アドベンチャーの出口近くにある

注目の展示館

オスのララ（樂樂）とメスのインイン（盈盈）がいるパンダの展示館

ジャイアントパンダ・アドベンチャー

Giant Panda Adventure 大熊猫之旅

中国四川省の自然環境を整えた館内で、パンダを間近に観察できる。インインとララのパンダ 2 頭がおり、活発に行動する午前中がベストタイム。レッサーパンダもいる。

同館内ではレッサーパンダも至近距離で見られる

乗り物のアトラクションゾーン「スリルマウンテン」

サミット
The Summit (高峰樂園)

スリル満点の乗り物アトラクションを中心に、極地や熱帯の展示館、人気のイルカショーなどアドレナリン系の楽しみいっぱい。

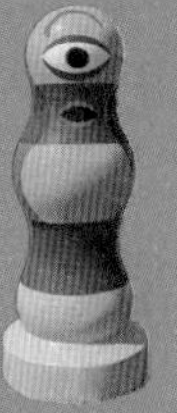

ペンギンは遊び好き。陸上の様子も水中を優雅に泳ぐ姿も見られる

ノースポール・エンカウンター
North Pole Encounter 北極之旅

極地を模した展示館の中は低温設定の別世界。北極をテーマにしたノースポール・エンカウンターではセイウチやゴマフアザラシが泳ぎ回り、隣の展示館にはホッキョクギツネも。

右／愛嬌のあるセイウチ 左／ノースポール・エンカウンターは氷山を模した建物

サウスポール・スペクタキュラー
South Pole Spectacular 南極奇観

南極のペンギンの楽園。オウサマペンギン、イワトビペンギン、ジェンツーペンギンの3種類約90羽のペンギンの群れは圧巻。

左／入口のペンギン像 右／3種類いるペンギンのなかで、人気者は黄色の飾り羽をもつイワトビペンギン

エクスペディション・トレイル
Expedition Trail 熱帯雨林探險徑

レインフォレスト（熱帯雨林天地）のゾーンにある。その名のとおり熱帯雨林の生態系を模したトレイルを歩いて、樹林の中にいるカピバラやナマケモノ、キンカジューなどを探そう。樹林帯を縫うように「ラピッド」（急流下り）のアトラクションがある。

ボートに乗って熱帯雨林の水路を探検する「ラピッド」は、水ぬれ覚悟で

ジャングルにすむ珍しい動物を集めた施設

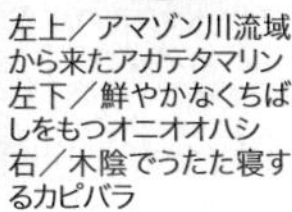
左上／アマゾン川流域から来たアカテタマリン 左下／鮮やかなくちばしをもつオニオオハシ 右／木陰でうたた寝するカピバラ

人気の絶叫アトラクション

ワイルド・ツイスター
Wild Twister 狂野龍捲風

メインアーム、そこから枝分かれしたアーム、シートがそれぞれ違う方向に回転する。最大加重4G。

最新の乗り物アトラクション

左／絶叫が響き渡る 右／最高地点に達すると真っさかさまに

フラッシュ
The Flash 翻天覆地

車輪状の乗り物が回転しながら地上22mの高さへ振り上げられる。見ているだけでも衝撃的。

ヘアーレイザー
Hair Raiser 動感快車

園内に複数あるローラーコースターのなかではこれがいちばんスリルあり。

床なしのローラーコースター

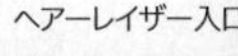
ヘアーレイザー入口

1 年中遊べるプール施設

ウオーターワールド・オーシャンパーク・ホンコン

Water World Ocean Park Hong Kong　香港海洋公園水上樂園

2021 年開園。6 万 5000㎡の緑あふれる敷地に展開するアジア初の全天候型、通年営業のウオーターパークだ。5 つのエリアに 27 の屋内外のアトラクションがあり、スリルと興奮に満ちた体験が待っている。熱帯雨林や洞窟など 4 つのテーマゾーンを巡る流れるプール、波のプール、屋内のサーフィン体験施設、さまざまなタイプのスライダーなど、バリエーション豊富。レストランやスナック店、ショップも備わる。

オーシャンパークの北西、大樹灣に面した南朗山の山腹に立地

住 香港仔海洋徑 33　33 Ocean Drive, Aberdeen
☎3923 2323　URL waterworld.oceanpark.com.hk/en　開10:00 ～ 19:00 ※時期によって変わるので要チェック　休 無休　料 大人 698HK$、子供（3 ～ 11 歳）488HK$、65 歳以上 150HK$。※チケットはウェブで事前に要購入、来訪日を要予約。
カード AMV　行き方 オーシャンパークの正門ゲート前から無料シャトルバスを利用。オーシャンパーク発は 6:45 ～ 23:00、ウオーターワールド発は 7:15 ～ 23:00。ともに 15 ～ 30 分間隔、所要約 10 分。

無料シャトルバス

❶家族や友人とレースを楽しめるウオータースライダー「レインボーラッシュ」 ❷屋外の波のプール「ビッグウエイブベイ」は眺めがよい ❸渦が巻く巨大ボウルからチューブへ滑り下りるゴムボートスライダー

オーシャンパーク近接のリゾートホテル

客室はモダンでナチュラル。写真は 4 人まで泊まれる家族向けのウィスカーズ・サブマリン・ゲストルーム

ロビーに据えられた円筒形の水槽

ファミリー対応の客室や施設が整う

ホンコン・オーシャンパーク・マリオット

Hong Kong Ocean Park Marriott Hotel　香港海洋公園萬豪酒店

オーシャンパークの正門ゲートに隣接しており、海洋公園駅から徒歩数分。遊びもリゾートステイも市内観光も満喫できる好立地。環礁から着想を得た造りやデザインの 3 つのタワーからなり、ロビーでは熱帯魚が泳ぐ高さ 16m の円筒形の水槽が迎えてくれる。客室はさまざまなタイプがあり、家族向けのテーマルームも配備。景色のよいラグーンプールやキッズプール、スパや 5 ヵ所のダイニング施設など設備も充実。

住 香港仔黃竹坑道 180　180 Wong Chuk Hang Rd., Aberdeen　☎3555 1688　FAX3555 1689　URL www.oceanparkmarriott.com　行き方 空港からタクシーで約 1 時間、エアポートエクスプレス香港駅からタクシーで約 20 分。　地 海洋公園駅から徒歩約 5 分　料 WT1300HK$ ～、Su3000HK$ ～。
カード AMV　全 469 室　MAP P.160

左／ラグーンをイメージした南国ムードいっぱいのプール　右／レセプションの天井は魚の群れをイメージしたライティング

優雅なリゾートステイを約束

フラトン・オーシャンパーク・ホテル・ホンコン

The Fullerton Ocean Park Hotel Hong Kong　香港富麗敦海洋公園酒店

雄大な海景色をほしいままにする高級リゾート。自然のなかに溶け込むデザインの館内や客室は静かでリラックスできる。長さ 60m のインフィニティプールは海と一体感が味わえるホテル自慢の施設。ファミリー仕様の客室や規模の大きなキッズプレイゾーンも備わる。シンガポール料理の「サテー・イン」や本格広東料理の「ジェイド」など質の高いレストランにも注目。

キングサイズのベッドを備えたプレミアオーシャンフロントルーム。環境に配慮した工夫が随所に見られる

住 香港仔海洋徑 3　3 Ocean Drive, Aberdeen
☎2166 7388　FAX2166 7399　URL www.fullertonhotels.com/fullerton-ocean-park-hotel-hongkong　行き方 空港からタクシーで約 1 時間、エアポートエクスプレス香港駅からタクシーで約 20 分。　地 海洋公園駅 B 出口近く（オーシャンパークゲート前）からホテルの無料シャトルバスで約 10 分。料 WT3500HK$ ～、Su 9100HK$ ～。
カード AJMV　全 425 室
MAP P.160

上／開放感あふれるインフィニティプール　下／オープンは 2022 年。ウオーターワールドの西隣に立つ

※各ホテルの設備のアイコンの凡例→ P.319 脚注。

淺水灣（チンソイワン） レパルスベイ ● Repulse Bay

淺水灣のマップは P.165
周辺図別冊 P.3-4C

中環からレパルスベイ行きバスに乗って約20分。白い砂浜と海岸線が突然開ける。そこは東洋的な建物など見あたらず、西洋の香りのする洋館や、超高級リゾートマンションが点在する場所だ。ここがレパルスベイ、1950年代のハリウッド映画『慕情』の舞台として有名な海岸だ。バスは終点まで乗らずに、高くそびえるブルーの洋館"レパルスベイ"の前で降りよう。バスを降りたら通りの反対側に渡り（歩行者用信号あり）、前方に続く小道を真っすぐに進んで、下ると広々とした砂浜だ。山側の高級リゾートという感じとは打って変わって庶民的な雰囲気。夏場には多くの海水浴客でにぎわうこの海岸沿い一帯の広い砂浜と、建ち並ぶファストフードの店や海の家は、日本でいえば江の島海岸のようなところだ。海岸線を向かって左に歩くと、鎮海樓公園（チャンホイラウゴンユン）がある。まさに"中国"といった極彩色のオブジェを見て回るのも楽しい。

20世紀前半の歴史ある建築物。当時はホテルとして使われた。現在は下層階がショップやレストラン、上階は高級マンション

弧を描く砂浜が広がる。海水浴や日光浴などを楽しむ人々の姿がある

淺水灣への行き方

中環から
交易廣場バスターミナルから赤柱市場（スタンレー）行きのシティバス6、6X、260、または6A（赤柱炮台行き）で「淺水灣海灘」下車。6:00～翌0:05の間に10～30分間隔で運行。6.9～8.4HK$。所要20～25分。

尖沙咀東部から
尖東駅P1出口付近のバスターミナルからシティバス973で約60分。16.9HK$。

淺水灣から赤柱（スタンレー）へ
6、6A、6X、73、260、973のバスで約10分。5.9HK$（260は8.4HK$）。

レパルスベイ

住 淺水灣道109
109 Repulse Bay Rd.
営 だいたい10:00～18:00頃
※目の前にバス停がある。
この建物は風水に基づき、龍脈が通るように建物の真ん中に穴が開いている。

レパルスベイ内のレストラン ベランダ The Verandah Restaurant（露台餐廳）

1920年に建設され、香港社交界で愛された旧レパルスベイホテルの一部がそのまま保存され、ヨーロッパ料理を供するレストランに。ペニンシュラ系列のレストランだけあって味もよい。以前はテラスだった席からは海が見渡せる。英国スタイルのアフタヌーンティーが人気。

☎2292 2822
営12:00～15:00（日曜11:00～）、15:00～18:00（日曜、祝日15:30～）、19:00～22:30
休 月・火曜
カード A D J M V　map P.165
※予約が望ましい（海側の席は週末・祝日は要予約）。

見どころ

●コロニアル様式の建物の中で過ごす特別な時間　map P.165

レパルスベイ　(影灣園)　The Repulse Bay

建物のG/F部分には、中庭を取り囲むように高級感漂うショップやギャラリーが並んでいる。洋服から家具までライフスタイルを提案する「インサイド」や、香港アイコンの小物雑貨も置くブックショップ「ブッカジン」は注目店。スーパーマーケットも入店。東南アジア料理店「スパイス」、1/Fにはコロニアルな「ベランダ」(→P.165欄外)やスパなどもある。

建物の周りは石畳とよく手入れされた芝生が広がっている。ビーチも見渡すことができ、散歩するだけでも、ひとときの贅沢気分が味わえるだろう。

中庭にはパシフィック・コーヒーのテラス席がある

●旬の店を揃えたショッピングモール　map P.165

ザ・パルス　The Pulse

ビーチサイドに立つショッピングモール。B1～L3の4フロアに約15のショップと約10のレストランという小規模なショッピングモールだが、コーヒー専門店の「コーヒー・アカデミクス」、「アラビカ・ホンコン」といった話題のカフェも入店。

L1にシーフードバーベキューの「ライムウッド」など、海を望むオープンエアのレストランやカフェがズラリと並ぶのがこのモールの特徴。L2の「ピーカブー」と名づけられたエリアにはベビー用品やキッズウエアが充実している。

目の前はビーチなので、海に行ってからここで休憩するのもおすすめ

●中国版パワースポット(!?)　map P.165

鎮海樓公園(チャンホイラウゴンユン)

1970年中頃に造られた公園。色鮮やかな福の神や縁起のいいものが大集合。10mを超す媽祖(天后。海の守り神)像と観音像とが対をなしてそびえる。海龍王、河伯(中国神話の黄河の神)、麻姑(爪

中国人観光客の熱気がいっそう高まるスポット。右が媽祖像、左が観音像

ベランダ(→P.165欄外)のアフタヌーンティーは15:00～18:00(日曜、祝日は15:30～)。セットは348HK$(土・日曜、祝日368HK$)

ザ・パルス
住 海灘道28
28 Beach Rd.　☎2815 8888
営 店によって異なるが、だいたい10:00～22:00
行き方 淺水灣海灘のバス停から徒歩約5分。

上/L2のオープンスペースに展開するカフェ「アラビカ・ホンコン」はビーチの眺めもよい　下/広いスペースを誇る「ピーカブー」(L2)には7つの子供ブランドが出店

鎮海樓公園
開 6:00～18:00　休 無休
行き方 淺水灣海灘のバス停から海灘道を南東へ徒歩約12分。園内にある中国風の建物は「香港拯溺總會(The Hong Kong Life Saving Society)」の本部。

縁結びの石をなでよう
鎮海樓公園の海に突き出た楼閣前の長壽橋のたもとに、この姻縁石がある。「千里姻縁一線牽」と書かれており、これは千里隔てていても縁さえあれば巡り会うという意味。しっかりなでれば御利益があるかも。

黒光りするこの石が「姻縁石」

の長い仙女）、寿老人などの像、渡ると寿命が延びるという長壽橋、長寿の象徴の鰲魚（シャチホコ）、姻縁石と、よくぞここまで集めたものだと感心してしまう。中国人観光客にならって石をなでたり、幸福の神様にお参りしていこう。

左／鰲魚の口にお金を投げ入れて願をかける人もいる　右／赤い橋が長壽橋、八角形の建物が萬壽亭。幸運の神様や動物が勢揃い

読者投稿

鎮海樓公園

神様にはそれぞれいわれがあり、おもしろかった。赤い橋の長壽橋は、渡ると寿命が延びるとか。なでるとお金がたまるといわれる神様には順番待ちの列ができていた。

（大阪府　晴香）［'23］

Area Guide

赤柱のマップは P.168
周辺図別冊 P.3-4C

赤柱（チェチュウ）　スタンレー Stanley

赤柱灣には漁業を行う小舟が停泊している。湾周辺の遊歩道を歩いてみよう

赤柱半島には昔から監獄があり、赤柱という名前はかつては暗いイメージをともなったが、山の緑と海の青さを愛した欧米人が住み着き始めてから、欧米人村のイメージのほうが強くなり、今や赤柱といえば、海辺の明るくエキゾチックな街、そして欧米人好みのスタンレーマーケットがある街として、すっかり定着した。

アーケード街で衣料品や雑貨を見て回ったり、海辺のプロムサードを散策、さらに赤柱馬坑公園（→ P.169）を歩いてみるのも気持ちがよい。

赤柱へは中環からバスで 40 分ほど。市街地の雑踏を離れて、のどかな海景色のなかで、買い物やテラス席での食事を楽しもう。

左／スタンレー・メインストリート西側にはバーやレストランが並ぶ
右／水僊古廟前の海岸

赤柱への行き方

中環から

交易廣場バスターミナルから赤柱市場（スタンレー）行きのシティバス 6、6X、260 または 6A（赤柱炮台行き）で「赤柱村」下車。6 は 6:00 ～翌 0:05 の間に 10 ～ 30 分間隔で運行。6A は月～土曜の早朝に 20 ～ 30 分おき、6X は 7:50 ～ 19:45（日曜、祝日は 7:00 ～ 19:30）の間に 10 ～ 23 分間隔、260 は 7:12 ～ 21:00 の間に 15 ～ 23 分間隔で運行。6 は 10.4HK$、6A、6X は 10.9HK$、260 は 13.4HK$。所要 40 ～ 50 分。

※いずれのバスも、下車するバス停は終点ではないので、運転手に言っておくのが確実。

赤柱から中環へ

上記のバスが同様の時間帯、間隔、料金で運行している。

北角から

フェリー乗り場のバスターミナルからシティバス 63 の赤柱市場行きで終点下車。6:00 ～ 19:30 の間に 30 分間隔（日曜、祝日は運休）で運行。所要約 50 分、11.2HK$。

また、日曜、祝日のみ、同ターミナルからシティバス 65 赤柱市集行きが運行。7:00 ～ 19:00 の間に 12 ～ 20 分間隔、所要約 50 分。11.4HK$。

赤柱から北角へ

63のバスが 6:00 ～ 19:00の間（日曜、祝日は運休）、65 が 7:00 ～ 19:00 の間に上記と同様の間隔、料金で運行。

（次ページへ続く）

歩き方

おみやげ探しにスタンレー・メインストリートへ

赤柱村道のバス停で下車したら、赤柱新街(チェチュウサンガイ) Stanley New St. の坂を下り、突き当たったところがアーケードになった**スタンレー・メインストリート**(赤柱大街(チェチュウダーイガイ) Stanley Main St.)だ。中国工芸品やみやげ物、シルクやリネンの店、スポーツ用品店、アートギャラリーなどが狭い通りの両側に連なっている。スワトウ刺繍製品、カシミヤやシルク製品、コットン小物など比較的安くてよいものが見つかる。中国チックなみやげ物やリーズナブルな衣料品も多い。スタンレー・メインストリートの裏側の路地にもレストランやカフェ、ショップがあるので時間があれば巡ってみよう。

左/アーケード街のスタンレー・メインストリートは新型コロナウイルスの影響で閉店した店が多く、地元向けの食品店やおもちゃ屋などが新たに参入している　中/工芸品を扱うアートギャラリー　右/中国伝統芸術の花文字を描いてくれる店もある

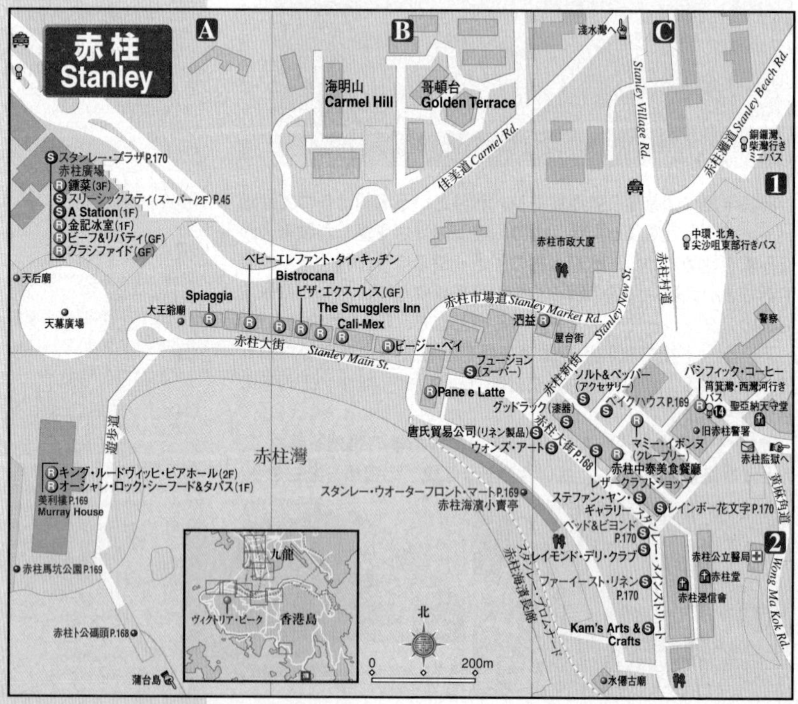

(前ページから)

尖沙咀東部から

尖東駅 P1 出口近くのバスターミナルからシティバス 973 が運行。16.9HK$。

スタンレー・メインストリートのアーケード街

行き方 赤柱村道のバス停から徒歩約 5 分。map P.168-2C

歴史的遺産がある
赤柱卜公碼頭(チェチュウボッコンマータウ)　Black Pier

埠頭の建造物はもとは中環にあり、約 100 年前に英国人高官の上陸に使われたもの。1900 年に当時の英国人総督の名をつけられた埠頭は改築、移転を重ね、2007 年に赤柱に移築された。この埠頭は香港仔と蒲台島を結ぶ航路の経由地となっている。
map P.168-2A

創建時はわら葺き屋根だった。内部にはクラシカルなランプがともる

赤柱 Stanley

A　B　C　1　2

海明山 Carmel Hill
哥頓台 Golden Terrace
佳美道 Carmel Rd.
淺水灣へ
Stanley Village Rd.
赤柱灘道 Stanley Beach Rd.
銅鑼灣、柴灣行きミニバス
S スタンレー・プラザ P.170
赤柱廣場
R 鍾菜(3F)
S スリーシックスティ(スーパー/2F) P.45
S A Station(1F)
R 金記冰室(1F)
R ビーフ&リバティ(GF)
R クラシファイド(GF)
赤柱市政大廈
中環・北角、尖沙咀東部行きバス
赤柱村道
天后廟
天幕廣場
大王爺廟
ベビーエレファント・タイ・キッチン
Bistrocana
ピザ・エクスプレス(GF)
Spiaggia
The Smugglers Inn
Cali-Mex
赤柱市場道 Stanley Market Rd.
Stanley New St.
泗益
屋台街
警察
赤柱大街 Stanley Main St.
R ビージー・ベイ
フュージョン(スーパー)
R Pane e Latte
赤柱新街
ソルト&ペッパー(アクセサリー)
ベイクハウス P.169
パシフィック・コーヒー
筲箕灣・西灣河行きバス
聖亞納天守堂
グッドラック(漆器)
旧赤柱警署
唐氏貿易公司(リネン製品)
ウォンズ・アート
赤柱大街 P.168
マミー・イボンヌ(クレープリー)
赤柱中泰美食餐廳
赤柱監獄へ
黄麻角道
赤柱灣
遊步道
R キング・ルードヴィッヒ・ビアホール(2F)
R オーシャン・ロック・シーフード&タパス(1F)
美利樓 P.169 Murray House
レザークラフトショップ
スタンレー・ウオーターフロント・マート P.169
赤柱海濱小賣亭
ステファン・ヤン・ギャラリー
S レインボー花文字 P.170
ベッド&ビヨンド P.170
赤柱公立醫局
Wong Ma Kok Rd.
赤柱馬坑公園 P.169
九龍
レイモンド・デリ・クラブ
赤柱堂
スタンレー・メインストリート
ファーイースト・リネン P.170
赤柱浸信會
ヴィクトリア・ピーク
香港島
スタンレー・プロムナード
赤柱海濱長廊
北
赤柱卜公碼頭 P.168
Kam's Arts & Crafts
0　200m
蒲台島
水僊古廟

プロムナードを散策

スタンレー・メインストリートの海側には、約300mにわたるプロムナード（赤柱海濱長廊）が整備され、**スタンレー・ウオーターフロント・マート**（赤柱海濱小賣亭 Stanley Waterfront Mart）がある。カフェレストランやスナック店、エスニックグッズやウエアのショップなど、十数軒が並ぶミニマーケットだ。パラソルの下で海を眺めながら飲食できる。

左／ひと休みにちょうどいいスペース
右／リゾートにぴったりのウエアを販売

見どころ

●復元された歴史的建造物　map P.168-2A

美利樓（メイレイラウ）　Murray House

ヴィクトリア様式による香港最古の建造物のひとつ。植民地時代の1846年に中環（現中國銀行大廈の場所）に建てられ、当初は軍営、後に政府機関のオフィスとして使用され、戦時中には日本軍が司令部として接収していた。時代の波に押され、1982年に解体されたものの、将来の復元を想定して石材に番号を付け（番号は今も肉眼で確認できる）、香港島の大潭の山あいに人知れず保存されていた。その美利樓がスタンレー・プラザの一画に復元され、館内でレストランが営業している。

左／円柱が支えるバルコニーはレストランのテラス席になっている　右／G/Fは写真スポットとして人気

●自然のなかをミニハイキング　map P.168-2A

赤柱馬坑公園（チェチュウマーハンゴンユン）　Stanley Ma Hang Park

赤柱西部の丘陵地帯に広がる自然公園。美利樓の西側に入口がある。森林の中に遊歩道が巡り、植物や鳥類を観察できるようになっている。公園入口近くに北帝古廟や古井戸があり、丘の上の展望スペースでは眺望が楽しめる。

整備された木道を散策。案内板も随所に設置されている

スタンレー・ウオーターフロント・マート
行き方 赤柱村道のバス停から徒歩約8分。map P.168-2B

大人気ベーカリーがスタンレーにも出店
ベイクハウス
bakehouse

店舗が急増中のベーカリー「ベイクハウス」（→ P.87）。スタンレーにも店舗がオープンし、連日にぎわっている。人気はカスタードが絶品のサワードウエッグタルト。テイクアウトのみだが、コーヒーも販売していて、屋外の簡単な席で食べることもできる。

住 赤柱大街116　116 Stanley Main St.　☎なし　営8:00～18:00　休 月曜　カード A M V
map P.168-2C

上／赤柱大街から路地を入った所にある　下／サワードウエッグタルト（12HK$）

スタンレー・プラザ
Stanley Plaza（赤柱廣場）
URL www.stanleyplaza.com

スタンレー・メインストリートの西端にある美利樓とショッピングセンターを含めた複合施設。ショッピングセンターは→ P.170。

美利樓
行き方 赤柱村道のバス停から徒歩約8分。

美利樓内のレストラン
1/F には「オーシャン・ロック・シーフード＆タパス」、2/F にはドイツ料理の「キング・ルートヴィッヒ・ビアホール」がある。営業時間はだいたい11:30～22:00頃。

赤柱馬坑公園
☎2813 7963
開6:00～22:00　休 無休
行き方 赤柱村道のバス停から徒歩約10分。

読者投稿

スタンレーから市内へ戻るバスは週末に混雑

日曜の15:00くらいにスタンレーのバス停に行くと長蛇の列！　バスは次々来るが40分ほど並んだ。週末は地元客が増えるようで、バス利用の場合は週末は避けたほうが無難。
（兵庫県　こうべっこ）['23]

左／廟の隣には井戸神が祀られた古井戸がある　中／ガジュマルの巨木に守られるように北帝古廟がある　右／海に面してポツンと立つ北帝古廟は 1805 年に漁民が建てた

●ライフスタイルを提案するショッピングセンター　map P.168-1A

スタンレー・プラザ（赤柱廣場）　Stanley Plaza

スタンレー・プラザは美利樓（→ P.169）を含めた施設の総称。円形広場に面してショッピングセンターがあり、G/F から 4/F に約 35 店入店している。ライフスタイルがテーマの店が多く、各国料理なら G/F、ローカル料理なら 1/F の「金記冰室」へ。4/F には眺めのよい休憩テラスがある。

スタンレー・プラザ（ショッピングセンター）
住 佳美道 23　23 Carmel Rd.
☎2813 4623
営 だいたい 10:00 ～ 20:30
行き方 中環交易廣場から 6X、66 のバスで赤柱廣場下車すぐ。赤柱村道のバス停から徒歩約 8 分。

左／ G/F には人気のレストランが並んでいる
右／海が見渡せる4/ Fのテラス席

COLUMN　スタンレー・メインストリートのおすすめ店

ファーイースト・リネン　Far East Linen Co.

コットン、リネン、シルク製品をはじめ、テーブルウエアやクッションカバー、バッグ、陶器などバリエーション豊富な品揃え。スワトウ刺繍のハンカチやミニポーチ（28HK$ ～）はおみやげによい。

左／手作りのミニチュア花瓶 58HK$ ～　右／多彩な雑貨を揃えている
住 赤柱大街 9B　9B Stanley Main St.　☎2813 9362
営9:00～18:00　休 旧正月１日　カード A M V
行き方 赤柱村道のバス停から徒歩約 7 分。map P.168-2C

ベッド＆ビヨンド　Bed & Beyond

ベッドリネンをメインにパジャマや小物雑貨などもある。店頭に並ぶ刺繍を施したポーチやランドリーバッグ、ティッシュケースなどの小物類は種類豊富でまとめ買いしたくなるかわいさ。

店頭に並ぶランドリーバッグ

刺繍入りミニポーチは 38HK$ ～
住 赤柱大街 17　17 Stanley Main St.　☎2539 0309
営9:00 ～ 17:00　休 旧正月　カード A M V　行き方 左記と同じ　map P.168-2C

レインボー花文字　Rainbow Hanamoji

書道、絵画の技に風水をミックスさせた芸術作品「花文字」。「美」を表す蝶や「幸福」を表す鳥といった中国の吉兆モチーフが漢字に織り込まれており、開運アイテムとしても人気。赤柱には多くの花文字師がいるが、約 30 年前に葉文傑氏によって生み出された花文字の正統な後継者であるジョナサン（下の写真）の描く花文字は、繊細で美しく芸術的だ。

来店前に予約が望ましい

住 赤街大街 40A　40A Stanley Main St.
☎9389 0077　営11:00 ～ 16:30（土・日曜 10:00 ～ 17:00）　休 無休
カード A J M V
行き方 左記と同じ
map P.168-2C

エリアガイド

九龍

Area Guide

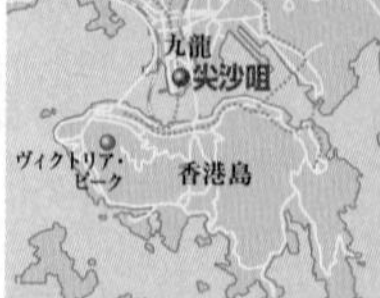

尖沙咀（チムシャツォイ）
● Tsimshatsui

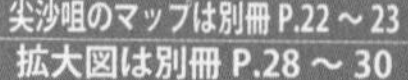
尖沙咀のマップは別冊 P.22 ～ 23
拡大図は別冊 P.28 ～ 30

対岸の香港島のパノラマがすばらしい尖沙咀プロムナード（→ P.177）。夜は香港を代表する夜景観賞スポットに

尖沙咀エリア
　尖沙咀は九龍半島の最南端地区。正確には佐敦道 Jordan Rd. と加士居道 Gascoigne Rd. 以南の地区。

空港から尖沙咀へ
　A21 のバスで約 1 時間。エアポートエクスプレス利用なら佐敦の埋立地にある九龍駅まで約 20 分。九龍駅から中心部まではタクシーで 5 ～ 10 分。空港からタクシー利用の場合は 270HK$ くらいを目安に。

尖沙咀への行き方

● **MTR（地下鉄）**
荃灣綫
　荃灣綫がネイザン・ロードの下を真っすぐに走っていて、尖沙咀駅は地区の中ほどの九龍公園南側にある。油麻地からは所要約 5 分、5HK$、旺角からは約 7 分、6HK$。中環からは所要約 6 分で、12HK$。
屯馬綫
　屯馬綫の尖東駅があり（尖沙咀駅と地下道で連絡）、柯士甸駅から所要約 4 分、5HK$、東鐵綫／屯馬綫の紅磡駅から所要約 4 分、6.5HK$。
● **スターフェリー**
　中環からは所要約 9 分。1 等 5HK$（土・日曜、祝日 6.5HK$）、2 等 4HK$（土・日曜、祝日 5.6HK$）。灣仔からは約 8 分、5HK$（土・日曜、祝日 6.5HK$）。

スターフェリー乗り場（天星碼頭）。中環行きと灣仔行きが発着する

本書の尖沙咀のエリア分け
中心部：メインストリートのネイザン・ロードを中心に、東は漆咸道南 Chatham Rd. S. まで、西は九龍公園徑 Kowloon Park Dr. あたりまでのエリア。
西部：カントン・ロードを中心にしたエリア。
東部：漆咸道南から東のエリア。
佐敦周辺：MTR 佐敦駅周辺のエリア。

香港は「おもちゃ箱をひっくり返したような街」と人は言う。近代的な中環（チョンワン）や、庶民的な生活感の漂う地区もあるが、香港といえば即、尖沙咀のイメージが浮かび上がってくるくらいに、尖沙咀の魅力と毒と刺激は強烈だ。

そういう街、尖沙咀はあなたにどんな体験をさせてくれるだろうか。

香港でいちばん重要な地域はと問えば、答えはふたつに分かれるだろう。香港島中環と、九龍尖沙咀。ヴィクトリア湾で隔てることわずか 1.5km のこのふたつの街は、まったく様相を異にする。中環は未来都市を思わせるモダンな高層ビルが建ち並び、行き交う人々もスーツに身を固めたエリートサラリーマンが目立つ、香港経済の中枢部。一方、尖沙咀は商業の街である。超モダンな高層ビルの代わりに、あらゆる種類の店が、新旧、高低、いっしょくたに建ち並ぶ。ペニンシュラホテルのアーケードで何千ドルものチェックを切る人も、バックパックで歩き回る人も、どんな旅人もこの街にならいる。東洋と西洋のミックスカルチャーは、まさにひっくり返したおもちゃ箱なのだ。

ここ数年、尖沙咀には新たなランドマークとなるショッピングビルが次々登場し、街に活気を与えている。この街の秘めたる底力を感じ取れば、もっと香港が好きになるはず。

九龍半島の大動脈、ネイザン・ロード。ここから真っすぐ北へ延びている

歩き方

尖沙咀という街には、歩き方のコツや効率のいい歩き方はない。興味のおもむく場所を歩いてみるのがいちばん。では、どんな特徴ある通りがあるのか、街の概要を説明しつつ紹介していこう。

尖沙咀中心部

メインストリートのネイザン・ロード（彌敦道 Nathan Rd.）を起点に尖沙咀の中心部から歩き始めよう。

世界各国の人が行き交うネイザン・ロード

この道は半島最南端部から太子 Prince Edward まで約 3.8km も続く、まさに**香港のメインストリート**。尖沙咀駅周辺には観光客（最近は中国人観光客）向けの店が並んでいる。時計・宝飾店、ファッションブランド店、化粧品・薬店など。

キーポイントとなる見どころは、南から**ザ・ペニンシュラ・ホンコン**（半島酒店、→ P.325）、コロニアルな風情の「**1881 ヘリテージ**」（→ P.177）、尖沙咀駅の真上に立つ「**アイ・スクエア**」（國際廣場、→ P.267）。駅の北側にはネイザン・ロード沿いにショップが連なる**パークレーン・ショッパーズ**（栢麗購物大道）があり、散歩がてらウインドーショッピングするのによい。

尖沙咀を南北に貫くネイザン・ロード。正面のガラス張りのビルは尖沙咀駅の真上にある「アイ・スクエア」

尖沙咀は地下道が多い

主要観光地を結ぶ地下道は次のとおり。

●ペニンシュラホテル前のネイザン・ロード～シェラトン・ホンコン・ホテル＆タワーズの地下～香港太空館前

●ソールズベリー YMCA 前の九龍公園徑～香港文化中心前～ 1881 ヘリテージ

●北京道と九龍公園徑の交差点～ワン・ペキン・ロード、ランガム・ホンコンホテル～サンアーケード～海洋中心（→ P.182 コラム）

地下連絡通路（隧道）の出入口

上・下／拳のアート作品が歩道にある「パークレーン・ショッパーズ」（map 別冊 P.28-1B、2B）

郵便局

尖沙咀郵便局

住 中間道 10　國際電信大廈 G/F & 1/F

G/F&1/F, Hermes House, 10 Middle Rd.　営9:00 ～ 18:00

休 日曜、祝日

地 尖 E または尖沙咀駅連絡通路経由 L1 出口

map 別冊 P.29-4C

ショッピングやアフタヌーンティーに訪れたいペニンシュラホテル

KMB カスタマーサービスセンター

尖沙咀スターフェリー乗り場に隣接するバスターミナルの一角に、バスの形をしたインフォメーションボックスがある。バスのルートや料金などの案内だけでなく、バスのミニチュアなどのグッズも販売している。
☎2745 4466
営11:00 〜 14:00、15:00 〜 20:00
休 無休　map 別冊 P.28-4A

ヴィクトリア・ドックサイド Victoria Dockside

香港最大の不動産デベロッパーのひとつ、ニューワールド（新世界）グループが尖沙咀のウオーターフロントの一画の再開発を手がけ、2019 年に誕生したアート、デザインをテーマにしたコンセプチュアルなエリア。アートとショッピングやグルメを結合させた体験型複合施設「K11 ミュシーア」をはじめ、ローズウッド・ホンコン、高級レジデンス、オフィスからなる複合施設だ（詳細→ P.19）。

上／ユニークな建物の K11 ミュシーア。尖沙咀の新たなランドマークとして注目の的　下／K11 ミュシーアの吹き抜けにある球体の巨大オブジェはイベントスペース

利用価値あり！な店が多いネイザン・ロード西側

人気のショップ、レストランが多く、道もわかりやすい。

●**漢口街 Hankow Rd.**：麺、ローストなどローカルフードの人気店が多い。

●**亞士厘道 Ashley Rd.**：各国料理のレストラン・バー街。日本食の店も多い（map P.174）。

●**北京道 Peking Rd.**：香港の人気ファッション店やスポーツブランド、ジュエリーショップが並ぶ（map 別冊 P.28-3B）。

●**海防道 Haiphong Rd.**：九龍公園沿いの道。ハーバーシティ（→ P.264）につながっており、1 日中大勢の人が行き来する。レディスシューズをはじめ靴の店が多い。甘味やスナックの店もあり。

尖沙咀の中心と西側をつなぐ海防道

尖沙咀の心臓部 ネイザン・ロード東側

こちらは古くから発展したところで、無計画としか思えない街造りが進み、ごちゃごちゃと雑居ビル、商店が群がるエリア。繁華街、歓楽街として最も香港らしい場所だ。

アートとコラボするショッピングセンター「K11 アートモール」（→ P.181、267）がエリアの核となっている。

●**麼地道 Mody Rd.、加拿芬道 Carnarvon Rd.**：昔からあるみやげ物店、かばん屋、インド人テーラーなどが、地価高騰の波に押されつつも居を構える。

●**赫德道 Hart Ave.、寶勒巷 Prat Ave.**：バーやパブ、クラブが集まる一画。

●**金馬倫道 Cameron Rd.**：繁華街。ファッション、コスメに食と流行の店がズラリ。

●**厚福街 Hau Fook St.**：ローカルなレストランが軒を連ねている。しゃれた店はないが、安さと味で勝負（map P.175）。

●**グランビル・ロード（加連威老道 Granville Rd.）**：飲食店を中心にファッション店が並ぶ。流行をリードする店から安服の店までさまざま。高層タワーに入ったショッピングセンター「ザ・ワン」（→ P.268）もある。

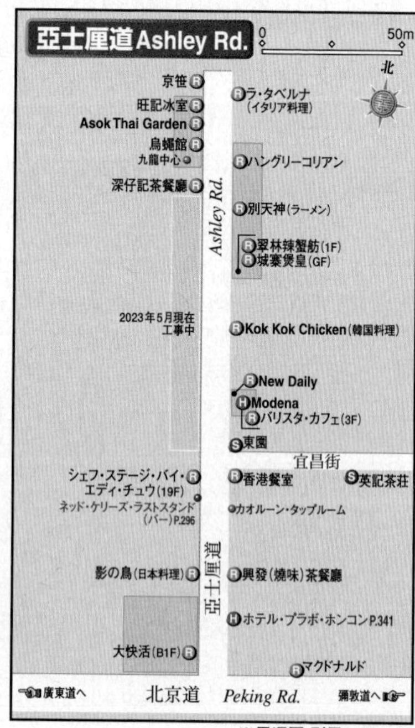

※周辺図 別冊P.22〜23

●金巴利道 Kimberley Rd.、柯士甸路 Austin Ave.：金巴利道沿いにはショッピングセンターのミラ・プレイス（→ P.267）がある。同道の北側の路地はナイトスポット、ナッツフォード・テラス（→ P.179）。東に行き、柯士甸路につながるあたりにはウエディングドレスの店が多い。

尖沙咀西部

一大ショッピング街のカントン・ロード周辺

カントン・ロード（廣東道 Canton Rd.）沿いに連なるのは、複合ショッピングセンターの**ハーバーシティ**（→ P.264）。香港市民、旅行者から熱い視線を受けるスポットだ。向かいには**シルバーコード**があり、ともに路面店には規模の大きなブランド店が華やかな光を放っている。ヴィトン、シャネル、グッチは中国人観光客の入店待ちの行列ができる人気ぶり。**Tギャラリア**（→ P.268）もある。

この通りの最南部にある歴史的建造物を再利用した「**1881 ヘリテージ**」（→ P.177）も観光スポットだ。

名だたるブランドの大規模店が軒を連ねるカントン・ロード

尖沙咀東部

オフィスビルが連なる漆咸道南の東側

漆咸道南 Chatham Rd. S. を東に越えると風景は一変。オフィスビルが建ち並んでいる。ここは 1980 年代に入って埋め立てられた地区。広場や公園を挟んで整然とビルが並ぶさまはシンガポール的でもある。ビルの下層階が庶民的なショッピングセンターやレストラン街になっている。ツアーでよく使われる高級ホテルもこのエリアに多い。

海沿いの梳士巴利道 Salisbury Rd. には、テラス席を設けたバーやレストランがあり、ナイトスポットとなっている。

左／尖沙咀東部の中心にある市政局百周年紀念公園　右／尖沙咀東部の梳士巴利道沿いに並ぶバーやレストラン

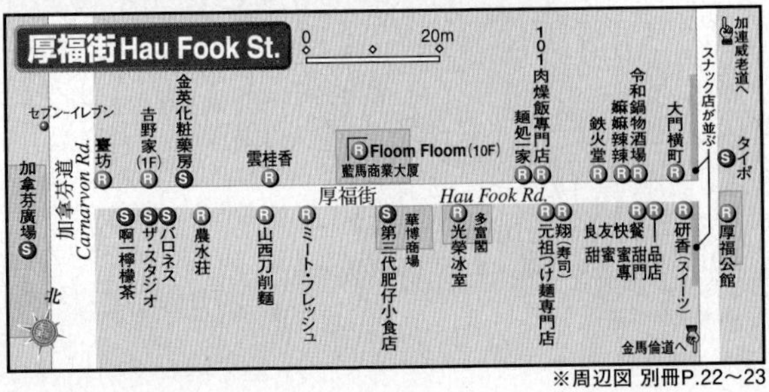

厚福街 Hau Fook St.

0　20m
セブン-イレブン
加拿芬廣場 S
加拿芬道 Carnarvon Rd.
臺坊 R
吉野家（1F） R
金英化粧薬房 S
雲桂香 R
R Floom Floom（10F） 藍馬商業大廈
麺処一家 R
101肉燥飯専門店 R
鉄火堂 R
嫲嫲辣辣 R
令和鍋物酒場 R
大門横町 R
スナック店が並ぶ
タイポ S
加連威老道へ
厚福街 Hau Fook Rd.
S 啊一檸檬茶
S ザ・スタジオ
S バロネス
R 農水荘
R 山西刀削麺
R ミート・フレッシュ
S 第三代肥仔小食店
華博商場
R 光榮冰室
多富閣
R 翔（寿司）
R 元祖つけ麺専門店
良友甜蜜
快餐蜜専門
R 甜品店
R 研香（スイーツ）
R 厚福公館
金馬倫道へ
北

※周辺図 別冊P.22～23

金巴利道周辺はコリアンストリート

金巴利道の１本南側の金巴利街は韓国料理レストランやテイクアウト専門店、食材店が集まっている。韓国ドラマのブームも相まって韓国料理は人気上昇。天文臺道から北側の金巴利道、柯士甸路まで韓国料理店が増えている。

重慶大廈は異色の存在

一歩足を踏み入れると、さまざまな人種が入り乱れ、猥雑であやしい混沌さに包まれる。声をかけてくる輩はきっぱりと無視するとして、宿泊以外でのここの利用価値は、両替のレートのよさと多国籍な料理の数々。B 座 3/F にあるインド料理レストランは安くてうまいと評判がよい。

重慶大廈　Chung King Mansion
住 彌敦道 36-44　36-44 Nathan Rd.　map 別冊 P.29-3C
※安宿の紹介→ P.332。

重慶大廈前は国際色豊かな人々が行き交う

重慶大廈内の両替屋

どの店もほとんどが手数料なし。ただし、レートには差があり、入口付近の店はよくない。何軒か見て回るとよい。日曜もやっているところがある。（→ P.457 欄外）

雞蛋仔の人気店

雞蛋仔（→ P.81）は卵風味の焼き菓子。おやつにぴったり。

利強記北角雞蛋仔

外側パリパリ、中がモチッ＆フワッの王道の雞蛋仔（25HK$）。かすかにココナッツの香りの優しい味。行列ができるのも納得だ。本店は北角にある。

住 彌敦道 178　178 Nathan Rd.
☎ なし　営11:00～23:00　休 旧正月　地佐 D 出口　map 別冊 P.22-1B

北角本店
住 北角英皇道 492 G/F
☎ 2590 9726　map P.145-1B

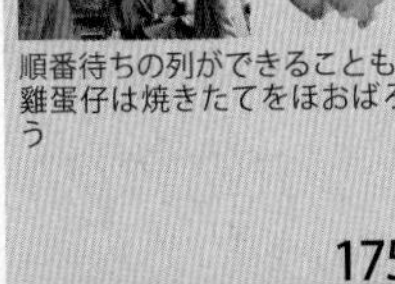

順番待ちの列ができることも。雞蛋仔は焼きたてをほおばろう

佐敦周辺

素顔がのぞく柯士甸道の北側

ネイザン・ロードを北に歩き、柯士甸道 Austin Rd. を越えたあたりから、ローカル色が強くなる。特にネイザン・ロードの西側は、生活感あふれる庶民の街だ。リーズナブルな食堂や粥麺店、甘味店、小食（スナック）店などがめじろ押し。道を 1 本隔てるだけで、表と裏の顔が存在する。これぞこの街のおもしろさである。

●**寶靈街 Bowring St.**：道路の両側に衣類や下着、日用品、花などの屋台が並ぶ（営業は 17:00 頃まで）。屋台の後ろにも商店やスナック店が並ぶ二重構造。活気にあふれている。

寶靈街に並ぶ屋台。子供用のドレスや晴れ着もあり、150HK$ くらいから

福德古廟

海防道の市場に隣接する廟。1900 年代、この付近は沙咀村といわれ、付近にあったヴィクトリア・ドックの中国人労働者や村の住民に信仰されていた。福德伯公（土地神）、天公（天の神）、黃大仙、釈迦、四天王などが祀られ、特に長寿の神で知られる。1989 年、旧北京道街市の海防道への移転にともない、政府は廟を取り壊そうとしたが、信者の強い反対に遭い、残された。現在の建物は 1993 年に改装されたもの。

住 海防道　Haiphong Rd.
開 9:00 ～ 19:00　休 無休　地 尖 A1 出口　map 別冊 P.28-3B

尖沙咀現存の最古の廟のひとつ

COLUMN　尖沙咀の歩み

香港のイメージを代表する尖沙咀の不思議混沌空間は、20 世紀に入ってから形成された。今から百数十年前は、九龍のあたり一帯は香木が生い茂り、周囲は荒涼たる丘陵だった。尖沙咀もまだ、香捞頭という名の波止場町に過ぎなかった。

軸となるネイザン・ロード

1898 年にスターフェリーが開通した頃、世界は航路と鉄路発展の全盛期で、香港は東方海路の重要地点とされ、大陸側の九龍にある尖沙咀は、まず東西両側の海岸沿いが海上貿易の寄港地として成長し始める。1916 年には広州と香港をつなぐ九廣鐵路が竣工した。その終点は現在時計塔として残っている（→ P.182）。九廣鐵路は中国国内を経てシベリア鉄道とつながり、ロンドンまで達していた。

20 世紀の初め、13 代総督ネイザン卿は、荒れ地の真ん中に 1 本の大きな道路を敷いた。以来、この地区は目覚ましい発展を遂げる。九龍を南北に貫くこのネイザン・ロードは、当時、広過ぎて正気の沙汰とは思えないと言われたのだが、ネイザン卿は今のこの繁栄ぶりを予測し得ていたのだろうか。いずれにせよ、尖沙咀はネイザン・ロードなくして今日の姿はない。道路自体は、九龍南端から尖沙咀、佐敦 Jordan、油麻地 Yaumatei、旺角 Mong Kok と北へ延び、界限街 Boundary St. まで 3.8km の長さだが、尖沙咀部分は約 1 マイル、"黄金の 1 マイル" と呼ばれ、店も物も人も、鉄が磁石に吸い寄せられるように集まっている。

建設当時、道に沿って整然と植えられた並木は、今でも九龍公園脇に若干残っていて、当時の面影をしのばせる。最も早く発達した道路東側の地区は、狭い路地がタテ、ヨコ、ナナメと入り組み、方向感覚が試されるところ。

動き続ける街

香港には外国人が大勢やってきた。インド人の富豪などが住む高級住宅街もかつては尖沙咀にあった。香港が観光地として有名になり、世界中から訪れる人が増えるに従い、ホテル、両替屋、みやげ物屋などがここに集中し、ひしめき合ってきたのだ。

約 100 年前の面影を残す並木。今や堂々たる大木だ

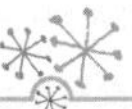

見どころ

●歴史建築物が華やかによみがえり、尖沙咀の名所に map 別冊 P.28-4B

1881 ヘリテージ 1881 Heritage

1881 年創建の水上警察本部の建物を補修・改装して、ショッピングモールとホテルとして登場したのが「1881 ヘリテージ」。

この英国統治時代の建築物は、メインビル、厩舎、時計塔からなるコロニアルな趣が漂う建築遺産だ。時計塔や台風計、樹齢 100 年以上の木々など警察時代の名残が敷地内に見られ、建物にまつわる古い写真などの展示室（入場無料）もある。

現在は高級時計店や宝石店、レストランなどが G/F から 2/F に入店、中庭は格好の写真スポットになっている。

左／英国統治時代の建物としては最も古い歴史がある　右／湾内の船に時を告げる役目を果たした時計塔。毎日 13:00 頃、屋根のポールにタイムボールが掲げられた。内部も見学できる

●旅情たっぷりのパノラマビューは感動もの map 別冊 P.22-4A

尖沙咀プロムナード（尖沙咀海濱花園） Tsimshatsui Promenade

時計塔（前九廣鐵路鐘樓）の先から紅磡まで延びる海沿いのプロムナード。これぞ、香港！というすばらしいスカイラインが眺められる。高台になった観景台が設置されており、座れるスペースもある。ドラマチックな夕日や夜景も楽しめ、光のショー「シンフォニー・オブ・ライツ」（→ P.178）の時間は大勢の観光客が見物に訪れる。プロムナードの一部がアベニュー・オブ・スターズ（→ P.178）になっている。

左上／思いおもいに散歩を楽しむ観光客。海沿いのベンチをはじめ、日よけのある休憩場所など座れる場所もたくさんある　右上／見飽きることのない香港のスカイライン（上環から中環の眺め）

左下・右下／プロムナードに設置された観景台（右下）からはサンセットも望める

1881 ヘリテージ
住 廣東道 2A
2A Canton Rd. ☎2926 8000
URL www.1881heritage.com
営10:00 ～ 22:00（店舗により異なる） 休無休 地尖 E 出口、または連絡通路経由 L6 出口

コロニアルな造りを利用したダイニング施設も入居している

新感覚タピオカミルクティー専門店、マザーパール
Mother Pearl

ヘルシーなビーガンタピオカミルクティーを提供する話題のティースタンドが誠品生活・尖沙咀店（→ P.281）内にオープン。アーモンドやカシューナッツ、オーツ麦を由来とする植物性ミルク、炭やウコン配合のタピオカなど、素材はすべて自家製というこだわりのミルクティーが話題に。チアシードや仙草ゼリーといったトッピングのラインアップもユニーク。ミルクティーは 26HK$ ～。
住 梳士巴利道 3 星光行 2 樓 誠品生活 L216 L216, 2/F, Eslite Spectrum, Star House, 3 Salisbury Rd. ☎5506 1293
営10:30 ～ 21:00（金・土曜～ 22:00） 休 無 休 カード M V
地尖 E 出口 map 別冊 P.28-4A

ブロッサムジャスミンミルクティーにウコン配合のパール、クレームブリュレのフォームをトッピング (36HK$)

アベニュー・オブ・スターズ
住 尖沙咀海濱花園
Tsimshatsui Promenade
開24時間 休無休 料無料
地尖 J4 出口

パイナップルパンサンドが人気のローカルカフェ
華嫂冰室（ワーソウビンサッ）

本店は新界の天水圍の村にあり、ローカルなサンドイッチで人気を集める名物店。中心部に進出し、本店同様のメニューが楽しめる。パイナップルパンにバター、卵焼き、チーズ、トマトをサンドした看板メニューの招牌菠蘿包（23HK$）や、コッペパンにコンビーフとチーズ、卵焼きを挟んだ芝士咸牛肉蛋豬仔包（25HK$）にトライしたい。飲み物はミルクティーがおすすめ。

住 棉登徑 8 G/F G7-G8 舗 G7-G8, G/F, 8 Minden Ave.
☎2651 7666 営8:00 ～ 20:00
休 旧正月 6 日間 カード 不可
地尖 N3 出口
map 別冊 P.29-3C

招牌菠蘿包と瓶入りアイスミルクティー

●香港映画がテーマの海辺の遊歩道 map 別冊 P.29-4D

アベニュー・オブ・スターズ（星光大道（シンクォンダーイドウ）） Avenue of Stars

尖沙咀プロムナードの主要部分、約 440m が香港映画をテーマにした遊歩道になっている。改修工事を終えて 2019 年に再オープンし、ハイテクを駆使した設備も導入された。プロムナードの東側にブルース・リーと香港映画史に残るスター、アニタ・ムイの銅像がある。遊歩道に延びる欄干の手すりには香港や中国の歴代の俳優や監督 100 人以上の手形が埋め込まれている。

さらに改修によって緑を増やしエコに配慮した設備とデザイン、眺めを楽しむための設備を補強。アーバー（花見亭）と名づけられた日よけ付きの休憩スポットは、炎天下のクールダウンに。ベンチも増え、座って景色を楽しめる。

「シンフォニー・オブ・ライツ」（→下記）の絶好の観賞場所でもあり、夜に散歩がてら訪れてもよい。

手すりに埋め込まれた香港スターの手形

人気アニメの愛されキャラ、ブタのマクダルの像もあり、ここも撮影スポットに

左上／アベニューの起点に立つ香港のアカデミー賞のトロフィーをかたどった像　右上／手すりにある手形についた二次元コードを読み込めば、スターの情報が見られる　右下／過去 100 年にわたって最も影響力のある人物として香港映画賞をブルース・リーに授与したことを記念して設置された、高さ約 2m の躍動感あふれる像

COLUMN

光のファンタジー「シンフォニー・オブ・ライツ」

ヴィクトリア湾の夜景をさらに華やかに迫力あるものに演出するショーが、毎晩 20:00 から 13 分間行われている。「シンフォニー・オブ・ライツ」と銘打つショーは、両岸に立つ高層ビルや建造物からレーザーやサーチライトが放たれ、ビルの壁面に光のアートが展開。壮大な音楽とシンクロする。無料で楽しめるとあって、夜の観光には外せない“イベント”だ。

ベストな観賞場所は尖沙咀プロムナード（アベニュー・オブ・スターズも含む）。香港島側の中環や灣仔のプロムナードからも見られる。

シンフォニー・オブ・ライツ
A Symphony of Lights　幻彩詠香江
開20:00 休悪天候時は中止 料無料

左／尖沙咀プロムナードから見たシンフォニー・オブ・ライツ。ライトやレーザー、LED スクリーンが設置された 46 のビルがいっせいに呼応するさまは壮観　右／大勢の見物客が集まってくる

●東南アジア一（いち）のプラネタリウムがある map 別冊 P.29-4C

香港太空館（ヒョンゴンタイホングン） Hong Kong Space Museum

ネイザン・ロードを海まで下りきった所の右正面に、奇妙な円形ドームがある。この宇宙博物館は 1/F が展示館で、2/F がスタンレー・ホー・ハウス・スペースシアター（何鴻燊天象廳 Stanley Ho House Space Theatre）となっている。

2/F のスペースシアターは宇宙映画館とプラネタリウム。座席数約 300。内容は半年ごとに変わる。

宇宙をテーマにした展示館は要チェック

●目の前にハーバービューを望むアートスポット map 別冊 P.22-4B

香港藝術館（ヒョンゴンガイソッグン） Hong Kong Museum of Art

1962 年設立のヴィクトリア湾に面して立つ、規模の大きな美術館。2015 年から約 4 年を費やして改装工事を行い 2019 年にリニューアルオープンした。以前より広くなり、1 万㎡の展示スペースに 12 のギャラリーを設置。所蔵アート作品は 1 万 8800 点以上という。常設展と期間限定の特別展があり、常設展では中国古代の工芸品や書画、香港の作家の作品、世界各地の絵画・彫刻まで幅広いコレクションを展示。G/F にシーフードバー、1/F に眺めを楽しめるオーストラリア料理レストランが入っている。

左／館内は B/F から 5/F の 7 フロアある　右／座ってハーバービューを望めるスペースがある

●尖沙咀のナイトスポット map 別冊 P.29-1C、1D、下図

ナッツフォード・テラス（諾士佛臺（ノックシーファットイ）） Knutsford Terrace

金巴利道北側のナッツフォード・テラスは 200m ほどの路地。ビルの隙間のような空間にイタリア、スペイン、アジア各国の料理店、バーが軒を連ねる「レストラン&バー・ストリート」だ。日が暮れる頃からテラス席でグラスを傾け、談笑する人々が数を増し、熱気を帯びていく。

金巴利道から階段の小道、諾士佛階（Knutsford Terrace）を上るか、天文臺道 Observatory Rd. からアクセスする

ナッツフォード・テラス周辺

0　50m

天文臺圍　ショータイム(3F)　チャイナバー(GF)　ナッツフォード10　スタンフォード・ヒルビュー　バックドア(バー)　スパイス(2F)　Port(西洋料理)　スペース・エックス(バー)　ビッグ・ツリー・バー　パーキン　メイズ　オールナイトロング(バー)　ジュビラント(バー)　エルシド(スペイン料理)　天文臺道　天文臺圍　アバターII(バー)　Assembly(バー/GF)　諾士佛臺　Knutsford Terrace　レイス1　ラックス・マナー P.329　ファインズ(2F)　キンバリープラザ(2023年5月現在工事中)　Day n Nite(カフェバー)　アセサイト・ナッツフォード　秋田　金巴利道へ

※周辺図別冊 P.22～23

香港太空館
住 梳士巴利道 10　10 Salisbury Rd.　☎2721 0226　URL hk.space.museum/en/web/spm/home.html　開 13:00 ～ 21:00（土・日曜、祝日 10:00 ～。12/24、旧暦 12/31 は～ 17:00）
休 火曜（祝日を除く）、旧正月 2 日間
料 スペースシアターは大人 24 ～ 32HK$、全日制の学生・60 歳以上は 12 ～ 16HK$、2 歳以下入場不可　地 尖 E 出口
日本語によるヘッドフォン通訳あり。

ドームショー
スペースシアターで行われるショー。平日 17:00、土・日曜、祝日 11:00、15:30、20:00。日曜の 20:00 はナレーションが英語。

スカイショー
プラネタリウム。平日 15:30、20:00、土・日曜、祝日 14:00、18:30。金曜 20:00 と土曜 18:30 はナレーションが英語。

3D ドームショー
スペースシアターで行われる 3D のショー。平日 14:00、18:30、土・日曜、祝日 12:30、17:00。月・木曜の 18:30 はナレーションが英語。

香港藝術館
住 梳士巴利道 10　10 Salisbury Rd.
☎2721 0116
URL hk.art.museum/en/web/ma/home.html
開 10:00 ～ 18:00（土・日曜、祝日～ 19:00、12/24、旧暦 12/31 は～ 17:00。チケット販売は閉館 30 分前まで）
休 木曜（祝日を除く）、旧正月 2 日間
料 常設展は無料、特別展は展示によって異なり 30HK$ ～
カード AMV
地 尖沙咀駅（連絡通路経由）／尖東駅 J3 出口

ナッツフォード・テラス
住 諾士佛臺　Knutsford Terrace
営 ランチタイムから、または夕方からオープンする店など店によって異なる。閉店は 23:00 ～ 24:00 頃、バーは深夜。
地 尖 B1 または B2 出口

路面店だけでなく、ビルの階上にもインド料理や日本料理、オイスターバーなど多数入店していて、会社帰りの地元客でにぎわっている。

ハッピーアワーが狙い目。週末は夜遅くまでにぎわう

●香港の理解が深まる　map 別冊 P.30-1A

香港歴史博物館（ヒョンゴンレクシーボッマッグン）　Hong Kong Museum of History

2023年8月現在、常設展の「香港故事（The Hong Kong Story）」を全面改修中。臨時的措置として、同展示を凝縮した「經典再現 ── 香港故事精華展（Recreating a Classic: The Best Features of "The Hong Kong Story"）」を1/Fの展示ギャラリーで開催している。

本来の「香港故事」は4000点を超える展示品を備え、見学者を4億年の歴史の旅へ誘う展示施設。このうち約460点の厳選された展示品と210点の写真を展示する「經典再現──香港故事精華展」は、先史時代の香港と歴史的発展、特色のある民俗文化、香港割譲と都市の成長、日本の占領時代、現代の大都市の5つのセクションで構成されている。マルチメディアを駆使した展示や写真撮影ゾーンも設けられている。

左／娯楽が少なかった時代、涼茶舗（漢方茶店）は友人たちとお茶を飲みながら新聞を読んだりテレビを見たり余暇を楽しむ場だった　中／1960～1970年代の生活用品を展示　右／1960年代の洋服の型紙の包装紙と下着店のパッケージ（中央）

昔の街並みや喫茶店を模した写真撮影エリア

●体験型の展示物についついハマる　map 別冊 P.30-1A

香港科學館（ヒョンゴンフォホッグン）　Hong Kong Science Museum

尖沙咀東部にある科學館は大人から子供まで、楽しみながら科学技術に親しめる工夫がされている。ロボット、コンピューター、交通、食品化学、生命科学など11のセクションに分けられた4フロアに及ぶ展示物は、シミュレーション体験ができたり、ゲーム感覚で実際に楽しめたりするものがほとんど。モニターを見て行う迷路の中のリモコンカーの操作、人の声で動くコンピューターゲーム、ビデオ番組制作、飛行機の操縦シミュレーションなど、大人も真剣そのもの。ゆっくり回れば3～4時間はかかる。

遊びながら科学技術を体験できる。時期によっては特別展もある

香港歴史博物館
住 漆咸道南 100
100 Chatham Rd. South
☎2724 9042
URL hk.history.museum/en/web/mh
開10:00～18:00（土・日曜、祝日～19:00。12/24、旧暦12/31は～17:00）休 火曜（祝日を除く）、旧正月2日間
料 無料　地 尖 B2 出口

香港歴史博物館。香港科学館と向かい合う形で立地している

香港科學館
住 尖沙咀東部科學館道 2
2 Science Museum Rd., Tsimshatsui East　☎2732 3232
URL hk.science.museum
開10:00～19:00（土・日曜、祝日～21:00。12/24、旧暦12/31は～17:00）。チケット販売は閉館1時間前まで
休 木曜（祝日を除く）、旧正月2日間　料 大人 20HK$、全日制の学生と60歳以上 10HK$（3歳以下無料）。水曜は無料。
地 尖 B2 出口
説明表示は、広東語、英語のみ。

九龍公園
住 柯士甸道 22　22 Austin Rd.
☎2724 3344　開5:00～24:00
休 無休　行き方 尖沙咀駅 A1 出口から徒歩数分。北側の柯士甸道にも出入口がある。
ホンコン・アベニュー・オブ・コミックスターズ Hong Kong Avenue of Comic Stars（香港漫畫星光大道）
☎2788 5968　URL www.comicavenue.hk　開 公園と同じ　料 無料
map 別冊 P.28-1B
香港の漫画がテーマの遊歩道。約100mの歩道上に漫画家の手形や、国民的漫画『老夫子』の主人公をはじめ、30の人気キャラクターの塑像が並ぶ。公園東側の長廊（プロムナード）にある。
（次ページへ続く）

●多様な施設が充実！　散歩がてら訪れたい　map 別冊 P.28-1B、2B

九龍公園（ガウロンゴンユン） Kowloon Park

総面積約15ヘクタールの広大な公園は、散歩を楽しむ人々や早朝には太極拳をする人々の姿もある。海防道沿いのメインの入口のほか数ヵ所から入れる。ミラ・ホンコンの向かいあたり、ネイザン・ロード沿いから公園内に入るとすぐ右側に漫画の主人公の像が並ぶホンコン・アベニュー・オブ・コミックスターズ（→P.180欄外）がある。その南側は彫刻作品が配置された彫塑花園、西側は風情漂う中国式庭園だ。奥に進むとオウムやインコ、サイチョウなどがケージの中で飛び回るバードエイビアリー（百鳥苑）やフラミンゴのいる池（鳥湖）へ達する。

屋外・屋内の各プール（→欄外）、体育館などのスポーツ関連施設も整備されている。時間があれば、園内南側にある歴史や遺跡の展示館、香港文物探知館（→欄外）も訪れてみたい。

左／大都会の中に突然現れるのどかな光景。かなりの数のオオフラミンゴがいる　中／バードエイビアリーにいるフィリピンのサイチョウ　右／ホンコン・アベニュー・オブ・コミックスターズには香港の有名漫画の主人公がズラリ。写真は人気長寿漫画の老夫子

左／屋内プール近くの花壇に季節の花が咲き誇る　右／香港文物探知館。中庭には休憩スペースもある

（前ページから）

香港文物探知館

住 海防道九龍公園 Kowloon Park, Haiphong Rd.
☎2208 4488　開10:00～18:00（土・日曜、祝日～19:00、12/24と旧暦12/31～17:00）
休 木曜（祝日を除く）、旧正月2日間　料 無料
map 別冊 P.28-2B

1910年頃に建てられた英国軍の兵舎を改装した展示館。香港の歴史遺産を保護、研究、展示する。

功夫閣 Kung Fu Corner

住 柯士甸道22　22 Austin Rd.
☎2724 3344　開 毎週日曜14:30～16:30　料 無料
地 尖 A1 出口
map 別冊 P.28-2B

パークレーン・ショッパーズ南側の入口から入ってすぐの雕塑廊の一角では毎週日曜の午後、中国武術や拳法の技のパフォーマンスが行われる。

九龍公園内の屋外・屋内プール

☎2724 3577　開6:30～12:00、13:00～17:00、18:00～22:00
休 火曜（祝日の場合はその週の木曜）、旧正月3日間　料14歳以上17HK$（土・日曜、祝日19HK$）、3～13歳、60歳以上8HK$（土・日曜、祝日9HK$）
カード 不可　地 尖 A1 出口
map 別冊 P.22-2A、2B

屋外プールは4/15～11/1まで。屋内プールは4/16～6/5の保守期間は閉館。

COLUMN

K11 アートモールのおすすめショップ＆バー

「アートとショッピングの融合」をコンセプトに展開するK11モール。2019年にオープンしたヴィクトリア・ドックサイドにあるK11ミュシーア（→P.20）は世界中のハイブランドが集合するのに対し、K11アートモール（→P.267）はより香港色を感じられる店が多いのが特徴。エコフレンドリーな商品をセレクトした「コモン・グラウンド」（1/F）や、地元アーティストのアイテムが揃う「ミルフィーユ・ファッション・セレクトストア」（3/F、→P.48）は要チェック。館内をぐるぐる見て回ったあとは、「Moonkok」（G/F）で香港発のクラフトビールを味わってみて。

デザイン雑貨が並ぶ「ミルフィーユ・ファッション・セレクトストア」

広東語のシニカルなギャグメッセージが書かれたカード（15HK$～）

左／プラスチックをアップサイクルしたトートバッグなど、エシカルなアイテムが揃う「コモン・グラウンド」　右／「Moonkok」はクラフトビールの醸造所「ムーンゼン Moonzen Brewery（門神）」が運営するバー

シンガポール式チキンライスがおいしい！

好時沙嗲　Good Satay

本格的なシンガポール＆マレーシア料理が味わえる店。ラクサ、バクテー、チリクラブなど充実したメニューのなかでも、絶妙のゆで加減で軟らかな食感に仕上げた海南鶏飯（チキンライス）が好評。

住 麼地道 63　好時中心 144-148 號 舗　Shop 144-148 Houston Centre, 63 Mody Square　☎2739 9808　営11:45～22:00　休 無休　カード 不可　地 尖沙咀駅連絡通路経由 P2 出口　map 別冊 P.30-3A

ゆで鶏に鶏のだし汁で炊いたご飯、スープが付いて 60HK$

九龍清真寺
地 尖 A1 出口

●歴史を刻む時計塔　　map 別冊 P.22-4A

前九廣鐵路鐘樓　Former Kowloon-Canton Railway Clock Tower

スターフェリーの乗り場の前にあるれんが造りの時計塔。中国の広州と九龍を結ぶ九廣鐵路が 1916 年に完成して以来、九龍駅のシンボルとして活躍してきたが、その九龍駅が 1975 年に紅磡 Hung Hom 地区へ移転してしまったので、この時計塔だけが当時の名残である。

スターフェリー乗り場の前に立つ時計塔。尖沙咀のシンボル的存在だ。付近にはヤシの木が植えられ南国風情を醸し出している

●尖沙咀のど真ん中にあるモスク　　map 別冊 P.28-2B

九龍清真寺（回教寺院）　Islam Mosque

ネイザン・ロードの中ほどにある白い大きな建物がモスクだ。14:30 から 16:00 まで無料で開放されているが、あくまでもイスラム教徒の信仰のために造られたモスクのため、観光的見ど

COLUMN

地下連絡通路を有効活用しよう

屯馬綫の尖東駅と荃灣綫の尖沙咀駅をつなぎ、さらに尖沙咀の地下に縦横に連絡通路が延びている。メインとなる通路は、それぞれ赤、黄、緑に色分けしてゾーン表示されており、目的地によって通路を選びやすい工夫が施されている。動く歩道が設置されているので地上を歩くより時間も短縮できる。

利用したいのは尖沙咀東部へのアクセス。尖沙咀駅から黄色ゾーンの通路を P 出口方面に向かえば徒歩約 7 分で尖沙咀東部の麼地道沿いに行ける。

また、中間道の真下の通路が西に延び、九龍公園徑と梳士巴利道交差点の地下道につながっている。この地下道は、1881 ヘリテージ、香港文化中心へのアクセスに便利。

さらに駅からショッピングセンター「K11 アートモール」につながる地下道と D2 出口が加わり、地下連絡網が完璧に。地上の道と地下通路をうまく使い分け、移動をスムーズに！

※A1～L6は地下鉄、鉄道出入口。赤字は地上出入口、青字は地下出入口を表しています。

お祈りの時間にはムスリムの人々が集まってくる

ころがあるわけではない。2/F の絨毯が敷き詰められた礼拝堂の内部は白でまとめられ、静寂の空間。礼拝堂は男女別で、土足厳禁、女性は肌の露出を極力控えた、慎み深い服装で入ること（金曜は見学不可）。

●ネイザン・ロード沿いの歴史的建築物 map 別冊 P.22-2B

前九龍英童學校（チンガウロンイントンホクハウ） Former Kowloon British School

イギリス人子弟のための学校だった建物。1992 年から遺跡保存に関する公的機関、古物古蹟辦事處（Antiquities and Monuments Office）のオフィスとして使用され、一般公開されている。1902 年に開校したこの学校はヴィクトリア様式を基調に、回廊部分を広く、天井を高くしたり瓦葺きにするなど、蒸し暑い香港の気候に合わせアレンジされているのが興味深い。中央が集会室、左右は職員室、2階は校長室だった。

典型的なヴィクトリア様式の建物

隣のセント・アンドリュース教会（聖安德烈堂（セン オンタッリントン））も 1905 年創建と歴史があり、20 世紀初めにはこのあたりがイギリス人居住地であったことをしのばせる。

前九龍英童學校
住 彌敦道 136
136 Nathan Rd.
☎2208 4488、2208 4407（ガイドツアー問い合わせ）
開 9:00 ～ 18:00　休 無休
料 無料
※金曜（祝日を除く）の 15:45 ～ 17:00 に館内の無料ガイドツアー（広東語）がある。先着 30 名。
この学校は、現在は何文田に移転、改名して今はインターナショナルスクールとなっている。

セント・アンドリュース教会
St. Andrew's Church
住 彌敦道 138　138 Nathan Rd.　map 別冊 P.22-2B

上／れんが造りの十字型の教会
下／ステンドグラスが美しい

COLUMN カンフー映画さながらの拳法体験してみる？

ブルース・リーが広めた中国武術を体験、さらに希望すれば学ぶこともできる場所がある。美麗都大廈 3/F の「功夫・花園旅舍」というゲストハウスがまさにカンフーファンの聖地。詠春拳という中国武術の道場が併設されている。

詠春拳は香港のカンフーの礎

詠春拳というのは約 300 年の歴史がある少林武術をルーツとする護身術。ブルース・リーが若い頃に学び、これを基に編み出したのが「ジークンドー」だとされている。そのブルース・リーが詠春拳習得に当たり、師と仰いだのがイップ・マン（葉問）。香港に詠春拳を広めた武術家で、数々の映画にもなっている伝説の達人だ。そしてこの道場を主宰する劉功成氏もイップ・マンの直弟子なのだ。

左／相手の攻撃をすばやく止め、瞬速で「突き」を繰り出す
右／木の人形相手に行う練習法を見せてくれた劉功成先生

間近で見た詠春拳は……

ここでは長期の修練コースをはじめ、1回の体験指導も行っている。これを目的に海外からやってきた外国人も多く、女性の姿も意外に多い。基本の型の練習のあとに組み手へ。両腕を短く使い、高速で打撃を繰り出すさまは迫力満点。ジャッキー・チェンの映画のシーンが重なり、「アチョー」の雄たけびが聞こえてきそう。

この日は 30 人くらいの生徒が教室に参加

香港で発展して世界へと広まった詠春拳。本場香港でブルース・リーゆかりのカンフーを見たり、習ってみるというマニアックな体験もいいかもしれない。

功夫・花園旅舍（葉問國術總會）（コンフー・ファーユンロイセー）
Kung Fu & Garden Hostel (Yip Man Martial Arts Associations)
住 尖沙咀彌敦道 58　美麗都大廈 3 棟　F4　Flat 4, 3/F, Mirador Mansion, 58 Nathan Rd., Tsimshatsui　☎2723 2306、2311 1183　URL www.samlau-wingchun.com（道場関連）
料 プライベートレッスンは 1 時間 500HK$ ～。希望者は電話やメールで要予約。※教室は週 6 日開催。ゲストハウスの宿泊料：SW200HK$ ～、T280HK$ ～、ドミトリー 150HK$ ～。全 9 室、60 ベッド　カード 不可　地 尖 D1 出口　map 別冊 P.29-3C

油麻地のマップは別冊 P.24～25
拡大図は別冊P.31

油麻地 ●Yaumatei

夕方以降、屋台が営業を始めナイトマーケットと化す廟街。マージャン店や質屋、風俗店などが立ち並ぶカオスなストリート

油麻地 Yaumatei には、香港そのものが詰まっている。騒々しく派手派手しく俗っぽい。廟街 Temple St. のナイトマーケットで、夜な夜な屋台をはる男たちの、明日の成功を夢見るエネルギッシュでハングリーな顔。一方、天后廟前の広場では、日がな1日カードゲームに興じる男たちもいる。早朝から、街のあちらこちらに太極拳をする人々が現れ、夜が更けてもナイトマーケットのにぎわいは衰えない。

過去も未来もなく、今があり、人が生きて、街がある。カメラを忘れ、こぎれいな服も忘れ、1日、生の香港人につきあってみる。ランドマーク、ヴィクトリア・ピークや尖沙咀ではのぞけない、香港のもつ底知れぬ生命力に出合えることだろう。

歩き方

不思議混沌の真っただ中へ

ネイザン・ロード（彌敦道 Natan Rd.）の西側のエリアは、通りごとに同業種の店が集まっており、何十年も変わらない商売や娯楽の形態を目にする。歴史写真集から抜け出たような老舗店の隣の通りは、マージャン店や質屋、そして「蛇王」の屋号を冠する蛇屋が。目の前を食材山積みの黒い自転車のおじさんが通り過ぎたと思えば、民族衣装姿のインド人に出会ったりする。通りを歩けば、香港の歴史と文化が詰まったディープな街を体感できるだろう。

●**甘粛街以南：**ヒスイ市から出発し、新填地街 Reclamation St. の油麻地街市周辺の青空市場を見て回る。1本東の**上海街** Shanghai St. には、線香屋、婚礼衣装店、漢方薬店などの老舗が多い。東隣の**廟街** Temple St. は、有名なナイトマーケット（→ P.188）。この一帯はネパールやインドの日用雑貨店や料理店が多い（→ P.188）。

●**衆坊街以北：**上海街（→ P.186）を中心に歩いてみよう。歴

油麻地エリア

南は佐敦道 Jordan Rd.、北は窩打老道 Waterloo Rd. に囲まれた、南北に徒歩10分ほどのエリア。

油麻地への行き方

空港から
A21のエアポートバスで約1時間。

各エリアから
● **MTR（地下鉄）**
佐敦駅か油麻地駅で下車するのが便利。尖沙咀、旺角から3～5分。5HK$。香港島サイドの中環から荃灣行きで約10分、15HK$。銅鑼灣からは堅尼地城行きに乗り、金鐘で荃灣行きに乗り換え14分、15HK$。
●**バス**
尖沙咀から1、1A、2、6、6A、9などで約10分。
※尖沙咀駅から歩いても20分ほど。

郵便局
九龍中央郵便局
住 彌敦道405　九龍政府合署G/F　G/F, Kowloon Government Offices, 405 Nathan Rd.
☎2928 6247　営9:30～18:00（土曜～13:00）
休 日曜、祝日　map 別冊 P.31-2B

地圖銷售處
Map Publications Centre
観光地図から地形図まで、あらゆる種類の地図を販売。
住 彌敦道382（イートン・ホンコンホテル北側に隣接）
382 Nathan Rd.　☎2780 0981
営9:00～12:15、13:15～17:30
休 土・日曜、祝日、旧正月3日間　カード 不可
地 佐B1出口　map 別冊 P.31-2B

油麻地の中心的存在の天后廟（→ P.188）。廟の前を走る通りが廟街

史のある店や建物が今も健在のレトロ商店街といった風情だ。窩打老道と新塡地街の交差点には約 100 年の年月を刻む果物卸売市場（→ P.189）がある。

●縁日気分で楽しめるヒスイの観光市場 map別冊 P.31-2A

油麻地ヒスイ市 Yau Ma Tei Jade Bazaar（油麻地玉器小販市場）

ヒスイで作られたアクセサリーやチャームなどを売る屋台のような店が 200 軒近く並ぶヒスイ市は、2020 年に甘粛街から上海街 251 號に移設された。宝石としてのヒスイを目当てにというよりは、素人には質のよしあしの判断は難しいので、プチプライスで楽しめる天然石のアクセサリーやストラップなどのおみやげを探すのがよいだろう。値段はまとめ買いで安くなったり、値切りも OK と、交渉次第だ。店の人とのやりとりも楽しもう。また、佐敦道から甘粛街までの廣東道沿いにもヒスイ専門店が並んでいる。

左／店によって売っている物は違うので、まずはぐるっと見て回ろう　右／ブレスレット50HK$～。物によって異なるが、交渉次第で言い値の半額以下になることもある

●中心部では規模の大きい露天市場 map別冊 P.31-2A、3A

新塡地街（サンティンテイガイ） Reclamation St. の青空市場

新塡地街の、南京街（ナムキンガイ） Nanking St. から甘粛街までのおよそ 300m の間には、早朝から午前中にかけて迫力ある青空マーケットが立つ。道の両側には、乾物屋、肉屋、米屋などの商店が軒

佐敦駅上の目立つ雑居ビル。マッチョな看板「動力健美中心」はジム

彌敦道西側エリアの通りの特徴（各通りに多い店）

白加士街 Parkes St.
地元向けの海鮮レストラン、粥麺屋。

吳松街 Woosung St.
茶餐廳、海鮮レストラン。

廟街 Temple St.
CD ショップ、小食・甘味店。麻雀店、質屋。夜はナイトマーケット。

上海街 Shanghai St.
→ P.186。甘粛街以北は工具や金物、建築資材の店が増える。

新塡地街 Reclamation St.
青空市場通り。

炮臺街 Battery St.、廣東道 Canton Rd.
ヒスイや宝石の店。

偉晴街 Wai Ching St.
町工場。

油麻地ヒスイ市
營 店によって異なるが、だいたい 9:00 ～ 18:00
休 無休　行き方 油麻地駅 C 出口、佐敦駅 A 出口から徒歩 7 ～ 8 分。

上／赤い中国門が入口　下／根付けは20～40HK$

新塡地街の青空マーケット
行き方 佐敦駅 A 出口から徒歩約 7 分。

北へ行くに従い、衣料品から食料品へと商品は変わっていく。南端の南京街のあたりでは、安い洋服が投げ売り状態。シャツ、ショートパンツが 20 ～ 50HK$。

※雨の日は露店が出なかったり店仕舞いが早くなる。

ハイエンドなフードコート
イートン・フードホール
Eaton Food Hall

イートン・ホンコンホテルのLGにある新スタイルのフードコート。高級レストランのようなモダンなインテリアにノスタルジックな要素もちりばめられている。グリルチキンライスの「榮式」や薬膳スープの「スープキッチン（靚湯廚房）」といった香港の人気店のほか、日本発の「銀だこ」や「CoCo壱番屋」など10店入っている。
住九龍彌敦道380　香港逸東酒店LG　Level LG, Eaton Hong Kong, 380 Nathan Rd., Kowloon　営11:00～22:00　休無休　カード店によって異なる　地佐B1出口
map別冊P.31-2B

上／クラフトビールやカクテルが味わえる「フラワーイヤーズ」下／スープキッチンのおかずとご飯付き薬膳スープセット（90HK$)

上海街の歩き方

趣のある店が集まるエリアに狙いを絞って出かけよう。シルカ・シービューホテルのあたりから北側、窩打老道と交差するまでの300mくらいの範囲に老舗や専門店が固まっている。余裕があればさらに400mくらい北上し、山東街とぶつかるあたりまで行けば、上海街の醍醐味が満喫できるだろう。

「香港の合羽橋」ともいわれる上海街。写真はまな板や型抜きなど木製品が充実の「萬記砧板」

左／ビルに挟まれた道の両側に露店が並ぶ。夕方くらいまで営業するが、午前中がにぎわう　右／香港名物、塩漬けの干し魚「鹹魚（ハームユイ）」

を連ねる。商店前の路上には、道の中央に向かって両側に果物、中国野菜、干し魚などを扱う露店がズラリと並ぶ。油麻地街市（市場）の周辺には食料品の店が多く、南に行くに従って衣料品が増えてくる。威勢よくパン、パン、パンと包丁を振るって見事に魚をさばくその隣では、皮をむいたカエルを広げていたりする。特に早朝は大勢の買い物客がやってくる。買い物袋をぶら下げて品定めをしている人を見つつ、歩いてみるのも楽しい。

●中国文化を探索　map別冊P.31-1A、1B、2B、3A

上海街（ションホイガイ）と砵蘭街（ポッランガイ）　Shanghai St. & Portland St.

上海街 Shanghai St. は、油麻地の実質上のメインストリートであり、伝統的な品物を売る店が軒を連ねている。それも同じ業種の専門店が集まっていて、興味深い。ここに上海街で多い店を挙げてみよう。

花嫁衣装店●赤、金、銀色と、ド派手な中国式ウエディングドレスを着たマネキンがほほ笑んでいる。布団も売っているのは嫁入り道具だからだろう。

仏具店●派手な彩色を施した仏壇や仏像、風水用品などが売られている。

台所用品店●鍋、釜、包丁、セイロに月餅の木型とありとあらゆる台所用品を売っている。業者やレストランにも卸しているので、プロ仕様の物もある。

そのほかには、長さ30cmもある線香や香木を売る店や、天秤量り専門店など、おもしろい店がたくさん並んでいる。

また、油麻地駅からウオータールー・ロード（窩打老道（ウオタアロウドウ） Waterloo Rd.）を上海街へ向かう途中の左側、砵蘭街 Portland St. 沿いには、珍しい棺桶屋がある。

仏具店には風水グッズも置いている

左／刺繍で埋め尽くされた婚礼衣装が飾ってある　右／業務用の商品も扱う台所用品店

●天空にそびえる絶景展望台

map 別冊 P.24-4A

スカイ100（天際100） Sky 100

（天際100 ティンチャイヤッパッ）

いちばん高いビルが環球貿易廣場。左の巨大LED画面の建物は西九文化區のＭ＋

香港一の高さを誇る環球貿易廣場（ICC）の100/F（海抜393m）にある、360度のパノラマ展望台。60秒で100/Fに直行する高速エレベーターを降りると、そこは雲の上の世界。九龍側の膨大な数のビルが密集するシュールな光景は圧巻。ヴィクトリア・ピークからの展望はもちろんすばらしいが、ここは海から山、ビル街から下町、遠くは新界まで広範囲に見渡せるのが魅力。展望ロビーにはハーバー上空を飛行するAR（拡張現実）写真が撮れるコーナー、ゴーグルを装着してバーチャル体験ができる「360VR」などがあり、眺めとともに最新技術で遊べる。カフェ（→下記）もあり、記念グッズを置くショップは香港のおみやげ品など幅広い品揃えだ。

「360VR」は台風やサンセット、花火などのシチュエーションで空中散歩を体験できる

「カフェ100」で絶景を眺めつつブレイクタイム

スカイ100にはザ・リッツ・カールトン・ホンコンが運営するカフェがある。オープンに展開するカジュアルな造りで、ひと息入れるのにもってこい。ビールやワインもある。

左／イーストデッキからのヴィクトリア・ハーバー方向の絶景　右／カフェはウエストデッキの一角にある

スカイ100
住 柯士甸道西1　環球貿易廣場100/F　100/F, International Commerce Centre, 1 Austin Rd. West　☎2613 3888
URL www.sky100.com.hk
開10:00～20:30（最終入場は20:00）休 無休　料 大人198HK$、3～11歳、65歳以上128HK$　※オンライン購入で10%オフになる。
カード AJMV　行き方 九龍駅C出口から徒歩約5分。エレメンツ（→P.268）のメタルゾーン（圓方商場金區）2/Fに直結している。※日本語音声ガイド完備。

香港ののっぽビル番付
1位　環球貿易廣場（484m）
2位　國際金融中心二期（415.8m）（→P.114）
3位　セントラルプラザ（中環廣場、374m）（→P.130）
4位　中銀大廈（367.4m）
5位　中環中心（346m）
※2023年9月現在。

カフェ100　Café 100
住 map 行き方 同上
☎2263 2356　営10:00～20:30
休 無休　カード ADJMV

西九文化區（サイガウマンファーコイ）
West Kowloon Cultural District
油麻地の南西部、九龍駅の南側に広がる埋立地一帯を香港最大の芸術文化エリア「西九文化區」として開発。2018年完成の戲曲中心を皮切りに、2022年までに視覺文化博物館のＭ＋や香港故宮文化博物館がオープン。開発計画は進行中で2023年9月現在、リリックシアター・コンプレックスを建設中（詳細→P.16）。

COLUMN　レトロな雰囲気に浸れる美都餐室（メイトウチャンサッ） Mido Cafe

高層ビルが林立する香港にも、昔ながらの雰囲気を今に伝える店が残っている。1950年の創業以来、変わることなく営業を続けるうちに、今ではレトロな店として人気を博す「美都餐室」は、そうした貴重な店のひとつ。油麻地の天后廟近くの下町エリアに居を構え、創業以来のメニュー、焗排骨飯やトースト、サンドイッチなど素朴なメニューを揃えている。喫茶だけではなく、食事メニューも豊富なので、朝食におやつに夕食にと、利用範囲も広い。緑豊かな公園を眺めつつ、昔ながらの料理を味わってはいかが。

2階席がおすすめ。グリーンの窓枠と直角の椅子、床や柱のタイルがレトロ

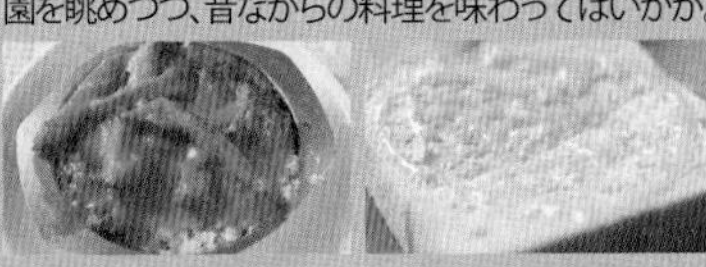
左／名物料理のケチャップソースのポークチョップドリア（焗茄汁豬扒飯、88HK$）　右／コンデンスミルクがけトーストは懐かしの味

住 油麻地廟街63　63 Temple St., Yaumatei
☎2384 6402　営11:30～20:00　休 水曜、旧正月7日間
カード 不可　地 油C出口　map 別冊P.31-2B

香港西九龍駅のスカイコリドー Hong Kong West Kowloon Station, Sky Corridor
住 匯民道 Wui Man Rd.
開7:00 ～ 22:00 休無休 料無料 行き方 柯士甸駅から徒歩約5分。香港西九龍駅はMTR柯士甸駅と連絡通路、地下道で結ばれている。

天后廟
住 廟街 Temple St. 開8:00 ～ 17:00 休無休 行き方 油麻地駅C出口から徒歩約5分。

油麻地書院（ヤウマーデイシューユン）
The School, Yaumatei
2020年に廟内の一角にできた書店。中国の歴史文化、香港がテーマの書籍のほか、おみやげになる文具もある。涼茶舗や屋台を模したスペースで、座って試し読みができる。無人販売のため、支払いは店内のセルフレジで。
住 map 天后廟と同じ ☎2915 3522 営9:00 ～ 17:00
休 無休 カード V ※現金不可。オクトパス使用可。

廟の敷地内、祭壇に向かって右奥に書院入口がある

廟街のナイトマーケット
行き方 南端部へは佐敦駅A出口から徒歩約3分、北端部へは油麻地駅C出口から約2分。

廟街周辺はインドやネパール料理店が点在
佐敦・油麻地周辺にはネパールやインドの居住者が多く、リトルエスニック街の様相も。
マナカマナ Manakamana
（夢娜餐廳）
ネパール人夫婦が営む、ネパール＆インド料理店。スパイスをたっぷり使った料理はどれも本格的。料理も飲み物もリーズナブル。
住 廟街107 107 Temple St.
☎2385 2070 営12:00 ～ 24:00
休 無休 カード A M V
地 佐A出口 map 別冊P.31-2B

手前はフライド・モモ（揚げ餃子、75HK$）、奥はチキンターリー（86HK$）

●九龍半島西側からの海景色が望める　map 別冊 P.24-4B

香港西九龍駅のスカイコリドー　香港西九龍站天空走廊（ヒョンゴンサイガウロンチャムティンホンチャウロン）

2018年7月に完成した香港と広州を結ぶ高速鉄道の香港西九龍駅。駅の屋上に眺望のよい展望台（観景台）が設けられている。わざわざ行くほどの見どころではないが、斬新な建築デザインの駅の見物を兼ねて、西九龍からの香港島の眺めを楽しんでもよい。

左／L2の屋上庭園がスカイコリドー。写真はその一角の観景台　中／遊歩道が屋上から地上のグリーンプラザまで延びる　右／ユニークな駅の外観

●油麻地のちょうど真ん中にある古廟　map 別冊 P.31-2B

天后廟（ティンハウミウ）　Tin Hau Temple

漁民の守り神、天后を祀る廟。付近に住んでいた水上生活者によって1865年に創建。当時は少し南の北海街にあったが、このあたりが海に面していたことを物語っている。1876年に現在の場所に移され、拡張や修復を経て今にいたる。中央に天后を祀る廟があるほか、土地神を祀る廟が複数あり、廟内の一角には書店「油麻地書院」（→欄外）もある。廟の中は大きならせん状の線香が煙り、静寂に包まれている。

左／境内にはたくさんの渦巻き線香がぶら下がる　右／中央祭壇にきらびやかな天后像が祀られている

●下町パワーが詰まった屋台街　map 別冊 P.31-1B、2B、3B

廟街（ミウガイ）のナイトマーケット（男人街（ナムヤンガイ））　Temple St.

油麻地のメインイベントは何といってもこれ。17:00頃から24:00頃まで続くが、盛り上がりと危険度を考えると、20:00から21:00ぐらいがおすすめ。南京街（ナムキンガイ）と文明里（マンメンレイ） Man Ming Laneの間の長さ約600mの道の両脇に、露店が出る。別名「男人街（ナムヤンガイ）」とも呼ばれ、以前は男性向けの商品が多かったが、最近は小物雑貨、アクセサリー、手工芸品など観光客向けのみやげ物が増えており、以前に比べてディープ感は薄れた。

左／廟街の門。人混みのなかでは持ち物に注意を払おう　中／衣類や雑貨、香港みやげなど雑多な商品がズラリ　右／エスニック雑貨もある

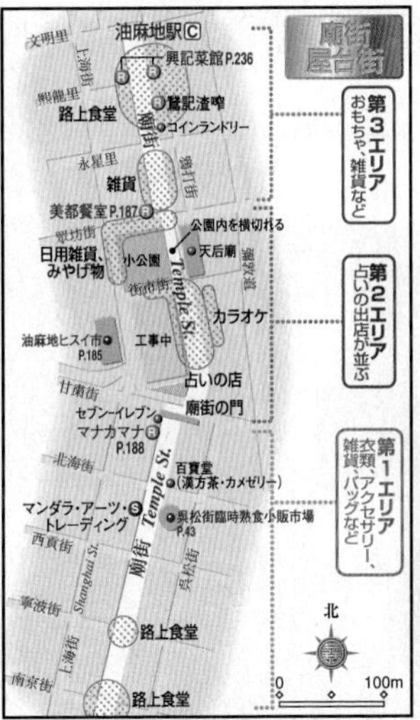

※屋台街となる約800mの範囲は大きく分けて3つのエリアに分けられる。第1エリアから北へ行くにつれディープ度が増す。

天后廟の周辺には人相、手相からタロット占いまで、占いの屋台がズラリ。真剣に占いが行われている道の反対側は、甲高い声が響き渡る広東オペラのカラオケ広場。北側に進むと煲仔飯（土鍋炊き込みご飯）や屋台料理の店が並び、路上にまでテーブル席を出し、活気を呈している。

テントが張られた大々的な路上食堂街が出現。ビール片手にわいわい楽しめる

●歴史のある果物卸売市場 map 別冊 P.31-1A

九龍水果批發市場（ガウロンソイグォバイファッシーチョン） Kowloon Wholesale Fruit Market（油麻地果欄）

油麻地の海寄りの一画に2階建ての古い建物が並ぶ。ここは通称「果欄（クォラーン）」という名で親しまれてきた果物の卸売市場だ。1913年から続く市場で、今もなお現役。早朝4:00～6:00頃にセリが行われる。活気があるのは深夜から早朝までで、昼間は一部の店が小売りを行っていて、一般の買い物客の姿も。

左・右／1920年頃に建てられた市場。当時は野菜や家禽も扱う市場だった。内部は複雑に入り組んだ路地になっていて、香港マフィア映画のロケ地にもなっている

上／人気の占い師のブース前には順番待ちの列ができる　下／スーツケースや旅行バッグの店も多い

油麻地戲院
広東オペラ（粵劇）専門のシアター。2023年8月現在、改装工事中。再開は2026年頃。
住 窩打老道6　6 Waterloo Rd.　☎2264 8108
URL www.lcsd.gov.hk/en/ymtt/index.html

油麻地戲院の近くにある赤れんがの建物は、1895年建造の送配水施設の事務所を改装した紅磚屋（map 別冊 P.31-1A）

九龍水果批發市場
住 新填地街202　202 Reclamation St.

世界各地の果物が種類豊富

COLUMN

道具街「上海街」で調理器具を見て回る

香港の合羽橋ともいわれる「上海街」。せいろや土鍋、プロが使う鍋や機材まであらゆる調理器具の店が並んでいる。ここ「光輝」はステンレス製の調理器具の専門店。中国広東省の自社工場で生産した大小さまざまな鍋やボウルから、包丁や泡立て器、豆腐花用のおたま、火鍋用の網杓子など、料理にまつわるあらゆる道具が洋の東西を問わず揃っている。香港独特の器具を手に入れよう。

左端／茶餐廳で使われている、コーヒーや紅茶を煮出すポット。濾し布付きで123HK$　左／豆腐花をすくう器具。手前は古いタイプ（各25HK$）　右上／動物形の抜き型（22HK$～）

光輝鋼竹蒸籠廚具
Kwong Fai Steam-Case & Kitchen Ware Co.
住 上海街359　359 Shanghai St.
☎2780 9980　営9:30～19:00
休 日曜、旧正月1週間　カード 不可　地 油 B2出口
map 別冊 P.32-4A

旺角(ウォンコッ) ●Mongkok

旺角のマップは別冊 P.26 ～ 27
拡大図は別冊 P.32

旺角エリア
九龍地区の北端、窩打老道 Waterloo Rd. から界限街 Boundary St. までのエリア。

南北に貫くネイザン・ロード。複数のバス停がありバスが行き来する。通り沿いには貴金属店が多い

旺角への行き方

旺角はとても交通の便のいいところだ。香港一の庶民の繁華街だけあって、ここを通るバス路線は多いし、MTR（地下鉄）の駅はこのエリア内に油麻地、旺角、太子と 3 ヵ所もある。

空港から
A21 のエアポートバスで約 1 時間。

香港島サイドから
MTR が便利。中環、または金鐘から荃灣行きに乗れば、いちばん南の油麻地駅までが 8 ～ 10 分、旺角駅へ 10 ～ 12 分、太子駅まででも 12 ～ 14 分で到着する。料金はすべて 15HK$。なるべく安くと思う人は、スターフェリーとバスの組み合わせで、中環の天星碼頭からスターフェリーで約 9 分、尖沙咀でフェリーを降りたら、すぐ前のバスターミナルへ。1、1A、2 などのバスが旺角を通る。また、フェリーで来て MTR に乗ろうと思うと、ネイザン・ロードにある尖沙咀駅まで少し歩かなくてはならないので、ここからはバスのほうが便利かもしれない。

九龍サイドから
MTR かバスを利用。MTR 利用なら尖沙咀から油麻地まで約 5 分、5HK$。尖沙咀から旺角、太子までは 7 ～ 8 分、6HK$。バスは前記のとおり天星碼頭そばのバスターミナルから 1、1A、2 などで約 15 分。

通菜街は通称女人街と呼ばれる一大屋台街。旺角の観光の目玉であり、日暮れとともににぎわい始める

旺角は香港のなかでも比較的初期にできあがった地域にある。第2次世界大戦中から、戦火や混乱を逃れようと数回に及んだ中国からの移住者の波によって人口は膨れ上がり、その人口密度は香港一(いち)といわれる。そのうえ中国各地を結ぶ直通バスの発着所が複数あるため、大陸からの観光客の姿もひときわ多い街だ。

MTR 旺角駅を出ると、そこは人と車と看板の洪水、喧騒の広東語の海の中に投げ出されたことに気づく。道路にのしかかるように突き出た看板の群れ。ゴチャゴチャと並んだ商店街を行列状態で行き来する人の群れ。活気があり、吸引力のある街、そして 24 時間眠らない街である。

旺角駅周辺には若者向けのショッピングセンターが大小多数あり、なかでも「ランガム・プレイス」（→ P.269）は多くの人を引きつけている。

今や若者文化の発信地となり、加えて尖沙咀などのツーリスティックなエリアに比べて何でも安い！とくれば、デートするカップルも家族連れも会社帰りの OL もここへ集まってくるというわけだ。屋台がそのまま店になったような、スナック、おやつ系の店がたくさんあるので、地元の人にならって、食べ歩きするのもいい。

登打士街、花園街周辺にはスナックやドリンクの店が多く、ハシゴして食べ歩く地元の若者や観光客の姿が夜遅くまで絶えない

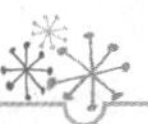

歩き方

旺角はかなり広く、ネイザン・ロード（彌敦道 Nathan Rd.）を境に西と東では性格が変わる。以下に記す各通りの特徴も参考にして、目指す場所へ向かおう。旺角エリアは人が多いことと、昼以降に開店する店が多いことを頭に入れておくこと。

各通りの特徴

女人街（屋台街。→ P.193）：チープでキッチュなみやげ物が並ぶ
花園街：スポーツ用品、デジタル機器の店が多い
上海街：老舗が点在する渋～い通り
登打士街：スナック店が並ぶ食べ歩きストリート

ネイザン・ロード東側

商業エリアはこちら。**ネイザン・ロード**や**西洋菜南街** Sai Yeung Choi St. Southにはファッション、雑貨、オタクグッズの店がごちゃっと入ったショッピングセンターがたくさんある。ローカル人気の高いレストラン、スイーツ店も多く、特に**通菜街** Tung Choi St. には地元向け日本食の店がめじろ押し。通菜街の北側一帯は金魚・熱帯魚、ペットショップ街。アウトドア派は花園街 Fa Yuen St.、奶路臣街 Nelson St. 周辺の総合スポーツ店をのぞいてみたい（→ P.192）。

左上／中国人観光客目当ての薬局が増えている　左下／花園街から一歩東に入った煙廠街には路上市場がある　右／登打士街（map 別冊P.32-3B）のストリートフード街は旺角の名物

ネイザン・ロード西側

ショッピングセンターの**ランガム・プレイス**、隣の雅蘭中心はデートコースとして人気。老舗の多い上海街、**砵蘭街** Portland St. 周辺は北に行くに従い、工具や機械部品、金物などを扱う「五金」と呼ばれる店や、壁紙や建築資材の店が増えてくる。このあたりはサウナ、風俗店、質屋や麻雀店が多く、夜は近づかないほうがよい。

また、中国各地行きのバス発着所や安宿も多い場所。中国人観光客や、アジア各国の人も見かける。

マッサージ店や食堂、風俗店のネオンサインが交錯する砵蘭街

旺角エリアにはMTRの駅は3つ

ネイザン・ロードと次の3つの通りが交わるところにMTRの駅がある。窩打老道Waterloo Rd. と交わるあたりの地下には油麻地駅、亞皆老街 Argyle St. が旺角駅、太子道 西 Prince Edward Rd.W. との交差点付近が太子駅だ。これらの駅周辺が繁華街となっている。

郵便局
旺角郵便局
住 弼街 37　旺角機樓 1 樓
1/F, Mongkok Exchange, 37 Bute St.　営 9:30 ～ 18:00（土曜～ 13:00）休 日曜、祝日
map 別冊 P.27-2C

旺角電脳中心
Mongkok Computer Centre
旺角の電脳街といえばここ。G/F は催事場で、1 ～ 3/F が電脳街になっている。ハードウエア、ソフト、サプライ用品など、コンピューター関係のものは何でも揃う。VCD ショップも多いが、海賊盤も多いので注意。
住 奶路臣街 8-8A
8-8A Nelson St.
☎ 2781 0706
営 10:00 ～ 22:00
地 旺E2出口　map 別冊P.32-2B

ネイザン・ロード沿いには宝飾店、レストラン、化粧品店、銀行などが並び、夜遅くまで人通りが絶えない

旺角の新たな見どころ
618 上海街
618 Shanghai Street
旺角駅近く、上海街の約100年の歴史ある店舗兼住宅ビル群が、保存と街の活性化を目指して改修。ショッピングモールとして再生された。雑貨店やセレクトショップ、カフェやレストランなど約 20 店あり、レトロな演出とともに歴史の追体験もできる（詳細→ P.26）。

618 上海街 G/F のイベント広場

人混みでも
動じないネコ

旺角の名物ストリートへ潜入！

旺角には同業種が集まる問屋街のようなストリートが複数ある。活気みなぎる通りを見て回るのも旺角の観光の醍醐味だ。地元客でにぎわうディープなストリートを歩いてみよう！

左上／さまざまな種類の金魚や観賞魚、熱帯魚が売られている　左下／ひと袋10HK$から高価なものは150HK$以上のものも。水草も袋に入れて販売
右上／観賞魚の店は店名に「水族」を冠している
右下／店内は熱帯魚が泳ぐ水槽が並ぶ

左／高価なカメ！
右／香港もペットブーム　ウサギも人気

ペット&金魚街

通菜街（トンチョイガイ） Tung Choi St.

通菜街は屋台街の女人街（→P.193）があることで有名だが、弼街 Bute St. のあたりから北の一画は金魚・熱帯魚店、ペットショップが軒を連ねている。ビニール袋入りの金魚がズラリと並ぶ光景は、街のアイコンにもなるほど。じっくり見ると珍しい種類もいて、興味を引かれる。

地 旺 B3 出口　map 別冊 P.27-2C

スポーツ用品 & 屋台街

花園街（ファーユンガイ） Fa Yuen St.

亞皆老街 Argyle St. 以南は大小のスポーツ用品の店が集まっている。特にシューズの店が多く、セール品が店頭に並ぶことも。花園街北側の、旺角道 Mog Kok Rd. と太子道西 Prince Edward Rd. West に挟まれたエリアは女性物の衣料品の激安屋台が連なる。

地 南側は旺 D3 出口、北側は太 B2 出口
map 別冊 P.27-1C、2C、3C

果物屋も多く、ほかの市場より種類豊富。屋台は19:30頃まで営業

左上／北側の屋台街は子供服の店もある。右のスリムパンツは35HK$という安さ　左下／アパートのG/F部分が店になっていて、下町情緒を感じる（花園街北側）　右上／花園街にズラリと並ぶスポーツシューズ店。店によって商品構成は異なる　右下／有名ブランドの靴はほぼ網羅

カラフルな花に気持ちも華やぐ。花屋のほかに園芸店もある

花屋街

花墟道（ファーホイドウ） Flower Market Rd.

約 200m にわたって花屋が並ぶさまは圧巻の光景。卸の店も多く、値段も安い。種類が多く、日本では見かけない花や植木も店頭を彩る。東端がバード・ガーデン（→P.195）の入口なので、バード・ガーデンへ行く際に花屋街経由で行くのがおすすめ。

地 太 B1 出口　map 別冊 P.27-1C

ブーケや花束、花籠などのアレンジも行う

見どころ

●屋外ファッションマーケット　map 別冊 P.32-1A、2A、2B、3B

女人街（通菜街）　Tung Choi St.

ネイザン・ロードの東側に平行に走る通菜街に沿って、北は亞皆老街 Argyle St. から南は豉油街 Soy St. の間に、女性物の衣類や雑貨を中心にした露店がぎっしりと並ぶ。昼前から店が開き始めるが、にぎわうのは夕方以降だ。天気がよければ 24:00 頃まで活気があるので、夕方以降に行ってみるといい。衣料品を中心にバッグや雑貨類、アクセサリーなどが並び、おみやげにいいグッズも見つかる。露店の裏にも商店や飲食店が並んでいるので、そちらものぞいてみたい。露店にはない安い靴屋や、ミュージックショップがある。

左／Tシャツは 5 枚 100HK$。最近はスーツケースの店が増えた　右／女人街は女性物が豊富。写真の店はチャイナドレスや部屋着の店

●香港サブカル・ショップの殿堂　map 別冊 P.32-3A

信和中心　Sino Centre

若者 & オタク文化の発信基地として不動の人気を誇る信和中心。B/F、G/F、M/F、1/F、2/F の 5 フロアには、ひと坪ほどの小さなショップが詰まっている。日本のアニメやキャラクターのグッズ、アイドル写真、コミック、CD や DVD の店がほとんど。

乗り物模型ショップ
80M 巴士專門店
80M Bus Model Shop

ありとあらゆるタイプのバスをはじめ、タクシー、フェリーまで香港の乗り物模型が揃っている。洗衣街にあるこの店のほか、ランガム・プレイス（→ P.269）11/F にも店がある。
住 洗衣街 179　G/F　Shop A
Shop A, G/F, 179 Sai Yee St.
☎2381 8168　営11:30 ～ 20:30
休 無休　カード A M V
地 太 B2 出口　map 別冊 P.27-2C

80M 巴士專門店は 5 店舗あり、ここがフラッグシップ店

女人街
行き方 旺角駅 D3 出口から徒歩約 3 分。

読者投稿

お祭り騒ぎの屋台街

女人街は女性物の雑貨が中心だが、男性でも楽しめる。飲食店も充実していて、安くておなかいっぱいに！　香港の熱気あふれる雰囲気が味わえる。
（群馬県　ゆーいちろー）[23]

ファッション雑貨やアクセサリーもある

信和中心
住 彌敦道 582-592
582-592 Nathan Rd.
営 店によって異なるが、だいたい 13:00 ～ 22:00
地 油 A2 または旺 E2 出口

ビル内は若者の熱気に包まれている

2/Fにはボックス形式のショップ、1/Fには手品ショップもある。B/FにはCDやブロマイドの店が多く、1980年代の写真集や雑誌などマニアックなものも目につく。M/Fには渡假屋（島部の自炊式民宿）の受付所や旅行会社もある。

●グルメ充実の旺角東駅直結ショッピングセンター map 別冊P.27-2C

MOKO（新世紀廣場）

旺角のショッピングセンターといえばランガム・プレイス（→P.269）が有名だが、「MOKO」の通称を冠した新世紀廣場もおすすめだ。吹き抜けを囲むハイセンスで見やすい造り、定番から流行ブランドまで幅広くカバーしている。地下からL6まで7フロアに200を超える店が入店。ローカルに人気のブランドやレストランが多いのが特色だ。話題のスナックやスイーツ店も網羅。L2のユニクロ、L3のトイザラス、L5の日本の物を揃えた「ヤータ・スーパーマーケット一田超市」が大々的に展開。L5～L6に定評のある広東、潮州、北京の各レストランが揃う。

有名ブランドから地元の人気店まで顔を揃える規模の大きなショッピングセンター

東鐵綫の旺角東駅に直結、荃灣綫・觀塘綫旺角駅B3出口からは連絡橋で結ばれていて便利。旺角散策の食事スポットとして利用してもよい。

左／L1の人気カフェ「アーバン・カフェ・コミューン」
右／かわいいデザインチェアが並ぶL4の通路

●歴史的建造物で漢方の歴史を学ぶ map 別冊P.26-1B

香港浸會大學中醫藥學院―雷生春堂 School of Chinese Medicine-Lui Seng Chun

九龍バス（KMB）の創設者、雷亮が1931年に建造した4階建ての唐樓（→P.132欄外）には、彼の家業の漢方薬店「雷生春」があった。創業者亡きあとは政府の管理のもと、一級歴史建築として修復作業が行われ、2012年、中醫藥學院としてよみがえった。

1/F～3/Fが中醫の診療所と漢方薬の調合所となっており、ギャラリーも併設。1/F～2/Fには昔の薬学に関する書籍、漢方薬製造のプロセスや道具、薬草の標本などが陳列され、香港における漢方の歴史がわかる。3/Fには唐樓についての貴重な写真や模型が展示

典型的な唐樓建築だが、二股道に建てられているため正面が丸みを帯びている。柱頭など一部には古典主義など西洋建築の影響も見られる

2/Fのエスカレーター付近はコミックやフィギュアの店が多い。日本のコミックの翻訳版も販売している

MOKO
住 太子道西193 193 Prince Edward Rd. West ☎2397 0790 URL www.moko.com.hk
営 店によって異なるが、だいたい10:00～22:00
地 旺B3出口

スニーカー好きは行く価値あり！
ザ・フォレスト The Forest
スポーツ用品店が集中していることから「スニーカー・ストリート」と呼ばれるエリアにあるS.C.。通り名にちなんで、アディダスやプーマ、アシックスなどスポーツブランドが充実している。屋上庭園やカフェもあり、休憩にも使える。
住 奶路臣街17 17 Nelson St.
☎3990 1930
営10:30～22:30 休 無休
地 旺E2出口 map 別冊P.32-1B

森をテーマにしており、随所に植物を配置

香港浸會大學中醫藥學院―雷生春堂
住 荔枝角道119
119 Lai Chi Kok Rd.
☎3411 0628
URL chinese-medicine-clinic-943.business.site
開9:00～18:00（日曜～13:00）
休 祝日、旧正月
料 無料 行き方 太子駅C2出口から徒歩約8分。
ガイドツアー（広東語、英語）
開 9:00～13:00、14:00～18:00（日曜～13:00） ※ウェブサイトから要予約。

3/Fは建物の構造や歴史についての展示スペース

されている。G/F の雷氏と雷生春についての展示はいつでも見学可能だが、上階の見学は無料のガイドツアーに参加する。

G/F には涼茶スタンドがある

●超ローカルの活気ある市場 map 別冊 P.26-3B

カントン・ロードの露天市場 Canton Rd.（廣東道）

カントン・ロードは、尖沙咀の天星碼頭付近の梳士巴利道を南端とし、ネイザン・ロードとほぼ平行に佐敦、油麻地、旺角を貫き、切れ切れになりながら連綿と北端の荔枝角道まで続いている。1239 番地まであり、香港で最も番地数の多い道だ。ランガム・プレイスの北西、亞皆老街と交差するあたりは露天市場になっており、買い物をする主婦や近所の人でにぎわっている。1977 年、付近に旺角街市ができたが、路上のほうが商売になるため肝心のマーケット内には空き家が目立ち、議会では街市の取り壊しまで計画されているほどだ。

地元の人々の生活に根づいたディープな商店街は活気にあふれている

●小鳥好きが集まるバード・パラダイス map 別冊 P.27-1D

バード・ガーデン（雀鳥花園） Bird Garden

東鐵綫の旺角東駅の近く、MTR 太子駅からなら徒歩 7 ～ 8 分にある小鳥屋街。駅から東へ花墟道 Flower Market Rd. の花屋街を突き抜けた所にある。緩やかなスロープを上がると、タイル張りの細長い公園に小鳥屋が軒を並べている。目を細めて愛鳥を愛で、自慢しあう男性たちの姿もある。

左／小鳥屋街。店先には売り物の小鳥を入れた鳥籠が圧巻の数　右／自慢の小鳥を公園に持ち寄る人も

●工業地区として発展、現在は高層アパート地区 map 別冊 P.26-2A～3B

大角咀エリア Tai Kok Tsui Area

西の塘尾道 Tong Mi Rd. よりさらに西のエリアが大角咀。年々増える高層住宅と、もともとの街の産業だった軽工業の工場などが残る下町との対比が際立つエリアだ。メインとなる繁華街

カントン・ロードの露天市場
行き方 旺角駅 C2 出口から徒歩約 4 分。

果物、食品、日用雑貨などの店が連なる露天市場

昔ながらの味が冴える豆腐屋
廖同合荳品廠
1899 年創業の老舗。商品はすべて店内奥の作業場で作る自家製なので、いつもできたてが味わえる。店内には簡単なテーブルと椅子が並び、近所の主婦が買い物の合間に立ち寄る"おやつ処"になっている。豆漿（豆乳）、豆腐花（おぼろ豆腐）などが 10HK$ ～。甘いのが苦手な人には豆腐に魚肉を詰めて油でソテーした煎釀豆腐（4 個 14HK$）がおすすめ。ここの豆腐は凝固剤の臭みがなく、ふるふると優しい食感だ。
住 廣東道 1067
1067 Canton Rd.
☎2392 9293　営7:00 ～ 19:00
休 旧正月 3 日間
カード 不可　地 旺 C2 出口
map 別冊 P.26-3B

バード・ガーデン
住 園圃街　Yuen Po St.
開7:00 ～ 20:00　休 無休
行き方 太子駅 B1 出口から徒歩約 8 分。

小鳥を愛でるのは香港の男性の娯楽のひとつ

大角咀
行き方 奥運駅から徒歩約 10 分。旺角駅から徒歩約 20 分。

歴史を感じる住宅ビル群のなかに新しい高層アパートが増えつつある大角咀

旺角駅直結のショッピングモール「T.O.P」
駅直結の 15 階建てビルの 8 階までがショッピングモールとして登場。小規模ながらも、香港発のバッグブランド「hellolulu」や「Doughnut」など旬のブランドを揃えており、若者を中心に人気を集めている。
住 彌敦道 700
700 Nathan Rd.
☎3951 0828
営10:00 ～ 22:00 休 無休
カード 店によって異なる
地 旺 B4 出口
map 別冊 P.32-1A

地下にはフードコートがある

は大角咀道(タイコッツォイドウ) Tai Kok Tsui Rd.。杉樹街 Tit Shu St. には豬骨煲(チュークワッポウ)（豚骨、モツなど濃厚スープの鍋）の店が軒を並べている。西端に MTR 東涌綫の奧運駅 Olympic Station があり、駅に隣接してショッピングセンターのオリンピアン・シティ（奧海城(オウホイセン) Olympian City）が大規模に展開。

左／大角咀はアパート群の中に商店が並ぶ、生活臭のある街　右／奧運駅に隣接のオリンピアン・シティは住民向けの S.C.

●割譲地と租借地の境だった　map 別冊 P.26-1A、1B、別冊 P.27-1C、1D

界限街(ガイハンガイ)　Boundary St.

アヘン戦争（1840 ～ 42 年）のあと、南京条約と北京条約によって、香港島と九龍南部はイギリスに永久割譲され、九龍北部と新界は 1997 年までの租借地となった。その永久割譲と租借地の境目だったのが、この界限街だ。とはいっても、別にこれといった特徴があるわけではなく、歴史の 1 ページに名前をとどめるのみとなっている。

界限街の北側の又一村(ヤオヤッチュン) Yau Yat Chuen、九龍塘(ガウロントン) Kowloon Tong は、九龍の市街地が拡大して、“新九龍”と呼ばれる九龍側の高級住宅街となっている。九龍塘駅の上には、フェスティバル・ウオークという大規模なショッピングセンターがある。

COLUMN　バード・ガーデンの「鳥籠の店」探訪

1970 ～ 1990 年代には小鳥を飼う趣味が流行、愛鳥家たちは自慢の鳥が入った鳥籠を公園や飲茶に持参、交流を楽しんだ。現在のランガム・プレイス付近にあった雀仔街（バード・ストリート）が閉鎖後は、1997 年落成のバード・ガーデン（雀鳥花園→ P.195）が昔の風情をしのぶ場所となっている。

鳥たちの愛らしい姿やさえずりが満ちるなか、目を引かれるのが店々の軒先につるされた鳥籠。涼しげな竹ひごの線の美、彫刻の妙は風流の極み。そんな鳥籠店のひとつ「燕記」の主人の話によると、現在は中国産がメインで、手作りのため供給不安定なのが悩みとか。値段は、おみやげになりそうな小サイズ 800HK$ から、芸術品クラスまでさまざま。ここには香港唯一の鳥籠職人、陳樂財さんの鳥籠修理専門店もある。

鳥籠を販売する店が数軒ある

ちなみに人気の鳥の相場は、声の美しいメジロやカナリアがつがいで 100HK$ ～、シロハラインコ 7500HK$ ～、オウムはなんと 1 万 HK$ ～。

バード・ガーデンを歩いてみれば極彩色の小鳥たちが次々視界に飛び込んでくる

鳥籠には竹製（左）のほか、木製（右）のものもあるが、乾きやすく手入れしやすい竹製が人気

燕記(インゲイ)
住 旺角園圃街雀鳥花園 35-36　Shop No.35-36, Yuen Po Street Bird Garden, Yuen Po St., Mongkok　☎2391 5208
営8:00 ～ 19:00　休 無休　カード MV　地 太 B1 出口
map 別冊 P.27-1D

深水埗（サムソイポウ）●Sham Shui Po

深水埗のマップは別冊P.33
周辺図別冊 P.3-3C

深水埗駅を貫く北河街は深水埗の大通り。市場にも面しており、洋服や雑貨、靴などの露店がズラリと並び路上市場のようなにぎわい

旺角から MTR で 2 駅目、ここ深水埗は、香港の下町の魅力とパワーを凝縮したような街だ。

深水埗の "埗" は埠頭の意味で、以前は深い入江のほとりだったという。ここには東漢（紀元前 1 世紀）時代、すでに人が住んでいたが、街としての発展はかなり遅く、1930 年代に町工場とそれに隣接する住宅地として開発された。戦後は中国からの移住者を収容するバラックがひしめき、香港で最も人口密度の高い街に膨れ上がった。

今や工場は長沙灣（チョンサーワン） Cheung Sha Wan や荃灣（チュンワン）に移転し、バラックは撤去され跡形もないが、長沙灣道（チョンサーワンドウ） Cheung Sha Wan Rd. の激安洋服市場、鴨寮街（アップリウガイ） Apliu St. の電器街、桂林街（クワイラムガイ）や北河街（バッホーガイ）の屋台街などに当時の名残が息づく。

深水埗は、再開発の手が伸びる香港中心部から見ると、どこか懐かしい、かつて香港のあちこちに漂っていた空気感が今も残っている、素顔の香港が見られる街である。そして急速に街の様相を変えていく香港にあってこの街は、"九龍半島最後の聖域" ともいえる存在だ。

しかし、ここにも時代の波は押し寄せつつあり、古い店や団地は軒並み閉店や改築に追い立てられている。2024 年から 2031 年頃の完成を目指し、大規模な再開発計画が進行中である。

左／鴨寮街にはオーディオや電子機器の店、さらに約 200 の屋台が並ぶ　右／電化製品や工具などの中古品を広げた露店も出る（鴨寮街）

深水埗への行き方

MTR（地下鉄）が便利。中環、金鐘から荃灣行きで 14 ～ 16 分。15HK$。尖沙咀からは 11 分、7.5HK$。

夜間のひとり歩きは控えること

深水埗は東南アジア系移民やニセ難民が増えており、傷害、強盗、暴行など犯罪も起きている。特に夜は単独行動しない、騒動に巻き込まれないなど、十分留意しよう。

長沙灣道はまるで洋服の卸市

メインストリートとなる長沙灣道沿いには、数百 m にわたって洋服店（おもに女性物）が並んでいる。深水埗はもともと繊維の街だったといい、卸商のような店もある。オシャレとは言いがたいが、100HK$ 以下の物がほとんど。安さではここがイチバン（!?）。

長沙灣道周辺には安い衣料品店がズラリ

天后廟（ティンハウミウ）

清末の 1901 年に付近の漁民が資金を集めて建てた海の守り神、天后を祀る廟。当時は海に臨む最良の風水の場所だった。廟内には観音、関羽も祀られており、1915 年の年号が入った銅の鐘と祭壇がある。

住 醫局街 182
182 Yee Kuk St.　☎2387 2268
開 8:00 ～ 17:00　休 無休
地 深A2出口　map 別冊P.33-3A

歴史のある廟。旧暦3月23日の天后誕の祭りは盛大に行われる

生地屋、手工芸品店では個人客にも売ってくれる？

多くの店が卸中心で、海外にも輸出している。個人客も受け付ける店がほとんどだが、卸のみの店（5 軒に 1 軒程度）があるので注意。また、在庫の関係、購入量などである程度交渉が必要な場合もある。ちなみに福榮街のおもちゃ問屋は、鉛筆 1 本から販売。

香港の秋葉原

高登電腦中心

ビルの 1/F がコンピューターセンターになっている。フロアはかなり広く、小さな店がひしめき合っている。扱う商品と価格を書いたビラを配っている店があるので、参考に。
住 欽州街 94A　94A Yen Chow St.　営 だいたい 10:30 ～ 22:30　地 深 D2 出口
map 別冊 P.33-2B

パソコン関連の店が詰まっている

關帝廟

清代（1636 ～ 1912 年）中期に建てられた三国時代の名将、関羽を祀る、九龍半島唯一、香港で最大規模の關帝廟。当時は港を望む丘の上にあり、最初は協天宮、後に武帝廟と呼ばれ、2010 年の大改修時に關帝廟と改められた。現在も厄払いや商売の神様として信仰を集めている。
住 海壇街 158　158 Hai Tan St.
☎ 2393 4778　開 8:00 ～ 18:00
休 無休　地 深 A2 出口
map 別冊 P.33-4A

廟の入口。壁画は香港の人気漫画家が描いた「桃園の誓い」

美荷樓生活館

住 巴域街 70　石硤尾邨 41 座 美荷樓青年旅舍 G/F-1/F
G/F-1/F, YHA Mei Ho House Youth Hostel, Block 41, Shek Kip Mei Estate, 70 Berwick St.,
☎ 3728 3544　開 10:00 ～ 18:00　休 月曜（祝日は開館）、旧正月 3 日間　料 無料　地 深 D2 出口

H 形建築が特徴の美荷樓。向かって右側の建物が生活館。中庭に面して休憩にぴったりのカフェがある

歩き方

各通りの特徴

鴨寮街：オーディオや電気機器、工具を扱う店が多い。屋台が並ぶ
福華街：衣料関係の店が集中している
黃竹街、基隆街：生地問屋街
桂林街、北河街：衣料品の問屋が並び、さらに安服の露店も出ている
南昌街、汝州街、大南街：衣料関連のパーツ商品を扱う問屋街。小売りをする店も多い
福榮街：おもちゃ問屋街。最近は減少傾向

雑貨・工具の屋台街の鴨寮街へ

深水埗駅の D2 出口を出た目の前の桂林街 Kweilin St. にある**高登電腦中心**（→P.198 欄外）の中にはコンピューターセンターがある。隣にある黃金電腦商場は、全館ゲームソフトの店が入っていて、若者に人気だ。高登電腦中心が面している福華街 Fuk Wa St. を南昌街 Nam Cheong St. のほうへ歩いていこう。**福華街一帯には、洋服の屋台**が並んでいる。比較的値段は安く、普通の服が多い。

南昌街に突き当たったら右に曲がり、南昌街を南西方向に進む。長沙灣道 Cheung Sha Wan Rd. を越え、鴨寮街 Apliu St. との交差点に来たら右に曲がり、鴨寮街に入っていこう。電気、機械関係の露店が続いている。

生地問屋街へ

南昌街から鴨寮街に入らず、もう 1 本先の**汝州街** Yu Chaw St.、**基隆街** Ki Lung St. を東側に入っていくと、そこは生地や手工芸材料の一大問屋街。基隆街を西へ戻ると、北河街 Pei Ho St. にぶつかるところに市場があり、一段とにぎわいを増す。さらに西へ向かうと、欽州街 Yen Chow St. を挟んでショッピングセンターのドラゴンセンター西九龍中心がある。

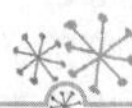

見どころ

● 1950 年代の公団住宅へタイムスリップ　map 別冊 P.33-2B

美荷樓生活館　Heritage of Mei Ho House

第 2 次世界大戦後に中国大陸から移り住んだ人々のために建てられた香港最初の公団住宅が「美荷樓」。当時の集合住宅の最先端だった H 形の建築が、2013 年にユースホステル（→ P.335）と美荷樓生活館に生まれ変わった。生活館には 1950 ～ 1970

年代に入居していた一家の暮らしを再現した部屋や生活用品の展示、石硤尾の大火事の被災住宅のために、1954年に公団住宅を完成させたという背景が紹介されたパネルなどが展示されており、建物とともに、当時の生活習慣やコミュニティの歴史に触れることができる。

どのように暮らしていたかがわかるタッチパネルもある

左・中／屋台の再現や祭事用品などが展示された1950～1960年代の生活を疑似体験できるコーナー　右／1970年代の住宅の一室を再現した展示。家具や生活雑貨は住人から寄付されたもの

●古代の墓と埋葬品を展示

map 別冊 P.33-1A

李鄭屋漢墓博物館（レイチェンオッホンモウボウマッグン） Lei Cheng Uk Han Tomb Museum

1955年に発見された、約1900年前の後漢時代（25～220年）の墓。現在は墓全体を覆うように博物館が建てられ、温度や湿度を管理して保存されている。展示室では発掘当時の写真や、副葬品の陶器や青銅器などが展示され、この墓や漢代の華南文化について知ることができる。

展示室の奥ではガラス越しに墓室の内部が見られる。墓は十字形で、れんがで造られており、被葬者の遺骸はないものの、墓や陶器の形式から中国北方の貴族または高官と推定される。しかし、なぜその人物が中国大陸南端の香港で埋葬されたかについてはいまだ解明されていない。

左／ガラス越しに墓室内を見学。墓室の壁のれんがには文字や図案の入っているものもある
右上／アパートの建設工事中に発見された。この墓は海沿いの丘の斜面にあったと推察される
右下／青銅や陶製の貯蔵器、調理具などが出土した（展示室）

李鄭屋漢墓博物館
住 東京街41
41 Tonkin St.　☎2386 2863
URL www.lcsd.gov.hk/en/facilities/facilitieslist/museums.html
開 10:00～18:00（12/24、旧暦12/31～17:00）
休 木曜（祝日は開館）、1/1、旧正月2日間　料 無料
行き方 MTR長沙灣 Cheung Sha Wan駅下車、A3出口を出て、すぐ左へ折れ、東京街を北東方向に7～8分歩いた左側にある。

深水埗に残る歴史的建物
深水埗分區警署
1925年に落成したコロニアル式の建物は今も現役の警察署で、歴史的建造物。かつては日本軍が指揮本部として占拠していたこともある。map 別冊 P.33-3A

茘枝角道と欽州街の角に立つ

COLUMN

深水埗を深掘り

●この街は古い歴史あり！

李鄭屋漢墓（→上記）からわかるように、後漢時代（日本では弥生時代の頃）にすでにここで人が暮らしていた。清の嘉慶年間（1795～1820年）に深水莆（埔）、長沙灣など今の地名に近い集落が登場。1898年、イギリスが新界の租借に成功した際には「新九龍」として周辺地域とともに市内に繰り込まれた。しかし政府の開発計画外におかれ、長く発展が停滞した。

●昔は港町だった

1924～1992年には中環やマカオ行きフェリーターミナルがあった。現在は埋め立てられ跡形もない。街なかにある天后廟（→P.197欄外）、關帝廟（→P.198欄外）は、当初は海に面していた。

●多国籍な街

大戦後、中国からの移民が住み着き、人口が激増。公営団地や古い唐樓（広東式集合住宅）が林立し街を形成している。物価が安いこともあってアジア各国からの労働者も在住。

●東南アジア有数の生地屋街

1950、60年代から近隣の長沙灣、茘枝角とともに輸出用の衣服の製造工場が集中、全盛期には6000軒ほどの工場があり、約10万人が劣悪な条件で働いていた。その頃から深水埗に生地や関連製品を扱う問屋が建ち並び、現在の問屋街の姿になった。

ディープなおもしろさ満載の

深水埗（サムソイポウ）を探検

深水埗は生活のパワーあふれる庶民の街。高級店や流行のレストランが席巻する香港で、1960年代の古き香港の景観や食文化を保つ数少ない街だ。問屋街、渋い歴史的建築物、奇妙な屋台やがらくた市、そして行列のできるローカル食堂が次々出現する。庶民文化の最後の砦、カオスの街をじっくり歩いてみよう。

1. 中心部では撤去された「道路に突き出る看板」が頭上を彩る　2. ミントグリーンの唐樓　3. レトロな理髪店。散髪は45HK$　4. 乾麵製作所の德明粉麵廠（住 基隆街254）は歴史のある店　5. 桂林街、福榮街には安服やアクセサリーの露店が並ぶ

見どころとなる

露店通り＆問屋街

深水埗の街は碁盤の目のようになっており、通りごとに特色がある。生地やおもちゃの問屋街は、趣味のグッズの宝庫だ。

生地や手芸パーツの店が集まる
基隆街（ゲイロンガイ） Ki Lung St.
黃竹街（ウォンチュッガイ） Wong Chuk St.

ありとあらゆる生地が揃い、海外へ輸出しているところもある（多くの店は小売りも可能）。南昌街、汝州街、大南街にはボタン、糸、ビーズ、ファスナーなど手芸パーツを扱う店が多い。これらの通りの問屋・店は日曜、祝日は休業。

休 日曜、祝日、旧正月
地 深 A2出口　map 別冊P.33-3A、3B

上／エッグタルトや看板など香港のアイコンをプリントした生地もある　中／大南街の皮革の店　下／基隆街、黃竹街周辺は生地や手芸パーツを扱う問屋が連なる

屋台街は12:00頃～22:00頃まで営業。早めの時間帯におとずれたほうがよい

イヤフォン 8HK$～

マニアックな屋台街
鴨寮街（アップリウガイ） Apliu St.

電気関連の品やスマホのアクセサリー、日用雑貨など約200軒の屋台がズラリ。中古の電気ドリルや鍋・炊飯器、楽器まで道路に並ぶ。この通りは1930年代にガラクタ市が始まり、電子機器やオーディオ店が増え、観光客もやってくる規模の大きな屋台街になった。屋台の外側にも電気関連の店が並ぶ。

地 深 A2またはC2出口　map 別冊P.33-3A

自撮り棒やソーラーパワーグッズが人気

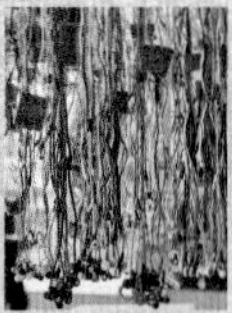

携帯用のミニ扇風機（50HK$くらい～）

笑えるグッズが潜むおもちゃ屋街
福榮街（フォッウィンガイ） Fuk Wing St.

十数軒の玩具やパーティグッズの問屋が並び、小売りも歓迎。

地 深 B2またはD2出口
map 別冊P.33-2B

おもちゃ屋のほか、ファンシーグッズや文具雑貨の店もある

ままごとセットから浮き輪まで、大人も楽しくなる品揃え

巨大サイコロのビニール玩具

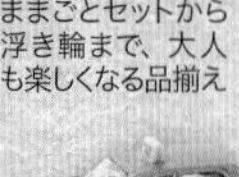

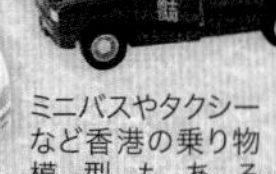

ミニバスやタクシーなど香港の乗り物模型もある（36HK$～）

おなかを押せば卵を産むプニュプニュのニワトリ（18HK$）

街歩きの楽しみ

安くてうまい食堂

街じゅうが食堂街ともいえる深水埗。なかでもおすすめ店をご紹介。

B 級グルメの店が軒を連ねる

左／麺は臭みもなく食感がよい。手前中央はポピュラーな雲呑麺（40HK$）　右／シイタケうま煮や地元で人気の内臓系など豊富な具材もウリ

牛スジの煮込みもおいしそう

麺専門店
劉森記麵家（ラウサムゲイミンガー） Lau Sum Kee

1956 年創業。一代で手押し車から屋台、そして現在では行列のできる店に成長。竹の竿を足でこぎ、麺を打つ昔ながらの「竹昇麺（チョッセンミン）」の手法を守る名店だ。おすすめは蝦子雲呑撈麵（エビの卵をまぶしたあえ麺、ワンタンのせ、54HK$）。

住 福榮街 82　82 Fuk Wing St.
☎2386 3583　営11:00 ～ 21:30
休 旧正月 3 日間
カード 不可　地深 D2 出口　map 別冊 P.33-2B
［本店］ 住 深水埗桂林街 48　☎2386 3533

開店前から行列ができる人気ぶり

深水埗に 3 店舗ある

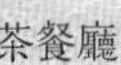

茶餐廳
新香園（サンヒョンユン） Sun Hang Yuen

屋台から発展した麺やパン類が人気の食堂。卵と牛肉を炒め合わせパンに挟んだ馳名蛋牛治（22HK$）が名物。このサンドイッチにはアズキミルクの紅豆冰（21HK$）がよく合う。

住 桂林街 38A　38A Kweilin St.
☎2386 2748　営6:30 ～ 20:00　休 無休　カード 不可
地深 C2 出口　map 別冊 P.33-3A

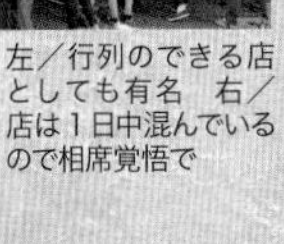

左／行列のできる店としても有名　右／店は 1 日中混んでいるので相席覚悟で

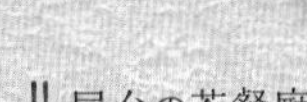

左／手前はパイン缶のシロップ割りといった感じの菠蘿冰。後方右が紅豆冰。コーヒー、紅茶は 15 HK$ ～　右／住 汝州街 186 號の支店の新メニュー、麻辣蛋牛治（25HK$）。刺激的な麻辣とまろやかな卵の味わいがクセになりそう

フレンチトーストも人気！

外はカリッ、中はフワッの西多士（フレンチトースト）

豬扒滑牛麵　（37HK$）。麺を出前一丁にするとプラス 4HK$

屋台の茶餐廳
蘇記（ソウゲイ） So Kee

今では数少なくなった飲食の屋台「大牌檔（ダイパイトン）」。深水埗の耀東街に 5 軒ほどの店がかろうじて残っている。このなかの「蘇記」は昔のスタイルと味を保持し、根強いファンが多い。トーストやサンドイッチと麺類、飲み物を出す茶餐廳タイプの屋台で、看板メニューは豬扒（ポークチョップ）と滑牛公仔麵（牛肉のせインスタント麺）。サックリとした食感がいい西多士（フレンチトースト）もいける。

住 耀東街 15-16　15-16 Yiu Tung St.
☎2779 1182　営5:30 ～ 17:00
休 旧正月　カード 不可　地深 B2 出口
map 別冊 P.33-2B

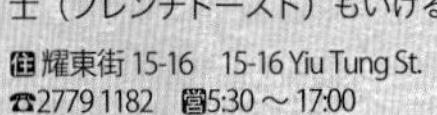
上／店舗は路上固定式、テーブルは歩道に並ぶ　下／すぐ隣まで再開発工事が進んでいて、屋台街は風前の灯かもしれない

左／蘇記の厨房。 夜営業の料理屋台とシェアしている
右／フレンチトースト（22HK$）もおすすめ

紅磡（ホンハム） ● Hung Hom

紅磡のマップは P.202、203
周辺図別冊 P.3-3C、西部別冊 P.22 ～ 23

紅磡への行き方

空港から
A21のエアポートバスで約70分。

各エリアから
● **MTR（地下鉄）**：黄埔花園方面へは黄埔駅、紅磡西部へは何文田駅下車。尖沙咀から荃灣行きで油麻地駅にて黄埔行き（觀塘綫）に乗り換える。何文田まで9分、黄埔駅まで12分、ともに6HK$。
中環からは尖沙咀同様の経路で何文田まで 15 分、黄埔まで 17 分。15HK$。
●**バス**：尖沙咀スターフェリー乗り場前のバスターミナルから 8A の黄埔花園行きで約 25 分、4.8HK$。
●**ミニバス**：尖沙咀廣東道（新港中心、中港城）から黄埔花園行き 26A のミニバスで終点下車。所要 20 ～ 25 分。7.4HK$。
●**フェリー**：中環 8 號埠頭からフェリーが 7:50 ～ 19:20（日曜、祝日 8:30 ～ 18:00）の間に 40 ～ 80 分間隔で運航。10.7HK$、所要 16 分。

高層アパート群を貫く徳安街

紅磡一帯は、もとは工場街・倉庫街だった下町で、メインストリートの馬頭圍道（マータウワイドウ） Ma Tau Wai Rd. とその周辺の街市（ガイシー）（市場）や古い街並みにその風情が残っている。紅磡駅周辺にはショッピングモールのメトロポリス The Metropolis やコンサート会場として知られる香港コロシアムがある。日本人駐在員も多い高級住宅地、黄埔花園（ウォンポーファーユン）は地区内のショッピングやレジャーの中心地で、住民の家族団らん風景をよく見かける。

かつては海上交通の要所だったフェリーターミナル付近にはハーバービューをウリにするホテルや商業ビル、高層アパートが並び、海辺の遊歩道、紅磡海濱花園（紅磡プロムナード）が尖沙咀東部まで続いている。

香港と中国の深圳を結ぶ MTR 東鐵綫と屯馬綫が乗り入れる紅磡駅に加え、觀塘綫の延伸で、紅磡地区には「黄埔（ウォンポー）」と「何文田（ホーマンティン）」の 2 駅が誕生し、各地からのアクセスは格段によくなった。

歩き方

メインストリートは東西に延びる**徳民街（タッマンガイ） Tak Man St. ～徳安街（タッオンガイ） Tak On St.**。この道路と南北に交差する紅磡道（ホンハムドウ） Hung Hom Rd. を

アパート群の下層階はショッピングセンター

軸として広がる400～500m四方のエリアを**黄埔新天地Wonderful Worlds of Whampoa**と称して、テーマワールドを形成。高層アパート群の下層階に各テーマに沿ったショッピングモールやレストラン街を配置し、紅磡の中心地となっている。

紅磡観光の要は黄埔新天地内の船の形をした**ワンポア The Whampoa（黄埔號）**（→下記）。すぐそばの徳安街にMTR黄埔駅があるのでアクセスもしやすい。

下町の食べ歩きを楽しむには、中心部より西側の商店街、寶其利街 Bulkeley St. 周辺へ。

見どころ

●船の形の紅磡のランドマーク map P.203

ワンポア（黄埔號） The Whampoa

1989年落成の高さ17 m、全長110 mの豪華客船をかたどったショッピングセンター。19世紀には大規模な造船所があり、1976年に取り壊されるまで、付近の紅磡埠頭には修理を待つ船が停泊していたとのことで、この地の歴史を語るモニュメントともいえる。館内には日系デパートのイオン・スタイルやレストラン、地元のラジオ局、新城電台がある。

また、徳安街を挟んだ向かいは、ビルのG/F～3/Fに13店の飲食店が集まる「黄埔美食坊」だ。四川料理の詠藜園（→P.232）をはじめ、アジア料理、スイーツ店などが揃っている。

ラジオ局があるので、芸能人の姿を見かけることも

蝦子の乾麺で有名な
張榮記 Cheung Wing Kee

大地魚（ヒラメ）や蝦子（エビの卵）のだしを麺に練り込んだ乾麺で名をはせる張榮記。小麦粉は良質のカナダ産をメインに、つなぎに入れる卵はタイ産、蝦子は香りのよい川エビのみを使用という、素材のこだわりが高品質の乾麺を生み出す。ホタテやアワビ、牛肉だし入りの蝦子麺、ヘルシー麺など種類も豊富。

住 蕪湖街70-74 G/F C舗 Shop C, G/F, 70-74 Wuhu St.
☎2954 0694 営9:00～19:30
休 旧正月3日間 カード 不可
地 何文田駅B1出口または黄埔駅A出口 map P.202

プレーンの蝦子麺は10個80HK$。写真のトマト麺や亜麻仁（フラックスシード）麺など健康を意識した乾麺もある

ワンポア
住 船景街黄埔花園第六期 Whampoa Garden Phase 6, Shung King St. ☎2121 8344
URL www.whampoaworld.com
営 店によって異なるが、だいたい10:00～22:00頃（スーパーマーケットは8:30～）
地 黄埔駅C2またはD1出口

黄埔美食坊
住 徳安街黄埔花園第八期G/F～3/F G/F～3/F, Site 8, Whampoa Garden, Tak On St. ☎2121 8344
営 だいたい12:00～21:00または22:00 地 黄埔駅C2出口
map P.203

九龍城のマップは P.205
周辺図別冊 P.3-3C

九龍城（ガウロンセン）／カオルーンシティ ●Kowloon City

香港最大規模の市場、九龍城街市。店も種類も多く、珍しい食材にも出合える。おみやげなら 1/F の香辛料や乾物コーナーをチェック

「九龍城」といえば、40 年ほど前はあの魔窟といわれた九龍城砦の街として知られていた所。だが、その九龍城砦は 1993 年に取り壊され、歴史の片隅にその名をとどめるのみとなった。城砦の跡地は 1996 年、九龍寨城公園（→ P.206）として生まれ変わった。

九龍城の街は、現在は食通の集まる街として知られている。地元の食通に「おいしいレストランを教えて」と言うと、必ずこのエリアの店の名が 1 ～ 2 軒登場する。どうやら香港の人たちは、週末などにおいしいものを食べに九龍城へやってくるようだ。中国料理はもとより、評判のエスニック料理の店も多数ある。もともとこの地にタイ人が住み着いていたことから、タイ料理の食材店やタイ料理の店が軒を連ね、独特の匂いが街を包んでいる。また、新しいカフェやショップが年々増え、街の様相も少しずつ変化を見せている。

この街は香港の魅力ともいえるミックスカルチャーを味わわせてくれる。時が止まったかのような涼茶（漢方茶）店や祭祀用品の店があるかと思えば、カフェやスイーツ店が現れたり、巨大ショッピングセンターもあるという具合。中国っぽさと香港らしさ、かつ東南アジアの匂いが混じり合い、好奇心を刺激される。九龍城は下町の活気あふれるエキゾチックな街である。

MTR 屯馬綫が 2021 年に全線開通し、新駅の宋皇臺駅が九龍城の最寄り駅となった。中心部から MTR でアクセス可能となり、周辺の再開発計画も立ち上がっている。

衙前塱道北側には老舗の海産物店や潮州食材の店が並び、買物客でにぎわっている

九龍城への行き方

空港から

A22、E23 のエアポートバスで約 1 時間。

各エリアから

● MTR（地下鉄）：香港島の中環から荃灣綫の金鐘で東鐵綫、紅磡で屯馬綫に乗り換え、宋皇臺まで 21 分、15HK$。尖沙咀から荃灣綫の油麻地で觀塘綫に、何文田で屯馬綫に乗り換え、宋皇臺まで 17 分、6HK$。尖東駅（地下通路で尖沙咀駅と直結）から屯馬綫で 10 分、6HK$。

●バス：尖沙咀スターフェリー乗り場前のバスターミナルから 1、1A、9（ネイザン・ロードの各バス停経由）、5、5C（漆咸道南の各バス停経由）、尖沙咀駅 P1 出口近くのバスターミナルから 9（ネイザン・ロードの各バス停経由）で行ける。1 は嘉林邊道沿いの「衙前圍道」、1A、5、5C、9 は太子道東沿いの「富豪東方酒店」下車。6.4 ～ 7.9HK$。所要 20 ～ 30 分。

●フェリー：北角からフェリーが 7:17 ～ 19:17 の間、15 ～ 30 分に 1 本（土・日曜、祝日は 30 ～ 150 分に 1 本）の割合で運航。8.5HK$、所要約 14 分。

MTR 駅が完成

屯馬綫の宋皇臺駅が九龍城の南に新設された。同駅の連絡通路を経て（徒歩約 5 分）、B3 出口を出れば九龍城のど真ん中、南角道だ。駅の完成後、街にしゃれたカフェやレストランが増えている。

※九龍城の特集→ P.30。

南角道の宋皇臺駅出入口

郵便局

住 龍崗道 28　G/F
G/F, 28 Lung Kong Rd.
営 9:30 ～ 17:00（土曜～ 13:00）
休 日曜、祝日　map P.205

歩き方

東側の啟徳道（カイタクドウ）から西側の聯合道（リュンハップドウ）まで徒歩約 10 分。南北に走る通りは、それぞれ特色をもっている。

東側から、打鼓嶺道（ダーグーレンドウ） Tak Ku Ling Rd. は家具屋、**城南道（センナムドウ） South Wall Rd. にはタイの食材や物産店、南角道（ナムコッドウ） Nam Kok Rd. にはタイレストランが多い**。このあたりはタイ人や東南アジア系の人々が多く、タイ文字の看板も目にする。東西に貫く衙前圍道（ンガームチンワイドウ）、衙前塱道（ンガームチンロンドウ）と侯王道（ハウウォンドウ）に囲まれた一画には市場があり、その周辺は多くの人でごった返している。市場の向かい側、衙前塱道沿いには潮州の食材や海産物の老舗が数軒ある。獅子石道（シーチーセクドウ） Lion Rock Rd. の北側には衣類の店が、福佬村道（フォロウチュンドウ） Fuk Lo Tsun Rd. には人気のレストランが集まっている。

また、賈炳達道（ガーベンダードウ） Carpenter Rd. の北側にはショッピングセンター、**九龍城廣場（ガウロンセンゴンチョン）**があり、家族連れやカップルでにぎわう。ローカル向けではあるが、ファッションから家具、レストラン街、映画館まで入っている。東側の賈炳達道公園（ガーベンダーットウゴンユン）は芝生や緑地が広がり、ひと息つくのによい。この公園の北側に九龍寨城公園（ガウロンチャイセンゴンユン）がある。

香港のまた別の表情をウオッチングしに、あるいは食べ歩きを楽しみに、九龍城を散索してみよう。

潮州菓子専門店
和記隆貴嶼餅家
Woo Kee Loong Kwai Yue Cake Shop

1948 年創業の潮州伝統菓子の製造販売店。親子 2 代にわたる菓子文化研究家の楊さんが、本場潮州では廃れてしまった伝統菓子の味を忠実に守り続けている。素朴な餅菓子からお供え物や引き出物までズラリと並ぶ。季節によっては潮州独特のタロイモや緑豆のあん入り、パイ皮の月餅もある。店名に冠した「貴嶼」は楊さんの故郷である潮州の地名。

住 城南道 59　59 South Wall Rd.　☎2382 1673

営10:00 ～ 19:00　休 旧正月 3 日間　カード 不可　地 宋皇臺駅 B3 出口　map P.205

中央がココナッツ入りピーナッツの飴がけ（椰絲花生軟糖、36HK$）

城南道はタイの食材や日用雑貨、美容グッズなどの店が並び、異国の香りを醸し出している

九龍城 Kowloon City

0　100　200m

九龍寨城公園 P.206　南門　サッカー場　賈炳達道公園　東正道 Tung Tsing Rd.　Lok Sin Rd.　樂善道　沙浦道　パークン

嘉林邊道　石屋家園 P.206へ　九龍城廣場　イオン・カオルーンシティ・ストア (2～3F)　皇冠呂宋芒専門店 (マンゴー店)　タイ食材店、レストランが多い

賈炳達道 Carpenter Rd.　昌發泰國粉麺屋　賈炳達道

粥世家　德昌魚蛋粉麺　恭和堂 (涼茶舗)　アリババ　P.218 蘇太名醬　方榮記沙爹牛肉專家　潮州の食材店が並ぶ　元合 P.208　P.205 和記隆貴嶼餅家　其昌椰子油有限公司　ブロッサム　葉盛行 P.208　バインミー・ベーカリー　源茂興記茶莊　P.204　創發潮州飯店 P.226　陳明記粉麺廠　黃明記粥麺家　同撈同煲火鍋　正宗印度菜館　清真牛肉館　P.338 リーガル・オリエンタル富豪東方酒店

Grampian Rd.　パティスリー・トニーウォン　聯合道　福佬村道　P.286 獅茗香茶莊　獅子石道　上海雜貨店が並ぶ　侯王道　P.31、80、217 九龍城街市　衙前塱道　南角道　龍崗道　城南道　打鼓嶺道　啟德道 Kai Tak Rd.　Sapo Rd.

Seven Kee Croset　同心泰國雜貨店　順興餐廳　西貢金雞海南雞　昌泰食品(香港)有限公司 P.208　嘉豐點心專門店

尖沙咀方面行きバス停 1　衙前圍道　Nga Tsin Wai Rd.　泰風情 P.42　尖沙咀方面からのバス停 1A 5 5C 9　バス停が並ぶ

地茂館甜品 P.252　等等HEA　小丘(マッサージ店)　Cérès (ジュエリー)　日本清酒商店　星點心専門店　恒生　Seven Kee Original　サイコンフォー　滙豐　クッキー・カルテット P.280　Glady's Estate Coffee　永珍越南食館　中國　酥妃皇后　渋い洋食屋　聯發茶餐廳　大和堂咖啡店 P.31　2023年9月現在工事中　合成糖水　南角 P.31　陳仔 (カメゼリー)　マクドナルド　豐昌　黃珍珍泰國菜館　渝癮烤魚　小曼谷海鮮燒烤屋

Fuk Lo Tsun Rd.　Lion Rock Rd.　Hau Wong Rd.　Nga Tsin Long Rd.　Nam Kok Rd.　Lung Kong Rd.　South Wall Rd.　Tak Ku Ling Rd.　太子道東　天威道 Skymaster Dr.

タイ・アーツ・アンド・クラフツ P.30　オレンジ・エレファント・タイ・レストラン P.30、249　啟德空港跡地

Junction Rd.　太子道西 Prince Edward Rd. West　土地合道　樂口福酒家 P.227　尖沙咀方面からのバス停　宋皇臺駅連絡通路　馬頭涌道　ウエルカム　亞皆老街 Argyle St.　世運道 Olympic Ave.　土瓜灣へ　B1　B2　B3

九龍寨城公園
住 東正道　Tung Tsing Rd.
☎2716 9962　開6:30～23:00（展覧館は木～火曜の 10:00 ～ 18:00）　休 無休（展覧館は水曜休館）　料 無料
行き方 宋皇臺駅 B3 出口から徒歩約 3 分で南門へ。バスなら尖沙咀スターフェリー乗り場前のバスターミナルから 1 のバス（ネイザン・ロードの各バス停経由）で東頭村道の「九龍寨城公園」下車（所要約 20 分）すぐ。

九龍城砦のジオラマ。約 28 万 m^2 の土地に 3 万 3000 人もの人が暮らしていたという（1987 年当時）

石屋家園
住 聯合道 133　133 Junction Rd.
☎2325 0111　URL www.stonehouses.org　開10:00 ～ 17:30（日曜 12:00 ～）　休 月曜　料 無料　行き方 尖沙咀から 1 のバスで東寶庭道下車（所要約 20 分）、徒歩約 5 分。MTR なら樂富駅 B 出口または宋皇臺駅 B3 出口から徒歩 10 ～ 15 分。

石屋咖啡冰室
Stone House Cafe
☎2325 0131　営8:00 ～ 18:00（ラストオーダー 17:30）
休 月曜（文物探知中心は月曜、祝日）、旧正月　カード 不可

石屋咖啡冰室は自家焙煎のコーヒーが自慢。内装も凝っている

石屋家園の歴史
もともとは 19 世紀末に建てられた何一族の邸宅「何家園」があった場所。日本統治時代に啓徳空港を拡張するため、周辺の村々が取り壊され、その後、村の再建のため聯合道周辺に長屋の集落を建設し、侯王廟新村と名づけられた。その中の一棟、石屋家園は「何家園」の残存する基礎部分の上に建てられた。第 2 次世界大戦後、この村の住宅群には中国大陸からの難民も多数住み着いていたという。

見どころ

●九龍城砦の歴史を物語る　map P.205

九龍寨城公園（ガウロンチャイセンゴンユン）　Kowloon Walled City Park

もともとは宋代に外敵の防衛を目的に造られた砦がここにあった。1898 年にイギリスの租借地となった際、この城砦のみ租借地から除外されたが、結局は中国側の力も及ばず、どちらの管轄でもない法律の適用されない場所となった。時を経て日本統治時代に、日本軍が空港拡張の資材とするために砦の城壁は取り壊された。戦後、大陸を逃れ押し寄せた人々がここに住み着き、巨大な集合住宅を形成した。「九龍城砦」という名でこの住宅群は総称され、「無法地帯」「悪の巣窟」といったうわさが飛び交う場所として知られていたが、1993 年に住民は退去させられ、取り壊しとなった。そして 1996 年に九龍寨城公園として市民に開放された。

衙門は公園で唯一歴史的な建造物。入口には一対の古い大砲がある

広い園内は 8 つの見どころに分かれている。大部分は中国風の庭園で、中心となるのは衙門（ンガームン）Yamen という建造物だ。清代の姿に復元された建物で、九龍城砦の歴史や当時の住民の暮らしなどを写真や資料で見せる展覧館となっている。また、大砲や古井戸、1994 年に発掘された南門の土台部分や九龍城砦のジオラマが公開されている。

左／発掘された南門と東門の土台部分と門標。写真右下にある石の門標に「九龍寨城」「南門」と刻まれている　右／衙門の展覧館の入口に、ありし日の九龍城砦の写真や資料が展示されている

●歴史を秘めた石造住居内を見学　map P.205 参照、別冊 P.3-3C

石屋家園（セッンゴッガーユン）　Stone Houses Family Garden

1945 ～ 1949 年の間に建てられた石造りの長屋形式の住宅が、展示館とカフェとして再生。以前は同様の中国式の住宅が複数あったが、現在はこのエリアで唯一の建築遺産だ。

1960 ～ 1970 年代の産業発展にともない、この住宅には工場や製作所も入居。壁面に赤い文字で記された「藍恩記」の名標は、当時ここにあった墓石工場の名残である。内部を文物探知中心（展示館）として公開しており、

2001 年に閉鎖されるまで住民が住んでいた。上の階に文物探知中心がある

九龍城地区や啟德空港、石屋家園の歴史、修復の資料や写真の展示、さらに当時の道具や家具を用いて居住者の暮らしを紹介するコーナーもある。

レトロに作り込んだカフェ「石屋咖啡冰室（セッンゴッガーフェービンサッ）」も併設されている。

●借景が見事な唐風建築の寺院 map 別冊 P.3-3C

志蓮淨苑（チーリンチンユン） Chi Lin Nunnery

釈迦牟尼仏が本尊の浄土宗の寺院。1930年代からバラック地帯で慈善活動を行っていたが、2000年に現在の姿に改築。敦煌の壁画や奈良の唐招提寺、宇治の平等院を参考に唐代の木造建築を再現、工事には日本人技術者も参加した。隣の斧山公園や南蓮園池と一体化した回廊式大庭園の中に、3つの山門と左右対称の寄せ棟造り、総檜の天王殿や大雄殿、御堂などの木造建築群が堂々たる姿を見せている。

山門を入ると弥勒菩薩を祀る天王殿、その背後に本殿の大雄殿がある。壮麗で緻密な寺院建築は観賞に値する

志蓮淨苑
住 鑽石山志蓮道5　5 Chi Lin Drive, Diamond Hill
☎2354 1888　開9:00～16:30
休 無休　料 無料
行き方 鑽石山駅C2出口から徒歩約10分。
※南蓮園池（→P.207）内に志蓮淨苑の山門につながる連絡橋あり。

天王殿前の蓮池には可憐なスイレンが目を楽しませてくれる

●飲食施設にも注目が集まる中国庭園 map 別冊 P.3-3C

南蓮園池（ナームリンユンチー） Nan Lian Garden

3.5ヘクタールの広大な敷地に、唐代の庭園様式を模した美しい庭園がある。ここは隣接する寺院、志蓮淨苑（→上記）の施設

南蓮園池
住 九龍鑽石山鳳德道60
60 Fung Tak Rd., Diamond Hill, Kowloon　☎3658 9366
URL www.nanliangarden.org
開7:00～21:00　休 無休
料 無料（時期によって内容が変わる展示館のみ有料）
行き方 鑽石山駅C2出口から徒歩約7分。

中國木結構建築藝術館
Chinese Timber Archtecture Gallery
開10:00～18:00　休 無休
料 無料

池の南岸に立つ松茶榭（→P.208欄外）

COLUMN

宋王臺花園（ソンウォントイファーユン）に隠された歴史の1ページ

旧啟德（カイタック）空港のすぐ西に小さな公園、宋王臺がある。この公園の起こりは非常に古く、今から700年以上も昔の1277年にまで遡る。

時は南宋末期。宋朝は、新しく興った元（げん）に取って代わられる寸前で、幼い皇帝趙昰はその弟趙昺とわずかばかりの忠臣たちと一緒に、元の兵士に追われて、命からがらこの南の端の香港まで逃げてきた。逃げる途中、兄弟は九龍の馬頭圍（マアタウワイ） Ma Tau Wai にある岩の丘の下で休む。趙昰はじきに亡くなり、弟趙昺も一度は兄のあとを継いで皇位に就くものの、追手から逃れきれず、崖の上から投身自殺してしまう。これにより宋朝は名実ともに終わりを告げた。

しかし、後の世になってもふたりの幼い王を哀れみ悲しんだ人々は、ふたりが休んだ丘を「宋王臺」と記念してふたりをしのぶようになった。

ところが、現在の公園の中には岩の丘なんてない。あるのは「宋王臺」と赤い文字の刻まれた小さな石の記念碑だけだ。

実は昔、この丘は、今の公園のそばにちゃんとあったのだ。だが第2次世界大戦中に香港を占領していた日本軍は、「啟德空港の拡張にじゃまだ」と言って、この丘を破壊してしまった。これによって人々にしのばれ続けた丘は、ただのガレキの山になってしまった。しかし、幸い岩に彫られていた「宋王臺」の文字の部分は、日本の敗戦で、かろうじて捨てられずに記念碑となって残った。こんなわけで、この公園は香港に残された日本と香港の過去の歴史を知る貴重なモニュメントにもなっている。公園の中には、宋王臺のいわれを記した碑も立っている。

石の記念碑。石屋家園（→P.206）の展示館に宋王臺の丘の歴史資料がある

行き方 宋皇臺駅D出口から徒歩約3分。
map P.28

南蓮園池の茶館とレストラン
松茶榭
Song Cha Xie
池に面して立つ唐代様式の建物にある茶館。中国茶と点心が楽しめる。
☎3658 9390 営12:00 ～ 19:30 休無休

龍門樓 - 志蓮素齋
Chi Lin Vegetarian
精進料理のレストラン。セットメニューや点心もある。
☎3658 9388 営12:00 ～ 15:00、18:00 ～ 21:00（土・日曜、祝日は～ 15:30） 休無休

「松茶榭」の点心と中国茶

の一部で、隅々まで精緻にデザインされた優美な造園術が見ものとなっている。園の中心をなすのは蓮池に立つ黄金の圓滿閣。写真を撮りたくなる見事な構造と彩色だ。園内の建築物について興味をもったなら、伝統の木造建築について紹介する展示館（中國木結構建築藝術館）をのぞいてみよう。ほかにも水車小屋や人工の滝があり、整備された木々や花などの植物群にも癒やされる。

風趣に富む建物で中国茶が楽しめる茶館や精進料理のレストラン（→欄外）、スナック店や記念品の店もある。

左／庭園の中央に位置する圓滿閣　右／人工の涌泉山から流れ落ちる滝。この滝の裏側にレストラン「龍門樓 - 志蓮素齋」がある

COLUMN　アジアの匂いが漂う名物ストリート

潮州の食材通り、衙前塱道（ンガームチンロンドウ）

九龍城は潮州人が多く住む街で、本場の潮州料理店や食材店も数多い。衙前塱道にはほかでは見られない調味料や漬物、餅菓子や練り物の店が並んでいる。料理に興味のある人はぜひのぞいてみてみよう。

元合（ユンハップ）

左／調味料がメインで、潮州名物の魚のすり身団子や、ニラ餅、タロイモの揚げ菓子などを製造販売している　右／総菜や乾物もあり、地元潮州人が重宝する店

住 衙前塱道 72　72 Nga Tsin Long Rd.　☎2718 6863
営7:00 ～ 19:30　休無休　カード 不可

葉盛行（イップセンホン）　Yip Shing Hong

左上／最も品揃えがよいのがこの店
左下／高菜漬けのような漬物は潮州で欠かせない（左）。柑桔油はミカンのジャムを薄めたような調味料（右）
右上／サテーソースも潮州独特

住 衙前塱道 68　68 Nga Tsin Long Rd.　☎2383 0885
営8:00 ～ 19:00　休旧正月 2 日間　カード 不可

エスニック色満点の城南道（センナムドウ）

ココナッツとスパイスの香りに包まれた城南道。この数年でタイ製品の店が増え、ちょっとしたタイの路地裏体験ができる。さまざまな食材や日用雑貨、カラフルなスイーツや健康食品、民族調の衣類や雑貨と、見て回るだけでも楽しい。

左／タイの香草や果物、カレーやココナッツミルクともち米のスイーツ、日用雑貨など何でも揃う店　右／タイのゼリー菓子

タイ製品の「昌泰食品（香港）有限公司（チョンタイセッバン　ヒョンゴン　ヤウハンコンシー） Cheong Thai Food (H.K.) Limited」

タイのハーブ、スパイス、菓子、お供え物、日用雑貨と多彩な品揃え。店内はリアルなタイそのもので、見て回るだけでもおもしろい。

左／ミニスーパーといった店　右／パッタイ（焼き麺）やソムタム（パパイヤサラダ）などの調味の素

住 啟德道 25-29　G/F　G/F, 25-29 Kai Tak Rd.　☎2382 1988
営10:00 ～ 19:00（日曜 12:00 ～）　休旧正月 4 日間　カード 不可

※各店への行き方：→ P.204 欄外の九龍城への行き方。宋皇臺駅 B3 出口からは徒歩 3 ～ 5 分。　map P.205

グルメガイド

Gourmet Guide

上／点心を1日中食べられる店が増えている　下／何といっても広東料理と飲茶はぜひトライしたい

香港グルメを満喫するために

レストラン利用テク完全ガイド

“美食の都”香港ではとことん中国グルメを満喫したい。
本場の広東料理のほかに、
北京、上海、四川など中国各地方の料理もレベルが高い。
おいしい料理にありつくためには、
レストランをうまく利用するテクニックも必要。
ここでは、そんなヒントを伝授。

押さえておきたいマナーなど

中国料理ならではの食器の種類と使い方

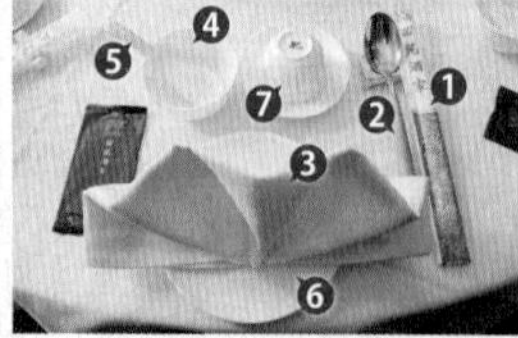

❶筷子：箸。
❷分羹：料理を取り分けるための金属スプーン。
✖NG このスプーンでスープを飲んだり、直接口に運んではだめ。
❸ナプキン：ひざの上に置こう。
❹碗仔：小ぶりの器。習慣的にこの器に料理を取り分けることが多い。スープやご飯用にはこれと同様の器が料理とともに用意される。
❺湯羹：レンゲ。碗仔とセットになっている。
❻平碟：これも取り分け用の皿。汁気のないものはこれに入れてもよい。
✖NG スープや汁気の多い料理を取り分けた碗に、直接口をつけてはだめ。テーブルに置いたまま、レンゲと箸を使って食べる。ご飯の碗は持ち上げて食べてOK。
❼茶杯：湯飲み茶碗。

会食のマナー

会食の際にはそれなりに気を使うことがスマートだ。

- 料理を自分で取り分ける場合には、好きなものばかり取り過ぎないように。余裕があれば隣の人にもさりげなく取ってあげると、ぐっと親しみが増す。香港ではレディファーストが一般的なので、男性は特に注意しよう。
- ホテルや高級店の場合には、接客係が料理を客に披露したあとに取り分けてくれるので、それに任せればよい。

香港で食べられる中国料理

広東料理（潮州、順徳、客家など郷土料理も含む）のほか、北京、上海、四川など中国各地をルーツとする料理も充実。最近は、中国との交流が増えたことで地方料理や外国料理とのコラボレーションが盛んになり、中国本土の有名店が香港に進出するケースもある。

最新レストラン事情

近年、店の内装やサービスを洋風にしたリーズナブルな若者向けの店や、健康コンセプトの店も登場している。チェーン店の台頭と相まって従来の伝統的な中国料理店も変化を遂げ、バラエティに富む多彩な選択肢が揃う。

上／酒樓、酒家とつくレストランは広くて丸テーブルが並ぶ伝統スタイル　下／モダンな造りのカジュアルなレストランが増えている

香港グルメの魅力

B級の大衆グルメから、フカヒレ、アワビなど高級食材を使った超高級グルメまである懐の深さが何よりも魅力。チョイスさえ誤らなければ、どのクラスでも日本よりおいしくお得感のあるグルメ体験ができる。もちろんメニューの組み合わせテクも成功のカギだ。

左／海鮮も種類豊富でハイレベル
右／おいしい北京ダックも味わえる

Step 1 出かける前に

1 どこで食べるか？

特に目当ての店がなければ、まず、食べたい料理を決めてから、エリアを決める。飲茶のようにある程度時間帯のかぎられる料理、海鮮料理のように食べられるエリアが決まっている料理もある。また、小さな子供や高齢者と一緒の場合など、状況に応じて店の選択に気配りも必要になってくるだろう。

2 予算はどのくらい？

酒樓や酒家と店名につくレストランなら、飲茶でひとり 150 ～ 200HK$、夜はひとり当たり 400 ～ 600HK$ は必要。セットメニューなら 2 人用で 450HK$、4 人用で 700HK$、6 人用で 1200HK$ くらいから。これに 10% のサービス料や茶代、お通し代、調味料代などが加算される。香港の食事代が安いとは一概には言えない。

ピークの時間帯はどこも混み合う。時間をずらすか、予約を入れたい

3 店を決めたら予約する

中国本土からの観光客が増えているため、有名レストランはどこも予約なしでは入れなくなっている。特に週末や祝日は必ず予約すること。予約はホームページや予約サイトから、電話、店に足を運んでもよい。電話の場合は日付、時間、人数、名前、席の希望（ハーバービューなど）を告げる。予約の必要な特別料理もこの際に注文しておく。言葉に自信がなければ、ホテルのコンシェルジュに予約をしてもらおう。

●ピークの時間帯

昼は 13:00 ～ 14:00、夜は 19:30 ～ 21:00。人気店では店のほうから予約可能な時間帯を指定されることもある。

予約の会話例（英語）

予約者：**Can I have a table tonight ?**
今夜予約したいのですが？

レストラン：**Yes, what time ?**
はい、何時ですか？

予約者：**At seven o'clock.**
7 時です。

レストラン：**How many people ?**
何名様ですか？

予約者：**Four people, please.**
4 人です。

レストラン：**May I have your name ?**
お名前を？

予約者：**My name is ～ .**
～です。

飲み物ガイド

※<>内は広東語読み。

■お 茶

香港で一般的なのは油を流す効果の高い普洱<ポウレイ>、ウーロン茶の一種の水仙<ソイシン>、ライトで食事の味を邪魔しない壽眉<サウメイ>、北京や上海料理に合う香片<ヒョンピン>（ジャスミン茶）など。特に決まりはないので、好きなお茶を頼んで。

紹興酒、ワイン、ウイスキーなど

■アルコール類

まずは啤酒<ペーチャウ>（ビール）！ ビールは瓶か缶のどちらかしか置いていない店もある。「中華にワイン」も浸透しており、ワインも揃う。高級店では紹興酒やウイスキー、ブランデーを置いている店もある。

ビール各種

■ソフトドリンク

可樂<ホーロッ>（コーラ）や汽水<ヘイソイ>（炭酸飲料）、礦泉水<コンチュンソイ>（ミネラルウオーター）、有氣礦泉水<ヤウヘイコンチュンソイ>（スパークリングウオーター）などがある。

炭酸飲料がメイン

■フレッシュジュース

鮮橙汁<シンチャーンチャップ>（オレンジジュース）、西瓜汁<サイクワチャップ>（スイカジュース）もおすすめ。

果汁たっぷりのスイカ（左）とオレンジ（右）のジュース

Step 2 店に到着

1 入口で

❶ これがレセプションカウンター。担当者はチャイナドレスまたは黒い制服の女性であることが多い。

❷ 担当者に、予約していれば時間と名前、飛び込みの場合は人数を告げる。

❸ 席の用意ができるまで、空席待ち用の椅子で待つ。順番が来たら接客係が席に案内してくれる。レセプションカウンターのない店では、接客係に直接声をかけて人数を告げる。

2 テーブルに着いたら

飲み物を注文

「飲乜嘢茶(ヤムマッイエチャー)(何のお茶にしますか)」と聞かれるので、好みのお茶の名前を告げる。アルコールなどほかの飲み物が飲みたい場合は、ドリンクメニューをもらい、そのなかから注文する。

好みのお茶を伝えられたら第一関門突破

3 料理の注文

メニューを見ながら、接客係と相談しつつ料理をオーダーする(メニューが来ない場合は催促する)。英語や日本語併記、写真入りのメニューを置いている店もある。

上／しっかりと指さしで伝えよう　下／日本語併記のメニュー

オーダーの目安

人数＋1品が基本だが、まず2〜3品注文してみて様子をみるのがよい。地元では縁起のよくない4品、7品はタブーなので、その場合はスープなどを足して数を調節しよう。

悩んだときはセットメニュー

套餐(トウチャン)(セットメニュー)を選ぶのもよい。人数に応じてひととおりのコースが味わえ、看板料理も含まれ値段的にもお得な場合が多い。セットのなかの苦手な料理をほかの料理に変えられることもあるので相談してみよう。

上／セットメニューは2、4、6、8人用などがある　下／少しずついろいろな料理が食べられるセットメニュー

裏ワザ 人数より少なめに(例：3人で2人用など)を頼み、ほかに食べたい料理をプラスする方法もある。

メニューブックの数々

菜譜

グランドメニュー。1年を通じて変わらない基本的なメニューが、食材の分類ごとに載っている。

菜牌

アラカルトメニュー。小菜、時令食譜、家郷菜(郷土料理)などが載っている。地元の普段の食事に近いメニュー、旬の味を選びたい際には参考にするとよい。

接客係を味方にしよう

接客係は料理のエキスパート。外国人向けの高価なエビカニ攻勢キター！とついつい警戒してしまうが、あまり悪意に取り過ぎるのは損。わからないことは相談すれば、親身になってくれるはず。

聞き方のコツは「豚肉料理のなかでおすすめは？」「今日の野菜は何がいい？」など、食材を特定して聞くこと。ひととおり注文が済んだら、頼み過ぎていないかどうかもチェックしてもらおう。

食べたくない料理や予算に合わない料理をすすめられたら、きっぱり断ろう

4 料理が来たら

コースの場合は前菜、炒め物、揚げ物、スープ、麺・ご飯物、デザートの順に、大衆的な店ではできた順から供される。油を多く使った中国料理は熱いうちに食べるのが、おいしく食べる鉄則。

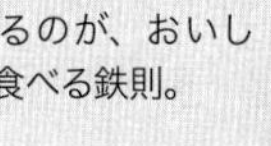

運ばれてきた料理からどんどん食べよう

頼んだ料理が来ない

接客係に催促しよう。できれば注文を取った本人に聞くと話が早い。

デザートが食べたい

デザートメニューをもらい、そのなかから注文する。

5 支払いとチップ

① 接客係を呼ぶ

手を上げて接客係に「埋單（マイタン）！」または「チェック」と告げるか、サインのジェスチャーをする。人さし指を立てた手を下向きにしてぐるぐる回す人もいる。いずれも「お勘定！」のサインだ。やがて計算書が運ばれてくる。

接客係に見えるように「お勘定」のジェスチャーを

② よ～くチェックする

計算書をじっくり見て、料理の入力ミスや計算ミスがないかどうか、内容と金額をチェックすること。注文したものが最終的に来なかった場合なども入力されていることが多いので要注意。通常、お茶や調味料は有料（10～20HK$）で、サービス料10％が加算される。

高級店でもチェックしよう

③ 支払いの方法

確認後、ボードに現金かクレジットカードを挟んで渡す。収據（サウコイ）（領収書）が必要な場合はこのときに告げる。

ボードにお金を挟んで渡す

クレジットカードの場合には、カードの伝票が運ばれてくる。チップと合計金額の欄が空欄になっているので、チップ欄に斜めの線を入れ、合計金額の欄にチップと飲食代の合計金額を頭に「HK$」と付けて記入する。または合計金額はそのままで記入、チップは別に現金で渡してもよい。

④ おつりが渡されたらチップを

おつりを確認して受け取り、チップ分のお金を挟んで返す。チップは飲食代の5～10%が目安といわれるが、サービス料(10%)が含まれていれば小銭を残す程度でよい。

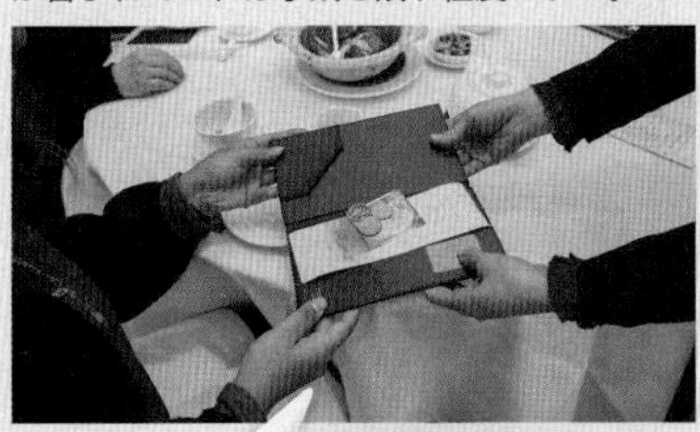

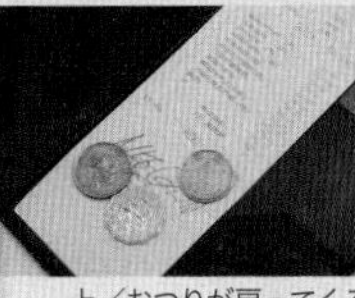

裏ワザ チップはサービスの対価としての香港の商習慣。頼みごとをしたり、よいサービスを受けたときに10～20HK$を渡せば、次からは顔が利くことにも。

上／おつりが戻ってくる
下／チップは気持ちで

基本ルールを知ろう

メニューの解読法

難解と思われがちな中国料理のメニューは、その構造とルールさえ知っていれば、簡単に解読できるのだ。4～5文字の漢字メニューのなかから、主材料、調理法、味付け、切り方など、たくさんの情報が読み取れるようになるはずだ。

広東料理に欠かせない「炸」（揚げ物）の手法。写真は油をかけ回しながら鶏をまるごと揚げている

Case1 牛肉のオイスターソース炒め

味付けを表すもの

味付け	材料
蠔油	牛肉
オイスターソース	牛肉

Case2 さいの目切り雞肉とカシューナッツの炒め物

切り方や盛りつけの形状を表すもの

材料	材料	切り方
腰果	雞	丁
カシューナッツ	鶏 肉	さいの目切り

Case3 タイラギ貝柱の油通し

調理法を表すもの

調理法	材料
油泡	帯子
油通し	タイラギ貝柱

Case4 若鶏の丸揚げ

できあがりの状態や材料の状態を表すもの

できあがりの状態	調理法	材料
脆皮	炸	子雞
皮がパリパリしている	揚げる	若鶏

Case5 石岐産若バトのロースト

産地を表すもの

調理法	産地	材料
燒	石岐	乳鴿
ロースト	広東省のハトの名産地	若いハト

味付けを表すキーワード

蠔 油	オイスターソース味
咖 喱	カレー味
魚 香	四川風のピリ辛味
椒 鹽	塩コショウ味
豆 豉	トウチ。大豆を発酵させて作る浜納豆に似た調味料
豉 汁	豆豉（トウチ醤）にニンニク、ショウガを加えたもの
豉 椒	豆豉（トウチ醤）に生の赤トウガラシの千切り、ニンニクを加えたもの
黒 椒	黒コショウを効かせた味
柱 侯	広東省佛山のコック、梁柱侯が味噌にニンニク、ショウガ、ゴマなどを混ぜて考案した「柱侯醤」を使ったもの
上 湯	上湯という上等なスープの味
羌 葱	ショウガとネギの風味を効かせた味
糖 醋	甘酢味

切り方や盛りつけの形状を表すキーワード

片	薄切り
絲	細切り、せん切り
丁	さいの目切り
球	加熱し球状にする
條	拍子木切り
塊	ぶつ切り
末、鬆、茸	みじん切り
段	小口切り
丸	団子
全	まるごと
巻	巻く

調理法を表すキーワード

揚げる	炸	たっぷりの油で揚げる。清炸、軟炸、乾炸、酥炸、紙包炸、焦炸などの手法がある
炒める	炒	炒める。生炒、熟炒、軟炒（滑炒）、干炒などの手法がある
	爆	高温の油でさっと炒める。油爆、鹽（塩）爆、水爆、醤爆、葱爆など
煮る	燒	材料を油通しして、水やスープを加え煮込む。広東料理では“烤”の調理法を表すこともある。紅燒（醤油で煮込む）
	煮	たっぷりのスープで煮込む。スープにはとろみをつけない
	燴	材料とスープと調味料を一緒に鍋に入れ、煮たったらとろみをつける。煮込みあんかけ
	燜（炆）	材料を先に“炒”、“煮”、“蒸”してから少量の水かスープで水分がなくなるまで煮込む
	扒	煮込み。北京料理の“燒”と同じ
	灼	生の材料をゆでて八分どおり火を通す
	煲	素焼きの鍋でとろ火で煮込む
	鹵	薬材入りのたれで鶏や肉、臓モツなどを煮る
焼く	烤	あぶり焼きにする
	焗	ローストする（鹽焗：熱した塩で蒸し焼きにする）
	煎	少量の油で両面を炒り焼く
蒸す	蒸	蒸す
	燉	湯通しした材料、漢方薬材などを燉盅（ふたのある深い陶製の器）に入れ、水を張り、湯せんして煮込む
その他	拌	冷たい材料をあえる
	溜	あんかけ。“炒”、“炸”、“蒸”、“煎”した材料をとろみをつけたソースでからめるか、上からかける
	燻	煙でいぶす
	釀	詰め物料理

材料を表すキーワード

分類	中国語	日本語
肉類	豬肉	豚肉
	牛肉	牛肉
	牛排	牛のロース
	牛柳	牛のヒレ
	排骨	スペアリブ
	腰	じん臓
	肝、潤	レバー
	柏葉、肚	胃
	雞、鳳	ニワトリ
	鴨	アヒル
	鵝	ガチョウ
	鴿	ハト
	雞翼	手羽先
	雞脚、鳳爪	トリ足先
	鵝掌	ガチョウの水かき
海鮮類	魚翅	フカヒレ
	鮮鮑	生アワビ
	乾鮑	干しアワビ
	官燕、燕窩	ツバメの巣
	海参	ナマコ
	帯子	タイラギ
	黄魚	イシモチ
	鱔魚	ウナギ
	石斑魚	ハタ
	牙帶	タチウオ
	明蝦	車エビ
	蝦仁	むきエビ
	蟹、蚧	カニ
	蟹拑	カニの爪
	瑤柱	干し貝柱
	魷魚、墨魚	イカ
	八爪魚	タコ
青果類	蘿蔔	ダイコン
	紅蘿蔔	ニンジン
	青椒	ピーマン
	西蘭花	ブロッコリー
	蕃茄	トマト
	葱	ネギ
	洋葱	タマネギ
	茄子	ナス
	露筍	アスパラガス
	筍	タケノコ
	粟米、玉米	スイートコーン
	冬菇、北菰	シイタケ
	蘑菇	マッシュルーム
	草菇	フクロタケ
	木耳	キクラゲ
	銀耳	白キクラゲ
	冬瓜	トウガン
	青瓜	キュウリ
	蒜	ニンニク
	薑、羌	ショウガ
	通菜	空芯菜
	芫茜	コリアンダー
	芽菜、銀芽	モヤシ
	津白	白菜
	椰菜	キャベツ
	生菜	レタス
	四季豆	インゲン
	青豆	グリーンピース
	荷蘭豆	絹さや
	菜心	菜の花の茎に似た青菜
	芥蘭	カイラン(青菜)
	菜遠	菜芯や芥蘭の軟らかい部分
	豆苗	エンドウの若芽
	西洋菜	クレソン
	韮黄	黄ニラ
	菠菜	ホウレンソウ
	芹菜	中国セロリ
	芋頭	サトイモ
	花生	ピーナッツ
	菠蘿	パイナップル
	香蕉	バナナ
	木瓜	パパイヤ
	荔枝	ライチ
	椰子	ココナッツ
	芒果	マンゴー
その他	田雞	カエル
	蛇、龍	蛇
	蛋	卵
	皮蛋	ピータン
	咸蛋	アヒルの塩漬け卵

つけだれ百科

レストランで出されるつけだれをご紹介。ここに載せたものは、メインは広東料理のつけだれだが、そのほかの料理に合うものも一部ある。使用頻度の高い☆は要チェック。　➡：おもな用途。

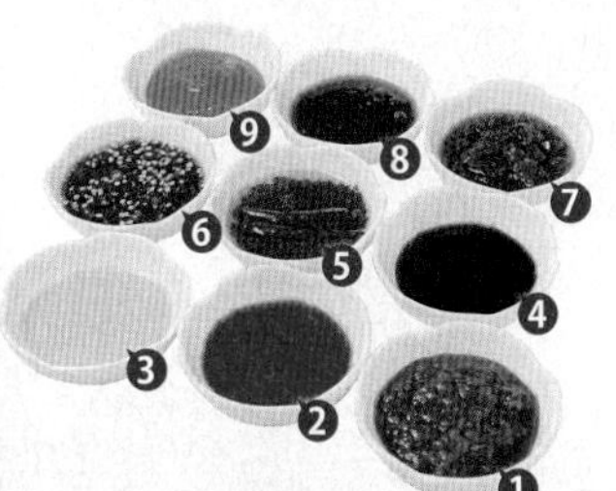

❶豆瓣醤(タウバンチョン)☆：ペースト状。辛味はあまり強くない。
➡点心(エビ餃子やシュウマイなど)

❷紅醋(ホンチョウ)☆：華やかな風味の酢。
➡フカヒレスープ、ワンタン麺

❸黃芥辣(ウォンガーイラッ)：カラシ。
➡ロースト類、ステーキ類

❹鎮江醋(チャンゴンチョウ)☆：黒酢。まろやかな味わい。
➡小籠包、上海蟹など

❺蝦抽醬(ハーチャウチョン)：エビの味を移したエスニックな風味。
➡シーフードなど

❻辣椒豉油(ラッチウシーヤウ)：トウガラシの輪切りを入れて辛味を移した醤油。
➡鍋物のたれ、麺類

❼XO醬(エックスオーチョン)☆：ホテルの著名シェフが考案した高級調味料。干しエビ、干し貝柱、金華ハムなどが入っている。
➡点心、海鮮、炒め物

❽辣椒油(ラッチウヤウ)：潮州の特産品。かなり辛味が強い。
➡点心(粉果)、麺類(魚団子)など

❾辣椒醬(ラッチウチョン)：トウガラシペーストに酢を混ぜたもの。辛味が強い。
➡点心(大根餅など)や焼きそばなど

購入できる乾物・調味料・香辛料

乾物	
魚翅（ユーチー）	フカヒレ。形のままの排翅（パーイチー）は、シロウトが戻すのは無理。魚翅餅というくずヒレなら安く、排翅と製法も違い家庭でも上手に戻せる
燕窩（インウオー）	海ツバメの巣。安いものは不純物が多く、戻すのに手間がかかる。いいものは高い
海蜇皮（ホイジッペイ）	クラゲの塩漬け。冷菜には欠かせない
乾鮑（ゴンパーウ）	干しアワビ。湯せんにかけながら蒸して戻すにはプロの技がいり、驚くほど高価なので、缶詰がおすすめ
蝦米（ハーマイ）	干しエビ。利用範囲も広く、おすすめ
蠔豉（ホウシー）	干したカキ。いいだしが出る。安い
干貝（ゴンプイ）	干し貝柱。大粒で粉をふいていないものが良品。日本産のものは高価

調味料	
蠔油（ホウヤウ）	オイスターソース。炒め物、煮物に少量加えるだけで、うま味とコクがアップ
辣醬（ラーチョン）・豆瓣醬（タウバンチョン）	トウガラシ味噌。ピリリとした辛味がある
芝麻醬（チーマーチョン）	ゴマのペースト
甜面醬（ティムミンチョン）	小麦粉を原料にした甘味噌
魚露（ユーロウ）	魚醬。タイのナムプラー、ベトナムのニョクマム
沙茶醬（サーチーチョン）	サテソース。東南アジア一帯で使われている調味料
蝦醬（ハーチョン）	小エビのペースト。タイ料理のカピ
腐乳（フーユー）	豆腐の発酵調味料で紅・白がある。お粥のあてや、扣肉（角煮）には欠かせない
香醋（ヒョンツオウ）	鎮江香醋が有名。奥深い香りと味をもつ黒酢
老抽（ロウチャウ）	日本のたまり醬油に当たる醬油
生抽（サーンチャウ）	濃口醬油に当たるもの
香油（ヒョンヤウ）・麻油（マアヤウ）	ゴマ油。香りがすばらしい
花生油（ファーサーンヤウ）	ピーナッツオイル
豆豉（トウチー）	浜納豆に似た黒豆の発酵調味料で、蒸し物、炒め物に欠かせない
鹵水汁（ロウソイツアッ）	肉類のマリネ液。ゆでた肉やガチョウ肉などを漬けて味をしみ込ませる
豉油鶏汁（シーヤウガイツアッ）	鶏の下味用で、揚げ物やロースト料理に使う

香辛料	
八角（パッコッ）	スターアニス。香港の街に漂うかん水の臭いはこれから
丁香（デンヒョン）	クローブ。つぼみを乾燥させたもの
花椒（ファーチウ）	山椒だが、日本のものとは香りも味も異なる。麻（マー）というしびれる辛さの元
花椒塩（ファーチウイム）	花椒の粉末を炒って塩を合わせたもので、揚げ物によく合う
肉桂（ヨックワイ）	ニッキ。シナモン
陳皮（チャンペイ）	ミカンの皮を乾燥させたもの。古いものほど高価
辣椒（ラッチウ）	トウガラシ
芥末（ガーイムッ）	マスタード
五香粉（ンーヒョンファン）	八角、花椒、肉桂、陳皮、丁香などの粉末を混ぜたもの。かん水や扣肉（角煮）などに欠かせない調味料
杏仁露（ハンヤンロウ）	アーモンドパウダー。アーモンドの種の核を粉末にしたもの。杏仁豆腐やアーモンドシロップなどデザートに使う
香杧油（ヒョンモンヤウ）	マンゴーのエッセンス。マンゴープリンを作るときに数滴落とす
杏仁油（ハンヤンヤウ）	アーモンドエッセンス。杏仁豆腐を作るときに使う
人参（ヤンサム）	朝鮮ニンジン。とても高価で滋養に富む
枸杞子（ガウゲイチー）	クコの実。紅くてほのかな甘味。粥の浮き身や蒸し魚に使用。視力回復に効く
珍珠粉（チャンチューファン）	パールパウダー。そのまま服用したり料理に振りかける。解熱作用があり肌にもよい
乾湯料（ゴントンリウ）	家庭で作る薬膳スープに使う生薬や乾物をパックしたもの。季節や効用に合わせて袋詰めされている。別々に買わずに済むので便利

左から花椒、八角、肉桂（シナモン）

おみやげに人気の調味料3品。左はニンニク入りの豆豉醬（トウチ醬）、中央はXO醬、右は甜麵醬（甘味噌）

街市（ガイシ）を歩いてみよう

楽しいよ！

街市とは市場のこと。肉や野菜、果物などの生鮮食品をはじめ、日用雑貨、衣類まであらゆるものを販売している。街市は各エリアにあり、街市の建物の周辺には数は減りつつあるが青空マーケットがある。珍しい食材が並び、活気あふれる市場は見て歩くだけでも楽しい。

午前中のほうが活気がある（油麻地街市）

中環の嘉咸街の坂道沿いの市場。街市は簡単な英語なら通じることもあるがほぼ広東語の世界

おもな街市

中環嘉咸街の青空市場 map 別冊 P.18-2A
上環街市（皇后大道中） map 別冊 P.16-3A
油麻地街市と新填地街 map 別冊 P.31-2A、3A
九龍城街市 map P.205
営 各店によって異なるが、開店は早いところで 7:00 くらいから、閉店は 18:00 から 19:00 くらい。

野菜、肉類

野菜はおもに中国本土の品物が多く、種類も豊富。肉類はあらゆる部位が売られており、ともに販売は 1 斤（約 600g）が基本単位で、半斤から買える。野菜は複数で○○ HK$ という売り方もあり。

中国のハクサイ

季節によっては栗も店頭に。皮つきの生栗とむき栗が並ぶ

レモングラスや香草もある

肉屋ではあらゆる部位に切り分けて販売

果物

南国のドラゴンフルーツは 1 個 10HK$

中国やアジアをはじめ、世界各国からの輸入品もある。量り売り（基本単位は 1 磅＜ポンド。約 450g ＞）か、複数で○○ HK$ といったまとめ売りの場合が多い。1 個から買える。

魚介類

食用のカエルは 1斤30HK$くらい

近海産の魚が並ぶ魚売り場

海水魚と淡水魚を扱う店があり、後者の店には生きた食用のカエルやスッポンも並ぶ。こちらも量り売りで 1 両（37.5g）が基本単位。

乾物（乾貨〈ゴンフォー〉）

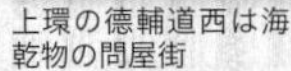

上環の徳輔道西は海産乾物の問屋街

日光に当てて乾燥させることでうま味や香りが増す乾物は中国料理によく使われる。広大な中国では材料の保存や輸送に便利な乾物が発達した。市場にも店があるが、乾物屋が集まっているのは上環の徳輔道西（→ P.154）沿い。販売単位は 1 斤（約 600g）で半斤から買える。

ピータン

干しエビ

干しガキ

グルメなおみやげ
香港で手に入れたい調味料

中国料理に欠かせない調味料は種類豊富にある。なかでも香港が本場の極上の品をおみやげに持ち帰りたい。えりすぐりの調味料をその使い方とともにナビゲート！

▶使い方
まさに万能。炒め物、チャーハンに入れるのがポピュラー。餃子や点心、鍋料理の具材につけたり、ラーメンやお粥のトッピングに使うのも定番。用途はアイデア次第。

XO醤（ジャン）

香港が生んだ極上の合わせ調味料。1980年代後半にペニンシュラホテルの嘉麟樓のシェフが考案し、大流行。オリジナルレシピのXO醤をウリにするレストランも多い。XOはブランデーの最高級を表すXO(Extra Old)から来ており、干しエビや干し貝柱、金華ハムといった高級食材を使い、トウガラシ、ショウガ、ニンニクなどを調合して作る。調味料といっても、そのまま食べても美味で酒の肴にもなるのがほかの調味料と違う点。うま味とコクが詰まっていて、ピリッとした辛味が効いている。

変わり種XO醤
老友記の銀蝦XO醤

ランタオ島大澳（→P.379）の製品。材料の9割近くが干したオキアミで、蓋を開けるとエビの香りが鼻に。オキアミが大量の見た目で、干し貝柱も入っているがエビの味が濃厚。辛さも刺激的。カリカリしたエビの食感もよく、XO醤というより、酒のつまみといった感じ。

●販売店：スーパーマーケット、食料品店など。

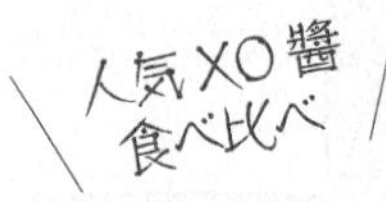

上品なうま味がすばらしい
香宮（ヒョンゴン）

カオルーン シャングリ・ラ ホンコンの広東料理店のXO醤は、注文を受けてから瓶詰めする厨房直送の味。ややオイリーだが、味わいは上品でまろやか。噛めば噛むほど複雑なうま味が後追いでやってくる。料理やご飯にトッピングしたり、そのまま食べるのがおすすめ。賞味期間は1ヵ月と短い。278HK$/220g。※予約をしたほうがよい。

●販売店：香宮→P.225

うま味	★★★★★
辛さ	★★★★☆
味の濃厚さ	★★★☆☆

うま味	★★☆☆☆
辛さ	★★☆☆☆
味の濃厚さ	★★★★★

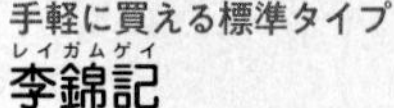

手軽に買える標準タイプ
李錦記（レイガムゲイ）

干しエビの味が立っているが、味はやや単調で濃いめ、オイリーなので料理に使うのがよい。同様の値段の物のなかでは味がよい。どのスーパーにも置いており、手軽に買える。56HK$/80g。

●販売店：スーパーマーケット、食料品店など。

バランスの取れたうま味
蘇太名醤（ソウタイメンチョン） Mrs. So's XO Sauce

蘇太というのは考案者の蘇周艶屏さんのことで、素材にこだわり、色素や防腐剤無添加をうたっている。貝柱のうま味に塩漬け魚がアクセントになり、マイルドだけど濃いめの味わい。「原味」は辛みは少なく、ピリ辛の「中辣」がおすすめ。サイズは3種類あり86HK$/100g～218HK$/300g。蘇太ブランドはXO醤以外にも各種調味ソースが豊富。

●販売店：中環街市（→P.25）と九龍城などの専門店のほか、スーパーマーケット。

［中環街市店］ 住 中環皇后大道中93及德輔道中80 中環街市1樓115號舗 No.115, 1/F, Central Market, 93 Queen's Rd. C. and 80 Des Voeux Rd. C., Central ☎6898 5173 営11:00～20:00 休 無休 カード ADJMV 地 中D2またはC出口、香港駅C出口 map 別冊P.18-1A

［九龍城店］ 住 九龍城獅子石道110 G/F G/F, 110 Lion Rock Rd., Kowloon City ☎2382 2886 営11:00～20:00 休 無休 カード ADJMV 地 宋皇臺駅B3出口 map P.205

うま味	★★★★☆
辛さ	★★☆☆☆
味の濃厚さ	★★★★☆

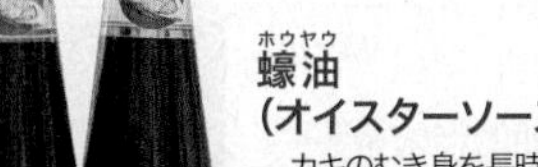

蠔油は新界北西部の流浮山の名産品。同地のメーカー、裕興蠔油有限公司は地元産のカキを使用。黄色のキャップのほうが上等で32HK$

100年以上前、オイスターソースを最初に作った李錦記の製品は定番。チューブ入り(18HK$)は手軽に使えて便利(スーパーで販売)

オイスターソース

蠔油(ホウヤウ)(オイスターソース)

カキのむき身を長時間じっくり煮詰めて作る、カキのエキスが濃縮された広東独特の調味料。日本の物と比べてとろみとうま味が強い。買って帰りたい調味料ナンバーワン。

▶使い方
オイスターソースの用途は広く、ゆで野菜や炒め物につけて食べるのがポピュラー。おでんやカレーの隠し味にも。

冠益華記の蠔油(ホウヤウ)(左)と同社のチリペースト(右)

素朴さを残す新界の味

冠益華記(クンイッワーゲイ) Koon Yick Wah Kee

かつてカキの産地であった西貢の蠔涌(ホウチョン)に工場をもつ調味料メーカーで、約50年の歴史がある。創業時の製法で調味料全般を製造。レトロな絵柄も魅力だ。スーパーマーケットで販売。

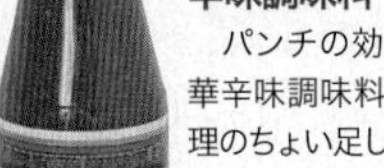

辣椒醬(ラッチウチョン)

鮮やかなオレンジ色。辛さとすっきりした酸味が食欲をそそる。60HK$。

▶使い方
料理にそのままつけて。餃子や大根餅に合う。焼きそばとの相性もよい。

チリペースト

辛味調味料

パンチの効いた中華辛味調味料は、料理のちょい足しや、つけだれにおすすめ。豆板醤のようなトウガラシペーストの辣椒醬(ラッチウチョン)やラー油の辣椒油(ラッチウヤウ)など多種類ある。

プロの料理人御用達

余均益(ユークヮンイッ) Yu Kwen Yick

広東省順徳の製法で作った辣椒醬を籠で売り歩いたのが始まり。その味が評判になり1950年に店を構えた。以来秘伝の製法を守り、うま味、酸味、香り、辛さが絶妙のバランス。豉椒醬(トウチー入りのチリペースト)も有名。商品は直営店や特約店で販売。

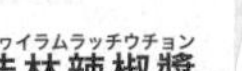

ギャラリー風の店

住 西營盤第三街66A　66A Third St., Sai Ying Pun
☎2568 8007　營9:00～17:00(土曜～13:00)
休 日曜、祝日　カード 不可　地 西C出口　map P.157

桂林チリソース

桂林辣椒醬(クワイラムラッチウチョン)

中国の桂林地方で100年ほど前に発案されたチリソース。豆豉(トウチー)やニンニクの香りがよく、一般の辣椒醬ほど酸味が強くない。

写真は中辛。38HK$/94g。防腐剤や化学調味料は不使用。上はラー油、下方はペーストの二重構造で好みや目的で使用する割合を調節しよう。

▶使い方
味にクセがなく、海鮮にも肉類にも合う。炒め物や麻婆豆腐の隠し味や、そのまま麺にのせてもよい。

チリソースのなかではこれがおすすめ

左顯記(チョーヒンゲイ) Tso Hin Kee

ペンギン印で知られる左顯記(1938年創業)の看板商品。経営者のルーツは激辛料理で有名な中国の湖南省。桂林で出会った宮廷の料理番に製法を教わり発案したという。山椒や豆豉が絶妙に配合され、そのまま麺に添えてもおいしい。「辣(中辛)」「加辣(大辛)」「加加辣(激辛)」の3種類ある。スーパーマーケットで販売。

腐乳(フーユー)

「中国のチーズ」とも呼ばれる、塩味をつけた豆腐の発酵食品。

腐乳

ねっとりとしてチーズのように塩味とうま味が凝縮。自然発酵ならではのクセのない香り。トウガラシ入りもあるが、オリジナルがおすすめ(45HK$～)。

▶使い方
砂糖をかけて白粥やご飯の供に。ニンニクやトウガラシと合わせて空心菜や野菜炒めに使うのが定番。

左／作業場も兼ねた店
右／創業者の廖さんが双子だったことが店名の由来

腐乳王とたたえられる

廖孖記(リウマーゲイ) Liu Ma Kee

1905年創業。3代目の今も防腐剤や化学調味料は一切使わず、伝統的製法を守って作る腐乳は、ほかに比べてコクと香りがよい。この店とシティスーパー(→P.45)でのみ販売。

住 佐敦閩街1　1 Min St., Jordan　☎2730 2968　營9:00～17:30　休 日曜、祝日、旧正月2週間　カード 不可　地 佐C2出口　map 別冊P.31-4A

店の内装も料理もドラマチック　卅二公館　MAP別冊 P.11-3C

モット32　Mott32

「コスモポリタン」をテーマに、世界のどこかの都市の中国料理店をイメージし、独創的な料理とインテリアで楽しませてくれる。世界中から取り寄せた上質の素材を用いる創作点心は、具材の組み合わせの斬新さに驚かされる。店のいち押しは、皮の中に酸っぱくて辛い四川のスープを詰めた酸辣小籠包。点心はランチタイムのほかディナーでも一部を提供。点心に合うカクテルも用意されている。アップルウッドで焼き上げた香り高い北京ダック(980HK$、要予約）や、ロースト類も味わってみたい。

住 中環德輔道中 4-4A　渣打銀行中心B/F　B/F, Standard Chartered Bank Bldg., 4-4A Des Voeux Rd. C., Central
☎2885 8688　営12:00～15:00（点心は～ 14:30)、18:00 ～ 24:00
休 無休　カード A J M V
地 中 K 出口　※予約をしたほうがよい。

左／内装は 19 世紀初頭の中国人の邸宅をイメージしたデザイン　右／手前はロブスターオイルを注入して食べるロブスター餃子（海鮮龍蝦灌湯餃、148HK$)、後方左は酸辣小籠包 (95HK$)

ローカル度満点の正統派飲茶　MAP別冊 P.9-2D

六安居　Lok On Kui

広東伝統の昔ながらの茶樓のスタイルを残す貴重な店。2～3/Fの2フロアある店内は点心のワゴンが行き交い、常連客の熱気に圧倒されそうだが、相席覚悟で、空いている席を確保しよう。早朝から仕込む点心は、種類豊富。鶏肉、エビ、ウズラの卵などの具がたっぷり詰まった大ぶりの饅頭、大包は人気点心のひとつで、厨房からワゴンが出てきた途端に売り切れるほど。ホカホカの甘い蒸しパン、古法馬拉糕もおすすめ。値段は小點23HK$から頂點37HK$まで4段階あり、お茶代はひとり15HK$。

住 上環德輔道西 40-50 號 2-3 樓　2-3/F, 40-50 Des Voeux Rd. West, Sheung Wan　☎2156 9328
営6:00 ～ 22:00（点心は～ 16:00)
休 旧正月 3 日間
カード A M V（200HK$ 以上の場合のみ）
地 西 A1 または上 A1、A2 出口
※飲茶は予約不可。

左／ 2024 年 1 月に旧店名「蓮香居」から「六安居」に改名された。昔ながらのレシピに忠実な点心と、レトロな調度品も味わい深い
右／点心の売り子さんはベテラン揃い

レトロ風茶居で職人のこだわり点心を堪能　MAP P.356

老馮茶居　Old Fung Tea House

新界の元朗にある話題の点心専門店。店主が育った1970～1980年代の団地を模した空間と、キャリア約40年の父親が作る点心を目当てに、ご近所や遠方から次々と客が訪れる。香港ではほぼ廃れた伝統の製法を守り、古法千層糕（中華バウムクーヘン）は冬瓜の砂糖漬けやココナッツ、塩漬け卵の黄身の入った生地を何層も重ねる技を踏襲。古法牛肉球（蒸し牛肉団子）は滑らかさと肉の質感を同時に味わえるよう、細かさの違う2種類のひき肉を使うなど手が込んでいる。もちろん味もよく、遠出する価値あり！

住 元朗大棠路 66　66 Tai Tong Rd., Yuen Long　☎2659 8826
営8:00 ～ 23:00（ラストオーダーは 22:30、旧正月の 1/1 ～ 1/3 は～ 18:00)　休 無休　カード 不可
行き方 屯馬綫の元朗駅から軽鐵に乗り換えひとつ目の大棠駅下車、徒歩約 5 分。

昔の住宅内の様子をリアルに再現した内装。順番待ちの列ができることも

左／人気の鵪鶉蛋燒賣皇（うずら卵のせシュウマイ）　右／点心は注文を受けてから火を入れる。1 品 18 ～ 33 HK$。手前左が古法千層糕

※営業時間 営 は飲茶タイムの時間帯を記し、〈 〉内に飲茶以外の営業時間を記してあります。

自家製の大ぶり点心を終日提供

MAP別冊 P.2-3C

豪陞點心工房（ホウウォンディムサムコンフォン） Caterking Dim Sum Workshop

工業ビルが並ぶ郊外の街、觀塘には近年注目のレストランやカフェが続々開業。なかでも「豪陞點心工房」は、足を延ばして行ってみる価値ありの点心専門店だ。毎朝、工房で調理された点心は、オーダーを受けてから蒸されて、アツアツの状態でテーブルへ。びっくりするのは、エビ餃子やシュウマイ、腸粉などおなじみの点心がビッグサイズなこと。上質な素材を厳選使用しているため、食べ応えはあるもののさほど重くなく、食感もよい。1品25HK$～というお値打ち価格もあって、人気を博している。早茶（月～金曜8:00～11:00）は、メニュー数は少ないものの、点心16～28HK$とお得。

住 觀塘鴻圖道 83 東瀛遊廣場 G/F B 號舖 Shop B, G/F, EGL Tower, 83 Hung To Rd., Kwun Tong
☎9889 0206 営8:00～21:00（ラストオーダー 20:15）
休 無休 カード 不可
地 観塘駅 B2 出口

プリプリのエビがまるごとのったシュウマイは2個31HK$。エビ餃子もエビがゴロゴロ入っている

左上／シンプルでカジュアルなレストラン。8:00～10:00 頃が比較的すいている
右／人気点心各種。手前は蜜汁叉燒腸（米粉クレープのチャーシュウ巻き）。豪陞蝦餃皇（エビ餃子、後方左）と蝦仁燒賣皇（エビ入りシュウマイ、後方右）は2個単位で提供。奥右は蒜蓉芝士鮮蝦長春巻（チーズとエビの春巻）

優雅な飲茶文化がしのばれる老舗

MAP別冊 P.18-2A

陸羽茶室（ロッユーチャーサッ） Luk Yu Tea House

創業は1933年。店内は骨董の調度品や『茶経』を著した陸羽の像、窓にさりげなく李白の詩が書かれていたりと、風雅な趣を醸している。週替わりで伝統的な点心35種類、11:00以降はご飯や麺も提供。古いレシピの点心が味わえるのがこの店の特色で、こってりと味の濃いものが多いが、希少な点心が味わえる。なかでも豚のレバーを貼り付けたシュウマイ（釀豬膶燒賣）、魚の浮き袋と鶏肉を蒸した蟹黄棉花雞は複雑な手法の点心だ。10:00までは駅弁売りスタイルで点心を販売し、それ以降はオーダーシートでの注文となる。

住 中環士丹利街 24-26
24-26 Stanley St., Central
☎2523 5463～5
営7:00～15:00（18:00～22:00）
休 旧正月 4 日間
カード J M V 地 中 D2 出口

早朝は店員が肩掛けひもの付いたトレイに点心をのせて歩く

上／手前右は蠔油叉燒包（チャーシュウ饅頭）。手前左が蟹黄棉花雞、後方左が釀豬膶燒賣。点心は 63～110HK$、お茶代はひとり 42HK$
下／ 10:00 以降はオーダーシートで注文

ご近所さんと「朝飲茶」

MAP別冊 P.8-2B

叁去壹飯店（サームホイヤッファンディム） Saam Hui Yaat

近所のご隠居さんたちがいつもの席で新聞を読んだり、顔なじみと世間話をしながらお茶を飲み、点心をつまむ。昔ながらの朝の光景が今も繰り返されている、年季の入った点心食堂。エビ餃子やシュウマイなど約20種ある点心は18～26HK$と安価。壁のメニューを指さしか調理場でせいろの中身を見て注文しよう。

住 西營盤薄扶林道 11
11 Pok Fu Lam Rd., Sai Ying Pun
☎2547 3917
営 早朝 5:30～14:30
休 月曜、旧正月 1 週間 カード 不可
地 西 B1 出口

上／手前の雞球大包は鶏肉とゆで卵入りの大きな饅頭。後方右の腸粉も人気点心　下／家族の食卓といった感じの店

見目麗しい点心でスペシャルな食体験を　潤　MAP別冊 P.13-1C

ルゥン　Rùn

セント・レジス・ホンコン（→P.321）にある「ルゥン」は、熟練の洪シェフが率いる広東料理レストラン。広東料理の伝統を大事にしながらも、クリエイティブで繊細な技術を用いて、見た目も味も美しい点心（88〜268HK$）を創作。手毬のような形の和牛のパイやグリーンアップルの見た目のスパイシー揚げ点心をはじめ、ロブスタースープ入りの小籠包やエビとタケノコの餃子など、定番点心も格別の味わいだ。看板料理のイベリコ豚のチャーシュウや塩風味のローストクリスピーチキン、炒飯や麺料理とともに味わいたい。

住 灣仔港灣徑1　香港瑞吉酒店2樓　2/F, The St. Regis Hong Kong, 1 Harbour Drive, Wanchai　☎2138 6808　営12:00 〜 14:30〈18:00 〜 24:00〉　休 無休　カード A J M V　地 會展駅B3または灣A1出口　※予約をしたほうがよい。ドレスコード（スマートカジュアル）あり。

伝統的な中国茶館をベースにした優雅な店内

点心はランチタイムのみ。手前はカニの卵、キノコ入り豚肉シュウマイ（蟹籽北菇燒賣、98HK$）、後方がとろける食感のイベリコ豚チャーシュウ（蜜餞西班牙黑豚肉叉燒、368HK$）

ワゴンが行き交う大ホールで飲茶の醍醐味を味わう　MAP別冊 P.32-2A

倫敦大酒樓　London Restaurant

ワゴン式飲茶を堪能できる数少ない店。1000人余りを収容できる広いフロアを、点心を積んだワゴンが練り歩くにぎやかな店内で、これぞ香港、という気分が味わえる。常時100種以上の点心が揃っているが、なかでも人気なのは、ツバメの巣入りミルクプリン（椰皇燕窩炖奶）とマンゴー入りココナッツ団子の香芒糯米糍。月〜金曜の11:00まではワゴンの点心が26HK$〜（土曜27HK$〜、11:00まで）というサービスもある。お茶代はひとり11HK$。

住 旺角彌敦道612　好望角大廈3/F-5/F　3/F-5/F, Good Hope Bldg., 612 Nathan Rd., Mongkok　☎2780 6552、2332 9982　営7:00 〜 15:00、18:00 〜 22：00（18:00以降はオーダーシート方式）　休 無休　カード M V　地 旺E2出口

左／点心の種類は豊富。ワゴン式飲茶は3/Fで15:00まで。それ以降はオーダーシートにより閉店まで点心を出す　右上／ワゴンが練り歩き、平日の朝からにぎわう店内　右下／美容と健康のため毎日食べる常連客もいるという椰皇燕窩炖奶（36HK$）

新感覚の楽しい「飲茶」を体験！　飲茶　MAP別冊 P.10-2B

ヤムチャ　Yum Cha

従来の観念を打ち破る斬新なセンスの点心と中国料理が味わえる注目店。独創的なアイデア満載の点心は、口からとろ〜りカスタードあんが出てくる中華まんや鳥籠に入ったパイナップルケーキなど、見た目のかわいさと楽しさに思わず歓声が。どれもていねいに作られていておいしく、外見だけでないことにシェフの力量がうかがえる。ご飯物や麺料理もおすすめで、ハマグリと豚ひき肉入りのお粥（蜆仔肉碎泡飯、99HK$）がいち押し。アップルパフやアールグレイパンナコッタなどデザートも見逃せない。

住 中環德輔道中173　Nan Fung Place 2/F　2/F, Nan Fung Place, 173 Des Voeux Rd. C., Central　☎3708 8081　営11:30 〜 16:00、17:30 〜 22:00　休 無休　カード M V　地 上E3出口　※予約をしたほうがよい。

濃厚なカスタードあんが流れ出る睇住流奶。着色料は天然由来の色素を使用

点心（39HK$〜）は終日提供。約20種類。手前は豚のチャーシュウ饅頭（一籠八戒、49HK$）

広東料理の店

名シェフが生み出す珠玉の美食

MAP別冊 P.10-1B

龍景軒 Lung King Heen

フォーシーズンズを舞台に、広東料理の雄、陳恩徳氏が采配を振る。目にも舌にも「美味なるひと皿」を生み出す魔法のような手腕に感服。洗練を極めたここの料理は、奮発してでも味わう価値がある。メニューにはフォアグラやトリュフ、キャビアなどを用いた独創的な料理から、伝統料理まで並ぶ。おすすめは脆炸芝麻西檸雞（クリスピーチキンのゴマ&レモンソース）、蝦籽薑葱炒蝦球（エビのショウガとネギ炒め）など。デザートには香芒楊枝甘露を。月〜金曜の昼には点心を含むコース（880HK$）がある。

住 中環金融街 8　香港四季酒店平台 4 樓　Podium 4, Four Seasons Hotel Hong Kong, 8 Finance St., Central
☎3196 8882　営12:00 〜 14:30（土・日曜、祝日 11:30 〜 15:00）、18:00 〜 21:00（掲載閉店時間はラストオーダーの時間）　休 無休
カード A D J M V　地 中 A 出口
※週末は要予約。平日も予約が望ましい。

エレガントな店内からはハーバービューも楽しめる

手前が蝦籽薑葱炒蝦球（500HK$）、後方左が薑葱籠仔蒸星斑柳（ガルーパのヒレの蒸籠蒸し、420HK$）、後方右が皇湯雞絲羹（チキンのとろみスープ、360HK$）

料理界にセンセーションを巻き起こした

MAP別冊 P.18-1B

營致會館 Ying Jee Club

2017年8月にオープンし、同年11月にミシュラン1つ星に輝いたことで、話題沸騰。シェフを務める蕭顯志さんは、過去10年間に16のミシュランの星を獲得した傑物だ。伝統的な広東料理を大切にし、新鮮な食材を生かす繊細な調理テクニックで珠玉の料理を提供する。フレンチの影響を受け、盛りつけが華やかなのも特徴。お昼はセットメニューもあり、エグゼクティブランチ（行政午餐、728HK$）ほか、3種類のビジネスランチ（商務午餐、各528HK$）も提供。人気店なので、予約を早めに入れて訪れたい。

住 中環干諾道中 41　盈置大廈 G/F-1/F　G05、107 及 108 號舗　Shop G05, 107& 108, G/F-1/F, Nexxus Bldg., 41 Connaught Rd. C., Central
☎2801 6882
営11:30 〜 15:00、18:00 〜 23:00（ラストオーダーは閉店 30 分前、バー 11:30 〜 23:00）
休 旧正月 2 日間　カード A M V
地 中 A または B 出口　※要予約。ドレスコード（スマートカジュアル）あり。

プリプリのロブスターの香り炒め、香葱爆乳龍（1人前380HK$）

上／組み木の床のシックな店内　下／手前の脆香貴妃雞（半羽 350 HK$）はシェフの技と遊び心あふれる 1 品。カリカリに揚げたものと、ゆでたあとに熱した油をかけてサクサクに仕上げた食感の異なるチキンをひと皿に

香港を代表する名店

MAP別冊 P.28-3B

唐閣 T'ang Court

国内外の美食家が足を運ぶ広東料理店。その実力は、2009年からミシュランの星付きレストランに仲間入りし、3年連続で3つ星を獲得するほど。ラグジュアリーならせん階段を隔てて1階と2階に分かれ、贅を尽くした家具や壁の彫刻が非日常へと誘う。カニの甲羅詰めシーフードドリア（唐閣賽盒飯）、腸粉のXO醤炒め（XO醬煎腸粉）など手の込んだ料理をはじめ、点心もぜひ試したい。メニュー選びに迷ったら、全6品のテイスティングメニュー（1480HK$）、昼なら点心付きのセットランチ（450HK$）を。

住 尖沙咀北京道 8　香港朗廷酒店 1-2 樓　1/F-2/F, The Langham Hong Kong, 8 Peking Rd., Tsimshatsui
☎2132 7898　営12:00 〜 15:00（土・日曜、祝日 11:00 〜。ラストオーダー 14:30）、18:00 〜 23:00（ラストオーダー 22:00）
休 無休　カード A J M V
地 尖 C1 出口　※ランチは予約をしたほうがよい。ドレスコード（スマートカジュアル）あり。

左／格調高い店　右／手前はアワビと魚の浮き袋のタルト（原隻鮑魚花膠酥、1 個 108HK$）。奥左はロブスターと 3 種のネギの炒め物（三爆蔥龍蝦、1260HK$）

土鍋炊き込みご飯も点心も堪能 **MAP別冊 P.6-3B**

嚐囍煲仔小菜・嚐囍點心皇　Sheung Hei・Sheung Hei Dim Sum

広東伝統の料理がおいしいローカルレストラン。名物は種類豊富に揃った煲仔飯（土鍋炊き込みご飯）だ。遠赤外線効果の高い溶岩石を用いて炊き上げる煲仔飯は、おこげがきれいにできてご飯はふっくら、食材のうま味がギュッと詰まっている。海産乾物の卸商も営む店主が選び抜いた食材を使っているのも、おいしさの秘訣。炒めものに蒸し料理、甘酢あんをからめた料理など、広東料理の真髄をダイナミックに味わえる。

隣に点心専門店の「嚐囍點心皇」があり、こちらはほぼ24時間営業。おすすめは水晶鮮蝦餃（エビ餃子）や卵とキビ糖の香りがよい迷你馬拉糕（中華蒸しパン）など。煲仔小菜の店内で点心も注文可能。

レストランと点心のテイクアウト店を営業

住 西環北街25　25 North St., Western District　☎2819 6190
営 11:00～15:00、18:00～23:00（嚐囍點心皇は6:00～17:00、18:00～翌6:00）　休 無休　カード M V
地 堅尼地城駅B出口

上／店主の林榮康さん　下／ニンニクの芽と干しエビ、干し魚、カシューナッツの炒め物、九菜花炒蝦乾銀魚乾（手前、148HK$）もおすすめ

上／煲仔飯は必食。手前は大澳蝦乾肉餅飯（餅状に成形した豚肉、干しエビの炊き込みご飯、112HK$）、後方は白鱔排骨飯（ウナギとスペアリブの炊き込みご飯、102HK$）　下／フカヒレスープかけご飯の康式魚翅撈飯（628HK$）は絶品

広東版おふくろの味が自慢の気軽に入れる店 **MAP別冊 P.14-2B**

住家菜　Home Feel

オーナーの祖母直伝の阿嫲雞（半羽120HK$）をはじめ、ネギとゴマ油の風味が効いた鐵板鳳陽豆腐（78HK$）、イカとクワイを豚ひき肉に練り込んで蒸した魷魚馬蹄豚肉餅（80HK$）など、ご飯に合うおかずメニューが充実。化学調味料を使わず、控えめの油で調理するのがモットー。体に優しいスープ（老火湯）とともに味わいたい。日替わりのランチセットもある。

住 銅鑼灣謝斐道460-462　楊耀熾大廈G/F　G/F, Yeung Lu Chi Commercial Bldg., 460-462 Jaffe Rd., Causeway Bay　☎3105 0456
営 11:30～15:00、18:00～22:30（祝日18:00～22:30）
休 日曜、旧正月　カード M V
地 銅C出口　※予約不可。

左／地元の人気店　右／阿嫲雞(手前)、魷魚馬蹄豚肉餅(後方左)、ドラゴンフルーツやパパイヤなど生のフルーツを使った酢豚（鮮什果咕嚕肉、78HK$、後方右）

高級住宅地の隠れ家的広東料理店 **MAP別冊 P.15 右下図**

彭慶記食家　Pang's Kitchen

高級住宅地のハッピーバレーは、香港スターがふらりと食事に来るようなレストランが点在する。彭慶記食家もその一軒で、ミシュランガイドの星を獲得したことで一躍有名に。料理は家庭的な広東スタイルで、薬味の効いたポークチョップ（招牌蒜香骨、168HK$）、ホタテのミルクあえ（大良炒鮮奶、228HK$）などがおすすめだ。冬期に出すヘビスープも有名。

住 跑馬地奕蔭街25　25 Yin Yam St., Happy Valley
☎2838 5462　営 11:00～23:00
休 旧正月2日間　カード A M V
行き方 香港島サイドから跑馬地行きトラムで終点下車、徒歩約5分。

こぢんまりとしたレストラン

川魚のカマをショウガとネギで甘辛く煮込んだ薑葱魚雲煲（188HK$、手前）はご飯が進む味。後方は招牌蒜香骨

リュクスな時間と味が楽しめるレストラン

MAP別冊 P.30-3A

香宮（ヒョンコン） Shang Palace

ミシュランの星に輝く名店。伝統料理をベースに柔軟な創造力を駆使してクリエイティブな料理を次々生み出している。雙色芝士焗釀鮮蟹蓋（チーズ入りカニの甲羅の詰め物焼き（1人前、308HK$）や香宮炸子雞（広東式クリスピーチキン、半羽388HK$）といったおすすめ料理をはじめ、咕嚕肉（果実酢の酢豚、298HK$）や炒飯といった普通の料理も上品で繊細な味わい。点心も凝っている。ローストにスープ、料理3品とデザートのランチセット(548HK$)もおすすめ。

住 尖沙咀東部麼地道 64 九龍香格里拉大酒店 LL1
LL1, Kowloon Shangri-La, Hong Kong, 64 Mody Rd., Tsimshatsui East
☎2733 8754 営12:00～14:30(土・日曜、祝日 10:30～15:00)、18:00～22:30 休 無休 カード A D J M V
地 尖沙咀駅（連絡通路経由）／尖東駅 P1 出口 ※予約をしたほうがよい。

北京の王宮をイメージしたラグジュアリーな店内

上／広東料理をベースにした新感覚の料理を創作。原個番茄和牛粒炒飯(138HK$)は和牛のチャーハンをトマトに詰めた料理　下／高級魚のハタを焼いて野菜と卵白のソースを添えた脆帕爾瑪火腿錦繡星斑件

奇をてらわない伝統料理が秀逸

MAP別冊 P.13-1C

滿福樓（ムンフォックラウ） Dynasty Restaurant

創作料理やフュージョン全盛のなかで、広東伝統の素材や調理法を大事にした料理がおいしい貴重な店。ツバメの巣やアワビ、海鮮といった高級料理を得意とする一方で、土鍋煮込みや炊き込みご飯など家庭的な料理も名物だ。特に旅行者に紹介したいのがチャーシュウ（蜜汁烤半肥叉燒腩、165HK$～）と煲仔飯（土鍋炊き込みご飯、168HK$～）の2品だそう。自家製醤油で味つけする炊き込みご飯はおこげまで美味。食後はかりんとうのような伝統菓子、香蜜蛋散や、マンゴー&ザボンのタピオカミルクの楊枝甘露を。

住 灣仔港灣道 1　香港萬麗海景酒店 3 樓
3/F, Renaissance Harbour View Hotel Hong Kong, 1 Harbour Rd., Wanchai
☎2802 8888
営12:00～15:00（日曜、祝日 11:30～）、18:00～22:00
休 無休 カード A M V
地 灣 A1 出口

左／おしゃれな店内から海が望める　右／手前は冬季限定の食材（中華ソーセージや塩漬けアヒルなど）を入れた土鍋炊き込みご飯（臘味煲仔飯）。奥がチャーシュウ、後方右はデザートの楊枝甘露(72HK$)

点心から海鮮屋台料理までメニュー数膨大

MAP別冊 P.32-2B

點心到（ディムサムトウ） MIX・大排檔（ダーイパイトン） Dim Sum Here Mix Seafood

安くておいしいと評判の点心専門レストラン「點心到」が、屋台のコンセプトを合わせた新タイプの店を開業。約35種類の点心をはじめ、海鮮料理から土鍋料理、炒飯や麺類、デザートまで多彩な料理を揃えた中国版ファミリーレストランといった店だ。値段もリーズナブルなので、人気の高さも納得。エビ餃子とエビシュウマイの定番点心は2個（17HK$）からオーダーできるので、ひとりでも気軽に点心ランチが楽しめる。料理は鑊氣小炒王（シーフードのXO醤炒め）、避風塘炒蟹（スパイシー風味のカニ炒め）などがおすすめ。

住 旺角洗衣街 39-55　金雞廣場 G/F 1A,1B,1C 號舖
Shop 1A,1B,1C, G/F, Golden Era Plaza,39-55 Sai Yee St., Mong Kok
☎5968 4809
営7:00～24:00 休 無休 カード V
地 旺 E2 出口
［點心到］住 油麻地彌敦道 484 鴻星大廈 G/F ☎5262 8465

家族連れやカップルでにぎわう

手前は甘辛ソースにからめた豚肉を氷にのせて供する冰鎮咕嚕肉（88HK$）。外はカリッと冷たく中は熱々の食感が楽しい。後方左の点心はカスタードとタロイモペーストの中華まん（25HK$～）

良質な素材で作る本場の潮州料理

MAP別冊 P.11-3C

潮廳（チウテン） Chiu Tang

コロニアルデザインのシックな店内で本格的な料理を堪能できる。潮州の普寧出身の張シェフは30年以上のキャリアの持ち主。代表的な鹵水鵝（ロウソイゴー）（ガチョウのたれ煮）や潮州翅（フカヒレスープ）も、細部にまでこだわる。ガチョウは大型で肉質のよい獅頭鵝を潮州から取り寄せ、フカヒレは入念な下処理の後6時間かけて煮込む。サテー牛肉やオムレツ料理、表面をパリパリに焼いて黒酢と砂糖をつけて食べる伊麺など、伝統料理のバリエーションが多く、ほかにはない料理にも出合える。

住 中環皇后大道中9　嘉軒廣場2樓222號舗　Shop 222, 2/F, The Galleria, 9 Queen's Rd. C., Central
☎2526 8798
営12:00～14:30、18:00～22:30（ラストオーダーは閉店30分前）
休 旧正月3日間　カード A J M V
地 中K出口
※予約をしたほうがよい。

ステンドグラスやシャンデリアが輝く店内

外はパリッと中はしっとりソフトな麺料理の糖醋乾燒伊麵（手前、208HK$)。中央は潮州独特のとろみフカヒレスープ（傳統潮州翅、628HK$)。ランチの点心も好評。予算はひとり300HK$くらいから

食を愛するオーナーが発信する伝統料理の新提案

MAP別冊 P.14-2B

鬼滷（グワイロウ） Gwai Lou

銅鑼灣中心部の飲食ビル内に2022年11月にオープンした、新感覚の潮州料理店。眼下に街並みを見ながら、ジャズが流れる空間で楽しむのは、本格的な「打冷（ダーラン）（屋台料理)」メニューの数々。滷水（たれ煮込み）を固形燃料で温めれば香料がふわっと香りたち、食欲をそそる新しいおいしさだ。運がよければ魚やカニの冷製（時価、数量限定）にも出合える。オリジナルのカクテルや気軽に飲める厳選ワイン（グラス68HK$～）とのミックスマッチが気分を盛り上げる。食事のシメには、定番のカキの雑炊を。

住 銅鑼灣駱克道459-461　The L. Square 21樓
21/F, The L. Square, 459-461 Lockhart Rd., Causeway Bay
☎9180 0021　営17:30～24:00（金・土曜～翌1:00）
休 月曜、旧正月3日間
カード M V　地 銅C出口

ジャズの流れるスタイリッシュな店内

手前の温めて食べる滷水は5品278HK$。後方右は椒鹽普寧豆腐（豆腐のスパイシー揚げ、68HK$)

オープンキッチンが食欲をそそる

MAP P.205

創發潮州飯店（チョウファッチウチャウファンディム） Chong Fat Chiu Chow Restaurant

広東省汕頭で創業し、50年ほど前に香港に移り住んだ先代が屋台から始めた歴史のある店。オープンキッチンの周りにズラリと総菜を並べるという、昔ながらの潮州料理店のもてなしを目と舌で堪能できる。総菜をじかに見て、あるいは壁のメニューを指さしてオーダーを。海鮮料理以外は3～4人でシェアできる総菜が70HK$くらいからと庶民的。ガチョウのたれ煮の鹵水鵝片は看板メニュー。マナガツオのから揚げや鶏肉の味噌煮込みの豆醬雞煲もおすすめ。

住 九龍城城南道60-62
G/F, 60-62 South Wall Rd., Kowloon City　☎2383 3114
営11:00～15:00、17:30～24:00
休 旧暦12/31、旧正月3日間
カード 不可　地 宋皇臺駅B3出口
※週末は予約をしたほうがよい。

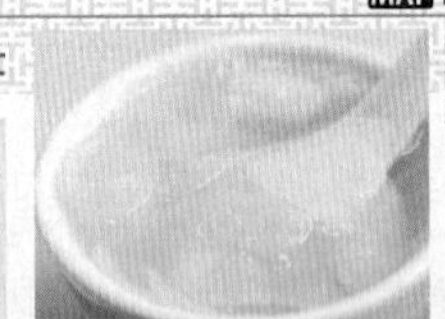
食後には清心丸薑薯（潮州のショウガイモの糖水）を

左／手前のガチョウのさまざまな部位のたれ煮（鹵水鵝片、150HK$～）は約50年間継ぎ足しながら使っている秘伝のたれを使用。中央は凍龍蝦（イセエビの塩ゆで、時価）　右下／ズラリと並ぶ総菜を見て指さし注文してもいい

料理人家族経営のアットホームな名店

MAP別冊 P.31-1B

紅伶飯店（ホンレンファンディム）

Hung Ling Restaurant

佐敦で60年親しまれた老舗が、代替わりを機に2021年に再オープン。「潮州出身で潮州料理ひと筋の父の味を伝えたい」と2代目の陳さん。「打冷（ダーラン）（屋台料理）」を中心に豊富なおかずメニューが人気で、滷水（たれ煮込み）の仕込みから名物のラー油まで、先代の経験を生かしつつ、新しい工夫も怠らない。2種のカキを使い外はサクッ、中はもちもちの馳名煎蠔餅（カキ入り卵焼き）はビールとの相性が絶妙。

住 油麻地砵蘭街 14　G/F
G/F,14 Portland St., Yaumatei
☎3481 2020　営17:00～翌 1:00
休 旧正月 3 日間　カード MV
地 油 C 出口

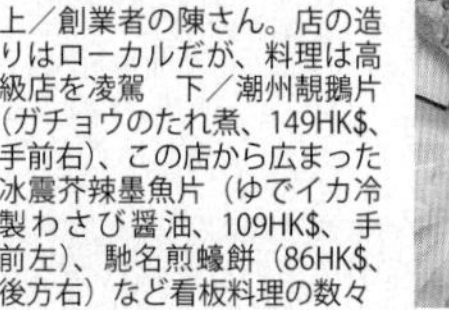

上／創業者の陳さん。店の造りはローカルだが、料理は高級店を凌駕　下／潮州靚鵝片（ガチョウのたれ煮、149HK$、手前右）、この店から広まった冰震芥辣墨魚片（ゆでイカ冷製わさび醤油、109HK$、手前左）、馳名煎蠔餅（86HK$、後方右）など看板料理の数々

「これぞ潮州料理」が味わえる

MAP P.144-1A

潮樂園（チウロッユン）

Chiu Chow Delicacies

潮州料理通の間で話題の実力店。カジュアルな総菜が味わえるのが魅力だ。おすすめはカキのうま味を大地魚やスルメイカが引き出す雑炊、蠔仔肉碎粥（68HK$～）や独特のサテソースが香ばしい沙爹牛肉炒芥蘭（118HK$）など。伝統的な総菜メニューながら、どれも高水準でお値打ち感がある。その店の格が決まると言ってもよいのが、香料を入れたたれにつけた鹵水料理。代表的なガチョウのほか、揚げ豆腐や卵など十数種の具の鹵水が揃う。

住 北角和富道 84-94　銀輝大廈 G/F 4 號舖
Shop No.4, G/F, Ngan Fai Bldg., 84-94 Wharf Rd., North Point
☎3568 5643　営11:00～22:30
休 旧正月 3 日間　カード MV
地 北 A1 出口

だしがよく出ているカキの雑炊

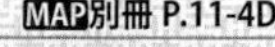

潮州料理の花形料理2品。手前はガチョウのたれ煮込み（鹵水鵝片、188HK$）、後方は花蟹の冷製（潮州凍花蟹、時価）

潮州点心から高級料理まで揃う

MAP別冊 P.11-4D

力寶軒（リッポウヒン）

Lippo Chiuchow Restaurant

ランチタイムの気軽な潮州式飲茶から、フカヒレや潮州名物の花蟹などの高級海鮮ディナーまで味わえる本格店。鹵水鵝片（ガチョウのたれ煮）など定番料理6品のコースメニューはデザート付きで288HK$～（ふたり以上から注文可）。金鐘駅の真上のビジネスタワー、リッポーセンターのG/Fにある。

住 金鐘金鐘道 89　力寶中心 G/F
G/F, Lippo Centre, 89 Queensway, Admiralty　☎2526 1168
営11:00～15:30、17:00～22:00
休 無休
カード AMV　地 金 B 出口
※予約をしたほうがよい。

手前は凍花蟹（時価）、中央は極上フカヒレスープ（極品乾撈虎翅、1088HK$）

香港映画にも登場する超レトロな店

MAP P.205

樂口福酒家（ロッハウフォクザウガー）

Lok Hau Fook Restaurant

1954年創業。香港の潮州料理の有名シェフの多くがこの店の出身という「潮州料理の少林寺」のような存在。ほかでは味わえない伝統料理もある。おすすめはガチョウの肉や卵などを秘伝のたれで煮込んだ潮州鹵水拼盤、珍珠葉という潮州独特の薬草を使った碧緑川椒雞（鶏肉の胡椒炒め）など。

住 九龍城侯王道 1-3
1-3 Hau Wong Rd., Kowloon City
☎2382 1172
営11:00～23:00
休 旧正月 4 日間
カード 不可　地 宋皇臺駅 B2 出口

手前は卵白を用いた皮にエビを包んで巾着蒸しにした菊花石榴雞（128HK$）

雰囲気も料理も上質

MAP別冊P.29-4D

王家沙・花様年華 Bloom by Wang Jia Sha

新たな尖沙咀のランドマーク「K11ミュシーア」内にある人気店。モダンなインテリアでゆったりとした造りの店は、サービスもよく観光途中に気軽に利用できる店だ。醤油や酢を多用し比較的甘めで濃厚な味の上海料理をメインに、ピリッと刺激的な四川料理や北京料理もあり、中国料理全般を楽しめる。薄皮の中に肉汁たっぷりのショーロンポー（招牌蟹粉小籠包、78HK$）はマストトライ。豪華なディナーを楽しむなら、XO醤を用いたロブスター炒め麺や、肉餅と合わせた蒸し蟹がおすすめ。

住 尖沙咀梳士巴利道18 K11 MUSEA 1樓136號舗 Shop136, 1/F, K11 MUSEA 18 Salisbury Rd., Tsimshatsui
☎2344 2366 営11:30～22:00
休 無休 カード AMV
地 尖沙咀駅（連絡通路経由）／尖東駅J2出口
［他店舗］住 紅磡黃埔天地享膳坊G/F G16號舗 ☎2365 0669

プリッとしたロブスターがふんだんにのったXO醤風味の焼き麺（秘制XO醤龍蝦炒麵、298HK$）

上／手前右の原隻肉蟹蒸肉餅（醤油ソースの蒸し蟹、肉餅添え、598HK$）と手前左の花甲鮮蝦剁辣蒸魚頭（魚の頭とエビのピリ辛蒸し、498HK$）はこの店の限定メニュー　下／モダンでシックな店内

尖沙咀駅真上のカジュアル上海レストラン

MAP別冊P.29-3C

上海婆婆336 Shanghai Po Po 336

尖沙咀界隈で便利で手軽に上海料理が食べられる店。1930年代の上海をテーマにしたインテリアが楽しい店。上海の伝統料理を今風に味を調整し、点心から麺、おかずと幅広いメニュー構成だ。皮の薄さにこだわった上海小籠包（38HK$）のあふれる肉汁はうま味たっぷり。豚肉とキャベツのピリ辛炒めの椰菜回鍋肉や黒酢のスペアリブ炒めの黒醋排骨（ともに78HK$）はご飯に合う。ランチタイムにはセットメニューがお得。

住 尖沙咀彌敦道63 國際廣場6樓605～606號舗 Shop 605-606, 6/F, iSQUARE, 63 Nathan Rd., Tsimshatsui
☎2806 1833
営11:00～16:00（ラストオーダー15:45）、18:00～22:00（ラストオーダー21:30）
休 無休 カード MV 地 尖H出口

広いスペースの店内はロフト風

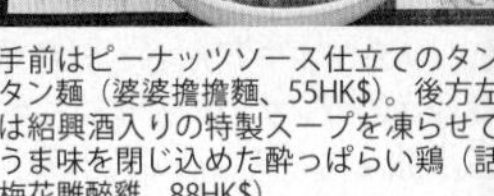

手前はピーナッツソース仕立てのタンタン麺（婆婆擔擔麵、55HK$）。後方左は紹興酒入りの特製スープを凍らせてうま味を閉じ込めた酔っぱらい鶏（話梅花雕醉雞、88HK$）

バリエーション豊富な上海料理

MAP別冊P.29-3C

滬江飯店 Wu Kong Shanghai Restaurant

1984年のオープン以来、根強い人気を誇る。北京ダックやおこげ料理なども揃えているが、やはり上海人シェフが生み出す上海の伝統を重視した本格上海料理がおすすめ。外婆紅燒肉（豚肉の角煮、148HK$）や豆瓣蒸桂魚（川魚の豆瓣醤蒸し、330HK$）、ご飯や麺なら上海粗炒麵（上海焼きそば）やグレービーソース仕立ての炒飯を注文したい。尖沙咀の駅前にある。

住 尖沙咀彌敦道27-33 良士大廈B/F B/F, Alpha House, 27-33 Nathan Rd., Tsimshatsui
☎2366 7244 営12:00～23:00
休 旧正月3日間
カード AJMV 地 尖E出口
※予約をしたほうがよい。

尖沙咀駅の目の前のビルの地下にあり便利

豆瓣蒸桂魚はスパイシーな蒸し汁が食欲をそそる（手前）

本場の杭州料理が味わえる

MAP別冊P.21-2D

杭州酒家(ホンチャウチャウガー) Hong Zhou Restaurant

シェフは中国と香港の政府高官の晩餐で腕を振るった杭州料理の達人。マルコ・ポーロが地上の楽園とたたえた風光明媚な古都杭州の名物料理が味わえる。新鮮な川エビと杭州名産の龍井茶を炒めた龍井河蝦（288HK$）はぜひ試したい。ご飯に合う東坡肉（228HK$）、注文を受けてから手打ちする麺類もおすすめだ。日本語メニューあり。

ビルの1楼（2階）にある。インテリアはチャイナモダン

住 灣仔莊士敦道 178-188　華懋莊士敦廣場 1 樓
1F, Chinachem Johnston Plaza, 178-188 Johnston Rd., Wanchai
☎2591 1898　営11:30 ～ 14:30、17:30 ～ 22:30　休 旧正月
カード A M V　地 灣 A3 出口

左／香りのよい龍井河蝦　右／上海蟹の紹興酒漬け（酔蟹、328HK$）

北京ダックが名物

MAP別冊P.11-3C

北京樓(パッキンラウ) Peking Garden Restaurant

1978年創業の歴史を誇り、香港に8店舗を展開。伝統的な北京料理をメインに四川や上海料理の要素を取り入れたメニューもある。いち押しは飴色に輝く北京ダック。1羽まるごと席まで運ばれ、目の前で切り分けてくれる。数にかぎりがあるので予約をしたほうがよい。また、アレキサンドラハウスのこの店舗では、毎晩20:30から料理人が華麗に麺を打つデモンストレーションが見られる。この手打ち麺を使った擔擔麵（68HK$）や北京炸醤麵（108HK$）も試したい。小籠包（ショーロンポー、98HK$～）もおすすめ。

住 中環遮打道 16-20　歷山大廈 B/F B1 號舖　Shop B1, B/F, Alexandra House, 16-20 Chater Rd., Central
☎2526 6456
営11:30 ～ 15:00（ラストオーダー 14:30)、18:00 ～ 23:00（ラストオーダー 22:00）　休 無休
カード A J M V　地 中 H 出口

北京ダック（烤北京填鴨）は 1 羽 598HK$。焼き上がるまで約 30 分かかるので、注文は早めに

上／手前はイシモチの甘酢ソースがけ（松鼠黄魚、338HK$）。後方はエビの甘辛炒め（北京宮爆大蝦玉）　下／ゴージャスな雰囲気

3 種の食べ方で余すところなく楽しむ北京ダック

MAP別冊P.28-4A

羲和雅苑(ヘイウォーンガーユン) Xihe Ya Yuan

北京の有名店の香港支店。ここでしか味わえない料理が多く、北京ダックは必食。自社農場のふ化後40日のアヒルを数日かけて下ごしらえし、注文と同時に職人が50～60分かけて焼き上げる。各テーブルでシェフがムネの皮、ムネ肉、モモ肉の3種類に切り分け、それぞれに最適な食べ方が用意されるのが、この店のウリ。皮はパチパチ跳ねる砂糖やブルーベリーソース、ムネ肉は自家製のカラシ、最も肉のうま味のあるモモ肉は甘味噌やネギ、キュウリ、サンザシのゼリーとともにクレープで巻いて食べるのがおすすめ。

住 尖沙咀廣東道 3-27　海港城海運大廈 2 樓　OTE203 號舖
Shop OTE203, Level 2, Ocean Terminal, Harbour City, 3-27 Canton Rd., Tsimshatsui　☎2157 3128
営12:00 ～ 23:00（ラストオーダー 22:00）　休 無休　カード M V
地 尖 E または連絡通路経由 L6 出口　※予約をしたほうがよい。

海沿いの一等地。テラス席もあり、海の眺めは抜群

北京ダックは 1 羽 698HK$、半羽 388HK$。調味料やキュウリ、ネギなどを盛りつけたプレートは 118HK$、クレープ 60HK$

シーンを選ばず使える正統派北京料理店　MAP別冊P.20-3B

北京老家（パッキンロウガー）　Beijing Home

3店舗あるうち、ここ灣仔店は2フロアあり、ゆったりとしたスペースを誇る。入口で目を引く孫文の自筆文字による看板や、趣向を凝らしたレトロなインテリア、オリジナルの食器も魅力的。料理は「北京農家料理」と銘打ち、野菜多めの素朴なピリ辛料理から北京ダック（半羽228HK$）まで、幅広いメニュー構成が特色だ。エビチリ（98～168HK$）は3種類から選べ、麺類は陽春麵、刀削麵など16種類、饅頭も20種類近くある。食事時は地元のグループ客でにぎわうので、予約するか時間をずらすとよい。

住 灣仔皇后大道東183　合和中心7樓704號、8樓802號
Shop 704, 7/F & Shop 802, 8/F, Hopewell Centre, 183 Queen's Rd. East, Wanchai　☎2811 2996
営11:30～15:00、17:30～23:00
休 旧暦1/1、旧暦1/2のランチタイム　カード JMV（200HK$以上の場合のみ）　地 灣A3出口
※予約をしたほうがよい。
［尖沙咀店］住 尖沙咀加拿芬道25-31　國際商業信貸銀行大廈8樓
☎3462 2518

左／中国の邸宅をイメージした外観
右／手前は赤米で着色したスペアリブの甘辛煮（118HK$）、後方は北京風焼きうどん（88HK$）

羊肉料理、北方点心、手打ち麺を味わいたい　MAP別冊P.30-3A

東來順（トンロイソン）　Dong Lai Shun

1903年創業の北京の名店の支店。名物の涮羊肉（羊肉のしゃぶしゃぶ）はスープと具材をそれぞれオーダーするシステムで、スープは鶏、干しエビやキノコ類でだしをとった清雞湯（218HK$）がおすすめ。内モンゴルで飼育された羊の最上肉を揃えており、脂身の少ない羊肉巻（268HK$）は軟らかくて臭みもない。9種類の薬味を自分でブレンドして好みのつけだれで食す。北京ダック（要予約）や龍井茶で薫製したアヒルの卵、龍井煙燻蛋（1個55HK$）、点心なども人気。

住 尖沙咀東部麼地道69　帝苑酒店B2/F
B2/F, The Royal Garden, 69 Mody Rd., Tsimshatsui East
☎2733 2020　営11:30～14:30（日曜11:00～）、18:00～23:30
休 無休　カード ADJMV
地 尖沙咀駅（連絡通路経由）／尖東駅P2出口　※週末は要予約。

ロイヤルガーデン・ホテル地下2階にある

手前の肉が羊肉巻。具はエビや羊肉の団子、餃子、手打ち麺などが定番。本店に準じて豚肉料理はない

カクテルと楽しめる四川料理　壹玖叁伍（ヤッガウサムンー）　MAP別冊P.18-3B

1935レストラン　1935 Restaurant

「1935」というユニークな店名は、オーナーの祖母の誕生年。祖母への思慕を込め、幼少時に食べた故郷の四川料理を、MSG（化学調味料）不使用で提供する。味わいも盛りつけも創作意欲あふれるスタイリッシュな料理が、アールデコ調のレトロで粋な店内と相まって、四川料理のイメージをよい意味でくつがえしてくれる。辛味のパンチが効いた麻婆豆腐や魚香茄子（ナスとひき肉の辛味炒め）など定番料理もおいしい。前菜やメインが選べる週替わりのランチセット（198HK$～）も人気。香辛料やハーブを用いたカクテルと楽しむのもよい。

住 中環威靈頓街2-8　M88威靈頓廣場19樓　19/F, M88 Wellington Place, 2-8 Wellington St., Central
☎2156 1935、9858 1565
営12:00～15:00（ラストオーダー14:30）、18:00～23:00（ラストオーダー21:30）　休 旧正月3日間
カード MV　地 中D1出口
※ランチは予約をしたほうがよい。

ビルの19/Fにあり眺めがよい。ユニークなカクテルを出すバーコーナーもあり

上／手前のタンタン麺（四川擔擔麵、90HK$）もおすすめ。後方左は揚げたエビとトウガラシ、ナッツを合わせた辣子蝦球（230HK$）　下／辛いが深いうま味がある麻婆豆腐（120HK$）

本場四川料理をはじめ広東料理や点心も美味

MAP別冊P.19-3A

三希樓（サンヘイラウ） San Xi Lou

店名は清代の乾隆帝が書斎として使った紫禁城内の部屋「三希堂」に由来。「三」は四川料理、広東料理、点心、この3つを極め価値のある料理を提供するという意味が込められている。四川省出身のシェフによる、現地の素材にこだわった料理は、ただ辛くてしびれるだけではない奥深いうま味が詰まっている。10年以上仕込んだ豆板醤を用いた麻婆豆腐はいち押し。定番のインゲンのカラカラ炒め、乾煸四季豆は芽菜という漬物を加えることで格別のうま味を生み出している。

広東料理の咕嚕肉（豚肉の甘酢ソース）やロースト類、点心もおいしいので、シビ辛（麻辣）料理と組み合わせて注文しよう。

住 銅鑼灣波斯富街99 利舞臺廣場17樓B號舖 Shop B, 17/F, Lee Theatre Plaza,99 Percival St., Causeway Bay ☎3795 8522
営11:00～16:00（ラストオーダー15:15）、18:00～23:00（ラストオーダー22:00） 休 無休 カード A M V
地 銅 F1出口
※ディナーは予約をしたほうがよい。

左上／ネギやショウガ、トウガラシを加えた油で川魚の切り身を調理した水煮魚（438HK$～） 右上／あとを引く辛さの麻婆豆腐（手前、148HK$）。後方右は多種類の香辛料を用いた覇王辣子雞（鶏のから揚げ、トウガラシ煎り、298HK$～）、後方左は蒜泥白肉（ゆで豚のニンニクソース、138HK$）、奥左は乾煸四季豆（128HK$）

左／伝統とモダンを合わせたインテリア。眺めもよい 右下／粒コショウとエビの蒸し焼き、瓦罉焗胡椒海蝦（時価）はビールとの相性抜群

種類豊富な水餃子は変わりダネも人気

MAP別冊P.18-2A

王府（ウォンフー） Wang Fu

北京出身の女性が創業。現在は息子の王さんが受け継ぎ、北京の伝統的な家庭の味を提供している。看板料理の水餃子は豚肉、キャベツ、羊肉、トマトなどいろいろな種類が楽しめる（60HK$～）。北京から仕入れた調味料を用いた擔擔麺（タンタン麺、50HK$）や北京炸醬麺（ジャージャー麺、50HK$）も本場の味。

住 中環威靈頓街65
65 Wellington St., Central
☎2121 8006、2121 8089
営11:00～20:30
休 土曜、旧正月3日間
カード 不可 地 中 D2出口

トマトと卵入りの西紅柿雞蛋餃や羊肉京蔥餃などの水餃子

カジュアルに味わえる餃子専門店

MAP別冊P.21-4C

北方餃子源（バッフォンガウチーユン） Northern Dumpling Yuan

餃子をメインに麺や北京の総菜が安く気軽に味わえる。餃子の具材はセロリと豚ミンチ、ニラと豚ミンチとエビなど10種類。化学調味料は一切使用せず、北京餃子ならではの、もっちりした厚皮も手作りだ。いずれもゆで（水餃）か、焼き（煎餃）かを選べる。店主自慢の京葱羊肉餃は焼き餃子がおすすめ。

住 灣仔皇后大道東259
259 Queen's Rd. East, Wanchai
☎2838 8486
営10:00～21:30
休 旧正月
カード 不可 地 灣 A3出口

餃子には具がたっぷり。煎京葱羊肉餃（手前）と白菜豬肉餃（後方）は1皿5個入りで33～61HK$

本格四川が味わえるシックなバーレストラン　鄧記（タンゲイ）　MAP別冊P.20-3B

ドゥオン・ジー　Deng G

　上海で成功を収めた四川料理店「鄧記」の香港店。ビル2フロアにバーとダイニングを構える、落ち着いた大人の店だ。料理は四川のスパイスやこだわりの食材を用い、洗練の味わいに仕上げている。4〜5ヵ月の若いアヒルを茶葉とスパイスでマリネして4時間スモークした樟茶仔鴨、若鶏を使った宮保雞丁（鶏肉とカシューナッツ炒め）が店のおすすめ。ランチはセットメニューもある。

住 灣仔皇后大道東147　2-3樓　2/F-3/F, 147 Queen's Rd. East, Wanchai　☎2609 2328　営12:00〜14:30、18:00〜22:30（ラストオーダーは閉店30分前）　休 旧正月　カード ADJMV　地 灣A3出口

左／お酒と食事をゆっくり楽しめる　右／手前が樟茶仔鴨（半羽238HK$）、後方左は宮保雞丁（168HK$）、後方右は前菜の招牌夫妻肺片（牛タンと胃袋のスパイスマリネ、108HK$）

四川料理をスタイリッシュに味わう　MAP別冊P.20-2B

呇（ペイ）　Qi

　西洋料理のあしらいやプレゼンテーションを加えた四川料理を上質なサービスや雰囲気とともに味わってもらおう、というのがコンセプト。四川料理でおなじみのトウガラシや花椒だけでなく、クミンや黒コショウなどのエスニックなスパイスも使い、ひねりの効いた料理を創作。辛さはやや抑えめ。

住 灣仔莊士敦道60　J Senses2樓12號舖　Shop 12, 2/F, J Senses, 60 Johnston Rd., Wanchai　☎2527 7117　営12:00〜14:30、18:00〜23:00　休 旧正月1日　カード AJMV　地 灣A3出口

手前は干燒蝦球（エビチリ、240HK$）。平日はランチセットあり

うま辛いタンタン麺にリピーター続出　MAP P.203

詠藜園（ウィンライユン）　Wing Lai Yuen

　1940年代後半に創業した老舗。擔擔麵（タンタン麺）がおいしい店として評判を呼び、ここ黃埔美食坊内に移転してからは、四川料理の名店として成長。擔擔麵は豆板醬や芝麻醬、花椒、ニンニクなどのバランスが絶妙で奥深い味わいだ。炒飯や水餃子、点心などメニューは豊富。

住 紅磡黃埔花園第8期　黃埔美食坊1樓102-103,105號舖　Shop102-103, 105, 1/F, Whampoa Gourmet Place, Site 8, Whampoa Garden, Hung Hom　☎2320 6430　営11:00〜15:30、18:00〜22:00（土・日曜、祝日11:00〜22:00）　休 無休　カード AJMV　地 黃埔駅C2出口

四川擔擔麵（手前、43HK$〜）や麻婆豆腐（後方、88HK$）は辛さを選べる

香港で客家料理といえば老舗のココ　MAP別冊P.16-2B

泉章居（チュンジョングイ）　Chuen Cheung Kui

　おふくろの味を思わせる素朴な客家料理は、ご飯と相性のよい味つけが特徴。代表料理の鹽焗雞（鶏の塩蒸し焼き）は1羽308HK$（1皿128HK$〜）、梅菜扣肉（豚バラ肉と梅菜の醤油煮込み）は128HK$。濃厚な味つけだが、素材のうま味が引き立ち、あとを引く。1品90HK$前後からとリーズナブルなこともあり、家族連れやグループでいつもにぎわっている。14:00〜17:00はセットメニューが48HK$〜とお得。

住 上環干諾道中133　誠信大廈G/F C舖及1樓　Shop C, G/F & 1/F Alliance Bldg.,133 Connaught Rd. C., Sheung Wan　☎2388 7488　営11:00〜23:00　休 無休　カード MV　地 上C出口

上環駅の真上にある

手前は梅菜扣肉。豆腐にひき肉とネギを加えて土鍋で煮込んだ八珍炆豆腐（後方右、98HK$）も人気。鹽焗雞は、1羽なら6〜7人で味わえる。4人なら半羽で十分

鍋料理の店

変わり種の火鍋スープで新境地を開く　MAP別冊 P.13-3D

メイメイチュー
美味廚　Megan's Kitchen

広東料理店「美味廚」は、新感覚の創作火鍋スープを次々考案している。スープの表面にココアパウダーを振りかけたトムヤムクン・カプチーノ、スフレのように卵白でふわふわ感を出したトマト&クラブスープ・イン・スフレ・フィニッシュなど見た目も映えるスープから定番ものまで、15種類ほどラインアップ。種類豊富な具材のなかでも、レインボーカラーのイカ団子や梅菜入りの豚肉団子、三杯雞（サンペイジー）風味の鶏肉団子など、ユニークな団子類が豊富なことも特色だ。

住 灣仔灣仔道 165-171　樂基中心5 樓　5/F, Lucky Centre, 165-171 Wanchai Rd., Wanchai
☎2866 8305　營12:00 ～ 15:00、18:00 ～ 23:30　休 無休

カード A J M V　地 灣 A3 出口
※予約をしたほうがよい。

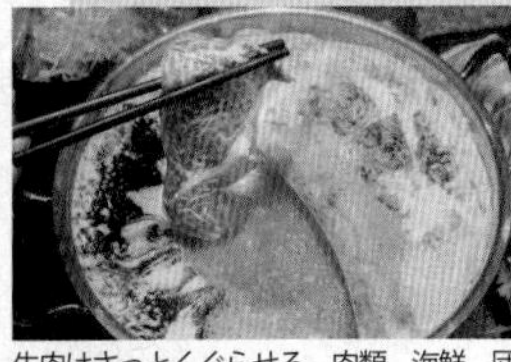
牛肉はさっとくぐらせる。肉類、海鮮、団子や餃子、野菜の順に食べるのが香港流

上／トムヤムクン・カプチーノとトマト&クラブ（カニ）スープ・イン・スフレ・フィニッシュの 2 種のスープ鍋（198HK$ ～）。ひとり用の鍋もある　下／野菜などで色づけした手作りのレインボーイカ団子（7 個 98HK$）

素菜（ベジタリアン料理）の店

1968 年創業の素食専門レストラン　MAP別冊 P.31-3A

ロッヨンシンクン
六榕仙館　Luk Yung Sin Koon Vegetarian Restaurant

伝統的な広東の精進料理がメイン。豆腐、ゆば、グルテン、野菜やキノコ類がおもな材料で、動物性の食材は使わない。メニュー名に肉や魚の名前があっても、それはキノコやグルテン、穀類などで巧みに似せて作られたもの。この店ではただ見た目を似せるだけでなく、食材の色や食感を生かすよう工夫して作られている。麻婆豆腐飯（68HK$）などのご飯メニューもおすすめ。

住 佐敦佐敦道 38
38 Jordan Rd., Jordan
☎2730 0854、2730 8665
營10:00 ～ 22:30（ラストオーダー22:00）　休 無休　カード 不可
地 佐 A または C2 出口

左／広東オペラの名優、何非凡が引退後に始めた店。創業時のインテリアも残る　右／手前は野菜炒めをレタスで包んで食べる七彩生菜包（90HK$）。後方は揚げワンタンを甘酸っぱいとろみソースにつけて食べる錦鹵雲呑（85HK$）

海鮮料理の店

殻をむいたシャコの香味揚げが名物　MAP別冊 P.22-1B

ロンムンカムコッホイシンチャウガー
龍門金閣海鮮酒家　Jumping Dragon Seafood Restaurant

魚介の卸商が経営。インドネシアの漁業関係者と太いパイプをもち、エビやシャコ、ロブスターを仕入れ、香港中に供給。もちろんこの店の魚介もプロの目で選んだ鮮度のよいもので、値段もリーズナブル。おすすめは食べやすくするため、殻をむいて調理したシャコ料理。ニンニクやチリ、スパイスを効かせてカリッと揚げた避風塘瀬尿蝦がおいしい。殻がないのでシャコの身にピリ辛のうま味が浸み込んでいて、箸が止まらなくなる。

住 尖沙咀柯士甸路 18
18 Austin Ave., Tsimshatsui
☎3568 6381　營11:00 ～ 15:00、18:00 ～ 24:00（ラストオーダー23:00）　休 旧正月 1 日　カード M V
地 尖 B2 出口
※予約をしたほうがよい。

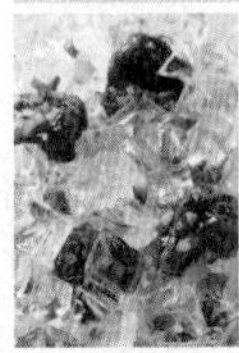
揚げた豚肉を冷たい甘辛ソースにつけて氷の中に閉じ込めた冰鎮脆皮咕咾（118HK$）。冷やすことで肉が引き締まり、ソースがよく浸みるという

手前が避風塘瀬尿蝦（398HK$）。シャコは身は締まり味が濃い。後方左はエビがプリプリ、パンがサクサクのエビトースト、鮮果窩貼大明蝦（148HK$）

魚介の鮮度と種類の多さで群を抜く

MAP P.347

全記海鮮菜館 Chuen Kee Seafood Restaurant

海鮮の街、西貢のなかでも規模が大きく、地元客に人気の店。鮮魚店が隣にあり、活きのよさはもちろん、魚介類が大量に揃っている。材料から選ぶ場合は、ホタテ1個48HK$〜、エビは192HK$〜/600g、シャコ（大サイズ）は2匹で500HK$〜。これに2人前1皿で平均50HK$（人数と調理法によって変わる）の調理代が加算される。メニューに載る海鮮料理や広東料理を注文してもよい。塩・コショウ味の素揚げのシャコ、椒鹽瀨尿蝦やカニのネギとショウガ炒め、羌葱焗肉蟹がおすすめ。ふたり用セットメニューもある。

住 西貢 西貢海傍街 53
53 Sai Kung Hoi Pong St., Sai Kung
☎2791 1195
営11:00 〜 24:00
休 無休　カード M V
行き方 → P.346。西貢のバスターミナルから徒歩約 5 分。

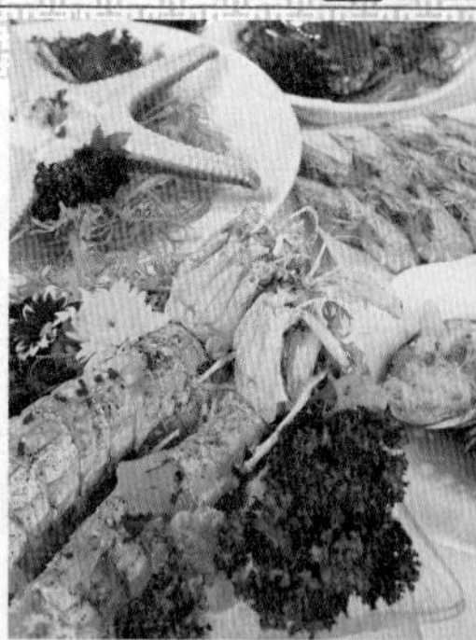

左／隣の鮮魚店で魚を選べる　右上／手前がシャコの椒鹽瀨尿蝦。予算はひとり 400HK$ くらいから　右下／店の前にもテーブルが並び、週末は混む

船上で生まれた「避風塘料理」は香港名物のひとつ

MAP 別冊 P.14-2A

喜記避風塘炒辣蟹 Hee Kee Fried Crab Expert Ltd.

銅鑼灣の避風塘（台風シェルター）で生活していた水上生活者の家庭料理が避風塘料理だ。1960〜1980年頃は小舟で営業するレストランがたくさんあり、人々に愛されてきた。その後、政策で水上家屋は姿を消し、いち早く陸上で避風塘料理を売り出したのがこの店。ニンニク、ショウガ、トウチー（豆豉）、トウガラシを油で煎った「沙」と呼ばれる辛い薬味を使う料理が特色で、喜記の「沙」は定評がある。この薬味でカニを豪快に炒めた「避風塘辣蟹」は、辛さと香ばしさ、カニのうま味のハーモニーがたまらなくうまい。同様の薬味で炒めた焼きそば、蟹油炒麵もおすすめ。

住 灣仔謝斐道 379-389　G/F 1-4 號舖
Shop 1-4, G/F, 379-389 Jaffe Rd., Wanchai　☎2893 7565
営12:00 〜 24:00　休 無休
カード J M V
地 銅 C 出口
※週末は予約をしたほうがよい。

中華ランタンが印象的な店

香ばしい匂いが食欲をそそる避風塘炒辣蟹（手前、780HK$ 〜）。後方左はアサリの上湯スープ蒸し、上湯水浸蜆（108HK$）

ダイナミックなカニ料理が楽しめる

MAP 別冊 P.14-2A

橋底辣蟹 Under Bridge Spicy Crab

かつて水上レストランでもてはやされた避風塘料理は、今では陸上のレストランで変わらない人気を集めている。屋台からスタートしたこの店は、2フロアを有する大型店になり、避風塘辣蟹（スパイシー風味のカニ炒め）を目指してやってくるお客で盛況だ。社長自らチェックを欠かさない素材へのこだわりと良心的な価格が支持されている。5段階で表示された辛さのランクや調理法の一覧を参考にしてオーダーしよう。

住 灣仔駱克道 391　金禧大廈地下及 1 樓
G/F-1/F, Golden Jubilee House,391 Lockhart Rd., Wanchai
☎2834 6818
営11:30 〜翌 4:00　休 無休
カード M V　地 銅 C 出口　※要予約。

創業時、高架道路の下で店を出していたことから「橋底」と名づけられた

手前は香ばしくカラカラに油炒めされたニンニク、トウガラシとカニを炒めた避風塘辣蟹（1匹 580HK$ 〜）。後方右はシャコのニンニクとチリのピリ辛揚げ

焼味（ロースト）の店

人気急上昇の勢いのあるロースト店

MAP別冊 P.14-2A

棋哥燒鵝餐室 Ki's Roasted Goose Restaurant

1976年創業。ローストひと筋の職人、黎樹棋さんが指揮を執るガチョウのローストで有名な店。広東省の自社農場で餌からこだわり育てたガチョウを鮮度のよい状態で輸送し伝統手法で調理。焼きの時間も分刻みに管理し、最もおいしい状態でサーブする。肉のうま味と脂身のジューシーな甘さが口の中に広がる。ロースのせご飯は、数種類のローストを組み合わせることもでき、コーヒーか紅茶付きのセットメニューとなっている。

住 灣仔軒尼詩道 423-425
423-425 Hennessy Rd., Wanchai
☎2882 3443 営10:00～22:00
休 無休 カード 不可 地 銅 B 出口
［他店舗］住 天后電氣道 79-81
☎2703 0628

叉燒（チャーシュウ）、燒肉（豚のまる焼き）のロースト２種盛り（118HK$）。組み合わせは好みでチョイス可能

棋哥燒鵝飯（69HK$）と飲み物をスープの老火湯（プラス 4HK$）に変えたセット

香港の宝ともいえる絶品ガチョウのロースト

MAP別冊 P.21-2D

甘牌燒鵝 Kam's Roast

「燒鵝（ガチョウのロースト）」で名をはせた「鏞記酒家」創業者の孫、甘崇轅さんの店。代々伝わるローストのDNAを忠実に受け継ぎ、食通をうならせるローストを常時テーブルに届けている。うま味がギュッと凝縮した肉の味わいとぴったり寄り添う甘辛のたれ、そしてグレービー状の焼き汁が合わさり、至福のおいしさ。肉厚で食べ応え満点の豚バラのチャーシュウ（肥濃叉燒、160HK$～）もぜひ。黄身の部分がとろとろ濃厚なピータンに甘酢ショウガを合わせた皮蛋酸薑もここの名物。

住 灣仔軒尼詩道 226 寶花商業中心 G/F G/F, Po Wah Commercial Centre, 226 Hennessy Rd., Wanchai ☎2520 1110
営11:30～21:30 休 7/1、旧正月 3 日間 カード MV（250HK$ 以上使用可）地 灣 A4 出口 ※予約不可。

左／ひとりならローストのせご飯を。写真はチャーシュウ（叉燒）と醤油煮込み鶏（油雞）のミックス（52HK$）　右／カジュアルな店

ガチョウのロースト、胸部分の半羽サイズ（160HK$）。上左の焼き汁を回しかけ、梅醤（プラムソース）をつけて食べる

安くてうまい！　大満足の食堂

MAP別冊 P.14-3A

強記飯店 Keung Kee Roasted Meat Restaurant

メニューが豊富な昔ながらの食堂。どこにでもありそうな店だが、実力は群を抜く。質のよい材料を使うことに徹し、米にまでこだわる女性店主の心意気がどの料理にも行き渡っている。数あるおかず料理もよいが、看板料理はチャーシュウとガチョウのロースト。目玉焼きをのせたチャーシュウご飯（招牌叉燒煎蛋飯）がいち押しで、卵の黄身をつぶしてご飯とチャーシュウを混ぜ合わせて食べよう。上からかけた甘めの醤油もおいしい。滋味たっぷりの二重蒸しスープ（燉湯）も種類豊富に揃っていて、こちらも試したい。

住 灣仔天樂里 9-17 G/F A及B舗 Shop A & B, G/F, 9-17 Tin Lok Lane, Wanchai
☎2574 5991
営7:00～23:30（ローストは 11:00～売り切れまで）
休 無休 カード MV 地 銅 A 出口

左／支店は複数あるが、行くなら掲載の灣仔本店がよい　右下／朝鮮ニンジンとナツメ入りの鶏肉のスープ（花旗参紅棗雞、40HK$）

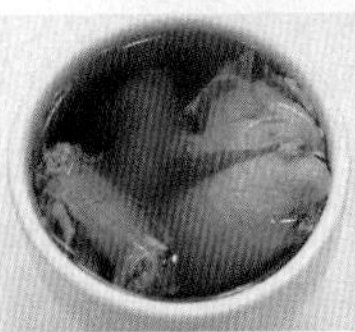
上／目玉焼き2個のせチャーシュウご飯（招牌叉燒煎蛋飯、60HK$）はパワフル飯！

日本人のファンも多い煲仔飯の名店

MAP別冊 P.7-2D

永合成馳名煲仔飯（ウィンハップセン チーメンボウチャイファン） Wing Hop Sing

香港の冬の定番メニュー、土鍋炊き込みご飯「煲仔飯」を1年中食べられることで有名な店。店の人気を不動にしているのが、卵のせ牛ひき肉ご飯（窩蛋免治牛肉煲仔飯）。テーブルにある特製醤油をかけて卵とミンチ、ご飯をよく混ぜ、半熟になったところを食べる。3種類の醤油を混ぜ合わせて作った特製醤油がおいしく、ご飯の風味を引き立てている。おこげもまた格別で、最後のひと口まで楽しめる。広東の総菜も豊富なので、炊き込みご飯1品におかずやサイドメニューを数品オーダーするのがよい。メニューは日本語も併記されている。

住 西營盤德輔道西 360
360 Des Vouex Rd. West, Sai Yin Pung
☎2850 5723 営7:00 ～ 16:00
休 日曜、祝日、旧正月 3 ～ 4 日間 カード 不可
地 香港大學駅 B1 出口

ローカルなエリアにある食堂

手前が窩蛋免治牛肉煲仔飯（78HK$）。鶏肉とシイタケのうま味たっぷりの北菇滑雞飯（後方、85HK$）もおいしい

魚介入りの珍しい煲仔飯が食べられる

MAP別冊 P.26-3B

新銓滿記餐廳小廚（サンチュンムンゲイチャンテンシウチュー） New Chuen Moon Kee Restaurant

毎日市場で仕入れる新鮮なシーフードを入れた煲仔飯（炊き込みご飯）が人気の店。エビやアワビ、ホタテなどのメニューがあり、いち押しはエビと春雨入りの金銀蒜粉絲開邊蝦煲仔飯（90HK$）。特製の鍋とかまどを用いて調理するのがこの店の秘策で、魚介もご飯もふっくらと仕上がっている。煲仔飯メニューには漢方スープとゆで野菜が付いているのもうれしい。おこげもきれいに取れるので、最後までおいしい。煲仔飯は78HK$～。

住 旺角新填地街 419　萬福大廈 G/F
G/F, Man Fok Bldg., 419 Reclamation St., Mongkok
☎6656 8878 営7:00 ～ 24:00（煲仔飯は 17:00 ～ 23:30）
休 旧正月 1 日 カード 不可
地 旺 C4 出口

トウチで味つけしたホタテの豉汁帯子煲仔飯

手前は金銀蒜粉絲開邊蝦煲仔飯。煲仔飯には肉や野菜と漢方薬材を煮込んだ老火湯（スープ、後方右）が付く

廟街散策の際に屋台感覚で楽しもう

MAP別冊 P.31-1B

興記菜館（ヒンゲイチョイグン） Hing Kee Restaurant

油麻地の廟街周辺に6つの店舗をもつ。屋台街がにぎわう夕方から路上にテーブルを並べて深夜まで営業。ここでは屋外の席でアツアツのご飯をほおばる醍醐味を楽しもう。冬場はピーク時間（20:00頃 ～22:00頃）はかなり混み合い、待つ覚悟で。早めの時間に行くのがよい。煲仔飯は比較的小ぶりの鍋で出てくる。種類は豊富だが、オーソドックスな北菇滑雞煲仔飯（75HK$）がおすすめ。野菜炒めや麺料理、お粥などメニューの種類は豊富。

住 油麻地廟街 12、14、15、17、19
12, 14, 15, 17, 19 Temple St., Yaumatei ☎2384 3647
営18:00 ～翌 1:00
休 旧暦 12/30 ～ 1/5
カード 不可 地 油 C 出口

左／熙龍里と廟街、その 1 本東の鴉打街が交わるあたりに煲仔飯の店が集まっている　右／手前が鶏肉とシイタケ入りの北菇滑雞煲仔飯。後方左は牛肉ミンチに卵がのった免治牛餅煲仔飯（加蛋）、後方右は中華ソーセージ入りの腊味煲仔飯

ワンタン、麺、スープ、三位一体の秘伝の味

MAP別冊 P.18-2A

麥奀雲呑麵世家　Mak's Noodle Ltd.

約160年前に広州で創業、1950年に香港にやってきて、この店を始めた。とんこつでコクを加え、蝦子（干したエビの卵）が入ったスープ、エビ、ゴマ、絶妙なだしと複数のうま味が詰まったワンタン、弾力のある麺と、どれも代々伝わる秘伝の技と味が生きている。おすすめは雑味のない澄んだスープの雲呑麵（48HK$）と、創業者の麥煥池さんが生み出したジャージャー麺（京都炸醬撈麵、70HK$）。青菜のオイスターソースとともに味わいたい。メニューは日本語併記あり。グリーンを基調にしたチャイナモダンな内装も好印象。

住 中環威靈頓街 77
77 Wellington St., Central
☎2854 3810　営11:00～21:00
休 無休　カード 不可　地中 D2 出口
［銅鑼灣店］住 銅鑼灣禮頓道 37
☎2893 0006

店頭のキッチン。黄金色のスープがゆで上がった麺へ注がれる

手前が雲呑麵。後方の京都炸醬撈麵はパンチのある甘辛の肉味噌だれがあとを引くおいしさ。外国人旅行者にも人気の店

広東伝統の麺打ちが生む極上の麺

MAP別冊 P.33-1A

坤記竹昇麵　Kwan Kee Bamboo Noodle

竹昇麵は太い竹の竿にまたがり、テコの原理で竹をリズミカルに動かして麺を打つ手法。清代から続く技法で、今でも踏襲している店はたいへん珍しい。この製法は麺生地の密度を高めコシや歯応えを生む。さらに打った麺を2日間寝かせ、かん水の臭いを飛ばすひと手間を加え、ほかとは違う食感と味わいの麺に仕上げている。コシがあって滑らか、独特のかん水の臭いがない麺は、あえ麺の撈麵で味わうのがおすすめ。スープはクセのないさっぱり系。具は水餃子がおすすめ。乾麺の販売もしている。

住 長沙灣永隆街 1 號 E 舖
Shop E, 1 Wing Lung St., Cheung Sha Wan　☎3484 9126
営10:00～21:00（ラストオーダー 20:45）　休 無休　カード 不可
地 長沙灣駅 C1 出口

長沙灣駅から徒歩約5分。店頭の工房で麺打ちの様子が見られることもある

手前はいち押しのエビの卵をまぶしたあえ麺招牌蝦子雲吞檬油撈麵、62HK$。ワンタンがトッピングされ、麺の量もたっぷり。後方のワンタン麺（鮮蝦雲呑麵）はワンタン 4 個入り 38HK$～

とろ～りとろとろの広東粥が絶品

MAP別冊 P.3-3C

金峰靚靚粥麵

早朝から行列のできる人気店。ここのお粥は豚骨や貝柱でとっただしが効いていて、極めつきは食感。広東粥の特徴であるとろみが強めなのに、糊のような感じはなくとろとろと軟らかで口当たりがよい。おすすめの皮蛋痩肉粥（豚肉とピータン粥）は、具の豚肉が大きくカットされていて軟らか。ねっとりとしたピータンもおいしい。サイドメニューはカリッと揚がった揚げパンを腸粉で巻いた炸両を。ギンナンの入ったシンプルな銀杏白粥も自慢で、こちらは11:00まで（売り切れた時点で終了）。

住 鰂魚涌祐民街 2
2 Yau Man St., Quarry Bay
☎ なし　営7:00～17:00
休1 ヵ月に 2 日不定休、旧正月 10 日間　カード 不可
地 太古駅 B 出口

特に朝食時間は混み合う。15時以降が比較的すく

手前は魚片豬肚粥（魚の切り身と豚の胃のお粥、39HK$）、後方右が皮蛋痩肉粥（32HK$）。後方左は腸粉巻き揚げパンの炸両（16HK$）

著名人も通う絶品ワンタン麺の店

何洪記（ホーホンゲイ） Ho Hung Kee

MAP別冊 P.19-3A

1946年に始めた屋台がルーツ。広州スタイルの味を貫く鮮蝦雲吞麵（ワンタン麺）は確かな味わい。スープのだしは頭付きの干しエビを用いて深いうま味を引き出し、豚ミンチが隠し味のエビワンタン、ツルリとしたのど越しの細麺と、見事な調和をなしている。2時間以上ていねいに煮込んだ優しい味わいのお粥も人気。広東の総菜、点心、デザートなどメニューは充実。

住 銅鑼灣軒尼詩道500 希慎廣場12樓1204-1205號舗 Shop 1204-1205, 12/F, Hysan Place, 500 Hennessy Rd., Causeway Bay ☎2577 6060 営11:00～22:00 休 旧正月2日間 カード A J M V 地 銅 F2 出口 ※空港到着ロビーにも店舗あり。

左／エビと卵の米麺炒め（滑蛋蝦仁炒河）もおすすめ 右／手前が鮮蝦雲吞麵（48HK$～）。後方は具だくさんのお粥、羊城荔灣艇仔粥（78HK$）

本店だけで勝負する下町の名店

麥文記麵家（マッマンゲイミンガー） Mak Man Kee Noodle Shop

MAP別冊 P.31-4B

屋台から1958年に今の場所に店を構えた老舗。昔ながらの簡素な店をひっきりなしに訪れる地元客の姿に、歴史の重みと実力を感じる。大地魚（干しヒラメ）、エビの殻、雲南ハムなどに羅漢果の隠し味を加えた伝統のスープが、歯応えのあるちぢれ麺と相性バッチリ。大ぶりのエビを惜しみなく使ったワンタンもおいしい。

住 佐敦白加士街51 G/F, 51 Parkes St., Jordan ☎2736 5561 営12:00～翌0:30 休 旧正月3日間 カード 不可 地 佐 AまたはC2出口

左／小さい店なので食事時は混雑する 右／茎が太く緑鮮やかなカイラン（手前右、26HK$）は麺のゆで汁でゆがいてある。上湯雲呑麵（手前中央、40HK$）や京都炸醬撈麵（後方、40HK$）に添えて

広州の伝統麺の系譜を受け継ぐ

十大碗粥麵專家（サップダイウンチョッミンチュンガー） Ten Noodle Shop

MAP別冊 P.26-1B

広州、香港と長年麺屋を営んできた一家の3代目が2018年に開いた店。伝統の麺をレトロモダンな内装の店で味わえる。アヒルの卵で作った麺、大地魚(干し平目)、干しエビの殻、蝦子、豚骨などを使ったスープ、食感のよいエビワンタンがひと碗の中で調和する雲呑麵が看板メニュー。ジャージャー麺も美味。

住 太子汝州街45 樂勝大廈G/F G/F, Roxan Mansion, 45 Yu Chau St., Prince Edward ☎3705 8436 営11:00～22:00（ラストオーダー21:30） 休 旧正月5日間 カード 不可 地 太 D出口 ［他店舗］住 旺角豉油街66 ☎2833 6355

おすすめのサイドメニュー、炸蜆蚧鯪魚球（シジミの塩辛だれで食べる魚のつみれ揚げ団子、6個62HK$）

手前が招牌雲呑麵（38HK$)、後方が甘辛肉ソースあえ麺の傳統炸醬撈麵（ジャージャー麺、46HK$）

ファンの多い元祖牛バラ麺の店

九記牛腩（ガウゲイガウナーム） Kau Kee Restaurant

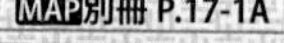

MAP別冊 P.17-1A

1930年に創業者考案の牛腩麵（牛肉スープの牛バラ肉入り麺）を屋台で販売したのが始まり。以来秘伝のスープで根強い人気を誇る。このスープは骨付きアバラ肉、スジ肉などを約10時間煮込んだもので、コラーゲンや鉄分が豊富だ。看板メニューの上湯牛腩麵(65HK$～) やカレーの入った咖喱筋腩麵がおすすめ。

住 中環歌賦街21 21 Gough St., Central ☎2850 5967 営12:30～22:30 休 日曜、祝日、旧正月15日間 カード 不可 地 上 E2または中 D2出口

食事時は行列ができるほど混み合う

スパイシーなカレーがおいしい咖喱筋腩麵（手前右、65HK$)。後方右が上湯牛腩麵。麵は河粉、米粉、伊麵、粗麵から好みのものを選べる ※ひとり当たりの最低消費額65HK$

深夜にワンタン麺が食べたくなったらココ

MAP別冊 P.29-2D

深仔記（サムチャイゲイ） Sham Tsai Kee

この道40年の職人が厨房を仕切る。スープにこだわり、大地魚、エビ、金華ハム、陳皮などを惜しみなく使って煮出したスープはうま味たっぷり。小ぶりのエビワンタンが入った鮮蝦雲呑麵、餃子スープの浄水餃が人気。味噌煮込みの牛バラ入りあえ麺の柱侯牛腩撈麵、甘辛豚肉のジャージャー麺、京都炸醤撈麵もおすすめ。値段も良心的。

住 尖沙咀赫德道 5-9 德裕中心 G/F 4 號 舖 Shop 4, G/F, Hart Avenue Plaza, 5-9 Hart Ave., Tsimshatsui
☎2366 7778 営11:00 ～ 翌 3:00（金・土曜～翌 4:00、日曜～ 24:00）
休 旧正月 3 日間 カード 不可 地 尖 A2 または連絡通路経由 N1 出口

手前が鮮蝦雲呑麵(38HK$)、後方左は炸水餃(揚げ餃子、52HK$)、後方右が浄水餃(38HK$)、奥が柱侯牛腩撈麵(52HK$)

買い物の途中に立ち寄るのに便利

MAP別冊 P.11-2C

正斗粥麵專家（デンタウツォッミンチュンガー） Tasty Congee & Noodle Wantun Shop

おすすめはエビ、豚肉、鶏肉、魚を4時間煮込んだ風味のよいスープの正斗鮮蝦雲吞麵（小52HK$～）。化学調味料は一切使用せず、麺も自家製だ。お粥は具だくさんの羊城荔灣艇仔粥が人気。サイドメニューは香油條腸粉（揚げパン入りのライスロール）や薑汁炒芥蘭（青菜のショウガ炒め）がおすすめ。

住 中環港景街 1 國際金融中心商場 L3 3016-3018 號舗 Shop 3016-3018, L3, IFC Mall,1 Harbour View St., Central
☎2295 0101 営11:00 ～ 22:00
休 無休 カード A J M V
地 中 A 出口

滑蛋蝦仁炒河（エビと卵入り米麺炒め）

大サイズの雲呑麵(69HK$)は食べ応えあり

自家製の魚団子がウマイ！

MAP別冊 P.14-3A

江仔記（ゴーンチャイゲイ）

潮州式と広東式の両方の麺メニューがあり、主力は自家製のできたて魚加工品の具が入った潮州麺。とんこつと大地魚（干しヒラメ）を煮込んだスープはあっさりなのにコクがある。魚団子や揚げカマボコ、海苔など4種類の具を選ぶ四寶河がいち押し。魚のすり身の皮で豚肉を包んだ魚皮餃入りの麺も潮州風味。

住 銅鑼灣堅拿道東 2
2 Canal Rd. East, Causeway Bay
☎2893 5617
営10:00 ～ 23:30
休 旧正月 2 日間 カード 不可
地 銅 A 出口

各種麺は 38HK$ ～。具のトッピングはお好みで。後方右は魚団子とワンタンがのった雲呑魚蛋麵。手前は四寶河（43HK$）

地元客に愛される名店

MAP別冊 P.16-3B

生記粥品專家（サンゲイチョッバンチュンガー） Sang Kee Congee Shop

秘製スープで約4時間煮込むという白粥に、新鮮な具がたっぷり入ったお粥は文句なくおいしい。メニューはいたってシンプルだ。具は好みで選べ、1種類48～59HK$、それに1種類追加するごとに9HK$加算（3種類まで追加可）。ミニサイズ（39HK$）もある。近くの系列の麺屋から麺類も注文できる。

住 上環畢街 7-9
7-9 Burd St., Sheung Wan
☎2541 1099 営6:30 ～ 20:30（祝日～ 18:00） 休 日曜、一部の祝日、旧正月 7 日間 カード 不可
地 上 A2 出口
［系列店］住 上環禧利街 20-22
☎2541 8199

手前は鮮鯪魚球粥（魚団子入り粥）。具は特製醤油をつけて食べる。右は香煎魚餅（魚のすり身の揚げ物、21HK$）

トッピングのチョイスが楽しい「お好み麺」

MAP別冊 P.14-2B

新記香辣車仔麵（サンゲイヒョンラーチェーチャイミン）

屋台メニューだった車仔麵は車仔麵専門店で食べられる。ここ新記は味のよい人気店。調理済みの具材は約40種類、麺は9種類。好みのものをオーダーシートに記入して注文する。人気の具は咖喱魚蛋（カレー味の魚団子）、蘿蔔（ダイコン）、スルメイカ（魷魚）など。黄色いストレート麺の油麵や幼麵が合う。

住 銅鑼灣登龍街 49B
49B Tang Lung St., Causeway Bay
☎2573 5438 営12:15 ～ 23:00
休 旧正月 7 日間
カード 不可 地 銅 B 出口

上／煮込まれた具材が並ぶ調理場。麺をゆがいて具をのせ、スープをかけてできあがり　下／具と麺は1 種類 10HK$（2 種類の具入り麺 1 杯 40HK$）

ローカル料理の定食が豊富に揃う

華香雞（ワーヒョンガイ）

MAP別冊 P.14-3A

　1988年創業の鶏料理の専門店。養鶏業の経験がある店主がおいしい鶏肉や食べ方を研究し、生み出したのが2大看板料理の華香雞と烏龍茶香雞。鶏をまるごとゆでて特製中華スパイスで香りづけした華香雞は、滑らかでジューシー。烏龍茶香雞は鶏を調味だれに漬け込み、烏龍茶の茶葉とキビ糖とともに燻製にしたもの。ともに鶏肉のうま味をうまく引き出したヘルシーな料理だ。ほかに牛肉煮込みや魚料理などのご飯セットが揃っていて、ひとりで利用するのにも便利。

住 灣仔駱克道 368-374　百齡大廈 G/F G2 號舖
G2, G/F, Pak Ling Bldg., 368-374 Lockhart Rd., Wanchai
☎3488 2487　営11:30 ～ 22:30
休 旧正月 3 日間　カード A M V
地 銅 C 出口

約 25 席のこぢんまりとした店

華香雞と烏龍茶香雞にターメリックライス、スープが付いたひとり用セット（一人豪華套餐、88HK$）。メイン 1 品とご飯のセットは 55HK$

香港版屋台を雑居ビル内に再現

女人街食飯公司（ノイヤンガイセッファンゴンシー） Ladies' Street Sik Faan Co.

MAP 別冊 P.32-3B

　かつては香港のあちこちで見られた路上屋台街「大牌檔（ダイパイトン）」や市場のフードコート「熟食中心（ソッセッチョンサム）」の定番メニューと、レトロな雰囲気が味わえる庶民派レストラン。旺角の雑居ビルのワンフロアに1970年代の食街を再現したドラマのセットのような店内で、年配のグループから若いカップル、家族連れまで幅広い客層がにぎやかに円卓を囲む。スープ、海鮮、土鍋料理、炒め物などメニューも豊富で値段も良心的。瓶ビール（30HK$～）をオーダーし、大牌檔式に茶碗で乾杯したい。

住 旺角通菜街 1A-1L 威達 Deli 2商業大廈 1 樓 B 舖　Shop B, 1/F, Witty Commercial Bldg., 1A-1L Tung Choi St., Mongkok　☎2685 1618　営18:00 ～ 24:00　休 日曜、旧正月 3 日間　カード 不可　地 旺 E2 出口　※週末は予約したほうがよい。

左上／昔をしのんでビール専用の茶碗を使用　左下／屋台気分が味わえる　右／白飯のお供にもなるしっかりした味付けの豚の角煮、家郷梅菜扣肉（手前、98 HK$）。

COLUMN 譚仔三哥（タムチャイサムゴー）でカスタムメイドのうま辛麺を味わう

　香港の街を歩けば目につく米線専門店「譚仔三哥」。ミシュランのビブグルマンに連続掲載され、2023 年 6 月現在香港内に 92 店舗、シンガポールや日本にも進出する成長株だ。

　米線は雲南省発祥の米粉製の麺。もちもちでプリッとした食感の麺は、香辛料が効いた香り、しびれ、辛さが複雑な味わいのオリジナルスープと絶妙に合う。25 種類以上あるトッピングの具材、6 種類のスープ、10 段階の辛さを自分好みに選んでカスタマイズできるのが、醍醐味だ。スープは、店おすすめのしびれる辛さの麻辣（マーラー）、焦がしスパイス配合の煳辣（ウーラー）に挑戦してみたい。中環店はビールや串焼きもあるので、居酒屋感覚で利用するのもあり！

左／手前左は麻辣スープの米線（トッピング1品付き 40HK$～）。数人でシェア可能の 17 種の具材入り過橋米線（後方）は辛くない

左／ 15:00 以降提供の串焼きメニュー（10HK$ ～）
右／広い店内にさまざまなタイプの席を配置

譚仔三哥　TamJai SamGor
住 中環威靈頓街 15-19 G/F ～ 2/F　G/F ～ 2/F, 15-19 Wellington St., Central
☎2712 9738　営10:30 ～ 22:30　休 無休　カード M V
地 中 D2 出口　map 別冊 P.18-3A
〔他店舗〕住 尖沙咀金馬倫道 5　太興廣場 1 樓
☎2321 0298

ふわとろ卵料理が名物

MAP別冊 P.18-1A

四季常餐（セイクゥイシォンチャン） Cafe Seasons

オムライスの卵とスクランブルエッグの中間のような滑らかな卵炒めに、甘じょっぱい特製ソースのチャーシュウがからまる叉焼炒蛋飯は、試してみる価値ありの看板メニュー。このとろ～り濃厚卵料理はトーストやサンドイッチでも味わえる。朝食、ランチ、アフタヌーンティー、ディナーでメニュー設定されていて、全メニューにコーヒーか紅茶付き。朝食とアフタヌーンティーの時間帯はパンや麺類と飲み物のセットがお得。ご飯ものはランチタイムの11:30以降に。

住 中環德輔道中 88 G/F
G/F, 88 Des Voeux Rd. C., Central
☎2650 2088 営 7:30 ～ 21:00（朝食 7:30 ～ 11:30、ランチ 11:30 ～ 14:30、アフタヌーンティー 14:30 ～ 18:00、ディナー 18:00 ～。土曜 8:00 ～ 18:00、日曜 8:00 ～ 17:00）
休 旧正月 3 日間 カード 不可 地 中 C 出口 ［他店舗］ 住 灣仔軒尼詩道 156-162 利榮大樓 G/F B 號舖
☎ 3795 8323

バンズにとろふわ卵炒めとチーズ、コンビーフを挟んだ四季厚蛋治（芝士鹹牛肉、$39）

看板料理の叉焼炒蛋飯配秘製豉油汁（手前、60HK$）は特製の甘めの醤油ソースが味の決め手。後方左はマカロニトマトスープ（四季茄牛通、52HK$）

香港を代表する名物食堂

MAP別冊 P.18-2A

蘭芳園（ランフォンユン） Lan Fong Yuen

1952年創業の元祖茶餐廳ともいうべき店。創業時の屋台は、今も店の前で調理場として使われている。ここの料理や飲み物はこだわりや工夫を重ねたもの。最も有名なのが4種類の茶葉を目の詰んだ布袋で何度も濾して入れる、滑らかなミルクティー（絲襪奶茶）。茶餐廳メニューではポピュラーな「出前一丁」をグルメな麺料理に仕上げた葱油雞扒撈丁（チキンのせあえ麺）は驚きのおいしさ。ココナッツ風味のカヤジャムを挟んだフレンチトースト（咖央西多士）など、パンメニューも自慢。

住 中環結志街 2 2 Gage St., Central
☎2544 3895 営7:30 ～ 18:00
休 日曜、旧正月 3 日間
カード 不可 地 中 D2 出口
［尖沙咀店］住 尖沙咀彌敦道 36-44 重慶大廈 B/F Heath
☎2316 2311

左／特製の布袋で茶葉を濾す 右／トッピングのネギ油がおいしい葱油雞扒撈丁（62HK$、手前左）。後方左はトマトスープマカロニの鮮茄薯仔湯底豬扒蛋通粉（62HK$）。ともにドリンク付き

茶餐廳・冰室

セットメニューが充実

MAP別冊 P.27-2C

金華冰廳（カムワービンテン） Kam Wah Cafe

1974年創業の老舗。料理の質に一切妥協を挟まない姿勢から、味に定評があり多くの地元客に支持される。朝食セットから始まり、その日のおすすめセットが壁に張り出される。カレーや蒸しご飯もあり、店の奥の工房で焼いているパンも人気。パイナップルパンをはじめ、プレーンなミニフランスパンの各種サンドイッチもおいしい。ピーナッツバターとコンデンスミルクのトースト（奶醬多士）はおやつにぴったり。

住 旺角弼街 45-47
45-47 Bute St., Mongkok
☎2392 6830
営6:30 ～ 21:00
休 旧正月 3 日間
カード 不可 地 旺 B3 出口

手前のポークチョップサンド（特大豬扒包、25HK$）はボリューム満点。後方左が奶醬多士（18HK$）

店内はシンプル。隣り合わせで 2 店舗ある

特製アイスコーヒー&紅茶はぜひトライ

MAP別冊 P.21-3C

金鳳茶餐廳 Kam Fung Restaurant

1956年創業の昔ながらの小さな店。とはいっても、早朝から満席状態、食事時は空席待ちの列ができることもある人気店だ。その秘密は飲み物へのこだわりとパン類のおいしさにある。コーヒーと紅茶（23～28HK$）は香り高く、ホットはもちろん、アイスも濃厚な味を保つため氷は入れず、冷蔵するだけという徹底ぶり。自家製のパンも濃厚卵風味で、ファンが多いのも納得だ。

住 灣仔春園街 41
41 Spring Garden Lane, Wanchai
☎2572 0526
営6:45 ～ 19:00
休 旧正月 7 日間
カード 不可　地 灣 A3 出口

左／早朝は出勤前の勤め人で混み合い、9:00 を回ると緩和　右上／日本語メニューも用意されている。手前が人気の酥皮蛋撻（エッグタルト、9HK$）。後方左は菠蘿飽（パイナップルパン、9HK$）、奥が火腿焗雞批（チキンパイ、14HK$）　右下／店頭のガラスケースにはパンやタルト、素朴なケーキ類が並ぶ

料理のクオリティにこだわる進化系茶餐廳

MAP別冊 P.29-3C

敏華冰廳 Men Wah Bing Teng

2018年の開業以来、店舗数を増やし続け、2023年現在、香港内に38店舗を展開。その成長の背景には茶餐廳のイメージを一新するモダンな造りとシステム、昔ながらの茶餐廳文化を大切に、ていねいな調理に徹するというグループのポリシーがある。おすすめは自家製の分厚いチャーシュウと目玉焼きをのせたご飯、黯然鎖魂飯。とろ～り滑らかなスクランブルエッグも人気が高い。カヤジャムトースト（馬來三叔公咖吔多士）やクリームソーダミルク（忌廉溝鮮奶）など、茶餐廳のレトロメニューもある。

住 尖沙咀河内道 18　K11 購物藝術館 B1/F B104 號　Shop B104, B1/F, K11 Art Mall, 18 Hanoi Rd., Tsimshatsui　☎2305 5300
営7:30 ～ 21:30　休 無休　カード 不可　地 尖沙咀駅（連絡通路経由）／尖東駅 N4 出口
［他店舗］住 山頂山頂道 118 山頂廣場 2 樓 205 號舗　☎2380 8186
住 旺角通菜街 162　☎2319 2308

左／伝統スタイルをもとにモダンにデザインされた店内　右／手前がチャーシュウ、目玉焼きご飯の黯然鎖魂飯（63HK$）。後方の 3 品は朝食セット（12:00 まで）のサテ牛肉インスタント麺とスクランブルエッグ&トースト（沙茶牛肉公仔麵拼炒滑蛋及歐式軟多士、41HK$）

香港牛乳ブランド直営のミルクホール

MAP別冊 P.8-3B

十字冰室 Cross Cafe

1960年代にランタオ島の熙篤會神樂院で作られていた十字牌牛乳は、その後規模が拡大しメジャーなブランドに。「十字牌」の冰室は、自社製の牛乳をふんだんに使った飲み物やスイーツ、卵料理を出すミルクホールのような店。レトロなモチーフやメニューを工夫し、かわいい店に造り込んでいる。牛乳瓶入りのアイスミルクティー（冰鎮濃滑奶茶）やソフトクリーム（牛奶軟雪糕）、スクランブルエッグのサンドイッチやトーストがおすすめ。セットメニューも豊富だが、軽食のみなので、カフェとして利用したい。

住 西營盤高街 48-78　恆陞大樓 G/F Shop 12　Shop 12, G/F, Hang Sing Mansion, 48-78 High St., Sai Ying Pun　☎2887 1315
営7:15 ～ 18:00　休 旧正月 1 日
カード 不可　地 西 B2 出口
［他店舗］住 銅鑼灣禮頓道 64　禮賢大廈 G/F　☎2955 4722

冰鎮濃滑奶茶（24HK$）は氷を入れて味が薄まらないように、瓶の周りを氷で冷やしてサーブする

上／店おすすめのセット「皇牌餐」（11:00以降提供、68HK$）。黒トリュフ入りスクランブルエッグとバタートースト、マカロニスープ、飲み物付き　下／壁のアートはミルクが飛び跳ねるさまをイメージしたもの

古さと新しさを併せもつ新時代の冰室

MAP別冊 P.33-2B

雪山冰廳

1956年から60年余りも人々に親しまれた冰室が閉店し、できるかぎり当時の内装やレシピを残しつつも新しい要素を加えて2018年に再スタート。ここでは伝統メニューを今の時代に合わせて改良した創作系のメニューに注目したい。チャーハンの上にポークチョップをのせた始祖椒鹽豬扒飯や、マレーシア風のラクサ麺（檳城叻沙）が店主のおすすめ。ふんわりソフトな特製のパンもおいしい。カレーやぶっかけご飯やドリア、焼き麺などメニューは種類豊富で、朝食にも夕食にも利用できる。

住 深水埗青山道 62D
62D Castle Peak Rd., Sham Shui Po ☎2386 5025 営6:30 ～22:00（11:00までは朝食メニューのみ、料理メニューは 11:00 ～）
休 旧正月 3 日間 カード 不可
地 深 D2 出口

上／レトロ風床タイルが印象的
下／瓶入りの濃厚ミルクティーとコーヒー（樽仔奶茶／咖啡、各 25HK$）

ペナンラクサ、桜エビ入りのスクランブルエッグとトーストのセット、檳城特餐（11:00 以降提供、62HK$）

COLUMN

“最旬”を集めた進化形フードコート「ベースホール 02」

2023 年 1 月、中環のオフィスビル、怡和大廈（ジャーディン・ハウス）LG/F に超モダンなフードコート「ベースホール 02」がオープンした。隣接するインターナショナル料理の「ベースホール 01」に対し、姉妹店のこちらはアジア料理専門。アジア各地からインスピレーションを受けたシックな内装の広いスペースは、まさに食のパラダイス。地元で話題の店やローカルフードの名店、バーやイタリアの食品＆ワインショップまであり、思いおもいに楽しめる。

高感度な店のセレクション

カウンター席を設えた店形式の「カウンターキオスク」と、共有のテーブル席を使う「ダイスキオスク」のふたつのタイプから構成される。前者は地元中環で人気を誇る店をセレクト。韓国家庭料理店やラーメン専門店など 6 店舗ある。

一方の「ダイスキオスク」は、旅行者にも魅力的な名店がバランスよくラインアップ。銅鑼灣のガチョウのローストの名店「甘棠燒鵝 Kamcentre Roast Goose」、荔枝角の手作り餃子の人気店「阿純山東餃子 Ah Chun Shandong Dumplings」、北角の潮州料理店「潮樂園」（→ P.227）など、えりすぐりの 6 店が並ぶ。あちこち巡らなくても一気に有名店の美食を制覇できるのがうれしい。※全店支払いはキャッシュレス。

ベースホール 02 BaseHall 02
住 中環康樂廣場 1 怡和大廈 LG/F
LG/F, Jardine House, 1 Connaught Place, Central
☎非公開 URL www.basehall.hk 営 11:00 ～22:00 休 日曜、祝日 カード AMV ※現金不可、オクトパス使用可 地 中 A 出口または香港駅 A2 出口 map 別冊 P.11-3C

上／左側がローカルフード店の並び、右がカウンター形式の店。席数は約 300 左／各テーブルの二次元コードを読み取ってオーダーできる 下／デザインもおしゃれ

おすすめの甘棠燒鵝。厨房で熟練シェフがローストした焼きたてを提供

大阪発の鯛白湯ラーメンの店「Maru de Sankaku」

モダンな造りのローカルフード店

「倆口小吃 Both Street」のポークベリーの台湾式バーガー（58HK$）

甘棠燒鵝のスペイン産豚肉を使った特製チャーシュウはとてもジューシー（198HK$）

手前は「安利魚蛋粉麵 On Lee Noodle Shop」の牛ほほ肉と魚団子入り米粉ヌードル（93HK$）、後方左は「阿純山東餃子」のキャベツと豚肉の焼餃子（65HK$）

ファストフード店＆フードコート

ファストフード店（快餐店）

快餐店とは、英語の「ファストフード」の訳で、ひとりでも気軽に短時間で食事ができるセルフサービス形式の店。香港では以下の3種類の店がある。

マクドナルドと大家樂、セブン-イレブンが入った便利なビル

地元系チェーン店の利用法

ランチタイム（13:00～14:00）や日曜は混雑する。特にランチタイムは座席の争奪戦となるので、時間帯をずらしたほうがよい。

イートイン（堂食）の場合の手順

①まずキャッシャーでオーダー。メニュー名を告げるか、紙に書いて渡すかし、代金を支払う（一部オクトパス→P.97の使える店もある）。レシートをくれる。
②もらったレシートをカウンターの調理係に渡し、料理ができるまで待つ。
③料理ができたらレシートの番号か料理名で呼ばれるので、ピックアップする。

セットメニュー注文時は選択項目も要チェック！

主食はご飯か麺か、スープや小皿料理を付けるか、飲み物の種類など各自で選ぶものが多々あり、オーダー前に決めておこう。

左／店内は整然としていて広い　右／引き渡しカウンターは料理の種類ごとに分かれている。わからなければレシートを渡せば指示してくれる

●外資系チェーン店

麥當勞（マクドナルド）や肯德基（ケンタッキー・フライドチキン）など、グローバルブランドの香港店。日本とほぼ同じ味やメニューだが、香港ならではの特別メニューもある。マクドナルドの主要店舗は24時間営業。

●地元系チェーン店

大家樂や大快活、美心MXなどの地元のチェーン店。朝食からディナーまで、多様なセットメニュー（飲み物付き）がある。ランチセット45HK$くらい～。営業時間はほぼ7:00～21:00頃。

左／ステーキとソーセージのグリルセット（飲み物付きで54HK$）。　右／野菜いっぱいの家庭料理のセット（ご飯、飲み物付きで42HK$）　右下／ヘルシー志向のメニューも増えていて、写真は化学調味料不使用の定食メニュー。漢方系のスープもあり、ご飯の量も調整可能

中国系のテイクアウト専門のファストフード店

●個人商店

1980年代から続く老舗が多く、出前のみの店もある。茶餐廳に押され減りつつある。

フードコート

ファストフード店の集合体がフードコート。中国やアジア料理をはじめ世界各国の料理まであるのが魅力。利用しやすいのは次の店。

●尖沙咀や銅鑼灣のシティスーパー（→P.4…）併設「クックト・デリ・バイ・シティスーパー」
●尖沙咀シルバーコードB2/F「フード・リパブリック」
●旺角「ランガム・プレイス」（→P.269）の「フードコート」
●銅鑼灣のハイサン・プレイス（→P.26…）11/F「キッチン11」

左／タイや韓国料理、ラーメンやうどんもある尖沙咀ハーバーシティ3/Fのクックト・デリ・バイ・シティスーパー　右／ハイサン・プレイスの「キッチン11」はCoCo壱番屋やペッパーランチ、丸亀製麺など日本食が充実。10店舗ある

いろいろ試したくなる！ フード・リパブリック

フード・リパブリックはシンガポールに拠点をもち、香港には3店ある。尖沙咀のシルバーコードの地下にある同店は、レトロな香港の街並みをデザインした広いスペースに約20の店をラインアップ。シンガポール式チキンライスの「三巡海南雞飯」、牛バラ入りスープ麺の「牛B仔清湯腩」など名店揃いだ。シンガポールスイーツにも注目したい。

左／おかずとスープ付き定食が揃った「上海小炒」の回鍋肉セット（55HK$）　右／シンガポール名物の海南雞飯（海南チキンライス）のセット（63HK$）

マンゴー… とマンゴー… ったかき… ュース・バー… 48HK$）

フード・リパブリック Food Republic（大食代）
住 尖沙咀廣東道30　新港中心B2/F、B01
B01, B2/F, Silvercord, 30 Canton Rd., Tsimshatsui
☎2111 1961　營11:00～21:00
休 無休　カード 不可　地尖 A1出口　map 別冊P.28-3A

"香港夜市"とうたわれる

太安樓で食べ歩き

香港島東部の西灣河駅前の住宅ビル「太安樓」のG/Fは、スナック（小食）や麺類、軽食、雞蛋仔（卵風味の焼き菓子）などの店がひしめき合う、ストリートフードの聖地。麺類や軽食店は深夜まで営業する店もあり、夜食スポットとしても人気だ。老舗のほか、ベトナム料理やシンガポールのチキンライスの店もある。ローカル色満載のビルを探検してみよう。

上／G/F の太安樓商場の一角にスナック類の店が集まっている
下／太安樓は 1968 年建造の住宅ビル

太安樓　Tai On Building
住 西灣河筲箕灣道 57-87　57-87 Shau Kei Wan Rd., Sai Wan Ho
行き方 西灣河駅 A 出口から徒歩約 3 分
map 別冊 P.3-3C

味とコスパのよさが
好評の行列店

林記車仔麵
Lam Kee Cart Noodles

店を切り盛りする林さん親子

行列ができることもしばしば。店の脇にテーブル席もある

店頭に並ぶトッピングの具材

完成形！　具は追加注文でき1品4～9HK$

人気の具と麺（粗麺）の一例

車仔麵(チェーチャイミン)は、香港の屋台食の代表選手。多彩なスープと麺、具材を組み合わせて自分好みの1杯が作れる。ここ林記車仔麵は約50種のトッピングのバリエーション、味付けのよさで人気の店。まず麺の種類を選び、鶏の手羽先(雞翼尖)や牛のバラ肉(牛腩)、ニラ餃子(韮菜餃)などの人気具材に、ダイコンやシイタケの煮もの、煮卵など脇役も添えたい。店おすすめのカレーソースを合わせるとスパイシーに味変。具材2品のせ麺が30HK$～。

住 G/F, A12 號舖　☎ 2535 8829　営 12:00～翌 3:00
休 月曜、旧正月５日間　カード 不可

昔ながらのかわいらしいケーキがズラリ

金樺餅店 Kam Wah Cake Shop

「ご近所の人気パン屋さん」という言葉がぴったりの店。パンやケーキはすべて併設の厨房で手作りしており、伝統的なパンから創作パンまで種類が豊富。パンは6～12HK$と、中心部より若干安い。今では扱う店が少なくなったレトロなケーキが揃っているのも魅力。

住 G/F, 16A 號舖　☎ 3116 5753　営 5:30～20:00
休 旧正月３日間　カード 不可

蛋撻（エッグタルト、1個6HK$）も人気商品

香港の人気パンが勢揃い

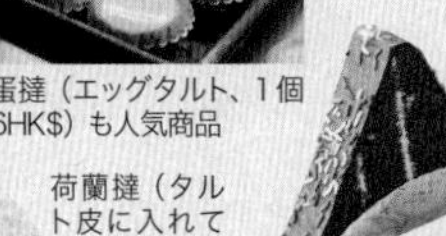
三角朱古力（チョコレートケーキ、10HK$）

荷蘭撻（タルト皮に入れて焼き上げたケーキ、9HK$）

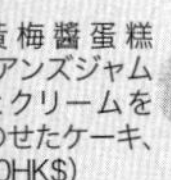
黄梅醬蛋糕（アンズジャムとクリームをのせたケーキ、10HK$）

菠蘿撻（パイナップル果肉入りタルト、9HK$）

シンプルな王道の雞蛋仔

鴻記極品雞蛋仔
Hung Kee Top Quality Egg Waffles

雞蛋仔は20個くらいの球形がひと固まりにつながった焼き菓子。この店は太安樓落成時から営業している。はやりのチョコなどのトッピング入りは邪道、本来の味で勝負と、プレーンの雞蛋仔にこだわる。その雞蛋仔は、外はカリッと中はモチモチで素朴な味わい。ハート形の雞蛋仔もある。

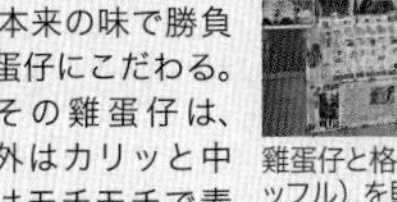
雞蛋仔と格仔餅(ワッフル）を販売

注文と同時に焼いてくれる（所要4～5分）

ハート形の雞蛋仔(25HK$)

住 G/F, 第 2 街 A34C 號舖　☎ 2886 4422
営 13:00～翌 1:00
休 無休　カード 不可

種類豊富なドリンク店

タピオカドリンクやフルーツティー、スムージーなどメニューは約100。ゼリーやプリン、アズキなどのトッピングも10種以上。甘さも5パターンから選べる。

今日真珠茶專賣店 Today
住 G/F, A54 號 B 舖　☎なし
営 12:00～23:00　休 無休　カード 不可

左／ 2009 年から営業
右／左からゼリーをトッピングしたマンゴーヤクルト、フルーツティー、黒糖タピオカミルクティー（26～32HK$）

フランス料理 ▶ コロニアル様式の空間でとっておきのフレンチを

MAP 別冊 P.17-2A

ルイーズ Louise

かつては警察官の集会所だった2階建ての歴史建造物（中環PMQ〈→P.124〉内）が、エレガントなレストランに再生した。指揮を執るのは数々の受賞歴のあるジュリアン・ロワイエシェフ。食通をも魅了するこの店の料理は、フランス伝統料理にアジアの要素を取り入れた繊細な創作料理。キャビア、黒トリュフ、昆布のエンジェルヘアパスタは開業以来の看板料理。香港産の若鶏のローストは数人でシェアできるおすすめメニューだ。週末のブランチにはアンチョビのピザやサラダなど比較的手頃なメニューも並ぶ。

住 中環鴨巴甸街 35 元創方 JPC地舗 G/F, JPC, PMQ, 35 Aberdeen St., Central ☎2866 0300
営 12:00～14:30（ラストオーダー）、18:30～23:00（最終着席 21:15）
※金～日曜は 14:30～18:00もドリンク＆ペストリーで営業
休 月曜、火曜のランチ カード AMV
地 上 A2出口または中 D2出口
※予約をしたほうがよい。

G/F はワインと軽食、1/F が写真の落ち着いたサロンのようなダイニング

イエローチキンのロースト、ココットで鶏がらを使って新潟米を炊き上げたご飯、サラダ付き（2～4人前、1288HK$）

フランス料理 ▶ 洗練とピュアの精神が貫くフレンチの真髄

MAP 別冊 P.28-3A

エピュレ Épure

老舗フランス菓子店「ダロワイヨ」が営む正統派レストラン。菓子店の奥の扉を開けると、ゴージャスな空間が特別なひとときを予感させる。名店での職歴をもつシェフが伝統を守りつつ、旬の食材を最大限に生かした繊細で美しい料理を創作。ランチ、ディナーともにコース料理のみで、月～金曜のランチは、好みの前菜、メイン、デザートが選べて588HK$～、土・日曜のブランチも同じスタイルで688HK$～。ディナーは全8品のコースが1688HK$～。もちろんデザートも絶品。

住 尖沙咀廣東道 17 海港城海洋中心 L4 Shop403 Shop 403, L4, Ocean Centre, Harbour City, 17 Canton Rd., Tsimshatsui
☎3185 8338 営 12:00～22:30
休 旧正月 2日間 カード ADJMV
地 尖 C1または E出口 ※予約をしたほうがよい。

エグゼクティブシェフのニコラさん（右）とゲストシェフのミシェルさん

高級魚のレッドマレットとアーティチョークは 12 年物のバルサミコ酢とともに（手前）。海を望むテラス席もある

イタリア料理 ▶ ミシュラン常連シェフ監修の創作イタリアン

MAP 別冊 P.18-2B

スピガ Spiga

1950年代の映画をイメージしたインテリアが印象的な店。ミシュランの星を3店で4つ獲得した若きエンリコ・バルトリーニ氏の海外第1号店だ。氏の創作メニューはイタリアの"今"を体現しているといい、季節の食材を使った週替わりのスペシャルメニューは要チェックだ。手作りの生パスタ（198HK$～）やピザ（148HK$～）のほか、月～金曜のランチビュッフェ（278HK$）もおすすめ。

住 中環皇后大道中 31 陸海通大廈 3 樓 3/F, LHT Tower, 31 Queen's Rd. C., Central ☎2871 0055
営 11:30～15:00、18:00～23:00（ラストオーダーは 22:00）
休 無休 カード ADJMV
地 中 D2 出口 ※要予約。

左／ドラマチックな内装は香港の女性デザイナー、ジョイス・ワンの手腕 右上／左がアンガス黒毛牛とポテトミルフィーユ（358HK$）、右がシチリアの赤エビ料理 右下／ヘーゼルナッツアイスクリーム

イタリア料理 ▶ 活気に満ちたイタリアの街角を店内に

MAP別冊 P.29-4D

ブルーハウス BluHouse

ローズウッド・ホンコン（→P.326）のG/F、尖沙咀プロムナードに面し、海景色が楽しめるカジュアルダイニング。約200席ある規模の大きな店内は、チーズやデリ、ロティスリー、ピザやペストリー、ジェラート、バリスタなどのガラスケースやカウンターが並び、街角で食べ歩きしている雰囲気を楽しめる。食前にはタコのサラダやモッツァレラチーズ、パスタは豚の頬肉の塩漬けが入ったカルボナーラがおすすめ。ピザはスライス単位（110HK$）で注文できる。月～金曜（11:30～16:00）のセットランチ（388HK$）も人気。

住尖沙咀梳士巴利道 18 Victoria Dockside 香港瑰麗酒店 G/F G/F Rosewood Hong Kong, Victoria Dockside, 18 Salisbury Rd., Tsimshatsui ☎3891 8732 営11:30～22:00 休無休 カード A D M V 地 尖沙咀駅（連絡通路経由）／尖東駅 J2出口 ※要予約。

柔らかなトーンの色調に床のモザイクタイルが映える

手前は香辛料の効いた豚肉のソーセージ「ンドゥイヤ」のピザ（Diavola）、後方はリガトーニパスタのカルボナーラ（238HK$）

フュージョン料理 ▶ テーブルの上に紡がれる食の物語

MAP別冊 P.9-2D

テート・ダイニングルーム&バー Tate Dining Room & Bar

最も話題のレストランのひとつ。「アジアの最優秀女性シェフ」に選ばれた経歴をもつヴィッキー・ラウさんが創作するアートと食が織りなす空間だ。料理はフレンチに広東料理やアジアの要素を調和させた、シェフの感性あふれる作品。単品はなく「All The Odes」と名づけた季節ごとに変わる7品のコースで供される（2480HK$）。多様な食材を組み合わせ、時間をかけて作られたフルコースは、五感を刺激し豊かな気持ちにしてくれる。シンプルでエレガントなスペースも心地よい。

住上環荷李活道 210 1/F 1/F, 210 Hollywood Rd., Sheung Wan ☎2555 2172 営18:00～20:30（金・土曜は 12:00～14:00にランチコース〈1480HK$〉あり） 休日・月曜、旧正月 4～5日間 カード A M V 地上 A2出口 ※要予約。

清楚でおしゃれな店内。席数は約 30

右上／花ガニに塩卵の黄身やアボカドのクリームを合わせ、キャビアをのせた前菜、アップルアイス添え

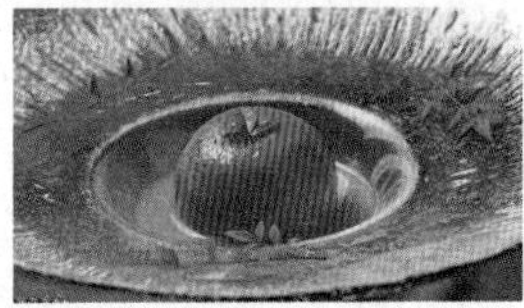

右下／オレンジの皮のコンフィ（砂糖煮）の中にクレーム・シブーストとキンモクセイの香りをつけた香港産ハチミツのアイスクリームを詰めたデザート

創作料理 ▶ 斬新なアイデア満載の中華風ハンバーガー

MAP別冊 P.17-1A

リトル・バオ Little Bao

香港を代表する女性シェフ、メイ・チョウさんが手がけるレストラン。中国の包子（饅頭）をバーガー風にアレンジしたバオがメイン料理。自由な発想で広東、アジア、西洋の食材・手法を取り入れ、口の中ですべてが合わさると絶妙の味わいになる。いち押しはじっくり煮込んだ豚バラ肉と紫タマネギ、シソ、ゴマ風味のマヨネーズ、甘味噌とケチャップを合わせたソースがかかった招牌豬腩包。揚げワンタンのタコス仕立てや黒ニンニクソースで食べるイカ団子などビールやカクテルに合う料理も揃っている。

住中環善慶街 1-3 1-3 Shin Hing St., Central ☎2818 1280 営12:00～16:00、18:00～22:00（ラストオーダー 21:00、金・土曜～23:00〈ラストオーダー 22:00〉） 休月曜 カード M V 地上 A2出口

上／坂道の途中にある小さな店。ランチタイムは混み合う 下／スイーツのアイスクリームバオ（48HK$）。揚げたパンに抹茶アイスを挟み、コンデンスミルクをかけてある

バオは全 8 種類ありどれもていねいに手作りされる。手前は招牌豬腩包（ポークベリー・バオ、98HK$）。後方のオリジナルカクテル（100HK$）はさわやかな風味

スペイン料理 ▸ 絶景テラス席で本格スペイン料理を堪能 MAP別冊 P.11-2C

ラ・ランブラ・バイ・カタルーニャ La Rambla By Catalunya

中環のIFCモールの海側に位置する開放感いっぱいのレストラン。豊かな食文化をもつカタルーニャ地方の料理がメインで、シーフードがふんだんに使われているのが特色。人気のテラス席でサンセットを楽しみながらサングリアやカクテルとともにタパスをつまみ、夜景も満喫したい（ハッピーアワーは毎日15:00～20:00）。メインの看板メニューは子豚の丸焼き、サックリング・ピッグ。手長エビの濃厚だしでしっとりと仕上がったシーフードのパエリアも外せない。

住中環金融街 8　國際金融中心商場 3樓　3071-73號舖　Shop 3071-73, Level 3, IFC Mall, 8 Finance St., Central　☎2661 1161
営11:30～22:00　休無休
カード A J M V　地中 A出口
※予約をしたほうがよい。

左上／広い店内は自然光がたっぷり　左下／ハーバービューが楽しめるテラス席　右上／手前がシーフードをふんだんに使ったパエリア（クラシック・シーフード、620HK$)。後方はアボカド・ロブスターロール（230HK$)、奥はトラディショナル・サックリング・ピッグ（950HK$）　右下／サングリア（120HK$）

イタリア料理 ▸ カオルーン・シャングリラホテル内の眺めのよい店 MAP別冊 P.30-3A

アンジェリーニ Angelini

本場の味をゲストに提供するために、オリーブオイルやバルサミコ酢などの調味料から卵や野菜にいたるまで、約80%の食材をイタリアから直輸入している。ここでのおすすめは、日替わりでシチリアやトスカーナなど地方ごとの料理を楽しめるセミビュッフェ・ランチ（328HK$～)。

住 尖沙咀東部麼地道 64　九龍香格里拉大酒店 M/F
M/F, Kowloon Shangri-La, Hong Kong, 64 Mody Rd., Tsimshatsui East
☎2733 8750　営10:00 ～ 14:30、18:00 ～ 22:30（ラストオーダーは閉店 30 分前）　休 無休
カード A D J M V
地尖沙咀駅（連絡通路経由）／尖東駅 P1 出口　※予約をしたほうがよい。

上／おしゃれであたたかみのある店内　下／舌平目のサヴォー風

ポルトガル料理 ▸ ポルトガルの豊かな食文化が味わえる　葡匯味走雞葡國餐廳 MAP別冊 P.22-1B

マイクズ・チキン Mike's Chicken Comida de Portugal Bistro

オーナーシェフのマイケル・フランコ氏は船舶デザイナーとしての華麗なキャリアを退いた後、シェフに転向したという異色の経歴の持ち主。この店の料理のほとんどは、ポルトガル王家の血を引くフランコ氏の祖母のレシピをもとに作られる。名物料理はアフリカの香辛料を使ったピリピリチキン、マリネした子豚肉を焼き上げたロースト・サックリング・ピッグ、オックステイルのポートワインシチューなど。マカオへ行かずとも、大航海時代のスパイス貿易や統治諸国の食文化を取り入れたポルトガルの味を体験できる。

住 尖沙咀松山道15-17 帝寶樓 G/F D舗
Shop D, G/F, Sovereign Mansion, 15-17 Pine Tree Hill Rd., Tsimshatsui
☎2392 3328　営12:00～ 22:00（ラストオーダー 20:45)
休旧正月 3日間　カード A M V
地 尖 B1出口

籐の家具にカラフルなクッションのかわいらしいテーブル席もある。オープンで気取らない店

手前がオックステイルのポートワインシチュー（218HK$)。後方左はロースト・サックリング・ピッグ（298HK$)、後方右はシナモンが効いたポルトガル風フレンチトースト（Rambanada、68 HK$）

タイ料理 ▶ 本場のタイ料理がカジュアルに楽しめる

MAP別冊 P.12-2A

アピナラ Apinara

タイ・バンコクの有名レストラン「ナラNara」の姉妹店。昔ながらのレシピを尊重しつつ、独自の素材の組み合わせやエッセンスを取り入れた洗練の味わいが楽しめる。本場の辛さのトムヤムクン、ソフトシェルクラブのイエローカレー、焼き麺のパッタイなどがおすすめ。センスのよさが料理やインテリアの細部にまで感じられる。

住 金鐘金鐘道88　太古廣場 L2 Shop 205　Shop 205, L2, Pacific Place, 88 Queensway, Admiralty
☎3107 0688、3107 1888
営11:30～22:00　休 旧正月1日
カード AMV　地 金 C1 または F 出口
※ディナーは予約をしたほうがよい。

店内の一角にバーカウンターも備わる

辛いがあとを引く味わいのトムヤムクン

麺の代わりにパパイヤを用いてヘルシーさにこだわったパッタイ・ウィズ・ミックスベジタブル（手前、118HK$）。後方はソフトシェルクラブのカレー（258HK$）

タイ料理 ▶ 活気に満ちたタイの小道に迷い込んだよう

MAP別冊 P.21-4C

サムセン 泰麵 Samsen

タイの田舎の民家をイメージしたという店内はノスタルジックで開放感いっぱい。オープンキッチンから漂う匂いとエネルギッシュな調理風景に気分が盛り上がる。バンコクのミシュランシェフに師事したアダム氏が、タイの麺料理をはじめとするストリートフードを供する。素材の80%は毎日バンコクから取り寄せ、シンプルだけど質の高い料理の数々に店は毎晩盛況。手の込んだ調理法にシェフのセンスが合わさり、本場を上回るおいしさと評判も上々だ。麺のほか、サラダや炒め物、スイーツも外せない。

住 灣仔石水渠街 68
68 Stone Nullah Lane, Wanchai
☎2234 0001　営12:00～15:00、18:00～22:00（金・土曜～23:00）　休 無休
カード MV　地 灣 A3 出口

左／グリーンパパイヤサラダ（手前、112HK$）とグレービースープの和牛ビーフボートヌードル（158HK$）。後方左はヤングココナッツアイスクリーム（78HK$）　右上／ビンテージ風の家具が歴史建築にマッチしている　右下／インテリアを見回すだけでも楽しい

タイ料理 ▶ 安価でおいしいタイ料理を求めて地元の人々が集う

MAP P.205

オレンジ・エレファント・タイ・レストラン Orange Elephant Thai Restaurant

タイ料理店がひしめく九龍城（→P.204）で、ひときわにぎわう人気店。アートや植物が飾られた店内は広く、人数に合わせて食事が楽しめるテーブル席が配置されている。タイ人が開いた店だが、料理は香港人の好みに合わせて調整されていて辛さは控えめ。おすすめはタイ・カレークラブ（カニのカレー炒め、335HK$）やトムヤムクン（95HK$）、ベビーオイスター・ウィズ・フライドエッグ（カキと卵の炒め物、98HK$）など。日曜、祝日以外に提供のランチセットはご飯ものとドリンクのセットで48HK$～とリーズナブル。

住 九龍城啟德道 31-33　G/F
G/F, 31-33 Kai Tak Rd., Kowloon City
☎2718 1088　営12:00～23:00（ラストオーダー22:00）　休 無休
カード MV（100HK$ 以上から使用可）
地 宋皇臺駅 B3 出口
※ディナーは予約をしたほうがよい。
［他店舗］住 北角和富道 21-53 和富 G/F G18B & C 舗　☎3705 0105

左／気軽に利用できるカジュアルな店
右／手前は鶏のだしで炊いたご飯の上にジューシーなゆで鶏をのせたタイ・ハイナン・チキンライス（128HK$）。後方右はガーリック&チリ・フレッシュプロウン・サシミ（102HK$）、後方左はパッタイ・ウィズ・プロウン（エビ入り米麺炒め、88HK$）

インド料理 ▶ ミシュラン獲得のタンドリー料理 MAP別冊 P.18-4A

ニュー・パンジャブ・クラブ New Punjab Club

2019年版ミシュランガイドで星を獲得した世界初のパンジャブ料理レストラン。インド北部からパキスタン東部にまたがるパンジャブ地方は、壺型のタンドール釜を使ったメニューで知られる。オーナーが父親のレストランから引き継いだ釜で焼き上げる魚肉のタンドリーは、ぜひ味わいたいメニューのひとつ。ドライハーブとスパイス入りのヨーグルトに漬け込んだ白身魚をマリネして炭火で焼いたフィッシュタンドリーは、香ばしくてジューシー。スパイスを練り込んだ牛ミンチのケバブ風タンドリーは、店のおすすめだ。

住 中環雲咸街 34　34 Wyndham St., Central　☎2368 1223
営 12:00 ～ 14:30、18:00 ～ 22:30
休 月曜のランチ　カード AJMV
地 中 D2 出口　※予約をしたほうがよい。

左／砕いたリモサの上に甘酢っぱくスパイシーなミントチャツネとタマネギ、ザクロの実などをトッピングした Samosa Chaat（208HK$）　右／手前はタンドリーフィッシュ（Tandoori Machli、498HK$）、後方右は牛肉ミンチの串焼き（Lahori Seekh、498HK$）、後方左がパターナン（98HK$）

ネパール料理 ▶ ネパール人シェフとスタッフがサーブする本場の料理 MAP別冊 P.17-4B

ネパール Nepal

ヒンドゥーの神様や手工芸品などのインテリアが異国ムードを高める。多様な民族と風土が生み出したネパール料理は多種類のスパイスやハーブを素材に合わせるのが特徴。おすすめは、Royal Sekuwa（ハーブやスパイス、ヤクのチーズなどでマリネしたバーベキューチキン、112HK$～）。

住 中環士丹頓街 14 G/F　G/F, 14 Staunton St., Central
☎2869 6212　営 12:00 ～ 15:00、18:00 ～ 23:00　休 無休
カード AJMV　地 中 D2 出口
※ディナーは要予約。

手前が Royal Sekuwa、後方右がオクラカレーの Ramtoria（119HK$）、左がラムカレーの Khasi Kathmandu（159HK$）。ランチセットもある

マレーシア料理 ▶ 異国の風情漂うマレーシア食堂 MAP別冊 P.32-1A

蘇媽.蘇媽馬來西亞茶餐室 Kedai Kopi Semua Semua

近年、マレーシアやシンガポール料理店が急増。その先陣を切ったのがこの店だ。2018年に深水埗で開業、2023年現在5店舗を有し、ここ「618上海街」（→P.27）の店は規模が大きく、マレーシアの街角の雰囲気を巧みに再現している。人気の理由は本格的な味と、店名のマレー語「Semua Semua（みんなすべて）」が表すメニューの豊富さ。いち押しは多種類の漢方薬材を使ったスープで豚肉を煮込んだバクテー（肉骨茶）と、エビのだしの濃厚風味がくせになるペナン・ホッケン・プロウンミー（檳城福建蝦麵）。

住 旺角上海街 618　618 上海街 G/F G01 舗
Shop G01, G/F, 618 Shanghai Street, 618 Shanghai St., Mongkok
☎2389 3829　営 11:30 ～ 22:00
休 旧暦 12/31、旧正月 2 日間
カード MV　地 旺 C2 出口
［他店舗］住 深水埗基隆街 251 G/F　☎2447 9188

壁画やインテリアにノスタルジックな雰囲気が漂う

パンダンリーフと卵、砂糖、ココナッツミルクで作る自家製カヤペーストとバターを挟んだカヤトースト（38HK$）

上／黄色い太麺（油麺）のペナン・ホッケン・プロウンミー（66HK$、手前）とスペアリブのバクテー（138HK$）。バクテーはスープのおかわり自由
下／マレーシアの食堂を再現した造り

スイーツの店

広東の糖水、お汁粉系甘味なら迷わずこの店 MAP別冊 P.31-3B

佳佳甜品（ガーイガーイティムバン） Kai Kai Dessert

ゴマ、クルミ、杏仁、サツマイモ、ショウガなど体に優しい材料を使って、ていねいに手作りした昔ながらの「糖水」（甘いスープのデザート）がおいしい。腸の働きを整える香滑芝麻糊（ゴマ汁粉）は便秘解消に、寒い夜には体を温める寧波薑汁湯丸（団子入りショウガスープ）、体を潤し美肌効果もある木瓜燉雪耳（パパイヤと白キクラゲの糖水）など、健康と美容にうれしい効能もあり。黒ゴマあんの白玉団子もふわふわで絶品、お汁粉系にトッピングしたい。メニューの多くが26〜32HK$と財布にも優しい値段設定だ。

住 佐敦寧波街 29
29 Ning Po St., Jordan
☎2384 3862
営12:00 〜翌 3:30
休 旧正月 5 日間
カード 不可
地 佐 A 出口

深夜まで営業の店。20:00 以降が混む

上／手前左は木瓜燉雪耳、手前右のマンゴー多めのザボン入りタピオカ（楊枝甘露、39HK$）も人気。後方左は寧波薑汁湯丸、後方右は香滑芝麻糊　下／地元客はもちろん、観光客にも人気

創作スイーツから伝統甘味までバリエーション豊富 MAP別冊 P.16-2A

滿記甜品（ムンゲイティムバン） Honeymoon Dessert

1995年に西貢に開いた小さな甘味店が始まり。2023年現在、香港内に8店舗を展開し、根強い人気を得ている。ここの代名詞ともいえる人気商品が「楊枝甘露（マンゴーとザボンのタピオカミルク）」。甘酸っぱいクリーミーなジュースにマンゴーが名コンビの一品で、仙草ゼリーや餅団子をトッピングしたアレンジ系もある。体に優しいお汁粉や杏仁ペーストなどの伝統甘味もおすすめ。台湾九份名物のもちもちイモ団子（芋圓）を用いたスイーツも登場し、メニューは多彩。オーダーは写真付きメニューを活用しよう。

住 上環德輔道中 323　西港城 G/F 4-6 號舗
Shop4-6, G/F, Western Market, 323 Des Voeux Rd. C., Sheung Wan
☎2851 2606　営12:00 〜 22:00（土・日曜 13:00 〜 22:30）
休 無休　カード MV　地 上 B または C 出口
［他店舗］住 旺角亞皆老街 8　朗豪坊 4 樓 409 號舗　☎2191 6618

上環のウエスタン・マーケット内にある

1 品 30 〜 50HK$ 前後。手前は楊枝甘露（44HK$）、後方左は仙草ゼリーがベースの招牌仙草芋圓（38HK$）、後方右はハスの実、白玉団子入りのアズキ汁粉（蓮子陳皮紅豆沙湯園、41HK$）

ヘルシーなスイーツを徹底追求 MAP別冊 P.29-1C

アーモンド・デザート 杏甜品（ハンティムバン） Almond Dessert

「デザート甘味は不健康という概念を打ち破る」をうたい文句に、素材を厳選し、添加物を加えず、砂糖少なめで健康的な甘味を手作りしている。伝統甘味がメインで、店名にも掲げられた杏仁を用いた甘味が代表メニュー。杏仁とはアンズの種の中のサネのこと。これをすりつぶして、水を加え加熱したペースト状の甘味が生磨杏仁茶だ。店のおすすめは卵白を加えた招牌杏仁茶燉蛋白で、美白やアンチエイジング、呼吸器系によいという。植物コラーゲンゼリーをのせたココナッツミルクプリンも人気。

住 尖沙咀加拿分道 40-48 香檳大廈 G/F 6 號舗
Shop 6, G/F, Champagne Bldg., 40-48 Carnarvon Rd., Tsimshatsui
☎6618 5906　営14:30 〜 24:00（ラストオーダー 23:45、金・土曜〜翌 1:00〈ラストオーダー 24:00〉）　休 無休　カード MV
地 尖 B2 出口
［他店舗］住 旺角豉油街 25-31 G/F 3 號舗
☎6998 2677

左／カフェのような内装　右／手前のココナッツの殻に入ったココナッツプリン（椰皇桃膠燉雙皮奶、67HK$）はシェアしたいボリューム。後方が招牌杏仁茶燉蛋白（55HK$）、奥が杏仁のジュースにモクレンの種のエキスのゼリー、フルーツシャーベットを合わせた杏汁波波爽冰木蓮凍（68HK$）

職人技が生きる伝統甘味

MAP P.205

地茂館甜品 Tei Mou Koon Dessert

選び抜いた素材の風味を存分に生かす伝統製法にとことんこだわる。時間をかけて手作りされる甘味のなかでも、おすすめは香滑芝麻糊（ゴマ汁粉）と補腎合桃露（クルミ汁粉）、杏仁蓮百合（ハスの実入り杏仁ペースト）。ゴマ汁粉は炒った黒ゴマと白ゴマを合わせて使うことにより、香り高くて上品な味に。3時間ダブルボイル（湯せん）した杏仁ペーストもとても滑らかだ。もう1品、力を入れているのが紫米をとろりと煮込みココナッツミルクをかけたお汁粉、椰汁紫米露。ホッとする味わいの癒やし系甘味が揃っている。

昔ながらの造りを保持している

住 九龍城福佬村道 47 47 Fuk Lo Tsun Rd., Kowloon City ☎2382 5004
營12:00 ～ 24:00
休 旧正月 3 日間、不定休
地 宋皇臺駅 B3 出口

店主の洪さん夫妻

天然のコラーゲンを含むピーチガムを入れた杏仁ペースト（桃膠蛋白杏仁茶、38HK$）

大ぶりマンゴーと生クリームを薄皮クレープで包んだ芒果班戟（手前、35HK$）もおすすめ。後方左はピーナッツとゴマのもち米団子（軟滑糖不甩、21HK$）、後方右はマンゴー、ミニ団子入りタピオカミルク（芒果西米小丸子、32HK$）、奥右が椰汁紫米露（25HK$）

香港甘味の特色を盛り込んだかき氷に注目！

MAP別冊 P.14-3B

甜姨姨 アンティー・スイート・デザート Auntie Sweet Dessert

フルーツや仙草ゼリー、豆腐花、もち米などを用いた創作スイーツ店。ふんわりくちどけのよいかき氷（刨冰）が目玉商品で、その食感を出すため日本から空輸した氷を使っている。香港で人気の甘味、楊枝甘露をはじめ、ピーナッツバターとコンデンスミルクの醤爆、黒ゴマ尽くしの黒極といった香港ならではのスイーツ系かき氷がラインアップ。氷の中にプリンやタピオカ、ザボンが隠れていて、食べ進むと楽しい発見が。

住 銅鑼灣耀華街 11 G/F G/F, 11 Yiu Wa St., Causeway Bay
☎5118 4324 營14:00 ～ 23:00
休 旧正月 1 日 カード M V
地 銅 A 出口

左／仙草ゼリーにストロベリーヨーグルトを合わせた草莓乳酪涼粉（49HK$）
中／シンプルな造りの小さい店

手前の黄金到（楊枝甘露のかき氷、108HK$）はマンゴージュースがたっぷりかかり、中にマンゴープリン、マンゴー果実、ポメロ、豆腐クリームが入っている。後方はココナッツ専門店の甄沾記とコラボしたココナッツたっぷりのかき氷（148HK$）

濃厚な味わいの牛乳プリン

MAP別冊 P.19-2A

義順牛奶公司 Yee Shun Milk Company

マカオに本店を構える牛乳プリンで有名な店。もともと牛乳店だったため、新鮮なミルクをたっぷり使ったプリンやドリンクがおいしい。優しい甘味の牛乳プリン（馳名雙皮燉鮮奶、38HK$）や濃厚な卵の味わいの卵プリン（冰花燉雞蛋、30HK$）などが定番人気。ポークチョップバーガー（澳門豬扒包）やサンドイッチ、トースト類もある。

住 銅鑼灣駱克道 506 G/F G/F, 506 Lockhart Rd., Causeway Bay
☎2591 1837 營12:00 ～ 23:00
休 無休 カード 不可 地 銅 C 出口

銅鑼灣駅すぐの繁華街にある

バリエーションが楽しめる牛乳プリン。手前がオリジナル、後方右がチョコレート、奥はコーヒー

産地直送のマンゴーパラダイス　皇冠（呂宋芒）専門店　MAP別冊 P.14-3B

クラウン・マンゴー・エキスパート　Crown Mango Expert

マンゴー専門店が開いたマンゴーに特化したスイーツ店に注目が集まっている。肉厚で香りがよく甘味も強いと店主が太鼓判を押すフィリピンルソン島のマンゴーを贅沢に使ったスイーツがズラリ。クラウン・シグネチャー（皇牌）と銘打つ看板メニューは、マンゴージュースを凍らせて削ったスノーアイスの上にマンゴー果肉をたっぷりのせ、マンゴージュースボール、チーズクリーム、バニラアイスをトッピングした豪華版。伝統甘味にマンゴーを合わせたもの、ミルフィーユやワッフルなどの洋風のマンゴースイーツもある。

住 銅鑼灣耀華街 31 G/F
G/F, 31 Yiu Wa St., Causeway Bay
☎ 非公開　営16:00 ～ 24:00
休 旧正月 3 日間
カード 不可
地 銅 A 出口

フィリピンルソン島産の上質のマンゴーを使用

こぢんまりとした簡素な店。夕食後に訪れる人が多い。ミニマムチャージは 32HK$

手前はマンゴースティッキーライス・ミルフィーユ（芒果脆脆、88HK$）、後方左がクラウン・シグネチャー（88HK$）、後方右はマンゴー＆ココナッツジュースに仙草ゼリーを加えた芒香涼粉爽（42HK$）

1955 年創業の歴史あるベーカリー　MAP別冊 P.17-3B

泰昌餅家　Tai Cheong Bakery

伝統的な焼き菓子や香港スタイルのパンを製造販売。人気商品はサクサクのクッキー生地が濃厚な卵味のカスタードにマッチしたエッグタルト（蛋撻、10HK$）。シュークリームの皮のような揚げ菓子の沙翁（11HK$）も見逃せない。あん入りの焼き菓子もあり、おみやげによい箱入りのものもある。

住 中環擺花街 35
35 Lyndhurst Terrace, Cental
☎8300 8301
営9:30 ～ 19:30
休 無休　カード M V
地 中 D2 出口
［支店］住 山頂道 118　山頂廣場 2 樓 19 號鋪　☎8300 8308

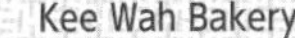

手前がエッグタルト、右はココナッツタルト。右奥が沙翁

香港みやげの定番となった伝統菓子店　MAP別冊 P.20-3B

奇華餅家　Kee Wah Bakery

1938年九龍上海街にお菓子や食品を売る個人商店として創業。伝統菓子の品質を大事にしながらパッケージをモダンにデザイン。アニマルクッキーなど新商品もヒットさせ、香港内に68店舗と最大手に成長。灣仔の歴史建造物内の旗艦店には奇華の歴史展示コーナーがあり、オープンキッチンで焼いたできたてのエッグタルトやパイ菓子などが買える。ギフト商品のほか、月餅やエッグロール、フルーツケーキなど個装の製品が豊富に揃っているのも魅力。上階のカフェ「奇華茶室」でお茶するのもよい。

住 灣仔皇后大道東 188
188 Queen's Rd. East, Wanchai
☎2898 3662
営9:30 ～ 20:30（土・日曜、祝日 10:00 ～）　休 旧正月 1 日
カード A J M V
地 灣 A3 出口　※支店多数。

左／焼きたてのエッグタルトは格別においしい　中／冬瓜あんの老婆餅（左）、カレーパイ（後方）なども販売

おみやげに人気のパンダとコアラクッキー（缶入り 100HK$）。缶入りのほか、12 個入りの箱パッケージ（56HK$）もある

息をのむパノラマビューを満喫

MAP別冊 P.22-4B

ロビー・ラウンジ（リージェント・ホンコン） The Lobby Lounge

リブランディングかつ改装を終え、2022年11月にお目見えした尖沙咀最高のハーバービューと名高いラウンジ。ぐるりとカーブを描く大きな壁面ガラスは、絶景を映し出すスクリーンのよう。香港島のスカイライン、行き交う船を見ながら、優雅なラウンジの居心地のよい席に身を任せたい。アフタヌーンティーは、3段トレイに載った宝石のようにキュートなスイートと、美しくデザインされたサンドイッチのトレイで供される。ビジュアルだけでなく味わいも上品で繊細。

住 尖沙咀梳士巴利道18 香港麗晶酒店大堂 Lobby Floor, Regent Hong Kong, 18 Salisbury Rd., Tsimshatsui ☎2313 2313 営10:30～12:00、アフタヌーンティータイム 12:00～18:00（3時間の2シーティング制）、18:00～23:00 休 無休 カード A M V 地 尖沙咀駅（連絡通路経由）／尖東駅J2出口
※週末は予約をしたほうがよい（窓際の席は要予約）。

レモン・グァバのコンフィチュール、生チョコムース仕立てのひと口サイズのケーキ

アフタヌーンティーセットは季節によって内容が変わる。写真は母の日をテーマにした2人用のアフタヌーンティーセット 888HK$。スパークリングカクテル付きは 1028HK$

クラシカルな格調が薫る

MAP別冊 P.28-4B

ザ・ロビー 大堂茶座（ダーイトンチャーチョー） The Lobby

最も香港らしいアフタヌーンティーが体験できる老舗ペニンシュラ。コロニアル様式のホテルロビーはクラシカルで重厚な別世界だ。3段トレイでサーブされるアフタヌーンティーセットは純英国スタイル。品のよい控えめな見た目どおり、ホームメイドのスコーンやクロテッドクリーム、サンドイッチやケーキも期待を裏切らないおいしさだ。ティータイムは14:00～18:00。ウオークイン客の予約は受け付けていないので、スタート前から行列ができ、定員になったら終了となるので、平日の早めの時間からスタンバイしたい。

住 尖沙咀梳士巴利道22 香港半島酒店大堂 G/F G/F, The Peninsula Hong Kong, 22 Salisbury Rd., Tsimshatsui ☎2696 6772 営7:00～11:00、11:30～18:00、18:30～22:00（金・土曜～22:30） 休 無休 カード A J M V 地 尖E出口
※予約は不可（宿泊客のみ予約可）。

季節ごとの味が楽しめるプチケーキ

アフタヌーンティーセットは1人用 508HK$、2人用 898HK$。紅茶付き

丹念に手作りする極上スイーツが食べ放題

MAP別冊 P.13-1C

ティフィン 茶園（チャーユン） Tiffin

ヴィクトリア・ハーバー沿いのホテル、グランド・ハイアット。ラウンジのアフタヌーンティー（毎日15:15～17:00）は多くの女性を虜にしている。その理由は、ケーキやムースなどのフランス菓子やサンドイッチで華やぐ3段重ねトレイに加え、素材の味が生きた自家製アイスクリームやワッフル、クレープ、プチフールなどが食べ放題になること。できたてをサーブする「ライブデザートステーション」も設置。時期によってセットの内容、それに合うお茶メニューが変わる。

住 灣仔港灣道1 香港君悦酒店閣樓 Mezzanine Floor, Grand Hyatt Hong Kong, 1 Harbour Rd., Wanchai ☎2584 7722 営12:00～22:00 休 無休 カード A D J M V 地 灣A1出口
※週末は予約をしたほうがよい。

焼きたてのクレープシュゼットは必食！

アフタヌーンティーセットは1人用 368HK$（土・日曜、祝日 398HK$）

鳥かごでサーブするキュートなティーセット 大堂酒廊（ダーイトンチャウロン） MAP別冊 P.30-3A

ロビー・ラウンジ Lobby Lounge

カオルーン シャングリ・ラ ホンコンのラウンジでは、スペシャル感いっぱいのアフタヌーンティーが楽しめる（15:00〜18:00、土・日曜、祝日14:00〜）。季節ごとに旬のフルーツや食材を用いたティーセットをサーブ。時期によってはつり下げタイプの鳥かごの中に4段のスイーツプレートが並ぶかわいらしいプレゼンテーションが登場する。見た目だけでなく、スイーツやセイボリー、一つひとつが繊細な作りで味も文句なしのおいしさだ。窓際の海景色が望める席がおすすめ。

住 尖沙咀麼地道64 九龍香格里拉大酒店大堂 The Lobby, Kowloon Shangri-La Hotel, 64 Mody Rd., Tsimshatsui ☎2733 8740 営8:00〜22:00 休 無休 カード A J M V 地 尖沙咀駅（連絡通路経由）／尖東駅P1出口 ※2〜3日前に予約したほうがよい。

気品のある落ち着いた雰囲気のラウンジ

アフタヌーンセット1人用348HK$、2人用668HK$。ウエルカムドリンク、季節のフルーツも付いている。シャンパンは別料金

気品漂うラウンジで優雅なひととき MAP別冊 P.11-4C

ガーデン・ラウンジ Garden Lounge

歴史建築を改装したマレー・ホンコン・ニッコロ・ホテルの隠れ家風ラウンジ。ピアノ演奏が心地よいゆったりと落ち着いた空間だ。芝生に面した屋外の席もある。ティーセットごとに、旬の食材を用いた内容に変わる。美系のスイーツのほか、スコーンもおいしい。飲み物はコーヒーか英国のJing Teaのセレクションから選ぶ。スコーンとクロテッド・クリーム、ジャムと紅茶（またはコーヒー）をセットにしたクリームティー（190HK$）もある。

住 中環紅棉路22 香港美利酒店UG/F UG/F, The Murray Hong Kong Niccolo Hotel, 22 Cotton Tree Drive, Central ☎3141 8888 営6:30〜11:00、12:00〜22:30 ※アフタヌーンティーは月〜金曜14:45〜18:00、土・日曜、祝日は14:45〜16:15、15:15〜18:00、16:30〜18:00の時間制 休 無休 カード A M V 地 中J1出口 ※要予約。

セイボリー（軽食）のお皿に並ぶサンドイッチやタルトも手の込んだ作り

上／夏季のアフタヌーンティーセット。2人用788HK$ 下／ライチ・ホワイトチョコレートムース、グレープフルーツ&マンゴーケーキ、ストロベリータルトなどのひと口サイズのスイーツ

食事もスイーツも楽しめる MAP別冊 P.28-3B

ティファニーブルーボックスカフェ The Tiffany Blue Box Cafe

アジア初となるティファニーのカフェが、ティファニーの香港フラッグシップストアに併設されている。ティファニーブルーのステンドグラスで囲まれたボックス形の店内は、自然光に包まれたすてきな空間。人気のアフタヌーンティーセットは、スコーン&マドレーヌ、セイボリー、スイーツの3段トレイで登場。ジャスミンムースのジュエリーボックス形のケーキや、チェリーゼリーに包んだフォアグラムースなど、どれも趣向に富んでいる。ガーリックスコーンは添えられたトマトソースと相性がよい。

住 尖沙咀北京道1 北京道1號2樓7-8號舗 Shop No.7-8, 2/F, 1 Peking Road, 1 Peking Rd., Tsimshatsui ☎2362 9828 営12:00〜21:30（土・日曜、祝日11:00〜）、アフタヌーンティータイム14:00〜19:00 休 無休 カード A J M V 地 尖C1出口 ※予約をしたほうがよい。

ティファニーブルーで統一された店

2人用のアフタヌーンティーセット688HK$。写真は春夏のバージョン。年に2〜3回マイナーチェンジする。スイーツだけでなく、本格的なパスタやコース料理も味わえる

レトロな中国製食器でカフェブレイク　半路咖啡　MAP別冊 P.9-3D

ハーフウェイコーヒー　Halfwaycoffee

　豊富なカフェメニューをレトロな中国製食器で提供するカフェ。店内のカウンターにズラリと並んだ色とりどりのカップやグラスは、すべてオーナーのコレクション。カップは1〜2ヵ月に一度入れ替えており、今日はどのカップで飲めるかしら？と楽しみにやってくる常連さんも多いそう。人気のデザートはレモンタルト。品数は少ないが軽食の評判も上々だ。上環の骨董街、キャット・ストリートに面したオープンエア席も気持ちがよい。店の隣には、レトロなカップや食器を集めた「ハーフウェイ・ミュージアム」（不定休）がある。

住 上環摩羅上街 26
26 Upper Lascar Row, Sheung Wan
☎2606 1160　営8:00 〜 18:00
休 無休　カード MV　地上 A2 出口

上／店内には素朴な古道具がさりげなく飾られている
下／長寿を表す中国の吉祥柄のテイクアウト用の紙コップも大人気

手前はサワードウブレッドのアボカドとスモークサーモン、温泉卵のせ（128HK$）。後方はレモンタルト（88HK$）

おしゃれな進化系茶餐廳　MAP別冊 P.9-3D

茶咖宅　Congteakafe

　香港庶民の食文化の原点、茶餐廳をこよなく愛する店主が考案した、パイナップルパン（菠蘿包）のフィッシュチーズバーガー、芝士魚柳菠蘿包堡（チキンもある）やサンドイッチなど、茶餐廳メニューをモダンにアレンジした料理が味わえる。ご飯党にはチャーシュウとスクランブルエッグ、蒸し野菜がのった上環叉焼炒蛋飯がおすすめ。値段も茶餐廳並みと、良心的だ。周辺にはストリートアートが多く、街歩きの合間にひと休みするのもいい。※2024年3月現在、「茶咖宅」は閉店となり、西營盤の2号店「茶咖里」が同様のメニューで営業中。

住 上環四方街 24
☎2721 2300　営7:45 〜 16:30
休 土曜、旧正月 3 日間
カード 不可　地上 A2 出口
［茶咖里］住 西營盤爹核里 4
Shop4, G/F, David Lane, Sai Ying Pun
☎2915 8885　営8:00 〜 18:00
休 月曜、旧正月 3 日間

左上／伝統のニワトリ柄の茶碗で供されるカフェラテ（28HK$）左下／アートが飾られた店内　右／手前は上環叉焼炒蛋飯（50HK$）、後方左はエッグベネディクトとイングリッシュマフィン（班尼迪蛋配英式鬆餅、82HK$）、後方右は芝士魚柳菠蘿包堡（70HK$）

レトロをおしゃれにアレンジしたリノベカフェ　MAP別冊 P.33-3B

カラーブラウン　Colour Brown

　深水埗の布の倉庫だった建物をリノベーションした店内は、もともとの巨大ならせん階段、はがれたコンクリート壁を残す、写真映えする空間。コーヒーに定評があり、アレンジコーヒーのメニューに注目したい。スチーマーでエスプレッソに空気を混ぜ込みクリーミーな泡を仕立てたスチームド・アイスコーヒーは黒ビールのような味わい。ローカルの鴛鴦茶（コーヒーと紅茶のミックス）を、エスプレッソを用いて入れたドリンクもおいしい。パスタ、ケーキもある。

住 深水埗黃竹街 13 G/F
G/F, 13 Wong Chuk St., Sham Shui Po　☎2791 7128
営10:30 〜 19:00
休 旧正月 2 日間　カード AMV
地深 A2 出口
［他店舗］
住 佐敦官涌街 10　☎ 同上

左／手前がスチームド・アイスコーヒー（44HK$）、後方右はエスプレッソ×ストアミルクティー（38HK$ 〜）、後方左はエスプレッソ・トニック（炭酸コーヒー、68HK$）

上／天井が高く、開放感がある店内
下／店の象徴的な存在のらせん階段

ビルの谷間のオアシスカフェ

MAP別冊 P.17-2B

エバーシャイン　EverShine

店の奥に小さなガーデン席があり、ほっとひと息つける隠れ家のような店。シェフの店主メイベルさんが、デザインからメニューの創作、プレゼンテーションまでプロデュース。お皿やグラスの中はかわいらしい世界観で彩られ、ストーリーが浮かび上がってくるようだ。低カロリー、砂糖控えめといったヘルシーさのこだわりも女性客を引き付けている。見た目も味も楽しめるレッドドラゴンフルーツ・スムージーボウルやスペシャルドリンクを試してみたい。

住 中環卑利街 13　G/F
G/F, 13 Peel St., Central
☎ 9150 5697　営 8:00 ～ 18:00
休 旧正月 3 日間　カード MV
地 上 E2 出口または中 D2 出口

「リラックスしてくつろいでほしい」と語るメイベルさん

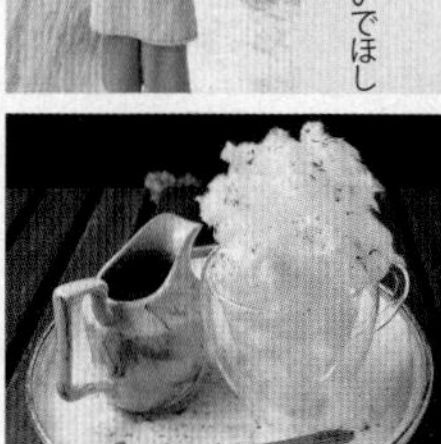

ブルーベリー・ヨーグルト・チーズケーキ（68HK$）

左下／綿あめにチョコレートドリンクをかけて見た目の変化とともに楽しむ、ファンタジーチョコレート（55HK$ ～）　右／手前がレッドドラゴンフルーツ・スムージーボウル（78HK$）、後方左はスピルリナ入りのバナナラテ・イン・ソルテッドキャラメルフォーム（58HK$）。スイーツのほかパスタメニューも人気

オーストラリアの名バリスタがプロデュース

MAP別冊 P.17-3B

ファインプリント　Fineprint

コーヒー豆の卸を営む会社が母体。自ら焙煎を担うオーストラリア人オーナーは、世界バリスタコンテストで上位入賞を果たした実力者。えりすぐりの豆に焙煎の技術も兼ね備えたおいしいコーヒーを提供している。香り高いエスプレッソとミルクがほどよく溶け合うフラットホワイトがおすすめ。ソーホー散策のコーヒーブレイクによい。自家製のサワードウブレッドのサンドイッチもおいしい。

住 中環卑利街 38　G/F　G/F, 38 Peel St., Central　☎5503 6880
営 6:00 ～ 18:00　休 旧正月 1 日
カード MV　地 上 A2 出口または中 D2 出口　［他店舗］住 西營盤第二街 14　☎9440 4889

左／アボカドとトマトのハーフ・ハーフ（オープンサンド、95HK$）は人気のフードメニュー。コーヒーはエスプレッソにスチームミルクを加えたフラットホワイトとカプチーノ（ともに L サイズ 45HK$）　右／スタイリッシュなカフェ

涼茶舗とカフェがコラボレーション

MAP別冊 P.3-3C

サウスハーバル・ラボ　南草本（ナームチョウブン）　South Herbal Lab

老舗の涼茶舗（漢方ドリンク店）、永生堂の2代目店主が、体によい漢方茶にもっと気軽に親しんでほしいと開いた店。漢方茶の薬効成分をベースにしたドリンクやフードがメニューに並ぶ。スペシャルメニューの火麻仁（麻の実）とオーツミルクのラテや、窒素を注入した五花茶（漢方茶）は、とても斬新。意外と飲みやすく作られていて、経験したことのない味わいだ。※2024年3月現在、改装中。

住 荔枝角福榮街 538　喜遇 G/F 1 號舗
Shop 1, G/F, The Amused, 538 Fuk Wing St., Lai Chi Kok
☎9228 5775
営 8:00 ～ 18:00（金曜 10:00 ～ 20:00）　休 旧正月 1 ～ 4 日間
カード MV
地 長沙灣駅 C2 出口

左／木を基調としたミニマルな店。漢方ベースのドリンク以外に、カフェラテやハンドドリップコーヒーも用意　右／涼茶舗のシンボルともいえる瓢箪形のサモワールがロゴマーク

上／手前の火麻仁拿鐵（火麻仁とオーツミルクラテ、55HK$）は香ばしくミルク風味強め。後方左はプルメリアとエルダーフラワーの香りのコーヒートニック（55HK$）。奥はビーガン・ハーバルゼリー（59HK$）

店内で味わえるお茶のメニューは15種類くらい(78HK$～)

お茶の世界が広がる

中国茶のテイスティング・バー「半坡茶荘（プンボーチャーション）」

2023年、新たな中国茶の体験型サロンが香港大學駅近くにオープンした。台湾出身のナナさんが開いた「半坡茶荘」は、中国茶に浸れる粋な空間。靴を脱いでくつろげるスペースでお茶を堪能でき、ロングカウンターバーでお茶のテイスティングコースも楽しめる。

テイスティングコースは、定期的にテーマが変わるふたつのコースがあり、異なる産地の3種類の茶葉を、茶藝師がそれぞれに合った入れ方で味わいを引き出してくれる。茶葉の香りや味が際立ち、添えられたお茶菓子と味わうことでさらに風味が変わる。中国茶の奥深い世界に導かれ、美しいお茶の入れ方や洗練のプレゼンテーションに驚くばかりの90分間だ。

店内中央に石造りのバーカウンターがある

目の前でお茶を入れてくれ、味わい方などのアドバイスも

テイスティングコースはひとり460HK$～(ひとりから可能)、所要約90分

桂花烏龍（キンモクセイの香りを付けたウーロン茶）と愛玉凍（台湾の愛玉ゼリー）のマッチング

コースは4つのメニューからなり、最初に3種の茶葉のコールドブリューが供される

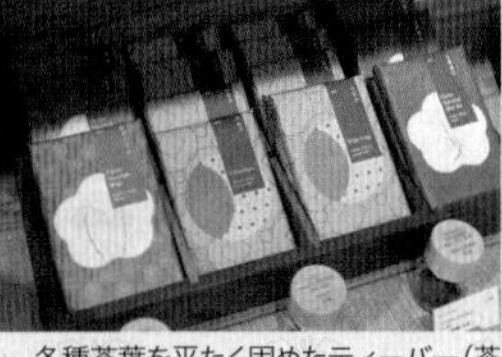
各種茶葉を平たく固めたティーバー（茶磚、148HK$～）はおみやげによい

坂道沿いにある

半坡茶荘　Plantation Tea Bar
住 西環保德街18　G/F　G/F, 18 Po Tuck St., Sai Wan　☎ 3482 2660、5596 6254
URL plantation.hk/pages/plantation-tea-bar　営 12:00～20:00　休 月・火曜　カード AJMV
※現金不可、オクトパス使用可　地 香港大學駅B2出口　map 別冊P.7-3D　※テイスティングコースは要予約。

気軽に試せる 薬膳スープ店&漢方ドリンク店

薬膳スープスタンド スープデイ

中環のソーホーにあるスープのテイクアウト店。オフィスでも手軽に薬膳スープを飲んでほしいとコーヒーカップのような容器で販売。本格的な二重蒸しスープ(58HK$～)のほかヘルシーなご飯メニューや点心もある。

手前はミックスキノコの二重蒸しスープ。実際は紙製容器で販売

石段の坂道沿いにある小さな店

スープデイ　Soupday（湯譜）
住 中環善慶街5　G/F　G/F, 5 Shin Hing St., Central
☎ 6386 4688　営 8:00～翌1:30　休 祝日、旧正月
カード 不可　地 中D2出口または上E2出口　map 別冊P.17-1A

漢方ドリンク店 チェック・チェック・シン

店主であり中医であるシンシさん考案の漢方食材や果物を用いた、体や美容によいドリンクが手軽に飲めるスタンド形式の店。ナツメや羅漢果、サンザシ、果物などを使ったドリンクは、味もおいしい。

イラストメニューで一目瞭然

手前はストレス解消によいドラゴンフルーツ&ローズティー。1杯30～44HK$

紙製コップで販売

チェック・チェック・シン　CheckCheckCin（米水茶飲）
住 上環蘇杭街4-6　啟豐大廈G/F　G/F, Kai Fung Bldg., 4-6 Jervois St., Sheung Wan　☎ 2833 5508　営 10:30～18:30
休 日曜、祝日　カード AMV　地 上A2出口　map 別冊P.16-3B

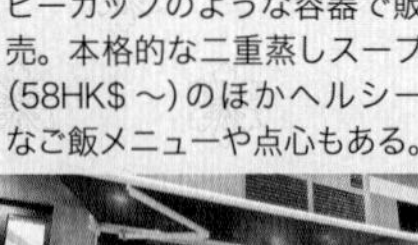

ショッピングガイド

Shopping Guide

How to enjoy shopping

香港購物事情

上手なショッピングのコツ

お得感のある買い物やディープな物との出合いが楽しめる香港。最近のおみやげの主流はデザイン雑貨だ。カジュアルウエアや化粧品などは1年中セール状態なのもうれしい。とことん買い物を楽しむべく、香港のお買い得のツボを押さえよう。

1 バーゲンを狙おう

1年中何かしらのセールがある香港。最大のセールは7～8月とクリスマス前～旧正月前の時期。商店からブランド店までセールはあり、2～4割引きから始まって、最終的には7～8割引きにもなる。ただし、いい品物は早い段階で売れてしまうので、欲しいと思ったら即買うのが鉄則。

バーゲンセール中は徐々に値引き率が上がる。8折、7折と書かれているのは2割引き、3割引きのこと

2 にわか広東語スピーカーになろう

"香港に住む日本人"を装うと、ヘンなものをつかまされる危険度が減る。ツーリストはその場かぎりだが、住民ならクレームが来たりして面倒なためらしいが……。カタコトの広東語をしゃべって在住者の"フリ"をしちゃうのも手。どんなにたどたどしくても、広東語を発すると相手の態度が軟化する。アヤシイ広東語を武器に乗り切ろう（→ P.480）。

香港のアイコン的風物をモチーフにした雑貨が流行中。写真はG.O.D.（→ P.273）のマージャン牌シリーズ

3 事前準備はしっかりと！

同じ品でもショップによってまったく値段が違うというのはよくあること。あらかじめ安く買える店をチェックしたり、何店か見て回りたい。「ニセ物をつかまされた！」と騒ぐことのないように、本物を見ておくとか、日本でのプライスを調べておくなど、準備は念入りに。大型チェーン店は年中無休のところが多いが、それ以外は旧正月は休みとなるので注意が必要。

●旧正月前のセール

1月は街中に"Sale"とか"大減価"といった赤札があふれ、旧正月直前にはさらに安くなる。

衣類は、シーズン物処分のためほとんどが冬物。陶器やガラス食器などはセット物やハンパ物が20%オフくらいになる。旧正月前の2日間は、ショッピングセンターやデパートは時間を延長して営業するが、市場や地域によっては早めに閉店するところもあるので気をつけよう。試着ができない店もあるので、念のためメジャーを持っていくとよい。

●旧正月は年によって日にちが違う

旧正月は中国の旧暦に合わせて決められるため、毎年日にちに微妙なズレが出てくる。2024年は2/10～2/12。2025年は1/29～1/31。

●クリスマスは休みの店も

12/25のクリスマスとその翌日のボクシングデーは香港の祝日となるため、店によっては両日休みになるところもあるので注意。

●地区ごとの営業時間（目安）

中環　10:00～18:00　日曜は、ほとんどの店が休み
銅鑼灣・灣仔　10:00～21:00、22:00くらい
尖沙咀　10:00～21:00、22:00くらい
尖沙咀東部　10:00～21:00くらい
油麻地・旺角　10:00～21:00、22:00、23:00

原則的に18:00の退社時刻が商店の閉店時刻でもあるが、21:00、22:00までやっている店もあり、街全体が観光客で夜遅くまでにぎわっている。

●女性衣料品サイズミニ知識

中国の衣料品は、日本とサイズの表示が違うので気をつけよう。

34	7号（S）	38	11号（L）
36	9号（M）	40	13号（LL）

●洋服のサイズ比較

婦人服	日　本		7	9	11	13	
	イギリス	6	8	10	12	14	16
	フランス	34	36	38	40	42	44
	アメリカ	4	6	8	10	12	14
	中　国	32	34	36	38	40	42

紳士服	日　本		S～M	L	XL
	イギリス	34	36～38	40	42～44
	フランス	1	2～3	4	5
	アメリカ	S	M	L	XL
	中　国		32～36	38～40	42

ショッピングセンター

高級ブランドショップが大集合　置地廣場中庭（チーアイゴンチョンチョンテン）　MAP別冊 P.18-3B

ランドマーク・アトリウム　The Landmark Atrium

中環の一等地に立つランドマーク、アレキサンドラハウス、プリンスビル、チャターハウスの4つのビル内のショッピングモールの総称が「ランドマーク」。その核となるのがランドマーク（置地廣場）内にある「ランドマーク・アトリウム」だ。G/FからG/Fから2/Fにグッチ、ルイ・ヴィトン、ディオールといった有名どころが勢揃い。B/Fにある紳士靴の「タッセルズ」やセレクトショップの「ビロウグラウンド」も注目店。ひと息入れたいときは1/Fのカフェ・ランドマークや3/Fのアーバンベーカリー・ワークスへ。3/Fと4/Fにジョエル・ロブションのティーサロンとダイニングがある。

住 中環德輔道中15
15 Des Voeux Rd. C., Central
☎2500 0555
営 店によって異なるが、だいたい10:00～19:30
地 中G出口

噴水がある中央吹き抜け広場。時期によって催し物が行われることもある

［連絡通路を活用］ 地下鉄中環駅のすぐ上にあり、駅と直結している。アレキサンドラハウス、チャターハウス、ザ・ギャレリアと連絡通路でつながっている。オフィス街にあるため閉店時間が早く、日曜定休のショップも多いので注意しよう。

上／レース模様の外壁が目を引くハーヴェイ・ニコルズ　下／話題の飲食施設が多いのも魅力。写真はB/Fのユニークなバー「ドクターファーンズ・ジン・パーラー」（→P.294）

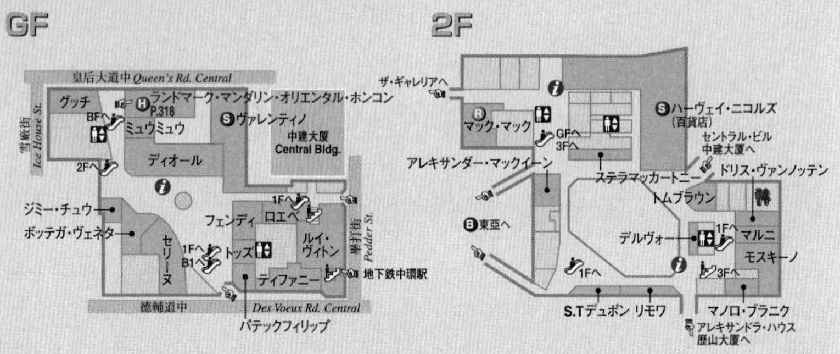

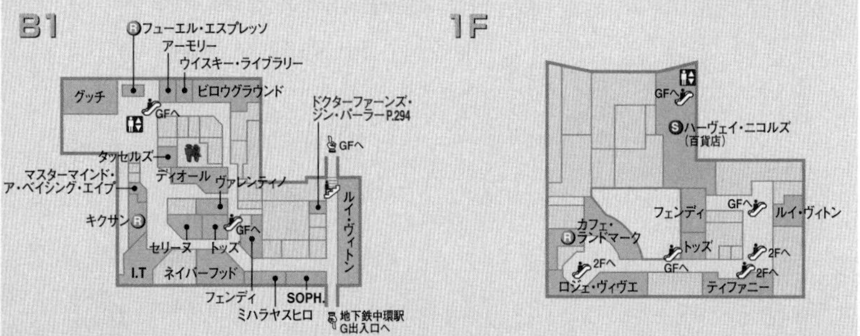

小粋なおしゃれショップをセレクト　太古廣場（タイグーコンチョン）　MAP別冊 P.12-2A

パシフィック・プレイス　Pacific Place

地下鉄金鐘駅と連絡通路で結ばれ、アイランド シャングリ・ラ ホンコン、コンラッド、JW マリオット、アッパー・ハウスといったホテルとも直結した一大複合ビル群がパシフィック・プレイスだ。

[L1 〜 L3]　中央の吹き抜けを囲むショッピングエリア。かなり広いスペースに約150店が並ぶ。ファッション関係が中心で、カジュアルから高級品、香港ブランドと外国ブランドがバランスよく入っている。香港の流行ファッションを探すならセレクトショップの「I.T」や「カクテル」（ともにL1）をチェック。オープンスペースの「ダロワイヨ」（L3）やポップなカフェバー「セラビ」（L2）は休憩にも使える。

[LGはレストラン街]地下部分には世界の食材を集めた食品マーケットとフードコーナーのある「グレート」がある。L1の「ディムサム・ライブラリー」や、スペシャルなコーヒーと多様なフードメニューが揃う「スターバックス・リザーブ」は注目店。L4には銀行とタクシー乗り場がある。

住 金鐘金鐘道 88
88 Queensway, Admiralty
☎2844 8988
営 店によって異なるが、だいたい10:00～19:30 または 20:00
地 金 F または C1 出口

SHANGHAI TANG

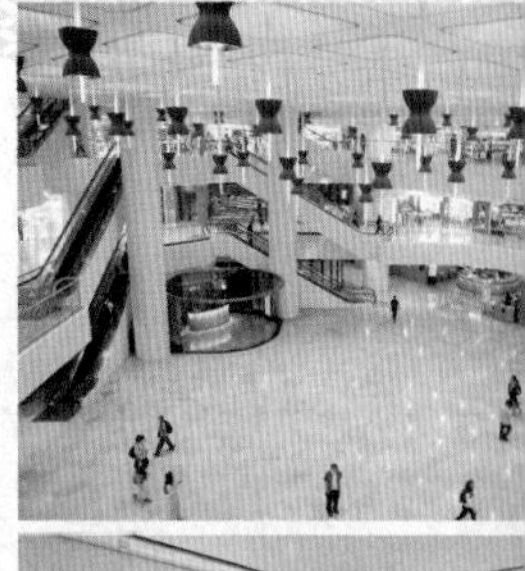

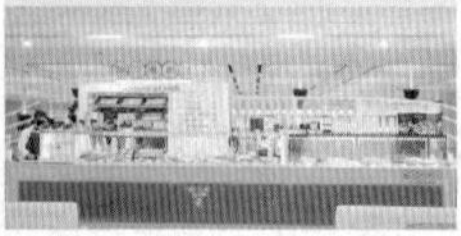

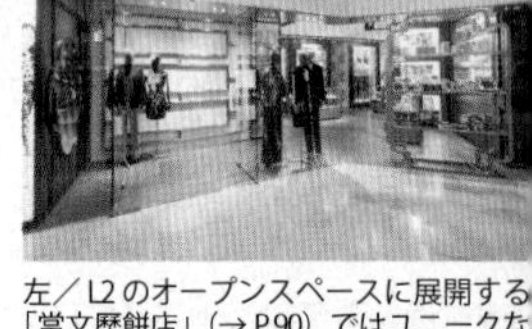

左／L2のオープンスペースに展開する「當文歴餅店」（→P.90）ではユニークなペストリーやドリンクを販売　右上／LGにはレストランが集まる一角がある　右下／L1にある上海灘（→P.272）

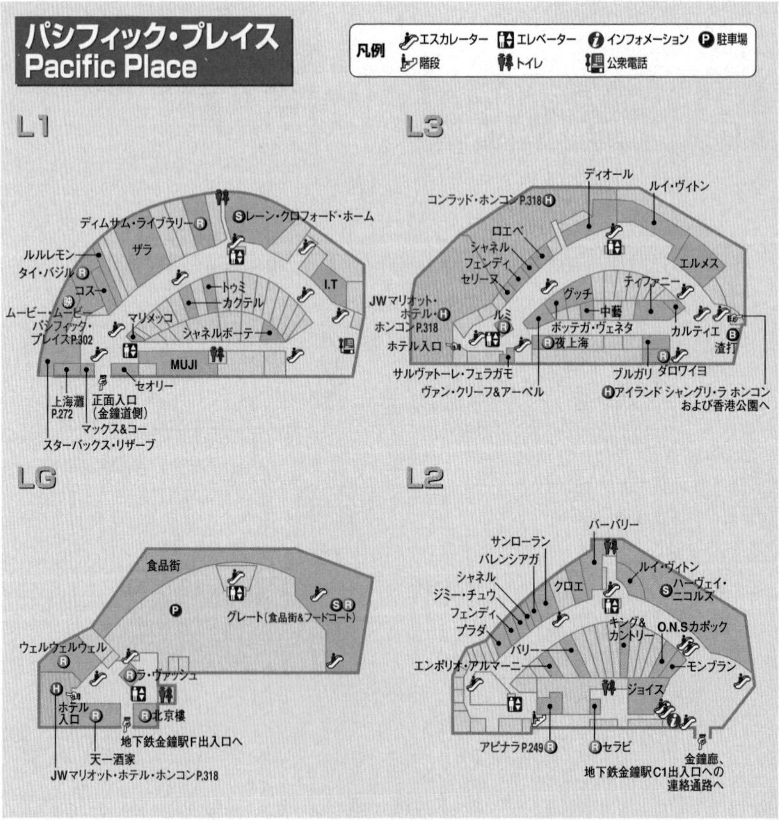

パシフィック・プレイス
Pacific Place
凡例
エスカレーター
エレベーター
インフォメーション
駐車場
階段
トイレ
公衆電話
L1
ディムサム・ライブラリー
レーン・クロフォード・ホーム
ザラ
ルルレモン
タイ・バジル
コス
ムービー・ムービー
パシフィック・プレイスP.302
トゥミ
カクテル
I.T
マリメッコ
シャネルボーテ
MUJI
セオリー
上海灘 P.272
正面入口（金鐘道側）
マックス&コー
スターバックス・リザーブ
L3
ディオール
ルイ・ヴィトン
コンラッド・ホンコンP.318
ロエベ
シャネル
フェンディ
セリーヌ
エルメス
ティファニー
グッチ
中藝
JWマリオット・ホテル・ホンコンP.318
ホテル入口
ルミ
ボッテガ・ヴェネタ
夜上海
カルティエ
渣打
サルヴァトーレ・フェラガモ
ヴァン・クリーフ&アーペル
ブルガリ
ダロワイヨ
アイランド シャングリ・ラ ホンコンおよび香港公園へ
LG
食品街
グレート（食品街&フードコート）
ウェルウェルウェル
ラ・ヴァッシュ
ホテル入口
北京樓
地下鉄金鐘駅F出入口へ
天一酒家
JWマリオット・ホテル・ホンコンP.318
L2
バーバリー
サンローラン
バレンシアガ
シャネル
ジミー・チュウ
クロエ
ルイ・ヴィトン
ハーヴェイ・ニコルズ
フェンディ
プラダ
キング&カントリー
O.N.Sカボック
バリー
エンポリオ・アルマーニ
モンブラン
ジョイス
アピナラP.249
セラビ
金鐘廊、地下鉄金鐘駅C1出入口への連絡通路へ

中環ウオーターフロントの香港駅に直結したモール　國際金融中心商場（クォッチャイカムヨンチョンサムションチョン）

MAP別冊 P.11-2C

IFC モール　IFC Mall

「インターナショナル・ファイナンス・センター　國際金融中心」の低層階（L1～L4）にあるショッピングモール。香港駅のある南側のビルと國際金融中心二期（Two IFC）に隣接する北側部分のふたつのゾーンを通路が結ぶ構造だ。L1 にはシティスーパー、巨大なアップルストアがあり、コスメやスキンケアの店が充実。L2 は、グッチ、ヴァレンティノ、ティファニーなどのブランド店がラインアップ。L3～L4 にはハーバービューが楽しめるレストランやバーがあり、L4 のオープンエアのデッキは休憩にも使える。MTR 香港駅の真上に位置し、中環駅とも通路で連結。スターフェリー乗り場、バスターミナルにも近い。

住 中環金融街 8
8 Finance St., Central
☎2295 3308
営 店によって異なるが、だいたい 10:00 ～ 20:00 または 21:00
地 中 A 出口
※スターフェリー乗り場、バスターミナルへは徒歩約 5 分。

左／ L4 のオープンデッキにあるハーバービューのバーレストラン　右／北側部分の吹き抜けスペース。L3 には規模の大きなレーン・クロフォードが入店

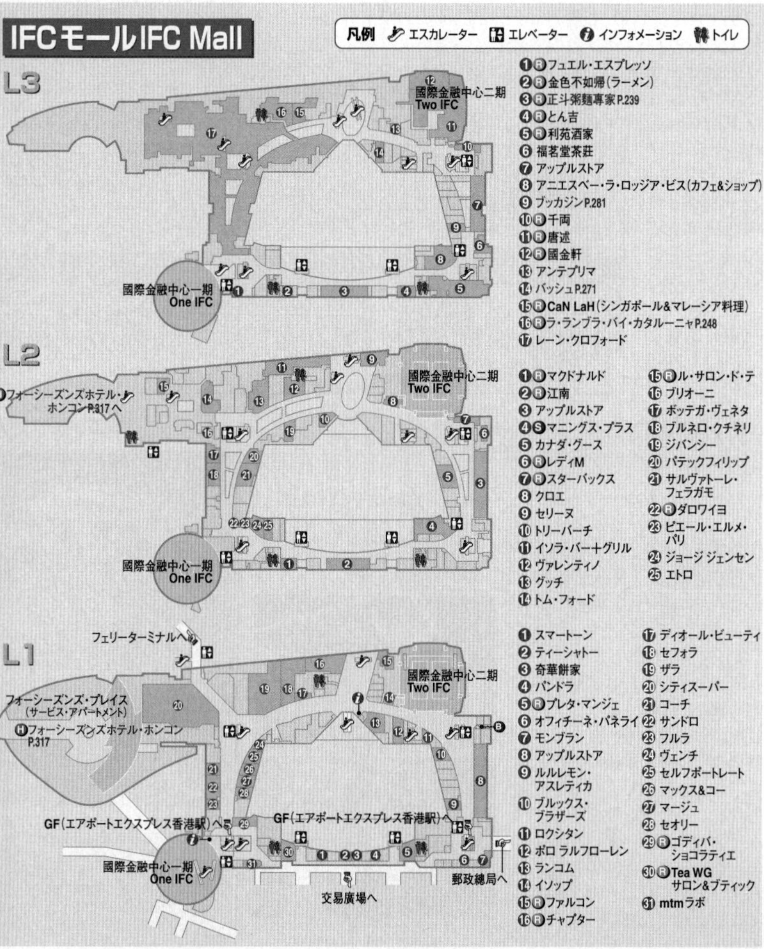

IFC モール IFC Mall

凡例　エスカレーター　エレベーター　インフォメーション　トイレ

L3

國際金融中心二期 Two IFC
國際金融中心一期 One IFC

1 R フュエル・エスプレッソ
2 R 金色不如帰（ラーメン）
3 R 正斗粥麺専家 P.239
4 R とん吉
5 R 利苑酒家
6 福茗堂茶莊
7 アップルストア
8 アニエスベー・ラ・ロッジア・ビス（カフェ&ショップ）
9 ブッカジン P.281
10 R 千両
11 R 唐述
12 R 國金軒
13 アンテプリマ
14 バッシュ P.271
15 R CaN LaH（シンガポール&マレーシア料理）
16 R ラ・ランブラ・バイ・カタルーニャ P.248
17 レーン・クロフォード

L2

H フォーシーズンズホテル・ホンコン P.317 へ
國際金融中心二期 Two IFC
國際金融中心一期 One IFC

1 R マクドナルド
2 R 江南
3 アップルストア
4 S マニングス・プラス
5 カナダ・グース
6 R レディM
7 R スターバックス
8 クロエ
9 セリーヌ
10 トリーバーチ
11 イソラ・バー+グリル
12 ヴァレンティノ
13 グッチ
14 トム・フォード
15 R ル・サロン・ド・テ
16 ブリオーニ
17 ボッテガ・ヴェネタ
18 ブルネロ・クチネリ
19 ジバンシー
20 パテックフィリップ
21 サルヴァトーレ・フェラガモ
22 R ダロワイヨ
23 ピエール・エルメ・パリ
24 ジョージ ジェンセン
25 エトロ

L1

フェリーターミナルへ
フォーシーズンズ・プレイス（サービス・アパートメント）
H フォーシーズンズホテル・ホンコン P.317
國際金融中心二期 Two IFC
GF（エアポートエクスプレス香港駅）へ
GF（エアポートエクスプレス香港駅）へ
國際金融中心一期 One IFC
交易廣場へ
郵政總局へ

1 スマートーン
2 ティーシャトー
3 奇華餅家
4 パンドラ
5 R プレタ・マンジェ
6 オフィチーネ・パネライ
7 モンブラン
8 アップルストア
9 ルルレモン・アスレティカ
10 ブルックス・ブラザーズ
11 ロクシタン
12 ポロ ラルフローレン
13 ランコム
14 イソップ
15 R ファルコン
16 R チャプター
17 ディオール・ビューティ
18 セフォラ
19 ザラ
20 シティスーパー
21 コーチ
22 サンドロ
23 フルラ
24 ヴェンチ
25 セルフポートレート
26 マックス&コー
27 マージュ
28 セオリー
29 R ゴディバ・ショコラティエ
30 R Tea WG サロン&ブティック
31 mtm ラボ

旬のレストランが集まる複合ショッピングセンター　海港城（ホイゴンセン）　MAP別冊 P.28-2A ～ 4A

ハーバーシティ　Harbour City

住 尖沙咀廣東道
Canton Rd., Tsimshatsui
☎2118 8666
営 店によって異なるが、だいたい 10:00 ～ 20:00
地 目的のビルによって尖 A1 または C1 出口

九龍サイドのスターフェリー乗り場から廣東道に沿って広がるショッピングセンター。店舗数約 700 店と、その規模は香港最大級。北側からゲートウェイ・アーケード（港威商場、GW）〈エリア略称、以下同〉、オーシャンセンター（海洋中心、OC）、オーシャンターミナル（海運大廈、OT）、マルコポーロ・ホンコンホテル・アーケード（HH）、スターアネックス（星光城内）の 5 つのエリアからなる。

ゲートウェイ・アーケードの吹き抜けのある広場

[人気のエリア & 巨大ショップ] ゲートウェイ・アーケードの L3 にはシティスーパーが入店。シンガポールのお茶ブランド「Tea WG ブティック」（L3）も要チェックだ。L4 のカフェ「コーヒー・アカデミクス」はお茶をするのに最適。

[ハーバービューが楽しめる] オーシャンセンターの L3、L4 の海側にテラスがある。L4 は「パティオ　The Patio」と名づけられ、レストラン（ハーバーサイド・グリル、エピュレ）のテラス席が設置、夕日のビューポイントとなっている。オーシャンターミナルの西端にある「オーシャンターミナル・デッキ」（→ P.39）は、ハーバーを望む絶景スポットとして注目を集めている。

左／オーシャンターミナル・デッキ
右下／世界各国のコスメブランドが集結した「FACESSS」（オーシャンターミナル L2）

最新トレンドが詰まったコンセプトモール　MAP別冊 P.28-4A

エル・シー・エックス　LCX

住 尖沙咀海港城　海運大廈 L3
L3, Ocean Terminal, Harbour City, Tsimshatsui　☎3102 3668
営 10:00 ～ 22:00
地 尖 C1 出口

ハーバーシティのオーシャンターミナル L3 の広大なオープンスペースに、約 30 のブランド店、アクセサリーやコスメの店が並ぶ。ターゲットは 20 ～ 30 代で、イニシャル（→ P.271）などヒップでカジュアルなブランドが主流。「スナイデル」や「オリエンタルトラフィック」など日本のブランドも多数入店。「エックス・プラス」という雑貨を集めたエリアでは、香港ブランドの雑貨やアクセサリーなどを扱っており、おみやげ探しにも便利。8 つある飲食店はすべてハーバービュー。日本の焼肉店やしゃぶしゃぶ店、台南の有名タンタン麺店「度小月」などがあり、地元客でにぎわっている。

左上／「エックス・プラス」はフロア奥にある　左下／乗り物模型や雑貨の「タイニー」（→ P.275）も入店　右上／中央通路には時計やジュエリー、コスメなどのショップが並ぶ　右下／長い通路にトレンド先端のショップが並ぶエル・シー・エックス

ブランドショップが大集合　半島酒店商場　MAP別冊 P.28-4B

ザ・ペニンシュラ・アーケード The Peninsula Arcade

一流ブランドやジュエリーショップ、テイラーなどが並ぶラグジュアリーな雰囲気。B/F、G/F、M/Fの3フロアあり、M/FとG/Fにはシャネル、ルイ・ヴィトン、ティファニー、フランクミュラー、B/Fには台湾のシャッツィ・チェンといった有名ブランドがある。B/Fは「ザ・ペニンシュラ・ブティック&カフェ」(→P.90)とイタリア食材店「メルカート・グルメ」が大規模に展開。前者はホテルのオリジナルアイテムやお茶やチョコが買えるほか、ケーキやスイーツでお茶もできる。

住 尖沙咀梳士巴利道半島酒店B/F～M/F
B/F-M/F, The Peninsula Hong Kong, Salisbury Rd., Tsimshatsui
☎2920 2888
営 店によって異なるが、だいたい9:30～19:00
地 尖E出口

ペニンシュラホテルのB/F、G/F、M/Fにある高級感漂うアーケード

上／「メルカート・グルメ」やウイスキー店「カスケルズ」が並ぶB/F　下／カフェも注目の「ザ・ペニンシュラ・ブティック&カフェ」

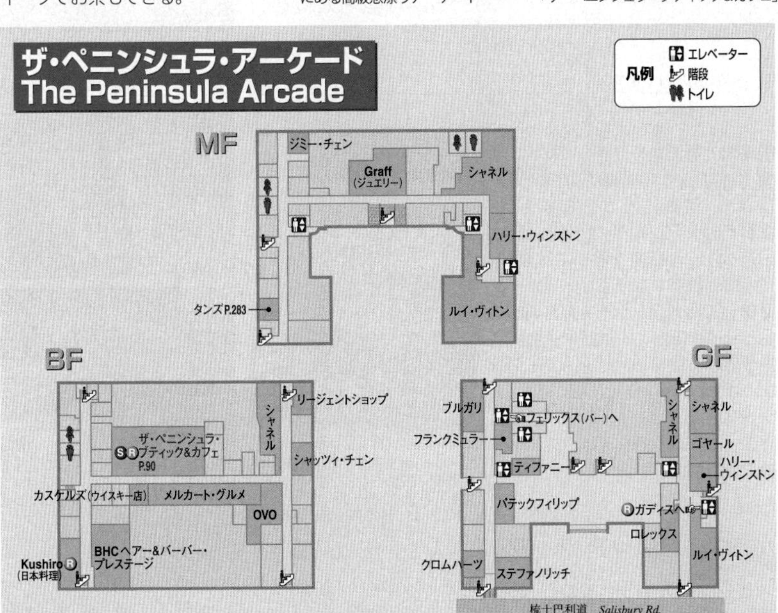

流行どころをきっちり押さえた人気S.C.　時代廣場　MAP別冊 P.14-3B

タイムズ・スクエア Times Square

銅鑼灣の南西部にそびえ立つ近代的ビルがタイムズ・スクエア。B2/Fから13/Fまであり、フロア構成は、B/1にスーパーマーケットのシティスーパー、G/Fと1/Fは英国系デパートのレーン・クロフォード、B/2と2/F～9/Fには約200ものショップが並び、子供用品、文具、スポーツ用品、家電など幅広い品揃え。カジュアルウエアの店が多いのが特徴で、香港ブランドが充実。マックス&コー(5/F)やグッチ(2/F)などのブランド店も多数入っている。10/F～13/Fは、ファストフードから本格中国料理まで約15店が入店するレストラン街「食通天」。評判のよい店が揃っており、レストラン選びに困ったら、ここに来るのも手だ。

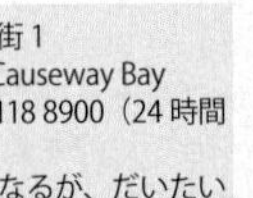

住 銅鑼灣勿地臣街1
1 Matheson St., Causeway Bay
☎2118 8888、2118 8900(24時間ホットライン)
営 店によって異なるが、だいたい10:00～21:00または22:00
地 銅A出口

流線形を描く吹き抜けを囲んで店が並ぶ

おしゃれな注目レストランやカフェが多数入店　希慎廣場　MAP別冊 P.19-3A

ハイサン・プレイス　Hysan Place

銅鑼灣のランドマーク的存在として人気を誇るショッピングセンター。地下2階から地上14階までの17フロアに海外ブランドを中心にラインアップ。チェックしたいのは台湾資本の大型書店「誠品生活」（→P.281）と、11/Fにあるモダンなフードコート「キッチン11」（→P.244）。6/Fは「i.tブルー・ブロック」と名づけられた香港ブランドi.tによるコンセプトストアで、ウエアや雑貨、アクセサリーなど、トレンドを押さえたアイテムがズラリ。G/Fには香港島唯一の免税店「Tギャラリア・ビューティ」がある。

住 銅鑼灣軒尼詩道500
500 Hennessy Rd., Causeway Bay
☎2886 7222　営10:00 ～ 22:00
（金・土曜、祝日前日～ 23:00）
休 無休　地 銅 F2出口

2／Fから3／F部分は吹き抜けになっており、4／Fのスカイガーデンから光を取り入れる造り

左／地下でMTR銅鑼灣駅F2出口に直結している　右下／6/Fの「i.tブルー・ブロック」は、ファッション、コスメ、ホームウエア、アウトドア用品、カフェなど幅広いラインアップ

2018年に規模を拡張　利園　MAP別冊 P.19-3A、3B

リー・ガーデンズ　Lee Gardens

銅鑼灣で展開するリー・ガーデン1～6（4はない）の総称が「リー・ガーデンズ」。最も古くからある1は、2023年4月現在、ルイ・ヴィトン、ディオールなど一部店舗を除いて改装中。1/Fの連絡橋でつながるリー・ガーデン2は、エルメス、シャネルといった有名どころのほか、子供服や子供用品を扱う店が多数ある。リー・ガーデン3は、巨大なスターバックス・フラッグシップ店（1/F、→P.138）が注目店。雑貨の「ホームレス」をはじめ、ホームウエアの店が多い。

［リー・ガーデン1］
住 銅鑼灣希慎道33
33 Hysan Ave., Causeway Bay
☎2907 5227
営 店によって異なるが、だいたい10:00 ～ 21:30　地 銅 F1出口

左／リー・ガーデン1の希慎道を挟んだ向かいにリー・ガーデン3（右）と5（左）がある　右上／リー・ガーデン2の2/Fには有名ブランドのキッズショップが並ぶ　右下／リー・ガーデン3の「スターバックス・リザーブ」ではプレミアムなコーヒーやお茶が楽しめる

COLUMN

香港の若者トレンド発信地！

銅鑼灣の崇光（そごう）の向かいにある「東角ラフォーレ」と「アイランド・ビバリー」は、ひと坪ショップがひしめき合い、平日の夜でも学校や会社帰りの女性が詰めかけるショッピングセンターだ。

カジュアルでちょっぴりモードな香港らしいカジュアルファッションの店をはじめ、日本発の「ギャル系」や「原宿系」ファッションも目につく。値段は大型ショッピングセンターに比べるとかなり安め。おすすめ店は「東角ラフォーレ」2/Fのエスニックファッションの「Phaya」など。

左・右／若者向けのブティックや雑貨店が並ぶ東角ラフォーレ。にぎわうのは夕方以降

アイランド・ビバリーは個性的な店が多い

東角ラフォーレ　東角 Laforet
住 銅鑼灣東角道24-26　24-26 East Point Rd., Causeway Bay
営 だいたい11:00頃～ 24:00頃　休 無休
地 銅 D1出口　map 別冊 P.19-2A

アイランド・ビバリー　Island Beverley（金百利）
住 銅鑼灣記利佐治街1　1 Great George St., Causeway Bay
営12:00～24:00　休 無休　地 銅 D1出口　map 別冊 P.19-2B

アートスペースとS.C.を合体させた話題スポット　K11 購物藝術館　MAP別冊 P.29-3C

K11 アートモール　K11 Art Mall

アート、人、自然の一体化というコンセプトで、オブジェや彫刻、コラージュなどのアート作品でデザインされ、また展示も多数されている。B2/Fから3/Fまでの6フロアに、グルメタワーとショップエリアがあり、おしゃれで個性派の店が多い。

旬のブランドやショップを集めた「K11 セレクト」(1/F)や、雑貨とファッションの「ミルフィーユ・ファッション・セレクトストア」(3/F)はのぞいてみたい。G/F～1/Fにはアニエスベーのコンセプトストア「agnès b. Rue de Marseille」が展開している。B2/Fは尖沙咀駅・尖東駅への連絡通路に直結。

住 尖沙咀河内道 18
18 Hanoi Rd., Tsimshatsui
☎3118 8070　営 店によって異なるが、だいたい10:00～22:00(金・土曜～23:00)　地 尖 D3 または D2 出口(尖沙咀駅連絡通路経由でN4出口がB2/F入口に直結)

シニカルなギャグのメッセージカード(ミルフィーユ・ファッション・セレクトストア)

左／癒やしをテーマに食やコスメ、ライフスタイルなどのブランドをセレクトしたエリア「K11 ナチュラル」(2/F)もチェックしたい　右／若者を中心に連日にぎわうS.C.

尖沙咀駅に直結した館内はバラエティに富んだ楽しみが満載　國際廣場(クォッチャイゴンチョン)　MAP別冊 P.29-3C

アイ・スクエア　iSQUARE

映像やアート効果とユニークなフロア構成が目を引く、尖沙咀のランドマーク的存在。B2/Fから2/Fにはファッション関連の店が入り、G/FとUGには「マークス＆スペンサー」がある。LGにはスーパーマーケットの「マーケットプレイス」が入店。3/Fから7/Fはレストランがメインで、上海料理の「上海婆婆 336」(→P.228)、シンガポール料理の「Sing La 星怡」(3/F)などバラエティに富んでいる。さらに上層の20/F～31/Fにはファインダイニングが入っている。

住 尖沙咀彌敦道 63
63 Nathan Rd., Tsimshatsui
☎3665 3333
営 10:30～22:30
休 無休　地 尖 H 出口

尖沙咀駅直結の便利なショッピングセンター

上／レストランやカフェが並ぶ3/F
下／カジュアルな台湾料理店「忠孝東路」(3/F)

充実の雑貨店に注目　美麗華廣場(メイレイワーゴンチョン)　MAP別冊 P.29-1C

ミラ・プレイス　Mira Place

メインとなるミラ・プレイス1(第1期)と連絡橋でつながった2(第2期)にショップ＆レストランが約110店入る。1のほうには若者向けのブランドが多く、生活雑貨やスポーツ用品など幅広いラインアップ。ユニクロ(L2)、MUJI(無印良品。L3)が広いスペースで展開。タイニー(→P.275)やアクセサリーのマッシュルーム(L1)なども要チェック。隣のビルの2はビューティ系のショップが多数入店。

住 尖沙咀彌敦道 118-130、132
118-130, 132 Nathan Rd., Tsimshatsui　☎2315 5868
営 店によって異なるが、だいたい11:00 または 12:00～21:00頃
地 尖 B1 出口

左／香港の交通模型や雑貨の店「タイニー」(L2)はのぞいてみたい店　右上／ミラ・プレイス1のL4～L6は「食四方」というレストラン街　右下／フランス発の「N2(エヌドゥ)」のアクセサリーをはじめ、メルヘンでキュートな雑貨が並ぶ「マッシュルーム」(L1)

流行の香港カジュアルブランドとダイニングが魅力　MAP別冊 P.29-1C

ザ・ワン　The One

最上階のL21までの29フロアに約200店と規模が大きい。カジュアルブランドが充実しており、ほかにはないユニークな店がセレクトされている。高級ブランドの化粧品を集めた「Beauty Bazaar」(UG1) や、香港ブランドの「チョコレート」(G/F)、雑貨のセレクトショップ「ホームレス」(L6)、「ビンテージ・メイズ」(→P.276) など注目店も多数。

高層階の「フェノメノン」など眺望のよいスカイダイニングは人気が高い。地下のLG2～LG1には「イオン・スーパーマーケット尖沙咀店」(→P.45) がある。

住 尖沙咀彌敦道 100
100 Nathan Rd., Tsimshatsui
☎3106 3640
営 店によって異なるがだいたい12:00～23:00　休 無休
地 尖 B1 出口

入口はネイザン・ロード側とグランビル・ロード側の2ヵ所ある

上／世界各国の雑貨を集めた「ホームレス」も要チェック (L6)　下／イオン・スーパーマーケットのLG1はダイソー商品を販売する「リビング・プラザ・バイ・イオン」。12HK$ 均一ショップだ

香港最大級のラグジュアリー S.C.　MAP別冊 P.24-4A

エレメンツ　圓方(コンフォン)　Elements

MTR九龍駅の真上にあり、ザ・リッツ・カールトン・ホンコン (→P.326) とスカイ100 (→P.187) に直結している。ショップは1/Fと2/Fにあり、木火土金水の5つの元素をテーマに館内をエリア分けし、それぞれの元素をイメージしたオブジェやアートを配置。アジア最大級のグッチやルイ・ヴィトンなど、高級志向のラインアップだ。中国料理レストラン&バーの「魚塘鴨子」(R/F) は注目店。

深圳行きのバスターミナルや海が見えるスケートリンクも備わる。

住 尖沙咀柯士甸道西1　九龍站上蓋
Above Kowloon Station, 1 Austin Rd. West, Tsimshatsui
☎2735 5234　営 11:00～22:00
行き方 九龍駅から徒歩約1分。佐敦駅近くの佐敦道沿い（吳松街との交差点付近）のバス停から8、11のバスで終点の九龍地鐵站下車。

上／ルーフトップにもレストランが並ぶ　下／光をふんだんに取り込み、自然との調和をイメージした館内。飲食店も種類豊富でハイレベルなので、エアポートエクスプレス乗車時に食事に立ち寄ってもいい

世界のラグジュアリーブランドが集結　MAP別冊 P.30-2B

Tギャラリア　T Galleria

旅行の際に便利なTギャラリア（旧DFS）。高級ブランドが一堂に会し、ローカルのおみやげも揃えている。尖沙咀東店はLG～UGの3フロアで展開。LGは人気のビューティブランドが充実。G/Fにはラグジュアリーな時計やジュエリー、UGにはティファニー、コーチなどの20以上のファッションブティックが並ぶ。カントン・ロード店のトリーバーチも見逃せない。銅鑼灣店は化粧品、時計、ジュエリーが中心の品揃えの「Tギャラリア・ビューティ」。

[尖沙咀東店]
住 尖沙咀東部麼地道 77　華懋廣場
Chinachem Golden Plaza, 77 Mody Rd., Tsimshatsui East　☎2311 3813
営 11:00～20:00　休 無休
カード ADJMV　地 尖沙咀駅（連絡通路経由）／尖東駅 P2 出口
[カントン・ロード店]
住 尖沙咀廣東道 28　力寶太陽廣場
Lippo Sun Plaza, 28 Canton Rd., Tsimshatsui　☎2302 6888　営 11:00～22:30　休 カード 同上　地 尖C1またはL5出口　map 別冊 P.28-3B
[銅鑼灣店]
住 銅鑼灣軒尼詩道 500　希慎廣場 G/F　G/F, Hysan Place, 500 Hennessy Rd., Causeway Bay
☎2239 6688　営 10:00～22:00（金・土曜、祝日前日～23:00）
休 カード 同上　地 銅 F2 出口
map 別冊 P. 19-3A

カントン・ロード沿いにある店は規模が大きい

若者パワーあふれるトレンド発信モール　朗豪坊（ロンホウフォン）　MAP 別冊 P.32-2A

ランガム・プレイス　Langham Place

60 階建てのオフィスビルの B2/F ～ L13 がショッピングモール。比較的若者向けのショップ構成で、流行を意識した店が多い。L13 まで吹き抜けのアトリウムに計 83m、2 基のロングエスカレーターが延びる斬新な造りだ。L1 ～ L2 の 2 フロアで化粧品コーナーの「ビューティアベニュー」を展開。L8 ～ L12 の回廊状のゾーンは、小規模な個性派ショップやレストラン、カフェが混在しデートスポットに。

4/F にはフードコート、L13 にはレストラン、バーがあり、特に週末の夕方以降、にぎわいを見せる。

住 旺角亞皆老街 8
8 Argyle St., Mongkok
☎3520 2800
営 店によって異なるが、だいたい 11:00 ～ 22:00 または 23:00
地 旺 C3 出口（B2/F で直結）

G/F 正面入口で高さ 9m の彫像「The Happy Man」がお出迎え。入口脇に規模の大きな「アディダス」がある

左／モダンベトナム料理の「カフェ・ロコモティブ」(L4) は人気店　中／L8 ～ L12 は回廊に店が連なる迷路のような造りになっている　右／L4 ～ L8 をダイレクトにつなぐロングエスカレーター。ガラスの壁面から旺角の街が望める

COLUMN

地域の文化を発信する異色の S.C.「D2 プレイス」

深水埗（サムソイポウ）から西へ 2 駅、茘枝角（ライチーコッ）駅前にある「D2 プレイス」は、工業ビルを再生させたショッピングセンター。地元のクラフト作家やその作品をフィーチャーしている。手作り雑貨の店やポップアップのブースが並び、飲食店はカフェスタイルがメイン。ONE（1 期）と TWO（2 期）のふたつのビルで展開している。

左／メインの D2 プレイス ONE。TWO は長義街を挟んで斜め向かい　右／ショップは ONE のほうが充実している

D2 プレイス 1 期　D2 Place ONE

住 茘枝角長義街 9　9 Cheung Yee St., Lai Chi Kok
☎3620 3098　営 10:00 ～ 22:00　休 店によって異なる
地 茘枝角駅 D2 出口　map 別冊 P.3-3C

D2 プレイス 2 期　D2 Place TWO

住 茘枝角長順街 15　15 Cheung Shun St., Lai Chi Kok
☎2557 7988　営休地 同上

[注目店]

アニマル雑貨が豊富

香港手作（ヒョンゴンサウチョッ）　Hong Kong Handmade

香港を中心にマカオや台湾、タイのクラフト作家の作品を集めた店。作家（ブランド）の数は 60 以上あり、数ヵ月ごとに入れ替えを行う。

左／作家別にグッズがズラリと並ぶ
右／キャンバス地のバッグ 100HK$

住 D2 place 1 期　2/F, Shop 219　☎6271 6285
営 12:30 ～ 21:00　休 旧正月 3 日間　カード 不可

可憐なアクセサリー店

アラモア・ハンドクラフツ　Aramore Handcrafts

女性作家が手作りする、花をモチーフにしたアクセサリーは繊細でかわいらしい。花ごとにコレクションを展開。

左／牡丹などの花々をベースにしたネックレス（538 ～ 638HK$）
右／ 1/F 奥の小さな店

住 D2 place 1 期　1/F, Shop 114A　☎6448 1713
営 12:30 ～ 20:00　休 旧正月 1 週間　カード MV

香港初の大型アウトレットモール 東薈城名店倉（トンウイセンメンディムウイ） MAP P.374

シティゲート・アウトレット Citygate Outlets

東涌駅に隣接するショッピングモールには、規模の大きなアウトレット店が約100店入店。世界的なブランドからスポーツ用品、アクセサリー、子供用品、家庭用品とトータルにカバーしている。値引率は店や商品によって異なり、30～70%程度。G/F～1/Fにはアディダス、ナイキ、プーマなどのスポーツ店、2/Fにはポロ・ラルフローレンやマックス・マーラ、バーバリーなどがある。多彩なラインアップの40店以上あるレストラン&カフェにも注目。B1/Fにはスーパーの「テイスト」が入店。

住 大嶼山東涌達東路 20
20 Tat Tung Rd., Tung Chung, Lantau ☎2109 2933
営 店によって異なるが、だいたい 10:00 頃～ 22:00 頃
地 東涌駅 C 出口

左／G/Fにはスポーツブランドのアウトレット店が多い　右上／B1/F～2/Fの4フロアのほか10/Fの計5フロアあり、ファッションの有名ブランドは1/F～2/F。B1/Fはスーパーの「テイスト」が入店　右下／人気のコーチ（2/F）は入場制限あり

百貨店

チャイナなおみやげ探しにもってこい MAP 別冊 P.31-3B

裕華國産百貨（裕華國貨）（ユーワーゴッチャンバッフォー ユーワーゴッフォ） Yue Hwa Chinese Products Emporium

1959年創業の香港の百貨店。佐敦駅真上にある本店はB/Fから5/Fまで7フロアあり、香港をはじめ中国各地のありとあらゆる種類の商品が揃っている。魅力は手頃な値段の中国雑貨やユニークな掘り出し物に出合えることだ。

刺繍や民族パターンのバッグやポーチ、小物などの雑貨ハンティングが楽しい1/F、日常使いの食器が豊富に揃う3/Fをチェックしたい。さらに4/Fの文具コーナーをのぞけば、キッチュなグッズに出合える。食品のおみやげ探しならB/Fの食品売り場（→P.46）へ。調味料やお菓子、麺類、乾物、酒類まで種類も商品数も豊富だ。お茶の量り売りも行っている。

住 佐敦彌敦道 301-309
301-309 Nathan Rd., Jordan
☎ 3511 2222 営 10:00 ～ 22:00
休 旧正月 3 日間 カード A J M V
地 佐 A 出口
［漢方薬のみを販売する支店］
住 尖沙咀彌敦道　栢麗購物大道 G40 號舗 ☎ 2739 3888
map 別冊 P.28-1B

左／モダンなデザインのチャイナ服もある　右／2/Fにある中国茶器の売り場

フロアガイド

5/F	催事場
4/F	家具、楽器、文具、書道具、中国茶藝館
3/F	伝統工芸品、宝飾品、食器（磁器）
2/F	ベッド&バス用品、スポーツ・健康用品、家電製品、旅行バッグ、スキンケア製品
1/F	紳士&婦人服、子供服、シルク製品、チャイナ服、小物雑貨
G/F	漢方薬、健康食品、スキンケア用品、時計・宝飾品※カスタマーインフォメーションデスク
B/F	食品、中国茶

刺繍のコースター（各28HK$）

左はターコイズとアメシストをあしらったト音記号形のブローチ（1200HK$）。右は中国の少数民族の刺繍ペンダントヘッド（550HK$）

左／華やかな刺繍のバッグ（298HK$）　右／B/Fのお茶の量り売りコーナー。600g単位で鐵觀音80HK$～、ジャスミン茶96HK$～とリーズナブル

世界的に知られる香港のトップデザイナー

MAP別冊 P.24-4A

ヴィヴィアン・タム Vivienne Tam

中国で生まれ、香港で育ち、N.Y.で成功を収めたデザイナー、ヴィヴィアン・タムの店。東洋の美と西洋の美、クラシカルとモダンの融合をコンセプトに生み出されたコレクションは龍や仏像など神秘的な東洋の要素を用いたデザインが多い。オリエンタルでアジアのイメージを凝縮した世界観のなかに、都会的でエレガントな要素が含まれるウエアは、世界中の幅広い年齢層から支持されている。カジュアルにもドレッシーにも着こなせ、ゆったりとしたシルエットのシフォンのドレスはリゾートにも映える。

住尖沙咀柯士甸道西1　圓方 Shop1049A　Shop 1049A, Elements, 1 Austin Rd. West, Tsimshatsui　☎ 2385 9318
営 10:00～21:00　休無休　カード ADJMV
行き方 P.268のエレメンツと同じ
［他店舗］
住灣仔皇后大道東200　利東街G/F　Shop G17　☎2265 8808

左／九龍駅隣接の「エレメンツ」（→P.268）内の店は規模が大きい　右上／南アジアの文化に着想したコレクション。シルクシフォンのスカートは民族調のスパンコール刺繍がきれい（1万6300HK$）　右下／「マンダラ」コレクションのTシャツ（各1350HK$）はレースの模様が華やか

香港メイドのモード系ファッション

MAP別冊 P.28-2A

イニシャル Initial

香港人デザイナーによるオリジナルブランドをメインに、欧米からのインポート物のセレクトも展開しているコンセプトショップ。シーズンごとにテーマを掲げ、トータルなコーディネートを提案しており、アクセサリーや靴などが揃う。香港に16店舗あり、レディス専門、メンズ専門、または両方扱う店舗などそれぞれ。ここゲートウェイ・アーケード店はレディスの大型ショップで、普段着からファッショナブルなドレスまで、個性的でトレンド感のあるラインアップ。

住尖沙咀廣東道海港城港威商場2樓2402號舖　Shop2402, L2, Gateway Arcade, Harbour City, Canton Rd., Tsimshatsui
☎3427 9006　営 11:00～21:00（金～日曜は～22:00）　休無休　カード AJMV
地尖 A1出口
［他店舗］住中環德輔道中68　萬宜大廈 G/F G01 & G01A 號舖　☎2259 5112

左／オーバーサイズのグラフィックTシャツ（680HK$）　中／スタッズがアクセントのデニムのジャンパードレス（3380HK$）　右／ステッチ刺繍を全体に施したガーリーなピンクのセットアップはトップス1780HK$、スカート2380HK$

フランス発！　フェミニンな女性ウエア

MAP別冊 P.11-2C

バッシュ Ba&Sh

幼馴染というフランス人女性デザイナーのバーバラ・ボカラとシャーロン・クリーフが、「理想のワードローブを届けたい」をコンセプトに立ち上げたレディスブランド。パリのロマンティックテイスト漂うフェミニン＆シックなデザインに、毎日着たくなるシンプル＆カジュアルな雰囲気も兼ね備えた、リアルクローズを展開する。世界に400店舗以上を構える人気店ながら日本未上陸なので、香港を訪れた際にはぜひチェックしたい。多彩に揃うエレガントなドレスがおすすめだ。

住中環金融街8　國際金融中心商場3樓3085A　Shop 3085A, L3, IFC Mall, 8 Finance St., Central　☎2339 1223
営 10:00～21:00　休無休
カード AJMV　地中 A出口
［他店舗］住尖沙咀廣東道3-27　海港城港威商場2樓2322　☎2113 2653

左／中環のIFCモールのL3にある　右／ポピーの花柄が愛らしいブリーズドレス（2590HK$）

上／店名はデザイナーふたりの頭文字が由来。Tシャツなら約800HK$からラインアップ　下／深みのあるグリーンがすてきなエスニック風ワンピース（2410HK$）

21 世紀のアールデコ・ファッション

MAP別冊 P.29-1C

バース

Berth

2017、2018年のパリコレクションに出店し、「パズルドレス」などの作品が話題となった香港人デザイナーAfaさんが、銅鑼灣に続いて開いた2店舗目のブティック。ブランドコンセプトは「モダン・ビンテージ」。1920年代のアールデコの世界を、ビンテージ・プリントやウール、皮革など異素材の生地を縫い合わせた現代のデザイン手法で表現している。尖沙咀のショップではメンズや、少数ながら子供服も扱っている。ヨーロッパのアンティークアクセサリーや、レプリカも取り扱っている。

住尖沙咀彌敦道 132　美麗華廣場 1 期　2 樓 239 號 舖　Shop 239, L2, Mira Place ONE, 132 Nathan Rd., Tsimshatsui　☎2338 0395
営 12:00 ～ 21:00　休 旧正月 3 日間
カード AJMV　地 尖 B1 出口
［他店舗］住 銅鑼灣波斯富街 114 寶榮大樓 3 樓 A 室　☎2338 0907

左／デザイナーのAfaさん　中／パリコレで話題となったパズルドレス1898HK$
右上／メンズコーナーもあるアールデコ調の店内　右下／ジャケット1798HK$、ワンピース1698HK$

キャリアウーマン御用達ブランド

MAP別冊 P.29-2C

ジョルダーノ・レディス

giordano ladies

香港を代表するカジュアルブランド「ジョルダーノ」のハイブランド。シンプル、クラシック、タイムレスをコンセプトに、白、黒、紺、グレー、ベージュ、茶などのベーシックカラーのトップスとボトムスにシーズンごとの流行色を加えた、着回しの効くアイテムが揃う。流行をほどよく取り入れた飽きの来ないデザインは手持ちの服にも合わせやすく、キャリアウーマンを中心に幅広い年齢層に人気が高い。尖沙咀、中環など一部店舗にはセールコーナーを常設しており、掘り出し物に出合えることもある。

住 尖沙咀彌敦道 74-78　文遜大廈 1 樓　1/F, Manson House, 74-78 Nathan Rd., Tsimshatsui　☎ 2926 1331
営 10:30 ～ 22:00
休 無休　カード AJMV
地 尖 A2 出口
［他店舗］住 中環皇后大道中 43-45 聯成大厦 G/F ～ 1/F　☎ 2921 2955

左／小技が効いたスプリングコート(1290HK$)とガウチョパンツ(745HK$)　右上／ブラウス745HK$、パンツ795HK$

毎週変わるディスプレイはトータルコーディネートの参考に。カジュアルウエアのジョルダーノの上の階にある

香港発のラグジュアリーブランド

MAP別冊 P.12-2A

上海灘（ションホイタン）

Shanghai Tang

ゴージャスな1930年代上海の中国租界のイメージに、東西のエッセンスを織り交ぜたモダンなファッションで香港を代表する世界的ブランド。2018年春夏コレクションよりイタリア人デザイナーを迎え、デザインを一新、生産の拠点もイタリアに移転した。「more new Shanghai Tang」をコンセプトにヨーロッパのエレガンスとの融合を深めたモードを発信している。中国の吉祥モチーフを取り入れた色鮮やかなファッションアクセサリーやホームウエアは、プレゼントとしても人気が高い。

住 金鐘金鐘道 88　太古廣場 L1　105B 舖　Shop 105B, L1, Pacific Place, 88 Queensway, Admiralty　☎ 2918 1505
営 10:30 ～ 20:00　休 無休
カード ADJMV
地 金 C1 または F 出口

左／ドラゴンがモチーフのシリーズ。手前右はエスプレッソ用カップ＆ソーサー(1180HK$)　右／テーラーメイドのチャイナドレスは3000～1万HK$

雑貨・インテリアの店

レトロなユニーク雑貨が満載

MAP別冊 P.18-3B

G.O.D. 住好啲（チューホウディ） Goods of Desire

香港を代表するインテリア雑貨店。昔懐かしい風景や生活道具、雑貨などをモチーフにした商品を通して、レトロ香港ワールドに出合える。スターフェリーやミニバス、看板、郵便ポスト、新聞、中国将棋など香港らしいシーンを切り取り、ステーショナリーやホームウエアなどの生活雑貨にデザインしている。商品はTシャツやバッグといった定番物からキッチン用品、下着、寝具まで幅広い。数々のデザインアワードを受賞しているだけあり、心憎いセンスで楽しませてくれる。

住 中環德己立街6　G/F & M/F
G/F & M/F, 6 D'Aguilar St., Central
☎2890 5555　営 10:00～20:00
休 旧正月1日　カード AMV
地 中D2出口
［他店舗］住 中環荷李活道48
☎2805 1876

陶器のコースター 4枚セット（268HK$）

中国の京劇（チャイニーズ・オペラ）をモチーフにしたスリッパ。手前はビーズ刺繍が施された女性用、後方は男性用（ともに298HK$）

左上／Tシャツをはじめ、チャイナテイストのウエアも充実　右上／ここ中環店は旗艦店。昔の生活雑貨を天井にディスプレイしたり、インテリアに使ったりと、店自体がギャラリーのよう　右下／クッションカバーは人気商品（各278HK$）

香港の文化的アイコンや食べ物がアクセサリーに！

MAP別冊 P.19-2B

香港猿創（ヒョンコンユンチョン） Hong Kong Oapes

「香港」をテーマにしたユニークなアクセサリーが話題を呼んでいる。オーナーであるデザイナーのRonnoさんのアイデアとセンスで、香港の風景やストリートフードなどが繊細なアクセサリーに変身。純銀製で、用いる石はスワロフスキーや天然半貴石と、質の高さを貫いているのがブランドポリシーだ。デザインアワードの賞を獲得したショルダーバッグ「燒味紙袋」も看板商品。1960～70年代にロースト類の販売に使われていた茶色の袋を模した特殊な素材で作られていて、レトロなデザインに加えて機能性も抜群。

住 銅鑼灣告士打道311　皇室堡3樓306號舖　Shop306, 3/F, Windsor House, 311 Gloucester Rd., Causeway Bay　☎3520 2460　営 12:00～21:00　休 旧正月3日間　カード AJMV　地 銅E出口

ウインザーハウス3/Fの香港デザイナーの作品を集めたショップ「港設計」内にある

左／ヴィクトリア湾とスカイラインをデザインしたペンダントヘッド（1498HK$）　右／長洲島の饅頭祭りの饅頭をかたどった真珠のペンダント（998HK$）

中秋節のランタンを模したピンバッジ（各1498HK$）。ウサギと金魚の体内には蛍光石が入っている

上／香港のストリートスイーツをかたどったペンダントとピアス。左上は雞蛋仔、中央はイエロージェイドをカスタードに見立てたエッグタルト、右は砵仔糕（599～1199HK$）　下／「燒味紙袋」シリーズのショルダーバッグ（499HK$）。防水性、防汚性に優れ、洗濯もできる

機能的、かつ遊び心のあるセレクトショップ

MAP別冊 P.20-2A

カポック Kapok

「どこで見つけたの？」と思わず聞きたくなる小粋な品々。それらはフランス人オーナーやスタッフがヨーロッパやアジア諸国、南米、オーストラリアなどを旅して見つけてきたものだ。50以上のブランドのセンスが光る商品がセレクトされている。ここ灣仔の旗艦店は2フロアあり、G/Fはウエアやバッグ、シューズ、生活を彩る雑貨やインテリアなど。1/Fではアーティスティックな食器をはじめ、快適とリラックスを追求したルームウエアやタオルなどの自社ライン「Kapok Comforts」を展開。

住 灣仔日街8　8 Sun St., Wanchai
☎2549 9254、9450 5908　営11:00～20:00（日曜 12:00～19:00）
休 旧正月　カード A J M V
地 灣 A3 出口
［他店舗］住 尖沙咀梳士巴利道 18 K11 MUSIA2 樓 205 號舗
☎2191 1268

外壁はカラフルなアートで彩られている

チャムラの革のメッシュサンダル（メキシコ製、1250HK$）

上／フランスやイタリア、日本などのブランドを集めたバッグ・靴のコーナー。ファッションはレディス、メンズの両方を揃えている　下／上階（1/F）には自社ラインの商品のほか、各国の食器類も並ぶ

世界各国にファンをもつアニマルバッグ

MAP別冊 P.33-3B

モーン・クリエイションズ Morn Creations

パンダをデザインした「Pandarama」シリーズが定番的な人気を誇る。看板商品のパンダバッグはサイズ、色ともにバリエーション豊富。トラやサイ、フクロウなどアニマルシリーズのアイテムも増えて、おもしろかわいいグッズ好きのハートを捉えている。作りもしっかりしており、素材や色の組み合わせも凝っている。ウサギはニンジン、サイは草といった具合にジッパーの飾りもこだわりポイント。財布やキーホルダーなど小物もある。

住 深水埗鴨寮街 117
117 Apliu St., Sham Shui Po
☎2869 0721
営12:00～18:30
休 旧正月 4 日間　カード 不可
地 深 A2 出口

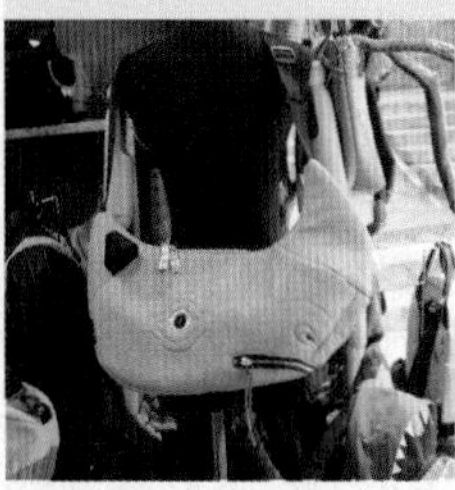

左／店は生地問屋街の深水埗にある　中／皮膚感まで再現したサイのショルダーバッグは顔もリアルでかわいい！　右／香港人デザイナーが手がける香港製品。人気はパンダとウサギ。写真のリュックにもなる2ウエイのパンダバッグは530HK$～

メルヘンの世界へいざなうアクセサリー＆雑貨

MAP別冊 P.19-2B

マッシュルーム Mushroom

パステルカラーと花のペイントで彩られた店内は、女性の歓声が聞こえてきそうなかわいらしさ。フランスのアクセサリーをはじめ、動物をテーマにした英国やベルギーの雑貨、キュートなウエアやサンダルなど、幸せな気持ちになれるグッズが並んでいる。人気があるのは、繊細でチャーミングな手作りアクセサリー、フランスの「エヌドゥ（N2）」と「ナッシュ Nach」のアイテム。イギリスのアーティスト、ナタリー・レテとコラボしたウエアやバッグにも注目。親子でお揃いの洋服もある。

住 銅鑼灣記利佐治街 11-19 Fashion Walk G/F　Shop 24
Shop 24, G/F, Fashion Walk, Great George St., Causeway Bay
☎2321 2718　営11:30～20:30（金・土曜、祝日～21:30）
休 旧正月 2 日間　カード A M V
地 銅 E 出口
［他店舗］住 尖沙咀彌敦道 132 美麗華廣場（Mila Place）1 期 L1 Shop 126
☎2784 7968

左／ナタリー・レテとコラボした『不思議の国のアリス』をテーマにしたバッグ（1650HK$）
中／ファッション・ウオーク店をはじめ、香港内に全5店舗
右／『美女と野獣』をモチーフにしたピアス（880HK$）、パラのネックレス（1380HK$）、サーカスのリスのピアスはエヌドゥのもの

香港フリーク垂涎のリアルな模型がめじろ押し

MAP別冊 P.29-1C

タイニー 微影(メイイン) Tiny

香港発の模型とおもちゃの専門店。伝統とリアルにこだわった模型に定評があり、スターフェリーやトラムなどの定番の乗り物だけでなく、香港らしい雑居ビルや屋台から、信号機やゴミ箱など細部にいたるまで充実の品揃え。コレクターはもちろん、クオリティの高さからインテリアやおみやげとしても魅力的。伝統的な香港の食や文化をモチーフにした雑貨やアクセサリーなども置いているので、おみやげ探しに立ち寄りたい。人気のミニバス看板グッズも揃っている。

住 尖沙咀彌敦道 132 美麗華廣場第 1 期 Level 2 233 號舗 Shop233, Level 2, Mira Place One, 132 Nathan Rd., Tsimshatsui
☎3594 6585
営11:00 ～ 21:00
休 無休 カード M V
地 尖 B1 出口
［微影世界］住 銅鑼灣告士打道 311 皇室堡 3 樓 310 號舗
☎2333 8827

店の中央に模型で香港の街並みを精緻に再現

左・下／2階建てトラム(79HK$)やバス(69HK$)など、香港の乗り物模型がたくさんラインアップ

麥錦生さん作製のミニバス看板(100HK$ ～)やキーホルダー(39HK$)はおみやげに人気(→P.277)

おみやげにぴったりのレトロポップなグッズ

MAP別冊 P.18-1A

香港淳記(ヒョンゴンソンゲイ) Seon Hong Kong

中環街市(→P.22)の1/Fにあるショップは、香港らしさ満点のかわいいグッズがところ狭しと並べられている。昔からある縁起のよい模様や陶器に描かれる鶏の柄、モザイク石の模様、吉祥を表す言葉などを用いてさまざまなオリジナルグッズを作製。バッグやポーチ、傘、各種文房具、コースターやキーホルダーなど種類豊富な商品構成で、目移りしそう。おすすめは、飲み物の持ち歩きに便利なステンレスボトル。がま口やボトルバッグなど手作りの商品も味わい深い。おみやげのまとめ買いにも役立つ。

住 中環皇后大道中 93 中環街市 1 樓 107 舗 Shop107, 1/F, Central Market, 93 Queen's Rd. C., Central
☎6114 3255 営11:30 ～ 19:30
休 無休 カード M V
地 中 C または D2 出口

左／中環街市にあるオープンな造りの店 右上／保温・保冷機能のステンレスボトルは500mℓサイズで268HK$

中国広東省から伝わるおんぶひもの柄を用いたバッグ(268HK$)

おしゃれな香港みやげが見つかる

MAP P.157

ソーン&バロウ Thorn & Burrow

小粋なカフェやレストランが増加中の西營盤の古めかしいアパートの一室にあるセレクト雑貨ショップ。ポップな香港の風景画や、アフリカやインド、トルコなどで仕入れた色鮮やかな装飾品が飾られた店内に、文房具、ファッション小物、インテリア雑貨が並ぶ。点心や観光名所など、香港をモチーフにしたしゃれたデザインのテーブルウエアのシリーズは、旅のおみやげにぴったり。建物の入口で部屋番号1Dのボタンを押して鍵を開けてもらい、エレベーターで1/Fへ上がると店舗がある。

住 西營盤高街 30 號 1 樓 1/F, 30 High St., Sai Ying Pun
☎2559 9338
営10:00 ～ 18:00
休 日・月曜
カード A M V 地 西 C 出口

店内のあちこちで香港モチーフの品々が見つかる

上／せいろに入った陶器のペッパー &ソルト。手前の餃子形は120HK$ 下／香港の名所をプリントしたナプキン4枚セットで220HK$。ナプキンホルダーは1個80HK$

元気をもらえるイラストグッズ

MAP別冊 P.17-2A

イサティス・スタジオ

Isatisse Studio

「イサティス」はデザイナーであり、イラストレーターであるイザベルさんが立ち上げたイラストとファッションのブランド。中環のPMQ内にあるショップは、ビビッドカラーの楽しいイラストで埋め尽くされている。ユーモアのある絵柄は、日常からインスパイアされたもの、または空想の世界を描いたものだそう。バッグやクッションカバーをはじめ、アクセサリーやスカーフ、靴下など、ストーリーが知りたくなるキュートなアイテムが揃っている。

住 中環鴨巴甸街 35 PMQ 元創方 B 座 4 樓 , H405
H405, 4/F, Block B, PMQ, 35 Aberdeen St., Central
☎ なし　営13:00 ～ 19:00
休 月曜、不定休　カード A M V
地 上 A2 出口または中 D2 出口

上／グッズのほか、イラスト画も販売している　下／トートバッグは360HK$。コットンとポリエステルの混紡素材で、洗濯機で洗える

ガラクタ？ お宝？ 探検ショップ

迷宮惜物店

MAP別冊 P.29-2C

ビンテージ・メイズ

Vintage Maze

食器、ワッペン、レコード、本、衣類……。店内には香港をはじめ、世界各国の懐かしグッズがぎっしりと並び、まさに迷路に迷い込んだよう。かつて縁日で見かけたおもちゃや、駄菓子屋のくじ引き、お菓子のおまけなど日本のものも多く懐かしい。これらはすべてスタッフが日本、韓国、台湾、シンガポール、ヨーロッパ各国へ、2～3ヵ月に1度お宝探しの旅に出て仕入れてきたもので、そのほとんどがプチプライスのお手頃ビンテージ品。宝探し気分でのぞいてみるのもいいだろう。

住 尖沙咀彌敦道 100　The One 6 樓 606 號舗　Shop 606, Level 6, The One, 100 Nathan Rd., Tsimshatsui
☎6466 8388
営12:00 ～ 21:00　休 無休
カード A M V　地 尖 B1 出口

左／天井まで埋め尽くす品々のなかには世界の「いやげもの」的グッズもある　右／レトロ調ノートは台湾アーティストのデザイン（98HK$）

雑貨ファン必見のオリジナル食器

MAP別冊 P.19-4B

ラブラミックス

Loveramics

「アイラブ・セラミックス」が店名の由来という、陶磁器をはじめテーブルウエアの香港ブランド。デザインは世界各国のデザイナーが手がけ、西洋と東洋がミックスしたおしゃれでかわいい食器に目を奪われる。実際に西洋料理でも中華や日本料理に使っても食卓が華やぎそう。「tripod」シリーズはフォルムと色が美しい器。注ぎ口がつき、斜めに傾けて注ぎやすくする工夫がされたアイデア商品だ。

住 銅鑼灣禮頓道 97
97 Leighton Rd., Causeway Bay
☎2915 8018
営11:00 ～ 21:00（金・土曜～ 22:00）　休 一部の祝日、旧正月
カード A M V　地 銅 F1 出口
［他店舗］住 中環荷李活道 10　大館 Barrack Block, Shop 104
☎2884 0003

左は食器の中に不思議な物語を秘めた「A Curious Toile」シリーズ（中皿79HK$～）

香港オリジナルの秀逸グッズが大集合

香港・設計廊

MAP別冊 P.13-1C

デザインギャラリー

Designgallery

香港貿易発展局（HKTDC）が運営する大規模なギャラリーショップ。香港のデザイナーやブランド、その商品を世界にプロモートするのが主目的だが、もちろん一般客も買い物できる。「G.O.D.」や「タイニー」といった香港を代表する会社のデザイン雑貨やファッション、時計や文房具、電化製品などバラエティ豊富な品が一度に見られる。

住 灣仔港灣道 1　香港會議展覽中心 G/F　G/F, Hong Kong Convention & Exhibition Centre, 1 Harbour Rd., Wanchai
☎2584 4146
営10:30 ～ 19:30
休 旧正月 3 ～ 4 日間
カード A J M V　地 灣 A1 出口

上／動物や花のリアルな「3Dバッグ」　下／美しい切り絵アートのグリーティングカード（各98HK$）

製作所を訪ねてレアな「お宝」をおみやげに

粤東磁廠(ユットンチーチョン)の陶器

粤東磁廠は1928年広州の陶磁器「廣彩※」の工房として創業、戦後に香港に窯を移した後は、5つ星ホテルや高級ブランドの食器も手がける。九龍灣の工業ビルの一室は、微妙な焼きムラなどのために卸せなかった品々の展示即売所。工房も兼ねており、絵付け職人の仕事も見学できる。

※廣彩：広州発祥の陶磁器。中国の伝統的な図柄に西洋画の手法を取り入れた図案が特徴。

左上／清代の伝統衣装、旗袍（チーパオ）が描かれた食器（30HK$～）はさまざまな色、形が揃う　左下／絵付け職人は7人、全員が70歳以上と高齢化も進む。下焼きした器に絵付けしたあと、ビル内の窯で焼く　右／5つ星ホテルのダイニングで使われていた食器。そもそもは1975年に当時の香港総督マクリホース夫人が、イギリスから持ってきた骨董品をもとにオーダーしたもの。オリジナルの絵柄はブルーのみだった。アフタヌーンティーセットは、バラ売り可能でカップ&ソーサーは100HK$

上／オランダ人が描いた中国の田舎の風景と農夫の絵がモチーフの角皿（100HK$）　右上／粤東磁廠の2代目と3代目、曹さん親子　右下／大小の食器が天井までぎっしり。ところ狭しと積み上げてある

粤東磁廠　Yuet Tung China Works
住 九龍灣宏開道15　九龍灣工業中心3樓1~3室　Unit 1-3, 3F, Kowloon Bay Industrial Centre, 15 Wang Hoi Rd., Kowloon Bay　☎2796 1125　営9:00～17:00
休 日曜、祝日、旧正月3日間　カード 不可
行き方 MTR九龍灣駅A出口から徒歩約12分。
map 別冊P.3-3C

巧佳廣告製作有限公司(ハウガーイグォンコウチャイチョッヤウハンコンシー)のミニバス看板

赤ラインのミニバス

手描きも機械印刷も値段は同じで、サイズによって60～150HK$

香港暮らしに欠かせない庶民の足「ミニバス」。フロントガラスに掲げる行き先や料金の看板を製作しているのがここだ。社長兼職人の麥錦生（マック）さんがインタビューに応じてくれた。

ミニバスの裏事情

路線が固定している公共車の緑ラインのミニバスと違って赤ラインのバス（約1000台）は、運転手が政府から営業許可を得た個人営業車。なのでバスの内装から運賃にいたるまで、運転手の裁量によるのだそう。看板も運転手が自前調達している。

1984年頃エアコン付きの16人乗りの車に規格変更され、車体に合った看板の発注がマックさんのアクリル板製作会社に持ち込まれたのがきっかけ。以来バス看板を製作する唯一の会社として今にいたっている。

看板製作と販売

この事務所兼店舗へ行けば一般客も購入可能。サイズや色など規定に基づいて作製された既成品のほかにオーダーメイドも可能で所要3日間。手描きと機械印刷があり、サイズもいろいろ。バス好きでなくてもここに来れば1枚欲しくなる!?

昔の数字で表された料金板（60HK$）

ミニバス全盛期の主要発着所であった「佐敦道」

行き先看板のほか標語やおもしろ単語を記した新製品もある。写真は「犬が乗ってます」の看板

この入口を入り階段を上ると事務所兼店舗。書店や「タイニー」（→P.275）でも販売されているが、ここ本店が断然品揃えがよい

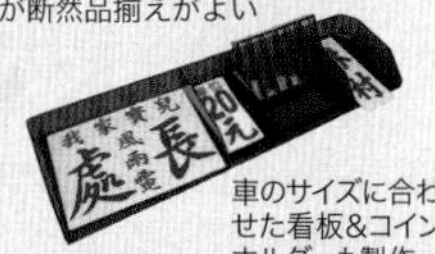

車のサイズに合わせた看板&コインホルダーも製作

おみやげに人気のキーホルダー（各30HK$）。ファイルもある

香港でただひとりのバス看板職人のマックさん。看板以外にバスの備品も考案・製作している

巧佳廣告製作有限公司 Hawk Advertising Company Limited
住 油麻地炮台街39　1/F　1/F, 39 Battery St., Yaumatei　☎2780 0763　営11:00～18:00
休 水・土・日曜、祝日、旧正月10～15日間　カード 不可　地 佐A出口　map 別冊P.31-3A

香港随一の民族グッズのコレクション　MAP別冊 P.18-3A

高山民藝（コウサーンマンシンガイ） Mountain Folkcraft

1969年創業のアジアの手工芸品と美術品の店。なかでも中国少数民族の布製品のストックは秀逸だ。雲南・貴州省の藍染めやろうけつ染め、手刺繍、福建省の古布など、女性オーナーの洗練された感性が感じられる品々が並ぶ。ショールやバッグ、帽子などファッションの一部に取り入れたくなるものもある。宝探しのように店内を巡ると、ダブルハピネスのモチーフの古い食器や婚礼用品、清代の木細工の調度品なども見つかる。

住中環和安里 12　G/F　D 舗
D, G/F, 12 Wo On Lane, Central
☎ 2523 2817
営 10:30 ～ 17:30　休日曜、一部の祝日、旧正月 3 日間
カード AMV　地中 D2 出口

上／中国の手染めのショール。左端は古布を使ってオーナーのアグネスさんがデザインしたもの(300 ～ 1500HK$)　下／調度品から服飾品、生活雑貨まである

メイド・イン・ホンコンのスリッパ専門店　MAP別冊 P.31-4B

先達商店（シンダーッションディム） Sindart Store

1958年に創業した老舗。オリジナルデザインの種類豊富なスリッパや中国伝統の刺繍靴を販売している。自分の好みやサイズに合わせたカスタムメイドもでき、完成まで約1ヵ月かかるが、日本への郵送も可能。3代目のミルさんがデザインし、手作りするパンダモチーフのスリッパが人気商品。スリッパは女性・男性用があり、それぞれ7サイズ揃う。婚礼儀式の際に履く伝統的な室内履きも扱っている。佐敦駅近くのローカルなS.C.内。

住佐敦吳松街 150-164
寶靈商業中心 1 樓 16-17 號舗
Shop 16-17, 1/F, Bowring Commercial Centre, 150-164 Woosung St., Jordan
☎6623 3015　営14:00 ～ 20:30
休旧正月 5 日間　カード MV
地佐 C2 出口

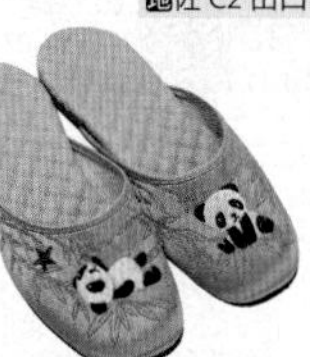

左／左右ポーズが違うパンダ刺繍のスリッパは180HK$　右上／3代目のミルさんがデザインを手がける　右下／ジーンズにも合う刺繍入り中国靴(680HK$)

COLUMN

トリコロールカラーのバッグを製作・販売する「華藝帆布」

香港を象徴するもののひとつ、赤、白、青の3色のビニール生地。おもに工事現場や露店の風雨除けに使われてきた。1970 ～ 80 年代頃、香港から中国大陸の親戚訪問用として、この生地で作った大型バッグ（別名「華僑バッグ」）が大ヒットした。これを最初に作ったのが、ビニール生地を製造・販売していた「華藝帆布」の李華さん。「紅白藍の父」と呼ばれていたそうだ。

現在は代替わりし卸と小売業を営む同店は、店主が本業のかたわら、ビニール生地でショルダーバッグやミニトートなどを製作・販売している。一つひとつミシンで手作りされたバッグは、微妙に色の配置や形が異なり味わい深い。雑貨ショップで販売されている同様のバッグは、洗練されているが値段が高い。ここは製造元だけあって安価、カスタムオーダーにも応じてくれるのが魅力だ。

左／丈夫で軽量、防水性もあるのが取り柄。小サイズのショルダーバッグ 40HK$　右上／ミニサイズのトートバッグ 25HK$　右下／パスポートケース 25HK$

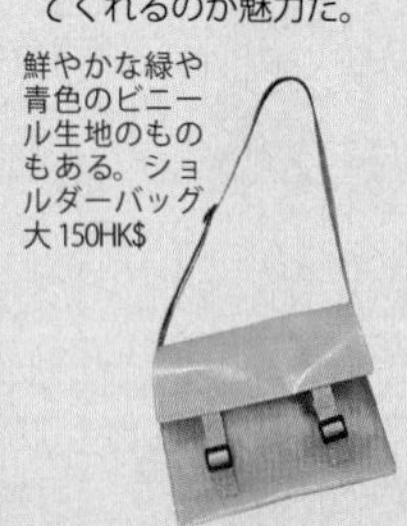

鮮やかな緑や青色のビニール生地のものもある。ショルダーバッグ大 150HK$

1954 年創業の店。既製の形が基本だが、別色でオーダーも可能(所要2日)。3色カラーのビニール生地は中国語で「紅白藍帆布」

華藝帆布（ワーンガイファンボウ）　Wah Ngai Canvas
住深水埗欽州街 22
22 Yen Chow St., Sham Shui Po
☎2748 7311　営8:00 ～ 17:00　休日曜、一部の祝日、旧正月、不定休　カード不可　地深 C2 出口　map別冊 P.33-3A

レトロなパッケージがかわいい老舗化粧品店　雙妹嚜（ションムイマッ）　MAP別冊 P.19-2B

トゥーガールズ　Two Girls

香港初の化粧品店として1898年に開業。以来パッケージデザインと品質のよさで顧客の要望に応えてきた。漢方やハーブを配合した自然派化粧品の人気が再燃している。アロマや虫よけの効果もあるフロリダウオーター(花露水)というコロン、乾燥肌を潤すバニシングクリーム、肌をサラサラにするタルカムパウダー、ローズとラベンダーの2種類の香りがあるヘアオイルが売れ筋。バス用品もある。それぞれ大・小サイズがある。

住 銅鑼灣記利佐治街 2-10　銅鑼灣地帯 2/F　283 號舗
Shop 283, 2/F, Causeway Place, 2-10 Great George St., Causeway Bay　☎2504 1811　営12:00 ～ 20:00（土・日曜～ 21:00）　休 旧正月3日間　カード MV　地 銅E出口

左／レトロな瓶入りのフロリダウオーター(55HK$)　中／トレードマークの上海レディ「トゥーガールズ」のノート(20HK$)　右下／ローカルなS.C.内にある

左はビタミンE配合で傷んだ髪によいローズの香りのヘアオイル(42HK$)、右はココナッツオイル配合のリップバーム(38HK$)

食品・スパイスなどの店

アジアのスパイスが勢揃い　MAP別冊 P.16-3A

源興香料公司（エンヒンヒョンリウコンシー）　Yuan Heng Spice Co.

香港内の中国料理店のみならずアジア各国のレストランや食料品店が顧客リストに名を連ねる、1912年創業の香辛料専門店。八角や花椒などの香辛料がズラリと並ぶ問屋のような店構えだが、個人客も大歓迎。少量でも量り売りしてくれる。中国の煮込み料理に活躍する五香粉やローストチキンに欠かせない砂薑粉(ショウガパウダー)、カレー粉など、料理に合わせたスパイスミックスは家庭用の小袋もある。

住 上環東街 19　G/F
G/F, 19 Tung St., Sheung Wan
☎2543 8555　営9:00 ～ 17:30
休 日曜、旧正月　カード 不可
地 上 A2 出口

左／3代目の周さん兄弟。トレードマークの牛は、創業者である祖父の干支にちなんだもの　右上／徳用大袋(約600g)入りのスパイスミックスは80HK$～。五香粉や砂薑粉など小袋入り調味料もあり8HK$～　右下／店先にスパイシーな香りが漂う

多彩な中国食材と調味料を販売　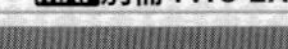MAP別冊 P.18-2A

八珍專賣店（パッチャンチュンムンディム）　Pat Chun

1932年に旺角で創業以来、上質な素材を使った甜醋(甘酢)や醤油を醸造・販売し、現在では4店舗を有する。点心にも料理にも使える香醋(スパイス入りの酢)や甜麵醬、蠔油(オイスターソース)、XO醬など、多種多様な中国調味料を扱う。世界各国のオーガニック食材や健康食品、ドライフルーツなども並ぶ。使い方などをスタッフに尋ねて、本場の味を自宅で再現しよう。

住 中環威靈頓街 75
75 Wellington St., Central
☎2545 6700　営9:00 ～ 19:00
休 旧正月 3 ～ 4 日間
カード AJMV　地 中 D2 出口
[本店] 住 旺角花園街 136A
☎2394 8777

ストロベリーやイチジクなどのドライフルーツ菓子

右からスパイスのフレーバーが香るお酢の香醋、オイスターソース、ゴマ入りの餃子のたれ、有機大豆を使用した濃厚なうま味の醤油(濃醸生抽)

素材にこだわった上質なクッキー&パルミエ　曲奇4重奏（コックイセイチョンチャウ）　MAP P.205

クッキー・カルテット　Cookies Quartet

かつての「ミス香港」で女優として活躍したシャーリーンさんが、独自のクッキーを考案。オーガニックの米国産小麦粉やフランス産バター、ココナッツシュガーなど体に優しい上質な素材選びがおいしさの秘密だ。クッキーとパイ菓子のパルミエが約30種と豊富なラインアップ。マカダミアナッツやバラの花入り、パームシュガー(ヤシ糖)をキャラメライズしたクッキーなどがおすすめ。

住 九龍城獅子石道 9A　G/F
G/F, 9A Lion Rock Rd., Kowloon City
☎2382 2817　営11:00～20:00
休 無休　カード AJMV
地 宋皇臺駅 B3 出口

上／缶入りのクッキー詰め合わせは168HK$～　下／左からマカダミアナッツクッキー、アールグレーのパルミエ、アーモンド片をパームシュガーでキャラメライズしたレースクッキー(68～98HK$)

食べ比べが楽しいヌガー　MAP 別冊 P.3-3C

多多餅店（トートーベンティム）　Door Door Bakery

オリジナルの手作りヌガー(烏結糖)が有名。中心部から少し離れた美孚の駅前にあるローカルなパン屋だが、ヌガーを求めてお客が詰めかける。フレーバーが10種類あるソフトなヌガーは、アーモンド&ショウガ、クランベリー&マカダミアナッツなどが中にたっぷり入っている。おすすめはクリスピーコーンが入ったチョコレート系と黒ゴマ。クッキーも人気で、サクサクの軽い食感と素朴な風味。

住 美孚美孚新邨百老匯街 65　G/F
G/F, 65 Broadway St., Mei Foo Sun Chuen, Mei Foo
☎2370 3880、2148 3117　営6:00～22:00　休 旧正月 3 日間　カード 不可　地 美孚駅 A 出口（出口を出てすぐ右側）

左／メインの商品はパン　中／ヌガー5個入りは20～28HK$　右／クッキーは25種類あり量り売り(1ポンド<約450g>100HK$)。店のおすすめはチョコレートとコーヒーチョコレート

ミュージックショップ／ブックショップ

今や貴重となったCDショップ　MAP 別冊 P.32-2A

威威店（ワイワイディム）　Win Win Shop

レコードやカセットの時代から今にいたるまで、30年以上にわたって香港の音楽ファンたちの天国ともいうべき存在。CDショップが激減しているなか、女性店主が世界を回って集めた在庫の豊富さは特筆もの。 また香港アーティストの在庫にも力を入れており、人気再燃の復刻版レコードや高音質盤などマニアックなアイテムもある。

住 旺角通菜街 49　G/F
G/F, 49 Tung Choi St., Mongkok
☎2782 2848　営12:00～21:00
休 旧正月 3 日間
カード AMV　地 旺 E2 出口

上／店内にはところ狭しと商品が並ぶ　下／店主のおすすめ広東語新譜。左から右にイーソン・チャン、ヒンズ・チョン、クリスタル・ティン、スキー・セク

雑貨コーナーやカフェも備わる本屋　MAP 別冊 P.21-2C

三聯書店（サームリュンシューディム）　Joint Publishing (H.K.)

中国書籍の出版会社の経営。香港に17店あり、ここは灣仔文化生活薈と銘打ちライフスタイル全般を網羅。1～2/Fが書籍、3/Fが文具&雑貨とカフェという造りだ。モダン過ぎない普通の書店の感じが親しみやすく、学校や会社帰りの人が立ち寄る人気の駅前書店だ。3/Fの「ブック・カフェ」は休憩スポットにも使える。

住 灣仔柯布連道 1-1A
1-1A O'Brien Rd., Wanchai
☎2838 2081　営10:30～21:00（カフェは～19:30）　休 旧正月2 日間
カード MV　地 灣 A3 出口
[中環店] 住 中環域多利皇后街 9
☎2868 6844　map 別冊P.18-2A

香港の写真集。料理本もある(1/F)

上／中国語の書籍がメインで8万冊以上が並ぶ　下／1/Fにある窓際のひとり読書席は、店のひそかな人気スポット

新コンセプトでリニューアルした老舗書店 MAP別冊 P.29-3C

商務印書館（尖沙咀圖書中心） The Commercial Press (Tsimshatsui)

もとは上海の会社で1914年に香港で書店を開業。その後香港企業として独立し、20店以上の店舗をもつ香港最大の書店に。新たな体験を生み出すというコンセプトを掲げた尖沙咀店は、広いスペースを整然と見やすくレイアウト。中国語の本がメインで、洋書もある。カフェスペース、おみやげによいグッズコーナーも設置。

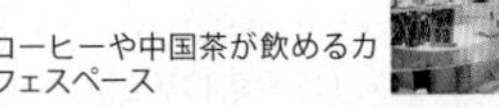

コーヒーや中国茶が飲めるカフェスペース

住 尖沙咀彌敦道 83-97 華源大廈 G/F25 號舗及1樓 Shop 25, G/F & 1/F, Tsimshatsui Mansion, 83-97 Nathan Rd., Tsimshatsui ☎2904 1988 営11:00～21:00 休 無休 カード AMV 地 尖 C2 または A1 出口 ［他店舗］住 銅鑼灣怡和街 9 ☎2890 8028

2021年に移転しモダンなブックショップとして登場

写真やイラストで香港の街や歴史、生活を紹介する書籍は、旅行者にもおすすめ

おもな書店

	書店名	データ	コメント・カード・地下鉄出口・地図位置
中環／灣仔	ブッカジン Bookazine	住 中環金融街 8 國際金融中心商場 L3 3092C 舗 Shop 3092C, L3, IFC Mall, 8 Finance St., Central ☎2813 2770 営10:00～21:00 休 無休	1985 年創業。おもに洋書を扱い、在住欧米人御用達の店。絵本や知育おもちゃなど子供向けのグッズも充実、しゃれたカードや文房具もある。カード JMV 地 中 A 出口 map別冊 P.11-2C
銅鑼灣	崇文堂（ソンマントン） Sobundo	住 銅鑼灣軒尼詩道 555 崇光百貨 11/F 11/F, Sogo, 555 Hennessy Rd., Causeway Bay ☎2893 6083 営10:00～22:00 休 無休	崇光（そごう）の中にある日本語の本を扱う書店。雑誌、漫画、小説、専門書、児童書まで日本語書籍がズラリ。カード ADJMV 地 銅 D2 出口 map別冊 P.19-2A
油麻地	中華書局（チョンワーシューコッ） Chung Hua Book Co.(Hong Kong) Ltd.	住 油麻地彌敦道 450 450 Nathan Rd., Yaumati ☎2385 6588 営11:00～21:00 休 旧正月 3 日間	九龍地区最大規模の中文書の書店。3 フロアに簡体字・繁体字合わせ 2 万冊以上が揃う。カード AJMV 地 油 C 出口 map別冊 P.31-2B

COLUMN

ライフスタイルを発信する書店「誠品生活（センバンサンウッ）」

台湾からやってきた複合書店。メインは書籍だが、文具や雑貨、CD、香港伝統食品などのコーナー、カフェなどが備わり、見て回るだけでも楽しく、しゃれたおみやげも見つかる。写真の銅鑼灣のハイサン・プレイス（→ P.266）店のほか、尖沙咀スターハウス内にもある。

台湾の手作り石鹸「艋舺肥皂」は香りも使い心地も優しい。ギフトセット 420HK$

左／イギリス人デザイナーの点心のイラスト入りトートバッグ（170HK$）
中／ランチボックス入れにちょうどいいサイズのバッグ（160HK$）
右／ 8/F ～ 10/F の 3 フロアにあり、写真は 10/F の文具&雑貨コーナー

10/F の「天仁茗茶」はブレンドティー（19HK$ ～）が人気のお茶スタンド

誠品生活 Eslite Spectrum
住 銅鑼灣軒尼詩道 500 希慎廣場 8～10 樓 8/F～10/F, Hysan Place, 500 Hennessy Rd., Causeway Bay ☎3419 6789 営10:00 ～ 22:00 休 無休 カード AJMV 地 銅 F2 出口 map別冊 P.19-3A
住 尖沙咀梳士巴利道 3 星光行 2～3 樓 2/F&3/F, Star House, 3 Salisbury Rd., Tsimshatsui ☎3419 1088 営10:00～22:00 休カード 同上 地 尖 E 出口 map別冊 P.28-4A

オーダーメイド

香港ではさまざまなものがオーダーメイド可能だ。オーダーメイドは職人と顧客が細かいやりとりのうえで作り上げていく、いわば共同作業である。遠慮せずにどんどん注文をつけ、質問をして納得いくものを手に入れよう。

オーダーでのチェックポイント

心得4ヵ条

1. 何軒か見て、相場や店員の応対、商品知識などを参考にして店を決める。
2. 払ったお金は戻ってこない。前金という形で何割かだけを支払い、全額は払わないこと。
3. クレジットカードを使用すれば、品物が届かないなどのトラブルの際、カード会社が店と交渉してくれることもある。
4. 確実な品を作るには、送付してもらうのを避け、仕上がりをチェックしたい。

送付を依頼する場合、送付方法や送料の支払い、受け取り日、クレームの対処法までちゃんと確認しておこう。

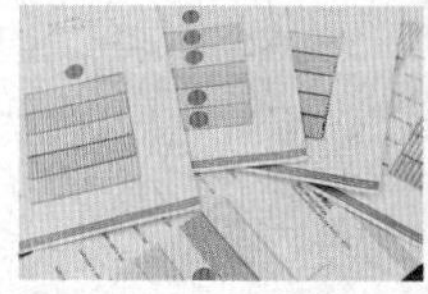

洋服を作る場合のポイント

1. 採寸しやすい服で行こう（試着も同様）。オーダー時に不明な点をよく聞き、疑問を感じるような応対ならば、その店でオーダーすべきでない。
2. 試着したら、かがむ、バンザイ、座るといった日常動作をしてみる。
3. 襟、ポケット、ボタン部分、柄合わせといった目立つ箇所のチェックを念入りにする。

★クリーニングの際のアドバイスを受けておくこと。

左／シャツの生地見本。写真はスイスコットン　右／伝統的なチャイナドレスの仕立てで定評のある年華時装公司（→ P.283）

バッグを作る場合のポイント

1. 手持ちの服や靴とのコーディネートを考え、店内にあるサンプル商品のバリエーション（色や素材を変える）で楽しむのが安心。

靴を作る場合のポイント

1. その靴を履く状態で午後に採寸しよう(試着も午後がよい)。
2. 試着時には両足ともしっかり履いて、歩いたり動いてみる。
3. 送ってもらうのはおすすめできない（完成のチェックができないから）。

※日本への持ち込み禁止の革製品に注意。ワニ革は香港政府発行の税関用の証明書を付けてくれる、ライセンスをもった店で。この証明書がないと日本へ持ち込めない。

※オーダーメイドでトラブルが生じた場合は香港消費者委員会（Hong Kong Consumer Council）☎2929 2222（土・日曜、祝日は除く）へ。

靴のオーダーは要注意

靴のオーダーは非常に難しく、細かく注文をつけることが必要。また、仮縫いの靴を履いてみることが非常に大切。

筆談にも役立つ オーダーメイドの際の英語＆広東語

このワンピース（ブラウス）と同じデザインのものを作ってください。
Please make a dress(blouse) same as this one.
唔該你做同呢件一模一樣款嘅連身裙(恤衫)。
ムゴイ ネイ チョウトン ニーギン ヤッモウヤッヨン ゲ リンサンクワン（ショッサーム）

生地はシルクにしてください。
Please make a cloth with silk.
唔該同我用絲質布料做。
ムゴイ トン ンゴー ヨン シーチャッポウリウチョウ

生地代はいくらですか？
How much does the materials cost?
布料要幾多錢？
ポウリウ イウ ゲイトーチン

仕立て代はいくらですか？
How much does the sewing charge?
手工要幾多錢？
サウコン イウ ゲイトーチン

この紙に書いてください。
Please write it down on this paper.
唔該你寫底呢張紙度。
ムゴイ ネイ セータイ ニーチョン チートウ

いつできあがりますか？
When do you finish up?
幾時起到貨呀？
ゲイシー ヘイトウ フォーア

仮縫いはいつですか？
When do I come for fitting?
請問幾時可以試身呀？
チェンマン ゲイシー ホーイー シーサンナ

少し袖丈を長く（短く）してください。
Please make the sleeves longer (shorter).
唔該你同我改長（短）袖。
ムゴイ ネイ トン ンゴー ゴイチョン（デュン）チャウ

この住所に送ってください。
Please send it to this address.
唔該你寄去呢個地址。
ムゴイ ネイ ケイホイ ニーコ デイチー

送料はいくらですか？
How much is the postage?
郵費要幾多錢？
ヤウファイ イウ ゲイトーチン

オーダーメイドの店

普段着からレトロタイプまでオーダーできる

MAP別冊 P.18-2A

年華時装公司 Linva Tailor

アジアンテイストのファッションが人気を集めているが、レトロな雰囲気のチャイナ服にも注目してみたい。ここは1960年代オープンの香港のテイラーのなかでも老舗。店主の梁さんはベテランの職人で、さまざまな美しい"時装"を生み出している。デザインは1930年代のレトロなタイプのものが多いが、布地の種類が多いので、普段着のブラウスやワンピースも作れる。所要2週間ほど。郵送も可能(有料)。

住 中環閣麟街 38
38 Cochrane St., Central
☎2544 2456 FAX2544 8405
営9:30～18:00
休 日曜、旧正月10日間
カード A M V 地 中 D2 出口

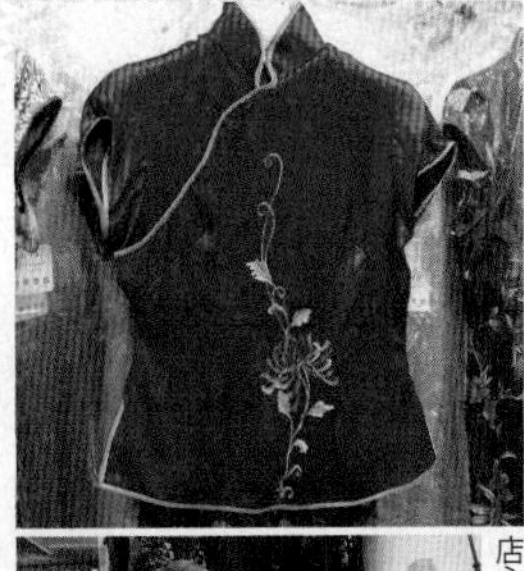

店主の梁さん

左／ズラリと並ぶ既製品は、気に入ればお直しも可能
右上／深紅のシルク地に刺繍が映えるチャイナブラウス(2800HK$)

一人ひとりにぴったり合う一着を作製

MAP別冊 P.33-3B

十壹十三 Tenone Tenthree

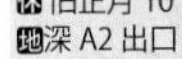

深水埗の生地屋街にある中国服専門のオーダーメイド店。シルクや麻、コットン、デニムまで生地の種類が豊富で、スタイルも伝統的なチャイナドレスからアレンジを加えた普段着まで思いのまま。店主はコミュニケーションを大事にし、好みに合った生地選びや用途に即したスタイルを提案してくれる。チャイナドレスは仕立て代3500HK$～、生地代は150～600HK$くらい。完成まで数ヵ月を要し、不満のないよう完成品は試着をして手渡すのがモットーだが、旅行者の場合は郵送してくれる(有料)。男性物も得意とする。

住 深水埗基隆街 177 G/F
G/F, 177 Ki Lung St., Sham Shui Po
☎6011 0162 営10:30～18:00(日曜、祝日は予約客のみ)
休 旧正月10日間 カード 不可
地 深 A2 出口

左／レースが美しいロング丈のチャイナドレス 右下／生地は店内に300種くらいストックがある。持ち込みの生地でオーダーも可能

右はシンプルなコットンのチャイナドレス3650HK$、左は男性物の綿入りのシルクのベスト(約5000HK$)

一生モノのオーダーメイド印鑑

MAP別冊 P.28-4B

タンズ Tangs

きめ細かな対応で信頼と実績を誇る印鑑専門店。世界各国から良質の石を厳選し、篆刻家の鄧力行氏が手彫りで仕上げる。パワーストーンとしてのお守り効果もあるとされる天然石のほか、カラフルな人工石など30種以上の石材(350～1200HK$)が揃う。女性には幸運を招く赤水晶、男性には金運や仕事運によい虎目石が人気。朱肉入れと揃いで購入する人も多い。社判のオーダーも増えているという。加工費は文字数に関係なく200HK$～、イラストは250HK$～(デザイン持ち込み可)。所要2日。日本語可。

住 尖沙咀梳士巴利道 香港半島酒店 M/F, Shop MW4
Shop MW4, M/F, The Peninsula Hong Kong, Salisbury Rd., Tsimshatsui
☎2721 1382、9191 7299
営10:00～18:00 休 旧正月4日間
カード A J M V 地 尖 E 出口

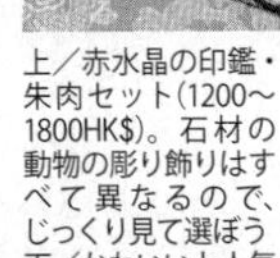

上／色とりどりの石材が並ぶ店内 下／七宝焼きの朱肉入れも種類豊富(各250HK$)

上／赤水晶の印鑑・朱肉セット(1200～1800HK$)。石材の動物の彫り飾りはすべて異なるので、じっくり見て選ぼう
下／かわいいと人気のネコの飾りの印鑑

Chinese Tea

中国茶

中国茶の種類と選び方

1 緑　茶（不発酵）

香片茶・茉莉花茶（花茶）・龍井茶

日本と違って蒸さずに煎って作る。色はあまり出ないが、渋味や苦さはないので飲みやすい。花茶はこれに花を交ぜて作る。

茶葉を糸でつないで球状に固めたジャスミンティー（茉莉大龍珠）。お湯に入れてしばらくすると、花のような形に開く

2 白　茶（弱発酵）

銀針白毫・壽眉茶

白いうぶ毛のようなものが生えた新芽を使っている。いわゆる"新茶"のようなもの。高価。美肌効果がある。

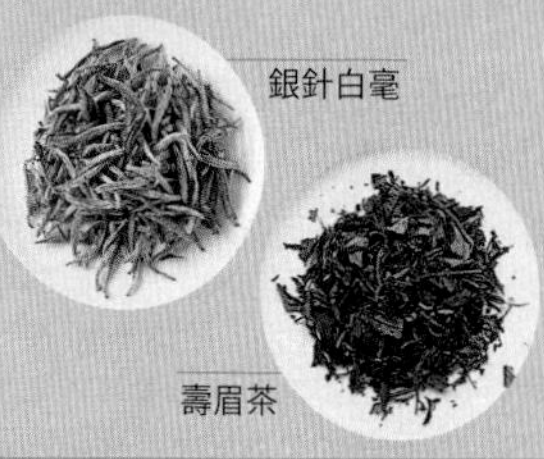

3 青　茶（半発酵）

烏龍茶・鐵觀音・水仙茶

中国南部の福建省、広東省が名産地。脂肪を分解する成分が多く含まれる。渋味が少なくまろやかな味。

"中国茶の四大美人"と呼ばれる人気銘柄

1. 普洱茶
2. 龍井茶
3. 香片茶
4. 鐵觀音

4 紅　茶（完全発酵）

荔枝紅茶・玫瑰紅茶

高品質な紅茶にフルーツ果汁を合わせた、いわゆるフレーバーティーのようなものが人気。香りに特徴があるものが中心。

5 黒　茶（後発酵）

普洱茶・六安茶

古いものほど価値がある。麹菌で発酵させた茶葉。20年物で600HK$、10年物で180HK$（1両）。減肥効果があり女性に人気。疲労回復にもよい。

ひと口に中国茶といってもその種類はいろいろで、銘柄や今ではほとんど生産されていない幻のお茶まで数えると、その数は何百にもなる。ちなみに香港の人たちにいちばん人気があるのは普洱茶(ポーレイチャー)だ。お茶の香りと風味に秘められた奥深い世界をのぞいてみよう。

世界のお茶のルーツは中国にあり

最近は日本でも「中国茶ブーム」で、烏龍茶(ウーロンチャー)や鐵觀音(ティッグンヤム)という名前は、誰でも知っているだろう。中国のお茶の歴史は古く、有史以前の伝説時代まで含めると、実に3000年の歴史がある。

トルコではお茶のことを「チャイ chay」と言うが、これは中国語の「チャア cha」音がなまったもの。また英語の「ティー tea」の語源は中国福建省の方言「デエ」にあるとされている。つまり世界中のお茶という言葉のルーツは、皆中国にあるのだ。いかに中国のお茶が昔から有名で、注目を集めていたかがわかる。

中国茶の購入方法と保存方法

“両”という単位による量り売りが基本（1両は37.5g）。量り売りのもののほうが品質が確かでよい。普洱茶は餅茶という塊（普洱茶を円盤状に固めたものでこれを砕いてお茶を入れる）のものが高価で珍重される。

●量り売りのお茶の単位
1斤＝16両≒600g
1/2斤＝8両
1両≒37.5g
100g≒3両

●保存方法
普洱茶は紙の袋に入れて缶に入れておけば何年でももつ。ほかの茶葉は缶に入れ、湿気を避けて冷暗所に保管する。このときに乾燥剤は不要（臭いが移るため）。保存に最適な缶は錫（すず）製である。みやげ用で陶器の壺入りのものがあるが、湿気の問題があり、保存には向かない。

おいしい中国茶の入れ方

鐵観音

6ヵ月〜1年物は新茶と呼ぶ。等級が上のものほど茶葉が大きい。

1. 茶葉はティーポット（小型のもの）の半分くらいまで、多いかなというくらい入れる。
2. 湯温…100℃の熱湯。
3. 最初に注いだ湯は捨てる。
4. 再度100℃の湯を注ぎ、30秒蒸らしてから飲む。
5. その次は100℃で50秒蒸らす。
6. その次は100℃で70秒蒸らす。
7. 蒸らす時間は20秒ずつ増やして8回目まで飲める。

緑茶

1. 日本茶の3分の1くらいの量が1回分として適当である（少ない量で十分）。
2. 湯温…80℃。
3. 中国式ではフタ付き湯飲み（蓋碗）で入れる。湯を注いでフタをし、少し蒸らしてからフタを少しずらして湯を捨てる（一番茶は渋味が出るため）。
4. 再度80℃の湯を注ぎ、フタをして50秒蒸らしてから飲む。
5. その次は80℃で60秒蒸らす。
6. その次は80℃で70秒蒸らす。
7. 緑茶はだんだん甘味が出てくる。3〜4回は飲める。

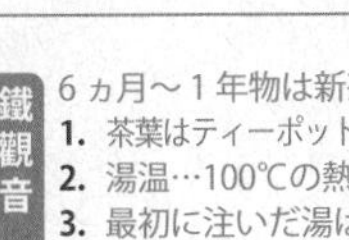

1 茶葉を茶器へ

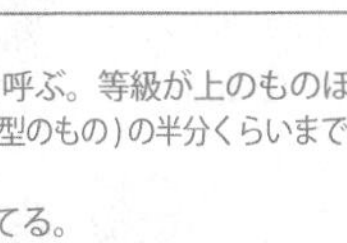

2 たっぷりお湯を注ぐ

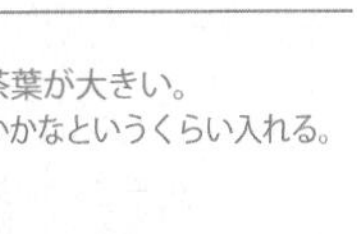

3 少し蒸らして1杯目は捨てる（茶器を温めるために茶杯に注ぐ）

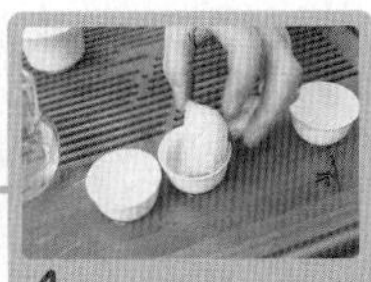
4 茶器を1杯目のお茶で温める

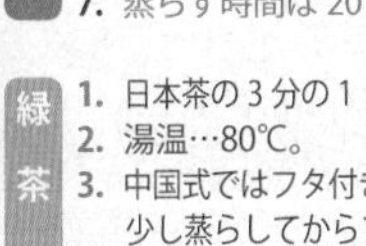

5 2杯目から茶器へ

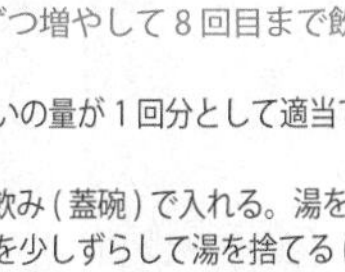

6 ひと口サイズの茶器につぎ分けられる

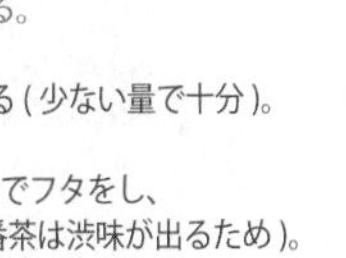

7 まずはお茶の香りを楽しもう

※水の中の不純物を取る「麦飯石」という石をヤカンの中に入れて湯を沸かすところもある。

取材協力：林奇苑茶行 （→P.286）

福建産の銘茶を厳選

MAP別冊 P.16-3B

福建茶行（フォッキンチャーホン） Fukien Tea Co.

1952年創業、昔ながらの茶店のたたずまいを残す店内は、時が止まったかのよう。店内にしみ込んだお茶の香りに癒やされる。先代の福建省出身の創業者から、茶葉の選別や焙煎の火入れのタイミングなど職人技を受け継いだ2代目の楊庭輝さんが、伝統の手法を堅持。おすすめは60時間ていねいに焙煎した鐵觀音。ほんのり甘く香りも味も深く強い芳醇なお茶だ。一方、焙煎6時間のすっきりした飲み口の清香鐵觀音もあり、試飲させてもらって好みのお茶を見つけよう。熟成が進んだ普洱（プーアル）茶もある。

住 上環孖沙街6
6 Mercer St., Sheung Wan
☎2544 7263 営9:00～19:00（日曜、祝日12:00～17:00） 休 旧正月4日間 カード 不可 地 上A2出口

ペガサスがトレードマーク。写真は店主の楊庭輝さん

右上／手前が60時間焙煎の「鐵觀音茶王（150g128HK$）」、後方が浅い焙煎の「清香鐵觀音茶王」（150g124HK$）。茶葉の色の違いが歴然

猫のキンちゃんが店番中

香港唯一、炭火焙煎の茶が買える店

MAP P.205

茗香茶莊（メンヒョンチャーチョン） Ming Heung Tea Import & Export Co.,Ltd.

1963年創業の老舗。ここでは現在も香港で唯一、炭火で茶葉の焙煎を行っている。炭火は火力が安定しており、遠赤外線効果で均一に熱が伝わるという。歴史を感じさせる雰囲気の店頭にはさまざまな種類の茶缶がズラリと並ぶ。おもに量り売りだが、最小で4両（150g）から買えるので、トライしてみよう。試飲はできないが、親切に教えてくれる。店主は潮州人なので、工夫茶（コンフーチャー、小さい茶器で入れる茶）で飲む鐵觀音は特に種類が多く、おすすめだ。

住 九龍城侯王道77-79
77-79 Hau Wong Rd., Kowloon City
☎2716 3698
営9:00～20:00
休 旧正月3日間 カード MV
地 宋皇臺駅B3出口

上／錫の茶缶は1980年代のもの
下／武夷産鐵觀音は普段使いにぴったり

現在は3代目主人の陳さんが経営の中心。潮州人の団結精神とお茶への情熱が光る

伝統包装としゃれたギフト用パッケージが揃う

MAP別冊 P.16-3A

林奇苑茶行（ラムケイユンチャーホン） Lam Kie Yuen Tea

上環にある1955年創業の茶葉専門店。中国大陸のお茶どころ、福建省、杭州、雲南省をはじめ、台湾で採れた質のよい茶葉を販売している。中国茶を手軽に味わえるティーバッグや、鐵觀音、烏龍、普洱、香片（ジャスミン）といった代表的な茶葉をカラフルなパッケージに詰めたギフトボックスなど、おみやげに適した品々を揃えており、日本人観光客のリピーターや香港在住日本人の常連も多い。サービスもよく、試飲もさせてもらえるので、申し出てみよう。

住 上環文咸東街105-107 105-107 Bonham Strand East, Sheung Wan
☎2851 0018 営9:30～18:00
休 日曜、祝日、旧正月7日間
カード AJMV 地 上A2出口

量り売りの茶葉は昔ながらの包み方で販売。鐵觀音は135HK$～/150g

左上／イラストがかわいい3種のティーバッグ詰め合わせ（12包120HK$）
右／店主のサムさん。お茶は試飲歓迎

鐵観音の銘茶あり！

MAP別冊 P.9-2D

林品珍茶行有限公司 Lam Pan Chun Tea Co., Ltd.

中国の潮州で約100年前に創業。広州を経て香港に店を構えて約70年という筋金入りの老舗。店内に並ぶ錫製の茶缶は、博物館クラスの年代物、飛行機がトレードマークの包装紙も古物マニアにはたまらない。潮州で欠かせない工夫茶に使われる鐵観音茶がよい。重焙煎の濃い味わいのものから軽めの焙煎で飲みやすいものまであり、おすすめは前者の「皇牌」という銘柄。ほうじ茶のような香ばしさと甘い香りのある六安茶の「超等香六安」もおすすめ。

住 上環干諾道西 45
45 Connaught Rd. West, Sheung Wan
☎2549 0281、2540 6251
営8:30 ～ 17:30
休 日曜、旧正月 1 週間
カード 不可　地上 C 出口

上／卸業がメインで、有名ホテルのレストランにも卸している。英語が通じる　下／レトロな包装紙がいい。鐵観音の皇牌は1包(150g)80HK$

自家茶園の有機栽培茶が自慢

MAP別冊 P.31-3A

雙魚茶館 Sheung Yu Tea House

雲南省にある自家茶園で丹精込めて育てた有機栽培のお茶など、厳選の茶葉が揃う。武夷正岩百年老欉(500 HK$/75g)は樹齢100年以上の野生の古木から採った希少なお茶で、糖尿病の予防効果もあるという店主おすすめのスペシャルティー。日本人観光客には、独特の香りとまろやかな味わいの雲南普洱(300 HK$/250g)や、円盤型の普洱茶(餅茶)が人気だ。茶具文物館(→P.119)にも店がある。

住 佐敦廟街 227
227 Temple St., Jordan
☎2748 7938　営13:00 ～ 22:00
休 旧正月 4 日間　カード A J M V
地 佐 A 出口

手前は30年物の餅茶、左は雲南普洱、右は巾着入り、1回分の茶葉を丸めたお茶玉

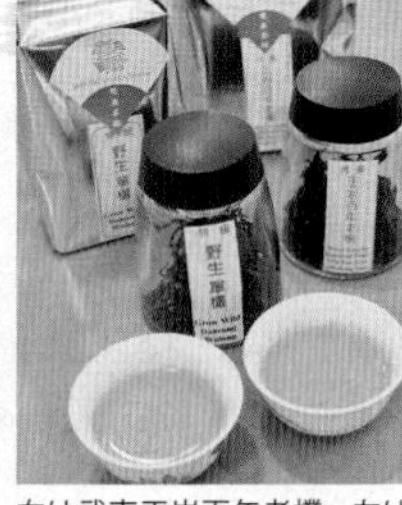

右は武夷正岩百年老欉、左は野生の烏龍茶、野生單欉(500HK$～)。試飲も可能

選ぶのが楽しいおしゃれパッケージ

MAP別冊 P.28-3A

福茗堂茶荘 Fook Ming Tong Tea Shop

モダンな店構えの福茗堂茶荘は、上質なお茶を詰めたしゃれたパッケージのギフト商品が揃っている。中国画をデザインしたものやマカロンの形状を模したものなどパッケージ缶で選ぶのもあり！　おすすめは南岩極品鐵觀音、潮安烏崠單欉(390HK$～/75g)といった希少な茶葉。香りも味わいも格別だ。手描きの景徳鎮の茶器も品揃え豊富。空港の出発フロアにも店舗がある。

住 尖沙咀廣東道 17　海港城海洋中心 3 樓　Shop 313B
Shop313B, L3 Ocean Centre, Harbour City, 17 Canton Rd., Tsimshatsui　☎2735 1077
営11:00 ～ 21:00　休 無休
カード A J M V　地 尖 A1 出口
［他店舗］住 中環金融街 8　國際金融中心商場 3 樓 Shop3006
☎2295 0368

上／右は好みのお茶を詰められるマカロン形のギフト缶(1缶180HK$)。左は八宝茶の詰め合わせ　下／高級感漂う店

雲南の普洱茶を極めた店

MAP別冊 P.29-2C

新星茶荘 Sun Sing Tea

もともとは中国茶葉の卸商が1996年に開いた店。特に雲南省の普洱茶に精通しており、ビンテージ品からオリジナルの餅茶まで種類豊富に扱っている。熟成年数や製法によって香りや味わいが異なり、芸術品のごとく奥が深い普洱茶。店のスタッフのアドバイスを受けつつ、試飲して選ぶとよい。ほかにも烏龍茶や緑茶、花茶や白牡丹の茶葉に花を細工した工藝茶など種類が多く、パッケージデザインも凝っている。銅鑼灣店はティーサロンも併設している。

住 尖沙咀加拿芬道 16 號 A
Shop A, 16 Carnarvon Rd., Tsimshatsui　☎2301 2020
営10:00～ 19:00　休旧正月 3 日間　カード A J M V　地 尖 B2 出口　［他店舗］住 銅鑼灣羅素街 38　金朝陽中心 32 樓 3201 室
☎2835 2889

上／左は武夷岩茶のなかで最高峰の「大紅袍」(300HK$)。右は口当たりが柔らかく甘味のある、20年物の普洱茶(1000HK$～)
下／年代物から新茶まで並ぶ普洱の餅茶のコーナー

漢方初心者向け製品もある老舗漢方薬店

MAP別冊 P.29-2D

余仁生（ユーヤンサン） Eu Yan Sang

1879年創業の歴史ある漢方薬店。香港内には58店あり、おもなショッピングセンター内に出店している。各店舗で扱う生薬や漢方薬材は新界・元朗にある最新設備の工場で品質管理、生産されており、安心して漢方薬を購入できる店として定評がある。地元では生薬を処方してもらう人が多いが、観光客にはあらかじめ製剤された健康や美容維持のための製品がよいだろう。

不眠、消化不良など、気になる症状に合わせて選べる漢方茶は、モダンなパッケージに効能もわかりやすく表示されている。顆粒状にした生薬がブレンドされていて飲みやすく、購入しやすい価格。漢方初心者でもトライしやすい。

住 尖沙咀金馬倫道 29 G/F A 號舗 Shop A, G/F, 29 Cameron Rd., Tsimshatsui ☎2366 8321
営10:00～20:00 休 旧正月1日
カード A M V 地 尖 B2 出口
［他店舗］住 中環皇后大道中 138 威享大廈 G/F, 2 號舗 ☎2758 1183

上／商品の種類ごとに棚で分類されている
下／左はのどによいハッカ入りのどシロップ（69HK$）、右は美肌によいとされる真珠パウダー（40HK$）

お湯で溶いて飲む顆粒状漢方ドリンク（各79HK$）。右は体を温め消化促進によいジンジャードリンク、左は体の熱を取るのにいい羅漢果と桑の葉、菊を混合したもの

手軽に試せる漢方スープのレトルトパック。効能書きを参考にしよう（75～98HK$）

清代から続く老舗の漢方店

MAP別冊 P.18-1A

北京同仁堂（バッキントンヤントン） Beijing Tong Ren Tang

創業は1669年。宮廷御用達の漢方薬商として歴代皇帝に仕えてきた、北京に本店のある漢方薬店。香港内に68店、世界各国にも出店している。ここ上環駅近くの徳輔道にある店は香港内で最大規模を誇る旗艦店。重厚で華麗な内装の店内は歴史を感じさせる。薬材の箪笥があるカウンターでは個々の症状に合わせた漢方薬の調合を行う。商品は冬虫夏草や霊芝、高麗人参などを配合した生薬が豊富にあるほか、漢方の代表的処方を飲みやすいカプセルや錠剤にした成薬や薬膳スープセットなどを販売している。フェイスマスク、保湿ジェルなどの自社開発の美容製品も並ぶ。

住 中環德輔道中 163 香港貿易中心 G/F G/F, Hong Kong Trade Centre, 163 Des Voeux Rd. C., Central
☎3105 0016 営10:00～20:00
休 旧正月3～4日間 カード M V
地 上 E3 出口
［他店舗］住 尖沙咀彌敦道 83-97 華源大廈 G/F 38 號舗 ☎2812 9886

真珠パウダー、イチョウやアロエの成分を用いたフェイスマスク（各80HK$）

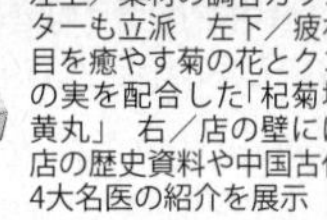

左上／薬材の調合カウンターも立派　左下／疲れ目を癒やす菊の花とクコの実を配合した「杞菊地黄丸」　右／店の壁には店の歴史資料や中国古代4大名医の紹介を展示

COLUMN 中国4000年の知恵の結晶、漢方薬にトライ

香港では、漢方薬は中医の診断により処方される。医師は西医（西洋医学の医師）と中医（中国医学の医師）にはっきり区別され、漢方薬（生薬。毎日煎じて飲むもの）の処方箋を書くのは中医だ。

漢方薬店は、薬局のように処方箋を持参した客に調合、配薬するタイプと、中医が勤務し、その場で診察して配薬する（各種施術も可能）診療所タイプのふたつに分けることができる。また、生薬ばかりでなく成薬（手軽な丸薬や錠剤）も置いてあったりする。煎じて飲む生薬のほうが効果的だが、継続して飲むことを考えると成薬の便利さも捨てがたい。日本の中医の処方箋を受け付ける店もあるので、利用するのも手だろう。

※ワシントン条約で禁止されている動物の部位を薬材とする薬は日本へは持ち込めない（→ P.453 コラム）。

キッチン雑貨をおみやげに

台所用品&食器の店を巡る

香港の食文化が生んだ道具や食器を見て歩くのも楽しい。思いがけない掘り出し物や持ち帰りたくなるかわいいアイテムに出合えることも。超ローカルな店からハイセンスな店までおすすめ店をご紹介。

店主の盧さん。この小さなスペースが店だが、商品は豊富で掘り出し物探しが楽しい

暮らしに根づいた中国陶磁器の宝庫

福成元記（フォック セン ユン ゲイ）

西營盤の坂の途中のスタンド風の空間に、ところ狭しと陶磁器が詰まっている。2代目店主の盧さんによると、50年の歴史をもつ老舗で、昔は西營盤や上環一帯に陶磁器を扱う店が多かったそう。香港映画や香港デザインでおなじみの「公雞(ニワトリ柄)」をはじめ、縁起のよい「萬壽無疆」、「青花鯉魚」、繊細な透かし模様「青米通」など、景徳鎮の代表柄の食器が安価で手に入る。

普段使いの食器がメイン。他店に比べ安い

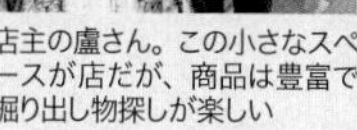

茶杯は最小が20、写真のものが25HK$。小皿は20HK$

茶碗は9HK$からあり、写真のものは30HK$

蓋と受け皿付きの茶器 90HK$。紫砂の茶道具もある

住 西營盤皇后大道西 299 A舗　299A Queen's Rd. West, Sai Ying Pun　☎ 9604 5227　営 10:00 ～ 18:00　休 不定休、旧正月 1 週間　カード 不可　地 西 B1 出口　map 別冊 P.8-2B

レトロでモダンなセレクトショップ

黑地（ハッディ） Hak Dei

グラフィックデザイナーの周志鵬さんが始めた「黑地」は、キッチン道具好きにはたまらない品揃え。実用品にこだわり、機能美のあるアイテムを集めて、販売している。鍋や調理器具もあり、コーヒー用品も充実。

茶餐廳の定番ミルクティーカップ&ソーサー(24HK$)

香港のプラスチック製品のブランド「紅 A」のゼリー型（1 個 6HK$)

旺角の新スポット「618 上海街」内にある

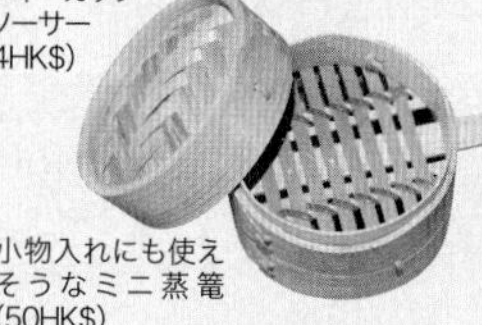

小物入れにも使えそうなミニ蒸篭(50HK$)

老舗、駱駝牌(CAMEL) のレトロ魔法瓶(280HK$)

中国茶の茶缶(65HK$)

住 旺角上海街 618　618 上海街 G/F G04C　G04C, G/F, 618 Shanghai Street, 618 Shanghai St., Mongkok　☎ 9806 1476　営 11:30 ～ 20:30　休 無休　地 旺 C2 出口　map 別冊 P.32-1A

ニワトリ柄の食器を大量ストック

雞公碗專賣店（ガイコンウンチュンマイディム） Cook Bowl Shop

醤油差し(35HK$)

店主の鄧さん。小さな店に陶製品が詰まっている

食器ファン垂涎のお宝店。卸が中心だったが現在は小売りも行っており、特にニワトリ柄の食器を豊富に扱っている。この柄にひかれた店主の鄧さんが中国国内で買い集めた品々だ。おもに中国広東の客家の人が使用していたもので、1920 ～ 1950年頃の古い品のストックもある。茶器や手描きの作品など商品は多彩。

左／レンゲも種類豊富（5 ～ 13HK$)
上／お碗だけでもサイズや画風がさまざまある

ティーポットは60HK$。ニワトリと牡丹の花、バナナの葉の３つがセットで描かれており、それぞれ功名(出世)、富貴(裕福)、豊作の意味がある

住 元朗泰豐街 20-24　普利樓 G/F A2 埔　A2, G/F, Polly Mansion, 20-24 Tai Fung St., Yuen Long　☎ 2634 7533　営 11:00 ～ 19:30　休 旧正月 6 日間　カード 不可　map P.356

＼日本のよさを再発見！／

地球の歩き方 国内版シリーズ

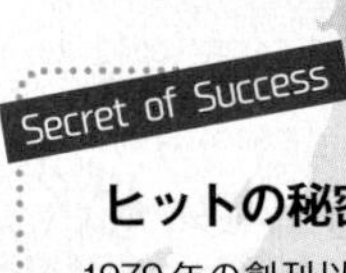

ヒットの秘密

1979年の創刊以来、海外ガイドブックの発行を続けてきた「地球の歩き方」。2020年に初の国内版「東京」を創刊。これまでの海外取材で培った細かな取材力、その土地の歴史や文化、雑学などの情報を盛り込むことで、地元在住者に支持され大ヒット。次の新刊もお楽しみに！

＼47都道府県全制覇なるか

地球の歩き方国内版シリーズ
定価：2020円（税込）～
https://www.arukikata.co.jp/web/catalog/directory/book/guidebook-j/

エンジョイメントガイド

Enjoyment Guide

夜景 尖沙咀でカジュアルに絶景&料理が楽しめる

MAP別冊 P.29-3C

アイバー eyebar

尖沙咀の高層階のバーのなかでも、ダイナミックな夜景が満喫できるのがここ、アイ・スクエア30/Fにあるアイバーだ。全面ガラス張りのスタイリッシュな店内もよいが、バルコニーからは香港島の夜景に手が届きそう。バルコニー席は人気なので、18:30頃のサンセットタイムから訪れたい。このバーはダイニングの「南海一號」に併設されていて、モダンな中国料理もオーダーできるので、夕食を兼ねてゆっくりと夜景を楽しむのがおすすめ。カクテルはホワイトワインとブランデーで作るアップルサングリアが人気。

住 尖沙咀彌敦道63 國際廣場30樓 30/F, iSQUARE, 63 Nathan Rd., Tsimshatsui
☎2487 3988
営15:00～24:00 休 無休
カード AMV 地 尖 H 出口
※予約不可。

左／バルコニー席からはきらめく香港島の夜景が望める　右／右は人気のカクテル、パッションフルーツたっぷりのパッションファッション（148HK$）

夜景 九龍サイドのスカイラインが一望できる Cruise 空中餐廳及酒吧（ホンチョンチャンテンカップチャウバー）

MAP別冊 P.144-1B

クルーズ・レストラン&バー Cruise Restaurant & Bar

北角の海沿いに立つハイアット・セントリック・ヴィクトリア・ハーバー・ホンコン(→P.337)のルーフトップに立地。広い屋内スペースと屋外のテラス席があり、九龍の雄大なスカイラインをさまざまな角度から楽しめる。独創的なミクソロジーカクテルと、ひねりを効かせたモダンアジア料理とともに思い出を刻みたい。一部のカクテルやビール、ワインが半額になるハッピーアワー(日曜・祝日を除く16:00～19:00)は要チェック。

ドライジンとドライベルモットのカクテル「ザ・フェンダー」

住 北角北角邨里1 香港維港凱悅尚萃酒店西座23樓 23/F, West Tower, Hyatt Centric Victoria Harbour Hong Kong, 1 North Point Estate Lane, North Point ☎3896 9898 営12:00～24:00（金・土曜～翌1:00）
休 無休 カード AMV 地 北 A1 出口 ※予約をしたほうがよい。

テラス席も人気。対岸の紅磡から尖沙咀、西九龍まで見渡せる

上／夜はシックな雰囲気に一変　下／「レインボーズ&ユニコーン」はジンベースにココナッツ、ライム、パイナップルを合わせた人気カクテル（128HK$）

夜景 大迫力のスペシャルな夜景を満喫

MAP別冊 P.11-3C

セーヴァ SEVVA

N.Y.で活躍するデザイナーとシェフのグループが手がけるスタイリッシュなレストランバー。中環のど真ん中、プリンスビルの最上階が、まさに都会の天国となっている。おしゃれな室内の席もよいが、人気はオープンテラス席。もうひとつの魅力は各国シェフたちが腕を振るう料理やスナック類だ。お酒のつまみにはチキンウイングがベストチョイス。テーブル席は要予約で、ミニマムチャージが700HK$となっている。会社帰りのビジネスマンにならって、テラスのスタンドテーブルで立ち飲みするのもいい。※2024年5月、閉店予定。

住 中環遮打道10 太子大廈25/F 25/F, Prince's Bldg., 10 Chater Rd., Central ☎2537 1388
営12:00～22:00（木～土曜～24:00）
休 日曜、祝日、旧正月3日間
カード AJMV 地 中 H または K 出口 ※テーブル席は要予約。

左／趣向を凝らしたカクテル。手前はライチ&ユズのオリエンタル・ビューティ、右はキュウリとスイカのモヒート　右／目の前に銀行ビルが迫り、遠景には海が。スタンド席はチャージ不要。水～土曜の夜はジャズなどの生演奏あり

夜景 エキサイティングな天空のバー　MAP別冊 P.24-4A

オゾン　Ozone

ザ・リッツ・カールトン・ホンコンの最上階のオゾンは、世界で最も高い位置にあるバーだ。地上490mからの眺めと、自然のモチーフをスタイリッシュにデザインしたインテリアが、非日常の空間へといざなう。さらに夢心地にさせてくれるのが、極上のカクテルの数々。「HKスカイライン」はラベンダーのスモークとともにイリュージョンのようにサーブされる。シャンパンのフォームとまろやかなラム酒が溶け合うカクテルは、エンターテインメントな逸品。

住九龍柯士甸道西1　環球貿易廣場　香港麗思卡爾頓酒店118/F
118/F, The Ritz-Carlton, Hong Kong, International Commerce Centre, 1 Austin Rd. West, Kowloon
☎2263 2270　営月～金曜16:00～翌1:00（土曜12:00～、日曜12:00～24:00）休無休
カードADJMV　行き方九龍駅から徒歩約5分。※ドレスコードがあり、ビーチサンダル、男性の袖なしシャツは入店不可。

上／夜景が眼下にきらめく　下／手前は「グリーンビレッジ」、中央はウオッカとラズベリーの「ドラゴンズバック」。左が「HKスカイライン」。カクテルは148HK$～

「HKスカイライン」は雲の上にあるこのバーをイメージしたカクテル。目の前でカバーを取るとラベンダーの香りのスモークが広がる

カクテルバー ジャズの生演奏とともに極上のカクテルを　MAP別冊 P.29-4D

ダークサイド　DarkSide

「ダークサイド」はその昔、開発が進んでいなかった九龍半島を揶揄した表現で、そんな歴史にあえて敬意を込めてネーミング。歴史と革新がクロスオーバーする遊び心のあるインテリアで、ローカルも旅行者も集う。数々の受賞歴を誇るバーだけあって、カクテルが秀逸。派手な見た目や仕掛けがあるわけではないが、クラシックカクテルに創造性あふれるテクニックを加えた洗練されたカクテルを楽しみたい。毎晩20:00からジャズの生バンドが演奏し、ムーディな雰囲気に。食後の夜景観賞も兼ねて訪れたい。

住尖沙咀梳士巴利道18 香港瑰麗酒店2樓
2/F, Rosewood Hong Kong, 18 Salisbury Rd., Tsimshatsui
☎3891 8732　営17:00～24:00（金・土曜～翌1:00、ラストオーダーは閉店30分前）休無休
カードADMV　地尖沙咀駅（連絡通路経由）／尖東駅J2出口

アール・デコ調のテイストを取り入れた店内

1990年代をフィーチャーしたクラシックカクテル。左からロングアイランド・アイスティー、ミドリサワー、ケーブルカー（各170HK$）

バー、レストラン オープンな雰囲気で気軽に楽しめるバー　MAP別冊 P.29-2C

蘇媽.蘇媽×ソー・バー　Semua Semua × So Bar

マレーシア料理のカジュアルレストラン「蘇媽.蘇媽馬來西亞茶餐室」（→P.250）と同経営のバー。奥に同レストランもあり、食後に利用するのもよい。凝った趣向のカクテルが話題を集めていて、なかでもドリアンピューレとベイリーズ（クリーム系リキュール）を使った「ドリアン・キス」はスイーツ感覚のカクテル。メニューは写真付きで材料や風味などアイコン入りで説明されているので参考にしよう。グリル料理や串焼き、オイスターバーもある。毎日15:00～20:00はハッピーアワー。

住尖沙咀加連威老道10　加威中心G/F
G/F, Grandmark, 10 Granville Rd., Tsimshatsui
☎4634 2120　営15:00～22:00（金・土曜～翌2:00、レストランは12:00～21:30）
休旧正月3日間
カードMV
地尖A2出口

尖沙咀の繁華街のど真ん中にあり、便利。金～日曜はライブも行われる

左上／世界各国の産地から取り寄せたオイスター（1個34HK$～）　右／ラベンダーのアロマバブルがのった「ドリアン・キス」はクリーミーなシャーベット状のカクテル（左、98HK$）。右はウイスキーベースの「ブレス・オブ・ジョイ」（118HK$）

バー、レストラン　レトロでポップ！ 食事も夜遊びもオールマイティ　MAP別冊 P.18-3A

何蘭正（ホーランチェン） Ho Lan Jeng

レトロ香港をテーマに、ネオンサインや壁画で彩られた店内は、カオスの雰囲気漂う食堂風の造り。料理からデザート、カクテル、スナックまでメニューも幅広く展開していて、楽しみ方は自由自在だ。ローカルのクラフトビールを豊富に揃えており、タップから注ぐ樽生ビールは10種類以上、瓶ビールも多彩なラインアップ。香港独特のスイーツやドリンクに着想したカクテルもおもしろい。看板料理の24時間かけてじっくり調理したイベリコ豚のチャーシュウご飯をはじめ、料理にも力を入れている。

住 中環雲咸街 29　LKF29 2 樓　2/F, LKF29, 29 Wyndham St., Central　☎ 2342 2224
営 12:00 ～ 23:00（金・土曜～翌 3:00）　休 無休
カード A J M V　地中 D1 出口

手前はイベリコ豚のチャーシュウ、ラードあえご飯（198HK$）。後方はランチメニューのイカの練り物のパテを挟んだハンバーガー

上／蓋付きの茶器に入ったカクテル「セサミ・モチ」（125HK$）はウイスキーベースでゴマとピーナッツ風味　下／裸電球やアートでレトロ感を演出

バー、レストラン　人気ミクソロジストの進化系カクテルを味わう　MAP別冊 P.17-3B

クイナリー Quinary

2016、2017年の2年連続で世界のベストバー50にランクイン、アジアのベストバーでもトップ10入りした、海外からも注目される人気バー。遠心分離機や液体窒素などの機器も駆使して仕上げるカクテルは、五感を満足させる進化系カクテルとして世界的に知られている。シグネチャーカクテルのアールグレイ・キャビア・マティーニは、シェイクしたウオッカ、コアントローにキャビアのような食感のアールグレイティーゼリーが入ったカクテルで、女性に人気だ。

住 中環荷李活道 56-58　G/F　G/F, 56-58 Hollywood Rd., Central
☎2851 3223
営 17:00 ～翌 1:00（日曜～ 24:00）
休 無休　カード A M V
地中 D2 出口
※週末は予約不可。

左／アールグレイ・キャビア・マティーニ 150HK$。トッピングのフォームはアールグレイ風味

中／手前はギムレットベースのミス・ローザ・フィズ150HK$　右上／店はミッドレベル・エスカレーター近くにある　右下／カクテルを作るプロセスも楽しい

バー、レストラン　大人の遊び心が詰まった小粋なバー　MAP別冊 P.18-3B

ドクターファーンズ・ジン・パーラー Dr. Fern's Gin Parlour

秘密めいたドアの中は、香港屈指のジンに特化したバー。当初は薬として飲まれていたジンの由来をもとに、花と植物を愛する医師ロベン・ファーンの診療所という設定で白衣のスタッフが迎える。世界的ブームの希少なクラフトジンを中心に、300種類以上のジンのコレクションが圧巻だ。おすすめはスパイスや花、果実などナチュラルな材料でアクセントをつけたジンカクテル。選ぶのに困ったときは、バーテンダーにその日の気分や好みを伝えると、ぴったりの1杯をレコメンドしてくれる。

住 中環皇后大道中 15　置地廣場中庭 B/F　B31A 舗　Shop B31A, B/F, Landmark Atrium, 15 Queen's Rd. C., Central　☎2111 9449
営17:00 ～翌 1:00（金・土曜～翌 2:00）　休 無休　カード A M V
地中 G 出口

左／カクテル作りの工程が見られるカウンター席とソファ席がある　中／ハーブや花、野菜を使う繊細なジンカクテルが自慢　右上／研究熱心なバーテンダーのポールさん　右下／女心を虜にしそうなかぐわしいジンラベンダーサワー。ジンカクテルは 110HK$ ～

バー、レストラン クラフトビールと創作料理で乾杯！ MAP別冊 P.19-1B

セカンド・ドラフト 2nd DRAFT

夜な夜な大盛況のガストロパブ。香港のクラフトビール会社「ヤングマスター(少爺麥啤)」と提携しており、輸入物を合わせて常時約25種のクラフトビール(40HK$〜)が味わえる。料理はアジアベスト女性シェフの称号をもつメイ・チョウさんが、ビールに合う創作料理を考案。どれも独創的で味もお墨付き。なかでも看板料理の麻婆ブッラータは、クリーミーなブッラータチーズとピリ辛のひき肉がとてもよく合い、ビールが止まらないおいしさ。ビールと料理のマリアージュを心ゆくまで楽しもう。

住銅鑼灣京士頓街9 Fashion Walk Shop H01 Shop H01, Fashion Walk, 9 Kingston St., Causeway Bay ☎2656 0232 営15:00～24:00（土・日曜、祝日12:00～） 休無休 カードAJMV 地銅E出口

左／レトロなモチーフを散りばめたしゃれた店。月～金曜の～19:00はハッピーアワー 右／手前が麻婆ブッラータ（Mapo Burrata、158HK$)。ビールは塩レモン風味の「ヤングマスター・チャーチャンテン・ゴーゼ」（76HK$/400mℓ）が合う

バー、レストラン 奥深いベルギービールの世界を味わえる MAP別冊 P.9-3D

ブルー・スプリーム blue supreme

ジャンクな骨董通り、キャット・ストリートに面したこのビアバーは、ベルギー産の自然発酵のドラフトビールや、瓶の中で熟成される二次発酵ビールの品揃えが自慢だ。オーナー夫妻は、酵母と天然の泡が醸し出すベルギービールの多彩な味わいに魅せられてこの店を開いた。通りに青く光る「Live Beer Here」のネオンは、まさにこのバーのコンセプトだ。香港のクラフトビールを含めドラフトビール14種、瓶ビール約50種がラインアップ。モダンアメリカ料理とともにお気に入りのビールを楽しもう。

住上環東街21 21 Tung St., Sheung Wan ☎5988 3088 営12:00～24:00 休月曜 カードMV 地上A2出口

左上／オープンエアの気軽なバー 左下／自慢のメニュー、ダックコンフィバーガー（225 HK$）は、ビールとベストマッチ 右／手前はチェリーのフレーバーで飲みやすいクリーク。奥の自然発酵で造られるドラフトビール、ランビックは酸味があり独特の香り（46HK$～/250mℓ）

ビアバー 世界各国のクラフトビールを飲み比べ MAP別冊 P.23-2C

ティプシー・タップ Tipsy Tap

ビール好きの間で評判のクラフトビール専門のバー。週ごとにラインアップが変わるが、常時約20種類の樽生ビールをタップで用意。ローカルビールから各国の希少な銘柄まで、その時期にいちばん状態のよいものがセレクトされている。クラフトビール初心者はスタッフにアドバイスしてもらい、さわやかでフルーティなビールからトライしてみよう。飲み比べれば、ビールの世界が広がるはず。真空の容器に詰められる機械を設置していて、持ち帰りのビール販売も行っている。

住尖沙咀柯士甸路5 G/F G/F, 5 Austin Ave., Tsimshatsui ☎6882 9840 営16:00～24:00（金曜～翌2:00、土曜、祝日12:00～翌2:00、日曜12:00～24:00） 休旧正月2～3日間 カードAJMV 地佐D出口または尖B2出口

右のビールは香港のブルワリー「Deadman」とコラボしたオリジナルのIPA。左はラズベリーとチェリーを使用したサワーエール。ケサディーラ（手前、98HK$）をはじめ、フードも充実

左／ビールは1グラス（280mℓ）64HK$～
右／地元客をはじめ、外国人客も多い

バー ボトルもシェイカーもないカクテルバー

MAP別冊 P.18-3A

ドラフト・ランド Draft Land

カクテルを気軽に楽しめるバー。壁のメニューから好みのカクテルの番号をオーダー→ウエーターが該当ナンバーのサーバーをひねる→グラスにあらかじめブレンドされた「ドラフトカクテル」が注がれる、という仕組み。メニューはビール2種、ノンアルコールのモクテル2種を含め常時24種類あり、週ごとに一部をスイッチしている。普洱(プーアル)茶を使ったカクテルもある。

住 中環雲咸街63　63 Wyndham St., Central　☎2711 8809
営17:00～24:00（木～土曜は～翌2:00）　休 無休　カード A J M V
地 中 D2 出口

左／事前に作られたカクテルを、サーバーからグラスに注ぐ　右上／手軽に飲めるが味は本物（90～120 HK$）　右下／サイドメニューのたこ焼き風スナック（60HK$）

ビアバー クラフトビールとビール原料で作ったパンが自慢

MAP別冊 P.32-2B

タップ・ジ・エール・プロジェクト TAP The Ale Project

旺角の繁華街から少し離れた所にあるビアバー。常時、ヤングマスター(少爺麥啤)をメインとした香港のクラフトビールと、インポートビールを8種ずつ用意している(42HK$～/200mℓ)。大麦麦芽の天然酵母パンをはじめ、種類豊富なパンメニューもここの目玉。トーストやユニークな具材のサンドイッチも試したい。ノンアルコールの自家製ソーダやクリーミーな泡とともにサーブするコールドブリュー・ニトロコーヒーもある。

住 旺角黑布街15
15 Hak Po St., Mongkok
☎2468 2010　営15:00～翌0:30（土・日曜12:00～、金・土曜～翌1:30）
休 旧正月3日間　カード A M V
地 旺 E2 出口

ヤングマスターの人気2種。左はさわやかなクラシックペールエール。1842アイランド（右）は麦のうま味が強い

上／気取らない雰囲気の店　下／サワードウのフレンチトースト、フライドチキンのせ（吐司雞、51HK$～）

ワインバー ワインと料理とのマリアージュを楽しむ

MAP別冊 P.17-2B

ヴィティス：フォー・ワインラバーズ Vitis: for wine lovers

隠れ家のような店内の上階はワインセラー、下がバー。世界中の高品質のワインを揃えており、スタッフに好みを伝えておすすめを聞いて注文、またはワインセラーから直接選ぶこともできる。シェフが腕を振るう料理とワインのペアリングに力を入れているので、より味わい深くなる組み合わせをアドバイスしてもらおう。

住 中環卑利街35
35 Peel St., Central
☎2884 9566
営17:00～翌1:00（木～土曜は～翌2:00）　休 日曜、旧正月
カード A M V　地 上 E2 出口または中 D2 出口

左／ウズラのから揚げ（左、128HK$）、ロブスターリゾット（右、228HK$）など料理も本格的

充実のワインセラー

右はイタリアの「Montevetrano」、左は熟成ワイン「Pre British Bianco」。その日のおすすめワインもリストアップされている。値段はピンキリで、グラスワインは100HK$前後から

ライブ ベテランミュージシャンの演奏で盛り上がる

MAP別冊 P.28-3B

ネッド・ケリーズ・ラストスタンド Ned Kelly's Last Stand

尖沙咀ネイザン・ロードの西側にある1972年創業の老舗ライブバー。店名のネッド・ケリーとは1870年代にオーストラリアで暗躍した伝説のギャングの名前。彼が最後に立ち寄ったという設定の造りになっている。毎日21:30～翌1:00には、ハウスバンド「チャイナ・コースト」がご機嫌なオールドジャズを聴かせてくれる。

住 尖沙咀亞士厘道11A
11A Ashley Rd., Tsimshatsui
☎2376 0562
営11:30～翌2:00。ハッピーアワーは11:30～21:00
休 無休　カード M V
地 尖 C1 出口
料 ミュージックチャージ無料。

香港のベテランミュージシャンによるサービス精神たっぷりのステージ

エステ／マッサージ トリートメントの種類の多さで群を抜く

MAP別冊 P.18-3B

オリエンタル・スパ The Oriental Spa

世界中の伝統的なトリートメントと現代のそれを独自にミックスしたケアで癒やしてくれる。トリートメントの前にリラックス効果を高めるために行う、パワーストーンの紫水晶が置かれたスチームバス、光とともに香りの出るシャワーなどを使うヒート・エクスペリエンスは、このスパならでは。メニューには豊富なマッサージやボディスクラブなどがある。男性も利用可能。

住 中環皇后大道中 15　置地文華東方酒店 5/F　5/F, The Landmark Mandarin Oriental, 15 Queen's Rd. C., Central　☎2132 0011
営9:30 ～ 21:30　休 無休
カード ADJMV　地 中 G 出口
料 カウンセリングによってトリートメントを決めるタイム・リチュアル 2 時間 2600HK$ ～、各マッサージ 60 分 1580HK$ ～。※前日までに要予約。

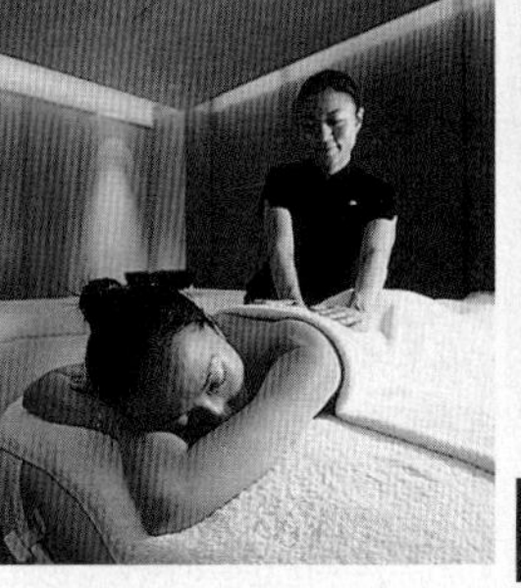

香りやライティングまで癒やしのための配慮が行き届いた白木造りの施術室

エステ／マッサージ 五感でリラックスできるスパ

MAP別冊 P.30-2B

アンサナ・スパ　ホテル・アイコン Angsana Spa Hotel Icon

タイ政府認定のスパアカデミーでトレーニングを積んだ経験豊富なテラピストに安心して身を委ねられると評判のスパ。施術前後にハーブティーのサービスがあり、ベッドの下に置くポプリの香りやBGMを指定できるなど、いたれり尽くせりのホスピタリティも魅力。おすすめは筋肉の凝りをほぐすストレッチと、リラックス効果の高いハーブボールを組み合わせた「バイタリティ・スターター」。

住 尖沙咀東部科學館道 17　唯港薈 9/F　9/F, Hotel Icon, 17 Sciense Museum Rd., Tsimshatsui East
☎3400 1052　営12:00 ～ 22:00
休 無休
カード ADJMV　行き方 尖沙咀駅 B2 出口から徒歩約 15 分。
料 バイタリティ・スターター 2 時間 2000HK$、ビューティ・トリート（ボディマッサージ＆トリートメント 60 分、フェイシャル 60 分）1900HK$。※前日までに要予約。

上／ジャクージもあるカップルルーム
下／マッサージオイルは販売もしている

エステ／マッサージ スパ専用客室も備える癒やしの聖域

MAP別冊 P.13-1C

プラトー・スパ Plateau Spa

グランド・ハイアット・ホンコンの11/Fにあるラグジュアリーなスパ。フランスのカリタをはじめ、複数のケアラインを施術により使い分け、経験豊かなスタッフによるトータルケアが受けられる。おすすめのスキン・リファイニングは、ミネラルたっぷりのムーアマッド（泥）、デトックス効果のあるローズマリーとパイナップルのエキスを使い、艶やかな肌へと導く。施術室にはバスタブがあり、ゆっくり湯につかれる。

住 灣仔港灣道 1　香港君悦酒店 11 樓　11/F, Grand Hyatt Hong Kong, 1 Harbour Rd., Wanchai
☎2584 7688　営 10:00 ～ 22:00
休 無休
カード ADJMV　地 灣 A1 出口
料 プラトー・マッサージ 60 分 1150HK$、スキン・リファイニング 60 分 1350HK$。※ 2 ～ 3 日前までに予約をしたほうがよい。

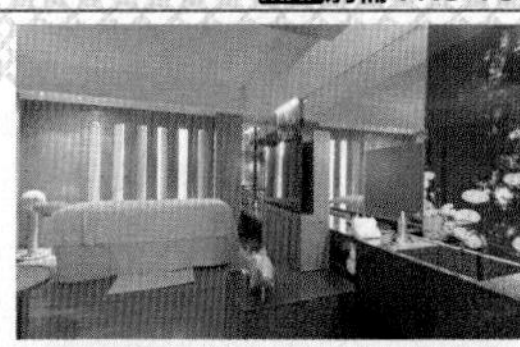

上／ナチュラルな木をあしらい、リラックスできる空間　下／緑の庭を望むウオーターガーデンビューの施術室。大理石のバスタブはジェットバスの機能付き

エステ／マッサージ 中国の伝統医学を取り入れたトリートメント

MAP別冊 P.27-3C

チュアン・スパ Chuan Spa

五行（木火土金水の5つの要素）、陰と陽、経絡に基づくマッサージやアロマオイルを用いて体のバランスを整え、リラックスへと導く。おすすめは指圧によるチュアン・バランシング、熱い石と冷たい石を使ってマッサージするストーン・テラピー。フットやネイルケアは窓を大きく取った部屋で、景色を眺めながら施術が受けられる。男性もOK。

住 旺角上海街 555　香港康得思酒店 41/F　41/F, Cordis Hong Kong, 555 Shanghai St., Mongkok　☎3552 3510　営10:00 ～ 21:00　休 無休
カード AJMV
地 旺 E1 出口　料 チュアン・バランシング 60 分 990HK$、ストーン・テラピー 90 分 1450HK$。※要予約（週末は 1 ～ 2 日前までに）。

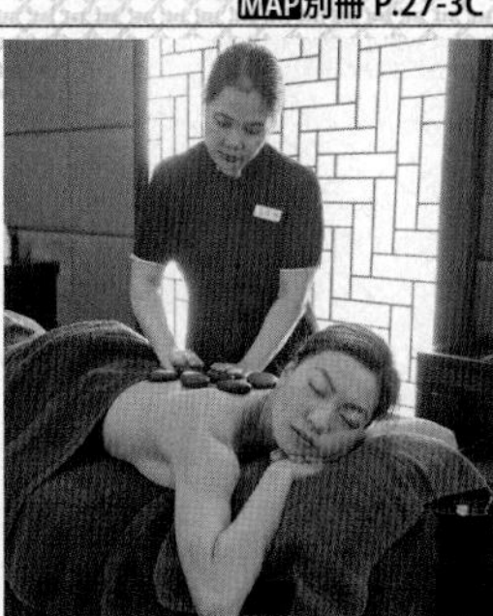

冷たい石と温めた石を用い、体内の陰と陽のエネルギーのバランスを整えるストーンマッサージ。体内の循環をよくし老廃物を取り除く効果がある

エステ／マッサージ　世界一の高さにある癒やしの空間　MAP別冊 P.24-4A

ザ・リッツ・カールトン・スパ・ホンコン The Ritz Carlton Spa Hong Kong

ザ・リッツ・カールトン・ホンコンのスパでは、植物エキス配合のスキンケアプロダクツに定評のある英国のスパブランド、エスパのトリートメントが受けられる。フェイシャルは75分1695HK$～。ヒスイのローラーでマッサージする「ジェイド・フェイシャル」をはじめ、アンチエイジングや美白効果の高いメニューが揃う。トリートメントのあとは116階、465mの高さからハーバービューを眺めてのんびり。

住九龍柯士甸道西1　環球貿易廣場香港麗思卡爾頓酒店116/F　116/F, The Ritz-Carlton, Hong Kong, International Commerce Centre, 1 Austin Rd. West, Kowloon　☎2263 2040　営11:00～22:00（土・日曜10:00～23:00）　休無休　カードADJMV　行き方九龍駅から徒歩約5分。　料ジェイド・レディアンス・フェイシャル90分2200HK$、オリエンタル・マッサージ90分2100HK$（金～日曜、祝日はプラス180HK$～）。※要予約。

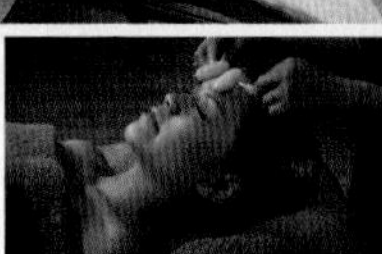

上／リラクセーションスペースはパノラマビューの特典付き　下／シグネチャートリートメントの「ジェイド・フェイシャル」

エステ／マッサージ　受賞歴のある都市型スパ　MAP別冊 P.29-1C

ミラ・スパ MiraSpa

ミラ・ホンコンのB3/F、約1700m²を有するスパ。スチームサウナ付きのジャクージルーム、カップル用のスパスイート2室を含む9室のトリートメントルーム、ジュースバーなど設備が行き届いている。人気の施術はヒマラヤンソルト・ストーンマッサージ、金箔を用いたフェイシャルトリートメント。60分の施術メニューに頭と頭皮マッサージなど30分のオプションメニューを付けるのもおすすめ。

住尖沙咀彌敦道118-130　The Mira Hong Kong B3/F　B3/F, The Mira Hong Kong, 118-130 Nathan Rd., Tsimshatsui　☎2315 5500　営11:00～22:00（最終予約21:00）　休無休　カードAJMV　地尖B1出口　料ヒマラヤンソルト・ストーンマッサージ90分1510HK$～、ゴールドリインベント・フェイステラピー90分1880HK$～。※前日までに要予約。

上／ジャクージルームは男性・女性用それぞれ設置　下／ジュースバーで施術後にジンジャーティーとフルーツのサービスあり

エステ／マッサージ　香港マダムも肌磨きする韓国発高級スパ　雪花秀（シュッファーサウ）　MAP別冊 P.14-3B

ソルファス・スパ Sulwhasoo Spa

韓国の高級化粧品ブランド「雪花秀（ソルファス）」のスパ。生薬を配合したスキンケア製品を使ったトリートメントが人気だ。韓国の伝統療法「韓方」を取り入れたケアは、香港マダムの支持も得ている。ヒーリングとデトックス効果のあるヒスイでマッサージをしたあとに、肌を若々しくよみがえらせる金箔を肌に張り付けるヘリテージ・ジンセン・ジャーニーがここのスペシャル。

住銅鑼灣勿地臣街1　時代廣場1座15樓　15/F, Tower One, Times Square, 1 Matheson St., Causeway Bay　☎2114 4728　営10:00～22:00（日曜、祝日～19:00）　休無休　カードAMV　地銅A出口　料ヘリテージ・ジンセン・ジャーニー140分3600HK$、ストレス・リリース・マッサージ（ボディ、90分1700HK$）。※前日までに要予約。

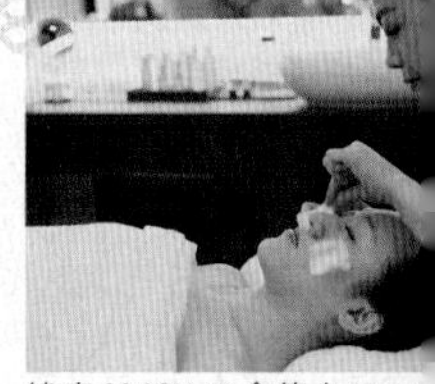

純度99.99%の金箔をマッサージしながら肌になじませる。施術には高麗人参など生薬配合の「雪花秀」を使用

マッサージ／全身ケア　メニュー豊富なタイマッサージ・スパ　MAP別冊 P.17-3B

チー・ワー・サイアム Chi Wa Siam

タイ人テラピストが本場タイの技術で疲れや凝りをほぐしてくれる。伝統のタイマッサージをはじめ、木槌を使ったトークセン、ハーバルボール、ストーンテラピーなど豊富なメニューがあり、施術時間も30～120分から選べる。フットリフレクソロジー専用コーナーもあるので、街歩きに疲れたら立ち寄ってもいい。

住中環荷李活道26-28　永寧大廈2樓　2/F, Wing House, 26-28 Hollywood Rd., Central　☎2814 0633　営10:00～20:00　休無休　カードMV　地中D2出口　料タイ・トラディショナル・マッサージ45分275HK$～、ハーバルボール・マッサージ45分535HK$～、ホットストーンテラピー45分590HK$。※要予約（平日日中はすいていれば予約なしでOK）。

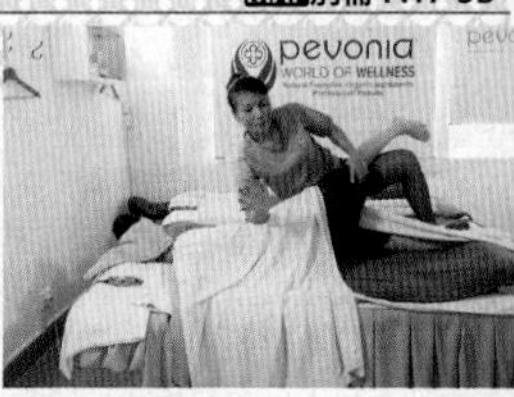

上／ときにアクロバティックにほぐされる、タイマッサージ　左／マッサージベッドは6台ある

マッサージ/足のケア 地元ハードワーカーの御用達 MAP別冊 P.18-2A

古法足道 Gao's Foot Massage

伝統的なリフレクソロジーに定評があり、近隣の会社勤めの常連客をはじめ、観光客の利用も多い。足マッサージはゆったりと体を預けられるチェアで施術。ハーブと漢方薬材、温めた小石入りのクッションを肩にかけてくれ、心地よい香りと温かさ、重みで、深いリラックスへと導かれる。疲れがたまっているときは足と肩・首のマッサージのセットの施術を。足裏の角質取り(上海式ペディキュア)と足マッサージを組み合わせたメニューもある。

住 中環皇后大道中 79 萬興商業大廈 14 樓
14/F, Man Hing Commercial Bldg., 79 Queen's Rd. C., Central
☎2810 9613 営10:00 ～ 24:00
休 無休 カード AJMV 地 中 D2 出口 料 足マッサージ 50 分 258HK$、足マッサージ 45 分+肩・首マッサージ 30 分 380HK$。
※予約をしたほうがよい。
[他店舗] 住 中環堅道 77 G/F
☎ 2858 0091

左/中国式指圧やアロマ・マッサージなどの全身マッサージも行っている　右/足マッサージのチェアは約 40 ある

2005年開業のマッサージ店。中環の繁華街のビル内にあり、便利

マッサージ/足のケア 街歩きで疲れた足もすっきり MAP別冊 P.18-2A

ゼン・マッサージ&フットリフレクソロジー Zen Massage & Foot Reflexology

中環のミッドレベル・エスカレーター沿いのビル内にある。ランチタイムや夕方には近隣のオフィスに勤めるビジネスマンやOLが次々と訪れる地元人気の高い店。足ツボマッサージには首と肩の凝りをほぐすホットネックピローやリラックス効果のあるローズティーのサービス付き。リラックスできるように照明は暗めに設定する配慮がなされている。

住 中環威靈頓街 98 翡翠中心 6 樓
6/F, Jade Centre, 98 Wellingon St., Central ☎2142 1119 営11:00 ～ 22:00 休 旧暦 12/31、旧正月 3 日間 カード JMV 地 中 D2 出口
料 足ツボマッサージ 50 分 238HK$、全身マッサージ 50 分 318HK$、上海式ペディキュア(足の角質取り) 218HK$。※土・日曜は前日までに予約をしたほうがよい。

上/足裏がすべすべになる上海式ペディキュア
下/足マッサージのチェアは 10 席

マッサージ/全身ケア しゃれたインテリアのオアシス的サロン MAP別冊 P.18-1A

テン・フィート・トール Ten Feet Tall

中環のビルの高層階にあり、リゾートを思わせるエキゾチックでセンスのよいインテリアが特徴。客層は在住欧米人がメインで、在住日本人にも人気。温熱効果の高いエプソムソルトを用いるフットバス付き、足マッサージ&首・肩のマッサージや、ふたりのマッサージ師が同時に足、首&肩を施術してくれる4ハンズマッサージ「ホワイノット」がおすすめ。

住 中環皇后大道中 139 The L Place 21/F
21/F, The L Place, 139 Queen's Rd. C., Central
☎2971 1010 営10:30 ～ 23:30(最終予約 22:15) 休 旧正月 2 ～ 3 日間 カード MV 地 中 D2 出口
料 足ツボマッサージ 50 分 395HK$、フットバス付き、足マッサージ&首・肩のマッサージ 50 分 480HK$、ホワイノット 50 分 820HK$。
※予約をしたほうがよい。

上/インテリアにこだわった足マッサージルーム　下/レセプション脇のウエイティングスペース。店は 2 フロアある

マッサージ/足のケア 元祖上海式ペディキュア&足ツボマッサージ MAP別冊 P.21-3C

知足樂 Happy Foot Luxe

1999年創業の実績ある人気店。マッサージ用のチェアはゆったり座れてリラックスできる。中国茶とハーブを入れたお湯に足を5分間つけたあと、ひざ上まで念入りにマッサージ。ほどよい痛さが心地よく、施術後は足がすっきりする。熟練の技を用いて角質を取ってくれる上海式ペディキュアもおすすめ。特に土・日曜は混雑するので予約は早めに。

住 灣仔皇后大道東 202 QRE Plaza 7 樓
7/F, QRE Plaza, 202 Queen's Rd. E., Wanchai ☎2573 3438
営10:00 ～ 24:00 休 無休
カード AMV 地 灣 A3 出口
料 足ツボマッサージ 50 分 238HK$、全身マッサージ 50 分 298HK$、上海式ペディキュア 30 分 220HK$。※要予約。

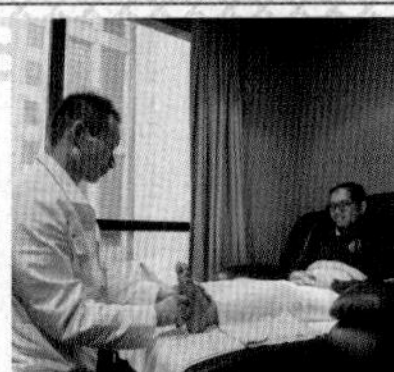

大きめのマッサージチェアが 20 台以上設置されている

香港の映画

映画のための広東語
電影（ディンイン）映画
戲院（ヘイユン）映画館
港產片（ゴンチャーンピン）香港映画
導演（ドウイン）監督
監製（ガムチャイ）プロデューサー
編劇（ピンケッ）脚本
領銜主演（レンハームチューイン）主役で出演すること
客串主演（ハッチュンチューイン）ゲストで出演すること
男主（配）角（ナムチュー〈プイ〉コッ）主（助）演男優
女主（配）角（ノイチュー〈プイ〉コッ）主（助）演女優
續集（チョクチャッ）続編、パート２
午夜場（ンーイエチョン）レイトショー

上／ドニー・イェン　下／ブルース・リーの師で、詠春拳の達人イップ・マンの伝記シリーズ（3作目）

香港映画は、今

香港映画、中国返還後の変化とは

1970年代のブルース・リー（李小龍）からジャッキー・チェン（成龍）、チョウ・ユンファ（周潤發）、レスリー・チャン（張國榮）など華やかなスターがスクリーンを彩ってきた香港映画。とりわけ1980～1990年代にかけてはポリス・アクション、ゴースト・ストーリー、ギャンブル映画など、多様な内容で観客を魅了した。

すでに1997年の中国返還（回帰）から20年以上が経過、ナンセンス作品で一世を風靡したチャウ・シンチー（周星馳）は、俳優からおもに監督業へシフトし、『人魚姫（美人魚）』など中国市場を見据えた配役、内容で成功を収め続けている。また、中国人民政治協商会議の委員に選ばれたジャッキー・チェンは、流出した歴史遺産の奪還、「一帯一路」政策と呼応する題材など、愛国心に訴える傾向を強めている。

潤沢な赤い資本の流入で変わる舵取り

産業全体の背景としては、2004年から施行された中国本土・香港経済貿易緊密化協定（CEPA）により香港映画が中国への輸入割当枠から除外、内地資本との共同製作も規制が緩和された。激動の中国社会に題材を求める思いが強まったと話すピーター・チャン（陳可辛）監督の例もあるが、多くは興業収入上のメリットから合作に進展している。

また、映像コンテンツの需要拡大が追い風となり、動画配信事業会社からの出資も急増、中国全域の観客を意識した作品作りも求められる。 しかし合作にかぎらず、市場の融合によってなじみ薄な中国の俳優が出演、言語や文字表記の違い、感覚のズレが違和感を生じさせる場合もある。さらに脚本上の規制が商業性を弱め、中国内地での成功に対して香港、その他のエリアでは興行的不振に終わることも少なくない。香港映画と中国映画の共通項をいかに見いだしていくか、あるいは、あえて香港地元民の需要を優先するかが大きな課題だ。

内地市場との融合、市民が抱える相克

アクションスター、ドニー・イェン（甄子丹）による実在の武術家を主人公とした『イップ・マン（葉問）』シリーズは、前者の成功例として大ヒット、回帰後の問題点を近未来的に描いた『十年』は、後者の代表として海外でも高く評価された。

COLUMN

層の厚い俳優陣、香港的アクターズ・スタジオ

映画界で活躍する俳優、監督の多くを育ててきた、「藝員訓練班」と呼ばれるテレビ局の養成所。なかでも有名なのは、アンディ・ラウ（劉德華）、トニー・レオン（梁朝偉）などを輩出した無綫電視（TVB）。リウ・カイチー（廖啟智）、チョン・シウファイ（張兆輝）など、現在の名脇役たちもここが起点だ。残念ながら地上波としては2016年に停波した亞洲電視（ATV）だが、今日のニック・チョン（張家輝）の活躍は、こちらの養成所なくしてはありえなかった。

そして、人材育成のもうひとつ重要な機関。それが表現芸術シーンをリードする香港演藝學院（HKAPA）である。音楽、ダンス、映画、演劇と幅広く専攻可能で、1984年設立と歴史は比較的浅いが、着実に映画界へも人材を送り込んでいる。マルチな才能を発揮するウォン・チョーラム（王祖藍）、2018年の電影金像獎で新人賞に輝いた凌文龍（リン・マンルン）、自らプロデュースした舞台の映画化『29歳問題』で監督デビューしたキーレン・パン（彭秀慧）も卒業生。亞洲電視の養成所を経てデビューしながら、香港演藝學院の第一期生として改めて演技を学び直したハイブリッド、それが誰あろう映画界の硬骨漢、アンソニー・ウォン（黃秋生）である。

（映画評論家　丸目蔵人）

全盛期1980年代からの作品数の減少傾向にはようやく歯止めがかかったが、業界の危機意識は強く、香港政府も2013年から新人監督向けコンテスト、首部劇情電影計画（FFFI）を開催、『一念無明』『藍天白雲』など劇場公開作を生み出している。ジョニー・トー（杜琪峰）、アン・ホイ（許鞍華）といったベテラン、ダンテ・ラム（林超賢）、パン・ホーチョン（彭浩翔）などの中堅に続く、次世代監督の飛躍も強く待ち望まれているのが現状だ。（丸目蔵人）

映画を観てみよう

せっかく香港に来たのだから、香港映画を映画館で観てみたい。以下の手順に沿ってチャレンジ。

映画情報を得るには

❶映画館で探す。

看板、ポスターやスチール写真などが展示されている。「即日放映」は「本日上映中」、「下期上映」は「次回公開」の意。地下鉄駅構内にも広告板あり。

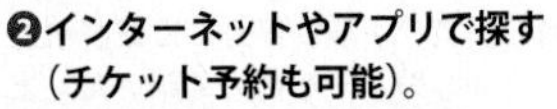
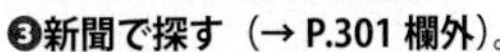

❷インターネットやアプリで探す（チケット予約も可能）。

上部に「即日」と記された案内板

❸新聞で探す（→ P.301 欄外）。

『東方日報』、『頭條日報』などの娯楽版のテレビ欄付近に上映中映画のあらすじや出演者、上映館などが載っている。

チケットの購入

香港の映画館は全席指定・入替制。チケット購入時に席を指定する。

❶上映時間をチェックする。話題作ほど上映回数が多い

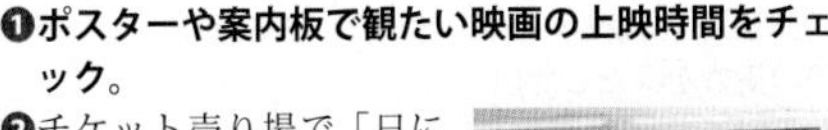

❶ポスターや案内板で観たい映画の上映時間をチェック。

❷チケット売り場で「日にち、映画名、上映時間」とともに、モニター画面を見て空席の中から希望の座席を告げる。

❷チケット売り場はコンピューターシステム　上／座席指定用のモニター画面。列はアルファベット、座席番号は数字で表示される

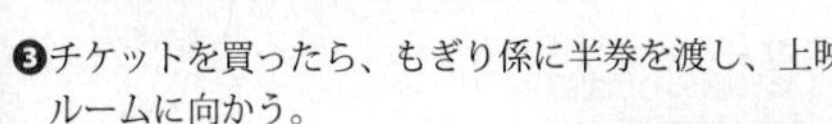

❸チケットを買ったら、もぎり係に半券を渡し、上映ルームに向かう。

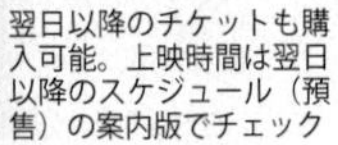
翌日以降のチケットも購入可能。上映時間は翌日以降のスケジュール（預售）の案内版でチェック

●インターネットや電話でチケットを予約した場合は、発券機を操作してチケットを入手する。

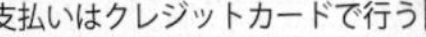
支払いはクレジットカードで行う

百老匯（ブロードウェイ）系列の問い合わせ先
☎2388 0002
URL www.cinema.com.hk

嘉禾（ゴールデンハーベスト）系列の問い合わせ先
☎2352 8222
URL www.goldenharvest.com

通勤時間帯に駅出入口で配布されているフリーペーパー『頭條日報』にも映画案内が出ている

新聞はどこで？

「報紙」（新聞）は、街角のスタンド、コンビニ、スーパーなどで売っている。売り切れる場合もあるので、なるべく朝早めに買っておいたほうがよいだろう。

チケットの料金

チケットは70～120HK$、火曜日が優待日で55～105HK$（3D映画はプラス20～50HK$）。学生はそれぞれ割引あり。

上映時間

午前中の「早場」と夜中の「午夜場」を除き、12時台、14時台、17時台、19時台、21時台の5回制。

三級片（サンカッピン）って何？

1988年に制定された「電影検査条例」により、すべての映像作品は3つのカテゴリーに分けられる。暴力、猟奇、セックスなどの描写があるものはⅢに属することが多い。つまり、このカテゴリー3が三級片だ。入場の際に身分証明書の提示を求められる場合があるので、パスポートなど生年月日を証明できるものを持っていたほうがよいだろう。

Ⅰ 誰が観てもOK
ⅡA 児童は観てはいけない
ⅡB 児童・青少年は観てはいけない
Ⅲ「只准十八歲以上人士觀看」→18歳以上の人のみ観てよい（18歳未満の鑑賞は厳禁）

映画館の温度に注意！

映画館では例外なく、また四季を問わずクーラーは強い。はおるものを１枚持っていくほうがよいだろう。映画館によっては無料で（有料のところもある）肩かけを貸し出しているところもあるので、係員に聞いてみるとよい。

3D 映画専用のめがねはどうする？

どんどん普及する 3D 映画。専用めがねは、一部系列の映画館以外レンタルはされていないが、映画館で購入できる。料金は 10HK$ 前後。もちろん、マイめがねを持参してもよい。

旺角の昔ながらの映画館「新寶戲院」

デートスポットとして人気の映画館、旺角百老匯（ブロードウェイ・モンコック）は規模が大きい

スナック菓子やパンフレットは買える？

上映ルームでの飲食は認められているが、周りに配慮しスマートに行おう。

左／館内の売店ではポップコーンや菓子類、飲み物を販売。関連グッズは売っているが、パンフレットはない　右／昔からある映画館の近辺にはスナック店がある

香港の映画スター

国際的に注目される香港映画

2023 年９月、トニー・レオン（梁朝偉）が世界三大映画祭のひとつ、ヴェネツィア国際映画祭で、中華系の俳優では初の生涯功労金獅子賞を受賞。授賞式の台上で彼は「香港に生まれたことに感謝している。この賞は香港映画に捧げたい」と涙を拭いながら述べ、香港と香港映画界にとって久々の明るい話題をもたらした。

存在感を見せるスターたち

３年間のコロナ禍からようやく正常化した香港映画のアカデミー賞、2023 年の第 41 回香港電影金像奬の主演男優賞は、ラウ・チンワン（劉青雲）が韋家輝監督作品『神探大戰』で３度目の受賞。主演女優賞には賈勝楓監督作品の『流水落花』で、サミー・チェン（鄭秀文）が初めて輝いた。また最優秀作品賞には、ある名門女子校の生徒たちの十年間を追った張婉婷・郭偉倫監督のドキュメンタリー『給十九歳的我』が選ばれている。

助演男優賞は 1970 年代『Mr.Boo シリーズ』からの重鎮、マイケル・ホイ（許冠文）が翁子光監督作品の『風再起時』で、助演女優賞はイヴァーナ・ウォン（王菀之）が、2022 年度コメディー映画最高の興行収入を上げた陳詠燊監督作品の『飯戲攻心』で受賞。

新人賞は劉國瑞監督の『白日青春』でアンソニー・ウォン（黄秋生）と共演した 11 歳のサハル・ザマン（林諾）が、金像奬史上初の南アジア系俳優の受賞を果たした。

（大澤真木子）

●おもな映画館

	映画館名	住所・電話・地図位置	コメント・地下鉄出口
銅鑼灣	エンペラー （Emperor Times Square）	住銅鑼灣勿地臣街 1 時代廣場 13/F ☎2522 2996 map 別冊 P.14-3B	タイムズ・スクエア（→ P.265）にある。上映ルームは５。（A） 地銅 A 出口
中環	パレス IFC Palace IFC	住中環金融街 8　國際金融中心商場 L1 ☎2388 6268 map 別冊 P.11-2C	國際金融中心二期の IFC モール（→ P.263）内。香港でいちばんの人気館。上映ルームは５。（C） 地中 A 出口
	ムービー・ムービー パシフィック・プレイス （MOViE MOViE Pacific Place）	住金鐘道 88　太古廣場 L1 ☎2388 0002 map 別冊 P.12-2A	パシフィック・プレイス（→ P.262）内。上映ルームは６。ワインバーがある。（C） 地金 C1 または F 出口
尖沙咀	海運戲院 Grand Ocean	住尖沙咀廣東道 3　海運大廈 G/F ☎2377 2100 map 別冊 P.28-4B	大スクリーン。上映ルームはひとつ。（D） 地尖 E 出口
	プルミエール・エレメンツ Premiere Elements	住尖沙咀柯士甸道西 1　圓方 2/F ☎3983 0033 map 別冊 P.24-4A	九龍駅の上、エレメンツ（→ P.268）内。12 の上映ルームをもち、香港最大。カフェやレストランも併設。（C） 地九龍駅
油麻地	ブロードウェイ・シネマティーク Broadway Cinematheque （百老匯電影中心）	住油麻地眾坊街 3　駿發花園 ☎2783 7004 map 別冊 P.31-1A	通好みの映画を上映。上映ルームは４。カフェ兼書店がある。（C） 地油 C 出口
旺角	旺角百老匯 Broadway Mongkok	住旺角西洋菜南街 6-12 ☎2388 3188 map 別冊 P.32-2A	旺角の中心部にある。上映ルームはミニシアターを含め５つ。振動するウィンブルシートがある。（C） 地旺 E2 出口
	新寶戲院 Newport	住旺角豉油街 60-64 ☎2332 1939 map 別冊 P.32-2B	旧金聲戲院を改装。香港映画の上映が多い。上映ルームは２。（B） 地旺 E2 出口

※コメント末尾のアルファベットは映画館の系列を表す。同系列の映画館では基本的に同じ映画を上映している。
A：英皇、B：新寶、C：百老匯、D：嘉禾

エンターテインメント

音楽・演劇を楽しむ

香港をもう何度も訪れている人、日程に余裕のある人なら、香港の舞台芸術を楽しんでみてはどうだろう。日本では世界中の有名アーティストの公演が見られるが、ここ香港でもオペラ、演劇からダンス、クラシックをはじめ、中国各地や地元香港のさまざまなイベントを鑑賞することができる。九龍半島西部の西九文化區（→ P.16）には中国の伝統歌劇を上映する戲曲中心（→ P.18）が落成。今後も、世界クラスの舞台芸術を誘致する予定だ。

楽しみの選択肢はさまざま

香港で観られる舞台芸術のうち最も知られているのは、例年２～３月に行われる「香港藝術節（アート・フェスティバル）」で、音楽（クラシック、オペラ、ワールドミュージック、中国の伝統音楽）、ダンス、演劇などが対象。毎年８月頃に公演プログラムが発表され、10月から12月にかけてチケットの販売が行われる。

また、毎年３～４月の「香港國際電影節（インターナショナル・フィルム・フェスティバル）」では世界各国の映画作品が集中的に上映され、恒例行事とあって世界中から関係者が集まる。広東語による伝統歌劇、粤劇（広東オペラ）や地元の歌手や演劇の公演も毎月行われている。

情報収集とチケット入手は「アーブティックス」へ

これらの公演に関する情報は、日本の『チケットぴあ』に相当するプレイガイド「城市售票網（URBTIX）」<以下アーブティックス>で得られるほか、香港政府観光局のウェブサイト、各フェスティバルの公式サイトなどを通じて知ることができる。チケットもアーブティックスで購入可能。一部の公演では別の指定販売網で発売される場合もあるが、ほとんどがアーブティックスをとおして、クレジットカード払いで海外からもチケットが買える。

香港文化中心のアーブティックスのチケット売り場

いざ、会場へ

公演を観る前に、あらかじめ地図でアクセスを確認しておこう。香港コロシアムでの地元ポップス系アーティストの公演は通常 20:15 に開演するが、終演は 24:00 近くになることもあるので、帰りの交通手段や食事もあらかじめ考えておいたほうがよい。

舞台効果も進化。アジアワールド・エキスポ・アリーナでのイーダン・ルイ（呂爵安）のライブ

広東オペラなど演劇の場合は字幕が出る公演も多く、外国人の一助となる。コンサートでは運がよければ「握手タイム」に憧れの香港スターと握手できるかも⁉　ライブの雰囲気に勝るものはない。

●香港藝術節
URL hk.artsfestival.org
●香港國際電影節
URL www.hkiff.org.hk

香港國際電影節（香港国際映画祭、左）と香港藝術節（右）のパンフレット。映画祭では世界からレアな作品が集まる

尖沙咀の香港文化中心にあるアーブティックスの自動発券機

コンサートを楽しむためのあれこれ

- ●写真撮影は、動画以外は問題ないことが多いが、フラッシュの使用は厳禁。
- ●座席の上に立ち上がったり、通路で踊ったりする行為は本来禁止。周りに合わせて。
- ●花束やプレゼントは係員の指示に従って渡そう。握手はアリーナの一部と花道沿いで。
- ●会場の外ではオフィシャルグッズ、生写真やペンライトなどが渾然と売られている。信和中心（→ P.193）にも翌日には生写真が登場する。
- ●場内は冷房でかなり寒いので、はおるものを持参したほうがよい。
- ●日本からわざわざ行くならやはりアリーナが狙いだが、“山頂”と呼ばれる5階席も格別。地元ではここから売り切れる。
- ●香港コロシアム名物は「甜筒（ティムトン）！」のかけ声で売りに来るアイスクリーム。
- ●ペンライトの使い方や振り方も日本とはどこか違う。観察してみよう。

チケット入手法

以下は一般的なチケット購入方法。コンサート人気や先行販売などでチケット入手は困難になっている。

●アーブティックス　URBTIX　城市售票網

政府系芸術団体からコンサートまで、香港で行われるイベントチケットの多くを扱うプレイガイド。

［窓口での購入］

2023年9月現在、香港中にある17ヵ所の窓口で、開演1時間前まで購入できる。座席は原則として自動的に割り振られる。現金、クレジットカードまたはオクトパスが使える。手数料は無料。　営 場所によって異なるが、だいたい10:00～18:30（大會堂、香港文化中心、沙田大會堂は金・土曜～20:00）。休 無休
カード AMV

［電話による購入］

チケット発売当日から公演の1週間前まで可能（日本から購入の場合は公演によって2週間～1ヵ月前まで）。支払いはクレジットカードで行う。チケットの受け取りには以下の3つの方法がある。

1. チケット郵送

香港や日本の住所に郵送が可能。手数料はチケット1枚につき9HK$。送料は日本の場合28～500HK$。

2. 自動售票機でチケット発券

香港中の19の公演会場にある発券機を使って発券する。購入時に登録したクレジットカードとパスワード、支払い後に発行される購入番号が必要。

3. 窓口で受け取る

購入時に登録したクレジットカードを提示して受け取る。

☎3166 1288　営10:00～20:00　休 無休　カード AMV

［インターネットでの購入］

アーブティックスのウェブやアプリでオンライン購入できる（事前に会員登録が必要）。手数料はチケット1枚につき9HK$。受け取り方法は電話購入の場合と同じ。

URL www.urbtix.hk　カード AMV　問い合わせ：URBTIX
☎3166 1100　営10:00～20:00　休 無休

●快達票（ファイダーッピウ）　HK. Ticketing

香港會議展覽中心、香港演藝學院、アジアワールド・エキスポ・アリーナなどで行われる演目のチケットを取り扱う。受け取り窓口は5つの劇場、尖沙咀の「K11セレクト」内。電話やオンラインでも購入可。

☎3128 8288（チケット購入ホットライン、10:00～20:00）　URL www.hkticketing.com　営 だいたい11:00～18:30　休 土・日曜、祝日（K11セレクトを除く）
カード AMV　問い合わせ：HK Ticketing　☎2922 8288
営10:00～18:00　休 土・日曜、祝日

COLUMN　おもな劇場・コンサート会場

上／ユニークな形の香港文化中心　下／香港文化中心ロビーにはアーブティックスがあり、上演作品の案内コーナーがある

尖沙咀周辺

香港文化中心
Hong Kong Cultural Centre

尖沙咀の前九廣鐵路鐘樓のバックに広がるユニークな形の建物。ロビーの常設展示やチラシを見て歩くだけで、香港の舞台文化に触れた気分になれる。

館内のギフトショップは芸術関係の書籍、クラシックや伝統音楽のCD、レトロ香港をモチーフにした文具、楽器を模したグッズなど、一見の価値あり。

住 尖沙咀梳士巴利道10　☎2734 2009　開9:00～23:00　休 無休　＜チケット＞［ア］営10:00～18:30（金・土曜～20:00）　休 無休　map 別冊 P.22-4A

香港コロシアム　Hong Kong Coliseum（香港體育館）

香港で「香港明星（スター）」のコンサートを観るなら"香港の武道館"といわれるここ。1万人を収容する体育館だが、スポーツの催しよりもコンサートやイベントがめじろ押しだ。東鐵綫／屯馬綫の紅磡駅東側。

住 九龍紅磡暢運道9　☎2355 7234　開9:00～23:00
休 無休　＜チケット＞［ア］営10:00～18:30
休 無休　map 別冊 P.23-2D

灣仔周辺

香港會議展覽中心
Hong Kong Convention and Exhibition Centre (HKCEC)

MTR會展駅の近く。

住 灣仔博覽道1　☎2582 8888　開11:00～19:00
休 無休　＜チケット＞［快］営11:00～19:00
休 土・日曜、祝日　map 別冊 P.13-1C

香港藝術中心　HK Arts Centre

香港演藝學院と分域街を挟んで隣にある。

住 灣仔港灣道2　☎2582 0200　開8:00～23:00
休 無休　＜チケット＞営10:00～18:00
休 旧正月3日間　map 別冊 P.12-1B

その他のエリア

アジアワールド・エキスポ・アリーナ　AsiaWorld-Expo Arena　亞洲國際博覽館 Arena

香港国際空港からエアポートエクスプレス「博覽館」駅下車。国際展示場、国際会議場などを含む複合コンベンション施設。香港コロシアムに匹敵する1万4000人収容のアリーナ会場があり、世界クラスのアーティストを中心にここでのコンサートが増加。

住 大嶼山香港國際機場亞洲國際博覽館　☎3606 8888
開 公演または展覧活動のある日　＜チケット＞［快］
営10:00～18:00　休 土・日曜、祝日　map P.374

九龍灣國際展貿中心　Kowloon Bay International Trade & Exhibition Centre（KITEC）

ポップスのコンサートがよく行われる。3600人収容のStar HallとMusic Zoneの2会場を有する。MTR九龍灣駅から無料シャトルバスあり。

住 九龍灣展貿徑1　☎2620 2222　開7:00～23:45
＜チケット＞［快］、Music Zone　営11:00～19:00
休 土・日曜、祝日　map 別冊 P.3-3C

※＜チケット＞：チケット取り扱い窓口。［ア］はアーブティックス、［快］は快達票を表し、その窓口の営業時間を記載。

香港ポップススター名鑑

香港ポップスって何？

香港ポップスは、香港で使われている言語・広東語で歌われるポップス。1970年代末のサミュエル・ホイ（許冠傑）、80年代のレスリー・チャン（張國榮）、アニタ・ムイ（梅艷芳）、アラン・タム（譚詠麟）ら巨星たち、そして90年代のジャッキー・チュン（張學友）、アンディ・ラウ（劉德華）、アーロン・コック（郭富城）、レオン・ライ（黎明）の「四大天王」や、BEYOND、達明一派などによるバンドブームなど、数々のスターやヒット曲が香港だけでなく、華人文化圏をはじめとした世界の音楽ファンを次々と魅了してきた。

2000年代には、歌唱力を誇るイーソン・チャン（陳奕迅）、ジョーイ・ヨン（容祖兒）による"ひとり勝ち"時代が続く一方、デジタル化による音楽業界の構造的変化や香港と中国の関係密接化などで、香港ポップスはしだいに光を失う。

さらに2010年代には、クリエイター不足やアーティストの中国本土市場への流出、K-POPの台頭などによりさらなる低迷に追いこまれたが、社会運動やコロナ禍を経て、香港や広東語のアイデンティティをよりいっそう慈しむ香港人の情熱が、2020年代の香港ポップス新生の生命力を育んでいる。

どんな歌手がいるの？

男性では先輩格のヒンズ・チョン（張敬軒）や若手のMC張天賦（チョン・ティンフー）ら歌手、シンガーソングライターのテレンス・ラム（林家謙）にフィル・ラム（林奕匡）、ジェイ・フォン（馮允謙）らも人気。1980年代から今も活躍のローウェル・ロウ（盧冠廷）、弱冠23歳のGareth.T（湯令山）も、外国音楽の影響を受けつつ香港独自の音楽を生み出している。

女性ではジョイス・チェン（鄭欣宜）、Serrini、パンサー・チェン（陳蕾）、ケイ・ツェ（謝安琪）、AGAなど、鮮やかな個性をもつアーティストの活躍が目立つ。

社会現象的人気のMIRROR、女性グループCOLLARなどViuTVのリアリティ番組から生まれたアイドルグループのほか、RubberBand、Dear Jane、KOLOR、per seなどバンドやユニットも広く支持され、さらにネットにより、ラッパーやインディペンデント・アーティストにも注目される機会が増えている。

ワイマン・ウォン（黃偉文）、ラム・チッ（林夕）など、海外から広東語の作品を発信する作詞家も現れ、香港ポップスはその歴史を担いつつ、再び新たな時代への一歩を踏み出している。

（大澤真木子）

達明一派のタッツ・ラウ（劉以達）が現代の若者に贈る『方丈尋根記』は、1970年代からの香港オリジナル音楽への模索を赤裸々に描くCD付き自伝本

2022年に香港コロシアムコンサートを成功させたテレンス・ラム（林家謙）は、今注目のシンガーソングライター

パワフルで美しい女性像のアイコン、サミー・チェン（鄭秀文）のアルバム『Believe in Mi』

インディーズからデビューしたバンド、The Hertzのアルバム『PRESENT』

数少ない街なかのCD店。写真は旺角通菜街の「威威店」（→P.280）

ローウェル・ロウ（盧冠廷）の『Movie to Music』。ジャケットの挿絵は香港映画のポスターで知られる阮大勇

ヒンズ・チョンの『Sences Inherited』は1990年代の香港ポップストリビュート

伝統的な粤劇（広東オペラ）

広東オペラも盛んに上演されている。興味のある人にはおすすめだ。

広東オペラの専門劇場、新光戲院大劇場

住 北角英皇道423
☎2563 2959 営11:30～23:30（公演のない日は～20:30、チケットオフィス～21:00） 休 無休 カード MV 地 北B1出口
map P.145-1B

1972年開業。日本の歌舞伎座のような、おもに広東オペラを上映している劇場だが、近年は演劇や映画も上演される。広東オペラの観劇は、大向こうからかけ声がかかったり、おひねりが出たりと、観客も気迫がこもっている。観劇せずとも、手描きの看板や花環を見たり、館内のショップで粤劇関係図書やビデオを物色したり、劇場独特の雰囲気を感じてみたい。チケットは180～500HK$前後。開演はだいたい19:30。

広東オペラの公演

COLUMN 香港エンタテインメント最新情報

[映画編] 新しい香港映画の予感

2023年、香港映画界に新しい風が吹いた。呉煒倫監督の『毒舌大狀（邦題：毒舌弁護人～正義への戦い～）』は、裁判ミステリーという旧正月映画では異色のジャンルながら、32日間で興行収入1億ドル（約18億円）を突破、香港映画史上の最高記録を打ち立てた。観客は法廷シーンの丁々発止の応酬や胸のすく結末に現実の香港を重ね、感慨に浸った。陳詠燊監督の喜劇『飯戲攻心』、何爵天監督の実録犯罪法廷もの『正義迴廊』も大ヒット、香港人の心が地元映画に戻ったと実感させた。

ダヨ・ウォン（黃子華）、ツェ・クワンホー（謝君豪）らの快演も話題の『毒舌大狀』は日本全国公開された

キーワードは「香港」

こうした動きは、社会運動で再認識された香港人意識、香港への愛と危惧感からのもので、映画のみならず音楽や演劇などにも共通する。2022年後半からは、今の香港を見つめる珠玉の作品が一気に公開。その担い手の多くは30代を中心とする若手監督たちだ。

左／住宅問題を風刺した洒脱なブラックコメディ『死屍死時四十四』 右／ルイス・クー（古天樂）のSFアクション映画『明日戰記』はNetflixで世界に配信された

知られざる香港の僻地を美しく見せた黃浩然監督作品『緣路山旮旯』、新界を舞台に家族のありかたを問う曾慶宏監督作品『過時・過節』、コロナ禍の香港の片隅に生きる人々を描く林森監督作品『窄路微塵（邦題：星くずの片隅で）』は日本でも公開され、広く感動を呼んだ。

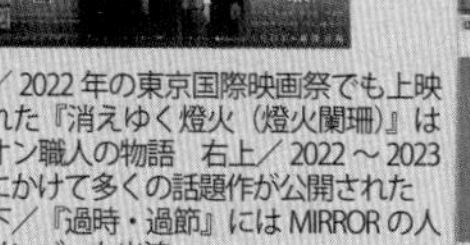

上／2022年の東京国際映画祭でも上映された『消えゆく燈火（燈火闌珊）』はネオン職人の物語　右上／2022～2023年にかけて多くの話題作が公開された　右下／『過時・過節』にはMIRRORの人気メンバーも出演

[音楽編] ボーイズグループ「MIRROR」に共鳴と希望

ほぼ時を同じくして、ポップカルチャーにもこれまでない新しい波が起きた。2018年にViuTVのリアリティ番組『全民造星』から生まれた12人組の男子アイドルグループ、MIRRORだ。社会の変動と緊張感のなか夢を追い続ける地元の青年の姿は、たちまち香港の観衆の心の空虚感を埋めた。

MIRRORの12人。2023年に初の英語曲『RUMOURS』をリリース

©MakerVille

MIRROR 現象

2021年、メンバー3人が出演した日本のTVドラマ『おっさんずラブ』のリメイク版『大叔的愛』の驚異的ヒットでMIRRORの知名度は一気に急上昇。メンバーのソロ曲やグループ曲が次々発表され、YouTube1000万回再生を達成するヒット作も複数登場する一方で、2021年1～8月には香港の広告総数の70%に出演、大きな社会的・経済的効果をもたらし、堂々トップアーティストの仲間入りを果たした。

左／ファンクラブの応援でアンソン・ロー（盧瀚霆）の誕生日はスターフェリーが無料に　右／ギョン・トウ（姜濤）の誕生日に銅鑼灣を埋め尽くすファン（写真提供：雪梅）

世界に向けて

MIRRORの登場で、ファンが再び広東語の歌を聞くようになったり、地元の作品を観に映画館に足を運ぶようになり、業界の創作意欲にも刺激を与えている。メンバーの個性あふれるSNSでの発信、ファンが資金を出し合う応援活動など、「鏡のように反射し合う」という命名の由来のとおり、リアル感のある心の交流も香港らしい。今後、香港を胸に世界に向けての活躍も期待したい。（大澤真木子）

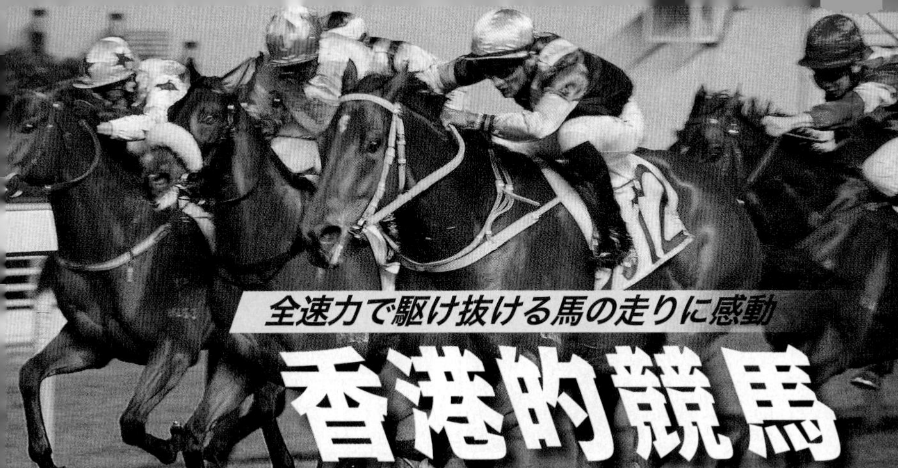

全速力で駆け抜ける馬の走りに感動

香港的競馬の楽しみ方

香港のイギリス統治が始まって間もなく、
娯楽と社交の場としてもたらされ、庶民の一獲千金の夢のひとつとして定着した競馬。
現在も競馬は大人気、スポーツ観戦にでも行くように健康的かつ気軽に出かける。
レースのクライマックスのたびに歓声と落胆の声を上げる人々の姿には香港のバイタリティを感じる。
競馬場は沙田(シャティン)と跑馬地(パウマアテイ)（ハッピーバレー）の２ヵ所にある。
市街地にも近い跑馬地の競馬場をメインに紹介しよう。

ビルの谷間にすっぽりはまった形の競馬場

ビールも！　ショーも！　エンタメ満載

ハッピーバレー競馬場

銅鑼灣からほど近いハッピーバレー競馬場は、おもにナイトレースが開催されていることもあり、競馬ファンのみならず、ビジネスマンが仕事帰りに一杯飲める娯楽場としても親しまれている。国籍を問わず、カップル、女性同士でも気軽に楽しめる雰囲気だ。

レースコースの目の前の一般席には生ビール売りのテントが並び、スナックメニューも豊富に揃っていて、ビアガーデン気分。高層ビルに囲まれた芝の上で、ビール片手に目の前を大迫力で駆け抜ける馬を眺め、頭上にぽっかりと広がった空を見上げるだけでもいい気分。さらに大当たりすれば最高の夜に！

競馬場内の施設

一般席と会員席に分かれており、旅行者は遊客入場證章(Tourist Badge、130HK$)を購入すると、コースやパドックが見下ろせる会員席に入ることができる。施設は飲食やバー施設、競馬の博物館(香港賽馬博物館、→P.141)、ギフトショップなどがある。

一般席は熱気いっぱい。女性同士でも盛り上がる

会員席。旅行者は遊客入場證章を購入すると、こちらに入れる

会員席は階上にあり、コース全体が見渡せる

写真は会員席2/Fに併設されたファストフードカウンター

ギフトショップ

一般席ゲートを入ってすぐ左側には、競馬にまつわるオリジナルグッズを販売するショップがある

キーホルダーなど小物は競馬体験記念にいかが。各種タイプが揃っている(48HK$ ～)

場内のお楽しみ

ビール売り場は大盛況

西洋人のグループも多い

場内では、ビール会社各社がよく冷えた生ビールを競って販売中（40HK$～）

一般席には、スナックやファストフードの売店がたくさん入っている

一般席エリアでもパドックを見られる。誰もが真剣に馬をチェックしている

右／レースの合間は、マジックショーやライブ演奏で盛り上がり、お祭り気分　下／最も活躍するジョッキーを当てる「騎士王」のオッズを持つキャンペーンガール

エンターテインメントも満載

レース観戦を楽しみながら、ビールで乾杯！

いっせいにスタートダッシュ

ハッピーバレー競馬場 Happy Valley Racecourse 跑馬地馬場（パウマアテイマーチョン）

イギリス植民地時代の流れをくむ、香港競馬発祥の地。1845年頃、香港で初めてポニーを用いた競馬が行われ、翌年には現在地に競馬場が建設されたとされている。谷間にむりやり押し込んだような変形楕円形の芝のコースで、レースコース内側は運動場になっており、競馬が開催されない日はサッカー、ラグビーなどができる。ジョギングコースも早朝5時からオープンしている（入場無料）。

☎1817　URL www.hkjc.com（沙田も同じ）　料 一般席10HK$（オクトパス使用可）。外国人旅行者はパスポートを提示し、130HK$（香港ダービーなど特別なレース開催日は190HK$）の「遊客入場證章（Tourist Badge）」を購入すれば、レースコースを見下ろす眺めのよい会員席から観戦できる。遊客入場證章はレースコース西側にある会員専用入口または一般席入口脇の会員用ゲートで購入可能。　カード M V（プライベートボックスでのみ使用可）

行き方 跑馬地行きトラムで終点の跑馬地總站下車徒歩約3分。またはMTR銅鑼灣駅A出口から徒歩約15分。　map 別冊P.14-4A

沙田競馬場 Sha Tin Racecourse 沙田馬場（シャティンマーチョン）

1978年に開設。現在はこちらがメインの競馬場で、国際レースのほとんどがここで開催される。コース前方に設置されているのは長さ70.4m、高さ8mの、ギネスブックにも載った世界最大のスクリーンと電光掲示版。最新設備を誇る巨大スポーツスタジアム風のコースを展望レストランから観戦すれば、400mの直線コースの迫力に圧倒されるだろう。

☎1817　料 一般席10HK$。2階にあるツーリストゾーンは座席の位置やレースによって異なり、30～50HK$。カード M V（プライベートボックスでのみ使用可）　行き方 最寄り駅はMTR東鐵綫の馬場駅（Race Course）。東鐵綫の紅磡駅から馬場駅まで所要21分、料金は15.5HK$。九龍塘駅からは所要15分、料金は同じ。

map 別冊P.3-2C

沙田競馬場のゴール地点

いざ運試し
香港競馬に挑戦!!

左／自動券売機　右／馬券購入・払い戻しの窓口は隣り合っている

ークカード
入った箱が
所に置かれ
る

馬券の買い方

馬券は窓口または自動券売機で購入することができる。場内各所に備え付けの箱から、式別(投票法)ごとに色分けされたマークシート方式のマークカードをピックアップ。記入方法はP.310を参照。記入したカードを「售票／SELL」と書かれた窓口に持っていき、賭け金を支払うと(香港ドル現金のみ使用可)、賭けたデータと金額が印字された「彩票(Winning Ticket)」(馬券)を渡される。なお、「外幣兌換／Currency Exchange」と表示された窓口で主要外貨の両替ができる。

●自動券売機

「售票／SELL」の窓口であらかじめ現金券(Cash Voucher／最低入金額100HK$、180日間有効。残額は払い戻し可能)を購入しておく。現金券とマークカードを自助售票機に入れるとデータが印字された「彩票」が出てくる。画面上で式別、馬番、金額を入力するタッチパネル式の最新型機では、マークカードに記入する必要はない。

●賭け金

原則として10HK$単位。最低賭け金は10HK$。またレースをまたぐ馬券の場合は1HK$から可能。

本語の観戦ガ
ドがもらえる
ンフォメーシ
ンカウンター

オッズのモニター画面。オッズは刻々と変わり、レースが始まる直前まで目が離せない

マークカードについて

カードは6種類で17パターンの式別(投票法)がある。日本にはないものもあり、投票法によって記入するマークカードの種類や記入方法が異なり複雑だが、場内各所に設けられたインフォメーションカウンターで、係員が記入の仕方を教えてくれる。日本語の馬券購入ガイドが置いてある案内所もあるので尋ねてみよう。

その日のレースの出走順や出走馬、細かいデータが載った小冊子。インフォメーションカウンターで無料配布している

マークカードは種類によって色分けされている

●マークカードの種類と式別

①紫色のカード

● **獨贏(ドクイエン)・Win(単勝)**：1着の馬番号を当てる。

● **位置(ワイチー)・Place(複勝)**：各レースで3頭以上出走の場合、1着か2着の馬を当てる。7頭以上出走の場合、3着までに入る馬を当てる。

● **連贏(リンイェン)・Quinella(連勝複式)**：各レースで2頭以上出走の場合、1、2着の2頭の組み合わせを当てる。

②オレンジ色のカード

● **三重彩(サームチョンチョイ)・Tierce(三連勝)**：各レースで3頭以上出走の場合、1、2、3着を着順どおりに当てる。

③緑色のカード

● **孖寶(マーボウ)・Double**：設定の2レースの1着馬を両方とも当てる。最初の1着が的中した場合は、あとは2着でもよい。最初の1着が当たらなければアウト。

● **三寶(サームボウ)・Treble**：設定の3レースの1着を当てる。

● **六環彩(ロウワンチョイ)・Six Up**：後半6レースの1着もしくは2着をすべて当てる。予想した馬がすべて1着になった場合は、ボーナスが出る。

④赤色のカード

● **單T(ダンティー)・Trio**：1、2、3着の組み合わせを当てる。着順は関係ない。日本の三連複。

● **孖T(マーティー)・Double Trio**：設定する2レース(連続する)の1、2、3着の組み合わせを両方とも当てる。着順は関係ない。

● **四連環(セイリンワン)・First 4**：各レースの1、2、3、4着の組み合わせを当てる。着順は関係ない。

⑤茶色のカード

● **四重彩(セイチョンチョイ)・Quartet**：設定のレースの1、2、3、4着を着順どおりに当てる。

⑥深緑色のカード

● **二重彩・Forecast**：設定のレースの1、2着を着順を含め当てる。

●マークカードの書き方

初心者はまず簡単なシングルレース方式の賭け方の紫色のカードでトライしてみよう。

おもな賭け方の記入例

各欄の説明

❶「彩池 POOL」の欄：式別を記入。

❷「場次 RACE No.」の欄：レース番号を記入。

❸「馬匹番号 SELECTIONS」の欄：投票する馬番号を記入。以下に掲載の賭け方では、1～3の欄のうち、いちばん左の1欄に選んだ馬番号を記入。

❹投票方法の欄
「毎注 UNIT」：1点当たり
「毎票 TICKET」：馬券1枚当たり

❺賭け金(購入する金額)を記入する欄

以下の賭け方3種はすべて紫色のカードを使用。

単勝(獨贏、WIN)

1着の馬を当てる

❶「獨贏 WIN」をマークする。
❷ 第1レースの場合、(1)をマーク。
❸ 選んだ馬番号をひとつ記入。この場合は5番の馬。
❹「1点当たりの購入金額」をマーク。
❺ 10HK$の場合、(10)をマーク。

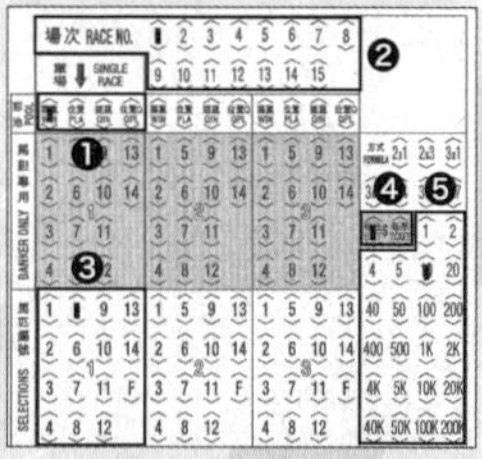

複勝(位置、PLACE)

各レースで3頭以上出走の場合、1着か2着の馬を当てる。7頭以上出走の場合、3着までに入る馬を当てる。

❶「位置 PLA」をマークする。
❷ 第2レースの場合、(2)をマーク。
❸ 選んだ馬番号をひとつ記入。この場合は2番の馬。
❹「1点当たりの購入金額」をマーク。
❺ 20HK$の場合、(20)をマーク。

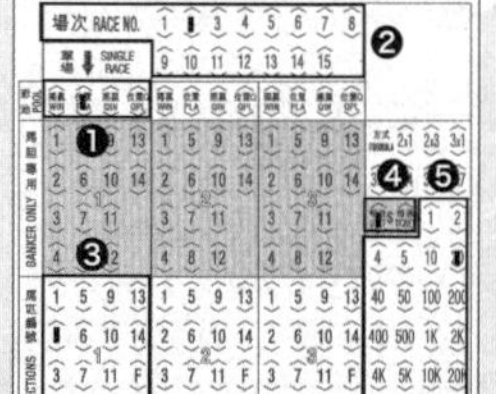

※単勝と複勝を同じ馬に同じ金額を賭ける場合は、①に「獨贏 WIN」と「位置 PLA」を両方マークすれば1枚の馬券で購入できる。

連勝複式(連贏、QUINELLA)

各レースで2頭以上出走の場合、1、2着の組み合わせを当てる。

❶「連贏 QIN」をマークする。
❷ 第5レースの場合、(5)をマーク。
❸ 選んだ馬番号をふたつ記入。この場合は2番と6番の馬。
❹「1点当たりの購入金額」をマーク。
❺ 30HK$の場合、(10)と(20)をマーク。

左／ゴール間近は熱気に包まれる
右／ゴールの瞬間

馬券の払い戻し

場内ではレースの順位決定後からすぐに窓口で、場外では翌日(日曜、休日ならさらにその翌日)から60日以内に、100ヵ所余りある場外馬券売り場で払い戻す。100万HK$以上の場合は、香港ジョッキークラブの本社ビルで小切手で渡される。

競馬の開催期間

9月～翌年7月上旬(2023年度は9月10日から2024年7月14日まで)。毎週水曜夜と、土曜または日曜の午後の週2回で、年88回ほど開催。

水曜夜：基本的にハッピーバレー、まれに沙田にて19:15～23:00頃(7～8レース)
土曜か日曜、または祝日昼：基本的に沙田、まれにハッピーバレーにて13:00～18:00頃(9～10レース)
※レースと次のレースの間隔は30分＋表彰式の5分が目安。入場開始はレース開催の約2時間前。
※開催のない週もあるので、競馬場のHPで確認のこと。
※競馬場入場、馬券の購入には18歳以上という年齢制限がある。競馬場へはパスポート持参で。

ホテルガイド

Hotel Guide

How to Stay

ホテル事情

ウオーターフロントのホテルはハーバービューが魅力

●新ホテルの動向

2024年にはモット・バイ・ヒルトン・ホンコン・ソーホーが上環に。またブティックホテルのキンプトンが尖沙咀にオープン予定。開発が進む旧カイタック空港跡地に加え、長沙灣のウオーターフロントにも25階建てホテルが登場の予定。

●格安ホテルの多い場所

尖沙咀に多く、重慶大廈（→P.332）や美麗都大廈（MAP別冊P.29-3C）はゲストハウスが多数入っている。佐敦や旺角の雑居ビルにも多数ある。

●各島の「渡假屋」

ランタオ島ではおもな観光ポイントにあり、長洲島ではフェリー乗り場の近くに申込所が並んでいる。ラマ島は榕樹灣にある。

●ユースホステル

新界や離島の恐ろしく辺鄙な場所にある。徒歩数時間の山の中というところも。香港の自然をとことん堪能する特別な滞在を希望するには、別天地かもしれない（→P.342）。

●無料で使えるスマートフォンサービス

高級ホテル（一部の中級ホテルも）の各部屋には、香港内で使える国際電話も可能なスマートフォンを設置するサービスが広まっている。使用料は無料。

多くのホテルがこのサービスを採用。インターネットや電話が無料で使える

ホテルの動向

エネルギッシュな喧騒のすぐ隣に、優雅で贅沢な別世界が存在するのも香港の魅力。日常から解き放たれ、身も心もリラックスできるホテルが数多くある。中心部から新界の町まで大型ホテルがあり、移動や立地の利便性では尖沙咀周辺、中環・金鐘の周辺がおすすめ。

新型コロナウイルス感染症の影響で大ダメージを受けたホテル業界。この数年で閉業となったホテルも多く、新ホテルの建設も低迷していたが、2023年現在、かねてから進められていたホテル建設計画が再始動している（→欄外）。2022年の政府統計では香港全体の総ホテル数は319、客室総数は8万9205室となっている。近年の傾向として、ブティックホテル、デザインホテルと呼ばれるホテルも増え、あらゆる需要に対応する多数のホテルが整っているのが香港の特徴だ。

ホテルのタイプ別の特徴

高級・中級ホテル

高級ホテルは次々とグレードアップし、宿泊料も上がっている。中級ホテルは1泊1500HK$くらいから。室内の設備も十分で、レストランやフィットネスジムなどを備えているところもある。中心部で比較的多いのは上環、灣仔、銅鑼灣、尖沙咀、油麻地、旺角。このクラスは1年中混み合うので、なるべく早めの予約を心がけたい。

格安ホテル

いわゆる安宿。各国のバックパッカー御用達のゲストハウスやアジア各国の華人が主要客の宿がある。前者はおもに「賓館」、後者は「賓館」「旅館」「旅舍」と表示され、ともに雑居ビルの一部の部屋を宿泊施設に改造したものだ。香港ではラブホテルも賓館で、入口が暗くネオンがチカチカついていたり「純粋租房」と出ていたらその手の宿なので要注意。料金はシングル250HK$～、ツイン300HK$～といったところ。ゲストハウスはドミトリーがあるところもあり、1ベッド100HK$～。

旅行会社を兼ねた宿もあり、旅の情報を得るには好都合だ。華人・華僑相手の宿は、英語が通じないところもある。安宿は予約をしてない場合は、最初に部屋を見てから宿泊を決めること。予約済みの場合も不備な点があれば部屋を変えてもらうなど交渉を。緊急時の避難経路については、重要チェックポイントである。

自炊式民宿「渡假屋（トウガオツ）」

香港の離島にある宿泊施設で、英語ではホリデーホームと呼ばれる。ワンフロアに2段ベッドの入った部屋2～3室、キッチンと冷蔵庫、シャワー、トイレ、クーラーを備え、離島での休日を過ごす地元の人が利用している。豪華な渡假屋になると、きれいな応接セットもあって別荘気分。リピーターや島でのんびりしてみたい人におすすめだ。

料金は500～1500HK$と、建物の新旧や場所によってかなり開きがある。学生が夏休みの7～8月と旧正月は普段より高い。予約もこの時期はいっぱいだが、ウイークデイなら直接行っても空きが見つかることがある。それ以外の時期は予約なしでも宿泊できるはず。何軒か回ってみて相場を把握し、値段や部屋に納得したところを選ぼう。

w to Book

予約の方法

日本から予約する

各ホテルのウェブサイトにアクセスし、予約する

時期によってはホテルが設定するプロモーションなど、お得な料金で泊まれることもある。オンライン予約フォームで予約した後、予約確認書（コンファーム）が届かない場合は、ホテルへ直接 e メールで問い合わせをしたほうがよい。

インターネットのホテル予約サイトを利用する

高級ホテルから格安のホテルまで取り扱っている。ネット割引料金やキャンペーン料金などが提示されていることもある。サイトによって多少料金に差があるので、いくつかサイトを比較してみるとよい。おもな予約サイトは→欄外。

日本の予約事務所を通して予約する

世界的ホテルチェーンの加盟店なら、日本にレップ（予約代理店）か、連絡事務所がある。特別レートや朝食無料といった特典があることもあるので、聞いてみよう。「カードギャランティー」といって、予約保証のためにクレジットカードの番号を聞かれる。この手続きをすれば、ホテルに遅く着いても自動キャンセルされることはないが、宿泊日直前に取り消すとキャンセル料を口座から引かれることがあるので、予約のときに解約手数料のルールを確認しておくこと。

●おもなホテル予約サイト

エクスペディア
☎(03)6743-6605
URL www.expedia.co.jp

Booking.com
URL www.booking.com

アゴダ
URL www.agoda.com/ja-jp

JHC（ジェイエッチシー）
☎(03)6758-7195
URL hotel.jhc.jp

●香港政府観光局のサイトでホテル検索

URL www.discoverhongkong.com/jp/plan/accommodation.html

希望条件を選んで検索すると、観光局が価格や質が優良と判断した QTS 認定宿泊施設のホテルやゲストハウスのなかから候補を選んでくれる。

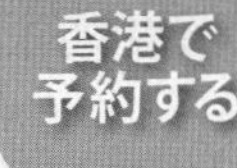

香港の旅行会社で手配する

香港に着いて時間があれば、旅行会社に直接行って、希望の条件に合うところを手配してもらうとよい。地元の旅行会社では格安の料金をもっているところもある。現地旅行会社は→ P.469。

ウオーターフロントのホテルに泊まって、すばらしい海景色をひとり占めするのも香港の旅の醍醐味。写真は雄大な眺めを楽しむためのデザインや工夫を施したケリーホテル・ホンコン（→ P.330）

●ホテルが混む時期

例年、中国人客が増加するクリスマスから旧正月の時期をはじめ、祝日の前と、世界規模の見本市や展覧会が開かれる3、4、10月頃も混み合うので予約をする際には注意が必要。

P.314 からのホテル紹介の記事では、ホテルの客室のタイプは以下の記号で表しています。
S シングル　W ダブル　T ツイン　Su スイート
※シングル、ドミトリー以外の客室タイプの料金は 1 室当たりのものです。

+αの楽しみが待つ

ユニークコンセプトのホテルに宿泊

魔法瓶工場がアートなホテルに変身！

カムラックス・ホテル

Camlux Hotel 君立酒店(クワンラップチャウディム)

香港の工業地帯、九龍灣に2017年に誕生。香港唯一の魔法瓶製造会社「駱駝牌（キャメル）」(→P.50)の旧工場を改装したことで話題を集める。ロビーや客室の随所に魔法瓶のアートが配され、クールでしゃれた雰囲気。魔法瓶を通して香港の製造業の歴史にも触れられる。

同社の魔法瓶は漢方薬やコーヒーを入れても味や質が変わらない良品。カフェのアフタヌーンティーセットにはコーヒーを入れて供される。またフロントで購入も可能

左上／ファクトリーホテルと銘打つホテル。ロビーに入ると正面の壁に駱駝のブランドロゴのモザイクアートがある
左下／レセプションを飾るのは魔法瓶の中瓶。魔法瓶はすべて手作業で生産され、ガラスの中瓶も職人が息を吹き込んで作っている　右／ベッドライトも魔法瓶を加工したもの

住 九龍灣宏光道15 15 Wang Kwong Rd., Kowloon Bay ☎ 2593 2828 FAX 2679 3222 URL www.camluxhotel.com 行き方 空港からA22バスで約1時間。 地 九龍灣駅B出口から徒歩約10分。 料 SWT800HK$ ～、Su2800HK$ ～。 カード AMV 全185室 map 別冊P.3-3C

遊び心あふれる「オールド尖沙咀」

アティテュード・オン・グランビル

Attitude on Granville 瑞生尖沙咀酒店(ソイサンチムサーチョイチャウディム)

尖沙咀グランビル・ロードの新装ビルの5階。コミカルでウイットに富んだアートと装飾で彩られたホテルがある。テーマは1970～1980年代の尖沙咀。文化的アイコン、歴史遺産のモチーフが、いたるところにちりばめられている。公共アパートの透かしブロックや郵便受け、スターフェリーやブルース・リーの壁画など滞在が楽しくなる趣向でいっぱい。

左／洗面所のシンクは昔の家庭のモップ洗い場を模している
右／カラフルなタイルを敷き詰めたロビー（5/F）ではコーヒーや紅茶のサービスがある。客室は6/F～15/F

客室は4つのカテゴリーがあり、写真はスタジオスイートルーム。カスタムメイドしたレトロ風家具やインテリアに遊び心が詰まっている

住 尖沙咀加連威老道20 5/F 5/F, 20 Granville Rd., Tsimshatsui ☎ 2105 3888 FAX 2105 3820 URL www.attitudegranville.com 行き方 空港からA21バスで約1時間。 地 尖B1またはB2出口 料 SWT1000HK$ ～、Su1600HK$ ～。 カード AJMV 全81室 map 別冊P.29-2C

ミニマリズムの粋を極めた

チューブ

Tuve

上／グレーやメタルを配した落ち着いたロビー。外光を雨粒に見立てた壁もおしゃれ
下／隠れ家的な外観。エントランスはわかりくいので注意を

霧が立ち込める湖をイメージしたホテルは、モダンでスタイリッシュ。一方で、ロビーや廊下にはヒーリング音楽が響き、客室は間接照明を用いてあたたかみを演出するなど、居心地のよさにも配慮している。付近は地元の人気レストランが多く、ローカル色豊か。

コンクリートが打ちっぱなしの無機質でヒップな客室。ヒーターも完備。写真はデラックスキングルーム

住 天后清風街16 16 Tsing Fung St., Tin Hau ☎ 3995 8899 FAX 3995 8801 URL www.tuve.hk 行き方 エアポートエクスプレス香港駅からタクシーで約30分。 地 天A2出口 料 S1200HK$～、WT1400HK$～、Su1800HK$～。 カード AJMV 全66室 map P.144-2A

徹底して無駄をそぎ落としたデザイン。写真は木製ボックスを開くとデスクとミニバーになる画期的家具

数のホテルがしのぎを削る香港では、宿泊だけでない楽しみを提供する宿が増えている。

アートギャラリーやブックショップが備わる

ホテル・ステージ

Hotel Stage 登臺（タントイ）

ブックショップは、アートや地元の伝統芸能、漢方薬の本などユニークなセレクト。カードや手作り雑貨もある

古き香港の片鱗を残すタイムカプセルのような街、油麻地。老舗街、夜な夜なにぎわう屋台街など濃密な風情が漂う。そんな街の文化、アーティスト、そしてゲストの交流の場（ステージ）を目指すブティックホテルだ。随所にアートを配置。地下にあるギャラリーとワインバー、ブックショップからなる「ミューズ」は気鋭のコンセプトスペース。

上／客室は使い勝手を重視。九龍の景色を望むデラックスツインルーム　下左／朝食からディナーまで供する「キッチン・サヴィ」はカジュアルなダイニング　下右／ミューズのバーは約200種の名ワインをセレクト

住 佐敦志和街1　1 Chi Wo St., Jordan　☎ 3953 2222　FAX 3953 2200　URL www.hotelstage.com　行き方 空港からA21バスで約1時間。　地 佐B2出口　料 SWT1300HK$～、Su2500HK$～。　カード AMV　全97室　map 別冊P.31-3B

昔の香港を再現したギャラリーが見もの

ホテル・マデラ・ホンコン

Hotel Madera Hong Kong 木的地酒店（モクティクデイチャウディム）

佐敦にあるブティックホテル。ここには香港の1950～1960年代のアンティーク品やビンテージの車などを展示した博物館のようなギャラリーがあり、ギャラリーツアーも行っている。

左／昔のアパートを再現したギャラリーの一角。1960年代の散髪屋やストアなどもあり、展示品はオーナーのコレクション　右／客室はカテゴリーによってデザインが異なる。写真は落ち着いたトーンのデラックスルーム。館外でも使えるスマートフォンが備わる

コロニアルな雰囲気を醸す「カフェ1997」。革張りのオールドチェアやソファがどっしり。緑あふれるテラス席もある

住 佐敦長樂街1　1 Cheong Lok St., Jordan　☎ 2121 9888　FAX 2121 9890　URL www.maderagroup.com/hotel_madera　行き方 空港からA21バスで約1時間。　地 佐B1またはB2出口　料 SWTSu 1200HK$～。　カード AJMV　全87室　map 別冊P.31-3B

悠久の中国文化に浸れる静かなホテル

文化旅館（マンファーロイグン）・翠雅山房（チョインガーサーンフォン）

Heritage Lodge

19世紀末から税関や病棟として使われていた建物を再生した饒宗頤文化館（イウチョンイーマンファーグン）の施設の一部として開業。2階建てのロッジ5棟は、中国の代表的な文化からそれぞれ詩、書、琴、画、棋と名づけられ、テーマにまつわる品々がセンスよく飾られている。緑豊かな丘の上に立ち、ひと味違った香港滞在が体験できる。

左上／レセプション脇の中国の伝統家具を配したスペース　左下／饒宗頤文化館は3ゾーンあり、上區にこのホテル、中區にレストランやシアター、下區に写真の藝術館（ギャラリー）や展示館がある　右／創建当時の面影を残すロッジ外観

英国建築の特徴である高い天井と切妻屋根をもつフィーチャールーム

住 九龍青山道800　800 Castle Peak Rd., Kowloon　☎ 2100 2888　FAX 2100 2999　URL www.heritagelodgehk.com　行き方 空港からE21バスでMTR美孚駅近くの長沙灣道で下車（所要約50分）、美孚駅から徒歩またはタクシー利用。空港からタクシーで約30分。地 美孚駅B出口から徒歩約15分。料 SWT700HK$～、Su1300HK$～。カード AMV　全89室　map 別冊P.3-3C

コーヒーメーカー、または湯沸かし器　ミニバー　バスタブ　ヘアドライヤー　セーフティボックス　レストラン　バー or ラウンジ　フィットネスジム　プール　スパ　日本人、または日本語を話すスタッフ　無料Wi-Fi

※半分カラーのアイコン：いくつかの部屋にのみ適用。

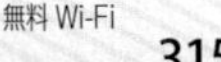

郊外のビーチでリゾートステイを楽しむ

郊外のビーチやハイキングコースに注目が集まる香港。ステイケーションを楽しめる滞在型ホテルが増えている。なかでも注目したいのが、山も海も目の前という絶好のロケーションにオープンしたWMホテル。

左／海沿いの3階建ての建物がWMホテル。自然が広がる西貢の北側に位置する　右／3つのV字型のタワーを合わせたホテルの形は、見方によってはWにもMにも見える。近くにウオータースポーツセンターがあり、西貢の街なかまで徒歩約10分　下／自然光を取り入れたロビー。天井の木のアートは波をイメージしたもの

"香港の裏庭"西貢の楽園ホテル

WMホテル

WM Hotel　WM酒店（ザウディム）

新界東部の町、西貢（→P.346）の海辺にオープン。西貢はハイキングトレイルも整備されていて、海（waterのW）も山（mountainのM）もまるごと自然を満喫できるという意味を込めて命名。

70%を超える客室がオーシャンビューのバルコニー付き。プライベートガーデンをもつ客室もあり、ここが香港であることを忘れてしまうほどの開放感。グランピング設備やペットの犬と泊まれる客室も備わる。

客室のタイプはさまざま

左・右／ハイエンドの客室、WMスタジオ・シービュー。客室内の階段を上るとプライベートルーフガーデン（右）があり、絶景を思いのままに楽しめる

上／客室は木を多用しナチュラルなトーン。スーペリアからスタジオルームまで4つのカテゴリーがあり、デラックス以上の客室はバルコニーやガーデン付き。写真はプレミアシービュールーム
中／プライベートガーデン付きの客室はファミリーやカップルに人気
下／プライベートルーフガーデンがあるタイプの客室はグランピング用品一式が使えるパッケージプランも用意されている

グランピング設備も完備

ホテルの施設にも注目！

洋食を中心に多国籍料理を供する「カフェ@WM」

右／屋上には75mという長さを誇るインフィニティプールがある。島々が浮かぶパノラマビューをひとり占め！
左／白亜のチャペルもあり、リゾートウエディングが注目の的

住 西貢惠民路28　28 Wai Man Rd., Sai Kung　☎ 2196 6888　FAX 2196 6666　URL www.wmhotel.hk　行き方 空港からタクシーで約1時間。公共交通ならA29バスで約1時間、牛池灣村、龍翔道で下車、MTR彩虹駅前から92のバスまたは1Aのミニバスに乗り換え約30分、終点下車徒歩約5分。またはA29バスでMTR坑口駅前の南豐廣場前で下車し、坑口駅前からホテルの無料シャトルバスを利用してもよい。　地 坑口駅前の名成街から1日6便運行の無料シャトルバスで約30分　料 WT1480～6680HK$
カード JMV　全260室　map P.346参照、別冊P.3-2D

モダンと伝統が調和する老舗ホテル　香港文華東方酒店　MAP別冊 P.11-3C

マンダリン・オリエンタル・ホンコン　Mandarin Oriental, Hong Kong

1963年開業の歴史あるホテル。西洋と東洋が調和したオリエンタルなムードが特徴。ハイセンスなデザインを駆使した客室は広さもゆったり。ハイテクの備品、きめ細かなバトラーサービスなど、香港を代表するホテルの質を如実に物語っている。一新されたプールは水流を起こすシステムやムード照明、水中サウンドなど最新機器を設置。広東料理の「文華」(25/F)、アフタヌーンティーの「クリッパー・ラウンジ」(M/F) も有名。

住 中環干諾道中5　5 Connaught Rd. C., Central
☎2522 0111　FAX 2810 6190
URL www.mandarinoriental.com/hong-kong
行き方 空港からA11バスで約40分。
地 中FまたはH出口
料 SWT4200HK$～、Su 7500HK$～。
カード ADJMV　全501室

左／バスルームの中央にシンクがある　右／茶系でシックな客室。ビジネスツールも充実

開放感あふれるラグジュアリーなホテル　香港四季酒店　MAP別冊 P.10-1B

フォーシーズンズホテル・ホンコン　Four Seasons Hotel Hong Kong

洗練されたインテリア、ハイレベルなダイニング、ワンランク上のサービスを提供し続ける。西洋風とモダンチャイナ風のふたつのタイプの客室に、大型プラズマテレビ、DVDプレーヤー、独立したレインシャワーなどを備え、大きな窓いっぱいに迫力のハーバービューが広がる。エグゼクティブ・クラブ・ラウンジ (45/F) は、1日1700HK$ (2名まで) で宿泊客なら誰でも利用可能。広東料理の「龍景軒」(→P.223) は、ぜひ試したい。

住 中環金融街8　8 Finance St., Central
☎3196 8888　FAX 3196 8899
URL www.fourseasons.com/jp/hongkong
行き方 空港からA11バスで約40分。地 中A出口、東涌綫／エアポートエクスプレス香港駅
料 SWT4100HK$～、Su1万800HK$～。
カード ADJMV　全399室

左／九龍側が一望できるプール (5/F)　右／客室によっては九龍、香港島両側の景色が楽しめる

異国情緒と気品にあふれる　港島香格里拉　MAP別冊 P.12-2A

アイランド シャングリ・ラ ホンコン　Island Shangri-La, Hong Kong

ホテルコンセプトは「古きヨーロッパの格調とオリエントの伝統の調和」。ホテル内に770以上もある華やかなシャンデリアや、16フロアにわたるアトリウムに飾られた世界最大のシルク山水画が東西融合のコンセプトを体現している。大理石のバスルームにはテレビが付き、アメニティはロクシタンなど上質なホテルライフを提案。レストランは広東料理の「夏宮」やフランス料理の「ペトリュス」など名店揃い。

住 金鐘法院道太古廣場　Pacific Place, Supreme Court Rd., Admiralty　☎2877 3838　FAX 2521 8742
URL www.shangri-la.com/island　行き方 空港からA11バスで約50分。地 金FまたはC1出口
料 SWT5500HK$～、Su 9500HK$～。
カード ADJMV
全565室

左／山水画はギネスの認定を受けている　右／ヨーロピアンなハーバービューツインルーム

※ゲストハウス以外のホテルで注釈のないホテルは、料金にサービス料10%が加算されます(以下同)。

賛沢な香港ステイを満喫できる

香港港麗酒店 MAP別冊 P.12-3A

コンラッド・ホンコン

Conrad Hong Kong

インテリアにシルクや黄金の葉のモチーフを多用したゴージャスな雰囲気のこのホテルは、各国の要人が宿泊することでも有名。客室は40/F から 61/F の高層にあり、ヴィクトリア湾の眺めも見事。客室は中国風のクラシカルなインテリアに、最新設備が揃ったエレガントかつ利便性を追求した空間。広東料理の「金葉庭」をはじめ、レストランの評価も高い。パシフィック・プレイスに直結している。

左／ヴィクトリア湾を一望するエグゼクティブラウンジ　右／大きな窓が開放感を与えるハーバービュールーム

住 金鐘金鐘道 88　太古廣場
Pacific Place, 88 Queensway, Admiralty　☎2521 3838
FAX 2521 3888　URL www.conradhongkong.com
行き方 空港から A11 バスで約 50 分。　地 金 F 出口
料 SWT2200HK$ ～、Su 5200HK$ ～。
カード ADJMV　全 513 室

エグゼクティブのためのホテル

香港 JW 萬豪酒店 MAP別冊 P.12-2A

JW マリオット・ホテル・ホンコン

JW Marriott Hotel Hong Kong

パシフィック・プレイスの高層ホテル群の一角をなす。Bose の音響システムや薄型テレビなど最新設備を調えた客室は、窓が外側にせり出すように設計されており、眺めは抜群。飲食施設が充実していることも人気の理由のひとつで、広東料理、ステーキハウス、種類豊富なスイーツが自慢のデリカテッセン、ワインバーなどがある。世界を旅するビジネス・エグゼクティブに人気だが、観光にも便利。

左／プールサイドにはフィッシュバー＆グリルがある　右／より広い角度の景色が望めるよう設計されたプレミア・ハーバービュールーム

住 金鐘金鐘道 88　太古廣場
Pacific Place, 88 Queensway, Admiralty
☎2810 8366　FAX 2845 0737
URL www.jwmarriotthongkong.com
行き方 空港から A11 バスで約 50 分。
地 金 F 出口　料 WT2680HK$ ～、Su5030HK$ ～。
カード AJMV　全 608 室

ヒップでクールな都会派ホテル

香港置地文華東方酒店 MAP別冊 P.18-3B

ランドマーク・マンダリン・オリエンタル・ホンコン

The Landmark Mandarin Oriental, Hong Kong

中環の中心部に位置するホテル。館内の隅々まで洗練された雰囲気に包まれている。2016年、香港出身の著名な建築家を起用して全客室を改装、モダンでスタイリッシュな内装に生まれ変わった。ハイテク技術も駆使され、大型液晶テレビ、DVD プレーヤーを設置。7/F のミシュラン 3 つ星寿司店「すし志魂」、G/F の「MO バー」といったドラマチックなダイニングやバーも注目を集めている。

左／ 7/F の高級フレンチ「アンバー」　右／シグネチャールームの「L900 スイート」。オープンなレイアウトで広い寝室、独立したリビング、円形バスルームを配置

住 中環皇后大道中 15　置地廣場
The Landmark, 15 Queen's Rd. C., Central
☎2132 0088　FAX 2132 0199
URL www.mandarinoriental.com/landmark　行き方 空港から A11 バスで約 40 分。　地 中 G 出口　料 WT4700HK$ ～、Su9800HK$ ～。　カード ADJMV　全 113 室

高級ホテル　中級ホテル　リーズナブルなホテル、ゲストハウスなど

モダン建築の巨匠が手がけたホテル　香港美利酒店（ヒョンゴンメイレイザウティム）　MAP別冊 P.11-4C

マレー・ホンコン・ア・ニッコロ　The Murray, Hong Kong, a Niccolo Hotel

1969年建造の香港政府機関のビルを、香港上海銀行本社ビル、香港国際空港などを手がけたイギリス人建築家ノーマン・フォスター率いるフォスター・アンド・パートナーズがリノベーション。個性的な建物の建築モチーフを内装デザインに取り入れ、気品と機能性を兼ね備えたラグジュアリーホテルに生まれ変わらせた。客室は75%以上が50㎡の広さをもち、大きな窓からは香港公園の緑や高層アパート群が望める。ミシュラン常連の広東料理店や、270度の景観が楽しめるルーフトップバー「ポピンジェイズ」など5つのダイニング施設がある。

大理石造りのエレガントなバスルーム

住 中環紅棉路22　22 Cotton Tree Drive, Central
☎3141 8888　FAX 非公開
URL www.niccolohotels.com/en/the-murray-hong-kong
行き方 空港からエアポートエクスプレスで香港駅下車、タクシーで約5分。 地 中J1出口　料 WT3600HK$～、Su7200HK$～。　カード ADJMV　全336室

上／オーナーのコレクションであるモダンアートが飾られているグランドデラックスルーム　右／イタリア産大理石を敷き詰めたロビー

本物のラグジュアリーを追求するホテル　奕居（イッコイ）　MAP別冊 P.12-2A

アッパー・ハウス　The Upper House

香港の著名インテリアデザイナーが手がけた館内は、天然素材や自然光を効果的に取り入れ、隠れ家のような空間。「暮らすような滞在」をコンセプトに、ゲスト・エクスペリエンスと呼ばれるスタッフが質の高いサービスを提供。49/Fの地中海料理店「サリステッラ」は眺めもすばらしい大人の雰囲気。

住 中環金鐘道88　太古廣場
Pacific Place, 88 Queensway, Central
☎3968 1000　FAX 3968 1200
URL www.thehousecollective.com
行き方 空港からA11バスで約50分。
地 金F出口　料 SWT5500HK$、Su1万8000HK$。
カード ADJMV　全117室

スタンダードルームでも68㎡という香港最大級の広さを誇る

古き香港の風情をたたえるデザインホテル　香港中環・石板街酒店（ヒョンゴンチョンワン・セッバンガーイチャウディム）　MAP別冊 P.18-2A

ポッティンガー・ホンコン　The Pottinger Hong Kong

初代香港総督の名を冠した古い石畳の坂道、ポッティンガー・ストリート沿いというユニークな立地。中環の活気をダイレクトに感じられる。文化と伝統を意識し、約100年前のオフィスビルをおしゃれに変身させた。東西融合がデザインテーマの客室は明るく、バスルームも広い。

住 中環皇后大道中74（正面入口は士丹利街21）
74 Queen's Rd. Central, Central
☎2308 3188　FAX 2308 3198
URL www.thepottinger.com
行き方 空港からA11バスで約40分。
地 中D2出口　料 SW3000HK$～、T3700HK$～、Su5000HK$～。
カード AJMV　全68室

中国文化の香り漂う客室。写真はデラックスルーム。ロビー階のイタリア料理のレストラン＆バーは好評

オリエンタルでヒップなホテル　蘭桂坊酒店@九如坊（ラーンクワイフォンチャウディム　ガウユーフォン）　MAP別冊 P.17-1B

ランカイフォンホテル・アット・ガウユーフォン　Lan Kwai Fong Hotel @ Kau U Fong

流行発信エリア、ノーホー（→P.115）に位置する、レトロモダンなインテリアで統一されたブティックホテル。注目スポットのPMQ（→P.124）も徒歩圏内で、街歩きが楽しい。G/Fには創作広東料理の「Aap Ba Din」がある。ラウンジでは17:00～20:00の間ハウスワインを無料で提供。

住 中環九如坊3　3 Kau U Fong, Central
☎3650 0000　FAX 3650 0088
URL www.dcollection.com/lan-kwai-fong-hotel-kau-u-fong　行き方 空港からエアポートエクスプレスで香港駅下車、タクシーで約5分。または、空港からA11バスで約40分。　地 上E2出口
料 SWT1200HK$～、Su 4880HK$～。
カード AJMV　全162室

ハーバービュールーム

コーヒーメーカー、または湯沸かし器　ミニバー　バスタブ　ヘアドライヤー　セーフティボックス　レストラン　バー or ラウンジ　フィットネスジム　プール　スパ　日本人、または日本語を話すスタッフ　無料 Wi-Fi

※半分カラーのアイコン：いくつかの部屋にのみ適用。

全30室のホスピタリティあふれるホテル　MAP別冊 P.16-3A

AKVO ホテル　AKVO Hotel

中国人商人街の面影を残す上環に2018年8月にオープンしたブティックホテル。イリーのコーヒーマシン、ダイソンのヘアドライヤーなど最新のファシリティを備える。マカオフェリー乗り場、ソーホー（→ P.115）や PMQ（→ P.124）が徒歩圏内にあり、観光に便利。

住 上環蘇坑街 57
57 Jervois St., Sheung Wan
☎3428 7000　FAX 非公開
URL www.akvo.com.hk　行き方 空港から A11 バスで約 40 分。地 上 A2 出口
料 WT1600HK$ ～、Su2500HK$。
カード ADMV　全 30 室

機能的な造りで、ビジネス客も多い。街なかにあるが室内は静か

お手頃価格で清潔感あふれるエコノミーホテル　宜必思香港中上環酒店　MAP別冊 P.9-2D

イビス・ホンコン・セントラル＆ションワン　Ibis Hong Kong Central & Sheung Wan

32階建て、スタイリッシュかつシンプルなデザインで、部屋はスタンダードのシティビューとハーバービュー、スタジオルームの3タイプ。備品は十分で、窓際に広いデスクを置くなど機能性も追求。下町エリアにあり、街歩きを楽しみたい人におすすめ。

住 上環德輔道西 28
28 Des Voeux Rd. West, Sheung Wan
☎2252 2929　FAX 2252 2900
URL www.all.accor.com/7606
行き方 空港から A11 バスで約 40 分。
地 上 A2 出口　料 WT880HK$ ～。
カード ADJMV　全 550 室

ベッドはダブルかツインかを選べる

立地抜群の香港版ビジネスホテル　中環迷你酒店　MAP別冊 P.18-3B

ミニホテル・セントラル　Mini Hotel Central

MTR中環駅から近く、蘭桂坊やソーホー、トラム駅も徒歩圏内。客室は7～11㎡程度とかなりコンパクトだが、白を中心としたインテリアと空間をうまく使ったデザインで圧迫感はない。全室に窓があり、備品も完備。ひとり旅やビジネス滞在に重宝。

住 中環雪廠街 38　38 Ice House St., Central　☎2103 0999　FAX 2536 9719　URL www.minicentral.hk
行き方 空港からエアポートエクスプレスで香港駅下車、タクシーで約5分。 地 中 D1 出口　料 SW600 ～ 800HK$。カード ADJMV
全 196 室

客室は4タイプ。バルコニー付きの部屋もある

灣仔

「スパ・リゾート」があるハイセンスなホテル　香港君悦酒店　MAP別冊 P.13-1C

グランド・ハイアット・ホンコン　Grand Hyatt Hong Kong

吹き抜けの高い天井に大きならせん階段が目を引くゴージャスなロビーは、このホテルの顔だ。客室はゆったりとした広さを確保。目の高さに配置したセーフティボックス、使い勝手にこだわったミニバー、あらゆるタイプのアダプターの設置など細部まで心配りが行き届いている。11/F にはスパ・リゾートがあり、「プラトー・スパ」（→ P.297）と大きなバスルームとテラスをもつスパ専用の客室を10室備えている。レストラン、バーは11ヵ所。

住 灣仔港灣道1　1 Harbour Rd., Wanchai
☎2588 1234　FAX 2802 0677
URL grandhyatthongkong.com
行き方 空港からA12バスで約50分。地 會展駅B3出口または灣A1出口　料 SWT3800 ～ 9000HK$、Su6800HK$ ～。
カード ADJMV　全542室

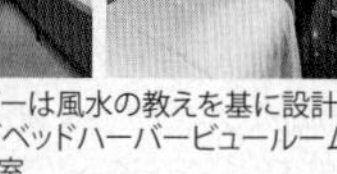
左／アート作品が飾られたロビーは風水の教えを基に設計
中／眺めがすばらしい1キングベッドハーバービュールーム
右／「プラトー・スパ」の施術室

高級ホテル　中級ホテル　リーズナブルなホテル、ゲストハウスなど

ホテルの美学を極めた芸術的なホテル　香港瑞吉酒店　MAP別冊 P.13-1C

セント・レジス・ホンコン　The St. Regis Hong Kong

灣仔北側の一画に立つセント・レジス・ホンコンは一見ホテルとはわかりづらい隠れ家のような雰囲気。既存のホテルとは一線を画す邸宅を意識した「わが家」のように滞在できる空間をつくり上げている。重厚かつアーティスティックな設計やインテリアは、東洋と西洋が共存する香港の街や文化から着想を得たもの。室内チェックイン、全客室にバトラーサービスを提供するなど、パーソナルサービスに注力。ワゴンでスイーツ類が供される「ドローイングルーム」のアフタヌーンティーも秘かな人気。

多目的スペースとして機能する宿泊客のくつろぎの場「グレートルーム」

住 灣仔港灣徑1　1 Harbour Drive, Wanchai　☎2138 6888　FAX 2138 6886　URL www.marriott.com/en-us/hotels/hkgxr-the-st-regis-hong-kong　行き方 空港から A12 バスで約 50 分。　地 會展駅 B3 出口または灣 A1 出口　料 SWT5400HK$ ～、Su7400HK$ ～。　カード A J M V　全 129 室

クイーンサイズのベッドのデラックスツイン。伝統的な中国のランタンや香港の店のシャッターをイメージしたヘッドボードなど文化的要素がちりばめられている

ハーバービューとスポーツ施設が自慢　香港萬麗海景酒店　MAP別冊 P.13-1C

ルネッサンス・ハーバービューホテル・ホンコン　Renaissance Harbour View Hotel Hong Kong

香港會議展覧中心に隣接し、ビジネスに便利。スターフェリー乗り場に近い灣仔のウオーターフロントという立地は観光客にも魅力的。客室の半数以上がハーバービューで、香港らしい美景が満喫できる。11/F の屋外にはスケールの大きなリゾートプール（季節限定の温水プール）やジョギングコース、テニスコート、子供のプレイグラウンドがあり、アクティブ派にもおすすめ。広東料理の「滿福樓」（→ P.225）も眺めがよく、料理もハイレベル。

左／MTR 會展駅へ徒歩約 3 分、灣仔スターフェリー乗り場やバスターミナルにも近い　右／ハーバービュールーム。木の床はもとより、ナチュラルなインテリアでくつろげる

住 灣仔港灣道 1　1 Harbour Rd., Wanchai　☎2802 8888　FAX 2802 8833　URL www.marriott.com/en-us/hotels/hkghv-renaissance-hong-kong-harbour-view-hotel/overview　行き方 空港から A12 バスで約 50 分。　地 會展駅 B3 出口または灣 A1 出口　料 SWT1900HK$ ～、Su2900HK$ ～。　カード A D J M V　全 858 室

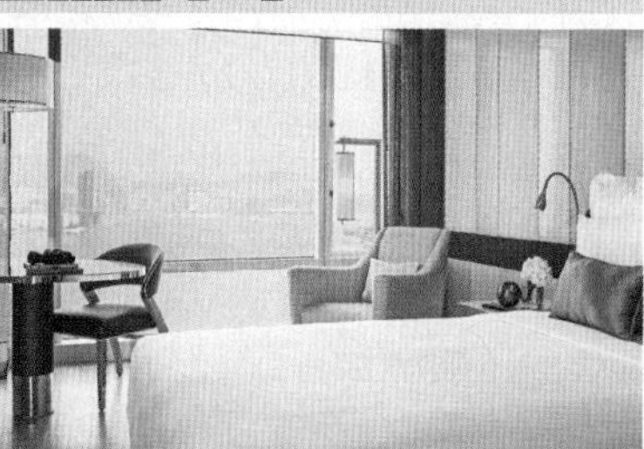

シノワズリなブティックホテル　港島英迪格酒店　MAP別冊 P.21-3C

ホテル・インディゴ・ホンコンアイランド　Hotel Indigo Hong Kong Island

灣仔の庶民の生活が息づくエリアにあり、館内に「オールド灣仔」をテーマに制作されたアート作品や昔の写真が飾られている。ギャラリーのように洗練されたデザインの客室は、開放感のある大きな窓が印象的。ホテルの建物に龍が巻き付いているように見えるライティングの仕掛けや、29 階の屋外プールの一部は空に浮かぶ設計になっているなど楽しいサプライズも。ルーフトップにスカイバーがある。

左／ロビーからはまるで龍が飛んでいるかのような光景が見られる　右／モザイク壁画が見事なスーペリアルーム

住 灣仔皇后大道東 246　246 Queen's Rd. East, Wanchai　☎3926 3888　FAX 2893 3306　URL www.hotelindigo.com/hongkong　行き方 空港から A11 バスで約 1 時間。　地 灣 A3 出口　料 SWT1650HK$ ～、Su4300HK$ ～。　カード A D J M V　全 138 室

コーヒーメーカー、または湯沸かし器　ミニバー　バスタブ　ヘアドライヤー　セーフティボックス　レストラン　バー or ラウンジ　フィットネスジム　プール　スパ　日本人、または日本語を話すスタッフ　無料 Wi-Fi

※半分カラーのアイコン：いくつかの部屋にのみ適用。

灣仔の中心にありビジネスにも観光にも便利　香港諾富特世紀酒店　MAP別冊 P.21-1D

ノボテル・センチュリー・ホンコン　Novotel Century Hong Kong

周辺にはローカル食堂やナイトスポットが多く、香港會議展覧中心のある灣仔のウオーターフロントも徒歩圏内という好立地。部屋は小さめだが、フラットテレビやワークデスクなどが機能的に配置されている。

住 灣仔謝斐道 238
238 Jaffe Rd., Wanchai
☎2598 8888　FAX 2598 8866
URL www.novotelhongkongcentury.com
行き方 空港から A11 バスで約 50 分。
地 灣 A1 出口
料 SWT1600HK$、Su2600HK$。
カード ADJMV　全 508 室

シンプルな内装の客室。写真はプレミアルーム

1933 年創業の歴史ある名ホテル　香港六國酒店　MAP別冊 P.21-1C

グロスター・ルックコック・ホンコン　Gloucester Luk Kwok Hong Kong

アメリカの作家、リチャード・メイスンが滞在し、小説『スージー・ウォンの世界』を書き上げたことで知られるホテル。近年改装を行ったので古めかしさはなく、内装はモダン。広東料理の「粤軒」は地元で根強い人気の名店。

住 灣仔告士打道 72　72 Gloucester Rd., Wanchai　☎2866 2166　FAX 2866 2622
URL www.gloucesterlukkwok.com.hk
行き方 空港から A11 バスで約 50 分。
地 灣 A1 出口
料 SWT2500HK$ ～、Su6000～8300HK$。
カード AJMV　全 196 室

広々としたプレミアルーム

ビジネス客に人気のシックなホテル　灣仔皇悦酒店　MAP別冊 P.20-2B

エンパイヤホテル・ホンコン・ワンチャイ　Empire Hotel Hong Kong・Wanchai

MTR 灣仔駅やトラム駅に近く、ビジネスにも観光にも便利な立地。客室はモダンにデザインされ、機能性もよい。2/F にはビジネスサポートの設備が整ったクラブラウンジが備わる。周辺には飲食店やバーが多く、深夜までにぎやか。

住 灣仔軒尼詩道 33　33 Hennessy Rd., Wanchai　☎3692 2111　FAX 3692 2100
URL www.empirehotel.com.hk/en/hotel/empire-hotel-hong-kong-wan-chai/about　行き方 空港から A11 バスで約 50 分。　地 灣 B1 出口　料 SW1800HK$ ～、Su3000HK$ ～。　カード AJMV　全 363 室

やや狭いが、基本的な設備は整っているスーペリアルーム

おしゃれな都会派ホテル　香港灣仔睿景酒店　MAP別冊 P.20-2B

キュー・グリーンホテル・ワンチャイ・ホンコン　Kew Green Hotel Wanchai Hong Kong

都会的なモダンデザインを取り入れたライフスタイルホテル。客室は全室禁煙、9 つのカテゴリーがあり、女性専用フロアを設置。女性向けの寝具やアメニティを備え、インテリアもおしゃれ。レストラン「キュー・スペース」も自慢の施設。

住 灣仔軒尼詩道 41-49
41-49 Hennessy Rd., Wanchai
☎2861 1166　FAX 2865 6111
URL www.kewgreenwanchai.com
行き方 空港から A11 バスで約 50 分。
地 灣 B1 出口　料 SWT 3630HK$ ～、Su7000HK$ ～。カード AJMV　全 173 室

特別仕様の女性専用ルーム

ファミリーにもビジネスにもおすすめ　銅鑼灣利景酒店　MAP別冊 P.14-3A

チャーターハウス・コーズウェイ・ベイ　The Charterhouse Causeway Bay Hotel Hong Kong

灣仔と銅鑼灣の中間、両駅から徒歩 10 ～ 12 分のローカルエリアにある。客室はビジネス用の備品が揃ったビジネス仕様タイプ、スタイリッシュなエグゼクティブフロアのエス・シグネチャー、家族で利用できる 4 人用まで、幅広いタイプを揃えている。

住 灣仔道 209-219　209-219 Wanchai Rd.
☎2833 5566　FAX 2833 5888
URL www.charterhouse.com　行き方 空港から A11 バスで約 50 分。
地 灣 A3 または銅 A 出口
料 S1800HK$～、WT2200HK$～、Su3800HK$ ～。カード AJMV　全 294 室

エス・シグネチャーの客室。モダンなデザインで最新設備を完備

会議・展示会場に近くビジネス客に人気　百利酒店（バッレイチャウディム）　MAP別冊 P.20-2B

バーリントン　Burlington Hotel

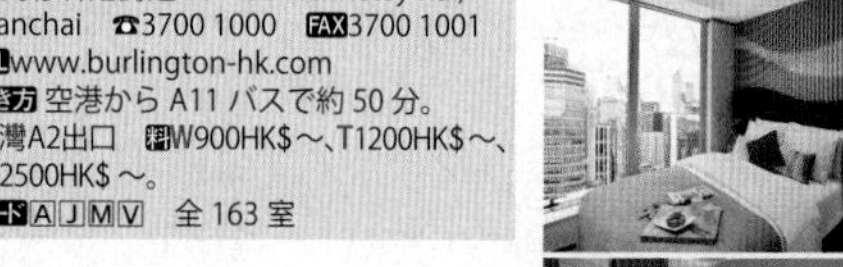

MTR 灣仔駅へ徒歩約 2 分、香港会議展覧中心へ約 5 分の好立地。ビジネス客の利用が多いが、フットワークよく動ける立地ゆえ観光客やひとり旅の客にも人気。客室はコンパクトながら開放的な大きな窓があり、明るく快適に過ごせる。羽毛枕や羽毛布団といった高級寝具をはじめ、客室の備品やアメニティも充実している。

住 灣仔軒尼詩道 55　55 Hennessy Rd., Wanchai　☎3700 1000　FAX3700 1001
URL www.burlington-hk.com
行き方 空港から A11 バスで約 50 分。
地 灣A2出口　料W900HK$～、T1200HK$～、Su2500HK$～。
カード A J M V　全 163 室

上／客室はナチュラルな雰囲気。写真はスタンダードルーム　下／スイートルームはウオークインシャワーとジャクージを備える

銅鑼灣・大坑

繁華街に立つシティリゾート・ホテル　香港銅鑼灣皇冠假日酒店（ヒョンゴントンローワンウォンクンガーヤッチャウディム）　MAP別冊 P.19-4A

クラウン・プラザ・ホンコン・コーズウェイ・ベイ　Crowne Plaza Hong Kong Causeway Bay

館内は洗練された都会的なセンスでまとめられている。小規模ながらも屋外プールやスカイガーデンがあり、リゾート気分も味わえる。客室は 34㎡～と十分な広さがあり、大きめの窓が開放感たっぷり。近くにあるハッピーバレー競馬場を見下ろすことのできる部屋もある。北京ダックが有名な「御寶軒」をはじめ、5 軒のレストラン&バーがある。

住 銅鑼灣禮頓道 8　8 Leighton Rd., Causeway Bay
☎3980 3980　FAX3980 3900
URL www.cphongkong.com
行き方 空港から A11 バスで約 1 時間。地 銅 A 出口　料SWT2000～3650HK$、Su4800～5700HK$。
カード A J M V　全 263 室

上／デラックスルーム
下／ 28/F のプールの隣にはバー「クラブ・アット・28」がある

中秋節のおとぎ話がモチーフのデザインホテル　問月酒店（マンユッチャウディム）　MAP別冊 P.14-2A

ミラムーン　Mira Moon

尖沙咀のミラ・ホンコン（→ P.327）系列のデザイナーズホテル。赤を基調に、ウサギと月など中秋節を象徴する伝統的なモチーフとモダンな要素を大胆に融合したインテリアデザインが印象的。各客室に香港市内に持ち出し可能なポケット Wi-Fi、オリジナルカクテルがセットされた無料ミニバー、ネスプレッソコーヒーマシンが備わる。

住 銅鑼灣謝斐道 388
388 Jaffe Rd., Causeway Bay
☎2643 8888　FAX 2643 8999
URL www.miramoonhotel.com
行き方 空港から A 11 バスで約 1 時間。　地 灣 A1 または銅 C 出口
料S1800HK$～、WT2300HK$～、Su1 万 HK$～。　カード A J M V
全 89 室

左／客室は広さによって月にちなんだ名前がつけられている。写真はニュームーン　右／ウサギと月のモチーフが随所に

シービューもパークビューも楽しめる　香港柏寧酒店（ヒョンゴンパーッニンチャウディム）　MAP別冊 P.19-2B

パークレーン・ホンコン・ア・プルマン　The Park Lane Hong Kong-a Pullman Hotel

眺めのよいホテルは数々あるが、港の景色と公園の眺めがともに望めるのはここだけ。MTR 銅鑼灣駅近くの商業エリアにあり、買い物を楽しみたい人に好立地。ビジネス・エグゼクティブの宿泊が多いとあって、客室はシンプルかつ機能的だ。最上階の 27/F にある「SKYE」はデッキから雄大なパノラマが楽しめ、夕暮れ時から訪れたい。

住 銅鑼灣告士打道 310
310 Gloucester Rd., Causeway Bay
☎2293 8888　FAX2576 7853
URL www.parklane.com.hk
行き方 空港から A11 バスで約 1 時間。
地 銅 E 出口
料SW2888～5288HK$、Su4888～1 万 2888HK$。
カード A D J M V　全 818 室

上／ヴィクトリア・パークとヴィクトリア湾が両方望めるプレミアムデラックス・エグゼクティブルーム　下／「SKYE」のデッキ席

コーヒーメーカー、または湯沸かし器　ミニバー　バスタブ　ヘアドライヤー　セーフティボックス　レストラン
バー or ラウンジ　フィットネスジム　プール　スパ　日本人、または日本語を話すスタッフ　無料 Wi-Fi

※半分カラーのアイコン：いくつかの部屋にのみ適用。

ヨーロピアンスタイルが女性客に人気　富豪香港酒店　MAP別冊 P.19-3B

リーガル・ホンコン　Regal Hong Kong Hotel

大理石のロビーやクラシカルな装飾品が中世ヨーロッパの雰囲気を醸し出す。客室は最新設備が整い広さも十分。銅鑼灣駅に近い繁華街に位置し、ロケーションは抜群。広東料理店（3/F）、イタリア料理店（31/F）など飲食施設も充実。ホテルのウェブサイトから直接予約すると、空港～ホテル間の無料送迎サービスあり。

住 銅鑼灣怡和街 88
88 Yee Wo St., Causeway Bay
☎2890 6633　FAX2881 0777
URL hongkong.regalhotel.com
行き方 空港から A11 バスで約 1 時間。
地 銅 F1 出口
料 SWT3400HK$～、Su7400HK$～。
カード A J M V　全 481 室

エレガントな内装のデラックスルーム

ハッピーバレーを見下ろす円柱形のホテル　南洋酒店　MAP別冊 P.14-3A

サウス・パシフィック　South Pacific Hotel

周辺は露天市場や屋台風レストランがあり、活気がある生活のワンシーンに触れられる。ビジネス客の利用が多く、客室はシンプル。全室に空気清浄機、温水洗浄便座付きのトイレを設置するなど、細かい気配りが行き届いている。飲食施設は上海料理の「老雪園」や鉄板焼き居酒屋の「和幸」など。空港までのリムジンでの送迎も可能（有料、要予約）。

住 灣仔摩理臣山道 23
23 Morrison Hill Rd., Wanchai
☎2572 3838　FAX2893 7773
URL www.southpacifichotel.com.hk
行き方 空港から A11 バスで約 1 時間。
地 銅A出口
料 SWT2000HK$～、Su6800HK$。
カード A J M V
全 298 室

上／パシフィックプレミアツインルーム　下／開放感のあるロビー

遊び心のエッセンスが心憎い　MAP 別冊 P.15-2D

リトル・タイハン　Little Tai Hang

伝統とモダンが息づく大坑の魅力を館内の造りやデザインで表現。「自分の家のようにくつろげるホテル」を目指し、館内はあたたかい雰囲気に。スーペリア以上の部屋はミニキッチンや冷蔵庫も備わり、長めの滞在におすすめ。コーヒーやスナックが無料サービスのラウンジ（5/F)、無料のコインランドリーも設置。1/F にモダンヨーロッパ料理のレストラン「ティプシー」がある。

住 大坑銅鑼灣道 98
98 Tung Lo Wan Rd., Tai Hang
☎3899 8888　FAX3899 8333
URL www.littletaihang.com
行き方 空港からエアポートエクスプレスで香港駅下車、タクシーで約 30 分。
地 天B出口　料 SW1380HK$～、Su3340HK$～（サービス料込み）。
カード A M V　全 121 室

上／スタンダードでも約 33㎡とゆったり。写真はスタジオラグジュアリーの客室
下／お茶や軽食が楽しめるラウンジ

観光、ビジネスによいホテル　香港珀麗酒店　MAP別冊 P.15-3C

ローズデール・ホテル・ホンコン　Rosedale Hotel Hong Kong

銅鑼灣の繁華街に近接しており、ショッピングや観光にフットワークよく動ける。客室は茶系でまとめられ落ち着いたデザイン。スーペリア、デラックス、エグゼクティブ、スイートの 4 タイプある。西洋料理の「ソナタ」（2/F）がある。

住 銅鑼灣信德街 8
8 Shelter St., Causeway Bay
☎2127 8888　FAX2127 3333
URL hongkong.rosedalehotels.com
行き方 空港から A11 バスで約 1 時間。
地 銅 F1 出口
料 SW1880HK$、Su2980HK$。
カード A J M V　全 299 室

スーペリアルーム

世界に名だたる、憧れの名門ホテル　香港半島酒店　MAP別冊 P.28-4B

ザ・ペニンシュラ・ホンコン　The Peninsula Hong Kong

1928年の創業以来変わらないホスピタリティと、東洋と西洋が調和した創建当時の面影を守り続け、香港のトップホテルとして名をはせる。クラシカルなインテリアながら、設備は最先端の機能性を併せもつ。コロニアル建築の本館と30階建ての新館があり、新館の客室からはハーバービューが目の前。ダイニングからリラクセーションまで、優雅なホテルライフを堪能できる。

左／ロビーラウンジの「ザ・ロビー」は、アフタヌーンティーで有名　右／天井の高い本館スーペリアルーム

住 尖沙咀梳士巴利道
Salisbury Rd., Tsimshatsui
☎2920 2888　FAX2722 4170
URL hongkong.peninsula.com
行き方 空港から A21 バスで約 1 時間。地 尖 E 出口
料 SWT4580HK$ ～、Su7580HK$ ～。
カード ADJMV　全 297 室

香港を代表するハーバービューホテル　香港麗晶酒店　MAP別冊 P.22-4B

リージェント・ホンコン　Regent Hong Kong

九龍半島の先端に立つインターコンチネンタルホテルがリブランドして、リージェント・ホンコン（約 20 年前のホテル名）として再スタート。改修工事を経て 2023 年初め、東洋の美を随所に刻んだ都会のオアシスとしてよみがえった。客室の約 75％はハーバービュールームで、レストランなどの施設も眺めを最大限に生かした設計に。きめ細かいサービスにも定評がある。広東料理の「麗晶軒」はヒスイの宝石箱をイメージしたデザインと極上の料理が一体化した名店。

湾曲したガラス窓に絶景が広がるロビーラウンジ

住 尖沙咀梳士巴利道 18　18 Salisbury Rd., Tsimshatsui
☎2721 1211　FAX なし
URL hongkong.regenthotels.com
行き方 空港から A21 バスで約 1 時間。 地 尖沙咀駅（連絡通路経由）／尖東駅 J2 出口　料 SWT7500HK$ ～。
カード ADJMV　全 497 室

クラシックハーバービュールーム。深めの浴槽が備わる「オアシスバスルーム」からも窓の外の景色が望める

もてなしの心が随所に生きる　九龍香格里拉大酒店　MAP別冊 P.30-3A

カオルーン シャングリ・ラ ホンコン　Kowloon Shangri-La, Hong Kong

九龍サイドで屈指のハーバービューを誇る。最小でも 42㎡という広い客室は、洗練されたシックな内装と最新設備が施されている。ハード面だけでなく、スタッフの応対や室内の備品にいたるまで利用客の立場に立った気配りが行き届いている。日本人スタッフが複数常勤しているのも安心材料。レストランやバーも一流店が揃い、天井からつり下げる鳥籠で供するアフタヌーンティー（ロビーラウンジ）にも注目が集まる。

左／オーストリア製の美しいシャンデリアはロビーの華　右／デラックスルーム。ゆったりとした広さで使い勝手もよい

住 尖沙咀東部麼地道 64
64 Mody Rd., Tsimshatsui East
☎2721 2111　FAX2723 8686
URL www.shangri-la.com/hongkong/kowloonshangrila
行き方 空港から A21 バスで約 1 時間。
地 尖沙咀駅（連絡通路経由）／尖東駅 P1 出口
料 SWT3600HK$ ～、Su5480HK$ ～。
カード ADJMV　全 688 室

コーヒーメーカー、または湯沸かし器　ミニバー　バスタブ　ヘアドライヤー　セーフティボックス　レストラン
バー or ラウンジ　フィットネスジム　プール　スパ　日本人、または日本語を話すスタッフ　無料 Wi-Fi

※半分カラーのアイコン：いくつかの部屋にのみ適用。

アート作品で彩られた邸宅のようなホテル　香港瑰麗酒店（ヒョンゴンムイライチャイディム）　MAP別冊 P.29-4D

ローズウッド・ホンコン　Rosewood Hong Kong

ローズウッド・グループの本拠地、香港に誕生した同社のフラッグシップホテル。気鋭のアーティストの作品が館内に飾られ、快適さを追求した洗練のインテリアがゲストを迎える。各フロアにソファを配置しオーナーの収集アートを展示した「サロン」と呼ばれるスペースがあるのも特徴。8割以上の部屋でハーバービューが楽しめ、インフィニティプールではヴィクトリア湾に浮遊した気分を味わえる。スパを含めた総合ウェルネス施設「アサヤ」も注目の的。

住 尖沙咀梳士巴利道 18　Victoria Dockside Victoria Dockside, 18 Salisbury Rd., Tsimshatsui
☎3891 8888　FAX3891 8000　URLwww.rosewoodhotels.com/en/hong-kong　行き方 空港から A21 バスで約 1 時間。
地 尖沙咀駅（連絡通路経由）／尖東駅 J2 出口
料ST9000HK$、W1 万 1800HK$、Su1 万 6000HK$。
カード ADMV　全 413 室

左／海に溶け込むようなインフィニティプール　中／各フロアの「サロン」と呼ばれる共有スペース　右／ 53㎡とゆったりしたスペースのハーバービューツインルーム

摩天楼の最上部、世界で最も高い場所にあるホテル　香港麗思卡爾頓酒店（ヒョンゴンライシーカーイートンチャウディム）　MAP別冊 P.24-4A

ザ・リッツ・カールトン・ホンコン　The Ritz-Carlton, Hong Kong

香港一の高さの環球貿易廣場（ICC）の 102 〜 118/F を占める。9/F のエントランスからエレベーターに乗り 1 分弱で到着する 103/F のロビーは別世界。ゴージャスなインテリアと眼下に広がるパノラマビューに迎えられる。最小でも 50㎡という広さの客室は、窓辺に腰かけて絶景を見下ろせる設計だ。ミシュランの星を獲得した広東料理の「天龍軒」をはじめ、飲食施設も人気が高い。

住 九龍柯士甸道西 1　環球貿易廣場　International Commerce Centre, 1 Austin Rd. West, Kowloon　☎2263 2263　FAX2263 2260　URLwww.ritzcarlton.com/en/hotels/hkgkw-the-ritz-carlton-hong-kong/overview
行き方 空港からエアポートエクスプレスで九龍駅下車、徒歩約 5 分。料SWT6000HK$ 〜、Su9700HK$ 〜。
カード ADJMV　全 312 室

左／ 103/F のロビー。中国の伝統と格式を取り入れつつ、洗練された空間を生み出している
右／絶景が見下ろせる客室には最新鋭の設備が備わる

クールで刺激に満ちたデザインホテル　香港 W 酒店（ヒョンゴンダブリュチャウディム）　MAP別冊 P.24-4A

ダブリュ・ホンコン　W Hong Kong

九龍駅の真上にある高層ホテル。従来のホテルの概念を覆すスタイリッシュで遊び心のあるインテリアは、アメリカを中心に展開するデザインホテルグループ「ダブリュ」が手がけ、デザインチームには世界で活躍する森田恭通も名を連ねる。客室の設備はサラウンドの音響システムや上質の寝具など、最新かつ高品質。アジア初上陸のスパ「ブリス」、広東料理の「星宴」など魅力的な施設も揃う。

住 九龍柯士甸道西 1　港鐵九龍站 Kowloon Station, 1 Austin Rd. West, Kowloon
☎3717 2222　FAX3717 2888
URLwww.marriott.com/en-us/hotels/hkgwh-w-hong-kong　行き方 空港からエアポートエクスプレスで九龍駅下車、徒歩約 5 分。　料SWT 2970HK$ 〜、Su 6270HK$ 〜。
カード ADJMV　全 393 室

左／リビングルームと呼ばれるホテルロビーは 6/F にあり、飲み物やゲームなどが楽しめる　右／グリーン系の優しいトーンのファビュラス・ルーム

ヨーロピアンクラシックの気品漂うホテル　香港朗廷酒店　MAP別冊 P.28-3B

ランガム・ホンコン　The Langham Hong Kong

世界のハイブランドが集うカントン・ロードへ徒歩約1分という、ショッピング派に便利なロケーション。客室は華やいだエレガントな雰囲気。全客室に独立シャワールームとバスタブ、寝心地のよさを追求したブリスフルベッドの設置など、女性目線の使いやすさが考慮されている。ミシュランで3つ星を獲得している「唐閣」(→ P.223)は、飲茶もおすすめ。

住 尖沙咀北京道 8
8 Peking Rd., Tsimshatsui
☎2375 1133　FAX2375 6611
URL www.langhamhotels.com/en/the-langham/hong-kong
行き方 空港から A21 バスで約1時間。
地 尖 C1 出口
料 SWT2500 ～ 3800HK$、Su5400 ～ 1万3000HK$。
カード A D J M V　全498室

上／欧風デザインのデラックスルーム　下／広東料理の名店「唐閣」

スポーツ施設やレストランが充実　香港喜來登酒店　MAP別冊 P.29-4C

シェラトン・ホンコン・ホテル&タワーズ　Sheraton Hong Kong Hotel & Towers

尖沙咀のネイザン・ロードの南端に、ヴィクトリア・ハーバーに向かって立ち、観光やショッピングの拠点として絶好の立地。ロビーは 2/F にあり、下層階はショッピングアーケード。最上階の 18/F のエグゼクティブフロアには屋外プールや 3 つのジャクージ、美しいハーバービューが見られることで有名な「スカイラウンジ」がある。

住 尖沙咀彌敦道 20
20 Nathan Rd., Tsimshatsui
☎2369 1111　FAX2739 8707
URL sheratonhongkonghotel.com　行き方 空港から A21 バスで約1時間。地 尖沙咀駅(連絡通路経由)／尖東駅 J5 出口
料 SWT2000HK$～、Su3000HK$～。
カード A D J M V　全782室

上／ハーバービュールーム　下／らせんを描く階段が印象的なロビー。

スタイリッシュな都会派ホテル　香港尖沙咀凱悅酒店　MAP別冊 P.29-3C

ハイアット・リージェンシー・ホンコン・チムシャツォイ　Hyatt Regency Hong Kong, Tsimshatsui

ショッピングセンター「K11 アートモール」(→ P.267) の 3/F ～ 24/F にあり、格調と気品を兼ね備えた洗練された雰囲気。室内はシンプルで機能的。大理石のバスルームやベロアのソファが高級感を漂わせている。9/F にはオープンエアの庭園と屋外プールがある。広東料理の「凱悅軒」(3/F) やヨーロッパ料理の「ヒューゴズ」(L/F) などの飲食施設も高レベル。

住 尖沙咀河内道 18　18 Hanoi Rd., Tsimshatsui　☎2311 1234
FAX3721 1235　URL hongkong.tsimshatsui.hyatt.com 行き方 空港から A21 バスで約1時間。地 尖 M2 または D2 出口（連絡通路経由なら N4 出口）料 SWT2900HK$～、Su4100HK$～。
カード A D J M V　全381室

上／キングベッド・ハーバービュールーム　下／全長 25m の屋外温水スイミングプール

近未来的な設備と空間の個性派ホテル　美麗華酒店　MAP別冊 P.29-1C

ミラ・ホンコン　The Mira Hong Kong

おしゃれで最新設備の整ったホテル。五感に訴える空間デザインが斬新。客室にはグリーンやレッドなどのテーマカラーがあり、家具や調度品、アメニティにいたるまで、カラーを統一。機能も充実しており、「My Mira」というボタンがハウスキーパー、ルームサービスなどすべてのサービスに対応している。本格的な室内プールと、隣接して「ミラ・スパ」(→ P.298) を完備。

住 尖沙咀彌敦道 118-130
118-130 Nathan Rd., Tsimshatsui
☎2368 1111　FAX2369 1788
URL www.themirahotel.com
行き方 空港から A21 バスで約1時間。　地 尖 B1 出口
料 SWT1600HK$、Su2400HK$。
カード A D J M V　全492室

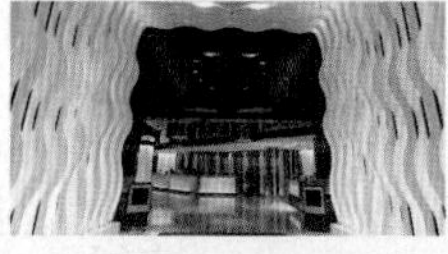

上／モダンな客室に配された鮮やかな色彩の椅子は、デンマークの建築家アルネ・ヤコブセンのデザイン　下／光のオブジェを通り抜けるとレセプション

コーヒーメーカー、または湯沸かし器　ミニバー　バスタブ　ヘアドライヤー　セーフティボックス　レストラン
バー or ラウンジ　フィットネスジム　プール　スパ　日本人、または日本語を話すスタッフ　無料 Wi-Fi

※半分カラーのアイコン：いくつかの部屋にのみ適用。

上質なサービスと立地が自慢 マルコポーロ・ホンコン

馬哥孛羅香港酒店（マーゴーブッローヒョンゴンチャウディム）　MAP別冊 P.28-4A

Marco Polo Hong Kong Hotel

ハーバーシティに直結しており、スターフェリー乗り場まで徒歩約3分。日本語の新聞や説明書を用意するなど、きめ細かなサービスに定評がある。客室は広く、ハーバービュールームからはシンフォニー・オブ・ライツ（→P.178）が眺められる。

住 尖沙咀廣東道3　海港城　Harbour City, 3 Canton Rd., Tsimshatsui
☎2113 0088　FAX2113 0011
URLwww.marcopolohotels.com
行き方 空港から A21 バスで約1時間。
地 尖 C1 または E 出口　料SWTSu4500～1万2900HK$。
カード ADJMV　全665室

ゆとりのある造りのデラックスハーバービュールーム

落ち着いた雰囲気のホテル ゲートウェイ

港威酒店（ゴンウェイチャウディム）　MAP別冊 P.28-3A

Gateway Hotel

ハーバーシティ内にあり、ショッピングの拠点として絶好のロケーション。モノトーンで統一された館内はインテリジェントでシックな印象。ツインルームはダブルベッドが2台あり、ゆったりとくつろげる。3/F には雰囲気のよいレストランがある。

住 尖沙咀廣東道13　海港城　Harbour City, 13 Canton Rd., Tsimshatsui
☎2113 0888　FAX2113 0022
URLwww.marcopolohotels.com
行き方 空港から A21 バスで約1時間。
地 尖 A1 出口　料SWTSu4500～6700HK$。
カード ADJMV　全400室

広々としたデラックスツインルーム。全客室にエスプレッソマシンを完備

ショッピング派にうれしい プリンス

太子酒店（ターイチーチャウディム）　MAP別冊 P.28-2A

Prince Hotel

上記ふたつのホテルと同系列で、ショッピング・コンプレックス「ハーバーシティ」（→P.264）でつながっている。客室は白を基調とした現代的なインテリアで、日本人の利用が多い。「SAVVY」（L3）は、アフタヌーンティーも楽しめる。

住 尖沙咀廣東道23　海港城　Harbour City, 23 Canton Rd., Tsimshatsui
☎2113 1888　FAX2113 0066
URLwww.marcopolohotels.com
行き方 空港から A21 バスで約1時間。
地 尖A1出口　料SWTSu4300～5750HK$。
カード ADJMV　全394室

モダンアートに彩られた客室（デラックスハーバーキング）

九龍公園の真ん前に立地 ロイヤル・パシフィック・ホテル＆タワーズ

皇家太平洋酒店（ウォンガーターイペンヨンチャウディム）　MAP別冊 P.28-1A

The Royal Pacific Hotel & Towers

九龍公園側のホテルウイングはモダンなデザインで機能性を追求。海側のタワーウイングはアジアンテイストなインテリアを配したラグジュアリーな雰囲気。全室禁煙。アジア＆西洋料理の「ピアサイド」は人気店。中港客運碼頭に直結。

住 尖沙咀廣東道33　中港城　China Hong Kong City, 33 Canton Rd., Tsimshatsui
☎2736 1188　FAX2736 1212　URLwww.royalpacific.com.hk　行き方 空港から A21 バスで約1時間。　地 尖 A1 出口
料SWT 1100HK$～、Su2500HK$～。
カード ADJMV　全673室

タワーウイングのハーバースイート

尖沙咀の中心にあり観光に買い物にも便利 カオルーン

九龍酒店（ガウロンチャウディム）　MAP別冊 P.28-4B

The Kowloon Hotel

MTR 尖沙咀駅に地下で直結しており、交通至便。立地のよさときめ細かなサービスで観光客にもビジネス客にも満足度の高いホテルだ。客室はやや狭いが機能的なデザイン。窓が外側へ突き出す設計になっていて、部屋によってはハーバーが望める。

住 尖沙咀彌敦道19-21　19-21 Nathan Rd., Tsimshatsui　☎2929 2888　FAX2739 9811
URLwww.harbour-plaza.com/kowloonhotel
行き方 空港から A21 バスで約1時間。
地 尖 E または連絡通路経由 L3 出口
料SWT1200HK$～、Su2800HK$～。
カード ADJMV　全736室

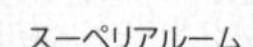

スーペリアルーム

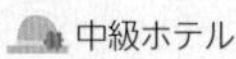

高級ホテル　中級ホテル

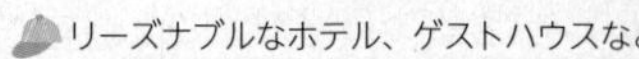

リーズナブルなホテル、ゲストハウスなど

香港のベストロケーションに立つ　香港金域假日酒店（ヒョンゴンカムウィッガーヤッチャウディム）　MAP別冊 P.29-3C

ホリデイ・イン・ゴールデンマイル・ホンコン Holiday Inn Golden Mile Hong Kong

ネイザン・ロードに面し、尖沙咀の中心、MTR駅のそばという抜群の立地。ホテル名は、尖沙咀から旺角までのネイザン・ロードを香港有数の繁華街「黄金の１マイル＝ゴールデンマイル」と呼んだことに由来する。客室はコンパクトながらベッドが大きくゆったりとしている。広東料理の「龍苑」やイタリア料理の「オステリア・リストランテ」などがあり、ショッピングアーケードも併設している。

住 尖沙咀彌敦道50
50 Nathan Rd., Tsimshatsui
☎2369 3111　FAX2369 8016
URL www.higoldenmile.com
行き方 空港からA21バスで約1時間。
地 尖C1出口　料 SW1500～3300HK$、T1600～3300HK$、Su3600～5500HK$。　カード ADJMV
全622室

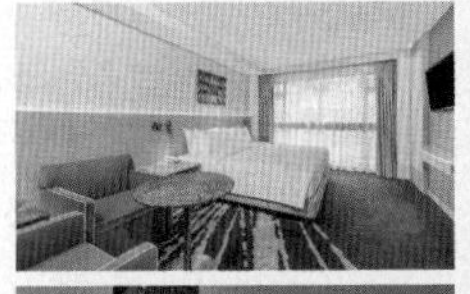

上／写真の客室はプレミア・プラス・キングルーム
下／屋上にあるスイミングプール

都会の中のオアシス　帝苑酒店（タイユンチャウディム）　MAP別冊 P.30-3A

ロイヤル・ガーデン The Royal Garden

大理石のロビーの中央にガーデンアトリウムを配した、明るく豪華な雰囲気。羽根布団やイタリアの最高級ブランドのリネン、マッサージ効果のあるシャワーヘッドを設置するなど、本物のリラックスを提供する。屋上にはプールやテニスコートを設置。中国北方料理の「東來順」（→ P.230）やイタリア料理の「サバティーニ・リストランテ・イタリアーノ」など名店を揃えている。

住 尖沙咀東部麼地道69
69 Mody Rd., Tsimshatsui East
☎2721 5215　FAX2369 9976
URL www.rghk.com.hk
行き方 空港からA21バスで約1時間。
地 尖沙咀駅（連絡通路経由）／尖東駅P2出口
料 SWT2800HK$～、Su4000HK$～。
カード AJMV　全445室

3/Fから上が吹き抜けのアトリウムになっていて、3/Fのオープンスペースにビュッフェレストランの「ザ・グリーナリー」がある

清楚で品のある客室が女性に人気　海景嘉福酒店（ホイギンガーフォッチャウディム）　MAP別冊 P.30-2B

インターコンチネンタル・グランド・スタンフォード・ホンコン InterContinental Grand Stanford Hong Kong

尖沙咀東部にある、ヴィクトリア湾に面した高級ホテル。全客室が広々としたデラックスルームで、その半数以上がハーバービュー。美しい夜景はもちろん、ショッピングや観光も楽しめる。イタリアンの「テオ・ミストラル・バイ・テオ・ランドル」は数々の賞に輝く名店。広東料理の「海景軒」、ウイスキーが充実の品揃えの「ティファニーズ・ニューヨーク・バー」も人気のスポットだ。

住 尖沙咀東部麼地道70
70 Mody Rd., Tsimshatsui East
☎2721 5161　FAX2732 2233
URL www.hongkong.intercontinental.com
行き方 空港からA21バスで約1時間。
地 尖沙咀駅（連絡通路経由）／尖東駅P1出口
料 SWT4000HK$～、Su8000HK$～。
カード AJMV　全572室

モダンなデザインのプレミアルーム。ハイテク機能も完備されている

時空を超えた世界に迷い込む（!?）　帝樂文娜公館（タイロッマンナーコングン）　MAP別冊 P.29-1C

ラックス・マナー The Luxe Manor

入口を一歩入ると、館内は不思議の世界。超現実をコンセプトに、ミステリアスで幻想的なロビーやクラシカルなヨーロッパ風の客室には奇抜なアイデアがちりばめられている。北欧料理のレストラン「ファインズ」は趣向を凝らした演出の注目店。奇妙でヒップな「ダダ・バー＋ラウンジ」ではライブ演奏が楽しめる。

住 尖沙咀金巴利道39
39 Kimberley Rd., Tsimshatsui
☎3763 8888　FAX3763 8899
URL www.theluxemanor.com
行き方 空港からA21バスで約1時間。　地 尖B1またはB2出口
料 SWT1500HK$～、Su3150HK$～。
カード AJMV　全159室

上／スーペリアルーム。アート作品のような調度品が目を楽しませてくれる　下／現実世界からシュールな世界へいざなうロビー

コーヒーメーカー、または湯沸かし器　ミニバー　バスタブ　ヘアドライヤー　セーフティボックス　レストラン　バー or ラウンジ　フィットネスジム　プール　スパ　日本人、または日本語を話すスタッフ　無料Wi-Fi

※半分カラーのアイコン：いくつかの部屋にのみ適用。

滞在そのものを楽しめる都会派リゾート

ケリーホテル・ホンコン

香港嘉里酒店 MAP P.202

Kerry Hotel Hong Kong

紅磡のウオーターフロントに 2017 年に誕生したシャングリ・ラ系列のホテル。海に溶け込むインフィニティプールをはじめ、270 度の眺めを楽しめるバー「レッドシュガー」など各施設はスケールの大きな眺めを意識した造りに。客室の 6 割はハーバービューで、広さは 42㎡以上。クールで落ち着いた内装だ。新コンセプトのフードホール「ドックヤード」はカジュアルに楽しめ、宿泊しなくても訪れてみたい。

住 九龍紅磡灣紅鸞道 38　38 Hung Luen Rd., Hung Hom Bay, Kowloon　☎2252 5888　FAX2252 5999　URL www.shangri-la.com/jp/hongkong/kerry　行き方 空港からエアポートエクスプレスで九龍駅下車、タクシーで約 15 分。
地 黃埔駅 C1 出口　料 SW3500HK$ ～、Su7500HK$ ～。
カード ADJMV　全 546 室

左／各国料理やバー計 7 店がラインアップしたフードコート形式の「ドックヤード」 中／インフィニティプールは冬は温水で、年中利用可　右／クラブプレミアシービュールーム

ダイナミックなハーバービュー

ハーバーグランド・カオルーン

九龍海逸君綽酒店 MAP P.203

Harbour Grand Kowloon

尖沙咀から車で 10 分ほどの紅磡（ホンハム）の海沿いに位置する。静かな環境と大海原の眺望、天井が高く開放的な造りで、ゆったりとした解放感に包まれる。海側の部屋が 3 分の 2 を占めるので、予約時にはハーバービュールームを指定したい。眺めを存分に楽しめるレストランやバーが 5 軒。パノラマが広がる屋上（21/F）のプールでリゾート気分を満喫できる。

住 紅磡黃埔花園德豐街20
20 Tak Fung St., Whampoa-Garden, Hung Hom　☎2621 3188
FAX2621 3311
URL www.harbourgrand.com/kowloon/en　行き方 空港からE23バスで約1時間30分。
地 黃埔駅D2出口
料 SWT1800HK$～、Su3800HK$～。
カード ADJMV　全967室

モダンなインテリアのデラックスハーバービュールーム

公園を見下ろすクラシカルなホテル

リーガル・カオルーン

富豪九龍酒店 MAP 別冊 P.30-2A

Regal Kowloon Hotel

尖沙咀東部の公園に面し、尖沙咀駅や尖沙咀中心部のショッピングエリアへ徒歩圏内。レストランは中国、イタリア料理など 3 スポット。オリジナルの自慢のワイン「リーガル・マルゴー」がある。きめ細かなサービスをモットーとしており、日本人客の利用も多い。

住 尖沙咀東部麼地道 71　71 Mody Rd., Tsimshatsui East　☎2722 1818　FAX2369 6950
URL kowloon.regalhotel.com
行き方 空港から A21 バスで約 1 時間。
地 尖沙咀駅（連絡通路経由）／尖東駅 P2 出口
料 SWT2900 ～ 5200HK$、Su6500 ～ 2 万 HK$。
カード AJMV　全 600 室

デラックスルーム。窓際に足を伸ばして座れるスペースがある

レストラン、フィットネス関連の施設が充実

キンバリー

君怡酒店 MAP 別冊 P.29-1C

The Kimberley Hotel

尖沙咀の繁華街という好立地のわりに手頃な料金。日本からのビジネス客、ツアー客の利用が多いホテルだ。1990 年創業で、改装も行っている。飲茶が評判の「君怡閣」、地下には男女とも利用できる大規模なスパがある。

住 尖沙咀金巴利道 28
28 Kimberley Rd., Tsimshatsui
☎2700 6688　FAX2723 1318
URL www.kimberley.hk　行き方 空港から A21 バスで約 1 時間。地 尖 B1 または B2 出口
料 SWT1800HK$、Su4300HK$。
カード AJMV　全 546 室

客室は茶系でシックな雰囲気。写真はデラックスルーム

観光にもビジネスにもよい　千禧新世界香港酒店　MAP別冊 P.30-2B

ニューワールド・ミレニアム・ホンコン　New World Millennium Hong Kong Hotel

旧ホテル・ニッコーから経営が移った後も、きめ細かなサービスは不変。ウオーターフロントに立ち、ほとんどの部屋がハーバービュー。広東料理の「桃里」をはじめ、7つのレストランとバーがある。紅磡駅まで徒歩約8分。

住 尖沙咀東部麼地道72
72 Mody Rd., Tsimshatsui East
☎2739 1111　FAX 2311 3122
URL newworldmillenniumhotel.com
行き方 空港からA21バスで約1時間。
地 尖沙咀駅（連絡通路経由）／尖東駅P1出口
料 SWT2050HK$、Su4350HK$。
カード ADJMV　全468室

客室はナチュラルトーンで落ち着いた雰囲気。写真はデラックスハーバービュールーム

買い物や食事、ナイトライフを楽しむのに好立地　尖沙咀皇悦酒店　MAP別冊 P.29-1D

エンパイヤホテル・カオルーン・チムシャツォイ　Empire Hotel Kowloon・Tsimshatsui

尖沙咀の繁華街にあり、観光客の利用が多い。アトリウムを囲むように客室が配置された館内はモダンで都会的。客室はナチュラルカラーでシンプルなデザイン。エコノミーからスイートまで5つのカテゴリーがあり、3分の1以上の客室からヴィクトリア・ハーバーの景色を楽しめる。「エンパイヤーズ・キッチン」（1/F）の朝食は好評を得ている。

住 尖沙咀金巴利道 62
62 Kimberley Rd., Tsimshatui
☎3692 2222　FAX 3692 2200
URL www.empirehotel-hongkong.com/tsimshatsui
行き方 空港から A21 バスで約1時間。
地 尖 B1 または B2 出口
料 SWT1800HK$～、Su3000HK$～。
カード JMV　全 343 室

スーペリアルーム。グレー、ブラウン、白の配色がおしゃれで、床は板張り

低予算の長期滞在向き　龍堡國際　MAP別冊 P.22-2A

BP インターナショナル　BP International

尖沙咀の中心部に立つホテル。ビジネスエリアにも近く周辺に見どころも多いので、ビジネスにも観光にも便利。客室の設備も十分で、2段ベッドが2台設置されたファミリールームもある。客室からはヴィクトリア湾や九龍公園が見える。レストランの「カフェ・バイ・ザ・パーク」とバーの「フラミンゴラウンジ」がある。

住 尖沙咀柯士甸道 8
8 Austin Rd., Tsimshatsui
☎2376 1111　FAX 2376 1333
URL www.bpih.com.hk
行き方 空港から A21 または A22 バスで約1時間。
地 佐 C1 または C2 出口　料 WT800～ 2000HK$、Su2000～ 3500HK$（サービス料込み）。
カード ADJMV　全 529 室

ロビー脇の階段でカフェ&ラウンジにつながっている。ロビーはガラス張りで明るく広い

尖沙咀の一等地に立つ　香港基督教青年會（港青酒店）　MAP別冊 P.28-4B

ソールズベリー YMCA　The Salisbury-YMCA of Hong Kong

客室はきれいで快適。基本的な設備も完備。4人1室のドミトリールームもある。複数の屋内プールやクライミングウオールなどのスポーツ施設、レストラン、書籍や雑貨のショップ、コインランドリーなど施設も充実。予約は3ヵ月前から受け付けており、ツインは常に満室なので予約は早めに（1ヵ月前には）行いたい。

住 尖沙咀梳士巴利道 41
41 Salisbury Rd., Tsimshatsui
☎2268 7000　FAX 2739 9315
URL www.ymcahk.org.hk
行き方 空港から A21 バスで約1時間。
地 尖 E 出口
料 S1300HK$、WT1500～1850HK$、Su2500～ 2900HK$、ドミトリー 400HK$。　カード ADJMV
全 372 室、ドミトリーは全 7 室

上／落ち着いたトーンのスタンダードルーム。客室は7／F～16／Fにある

下／ドミトリールームは1室4人まで。ロッカー、トイレ、シャワー付き

コーヒーメーカー、または湯沸かし器　ミニバー　バスタブ　ヘアドライヤー　セーフティボックス　レストラン
バー or ラウンジ　フィットネスジム　プール　スパ　日本人、または日本語を話すスタッフ　無料 Wi-Fi

※半分カラーのアイコン：いくつかの部屋にのみ適用。

安宿の集合ビル「重慶大厦」

重慶大厦はネイザン・ロードのインペリアル・ホテル（帝國酒店）とホリデイ・イン・ゴールデンマイル（香港金域假日酒店）の間にある名物安宿ビルだ。17階建て（エレベーターは16/Fまで）のビルの中に、個人経営の宿がぎっしり。宿泊客は黒人、白人、洋の東西を問わずあふれている。宿のタイプは日本の民宿やヨーロッパのオステルといった感じ。1泊250～500HK$くらい。建物を入った左側にA・B・C座の、右側にD・E座のエレベーターがある。各座とも偶数階・奇数階止まりに分かれ、それぞれ2基ずつ計10基がある。以前は犯罪の温床ともいわれたが、現在では治安改善に力を注ぎ、多数の監視カメラを設置、警察官の巡回を強化し、G/F中央部にセキュリティの詰め所が設けられ、入口にはシャッターが付けられた。

安宿（ゲストハウス）は、ドミトリーから、シングル、ツイン、2段ベッドルームなどさまざま。窓がないところが多い。構造上、火災が起きた場合は危険であるということを念頭におくこと。実際に火災に遭遇した日本人客もいるので、「自分は大丈夫だろう」と安易には考えないほうがよい。

入口付近には両替店が複数ある

各ブロックに偶数階・奇数階行きのエレベーター2基が設置されている。かなり混み合うことも

惠康賓館 The Welcome Guest House

全18室。シングル230HK$～、ツイン280HK$～。ほとんどの部屋にシャワー、トイレ、エアコン、テレビ、冷蔵庫付き。部屋は狭いが清潔。ほとんどの部屋に窓があってネイザン・ロードの眺望が得られる。中国に関する情報が豊富。

（A座7/F　A5）☎6743 0363　FAX6809 7740

四季陽光國際酒店 Whole Sunshine International Hotel

重慶大厦で最古参の重慶招待所が2019年に改名。4/Fに35室、5/Fに40室の全75室。全室エアコン、テレビ、トイレ、シャワー、ヘアドライヤー、無料Wi-Fi完備（冷蔵庫は共同）。シングル、ツイン、ダブル1000HK$～、ファミリー部屋2080HK$～。4/Fに24時間対応のフロントがあり、中級ホテルの様相。

（A座4～5F）☎2366 5362　カード 不可

龍匯賓館 Dragon Inn

全36室。30年の歴史がある規模の大きなゲストハウス。エアコン、テレビ、電話は完備、トイレ、シャワー付きの部屋と共同の部屋がある。シングル260HK$～、ダブル、ツイン360～550HK$、トリプル480HK$。高いクラスの部屋はビジネスホテル並みの内装。安全面でも信頼がおける。日本からファクス、eメールでの予約可。3～6連泊、学生（学生証が必要）2連泊、65歳以上は5%引き、7泊以上は10%引き。同フロアに同経営のドラゴンホテル（400HK$～）があり、こちらにはスーパーデラックスルームもある。

（B座3/F）☎2367 7071、2368 2007　FAX2724 2841
URL www.dragoninn.net　カード J M V

バラの花柄が随所に用いられたドラゴンホテルのデラックスツインルーム（550HK$）。ドライヤーもある

客引きによるトラブル続出

重慶大厦付近にはたくさんの客引きが出ている。多くは有名ゲストハウスのスタッフと称し、「あなたの行きたいゲストハウスまで案内します」と言って、実は全然違うライセンスのない、インチキゲストハウスに連れていかれ、高い宿泊料を払わされる、という事例があとを絶たない。

香港政府発行のライセンス

対処方法

- 自分が行きたい、と思ったところがあったら客引きの言葉には乗らず「必ず自力で」目的のゲストハウスに行くこと。ライセンスをもっているゲストハウスは路上で客引きなどやらない。A座の台灣賓館、星星賓館はトラブルが多いので注意。
- お金を払ったら必ず領収書をもらうこと。一部では、領収書の代わりにスタッフとお客双方が宿帳に支払いのサインを交わす、というところもあるが、きちんとその場で領収書をもらおう。

チョンキンタイハー
重慶大厦 Chung King Mansion

住 尖沙咀彌敦道36-44
36-44 Nathan Rd., Tsimshatsui　☎2724 3813
map 別冊P.29-3C　※重慶大厦は1961年創建。

ヨーロピアン調の洗練された客室 恆豐酒店 MAP別冊 P.31-4B

プルデンシャル Prudential Hotel

佐敦駅の真上にあり、尖沙咀エリアにも徒歩圏内で何をするにも便利。B2/F ～ 4/F はホテル経営のショッピングセンターというのも魅力。客室は女性客を意識したシックなデザイン。シンプルながら気品のある内装に木製家具が映える。館内案内は日本語で記したものも用意されている。2/F に各国料理のビュッフェとアラカルトを提供するレストラン「レッド・チムニー」とバーがあり、屋上にはアウトドアプールが備わる。

左／屋上のプールにはテーブル席もあり、のんびり過ごせる　右／キングサイズのベッドを配したデラックスシティビュールーム。デスクのほかにソファがあるのも使い勝手がよい

住 尖沙咀彌敦道 222
222 Nathan Rd., Tsimshatsui
☎ 2311 8222　FAX 2311 4760
URL www.prudentialhotel.com
行き方 空港から A21 バスで約 1 時間。
地 佐 E または尖 B1 出口（徒歩約 10 分）
料 SWT2900 ～ 4300HK$、Su5600HK$ ～。
カード A J M V　全 432 室

ネイザン・ロードに面した 21 階建てのホテル 香港逸東酒店 MAP別冊 P.31-2B

イートン・ホンコン Eaton HK

廟街や青空市場にも近いにぎやかな環境で、日本人の利用も多い。4/F のロビーや客室は明るくモダンな印象で、すっきりコンパクトにまとまっている。LG/F の「イートン・フードホール」（→ P.186）はフードコート形式でカジュアルに楽しめるユニークなグルメ施設。

住 九龍彌敦道 380
380 Nathan Rd., Kowloon
☎ 2782 1818　FAX 2782 5563
URL www.eatonhongkong.com
行き方 空港から A21 バスで約 1 時間。
地 佐 B1 出口
料 SWT1200HK$ ～、Su1900HK$ ～。
カード 12345　全 465 室

オリエンタルな内装のデラックスルーム

ビジネスホテルとしても使えるクリーンなホテル MAP別冊 P.31-3B

トラベロッジ・カオルーン Travelodge Kowloon

佐敦駅まで徒歩約 5 分。ネイザン・ロードから西貢街を入った奥にあり、騒音の心配は無用。備品、アメニティも充実している。立地と値段のわりに客室が広くコストパフォーマンスが高いので、ビジネス・観光どちらにも向いている。周辺にはコンビニや茶餐廳がある。

住 佐敦西貢街 23
23 Saigon St., Jordan
☎ 3199 6199　FAX 3199 6119
URL www.travelodgehotels.asia/travelodge-kowloon
行き方 空港から A21 バスで約 1 時間。
地 佐 B1 または B2 出口
料 ST830HK$ ～、W1045HK$ ～。
カード A M V　全 126 室

バスタブはないが、バスルームの広さも十分。客室は全室禁煙

MTR 油麻地駅から徒歩約 3 分 明愛白英奇賓館 MAP別冊 P.31-1B

カリタス・ビアンキ・ロッジ Caritas Bianchi Lodge

カトリック教会の福祉団体が経営するホテル。MTR 駅や廟街のナイトマーケットにも近い。全室エアコン、テレビなど設備は整っている。アクセスもよくこのエリア内ではお得な料金のホテルといえる。

住 油麻地石壁道4　4 Cliff Rd.,Yaumatei
☎ 2388 1111　FAX 2770 6669
URL chsbooking.caritas.org.hk
行き方 空港から A21 バスで約 1 時間。
地 油 C 出口
料 S675HK$ ～、WT800HK$、ファミリールーム 1100HK$ ～（朝食付き）。
カード A M V　全 90 室

ロビーは明るく広々としたスペースがある

コーヒーメーカー、または湯沸かし器　ミニバー　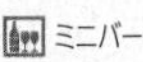 バスタブ　ヘアドライヤー　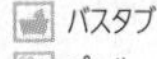 セーフティボックス　レストラン　バー or ラウンジ　 フィットネスジム　プール　スパ　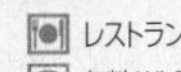 日本人、または日本語を話すスタッフ　無料 Wi-Fi

※半分カラーのアイコン：いくつかの部屋にのみ適用。

低料金で快適なキリスト教系宿舎　救世軍卜維廉賓館　MAP別冊 P.31-1B

サルベーション・アーミー・ブースロッジ The Salvation Army Booth Lodge

客室はシンプルで機能的。ヘッドボードに客室ごとに異なる香港の風景写真が飾られている。スペースは狭いが必要な備品は揃っている。7/F のレセプションでは無料でコーヒーや飲料水を提供。

住 油麻地永星里 11
11 Wing Sing Lane, Yaumatei
☎2771 9266　FAX2385 1140
URL www.salvationarmy.org.hk/our-work/booth-lodge
行き方 空港から A21 バスで約 1 時間。
地 油 C 出口　料 WT 880 ～ 1100HK$。
カード J M V　全 44 室

香港を象徴する風景写真が部屋の雰囲気を引き立てる

街歩きに便利な設備の整ったホテル　城景國際　MAP別冊 P.32-4B

シティビュー The Cityview

客室はシンプルで機能性を重視。日本語の館内案内もある。デザイン性の高い家具やインテリアが配された広いプレミアルームは家族客やビジネスマンに好評。タイ料理店をはじめ 3 つの飲食施設、プールやテニスコートなどスポーツ施設も充実。

住 九龍窩打老道 23
23 Waterloo Rd., Kowloon
☎ 2783 3888　FAX 2783 3899
URL www.thecityview.com.hk
行き方 空港から A21 バスで約 1 時間。
地 油 A2 出口　料 SWT1500HK$ ～、Su2500HK$ ～。
カード A J M V　全 422 室

改装されたプレミアツインルーム

旺角・太子・深水埗

ハイテクを駆使したスタイリッシュホテル　香港康得思酒店　MAP別冊 P.27-3C

コーディス・ホンコン Cordis, Hong Kong

ショッピングモール、ランガム・プレイス（→ P.269）に直結し、女人街にも近いこのホテルでは、街の活気を近くに感じることができる。4/F に位置するロビーには中国現代アートが配され、モダンな雰囲気。シックな色調でシンプルな内装の客室からは九龍の住宅街が見渡せる。広東料理の名店「明閣」や中国医学を取り入れた「チュアン・スパ」（→ P.297）も人気。

住 旺角上海街 555
555 Shanghai St., Mongkok
☎3552 3388　FAX3552 3322
URL www.cordishotels.com/en/hong-kong
行き方 空港から A21 バスで約 1 時間。地 旺 E1 出口
料 SWT1760HK$ ～、Su3850HK$ ～。
カード A D J M V　全 665 室

エグゼクティブクラブスタジオルーム。バスルームはガラス張りで、シャワールームが独立

左／ 42/F の屋上プールからは九龍の街並みから香港島まで望める
右／ミシュラン星獲得のレストラン「明閣」では飲茶も楽しめる

油麻地、旺角からも徒歩圏内の大型ホテル　九龍維景酒店　MAP別冊 P.27-3D

メトロパークホテル・カオルーン Metropark Hotel Kowloon

館内、客室ともやや古い造りだが、ロビーは上品なイメージの木目調でまとめられ、客室の設備も万全。屋上のプールやフィットネスジム、レストランなど施設も充実している。2 軒あるレストランのなかでも「唐宮」は香港でもトップクラスの四川料理店だ。ホテルと旺角の中心部を結ぶ無料シャトルバスも運行している。

住 九龍窩打老道 75　75 Waterloo Rd., Kowloon　☎2761 1711　FAX2761 0769
URL www.MetroparkHotelKowloon.com
行き方 空港から A21 バスで約 50 分。
地 旺 D3 または油 A2 出口　料 SWT1900 ～ 3500HK$、ファミリールーム 3200 ～ 4000HK$、Su4800 ～ 9800HK$。
カード A D J M V　全 487 室

上／ブラウンを基調にしたシックな内装。ホテル周辺は静かな環境だ　下／プールは屋上にある

高級ホテル　中級ホテル　リーズナブルなホテル、ゲストハウスなど

ショッピングセンターとリンクした大型ホテル　帝京酒店　MAP別冊 P.27-2D

ロイヤル・プラザ　Royal Plaza Hotel

200以上の店舗が入るショッピングセンターのMOKO（新世紀廣場→P.194）と直結しているので買い物や食事も便利。東鐵綫の旺角東駅の真上にあり、深圳や新界へのアクセスもよい。開放感あふれるロビーや客室はシックなインテリア。プールやジャクージ、サウナも備わる。

住 九龍太子道西193 193 Prince Edward Rd. West, Kowloon ☎2928 8822 FAX 2606 0088 URL www.royalplaza.com.hk 行き方 空港からA21バスで約50分。地 旺角東駅D出口 料 S4950HK$～、WT5390HK$～、Su8800HK$～。カード A J M V　全699室

客室は広い。写真はプラザデラックスルーム

1950年代の公団住宅の姿を今に残す　MAP別冊 P.33-2B

YHA美荷樓青年旅舍　YHA Mei Ho House Youth Hostel

1954年建設の、現存する唯一のH型建築の公団住宅「美荷樓」を改装したユースホステル。男女別のドミトリールーム、ノスタルジックがテーマの客室、ファミリールームなどさまざまなタイプの部屋がある。客室にはホテル並みの設備が整い、レトロな趣向を凝らしたカフェ「ガーデン・アット・メイホー・カフェ」もある。併設の、当時の暮らしを再現した「美荷樓生活館」（→P.198）も興味深い。

住 深水埗巴域街70　石硤尾邨41座 Block 41, Shek Kip Mei Estate, 70 Berwick St., Sham Shui Po ☎3728 3500 FAX なし URL www.yha.org.hk/en/hostel/yha-mei-ho-house-youth-hostel 行き方 空港からエアポートエクスプレスで九龍駅下車、タクシーで約15分。地 深D2出口 料 WT750HK$～、ファミリールーム1400 HK$～、ドミトリー200HK$～。カード A J M V　全129室

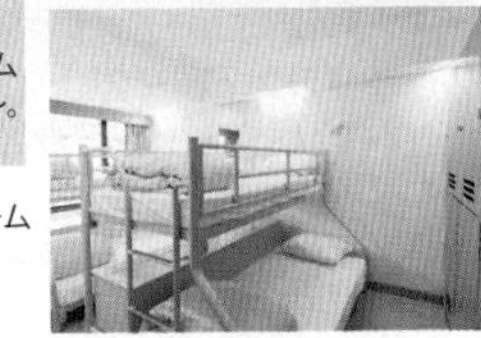
上／昔の住宅を彷彿させる調度品や床タイルを配したテーマルーム
下／ドミトリールームには収納スペースも設置

ゲストハウス

下町暮らしの活気が満喫できる宿　MAP別冊 P.32-2A

活年旅館　Cleveryear Hotel

旺角の中心部に位置し、女人街にも至近距離ながら、ビルの上層階にあるため喧騒を免れている。全客室にシャワー、エアコン、テレビ、電話あり。ドライヤーは受付で借りられる。観光に関する相談、荷物預かりサービスにも対応。同じビル内に同経営のゲストハウスが、ほかに2軒ある。

住 旺角彌敦道603-609新興大廈25樓2501室 Rm2501, 25/F, Sun Hing Bldg., 603-609 Nathan Rd., Mongkok ☎2771 1037 FAX 2771 3692 行き方 空港からA21バスで約50分、「信和中心」下車。地 旺E1出口 料 S280HK$～、WT380HK$～、3人部屋440 HK$～。カード 不可　全9室

明るく清潔感がある

旺角の至便スポットにあるゲストハウス　MAP別冊 P.32-1A

中信賓館　Johnson Hostel

旺角の若者御用達ショッピングセンターのひとつ、先達廣場の上階というマニアックな場所にある。全室エアコン、トイレ、シャワー、テレビ、電話付きだ。ドライヤーは受付で借りられる。両替や荷物預かり、中国へのビザ、各種チケットの手配も可能。シングルからファミリールームまで部屋のタイプは複数ある。

住 旺角亞皆老街83先施大廈11樓1117室 Rm1117, 11/F, Sincere House, 83 Argyle St., Mongkok ☎2381 2998 FAX 2396 9937 行き方 空港からA21バスで約50分、「旺角中心」下車。地 旺D2出口 料 S280HK$～、WT380HK$～、3人部屋480HK$～、4人部屋560HK$～、5人部屋680HK$～、ドミトリー120HK$。カード 不可　全20室

部屋は簡素だが、清潔で快適

コーヒーメーカー、または湯沸かし器　ミニバー　バスタブ　ヘアドライヤー　セーフティボックス　レストラン　バー or ラウンジ　フィットネスジム　プール　スパ　日本人、または日本語を話すスタッフ　無料 Wi-Fi

※半分カラーのアイコン：いくつかの部屋にのみ適用。

香港の文化とアートに浸れるホステル　MAP 別冊 P.26-1B

ワンタンミーン　Wontonmeen

中国式のビル内にあるバックパッカー向けのホステル。G/F にあるロビー兼レセプションのカフェと、その奥にあるラウンジは宿泊者以外も歓迎。男女混合ドミトリー、女性専用ドミトリー、個室がある。長期滞在者の利用が多く、共用のキッチンも備わる。

住 太子荔枝角道 135　135 Lai Chi Kok Rd., Prince Edward　☎6904 0918　FAX なし　URL wontonmeen.com　行き方 空港から E21 のバスで長沙灣道の黄竹街のバス停で下車（所要約 1 時間 10 分）、徒歩約 6 分。地 MTR 太子駅 C2 出口から徒歩約 10 分。料 個室 560HK$～、ドミトリー 250HK$～。カード M V　ドミトリー 12 ベッド、個室 1 室

※コーヒーメーカー、ドライヤー、シャワーは共用。

ドミトリールーム

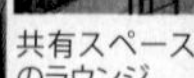

共有スペースのラウンジ

その他のエリア（香港島）

香港島西端にあるおしゃれなホテル　香港 JEN 酒店　MAP 別冊 P.7-2D

ジェン・ホンコン・バイ・シャングリ・ラ　Jen Hong Kong by Shangri-La

昔ながらの街並みにあり、ローカル度満点の滞在ができる。近くにトラム乗り場や MTR 香港大學駅があり、中心部へのアクセスもスムーズ。最新設備を備えた客室は、白で統一され明るい雰囲気。眺望も楽しめるフィットネスセンターと屋上プール、2/F にシンガポール・マレーシア料理の「カフェ・マラッカ」がある。

住 西環皇后大道西 508　508 Queen's Rd. West, Western District　☎2974 1234　FAX 2974 0333　URL www.hoteljen.com/hongkong　行き方 空港から A10 バスで約 50 分。地 香港大學駅 B2 出口　料 SWT1600HK$～、Su2700HK$～。カード A D J M V　全 283 室

上／クラブラウンジが使用できるクラブハーバービュールーム　下／街のパノラマを望む屋上プール

スタイリッシュなビジネスマン向けのホテル　香港萬怡酒店　MAP 別冊 P.8-2A

コートヤード・バイ・マリオット・ホンコン　Courtyard by Marriott Hong Kong

西營盤の西側に立地。比較的リーズナブルな料金ながら、設備やサービスは洗練度が高く、特にビジネスマンに支持されている。客室のデザインはシンプルで、品質のよい寝具を使用。机や電子機器などの機能性も重視。ビュッフェ形式の MoMo Café はテイクアウトもでき、使い勝手がよい。

住 西營盤干諾道西 167　167 Connaught Rd. West, Sai Ying Pun　☎3717 8888　FAX 3717 8228　URL www.courtyardhongkong.com　行き方 空港から A10 バスで約 50 分。地 香港大學駅 B1 出口　料 SW1380HK$～、T1880HK$～、Su2330HK$～。カード A D J M V　全 245 室

上／デラックスハーバービュールームのベッドはクイーンサイズ　下／ほとんどの客室から海が望める

MTR 駅至近、中心部へのアクセスも便利　北角海逸酒店　MAP 別冊 P.3-3C

ハーバープラザ・ノースポイント　Harbour Plaza North Point

ハーバープラザ系列でサービスとファシリティには定評がある。銅鑼灣、中環からも交通至便ながら住宅地の閑静さも残し、さらにヴィクトリア湾に臨む同地区は、観光にもビジネスにも適した環境。海側と山側のビューは半々の割合だ。広東料理レストランの「逸龍軒」（3/F）は点心の評価が高い名店。ヴィクトリアハーバーを見渡す、長さ 25 m の屋外プールがある。

住 北角英皇道 665　665 King's Rd., North Point　☎2187 8888　FAX 2187 8899　URL www.harbour-plaza.com/northpoint/jp　行き方 空港から A12 バスで約 1 時間 20 分。北角のフェリー乗り場から徒歩約 3 分。地 MTR 鰂魚涌駅 C 出口　料 WT1200 ～ 2400HK$、Su2000 ～ 3800HK$。カード A D J M V　全719室

スーペリアルーム（上）と改装を終えたプレミアルーム（下）

北角の海沿いに誕生したランドマーク的ホテル　香港維港凱悅尚萃酒店　MAP P.144-1B

ハイアット・セントリック・ヴィクトリア・ハーバー・ホンコン　Hyatt Centric Victoria Harbour Hong Kong

再開発が進む北角のウオーターフロントに立地。東西ふたつのタワーからなり、G/F はショッピングモールだ。MTR 北角駅や九龍サイドへのフェリー乗り場、トラム駅に徒歩数分という便利なロケーションが魅力。ハーバービューもすばらしく、館内は活気に満ちている。客室は木目とモノトーンを主体にしたシックな雰囲気。ペットの犬とともに宿泊できる専用フロアもある。フィットネスジムには最新の VR 搭載のマシンも完備。九龍サイドのパノラマが楽しめる最上階の「クルーズ・レストラン＆バー」(→ P.292) はホテル自慢のダイニングだ。

住 北角北角邨里 1　1 North Point Estate Lane, North Point
☎3762 1234　FAX 3762 1235
URL www.hyatt.com/hyatt-centric/hkgct-hyatt-centric-victoria-harbour-hong-kong
行き方 空港から A11 バスで約 1 時間（終点下車）。
地 北 A1 出口　料 SWT4000HK$、Su6500HK$。
カード ADJMV　全665室

左／2/F の屋内外の席を有す「ファームハウス」は各国料理のビュッフェレストラン　中／2 面に大きな窓があるハーバービューデラックスルームはいちばん人気の部屋。各客室のベッドヘッドの壁には北角エリアの地図アートが描かれている　右／23/F の屋上には長さ 25m の、絶景に溶け込むインフィニティプールがある

ユニークなハーバービューを堪能　港島海逸君綽酒店　MAP P.144-1A

ハーバーグランド・ホンコン　Harbour Grand Hong Kong

部屋によってはヴィクトリア湾を挟んで香港島と九龍サイドが対峙するパノラマが楽しめる。1930 年代の香港の写真が飾られた客室は全室ハーバービューで、中国テイストを取り入れながらもモダンな印象。全長 27m の屋外プールやスパ、会議やイベントのための多目的スペースなど施設も充実。ダイニングは 3 つあり、最上階の「ル・188°レストラン＆ラウンジ」は 188 度のハーバービューとともにコンチネンタル料理が楽しめる。

住 北角油街 23
23 Oil St., North Point
☎2121 2688　FAX 2121 2699
URL harbourgrand.com/hongkong
行き方 空港から A11 バスで約 1 時間。　地 炮台山駅 A 出口
料 SWT3000HK$、Su7000HK$。
カード ADJMV　全828室

41/F の「ル・188°レストラン＆ラウンジ」は九龍、香港島両サイドの眺めが望める

グランドデラックス・ハーバービュールーム

その他のエリア（九龍・新界）

自然豊かな郊外に立つ大型ホテル　帝逸酒店　MAP P.359

アルバホテル・バイ・ロイヤル　ALVA HOTEL BY ROYAL

2019 年に新界の沙田に開業。緑豊かな環境にあり、香港の新たな魅力を発見できる。自動チェックインキオスクや、専用アプリをダウンロードすればスマホがルームキーとして使えるなど最新システムを導入。快眠を追求したベッドや好みの枕が選べるメニューも用意。サイクリング途中に利用できるカフェや広東料理、日本料理のレストランが備わる。

住 沙田源康街 1
1 Yuen Hong St., Sha Tin　☎3653 1111
FAX 3653 1122　URL www.alva.com.hk
行き方 空港から A41 バスで約 1 時間、沙田市中心で下車、タクシーで約 10 分。最寄り駅は屯馬綫石門駅（徒歩約 8 分）。　料 SWT800HK$ ～、アパートメントツイン 2100HK$ ～。
カード AJMV　全 618 室

シンプルでモダンな客室。マウンテンビューとシティビューの客室がある

コーヒーメーカー、または湯沸かし器　ミニバー　バスタブ　ヘアドライヤー　セーフティボックス　レストラン　バー or ラウンジ　フィットネスジム　プール　スパ　日本人、または日本語を話すスタッフ　無料 Wi-Fi

※半分カラーのアイコン：いくつかの部屋にのみ適用。

アップデートした老舗ホテル　富豪東方酒店（フーホウトンフォンチャウディム）　MAP P.205

リーガル・オリエンタル　Regal Oriental Hotel

グルメの街、九龍城にあるホテル。九龍の下町散策によいロケーションだ。大規模な改装を行ったばかりで、明るくモダンな館内は気持ちがよい。モダンなインテリアの客室は比較的広く、窓には二重ガラスを使用。「チャイナコーストパブ＆レストラン」では、ミクソロジストが作ったカクテルとともにオリジナルのバーガーが楽しめる。

住 九龍城沙浦道 30-38　30-38 Sapo Rd., Kowloon City　☎2718 0333　FAX2718 4111　URLwww.regalhotel.com/regal-oriental-hotel　行き方 空港から A22 バスで約 1 時間 10 分。尖沙咀からは 1A、5、5C、9 のバスで約 30 分。　地 宋皇臺駅 B3 出口から徒歩約 12 分。　料SWT1900 ～ 2700HK$、3 人部屋 2900HK$、4 人部屋 3500HK$、Su5100HK$ ～。　カード A J M V　全 494 室

上／デラックスルーム　下／レセプションはシンプル

ツアーでよく利用される荃灣の大型ホテル　悦來酒店（ユッロイチャウディム）　MAP P.351

パンダ　Panda Hotel

新界にありながら洗練された雰囲気で、日本語を話すスタッフがいるのも安心だ。30 階建てのビルの B3 ～ G/F がショッピングセンター、上階がホテルになっており、買い物や食事にも困らない。尖沙咀へ無料のシャトルバスが 1 ～ 2 時間ごとに運行され、MTR、タクシーなら約 30 分でアクセスできるので、中心部と新界を両方楽しむのにおすすめ。

住 荃灣荃華街 3　3 Tsuen Wah St., Tsuen Wan　☎2409 1111　FAX2409 1818　URLwww.pandahotel.com.hk　行き方 空港から A31 のバスで約 30 分。　地 大窩口駅から徒歩約 10 分、荃灣駅から徒歩約 15 分。料SWT3000HK$ ～、Su4800HK$ ～。　カード A D J M V　全 911 室

上／デラックスツインルーム　下／ 8/F に屋外スイミングプールがある

高層住宅街、沙田の中心部にある　帝都酒店（タイトウチャウディム）　MAP P.359

ロイヤル・パーク　Royal Park Hotel

東鐵綫で紅磡駅から約 15 分の沙田にある。沙田駅前に巨大ショッピングセンターがあり、尖沙咀へは所要約 30 分と意外に不便さはなく、緑豊かで静かな環境で過ごせる。広東料理の「玉庭」、日本料理の「桜田」をはじめ、ケーキショップもある。広々とした客室は全室改装済みで、快適な滞在が期待できる。

住 沙田白鶴汀街 8　8 Pak Hok Ting St., Sha Tin　☎2601 2111　FAX2601 3666　URLwww.royalpark.com.hk　行き方 空港から A41 バスで約 1 時間。東鐵綫沙田駅から、連絡歩道を通って徒歩約 10 分。　料SWTSu1250HK$ ～。　カード A J M V　全 448 室

上／シックな内装のデラックスルーム。IPTV サービス付きのテレビや空気清浄機もある　下／屋外温水プールも完備

沙田、城門河沿いの大規模ホテル　麗豪酒店（ライホウチャウディム）　MAP P.359

リーガル・リバーサイド　Regal Riverside Hotel

ホテル内は広々としており、リラックスしたムードが漂う。リゾート感のあるプールもフィットネスセンターも規模が大きい。サウナやスパも揃っている。広東、西洋、日本料理とバリエーション豊富なレストランやバーは計 11 軒。尖沙咀東部、空港、香港ディズニーランド、ゴンピン 360 などへの有料シャトルバスを運行している。

住 沙田大涌橋路 34-36　34-36 Tai Chung Kiu Rd., Sha Tin　☎2649 7878　FAX2637 4748　URLwww.regalhotel.com/regal-riverside-hotel　行き方 空港から A41 バスで約 1 時間。東鐵綫沙田駅から徒歩約 15 分。　料SWT1500 ～ 2300HK$、Su3800 ～ 5800HK$。　カード A D J M V　全 1147 室

背後に山並みが連なる豊かな自然環境。プールも広々

本格ビーチリゾートホテル　香港黃金海岸酒店（ヒョンゴンウォンカムホインゴンチャウディム）　MAP別冊 P.2-2B

ホンコン・ゴールド・コースト　Hong Kong Gold Coast Hotel

新界、屯門市街から南東へ約 3km の黃金海岸のビーチサイドにあり、広大な敷地にスポーツ施設、トロピカルガーデン、子供の遊び場などがある。すべての客室に広いバルコニーが付き、南シナ海の美しい眺めがほしいまま。改装を終え、子供向けのテーマルームなど新客室が加わった。空港から近く、尖沙咀などへ無料シャトルあり。

住 黃金海岸青山公路 1
1 Castle Peak Rd., Gold Coast
☎2452 8888
FAX2440 7368
URL www.goldcoasthotel.com.hk
行き方 空港からタクシーで約 20 分。
料 SWT2900 ～ 4000HK$、Su5800 ～ 8800HK$。
カード A J M V　全 455 室

上／家族向けテーマルームのひとつ、カーニバルルーム
下／ヤシの木が茂るプールサイド

ランタオ島

香港最果ての歴史遺産がホテルになった　大澳文物酒店（タイオウマンマッチャウディム）　MAP P.380

大澳ヘリテージ・ホテル　Tai O Heritage Hotel

大澳の西端、丘の上に立つ 1902 年建造の警察署の建物を改築した、全９室のホテル。コロニアル調の建物や内装は、極力オリジナルの造りを生かしており、タイムスリップしたような貴重な宿泊体験ができる。オーシャンビューの客室は自然光が気持ちよく、エレガントなインテリア。大澳特産品を用いたユニークなメニューを供するレストランも宿泊の楽しみ。

住 大嶼山大澳石仔埗街　Shek Tsai Po St., Tai O, Lantau Island
☎2985 8383　FAX2985 8881
URL www.taioheritagehotel.com
行き方 大澳のバスターミナル近くのツアーボート乗り場からボートで約 5 分（1 人 20 ～ 30HK$）。徒歩なら約 20 分。
料 W2000HK$ ～、T2200HK$ ～、Su2800HK$ ～（サービス料込み。朝食付き）。
カード A D J M V　全 9 室

上／「コミッショナー」と名づけられたスイートルーム
下／無料のガイド付きホテルツアーも開催している

優美さと快適さを兼ね備えたホテル　香港迪士尼樂園酒店（ヒョンゴンディクシーネイロッユンチャウディム）　MAP P.375

香港ディズニーランド・ホテル　Hong Kong Disneyland Hotel

豪華なビクトリア朝様式のリゾートホテル。敷地内には、ミッキーの迷路、夜間照明付きのテニスコート、屋内・屋外プールやスパなどがあり、魅力満載。中国料理の「晶荷軒」ではディズニーのキャラクター点心が人気、「エンチャンテッド・ガーデン・レストラン」ではディズニーのキャラクターたちと一緒に食事を楽しめる。

住 大嶼山香港迪士尼樂園度假區
Hong Kong Disneyland Resort, Lantau Island
☎3510 6000　FAX3510 6333
URL www.hongkongdisneyland.com
行き方 香港ディズニーランドのページ（→ P.386）参照。迪士尼駅からの無料シャトルバスで約 10 分。
料 SWT2200HK$ ～、Su6300HK$ ～。
カード A J M V　全 400 室

天井が高くヨーロピアンムードに包まれたロビー。時間帯によっては生演奏も
写真提供：Hong Kong Disneyland Resort

1930 年代を意識したアールデコ調のホテル　迪士尼好萊塢酒店（ディクシーネイホウロイウーチャウディム）　MAP P.375

ディズニー・ハリウッド・ホテル　Disney's Hollywood Hotel

ブルーの外壁が印象的なリゾートホテル。海に面した庭園はまるでロサンゼルスから切り取ってきたかのよう。有名なハリウッド通りやピアノ型のプールなどのほか、ミッキーの形をした岩なども発見できる。ディズニー映画をテーマにしたダイニング「インク＆プレート」や、ホテル限定のおみやげを扱うギフトショップにも足を運んでみよう。

住 大嶼山香港迪士尼樂園度假區
Hong Kong Disneyland Resort, Lantau Island　☎3510 5000　FAX3510 5333
URL www.hongkongdisneyland.com
行き方 香港ディズニーランドのページ（→ P.386）参照。迪士尼駅からの無料シャトルバスで約 10 分。
料 SWT1800HK$ ～、Su6000HK$。
カード A J M V　全 600 室

上／４人まで宿泊可能なスタンダードルーム　下／マーベル・シネマティック・ユニバースがテーマのダイニング「アーキビスト」
写真提供：Hong Kong Disneyland Resort

コーヒーメーカー、または湯沸かし器　ミニバー　バスタブ　ヘアドライヤー　セーフティボックス　レストラン
バー or ラウンジ　フィットネスジム　プール　スパ　日本人、または日本語を話すスタッフ　無料 Wi-Fi
※半分カラーのアイコン：いくつかの部屋にのみ適用。

冒険と夢がテーマのエキゾチックなホテル　迪士尼探索家度假酒店　MAP P.375

ディズニー・エクスプローラーズ・ロッジ　Disney Explorers Lodge

探検家たちの黄金時代である1920年代をイメージしたインテリアに冒険心をくすぐられる。広大な敷地にアジア、オセアニア、南米、アフリカをテーマにした4つの庭園や屋外プール、レストランを完備。

住 大嶼山香港迪士尼樂園度假區　Hong Kong Disneyland Resort, Lantau Island　☎3510 2000　FAX3510 2333　URL www.hongkongdisneyland.com/hotels/disney-explorers-lodge　行き方 香港ディズニーランドのページ（→P.386）参照。迪士尼駅からの無料シャトルバスで約10分。料SWT1800HK$ ～、Su1万3000～1万4000HK$。カード A J M V　全750室

ディズニー直営ホテルのなかでも最新＆最大の規模を誇る
写真提供：Hong Kong Disneyland Resor

自然いっぱいの環境に立つおしゃれなホテル　香港諾富特東薈城酒店　MAP P.374

ノボテル・シティゲート・ホンコン　Novotel Citygate Hong Kong

MTR東涌駅に隣接しており、空港まで車で約5分、香港ディズニーランドに電車で約15分と観光に便利。客室のコンセプトは「オープンバスルーム」。入口の高さ4.8mの回転ドアはホテルでは世界最高で、ギネスレコードを有している。

住 大嶼山東涌文東路51　51 Man Tung Rd., Tung Chung, Lantau Island　☎3602 8888　FAX3602 8899　URL www.novotelcitygate.com　行き方 空港とホテルを結ぶ無料シャトルバスが運行。またはS1バスで約10分。地 東涌駅C出口　料SWT1650HK$、Su2550HK$。カード A J M V　全440室

部屋とバスルームがひと続きになったスーペリアルーム

空港ホテルは香港で最大規模　富豪機場酒店　MAP P.374

リーガル・エアポート　Regal Airport Hotel

香港国際空港に隣接したホテル。飛行機のモチーフをちりばめたテーマルームがあり、ファミリーにも人気。アルファベットのDをかたどった巨大な建物内にふたつのプール、リゾート感覚のスパや庭園、6つのレストランがある。

住 大嶼山赤鱲角暢達路9　9 Cheong Tat Rd., Chek Lap Kok, Lantau Island　☎2286 8888　FAX2286 8686　URL www.regalhotel.com/en/regal-airport-hotel　行き方 空港に隣接（連絡道で空港と結ばれている）。料SWT4500HK$ ～、Su9500HK$ ～。カード A D J M V　全1171室

ベーシックなスーペリアルーム。バルコニー付きのカバナルームもある

食事だけでも利用価値大　MAP P.375

銀鑛灣渡假酒店　Silvermine Beach Resort

ランタオ島梅窩周辺では最も設備の整ったホテル。海の近くにあり、マリンスポーツが楽しめるほか、プール、サウナ、レンタサイクルなど施設やサービスも充実。世界各国の料理を提供する「シーショア・キュイジーヌ」も自慢。

住 大嶼山梅窩銀鑛灣D.D.2地段648　D.D.2 Lot 648 Silver Mine Bay, Mui Wo, Lantau Island　☎6810 0111　FAX6810 0222　URL www.silvermineresort.com　行き方 中環から梅窩までフェリーで約50分。フェリーターミナルから徒歩約10分。料SWT南棟1180～1980HK$、北棟1480～1880HK$。カード J M V　全128室

目の前は砂浜のビーチが広がる

長洲島・南Y島（ラマ島）

長洲島唯一の本格ホテル　MAP P.387

華威酒店　Warwick Hotel

東灣と観音灣の間にある。客室は山側と海側があり、スイートは海側のみ。客室の設備は整っている。ウオータースポーツが充実しており、海を見渡す広東料理のレストランやカフェもある。週末や祝日は割増料金。

住 長洲島東灣道1　1 Tung Wan Rd., Cheung Chau　☎3176 6312　FAX2981 9673　URL www.warwickhotel.com.hk　行き方 中環からフェリーで約60分（高速船で約35分）。フェリーターミナルから徒歩約10分。料山側の部屋WT780HK$ ～、海側の部屋WT880HK$ ～、3人部屋1180HK$ ～、Su1880HK$ ～。カード A D J M V　全65室

海のすぐそばに立つホテル。BBQエリアもある

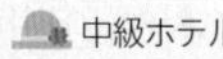
高級ホテル　中級ホテル　リーズナブルなホテル、ゲストハウスなど

海に臨むリゾートホテル　浪濤軒（ロントウヒン）　MAP P.394

コンチェルト・イン　Concerto Inn

ラマ島の海水浴スポットである洪聖爺海灘というビーチ前にある。シービューとガーデンビュー以外に、バルコニー付きの部屋や庭付きの部屋、テーマコンセプトルームなどもあり、家族連れなど幅広く対応。海が見えるレストランは宿泊者以外も利用可能。

住 南丫島榕樹灣洪聖爺海灘 28
28 Hung Shing Yeh Beach , Yung Shue Wan, Lamma
☎2982 1668 FAX 2982 0022
URL www.concertoinn.com.hk
行き方 中環からフェリーで約 35 分。フェリーターミナルから徒歩約 20 分。
料 SWT 日～金曜 580～1100HK$、土曜 830～1320HK$、祝日 980～1620HK$（サービス料込み）。
カード AMV　全 24 室

ビーチレストランやバーベキュー場も備わる

その他の高級・中級ホテル

	ホテル名	データ	料金・部屋数	コメントほか
中環	ガーデンビュー・ホンコン Garden View Hong Kong 園景軒	住 中環半山區麥當勞道 1 1 MacDonnell Rd., Mid-Levels, Central ☎2877 3737 FAX 2845 6563	SWT540HK$～、Su880～1760HK$ 全 142 室	香港動植物公園の南にあり、閑静。客室はシンプル。長期滞在におすすめ。レストランあり。 カード AJMV 行き方 空港からエアポートエクスプレスで香港駅下車、タクシーで約 10 分。 map 別冊 P.4-4B URL www.yhk.com.hk
中環	ビショップ・レイ・インターナショナル・ハウス Bishop Lei International House 宏基國際賓館	住 半山區羅便臣道 4 4 Robinson Rd., Mid-Levels ☎2868 0828 FAX 2868 1551	SWT1980HK$～、Su3080HK$ 全 227 室	香港動植物公園を見下ろす静かな立地の YMCA 系ホテル。中環・灣仔方面への無料シャトルバスあり。 カード AJMV 行き方 空港からエアポートエクスプレスで香港駅下車、タクシーで約 10 分。 map 別冊 P.10-4B URL www.bishopleihtl.com.hk
灣仔	アイクラブ・ワンチャイ iClub Wanchai Hotel 富薈灣仔酒店	住 灣仔莊士敦道 211 211 Johnston Rd., Wanchai ☎3963 6000 FAX 3963 6022	SWT1200HK$～、Su2600HK$～ 全 99 室	ハイテクを駆使したブティックホテル。環境に配慮したコンセプト。 カード ADJMV 地 灣 A3 出口 map 別冊 P.21-2D URL www.iclub-hotels.com/en/iclub-wanchai-hotel
灣仔	ミングル・プレイス・バイ・ザ・パーク Mingle Place By The Park 名樂居 By The Park	住 灣仔灣仔道 137-143 137-143 Wanchai Rd., Wanchai ☎2838 1109 FAX 2838 2252	S800～1100HK$、WT1300～1600HK$（サービス料込み） 全 25 室	1960 年の建造物をリニューアルしたブティックホテル。随所にアンティークを配する一方、設備は機能性を追求。 カード AJMV 地 灣 A3 出口 map 別冊 P.21-2D URL www.mingleplace.com/park
灣仔	ハーバービュー The Harbourview 灣景國際	住 灣仔港灣道 4 4 Harbour Rd., Wanchai ☎2802 0111 FAX 2802 9063	SWT2200～4000HK$ 全 320 室	香港會議展覽中心に隣接しており、ビジネス客の利用が多い。ほとんどの部屋からハーバービューが楽しめる。 カード ADJMV 地 灣 A1 出口または會展駅 B3 出口 map 別冊 P.12-1B URL theharbourview.com.hk
灣仔	AKI ホンコン - M ギャラリー AKI Hong Kong-M Gallery 香港明怡美憬閣精選酒店	住 灣仔謝斐道 239 239 Jaffe Rd., Wanchai ☎2121 5000 FAX 2121 2001	SW2620HK$～、T3600HK$～ 全 173 室	2022 年 7 月、灣仔駅から徒歩約 5 分の場所にオープンしたブティックホテル。畳を敷き詰めたフロアにマットレスを設置した客室があり家族連れに人気。 カード AMV 地 灣 A1 出口 map 別冊 P.21-1D URL all.accor.com/hotel/B5L5/index.ja.shtml
灣仔	ザ・ハリ・ホンコン The Hari Hong Kong 香港奢華酒店	住 灣仔駱克道 330 330 Lockhart Rd., Wanchai ☎2129 0388 FAX 2129 0394	SWT2200HK$～、Su6200HK$～ 全 210 室	ロンドンの著名インテリアデザイナーが内装を手がけたラグジュアリーホテル。和食やイタリアンのレストラン、ラウンジがある。 カード AJMV 地 灣 A1 出口 map 別冊 P.13-2D URL www.thehari.com/hong-kong
銅鑼灣	ホリデイ・イン・エクスプレス・ホンコン・コーズウェイ・ベイ Holiday Inn Express Hong Kong Causeway Bay 香港銅鑼灣智選假日酒店	住 銅鑼灣霎東街 33 33 Sharp St. East, Causeway Bay ☎3558 6688 FAX 3558 6600	SWT1250HK$～ 全 282 室	銅鑼灣のタイムズ・スクエア近くにある 27 階建てのホテル。 カード ADJMV 地 銅 A 出口 map 別冊 P.14-3B URL www.ihg.com/holidayinnexpress/hotels/us/en/hong-kong/hkgcw/hoteldetail
北角	ラマダ・ホンコン・グランド・ビュー Ramada Hong Kong Grand View 華美達盛景酒店	住 北角春秧街 88 88 Chun Yeung St., North Point ☎2130 3388 FAX 2130 3399	SWT1400HK$～、Su2500HK$～ 全 317 室	路上市場のど真ん中に位置する。ジム、屋上にプールがある。 カード AMV 地 北 A4 出口 map P.144-1A URL www.ramadahongkonggrandview.com
北角	イビス・ホンコン・ノースポイント Ibis Hong Kong North Point 宜必思香港北角酒店	住 北角渣華道 138 138 Java Rd., North Point ☎2588 1111 FAX 2588 1123	S740HK$、WT950HK$、Su1300HK$～ 全 275 室	北角でひときわ背の高い 28 階建て。北角駅から徒歩約 1 分。 カード ADJMV 地 北 A1 出口 map P.145-1B URL www.ibis.com/gb/hotel-3563-ibis-hong-kong-north-point/index.shtml
上環・西環	ソーホテル SO Hotel 尚豪酒店	住 上環文咸東街 139 139 Bonham Strand,Sheung Wan ☎2851 8818 FAX 2851 9933	SWT700HK$～、Su2200HK$～（朝食付き）全 37 室	客室は狭いがしゃれたインテリア。枕のメニュー、スマートフォンの無料貸し出し、無料の朝食ルームサービスなどがある。 カード AJMV 地 上 A2 出口 map 別冊 P.9-2D URL www.sohotel.com.hk
尖沙咀	ホテル・プラボ・ホンコン Hotel Pravo Hong Kong 香港寶御酒店	住 尖沙咀北京道 10 10 Peking Rd., Tsimshatsui ☎3188 7888 FAX 3188 7899	SWT900HK$～、Su1400HK$～ 全 92 室	尖沙咀の繁華街のビル上階にある。客室はラグジュアリー、フェミニン、ナチュラルなどテーマごとの造り。フィットネス設備あり。 カード AJMV 地 尖 L5 出口 map 別冊 P.28-3B URL www.hotelpravo.com.hk

コーヒーメーカー、または湯沸かし器　ミニバー　バスタブ　ヘアドライヤー　セーフティボックス　レストラン　バー or ラウンジ　フィットネスジム　プール　スパ　日本人、または日本語を話すスタッフ　無料 Wi-Fi

※半分カラーのアイコン：いくつかの部屋にのみ適用。

	ホテル名	データ	料金・部屋数	コメントほか
尖沙咀	オアシス・アベニュー Oasis Avenue 香港粤海酒店	住 尖沙咀寶勒巷 18 18 Prat Ave., Tsimshatsui ☎3410 8888 FAX 2721 1137	SWT1500 ～ 3000HK$ 全 246 室	ツアー客の利用が多い 3 つ星ホテル。尖沙咀の繁華街にある。 カード JMV 地 尖 A2 出口 map 別冊 P.29-2D URL oasisavenue.com.hk
佐敦・油麻地・旺角	シルカ・シービュー・ホテル・ホンコン Silka Seaview Hotel, Hong Kong 香港海景絲麗酒店	住 油麻地上海街 268 268 Shanghai St., Yaumatei ☎2782 0882 FAX 2781 8800	SWT1680HK$ ～、 Su3880HK$ ～ 全 268 室	19 階建てのビル。部屋は明るく、設備も整っている。最上階には眺望のよいレストラン「ジェイドカフェ」がある。廟街やヒスイ市に近い。 カード MV 地 油 C 出口 map 別冊 P.31-2B URL www.silkahotels.com/silka-seaview
佐敦・油麻地・旺角	ラルゴス Largos 朗逸酒店	住 佐敦南京街 30 30 Nanking St., Jordan ☎2783 8233 FAX 2783 1318	SWT1080HK$ ～、 Su2280HK$ ～ 全 100 室	佐敦駅や廟街に近く、繁華街にあるわりに静かな環境。部屋は狭いが、基本的な設備は揃う。 カード DJMV 地 佐 B2 出口 map 別冊 P.31-3B URL www.largos.com.hk
佐敦・油麻地・旺角	スタンフォード Stanford Hotel 仕德福酒店	住 旺角豉油街 118 118 Soy St., Mongkok ☎2781 1881 FAX 2388 3733	SWT1408 ～ 2728HK$ 全 194 室	女人街（屋台街）に近いエコノミーホテル。周辺にはローカルの飲食店が並ぶ。客室は狭い。 カード AJMV 地 旺 E2 出口 map 別冊 P.32-2B URL www.stanfordhotels.com.hk/en-us/stanford-hotel

その他の格安ホテル

	ホテル名	データ	料金・部屋数	コメントほか
上環	スリープ Sleeep	住 上環皇后大道中 242 242 Queen's Rd. C., Sheung Wan（皇后大道中と歌賦街をつなぐ階段沿い） ☎9604 6049 FAX なし	24 時間 438HK$（カプセルは 45 分〈148HK$〉から使用可能） 全 8 カプセル	香港初のカプセルホテル。科学に基づき、ハイテクを用いて設計された進化形。シャワー、ロッカー完備、タオルやスリッパなどの備品も揃っている。 カード AMV 地 上 A2 出口 map 別冊 P.17-1A URL sleeep.io
尖沙咀	美林賓館 Mei Lam Guest House	住 尖沙咀彌敦道 62 美麗都大廈 5/F D1 座 D1, 5/F, Mirador Mansion, 62 Nathan Rd., Tsimshatsui ☎2721 5278 FAX 2723 6168	S219HK$ ～、 WT256HK$ ～、 3 人部屋 289HK$ 全 33 室	トイレ、シャワー、エアコン、テレビ、冷蔵庫付き。一応、窓もあり、掃除が行き届いている。オーナーは気さくな人柄で片言の英語可。 カード MV 地 尖 D1 出口 map 別冊 P.29-3C
佐敦・油麻地	南北賓館 South & North Hotel	住 佐敦德興街 9-10 寶來大廈 8 樓 8/F, Pollock Bldg., 9-10 Tak Hing St., Jordan ☎2369 0869、6899 8818（予約） FAX 2311 0867	SWT350HK$ ～、 3 人部屋 480HK$ ～ 全 24 室	部屋は狭いが各部屋にパソコンを設置（デポジットを払えば使用可能）。コンビニが近く、佐敦駅まで徒歩約 2 分。 カード MV 地 佐 E 出口 map 別冊 P.31-4B
佐敦・油麻地	ベスト Best Hotel 百樂賓館酒店	住 佐敦彌敦道 322-326A 百樂大廈4樓 A、B、C室 Rm.A,B,C, 4/F, Pak Lok Bldg., 322-326A Nathan Rd., Jordan ☎2388 9329 FAX 3188 1614	S320HK$ ～、 W420HK$ ～、 T450HK$ ～、 3人部屋 500HK$ ～、 4 人部屋 550HK$ ～ 全 12 室	裕華國産百貨の斜め向かい。全室エアコン、シャワー、トイレ、テレビ、電話付き。 カード 不可 地 佐 B1 出口 map 別冊 P.31-3B URL www.179.hk
長洲島	B&B 長洲 B&B Cheung Chau	住 長洲島東灣路 83 83 Tung Wan Rd., Cheung Chau（レセプション） ☎2986 9990 FAX 2986 9980	SWT 650HK$ ～、 3人部屋 950HK$ ～、Su1250HK$ ～（サービス料込み、朝食付き） 全 32 室	長洲島に 5 ヵ所ある B&B（ベッド＆ブレックファスト）。東灣のビーチにも近い。 カード MV 行き方 中環からフェリーで約 60 分（高速船 35 分）。長洲島のフェリーターミナルから徒歩約 5 分。 map P.388 URL www.ibnb.com.hk

COLUMN 格安ホテル宿泊の際の注意＆ユースホステル情報

格安ホテルに泊まるときは

●貴重品は間違っても部屋に置かない。

●カギは自前の物を用意し、かけられる物には必ずかける。リュックにもかけたほうがよい。

●部屋をノックされても、相手を確認するまでは、絶対にドアを開けないこと。

ユースホステル情報

宿泊には YH 会員になることが必要。新規に成人（満 19 歳以上）の登録会費は 2500 円。

（財）日本ユースホステル協会

住 〒 151-0052 東京都渋谷区代々木神園町 3-1 国立オリンピック記念青少年総合センター内

☎(03) 5738-0546 URL www.jyh.or.jp

香港のユースホステル

☎2788 1638（予約＆カスタマーサービスセンター）
URL www.yha.org.hk

● **YHA 昂坪戴維斯青年旅舍** 住 大嶼山昂坪
☎2985 5610 map P.374

● **YHA 施樂園** 住 新界荃灣大帽山
☎2488 8188 map 別冊 P.2-2B

● **YHA 白普理堂** 住 新界西貢赤徑
☎2328 2458 map 別冊 P.3-2D

● **YHA 白沙澳青年旅舍** 住 新界西貢白沙澳海下路
☎2328 2327 map 別冊 P.3-2D

● **YHA 白普理賽馬會青年旅舍** 住 新界大埔大美督路 66（船灣淡水湖畔）
☎2662 5123 map 別冊 P.3-2C

● **YHA 賽馬會摩星嶺青年旅舍** 住 薄扶林摩星嶺徑 123
☎2817 5715 map 別冊 P.3-3C

● **YHA 美荷樓青年旅舍** 住 深水埗巴域街 70 石硤尾邨 41 座（→ P.335） ☎3728 3500 map 別冊 P.33-2B

エリアガイド

新界

Area Guide

鯉魚門のマップは P.345
周辺図別冊 P.3-3C

湾内には数々の小船が停泊。白い建物が鯉魚門市政大厦

鯉魚門への行き方

● **MTR とバス**

観塘綫、將軍澳綫の油塘駅下車、A1 出口を出て、ショッピングセンター「大本型」地下のバスターミナルからミニバス 24 で約 10 分、4.3HK$。徒歩なら駅から茶果嶺道を南へ約 12 分。

尖東駅 K 出口付近（中間道）のバス停から鯉魚門（三家村）行きのバス 14X が出ている。8.3HK$。所要約 50 分。

また、佐敦の吳松街、旺角の先達廣場脇から赤のミニバスで終点下車。ともに所要約 20 分。

● **フェリー**

香港島の西灣河と鯉魚門の埠頭、三家村渡輪碼頭を結ぶフェリーもある。7:00 ～ 22:45 の間に 24 ～ 30 分間隔で運航。9HK$。所要約 10 分。

鯉魚門休憩花園

海岸沿いの小さな公園。ここは香港島までわずか数百 m と九龍と香港島の最接近地だ。
map P.345 右図

左の岩場に立つのが灯台。対岸は香港島の筲箕灣の東、海防博物館（→ P.148）のあるあたり

海鮮街を抜けて天后廟までの道にある樹齢約 100 年の古木。願いを託せばかなう「心願樹」として親しまれている

鯉魚門（レイユームン）● Lei Yue Mun

ヴィクトリア港の東端、湾が最も狭まる海岸沿いにある町。場所柄、古くから海防の拠点であり、清代には張保仔（海賊）の襲来を防ぐための要塞も築かれた。1930 ～ 1960 年頃には、近くの山が石切り場となり建設用の石材を産出、1980 年代までは陶磁器の生産も盛んだった。

海岸線に沿って延びる村の名前は三家村

現在は規模の大きな海鮮街として知られている。港と山の間のわずかな土地に約 30 軒の鮮魚店と、約 20 軒の海鮮料理店がひしめきあっている。旅行会社が主催するツアーにも組み込まれており、昼間はひっそりとしているが、夕刻から活気づく。

ヴィクトリア港で唯一埋め立てられていない鯉魚門。歴史を秘めた迷路のような道、最果てを感じる海岸線を歩いてみたい。

歩き方

バスやミニバスの乗降所の前は内湾になっていて、この港に沿って三家村海濱休憩處（公園とプロムナード）が延びており、「鯉魚門」の中国門も目に入る。この公園を通り過ぎたあたりから食堂街になり、路地を入ると海鮮街が現れる。約 200m にわたって鮮魚店と海鮮レストランが連なるアーケードになっており、ここを抜けると小さな灯台のある鯉魚門休憩花園があり、対岸の香港島が間近に望める。

びっしりと並ぶ鮮魚店には種類豊富な魚介が売られている。夜のほうがにぎわう

その先はひっそりとたたずむ家並みが続き、100m ほど進むと岬の突端の岩場に立つ天后廟に行き着く。昼間に訪れたなら、このあたりまで散歩がてらに歩いてみよう。

海鮮料理の食し方

老舗が多い鯉魚門は、昔ながらの海鮮商法——材料となる魚介を鮮魚店で購入し、レストランで調理してもらうというスタイルが基本だ。海鮮料理は素材のよい悪いが大きく左右するので、魚介選びは大事。レストランによっては系列の鮮魚店をもつ店があったり、おすすめ店を教えてくれることも。レストラン選びに悩んだら P.345 に紹介の店を参考に。レストランでは調理法を指定するのだが、わからない場合はスタッフにおすすめを聞くとよい。食材に合う調理法のリストを置く店もある。

材料費はカニ 1 杯 120 ～ 150HK$、伊勢エビ 1 尾 600HK$ ～、シャ

コ1尾100HK$～、調理費（油水錢）は1品30～60HK$、ひとり当たり100HK$くらいから。これにテーブルチャージやソース料が加算される。海鮮のセットメニューを用意している店もある。

おすすめレストラン
金輝海鮮酒家
住 海傍道中10 ☎2347 7434
営12:00～23:00
休 旧暦12/31～1/4 カード M V
快樂漁港酒家
住 海傍道中53A ☎2340 1998
営11:30～23:30
休 無休 カード M V

おすすめ鮮魚店
美和漁港海鮮
住 海傍道中53 A1 ☎2340 4879 営11:00～22:00
休 無休 カード A M V
map 以上P.345右図

天后廟
住 海傍道東 開8:00～18:00
休 無休 行き方 鯉魚門市政大廈から徒歩約15分。

見どころ

●あつい信仰が息づく map P.345 右図

天后廟（ティンハウミウ）

左／海賊の統領が海の神を祀ったのが始まりだそう　右／廟に迫る岩壁の足元には大砲が残っている

波打ち際の岩場に張り付くように立っている。1753年建造の廟内には海の守り神が祀られており、村民の信仰の要となっている。旧暦3月23日の天后誕の祭りには、古装束の戯劇が上演される。

グルメ

雄大な眺めが楽しめる絶景海鮮レストラン MAP P.345 右図

南大門（ナームダーイムン） Gateway Cuisine

海上にせり出して立つ。1995年の創業以来、独自の調理法を守り、調味料の使い方や複雑な手順にこだわりをもつ。香港の海鮮の名物料理「シャコのスパイシー揚げ（椒鹽瀨尿蝦）」はこの店がオリジナル。ピリカラの中にまろやかなうま味がありおいしい。予算はふたりで3品注文して1200HK$くらい。ランチは4人用（1280HK$～）からセットメニューあり。

住 海傍道中58 A
58A Hoi Pong Rd. C.
☎2727 4628 営11:00～23:00
休 旧暦12/31、1/1
カード A J M V 行き方 鯉魚門市政大廈から徒歩約10分。
※予約をしたほうがよい。

左／200席くらいある。夕日もきれいに見える　右／手前がシャコのスパイシー揚げ。マテ貝はシンプルにゆでたものがおすすめ（後方左、白灼聖子）

左図

右図

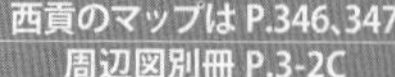
西貢のマップは P.346、347
周辺図別冊 P.3-2C

西貢（サイコン）

●Sai Kung

西貢は、何百年も前から付近の客家（ハッカ）の人々の交易の中心だった街。人がすれ違える程度の狭い道が迷路のように残り、昔の面影を色濃く残している。

小さな漁村だった西貢も 1960 年代、西貢の東の萬宜ダムの建築による水上生活者たちの移住で、人口が増大した。そして現在では、香港の人々のリゾートスポットとして高い人気を誇る場所となった。

美しい海岸線、海や山といった豊かな自然は、日曜や休日には多くの人を引き寄せている。ダイビングや釣りをはじめとするマリンスポーツやハイキング、新鮮な海鮮料理を味わいにと、その楽しみ方は多種多様。彩虹からのバスでやってきた若者たちは、桟橋からの船や停泊しているサンパン（私営の小舟）に乗り込み、橋咀洲（キウツォイチャウ）、滘西洲（ガウサイチャウ）などの島へ向かう。また、交通が便利になり、よりよい住環境を求める中産階級の人たちも移住し始め、ベッドタウンとなりつつある。外国人もたくさん住むエリアであり、街なかには欧米人向けの店やカフェテラスがたくさんある。

左／湾内には島巡りの観光サンパンや漁船が　右／海沿いは鮮魚店と海鮮レストランが軒を連ねる。世界各地からの魚介が水槽を埋め尽くす

西貢への行き方

●バス、ミニバス

MTR 鑽石山駅前のバスターミナル始発で彩虹駅の C2 出口前のバス停を経由する 92 西貢行きのバスか、ミニバス 1A で終点下車。7.5HK$、ミニバス 1A は 10.3HK$。所要約 30 分。

旺角の登打士街から西貢行きのミニバス（19HK$）もあり、所要約 50 分。また將軍澳綫坑口駅の B 出口付近からミニバス 101M（10.4HK$）も出ている。沙田駅からは 299X バス利用（11.3HK$）で所要約 50 分。

郵便局

住 西貢政府合署 G/F
営9:30～17:00（土曜～13:00）
休 日曜、祝日
map P.346

海鮮街

海沿いの西貢海傍街に立派な中国式の門があり、門に記された「海鮮街」の名のとおり、12 軒ほどの海鮮レストランや鮮魚店が並んでいる。屋外の席も用意され、にぎわう。

海沿いに立つ海鮮街の門

歩き方

西貢は歩いて30分くらいでひと回りできる小さな街。メインストリートは萬年街（マンニンガイ）Man Nin St.だ。

まずは海沿いのプロムナードに出てみよう。鮮魚店と海鮮レストランの並ぶ海鮮街が続いている。鮮魚店には、カラフルなエビやカニ、貝類、魚の水槽が並び、水族館のようだ。見て歩くだけでも楽しいが、食べたい魚介を買い、レストランへ持ち込めば新鮮な海鮮料理を満喫できる。また、雑貨やインテリアの店が多く、レストランも世界各国の料理が揃っているので**買い物や海鮮以外の食べ歩きも楽しめる**。ローカルに浸りたい人は天后廟から南へ**ノスタルジー漂う路地（徳隆前街、徳隆後街のあたり）の散策**がおすすめ。路地を南へ抜けた**市場街**にはカフェやレストランが増えているのでひと休みするのにいい（→欄外）。

天后廟の脇を入った西貢正街はローカル商店街

見どころ

●のんびりと散歩したい　map P.346

海沿いのプロムナード

バスターミナルの北側の海沿いにプロムナードと公園が整備され、テラス席をもつレストランもある。公園の一角には、西貢独特の地形を紹介する火山ディスカバリーセンター（→欄外）がある。

左／土・日曜や祝日には雑貨や食品などの露店が出てにぎわう　右／ウオータースポーツセンター

プロムナードを北へ10分ほど行くと、ウインドサーフィンなどがレンタルできるウオータースポーツセンター（水上活動中心）がある。

西貢路地歩き

萬年街へ
普通道へ
街市（市場）
セブン-イレブン
村里村外（湖南料理）
宜春街
Yi Chun St.
海鮮街の門
點籽
西貢醫局街
ピクチャーハウス（カフェ&バー）
変電所
全記海鮮菜館P.234
天后廟
コーヒー・アカデミクス
一起果醬P.348
徳隆後街
ビー・ドッグ（ペットショップ）
祠
チーズ・フロム・ファー
海鮮レストランが並ぶ
六福菜館
金輝海鮮菜館
永和海鮮酒家
林錦盛
オエリリP.349
偉慶中葯涼茶
良記（線香）
nn.coffee
吉光片羽
雑貨店が並ぶ
鬆Zone（マッサージ）
徳隆前街
公園
西貢元洲街
カフェが並ぶ
ノーホエア・マン
米珈琲
聚友棧
アーム・コーヒー
土・日曜に雑貨、アクセサリーの露店が出る
パンダ・カフェ
北
横街
西貢大街
雪糕佬冰室
シバタロウ・カフェ
ザ・ダッチ（チーズ専門店）
金山粥店
西貢海
Sai Kung Hoi
0　50m
西貢道
西貢正街
レトロ18Cリビング
泰屋
市場街
カフェ・アレー
西貢海傍街
魚市場（早朝のみ営業）
富記（茶餐廳）
高記茶餐廳
甜源居（甘味）
ル・マガザンP.349

サンパンツアーの料金目安

ひとり当たりの料金の目安は橋咀州が往復30HK$～、教会の遺跡がある塩田梓が50HK$～。チケットは埠頭に並ぶ船会社デスクで購入。帰りの現地出発時間に遅れないよう、下船時に船頭に確認しよう。

海沿いのプロムナードには離島やジオパーク（→P.348囲み）を巡るサンパンツアーの出店が並ぶ

市場街を散策しよう

ユニークなショップが次々とオープンしている。加えて週末の12:00頃～日没頃には、道の両脇にアクセサリー、小物、雑貨、お菓子などの露店も出る。テラス付きのカフェもあるので、足を休めるにはもってこいだ。

注目のカフェ
サイコン・カフェ&ベーカリー
Sai Kung Cafe & Bakery

以前ホテルのキッチンに勤めていたというシェフが作るケーキは本格的（44～49HK$）。パイナップルパン（19HK$）やポルトガルタルト（16HK$）が人気で、焼きたてを求める行列ができる。
住 海傍廣場2　金寶閣6-7號舗
☎2792 3861　営7:00～21:00（土・日曜、祝日～22:00）　休 旧正月1日　カード 不可　map P.346

火山ディスカバリーセンター
Volcano Discovery Centre
（火山探知館）

火山をテーマにした展示館。世界ジオパークに認定された西貢の海岸線のダイナミックな奇観のひとつ、六角柱状節理の形成過程をメインに、香港の地形のなりたちを模型や映像などで紹介している。ジオパーク散策のパンフレットもあり、有料のエコツアー（英語、広東語。→P.348囲み）の申し込みも受け付けている。
住 西貢海濱公園
☎2394 1538
URL www.volcanodiscoverycentre.hk
開9:00～17:00
（展示コーナーは9:30～16:30）
休 旧正月2日間　料 無料
※エコツアー URL www.ecotoursaikung.com　map P.346

1億4000万年前の火山噴火により西貢周辺の独特の地形ができた

手作りジャムが料理のアクセント

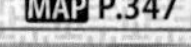
MAP P.347

一起果醬 Let's Jam

ジャムを製造販売するにあたり、より多くの人に試してもらいたいと始めたのがこの店。ジャムを使った料理やスイーツが主力で、ストロベリージャムをマリネしたポークリブやジャムが選べるオールデイ・ブレックファストが看板料理。ジャム入りのお茶やドリンクもある。販売しているユニークなジャムにも注目だ。

住 西貢市場街 53 G/F
☎2791 9888　営9:00 ～ 19:00
休 旧正月 2 日間　カード 不可

左／ナチュラルなインテリアのカフェ　右／手前はクローブとオレンジのマーマレード添えオールデイ・ブレックファスト（119HK$）

COLUMN

ジオパークの奇観を巡るエコツアー

オレンジ色の六角石柱が連なる岸壁。波の力でくり抜かれた岩のアーチ。ここが香港？と目を見張る光景が目の前に！　エコツアーに参加して太古の火山活動が生み出した絶景を見に行こう！

ツアーは船で海上を巡るもの（海路遊、1 ～ 10 月のみ）と、見どころのひとつである萬宜水庫（ダム貯水池）東端の東壩 East Dam へミニバスで行くもの（通年催行）がある。後者の東壩半日遊は西貢から約 30 分の東壩への送迎が主体で、到着後は萬宜地質歩道を自由散策。所要 3 ～ 4 時間のツアーなので旅行者も参加しやすい。

上／そそり立つ石柱群は高さ 100m に及び、規模は壮大　右下／船から奇岩を観察（ともに船のツアー）

萬宜水庫のダムは 1978 年に完工（現在は閉鎖）。工事の最中に六角柱の石柱群が発見された。写真の貯水池はダムができるまでは外海とつながる官門海峡で、その昔「海のシルクロード」の航路の一部だったそう

東壩のいちばんの見どころ、褶曲した石柱群。カルデラの内部でゆっくりと冷却する際に、地震や地盤沈下でS字形にゆがんだ。筋のような亀裂は、後の火山活動のマグマ侵入跡

石柱群を巡るエコツアー

火山ディスカバリーセンター（→ P.347 欄外）にツアーカウンターがある。　住 西貢美源街 8　8 Mei Yuen St., Sai Kung　☎8200 0248、2394 1538　URL www.ecotoursaikung.com　営9:00 ～ 17:00　休 旧正月 2 日間　料東壩半日遊：150HK$（11 歳以下 130HK$）、海路遊：330 ～ 340HK$（11 歳以下 180 ～ 190HK$）　カード 不可　map P.348

※ガイド（広東語メインで英語も可）が同行。

催行日：東壩半日遊は土・日曜、祝日の 9:30、11:30、14:30 の 3 回、海路遊は 1 ～ 10 月の土・日曜、祝日の 14:00 ～ 17:00（天候の状況により中止）。**申し込み**：ツアーカウンターで、またはウェブサイトでも可能。

六角柱状節理とは：1 億 4000 万年ほど前の白亜紀、現在の西貢一帯は大噴火に見舞われ直径 20km のカルデラが形成された。そこに堆積した 400m にも及ぶ火山灰がゆっくりと冷えてでき上がったのが、六角石柱の集積「六角柱状節理群」。最大直径 3m、長さ 10 ～ 150m という世界有数の大きさの石柱群が西貢沖 100k㎡にわたって分布し、ダイナミックな景観を造り出している。2011 年にユネスコの国際ジオパークに認定された。

左／奇岩の島々など展望よし　右／海水で浸食された洞窟まで歩いて行ける

おしゃれかわいいデザイナーズショップ

MAP P.347

オエリリ Oelili

西貢在住の店主姉妹を中心に、香港デザイナーの作品がズラリと並ぶ 。姉のヒビさんは色使いやパッチワークが大胆な本革バッグ、妹のヒラさんは繊細な針金のかぎ針編みに天然パールを組み合わせたアクセサリーと、それぞれのセルフブランドを展開中。一点物のなかからお気に入りを見つけて。

住 徳隆前街 7　☎9155 8376
営11:00 ～ 19:00　休 月曜、旧正月7日間　カード M V（200HK$ 以上の場合のみ使用可）

漁網の編み方で作ったリング（88HK$ ～）

地元アーティストの手作り品が並ぶ店内。ほかでは見かけない、西貢をテーマにしたカード類もある

メイド・イン・フランスの「定番」に出合える店

MAP P.347

ル・マガザン Le Magasin

フランス人とフランス在住歴のある香港人経営のセレクトショップ。「ブティック」の意の店名どおり、雑貨やワイン、食材を広く扱う。手作りのシャンパングラスやゴートミルクのスキンケア品、マルセイユの石鹸はおみやげに◎。ワインはどれもオーガニックで、海鮮街にも近いので、ここで購入して店に持ち込むのもオツな楽しみ。

住 西貢海傍街 12
☎2791 0292　営10:00 ～ 19:30
休 無休　カード A M V

おすすめワインはフランス在住歴の長い黃さんに聞こう。日本語の話せるスタッフもいる

オーガニックワインや自然派化粧品、調味料や菓子類もおすすめ

COLUMN

荃灣の紡績工場がおしゃれに再生！「ザ・ミルズ」

荃灣（→ P.350）の注目スポット「ザ・ミルズ」。ここは、かつての香港の製造業を支えた紡績工場を改装し 2018 年に開かれた複合施設。工場の無機質な趣を残し、文化やアートの発信、新しい物作りを基盤に、ショップ&ダイニング、展示施設、オフィスで構成されている。

ユニークなショップ&カフェ

ここにしかないクラフト雑貨店やこだわりのカフェなどが、G/F から 3/F に約 40 店入っている。注目店は、デザイン性の高いファッションや雑貨を集めた、ミルズの顔ともいえる「チャットショップ」、リサイクル素材を用いた物作りブランド「コモン・グラウンド」、文化屋雑貨店と手工芸品創作の OYTY スタジオがコラボした「BUNKAYA × OYTY」（すべて G/F）。

カフェは農園直送のコーヒー豆をその場でローストして提供する「ココ・コーヒー・ロースターズ」(G/F)、香港のファッションデザイナーがプロデュースするスタイリッシュな「LABELS カフェ＋バー」(3/F) が存在感を放っている。

上／4～6 廠（ブロック）まで 3 つの建物をつないだ造りで、写真はショップが並ぶメインの 6 廠　右下・左下／ 1954 ～ 2008 年まで稼働した南豐紡織工場は、1960 年代に最大規模と生産量を誇った。その歴史を記念する壁画アートが随所に

左／外壁にひび割れを生かした女性工員のアート　右／工場時代をしのばせる階段

左・右／カフェと焙煎所を併せもつココ・コーヒー・ロースターズ

ザ・ミルズ　The Mills（南豐紗廠（ナムフォンサーチョン））
住 荃灣白田壩街 45　45 Pak Tin Par St., Tsuen Wan
☎3979 2300　URL www.themills.com.hk　開10:00 ～ 22:00
行き方 荃灣駅 A3 出口から愉景新城へつながる連絡橋を通り、徒歩約 12 分。※荃灣駅から無料シャトルバスもある。
map P.351

荃灣（チュンワン） Tsuen Wan

荃灣のマップは P.351
周辺図別冊 P.2-2B

駅前には昔ながらの商店街がある。写真はミニバス乗り場

九龍半島の中央を走るMTR（地下鉄）は、太子（タイジー）駅で東と西に分かれ、その西側の路線の終点がここ荃灣だ。1970年代の開発計画による数多くの高層団地や工業団地が立ち並ぶ街である。

街の様子は荃灣駅の北と南ではっきりと違う。北は駅のすぐ近くまで山が迫り、その山中には仏教寺院が点在している。北東は、香港おなじみの高層団地。南側は商業エリアで、大型のショッピングセンターが多いのが特徴。だが、この街もあまり広くはない。オイルタンクや香港一の貯蔵量を誇るコンテナ埠頭が、すぐ東の葵涌（クワイチョン） Kwai Chung まで続いているからだ。また、海を隔てた南には重工業の島、青衣（チンイー） Tsing Yi がある。

荃灣駅からは、屯門（テュンムン）、元朗（ユンロン）、錦田（ガムティン）など新界（サンガイ）西部方面へのバスが出ているので、ここは重要な交通のポイントでもある。

近年、西鐵綫の荃灣西駅周辺も開発が進み、高層タワーを含む複合商業ビルの如心廣場がランドマークに。2018年に誕生したアートと文化の発信地「ザ・ミルズ（南豊紗廠）」（→ P.349）も新たな観光スポットとして注目を集めている。

荃灣への行き方

空港から
A31 のバスで約 1 時間。18.9 HK$。

各エリアから
● **MTR（地下鉄）**
中環、金鐘から荃灣綫で所要 29 ～ 30 分、15.5HK$。中環からなら香港駅から東涌綫利用で茘景にて荃灣綫に乗り換える方法が最短で、29 分。尖沙咀からは 27 分、12.5HK$。

荃灣バスターミナルを出発するバスの行き先
バスターミナルは、荃灣駅 A1 出口を出て向かいのビル、南豊中心の G/F にある。
41M 青衣碼頭　59M 屯門碼頭
60M 屯門站（駅）
66M 屯門（大興）　68M 元朗西
238M 海濱花園

郵便局
住 西樓角道 38　荃灣政府合署 1 楼　営9:00 ～ 17:00（土曜～ 13:00）　休 日曜、祝日
map P.351

階下にショッピングモール（荃新天地）がある郊外型高層マンション

見どころ

●山中にある規模の大きい仏教寺院　map P.351

竹林禪院（ソッラムシムユン）（竹林禅院） Chuk Lam Monastery

荃灣の北側、芙蓉山の中腹にある大きな仏教寺院。融秋法師が建てた寺で、昔このあたりが一面の竹やぶだったことからこの名前がついたという。創建は 1928 年。境内には天王殿、大雄寶殿、浮屠寶殿、五百羅漢寶殿などがある。最奥部の五百羅漢寶殿内の、表情やポーズの異なる羅漢像が 500 体も並ぶさま

本殿の大雄寶殿には仏陀像が鎮座する

五百羅漢寶殿は 2 フロアある。金色に輝く羅漢像の表情に注目

竹林禪院
住 芙蓉山
☎2416 6557
開8:00 ～ 17:00
行き方 荃灣駅から遠くないが、駅からの道がすべて自動車専用道路になっているので、駅前からミニバスに乗るのがいい。駅の B1 出口を出ると、「富華中心」の標識があり、駅前の小公園の上を駅から続く歩道橋がまたいでいる。その歩道橋を渡り、突き当たりを右へ下りる。下りた左側の店の間の路地を入ると、85「芙蓉山」と書かれたミニバスが停まっている。そのバスに乗車し、終点で降りればそこが禪院の門前だ。ミニバスは 15 ～ 30 分に 1 本。所要約 10 分。6.4HK$。

は圧巻。また、この寺院からは荃灣の街の眺めがよい。

●客家の建築、暮らしがわかる map P.351

サントンオッボウマッグン

三棟屋博物館 Sam Tung Uk Museum

荃灣は約200年前から陳姓の客家（ハッカ）の人々の村があった所。1970年代後半から地下鉄の延長工事のため村は取り壊され、客家の人々はほかへ移住したが、1987年伝統的な客家の家屋と祠堂が博物館として復元された。白い城壁で囲まれた内部には、祠堂を中心に住居が碁盤の目のように左右対称に配置され、家具や農具、日用品などが当時のままに置かれている。

左／入口は小さいが内部は広い　右／入口右側に三棟屋の歴史がわかる展示室が、屋敷の最奥部には荃灣の暮らしと産業の展示室がある

●客家の遺跡が残る map P.351

チョイマーウイタッワーコンユン

賽馬會德華公園 Jockey Club Tak Wah Park

蓮池や曲水、東屋などが緑のなかに配された中国の趣いっぱいの公園。もとは海壩村（ホイパーチュン）という客家の村があった所で、1904年建造の民家が法定遺跡として保存されている。園内には、清代に一族で荃灣に移住した陳氏の祠、「義璋陳公祠」もある。

100年以上前の客家の村の住居の一部が保存されており、この中に「義璋陳公祠」がある

三棟屋博物館
住 古屋里2
☎2411 2001　開10:00～18:00（12/24、旧暦12/31～17:00）
休 火曜、旧正月2日間
料 無料
行き方 荃灣駅のE出口を左へ出て直進。途中で下の道路に下りて直進すると、左側の道路沿いに石の標識がある。その先の左側。徒歩6～7分。

ランタオリンク展望台「青嶼幹線觀景台」
青衣島の北西端にある展望台で、ランタオ島に続く青馬大橋と新界へ延びる汀九橋を望める。
ビジターセンター（訪客中心）
☎2495 5825
展望台 開7:00～22:30（土曜、祝日～翌1:30）休 無休
料 無料 行き方 青衣駅A1出口前からミニバス308M（浪翠園行き）が展望台を経由する。9HK$。10:00～16:00の間に60分間隔、展望台発の最終は16:30（土・日曜、祝日は9:30～18:30の間に60分間隔。展望台発最終は19:00）。
map 別冊P.2-3B

賽馬會德華公園
住 德華街　開6:30～23:00
行き方 荃灣駅B2出口から徒歩約5分。

荃灣

北

曹公潭 Tso Kung Tam
端記茶樓へ
芙蓉山
新村 San Tsuen
Fu Yung Shan Rd.
竹林禪院 P.350
白田壩新村 Pak Tin Pa San Tsuen
西樓角村 Sai Lau Kok Tsuen
白田壩村 Pak Tin Pa Tsuen
照鏡潭 Chiu Tam Path
荃灣中心
荃景圍
Tsuen King Circuit
荃景圍體育館
バスターミナル
荃錦公路
芙蓉山路
象鼻山路 Cheng Pei Shan Rd.
木棉下村 Muk Min Ha Tsuen
Route Twisk
馬閃排路 Ma Sim Pai Rd.
荃灣警署
美環街 Mei Wan St.
柴灣角へ
愉景新城 D・PARK
青山公路荃灣段
8咪半
イケア(L3)
ザ・ミルズ P.349 The Mills
コモン・グラウンド(GF)
チャットショップ(GF)
ココ・コーヒー・ロースターズ(GF)
消防局
青山公路 Castle Peak Rd.
大河道北 Tai Ho Rd. N.
石圍角路
P.350
政府合署
荃錦中心
バスターミナル
荃灣駅
南豐中心
德士古道北 Texaco Rd. North
惠荃路
白田壩街
大涌道
香車街
福來邨
海壩街 Hoi Pa St.
綠楊新邨
天后廟
ミニバス
綠楊坊
端記茶樓行き
Shing Mun Rd.
沙咀道
滿樂大廈
享和街
沙咀道遊樂場
大河道 Tai Ho Rd.
悅和醬園
ミニバス
荃豐中心
惠荃體育館
三棟屋博物館 P.351
海盛路 Hoi Shing Rd.
大壩街
荃灣裁判法院
荃灣千色匯
荃灣城市廣場
大窩口駅
荃灣廣場
荃灣大會堂
荃新天地
八月花(1F)
マークス&スペンサー(GF)
子鴨留香(GF)
荃灣千色匯
賽馬會德華公園 P.351
客家の歴史建築物
仁濟醫院
シルカ・ファーイースト 香港遠東絲麗酒店
荃灣街市街 Tsuen Wan Market St.
Kwan Mun Hau St.
荃灣路 Tsuen Wan Rd.
祈德尊新邨
萬景峯 Vision City
灣景廣場
イオン
楊屋道
恒生
Sha Tsui Rd.
ミニバス乗り場
屋内自動車学校
楊屋道街市
德士古道 Texaco Rd.
パンダ P.338 悅來酒店
バスターミナル
荃灣西駅
如心廣場 Nina Tower
Yeung Uk Rd.
荃新天地2
大窩口道 Tai Wo Hau Rd.
御凱 The Dynasty
荃灣公園
ニナ・ホテル・チュンワン・ウエスト 荃灣西如心酒店
珀麗灣へ
0　200m

新界
屯門
九龍
香港島

屯門のマップは P.353
周辺図別冊 P.2-2B

屯門駅に隣接して巨大ショッピングセンター「V city」がある

屯門への行き方

空港から
E33 のバスで、所要約 1 時間 5 分。12.4HK$。

各エリアから

● MTR、バス
荃灣綫の美孚駅から屯馬綫に乗り換え、屯門駅まで 27 分。東涌綫と接続している南昌駅からは 30 分。バスを利用するなら荃灣駅 A1 出口正面の南豐中心 G/F のバスターミナルから 60M 屯門站行きのバスで、約 35 分。9.2HK$。なお、この 60M のバスは荃灣の市街を出ると自動車専用道路（屯門公路）に入り、屯門の市街地までノンストップ。
また、灣仔のフェリー乗り場近くのバスターミナルから 960（建生行き）、會議展覽中心前から 961（山景行き）のバスでも行ける。西區隧道経由で 22.8HK$。

屯門市中心バスターミナルを発車するバスの行き先
52X 旺角（柏景灣）
61X 九龍城碼頭
60X 佐敦（西九龍站）
E33 機場（地面運輸中心）
868 沙田馬場（日曜、祝日のレース開催日のみ運行）
260B 尖沙咀（中間道。早朝のみ運行。土・日曜、祝日は運休）

郵便局
住 屯喜路 1 屯門政府合署平台
営 9:00～17:00（土曜～13:00）
休 日曜、祝日
map P.353

青山禪院
住 青山寺徑
☎2441 6666
開 6:00 ～ 18:00

屯門 ● Tuen Mun

屯門は新界の西部にある典型的な香港の新興ベッドタウンだ。地下鉄の荃灣 Tsuen Wan 駅よりバスで屯門公路を、左側に海を望みながら西に向かって走ると、約 20 分で、白っぽい高層のアパート群が見えてくる。これが屯門の街だ。たくさんのアパート群の中に、公園やスーパーマーケット、公共の市民ホールなどがあって、人工的で近代的な雰囲気をもっている。どのアパートも天を突くような 30 ～ 40 階建てのノッポビル。市街地の南、海浜部には埋立地が広がる。

ベッドタウンとなる前の屯門は、古くから貿易や漁業と深く結びついた港町だった。遠く春秋時代（紀元前 770 ～ 475 年）には、すでに塩田や漁業が発達し、中央政府はこれらの産業を守るために、ここに兵士を派遣している。「屯門」という名前は、「軍が駐屯し守る門戸」からきているといわれている。

時代は下って、唐代（618 ～ 907 年）や宋代（960 ～ 1279 年）には、中国との貿易のために広州へ向かうペルシャ人やインド人の寄港地として栄えた。そして明代（1368 ～ 1644 年）には、ポルトガル人が中国侵略の足がかりとしてここに上陸したり、清代（1644 ～ 1911 年）末には、イギリスがインドから中国へアヘンを運ぶ中継点としても利用している。しかしその後、貿易港として発展しなかったのは、ここが「割譲」された土地ではなく「租借」された土地だったからだろう。

見どころ

●歴史のある古寺 map P.353

青山禪院（青山禅院） Ching Shan Monastery

屯門の街の西部、青山の中腹にある禅院。青山寺とも呼ばれる香港の二大古刹のひとつ。古い歴史があり、東晋（317 ～ 420 年）、あるいは南北朝の宋（420 ～ 479 年）時代の創建とされている。

境内には大雄寶殿、觀音閣、包公巖、杯渡岩など多くの拝殿や

左／山吹色の山門。仙境を思わせるたたずまいの寺。ブルース・リーの映画『燃えよドラゴン』の撮影地でもある　右／仏陀、阿弥陀仏、薬師仏の3仏が祀られた大雄寶殿は、改修で美しい彩色に

お堂が、山の斜面の林の中に肩を寄せるように立っている。2009～2011年に改修されているものの、神秘的な趣がある。境内からの眺めはよく、山あいに立つ屯門のビルや海岸を一望できる。

●青松盆栽で有名な道教寺院 map P.353

青松観（青松観） Ching Chung Koon

香港市民の生活に密接に結びついた道教寺院。1950年建造の大きな寺院で、山吹色の瓦を葺いた色鮮やかな建物が並んでいて、大きな池のある庭園もある。純陽殿が本殿。その横に清華堂や瑤華堂、慶華堂といったお堂が並んでいて、堂内の壁には故人の写真と名前を焼きつけたセラミックの位牌がズラリと祀られている。本堂に向かって左側には齋堂（精進料理の食堂）がある。寺院の敷地内には養老院の建物も。

また、ここは青松盆栽でも有名で、寺のあちこちに芸術的ともいえる見事な盆栽がある。特に輕鐵（LR）の駅に近い裏口のあたりは大ぶりの盆栽がズラリと並んでいる。

青山禪院への行き方

輕鐵（以下LR）で屯門駅から505番で約10分、石排駅で向かいのホームの610または615、615P番に乗り換え約7分、青雲駅下車。ホームを出てLRの線路沿いにある細い道を青山村駅方向に進む。興才街にぶつかったら右折し、突き当たりを左折した右側にある細い道（角に青山古寺の看板がある）を上る。駅から約30分。かなり急な坂道を上るので、タクシーを利用してもよい。

青松観
住 青松觀路青松徑
☎2462 1507
開7:00～18:00
齋堂
☎2461 7117
営11:30～16:30

青松観への行き方

MTR兆康駅からLRの505または615番に乗り換え、青松駅下車（所要約5分）。ホームを出て、向かいの道路右側にある「青松觀」というゲートを入る。裏側から入ることになるが、正面に回るより近い。青山禪院から青松観へは、LR青雲駅から615、または615P番で青松駅下車。所要約14分。

左／純陽殿の入口　右／山吹色の屋根に極彩色の装飾が施された本殿

手の込んだ盆栽も見もの。数百年前のものも保管されている

妙法寺
住 屯門藍地青山公路 18
☎2461 8567
開9:00 ～ 17:00
萬佛寶殿の隣に立つ近代的な綜合大樓の上階には大仏が鎮座する。

妙法寺への行き方
屯馬綫、LR の兆康駅から610、614、615、751 番で約3 分、藍地駅下車。ホームを自動車道路側に出ると、自動車道の向かい左側にオレンジ色の伽藍が見える。徒歩約 5 分。

●派手な外観の新しい寺

map P.353 参照

妙法寺（ミウファジー） Miu Fat Monastery

屯門の北東にあり、オレンジ色の巨大な伽藍が印象的な仏教寺院。洗塵法師が戦後、師範学校の跡地に寺を建てたのが始まりで、敷地内では学校も運営されている。建物や仏像には古さが感じられず、名所、旧跡という趣はないが、香港の人々の仏教に対する思い入れが伝わってくるような寺だ。

萬佛寶殿（マンファボウディン）と書かれた大伽藍は 3 階建てで、その上に 2 層の反り上がった瓦屋根がのっている。入口の両脇に並んだ獅子とゾウの石像、1/F から 3/F まで柱にからみついた黄金の龍など、外観の派手さは香港の寺院でも群を抜く。

入口を入ると、金の仏像が安置されている。左右にある階段から上に上がれるようになっており、階段の壁には仏教画が掛けられている。読経場となっている 3/F には 3 体の大きな仏像がある。

左／極彩色の外観に、圧倒される　右／3 体の仏像が祀られている。色鮮やかな仏教画で埋め尽くされた天井が圧巻

COLUMN

輕鐵（Light Rail）

元朗の街なかを走る輕鐵。メインストリートの青山公路には 300 ～ 400 m おきに 3 つの駅がある

ホームの出入口にあるオクトパスのセンサー。上は乗車時にかざすオレンジのセンサー、下は下車時用のグリーンのもの

エリアごとに色分けされた券売機。最初に目的地のエリアゾーンのボタンを押そう。オクトパスのチャージもできる。輕鐵に関しては → P.101

屯門近郊の見どころを回る場合や元朗の街なかを移動する際など小回りの利く足となるのが輕鐵（以下 LR）だ。時間に余裕があるなら、屯門と元朗間の移動に使ってもいい。のどかな郊外の街並みや自然を車窓から楽しめるだろう。車両は数種類あり、近代的な路面電車のようで、鉄道ファンは必見。路線によっては、とんでもない急坂を上り下りする。また、LR でも「オクトパス（八達通）」（→ P.97）が使えるので、持っていれば小銭も不要。

切符を買う場合はホームにある券売機で買う。券売機には地域ブロックごとに色分けされた路線図が付いており、行きたい駅と同じ色のボタンを押すと運賃がデジタル表示される仕組みになっている。

座席はプラスチック製

輕鐵は 1988 年に開通し、13 路線がある（うち 2 路線は混雑時のみ運行）。運転時間は 5:11 ～翌 1:26。料金は 5.5 ～ 7.5HK$。問い合わせ☎2881 8888（港鐵ホットライン）。

元朗（ユンロン）●Yuen Long

元朗のマップは P.356
周辺図別冊 P.2-2B

街の中央を貫く青山公路元朗段。この

屯門や上水からバスや軽鐵に乗り、終点近くになると、高層団地が林立する大きな街が出現する。そこが目的地の元朗だ。元朗は 40 年ほど前までは、周りを田畑に囲まれた、ショッピングセンターもデパートもない、本当にのんびりとした田舎町だった。街をちょっと離れただけで、アヒルが泳ぎ、独特の黒い帽子をかぶった客家（ハッカ）の人々が農作業をする姿が見られた。しかし、1988 年の軽鐵の開通や、中国本土との一体化による高速道路の完成、近郊には中国から香港の物流拠点としての工場や巨大コンテナターミナルが建設され、大きな変貌を遂げた。大通りには大型ショップやレストラン、銀行などが並び、元朗駅に隣接して大規模なショッピングセンター「YOHO MALL」が出現。香港返還が契機になって新界でいちばん変わったのは、元朗かもしれない。しかし、一歩路地に入ってみれば、以前から変わりのない普段着の街の光景がある。屋台や活気あふれる市場、人々が集う広場などがあちこちにあり、人々の気取らない姿を目にすることができる。

歩き方

街の中心を東西に走る青山公路（チンサンゴンロ）がメインストリート。この道路上には軽鐵の線路が敷設されており、東から大棠道、康樂路、豐年路の３つの駅がある。道の両側にはありとあらゆる種類の商店が並んでいて、ショッピングセンターもある。この通りの南側一帯が、最もにぎわうエリア。昔ながらの造りの食堂や路上で野菜や日用雑貨を売る光景など、郷愁を覚えるシーンも目にする。老舗の中国菓子や乾麺の店もあるので、おみやげに買い求めてもよい。

左／中心部にある炮仗坊遊樂場は憩いの広場。将棋や卓球を楽しむ人々の姿がある
右／街のいたるところに屋台や露店が出る

元朗への行き方

空港から
E36 のバスで約 1 時間 10 分。14.4HK$。
九龍サイドから
荃灣綫の美孚駅から屯馬綫に乗り換え、元朗駅まで 15 分。東涌綫と接続している南昌駅からは 18 分。バス利用の場合は尖沙咀の尖東駅 K 出口付近のバス停、またはカントン・ロード沿いの新港中心前から 269B 天水圍行きのバスが出ている。輕鐵が見えたら途中下車するのが早い。18.4HK$。
荃灣駅のバスターミナルからは 68M 元朗西行きに乗車。所要約 35 分、11.1HK$。
東鐵綫の上水・粉嶺駅からは駅の西側から 76K の朗屏邨行き（20 ～ 30 分に 1 本）で、大埔墟駅からは駅前のバスターミナルから 64K の元朗西行きで行ける。
香港島サイドから
銅鑼灣怡和街から 968 のバスで約 1 時間 10 分。25.7HK$。

元朗のバスターミナル

5 ヵ所ある。輕鐵の元朗總站に隣接する元朗駅バスターミナルと、街の西の青山公路と交わる擊壤路にある元朗西バスターミナルが主要な 2 ヵ所だ。この間徒歩で約 15 分。そのほか YOHO MALL バスターミナル、元朗東バスターミナル、鳳翔路沿いのミニバスがメインのターミナルがある。

元朗駅バスターミナルを発車するバスの行き先
K65　流浮山
N30　空港（東涌経由）
B2　深圳灣口岸

元朗西バスターミナルを発車するバスの行き先
54　上村（錦田、青山経由）
64K　大埔墟站（錦田経由）
68M　荃灣站
968　銅鑼灣（天后）
N368 中環（港澳碼頭）

郵便局
住 大棠路 23　合益廣場 1 樓 B111 & B130
営 9:00 ～ 17:00（土曜～ 13:00）
休 日曜、祝日　map P.356

同益街市は歴史のある市場。周辺には近隣で採れた野菜売りの露店がにぎやか

青山公路から路地を南に入った所にある真香蛋巻（map P.356）は、老舗のエッグロール（蛋巻）の名店。店先で手焼きしている

錦田吉慶圍への行き方

屯馬綫錦上路駅 B 出口から徒歩 15 ～ 20 分。元朗鳳翔路のミニバス乗り場から、大江埔村行きミニバス 602 で約 20 分、7.1HK$。また元朗の阜財街発の横台山行きミニバス 608 でも約 20 分、7.3HK$。運転手に目的地を書いて知らせておくとよい。また、元朗西バスターミナルから 54（上村循環線）のバスを利用するなら「泰康圍」下車。所要約 20 分、6.4HK$。元朗鳳翔路のバスターミナルから 77K（上水行き）でも行ける（「吉慶圍」下車）。進行方向のすぐ先に吉慶圍の入口がある。

見どころ

●迷宮のような城壁村　map 別冊 P.2-2B、P.356 参照

錦田吉慶圍（ガムティンガッヒンウァイ） Kam Tin Kat Hing Wai

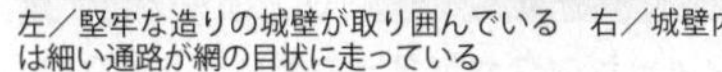

左／堅牢な造りの城壁が取り囲んでいる　右／城壁内は細い通路が網の目状に走っている

錦田は、元朗の東に広がる農村地帯だ。かつて錦田には、周りを四角くれんがの壁で囲んだ客家の城壁村がいくつもあった。今では、そのほとんどが壁を取り壊して、普通の村になってしまっているが、最も壁の保存がよく、観光客にも開放されているのが、この吉慶圍だ。壁の外側には堀も一部残っている。入口は壁の西側にただひとつあって、ここだけが城壁村の内と外をつないでいる。

この吉慶圍の先祖は、北宋（960 ～ 1127 年）の時代、北からやってきた鄧符協という人だ。時が経ち子孫の繁栄した鄧一族は、1400 年代に今の吉慶圍の村の基礎をつくり、17 世紀の終わり頃、外敵を防ぐために壁をこしらえたと伝えられている。鄧一族の城壁村は、このほかにも錦田の中に、北圍（バッウァイ）、南圍（ラムウァイ）、永隆圍（ウエンロンウァイ）、泰康圍（タイホンウァイ）、新圍（サンウァイ）があった。

吉慶圍の入口の右横の壁には、寄付（鉄門〈→ P.357 コラム〉のメンテナンス費用）を求める張り紙とコインの投入口がある。

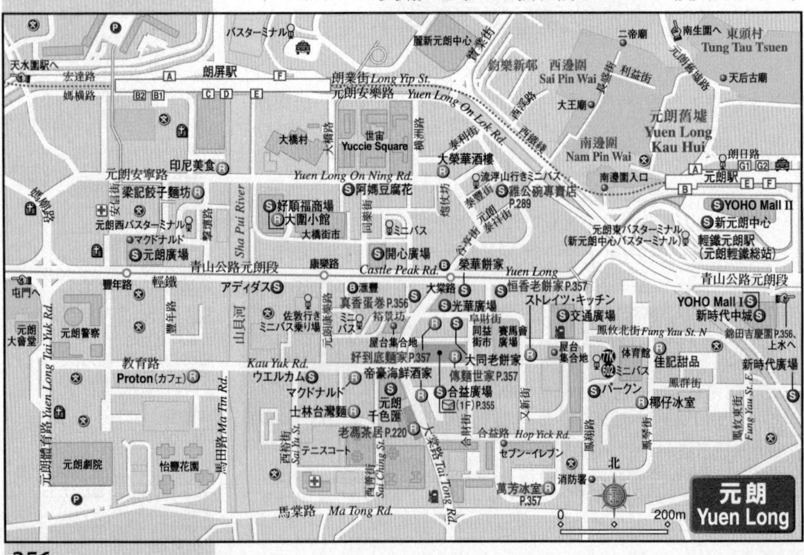

門を入って直進すると、先祖を祀る廟がある

　入口を入ると、多くの家は新しく建て替えられたものだが、家と家とがくっついて立ち、細い通路が間をぬうように通る、城壁村特有の迷宮のような構造が見られる。※2024年3月現在、観光客は入場不可となっている。

恒香老餅家
住 元朗大馬路（青山公路）66 G/F
☎2476 3080　営8:00～20:00
休 無休　カード AMV
map P.356
　香港人なら誰でも知っている中国菓子の老舗（創業は1920年）。新年など、お祝いのときには店の前に長い行列ができる。有名なのは老婆餅（1個10HK$～）や蜂巣雞蛋巻（小箱入り45HK$）。

グルメ

麺の製造元がやっている老舗の麺屋　MAP P.356

好到底麵家（ホウトウダイミンガー） Ho To Tai Noodle Shop

1946年開業。看板料理の蝦子撈伊麺（ハーチーロウイーミン）（蝦子あえ卵麺、75HK$）は、皿に盛ったゆで麺の上に香ばしく煎った蝦子（エビの卵）がたっぷり。スープ付き。牛腩麺（牛バラスープ麺、40HK$）やキクラゲの食感がよい浄水餃(水餃子、55HK$）もおすすめ。乾麺も販売。

住 阜財街67　☎2476 2495
営10:00～20:00　休 旧正月明けに10日間　カード 不可
［支店］（乾麺の販売のみ）
住 西營盤高街47-49　G/F 底層
☎2517 3233

蝦子撈麺はプラス10HK$で伊麺（卵麺）に変えて注文するのがおすすめ

牛バラ麺の人気店　MAP P.356

傳麵世家（チュンミンサイガー）

元朗で20年以上営業しており、澄ましスープの煮込み牛バラ麺（清湯牛腩麺）でその名をはせる。具と麺を選んで注文。具が1種類だと29HK$～、2種類なら36HK$～。牛腩、雲呑、餃子など6種類の具が入った傳麵は43HK$～。カレーもあり、カレー麺にしたり、ご飯と合わせてもよい。牛腩カレーライス（咖喱牛腩飯）もスパイシーでおいしく、ボリューム満点。

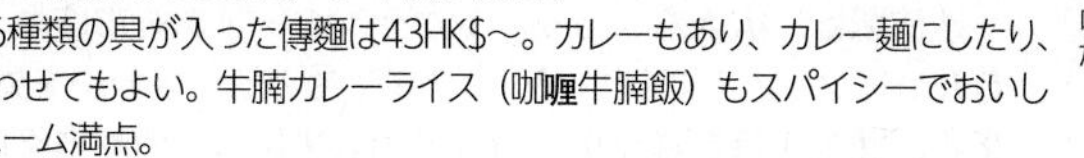

住 合財街26-28　興隆樓G/F
☎2478 7998
営8:00～翌0:30
休 旧正月3日間　カード 不可

ローカルな何の変哲もない店だが、味はよい

昔懐かしのインテリアも見もの　MAP P.356

萬芳冰室（マンフォンビンサッ） Man Fong Cafe

1959年創業。中2階のある造り、インテリアのモチーフに昔の冰室の風情が漂う。香港人の郷愁を誘う懐旧メニューが多く、ポークチョップご飯(沙丹豬扒飯)、ジャンボフライドチキンのせご飯(生炸大雞髀太陽蛋飯)が大人気。削った氷を固めて入れたアズキミルク(紅豆冰)も名物。

住 建德街35-55　時景花園G/F 10號舖
☎2870 2777　営7:15～21:30
休 旧暦12/31～1/2　カード 不可

上／ミントグリーンが映える店
下／沙丹豬扒飯（64HK$）。目玉焼きの下にパイナップルやハムのソテーが隠れている

COLUMN 城壁村の鉄門に秘められた歴史

　錦田吉慶圍入口の鉄の門には、次のようなエピソードが残されている。1899年（イギリスが新界を租借した翌年）、吉慶圍の人々は断固イギリスの租借に抵抗した。怒ったイギリスは大砲を持ち出して村の鉄の門を奪うと、戦利品としてロンドンに持ち帰り、展示品にした。

　しかし、1925年に鄧氏はこれを返してくれるようにイギリスに要請。願いはかなえられて、翌年、無事鉄の門は戻り、またもとの入口に取り付けられた。このドラマは香港の人々の間では非常に有名で、皆このイギリスへの抵抗を自慢にしている。こんな由緒ある吉慶圍で、歴史の側面を垣間見るのもいいだろう。

いわく付きの鉄門

沙田のマップは P.359
周辺図別冊 P.3-2C

沙田への行き方

空港から
A41 エアポートバスで約 1 時間。23.4HK$。また、空港・地面運輸中心のバスターミナルから E42 も利用可。14.4HK$。

九龍サイドから
東鐵綫／屯馬綫の紅磡駅から 4 番目が沙田駅で約 16 分。また、觀塘綫の九龍塘駅で東鐵綫に乗り換えると 2 番目。佐敦、旺角（彌敦道）から 81 のバスでも新城市廣場前に行ける。このバスは獅子山（ライオンロック）を登っていくので、九龍の夜景がきれいに見える。旺角から約 40 分。尖沙咀からの 81C のバスは城門河の対岸（南側）を通る。

郵便局
住 上禾峯路 1　沙田政府合署 1 楼
営 9:00～17:00（土曜～13:00）
休 日曜、祝日
map P.359

沙田（シャティン） ● Sha Tin

沙田は、ここ 30 年ほどで急速に発展した団地だ。もともとこの沙田は、吐露港（トウローゴン） To lo Harbour 沿いに家が何軒かあるだけのほんの小さな村に過ぎなかったが、戦後、大々的に埋め立てられ、やがて高層のアパートが立ち並ぶ大団地になった。

沙田の街は城門河の両岸に広がる。写真は沙田公園から対岸の大涌橋路へつながる瀝源橋

東鐵綫に乗って九龍塘（ガウロントン）駅を過ぎると、列車は獅子山トンネルに入る。このトンネルを出たら、すぐ右側の山に注目しよう。頂上に大きな石が積み重なったような山がある。この石は望夫石（モンフーセッ） Amah Rock と呼ばれ、海に出たまま帰らない漁師の夫を待つ、子供をおぶった女性の姿に似ているといわれている。列車が右にカーブするにしたがって、だんだんそれらしく見えてくる。左右を山に挟まれた平地には、30 ～ 40 階の高さのアパートが林立しており、このアパート群が一段と密集したところが沙田だ。

沙田駅は、広大なショッピングセンター「新城市廣場」につながっている。ここはウイークデイでも連日にぎわいを見せる。また、団地を挟むようにそびえる山の中には、寺や古くに建てられた城壁村（シィンビッチュン）も残っていて、近代的な団地と対照的で興味深い。

沙田駅から約 2km 東北には、沙田馬場（シャティンマァチョン） Sha Tin Race Course があり、競馬のシーズンには白熱のレースが繰り広げられる。

近年、この街は大規模な改装や新スポットの建設が相次ぎ、特に新城市廣場周辺は公園なども整備された。

沙田大會堂に隣接する沙田公園。体操や太極拳をする人々の姿もある

新城市廣場は規模の大きなショッピングセンター。約 350 店の内外人気ブランド店、約 50 のレストランが入っている

歩き方

沙田駅からつながる新城市廣場（→ P.360 欄外）はとにかく広い。香港郊外のショッピングセンターとはこういうものか、と見ると興味深い。香港島や九龍とはまた違った雰囲気のなかで買い物が楽しめる。寺や城壁村を見る人も、休憩や食事にはこのショッピングセンターを利用するとよい。

また、競馬場へ行くには、東鐵綫で沙田駅の先に競馬場専用の「馬場」駅（競馬開催日のみ停車）があるので、そちらで降りたほうが近い。

見どころ

●香港最大規模を誇る博物館 map P.359

香港文化博物館（ヒョンゴンマンファーボッマングン） Hong Kong Heritage Museum

中国の伝統建築様式を取り入れた壮大なスケールの建物は地上5階建てで、香港の自然、文化、風俗、歴史にまつわる6つの常設とテーマ別の計12のギャラリーがあり、約6万点の収蔵品を有する。

G/Fには香港のおもちゃの歴史を紹介する児童探知館があり、見応えがあるのは1/Fの粤劇文物館。広東オペラの舞台や俳優の楽屋が再現され、その中に衣装や楽器などが展示されている。このほか、香港のエンターテインメントの歴史を紹介する、瞧潮香港60+、「香港の司馬遼太郎」といわれる武侠小説家、ルイス・チャーの作品世界をたどる金庸館、中国、チベットの美術工芸品が並ぶ2/Fの徐展堂中國藝術館も見逃せない。

また、2026年までの予定で香港が生んだ大スター、ブルース・リー（1940～1973年）の没後50周年特別展示を開催中。2023年8月現在、第2部「平凡・不平凡——李小龍」が公開されている。

左／1/Fの広東オペラの舞台を再現した展示。衣装や小道具、楽器、化粧室など見応えあり

香港文化博物館
住 沙田文林路1
☎2180 8188
URL hk.heritage.museum
開10:00～18:00（土・日曜、祝日～19:00。12/24、旧暦12/31～17:00。チケット販売は閉館30分前まで）
休 火曜、旧正月2日間
料 常設展は無料。特別展示は20HK$（60歳以上と学生10HK$。4歳以下無料）
行き方 屯馬綫の車公廟駅から徒歩約5分、東鐵綫沙田駅または大圍駅から徒歩約15分。

左／広東オペラの名優、羽佳が着用した1960年代の舞台衣装は精緻な刺繍が見事　上／規模の大きな博物館　下／ブルース・リーの特別展には『死亡遊戯』で着用の黄色いジャンプスーツなど約400点を展示

沙田
Sha Tin

道風山基督教叢林P.361へ
萬佛寺P.361へ
イケア(L5&L6)
インディゴ・リビング(L2)
フランフラン(L1)
ホームレス(L1)
イースト・オーシャン・ダイニング(L1)
ホームスクエア
政府合署
P.358
下禾輋
スヌーピーズ・ワールド(L3)
アップルストア(L4)
シティスーパー(L2)
キッズピア(LB)
新城市廣場第一期P.360
排頭邨
鄉事委員會
ミニバス乗り場
上禾輋
龍華酒店P.361
東鐵綫
穗禾苑
火炭駅
Fo Tan Rd.
バスターミナル
大埔公路 Tai Po Rd.
荔枝園
大圍へ
沙田駅
沙田廣場
大埔公路
偉華中心
街市
瀝源邨
沙田警署
新東方車仔麵
沙田馬場P.308へ
希爾頓中心
沙田中心
禾輋街
街市 屋台集合地
禾輋邨
香港專業教育學院
香港文化博物館 P.359
美心皇宮
沙田大會堂
好運中心
源禾路
Yuen Wo Rd.
禾輋廣場
甜多1點(2F)
イオン(GF)
沙田消防署
新城市廣場第三期P.360
一田百貨(L1&L2)
ロイヤル・パーク 帝都酒店 P.338
源禾路體育館
沙田賽馬會游泳池（プール）
源禾遊樂場
沙田運動場
車公廟駅
獅子橋
沙田公園
車公廟 P.41,360へ
瀝源橋
城門河
沙燕橋
Shing Mun River Channel
翠榕橋
Sha Tin Rd.
大涌橋路 Tai Chung Kiu Rd.
河畔花園（アパート群）
リーガル・リバーサイドP.338 麗豪酒店
富豪花園
沙田路
運動場
沙田王屋村民宅
街市
乙明邨
街市
沙角邨
置富第一城・樂薈
沙田第一城
獅子山隧道公路
曾大屋P.360（山下圍）
沙角街 Sha Kok St.
熟食中心
沙田圍駅
沙田圍路
圓洲角路
置富第一城
街市
沙田路 Sha Tin Rd.
馬鞍山綫
博康邨
沙田圍
Sha Tin Wai Rd.
愉田苑
小瀝源路
第一城駅
插桅杆街
消防署
沙田工業中心
石門へ
威爾斯親王醫院
北
バスターミナル
銀城街
牛皮沙街
KMBバス車庫
源順圍
アルバホテル・バイ・ロイヤルP.337 帝逸酒店
0 500m

●客家の城壁村 map P.359

曾大屋（曽大屋） Tsang Tai Uk

曾大屋は山下圍とも呼ばれる

曾大屋は、れんがの壁に四方を囲まれた、古い客家の城壁村だ（村の名は山下圍という）。沙田の城門河（水路）を渡って沙角街に入ると、じきに右側の山のすぐ下に、灰色の建物が見えてくる。ここは 1848 ～ 1867 年にかけて採石場を経営していた曾貫萬という人が一族の住む村として造ったもので、造られてからすでに 170 年近くたっている。

村の周りを取り囲む壁は、一見の価値がある。表側の壁は長さ 100m くらい。高さは 10m 以上あるだろうか。灰色のれんがでできていて、ところどころれんがの間から草が生え、さすがに 170 年の歴史を感じさせる。入口は 3 つある。壁に囲まれた内部は、ちょうど日本の長屋のようにたくさんの家、というか部屋がぴったりくっついて並んでいて、迷路のようだ。長屋の中央には神棚もある。ここは、今も普通の住宅として使われていて、観光化はされていない。入場料もないし、もちろんみやげ物屋もない。壁の中を見るときは、一応近くにいる人に断ってから入ろう。

●運勢を変える " 風車 " が有名 map P.359 参照

車公廟 Che Kung Miu

宋代（960 ～ 1279 年）の将軍、車大元帥を祀った廟。車大元師は元の軍隊に追われた皇帝が香港に逃亡した際に（→ P.207）、護衛に当たった将軍だ。文武両道に秀で、医術にも通じていた将軍を最初に祀ったのが西貢南部、蠔涌の車公廟だった。明代末期、沙田のこの付近に疫病がはやった際、夢のお告げに基づいて車大元師を拝んだところ、疫病がおさまった。これを記念して蠔涌の車公廟を招聘しようとしたが断られ、新しく建てたのがこの車公廟だといわれている。

広々とした車公殿の中には大きな車公の像が立っている。車公殿入口前には「運轉乾坤」と呼ばれる銅製の風車があり、この風車を回すと運勢が変わるといわれている。最近ツイていないという人は、ここへ来て風車を回してみては。ツイている人、今の運勢に満足している人は、触らないほうがいいかも。旧正月 3 日は車公の誕生日で、身動きもとれないほど混み合う。また、縁起物の風車の飾りも大小さまざま売られている（参拝の詳細→ P.41）。

中国からの観光客も参拝に訪れる

曾大屋への行き方
屯馬綫の沙田圍駅 A 出口から沙角街を西に約 600m 進んだ左側にある。徒歩約 5 分。沙田駅からなら城門河を渡り大涌橋路と獅子山隧道公路が交差する場所を目指す。この十字路へ出たら、地下歩道トンネルを抜けて真っすぐ行く。所要約 20 分。

新城市廣場
New Town Plaza
沙田駅 A3 出口に直結する巨大ショッピングセンター。第一期と第三期のふたつのビルからなり、第一期の L3 には「スヌーピーズ・ワールド（史諾比開心世界）」（屋外の遊び場）、L7 には飲食街「The Menu @Level 7」がある。人気のファッションブランドやシティスーパー、百貨店のヤータ（一田百貨）が入っており、買い物も食事も楽しめる。
住 沙田正街 ☎2608 9329（第一期）、2691 6576（第三期）
営10:00 ～ 22:00
map P.359
スヌーピーズ・ワールド
住 新城市廣場 Level3
☎2697 9898
営9:00 ～ 19:00
休 無休 料 無料

車公廟への行き方
屯馬綫の車公廟駅下車、B 出口から徒歩約 8 分。大圍駅、沙田駅から歩けば各所要約 10 分、約 20 分。
車公廟 ☎2697 2660
開8:00 ～ 18:00

入口で風車が売られている

●極彩色の像、金色の羅漢像など造形物が楽しい！ map P.359 参照

萬佛寺（万仏寺） Ten Thousand Buddhas Monastery

道沿いに並ぶ五百羅漢（修行者）像

沙田駅の北西側、排頭村の山中にある仏教寺院。メインの５つの仏殿のほか、数々の仏像、仏塔、カメの池など見どころ満載、観光名所といったお寺だ。山道の参道脇に並ぶ、金色の五百羅漢像でも有名。１体ごとに面相やしぐさが異なり、個性豊かな表情を見ながら進むと、約 20 分の登り坂も苦にならない。

主殿の萬佛殿の壁面を埋め尽くす１万 2800 体以上の小さな仏像がこの寺の名前の由来だ。こちらもすべて異なる姿の仏様で、その精緻な造りに圧倒される。正面には３体の金色の仏像が祀られている。境内にも極彩色の菩薩や観音像が並び、さらに石段を上った上部に彌陀殿や玉皇殿、開祖を祀った月溪亭などがある。

左／金色のレリーフが目を引く萬佛殿　右／境内の菩薩像

●中国色いっぱいのキリスト教施設 map P.359 参照

道風山基督教叢林（道風山キリスト教教会）

沙田の街の北西部、道風山の山中にキリスト教の総合施設がある。礼拝堂や研究施設、陶器の工房などが点在しているが、これらの施設はとても中国っぽい。1930 年にノルウェー人の艾香徳牧師によって創建された教会で、仏教徒の多かった沙田の住民を教化するため、彼らが受け入れやすいように中国の寺院建築を取り入れて教会を建てたため、一種独特の教会建築となったのだ。

聖殿（チャペル）は八角形の建物で、白い壁に赤い柱、青い瓦葺きと、中国の寺院風。建物の横につるされた鐘も、小ぶりの釣り鐘だ。中に入ると、ステンドグラスが美しく、基本は教会のチャペルだが、花のモチーフはほとんどがハスだったりと細かい部分が妙に中国、もしくは仏教世界の雰囲気を醸し出す。

教会の裏に回れば、大きな白い十字架が立つ広場があり、沙田の町が一望できる。また、沙田駅前あたりから山のほうへ目を凝らせば、この十字架が見える。

左／中洋折衷のかわいい教会
右／釣り鐘に施された彫刻も独特でおもしろい

萬佛寺
住 排頭村 221　☎2691 1067
開9:00 ～ 17:00
行き方 沙田駅 B 出口から出ると、左に見える「的士站行人路（タクシー乗り場への歩行者通路）」の標識に従い、その通路を下り、地上に出る。道なりに進み、左折して新城市中央廣場と運動場の間の排頭街に入り、右折して政府合署脇の上禾輋路へ。この道の突き当たりから萬佛寺へ続く山道をたどる（標識あり）。徒歩約 20 分。

ハト料理で有名な龍華酒店
Lung Wah Hotel Chinese Restaurant
1950 年創業当時はその名のとおりホテルだったが、現在はレストラン。山の斜面に広がる中国庭園の中でハト料理が味わえる。レトロな雰囲気が色濃く残り、映画のロケ地としても有名。孵化後 25 日目のハトを使用しており、ハトの卵の料理もある。ハトのローストは 98HK$ ～。敷地内に昔の写真を展示した龍華生活文化村がある。
住 沙田下禾輋 22
☎2691 1594　営11:30 ～ 22:30
休 旧暦 12/31
カード M V　map P.359
※週末は要予約。
行き方 沙田駅 B 出口（排頭村）を出た所のバスターミナルから政府合署の前を通り、線路沿いに７～８分。線路をまたぐ歩道橋の横なのですぐわかる。夜道は暗いので気をつけよう。

道風山基督教叢林
Tao Fong Shan Christian Centre
住 道風山路 33　☎2694 4038
行き方 大圍駅か沙田駅からタクシーで約 20 分。
［徒歩での行き方］沙田駅 B 出口から出て、「的士站行人路（タクシー乗り場への歩行者通路）」を下って地上へ。すぐ左側、沙田郷事委員會の建物脇の山の斜面を巡る細い道を進む（標識あり）。約 10 分で友愛村の舗装道路のロータリーに出るので、右の道風山路をひたすら登る。約 15 分で教会施設着。ひと気がない道なので、特にひとりの場合はタクシー利用がよい。

藝術軒　The Art Shop
聖殿の脇の建物内にある。
☎2694 4007
営9:00 ～ 12:30（日曜 10:00 ～）、13:30 ～ 17:00
休 祝日

大埔（ダーイポー）

● Tai Po

大埔のマップは P.363
周辺図別冊 P.3-2C

文武二帝廟のある富善街は市場通り。アパートに挟まれた通りに商店が並び、生活の一端を垣間見る

大埔は、吐露港（トウローゴン）Tolo Harbour の西の奥、古い歴史をもつ街。宋の時代にはすでに村が形成されていて、明の時代（1368 〜 1644 年）には今の林村河（ラムチュンホ）Lam Chuen River の北に、大埔舊（ダーイポーガウ）（旧）墟（ホイ）（墟とはマーケットの意味）があった。現在この大埔舊墟は、取り壊されて住宅となっている。

今の大埔は、次の 3 つの地区に大きく分けられる。まず、戦後埋め立てによって造られた大埔工業邨（ダーイポーゴンイッチュン）。これはその名前を見てもすぐわかるように、工業地区。そしてその西には、大元邨（ダーイユンチュン）や富善邨（フーシンチュン）などの住宅地区がある。高層アパートが並ぶ近代的な団地だ。最後は、大埔の街の中心で、商業地区の大埔墟（ダーイポーホイ）Tai Po Hui。第2次世界大戦前は半農半漁の、このあたりの市場だった所で、今でもその性質は基本的に変わっていない。新界の街が次々に近代化されてゆくなかにあって、この街は変わらず素朴な風情があり、小さな商店の並ぶ街の外れには、魚や野菜を売る市場もあって、活気に満ちている。新界の典型的な町を歩いてみたい人にはおすすめだ。沙田〜大埔間、大埔〜大美督間には、美しい自然や文化遺産を巡るサイクリングロードが整備されており、週末には多くの若者が訪れる。

また、大埔は意外においしいレストランや老舗店が多いので、立ち寄ってみたい。東鐵綫の歴史を紹介した小さな鐵路（テイロ）（鉄道）博物館（ボッマッグン）もある。

大埔墟への行き方

空港から

E41 の大埔頭行きバスが大埔中心を通る。所要約 1 時間 20 分。14.4HK$。

九龍サイドから

東鐵綫の大埔墟駅下車。紅磡駅から所要約 25 分。大埔墟の街の中心部は、駅から少し離れている。

改札口を右に折れ、線路に沿って進む。約 5 分で高架線下の大きなガードの前に出るので、そこをくぐった所が大埔墟の街だ。

大埔墟駅前バスターミナル発車のバスの行き先

64K　元朗西
75K　大美督
K12　八號花園

上／街の中心を流れる林村河。北側が新興住宅街。川沿いの並木にはシラサギが舞う　下／昔ながらの街並みの中を走る廣福道

郵便局

住 汀角路 1　大埔政府合署 G/F
営 9:00 〜 17:00（土曜〜 13:00）
休 日曜、祝日
map P.363 上図

上／林村河に架かる廣福橋は休憩所のある屋根付きの橋
右／林村河沿いを通って香港回歸紀念塔（→ P.366）まで行くサイクリングコースが人気。大埔墟駅周辺にレンタサイクルの店がある

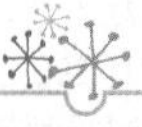

歩き方

街の中心を貫く林村河を境にふたつのエリアに分かれている。河の南側が古くからの商店や住宅が多い中心的商業エリア、北側は高層アパート群が並ぶ新興住宅エリアだ。

大埔墟駅から歩き始めよう。メインストリートは**廣福道**（ゴンフットウ）で、この道路と**寶鄉街**（ボウヒョンガイ）、**運頭街**（ワンタウガイ）に囲まれた一画は最もにぎわうエリア。広場や小さな通りに商店や食堂、露天商が出て活気を呈している。廣福道沿いにも食べ物関係を中心にさまざまな店が並んでいる。手軽に食事をするなら駅に併設したショッピングセンター、**新達廣場**（サンダーッゴンチョン）Uptown Plaza へ行くといいだろう。

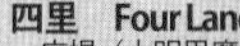

四里（セイレイ） Four Lane

広場（大明里廣場）を取り囲む４つの小道（廣福里、大榮里、大光里、大明里）が商店街となっていて、１日中大勢の人でにぎわう場所だ。

map P.363 上図

休憩やおしゃべりをしたり、子供が遊ぶ大明里広場。このような４方向に出入口が開かれた広場は、中国で昔から見られる造り

露店が並ぶ廣福里。香港の中心部より物価は安い

富善街には歴史のある文武二帝廟がある

上図

下図

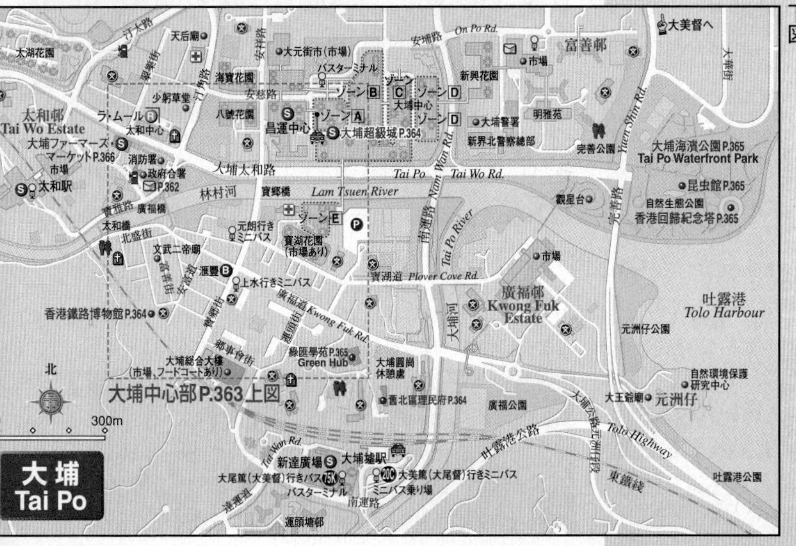

寶郷街の西側、**富善街**（フーシンガイ）は街でいちばん古い通りだ。この通りの両側の店は、道の真ん中のほうにまで商品がせり出し、青空市場のようになっている。売っているのは生鮮食料品や乾物と日用品。強烈な臭いが鼻を突くが、のぞいてみよう。また、富善街と交わる**崇德街**（スンタッガイ）の線路側の突き当たりが、**香港鐵路博物館**になっている。

林村河の北側のアパート群の下層階には商店やショッピングセンターが、大埔超級城には日系デパートのヤータ（一田百貨）が入っている。

大埔超級城の店のラインアップは中心部とほとんど変わらない

見どころ

●鉄道ファンにはおすすめ　map P.363 上図

香港鐵路博物館（ヒョンゴンテイロボッマッグン）　Railway Museum

ここは旧大埔墟駅を利用して造られた鉄道博物館だ。建物は1913年に造られた駅舎をそのまま使っており、昔の切符売り場が再現されている。屋外には、1920年代に香港を走り、その後フィリピンに売却され、また買い戻されたイギリス製の狭軌「044T型蒸気機関車」、1921年製の「002號客車」、1955年製の「223號3等車」、1974年製の「276號3等車」など1911～1974年までの車両が6両展示されている。また、中国「前進」号の模型やジオラマなどもある。展示室自体はたいへん小さく、期待し過ぎないほうがよいが、鉄道ファンには必見だろう。

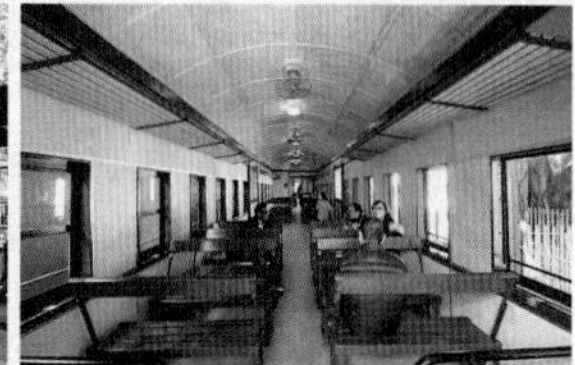

左／044T型蒸気機関車　右／展示された車両内に入ることもできる

●コロニアルな歴史建造物　map P.363 下図

舊北區理民府（ガウバッコイレイマンフー）　Old District Office North

1907年、イギリスの統治下で創建されたコロニアルスタイルの建築物で、法定古跡に指定されている。かつては役所だったが、現在は羅定邦童軍中心（香港ボーイスカウト新界東部地域本部）となっており、特定日以外の一般公開はしていない。

右／かつてはイギリス政府の役所だった　左／丘の上に立つ、赤れんがの美しい建物

大埔超級城
Tai Po Mega Mall
約6万m²の敷地内に、ジャンルの異なるA～Eの5つのゾーンをもつ、新界北部最大のショッピングセンター。ファッションブランド、スーパー、書店、レストランなど180店以上が入店している。
住 大埔安邦路8及10號
☎2665 6090
営10:00～22:00　休 無休
行き方 太和駅から徒歩約15分。大埔墟駅からK12かK17のバスで約5分。　map P.363 上図

香港鐵路博物館
住 大埔墟崇德街13
☎2653 3455　開10:00～18:00（12/24、旧暦12/31～17:00）
休 火曜、旧正月2日間　料 無料
行き方 太和駅A出口から林村河のほうへ向かい太和橋を渡り、仁興街を南へ進み約15分。大埔墟駅からならA2出口を出てガードをくぐり、いったん街なかへ入って、崇德街を線路方向に進む。駅から徒歩約18分。

読者投稿
香港鐵路博物館
車両内では時間帯により九廣鐵路の歴史のビデオが見られる。ファーストクラスの座席の座り心地を味わえるのがよい。香港鉄道の歴史を知るにはおすすめの場所。
（東京都　竹野順子）['23]

中国建築の駅舎

舊北區理民府
住 大埔運頭角里
行き方 大埔墟駅A2出口から徒歩約10分。

大埔墟街市の熟食中心
大埔綜合大楼という近代的なビルのG/Fと1/Fが生鮮食品を売る街市（市場）、2/Fが熟食中心（フードコート）になっている。熟食中心には安くて味もよい人気店が多く、特に休日はにぎわう。屋外席もあり、休憩にも使える。
住 大埔鄉事會街8　大埔綜合大樓二樓　営6:00～翌2:00
行き方 大埔墟駅A2出口から徒歩約5分。　map P.363 上図

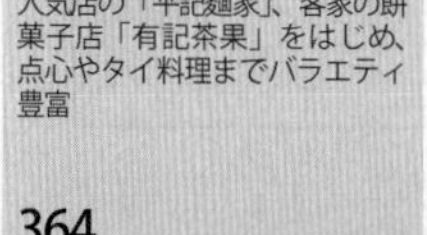

人気店の「平記麵家」、客家の餅菓子店「有記茶果」をはじめ、点心やタイ料理までバラエティ豊富

●歴史遺産がエコ発信基地に！ map P.363 上図

綠匯學苑（グリーン・ハブ） Green Hub（Old Tai Po Police Station）

ロッウイホッユン

周辺には樹齢 100 年を超える木々もあり、野鳥も多い。緑のパラソルはサンデーマーケット

大埔の町を見下ろす丘に立つコロニアル建築。ここは 1899 年に植民地政府（イギリス）が新界の防衛の要として建設した警察署だった。1949 年まで警察本部としての役目を担い、その後警察関連の部署を配置、1987 年に閉鎖となり、香港政府から再利用プロジェクトを託された「カドーリ農場」（→欄外）が 2015 年に改修を終えて、展示施設を公開。食堂、ショップ、宿泊施設も備わっている。

再生した施設のテーマは、生態系の保護、持続可能な生活。建物は気候に適合した当時の建築様式を忠実に再現しており、緑豊かな自然、ベジタリアンメニューも楽しめる。

右／オランダ様式の切妻屋根　左／再現された取調室には暖炉がある

展示室

本部、警察官宿舎、食堂の 3 つの建物からなり、取調室、独房、武器庫が公開展示されている。暖炉や煙突、よろい窓、オランダ風の切妻屋根、吹き抜けの渡り廊下など随所に西洋スタイルが見てとれる。宿舎のエリアはガイドツアーでのみ見学可。

食堂・ショップ

別棟の警察食堂が「イートウェル・キャンティーン」となり、自家農園や近隣で採れた野菜中心の創作料理を提供。「コープ・ショップ」では地元の農産物や自然食品、雑貨などを販売。毎週サンデーマーケットも開催される。

左／ 15 種類の日替わり料理＆ご飯からチョイスするランチセット　中／壁には線路の枕木を打ち付けたり年代物の椅子を配したキャンティーン　右／通路の右側がショップ

●ユニークな塔がある規模の大きな公園 map P.363 下図

大埔海濱公園 Tai Po Waterfront Park

ダーイポーホイパンゴンユン

市街地の東側、吐露港に面した公園。香港で最大級の面積をもつ敷地に、展望タワーの香港回歸紀念塔、テーマガーデン、凧揚げ場、昆虫館、子供の遊び場、海沿いのプロムナードなどがある。自然が豊かでのんびりできる。

綠匯學苑
住 大埔運頭角里 11　☎2996 2800　FAX 2638 0110　URL www.greenhub.hk　開 10:00 ～ 17:00　休 火曜、旧正月、指定休館日　行き方 大埔墟駅 A2 出口から歩道を数分進み、右側の隧道（トンネル）を通って運頭角遊樂場内を抜け、丘を登る（所要約 10 分）。
展示室：開 10:00 ～ 17:00（最終入場 16:30）　休 火曜、旧正月、指定休館日　料 無料
※事前予約を推奨している。
広東語ガイドツアー：11:00、14:00 の 2 回。英語や北京語のツアーは事前申請が必要。
イートウェル・キャンティーン Eat Well Canteen（慧食堂）
営 10:00 ～ 17:00（ラストオーダー 16:30、ランチは 12:00 ～ 17:00）　休 展示室と同じ
料 ランチセットは 3 品 45HK$、4 品 60HK$。
カード 不可
コープ・ショップ　Co-op Shop（社區互助店）
営 10:00 ～ 17:00　休 展示室と同じ　カード 不可
サンデーマーケット　Sunday Co-op Market
クラフト雑貨など 6 ～ 7 店が出店。開 毎週日曜 10:00 ～ 17:00（最終入場 16:30）

エコな宿泊体験
警察宿舎当時の生活を体験するという趣旨で、12 室を整備。室内は簡素でほとんどの部屋は扇風機のみ、バス・トイレ共同。※電話か e メールで要予約。☎ 上記と同じ
E-mail greenhub@kfbg.org
料 S400HK$ ～、W650HK$ ～、T900HK$ ～。

カドーリ農場 Kadorie Farm（嘉道理農場）
香港の最高峰、大帽山の北稜の 148 ヘクタールを有する農場。農業支援の拠点として 1956 年に設立され、現在は自然保護活動を中心に運営。有機農場のほか、植物園、動物飼育場、トレイル、教育施設、カフェなどがあり、見学可能。
URL kfbg.org

大埔海濱公園
住 大埔大發街
☎2667 5489　開 24 時間
行き方 大埔墟駅前のバスターミナルから 275R のバスでひとつ目の完善公園下車（約 10 分）。同駅から徒歩なら約 30 分。
香港回歸紀念塔
開 7:00 ～ 19:00　休 悪天候時
料 無料
昆虫館（昆蟲屋）　開 8:00～19:00　休 無休　料 無料
※レンタサイクル店もある。

公園は海沿いのプロムナードに付随する形で東に約 1.5km 続いている。プロムナードはサイクリングもできる

大埔ファーマーズ・マーケット
住 大埔太和路（消防局側）
開 日曜 9:00 ～ 17:00
行き方 太和駅 B 出口から太和廣場一期商場の中を愛和樓方向に進み、外に出た発電所の隣（徒歩約 5 分）。

ゆばアイスクリームが話題に
樹記腐竹全駿記（シューゲイフーチョッチュンチョンゲイ） Shu Kee Beancurd Tsuen Chun Kee

老舗のゆば（腐竹）専門店。自家製のさまざまな種類のゆばは定評がある。ゆばのアイスクリーム（腐竹雪糕、18HK$）がヒットし、有名に。 住 連頭街 71B & C ☎2386 7776、9222 8598 営 8:30 ～ 19:00（日曜、祝日～ 18:00） 休 旧正月 10 日間 カード 不可 行き方 大埔墟駅 A1 出口から徒歩約 10 分。

map P.363 上図

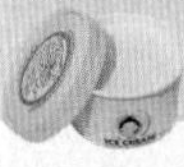
豆乳味の素朴なゆばアイス

香港回歸紀念塔

高さ約 32m のらせん形の塔。1997 年の中国返還を記念し、イギリスが新界を租借した際、軍が最初に上陸した地点に建てられた。塔に上ると新界の山並みから吐露港全体が見渡せる。

塔の展望台からは正面に馬鞍山が見える。G/F 部分は食堂になっている

●日曜日だけのお楽しみ

map P.363 上図

大埔ファーマーズ・マーケット（大埔農墟（ダーイボーノンホイ）） Tai Po Farmers' Market

生産者自らオーガニック野菜や調味料などを販売する、20 店ほどのこぢんまりとしたファーマーズ・マーケットは、ローカル気分を満喫できるスポット。オーガニックのクッキーやコスメなどはおみやげにもよさそう。

毎週 3000 人もの人が訪れるという

グルメ

行列ができる自家製魚のすり身団子の店

MAP P.363 上図

學利（ホッレイ） Hok Lee

昔は元朗で魚蛋麵（すり身団子入り麺）をかついで売り歩いていたという、約50年の歴史をもつ老舗。昔ながらの製法で作る団子には適度な弾力があり、毎日行列ができるほどの人気だ。看板メニューは古法炸魚蛋麵32HK$、河粉、米粉も同額。3種類のすり身団子入りの至尊三寶麵（45HK$）も人気。

住 安慈路 3 翠屏花園商場 6
☎2477 3233
営 7:00 ～ 21:30（日曜 8:00 ～）
休 旧正月 1 日 カード 不可
行き方 大埔墟駅 A1 出口から徒歩約 15 分、太和駅から約 12 分。

左／具だくさんの至尊三寶麵。だしの効いたスープが麺、すり身団子によく合う
右／店内はいつも満席状態。屋外にも席がある

チョウ・ユンファも通うトンカツ麺の店

MAP P.363 上図

東記上海麵（トンゲイションホイミン） Tung Kee Noodles

40年の歴史を誇る地元の有名店。同じメニューの店（店名は異なる）が大埔墟街市の熟食中心内に2軒あるが、どちらも同族経営。ボリュームあるトンカツはサクサクで中がジューシー、麺の種類は選べる。食事時は行列ができるほど混み合う。

住 鄉事會街 8 大埔墟街市及熟食中心 2 樓 CSF27 號舖
☎2638 1948
営 7:30 ～ 16:30
休 木曜、旧正月 1 日
カード 不可

手前が炸豬扒上海粗麵（上海麺とトンカツ、46HK$）

24 時間営業、利用価値大の茶餐廳

MAP P.363 上図

華輝小廚餐廳（ワーファイシウチューチャンテン） Wah Fai Restaurant and Cake Shop

大埔有数の規模の大きな茶餐廳。メニューの数も多く、いつも地元の人でにぎわっている。ここのおすすめは自家製アップルパイ（蘋果批）とチキンパイ（雞批。各14HK$）。なかでも茶餐廳では珍しいアップルパイは富士りんごを使用、干しブドウも入った本格派。テイクアウトもできる。

住 鄉事會坊 12 G/F
☎2656 6420
営 24 時間
休 無休 カード 不可
行き方 大埔墟駅 A1 出口から徒歩約 7 分。

店内は混み合うので相席覚悟で

流浮山（ラウファウサン）

●Lau Fau Shan

流浮山の位置は
別冊 P.2-1B

元朗東バスターミナルから K65 の流浮山行きに乗ると、バスは天水圍の高層団地やコンテナターミナルをぬうように走り、終点流浮山に到着。火炎樹の木の脇を通り抜け、すれちがう人と肩が触れ合うほど狭い路地を入っていくと、海鮮街がある。

海鮮料理の専門店、水槽をズラリと並べた鮮魚店が、流浮山のすべてともいえる。香港の中心から電車とバスを乗り継いで行かなければならないものの、鯉魚門を超える穴場である。外国人観光客は少なく、香港の人々がドライブがてらやってくる。

狭い路地を挟んでずらっと並ぶ鮮魚店の生けすと海鮮酒家には圧倒される。桟橋に立つと、后海灣（ハウホイワン）Hau Hoi Wan の彼方に中国本土が望める。

上／鮮魚店と海鮮レストランが連なるメインの路地　下／ぷっくりとしたあぶり干しカキ 200～280HK$／約 600g

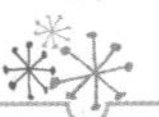

歩き方

約 200m の屋根の付いた路地に 10 軒ほどの海鮮酒家と 20 軒ほどの鮮魚店が並んでいる。ほかには干しカキや干し貝柱、スルメなどの魚介の干物を扱っている店、名物のカキで作る**蠔油**（ホウヤウ）（オイスターソース）の専門店、地元の人向けと思われるおもちゃ店や雑貨店、観光客向けの中国菓子の店、食堂などがある。

狭いメインストリートに交差する道沿いでは、客家の女性が乾物などを売っている。さらに細い路地にも小さな屋台といった感じの海鮮酒家がある。こまめにこのような路地ものぞいてみたい。ちなみに**蠔豉**（カキの乾物）や自家製の蠔油（ホウヤウ）が、ここのみやげ物として有名だ。

メインストリートを通り抜けるとカキの殻を積み上げて造られた道があり、その先に桟橋が続いている。この桟橋では、小さなサンパンから取れたての魚やカキが荷揚げされている。

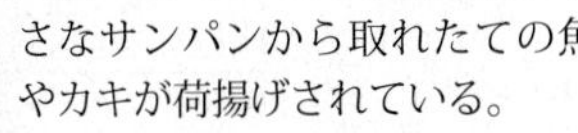

海沿いにはカキ殻が山積み。対岸は中国だ

流浮山への行き方

屯馬綫および輕鐵の元朗駅に隣接した元朗駅バスターミナルから K65 のバスに乗り、約 30 分（又新街、大棠路駅からも乗れる）。4.9HK$。泰豐街からは 33、35 のミニバスでも行ける。7.4HK$。

流浮山周辺

流浮山から北に延びる深灣路 Sham Wan Av. は、半島の先端にある尖鼻咀 Tsim Bei Tsui の展望台まで続いている。途中は特に見るべきものはないが、田舎の雰囲気を味わいつつ、沖縄の亀甲墓に似た古い墓、広大な干潟、マングローブ林などを見ながらの、約 1 時間半のコースだ。流浮山からはタクシー利用、帰りはミニバス 35 で、元朗の泰豐街まで約 30 分。

COLUMN　おすすめの海鮮レストラン

地元で養殖するカキなどの海鮮を扱う素朴なレストランがある。

愛民海鮮酒家
住 正大街 47　☎2472 1504　営11:30～21:30
休 旧正月　カード 不可
調理代は 1 品につき 30HK$～。予算は 1 人 400HK$ くらい。

小桃園海鮮酒家
住 正大街 28　☎2472 1153
営11:30～22:30　休 旧正月　カード MV
規模が大きい。少々、割高。英語は少し通じる。予算は 1 人 400 HK$ くらいから。

愛民海鮮酒家

※どちらの店も料金は分量や調理法によって変動する。

COLUMN 自然観察の人気スポット、香港濕地公園（ヒョンゴンサップデイコンユン）

新界西北部の新興住宅街、天水圍。そのすぐ北側には中国大陸を挟んで広大な湿地帯が広がる。2006 年にこの湿地帯の一部が香港政府によって自然公園として整備され、開園した。61 ヘクタールを有する公園は、自然環境の保全と、湿地帯の重要性を人々に知ってもらおうという目的で造られた。

最新のエコ技術を駆使したビジターセンターも見どころ満載、遊歩道や野鳥観察小屋が設けられた湿地保護区では、さまざまな湿地の姿や、生息する鳥や生物が見られる。

上／沼地に設けられた自然遊歩道。野鳥観察小屋もある
下／湿地帯で羽を休めるサギの仲間

ビジターセンター

1 万㎡の館内には、湿地についてのレクチャーをはじめ、生き物や人間との関わり、環境保護についての展示室が 5 つある。楽しみながら理解を深められるよう趣向が凝らされ、例えばクイズ形式になっていたり、映像や模型も多用。何より、すべて日本語案内と日本語の音声バージョンがあるのがうれしい。子供も遊べる「沼澤の冒険」やファストフード店、ギフトショップもある。

湿地保護区

小川やマングローブ林に設けられた木道など 4 つの遊歩道と、野鳥観察小屋が数ヵ所設置されている。全コースを回るには 1 時間 30 分から 2 時間くらい。

香港濕地公園　Hong Kong Wetland Park
住 天水圍濕地公園路　☎3152 2666、2617 5218
開10:00 ～ 17:00（チケットオフィスは 9:30 ～ 16:00）
休 火曜（祝日を除く）　料 大人 30HK$、3 ～ 17 歳の子供と学生・65 歳以上 15HK$　行き方 屯馬綫の天水圍駅 E1 出口から、705 番の軽鐵に乗り換え、濕地公園駅下車、徒歩約 5 分。金鐘駅前の金鐘（西）巴士總站から 967 バスで約 1 時間 20 分。
URL www.wetlandpark.gov.hk
map 別冊 P.2-2B

COLUMN 歴史散策道を歩いてみよう

天水圍駅前の屏山文物徑（ペンサーンマンマッギン）

屯馬綫の天水圍駅 E3 出口を出て、軽鐵の線路を横断すると、そこがこの散策道の入口。1993 年に香港最初の歴史散策の道（文物徑）として指定され、12 世紀（宋～元年間）の遺跡を全長約 1km にわたって結んでいる。

map 別冊 P.2-2B、P.368

［散策コース］

天水圍駅→聚星樓（チョイセンラウ）→上璋圍（ションチョンワイ）→楊侯古廟（ヨンハウグーミウ）→鄧氏宗祠（ダンシーチョーサッ）→觀廷書室（グンテンシューサッ）→屏山鄧族文物館（ペンサーンタンジュッマンマッグン）

※各見どころ間は徒歩約 5 ～ 10 分。

屏山鄧族文物館

もとは警察署だった丘の上の建物を再利用した展示館。鄧族の歴史や生活習俗、祭祀がわかる文物の展示を中心に、屏山文物徑の遺跡の紹介も行われている。
住 元朗屏山坑頭村　☎2617 1959　開3 ～ 9 月 10:00 ～ 18:00、10 ～ 2 月 10:00 ～ 17:00
休 月曜、旧正月 2 日間　料 無料　行き方 輕鐵の屏山駅から徒歩約 12 分。　map P.368

聚星樓は香港唯一の古塔で 700 年の歴史をもつ風水の塔。高さ 13m。建設時は 7 層あったが、現存するのは 3 層のみ

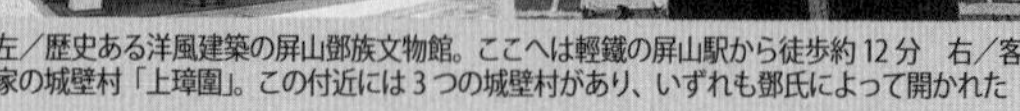

左／歴史ある洋風建築の屏山鄧族文物館。ここへは輕鐵の屏山駅から徒歩約 12 分　右／客家の城壁村「上璋圍」。この付近には 3 つの城壁村があり、いずれも鄧氏によって開かれた

エリアガイド

島部

Area Guide

大嶼山のマップは P.374 ～ 375
周辺図別冊 P.2-3A ～ 4B

大嶼山 ランタオ島 Lantau Island

香港の地図を広げてみよう。地図の左側、香港島の西のほうに大きな島がある。これが香港の島々のなかで最も大きな大嶼山（ランタオ島）だ。

この島には、夏休みや休日になると、香港島や九龍からたくさんの若者や家族連れが、バックパックを背負ってやってくる。「大嶼山」という名前が表すように、このランタオ島には山々が島の東西に延びている。いちばん高い山は鳳凰山 Fung Wong Shan（934m）。このほかに、二東山 Yi Tung Shan、大東山 Tai Tung Shan、彌勒山 Nei Lak Shan などがあって、ハイキングコースが整備され、好みのルートで歩ける。また長沙 Cheung Sha という浜辺は、長さが 2km 近くもあって、この長さは香港一。そんな自然のすばらしさに加え、ディズニーランドや世界最大の野外仏、天壇大佛にリンクする「ゴンピン360」（→ P.376）といったテーマパークもあり、観光地として注目を集めている。

天壇大佛はアジア各国から観光客が訪れる見どころ。大仏は 12 年の年月をかけて 1993 年に完成した

香港島からの海上交通の中心になっているのは、古くから開けた東岸の梅窩。北東には巨大団地が建ち並ぶ愉景灣があり、団地内にはいくつもの専用路線バスが走っている。外国人居住者も多い。

また、北側の赤鱲角に新空港が完成した 1998 年あたりから、北部を中心にこの島の様相は大きく変わった。九龍と青馬大橋で結ばれたため、東涌には巨大団地が出現、主要部から路線バスや MTR 東涌線で行けるようになり、便利になった。東涌駅前には、ホテルやショッピングセンターもでき、街の機能が充実した。駅前にはゴンピン 360 のケーブルカーの駅もある。島の西の漁村、大澳も観光地となりつつあり、ランタオ島各地で開発が進んでいる状況だ。

中心部の街歩きに疲れたら、この島を訪れ観光スポット巡りやのどかな漁村、ビーチを訪ね、自然を満喫するのもいいだろう。

上／ゴンピン 360 と寶蓮禪寺を結ぶ昂坪廣場。12 体の神将の像、宗教儀式が行われる円形の地壇などがある　下／天壇大佛の台座の周りは一周でき、展望スペースからは海景色が望める

ランタオ島内のバス 1 日乗車券
大嶼通（ダーイユートン）Lantau Pass

購入当日、何度でも自由にバスを乗り降りできる（一部の路線を除いて使用可）。
料 月～土曜 35HK$、日曜、祝日 55HK$。東涌のバスターミナル駅長室にて 9:00 ～ 15:00 に販売。

360 大澳通　360 Tai O Pass

ゴンピン 360 のケーブルカーの往復切符、昂坪と大澳間のバス券、大澳でのボートツアーやスナック券（20HK$ 分）がパッケージになっている。
料 315HK$（3 ～ 11 歳 190HK$、2 歳以下無料。クリスタルキャビン使用の場合は大人 390HK$、3 ～ 11 歳 270HK$）。8 時間の時間制限あり。
※これらは、ケーブルカー乗り場、香港の旅行会社、ゴンピン 360 のウェブサイト（→ P.376）で購入できる。

水路に水上家屋が建ち並ぶ大澳は、独自の文化を保持する風情のある村

上／中国からの観光客をはじめ、訪れる人が増えている。水上家屋のバルコニーに席を設けた飲食店が人気（写真は吉慶街）　下／大澳永安街には新ショップが続々登場

行き方

東涌の駅周辺に建設された高層アパート群

東涌へ

MTR東涌綫を利用する。荃灣綫との乗り換え駅の茘景駅から東涌駅までは約20分（香港駅からは約30分）。東涌駅B出口に隣接するシティゲート・アウトレットのG/F部分に東涌站巴士總站、その先の達東路を越えた所に東涌達東路總站と、ふたつのバスターミナルがあり、島内の主要な町への便が出ている。

香港の中心部からバスで東涌へ行くこともできる。利用しやすいのは、旺角から太子にかけてネイザン・ロードを通るE21のバス（MTR旺角駅からネイザン・ロードを北へ約5分歩いた弼街とぶつかる手前に停留所がある）。14.5HK$で所要約50分。10～30分に1本の割で運行している。そのほか、市内と空港を結ぶバスのほとんどが東涌市中心を経由する。

バス利用について

運賃を払うとき、つり銭はくれないので小銭かオクトパスを用意しておこう（オクトパスは使用可能）。

始発以外のバス停から途中乗車するときに、席が満席だと、乗車拒否して乗せてくれないことがある。

夏などのシーズン中は、始発点からなら、発車時刻には乗客の数に合わせて2台、3台とバスが増発される。始発点では積み残される心配はない。

東涌駅B出口を出ると広場になっている。右側にシティゲート・アウトレットがあり、同じ建物のG/F部分に東涌站巴士總站がある。このバスターミナルを通り抜けた先にも、もうひとつのバスターミナル、東涌達東路總站がある

梅窩へ

中環からの船を利用する。中環フェリー埠頭の離島行き6番乗り場（6號碼頭）から毎日普通船（フェリー）と高速船（ホバークラフト）が出ている。フェリーのなかには坪洲島を経由する便もある。所要時間は直行が50～55分、経由で約1時間5分、高速船（ホバークラフト）は35～40分。

梅窩のフェリーターミナル

愉景灣と梅窩を結ぶ船も運航

愉景灣へ

愉景灣へは、中環の3號碼頭からホバークラフトが24時間運航している。東涌までMTRを利用し、東涌駅前からバスを利用する方法もある。

COLUMN

ランタオ島と各地間の交通詳細（船）

❶中環～梅窩　❷中環～愉景灣　❸中環～長洲島　❹中環～榕樹灣　❺中環～索罟灣　❻中環～坪洲島　❼尖沙咀～長洲島　❽愉景灣～梅窩　❾坪洲島～梅窩～芝麻灣～長洲島　❿坪洲島～熙篤會神樂院～稔樹灣　⓫香港仔～北角村～榕樹灣　⓬香港仔～索罟灣　⓭香港仔～長洲島

中環～ランタオ島

※以下に掲載の航路の運賃支払いはオクトパスが使用できる。

[中環～梅窩]
中環フェリー埠頭（中環渡輪碼頭）の6號碼頭から出航。普通船（フェリー）と高速船（ホバークラフト）が運航。
所要時間：普通船50～55分、高速船35～40分。
問い合わせ先：サンフェリー（新渡輪）
☎2131 8181

中環→梅窩
[月～土曜]
料 普通船1等28.6HK$　2等17.2HK$
高速船34.1HK$
6:10～20:35の間は20～40分間隔、21:20～翌0:30の間は45～60分間隔、最終便は翌3:00で5號碼頭発。
[日曜、祝日]
料 普通船1等41.9HK$　2等25.6HK$
高速船48.9HK$
7:00～翌0:30の間に30～60分間隔、最終便は翌3:00で5號碼頭発。

梅窩→中環
[月～土曜]
5:55～20:30の間は15～40分間隔、21:30～23:30の間は50～70分間隔で運航、最終便は翌3:40（うち6:30発は坪洲島経由）。
[日曜、祝日]
6:20～23:30の間に40～50分間隔で運航、最終便は翌3:40（うち6:30発は坪洲島経由）。

[中環～愉景灣]
中環フェリー埠頭の3號碼頭から高速船（ホバークラフト）が運航。
所要時間：約25分。　料46HK$
問い合わせ先：愉景灣航運
☎3651 2345
[月～金曜]
中環発は6:30～翌0:30（愉景灣発は6:00～24:00）の間に15～30分間隔。
[土曜]
中環発は6:30～翌1:00（愉景灣発は6:00～翌0:30）の間に20～30分間隔。
[日曜]
中環発は6:30～翌1:00（愉景灣発は6:00～翌0:30）の間に30～40分間隔。

ランタオ島～離島

[坪洲島～梅窩～芝麻灣（ランタオ島）～長洲島]
所要時間：坪洲島～梅窩は18～20分、梅窩～芝麻灣は13～15分、芝麻灣～長洲島は18～20分。　料14.5HK$
問い合わせ先：サンフェリー（新渡輪）
☎2131 8181

坪洲島→梅窩、芝麻灣、長洲島
5:40　11:55　17:55　23:45
7:30　13:35　19:50
9:45　15:40　21:50
※11:55、17:55、21:50の便は芝麻灣を経由しない。23:45は梅窩止まり。

梅窩→芝麻灣、長洲島
6:00　12:15　17:20　22:20
8:00　14:00　18:15
10:10　16:00　20:10
※17:20の便は月～金曜のみの運航で、芝麻灣を経由しない。

芝麻灣→長洲島
6:15　10:30　16:15
8:20　14:15　20:30

長洲島→芝麻灣、梅窩、坪洲島
6:00　10:50　16:50　22:50
6:35　12:45　18:45
8:45　14:45　21:00
※6:00、12:45、21:00の便は芝麻灣を経由しない。

芝麻灣→梅窩、坪洲島
6:52　11:10　17:05　23:05
9:05　15:00　19:05

梅窩→坪洲島
6:30　11:35　17:30　23:25
7:10　13:15　19:30
9:25　15:20　21:30

坪洲島～熙篤會神樂院～愉景灣（稔樹灣）

ここで愉景灣といわれているのは中環～愉景灣の船が発着する埠頭ではなく、南側の稔樹灣の街渡碼頭のことなので要注意。
所要時間：坪洲島～熙篤會神樂院約10分
愉景灣（稔樹灣）～熙篤會神樂院約10分
坪洲島～愉景灣（稔樹灣）※熙篤會神樂院を経由しない場合約15分。
料 どの区間も一律7.5HK$（深夜便を除く）
問い合わせ先：翠華船務（香港）有限公司　☎2272 2022

坪洲島→愉景灣
[月～土曜]
6:30～22:00の間に30～90分間隔で19便運航。土曜は20便。
[日曜、祝日]
6:30～22:00の間に30～75分間隔で20便運航。
※このうち熙篤會神樂院を経由するのは以下のとおり。

坪洲島→熙篤會神樂院
[月～土曜]
11:20　12:20　16:15　17:00
[日曜、祝日]
10:15　12:10　16:15　17:00

熙篤會神樂院→愉景灣
[月～土曜]
11:30　12:30　16:25　17:10
[日曜、祝日]
10:25　12:20　16:25　17:10

愉景灣→坪洲島
[月～土曜]
6:45～22:15の間に25～75分間隔で21便運航。土曜は22便。最終便23:20（38HK$）。
[日曜、祝日]
6:45～22:15の間に25～75分間隔で20便運航。最終便23:20（38HK$）。
※このうち熙篤會神樂院を経由するのは以下のとおり。

愉景灣→熙篤會神樂院
[月～土曜]
8:00　10:30　＊15:50
9:20　14:35
[＊時刻]：土曜のみ
[日曜、祝日]
8:00　11:15　15:50
9:40　14:45

熙篤會神樂院→坪洲島
[月～土曜]
8:10　10:45　＊16:00
9:30　14:45
[＊時刻]：土曜のみ
[日曜、祝日]
8:10　11:30　16:00
9:50　15:00

※離島フェリー（港外綫）については→P.108

ランタオ島内の交通詳細（船・バス）

●船

[愉景灣～梅窩]
所要時間：約20分（坪洲経由の場合は約35分）。
料 月～土曜12HK$、日曜、祝日15HK$
問い合わせ先：坪洲街渡有限公司
☎ 2983 8617
愉景灣→梅窩
[月～金曜]
15:10（坪洲経由）
[土・日曜、祝日]
＊7:15 ★11:45　16:15
★8:45　13:15　18:15
10:45　★15:05　20:05
[＊時刻]：土曜のみ
[★時刻]：日曜、祝日のみ
梅窩→愉景灣
[月～金曜]
7:20（坪洲経由）
[土・日曜、祝日]
＊7:45 ★12:15　16:45
★9:15　13:45　18:45
11:15　★15:35　20:30
[＊時刻]：土曜のみ
[★時刻]：日曜、祝日のみ

●バス

※バスの料金は区間によって異なる設定になっており、以下に記した料金は始発駅から終点までの料金。
※全線オクトパス使用可能。
[梅窩～塘福]
④梅窩→塘福
[月～土曜]　料6.4HK$
7:50　14:30　19:30
9:30　＊17:30
＊13:30　18:40
[＊時刻]：土曜のみ
[日曜、祝日]　料12.5HK$
9:05　12:00　13:20　16:00
10:05　12:20　14:00　18:00
11:05　12:40　15:00
④塘福→梅窩
[月～土曜]
6:30　15:25（土曜を除く）
[日曜、祝日]
9:30　12:25　13:50　16:30
10:30　12:50　14:30　18:30
11:30　13:10　15:30
[梅窩～昂坪]
②梅窩→昂坪
[月～金曜]　料19.6HK$
11:00～16:50の間に1時間に1便の割で運行。1日6便。
[土曜]　料19.6HK$
10:30～16:30の間に1時間に1～2便の割で運行。1日10便。
[日曜、祝日]　料33.9HK$
8:00、8:40、9:10、以後17:55まで1時間に1～3便の割で運行。1日19便。
②昂坪→梅窩
[月～金曜]
11:35～18:35の間に1時間に1本の割で運行。1日8便。
[土曜]
12:10～18:20の間に1時間に1～2便の割で運行。1日10便。
[日曜、祝日]
7:05、8:05、8:45、9:30、以後18:45まで1時間に1～2便の割で運行。1日21便。

[梅窩～大澳]
[月～土曜]　料12.2HK$～
[日曜、祝日]　料20.5HK$～
①梅窩→大澳
6:00～翌1:10の間に、1時間に1～3便の割で運行。深夜バス(N1)は毎日3:45。日曜、祝日は増便（始発は6:30）。
①大澳→梅窩
5:00～翌0:20の間に1時間に1～3便の割で運行。日曜、祝日は増便（運行時間は5:30～翌0:10）。

[梅窩～東涌站巴士總站]
[月～土曜]　料12HK$
[日曜、祝日]　料18.8HK$
(3M)梅窩→東涌站巴士總站
6:00～23:45の間に10～75分に1便の割で運行。※日曜は6:20が始発。
(3M)東涌站巴士總站→梅窩
6:00～翌0:50の間に10～50分に1便の割で運行。※日曜、祝日は増便。

[梅窩～港珠澳大橋香港口岸]
※香港國際空港を経由
[月～土曜]
料19.2HK$（深夜バス(N35)は32.8HK$）
[日曜、祝日]
料31.1HK$（深夜バス(N35)は45.9HK$）
(A35)梅窩→大橋香港口岸
5:30、7:25、17:00、22:00、0:15
((N35)は3:15、4:20)
(A35)大橋香港口岸→梅窩
6:15、6:40、8:30、18:15、23:30
((N35)は1:30、4:30)

[東涌達東路巴士總站～昂坪]
㉓東涌達東路巴士總站→昂坪
[月～土曜]　料19.6HK$
[日曜、祝日]　料33.9HK$
7:15～18:10の間に26便。
㉓昂坪→東涌達東路巴士總站
8:10～19:10の間に26便。
※日曜、祝日は大幅に増便。

[東涌站巴士總站～大澳]
[月～土曜]　料13.4HK$
[日曜、祝日]　料22.3HK$
⑪東涌站巴士總站→大澳
6:20～翌1:20の間に、15～40分間隔で運行。
⑪大澳→東涌站巴士總站
5:15～翌0:15の間に、15～35分間隔で運行。
※日曜、祝日は増便。

[大澳～昂坪]
㉑昂坪→大澳
[月～土曜]　料7.6HK$
[日曜、祝日]　料17.6HK$
7:30～18:15の間に10便、土曜11便。日曜、祝日は7:30～18:30の間に15便。
㉑大澳→昂坪
[月～土曜]
7:45、8:30、10:15、11:00、以後16:00まで1時間間隔、最終16:45。全10便。土曜は17:15、17:45の増便があり、全12便。
[日曜、祝日]
7:45、10:15、以降1時間に1～2便の割で運行。最終17:45。全14便。

[東涌達東路巴士總站～港珠澳大橋香港口岸]
滿東邨～港珠澳大橋香港口岸
料9.1HK$
(B6)滿東邨→大橋香港口岸　※東涌達東路巴士總站経由
15～30分間隔で24時間運行。
(B6)大橋香港口岸→滿東邨
15～30分間隔で24時間運行。
※日曜の一部の便は東涌止まり。

[機場（香港国際空港）～港珠澳大橋香港口岸]
料9.1HK$
(B4)香港国際空港↔暢達路↔リーガル・エアポート↔アジアワールド・エキスポ↔ホンコン・スカイシティ・マリオット↔港珠澳大橋香港口岸旅檢大樓（循環線）
15分間隔で運行。1:00～5:30の間は30分間隔。
●以上のバスは新大嶼山巴士
☎2984 9848

[東涌站巴士總站～愉景廣場]
所要時間：約20分。
料14.3HK$
(DB01R)東涌站巴士總站→愉景廣場
6:00～翌1:30の間に1時間に2～6便の割で運行。
(DB01R)愉景廣場→東涌站巴士總站
5:30、6:00～翌1:00の間は1時間に1～7便。
●上記のバスは愉景灣交通服務有限公司 Discovery Bay Transit Services Ltd.　☎3651 2345

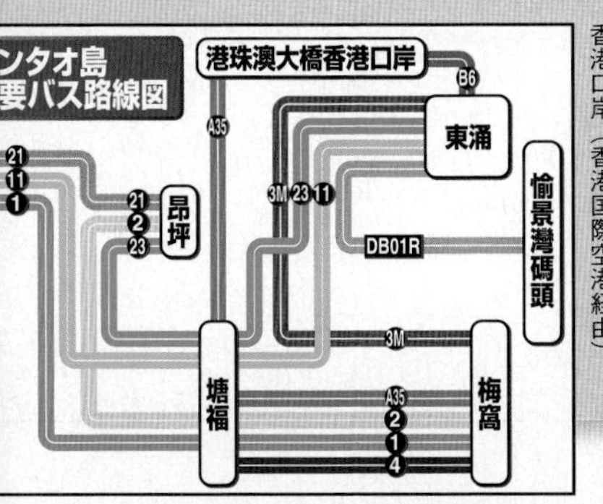

①梅窩～大澳　②梅窩～昂坪　④梅窩～塘福　③M梅窩～東涌站巴士總站　⑪東涌站巴士總站～大澳　㉑昂坪～大澳　㉓東涌達東路巴士總站～昂坪　A35梅窩～港珠澳大橋香港口岸（香港国際空港経由）

梅窩フェリーターミナル前のバスターミナル。ここを起点にするバスが多い

島内の交通

巴士（バス）

島の中には 39 のバス路線（大部分は新大嶼山巴士、NLB）があり、このうち 1 日中運行していて、旅行者に利用価値が

ランタオ島（大嶼山）
Lantau Island

0 2 4km

屯門へ
スカイピア 海天客運碼頭（マカオ、中国行き船乗り場）
スカイシティ・ナインイーグルズ・ゴルフコース
ホンコン・スカイシティ・マリオット
香港天際萬豪酒店
アジアワールド・エキスポ 亞洲國際博覧館
アジアワールド・エキスポ・アリーナ P.304
ターミナル2
博覧館駅
リーガル・エアポート
富豪機場酒店 P.340
ターミナル1
香港国際空港 P.448
Hong Kong International Airport
機場快綫
機場駅
赤鱲角
Chek Lap Kok
Airport Express
ノボテル・シティゲート・ホンコン
香港諾富特東薈城酒店
P.340
シティゲート・アウトレット
P.27
東涌小炮台
沙螺灣
Sha Lo Wan
マカオ、珠海へ
沙螺灣、東涌、屯門
港珠澳大橋
P.382
逸東街市
東涌灣
Tung Chung Bay
東涌駅
東涌 P.378
Tung Chung
ケーブルカー
P.376
侯王宮
P.381
東涌炮台
P.381
北大嶼郊野公園
石門甲
Shek Mun Kap
東涌道
Tung Chung Rd.
彌勒山
Nei Lak Shan
深屈道
Swam Wat Rd.
P.376
ゴンピン360
蓮花石
昂坪
Ngong Ping
寶蓮禪寺
羅漢寺
P.377
ゴンピン・ビレッジ
YHA昂坪戴維斯青年旅舍 P.342
（ユースホステル）
P.380
大澳 P.379
Tai O
關帝古廟
大澳公衆碼頭
大澳ヘリテージ・ホテル
P.339
延慶寺
昂坪市集
P.377
ハート・スートラ
心經簡林 P.377
地塘仔
天壇大佛
鳳凰山
Fung Wong Shan
Tai Tung
(Sunset P
大澳道
Tai O Rd.
羗山道
Keung Shan Rd.
狗牙嶺
Kau Nga Ling
長沙
Cheung
南大嶼郊野公園
嶼南道
South Lantau Rd.
龍仔悟園
石壁水塘
下長沙海
Lower Ch
Sha Beac
慈興寺
石壁
Shek Pik
石壁花園
塘福
Tong Fuk
P.379
水口
Shui Hau
上長沙海灘
Upper Cheung
Sha Beach
靈會山
Ling Wai Shan
大磡森
Tai Hom Sham
大浪灣
Tai Long Wan
東灣
Tung Wan
分流
Fan Lau
分流西灣
Fan Lau Sai Wan
分流東灣
Fan Lau Tung Wan
天后廟

あるのは P.373 のコラム内の路線。梅窩のバスターミナルはフェリーを降りた目の前にあり、それぞれのバス停に路線番号と行き先を書いた看板が掲げられている。東涌のバスターミナルは 2 ヵ所あり、東涌駅 B 出口を出てすぐの所とその先の達東路を越えた所にある（→欄外）。

島内のバス停には名前がついているが、わかりづらいので途

東涌市中心のバスターミナル

2023 年 8 月現在、東涌市中心にはふたつのバスターミナルがある。東涌駅隣接のショッピングセンター「シティゲート・アウトレット（東薈城名店倉）」の G/F の一画にある東涌站巴士總站からは 3M、11、11A、DB01R のバスが、達東路を挟んだ向かい側の東涌達東路巴士總站からは 1R、23、34、36 のバスが発着している。

白地に緑の模様のバスが新大嶼山バス。ランタオ島内のおもな路線を走っている

読者投稿

ランタオ島のバス

バスの時間はかなり正確。ただし、途中のバス停には時刻表がないので（始発の時間のみ）、早めにバス停に行き、乗るべき番号のバスが来たら、手を挙げて停めること。でないと通過してしまう。梅窩から香港国際空港へ行く場合、空港行きのバスは本数が少ないので、東涌に出て、ここから S1 の空港行きに乗るのがよい。

（東京都　戸塚和夫）['23]

ゴンピン 360 のクリスタルキャビン

普通のケーブルカーより割高だが、眺めもよく、乗車の待ち時間も短いのでおすすめ。床がガラス張りなので真下が見える。

（栃木県　5 月の旅）['23]

ハート・スートラ（心經簡林）（→ P.377）

寶蓮寺のおまけスポットのような感じで紹介されることが多いが、私はここを目的に行った。まだかまだかと歩いているうちに突如巨大な丸太が姿を現した。とても幻想的で、心が洗われるような場所だった。

（徳島県　近藤まり子）['23]

心經簡林（Wisdom Path）の標識に沿っての山道は、昼間でもさびしい。街灯がないので日が落ちたらひとりで歩かないほうがよい。

（東京都　竹野順子）['23]

ゴンピン 360
☎3666 0606
営10:00 ～ 18:00（土・日曜、祝日 9:00 ～ 18:30） 休無休
カードAMV 行き方中環から東涌綫で約 30 分、東涌駅下車。B 出口からケーブルカー乗り場へは約 2 分。達東路のバスターミナルから 23 のバスで昂坪へは所要約 1 時間。
URL www.np360.com.hk

ケーブルカー　Cable Car
住大嶼山東涌達東路 11
☎3666 0606　開運行時間：10:00（土・日曜、祝日 9:00）～東涌への最終運行は 18:00（土・日曜、祝日 18:30）
休悪天候時は運休
カードAMV　料ケーブルカー片道 160HK$（子供 75HK$、シニア 105HK$）、往復 235HK$（子供 110HK$、シニア 155 HK$）。全面ガラス張りのクリスタルキャビン（水晶車）は片道 200HK$（子供 115HK$、シニア 145HK$）、往復 315HK$（子供 190HK$、シニア 235HK$）。片道のみクリスタルキャビン乗車のチケットもある。子供は 3 ～ 11 歳、シニアは 65 歳以上。
　ケーブルカーとバス乗車券、大澳ボートツアーを含む「360 大澳通」という 1 日パス（→ P.370 欄外）もある。

クリスタルキャビンはガラス張りの床から景色が見える

ゴンピン・ビレッジのアトラクション
ウオーキング・ウィズ・ブッダ（與佛同行）
開11:00 ～ 17:00（土・日曜、祝日 10:00 ～ 17:40）料40HK$（3 ～ 11 歳 20HK$、65 歳以上 28HK$）　※所要約 20 分。
モーション 360（360 動感影院）
開11:00 ～ 17:00　料40HK$（3 ～ 11 歳 20HK$、65 歳以上 28HK$）　※所要約 10 分。
ケーブルカー・ディスカバリーセンター（纜車探知館）
　ケーブルカーをテーマにした VR 体験型施設。
開11:00 ～ 17:00　料60HK$（3 ～ 11 歳 30HK$、65 歳以上 42HK$）
香港チョコレートアートワークショップ（香港巧克力藝術坊）
　香港をテーマにチョコレートで作成した作品を展示。チョコ作りや試食ができるワークショップも開催。
住昂坪市集 12 號店
☎6737 8928
※ゴンピン 360 のチケットを持っていれば、20HK$ で上記アトラクションのうちの 1 つが楽しめる（香港チョコレートアートワークショップは見学のみ）。

中下車する場合は、運転手や周りの人に教えてもらおう。また、バス停にはどのバスも停まるので、乗る路線によってバス停を探さなければならないということはない。

　島中のバス停には、時刻表が出ていないことがほとんど。梅窩や東涌のターミナルでだいたいの運行間隔をチェックしておこう。

　料金は前払いで、路線内は均一料金。路線によって料金が違うため、同じバス停で降りる場合、遠くまで行く路線を使うと損をすることになる。また、月曜から土曜と日曜では料金が違うので気をつけよう。すべてのバスでオクトパス（八達通、→ P.97）が使える。

的士（タクシー）

タクシーは水色の車体。梅窩から東涌へは 150HK$ くらいが目安

　梅窩のフェリーを降りたバスターミナルや東涌駅 A 出口を出た所にタクシー乗り場がある。島内を走るタクシーの色は水色。水色タクシーの数は少ないので、ゴンピン・ビレッジや寶蓮寺などの観光名所以外では、島内で流しのタクシーをひろうのは難しい。

　また、東涌駅には、島内の水色のタクシーのほかに九龍、香港島などの中心部へ行く赤色のタクシーがある。

見どころ

●仏教世界へトリップ　map P.374

ゴンピン 360（昂坪 360）　Ngong Ping 360

　ゴンピン 360 は 5.7kmのケーブルカー（ロープウエイ）と仏教文化のテーマパークであるゴンピン・ビレッジを合体させた見どころだ。ここから徒歩約 5 分の天壇大佛、寶蓮禪寺（→ P.377）とあわせて観光するのがおすすめ。

ケーブルカー（昂坪纜車）

　乗り場は東涌駅 B 出口の西側。ここから約 25 分の空中散歩でゴンピン・ビレッジに着く。ケーブルカーにはスタンダードのほかに、床までガラス張りのクリスタルキャビンもあり、なかなかスリルのある旅が楽しめる。

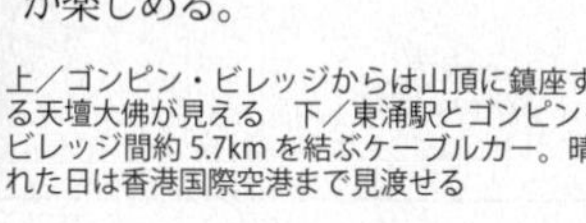
上／ゴンピン・ビレッジからは山頂に鎮座する天壇大佛が見える　下／東涌駅とゴンピン・ビレッジ間約 5.7km を結ぶケーブルカー。晴れた日は香港国際空港まで見渡せる

ゴンピン・ビレッジ（昂坪市集）

中国の古い街並みが再現され、ウオーキング・ウィズ・ブッダ、五感を刺激する 4D アトラクションの「モーション 360」、バーチャルリアリティを体験する「ケーブルカー・ディスカバリーセンター」といったアトラクションがある。飲食店やショップは 24 店あり、中国茶が楽しめるカフェ「立農茗茶」は立ち寄ってみたい。

「立農茗茶」では毎日 3 回、中国茶の入れ方のデモンストレーションが行われる

●巨大な大仏が鎮座する山上の寺 map P.374

寶蓮禪寺（ポーリンシムジー） Po Lin Monastery

鮮やかな彩色が美しい大雄寶殿

寶蓮禪寺は、香港でも規模の大きな禅寺のひとつ。ランタオ島で最大の観光地だ。島の西の昂坪高原にあり、ここからは鳳凰山（934m）がよく見える。

寺は山吹色の瓦が輝く、中国式の大きな仏堂の大雄寶殿を中心に建てられ、この中には 3 体の仏像が安置されている。大雄寶殿の前には韋駄殿があり、後ろには五層からなる新築の萬佛寶殿が威風堂々とそびえ立つ。名所、旧跡というよりは、今も信仰の対象として生き続けている寺だ。

寺の門の反対側には大きな石の祭壇があり、この上には世界最大（仏像の高さ 23m、蓮の台座を入れると 26m、基盤からの高さ 34m）の野外坐仏、天壇大佛が鎮座しており、祭壇上からは眺めがよい。大仏の台座の内部には展示館（有料、→欄外）があり、階段下の窓口では見学料と精進料理とのセットチケットを販売している。展示館の上階には仏舎利（釈迦の遺骨）が祀られており見学できる。

大仏は木魚山の頂上付近、標高 482m の所に鎮座している。約 270 段の石段を上ってアプローチ。午後から逆光になるので、写真を撮るなら午前中がよい

●経典の道を歩けばすがすがしい気分に map P.374

ハート・スートラ（心經簡林（サムギンガーンラム）） Wisdom Path

儒教、仏教、道教の三教ともに尊ばれる仏典『心経（ハート・スートラ）』の教えを刻んだ 38 本の木柱が、小高い丘に沿って 8 の字を描くように立てられた場所。木柱の高さと位置は地形と調和しており、8 の字は宇宙や人生の無常の道理を表している。地元ではパワースポットとしても有名。見晴らしもよいので木柱に沿って歩いてみよう。

南シナ海を一望する山の中腹にある柱の心経の文字は著名な学者で書道家の饒宗頤氏の手によるもの

寶蓮禪寺
住 大嶼山昂坪 ☎2985 5248
開 8:00 ～ 18:00 休 無休
料 無料 行き方 ゴンピン・ビレッジから徒歩約 5 分。梅窩から 2 昂坪行きバスで終点下車。所要約 45 分。東涌から 23 バスで終点下車。所要約 50 分（→ P.373 コラム内）。日曜、祝日のみ紅磡の紅鸞道のバスターミナルから寶蓮寺行き直行バス 1R が運行。尖沙咀の九龍公園前、旺角の雅蘭中心前のバス停を経由する。8:30、9:15、10:00 の 3 便運行。所要約 1 時間 45 分。51.8HK$。
※ここは標高が高いので、夏でも涼しく、霧や雨も多い。一応雨具や、冬季は防寒着を持参したほうがよい。

天壇大佛
開 10:00 ～ 17:30 休 無休
展示館
齋（精進料理）券 110、150 HK$ を購入すれば 2 ～ 3/F にある経文や書画などの文物、仏舎利などを見学できる。

寶蓮禪寺での食事
大雄寶殿に向かって左側に齋堂（ベジタリアン食堂）があり、精進料理が食べられる。まず入口隣の「登記處」で、チケットを購入。食堂入口で係の人にチケットを渡すと、テーブル番号が指示される（混んでいるときは待つ覚悟で）。1 人 110HK$（豪華版 150HK$）。料理は一汁四菜。また、野外大仏の階段上り口でも展示館見学とセットになったチケットを売っている。
☎2985 4736（電話予約可能）
営 11:30 ～ 16:30
休 無休 カード M V

お寺で食べる精進料理

ハート・スートラ
行き方 昂坪のバス停の脇にある昂坪路から昂坪奇趣徑（ゴンピン・ファンウォーク）をたどり、イギリス時代の議員ベルナッチが作った香港唯一の茶園を通り過ぎると間もなく到着。ここから鳳凰山への登山道も延びている。バス停から徒歩約 15 分。

●高層アパート群が林立する新興住宅街 map P.374

東涌（トンチョン） Tung Chung

香港国際空港開港にともない、MTRの駅が誕生したことから急速に開発が進められ、街が誕生した。交通の中心としても機能している。また、ゴンピン360のケーブルカー乗り場があり、ディズニーランドも視野に入れた観光の拠点として注目の街だ。駅に隣接してシティゲート・アウトレット（→P.270）とノボテル・シティゲート・ホンコンホテル（→P.340）がある。

東涌は明の時代の文献にその名が記され、古い村があったことが知られている。その名残ともいうべき遺跡が点在していることにも目を向けたい。清代の砲台、東涌炮台と東涌小炮台（→P.381）、古い遺物が現存する侯王宮（→P.381欄外）など歴史散歩をするのもよい。

●のどかな港のある町 map P.375

梅窩（ムイウォ）と銀鑛灣（ンガンコンワン） Mui Wo & Silver Mine Bay

銀鑛灣の海水浴場（銀鑛灣海灘）。シャワーや更衣室など設備は整っている

梅窩には船着場があり、銀鑛灣は梅窩の東側に広がる湾のこと。フェリーを降りると、まず目の前に梅窩のバスターミナルがあり、左側にマクドナルド、その裏にはスーパーマーケットやレストランがある。船着場前の道を北へ銀鑛灣に向かって進むとすぐ左側に食堂が集まった熟食市場がある。そのまま5分ほど歩くと銀河に架かる橋があり、ここからが梅窩の町の中心部。「梅窩」という名前は、このあたりの地形が蝴蝶山谷を囲み、5つの村が梅の花びらのように見えたため名づけられたといわれる。橋を渡った左側には市場や、食堂、商店などが並び、展示館「梅窩文化展覧中心」（→欄外）もある。

海に沿って前進しよう。右側には美しい砂浜が広がっている。ここは梅窩海水浴場とも銀鑛灣海水浴場ともいわれている。銀鑛灣とは、昔、梅窩の村に銀の鉱山があったことからつけられた名前だ（現在は閉鎖）。海沿いに銀鑛灣渡假酒店（→P.340）が立つ。

●香港人に人気の海水浴場 map P.375

貝澳（プイオウ） Pui O

遠浅の浜が延々と続く入江。正面の芝麻灣半島

梅窩に近い海水浴場。バス停の周りには、ホテル、小さな商店やレストラン、それにたくさんの渡假屋（トウガオッ）（自炊式民宿）が並んでいて、夏は香港人のレジャー客でにぎわっている。ビーチは遠浅の砂浜で、長さは1kmくらい。左側には芝麻灣半島が迫り、景観も美しい。浜辺にはキャンプのための専用地、ビーチバーやカフェもあり、更衣室、シャワーの設備も整っている。

高層アパート群が建ち並ぶ東涌のニュータウン

梅窩
梅窩への中環からの船、梅窩からの船・バスについては→P.372～373。梅窩の見どころは→P.383

梅窩文化展覧中心（ムイウォマンファーチンラムチョンサム）
Mui Wo Culture & Heritage Exhibition Centre
銀鑛灣酒店のすぐ南にある。村の歴史がわかる写真や農具・生活道具などを展示。
住 梅窩鄉事會路1
☎2984 8473 開 土・日曜の13:00～16:00 休 月～金曜、祝日、旧正月
料 無料 map P.383

村の変遷がわかる写真コーナー

梅窩での食事
船着場の南側に欧米人向けのカフェやエスニック料理店がある。船着場から北西へ徒歩約3分の熟食市場（営11:30～21:30）もおすすめ。市場（街市）周辺にも食堂やローカルカフェがある。
福聚來海鮮酒家
住 沖口道3
☎2984 8227 営11:30～15:30、17:30～22:30
休 旧正月2日間 カード 不可
map P.375
梅窩の船着場から銀鑛灣へ向かう左側、土手の上にある。野趣あふれる海鮮料理が食べられる。

牧歌的な光景が広がる貝澳

貝澳
行き方 東涌駅前の東涌站巴士總站から3M梅窩行きバスで約25分、貝澳下車。梅窩からは3M東涌行き、1大澳行き、4塘福行き、2昂坪、A35機場行きバスで約15分、貝澳下車。停留所から浜辺へは、南へ折れる道を約10分行く。
貝澳の貸自転車
1時間10HK$、1日30HK$。

●スケールの大きなビーチ map P.374

長沙 Cheung Sha (Long Beach)

長沙は砂浜の長さが 2km 近くもあって、香港でいちばん海岸線の長い海水浴場だ。砂浜の幅は広くはないが、グーンと延びた弓なりの浜辺は美しい。

長沙は、正確には上長沙海灘と下長沙海灘（灘とは砂浜の意味）に分かれていて、ふたつはちょっと出っ張った岬で分けられている。「下」の浜辺は「上」の 3 分の 1 くらいの長さだが、更衣室や売店、レストラン、休憩所も整っているので、「下」を起点にするとよい。「上」にも更衣室、シャワーはある。

●豊かな自然を満喫できる map P.374

塘福 Tong Fuk

ランタオ島のおもな海水浴場のなかで、水も砂浜もいちばんきれいな浜辺だ。泳ぎに来ている人も隣の長沙より多いくらい。白砂の浜は 500m ほど続く。バス停の近くにはレストラン、ストアがあり、渡假屋（自炊式民宿）も多数ある。ここから長沙へは、バス路線道路を約 15 分歩くと行けるので、ここをベースにして両方の海水浴場で泳いでみるのもいい。

●香港の原風景を思わせる漁村 map P.374、380

大澳 Tai O

干潟の上の高床の住居はお互いがつながっており、村のコミュニティを形作っている

大澳は、ランタオ島のなかで最も古くから開けた漁村だ。50 年ほど前まで広大な塩田があり、塩田業と漁業で栄え、行政と産業の中心であった。現在はともに衰退し、のどかな漁村のイメージが強い。

ところがここ数年、大澳ヘリテージ・ホテル（→ P.339）が開業し、水路を巡る観光ボートも充実。豊かな自然と文化が注目されて観光客が増え、特に週末は活気を取り戻している。いちばんの見どころは、香港ではここにしか残されていない棚屋と呼ばれる水上家屋が並ぶ干潟の光景。時間が止まったかのような路地の散策も風情がある。

観光ボートと路地の散策を楽しもう

大澳は水路で分断された 3 エリアに分かれ、それぞれ橋で結ばれている。見どころとなる商店街や通りはバスターミナルの近くの大澳永安街と、対岸の吉慶街周辺。観光ボートで水路を巡ることもできる。

●観光ボート：12 ～ 20 名ほど乗れるボートで大澳西側の沿岸と水路を約 20 分間巡るツアー。海上から見る島景色は美しく、水路では水上家屋の生活を垣間見ることもできておもしろい。

観光ボートは大澳の人気観光ツール

上長沙海灘。この東側が下長沙だ

長沙
行き方 東涌站巴士總站から 11 大澳行き、23 昂坪行きバスで約 25 分、梅窩から 4 塘福行き、2 昂坪行き、1 大澳行きバスで所要約 20 分（→ P.373 コラム内）。両ビーチは林の中にある道でつながっている。道の入口は地元の人に聞くといい。

景観もすばらしい塘福のビーチ。白い砂がまぶしいくらい

塘福
行き方 東涌站巴士總站から 11 大澳行き、23 昂坪行きバスで約 30 分、梅窩から 4 塘福行き、2 昂坪行き、1 大澳行きバスで所要約 25 分（→ P.373 コラム内）。砂浜へはバス停から進行方向の逆へ行くと、すぐに砂浜へ下りる道がある。

大澳
行き方 梅窩から 1 大澳行きバスで終点下車。所要約 45 分。寶蓮寺（昂坪）からは 21、東涌からは 11 のバスが出ている（→ P.373 コラム内）。

屯門・東涌から船での行き方
屯門～東涌發展碼頭～沙螺灣～大澳海濱長廊新碼頭という航路がある。屯門～大澳まで通しで運航する船は月～金曜 1 日 4 便、（土曜 9 便、日曜、祝日 12 便）で、快速船は所要約 55 分、普通船は約 87 分。
富裕小輪 ☎5801 2200
URL www.fortuneferry.com.hk

大澳鄉事委員會歴史文化室
Tai O Rural Committee Historic and Cultural Showroom
大澳の独特の文化や祭祀、生活用具や漁具など、地元住民の寄付による品々が展示されている。村の入口にある。
住 永安街 5 ☎2985 7229
開 12:30 ～ 17:00 休 月曜
料 無料 map P.380

観光ボート
大澳小艇遊
Tai O Boat Excursion Ltd.
約 20 分のツアーで 1 人 25HK$ ～。乗り場はバスターミナル近くの大澳涌行人橋（横水渡大橋）付近にある。
☎5110 0527 営 10:00 ～ 17:30
休 旧暦 1/1、一部の祝日

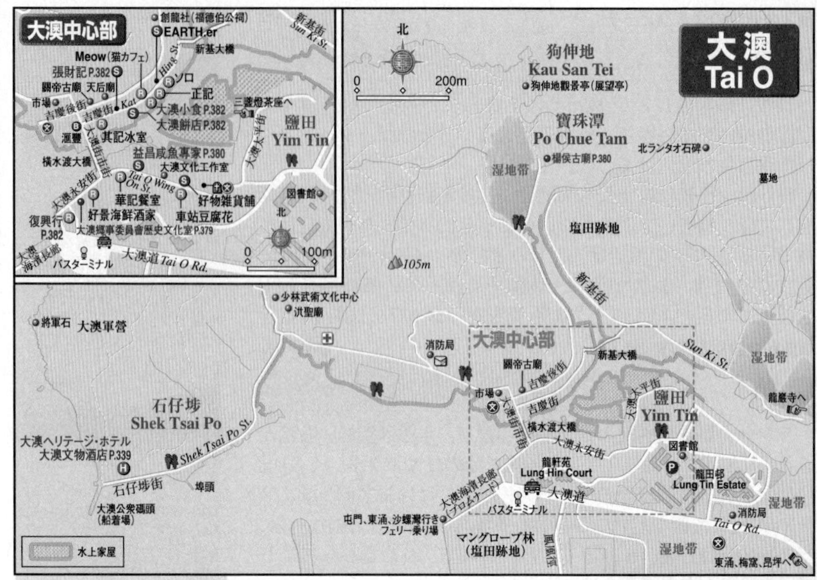

永安街の乾物屋
益昌咸魚專家

　大澳には海産物の乾物屋が多く、永安街には加工工場をもつ店も何軒かある。なかでもこの店は50年以上続く老舗。干し魚（鹹魚）をはじめ、干しカキ、干し貝柱などが並び、香港中心部よりも安い。

住 永安街 43-48　☎2985 5312
営8:00 ～ 17:30　休 無休
カード M V　map P.380

魚介の乾物店や露店がズラリ。写真は魚の浮き袋

つり橋の横水渡大橋

楊侯古廟（ヨンハウグーミウ）
Yeung Hau Temple

　1699 年創建の古廟。元軍に追われ一時この島に身を寄せた宋の末帝を護衛した忠臣、楊亮節を祀っている。

行き方 バスターミナルから徒歩約 15 分。
map P.380

●大澳永安街：バスターミナルの北側の路地を入ると大澳永安街に出る。細い通りの両側には魚屋、乾物屋、みやげ物店、スナック店、食堂などが並んでいる。大澳の名物の蝦醬（エビの発酵ペースト）や海産乾物はおみやげに人気があり、乾物屋をのぞいてみるのもいい。大澳太平街の先は何もないので来た道を戻り、対岸に渡ろう。横水渡大橋というつり橋で大澳街市街へ。

赤く塗られた新基大橋は水路の展望ポイント

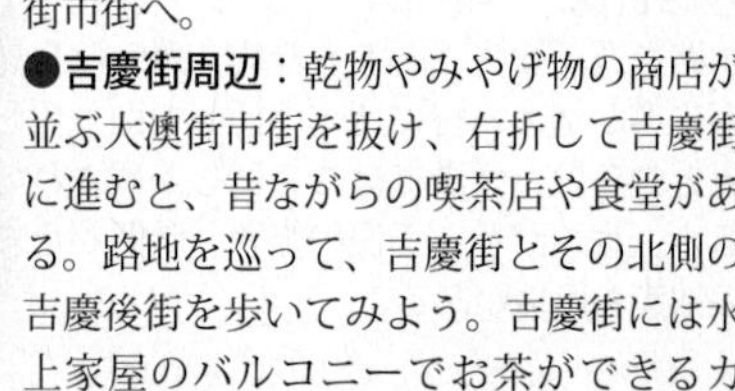

郷愁漂う大澳永安街

●吉慶街周辺：乾物やみやげ物の商店が並ぶ大澳街市街を抜け、右折して吉慶街に進むと、昔ながらの喫茶店や食堂がある。路地を巡って、吉慶街とその北側の吉慶後街を歩いてみよう。吉慶街には水上家屋のバルコニーでお茶ができるカフェや雑貨店もある。突き当たった所の新基大橋（通称、紅橋）からは、水上家屋が密集する水路の光景が見渡せる。吉慶後街から北に延びる小道を進むと、楊侯古廟（→欄外）がある。

●大澳ヘリテージ・ホテルへ：大澳街市街の突き当たりを左折し、街市（市場）を左に見て石仔埗街を西へ。のどかな自然のなかを約 20 分歩くと、突端に大澳ヘリテージ・ホテル（→ P.339）がある。歴史的建物の外観を見学でき、レストランも利用可能。

マングローブの茂る水路の入口に立つ楊侯古廟

●城塞跡に残る大砲 map P.374

東涌炮台（東涌古堡） Tung Chung Fort

のどかな田園風景のなかに残る砲台

東涌炮台はランタオ島の北側、下嶺皮という村にある、小さいながら歴史のある史跡だ。東涌駅からバスで約10分、バス道の東涌道から東の山のほうに小道を進んだ所にある。

この炮台は、1832年、清朝時代に水軍の城塞として建設され、今でも円形の石積みと6門の大砲が残っている。石積みに登ると東涌灣が望め、大砲の先はその東涌灣を向いている。小さな史跡だが保存状態はよく、当時の防衛基地の様子がうかがえる。敷地内には展覧中心 Information Centre もあり、東涌の歴史文物や村の生活道具、昔の写真が展示されている。歴史に興味がある人にはおすすめだ。

なお、地図を見ると北側にもうひとつ「東涌小炮台」というのがあるが、1817年建造と『廣東通志』に記載のある「石獅山砲台」の一部で、大砲1門の台座が修復、公開されている。

●丘の上に立つ修道院 map P.375

熙篤會神樂院（聖母神樂院） Our Lady of Joy Abbey

熙篤會神樂院は、1956年に河北から逃れてきたキリスト教徒たちによって建てられたと伝えられている修道院。坪洲島を望む丘の上に凛として立つこの修道院は、あたかも彼らの信仰の厳格さと孤高を表しているようだ。

院内には、山の斜面に小さな教会、中国式東屋の下に造られたマリア像、修道士たちの宿舎（参観不可）などがある。参観が許されていない場所を除き、個人で見学できる。ここで作ったビスケットが売られている。教会では1日数回お祈りがあり、見学者も参加できる。

ひっそりとたたずむ熙篤會神樂院

●高層団地が林立する住宅街 map P.375

愉景灣 Discovery Bay

専用バスも走る高層団地群。リゾートマンション、ゴルフ場、会員制のプールやテニスコートもあり、欧米人の駐在員が多く住んでいる。フェリー埠頭の目の前に愉景廣場というショッピングセンターがある。G/F部分にはテラス席のあるレストランやカフェが並ぶ露天廣場があり、各国料理が楽しめる。また、すぐそばの海辺には美食廣場（D'Deck）というレストラン＆バー街もある。

評判のよいレストランが並ぶ露天廣場

東涌炮台の展覧中心
☎2208 4400 開10:00～17:00
休 火曜、12/25、12/26、1/1、旧正月3日間

東涌炮台への行き方
東涌市中心から3M梅窩行き、11大澳行き、23昂坪行き、34石門甲（羅漢寺）行きバスで約10分、梅窩から3M東涌市中心行きバスで約40分（→P.373コラム内）。東涌下嶺皮で下車し、東側の山のほうへ徒歩約3分。降りるバス停は運転手に頼んで教えてもらおう。

侯王宮
Hau Wong Temple
住 大嶼山東涌沙咀村西
行き方 MTR東涌駅A出口から徒歩約20分。富東邨、逸東邨を越え、道なりに西に向かっていくと案内板がある。map P.374
清の乾隆30（1765）年、南宋時代の忠臣、楊亮節を祀り建てられた廟。東涌灣を望む広大な敷地に立つ。廟の屋根の上の陶製の人形には洋服を着た人物像もあり、興味深い。ほかにも古い梵鐘や碑などがある。

熙篤會神樂院
住 大嶼山大水坑353-354
☎2987 6292
URL www.ourladyofjoyhk.org
［食事］ ここには見学者が食事できる施設はない。
［宿泊］ ウェブサイトの申込書に必要事項を記入し、申し込む。1人300HK$（トイレ、シャワー共同）、350HK$（トイレ、シャワー付き）。3食付き（※宿泊者は礼拝に参加しなければならない）。
住 香港坪洲郵箱5號 熙篤會神樂院 FAX 2987 5091
行き方
1. 香港島からフェリーで坪洲島へ行き、坪洲島から神樂院行きの船に乗る方法。神樂院行きの最終便に乗った場合は、帰りの便はない（→P.372コラム内）。船着場から山の上の神樂院へ続く坂道を上る（所要約15分）。
2. 中環渡輪碼頭の3號碼頭から愉景灣行きの高速船で愉景灣（→P.372コラム内）へ。そこから南へ徒歩10分ほどの稔樹灣街渡碼頭へ行き、神樂院行きの船に乗船、所要約10分。船着場到着後は1と同じ。
稔樹灣街渡碼頭からは徒歩で行くこともでき、所要約1時間。街渡碼頭の右側の道を、林や畑などを抜けつつ、ひたすら進むとたどり着く。

愉景灣
行き方 中環渡輪碼頭の3號碼頭から、愉景灣行きの高速船が運航。また、東涌駅前のバスターミナルからDB01R愉景廣場行き、港珠澳大橋香港口岸行き、空港からDB02R愉景灣行き、欣澳駅からDB03R愉景廣場行きのバスがある（→P.372～373コラム内）。

ランタオ島をディープに楽しむ

島内には本文で紹介しきれない見どころがまだまだある。
ユニークな食や歴史に触れてみよう

テーマパークのような市場を見にいく
東涌の逸東街市（香港街市）

ランタオ島東涌駅からバスで約10分の公共団地(逸東邨)にある市場が一新され、見どころに変身。1960年代の九龍城(→P.204)をイメージした街並みを再現し、看板やポスター、カゴや冷蔵ケースにいたるまで作り込まれている。

逸東街市（香港街市）
Yat Tung Market（Hong Kong Market）
住 大嶼山東涌逸東街８　逸東商場 G/F　G/F, Yat Tung Shopping Centre, 8 Yat Tung St., Tung Chung, Lantau Island　☎3977 4687　営 だいたい 7:00 頃～ 20:00 頃
行き方 東涌駅前のバスターミナル（東涌站巴士總站）から 38 のバスで終点下車。　map P.374

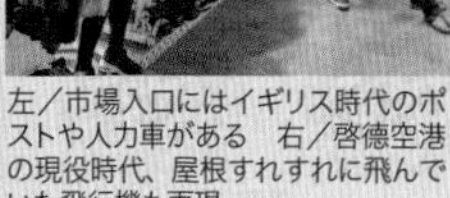

左／市場入口にはイギリス時代のポストや人力車がある　右／啓徳空港の現役時代、屋根すれすれに飛んでいた飛行機も再現

左／野菜や魚介、乾物まで通常の市場同様の売り場がある。価格は若干高め　中／屋外では腸粉や魚団子、麺類などを販売　右／散髪屋も接骨医もある

アツアツは特においしい

ご当地スナックを食べ歩く
大澳の大澳永安街＆吉慶街

大澳の商店街には小食(スナックやおやつ)の店が多く、食べ歩きを目的にやってくる人もいるくらいだ。特産の蝦醤(エビの発酵ペースト)を使ったスナックや海鮮の串焼きなど海の恵みを生かした食べ物が魅力。

メインストリートの大澳永安街。もとは海産物店や食堂などがスナックを売り始め、どんどん広まった

揚げたてにさっと砂糖をまぶして紙袋に

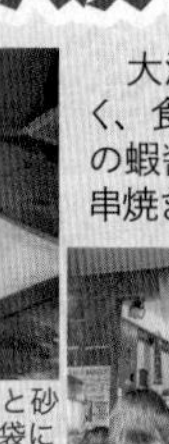

店頭で作製しながら販売している大澳餅店（住 吉慶街66）

沙翁 15HK$
@ 大澳餅店

ドーナツのような揚げ菓子。中がほぼ空洞になっている。この店のものは外はパリッとしていて中はしっとり、卵の風味が口に広がる。

香妃巻 35HK$
@ 大澳小食

香妃巻は中国山東省のスナック「雑糧煎餅」をアレンジしたもの。水溶き小麦粉を鉄板に薄く引いて卵、ネギ、自家製干し大根、揚げ皮、コリアンダーを加えソースをかけて焼き、ゴマを振って折りたたんで完成。多種類の具材のハーモニーと食感が楽しめる。

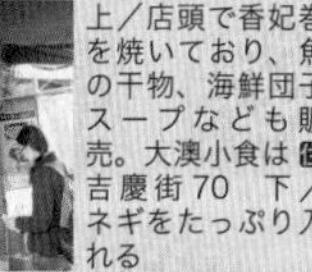

上／店頭で香妃巻を焼いており、魚の干物、海鮮団子スープなども販売。大澳小食は 住 吉慶街 70　下／ネギをたっぷり入れる

特大魚蛋 2 個 16HK$
@ 復興行

左／メニュー豊富な小食店、復興行（住 大澳永安街4D）　右／大粒の魚団子とイカ団子のほか、醤油だれに漬け込んだ肉厚のイカ（滷水大墨魚、60HK$）も名物

蝦豬餅 30HK$
@ 張財記

左／蝦豬餅は蝦醤で味付けした豚ミンチをレタスと一緒にパイ状の生地に挟んだもの　右／蝦醤を製造販売する張財記（住 吉慶街 41）のアイデアスナック

※P.382に掲載の店：カード 不可　map P.380

歴史ある村を散策する 梅窩（ムイウォ）

あちこちで野良牛を目にする

山の高台から眺めると、胡蝶山谷を囲む5つの村が梅の花弁のように見えるので「梅窩」と名づけられたというすてきな言い伝え。そんな山と海に囲まれた小さな村はかつて銀鉱山があり、空港ができるまでは島の拠点として栄えていた。今ではひなびた感じがするが、実は歴史遺産が数多く、古道を散策すれば豊かな自然と人情味ある人々に心が和む。香港最古の廟「文武廟」を目指してゆっくり歩いてみよう。

map P.375

上／弧を描く銀鑛灣。海水浴場やホテルがある　左下／文武廟近くの道沿いにかわいいバス停のようなベンチがある　右下／梅窩唯一の小学校、梅のマークがほのぼの

上／行き先案内板が整備されている　下／梅窩は客家の人々が16世紀頃から住み着いた

見どころ

村の自警団の見張り台

鹿地塘更樓（ロッデイトンガンラウ）

Old Watch Tower

花崗岩を使った3階建てで見張りや銃を構えるための窓がある。戦後は住宅として使われていたが、現在は放置状態

梅窩には古くは100年くらい前に建てられた更樓と呼ばれる自警のためのやぐらが残っている。海賊や盗賊などの侵入を防ぎ、村を守る砦の役目を担い、梅窩の各村に存在する。特に1942年に有力村民の曾氏が建設した鹿地塘の更樓は立派な造り。

行き方 市場（街市）から徒歩約15分、船着場から20～30分。

入口の絵は文と武を象徴する人物、堯舜と岳飛を描いた後世のもの。廟の前の道を北に約10分行くと銀鑛瀑布（滝）、鉱山の洞窟がある

約400年の歴史をもつ

文武廟（マンモウミウ） Man Mo Temple

山の麓の白銀郷にある香港最古の廟。上環の文武廟より200年以上前の明代（1573～1620年の間）に建立。修復は行われているものの、入口付近など創建時の姿が残る。関帝と文昌帝の2神が祀られている。

開 9:00～18:00　行き方 市場（街市）から徒歩約30分、船着場から約40分。

梅窩のおすすめ食堂&レストラン

左／手前は蘿蔔牛腩麵、後方左が公司三文治（クラブサンドイッチ）、後方右が法蘭西多士（フレンチトースト）、価格は20～40HK$　右／地元の人がランチにお茶にと次々訪れる

住民の憩いの場

麥生記冰室（マッサンゲイビンサッ）

子供の頃から通う近所の夫妻

1954年の創業時から変わらないのどかな風情の喫茶店。時が止まっているかのような錯覚を覚える。自慢のクラブサンドイッチやフレンチトースト、ホロホロのバラ肉煮込みをのせた麺（蘿蔔牛腩麵）などがおすすめ。

住 梅窩涌口街38F　☎2984 8365　営 6:30～16:00　休 水曜、旧正月1週間　行き方 市場（街市）から徒歩約3分、船着場から約10分。

アップルクランブルが自慢のデザート

海岸沿いのレストラン

チャイナビーチクラブ

The China Beach Club

銀鑛灣をぐるりと回り込んだ湾北側にある。もともとは海水浴場の監視員協会だった建物を利用し、2階の見晴らしのよいスペースで営業。アジアとヨーロッパ料理がメイン。家庭的な味と雰囲気が味わえる。

住 東灣頭道18　☎2983 8931　営 金～日曜の12:00～22:00（祝日～23:00）　休 月～木曜　カード 不可　行き方 市場（街市）から徒歩約15分、船着場から25～30分。

左／テラス席が人気。開業は2001年　右／手前はチキンのロースト（189HK$）、後方はタイ風のチャイナビーチカレー（179HK$）。クラフトビールもある

毎晩開催されるショー「モーメンタス」ナイトタイム・スペクタキュラー。3D プロジェクションマッピング、噴水、レーザー、照明、花火が一体となった演出で感動マックス！※

香港ディズニーランド

ランタオ島北東部、雄大な自然の中に展開する香港ディズニーランド。2020年の開園15周年を記念して誕生したお城「キャッスル・オブ・マジカル・ドリーム」が迎えてくれる。マーベル映画をテーマにしたアトラクション「アイアンマン・エクスペリエンス」や「アントマン&ワスプ:ナノバトル!」など、香港でしか体験できないアトラクションが狙い目。2023年11月には映画『アナと雪の女王』をテーマにした新エリア「ワールド・オブ・フローズン」のオープンが予定されていて、楽しみが尽きない!

13人のディズニ
プリンセスと
の物語をもと
計された「キャ
ル・オブ・マジカ
ドリーム」。そ
れのヒロイン
性が尖塔の色
飾などで表現
ている※

香港ディズニーランド

メインストリートU.S.A.　アドベンチャーランド　ファンタジーランド　トゥモローランド
トイ・ストーリーランド　グリズリー・ガルチ　ミスティック・ポイント
ⓘインフォメーション　Ⓡレストラン　Ⓢショップ　トイレ　救護室　喫煙所

トイ・ストーリーランド
ミスティック・ポイント
グリズリー・ガルチ
アドベンチャーランド
ファンタジーランド
トゥモローランド
メインストリートU.S.A.
香港ディズニーランド・レイルロード
ディズニーランド・レイルロード
ファンタジーランド駅
メインストリート駅
ロイヤル・バンケットホール
リバービュー・カフェ
クロパンのフェスティバル・オブ・フーズ
コメット・カフェ
タヒチアンテラス
プラザ・イン
スターライナー・ダイナー
マーケットハウス・ベーカリー
エンポーリアム
コインロッカー
現像所
シティホール
ATM、遺失物センター
手荷物検査所
入口
チケット売り場
ホテルへ
迪士尼駅、バス、タクシー乗り場へ

1「フェスティバル・オブ・ザ・ライオン・キング」
2 ダッフィー&フレンズプレイハウス
3 ターザンのツリーハウス
4 ターザンのツリーハウスへのいかだ
5 カリブニ・マーケットプレイス
6 モアナ:ホームカミング・セレブレーション
7 ジャングル・リバー・クルーズ
8 リキ・ティキ
9 ビッグ・グリズリー・マウンテン・ラナウェイ・マイン・カー
10 ガイザー・ガルチ
11 ミスティック・マナー
12 ガーデン・オブ・ワンダー
13 バレル・オブ・ファン
14 スリンキー・ドッグ・スピン
15 RCレーサー
16 トイ・ソルジャー・パラシュート・ドロップ
17 キャッスル・オブ・マジカル・ドリーム
18 ロイヤル・レセプション・ホール
19 ミッキーのフィルハーマジック
20 フェアリーテール・フォレスト
21 空飛ぶダンボ
22 シンデレラ・カルーセル
23 王様の剣
24 マッド・ハッター・ティーカップ
25「イッツ・ア・スモール・ワールド」
26 ザ・メニー・アドベンチャー・オブ・ウィニー・ザ・プー
27 ハイパー・スペース・マウンテン
28 オービトロン
29 アイアンマン・テック・ショーケース
30 アイアンマン・エクスペリエンス
31 アントマン&ワスプ:ナノバトル!
32 アート・オブ・アニメーション
33 アニメーション・アカデミー

「フェスティバル・オブ・ライオン・キング」のショーは見応え十分

2023年11月オープン予定の『アナと雪の女王』がテーマの「ワールド・オブ・フローズン」。エリア内にはアレンデール王国が再現され、ライドアトラクションやローラーコースターが登場する※

「キャッスル・オブ・マジカル・ドリーム」内の「ロイヤル・レセプション・ホール」ではお城の象徴となっているプリンセス＆女王に会える※

Hong Kong Disneyland 7つのテーマランド

トイ・ストーリーランド
Toy Story Land
(反斗奇兵大本營)

映画『トイ・ストーリー』の世界を再現したエリアで、おもちゃたちと遊ぼう。スリリングなRCレーサーをはじめ、愉快な乗り物が3つ。

©Disney/Pixar

左／ウッディやジェシーと写真が撮れる「バレル・オブ・ファン」右／RCレーサーは高さ25mのハーフパイプ・コースター※（身長制限あり）

グリズリー・ガルチ
Grizzly Gulch (灰熊山谷)

19世紀後半のゴールドラッシュに沸くアメリカ西部の町が舞台。鉱山列車に乗って金鉱を駆け抜ける「ビッグ・グリズリー・マウンテン・ラナウェイ・マイン・カー」はスリル満点!

上／進路変更を繰り返しながら猛スピードで進む「ビッグ・グリズリー・マウンテン・ラナウェイ・マイン・カー」右／グリズリー・ガルチの住民たちのショー

アドベンチャーランド
Adventureland (探險世界)

緑に囲まれた野性味あふれる世界。ターザンのツリーハウスやジャングル・リバー・クルーズで冒険のひとときを。

ファンタジーランド
Fantasyland (幻想世界)

眠れる森の美女の城を通り抜けるとディズニーのキャラクターたちの世界。

シンデレラ・カルーセル

ミスティック・ポイント
Mystic Point (迷離莊園)

ミステリアス現象が次々に起こる館をカートに乗って冒険する「ミスティック・マナー」は香港ディズニーランド初のホラーアトラクション。不思議な写真が撮影できる「ガーデン・オブ・ワンダー」と「ミスティック・ポイント・フレイト・デポ」もある。

「ミスティック・マナー」の館

トゥモローランド
Tomorrowland (明日世界)

SFファンタジーの世界が繰り広げられる。アイアンマンやスター・ウォーズをはじめ、アントマン＆ワスプのシューティングゲームがある。

マーベル映画のヒーローにも会える※

スター・ウォーズのバトルのなかへ突入するスリル満点の「ハイパー・スペース・マウンテン」

メインストリートU.S.A.
Main Street, U.S.A. (美國小鎮大街)

20世紀初頭のアメリカの街並みが再現され、ショップやレストランが並ぶ。インフォメーションセンターを担うシティホールもここに。

いたずら好きのシマリスのコンビ、チップとデールはメインストリートで会える

見逃せない お城の前で繰り広げられるショー

フォロー・ユア・ドリーム
Follow Your Dreams (迪士尼尋夢奇緣)

ミッキーマウスとその仲間たちをはじめ、『リメンバー・ミー』のミゲル、『モアナと伝説の海』のモアナ、『アナと雪の女王』のエルサなど大勢の人気者が次々登場するデイタイムのミュージカルショー（約20分間）。

1日2～3回上演（日によって異なるので要確認）※

映画『ズートピア』のジュディとニック※

「モーメンタス」ナイトタイム・スペクタキュラー
"Momentous" Nighttime Spectacular
(迪士尼星夢光影之旅)

マルチメディアを駆使した壮大な夜のショー。ディズニー映画のシーンやキャラクターがプロジェクションマッピングでお城に投影され、音楽や噴水の演出も加わり、魔法の世界に引き込まれる（約20分間）。

幻想的な映像にうっとり※

ショーの開始は20:00または20:30※

※印の写真提供：Hong Kong Disneyland Resort

COLUMN 香港ディズニーランド徹底ガイド

おすすめスイーツ

ミッキーマウス形のものをチェック。左のワッフルと中央のアイスクリームはメインストリートUSAのスナック店で販売。右のマンゴープリンはマーケットハウス・ベーカリーにて

おみやげグッズ

香港オリジナルのグッズが狙い目。チャイナスタイルのミニーのバッグチャーム108HK$

左/アイアンマンのスプーン&フォーク95HK$
右/マーベル映画のTシャツ198HK$

チケットの入手法

入口のチケット売り場で買える。事前にホームページからオンラインで購入も可能。その際は入口の「Automagic Ticket Dispensing Machines」かチケット売り場でチケット入手、または香港駅の「香港ディズニーランド・チケット・エクスプレス」でもピックアップできる。

[パレード(Mickey & Friends Street Celebration)の時間]
12:30、15:30(時期によって変わるので要確認。)

[ナイトショー("Momentous" Nighttime Spectacular)の時間]
20:30 ※時期によって変わるので要確認。

[おもなアジア初のアトラクション]
「ミッキー・アンド・ザ・ワンダラス・ブック」
「フェスティバル・オブ・ザ・ライオン・キング」
トイ・ストーリーランドの3つのアトラクション
「アイアンマン・エクスペリエンス」「ハイパー・スペース・マウンテン」「ミスティック・マナー」
「モアナ:ホームカミング・セレブレーション」
「アントマン&ワスプ:ナノバトル!」
「キャッスル・オブ・マジカル・ドリーム」

待ち時間を少なくする有効アイテム

[ファストパス Fastpass (FP)]

人気アトラクションでこのシステムを採用。アトラクションの入口に設置されているファストパス発券機に入園チケットをタッチすると、1時間の時間帯が記されたファストパスが発券される。この時間帯にパス専用の列に戻れば、ほとんど待たずに入場できる。

ファストパス所持者用の入口

香港ディズニーランド 香港迪士尼樂園(ヒョンコンディクッシーネイロッユン)

住 大嶼山香港迪士尼樂園度假區
Hong Kong Disneyland Resort, Lantau Island
営10:30~20:30(金・土曜10:00~21:00)(2023年11月現在。曜日や時期によって変更になるので、ホームページで要確認) 休 水曜(祝日および特定の日は通常どおり開園) カード A J M V
URL www.hongkongdisneyland.com/ja(日本語)
map P.375

[交通]

●電車 MTR東涌綫の欣澳駅から迪士尼綫に乗り換え約6分、迪士尼駅下車。東涌綫は中環の香港駅が始発、九龍側からならMTR荃灣綫の茘景駅で連絡しているので、この駅で乗り換えるとよい。尖沙咀(24.5HK$)、中環(香港駅、30HK$)からともに31~39分。空港からはS1のバスで東涌駅へ行き、東涌綫に乗車、同上の方法で迪士尼綫に乗り継ぐ。所要約20分。

●バス 新界の町を結ぶ龍運バスの路線がある。
R33:MTR屯門駅~ディズニーランド。
R42:MTR大圍駅~沙田~荃灣~ディズニーランド。
両路線ともディズニーランド行きが日曜、祝日の9:15発の1便、ディズニーランド発は土・日曜、祝日の夜のパレード終演20分後発の便のみで23.5HK$。

●タクシー 中環、銅鑼灣など香港島主要部からの料金の目安は255~345HK$、尖沙咀からは約195HK$、ともに所要30~40分。ディズニーランドのタクシー乗り場には香港各地へのタクシーがある。

[入園料]

	1デイ・チケット	2デイ・チケット
大人	639HK$(799HK$)	1086HK$
子供(3~11歳)	639HK$(599HK$)	804HK$
65歳以上	100HK$	ー

※( )は指定日。
※3歳未満は無料。
※平日、土・日曜、祝日とも一律料金。

長洲島（チョン チャウ トウ） ● Cheung Chau Island

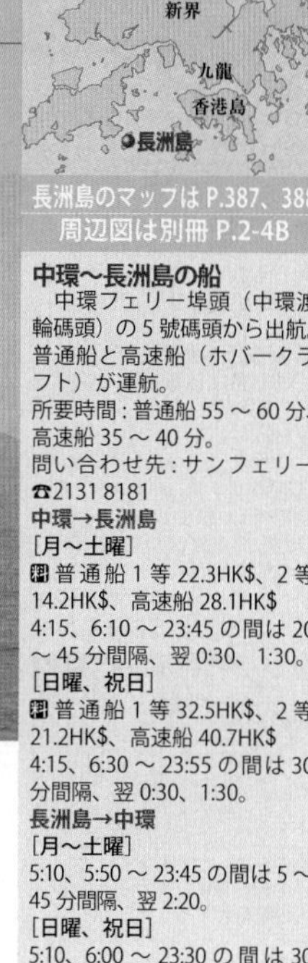

長洲島のマップは P.387、388
周辺図は別冊 P.2-4B

島の西側はダイナミックな自然が楽しめる。張保仔洞（→ P.390）近くの五行岩

長洲島は海や漁業と深く結びついた島だ。香港島や九龍が栄えるずっと以前から漁港、貿易船の寄港地として繁栄していた。現在では、貿易の中心は香港島や九龍に移ってしまったが、漁港としての面目は少しも色あせてはいない。離島のなかでは小さいほうに数えられるこの島は、約 2 万 5000 人が住む、漁港独特の活気のある島である。

また、この島は香港島や九龍に住む若者にとっては、離島のなかで最も楽しく夏を過ごせる海のレジャーランドなのだ。それは宿泊施設やレストランといったリゾートとしての設備が整っているからにほかならない。船着場の反対側、東灣（トンワン） Tung Wan には、パラソルが砂浜いっぱいに広がり、道にはみやげ物店も並ぶ。

東部から南岸にかけては複雑に入り組んだ海岸線の自然美が楽しめるので、整備されたハイキングコースを歩いてみるのもよい。

中環～長洲島の船
中環フェリー埠頭（中環渡輪碼頭）の 5 號碼頭から出航。普通船と高速船（ホバークラフト）が運航。
所要時間：普通船 55 ～ 60 分、高速船 35 ～ 40 分。
問い合わせ先：サンフェリー
☎2131 8181
中環→長洲島
［月～土曜］
料 普通船 1 等 22.3HK$、2 等 14.2HK$、高速船 28.1HK$
4:15、6:10 ～ 23:45 の間は 20 ～ 45 分間隔、翌 0:30、1:30。
［日曜、祝日］
料 普通船 1 等 32.5HK$、2 等 21.2HK$、高速船 40.7HK$
4:15、6:30 ～ 23:55 の間は 30 分間隔、翌 0:30、1:30。
長洲島→中環
［月～土曜］
5:10、5:50 ～ 23:45 の間は 5 ～ 45 分間隔、翌 2:20。
［日曜、祝日］
5:10、6:00 ～ 23:30 の間は 30 分間隔、翌 2:20。

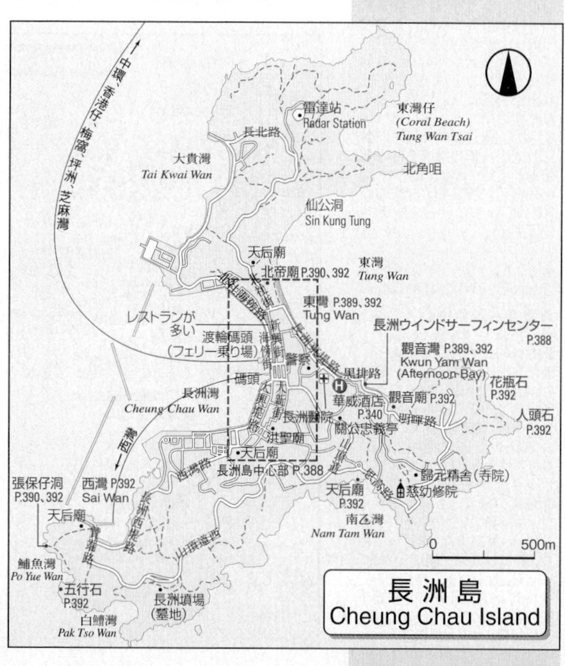

フェリー埠頭周辺には民宿の渡假屋（→ P.390 欄外）の簡易カウンターが並んでいる

長洲島内の交通事情

小さい島なのでバスもタクシーもない（というより自動車道路がないのだ！）。

長洲島は自転車で回ろう

長洲島は自転車で1時間ほどで回れる。フェリー乗り場から海傍街を北に歩くと、レンタサイクル屋が数軒ある。自転車は1時間15HK$、三輪自転車は3時間50～80HK$（以後1時間につき20HK$）。料金的にはどこも大差はない。ブレーキやハンドルの調子をチェックしてから借りよう。

海傍街のレンタサイクル店。普通の自転車のほか、三輪タイプの自転車もある

饅頭節 Bun Festival

4～5月の2日間（日にちは年によって違う）に開かれる長洲島最大の祭り。北帝廟の周りに饅頭を付けた竹の塔、紙の神像などが作られ、宗教儀式、京劇なども催される。歴史上の人物などに扮した子供たちの乗った山車は最大の見もの。祭りが終わると、飾られていた饅頭は運を呼ぶ縁起物として、人々に配られる。山車行列、饅頭を配る儀式は、2023年は5/26～5/27、2024年は未定。

長洲ウインドサーフィンセンター
Cheung Chau Windsurfing Centre
長洲滑浪風帆中心（チョンチャウワッロンフォンファンチョンサム）

住 黒排路1　☎2981 8316
URL www.ccwindc.com.hk
営10:00～18:00（土・日曜～19:00）　休 水曜、旧正月3日間。冬季（10～3月）は事前に要予約　map P.387

観音灣ビーチの西側にある。ウインドサーフィンのオリンピック金メダリスト李麗珊の関係者の経営。ウインドサーフィン用具のレンタルとレッスン（4～10月のみ）を行っており、レンタルは1時間150HK$～（保証金500HK$、現金のみ）。レッスンは7日前までに要予約。カヤックもレンタル可能。アウトドアカフェがある。

歩き方

長洲島の西側の長洲灣にフェリーが発着する埠頭がある。埠頭を出て目の前の海沿いの道（海傍街、新興海傍街、北社海傍街と名前を変える）がメインストリート。海鮮料理店、みやげ物や乾物を売る店が並んでいる。すぐ裏手の細い道に入ると、民家が密集していて、こちらにも小さな店や食堂がある。市場の周辺には食堂が多く、近くの海沿いにはテラス席を設けたレストランが並ぶ。この数年で、路地や海沿いにカフェやスイーツ店、雑貨ショップが続々登場し（→ P.391）、週末は食べ歩きや観光する人々で、にぎわっている。

フェリー埠頭のある長洲灣には漁船やボートが停泊している

住宅地は長洲灣沿いに広がり、丘のような低い山あいにかけても住宅やアパート群が造られ、細い道が入り組んでいる。

海水浴場は東灣、観音灣が人気。東部から南岸一帯の山中には散策道が整い、数時間あれば奇岩のある海岸線や、景勝地を巡ることもできる。小さな島だが、1日時間をとって、のんびりと散策して自然を楽しむのがいいだろう。

お手軽コースは北帝廟を見て、海沿いの店で海鮮を食べフェリー乗り場周辺の店を見て歩くといったもの。時間があれば西端の**張保仔の洞窟**（ジョンボウチャイ）まで足を延ばしてみる。健脚派には P.392 に

上／路地のなかでもにぎわう興隆後街　中／海沿いの海傍街～新興海傍街はおみやげの露店やスナック店、レストランが軒を連ねる　下／新興海傍街の海鮮料理店

紹介のミニハイキングを楽しむコース、のんびりと島の人々の生活も見たいという人は、渡假屋（自炊式民宿）を借りて滞在するのがいい。

見どころ

●規模の大きな海水浴場 map P.387

東灣、觀音灣 Tung Wan 、Kwun Yam Wan

ここは香港全体でもベスト5に入る人気の浜辺だ。夏のシーズン中には砂浜にズラリとビーチパラソルが並び、リゾート気分満点。また、ここからの香港島やラマ島（南丫島）のパノラマもすばらしい。浜辺沿いには海の家があって、ビーチパラソル、デッキチェアの貸し出しをしている。もちろんシャワーや更衣室も整っている。泳いだあとにおいしい海鮮料理でも食べたら、間違いなくハッピーになれるところだ。

海岸沿いには海の家や店が並び、のどかな雰囲気（東灣）

東灣のすぐ隣には觀音灣 Kwun Yam Wan

東灣
行き方 フェリーを降りてすぐ右側の細い路地を入って、道なりにずっと前進すると、自然に東灣の浜辺に出る。埠頭から徒歩約5分。

觀音灣
行き方 東灣から海に向かって右方向へ徒歩約5分。途中、華威酒店の下を通る。

華威酒店内のシービューレストラン
海が一望できる広東料理レストラン「海景粵菜廳」には点心もある（華威酒店→ P.340）。

長洲平記
Cheung Chau Ping Kee
ふわふわの餅の中に大ぶりの果物を入れたスイーツがヒット商品に。完熟マンゴー入りの芒果糯米糍（16HK$）がいちばん人気。
住 北社海傍路19A　19A Pak She Praya Rd.　☎3480 2771
営10:00 ～ 22:00　休 旧正月1日　カード 不可　map P.388

長洲島が本店で、灣仔や上環にも支店あり

エリアガイド

AREA GUIDE 島部 ● 長洲島

COLUMN

張保仔の伝説

張保仔（？～1822年）は、昔活躍（？）した海賊の首領で、香港人なら子供からお年寄りまでみんな知っている超有名人だ。彼が最もその名をはせたのは、1806 ～ 1810年で、この頃彼が率いていた船はなんと1000隻、手下は数千人もいたといわれている。

彼にちなんでつけられた地名もたくさんある。まず、ヴィクトリア・ピークは別名「扯旗山」というが、ここは張保仔が自分の旗を掲げたところから命名され、山の中腹には彼が使った「張保仔古道」（現在は通行不能）が今も残っている。また「西營盤」もここが張保仔の西の基地だったことから名づけられた。昔は西營盤に対する「東營盤」もあって、これは今の銅鑼灣一帯だったそうだ。

これ以外にも、彼と関係があったとされる場所は数えきれない。もっとも、これらはほとんどが伝説の域を出ず、実際のところは不明だ。この張保仔の名前を知っていれば、香港人から「物知り」として一目置かれるはず。

香港は史跡だとか何々ゆかりの地だとかに乏しいところといわれているが、歴史散歩が大好き！という人は、こうした場所を巡ってみるのも楽しいだろう。

張保仔洞への行き方

フェリーを降りたら、すぐ南側の埠頭に数隻「○○渡船」と看板を付けた乗り合いの渡し船（5HK$）がいる。これは鄭さんが経営する渡し船で、基本的には7:00 ～ 20:30の間、約20分ごとに出発（18:30以降は不定期）。まず、この船に乗って島の西南の西灣の船着場へ渡る。所要約15分。船着場から前方へ進むと右側にトイレ、左側に土地神の祠がある。その祠のすぐ右側の細い道を上ると「張保仔路」と立て札があり、この林の中の道を歩く。分岐には表示板があるので迷うことはない。鯆魚灣への分岐を過ぎるとすぐに洞窟への分岐があり、左の道に入り海沿いに出て岩場を右へ曲がり込むと、張保仔洞がある。船着場からは徒歩約15分。

小さな渡し船での移動は、ほのぼのした旅情あり

という海水浴場がある。こぢんまりとした入江の穴場の海岸で、ここは東灣より人が少ない。ウインドサーフィンセンターがあり、この中にテラス式のカフェがある。

●航海者たちの守護神北帝を祀った廟 map P.388

北帝廟（パッタイミウ） Pak Tai Temple

建てられたのは 1783 年と古く、香港の廟のなかでもよく知られたもののひとつだ。建物は小さく、灰色の瓦とずいぶんはげてしまった白壁でできていて、屋根の上には龍が躍り、入口の前には一対の狛犬の像がある。中はとても暗く、外見よりも古さを感じさせる。真ん中奥に北帝が祀られ、左側、ガラスケースの中には、100 年前に漁師たちが海の中から引き上げたと伝えられる、宋の時代に作られた剣が飾られている。有名な饅頭祭り（饅頭節→ P.388 欄外）は北帝廟前の広場で行われる。

屋根の上や細部の装飾が色鮮やか

●伝説の洞窟 map P.387

張保仔洞（ジョンボウチャイドゥン） Cheung Po Tsai Cave

張保仔洞は長洲島の西の岬にある、名前だけは非常に有名な小さな洞窟。張保仔というのは、香港人なら誰でも知っている昔の海賊の首領で（→ P.389 コラム）、この洞窟は彼が宝を隠したところだと伝えられている。

洞窟自体は岬の先の岩場にできた小さなたて穴（もちろん今は中には何もない）があるだけだが、なぜか香港の若者たちには人気がある。洞窟手前で鯆魚灣への小道をたどると、畳のような岩が縁取る海岸に出られ、目の前にそびえる大岩「五行石」が圧巻だ。

岩がゴロゴロ折り重なった窪みに洞窟がある。取り立てて何もないが、大海賊のロマンに浸る!?

北帝廟
行き方 フェリーを降りたら目の前の海傍街を北へ 7 ～ 8 分歩くと右側に運動場があり、その奥に北帝廟がある。

上／廟内の精緻な彫刻も見もの
下／広東省の潮州や仙頭でよく見られる割れた陶磁器のモザイクアートが廟内に現存。龍や麒麟、鳳凰、ボタンなど縁起のよいモチーフが描かれている

猫好きは必見
猫雜貨　Cat Workshop
住 大新後街 92　G/F
☎ 2791 5115　営 12:00 ～ 16:00 または 17:00（日によって変わる）休 水曜　カード 不可　map P.388
猫を題材にした雑貨や、女性オーナー手作り品が並ぶ。

自炊式民宿「渡假屋（トウガオッ）」
島部にはホテルは少なく、渡假屋と呼ばれる自炊式民宿が数多くある。香港人はこのタイプの宿をよく利用している。フェリーを降りた目の前に、渡假屋の申し込みを受け付けるカウンターが並んでいる。手配する際は渡假屋のある場所と値段はしっかりと確認しよう。

COLUMN 写真スポットにもなっている「恋人たちの聖地」

恋人たちが変わらない愛を誓い合って南京錠をかける「ラブ・ロック（愛の南京錠）」を長洲でも行おうと、2015 年に B & B 長洲（→ P.342）が東灣路に設置。同経営のショップで南京錠などを販売しており、店内で記入できる。願いごとが書かれたカラフルな南京錠や木の札が一面にかけられたフェンスは、格好の撮影スポットにもなっている。

長洲愛情鎖牆（チョンチャウンゴイチンソーチョン）　Lock of Love
住 東灣路 12-14　12-14 Tung Wan Rd.　map P.388

東灣路の一角に南京錠や木の札がかけられたフェンスが並ぶ場所がある

フェンス前のショップで指定の南京錠（50HK$）を販売（記入用のペン等も貸し出し）

ぶらぶら路地歩き

長洲島の注目店ガイド

香港の離島のなかで若い人たちに人気があるのが長洲島。かわいらしいカフェや雑貨店が増えており、注目度が上昇中。長洲島で話題となり、中心部へ進出するカフェも出現するほどの勢いだ。

長洲島はのんびりのどか。半日もあれば中心部はぐるりと回れる。小さなショップが潜む路地歩きを楽しもう。

①東灣路に並ぶかわいいショップ。左から「賣藝」（→下記）、カフェ「OXY」、「アイランダー」（→下記） ②猫グッズの店「猫雜貨」（→ P.390 欄外） ③自家製ヨーグルトドリンクとロールケーキの店「長洲角酪」（新興街）は人気店 ④おみやげショップに並ぶポストカード ⑤荷台付き三輪車が大活躍 ⑥饅頭祭りの壁画 ⑦バタフライピー ⑧ブーゲンビリア

「平安包」グッズの店

小島品味（シウ ドウ バン メイ）

Little Island Little Taste

饅頭祭り（→ P.388 欄外）の期間中、街中で販売される饅頭「平安包」は長洲島のシンボル。これをモチーフにしたさまざまなおみやげグッズを揃えている。

長洲ならではのみやげ物

住 新興海傍街 81
☎ 6758 3765
営 10:00 ～ 19:00
休 月曜、旧正月
カード 不可

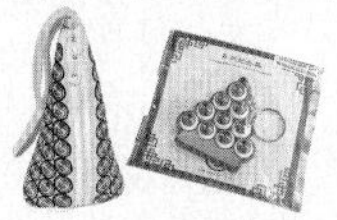

饅頭祭りの饅頭塔（饅頭タワー）を模したキーホルダーと小銭入れ（各39HK$）

キーホルダーからアクセサリー、クッションまで饅頭グッズが勢揃い

昔ながらのパン＆ケーキ店

紅馬海傍餅店（ホン マー ホイ ボン ベン ディム）

Red Horse Cake Shop

市内では見かけない昔の香港のお菓子がガラスケースに。人気はクリームホーン（奶油筒）とタルト風ケーキのパリタルト（巴黎撻）。手作りの素朴な味わいが楽しめる。

ココナッツタルト（椰撻）もおすすめ

住 大新海傍路 115　☎ 2986 9787　営 7:00 ～ 20:30
休 旧正月、一部の祝日　カード 不可

左／レア商品のパリタルト（7.5HK$）。表面はメレンゲ、中はバターケーキ＆カラメルソース　右／アンズジャムクッキー（果占曲奇）

市場のそばの老舗パン屋

クラフトビール専門店

アイランダー Islander（島民（ドウマン））

クラフトビールが勢揃い

香港クラフトビールの品揃えは香港随一。珍しい銘柄も見つかる。ラマ島発祥の醸造所「ヤードリー・ブラザーズ Yardley Brothers」とコラボした長洲島をイメージした「Cheung Chau IPL」を試してみたい。

住 東灣路 3　☎ 5517 9366　営 11:00 ～ 20:00　休 無休　カード MV

上／店先のクッション席でビールを飲む人も　下／右の長洲ビール「Cheung Chau IPL」（45HK$）はトロピカルでフルーティーな味わい

潮州名物の魚団子麺の店

張記魚蛋粉麵（チョン ゲイ ユー ダーン ファン ミン）

Cheung Kee

1959 年創業のレトロな風情が漂う麺食堂。自家製の魚蛋（魚団子）や魚片（かまぼこ）がおいしい。魚・イカ・牛肉の団子が入った潮州三寶粉（46HK$）がおすすめ。

住 海傍街 83A　☎ 2981 8078
営 10:00 ～ 19:00（土・日曜～ 20:00）
休 旧正月、一部の祝日　カード 不可

左／イカ団子と揚げカマボコ入り米麺、魚片頭墨魚丸河粉（40HK$）
右／値段も比較的安い

乾物のおみやげショップ

慶發記（ヒン ファッ ゲイ） Hing Fat Kee

透明容器に入った果物、ナッツ類、海産物などの乾物や伝統菓子が棚を覆い尽くす。バリエーションと中身が見えるパッケージ、リーズナブルな価格（だいたい 1 個 25HK$、3 個 60HK$）で、おみやげのまとめ買いにぴったり。

イカの乾き物はおつまみに。マンゴー、プラム、ショウガの乾物もあり。試食可

筒型の透明容器入りの乾物が並ぶ、目にも楽しい店

住 海傍街 41　☎ 5125 5327
営 11:00 ～ 20:00（旧暦 12/31、1/2、1/3 は～ 18:00）
休 旧正月 1 日　カード 不可

デザイン雑貨のセレクトショップ

賣藝（マイン ガイ） Myarts

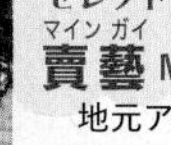

地元アーティストがデザインするクラフト雑貨やファンシーグッズを集めたショップ。文具やアクセサリー、バッグ、陶磁器などバラエティ豊か。

香港ブランド「Libby La Soup」のパスポートバッグ（239HK$ ～）

手作りブローチ

上／ビーチ近くの雑貨店　下／ポストカードやステッカー、キーホルダーは香港みやげに

住 東灣路 1　☎非公開　営 10:30 ～ 18:00（土・日曜、祝日 11:00 ～ 19:00）　休 旧正月　カード MV

※ P.391 で紹介の店：map P.388

COLUMN

長洲島横断にチャレンジ！ 東部の奇岩景勝地から西端の張保仔洞まで歩いてみよう

長洲島は小さい島だが、変化に富んだ地形と豊かな自然を有している。独自の習俗や暮らしが根付いており、歩きながらそれらを感じてみたい。道は整備されており、標識もいたるところに備わっているので安心。体調に合わせて無理のないコースを散策してみよう。

フェリー乗り場を出発

（約10分）

北帝廟（→P.390）

（約10分）

東へ進むと、間もなく海に出る。海岸通りの長洲東堤路を南東に進むと東灣の海水浴場だ。

左／欧米人にはアフタヌーン・ベイという名で知られる観音灣
右／真っ赤な外壁が目立つ観音廟

東灣（→P.389）

（約10分）

華威酒店を右に見て海岸線を進むとヘリポートがあり、カーブを曲がると小さな入江が目に飛び込んでくる。この先から海岸線は岩場になり、巨岩、奇岩が現れる。

觀音灣（→P.389）

（約15分）

浜辺から林の中に入ると観音廟（水月宮）がある。その裏手から緩やかな坂道を上っていく。

「小長城」と呼ばれる奇石群

（約30分）

花瓶石、人頭石など奇妙な形状の岩に名前がつけられている。

花瓶石。どうやって岩の上にこんな石がのったのか不思議

人頭石。その名前のとおり人の頭に見える

人頭石からさらに海岸線の道をたどると玉璽石、花坪方向に行くと観音廟のほうへ戻る

海岸線に沿った遊歩道から奇石が見られる。この遊歩道から思高路をたどり周回するコースをとってもいいし、明暉路から観音廟に戻り、そこから思高路を南下してもいい。東部の山中にはキリスト教の施設が点在している。

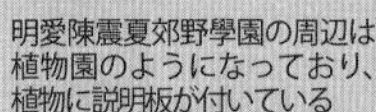

明愛陳震夏郊野學園の周辺は植物園のようになっており、植物に説明板が付いている

南氹灣の天后廟

（約40分）

南氹から北へ進み、長洲島の丘の上を東西に走る道、山頂道西に出る。この林の中の一本道を西へ。左側には墓地があり、休憩できる東屋もいくつかある。贊端路を下ると西灣。

左／南氹灣仔という岩場の海岸に立つ天后廟。海の守り神の必然性を実感する　右／岩場が複雑な海岸線を描く南氹灣

西灣

（約15分）

途中、鯆魚灣に下る小道があり、岩の間をすり抜けるように進むと数分で岩場が波に洗われる海岸に下り立つ。ここから左側の岬の五行石まで遊歩道が続いている。

鯆魚灣から見た五行石

張保仔洞（→P.390）

帰りは渡し船でフェリー乗り場へ戻ろう。

山頂道西は標高50mほどの山頂部を東西に延びる道。ジョギングや散歩する人と行き交う

参考タイム

全行程：4～5時間。フェリー乗り場～張保洞：海沿いの道を歩くと約40分。山頂道西（山中の道）を行くと約1時間20分。map P.387

※ひと気のない道のひとり歩きは避けたほうがよい。

張保仔洞。入口は狭いが内部は意外に奥行きがある

南丫島（ラムアトウ）

ラマ島
●Lamma Island

南丫島のマップは P.394
周辺図別冊 P.2-4B ～ 3-4C

穏やかな索罟灣。海にせり出して海鮮レストランが建ち並ぶ

ラマ島は香港島のすぐ南西にあって、離島のなかでは2番目に大きい。面積は広いものの、島の中は平地が少なく、亜熱帯の木々に覆われた緑濃い美しい島だ。人口は6000人余り。

島には、北側の榕樹灣（ヨンシューワン）Yung Shue Wan と東側中ほどの索罟灣（ソッグワン）Picnic Bay に船着場がある。

榕樹灣は、長さ200mほどの小さな商店街を中心にした、実にこぢんまりとした村だが、この島では最も開けたところ。メインストリートに各国レストラン、オープンエアのカフェやエスニック雑貨の店、スナック店などが並んでいる。この村は、香港島に近く静かな環境で暮らせるということから、香港在住の欧米人に圧倒的な人気を誇り、村の人口の半分は欧米人では？と思われるほどその数が多い。それゆえ、八百屋や肉屋、雑貨店に交じってしゃれた店が点在し、洋書の古本屋まで登場しているのだ。また、南に徒歩約20分の所には、洪聖爺海灘（ホンシィンイエホイタン）Hung Shing Ye Beach というきれいなビーチがある。

索罟灣は、埠頭の両側に10軒ほどの海鮮料理屋が並ぶ小さな船着場。湾内の浮島には南丫島漁民文化村がある。この港を訪れる人の多くは、海鮮料理がお目当て。ハイキング客もここで軽食を取って出発する人もいる。徒歩約30分の所には蘆鬚城（ロウソイシィン）と模達灣（モーダッワン）のビーチがある。人混みがイヤになったら訪れてみたい島だ。

行き方

香港島の中環フェリー埠頭（中環渡輪碼頭）4號埠頭から、榕樹灣（ヨンシューワン）と索罟灣（ソッグワン）にそれぞれ別のフェリーが通っている。また、香港仔と南丫島北部の北角村、榕樹灣を結ぶ快速船もある。なお、榕樹灣と索罟灣を結ぶ船はないので注意。

歩き方

榕樹灣と索罟灣

観光ポイントは海鮮レストラン街やビーチ、南丫島漁民文化村。島の繁華街は榕樹灣（ヨンシューワン）と索罟灣（ソッグワン）の港周辺にある。榕樹灣は観光客目当ての食べ歩きスナック店や雑貨店、渡假屋（自炊式民宿）に交じって、欧米人が好むカフェやバー、チーズとワインショッ

中環～榕樹灣の船

中環→榕樹灣

中環フェリー埠頭（中環渡輪碼頭）の4號埠頭から快速船（エクスプレスフェリー）が運航。所要時間：約27分。問い合わせ先：港九小輪有限公司 ☎2815 6063

［月～土曜］料18.6HK$
6:30～翌0:30の間に20～60分間隔で運航。土曜の最終は翌2:30。

［日曜、祝日］料25.9HK$
7:30～23:30の間に30～60分間隔で運航。最終は翌2:30。

榕樹灣→中環

［月～土曜］5:30～23:30の間に15～60分間隔で運航。

［日曜、祝日］5:30～23:30の間に15～60分間隔で運航。

中環～索罟灣の船

中環→索罟灣

中環フェリー埠頭の4號埠頭から快速船が運航。所要時間：30～40分。
問い合わせ先：港九小輪有限公司 ☎2815 6063

［月～土曜］料23.1HK$

7:20	13:50	20:20
8:35	15:20	21:50
10:20	16:50	23:30
11:50	18:45	

［日曜、祝日］料32.5HK$
月～土曜の便に加え、下記の便が必要に応じて増発。

12:50	16:05	19:20
14:35	17:35	

索罟灣→中環

［月～土曜］

6:45	12:40	19:35
8:00	14:35	21:05
9:35	16:05	22:40
11:05	17:35	

［日曜、祝日］
月～土曜の便に加え、下記の便が必要に応じて増発。

13:50	16:50	20:20
15:20	18:35	

中環と榕樹灣を結ぶ快速船

プなども目立つ。索罟灣は見どころの南丫島漁民文化村（→ P.395）があるほかは、こぢんまりとした海鮮街。海鮮料理店以外は、茶餐廳形式の食堂が数軒あるのみ。

このふたつの港を結ぶハイキングロード（→ P.396）が整備されている。午前中に索罟灣から入り、南丫島漁民文化村を観光、昼食は海鮮料理を。ハイキングロードを歩いて榕樹灣に行き、食べ歩きや買い物を楽しみ、フェリーで戻るというコースがおすすめ。時間がなければどちらかの港に絞ればよい。

ビーチ

最もポピュラーなのが洪聖爺海灘（ホンシンイエホイタン）。トイレ、更衣室が完備され、ホテルもある。榕樹灣から徒歩約 20 分と近いので、訪れる人も多い。蘆鬚城海灘（ロウソイシィンホイタン）は更衣室があるのみだが、静かできれいな砂浜がある。香港仔航路の寄港地になっている模達灣（モーダッワン）はひっそりとした浜で、民家とレストランが数軒あるのみ。

上図

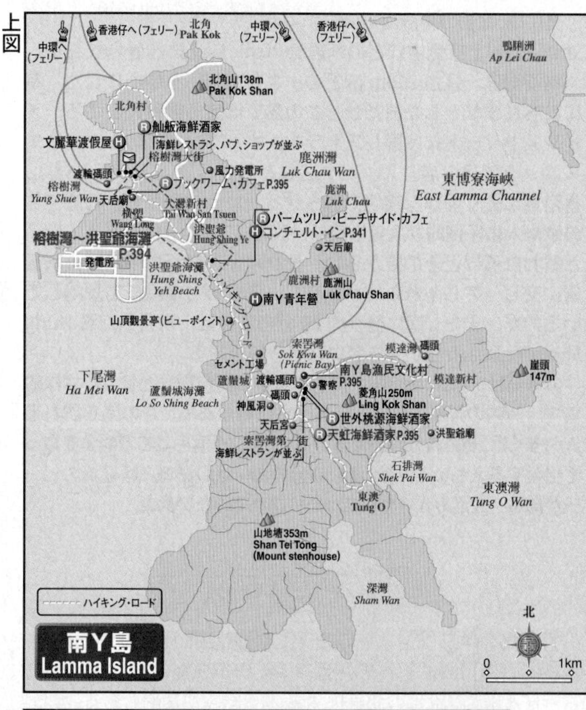

下図

榕樹灣の榕樹灣大街 Yung Shue Wan Main St. には昔ながらのストアや海産乾物店、モダンなカフェレストランなどが並んでいる

香港仔～北角村～榕樹灣を結ぶ船

香港仔～北角村　約 20 分
北角村～榕樹灣　約 15 分
料 香港仔～北角村～榕樹灣 19HK$。
香港仔～北角村、北角村～榕樹灣　8HK$。

香港仔発
［月～土曜］6:00 ～ 22:00 の間に 11 便。
［日曜、祝日］7:20 ～ 22:00 の間に 11 便。

榕樹灣発
［月～土曜］6:40 ～ 21:10 の間に 10 便。
［日曜、祝日］8:05 ～ 21:10 の間に 10 便。

問い合わせ先：翠華船務（香港）有限公司
☎2272 2022
URL www.traway.com.hk

香港仔～索罟灣の船（模達灣を経由）

香港仔～模達灣　22 ～ 25 分
模達灣～索罟灣　8 ～ 10 分
料 12.5HK$（一部の便および日曜、祝日 18.7HK$）

香港仔発
［月～土曜］6:40 ～ 23:00 の間に 11 便（土曜は 12 便）。
［日曜、祝日］6:40 ～ 23:00 の間に 19 便。

索罟灣発
［月～土曜］6:00 ～ 22:20 の間に 11 便（土曜は 12 便）。
［日曜、祝日］6:00 ～ 22:10 の間に 19 便。

問い合わせ先：全記渡有限公司　☎2375 7883、2982 8225
URL www.ferry.com.hk

夏場は海水浴に人気のビーチ、洪聖爺海灘

見どころ

●漁民の伝統文化と生活がわかる map P.394 上図

南丫島漁民文化村 (ラムアトウユーマンマンファーチュン) Lamma Fisherfolk's Village

索罟灣内に造られた浮島にあり、専用の小型ボートでアクセスする。2000㎡の広さを誇る浮島には、漁具展示、漁具作製のレクチャー、水上生活を再現した帆船、ドラゴンボート、釣り体験ができる生けすなどがあり、漁民の生活や文化、漁業の発展などが楽しみながらわかる展示になっている。生けすでは珍しいカニやウニ、フグ、小型のサメなどが見られ、釣り体験ではガルーパやスナッパーといった大型の魚にトライできる。約40年前まで現役だったという帆船は住居も兼ねており、台所や寝室の造り、当時の生活用具などなかなか興味深い。スナック類の飲食コーナーや海産物などのみやげ物販売もあり、海風がのどかに吹き渡る素朴な情風の見どころだ。

海上の浮島にある

餌の付いた竹竿を垂らし、釣りを疑似体験する

南丫島漁民文化村
住 索罟灣養魚區
(チケット売り場：住索罟灣第一街5號)
☎2982 8585 開10:15～17:00(土・日曜、祝日～18:00)
休 水曜、旧正月1日 料 1日チケット大人80HK$、3～11歳と65歳以上60HK$。パッケージチケット(大人128HK$、3～11歳と65歳以上88HK$)もある。
行き方 中環、または香港仔から索罟灣行きフェリーを利用。あるいは天虹海鮮酒家(→下記)へ行く人はレストランの専用送迎船(中環・尖沙咀碼頭から乗船可)を利用できる。索罟灣からは船着場近くにあるチケット売り場で入場券を買い、専用ボートで約3分。

実際に生活していた船の中。寝室や台所に分かれ、当時の生活用具も置いてある

グルメ＆ショッピング

活気あふれる海鮮料理店 MAP P.394 上図

天虹海鮮酒家 (ティンホンホイシンジャウガー) Rainbow Seafood Restaurant

索罟灣の船着場沿いに2店舗あり、上海にも支店を構える人気店。店頭にズラリと並ぶ水槽の新鮮な食材を使用した料理は、香港料理大賞の受賞歴もある本格派。魚介は値段が明記されており、日本語メニューもあるので安心だ。海鮮料理は客が多く、より新鮮な食材が用意されている土曜、日曜が狙い目。島ならではの海鮮をリーズナブルに楽しめる。

住 索罟灣第一街23-27 G/F
☎2982 8100、6407 4172(送迎船予約) 営10:30～22:00(土曜11:00～、祝日～22:30) 休 旧正月1日 カード A M V ※中環の9號碼頭から出て尖沙咀公衆碼頭を経由する送迎船があり、レストラン利用客は無料で乗船できる(要予約)。

上／豉椒炒蜆(アサリのトウチー〈豆鼓〉炒め、左)や蒜蓉蒸貴妃蚌(ハマグリの春雨がけニンニク蒸し、右。時価) 下／規模の大きな店

欧米人が憩うヘルシーカフェ 南島書蟲(ナムドウシューチョン) MAP P.394 下図

ブックワーム・カフェ Bookworm Café

店は通りを挟んで2ヵ所に分かれている。店内の書棚にある古本や現地の新聞が自由に読める。料理はすべてベジタリアンとオーガニック。読書をしながらコーヒーを飲んだり、海景色を眺めたりと、のんびり過ごせる。無料Wi-Fi利用可。オーガニックコーヒー35HK$～。

住 榕樹灣大街79 ☎2982 4838
営11:00～19:00
休 水曜、旧正月1日
カード A M V

左／自家製ジューシービーンバーガー(手前、75HK$)と木の実がいっぱいのビーガン・サラダボウル(左奥、80HK$) 右／ぬくもりのある手作り感覚の店

オリジナリティあふれる雑貨店

ライス Rice

MAP P.394 下図

小さいながらもバッグや雑貨がところ狭しと並ぶショップ。独特のカラフルな色彩を放つ布バッグは、韓国で布を仕入れて、香港で製作した物。さまざまな色や形があり、価格も小 39HK$、大 75HK$ 前後とお手頃だ。

住 榕樹灣大街 73 ☎6088 2769
営11:00 ～ 19:00 休 無休
カード 不可

バッグの布の種類、形は多種多様。ほかにアクセサリーや雑貨も置いている

COLUMN ハイキングロードを歩いてラマ島満喫！

榕樹灣と索罟灣を結ぶハイキングロード（家樂徑 Family Trail）は 1 時間 30 分ほどのコース。起伏もさほどきつくなく、行き先を示す標識、東屋のある展望台も整備されており、海景色やのどかな田園風景、生い茂る植物が目を楽しませてくれる。

索罟灣から榕樹灣へ

1 天后宮から山道へ

索罟灣の海鮮街を抜けると天后宮があり、この先から山へ入って行く

2 洞窟を発見！

上り始めて約 10 分、神風洞 Kamikaze Grottos という洞窟がある。日本軍が近くの蘆鬚城に駐留していた第 2 次世界大戦中、連合軍の船に体当たり攻撃するための高速ボートをここに隠していたとされる

3 展望スポット

坂道を上りきると東屋があり、索罟灣が眼下に見える。湾内には魚の養殖棚がたくさんあり、索罟灣の海鮮料理店の魚介も養殖されている

4 緑の中を上る

ほとんどの行程は舗装された道で歩きやすい

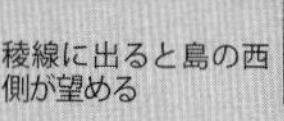

稜線に出ると島の西側が望める

5 見晴らし台で休憩

上りきった所に観景台（見晴らし台）がある。ここで休憩しよう

道はビーチへ続く下り坂になり、景色も楽しめる

6 ビーチに到着

左／洪聖爺海灘でひと休み。海岸沿いのコンチェルト・イン（→ P.341）内にビーチサイドカフェがある　右／洪聖爺海灘から榕樹灣の船乗り場までは約 30 分

7 榕樹灣村で食べ歩き

左上／榕樹灣村に入ると店や食堂が道沿いに並んでいる
左下／アート雑貨を販売する「S ＋ Clicks」
右上／オールデイ・ブレックファストが人気の「バンヤンベイ・カフェ」

注意点：●歩きやすい靴がよい。帽子など日よけ対策、飲料水も忘れずに。夕刻以降、ひとり歩きは避ける。●逆の榕樹灣から索罟灣へのコースのほうが、若干登りはゆるやか。ハイキングのあとに海鮮料理を食べたいなら逆コースを選択。

坪洲島(ペンチャウトウ) ● Peng Chau Island

新界
九龍
坪洲島
香港島

坪洲島のマップは P.397
周辺図別冊 P.2-3B

坪洲島はランタオ島のすぐ東にある島だ。香港島からは約8km。なのに埠頭に降り立ったとたん「ここはどこ？」と、タイムスリップしたような気持ちにさせられる。面積約 1k㎡の小さな島、坪洲には古くから漁民が暮らしており、200 年以上前に建てられた海の守護女神の廟、天后廟(ティンハウミウ)も残る。

19 世紀初頭にはサンゴやカキ殻を原料とした石灰工場が 10 ヵ所以上もあり、1960 年代にはマッチ、陶磁器、籐製品の製造が盛んだったという。今は約 7000 人の島民のほとんどが船で中心部に働きに出る。しかし、さびれてしまったおかげで島の昔ながらの暮ら

永安街は商店街

中環～坪洲島の船
中環→坪洲島
中環フェリー埠頭（中環渡輪碼頭）の 6 號埠頭から、普通船と高速船（ホバークラフト）が運航。
所要時間：普通船約 40 分、高速船 25 ～ 30 分。
問い合わせ先：港九小輪
☎2815 6063
［月～土曜］料 普通船 16.6 HK$、高速船 31HK$
7:00 ～ 翌 0:30 の 間、30 ～ 60 分間隔、最終は翌 3:00。
［日曜、祝日］料 普通船 23.9 HK$、高速船 45.6HK$
5:30 ～ 23:55 の 間、30 ～ 60 分間隔、最終は翌 3:40。
坪洲島→中環
［月～土曜］5:30 ～ 23:30 の間、20 ～ 55 分間隔、最終は翌 3:40。
［日曜、祝日］5:30 ～ 23:35 の間、30 ～ 60 分間隔、最終は翌 3:40。

上図

後方の白い建物がフェリー埠頭（渡輪碼頭）

下図

上／フェリー埠頭から約 3 分の天后廟は 1798 年建造。約 400 年前に打ち上げられたというクジラの骨も祀られている
下／天后廟のすぐ近くにある金花廟。バンヤンツリーの下にある廟に、子宝の女神が祀られている（ともに map P.397 上図）

週末にぎわいを増す
平日は観光客も少なくひっそりとしている。観光客向けのカフェやショップは土・日曜のみ開店という店が多い。

上／永安街は人がやっとすれ違えるくらいの幅の商店街
下／永興街の骨董店「陶趣閣」

祺森冰室
1970年創業。改装してきれいになったが、創業当時のレトロな雰囲気を残す名物食堂。観光客も多い。人気はエビトースト（蝦多士、51HK$）。ご飯物から麺類、サンドイッチなど充実のメニューだ。
住 永安街3B ☎2983 0554
営8:00～16:00（土・日曜、祝日～16:30） 休 月曜、旧正月1日
カード 不可 map P.397上図

味がよいのも人気の理由

龍母廟
住 東灣 開6:00～18:30

龍床へ参拝
龍母のベッドに触って祈れば、子供が丈夫に育つといわれている。廟の人に龍床にお参りしたいと伝えると、2階の一室へ案内してくれる。

龍床と龍母像

しや自然が残っているともいえる。今の香港から取り残されたようで、実は本来の香港が残る島、坪洲を歩いてみよう。

海沿いのプロムナード沿いを歩けばのどかな海景色が広がる。海の透明度の高さにびっくり

歩き方

中環からの船が着く埠頭前から東に延びる露坪街（ロウペンガイ）はガジュマルの木が生い茂り、飲食店のテラス席が並ぶ、広場のような場所。この道の突き当たりに天后廟と、すぐ北側に金花廟（カムファーミウ）がある。天后廟から南に延びる路地がメインストリートの永安街（ウィンオンガイ）だ。300mほどの範囲に食料品店、雑貨屋、食堂などが並ぶ商店街である。中ほどには約100年前の清代の屋根の一部も現存。細い路地の志仁街（チーヤンガイ）を東に向かうと約5分で東灣の砂浜に出る。海辺には龍母廟がたたずんでいる。

じっくり島巡りをしたい人は360度の展望が楽しめる手指山 Finger Hill（95m）に上ったり、島の北側を1周するハイキングトレイル「家樂徑 Family Walk」をたどってみよう。

見どころ

●古代から龍の母として信仰される女神　map P.397上図

龍母廟（ロンモウミウ）（悅龍聖苑）　Lung Mo Temple

龍母は水の女神。広東省の西江近くの龍母廟に端を発し、信者により香港に伝わった。廟は戦乱や開発により九龍各地を転々とし、1970年代に坪洲島に移転した。毎年旧歴5月8日の龍母誕には信者が集まる。良縁、子宝、一家安泰の神として知られており、龍母のベッド「龍床」も祠られている。次のような龍母伝説がある。川から持ち帰った龍の卵を孵化させ育てた少女が龍母として村に貢献し、秦の始皇帝の召還さえも龍の力で退けたという。

廟内には金色の龍母像が祀られている

ショッピング

手描きの磁器を売る店　MAP P.397上図

超記瓷器（チウケイチーヘイ）　Chiu Kee Porcelain

今では島で唯一となった1973年創業の手描き磁器の工房。40年ほど前までは坪洲の特産物として生産が盛んで、時の総督からも注文があった。白地にブルーの絵柄が上品で、おみやげにも記念の品にもよい。

住 永興街7　G/F　☎9193 8044
営11:00～18:00
休 不定休　カード 不可

左／花や金魚、魚などの絵柄が多い　右／小皿は各38HK$、レンゲは各10HK$

エリアガイド

深圳

Area Guide

深圳（シェン ジェン）

シンセン
● Shenzhen

深圳のマップは P.400、401
周辺図別冊 P.3-1C

深圳の広東語読みは「サムチャン」。本文中の蛇口は「セーハウ」。

香港から深圳への行き方

●東鐵綫で羅湖へ
東鐵綫で終点の羅湖駅 Lo Wu まで行き、境界の橋を渡って行くのが一般的な方法。紅磡駅から所要 39 分、1 等 87HK$、2 等 43.5HK$。5:30 ～ 23:07 の間に 5 ～ 10 分間隔で運行。

●東鐵綫で落馬洲へ
東鐵綫の上水駅から湿原を突き抜けて西北に約 7.4km 延びる落馬洲支綫を利用する。5:35 ～ 21:35 の間に 1 時間に 5 ～ 6 本の割合で運行し、所要
（次ページに続く）

初めて深圳を訪れた人は、街の発展ぶりに驚くだろう。高層ビルが林立し、幹線道路が縦横に走る様子は、香港かと錯覚しそうだ。しかし、ここは香港とは街の空気感が明らかに異なり、香港と中国の中間といった感じだ。

40 年ほど前は、漁業を中心とした人口わずか 3 万人の町に過ぎなかったが、1979 年に経済特区に指定されて以来、新興商工業都市として目覚ましい発展を遂げ、現在は戸籍をもたない人を含めて推定人口 1700 万人の大都市である。外資系企業が数多く参入し、衣料、電気・電子部品の工場地帯が広がる。駅前には外国資本の高級ホテル、高層ビルが建ち並

中国各地からやってきた人々が行き交う深圳駅前。右側のビルは羅湖商業城（→ P.402 欄外）

羅湖のイミグレーションビル

んでいる。しかも、いまだ建設ラッシュは止まらず、いたるところで建設中のビルを見かける。

市の西南約 25km、香港からホバーフェリーで約 1 時間の蛇口(シェコウ)には工業区があり、リゾートホテルとともに、外国資本の工場や会社がいくつも建ち並んでいる。

また、観光産業にも力を注いでおり、テーマパークが充実。華僑城エリアに錦繍中華、中国民俗文化村、世界之窗（世界の窓）、歓楽谷があり、西北部の西麗湖には深圳野生動物園（サファリパーク）がある。

歩き方

深圳は東西 30km 余りに広がっていて、東から香港とのイミグレーションや深圳駅がある繁華街の羅湖地区、テーマパークがある観光エリアの華僑城、そして工業区と港がある蛇口の、大きく分けて 3 つのエリアからなる。

A図

B図

（前ページから）
時間は紅磡駅から 44 分、上水からは 12 分。終点の落馬洲駅にはイミグレーションがあり、深圳河の上を横切る通路が中国側の福田のイミグレーションに直結している。また、入国手続きを終えた後、ビル内にある深圳地下鉄 4 号線および 10 号線の福田口岸駅から市内各地に行くことができる。

●船便

蛇口への船便は、香港国際空港スカイピアから出ている。8:15 ～ 21:45 の間に 22 便、所要約 30 分、エコノミークラス 220HK$。

福永港への船便も、香港国際空港スカイピアから運航。10:15 ～ 20:00 の間に 4 便、所要約 40 分、エコノミークラス 295HK$。

●香港へ帰る

帰路は深圳発の香港行き直通バスで帰ることも可能。香港へのバスは、皇崗、深圳灣のイミグレーションから銅鑼灣、灣仔、太子、旺角、九龍駅、東涌、天水圍行きなど多方面に出ている。香港中心部までの運賃は 40 ～ 50HK$（一部の路線はオクトパス使用可）。

右側のビルが福田のイミグレーションビル。近くにバスターミナルがある

香港から深圳への電話

001（国際電話識別番号）＋ 86（中国の国番号）＋ 755（エリアコード）のあとに相手先の番号を押す。

深圳博物館歴史館（新館）

住 福田区福中路市民中心 A 区
☎8812 5550 開10:00 ～ 18:00（入場は～ 17:30）
休 月曜（祝日の場合は翌日）
料 無料 行き方 地下鉄 2 号線または 4 号線の市民中心駅 D 出口から徒歩約 10 分。
※完全予約制。来館 7 日前までに、ウェブサイトの申込書に必要事項を記入して登録。来館時にはパスポート持参のこと。
map P.401B 図

深圳の発展の歴史や民俗を紹介。

羅湖商業城は 5/F まである

羅湖商業城

イミグレーションのあるビルを出ると目の前にある巨大ショッピングセンター。洋服の仕立て屋や衣類、おみやげ、お茶の店、マッサージ店などがある。ただし英語は通じず、おもに北京語の世界。ほとんどの店では香港ドル、人民元どちらでも支払え、おつりも香港ドルでもらえる。
営 店によって異なり、だいたい 11:00 ～ 21:00 map P.401A 図

地王商業大厦の展望台

地王商業大厦の 69 階（地上 384m）に展望台があり、360 度のパノラマが望める。68 階には展望レストランがある。
住 信興広場 ☎8246 2232（ホットライン） 開8:30 ～ 22:30(最終入場 21:30) 休 無休
料80 元。子供（身長 1.2 ～ 1.5m 未満）と 65 歳以上は半額、子供（身長 1.2m 未満）と 70 歳以上は無料 行き方 地下鉄 1 号線の大劇院駅から徒歩約 5 分。map P.400

老街（東門街）

行き方 地下鉄老街駅 A 出口から徒歩約 1 分。

イミグレーションビルに接する深圳の駅前広場（深圳站広場）が交通の中心。長距離バス、市内バスのターミナル、タクシー乗り場があり、1 日中人々であふれかえっている。人気を集めているのが駅前の「羅湖商業城」（→欄外）というショッピングセンター。香港より格段に安い衣料品や雑貨を目当てに、週末は多くの香港人が詰めかける。

老街周辺は特に休日は混み合う

ここ数年、街がどんどん都市化して、繁華街も整備されてきた。駅前広場から北へ延びる人民南路を北上した地下鉄国貿駅周辺は、おしゃれなブランド店やカフェ、バーなどが集まる街だ。駅に隣接してショッピングセンターの金光華広場(→ P.406)が輝きを放っている。

さらに西の地下鉄大劇院駅の近くには複合ショッピングビルの万象城（→ P.406）があり、人気の的。古くからの商店街として知られる老街一帯（→下記）は、昔の風情を残しつつ開発され、大勢の人でにぎわう一大商業エリアとなっている。

街とテーマパークを回るなら、丸 1 日は必要だ。

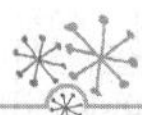

見どころ

●若者でにぎわう古くからの商店街 map P.400

老街（東門街）

（ラオジエ）（ドンメンジエ）

深圳最古の商店街で、原形は明代の市場に遡る。古くからの

COLUMN

ビザと両替について

中国へのビザ

日本国籍をもつ人に対するビザ 15 日間免除措置は、2023 年 9 月現在停止中。よって、観光を含む目的に応じたビザを、日本または香港で取得しておくこと。

香港で取る中国本土へのビザ

以下の中国ビザ申請サービスセンターで取得する。旅行会社に取得代行を依頼することもできる。また、深圳に 5 日間滞在できる「特区旅游ビザ 5 Day Shenzhen Special Economic Zone Tourist Visa」が羅湖、皇崗など 4 ヵ所のイミグレーションで取得できる（詳細は→ P.445）。

中國簽證申請服務中心
(中国ビザ申請サービスセンター)
China Visa Application Service Center

住 灣仔告士打道 151 資本中心 20 層 20/F, Capital Center, 151 Gloucester Rd., Wanchai ☎ 2992 1999
FAX 2989 1116 URL www.visaforchina.cn/HKG2_EN
開9:00 ～ 16:00（ビザの申請は通常～ 16:00、24 時間発行の申請は～ 13:00。ビザの受け取りは 10:00 ～ 16:00、翌々日および 24 時間発行の受け取りは 12:00 ～ 16:00） 休 土・日曜、祝日 カード 不可 料 一次観光ビザ（L ビザ）は、申請の 3 日後発行 550HK$（うちビザ発行料 310HK$、手数料 240HK$）。翌々日発行は 940HK$（うちビザ発行料 490HK$、手数料 450HK$）。24 時間発行は 1520HK$（うちビザ発行料 620HK$、手数料 900HK$）。香港ドルの現金のみ使用可。パスポートとパスポートの顔写真のあるページのコピー 1 枚、写真 1 枚が必要（パスポートは残存有効期間が 6 ヵ月以上で、ビザを貼り付ける 2 ページ以上があることが条件。写真は 6 ヵ月以内の近影で、カラーにかぎるほか、サイズが細かく決められているので注意。

両替について

中国の通貨は人民元。レートは、1HK$ ＝ 0.93 人民元(2023 年 9 月 5 日現在)。国境検問所(イミグレーション）出口にある中国銀行では、香港ドルのほか、日本円からの両替も受け付けている。両替商も複数ある。

中国はキャッシュレス化が進行し、特に二次元コード決済が普及。現金が使えない店もあるので要注意。微信支付（WeChatPay）や支付宝（Alipay）に連携可能のクレジットカードを持参するか、上記アプリへの事前登録をしておこう。クレジットカードは UnionPay（銀聯）カード、VISA が比較的使える店が多い。

楼閣建築の建物内にショッピングセンターやレストランがある（老街）

廟や石畳の残る商業地区として栄えたが、2000年頃から再開発が進み、昔の面影はなくなった。今はファッションビルの合間に安い洋服やスナックの屋台が並び、若者たちが食べ歩きしながら楽しげに闊歩する、繁華街になっている。

大型のブックストア
深圳書城（サムチャンシューセン）
Shen Zhen Book City
住 深南東路5033号金山大厦1-4/F ☎8207 3030、8207 3031 営9:30～21:30（金・土曜～22:00）
休 無休 カード MV
行き方 地下鉄1号線の大劇院駅から徒歩約3分。map P.400

駅前広場にある市内バスのターミナル

●中国の名所旧跡を凝縮したテーマパーク map P.401B図

錦繍中華（チンシウチョンホワ）（ミニチャイナ） Splendid China

30ヘクタールという広大な敷地は中国の形をしており、万里の長城、故宮、秦の兵馬俑、三大石窟などの建築物、長江三峡、漓江山水、西湖といった自然景観など82ヵ所が、実際の位置

COLUMN 交通機関

左／地下鉄（深圳地鉄）は旅行者にとっても便利
右／市内全域を走る赤のタクシー

地下鉄

羅湖駅から深南中路を通り、機場東駅まで東西に市内を貫いて走る1号線（緑色）と、福田口岸駅と牛湖駅を南北に結ぶ4号線（赤色）が、会展中心駅で交差している。2023年9月現在、16路線が営業しており、深圳全域を縦横に結ぶ重要な交通機関となっている。

なお、香港の落馬洲駅から入境した場合は、深圳側の福田のイミグレーション内にある福田口岸駅から市内各所に行ける。

地下鉄料金は2～14元で、使えるのは人民元のみ。チケットはプラスチック製で円形、これを改札口にかざして通る。プリペイドカードの「深圳通（Shenzhen Tong）」は20元（デポジット額）。購入後に入金（1回につき50元の倍数の額）が必要で、使用後は残金とデポジットの払い戻しが可能。このカードは一部のバスやタクシーの乗車、スーパーでの買い物にも使え、店でも増額できる。また、深圳通と香港のオクトパスが一体化した「互通行」（98HK$）もあり、深圳と香港で両通貨により使用、増額可能。香港のMTR各駅の客務中心、サークルKで購入可能。ほかに1日乗り放題の「一日票（25HK$）」もあり、6つの駅で購入できる。

運行時間：6:30～23:30　問い合わせ ☎8896 0600
深圳地鉄 URL www.szmc.net

タクシー

すべてのタクシーが同一料金。現在運行しているのは、赤色と、青色の電動自動車（EV）。※EV車の普及率は2021年で99%に達している。

［料金］初乗り2kmまで10元、以後1kmごとに2.6元が加算される。トランクに入れる荷物は1個につき0.5元。夜間（23:00～翌6:00）は3割増し。また2023年9月現在、燃油サーチャージがメーター金額に応じ1～2元加算される。EV車の場合には払う必要はない。

深圳の治安に要注意！

急速に発展した深圳へは、中国各地から職を求めて人々が集まってくる、「盲流」が大きな社会問題となり、治安維持に影響を及ぼしている。今もなお、この人の流れは増加の一途をたどり、それにつれてスリや置き引きなどの犯罪が増えているので十分注意しよう。トラブルを回避し、現地で効率よく回るには、香港からのツアーに参加するのがいいだろう。個人で行く際は、できるだけ夜は出歩かず、貴重品管理には細心の注意を払うようにしたい。

万一の場合は、以下に連絡すること

●**パスポートの盗難、紛失時**
在広州日本国総領事館
住 広州市越秀区環市東路368号花園大厦（花園大厦は花園酒店 Garden Hotel 内に併設。領事館は2/F）
☎(020) 8334 3009（代表）、8505 5005（領事・査証）
FAX (020) 8333 8972（代表）、8388 3583（領事・査証）
URL www.guangzhou.cn.emb-japan.go.jp
開 8:45～12:00、13:45～17:00（日本人向け窓口）
休 土・日曜、祝日
●**その他の盗難証明など**
深圳市公安局出入境管理処 ☎8446 5490
●**緊急連絡先**
公安局 ☎110、救急センター ☎120

とほぼ同じに配されている。白族民居、蒙古包（パオ）など民族に関する展示からは、生活、風俗などがうかがえる。また、出口付近にはみやげ物店やレストランの集まった錦園街がある。

左／河南省の少林寺　右／人物像まで精密に作られた北京の故宮

●中国の各民族の文化に触れられる　map P.401B図

中国民俗文化村（チョングォミンスーウェンホワツェン）　China Folk Culture Villages

錦繍中華の西隣にあり、敷地内には56の民族の24の村が再現されている。各村には実物大の住居があり、各民族の祭りや舞踊、風俗などのショーが頻繁に催され、手工芸品店や民族料理の食街もある。ボート乗りやロープに付けた滑車で川を渡るアトラクションも体験できる。

ナイトショー「龍鳳舞中華」

大がかりな舞台装置とレーザー光線や炎に彩られ、華やかなステージが次々に展開される。農耕風俗、民族風情区（各民族の舞踊）といったテーマごとにミュージカル仕立ての演目、サーカスのようなアクロバットなど、エンターテインメントを駆使。※ナイトショーは2023年9月現在、休止中。

左／馬上で剣を振るう勇壮な戦いの場面　右／ショーの最後を飾る鳳凰の舞

●ミニチュアワールド　map P.401B図

世界之窗（シージエジーチュアン）（世界の窓）　Window of the World

中国民俗文化村から西へ徒歩約15分。ここは世界の名所、旧跡、自然景観を集めたテーマパーク。敷地内は世界広場、アジア区、大洋州区、ヨーロッパ区などの8つの景区に分かれ、130のミニチュアがある。縮尺は等倍から25分の1まであり、いちばん大きいものは108mもあるエッフェル塔。世界広場で行われる「大型広場文芸晩会（グランドイブニングショー、19:25～20:55）」で世界各国の歌や踊りが観られる。

入口を入ると噴水のある広場とエッフェル塔が姿を現す

錦繍中華
住 南山区華僑城
☎2690 5222
開9:30～18:00　休 無休
料220元（18:00以降の入場は100元）。中国民俗文化村とのセットチケット。子供（身長1.2～1.5m未満）と65歳以上は半額、子供（身長1.2m未満）と70歳以上は無料。
行き方 地下鉄1号線で華僑城駅（羅湖～華僑城は所要約30分）下車、D出口から徒歩約5分。タクシーなら羅湖駅から50～70元。深圳駅から西へ約15km、蛇口港から北へ約13km。

中国民俗文化村
住☎料行き方 は錦繍中華と同じ
開9:30～21:30　休 無休
※錦繍中華とのセットチケット220元。

中国茶サロン
静頤茶館（ジンイーチャーグァン）
お香と中国茶の香りが漂う心地よい空間。オリジナルの精進料理が味わえる。点心8～12元。
住 宝安南路3038　金塘綜合大厦7楼　☎2558 6555
営10:00～翌1:00（食事は～23:00）　休 無休
カード MV　行き方 羅湖駅の駅前広場からバス69、18で天地大厦下車。またはタクシーで約10分。map P.400参照

世界之窗
住 南山区華僑城
☎2660 8000、2660 8120
開9:00～21:30（祝日～22:30）
休 無休　料220元（18:00以降の入場は100元）。子供（身長1.2～1.5m未満）と65歳以上は半額、子供（身長1.2m未満）と70歳以上は無料。19:30以降の入場は100元。※夜のショーは平日は無料、日曜、祝日は20～80元。エッフェル塔の最上階に上るチケットは20元（祝日30元）。
行き方 地下鉄1号線または2号線で世界之窗駅下車、徒歩約10分。

●アトラクションが充実 map P.401B 図

歓楽谷（ファンルーグー） Happy Kingdom

中国の空想上の動物、麒麟をモデルにしたマスコットキャラクターが出迎えてくれる。「魔幻城堡」「瑪雅水公園」といった体験アトラクション、ショーや曲芸の催し物がある。

歓楽谷
住 南山区華僑城西路
☎2694 9184、2694 9190
開9:30 ～ 21:30
休 無休　料230 元。身長 1.2 ～ 1.5m 未満の子供と 65 ～ 70 歳は 130 元、身長 1.2m 未満の子供と 70 歳以上は無料。18:00 以降の入場は 100 元。
行き方 地下鉄 1 号線または 2 号線で世界之窗駅下車、徒歩約 10 分。

●中国で唯一のサファリパーク map P.401B 図参照

深圳野生動物園（シェンジェンイエシェンドンウーユァン） Safari Park Shenzhen

西麗湖畔にある園内は草食動物区、猛獣谷、歩行区（表演区）の 3 つのブロックに分かれており、300 種、約 1 万頭の動物がいる。草食動物区、猛獣谷は専用のマイクロバスで進み、歩行区ではバスを降りて歩く。大型表演広場では動物のショー「百獣盛会」がある。また園内の海洋生物を集めた「海洋天地」でも、アシカやイルカのショーを開催。

深圳野生動物園
住 南山区西麗湖路　☎2662 2888　開9:30 ～ 18:00（入場は～ 17:00）　休 無休
料240 元（子供と 65 歳以上は 140 元、70 歳以上は無料）
行き方 駅前広場から 442 ミニバス、101 バスで約 1 時間。タクシーは約 200 元。

グルメ

羅湖商業城にある広東料理店 MAP P.401A 図

丹桂軒（ダングイシュアン） Laurel Restaurant

羅湖商業城に通う香港マダム推薦の店。昼の点心（16～38元）に始まり、ディナーのローストや海鮮料理まで香港と変わらないメニューが楽しめるとあって、店内はほとんどが香港からの客。味、サービスとも洗練されており、安心して食事ができる。食事どきは混むので、通常の食事時間より早めに行くとよい。

住 羅湖区広場南路羅湖商業城 5 楼 5010 舗　☎8232 3668
営7:00 ～ 23:30　休 無休
カード M V
行き方 羅湖駅から徒歩約 5 分。

店内は広く、熱気に満ちている

お茶とスイーツで心和むカフェ MAP P.401A 図

一茶一坐（イーチャーイーズオ） Chamate

上海で開業以来、中国や台湾に70店以上の店をもつ中国茶カフェ。種類豊富なお茶とヘルシー志向の料理、さらに点心や甘味まで幅広いメニューが自慢。お茶は各種中国茶から、果物やハーブをミックスしたお茶もある。三杯鶏（鶏肉の甘辛炒め煮）や台式羊肉石鍋（ラム肉の煮込み）など台湾料理がメイン。伝統甘味や創作かき氷などスイーツも豊富。

住 羅湖区人民南路 2028　金光華広場 B1 層 B1-001-002 号
☎8261 1067　営10:00 ～ 22:00
休 無休　カード 不可　行き方 地下鉄 1 号線の国貿駅 A 出口から徒歩約 2 分。

上／優しい甘さの熱紅棗桂圓茶（ナツメとロンガンのお茶、28元）
下／とろりとしたスープの眷村牛肉面（ビーフヌードル、38 元）

落ち着いて食事ができる新進気鋭レストラン MAP P.400

江南厨子（ジァンナンチューズ）

ゆったりとしたスペースの店内には水槽や池がしつらえられ、シックな内装に高級感が漂う。上海料理、杭州料理のメニューがメイン。龍井蝦仁（むきエビの龍井茶炒め、118元）や鶏汁蟹粉魚丸（上海ガニのみそ入りフィッシュボール鶏スープ仕立て、78元）などがおすすめ。

住 羅湖区宝安南路 1881 華潤中心万象城 4 楼 499 舗　☎8269 1688
営11:00 ～ 14:00、17:00 ～ 23:30
休 無休　カード V
行き方 地下鉄 1 号線の大劇院駅 C 出口から徒歩約 7 分。

手前が鶏汁蟹粉魚丸、後方右が中国風ハンバーグの淮揚紅炖獅子頭、後方左が小籠包

ファッションの店

深圳随一の高級スポット　**MAP P.400**

万象城（華潤中心万象城）　The MixC

6階建て高級ショッピングモール。"深圳最大、華南最高"と称される、深圳のランドマークだ。洗練された雰囲気の館内には、ルイ・ヴィトン、シャネル、グッチなどの有名ブランド店、H&Mやユニクロなどのカジュアルファッション店、レストランや映画館、高級スーパーやアイススケート場まであり、ショッピングを楽しむ深圳セレブの生活を垣間見られる。この一画に深圳君悦酒店（→下記）がある。

住 羅湖区宝安南路1881
☎8266 8266
営10:00～22:00（金・土曜～22:30）
休 無休
行き方 地下鉄1号線の大劇院駅C出口から徒歩約7分。

グッチ、フェンディ、プラダ、ミュウミュウなどの有名どころから、人気カジュアルブランドまで入店している

トレンディなショッピングモール　**MAP P.401A図**

金光華広場　Kingglory Plaza

人民南路と嘉賓路の角に立つ地下3階、地上7階建てのショッピングモール。グッチ、コーチ、エンポリオ・アルマーニなど世界のファッションブランドが入店。地下鉄国貿駅に直結しており、B1/Fのカジュアルレストランや L1/Fのテラスカフェ「gaga鮮語」はひと休みするのによい。

住 羅湖区人民南路2028
☎8261 1100
営10:00～22:00（金・土曜～22:30）
休 無休
行き方 地下鉄1号線の国貿駅A出口から徒歩約2分。

ガラスの壁面がシャープな巨大ビル

主要ホテル

ホテル名	データ	香港の事務所	コメント／カード／地図位置
深圳香格里拉大酒店 Shangri-La Shenzhen	住 羅湖区建設路1002火車站東側 ☎8233 0888　FAX8233 9878 料S1900元～　W2000元～ 全522室		最上階に展望バーレストランがある。 カード ADJMV　map P.401A図 URL www.shangri-la.com/jp/shenzhen/shangrila
深圳君悦酒店 Grand Hyatt Shenzhen	住 羅湖区宝安南路1881 ☎8266 1234　FAX8269 1234 料SWT1750元～　Su3780元～ 全471室	無料 800 938682	スタイリッシュなイタリア料理、中国北方料理などのレストランがある。 カード ADJMV　map P.400 URL shenzhen.grand.hyatt.com/ja/hotel/abridged/home.html
深圳華安国際大酒店 Huaan International Hotel Shenzhen	住 羅湖区宝安南路2001 ☎8338 8888　FAX2216 5008 料SWT1600元～　Su2300元～ 全384室		中国料理のレストラン、バー、コーヒーショップがある。　カード ADJMV map P.400　URL www.huaaninternationalhotel.com/en
深圳富臨大酒店 Best Western Felicity Hotel Shenzhen	住 羅湖区和平路1085 ☎2558 6333　FAX2556 8095 料SWT1365元～　Su2070元 全500室		中国料理、西洋料理のレストランがある。 カード ADJMV　map P.401A図 URL www.bestwesternfelicityshenzhen.com
深圳新都酒店 Shenzhen Luohu Century Plaza Hotel	住 羅湖区春風路4001 ☎8232 0888　FAX8233 4060 料S1320元～　T1485元～ 全395室		屋外プール、中国料理、西洋料理のレストランがある。 カード AJMV　map P.401A図 URL www.centuryplaza-hotel.com/ja
深圳華僑城洲際大酒店 InterContinental Shenzhen	住 南山区華僑城深南大道9009 ☎3399 3388　FAX3399 3399 料SWT1688元～　Su2388元～ 全540室	予約ホットライン 無料 800 968 111	プール、ジム、5つのレストラン完備。日本語可能なスタッフがいる。 カード ADJMV　map P.401B図 URL www.ihg.com/intercontinental/hotels/jp/ja/shenzhen/szxha/hoteldetail
深圳蔡屋围大酒店 Caiwuwei Hotel Shezhen	住 羅湖区解放西路4058 ☎2556 6666　FAX6261 4116 料SWT368元～　Su488元～ 全100室		1984年の創業で、2014年に改装。中国料理、西洋料理のレストラン、サウナがある。 カード AMV　map P.400 URL caiwuwei.hotelsofshenzhen.com/ja
深圳迎賓館 Shenzhen Guesthouse	住 羅湖区新園路15 ☎8222 2722　FAX8222 9943 料SWT495元～　Su770元～（税込み） 全620室		庭園式の宿泊施設。中国料理のレストランがある。 カード ADJMV　map P.400 URL www.hotelincn.com/973766/en

※上記料金に10～15%のサービス料が加算される。「平日ディスカウント」をするホテルが多い。また香港の旅行会社では、たいてい深圳のホテルも扱っており、香港で予約したほうが安くなる場合が多い。

エリアガイド

マカオ

Area Guide

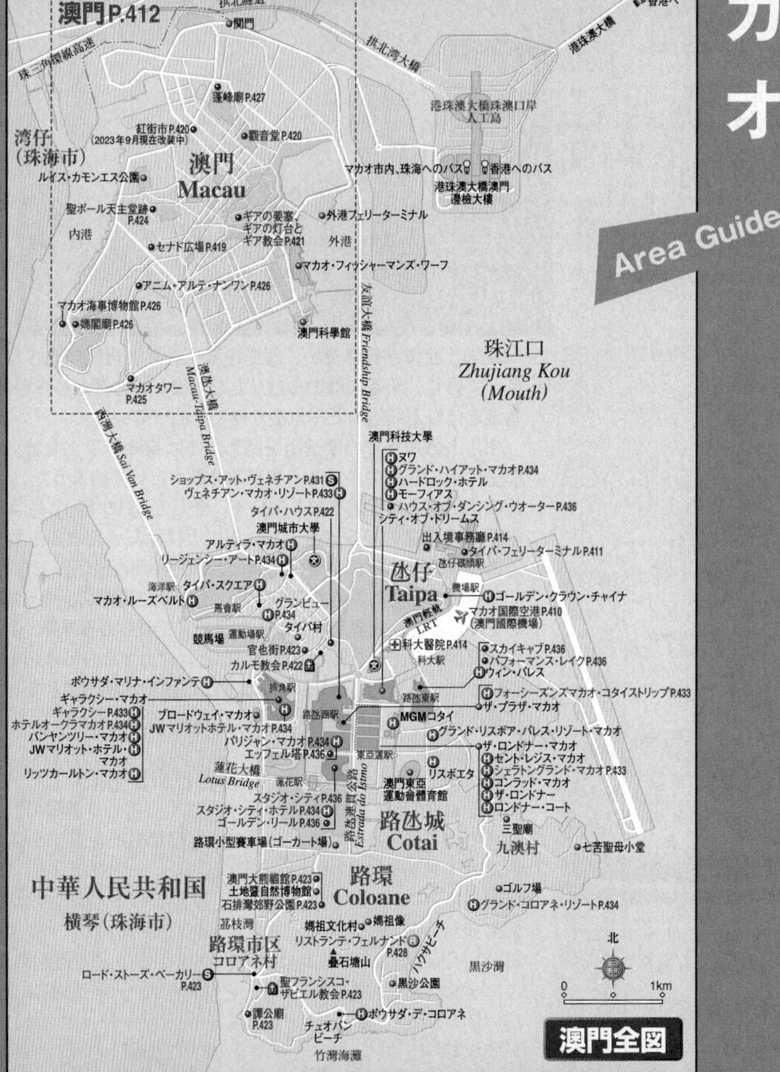

澳門のマップは
P.407、412、413

澳門（オウムン） マカオ ●Macau

ギアの灯台のある丘からマカオ半島の街並みを望む。ひときわ目立つ高層のビルはグランド・リスボア・マカオ

東洋と西洋が行き交い、歴史ある街並みと現代が混ざり合う街、マカオ。そこにはのんびりとした優しさと懐かしさがあり、香港とはひと味違った不思議な魅力を放っている。

ポルトガルがマカオ進出を始めたのは400年以上も昔。その歴史は東アジアのキリスト教布教の拠点として始まった。16世紀には日本人も足跡を残している。そして1999年12月20日、中国への返還の日を迎え、100年以上にわたったポルトガル統治の時代は終わり、「中華人民共和国澳門特別行政区」となった。

南欧の雰囲気あふれる旧市街や、清代の建築様式が残る繁華街のそぞろ歩き、充実したリゾートライフを楽しめる島部、ポルトガル料理とワインを味わうグルメなど、マカオならではの楽しみがいっぱい。また、2005年には、22の歴史的建造物と8ヵ所の広場を含む歴史市街地区が世界文化遺産に登録された。

大変貌を続けるマカオ――今とこれから

中国返還以降、マカオの運命は大きく変化し、激動の歴史を刻んでいる。2002年にカジノの経営権が外国企業にも開放されたことでカジノやホテルの建設ラッシュが進む一方、2005年のユネスコの「世界文化遺産」への登録や、中国大陸からの個人旅行が可能になったことから観光客が増加、一時は年間3500万人を超えたが、コロナ禍で2022年には570万人に激減。

コタイ地区にはヴェネチアン・マカオ・リゾート（→P.433）を皮切りにシティ・オブ・ドリームス、ギャラクシー・マカオ、スタジオ・シティ、パリジャン・マカオ（すべて map P.407）が開業し、エンターテインメント&リゾートエリアが年々拡張されている。

2023年3月現在、マカオのおもな財政源は約26%が42のカジノでの賭博業、次いで金融業、不動産業。コロナ禍で一大打撃を受けた観光業だが、2023年のカジノ収入が前年比の84%まで回復するにつれ、"東洋のラスベガスと世界遺産の街"の活気を取り戻しつつある。

※香港からマカオへ行く際にはパスポート必携。

マカオ政府観光局（澳門特別行政區政府旅遊局）
［本局］
住 宋玉生廣場335-341獲多利大廈12樓 12/F, Edifício "Hot Line", 335-341 Alameda Dr. Carlos d'Assumpção ☎2831 5566、2833 3000（ツーリストホットライン）
FAX 2851 0104
URL www.macaotourism.gov.mo
開 9:00～13:00、14:30～17:45（金曜～17:30） 休 土・日曜、祝日 map P.412-3B
［外港フェリーターミナルインフォメーションカウンター］
☎2872 6416、ツーリストホットライン ☎2833 3000
開 9:00～20:00 休 無休
map P.412-2B
［セナド広場インフォメーションカウンター］
澳門商務旅遊中心G/Fにある。インターネットサービス、展示コーナーもある。
☎2833 3000 開 9:00～20:00
map P.413-1A
そのほかタイパ・フェリーターミナル、マカオ国際空港、関門、港珠澳大橋澳門邊檢大樓にも案内カウンターがある。

中央郵便局
郵政局 Correios Post Office
住 議事亭前地郵電局總部大樓 Edifício Sede dos CTT, Largo do Senado ☎2832 3666 営 9:00～18:00（土曜～13:00）
休 日曜、祝日 map P.413-2A
1929年創建の建物は、政府の保護文物に指定されている。

マカオ半島の街の中心、セナド広場。噴水を囲んでコロニアルな建物が並ぶ。写真正面は市政署大樓（→P.424）

シティ・オブ・ドリームス内のホテル「モーフィアス」（左の建物）は世界的な建築家、ザハ・ハディド氏が手がけた前衛的なデザイン

マカオのジェネラルインフォメーション①

正式国名
中華人民共和国澳門特別行政区
面積 33.3km^2（2022年）
位置とエリア分け
マカオは香港から珠江の河口を西に64km行った所にある。マカオ半島と呼ばれる中国大陸と接した部分と、その南側に続く島部――タイパとコロアネの3地域に分かれる。以前はタイパ島、コロアネ島のふたつの島であったが、現在はコタイ地区という埋め立て地でつながっている。※本書ではタイパ、コロアネと表記。
人口 約67.4万人（2022年）
民族構成
約92%が漢民族。
宗教
仏教、道教、キリスト教、イスラム教、ゾロアスター教など。
言語
公用語はポルトガル語と中国語（広東語と北京語）。※観光関係では英語の通用度が高い。
通貨とレート
通貨単位はパタカ（Pataca、略記Pts/MOS/MOP）。1パタカ＝100アボス＝0.97HK$＝約18.5円（2023年9月25日現在）。紙幣は1000、500、100、50、20、10パタカの6種類、硬貨は10、5、2、1、0.5、0.2、0.1パタカ（10アボス）の7種類がある。発券銀行は大西洋銀行澳門分行と中國銀行澳門分行の2行。また、香港ドルも広く使われている。
ビジネスアワー
香港に準じる（→P.10）。カジノは24時間営業。
電圧とプラグ
電圧は230Vで周波数50Hz。プラグはヨーロッパタイプの丸2ピン、丸2ピン＋アースピンがほとんどだが、ホテルでは香港式の英国タイプの角3ピンのアダプターに切り替えるところが増えてきている。日本国内用の電化製品はそのままでは使えないので変圧器が必要。
チップ
マカオではチップの習慣はなかったが、高級ホテルが増えるに従ってチップの普及がみられる。
タクシー：チップは不要。
レストラン：ホテルなどの高級レストランでは、合計金額の10%がサービス料として上積み請求されるので、おつりの小銭を残す程度でよい。食堂やファストフード店ではチップ不要。
ホテル：ベルボーイや部屋係には10パタカが目安。
カジノ：ディーラーや従業員へのチップは不要。
水
マカオの水道水は中硬水。滞在中はミネラルウオーターを飲用しよう。
時差とサマータイム
香港と同じく、時差は日本の1時間遅れ。サマータイムはない。

電話
市内通話　固定電話からのマカオ市内通話は無料、公衆電話からは1パタカで5分間通話可能。公衆電話はテレホンカード、硬貨（香港ドルは使用不可）が使えるものがある。
マカオ～香港間の電話、国際電話
[香港からマカオへのかけ方]
001（国際電話識別番号）＋853（マカオのエリア番号）＋相手の電話番号
[マカオから香港へのかけ方]
00（国際電話識別番号）＋852（香港のエリア番号）＋相手の電話番号
※上記の方法のほかに、01＋香港の相手先電話番号というかけ方も可能。
[日本からマカオへのかけ方]
0033/0061（事業者識別番号）＋010＋853（マカオのエリア番号）＋相手の番号
[マカオから日本へのかけ方]
00（国際電話識別番号）＋81（日本の国番号）＋相手の番号（市外局番や携帯電話番号の頭の0は取る）
郵便
郵便局の営業時間は多くが月～金曜が9:00～18:00、土曜は13:00まで（19:00頃まで開いている局や、土曜日休みの局もある）。セナド広場の中央郵便局（☎2832 3666）は9:00～18:00（土曜～13:00）。日曜、祝日は休み。ほかにはがきと封書のみを扱うスタンドの郵亭（ヤウティン）が1ヵ所ある。日本までの航空便は、はがきまたは封書のいずれも10gまで4.5パタカ。10g増すごとに2パタカ加算。航空便の小包は1kgまでが155パタカ、5kgまで370パタカ、10kgまで670パタカ。日本への所要日数は、エアメールで5～6日程度。
入出国
ビザ　日本国籍の人のマカオ入境は、90日以内の滞在ならビザ不要。
パスポート　残存有効期間は「入境時30日＋滞在日数以上」となっている。
なお、中国本土に出入りする場合、日本人に対するビザ15日間免除措置は、2023年9月現在停止となっているので、ビザの取得が必要。
税関　12万パタカ（約222万円）を超える現金、無記名の小切手を持ち込む際は申告が必要。また、酒やたばこの免税範囲を超えている場合は申告が必要。免税範囲はアルコール分30%以上のお酒1本（1ℓ）、たばこ製品はたばこ19本、または葉巻（1本当たり3g以下）1本、刻みたばこ25gまでで、総重量25g以下。
出国税　バスや船利用の場合は不要。飛行機利用の場合、出国税110パタカ、空港施設使用料30パタカ（48時間以内のトランジットの場合、出国税は無料、空港施設使用料は30パタカ）。通常すべてチケット代金に含まれる。含まれない場合はパタカ現金で支払う。

マカオのジェネラルインフォメーション②

中国ビザ発給機関
澳門中國簽證申請服務中心
(マカオ中国ビザ申請サービスセンター)
Chinese Visa Application Service Center
住 羅理基博士大馬路 223-225　南光大廈一層
1/F, Nam Kwong Building, 223-225 Avenida do Dr. Rodrigo Rodrigues　☎8799 8117、8799 8118 (9:00 ～ 12:00、14:00 ～ 17:00)　FAX8799 8119
開9:00 ～ 17:00 (ビザの申請は～ 15:30、受け取りは～ 16:00、翌々日および 24 時間発行の受け取りは 11:00 ～ 16:00)　休土・日曜、祝日 ※月曜日は非常に混雑するため、センターでは火曜日以降の来訪を要請している。　カードMV
map P.413-2B

料金は申請の 4 日目の発行は 320 パタカ、翌日発行は 510 パタカ、24 時間以内の発行は 640 パタカ (※手数料 248 ～ 496 パタカが加算される。料金はクレジットカード払い)。パスポートと 6 ヵ月以内に撮影したカラー写真 1 枚、パスポートの顔写真のページのコピー 1 枚が必要。パスポートは残存有効期間が 6 ヵ月以上で、ビザを貼り付ける余白 2 ページが必要。

税金
ホテル料金には 10% のサービス料と 5% の政府税が加算される。中級以下のホテルでは税込みの料金を提示しているところもある。また、高級レストランでは 10% のサービス料がプラスされる。
※プラスチック製買い物袋は 1 枚 1 パタカ。

安全とトラブル
2023 年 9 月現在、危険情報は出ていないが、旅行を計画する際は最新の情報を入手し、慎重に行動することをおすすめする。治安は特に悪くはないが、夜道のひとり歩きは避けたほうがよい。フェリーターミナル、カジノなどでのスリやひったくりには十分注意したい。

年齢制限
マカオでは喫煙は特に年齢制限はないが、18 歳未満の者へのたばこの販売は禁止されている。カジノの年齢制限は 21 歳以上、パスポートの提示を求められることもある。

マナー
カジノで正装の必要はないが、ショートパンツやサンダル履きでは、入場を断られる場合もある。
※電話番号に (香港) とあるものは、香港のエリア番号 (852) を適用ください。

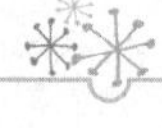

行き方

●日本から直行便利用
2023 年 9 月現在、マカオ航空 (澳門航空) と全日空の共同運行便が関西国際空港を週 5 便、成田国際空港発を週 4 便運航。福岡空港発は 2023 年 9 月現在、運航を休止している。

●香港経由で入る
従来は香港まで飛行機を利用し、香港から出ている高速船でマカオに行く方法が一般的だったが、現在は便が減少。一方で、2018 年 10 月に開通した港珠澳大橋シャトルバスの利用が主流になりつつある。

●そのほかの方法
台北、高雄などを経由して、マカオ航空やエバー航空、タイガーエア台湾を使ってマカオに入る方法もある。また、中国広東省珠海市と陸路で接しているので、珠海の拱北から徒歩かバスで、同じく珠海の横琴からバスで入る方法もある。

香港～マカオ間のアクセス
香港～マカオ間は2023年9月現在、港珠澳大橋を渡るバスと、2 社の高速船が結んでいる。

マカオ政府観光局
[香港] マカオフェリーターミナル (信徳中心)
住 上環干諾道中 200　信徳中心 336-337
336-337 Shun Tak Centre,200 Connaught Rd. C., Sheung Wan
☎ (香港) 2857 2287
FAX (香港) 2559 0698
開9:00～13:00、14:00 ～ 18:00
休 無休　map別冊 P.16-2A
香港国際空港
(サービスカウンター A06)
☎ (香港) 2769 7970
開9:00 ～ 13:00、14:00 ～ 18:00
休 無休　map P.448

マカオ国際空港
澳門國際機場
Aeroporto de Macau
空港バス AP1、MT1、MT2 利用。空港←→市中心部、所要約 10 分。6 パタカ。
☎2886 1111　map P.407

日本からマカオへの直行便
マカオ航空と全日空の共同運行便は関西国際空港 (以下関空) 発が日・月・水・木・金曜の週 5 便 (関空発 13:45、マカオ発 8:15。所要約 4 時間 10 分)。成田国際空港発が日・火・木・土曜の週 4 便 (成田発 15:00、マカオ発 9:30、所要 5 時間 5 分)。

マカオ航空 (日本語)
URL www.airmacau.jp

[バス]

●港珠澳大橋シャトルバス　HZM Bus　港珠澳大橋穿梭巴士

香港国際空港の東の人工島にある香港口岸とマカオ半島東の人工島の珠海公路口岸を約 40 分で結ぶ。24 時間、10 ～ 30 分間隔で運行。料金は片道 65HK$（0:00 ～ 5:59 は 70HK$）。頻発しており、料金的にも高速船より手軽。だが、休日、大型休暇の際はたいへん混み合うので注意が必要。シャトルバスのほか、香港市内からマカオの大型カジノホテルへの直通バス（跨境巴士）も運行している。バスの詳細は→ P.110、412 ～ 413。

[高速船]

高速船の香港の出発地点は、①香港島サイド・上環のマカオフェリーターミナル（港澳碼頭 Macau Ferry Terminal）、②九龍サイド・尖沙咀の中港城のチャイナ・フェリーターミナル（中港客運碼頭 China Ferry Terminal）、③香港国際空港のスカイピア（エアポート路線）の 3 ヵ所。マカオ側のターミナルはⒶ外港フェリーターミナル（外港客運碼頭、map P.412-2B）と、タイパのⒷタイパ・フェリーターミナル（氹仔客運碼頭、map P.407）の 2 ヵ所。

切符は出発日の 45 日前（③エアポート路線は 60 日前）から購入できる。上環のマカオフェリーターミナルの窓口のほかに、市内にも販売窓口がある（→欄外）。手数料がかかるが、公式アプリ、公式サイトからも購入できる。週末は混み合うので早めに購入を。

●ターボジェット　TurboJet　噴射飛航（①）

香港中心部とマカオを結ぶ。①上環～Ⓐ外港フェリーターミナルの便は所要約 55 分で、最終便は香港発が 23:30（週末は翌 0:30)、マカオ発が 23:59（週末は翌 1:00)。②尖沙咀発の船は 2024 年 3 月現在、1 日 4 往復（8 便）運航。

左／鮮やかな赤い船体のターボジェット　右／コタイウオータージェットは青い船体

●ターボジェット・エアポート路線　TurboJet Airport Route 噴射飛航・機場航線（③）

香港国際空港沖の③スカイピアとⒷタイパ・フェリーターミナルを結ぶ。これを利用すると空港から直接マカオへ行ける。なお、ピーチ航空はマカオ行きのフェリー乗り継ぎサービスを行っておらず、スカイピア発着のフェリーには乗船できないので注意。

香港国際空港到着フロアのフェリー乗り継ぎデスクでチケットが買え、機内預けにした荷物の半券を見せるだけで、荷物はピックアップすることなく自動的にマカオまで運んでくれる。また、帰りにこの便を利用した場合は、航空券に含まれていた出国税が返還される（→ P.415 欄外）。

●コタイウオータージェット Cotai Water Jet　金光飛航（①）

ヴェネチアン・マカオ・リゾート（→ P.433）が運営し、①上環からコタイ地区に近いⒷタイパ・フェリーターミナルを約 60 分で結ぶ。

香港のマカオ行き船発着所

①香港島サイド
マカオフェリーターミナル
Macau Ferry Terminal
住 上環干諾道中 200　信德中心 3 楼
3/F, Shun Tak Centre, 200 Connaught Rd. C., Sheung Wan
☎（香港）2859 3333　地 上環駅 D 出口　map 別冊 P.16-1B

②九龍サイド
チャイナ・フェリーターミナル
China Ferry Terminal
住 尖沙咀廣東道 33　中港城
China Hong Kong City, 33 Canton Rd., Tsimshatsui
☎（香港）2859 3333
行き方 MTR 尖沙咀駅 A1 出口から九龍公園を抜けて徒歩約 10 分。　map 別冊 P.28-2A

ターボジェット・プレミアジェットフォイル（至尊噴射船）

揺れが少ない特別設計の豪華船。香港①マカオフェリーターミナル～マカオⒶ外港フェリーターミナル間を、通常スケジュールのなかで必要に応じて運航。上級クラスには軽食や飲み物のサービスがある。所要約 55 分。昼便 495HK$ ～、夜便 575HK$ ～（マカオ発は 11 パタカ HK$）引き。

高速船切符の購入場所

ターボジェット

各フェリー乗り場のほか、香港内の香港中國旅行社各店で販売。公式アプリ、公式サイトからも購入できる。
カード 香港（①上環）：AMV、③香港国際空港：ADJMV、マカオ（Ⓐ外港）：JMV、エアポート路線は MV、マカオ（Ⓑタイパ）：MV
URL www.turbojet.com.hk

ターボジェット・エアポート路線

香港国際空港のレベル 5（E2 付近）のほか、①マカオフェリーターミナルで販売。
カード ADJMV

コタイウオータージェット

Ⓑタイパ・フェリーターミナル、ヴェネチアン・マカオ・リゾート、カジノのサンズ、パリジャン、ザ・ロンドナー、香港の上環信德中心 303B 舗などで販売。 カード AJMV

香港～マカオ間のヘリコプター

香港～マカオを約 15 分で結ぶヘリコプター（Sky Shuttle 空中快線）便。発着地点は香港側が上環のマカオフェリーターミナル、マカオ側は外港フェリーターミナルにあるヘリポート。※ 2023 年 9 月現在、運航休止中。

香港～マカオ間の交通

※料金はすべて出国税を含む。※時刻表は 2023 年 10 月現在。
Ⓔ：エコノミークラス　Ⓢ：スーパークラス　Ⓟ：プレミアグランドクラス

［バス］
港珠澳大橋シャトルバス・港澳線（通称：金巴）
香港・港珠澳大橋香港口岸～マカオ・澳門邊檢大樓
各地発とも昼行 7:00 ～ 8:59 は 15 ～ 20 分間隔、9:00 ～ 20:59 は 10 ～ 15 分間隔、21:00 ～ 24:00 は 15 ～ 20 分間隔。夜行 24:00 ～ 5:59 は 30 ～ 60 分間隔。
［所要時間］ 30 ～ 40 分
［料金］ **昼行** 65HK$（身長 1.2m 未満の 12 歳未満と 65 歳以上は 33HK$）
夜行 70HK$（身長 1.2m 未満の 12 歳未満と 65 歳以上は 35HK$）

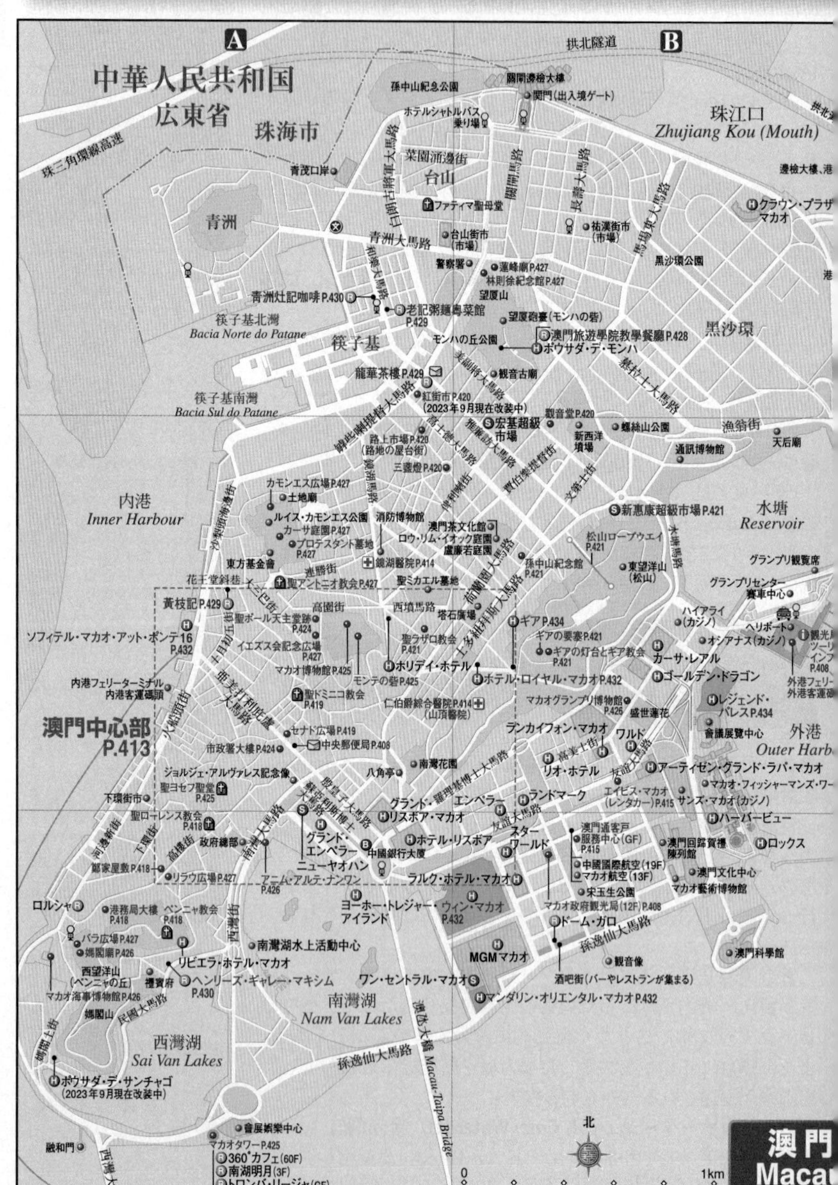

カード JMV（窓口）、オクトパスが使える。
問い合わせ先：HZM Bus ☎3753 3888
URL www.hzmbus.com

香港市内～マカオのカジノホテルへの直通バス

ワン・バス　One Bus　港澳一號
（香港）佐敦→（マカオ）サンズ→ザ・ロンドナー→ヴェネチアン
昼行 8:00 ～ 18:00（1 時間間隔）**夜行** 18:00
（マカオ）ヴェネチアン→ザ・ロンドナー→サンズ→（香港）佐敦
昼行 11:25 ～ 17:25（1 時間間隔）。
夜行 18:25 ～ 21:25（1 時間間隔）。
［所要時間］約 2 時間［料金］月～金曜の昼行 160HK$ ／ 170 パタカ、月～金曜の夜行および土・日曜、祝日 180HK$ ／ 190 パタカ（3 歳未満は割引あり）
チケット購入場所（問い合わせ先）：港澳一號 One Bus 住 佐敦廣東道 535　都會名軒 G/F,B 舗 ☎3703 3981 URL www.onebus.hk map 別冊 P.31-3A ※バス乗降所 住 佐敦廣東道 505

ホンコン・マカオ・エクスプレス　HK-MO Express 港澳快線

おもな運行路線

（香港）中港城→太子→（マカオ）ギャラクシー→ヴェネチアン→ MGM コタイ
8:00 ～ 19:50 に 15 ～ 60 分間隔で計 22 便。エレメンツ〈圓方→ P.268〉発や経由する便、太子発の便もある。一部、マカオ半島のスター・ワールドホテルを終点とする便もある。
（香港）中港城→太子→（マカオ）サンズ→グランド・リスボア→ MGM マカオ
8:35 ～ 20:20 に 14 便。うち 2 便はエレメンツを経由。
（マカオ）MGM コタイ→ヴェネチアン→ギャラクシー→（香港）太子
7:50 ～ 21:00 に 30 ～ 60 分間隔で計 21 便。
（マカオ）MGM マカオ→グランド・リスボア→サンズ→（香港）太子
8:20 ～ 17:20 に 15 分～ 2 時間間隔で計 13 便。
［所要時間］約 2 時間［料金］月～金曜：片道 160HK$、往復 310HK$。土・日曜、祝日：片道 180HK$、往復 350HK$。※パタカも同額。
チケット購入場所・バス乗り場（問い合わせ先）：港澳快線　HK-MO Express
住 太子上海街 695　A 舗 ☎2979 8778
URL www.hkmoexpress.com map 別冊 P.26-2B

［高速船］

ターボジェット

※昼行（昼便）と夜行（夜便）の時間帯
10/8 ～ 1/31 は昼行～ 17:00、夜行 17:10 ～、2/1 ～ 3/31 および 9/1 ～ 10/7 は昼行～ 17:30、夜行 17:40 ～、4/1 ～ 8/31 は昼行～ 18:00、夜行 18:10 ～。
①香港・上環→Ⓐマカオ（外港）
昼行 7:30 ～ 10:00、11:00 ～ 17:00 の間は 30 分間隔。
夜行 17:30 ～ 23:30 の間は 1 時間間隔。最終便は 23:30（金～日曜は翌 0：30）。
Ⓐマカオ（外港）→①香港・上環
昼行 7:30、8:30、9:15 ～ 17:30 の間は 30 ～ 45 分

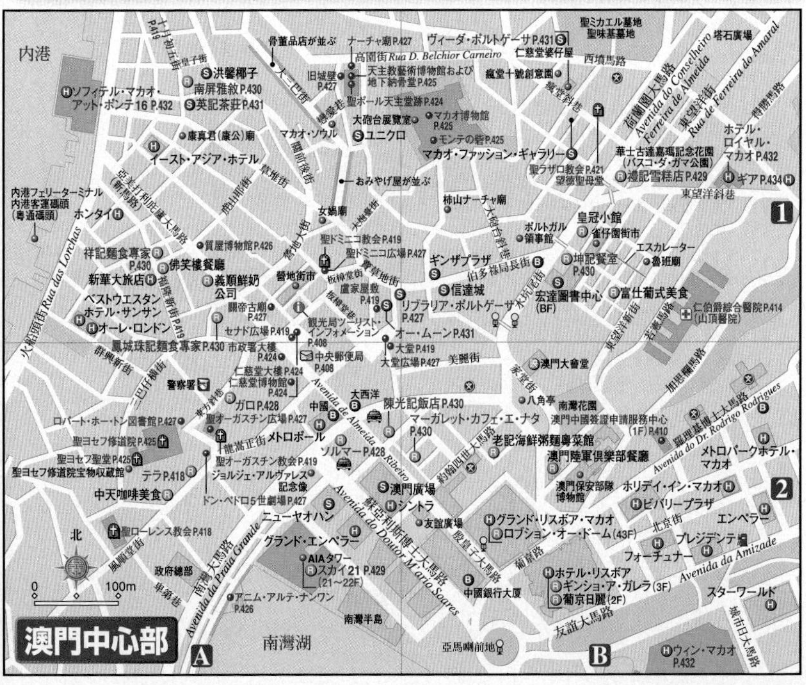

間隔、16:00 ～ 18:00 の間は 30 分間隔。
夜行 18:30 ～ 23:00 の間は 1 時間間隔。23:59、最終便は 23:59（金～日曜は翌 1:00）
①香港・上環→Ⓑマカオ（タイパ）
昼行 9:15、11:15、12:15、14:45、15:45、16:15
Ⓑマカオ（タイパ）→①香港・上環
昼行 10:45、13:45、14:15、16:15、17:15
［所要時間］約 70 分
［料金］**昼行（月～金曜）** Ⓔ 175HK$、Ⓢ 365HK$
昼行（土・日曜、祝日） Ⓔ 190HK$、Ⓢ 395HK$
夜行（毎日） Ⓔ 220HK$、Ⓢ 415HK$
※パタカも同額。12 歳未満と 65 歳以上は 18HK$（パタカ）引き。

ターボジェット・エアポート路線
③香港国際空港スカイピア→Ⓑマカオ（タイパ）
火・水・金曜の 12:45。
Ⓑマカオ（タイパ）→③香港国際空港スカイピア
火・水・金曜の 11:00。
［所要時間］約 70 分 ［料金］Ⓔ 297HK$、Ⓢ 479HK$、Ⓟ 615HK$ ※マカオ発も同額。
問い合わせ先：ターボジェット （香港）☎2859 3333、（マカオ）☎(853) 2855 5025
URL www.turbojet.com.hk

コタイウオータージェット
※昼行と夜行（夜便）の時間帯
10/1 ～ 1/31 は昼行～ 17:10、夜行 17:10 ～、2/1 ～ 3/31 および 9/1 ～ 9/30 は昼行～ 17:30、夜行 17:40 ～、4/1 ～ 8/31 は昼行～ 17:30、夜行 18:00 ～。

コタイウオータージェット・シティルート
①香港・上環→Ⓑマカオ（タイパ）
7:30 ～10:30 の間は 1 時間間隔、11:30 ～15:30 の間に6 便、17:00 ～21:00 の間は 1 時間間隔、最終便は23:00。
Ⓑマカオ（タイパ）→①香港・上環
9:00 ～ 12:00 の間は 1 時間間隔、12:30 ～ 23:30 の間に 12 便、最終便は翌 0:30。
［所要時間］約 70 分
［料金］**昼行（月～金曜）** Ⓔ 175HK$、Ⓢ 310HK$
昼行（土・日曜、祝日） Ⓔ 190HK$、Ⓢ 329HK$
夜行（毎日） Ⓔ 220HK$、Ⓢ 360HK$
※パタカも同額。12 歳未満と 65 歳以上は 20HK$（パタカ）引き。

マカオからの中国行き船便

［マカオ～深圳・蛇口港］
Ⓐマカオ（外港）→蛇口港
10:30、12:30、14:30、16:00 #、18:00、20:00
印は日曜のみの運航。
蛇口港→Ⓐマカオ（外港）
9:00、11:00、13:00、14:30 #、16:30、18:30
印は日曜のみの運航。
［所要時間］約 1 時間
［料金］Ⓔ 260HK$ ～、Ⓢ 460HK$ ～
※中国の窓口で購入の場合は人民元に換算。

［Ⓐマカオ（外港）～深圳機場(※)福永碼頭］
※：深圳宝安国際空港
マカオ（外港）発 10:00、深圳機場福永碼頭発 8:30 の各 1 便。
［所要時間］約 1 時間
［料金］Ⓔ 245 パタカ（HK$）、Ⓢ 425 パタカ（HK$）
問い合わせ先：ターボジェット（マカオ）☎2855 5025、（深圳）☎(0755) 2777 6818
※このほか、Ⓑタイパ・フェリーターミナルから粤通船務の深圳・蛇口行きの船が 1 日 4 往復、深圳宝安国際空港福永碼頭行きの船が 1 日 4 往復ある。所要約 1 時間 10 分。
問い合わせ先：粤通船務 ☎2885 0272
URL www.ytmacau.com
※中国行きの船のチケットは完全記名式。

マカオでの緊急時に備えて

パスポートをなくした
マカオには日本領事館がないので、紛失の際は香港の日本領事館に届け出る。手順は次のとおり。
①治安警察局、各地の警察に紛失届を提出し、「報案證明（Extravio de documentos）」を受領。
②それを持って「出入境事務廳」内の「外國人事務警司處（Comissariado de Estrangeiros）」に行き、出境許可書類「離境證件（Documento de Saída）」を発行してもらう。費用は無料。
①②が揃った時点で、必ず香港の日本領事館に連絡する。領事館から香港の入管への連絡がないと、香港に入境できないので注意。
③香港の日本領事館にてパスポートの失効手続きをし、新規パスポートの発給または「帰国のための渡航書」の発給を申請する。
出入境事務廳
住 氹仔北安碼頭一巷 治安警察局出入境事務大樓
☎2872 5488 開9:00 ～ 17:45（金曜～ 17:30）
休 土・日曜、祝日 map P.407
在香港日本国総領事館
マカオからは ☎00 (852) 2522 1184

盗難に遭った
「警察 ☎999」へ通報。また、ツーリスト専用の「旅行者用緊急援助ホットライン ☎112（英語）、☎110（中国語）」もある。

病気になった
ホテルのクリニックにかかるか、次に挙げる 24 時間救急診療の病院で診療を受ける。
鏡湖醫院 Kiang Wu Hospitalar 住 鏡湖馬路 33
☎2837 1333 map P.412-2A
仁伯爵綜合醫院（山頂醫院） Centro Hospitalar Conde de São Januário 住 若憲馬路
☎2831 3731 map P.412-2B
科大醫院 Hospital da Universidade de Ciência e Tecnologia de Macau
住 氹仔偉龍馬路澳門科技大學 H 座 ☎2882 1838
map P.407

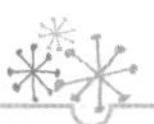

市内交通

マカオ内の交通はタクシー、公共バスのほか、タイパは2019年に開通した鉄道、LRT澳門がある。

●タクシー　Taxi　的士

タクシーの車体は黒

マカオのタクシーは黒色。どこでも乗降できる。基本料金は1.6kmまでが19パタカ。その後240mごとに2パタカずつ加算される。後部トランクに荷物を入れた場合、1個につき3パタカ加算。香港ドルでの支払いもOK（10HK$硬貨は使用不可）。要求すれば領収書も出る。

●市内バス　Bus　巴士

新福利のバス

澳巴のバス

バスは半島部を縦横に走り回り、観光客にも便利だ。ただし、一方通行の道が多いため、往路と復路で違う道を通ることがあるので注意しよう。バス会社は、ブルーと黄色、白の車体の新福利公共汽車有限公司（Transmac）と、オレンジと茶色、白の車体の澳巴（TCM）の2社がある。いずれも半島部、タイパ・コロアネの路線を網羅しており、新福利の路線数が多い。2社とも料金は半島部なら、6パタカで均一料金。路線が複雑なので、乗車時に行き先を運転手に確認するとよい。バスルート表はマカオ政府観光局のインフォメーションカウンター（→P.408欄外、410欄外）で手に入る。

主要バスターミナルは、外港フェリーターミナル（外港碼頭）、ホテル・リスボア前の亞馬喇前地、媽閣廟前、国境前（関門）、タイパ・フェリーターミナル（氹仔碼頭）の5ヵ所。

プリペイドカード「マカオパス　澳門通」

センサーにタッチして使えるICカード。すべてのバスで使え、これを使うと割引運賃となる。カードは130パタカ（うち30パタカは保証金で、カード返却時に返金される）。返却の手間暇を考えると、短期の旅行では有効とはいえない。

●マカオLRT　Macau Light Rail Transit　澳門輕軌鐵路

2019年11月に開通したマカオ初の鉄道。現在は第一期のタイパ線が運行しており、タイパ・フェリーターミナルや空港、コタイ地区のホテル群、官也街に近いタイパ・ビレッジや住宅地を約22分で結ぶ。全長9.3 km、11駅。将来的にコロアネや珠海の横琴地区、マカオ半島への延長計画がある。

高架線を無人自動運転システムで運行するLRTも観光にも使える

出国税の払い戻しについて

マカオや中国から香港のスカイピアへフェリーを利用した場合、実際には香港には入国していないので、香港の空港税120HK$が返却される。船でスカイピアに着いた際に、各航空会社のカウンターで払い戻し証明書をもらい（こちらから要求すること）、手荷物のセキュリティチェックのあと、払い戻しカウンターに証明書を提出すると、その場で戻ってくる。※航空券とフェリーチケットを同時に購入した場合にはすでに差し引かれていることもあるので、チケットを受け取ったときに要確認。

レンタカー

エイビス・マカオ Avis Macau
アーティゼン・グランド・ラパ・マカオホテルの前にある。
☎2833 6789　FAX2831 4112
営8:00～22:00　休無休
カードAJMV　map P.412-2B
URL www.avis.com.mo
香港事務所
☎（香港）2890 6988
東京事務所
0120-311911

タクシー

4～6人乗りがあるが料金は同じ。マカオ半島側からタイパへは追加料金不要、コロアネへは5パタカ、タイパからコロアネへは2パタカ、空港ターミナル、横琴のマカオ大学、タイパ・フェリーターミナルからの出発は5パタカの追加料金がそれぞれ必要。電話やアプリで予約専用のワゴンタクシーもある（澳門電召的士服務有限公司 Macao Radio Taxi Services Limited　☎2881 2345）。

市バス

全線均一料金6パタカ、路氹邊檢大樓と珠海の蓮花口岸を結ぶ路線は5パタカ。香港ドルも同額。マカオパス使用の場合、3～4パタカ（路線によって異なる）。

マカオパス　澳門通

販売＆返却場所：澳門通客戶服務中心
住巴黎街10　富達花園G/F AX座、AZ座、BA座、BB座、BC座、BD座及BE座（タイパにも支店がある）
☎2872 7688（ホットライン）
営10:00～19:00　休祝日
map P.412-3B
この販売所以外にもサークルKや、セブン-イレブン、大手スーパーマーケットなどで買える。

マカオLRT

5～10分間隔で運行。運賃は3駅までが6パタカ、4～6駅が8パタカ、7～10駅が10パタカ（12歳以下と65歳以上半額）。マカオパス（澳門通）が使える。
（次ページへ続く）

（前ページから）
運行時間は月～木曜が 6:30 ～ 23:15、金～日曜、祝日は～ 23:59。路氹東駅、路氹西駅はホテル群、排角駅は官也街、蓮花駅は中国へのイミグレへの最寄り駅。
Macao Light Rapid Transit Corporation Limited
住 殷皇子大馬路 43-53A 澳門廣場 7 樓 ☎ 8506 6171（ホットライン） URL www.mlm.com.mo

上／マカオ国際空港近くの機場駅。乗車はトークンを買って改札のセンサーにかざして使用
下／車内は窓が大きくて景色がよく見える

ペディキャブ　Pedi Cab
人力三輪車
ふたり用の席を備えた観光用の三輪車。埠頭やホテル・リスボア前あたりで客待ちしている。チャーターは 30 分 300 パタカが相場だが、乗る前に料金交渉すること。ホテル・リスボアから海沿いにポウサダ・デ・サンチャゴまでのコースがおすすめ。

簡単な観光ガイドをしてくれる運転手もいる

おもなタイパ行きバスとその乗り場
亞馬喇前地（ホテル・リスボア前）11、22、28A、33
外港客運碼頭（外港フェリーターミナル）28A
新馬路のセナド広場付近 11、33

おもなコロアネ行きバスとその乗り場
亞馬喇前地（ホテル・リスボア前）21A、25、26A
新馬路のセナド広場付近 21A、26A
媽閣廟前　21A
国境前（関門）　25

歩き方

移動手段のアドバイス

マカオ半島は南北に約 4km。バスルートが整っているので、歩きとバスをうまく組み合わせるとよい。また、大型ホテルが運行する無料シャトルバスも利用価値大。フェリーターミナルや空港、中国との国境と、マカオ半島やコタイ地区にある大型ホテルを結んで運行しており、宿泊客でなくても乗車できる。

マカオは数日間の余裕をもって訪れ、自分の足で歩いてみるのがおすすめ。

マカオ半島部

聖ラザロ教会の一帯は文化や芸術を紹介する見どころが多い。異国情緒あふれる通りを散策したい

彩色の美しい飾り窓やバルコニーのある家々が一瞬、ヨーロッパの田舎へ迷い込んだ気分にさせる。かと思えば、古めかしい造りの漢方薬店や食堂がセピア色の中国へいざなう。また、大型カジノホテル内には、おしゃれなレストランやバーもあり、エンターテインメントの魅力にあふれる、マカオの顔となっている。

街のいたるところに東西の文化、新旧のスタイルが混在し、不思議な調和を生み出しているところにマカオのおもしろさはある。

タイパ、コロアネ、コタイ地区

バスでタイパ（氹仔）やコロアネ（路環）へも行ってみよう。バスはホテル・リスボアの脇を過ぎて全長 2560 m の澳氹大橋（マカオ・タイパ大橋）を渡りタイパへ。さらにコロアネ行きのバスは、タイパを突っ切ってコロアネの中心部、西側の海に面した路環市区（コロアネ村）まで行く（東の黒沙海灘〈ハクサビーチ〉まで行くバスもある）。

タイパの見どころはおもに南側にある。カルモ教会、タイパ・ハウスミュージアム、フードストリート（食街）の官也街周辺を散策してみよう。官也街周辺では風情ある街並みが見られる。

コロアネには南側にふたつのビーチがあり、リゾート型の滞在もできる。聖フランシスコ・ザビエル教会や譚公廟がある西側のコロアネ村は、潮の香りが漂うのどかな村である。

また、タイパとコロアネ間の埋め立て地「コタイ地区（路氹城）」には、外資によるリゾートホテル、エンターテインメント施設などのさらなる建設や計画が進んでいる。

黒っぽい砂の色から黒沙海灘（ハクサビーチ）と呼ばれるコロアネの浜辺。海水浴場になっており、付近にはキャンプ場やスポーツ施設がある

マカオを歩く 厳選モデルコース3

狭いマカオの中に、さまざまな見どころや楽しみが詰まっている。そんなマカオを深く知るには、歩いてみるのがいちばん。ということで、ここでは「歩いて効率よく回る」コースをご紹介。これらを参考に、各自の興味や体調などに合わせて、物件を取捨選択したり、タクシーを使ったりと、アレンジして自分流の街歩きを楽しもう。

マカオ街歩き術

地図を見るときに、中国語とポルトガル語両方の表記を知っていると楽だ。

大馬路	Avenida（大通り）
街	Rua（通り）
巷	Travessa（小道）
斜巷	Calçada（坂の小道）
前地	Largo（広場）
圍	Patio（建造物に囲まれた状態の路地）
円形地	Rotunda（ロータリー）

街歩きの際に注意しよう！

- 供給不足のため、一般にタクシーをひろうのは難しい。困ったときは最寄りの高級ホテルから。できればバスも使おう。
- マカオは坂の多い街。靴は履き慣れた歩きやすい靴がよい。
- 夏のマカオの湿気と日射しは香港以上。水分の補給を忘れずに。
- 公衆電話をかけるときはパタカが必要。
- パタカは極力マカオで使い切ろう。

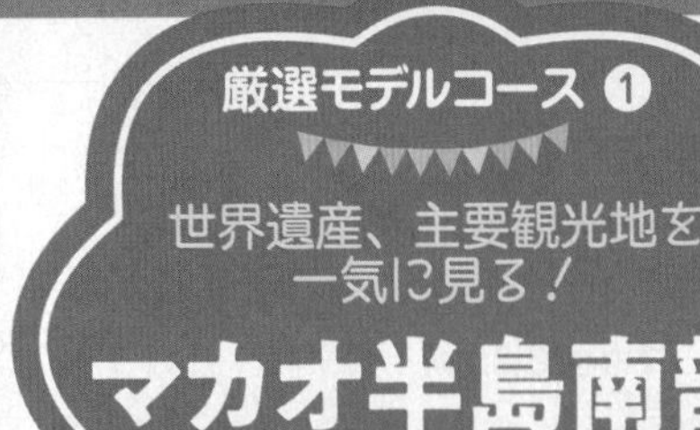

厳選モデルコース ①

世界遺産、主要観光地を一気に見る！

マカオ半島南部&中心部

世 世界遺産

上／マカオ最古の廟、媽閣廟　右／境内の売店で売っている許願球は絵馬のようなもの

① 9:00

① 媽閣廟（マーコッミウ） Templo de A-Má 世30分／P.426

マカオの名前の由来といわれる中国寺院。人々のあつい信仰を集めており、参詣者が絶えない。

徒歩約10分

② 9:40

② 港務局大樓（ゴンモウコッダーイラウ） Capitania dos Portos 世10分

もとはマカオの治安を守るため、インドのゴアから連れてこられたムーア兵の宿舎だった。現在は政府の海事及水務局の事務所がある。中東風の建築スタイルの建物。

住 媽閣斜巷　開9:00～18:00（ベランダのみ参観可能。土・日曜、祝日休館）
料 無料　map P.412-3A

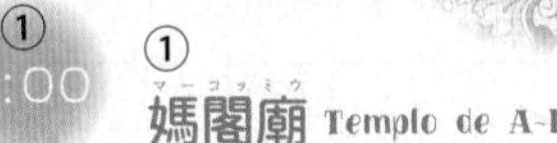

天井の造り、精緻な彫刻、書や壁画など見応え十分

徒歩約8分

③ 10:00

③ 鄭家屋敷 Mandarin's House

鄭家大屋（チェンガーダーインゴッ）　世40分

中国近代の著名な思想家、鄭觀應（チェンクンイン）の屋敷跡。見学は電話かウェブで予約をしたほうがよい。向かいに世界遺産のリラウ広場があり、開館時間までそちらを散策。

住 龍頭左巷 10　☎2896 8820　開10:00～18:00（最終入場 17:30）　休 水曜（祝日は開館）　料 無料　map P.412-3A

徒歩約10分

④ 10:50

④ ペンニャ教会

Ermida de Nossa Senhora da Penha

西望洋聖堂（サイモンヨンセントン）

20分

聖母子像を頂く教会

西望洋山の丘の上に立つ教会。1622 年の創建。現在の建物は 1837 年に再建された石造りのシンプルな外観。ここからの眺望はすばらしい。

住 西望洋山　開10:00～17:00（冬季は～16:00）　map P.412-3A

徒歩約10分

⑤ 11:20

⑤ 聖ローレンス教会

Igreja de S. Lourenço

聖老楞佐教堂（センロウレンチョーガウトン）　世20分

1560 年代に創建、1803 年にこの地に再建された。内部はミントグリーンに塗られた天井からシャンデリアが下がり、キリストの生涯を描いたステンドグラスが美しい。

住 風順堂街　開7:00～18:00（土・日曜～21:00）
map P.413-2A

清楚で美しい聖ローレンス教会

徒歩約5分

⑥ 11:45

⑥ 聖ヨセフ聖堂 Igreja de S. Jose

聖若瑟聖堂（センヨクサッセントン）　世20分／P.425

1758 年にイエズス会によって建てられた教会。典型的なバロック様式で、ドーム型の天井をもつ優美な造り。フランシスコ・ザビエルの聖骨（腕の骨の一部）が納められている。

優美な聖ヨセフ聖堂

聖ヨセフ聖堂には宝物収蔵館があり、絵画、聖像、祭祀用品などが展示されている（最終入場 16:30、入場無料）

徒歩約5分

⑦ 12:10

⑦ テラ Terra

30 分／→下記※

厳選されたコーヒー豆を焙煎にもこだわってていねいに入れた本格コーヒーを出すカフェ。ここでブレイクタイム。

上／ラテ・シェラート（左、47パタカ）とカフェラ（右、38パタカ）　下／シンプルな店

※テラ：住 龍嵩正街 20　富耀大廈 G/F　A 舗　☎2893 7943　営12:00～22:00　休 無休　カード 不可　map P.413-2A

⑧ 2:50

徒歩 約5分

⑨ 13:05

⑨ 福隆新街
Rua da Felicidade

1時間15分

白壁に赤い窓や扉が印象的な映画のセットのような街並み。以前は遊郭だった通りで、現在はレストランや伝統菓子の店が並び、夜遅くまで営業している。通り沿いに並ぶ飲食店で、昼食を。福隆新街と周辺一帯は、毎日11:00～深夜まで歩行者天国となっているので、散策にもぴったり。

map P.413-1A

昔の風情が残る福隆新街

徒歩 約5分

⑩ 14:25

⑩ 十月初五街
Rua de Cinco de Outubro

1時間

福隆新街を北に進むと十月初五街との交差点。右折して十月初五街を北東へ。ここは半世紀を超える老舗が並ぶ通りで、古き時代の風情を今に残している。英記茶荘（→P.431）は文化遺産ともいうべき店。

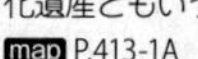

map P.413-1A

大堂近くの主教巷にあるデザイン雑貨店「オー・ムーン」は要チェック(→P.431)

徒歩 約10分

⑪ 15:35

⑪ 聖ポール天主堂跡
Ruinas de S. Paulo

大三巴牌坊 世40分/P.424

果欄街から關前正街を通って大三巴街の坂を上ると、壮麗なファサードが現れる。現存する壁面の彫刻は見応えがある。地下にある天主教藝術博物館（→P.425）も見学したい。

聖ポール天主堂跡のファサード

徒歩 約2分

⑫ 16:20

⑫ 盧家屋敷 Casa de Lou Kau

盧家大屋 世30分

19世紀後半から20世紀初頭の実業家、盧華紹（盧九）の邸宅のひとつを修復して公開している。中国と西洋が混じり合った建築や装飾が見もの。

住 大堂巷7 開10:00～18:00（最終入場は17:30）
休 月曜（祝日は開館）
料 無料 map P.413-1A

精緻な彫刻や装飾が見事

徒歩 約1分

⑬ 16:50

⑬ 「咖喱魚蛋」にトライ！

20分

盧家屋敷のある大堂巷にはスナック店がズラリ。なかでも「マカオ風おでん」ともいえる咖喱魚蛋が大人気だ。好みの具を選んで渡すと、ゆがいてカレーソースをかけてくれる。

具は魚団子などの練り物や野菜、ホルモン系などで1品3～7パタカ

徒歩 約1分

⑭ 17:15

⑭ 大堂（カテドラル）
Igreja da Sé

大堂（主教座堂）

世15分

マカオのカトリック派の中心的役割を担う教会。1622年創建で、再建を重ね、1937年に現在の建物となった。

住 大堂前地1 開7:30～20:00
map P.413-2A

⑧ 聖オーガスチン教会周辺
Igreja de Santo Agostinho

世10分

渦巻き型の窓飾りをもつファサードが特徴的。十字架を担ぐキリスト像が祀られている。周辺にはオーガスチン広場、ロバート・ホー・トン図書館、ドン・ペドロ5世劇場などの世界遺産がある。

住 崗頂前地2 開10:00～18:00 map P.413-2A

徒歩 約3分

⑮ 17:35

⑮ 聖ドミニコ教会
Igreja de S. Domingos

玫瑰聖母堂 世20分

クリームイエローの壁に白い化粧漆喰の繊細な装飾、深緑色のよろい戸が美しい教会。宗教美術館を併設。住 板樟堂前地
開10:00～18:00 map P.413-1A

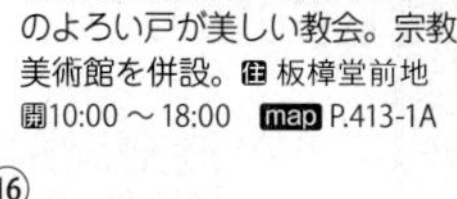

徒歩 約1分

⑯ 17:55

⑯ セナド広場 Largo do Senado

議事亭前地 世15分

マカオ半島の中心をなす広場。噴水の周りを囲むコロニアルな建物と石畳がマッチし、異国情緒たっぷり。各種イベントも行われる。

map P.413-1A

セナド広場は観光の起点となる場所

ローカルエリアを巡り、
ディープなマカオを体験

マカオ半島北部

世 世界遺産

上／マカオ近海で取れた魚売り場　下／紅街市の周辺には露店が出ている

① 8:30

① 紅街市（ホンガイシー） Mercado Municipal Almirante Lacerda

20分

3階建て赤れんがの規模の大きな市場。あらゆる食料品が並ぶ。※ 2023 年 9 月現在、改装工事中。

住 罅些喇提督大馬路　営7:00 ～ 20:00（夕方には閉店する店が多い）
行き方 新馬路から 3、6A、26A、33 のバスで約 20 分。 map P.412-1A

徒歩約1分

② 8:50

② 龍華茶楼（ロンワーチャーラウ） Casa de Cha Long Wa

1時間／P.429

ここの点心はボリューム満点

広東の伝統的茶楼を今に伝えるレトロな飲茶店。1962 年の創業時と変わらないインテリアが味わい深い。

徒歩約3分

野菜や果物、乾物、日用品などの店が並ぶ群隊街

③ 9:55

③ 路地の屋台街 30分

紅街市南側の高士德大馬路から南に入る 3 本の路地、義字街（イーチーガーイ）、盧九街（ロウガウガーイ）、群隊街（クウントイガーイ）は商店と屋台が並び、にぎわっている。交差する飛能便度街を東へ100mほど行くと三盞燈だ。

map P.412-2A

屋根や軒下には陶製の装飾が見事（観音堂）

徒歩約3分

円形広場の中心に立つ街灯。この近くには屋台街もある（三盞燈）

④ 10:30

④ 三盞燈（サームチャンタン）

20 分

中央に 1 本の街灯が立つ円形広場。この近辺は東南アジアの食堂、特にミャンマー料理店が多いことで知られている。

map P.412-2A

徒歩約5分

⑤ 馬慶康南天咖啡室（マーヒンホンナームティンガーフェイサッ） Loja Ma Heng Hong Cafe

45 分→下記※

牛乳瓶入りアイスミルクティーが有名な食堂。トマト入りスープマカロニや洋食風メニュー、ローカルパンなどがあり、早めのランチ休憩を。

⑤ 10:55

左／瓶入りアイスミルクティーは 20 パタカ。瓶入りミルクコーヒーもある　右／手前が人気のスープマカロニ（鮮茄洋葱西洋腸通粉）

⑥ 観音堂（グンヤムトン） Kun Iam

普濟禪院（ボウジャイシムユン）

1時間

1627 年創建。本堂はになっており、手前と部屋には仏陀が、いち奥の部屋には観音が祀ている。また奥の庭1844 年に中米の友好条約の調印が行われた石の丸テーブルと 4 個子がある。

住 美副將大馬路
開7:00 ～ 17:30
map P.412-2B

⑥ 11:

徒歩約10 分

※馬慶康南天咖啡室：住 俾利喇街 65A　☎2859 0161　営7:00 ～ 17:00　休 日曜、祝日、旧暦 12/31、旧正月 6 日間
カード 不可　map P.417 B図

⑦ 13:00

⑦
サンワイホンチウカップシーチョン
新惠康超級市場
Benvindo Supermercado Lda.

1時間→下記※

ポルトガル直輸入の商品を豊富に揃えたスーパーマーケット。ワインやビール、オリーブオイルなどが豊富で、珍しい食品に出合える。

大小揃ったオリーブオイル

左はマカオビール。若い微発泡ワインの「ヴィーニョ・ヴェルデ」（右）も小瓶から揃う

徒歩約10分

⑧ 14:10

⑧
シュンチョンサンゲイニングン
孫中山紀念館
Residencia do Dr. Sun Yat-Sen

30分

孫文が1892～94年に医師として住んだ家が記念館として保存されている。2フロアにわたり、文献や調度品などが展示されている。

住 文第士街1　☎2857 4064　開10:00～17:00
休 火曜　料 無料　map P.412-2B

徒歩約10分

徒歩約5分

⑨ 14:45

⑨
松山ロープウエイ
チョンサーンラームチェー
松山纜車 約3分

孫中山紀念館前の士多鳥拜斯大馬路を北へ約5分で二龍喉公園入口にあるロープウエイ乗り場に着く。このロープウエイに乗って東望洋山の中腹にある松山市政公園へ。そこからギアの灯台を目指そう。

營8:00～18:00　休 月曜（祝日の場合は翌日運休）
料 片道2パタカ、往復3パタカ　map P.412-2B

ロープウエイ約3分

徒歩約10分

ロープウエイで数分で松山市政公園に着く

右がギアの灯台、左がギア教会

⑩ 15:00

⑩
ギアの要塞、ギアの灯台とギア教会
Colina da Guia, Senhora da Guia, Capela de Na.Sra. de Guia

トンモンヨンパーウトイ、センモウシュッデイガーウトンカップタンタップ
東望洋炮台、聖母雪地殿教堂及燈塔　世 30分

マカオで最も高い所にある砦。敷地内に1865年に建てられた灯台は、南シナ海沿岸では最古のもので、今も現役。灯台のそばにはギア教会があり、内部のフレスコ画は必見だ。

住 東望洋山　開 灯台と教会の入口の門9:00～17:30、教会10:00～17:00、灯台内部は期間限定で公開。　map P.412-2B

徒歩約15分

⑪ 15:45

⑪
聖ラザロ教会とその周辺の散策
1時間30分

聖ラザロ教会（望德聖母堂〈モンタッセンモウトン〉）は、マカオの初代司教が建てたハンセン病の病院付属の礼拝堂だった。周辺は改装された西洋風の建物が並び、ヨーロッパのような街並み。教会の隣にある仁慈堂婆仔屋はアートや文化の発信地。　map P.413-1B

上／聖ラザロ教会はバロック様式の建物　左下／仁慈堂婆仔屋にはショップやギャラリーがある　右／同建物のポルトガル料理店「アルベルグ 1601」

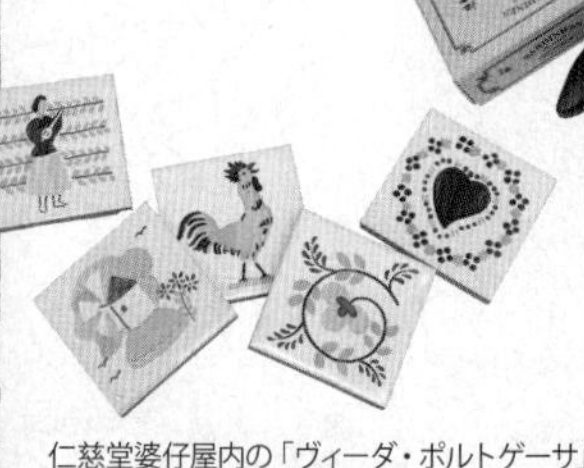

仁慈堂婆仔屋内の「ヴィーダ・ポルトゲーサ」（→P.431）の商品。右はサーディン形のチョコ、左は手描きタイル

新惠康超級市場：住 士多鳥拜斯大馬路48 G/F　☎2857 2622　營9:30～22:00　休 旧正月1日　カード AMV
map P.412-2B

厳選モデルコース ③

グルメを味わい、島の風情を楽しむ

タイパ&コロアネ

結婚式の写真撮影によく使われるカルモ教会

① カルモ教会

Igreja de Nossa Senhora do Carmo

嘉模聖母堂(ガーモウセンモウトン)　30分

小高い丘の上に立つクリームイエローの教会。教会前からはコタイ地区が見渡せる。

住 嘉路士米耶馬路嘉模前地　開10:00 ～ 12:30、14:00 ～ 18:00　行き方 新馬路から 11、33、亞馬喇前地から 22、28A のバスで約 30 分。　map P.407

徒歩約2分

カルモ教会近くのスナック店

② タイパ・ハウス

Casas-Museu da Taipa

龍環葡韻(ロンワーンポウワン)　1時間

5つの住宅が並ぶタイパ・ハウス

20世紀初頭のタイパ村にあったポルトガルやイギリス人の別荘 5 棟を修復して一般公開している。マカニーズ（ポルトガル人と中国や近隣諸国の人々との間に生まれた子孫）の生活やマカオやタイパ固有の文化を紹介する展示がなされている。

住 海邊馬路　☎8988 4000、2882 7527
開10:00 ～ 19:00（最終入場は 18:30）　休 月曜　料 無料　map P.407

徒歩約10分

③ タイパ・コロアネ歴史博物館

Museu da Historia da Taipa e Coloane

路氹歴史館(ロウタムリクシーグン)　1時間

前身はタイパ・コロアネを管轄していた市役所。コロニアル調の洋館内に村の歴史や文化、暮らしを紹介する資料や文物が展示されている。

住 告利雅施利華街　☎2836 6866
開10:00 ～ 18:00（最終入場は 17:30）　休 月曜
料 無料　map P.417C 図

タイパ・コロアネ歴史博物館

徒歩約3分

④ レストラン街の地堡街(デイホウガイ)　1時間15 分

Rua do Regedor

約 100m くらいの通り沿いにポルトガル料理や中[国料]理、ローカル食、スイーツなどの店が連なっている。[こ]のあたりで昼食を。ローカル食なら新好利咖啡餅店[麺]（住 地堡街 13-14）がおすすめ。この店はポルトガ[ル]エッグタルト（葡撻）やツバメの巣タルト（燕窩撻）[で有]名。　map P.417C 図

左／新好利咖啡餅店麺食のツ[バメ]の巣タルト　右／レストランが[ずら]りと並ぶ地堡街

左／食べ歩きする人々が交う官也街　左下／官也街の周辺の路地にも店やレストランがある　右／おみやげに人気の伝統菓子

⑦ 15:20

タクシーで約20分

⑥ 14:00

幸運の雄鶏「ガロ」をモチーフにしたグッズはマカオの定番みやげ。バリエーションもさまざま。

徒歩約3分

⑤ 13:35

⑦ 石排灣郊野公園

Parque de Seac Pai Van

1時間

2016年6月に生まれた双子が加わり、4頭に。竹を食べたり、木登りをする様子が見られる

コロアネ北西部にある公園。園内の澳門大熊貓館には親子ののジャイアントパンダ4頭がおり、人気を集めている。パンダ見学は1時間ごとの入れ替え制。

住 石排灣大馬路
☎2888 0087 ※2833 7676
開8:00 ～ 18:00（※10:00～13:00、14:00～17:00 <最終入場 16:45 >）
休 無休（※月曜〈月曜が祝日の場合は開館〉）
料 無料　map P.407

バスかタクシーで約20分

⑥ 官也街 1時間

Rua da Cunha

「食街」の異名をもつ通り。伝統菓子からポルトガルスイーツまでおみやげ買いや食べ歩きが楽しめる。官也街入口付近にある「澳門旅游紀念品批發中心」はおみやげ専門店。マカオらしいグッズが種類豊富に揃っている。map P.407

官也街近くのレストランの絵タイル

⑧ 16:40

⑤ オー・サントス・ロージャ・ポルトゲーサ 20分→下記※

O Santos Loja Portuguesa

山度士葡國商店

ポルトガル製品の店。イワシの缶詰やパテ、コーヒーやお菓子をはじめ、陶器やコルク製品などもある。ワインやリキュールも要チェック。

G/Fは食品と雑貨、1/Fにワインセラーがある

ポルトガルの石鹸もある。写真はロバのミルクを使ったロバ石鹸（小18パタカ）

⑧ 聖フランシスコ・ザビエル教会 15分

Igreja de S. Francisco Xavier

聖方濟各聖堂

コロアネ村に移動。フランシスコ・ザビエルを記念して1928年に建てられた、バロック様式の小さな教会がある。教会前の広場には、1910年に土地の人が海賊を打ち破った記念碑が立っている。

住 計單奴街馬忌士前地
開9:30 ～ 17:30　map P.407

教会の両脇には食堂がある

⑨ 譚公廟（譚僊聖廟）

Tam Kung Miu 20分

コロアネ村南端の海岸沿いにある道教寺院。航海の安全を守る譚公を祀っている。祭壇の横にはクジラの骨で作られたドラゴンボートの模型が置いてある。一説によると300歳以上のクジラの骨という神聖なもの。

住 十月初五馬路
開8:30 ～ 17:30
map P.407

赤いれんがの壁の譚公廟

徒歩約5分

⑨ 17:00

徒歩約10分

⑩ ロード・ストーズ・ベーカリー Lord Stow's Bakery

安德魯餅店 10分

コロアネ村のバス乗り場近くに戻ろう。乗り場近くのロータリー脇に、この人気ベーカリーがある。エッグタルトの本家本元。焼きたてタルト（11パタカ）を求めて行列ができる。自家製パンやドリンク類もおいしい。

住 戴紳禮街1　☎2888 2534　営7:00 ～ 22:00　休 無休　カード 不可　map P.407

大人気のエッグタルト

⑩ 17:30

※オー・サントス・ロージャ・ポルトゲーサ：住 水鴨街2　☎2857 6873　営11:30 ～ 22:00　休 不定休
カード A D J M V　map P.417 C図

見どころ

●図書館とアズレージョ（装飾タイル）が見事 map P.413-2A

市政署大樓（民政總署大樓） Edifício do IAM

新馬路を挟んでセナド広場の真向かいにある。1784年に建てられ、ポルトガル植民地統治の中枢部「澳門市政廳」として機能してきた。数回の改築を重ね1940年に現在の形となり、今は地方自治局として使われている。詩人ルイス・カモンエスの胸像がある中庭、1/Fの図書館、G/Fのギャラリーを見学できる。図書館には、17世紀から収集された約2万冊の貴重な蔵書がある。

●堂々たる白亜の建物 map P.413-1A

仁慈堂大樓 Santa Casa da Misericórdia

セナド広場に位置する18世紀後半のコロニアル様式の建物。この建物は1569年にマカオ初の司教、ドン・ベルキオール・カネイロが創設したアジア最古の慈善団体の仁慈堂が所有してきたもの。1/Fが仁慈堂博物館（→欄外）になっており、博物館では宗教芸術品や古文書、インド、ポルトガル製品や中国、ヨーロッパの陶磁器なども見られる。

●マカオのシンボル的観光地 map P.413-1A

聖ポール天主堂跡（大三巴牌坊） Ruinas de S.Paulo

17世紀初頭にイエズス会が建てた天主堂。ポルトガル人だけでなく、長崎を追われた日本人キリシタンたちも加わって、20年余りの歳月をかけて建造された。当時は東洋一壮大で美しい教会だったといわれている。しかし1835年の火災で大部分を焼失し、正面の壁面と階段壁の一部のみが残った。壁面にはザビエルをはじめとする聖人像や天使、当時日本人が書いたとされる漢字の文字などの彫

壮麗なファサードは、今もマカオのシンボル

市政署大樓では美しいアズレージョも見もの

市政署大樓
住 新馬路163　163 Avenida de Almeida Ribeiro　開9:00～21:00（図書館13:00～20:00、旧暦12/31は～14:00）　休 無休（図書館は日曜、祝日、ギャラリーは月曜）　料 無料
行き方 セナド広場から徒歩約1分。

白亜の建物がひときわ目立つ

仁慈堂博物館
住 仁慈堂右巷7
7 Travessa da Misericórdia
☎2857 3938、2857 7503
開10:00～13:00、14:30～17:30　休 月曜、祝日
料5パタカ　行き方 セナド広場から徒歩約1分。

聖ポール天主堂跡
住 大三巴街　Rua de S. Paulo
開24時間　休 無休　料 無料

9つの頭をもつ魔物を踏みつける聖母マリア（天主堂ファサード）

COLUMN マカオの歴史

19世紀末、清朝からポルトガルに割譲されたマカオは、ポルトガルの植民地となった。その約90年後の1975年、植民地の解放が進められ、そして翌年、新憲法が公布されて、それまで「ポルトガルの海外県」だったマカオは、「ポルトガルの行政下にある地域」となった。さらに1999年12月20日、中国に返還された。

それではここで、マカオがポルトガル領となるまでの歴史を、簡単にたどってみよう。

ポルトガル人、ジョルジェ・アルヴァレスが1513年、中国南部に上陸。海賊退治に手を貸して、明朝から貿易を認められたのは20年後の1533年だった。

以後、ポルトガルは、日本と中国とヨーロッパ間の貿易を独占、マカオは貿易中継基地、そして日本、中国へのキリスト教伝道の基地としておおいに栄えた。その後、1577年にポルトガルはやっとマカオの居住権を得たが、マカオがポルトガルの領土となるのは1887年、香港から中国へ流れ込むアヘン密貿易の取り締まりに手を焼く清朝に協力する報酬としてであった。しかし、すでに香港が貿易中継基地として栄えており、また大型船の入港できる深い港をもたないマカオは、すっかりそのお株を香港に奪われてしまった。そしてそれ以後、かつての繁栄を取り戻すことはできなかった。

刻が見られる。聖母マリア像の周りに彫られた菊は日本を、牡丹は中国を表しているとの説もある。

●歴史的価値の高い教会美術品 map P.413-1A

天主教藝術博物館および地下納骨堂 Museu de Arte Sacra e Cripta

聖ポール天主堂跡の地下にある。納骨堂には、日本人およびベトナム人殉教者や、数百年前にこの教会に埋葬された聖職者たちの遺骨が、大理石の棚に納められている。隣の博物館スペースには、16～19世紀のマカオの代表的な教会美術品を展示。大天使やマリア、キリストなどの聖像や儀式の際に使った輿など、歴史的にも芸術的にも価値の高いものが見られる。

●マカオの理解を深めるために必見 map P.413-1B

マカオ博物館（澳門博物館） Museu de Macau

オウムンボッマッグン

モンテの砦（→欄外）にある博物館。展示にはレプリカや模型、音声ガイドなどをふんだんに使い、東西文化が出合い混じり合ったマカオの歴史と習俗を、楽しみながら理解できるようになっている。1/Fは交易を通じて東西が交流していく様子を、2/Fは近代のマカオの風習や人々の暮らしぶりを紹介。G/Fから1/Fへ行く間には、寺や教会、マカオの家並みが大規模な模型で再現されている。3/Fはマカオの芸術家の展示スペース。

●数ある教会のなかでもひと際壮麗で美しい map P.413-2A

聖ヨセフ修道院および聖堂（聖若瑟修院及聖堂） Igreja do Seminario de Sao Jose, Seminario e Igreja de Sao Jose

センヨッサッサウユーンカップセントーン

1728年イエズス会宣教師の育成を目的に修道院が建てられ、その後1758年に隣接して教会が建設された。教会内は荘厳な空気に包まれている。典型的なバロック様式で、ドーム型の天井がある教会はマカオでは珍しい存在。フランシスコ・ザビエルの上腕の遺骨が安置されている。2016年に教会併設の聖ヨセフ修道院宝物収蔵館が開館した（→P.418）。

ドーム天井の中央にはイエズス会の紋章が描かれている

●マカオを一望できる複合観光施設 map P.412-3A

マカオタワー（澳門旅遊塔） Torre de Macau

オウムンロイヤウタップ

西灣湖の南側にそびえるマカオタワー

西灣湖の埋め立て地にある高さ338mのタワー。58/Fから上の展望スペースは有料。58/Fの展望台は床の一部がガラス張りで高さがじかに伝わってくる。60/Fには人気の回転レストラン「360°カフェ」がある。さらに61/F（223m）には屋外展望台があり、中国本土や珠江河岸をはじめ、晴れた日には香港まで見渡せる。また、ギネス世界記録にも認定されたバンジージャンプをはじめ、減速降下する

点数は少ないが貴重な品々が展示されている

天主教藝術博物館および地下納骨堂
開9:00～18:00（最終入場は17:30、火曜は～14:00）
休無休 料無料 行き方セナド広場から徒歩約8分。

モンテの砦（大炮台）
ダーイパウトイ
Fortaleza do Monte
開7:00～19:00 休無休
行き方セナド広場から徒歩約12分。map P.413-1B
17世紀初頭、イエズス会信徒によって築かれた22門の大砲をもつ砦。市内が見渡せる。

マカオ博物館
住澳門博物館前地112
112 Praceta do Museu de Macau (Monte Fort)
☎2835 7911 URL www.macaumuseum.gov.mo 開10:00～18:00（最終入場は17:30）
休月曜（祝日は開館） 料15パタカ（学生8パタカ、12歳以下と65歳以上は無料。毎週火曜、毎月15日は入場無料）
行き方セナド広場から徒歩約10分。聖ポール天主堂跡の東側から博物館脇にエスカレーターあり。

交易船の積み荷を再現した展示

聖ヨセフ修道院および聖堂
住三巴仔横街 Rua do Seminario
開10:00～17:00
休無休 料無料 行き方セナド広場から徒歩約10分。
※修道院は入場不可。

マカオタワー
住澳門観光塔前地
Largo da Torre de Macau
☎8988 8612
URL www.macautower.com.mo
営10:00～19:00（土・日曜、祝日～20:00） 料大人195パタカ、3～11歳と65歳以上115パタカ、3歳未満は無料
カード AJMV 行き方外港フェリーターミナルから32、亞馬喇前地から23、32のバスで約15分。
各アトラクション
問い合わせ・予約：☎8988 8656 URL www.skyparkglobal.com（オンライン予約できる）
開11:00～19:00（土・日曜、祝日～20:00。8月は11:00～19:30〈土・日曜、祝日10:00～21:00〉） 休無休
（次ページに続く）

安全ロープで確保されつつタワーの外縁を1周するスカイウオーク

（前ページから）
バンジージャンプ
料3088 パタカ～（スカイジャンプやスカイウオークなどもある）。
※1時間前までに要予約。

アニム・アルテ・ナンワン
住南灣湖景大馬路
Avenida Panorâmica do Lago Nam Van
☎2836 6866 営ショップ・レストランはだいたい11:00頃～22:00頃。ペダルボートは11:00～18:00 休施設によって異なる 行き方セナド広場から徒歩約12分。
南灣湖サイバネティック・ファウンテン（噴水ショー）
開土・日曜の20:30～21:00、21:30～22:00

質屋博物館
住新馬路396
396 Avenida de Almeida Ribeiro
☎8988 4027 開10:30～19:00
休毎月第1月曜
料無料 行き方セナド広場から徒歩約5分。

媽閣廟
住媽閣街 Rua da Barra
開8:00～18:00 休無休
料無料 行き方新馬路から5、7、10、10A、11、21A、水坑尾街から2、9、18のバスで20～30分。

マカオ海事博物館
住媽閣廟前地1
1 Largo do Pagode da Barra
☎2859 5481 URL www.museumaritimo.gov.mo
開10:00～18:00 休火曜
料無料
行き方新馬路から5、7、10、10A、11、21A、水坑尾街から2、9、18のバスで20～30分。

マカオグランプリ博物館
澳門大賽車博物館
2021年リニューアルオープン。4フロアあり、フォーミュラ3のシミュレーターやVRでレース体験できるコーナーもある。
住高美士街431 431 Rua de Luís Gonzaga Gomes
☎8593 0515 URL mgpm.macaotourism.gov.mo
営10:00～18:00（最終入場17:30）
休火曜 料80パタカ、12歳以下と65歳以上は無料
行き方新馬路から3、10のバスで約15分。
map P.412-2B

スカイジャンプ、タワーの外縁を歩くスカイウオークなどの各種アトラクションも人気を呼んでいる。予約が必要だが、混み具合によりその場で受付可能なこともある。

●散策によい湖畔のレジャー施設 map P.412-3A

アニム・アルテ・ナンワン（南灣・雅文湖畔）Anim'Arte Nam Van

中心部にほど近い南灣湖のほとりに2016年に誕生。遊歩道沿いにレストランやカフェなどの飲食施設とレジャー施設を合わせたスポットとして市民の憩いの場になっている。ペダルボートのアクティビティ、ギャラリーショップ、レストランがあり、土・日曜の夜はサイバネティック・ファウンテンと名づけられた噴水ショーが催される。湖畔沿いは眺めもよく、散歩がてら訪れてみるのもよい。

2人用のスワンボートと4人乗りのボートがある

●昔のスタイルの質屋をそのまま保存 map P.413-1A

質屋博物館（典當業展示館）Espaço Patrimonlai-uma Casa de Penhores de Tradicional

中国では1500年の歴史がある伝統のビジネス「質屋」。1917年に創業したマカオ初の質屋、德成按は、閉業後も建物の保存状態がよかったため、博物館として一般に公開された。頑丈な石造り、顧客の財物を保管する花崗岩と金属の壁をもつ倉庫、鉄格子の窓など、並々ならぬセキュリティに当時の繁栄ぶりがしのばれる。

昔の質屋の構造と仕事内容がわかる

●海の守り神「阿媽」が祀られている map P.412-3A

媽閣廟 Templo de A-Má

マカオ最古の中国寺院で、明朝（1368～1644年）の初期に福建省からやってきた漁民によって建てられたといわれている。境内にある4つの廟のうち3つは、船員や漁師の守り神である阿媽を祀っており、阿媽閣（A-ma-kok）とも呼ばれ、この呼び名が"マカオ"の地名の由来となったとされている。人々のあつい信仰を集めており、参詣者が絶えない。入口近くには極彩色でジャンク船が描かれた巨石が置かれ、廟内にもジャンク船の模型が祀られている。寺は丘の斜面に立っており、いちばん上にある廟は観音廟。

門を入ってすぐの廟が媽祖廟

●帆船をイメージした外観がユニーク map P.412-3A

マカオ海事博物館（澳門海事博物館）Museu Maritimo de Macau

媽閣廟の向かいにある。3フロアの館内には、中国とポルトガルの海洋貿易を中心に、マカオの歴史と外国との関わり、大

航海時代の世界のつながりと発展、そして過去から現代にいたる船の変遷や航海技術の発達などが解説、展示されている（日本語の表示あり）。1600年代初めに描かれた南蛮屏風は見応えがある。カフェを併設。

●望厦山の北側にある林則徐ゆかりの道教寺院 map P.412-1B

蓮峰廟（リンフォンミウ）、林則徐紀念館（ラムチャクチョイケイニムグン） Lin Fong Miu、Museu de Lin Zexu de Macau

蓮峰廟は1592年に創建され、マカオで最も美しい寺院のひとつといわれている。神話や史実を題材とした精巧な浮き彫りは有名。手前の廟には天后が祀られ、奥の廟には観音像が祀られている。寺はかつて中国の役人の宿にも使われていて、林則徐（→欄外）もこの寺に宿泊している。彼の愛国心をたたえ、寺の境内には林則徐紀念館が建てられ、清朝政府と交わした書簡やマカオでのポルトガルの役人との交渉の場を再現した展示が見られる。

左／本尊の神様、天后　右／中庭のハス池の壁面に描かれた龍の浮き彫りは見事

書店
リブラリア・ポルトゲーサ
Livraria Portuguesa
住 板樟堂街18-22
18-22 Rua de S. Domingos
☎2856 6442、2851 5915
営11:00～19:00 休12/25、旧正月3日間、一部の祝日
カード MV map P.413-1A
地図も販売している。

蓮峰廟
住 罅些喇提督大馬路
Avenida do Almirante Lacerda
開7:00～17:00 行き方 水坑尾街から8のバスで約20分。

林則徐紀念館
☎2855 0166 開9:00～17:00
休 月曜、一部の祝日 料 5パタカ（8歳以下と65歳以上3パタカ） 行き方 蓮峰廟と同じ。

林則徐
皇帝の特命を受けて広東のアヘン密輸取り締まりの任に当たり、イギリス人のアヘンを没収・投棄したことで知られる。これをきっかけにアヘン戦争が始まった。開戦前、ポルトガルに中国への協力を要請するため林則徐はマカオを訪れ、その際に蓮峰廟に宿泊している。

COLUMN

マカオの世界文化遺産リスト

1 媽閣廟 開8:00～18:00 休 無休 map P.412-3A →P.426
2 港務局大樓 開9:00～18:00（ベランダのみ参観可能。土・日曜、祝日休館） 休 無休 map P.412-3A →P.418
3 リラウ広場（亞婆井前地） map P.412-3A
4 鄭家屋敷（鄭家大屋） ☎2896 8820 URL www.wh.mo/mandarinhouse 開10:00～18:00（最終入場17:30） 休 水曜（祝日は開館） map P.412-3A →P.418
5 聖ローレンス教会（聖老楞佐教堂） 開7:00～18:00（土・日曜～21:00） 休 無休 map P.413-2A →P.418
6 聖ヨセフ修道院および聖堂（聖若瑟修院及聖堂） 開 聖堂10:00～17:00（修道院は一般公開していない） 休 無休 map P.413-2A →P.425
7 聖オーガスチン広場（崗頂前地） map P.413-2A
8 ドン・ペドロ5世劇場（崗頂劇院〈伯多祿五世劇院〉） 開10:00～18:00 休 火曜（祝日は開館） ※劇場内部も見学可能。 map P.413-2A
9 ロバート・ホー・トン図書館（何東圖書館大樓） 開 図書館14:00～20:00（土・日曜8:00～） 休 祝日 map P.413-2A
10 聖オーガスチン教会（聖奧斯定教堂） 開10:00～18:00 map P.413-2A →P.419
11 市政署大樓（民政總署大樓） 開9:00～21:00 休 無休（図書館は 開13:00～20:00、旧暦12/31～14:00 休 日曜、祝日） map P.413-2A →P.424
12 セナド広場（議事亭前地） map P.413-1A →P.419
13 關帝古廟（三街會館） 開9:00～18:00 休 無休 map P.413-1A
14 仁慈堂（仁慈堂大樓） ※博物館は 開10:00～13:00、14:30～17:30 休 月曜、祝日 料 5パタカ map P.413-1A →P.424
15 大堂（カテドラル、主教座堂） 開7:30～20:00 休 無休 map P.413-2A →P.419
16 盧家屋敷（大堂巷7號住宅、盧家大屋） 開10:00～18:00（最終入場は17:30） 休 月曜（祝日は開館） map P.413-1A →P.419
17 聖ドミニコ教会（玫瑰聖母堂） 開10:00～18:00 休 無休 map P.413-1A →P.419
18 聖ポール天主堂跡（大三巴牌坊） ※天主教藝術博物館 開9:00～18:00（最終入場は17:30、火曜は～14:00、祝日は～18:00） 休 無休 map P.413-1A →P.424
19 ナーチャ廟（哪吒廟） 開8:00～17:00 休 無休 ※博物館 開10:00～20:00 休 水曜（祝日は開館） map P.413-1A
20 旧城壁（舊城牆遺址） map P.413-1A
21 モンテの砦（大炮台） 開7:00～19:00 休 無休 map P.413-1B →P.425 欄外
22 聖アントニオ教会（聖安多尼教堂） 2023年9月現在、非公開。 map P.412-2A
23 カーサ庭園（東方基金會） 開10:00～19:00 休 月曜 map P.412-2A
24 プロテスタント墓地（基督教墳場） 開8:30～17:30 map P.412-2A
25 ギアの要塞、ギアの灯台とギア教会（東望洋炮台、聖母雪地殿教堂及燈塔） 開9:00～18:00（教会10:00～17:00）、灯台内部は期間限定で公開。 休 無休 map P.412-2B →P.421
26 バラ広場（媽閣廟前地） map P.412-3A
27 大堂（カテドラル）広場（大堂前地） map P.413-1A
28 聖ドミニコ広場（板樟堂前地） map P.413-1A
29 イエズス会記念広場（耶蘇會紀念廣場） map P.412-2A
30 カモンエス広場（白鴿巢前地） map P.412-2A
※開館時間の書いてないものは終日オープンの施設。

著名人も足しげく通う老舗の名店　沙利文餐廳（サーレイマンチャンテン）　MAP P.413-2A

ソルマー　Restaurante Solmar

1961年の開業当時から、内装をはじめシェフや従業員まで変わらない歴史ある店。職人肌の料理長は素材にこだわり、数十種類のスパイスで作るソース類は天気や気温によって調合を変えるという、繊細で厳しい姿勢を貫いている。おすすめは巧製焗葡國雞（ポルトガルチキン）、非洲雞（アフリカンチキン）。

住 南灣大馬路 512
512 Avenida da Praia Grande
☎2888 1881
営11:00～22:30（ラストオーダー21:45）
休 旧正月後に5日間（日にちは年によって変わる） カード MV
行き方 セナド広場から徒歩約7分。
※週末は予約をしたほうがよい。

沙利文大蝦（手前。大エビのチリソース、時価）とカレー風味のポルトガルチキン（奥、180パタカ～）

進化を続ける老舗ポルトガル料理店　公鷄葡國餐廳（コンガイポウクォックチャンテン）　MAP P.413-2A

ガロ　Galo

1987年創業。ポルトガル民話の"幸運の雄鶏"を店名にしたマカオを代表するポルトガル料理店のひとつ。マカオ半島新馬路近くにある。新鮮な材料で作りたてを供するのが店主のこだわりで、伝統に則りつつもおいしさの探求を常に怠らない。幅広い客層に対応できるメニューを揃えている。海鮮スープを作ってから炊く葡國海鮮飯（シーフードリゾット、時価）はぜひ試したい。

住 東方斜巷 10-AB　百寶大廈 B/F
B/F, Pak Pou Cave A, 10-AB Calçada do Tronco Velho
☎2882 7423
営 12:00～22:30　休 無休
カード MV（150パタカ以上のみ使用可）
行き方 セナド広場から徒歩約5分。
※週末、祝日は予約をしたほうがよい。

上／手前が特製の葡國海鮮飯　下／ガロ（雄鶏のイラスト）が目印

コロアネの野趣あふれる造りの店　法蘭度餐廳（ファッランドウチャンテン）　MAP P.407

リストランテ・フェルナンド　Restaurante Frrnando

1986年からハクサビーチの近くで営むポルトガル料理店。調理場の外の炭火グリルで、熟練のシェフがじっくりと焼く魚や鶏肉、仔豚などシンプルなグリル料理がおすすめ。バカリャウやイワシのグリル、エビのアサリソース炒めなど、ワインとともに楽しみたい。広々とした山小屋風の室内と、中庭にアウトドアバーがある。ハクサビーチのバス停から徒歩すぐ。

住 路環黑沙海灘 9
9 Praia de Hac Sá, Coloane
☎ 2888 2264　営 12:00～21:30（ラストオーダー21:00）
休 5/1　カード 不可
行き方 新馬路から21A、26A、ホテル・リスボア前の亞馬喇前地から21A、25、26Aのバスで約50分。

手前は燒馬介休（バカリャウのグリル、239パタカ）、後方は馬介休球（バカリャウコロッケ、110パタカ）

ゆったりと上質の料理が楽しめる優雅な空間　MAP P.412-1B

澳門旅遊學院教學餐廳（オウムンロイヤウホッユンガーウホッチャンテン）　IFTM Educational Restaurant

マカオ半島のモンハの丘にある澳門旅遊學院の付属施設で、学生の実習の場でもあるレストラン。マカオ料理をはじめ、ヨーロッパ各地のフュージョン料理を、学院内で有機栽培したハーブや野菜を使って調理。夜のマカニーズテイスティングメニュー（1人前490パタカ）、土曜のマカニーズランチ＆ディナービュッフェ（ともに1人前380パタカ）はコスパがよく、人気がある。

住 望廈山　澳門旅遊學院　IFTM Educational, Colina de Mong-Há
☎ 8598 3077　営 12:00～15:00、18:30～22:00（ラストオーダーは閉店1時間前）　休 日曜、祝日（土曜はビュッフェのみ）
カード AMV　行き方 新馬路から18、19のバスで約30分。
※予約をしたほうがよい。

上／緑に囲まれ静寂が漂う
下／メイン料理のシーフードライス。デザートもクオリティが高いのでぜひ試したい

バルコニー席から絶景が望めるバーレストラン　天21（ティンヤーヤッ）　MAP P.413-2A

スカイ21　Sky 21

昼間もよいが夜景もすばらしい

南灣湖に面したビルの上階にあり、マカオ半島南部からタイパ、中国本土まで270度の展望が楽しめる。21/Fのアジア料理のレストランと22/Fのバーからなり、食事やアフタヌーンティー、食後のお酒と活用範囲が幅広い。ハッピーアワー（月～金曜18:00～20:00）に訪れて、ディナーを楽しむのがおすすめ。

住 商業大馬路 251A-301　友邦廣場21～22 樓　21/F～22/F, AIA Tower, 251A-301 Avenida Comercial de Macau　☎2822 2122　営11:45～14:30、15:00～翌 3:00（日曜、祝日 12:00～翌 3:00、ディナーは 18:00～22:30）休21/Fのレストランは日曜、22/F のバーは土曜 12:00～18:00　カード AMV　行き方 セナド広場から徒歩約 10 分。

1962 年創業の古いスタイルの茶樓　MAP P.412-1A

龍華茶樓（ロンワーチャーラウ）　Casa de Cha Long Wa

天井で回るレトロな扇風機、緑色の鉄枠の窓などの造りもインテリアも創業時と変わらない。時間を遡ったような空間でゆったりと飲茶を楽しみたい。点心（一律30パタカ）と、お茶（1人20パタカ）はセルフサービス。主人は芸術活動に理解があり、地元作家のアート作品を店内に展示している。

住 罅些喇提督市北街 3　3 Rua Norte do Mercado Alm. Lacerda　☎2857 4456　営7:00～14:00（点心は 13:00 頃で終了。昼食時にはご飯物や麺のメニューになる）　休 旧暦 12/31、旧正月　カード 不可　行き方 新馬路から 3、4、5、6、26A、33 のバスで 20～30 分。

昔ながらの手法で作られた点心。昼食には麺やご飯物もおすすめ

庶民的な広東料理を丹精込めて極上の一品に　MAP P.412-1A

老記粥麺粵菜館（ロウゲイチョッミンユッチョイグン）　Estabelecimento de Comidas Lou Kei

4 店舗あるが、ここ本店が秀逸。手前は蝦子撈麺（52 パタカ）、後方左が麻婆豆腐炆伊麺（85 パタカ）

マカオ半島西北部の住宅地、筷子基（ファイチーケイ）にある広東の麺料理やお粥が主力の店。ミシュランガイドのビブグルマンに選ばれた実力のほどは、手を抜かない信念に裏付けされている。竹竿で打つ麺の伝統製法を守り、ワンタンは作りたてを使うという徹底ぶり。エビの卵あえ麺や麻婆豆腐入りの麺は驚きのおいしさだ。深夜まで営業。

住 和樂大馬路 12　宏基大廈第四座 G/F　H & M 舗　H&M, Edf. Wang Kei, 12 Avenida da Concordia　☎2856 9494　営18:00～翌 5:00　休 無休　カード 不可　行き方 新馬路から 4、33 のバスで約 20 分、筷子基バスターミナル下車。
［他店舗］住 賈那韶巷 2　R & S 舗　☎2871 0018

古い街並みのなかで食する伝統の麺　MAP P.412-2A

黃枝記　Wong Chi Kei

手前が鮮蝦雲呑麺、後方が生滾蟹粥。奥の米麺の醤油ソース炒めはピリリと辛い擔擔醬炒河

1946年創業の老舗粥麺屋。混み合うセナド広場店に比べ、ここ本店は観光客が少なく待ち時間不要。看板メニューの鮮蝦雲呑麺（32パタカ）は干しカレイとエビの殻のだし、プリプリのワンタンが絶妙で、竹を使って打った麺はかん水が効き過ぎず食べやすい。生滾蟹粥（80パタカ）は、トロトロの粥に蟹ミソが溶け込んでいる。

住 十月初五街 51　51 Rua de Cinco de Outubro　☎2892 2271　営11:00～翌 2:00　休5/1、10/1、旧正月 3 日間　カード 不可　行き方 セナド広場から徒歩約 10 分。
［他店舗］住 議事亭前地 17　☎2833 1313

手作りアイスは懐かしの味　MAP P.413-1B

禮記雪糕店（ライゲイシュッコウディム）　Lai Kei Ice Cream

テイクアウト用のサンドイッチアイス（17 パタカ）はレトロなパッケージがかわいい

創業60年以上の老舗アイスクリーム店。アイスはすべて自家製で、バニラ、コーヒー、ココナッツ、タロイモなど10種類あり、ワンスクープ13パタカ。着色料や防腐剤など添加物は入れずに素材の味を引き出している。紅荳新地（アズキサンデー）、雪糕紅荳冰（クリームアズキ）もほどよい甘さ。

住 荷蘭園大馬路 12-12A　12-12A Avenida do Conselheiro Ferreira de Almeida　☎2837 5781　営12:00～19:00　休 無休　カード 不可　行き方 セナド広場から徒歩約 12 分。

その他のレストラン

店名	データ	コメント／カード／地図位置
ポルトゥガリア Portugária 葡多利	住 氹仔木鐸街 75 75 Rua dos Clerigos, Taipa ☎6280 3992　営12:00 ～ 22:00 休 無休	ポルトガル各地に直営レストランを展開するサグレスビールの海外 1 号店。ポルトガル人のシェフが本場の味を提供。前菜は 150 パタカ前後、メインは 188 パタカくらいから。カード A J M V　map P.417C 図
ヘンリーズ・ギャレー・マキシム Henri's Galley Maxim's 美心亨利餐廳	住 西灣民國大馬路 4G-H 4G-H Avenida da Republica ☎2855 6251　営12:00 ～ 22:00 休 水曜、旧暦 12/31、旧正月 2 日間	1976 年創業の老舗。店名のギャレーは「船内のキッチン」の意味で、船にまつわるインテリアが店内を彩る。看板料理の非洲辣雞（アフリカンチキン、170 パタカ）や咖喱蟹（カレーガニ）がおいしい。カード A J M V　map P.412-3A
ピノキオ Cozinha Pinocchio 木偶葡國餐廳	住 氹仔消防局前地 38　38 Largo dos Bombeiros, Taipa ☎2882 7128　営11:45 ～ 23:00 休 無休	マカオ料理のパイオニア的レストラン。咖喱炒蟹（カレーガニ）や蒜茸釀大蝦（ガーリックプロウン）がおすすめ。料理は 1 品 158 ～ 258 パタカ。予約をしたほうがよい。カード J M V　map P.417C 図
坤記餐室 A Vencedora	住 水坑尾街 264　264 Rua do Campo ☎2835 5460　営11:30 ～ 23:00 休 祝日、旧正月 7 日間	1918 年創業、3 代続くポルトガルの家庭料理の食堂。1 品 60 パタカくらいから。カード 不可　map P.413-1B ※ 2024 年 3 月現在、閉店。
陳光記飯店 Chan Kuong Kei Casa de Pasto	住 羅保博士街 19　19 Rua do Dr. Pedro Jose Lobo　☎2871 0378　営9:00 ～翌 1:00　休 無休	老舗のロースト店。黒コショウの利いたガチョウ（グース）のローストが有名。黑椒燒鵝飯（ローストグースのせご飯）、85 パタカ。カード 不可　map P.413-2A
鳳城珠記麵食專家	住 營地大街 127　127 Rua dos Mercadores　☎2857 4262　営12:30 ～ 18:00、19:00 ～翌 1:30 休 不定期、旧正月 3 日間	1952 創業の麺屋。マカオで唯一、今も薪火でじっくり煮込む牛腩（牛バラ肉）のあえ麺（牛腩撈麵）は美味（28 パタカ）。自家製の水餃子や雲呑、皮に魚肉を練り込んだ魚皮角もおすすめ。カード 不可　map P.413-1A
祥記麵食專家	住 福隆新街 68　68 Rua da Felicidade ☎2857 4310　営 12:00 ～翌 0:30 休 不定期で連続して月 4 日	コシがあって滑らかな竹昇麵（竹で打つ麺）を出す老舗。長時間煮込んで作られたスープもおいしい。雲呑湯麵（ワンタン麺、34 パタカ）、薑蔥蝦子撈麵（エビの卵あえ麺、43 パタカ）など。カード 不可　map P.413-1A
マーガレット・カフェ・エ・ナタ Margaret's Café e Nata 澳門瑪嘉烈蛋撻店	住 馬統領街 17B　金來大廈　Gum Loi Bldg., 17B Rua do Comandante Mata e Oliveira　☎2871 0032　営8:30 ～ 16:30（土・日曜 10:00 ～ 18:00）　休 水曜、12/25、1/1、旧正月 3 日間	マカオ名物エッグタルトの有名店。ほどよい甘さのタルト（11 パタカ）はできたて熱々。持ち帰りも可能。各種サンドイッチ（25 パタカ～）もおいしい。カード 不可　map P.413-2B
南屏雅敘 Nam Peng Café	住 十月初五街 85-85 A 85-85A Rua de Cinco de Outubro ☎2892 2267　営6:30 ～ 18:30 休 旧正月 3 日間	1967 年創業のレトロな茶餐廳。近所の常連客が多い。コーヒー、紅茶は 16 パタカ～、タルト、ケーキ類 7 パタカ～。おすすめは沙翁（サーヨン）というドーナツのような揚げ菓子。カード 不可　map P.413-1A
青洲灶記咖啡 Chou Kei Coffee	住 筷子基和樂大馬路 109 109 Avenida da Concórdia, Fai Chi Kei ☎2838 1316　営6:00 ～ 19:00 休 旧正月 6 日間	コーヒーとミルクティーのおいしさで名をはせる老舗食堂。サンドイッチ、麺類、ご飯物などメニューは多く、価格も庶民的。ポークチョップバーガーや炒め麺もある。カード 不可　map P.412-1A

COLUMN　ポルトガル料理とマカオ料理

　ポルトガル料理は、イワシやタラなどの魚介をふんだんに使ったメニューをメインに、野菜スープやサラダを添えて食べるという素朴さが特徴。味の濃淡がはっきりしている。

　マカオ料理は、ポルトガル料理にインドやアフリカ、中国料理の影響が加味されたもの。原形のポルトガル料理よりスパイシーで洗練された感がある。質のよいワインも豊富に揃っているので、ワインとともに、また、ポルトガルスイーツやマカオ独特の甘味も味わってみたい。

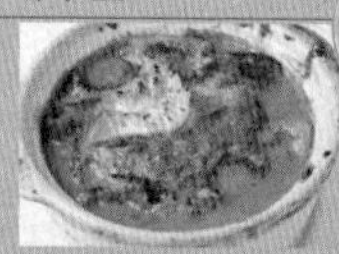

左／マカオ料理の代表格、ポルトガルチキン　右／ポルトガル料理のイワシの塩焼き

COLUMN　媽閣廟の阿媽の伝説

　媽閣廟の起源を語る次のような伝説がある。貧しい身なりをした少女（阿媽）が、福建の港で広東まで乗せていってくれる船を探していた。立派な船の持ち主はみんな断ったが、一艘のみすぼらしい漁船が彼女を乗せてあげた。途中、嵐がやってきて海は荒れ狂い、ほかの船はすべて難破するなかで、少女を乗せた船だけは無事にマカオにたどり着いた。と、少女は女神に姿を変えた。彼女が女神で嵐から守ってくれたことを知った漁師たちは、その場所に彼女を祀る寺を建てた。それが阿媽閣（媽閣廟）だという。

ヴェネツィアの街を模したテーマパークのようなモール 威尼斯人購物中心 MAP P.407

ショップス・アット・ヴェネチアン Shoppes at Venetian

ヴェネチアン・マカオ・リゾート(→P.433) L3にある大規模なショッピングモール。世界の有名ブランドから香港の人気ブランドまで網羅。ファッション、ジュエリー、化粧品、おみやげ、レストランなど約360店が入っている。運河を巡るゴンドラ・ライド(大人145パタカ〜)やショーも開催。

住 氹仔望德聖母灣大馬路、路氹金光大道 澳門威尼斯人3樓 L3, The Venetian Macao, Estrada da Baía de N. Senhora da Esperança, s/n, Cotai ☎8117 7840
営 店によって異なるが、だいたい10:00〜23:00(金〜日曜〜24:00)
休 カード 店により異なる
行き方 マカオ半島新馬路から21A、26Aのバスで約30分。

運河が巡るショッピングモール

ポルトガルの伝統品やフードに出合える 葡國生活館 MAP P.413-1B

ヴィーダ・ポルトゲーサ Vida Portuguesa

ラザロ地区の仁慈堂婆仔屋にある小さな店。ポルトガルの伝統手工芸品や食料品などが重厚な棚に並んでいる。クラウス・ポルトの石鹸やスキンケア用品、陶製品はおみやげにおすすめ。食料品は種類豊富で、修道院の伝統菓子やオイルサーディン、オリーブやジャムなど特産品が揃っている。

住 瘋堂斜巷8 仁慈堂婆仔屋 Santa Casa da Misericórdia Albergue, 8 Calçada da Igreja de São Lázaro
☎6282 6179 営12:30〜20:00
休 月曜、旧正月 カード 不可
行き方 セナド広場から徒歩約20分。

上/こぢんまりとした店だが、ほかにはない品揃え 下/天然成分で手作りされたクラウス・ポルトの石鹸(小42パタカ〜)

マカオ発のデザイン雑貨をおみやげに MAP P.413-1A

オー・ムーン O-Moon

地元の若い人たちが開いたオリジナルの雑貨店。装飾タイルや石畳、カジノなどをモチーフにしたマカオらしいグッズが種類豊富に揃う。キーホルダー(38パタカ〜)やマスキングテープをはじめ、バッグやスカーフ、アクセサリーなど、ギフトにも自分用にもお気に入りが見つかるはず。

住 主教巷6 6 Travessa do Bispo
☎6206 7338 営12:00〜20:00
休 旧正月3日間 カード MV
行き方 セナド広場から徒歩約5分。

左/観光名所のギアの灯台やガロ(雄鶏)をデザインしたミニノート(各58パタカ) 右/ポルトガルのモチーフが入ったエコバッグ

歴史を物語る中国茶の老舗 MAP P.413-1A

英記茶荘 Ieng Kei Cha

1934年代創業。マカオで現存最古の中国茶店。老主人の盧璋鴻さんは、1940年代に荔枝紅茶(ライチーホンチャー)を初めて世に送り出した。量り売りのみ。人気再燃の荔枝紅茶(65パタカ/300g)や上品な牡丹王(152パタカ/300g)がおすすめ。

住 十月初五街115 115 Rua de Cinco de Outubro
☎2892 0377
営9:00〜19:00
休1/1、5/1、10/1および旧正月3日間
カード 不可
行き方 セナド広場から徒歩約10分。

2017年に改装したが、建物自体は約100年の歴史をもつ

その他のショップ

店名	データ	コメント/カード/地図位置
晃記餅家(フォンゲイベンガー) Pastelaria Fong Kei	住 氹仔官也街14 14 Rua do Cunha ☎2882 7142 営10:00〜19:30 休 旧正月3日間	1897年創業の伝統の手作り製法を守り続ける中国菓子店。定番みやげの杏仁餅(1袋36パタカ)をはじめ、サクッとした食感の雞仔餅や独特の風味の肉切酥(ともに28パタカ)がおすすめ。カード 不可 map P.417C図
ロージャ・ダス・コンセルヴァス Loja das Conservas 澳門葡式辣魚店(オウムンボウセッラッユーディム)	住 氹仔官也街2 2 Rua do Cunha, Taipa ☎6828 5689 営10:30〜20:30(金・土曜〜22:00) 休 旧正月3日間	1853年創設のポルトガル名産の缶詰専門店。店内には代表的な16ブランドの100種以上の製品が並ぶ。パッケージ買いしてみるのもいい。カード MV map P.417C図

優雅な滞在を約束してくれる

マンダリン・オリエンタル・マカオ

澳門文華東方酒店 MAP P.412-3B

Mandarin Oriental Macau

カジノのない静かで落ち着いたホテル。スタイリッシュでエレガントな雰囲気とサービスで、女性客やビジネスマンに人気。眺めのよさも自慢で、ベイビュー、ハーバービューどちらの部屋からもスケールの大きな景色が広がる。客室内の設備は最新技術を駆使。景色に溶け込むインフィニティプールやスパ、バーなどの施設も自慢。

住 外港新填海區孫逸仙大馬路 945
945 Avenida Dr. Sun Yat-Sen, Nape
☎8805 8888 FAX 8805 8899
URL www.mandarinoriental.co.jp/macau 行き方 外港フェリーターミナルから無料シャトルバスあり。バスなら 1A で約15分。料 SWT 1600 パタカ～、Su 2800 パタカ～。
カード ADJMV 全 213 室

2/F にある夜景のきれいなバー「リカ」

ラグジュアリーに徹したエンターテインメントホテル

ウィン・マカオ

永利澳門酒店 MAP P.412-3B

Wynn Macau

ラスベガスの仕掛人、スティーブ・ウィンが自らの名を冠した豪華ホテル。ウィンタワーと、より高級な全室スイートのアンコールタワーからなる。カジノや人気ブランドを集めたショッピングアーケード、スパを完備。あらゆるニーズに対応する各国レストランは 12 スポット。東側のロビーで「富貴龍」と「吉祥樹」の無料ショーを開催。

住 外港填海區仙德麗街
Rua Cidade de Sintra, Nape
☎2888 9966 FAX 2832 9966
URL www.wynnmacau.com
行き方 各フェリーターミナルから無料シャトルバスあり。フェリーターミナルから 10A、12、28A、32 のバスで約 10 分。料 ウィンタワー：SWT 3000 パタカ～、Su 1 万 6500 パタカ～。アンコールタワー：Su 1 万 5000 パタカ～。カード AJMV 全1014室

上／正面入口前の噴水で、15 分に 1 回噴水ショーがある
下／ウィンタワーの客室

旧埠頭に立つフランス資本の豪華ホテル

ソフィテル・マカオ・アット・ポンテ 16

澳門十六浦索菲特酒店 MAP P.413-1A

Sofitel Macau At Ponte 16

貴族の館のような外観、ゴージャスな照明のロビーは圧巻。フランスの街の光景を描いた絵画がかけられた廊下を通って入る客室からは、対岸の中国大陸が手に取るように見える。昔ながらの港町の風情を味わえる立地だ。人気の「ソフィテル・スパ」や、18/F には眺めのよい創作広東料理の「ル・シノワ」がある。

住 内港巴素打爾古街
Rua do Visconde Paço de Arcos
☎8861 0016 FAX 8861 0018
URL www.sofitelmacau.com
行き方 外港フェリーターミナルから無料シャトルバスあり。バスなら 3 で約 25 分。
料 SWT 4120 パタカ～、Su 5120 パタカ～。
カード AJMV 全 408 室

上／エグゼクティブフロアのクラブルーム 下／リゾート感いっぱいのプール

歴史のある欧風ホテル

ホテル・ロイヤル・マカオ

澳門皇都酒店 MAP P.413-1B

Hotel Royal Macau

1983 年開業。館内はシックなインテリア。子供用アメニティを揃えたファミリースイートもあり、家族連れにも対応している。飲食施設のクオリティにも定評があり、ポルトガル料理店「ファド」や上海の伝統料理を提供する「梓園上海菜館」はウオークイン客も多い。ロビーラウンジはアフタヌーンティーも好評。

住 得勝馬路 2-4
2-4 Estrada da Vitória
☎2855 2222 FAX 2856 3008
URL www.hotelroyal.com.mo
行き方 外港フェリーターミナルから無料シャトルバスあり。セナド広場から徒歩約 15 分。
料 W T3800 ～ 5800 パタカ、Su 6800 ～ 1 万 800 パタカ。
カード AJMV
全 381 室

上／ツインのデラックスルーム 下／ゆったりとテーブルが配置された「梓園上海菜館」

高級ホテル 中級ホテル

水の都ヴェネツィアをテーマにしたメガリゾート　澳門威尼斯人酒店　MAP P.407

ヴェネチアン・マカオ・リゾート　The Venetian Macao Resort Hotel

ラスベガスのサンズ社が2007年に開業して以来、世界が注目するホテル。カジノの広さは世界一、初心者でも気軽に楽しめるカジュアルなカジノだ。38階建てのふたつの客室棟は全室スイート。ベーシックな部屋でも広さ約70㎡。色彩豊かなルネッサンス様式の内装は上品でくつろげる。館内は広く、移動時間は余裕をもって。

住 氹仔望德聖母灣大馬路、路氹金光大道 Estrada da Baía de N. Senhora da Esperança, s/n, Taipa
☎2882 8888　FAX 2882 8889
URL www.venetianmacao.com
行き方 各フェリーターミナル、空港、サンズ・マカオなどから無料シャトルバスあり。マカオ半島新馬路から21A、26Aのバスで約30分。
料 Su 7500パタカ〜。
カード A J M V　全3000室

ルネッサンス風の豪華なロビー

洗練された大人のリゾート　澳門四季酒店　MAP P.407

フォーシーズンズマカオ・コタイストリップ　Four Seasons Hotel Macao, Cotai Strip

貴族の邸宅でくつろぎながら、南国リゾート気分も味わえるという贅沢なコンセプトのホテル。随所にポルトガルや中国のエッセンスがちりばめられている。広々とした5つのプールも自慢の施設。広東料理店「紫逸軒」も名店。DFSギャラリアと「プラザ・カジノ」に直結しており、あらゆる娯楽を敷地内で満喫できる。

住 氹仔望德聖母灣大馬路 Estrada da Baía de N. Senhora da Esperança, S/N, Taipa
☎2881 8888　FAX 2881 8899
URL www.fourseasons.com/macau
行き方 各フェリーターミナルから無料シャトルバスあり。マカオ半島新馬路から21A、26Aのバスで約30分。
料 SWT 1788パタカ〜、Su 3588パタカ〜。　カード A D J M V　全408室

広いプールサイドには南国風のカバナがある

ファミリー、ビジネス客向け設備が万全　澳門喜來登大酒店　MAP P.407

シェラトングランド・マカオ　Sheraton Grand Macao

マカオ最大規模の4001室を誇るホテル。スカイタワーとアースタワーのふたつのホテル棟からなり、客室は平均で42㎡の広さをもつ。ファミリースイートには子供部屋が備わり、家族客への配慮がされている。クラブルームや同ラウンジも規模が大きく、ビジネス客の利用も多い。リゾートを意識したプール、スパなど娯楽施設も万全。

住 路氹城路氹連貫公路澳門倫敦人 The Londoner Macao, Estrada do Istmo s/n, Cotai
☎2880 2000　FAX 2880 2111
URL www.sheratongrandmacao.com
行き方 各フェリーターミナル、空港などから無料シャトルバスあり。マカオ半島新馬路から21A、26Aのバスで約30分。　料 SWT 908パタカ〜、Su 6038パタカ〜。
カード A D J M V　全4001室

上／ロビーも広い　下／ファミリースイートの子供部屋。子供用アメニティや備品も揃っている

リゾート気分を満喫できる大型ホテル　銀河酒店　MAP P.407

ギャラクシー　Galaxy Hotel

複合施設のギャラクシー・マカオ内にある
テル。客室は最小でも44㎡あり、さわやか
華やいだ雰囲気が漂う。L2にあるグランド・
ゾート・デッキは、最大1.5mの波が作れる
ールをはじめ、計5つのプールと人工ビー
が広がるトロピカルな施設。ここではアク
ィビティも楽しめる。同フロアのイタリアン
テラッツァ」も本格派。

住 路氹望德聖母灣大馬路　澳門銀河 Galaxy Macau, Estrada da Baía de N. Senhora da Esperança, s/n, Cotai
☎2888 0888　FAX 8883 3988
URL www.galaxymacau.com
行き方 各フェリーターミナル、空港などから無料シャトルバスあり。マカオ半島亞馬喇前地から25、25X、26Aのバスで約25分。　料 SWT 4988パタカ〜、Su 6488パタカ〜。
カード A J M V　全1449室

砂浜にビーチベッドやパラソルが並ぶグランド・リゾート・デッキ

コーヒーメーカー、または湯沸かし器　ミニバー　バスタブ　ヘアドライヤー　セーフティボックス　レストラン
バー or ラウンジ　フィットネスジム　プール　スパ　日本人、または日本語を話すスタッフ　無料Wi-Fi

※半分カラーのアイコン：いくつかの部屋にのみ適用。

コロアネの自然のなかに立つリゾートホテル　鷺環海天度假酒店（ロウワンホイティンドウガーチャウディム）　MAP P.407

グランド・コロアネ・リゾート Grand Coloane Resort

コロアネのハクサビーチに面した丘陵地に立つ。客室棟は2棟あり約半分の客室がオーシャンビュー。各室に備わるバルコニーからは雄大な景色が望める。カジノがない純粋なリゾートホテルで、春から秋のシーズンがおすすめ。子供の遊び場や複数のプール、貸し自転車などレクリエーション施設が充実、ヨガやピラティスなどのアクティビティプログラムも豊富だ。

住 路環黒沙馬路 1918　1918 Estrada de Hac Sa, Coloane　☎2887 1131
FAX 2887 0094
URL www.grandcoloane.com
行き方 各フェリーターミナルから無料シャトルバスあり。マカオ半島中心部から車で約30分。　料 SWT3000パタカ〜　Su7500パタカ〜。
カード AJMV　全208室

上／部屋の位置によってハクサビーチや南シナ海が見渡せる
下／スーペリアルーム

その他の高級・中級・エコノミーホテル

	ホテル名	データ	料金・部屋数	コメント／カード／地図位置／URL
マカオ半島	レジェンド・パレス Legend Palace 勵宮酒店（高級）	住 友誼大馬路澳門漁人碼頭 Macau Fisherman's Wharf, Avenida da Amizade ☎8801 8801 FAX 8801 8802	SWT4800パタカ〜、Su1万3800パタカ〜 全223室	フェリーターミナル直近のホテル。モナコのモンテカルロをイメージし、エレガントな雰囲気。全室バルコニー付きで、シービューが楽しめる。カード AJMV　map P.412-2B URL www.legendpalace.com.mo
マカオ半島	ギア Hotel Guia 東望洋酒店（中級）	住 松山馬路 1-5 1-5 Estrada do Engenheiro Trigo ☎2851 3888 FAX 2855 9822	SWT2300パタカ〜、Su3600パタカ〜 全90室	客室はモダンなデザイン。マカオ・グランプリ観戦には絶好のホテル。カード AJMV　map P.413-1B URL www.hotelguiamacau.com
タイパ・コタイ	パリジャン・マカオ The Parisian Macao 澳門巴黎人（高級）	住 路氹金光大道連貫公路 Estrada do Istmo, Lote 3, Cotai/Strip ☎2882 8833 FAX 2882 8831	SWT1548パタカ〜 Su2148パタカ〜 全3000室	2分の1スケールのエッフェル塔や、シャンゼリゼを模したショッピングモールなどパリの気分を演出した統合型リゾート。エンターテインメントも充実。カード ADJMV　map P.407 URL www.parisianmacao.com
タイパ・コタイ	グランド・ハイアット・マカオ Grand Hyatt Macau 澳門君悦酒店（高級）	住 路氹城路氹連貫公路新濠天地 City of Dreams, Estrada do Istmo, Cotai ☎8868 1234 FAX 8867 1234	SWT1499パタカ〜、Su3299パタカ〜 全791室	36階建てのふたつのタワーを有し、両方のタワーに専用レセプションがある。どちらも優雅さと気品が感じられる造りだ。カード ADJMV　map P.407 URL macau.grand.hyatt.com
タイパ・コタイ	JWマリオットホテル・マカオ JW Marriott Hotel Macau 澳門JW萬豪酒店（高級）	住 路氹城蓮花海濱大馬路澳門銀河 Galaxy Macau, Avenida Marginal Flor de Lotus, Cotai ☎8886 6888 FAX 8886 6300	SWT7000パタカ〜、Su1万パタカ〜 全1015室	ギャラクシー・マカオ内のホテル。エンターテインメントやレジャーを楽しむには最適なうえ、ビジネス対応も万全。カード ADJMV　map P.407 URL www.galaxymacau.com/hotels/jw-marriott
タイパ・コタイ	ホテルオークラマカオ Hotel Okura Macau 澳門大倉酒店（高級）	住 路氹望德聖母灣大馬路澳門銀河 Galaxy Macau, Estrada da Baia de Nossa Senhora da Esperanca, s/n, Cotai ☎8883 8883 FAX 8883 2345	SWT6800パタカ〜、Su1万800パタカ〜 全488室	マカオで唯一の日系ホテル。複数の日本人スタッフが常勤しており、きめ細かい心遣いが行き届いている。ビジネスにも観光にもよい。カード AJMV　map P.407 URL www.galaxymacau.com/hotels/hotel-okura
タイパ・コタイ	スタジオ・シティ・ホテル Studio City Hotel 新濠影滙酒店（高級）	住 路氹城路氹連貫公路 Estrada do Istmo, S/N, Cotai ☎8865 8888 FAX 8869 8888	SWT5088パタカ〜、Su6988パタカ〜 全1936室	ハリウッド映画をテーマにした「スタジオ・シティ」（→P.436）内のホテル。3つのタワーに、非日常を体験できる空間を設計。子供も遊べるプール施設が充実。カード AJMV map P.407 URL www.studiocity-macau.com
タイパ・コタイ	リージェンシー・アート Regency Art Hotel 麗景灣藝術酒店（高級）	住 氹仔史伯泰海軍將軍馬路 2 2 Estrada Almirante Marques Esparteiro, Taipa ☎2883 1234 FAX 2883 0195	SWT2080パタカ〜、Su3880パタカ〜 全326室	ポルトガル風情漂うリゾートホテル。2017年に改装。世界の料理が楽しめるレストラン「ポウサダ」がある。客室は重厚でしゃれたインテリア。カード AJMV map P.407 URL regencyarthotel.com.mo
タイパ・コタイ	アジア・ブティック・イン Asia Boutique Inn 亞洲精品旅館（リーズナブル）	住 氹仔告利雅施利華街 146　146 Rua Correia da Silva, Taipa ☎2822 3899 FAX 2833 9833	ST700パタカ（土曜900パタカ） 全30室	タイパ官也街近くのリーズナブルな宿。客室はダブルとツインの2タイプで、グリーンや茶色をベースにしたナチュラルな印象。冷蔵庫はない。観光に便利。カード MV map P.417C 図 URL asiaboutiqueinn.com
タイパ	グランビュー Grandview Hotel 澳門君怡酒店（中級）	住 氹仔柯維納馬路 142 142 Estrada Governador Albano de Oliveira, Taipa ☎2883 7788 FAX 2883 7777	SW3688パタカ〜、T3988パタカ〜、Su8388パタカ〜 全425室	タイパ市街地にあり、食事や買い物にも便利。競馬場に隣接しトラック・ビュー・ルームからはゴール付近の様子がよく見える。スパ、ジム完備。カード ADJMV　map P.407 URL www.grandview-hotel.com

高級ホテル　中級ホテル　リーズナブルなホテル、ゲストハウス

コーヒーメーカー、または湯沸かし器　ミニバー　バスタブ　ヘアドライヤー　セーフティボックス　レストラン　バー or ラウンジ　フィットネスジム　プール　スパ　日本人、または日本語を話すスタッフ　無料 Wi-Fi

※半分カラーのアイコン：いくつかの部屋にのみ適用。

カジノ Casino

マカオのカジノは、今やラスベガスを抜き去り、世界一の売り上げを誇る存在になった。さらに年々数を増し、気軽に楽しめるカジノも増えた。2023年9月現在マカオには42のカジノがある。

カジノの基本情報

営業時間：24時間、無休。

年齢制限：21歳以上。身分証明書の提示を求められることもあるので、持っていこう（しっかり管理する）。

セキュリティチェック：入口では空港のようなX線手荷物検査がある。大きな荷物はクロークに預けること。カメラ撮影は禁止。

服装：普段着で大丈夫。ただし、サンダルや短パンは避ける。

カジノチップ：大小やブラックジャック、バカラなどはプラスチック製の丸いチップで賭ける（色ごとに金額が違う）。チップ交換所で現金を希望のチップの種類に替えられ、チップから現金にも替えられる。香港ドルやパタカの現金で賭けることもできる。スロットマシンは香港ドルやパタカのコインを使う。

最低賭け金：ゲームやテーブルによって異なるが、だいたい100HK$くらいから。スロットマシンは20パタカ～（低額のテーブルは少なく、500～1000HK$のテーブルも存在する）。

※カジノ内には銀行や両替所が必ずある。両替やクレジットカードのキャッシングが可能。ディーラーへのチップは原則不要。

マカオのカジノの代名詞ともいえる歴史の長い「カジノ・リスボア」。常連客が多く、ディーラーもベテラン揃い。煌々と輝くネオンサインもレトロな風情

おもなカジノの遊び方

ダイショウ（大・小）

マカオのカジノを代表するゲームのひとつ。サイコロ3つの出目の合計3～18のうち、4～10なら「小」、11～17なら「大」とふたつに分かれていて、これを当てることから「大・小」の名がついた。3と18がないのは、ゾロ目が出たら親の総取りというルールのため。ボード上にはほかにも出目の総計を当てたり、ゾロ目そのものを当てる所がある。倍率は場のボードの上に書いてあるので、見てみよう。

まず、ディーラーが壺に目隠しをして機械的に振る。その後、2分以内にボードにお金を張る、というルールである。最低の賭け金は、ボード上の賭ける場所によって50HK$、20HK$というように決まっている。

スロットマシン（老虎機）

カジノには必ずあり、機械にお金を入れてボタンを押すだけ、という簡単なゲーム。カジノの雰囲気をつかむだけなら100HK$でもけっこう楽しめる。当たると現金がそのまま出てくるのが、いかにもカジノらしい。

ルーレット

カジノの華、ルーレット。ディーラーが投げ入れた玉が円形の回転盤上のどこの数字（00、0～36）に止まるかを賭けるわけだが、これが当たりそうでなかなか当たらない。賭け方は数字を当てるだけでなく、偶数、奇数や赤、黒を当てたりとさまざま。

ルーレットが回っている制限時間内にボードに賭ければいい。ボード上の位置によって、賭け金の最低額が決まっている。

バカラ（百家樂）

マカオでいちばん人気が高く、いちばんギャンブル性が高い、といわれるのがこのバカラ。日本人にはあまりなじみがないゲームだが、日本人がマカオのカジノでハマルのは、たいていこのゲームだとか。

ゲームは「プレイヤー（閒）」、「バンカー（庄）」または「引き分け」の3つのどれかに賭ける。まず、2枚のカードをプレイヤーとバンカーに配り、中身を見ることから始める。最初の2枚の合計が8か9で、他方が7以下なら勝負終了。9に近いほうの勝ちになる。5以下なら、もう一度引いて様子を見ることができる。それぞれのサイドで、最高額を賭けた人に代表としてカードを開く権利があり、その開き方が見もの。

ファンタン（番攤）

マカオ独特のゲーム。全部でいくつあるかわからない、山のように積まれた碁石のようなボタンの上にお椀をかぶせ、その中のボタンを4つずつ取り除いていき、最後に残ったボタンの数0～3を当てる、という簡単なもの。確率は4分の1。

ブラックジャック

トランプゲームで別名「21」、最初に客が賭け金を決める。最初は200HK$が普通。カードが2枚配られたあと、合計が21に近ければそのまま、16以下だともう1枚引かないといけない。カードの合計が21以下で、ディーラーの持ちカードより客のほうが大きな数なら勝ち。絵札は10とカウントされる。また、プレイしている人に後ろから賭けてもいい。

統合型リゾートが続々登場のコタイで
注目すべきエンターテインメント4

1 コタイ地区の絶景スポット
エッフェル塔
Eiffel Tower 澳門巴黎鐵塔（オウムンパーライティッタップ）

上／37/Fの展望台　下／サンセットのひととき。右の建物はパリジャン・マカオの客室棟

統合型施設、パリジャン・マカオにあるエッフェルタワーは高さ162m、実物の2分の1のサイズでそびえる。このタワーの7/F、37/Fが展望スペースになっていて、迫力ある絶景が望める。

Level 5の記念品ショップ「エッフェルタワー」(Shop550)が入場口

住 路氹金光大道連貫公路 Estrada do Istmo, Lote 3, Cotai Strip, The Palisian Macau ☎8111 2768、8111 2763
URL www.parisianmacao.com 営12:00～22:00（最終入場21:45） 休 無休（悪天候時はクローズとなる）
料75パタカ（身長1.4m未満は無料） カード A M V
map P.407

18:00から15分ごとに行われるライトショーで、タワーがより華やかに

2 ハリウッド映画がテーマのスタジオ・シティのアトラクション
ゴールデン・リール
Golden Reel 影滙之星（インウイチーセン）

異様な迫力を放つスタジオ・シティ

ふたつのタワーの間にある8の字型の観覧車。10人乗りのゴンドラは計17台。地上130mの高さまで昇ると、360度の眺めが見渡せる。

☎8868 6767（チケットホットライン） 営12:00～20:00（土・日曜、祝日11:00～21:00） 休 無休
料100パタカ（2歳未満は無料）
カード A J M V

スタジオ・シティ
Studio City 新濠影滙（サンホウインウイ）
住 路氹城路氹連貫公路
Estrada do Istmo, s/n, Cotai
☎8865 8888
URL www.studiocity-macau.com
map P.407

左／ゴンドラの床の一部はシースルーになっている　中／ふたつのタワーの間に8の字形観覧車を設置した外観は不思議な迫力がある　右／ゴンドラは8の字の内側をなぞるように進む（約15分）

3 世界クラスの壮大な水上ショー
ハウス・オブ・ダンシング・ウオーター
The House of Dancing Water 水舞間（ソイモウガーン）

上／スケールの大きな圧巻のショー　右／ミュージカル風の演出も

カジノリゾートでは数々のショーが行われているが、注目すべきはこのショー。シティ・オブ・ドリームスの常設ステージが巨大水槽にも舞台にも変幻自在に姿を変え、オリジナルプログラム「水舞間」が演じられる。アクロバットやバレエなどの舞台芸術と想像を絶する水の演出で息もつかさぬ90分間だ。

住 路氹城路氹連貫公路　新濠天地L1　L1, City of Dreams, Estrada do Istmo, Cotai　☎8868 6767　URL www.thehouseofdancingwater.com
カード J M V　map P.407
※2023年9月現在、演目リニューアルのため一時休止中。

4 噴水ショーの上空をケーブルカーが運行
パフォーマンス・レイク&スカイキャブ
Performance Lake & SkyCab 表演湖（ビウインウー）&観光纜車（クンクォンラムチェー）

ウィン・パレスの正面に広がるパフォーマンス・レイク（噴水池）は19:00以降、華やかなショーを開催。噴水をぐるりと巡るスカイキャブ（ケーブルカー）で空中散歩もできる。

スカイキャブから噴水ショーを見下ろす

上／「宿泊客がケーブルカーに乗ってレセプションへ」というのが本来の意味合い。宿泊客以外も無料で乗車できる　下／體育館大馬路沿い（写真）と、ホテルレセプションにつながる上層階に乗降所がある

住 路氹體育館大馬路永利皇宮　Avenida da Nave Desportiva, Cotai, Wynn Palace　☎8889 8889　URL www.wynnpalace.com　開 パフォーマンス・レイクのショー：12:00～24:00（月～水曜は～22:00）に20～30分間隔　スカイキャブ：16:00～24:00（日～木曜は～22:00）
休 ともに強風時は休止　料 ともに無料　map P.407

準備と技術編

Travel Information

旅の予算とプラン

旅の情報収集
香港政府観光局
Hong Kong Tourism Board
［東京オフィス］
住 〒108-0073　東京都港区三田1-4-28　三田国際ビル24階
E-mail tyowwo@hktb.com（問い合わせはメールで）
URL www.discoverhongkong.com/jp/index.html
香港内のビジターセンター
［香港国際空港到着階］
2ヵ所あり。香港入国時のみ利用可能。map P.448、454～455
［尖沙咀スターフェリーコンコース内］
開8:00～20:00　休 無休
map 別冊 P.22-4A
※廣深港高速鐵路の西九龍駅、港珠澳大橋香港口岸の旅検大樓内にもある。
●香港政府観光局ビジターホットライン
☎2508 1234（日本語可）
開9:00～18:00
休 無休（業務時間外は留守番電話にメッセージを残せる）

格安に泊まるならゲストハウス
ゲストハウスが集まっているのは、尖沙咀駅近くの雑居ビル「重慶大廈」や「美麗都大廈」。価格はドミトリーが1泊100HK$～、シングルが1泊250～350HK$程度。政府が義務づけている営業認可ロゴが張り出されているかどうかが安全の目安となる。
［政府認可ゲストハウスのリスト］
URL www.hadla.gov.hk/en/hotels/index.html

空港から市内までの交通費
タクシーなら250～350HK$、電車なら105～115HK$、バスなら35～50HK$を目安にしよう。

香港での滞在時間を長くするには
日本航空、キャセイパシフィック航空、全日空などの便で、日本発が午前、香港発が午後の日程になるものを選ぶとよい。深夜発、早朝着の便も増えている。

安さ優先で選ぶなら
東京発は香港エクスプレス、関西発ならピーチ・アビエーション、香港エクスプレスの便がある。

ホテル予約の際に希望を伝える
香港の旅で客室がハーバービューかどうかはけっこう大きなポイント。海側の部屋を希望するなら、その旨を予約のときに申し出よう。

予算の目安

グローバルな調査によれば、香港は今や世界一家賃や生活費が高い都市。近年、香港の物価は上昇、日本より若干高い状況だ。

宿泊料は実質価格で3つ星クラスで1室1500HK$～、5つ星クラスで1室2000HK$～。予約を取りにくいクリスマスや旧正月、夏休みの7～8月、大型展示会の多い10～11月は1.5～2倍程度高くなる。食費は茶餐廳のセットメニューやファストフードが1食60HK$～、お昼の飲茶はひとり100HK$、夜は最低でも150～200HK$が目安。交通費はMTR（鉄道）は九龍半島または香港島内の乗車は5HK$～、対岸に渡ると12HK$～（オクトパスを使うと少し安くなる）。2階建てトラムは3HK$均一で、市内バスもMTRより安い。タクシーの基本料金は22～27HK$だ。

旅のプラン

初めての香港訪問なら、効率よく安心な航空券＋宿泊ホテル＋市内観光のパッケージツアーを。2回目以上のリピーターならフライトやホテルを選んで自分好みのプランを立てよう。

旅の組み立て

●フライトを選ぶ

▶日本から香港へのフライト

香港へのフライトは、成田国際空港発が6社、羽田空港発が4社、関西国際空港発が5社運航。ほかに札幌、名古屋、福岡、鹿児島、那覇からも直行便が飛んでいる（2023年10月現在）。また、韓国ソウルの仁川国際空港、台湾の台北経由でも行ける。直行便のない地方空港から香港に行くなら、ソウル経由が便利。

●ホテルを選ぶ

香港には世界屈指の最高級クラスからゲストハウスまで各種の宿があり、合計約10万700室（2022年）。ロケーションや予算を考え合わせ、自分にぴったりの宿を選ぼう。ホテルの手配はパッケージツアーなら旅行会社が行ってくれるが、個人旅行の場合は自分で旅行会社や予約サイトを通じて予約する。

パッケージツアーで行く香港

香港が初めての人はもとより、言葉の不安があるという人はパッケージツアーがおすすめ。日本語を話す現地ガイドが観光の案内、ホテルのチェックインから空港送迎まで手伝ってくれる。

●パッケージツアーの日程

香港のパッケージツアーは3泊4日が標準。空港～ホテル間の送迎、ホテル3泊分＋朝食、半日程度の市内観光が含まれる。市内観光を省いた、航空券＋ホテル宿泊＋送迎を組み合わせたプランも人気。手軽で、自分で手配するより安上がりなことが多いため、要チェックだ。

●ツアー選びの二大ポイント

ツアー料金の高低は「ホテルのクラスの上下」と、フライト出発時間に起因する「現地滞在時間の長短」のふたつのポイントで決まる。これらのポイントを中心に比較してツアーを選ぼう。航空運賃が高くなる年末年始、ゴールデンウイーク、お盆の時期はツアー料金もアップする。

▶格安ツアー

日本を午後出発、香港を午前出発のフライトを利用、現地での滞在時間が短く、ホテルは３つ星クラスに泊まるツアー。

なお格安ツアーの場合、郊外のホテルに泊まるプランもあり、移動に使うタクシー代などを考えると、市内のホテル利用の少し高めのツアーのほうが最終的に安く抑えられることもある。

▶高いツアー

日本を午前出発、香港を午後出発のフライトを利用し、５つ星ホテルに宿泊するプラン。現地での滞在時間が長いぶんだけ料金が高いと思えば納得がいくだろう。また、フライトとホテルを自由に組み合わせられるパッケージプランもある。

海外旅行の最旬情報はここで！

「地球の歩き方」公式サイト。ガイドブックの更新情報や、海外在住特派員の現地最新ネタ、ホテル予約など旅の準備に役立つコンテンツ満載。

URL www.arukikata.co.jp

「地球の歩き方」公式 LINE スタンプが登場！

旅先で出合うあれこれがスタンプに。旅好き同士のコミュニケーションにおすすめ。LINE STOREで「地球の歩き方」と検索！

旅のシーズン＆持ち物

気候と服装

香港は亜熱帯に位置しているが、日本ほどではないものの四季はある。1年中暑いというわけではない。

春は 3 ～ 5 月中旬

平均気温は 21℃ほどだが、意外に湿度が高い。霧が出るときもかなりある。上着の 1 枚くらいは持っていたほうがいい。

夏は 5 月下旬～ 9 月中旬

雨もよく降り、蒸し暑い。7 ～ 8 月の真夏は 30 ～ 33℃くらいで日本の真夏よりは上がらないが、湿度が 90%を超える。この時期はTシャツのような風通しがよく、汗を吸い取りやすい服を持っていこう。また、冷房がガンガン効いているので、薄手の上着があったほうがよい。

秋は 9 月下旬～ 12 月上旬

平均 23℃ぐらい。好天に恵まれることも多く、湿度も高くない。快適な旅をするにはこの季節がいちばん。

冬は 12 月中旬～ 2 月

平均 15℃ぐらい。ジャケット類やセーターは必要。例年、旧正月頃がいちばん寒く、10℃以下に気温が下がることもある。

台風シーズンには要注意

7 月から 9 月にかけては台風シーズンに当たる。香港天文台が発表する「台風シグナル／風暴訊号」は 1 ～ 10 まであり、台風が接近するにつれて数字が大きくなる。シグナル 8 が発令されると、企業では全社員に帰宅が指示される。学校も同様。商店や銀行もすべてクローズ。ホテルの部屋から出ないほうがいい。シグナル 9 で交通機関もほとんどがストップ。台風が近づいてきたら、テレビや地下鉄などに表示されるシグナル番号に注意して行動を。

また、豪雨警報にも注意。黄色警報は 1 時間に 30 ミリ程度の雨が持続する、赤は同 50 ミリ、黒は同 70 ミリの 3 段階で、黒警報の場合にはシグナル 8 と同じくホテルから外に出ると危険。

台風警報（台風シグナル）

シグナル		
1	┳	警戒せよ（接近中）
3	┻	強風注意
8	▲	暴風注意 （三角の組み合わせで風向きを表す）
9	⧗	暴風警報
10	✚	台風直撃 !!

向こう 7 日間の天気予報「香港天文台」
URL www.hko.gov.hk/contente.htm（英語）

持ち物

極端な話、香港では日本で使っているもののほとんどが手に入る。だから、日常的に使っている化粧品や薬の類をまず中心に考える。環境の変化によって、風邪をひいたり、おなかをこわしやすいので、風邪薬、胃腸薬、下痢止め、解熱・鎮痛剤程度は持っていこう。香港でも正露丸などは売っているが、使い慣れた薬がやはり安心。

航空券問い合わせ先

●日本航空

☎0570-025103 （JAL マイレージバンク会員専用）

☎0570-025031（JAL マイレージバンク会員以外）

URL www.jal.co.jp/inter/fare

●全日空

☎0570-029333

URL www.ana.co.jp/ja/jp/guide/plan/fare/international

●キャセイパシフィック航空

☎ (03) 4578-4132

URL flights.cathaypacific.com

海外旅行保険について知ろう

「地球の歩き方」ホームページでは海外旅行保険情報を紹介している。保険のタイプや加入方法の参考に。

URL www.arukikata.co.jp/web/article/item/3000681

自分で作る旅

航空券の買い方、選び方

●各航空会社による正規割引航空券（ゾーンペックス）

ゾーンペックスは航空会社が独自に設定した正規割引運賃のことで、キャリアペックスともいう。格安チケットに比べ入手が確実、キャンセルの際、手数料を支払えば運賃の払い戻しが可能、などの利点がある。また、「IATA ペックス」という運賃もある。特徴は、航空会社を行き帰り自由に組み合わせられ、経路内での途中降機（ストップオーバー）も規定内で自由というもの。ただし、料金は「ゾーンペックス」より割高になっている。

●格安航空券

「ゾーンペックス」よりもさらに条件を厳しくして旅行会社の店頭で売られているのが「格安航空券」。需給バランスによって価格が決まるので、乗客の少ない時期に大安売り、ということもある。旅行代理店の広告に目を光らせよう。

現地ツアーガイド

ちょっと変わったツアー①

タイポー・マーケット・フーディー・ツアー

Tai Po Market Foodie Tour

大埔墟街市の熟食中心（→P.364）を訪ね、屋台や粥、蛇料理やスナックなど庶民の味と本場の雰囲気を体験（英語のみ）。ほかにクラフトビール工房見学や廟街のツアーもある。

Hong Kong Foodie 香港風味行

☎2850 5006

URL www.hongkongfoodietours.com 営10:00 ～ 18:00 休日曜

ちょっと変わったツアー②

風水ツアー

中環や灣仔地区の「風水」スポットを解説付きで巡る（英語のみ）。火・木・土曜に催行。

SB Sky Bird Tours and Services Ltd.

☎2736 2282

URL www.skybird.com.hk/index.html 営8:30 ～ 18:00 休日・月・水・金曜、12/25、1/1、旧正月 3 日間

ツアーの申し込み

言葉の不安などがある場合は、ホテルのコンシェルジュに頼むのもひとつの方法。

申し込み時に集合時間と場所をしっかり確認しておくこと。

スターフェリー・ウオーター・ツアー

定期観光ツアーの利用法

自分の足で街歩きはしてみたいが交通機関に慣れていないし……という人には、現地催行の定期観光ツアーがおすすめ。オープントップバスの市内観光や、船から夜景を眺めるクルーズツアーなど、香港ならではの多彩なメニューが揃っている。日本語ガイドが案内するツアーも用意されているので、言葉に不安がある人は心強い。

これらのツアーに参加すれば、観光地を効率よく短時間で回れるうえに、香港の基本的な事情についての説明も受けられる。せっかくツアーに参加したなら、香港についてさまざまな知識や情報をゲットしよう。

参加してみたいおすすめツアー

香港の定期観光で日本人が参加しやすいのはパンダバスが催行している日本語定期観光。パンダバスでは香港半日観光、夜の繁華街を 2 階建てオープントップバスで巡るドライブに廟街と女人街の散策を組み合わせたツアー、マカオへのツアーなどコースが豊富。また、香港政府観光局推奨のツアーもある。

港町、香港ならではのクルーズツアーも豊富で、ジャンク船（帆船）を使ったアクアルナのツアー（→ P.443）、気軽に船旅が体験できるスターフェリー・ウオーター・ツアー（→ P.441）が人気だ。2023 年にはヴィクトリア湾を周遊する「香港水上タクシー」（→ P.441）が運航開始した。

観光の足としても使える乗り降り自由のバスツアーは今や定番になり、風情を味わうなら復刻版トラムでの香港島周遊（→ P.443）がおすすめ。

現地発定期観光ツアー

パンダバス Panda Travel Agency Ltd.

●香港定番観光のオープントップバス 九龍のネオンと香港の夜景を大満喫　450HK$～
●香港の夜景を大満喫！　ヴィクトリアピークからの100万ドルの夜景観賞とヴィクトリアハーバーの壮大な夜景鑑賞ツアー　640HK$～
●ヴィクトリアピークからの100万ドルの夜景と四川料理レストランでの夕食　1050HK$～
●大満喫間違いなし　香港島をまるっと1日で観光　1190HK$～
●香港島と九龍半島見どころ満載1日観光　1190HK$～
●香港のおすすめ定番観光スポットを半日で巡るツアー　740HK$～
●黄大仙（ウォンタイシン）のおみくじで開運巡りとヒスイ市場散策　580HK$～
●カオルーンピーク（飛鵝山）ハイキングと牛池灣街市　450HK$～
●大満喫間違いなし　半日ランタオ島ツアー　730HK$～
●まるでタイムスリップ！　ランタオ島の大澳（タイオウ）で満喫する食べ歩きツアー　800HK$～
●香港発マカオ世界遺産巡りとコタイ地区の巨大ホテル1日観光　1680HK$～

※そのほか、香港とマカオの日本語ガイドチャーターサービス、香港・中国本土国境越えやマカオ内の送迎サービス（日本語ガイド付き）などもある。申し込みはなるべく早めに。

住 尖沙咀東部加連威老道98　東海商業中心507-508室　Room 507-508, East Ocean Centre, 98 Granville Rd., Tsimshatsui East　☎2724 4440　FAX 2724 2517　営9:00～18:00　休 土・日曜、祝日　URL www.pandabus.com/hongkong

スターフェリー・ウオーター・ツアー Star Ferry's Water Tour（天星海港遊）

環境に配慮したエコフェリーに改装された1989年建造のスターフェリー「World Star（世星）」で、ヴィクトリア湾内を周遊クルーズするツアー。シンフォニー・オブ・ライツの時間に合わせたツアーもあり、ダイナミックな夜景が楽しめる。

チケットは以下の2種類。チケットは出航の10分前まで購入可。乗り場、チケット売り場ともに尖沙咀スターフェリー乗り場内。所要約45分。

●スターフェリー・ウオーター・ツアー（天星海港遊）
15:45、16:45、18:45発の3便。
料 230HK$（3～12歳、65歳以上は160HK$）
●スターフェリー・ウオーター・ツアー：シンフォニー・オブ・ライツ（天星海港遊：幻彩詠香江）

スターフェリー・ウオーター・ツアーのシンフォニー・オブ・ライツ（ショー）に合わせて出航する便は人気

19:45発の1便。
料 280HK$（3～12歳、65歳以上は200HK$）
チケットカウンター
住 尖沙咀天星碼頭（尖沙咀スターフェリー乗り場）
☎2118 6208
URL www.starferry.com.hk/en/watertour
営11:30～19:45　休 不定休（月に5日程度）
カード MV（オンラインでのチケット購入のみ使用可）
URL www.starferrywatertour.com.hk

ウオーターツアーズ Watertours of Hong Kong Ltd.

●レジャー・ヴィクトリア・ハーバークルーズ　160HK$
●ハーバー・ナイト・クルーズ　270HK$
●プレ・ディナー・サンセットクルーズ　260HK$
●シンフォニー・オブ・ライツクルーズ　290HK$

☎2926 3868　FAX 3694 1868　営9:00～23:30　休 無休　URL www.watertours.com.hk

香港水上タクシー Hong Kong Water Taxi（香港水上的士）

2023年1月に就航した政府公認のヴィクトリア湾周遊船。

●ハーバー・ツアー・ルート（維港遊航線）
尖沙咀東～西九龍～中環～灣仔～尖沙咀東というルートで湾内を1周。途中の乗降は不可。月～金曜に毎日7便運航。100HK$～、所要約40分～。
●尖沙咀東―西九龍ラウンドトリップ（尖東―西九循環線）
尖沙咀東、西九龍、中環、灣仔で乗降自由。土曜に2便（状況に応じて日曜、祝日も運航）。1区間20HK$～、1周100HK$＊。
●土曜19:20紅磡発（尖沙咀東、中環経由）のシンフォニー・オブ・ライツを観賞するツアー。所要約1時間10分。48HK$＊
＊：3～12歳、65歳以上半額。
また、日曜に中環～ランタオ島大澳の便もある。中環発9:30、大澳発16:15、130HK$。

チケットカウンター
［尖沙咀東］アベニュー・オブ・スターズのブルース・リー像近く。　営13:00～19:30（金～日曜、祝日14:00～20:30　map 別冊P.23-4C
［紅磡］紅磡（南）渡輪碼頭　営13:00～20:30
尖沙咀東発は出発の30分前まで、紅磡発は10

分前まで購入可。
☎2994 8155、5801 2200
URL www.hongkongwatertaxi.com.hk
●アクアルナのジャンク船ツアー、ホンコン・トラムオラミック・ツアーは→ P.443。

アベニュー・オブ・スターズにある尖沙咀東の乗り場に停泊中の香港水上タクシーの船

オープントップの循環バス「人力車観光バス」

オープントップの循環バスで、車体にはかつて香港観光の足だった人力車のイラストが描かれている。51 の史跡やランドマークを経由し、途中に設定された乗降場所で自由に乗り降りできる。おもなルートはH1 とH2のふたつ。H1 は香港島と九龍の特色あるストリートや名所を巡るルート、H2 は香港島と九龍の夜景を堪能するルートになっている。

● H1 ヘリテージ・ルート　懐舊之旅
以下の中環発と尖沙咀発の 2 コースあり。
①中環のスターフェリーターミナル発、上環～中環～金鐘～銅鑼灣～灣仔～尖沙咀東を経て尖沙咀のザ・ペニンシュラ・ホンコンが終点。
［月～金曜］14:00 ～ 19:00 の間に 60 分間隔で運行。
［土・日曜、祝日］11:00 ～ 19:00 の間に 60 分間隔で運行。
②尖沙咀のザ・ペニンシュラ・ホンコン発、旺角～西九龍～尖沙咀東～銅鑼灣～灣仔を経て中環のスターフェリーターミナルが終点。
［月～金曜］15:30 ～ 16:30 の間に 60 分間隔で運行。
［土・日曜、祝日］12:30 ～ 16:30 の間に 60 分間隔で運行。

● H2 ナイトシーン・ルート　夜景之旅
尖沙咀のザ・ペニンシュラ・ホンコン発、旺角～西九龍～尖沙咀東～銅鑼灣～灣仔を経て中環のスターフェリーターミナルが終点。
［毎日］17:30 ～ 20:30 の間に 60 分間隔で運行。
料 1 回券：41.8HK$（20.9HK$）、H1 で①②の両方を乗り継いで中環に戻る場合は 83.6HK$（40.8HK$）。1 日乗り放題のデイパス：200HK$（100HK$）※（　）内は 5 ～ 11 歳の子供と 65 歳以上の料金。
※ 空席があれば直接乗車も可能。その場合は現金またはオクトパスで支払う（現金の場合はおつりは出ない。デイパスは現金払いのみ）。
チケット売り場
住 中環天星碼頭　URL www.rickshawbus.com
営 13:00 ～ 19:00（土・日曜、祝日 10:30 ～）
休 無休　カード 不可
※金鐘の統一中心 G/F のシティバスサービスカウンターや同ホームページでも購入できる。

人力車観光巴士　Rickshaw Sightseeing Bus
☎2136 8888　URL www.rickshawbus.com

ビッグバスツアー　Big Bus Tours

ロンドン資本の観光バスツアー。オープントップバスを使ったツアーを催行。中環から銅鑼灣まで香港島を回るレッドルート、赤柱など香港島南部を回るグリーンルートがあり、所要時間は 45 ～ 90 分。決められた乗降場所で自由に乗り降りでき、チケットは 24 時間と 48 時間有効のものがある。日本語アナウンスあり。
●レッドルート（香港島ツアー）は 10:00 ～ 17:00 に 60 分間隔で運行、所要時間 75 分。グリーンルート（スタンレー〈赤柱〉ツアー）は 10:30 ～ 16:30 に 60 分間隔で運行、所要時間 90 分。
どちらかひとつのルート（ツアー）が 24 時間乗り放題のディスカバーチケット（380HK$〈3 ～ 11 歳 330HK$〉）や、両方のルート（ツアー）が 24 時間乗り放題のエッセンシャルチケット（530HK$〈同 480HK$〉）などもある。これら乗り放題チケットにはスターフェリー（尖沙咀～中環）の往復チケット付き。
［乗降場所］ レッドルート：中環のスターフェリーターミナル、灣仔の香港會議展覽中心前、銅鑼灣そごう前、中環ピークトラム駅、文武廟など。
●ナイトツアー：中環スターフェリー乗り場 18:15 発、K11 ミュシーアのドーナツプレイハウスの入口前（太空館近く）19:00 発の 1 便。所要時間 45 ～ 60 分。女人街、廟街（ナイトマーケット）などを回る。320HK$（子供も同額）。

The Big Bus Tours Information Centre
住 中環 7 號碼頭 1 樓 i2 號店　Shop i2, 1/F, Central Ferry Pier 7, Central　☎ 2167 8995　営 9:00 ～ 18:30　休 無休　カード A M V
住 尖沙咀天星小輪碼頭 1 樓 KP-38 號店　Shop KP-38, 1/F, Kowloon Star Ferry Pier, Tsimshatsui
☎2723 2108、3102 9021　営 9:15 ～ 17:00
休 カード 同上　URL www.bigbustours.com/en/hong-kong/hong-kong-bus-tours
※申し込みは上記のインフォメーションセンター、香港政府観光局のインフォメーションカウンター、ホテルのツアーカウンターなどで。ホームページからも購入可能。

アクアルナが運航する海賊の名を冠した帆船「張保仔」

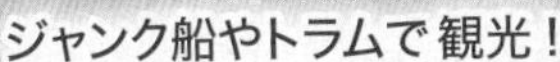

Sightseeing Tour

ジャンク船やトラムで観光！

香港名物の乗り物ツアー

香港ならではのユニークな乗り物で、ミニクルーズや街巡りができる乗り物ツアーは、観光の醍醐味のひとつ。所要時間も短いので気軽に参加してみよう。

尖沙咀～紅磡間を周回するイブニング・ハーバークルーズ

ジャンク船

ヴィクトリア・ハーバーを周遊クルーズ

アクアルナ Aqualuna

中国の伝統的な木造帆船でハーバーを巡る。この帆船は香港の伝説の海賊王「張保仔（→P.389）」にちなんで、昔ながらの材料と工法で船大工が製造したもの。赤い帆のアクアルナ（張保仔）と白地に青い龍紋のアクアルナⅡ（大張保）の２隻が運航。夕日や夜景を楽しむイブニング・ハーバークルーズのほか、赤柱（スタンレー）へのクルーズ、アフタヌーンティーや飲茶ディナーが楽しめるクルーズなどがある。

☎ 2116 8821 URL aqualuna.com.hk 営10:00～19:00（土・日曜、祝日11:00～20:00） 休 悪天候時 カード AMV ※電話かホームページから要予約。

●イブニング・ハーバークルーズ：尖沙咀発・中環発ともに17:30、17:45、18:30、18:45、20:30、20:45。所要約45分。料270HK$（4～11歳170HK$、4歳未満無料）。1ドリンク付き。シンフォニー・オブ・ライツ（→P.178）が見られる19:30と19:45のツアーは330HK$（4～11歳230HK$、4歳未満無料）。乗り場は尖沙咀の香港文化中心前の1號埠頭、中環の9號埠頭の2ヵ所。

めを楽しむならデッキ／船内はアンティーク具、デッキチェアが設、ゆったり過ごせる

ビール、ワイン、ジュースのうち１グラスが無料

920年ーロなト下／英時代のラムウェゴが輝

上／ビルの谷間を抜け、商店街を頭上から眺める　左下／1階席にはトラムの歴史がわかる写真を展示　右下／音声ガイドは建物や街の歴史を雑学を交えて解説。日本語あり

オフィス街から下町を走り抜ける

香港トラムオラミック・ツアー

Hong Kong TramOramic Tour　電車全景遊

ールドスタイルのトラムに乗車し、上環～銅鑼灣間を観要約1時間）。音声ガイドで街の歴史を聞きながら、オーデッキの席から街並みを見物すると、香港ツウになった

運転士さん

8 7102（月～金曜 9:00～18:00） URL www.hktramways. 休 無休 カード AMV（当日購入は現金のみ） 料 大人$、4～11歳95HK$（4歳未満無料）、ツアー参加日から2ラム乗り放題乗車券付き。
ムページから予約が可能。空席があれば直接乗車もできる。
場所］上環（ウエスタン・マーケット前） map 別冊P.16-2A　銅鑼灣 map 別冊P.15-3C
時間］上環発 10:00、13:45、16:15、銅鑼灣発 11:15、15:00、17:30
分以上前に集合。

バス

オープン仕様の２階席へ。日本語アナウンスあり

オープントップバスを観光の足に使う

ビッグバスツアー

Big Bus Tours

観光スポットを結んで走る循環バスで、設定の場所で乗り降り自由。ルートは香港島を回るレッド、赤柱など香港島南部を回るグリーンのふたつ。チケットは１日券と２日券がある。女人街、廟街のナイトマーケットを巡るナイトツアーも実施。

DATA → P.442

尖沙咀と中環のスターフェリー乗り場にチケット売り場がある

旅の準備と手続き

申請に必要な書類

❶一般旅券発給申請書（1通）

各都道府県庁旅券課にある。5年用と10年用では申請書が違うので注意。楷書でていねいに書こう。サイン（署名）は漢字でもローマ字でもOKだ。

❷写真（1枚）

サイズは縦4.5cm×横3.5cmで、顔の縦の長さが3.4cmプラスマイナス2mmと、細かく規格設定されているので要注意。6ヵ月以内に撮影されたもので、背景無地、無帽、正面向き、上半身。白黒でもカラーでもよい。

❸戸籍謄本（1通）

6ヵ月以内に発行されたもの。本籍地の市区町村役所で発行してくれる。

❹住民票1通

6ヵ月以内に発行されたもの。住民登録してある市区町村の役所で発行してくれる。

※住民基本台帳ネットワーク運用済みの自治体では住民票は原則不要。

❺身元確認のための証明書

運転免許証やマイナンバーカードなど顔写真付きの公的な身分証明書1点。写真が付いていない保険証や年金手帳などなら2点（うち1点は写真付きの社員証や学生証などでも可能）。申請時に見せるだけですぐに返してくれる。詳細は問い合わせを。

※未成年者は保護者の同意サインか同意書が必要。

パスポート問い合わせ

●東京都パスポート案内センター

☎（03）5908-0400

●大阪府パスポートセンター

☎（06）6944-6626

●外務省渡航関連情報パスポート申請手続・窓口

URL www.mofa.go.jp/mofaj/toko/passport/pass_5.html

※現地でパスポートを紛失した際の新規発給手続きは→P.467。

パスポートに関する注意

国際民間航空機関（ICAO）の決定により、2015年11月25日以降は機械読取式でない旅券（パスポート）は原則使用不可となっている。日本ではすでにすべての旅券が機械読取式に置き換えられたが、機械読取式でも2014年3月19日以前に旅券の身分事項に変更のあった人は、ICチップに反映されていない。渡航先によっては国際標準外と判断される可能性もあるので注意が必要。

e-Visa申請についての問い合わせ

☎3128 8668（ホットライン、7:00～23:00） URL www.immd.gov.hk/eng/e-visa.html

海外旅行に必携のパスポート。また、渡航先によって必要とされるビザ（入国査証）は、香港では90日以内の滞在なら不要となっている。なお、香港に入るためのパスポートの残存有効期間は、1ヵ月以内の香港滞在ならば、入境時1ヵ月プラス滞在日数以上となっている。

パスポートの申請について

5年間有効（表紙紺色）と10年間有効（表紙赤色）があるので、自分の都合に応じて申請するようにしよう。どちらも期間中なら何回でも渡航できる「数次旅券」で、渡航先や目的にも制限がない。サイズは縦12.5cm×横8.8cm。写真とサインは申請書に添付、記入したものがそのまま複写されるようになっている。

申請料は5年用が1万1000円、10年用が1万6000円。

20歳未満の人は5年間有効しか申請できない。また、学生の場合、現在住んでいる所に住民登録を移さずに郷里に残したまま、ということもあるだろう。そのときは現在住んでいる所で申請できる「居所申請」の制度がある。

2023年3月27日から、残りの有効期間が1年未満で記載事項を変更しない場合のパスポート切替申請手続きは（一部の府県は新規パスポート申請も）、オンライン申請可能となっている。

申請に要する期間と受領日

パスポートの申請から受領までの期間は都道府県によって違うが、だいたい7～10日間で受け取れる。遅くとも出発の1ヵ月以上前までに取得しておこう。受領の際は、申請時に受け取った旅券受理票に申請料金分の印紙を貼ってから窓口へ。旅行会社経由や代理の人が申請した場合も、交付時は本人の出頭が必要。パスポートを受領するときは、記載事項をよく確認すること。

ビザ関連について

日本国籍の人の香港入境は90日以内の滞在ならビザは不要。パスポートの残存有効期間は、香港滞在が1ヵ月以内なら「入境時1ヵ月プラス滞在日数以上」となっている。

香港に90日を超えて滞在する場合は、現地の香港入境事務處で延長手続きをすること。日本にある中国大使館、領事館であらかじめ90日を超える滞在のためのビザを取ることはできない。延長手続きの際は滞在期限の7日前までにパスポートと延長の理由を証明する書類や航空券などが必要。手数料は230HK$。延長ビザは即日交付されるが、許可が下りる延長日数は、そのときのケースによって異なる。

また、香港政府はビザ電子申請サービスおよび「e-Visa」を導入しており、香港入境事務處に出向かなくともビザ申請の全プロセスをオンラインで行える（滞在期限の3日前までに申請）。香港入境事務處やGovHKのウェブサイトから申請、申請が許可されたら料金を決済し、発行されたe-Visaをダウンロードして保存、必要時に提示する。

なお、ビザに関する情報・手続きは変更されることがあるので、必ず事前に確認のこと。

近隣都市に入境する場合

●深圳、広州

日本国籍の人に対するビザ15日間免除措置は、2023年9月現在停止となっている。よって目的に応じたビザを、日本または香港で取得しておく必要がある。香港で取得する場合は下記の中國簽證申請服務中心で手続きを行う。旅行会社に取得代行を依頼することも可能。また、深圳のイミグレーションで深圳にのみ5日間滞在可能な「特区旅遊ビザ（特区旅游签证、5-Day Shenzhen Special Economic Zone Tourist Visa）」という特区限定のビザが発給されているが、混雑で取得できないことや条件が変わることもあるので、ビザは事前に取得しておくことをおすすめする。

●マカオ

日本国籍の人の入境は、90日以内の滞在ならビザ不要。パスポートの残存有効期間は入境時30日プラス滞在日数以上必要。90日を超えて引き続き滞在を希望する場合は、滞在期限の切れる5日前までに、出入境事務廳・外國人事務警司處に滞在延長を申請する。申請書、理由書、パスポートの原本とコピー、および入境申報表（Arrival Card）が必要で、最長で90日の延長ができる。所要1日。無料。

海外旅行保険に加入しておこう

旅先で不慮の事故や盗難などに遭うことがないとは言い切れないので、海外旅行保険には加入することをおすすめする。

おもな保険会社の問い合わせ先

- 損保ジャパン　カスタマーセンター　☎0120-666756
- 東京海上日動　☎0120-868100
- AIG損保　☎0120-016693

香港入境事務處
（通常は「入境處」と呼ばれる）
住 灣仔告士打道7　入境事務大樓5樓
5/F, Immigration Tower, 7 Gloucester Rd., Wanchai
☎2824 6111　FAX2877 7711
URL www.immd.gov.hk
申請時間：月～金曜8:45～16:30、土曜9:00～11:30
休 日曜、祝日　地 灣A1出口
map 別冊P.13-2C

マカオ出入境事務廳
住 氹仔北安碼頭一巷　治安警察局出入境事務大樓
☎2872 5488
開 9:00～17:45、金曜～17:30（いずれも申請受付は～17:00）
休 土・日曜、祝日

特区旅遊ビザ

羅湖、皇崗、蛇口、深圳宝安空港の4つのイミグレーション（以下イミグレ）で取得可能。日本人を含む外国人が対象で、基本的に誰でも申請できる。香港を出境して中国側のイミグレに行く途中の「口岸签证 Port Visa」とある入出境査証事務所（EXIT-ENTRY VISA OFFICE）で手続きを行う。ビザ用の写真をその場で撮影、申請用紙に必要事項を記入し、パスポートと一緒に提出。

［注意事項］
- 深圳のみ発行から最長で5日間滞在でき、延長や再入国はできない。
- パスポートは残存有効期間が6ヵ月以上あり、ビザを貼り付ける余白ページがあること。
- 1日あたりの申請には上限があり、混雑するうえ手続きに時間がかかる。

住 深圳市羅湖區1010　羅湖口岸聯聯大樓入境大廳2樓
☎2231 8671　開 9:00～16:30（税関6:30～24:00とは異なるので注意）　料 275元
カード A M V　※現金は不可。

香港での中国ビザの取得方法

中国のビザ取得は、以下の中国ビザ申請サービスセンターで行う。従来の 外國人簽證處では申請を受け付けていないので注意。

中國簽證申請服務中心
（中国ビザ申請サービスセンター）
China Visa Application Service Center
住 灣仔告士打道151　資本中心20層
20/F, Capital Center, 151 Gloucester Rd., Wanchai
☎2992 1999　FAX2989 1116　URL www.visaforchina.cn/HKG2_EN　開 9:00～16:00（ビザの申請は通常～16:00、24時間発行の申請は～13:00。ビザの受け取りは10:00～16:00、翌々日および24時間発行の受け取りは12:00～16:00）
休 土・日曜、祝日　カード 不可　料 一次観光ビザ（Lビザ）は、申請の3日後発行550HK$（うちビザ発行料310HK$、手数料240HK$）。翌々日発行は940HK$（うちビザ発行料490HK$、手数料450HK$）。24時間発行は1520HK$（うちビザ発行料620HK$、手数料900HK$）。香港ドルの現金のみ使用可。パスポートと写真1枚、パスポートの顔写真のあるページのコピー1枚が必要。写真はサイズが細かく決められているので注意。map 別冊P.13-2D

旅の技術

出入国の手続き

日本出国

日本からの国際線出発、といっても特別に難しい手続きがあるわけではないので、順序よくこなしていこう。また、ソウルや台北経由の場合も、出発時の手続きは基本的に同じだ。

チェックインから搭乗まで

1 空港に到着

出発時刻2時間前を目安に空港へ行く。

2 チェックイン

▶搭乗券を入手

利用航空会社のチェックインカウンターへ行き、航空券またはeチケット（予約確認書）を搭乗券（ボーディングパス）と引き換える。このとき、往復の航空券の場合は、帰りの航空券を返されるのでなくさないように。eチケットの場合は、セルフチェックイン機を操作して搭乗券を入手することもできる。

▶荷物を預ける

同時にチェックインカウンターで、スーツケースなど大きな荷物は目的地まで機内預けにする。エコノミークラスの場合、原則としてひとり20kgまで。航空会社によって個数や重量の制限が違うので、あらかじめ確認しておこう。預けた荷物にはその場で手荷物引き換え証（バゲージ・クレーム・タグ）を渡されるので、目的地が合っているか確認して保管しよう。

▶ツアーで当日、空港で航空券を受け取る人は

旅行会社指定のカウンターへ行き、搭乗券をもらい、荷物を預ける。※旅行会社係員から航空券を受け取ったあと、自分で航空会社のカウンターでチェックイン手続きする場合もある。

3 両替

日本の空港で香港ドルに両替すると手数料が高いので、日本円をそのまま持っていくほうがお得。あわせて、手数料が低いクレジットカードも活用しよう（→P.456）。

［出国審査場へ］審査場に入ると逆戻りできない。

4 搭乗前保安検査

ハイジャック防止用のセキュリティチェックがある。荷物はX線検査機へ、自分自身も検査ゲートをくぐりチェックを受ける。

100mℓを超えるあらゆる液体物は機内へ持ち込めないので要注意。液体物は100mℓ以下の容器に入れ、1ℓ以下のファスナー付き透明プラスチック袋に入れてあれば持ち込み可能（医薬品など一部例外もあるので、心配な人は事前に国土交通省に問い合わせを）。

5 税関

帰国時に香港で買ってきた物とみなされ課税の対象にならないように、外国製品を持ち出す人は「外国製品の持出し届」に記入し申告を行う。

eチケット（電子航空券）

エレクトロニック・チケットの略。従来は紙の航空券に記載していた予約内容を、航空会社のコンピューターに記録しておくシステム。通常は予約確認書の形で電子メール、郵送などで事前に送られてくるので、印刷した控えをチェックインカウンターで提示すればボーディングパスと引き換えてくれる。航空券の紛失・盗難の心配がないのがメリット。

機内持ち込み可能な手荷物

原則として1個。縦、横、高さの合計が115cm以内のもの（重さは航空会社やクラスによって異なる）。また、刃物に該当する物や、スプレー類、ガスやオイルなどに加え、100mℓを超える液体物（ジェル状の物も含む）は機内持ち込み禁止。

機内持ち込み禁止物品

- 小さくても刃物に該当するもの
- スプレー類
- ガスやオイル
- 100mℓを超える液体物

銃や高性能パソコンなどを持ち出す場合は、事前に経済産業省の手続きが必要。

経済産業省貿易経済協力局
安全保障貿易審査課
☎(03)3501-2801

保険加入や両替

空港には保険会社の加入カウンターが複数あるので、ここで海外旅行保険の加入手続きをしてもいい。両替を行う銀行もあるので、現地で両替するよりレートはよくないが、心配な人は両替しておこう。

国際観光旅客税

日本からの出国には、1回につき1000円の国際観光旅客税がかかる。原則として支払いは航空券代に上乗せされる。

顔認証「Face Express」サービスで手続きがスムーズに

成田空港と羽田空港で顔認証による新しい手続きが開始された。対象は全日空、日本航空、デルタ航空のみだが、専用チェックイン機で顔写真を登録すれば、搭乗券やパスポートを提示する必要はなく、荷物預け、保安検査場、搭乗ゲートまで「顔パス」で進める。

6 出国審査

必要書類は、パスポートと搭乗券の２点。係官に差し出せば、パスポートに出国印を押して戻してくれる。顔認証の自動化ゲートも利用できる。

7 免税エリアでのショッピング

出国審査を終えれば、書類上は国外に出たことになる。時間まで免税ショッピングを楽しもう。

8 出発ゲートへ

搭乗予定便のゲートから飛行機に搭乗する。

ゲートは出発時刻の30分前から10分前まで開かれている。航空会社によっては遅刻者を待たずに出発してしまう場合もある。時間は厳守しよう。

機内にて

機内サービスの概要

香港までのフライトは４～５時間余り。出発後、飲み物と機内食のサービスをはじめ、免税品の販売、機内映画の上映などがある。航空会社によるが、到着前に流される「香港入国案内のビデオ」で予習しておけば、役立つだろう。サービスは、航空会社や機種によって内容が異なることがある。

●到着前に

日本と香港の間には１時間の時差がある（日本が正午のとき、香港は11:00）ので、時計を１時間遅らせておこう。

入国カードの記入

機内で、香港入国に必要な書類「香港入境事務處旅客抵港申報表 / Arrival Card」が配られる。これは入出国カードに当たるものなので、到着前に記入例を参考に、英語でていねいに記入しよう。ホテルが決まっていない人は、宿泊先を単に「Hotel」とだけ書いておいてもかまわない。

カードは２枚複写になっており、１枚目の入国カードは入国時に審査カウンターで回収され、２枚目を返却される。これは出国カードとして出国時に必要となるので、なくさないように保管する。

経由便に乗った場合

香港行きの一部の便は、台北などを経由することがある。途中寄港地では機内から出られない。なお、同一会社のフライトでソウルや台北などで乗り換えて香港に向かう場合、経由地までと目的地（香港）までの搭乗券を日本出発時に一度に渡される場合があるので大切に保管を。

香港入国時の免税範囲

▶紙巻きたばこ19本、葉巻25g以下のもの1本、そのほかのたばこ25gのいずれか1種。

▶アルコール分30%以上のお酒1本（1ℓ）まで。

※12万HK$以上の現金、またはそれに相当する無記名のトラベラーズチェック、小切手などを持ち込む場合は申請が必要。

申告漏れは犯罪となり、罰金2000HK$に加え支払うべき税額の数倍の金額、最高で禁固2年が科せられるので要注意。

香港入国時の持ち込み禁止品

毒物、銃、弾薬、武器、PHS電話、電子たばこ、加熱式たばこ、ハーブたばこや関連の器具。ニセモノ商品および海賊版。

香港入国時の持ち込み制限品

肉類は出発地の公的機関の検査証明書がないかぎり持ち込めない。米は個人で15kg以下は持ち込み可能。また、土の付いていない野菜、果物も可能。

香港入出国カードの記入例

IMMIGRATION DEPARTMENT HONG KONG　ID 93 (1/2006)
香港入境事務處　IMMIGRATION ORDINANCE (Cap. 115) 入境條例 [第115章]
ARRIVAL CARD 旅客抵港申報表
All travellers should complete this card except Hong Kong Identity Card holders　Section 5(4) and (5)
除香港身份證持有人外，所有旅客均須填寫此申報表　第5(4)及(5)條

Family name (*in capitals*) 姓 (請用正楷填寫) ❶ CHIKYU	Sex 性別 ❸ F
Given names (*in capitals*) 名 (請用正楷填寫) ❷ AYUMI	
Travel document No. 旅行證件號碼 ❹ MP0123456	Place and date of issue 發出地點及日期 ❺ TOKYO, 7, 5, 2022
Nationality 國籍 ❻ JAPANESE	Date of birth 出生日期 ❼ 15 / 1 / 1995 day 日 month 月 year 年
Place of birth 出生地點 ❽ TOKYO	Address in Hong Kong 香港地址 ❾ HOTEL HONG KONG
Home address 住址 ❿ 2-11-8 Nishigotanda, Shinagawa-ku, Tokyo,Japan	
Flight No./Ship's name 班機編號／船名 ⓫ JL000	From 來自 ⓬ NARITA
Signature of traveller 旅客簽署 ⓭地球　歩	

Please write clearly 請用端正字體填寫
Do not fold 切勿摺疊

FP377930

❶姓をローマ字で
❷名前をローマ字で
❸性別を記入
男性の場合はM（Male）
女性の場合はF（Female）
❹パスポート番号
❺発行地と発行日
❻国　籍
❼生年月日を西暦で
❽出生地
❾滞在先（ホテル名と電話番号）
❿住　所
⓫便　名（搭乗券で確認を）
⓬搭乗地
⓭パスポートと同じサイン

香港国際空港
Hong Kong International Airport
住 大嶼山赤鱲角
☎2181 8888　FAX 2824 0717
URL www.hongkongairport.com
map 別冊 P.2-3A、P.374

入国カードを機内でもらい忘れたら

香港国際空港の入国審査カウンター近辺のデスクに用紙と記入スペースがあるので、その場で記入。

香港到着

香港国際空港

市内から約35km離れたランタオ島（大嶼山）の北側に位置する。空港ターミナルは2023年9月現在、ひとつ（ターミナル2は拡張工事のため閉鎖中）。空港から中心部への交通機関は充実しており、主要エリアへは30～90分（使用交通による）で行ける（空港に関しては→下地図、P.454～455）。

降機から到着ホールへ

香港国際空港全体図
スカイピア（埠頭）へ
航天城路
機場路
博覧館へ
機場路 Airport Rd.
翔天路
2023年5月現在工事中（ターミナル2改修中）
暢連路
暢旺路 Cheong Wong Rd.
Sky Plaza Rd.
ツアー送迎バス
青衣へ
エアポートエクスプレス機場（エアポート）駅
エアポートバス乗り場
暢航路
Cheong Hong Rd.
（東涌行きバス）
リーガル・エアポート P.340
駐車場
中国へのリムジン乗り場
ツアーバス乗り場
駐車場
一號客運大樓 ターミナル1
スカイマート
中国各地（深圳、東莞、佛山など）へのバス乗り場
ホテル、旅行会社のリムジン専用ラウンジ
0
200m

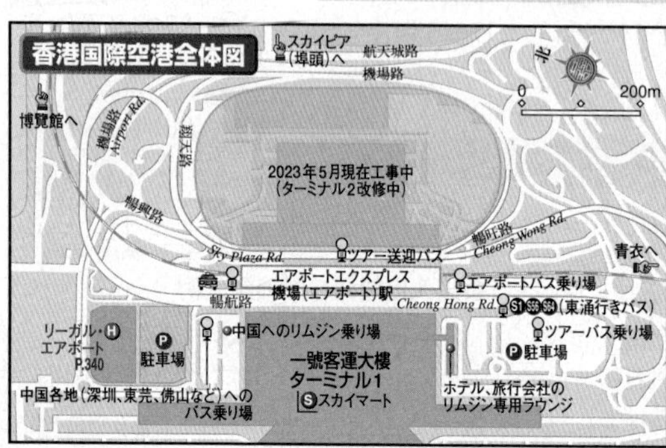

1 香港国際空港に到着

「Arrival/抵港」の看板に従って入国審査場に向かおう。

ゲートの場所によっては、シャトルトレインやシャトルバスに乗って入国審査場に向かう。

2 入国審査

入国審査場に到着後、日本人など外国からの訪問客は「Visitor/訪港旅客」と書

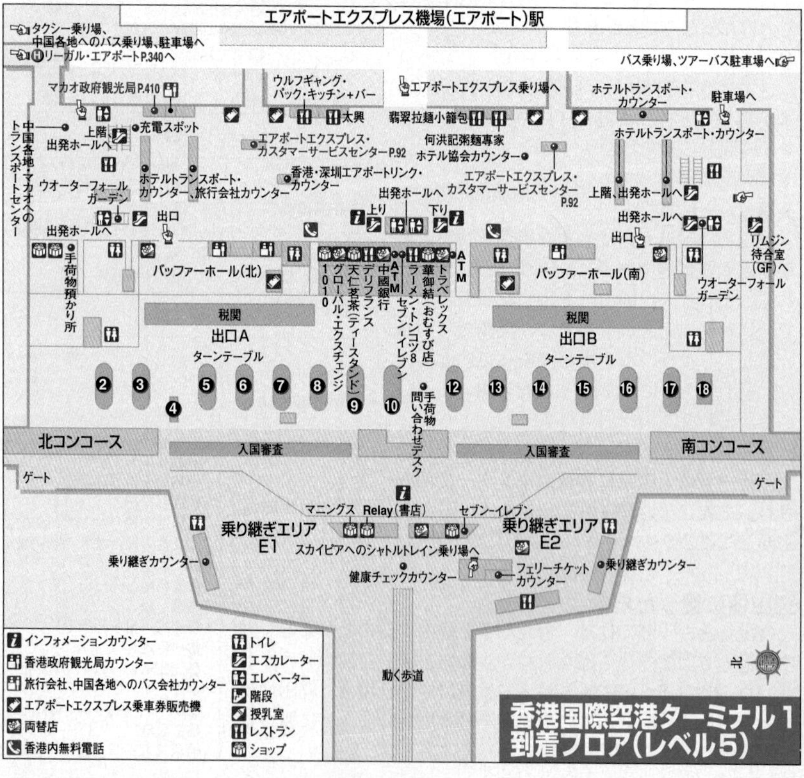

エアポートエクスプレス機場（エアポート）駅
タクシー乗り場、中国各地へのバス乗り場、駐車場へ
リーガル・エアポートP.340へ
バス乗り場、ツアーバス駐車場へ
マカオ政府観光局P.410
ウルフギャング・パック・キッチン+バー
エアポートエクスプレス乗り場へ
ホテルトランスポート・カウンター
駐車場へ
中国各地・マカオへのトランスポートセンター
上階、出発ホールへ
充電スポット
太興
翡翠拉麺小籠包
エアポートエクスプレス・カスタマーサービスセンターP.92
何洪記粥麺専家
ホテル協会カウンター
ホテルトランスポート・カウンター
ホテルトランスポート・カウンター、旅行会社カウンター
香港・深圳エアポートリンク・カウンター
エアポートエクスプレス・カスタマーサービスセンターP.92
ウオーターフォールガーデン
出発ホールへ
上り
下り
上階、出発ホールへ
出発ホールへ
出口
出発ホールへ
出口
リムジン待合室（GF）へ
手荷物預かり所
バッファーホール（北）
1010
グローバル・エクスチェンジ
天仁茗茶（ティースタンド）
デリフランス
中國銀行
ATM
セブン-イレブン
ラーメン・トンコツ8
華御結（おむすび店）
トラベレックス
ATM
バッファーホール（南）
ウオーターフォールガーデン
税関
出口A
税関
出口B
ターンテーブル
ターンテーブル
2 3 4 5 6 7 8 9 10 12 13 14 15 16 17 18
手荷物問い合わせデスク
北コンコース
入国審査
入国審査
南コンコース
ゲート
ゲート
マニングス
Relay（書店）
セブン-イレブン
乗り継ぎエリア E1
乗り継ぎエリア E2
スカイピアへのシャトルトレイン乗り場へ
乗り継ぎカウンター
乗り継ぎカウンター
健康チェックカウンター
フェリーチケットカウンター
動く歩道
インフォメーションカウンター
香港政府観光局カウンター
旅行会社、中国各地へのバス会社カウンター
エアポートエクスプレス乗車券販売機
両替店
香港内無料電話
トイレ
エスカレーター
エレベーター
階段
授乳室
レストラン
ショップ
香港国際空港ターミナル1 到着フロア（レベル5）

かれたカウンターで審査を受ける。必要書類は、パスポート、記入済みの入出国カードの2点。特に質問はされない。審査後はパスポートと出国カードを返され、以下の小さな紙が交付される。氏名やパスポート番号、入国日、滞在期限が記された「入境標籤(ヤップギンピウチム)(Landing Slip)」というもので、出国カードとともに帰国時まで保管しておこう。

日本国籍の人には90日間の滞在許可が出る。

3 荷物のピックアップ

利用した便名の表示があるターンテーブルに行き、預けた荷物をピックアップする。もしも荷物が出てこない場合は、P.449欄外の「手荷物にトラブルが生じたら」を参考にして対処する。

4 税関

免税範囲を超える場合は赤のランプ(課税)の出口、免税範囲を超えていない場合は緑のランプ(非課税)の出口へ。緑の出口では素通りでOKだが、呼び止められたら検査に応じる。香港入国時の免税範囲→P.447欄外。

入国審査終了／バッファーホールへ

5 バッファーホールにて

税関を抜けると香港政府観光局(HKTB)の案内カウンターなどがある。旅の資料収集ができる。

到着ホールへ

到着ホールはA、Bのふたつの出口がある。パッケージツアー参加の人はガイドとの待ち合わせ場所へ。

6 両替、香港ドルの引き出し

両替は出口近辺にある両替商のカウンターで。複数のカウンターがあるがレートはどこも同じ。市内の両替商と比べると両替率が悪い。なお、空港内の銀行支店では外貨両替は扱っていない。クレジットカードや国際キャッシュカードで香港ドルの現金を引き出せる自動支払機(ATM)が到着ロビーに数ヵ所設置されている。

7 交通機関を選んで市内へ

使用交通機関(→P.92〜95)を決め、乗り場へ。乗り物ごとに乗り場が離れているので注意。案内図や表示板で確認しよう。

帰国手続き

香港駅と九龍駅でチェックインができる

空港と市内を結ぶエアポートエクスプレス(機場快綫)の香港駅と九龍駅(九龍駅のカウンターは2023年9月現在、業務停止中)には、航空会社のチェックインカウンターがあり、搭乗券の受け取り、荷物のチェックインができる(Free In-town Check-in Service)。このサービスはエアポートエクスプレス利用が前提で、切符かオクトパス(八達通)で改札を通過して構内のカウンターへ。出国審査は空港で行う。※コロナ禍以前はすべての航空会社の便が可能だったが、2023年9月現在、キャセイパシフィッ

手荷物にトラブルが生じたら

手荷物が出てこなかった場合は、自分の乗ってきた航空会社の「荷物苦情処理窓口」を探し、搭乗券とバゲージ・クレーム・タグを示して状況を説明。その際に窓口に備えてあるP.I.R.(Property Irregularity Report)「手荷物事故報告書」に必要事項を記入して、係員に提出する。この報告書とバゲージ・クレーム・タグは、荷物が見つかって引き取る際に必要。

●航空会社へ賠償請求

手荷物が行方不明になったときは、荷物が見つかるまでの当座の日用品購入費用を航空会社に請求できる。また、荷物が破損した場合も修理費などを請求できる。金額と賠償方法は、前述のP.I.R.に記入する。

シャトルトレイン

4両編成で空港内の4駅(2023年9月現在ターミナル2駅は閉鎖中)を結ぶ電車。ゲート40〜80、201〜230、およびスカイピア(埠頭)への移動に使う。運行時間は6:00〜翌1:00、数分間隔で運行。

空港からターボジェットでマカオへ向かう場合

入国審査場の手前の乗り継ぎエリアE2にあるフェリーチケットカウンターでフェリーのチケットを購入、同時にパスポートと機内預けにした荷物の半券を提示する。日本で預けた荷物は自動的にマカオまで運んでくれる。事前にオンライン予約をした場合には確認書を見せ、乗船券を受け取る。

その後、レベル1からシャトルトレインでフェリー乗り場のスカイピア(海天客運碼頭)へ向かい、乗船する。

荷物をピックアップしたら

バゲージエリアにあるカートはタクシーやバス乗り場などまで自由に使える。

空港内の両替店

Travelex(通濟隆)

営 カウンターによって違うが、だいたい6:00〜24:00。

レベル5の入国審査場出口付近をはじめ、空港内に9のカウンターがある。

Travelexは世界30ヵ国以上に拠点をもつ外貨両替店。基本的には1000円から両替可能。

※そのほかグローバル・エクスチェンジ Global Exchangeの両替所が8ヵ所ある。

無料でかけられる電話

空港ターミナル内に、合計220台のヘルプフォン(救援電話)と無料で市内にかけられる電話機がある。

市内への交通費の目安

市内へのタクシー代は260〜350HK$、バスは最高で50HK$くらい、電車は105〜115HK$。

ク航空便のみが可能。

空港到着から搭乗まで

1 空港に到着

出発時間 2 時間前を目安に行こう（市内の香港駅でチェックイン済みの人は 1 時間前をめどに到着）。カウンターは便出発の 40 分前に閉められる。

2 チェックイン

搭乗する航空会社のカウンターへ行き、航空券や e チケットを搭乗券（ボーディングパス）と引き換え、大きな荷物は目的地まで機内預けにする。駅ですでにチェックインを済ませた場合は、カウンターに立ち寄らず、そのまま出国審査場へ。

［出国審査場へ］審査場に入ると逆戻りできない。

3 搭乗前保安検査

日本出発時と同様のハイジャック防止用セキュリティチェックがある。液体は決められた条件に合ったもの以外は機内に持ち込めない。検査を受けたあとに免税エリアで買った酒、化粧品などは持ち込み可能。

4 出国審査

必要書類はパスポート、香港入国時に記入済みの出国カード、搭乗券。係官が審査後、パスポートや搭乗券が返却される。また、顔認証システムも運用しており、日本を含む 74 カ国のパスポート保有者は自動ゲートで顔認証を行い出国できる（入国の際、顔写真の撮影登録が必要）。

5 免税エリアでのショッピング

ショッピングモール「スカイマート」（→ P.453）には、免税店をはじめ、ブランド店、香港のみやげ店が並んでいる。※日本の免税範囲については、P.451 の表参照。

徒歩または写真左のエスカレーターを下った先にあるシャトルトレインでゲートへ

6 出発ゲートへ

搭乗する便のゲート番号は空港内の案内モニターなどで確認。香港国際空港はたいへん広

主要航空会社の現地電話番号

航空会社名	電話番号	航空会社名	電話番号
キャセイパシフィック航空（CX）	2747 3333	アシアナ航空（OZ）	2523 8585
香港エクスプレス航空（UO）	3702 7618	中国国際航空（CA）	3970 9000
グレーター・ベイ航空（HB）	3956 6166	中国東方航空（MU）	2861 1898
深圳航空（ZH）	2545 2345	中国南方航空（CZ）	2929 5033
日本航空（JL）	3919 1111	チャイナエアライン（CI）	2868 2299
全日空（NH）	2810 7100	エバー航空（BR）	2810 9251
ジェットスター・ジャパン（GK）	3192 7451	フィリピン航空（PR）	2301 9300
エア・インディア（AI）	2522 1176	シンガポール航空（SQ）	3077 3522
ピーチ・アビエーション（MM）	2830 4880	タイ国際航空（TG）	2179 7777
香港航空（HX）	3916 3666	ベトナム航空（VN）	3902 9000
大韓航空（KE）	2366 2001	ガルーダ・インドネシア航空（GA）	2840 0000

香港駅でのインタウン・チェックイン・サービス
Free In-town Check-in Service

取り扱い時間は、便出発の 1 日前から 90 分前まで。
営6:00 ～ 15:00　☎2523 3627
URL www.mtr.com.hk/en/customer/services/complom_checkin.html

香港出国時の空港税

出国税 120HK$、空港保安税 55HK$（2023 年 9 月現在）。通常、航空券購入時に代金に含まれている。また、空港建設費として 1 人当たり 90 ～ 160HK$（エコノミークラスの場合。金額は搭乗クラスによって違う）が航空券代に加算されている。

日本円への再両替

空港の両替店（→ P.449 欄外）で香港ドルから日本円への両替ができる。レートはよくないので、多額の香港ドルが残った人は市内のレートのよい両替商で再両替しておくとよい。また、出国審査場を出るとショッピングモールがあるので、買い物の予定のある人は、その際に使用。

出国審査での入境標籤

入境標籤は滞在中は保管することになっているが、万一なくしてしまっても出国にはほぼ支障はない。また、必要な場合は入境管理處で再発行を申請できる。ただし、明記されている滞在期限などに違反することは違法行為なので、注意したい。

搭乗前セキュリティ検査

詳細は香港国際空港ホームページを参照。
URL www.hongkongairport.com/en/passenger-guide/airport-security

肉製品は日本へ持ち込み禁止

肉製品や動物由来製品のほとんどは日本への持ち込みが禁止されている。香港やマカオの街角で売られているポークジャーキー（味付け干し肉）も、持ち帰れないので注意が必要。

コピー商品の購入は厳禁！

旅行先では、有名ブランドのロゴやデザイン、キャラクターなどを模倣した偽ブランド品や、ゲーム、音楽ソフトを違法に複製した「コピー商品」を、絶対に購入しないように。これらの品物を持って帰国すると、空港の税関で没収されるだけでなく、場合によっては損害賠償請求を受けることも。「知らなかった」では済まされないのだ。

く、端のほうにあるゲートへは、移動に20分以上かかることがあるので、余裕をもってゲートへ向かおう（40番以降のゲートへはシャトルトレインを利用）。

ゲートは出発時刻の30分前から10分前まで開かれる。遅刻者を待たずに出発してしまうので、遅れないように。

日本到着

▶到着前に機内で携帯品・別送品申告書が配られるので、必要事項を記入しておこう。税関申告を事前にウェブで行うことができるサービス「Visit Japan Web」に必要な情報を登録しておくと、用紙への記入は不要、スピーディに検査を終えられる。

▶到着すると検疫カウンターがある。旅行中に体調不良があった場合は申し出ること。

▶入国審査場では顔認証ゲートで本人照合を行う。

▶利用便のターンテーブルで、機内預けにした荷物を受け取る。破損などの場合はバゲージ・クレーム・タグを示して係員に申し出る。

▶税関検査へ。免税範囲を超えない人は緑のランプ、免税範囲を超えていれば赤のランプの検査台へ。いずれも記入済みの携帯品・別送品申告書を提出して検査を受ける。「Visit Japan Web」に登録済みの人は、発行された二次元コードを電子申告端末に提示する。

日本入国時の免税範囲

品名		数量または価格	備考
酒類		3本	1本760mℓ程度の物。
たばこ	紙巻きたばこ	200本	免税数量は、それぞれの種類のたばこのみを購入した場合の数量であり、複数の種類のたばこを購入した場合の免税数量ではない。「加熱式たばこ」の1箱あたりの数量は紙巻きたばこ200本に相当する量。
たばこ	葉巻たばこ	50本	
たばこ	加熱式たばこ	個装等10個	
たばこ	その他のたばこ	250g	
香水		2オンス	約56mℓ。オードトワレ、オーデコロンは含まれない。
その他の品物	1品目ごとの海外小売価格の合計額が1万円以下の物	全量	例えば1本5000円のネクタイ2本の場合は免税。
その他の品物	その他	20万円（これらの品物の海外小売価格の合計額）	海外小売価格の合計が20万円を超える場合は、20万円以内に収まる品物のみが免税になる。

※携帯品と別送品（帰国後6ヵ月以内に輸入する物）を合わせた範囲。
※未成年者の場合は、酒・たばこは免税にならない。
※詳細は成田税関支署 URL www.customs.go.jp を参照。

「Visit Japan Web」
URL vjw-lp.digital.go.jp

別送品がある場合

携帯品・別送品申告書を2枚記入し、1枚を提出、1枚に税関の押印を受け「控え」として保管。荷物の受け取りに必要となる。

携帯品・別送品申告書記入例

（表）

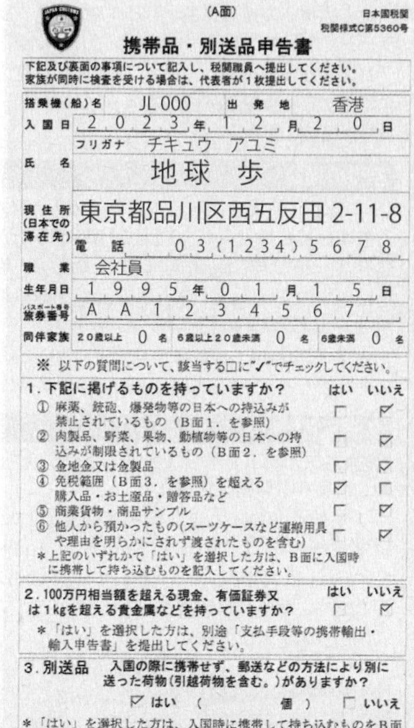

(A面)

日本国税関
税関様式C第5360号

携帯品・別送品申告書

下記及び裏面の事項について記入し、税関職員へ提出してください。
家族が同時に検査を受ける場合は、代表者が1枚提出してください。

搭乗機(船)名	JL 000	出発地	香港
入国日	2023年12月20日		
フリガナ	チキュウ アユミ		
氏名	地球 歩		
現住所（日本での滞在先）	東京都品川区西五反田2-11-8		
電話	03(1234)5678		
職業	会社員		
生年月日	1995年01月15日		
パスポート番号 旅券番号	AA1234567		
同伴家族	20歳以上 0名	6歳以上20歳未満 0名	6歳未満 0名

※ 以下の質問について、該当する□に"✓"でチェックしてください。

1. 下記に掲げるものを持っていますか？	はい	いいえ
① 麻薬、銃砲、爆発物等の日本への持込みが禁止されているもの（B面1. を参照）	□	☑
② 肉製品、野菜、果物、動植物等の日本への持込みが制限されているもの（B面2. を参照）	□	☑
③ 金地金又は金製品	□	☑
④ 免税範囲（B面3. を参照）を超える購入品・お土産品・贈答品など	☑	□
⑤ 商業貨物・商品サンプル	□	☑
⑥ 他人から預かったもの(スーツケースなど運搬用具や理由を明らかにされず渡されたものを含む)	□	☑

＊上記のいずれかで「はい」を選択した方は、B面に入国時に携帯して持ち込むものを記入してください。

2. 100万円相当額を超える現金、有価証券又は1kgを超える貴金属などを持っていますか？	はい	いいえ
	□	☑

＊「はい」を選択した方は、別途「支払手段等の携帯輸出・輸入申告書」を提出してください。

3. 別送品　入国の際に携帯せず、郵送などの方法により別に送った荷物(引越荷物を含む。)がありますか？

☑ はい（　　個）　□ いいえ

＊「はい」を選択した方は、入国時に携帯して持ち込むものをB面に記入したこの申告書を2部、税関に提出して、税関の確認を受けてください。（入国後6か月以内に輸入するものに限る。）確認を受けた申告書は、別送品を通関する際に必要となります。

（裏）

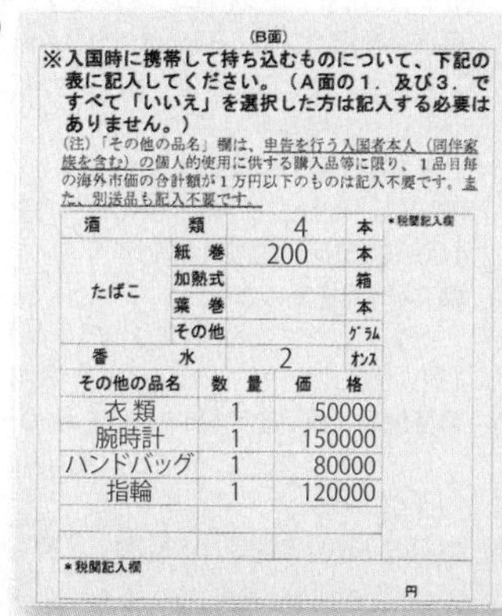

(B面)

※入国時に携帯して持ち込むものについて、下記の表に記入してください。（A面の1. 及び3. ですべて「いいえ」を選択した方は記入する必要はありません。）

(注)「その他の品名」欄は、申告を行う入国者本人（同伴家族を含む）の個人的使用に供する購入品等に限り、1品目毎の海外市価の合計額が1万円以下のものは記入不要です。また、別送品も記入不要です。

品目		数量	単位
酒類		4	本
たばこ	紙巻	200	本
たばこ	加熱式		箱
たばこ	葉巻		本
たばこ	その他		グラム
香水		2	オンス

＊税関記入欄

その他の品名	数量	価格
衣類	1	50000
腕時計	1	150000
ハンドバッグ	1	80000
指輪	1	120000

＊税関記入欄　　円

香港国際空港　詳細ガイド

香港国際空港は、その規模の大きさと機能性でアジアのハブ空港としての役割を果たしている。マカオや中国へ向かうフェリーが出るスカイピアSky Pier（海天客運碼頭）や、中国大陸各地への長距離バスターミナルを充実させ、今や香港と珠海三角洲を結ぶ陸・海・空の拠点となっている。

旅客数の増加にともない、3本目の滑走路が2022年11月25日に完成。2024年中を目途に、ターミナル2の拡張工事、T2コンコース、新シャトルトレインやバゲージハンドリングシステムの建設が進行中。さらに2025年には空港に隣接する巨大複合施設、スカイシティ（航天城）が落成の予定。

ゲートへ続く通路。意外に距離がある。40番以降のゲートへはシャトルトレインで

左／出発フロアはレベル6。案内板でゲート位置を確認しよう
右／到着フロア南北2ヵ所にマルチメディアで魅せる「ウオーターフォールガーデン」がある

空港の機能

約3800mの滑走路を3本有し、120を超える航空会社が乗り入れ、1日に1100便以上が離発着。2019年の利用客は約7150万人。現在使用中のゲートは119ヵ所で、40番以降のゲートへはシャトルトレインを利用する。ターミナル1の北側にあるT1サテライトコンコースへはスカイブリッジ（→P.453）でアクセス。

ターミナル1

［役立ちスポット］

●SIMカード販売店「1010」

プリペイドSIMカードを各種揃えており、短期旅行者用の「Discover Hong Kong Tourist SIM Card」が買える。10日間有効12GBのものが88HK$、30日間有効32GBは118HK$。パスポートの提示が必要。

住Arrival Hall , L5
☎2261 0818
営11:00～20:00
休無休　カードAMV

ショップ「1010」。設定はスタッフに頼める

●手荷物預かり所　Baggage Storage

到着ホール北側にある。重さ、サイズに基準があるが、標準サイズで1時間当たり14HK$、1日165HK$（料金は後払い）。

住Arrival Hall A, L5　☎2261 0110　営5:30～翌1:30　休無休　カードAMV

●24時間営業のコンビニ

セブン-イレブンが到着フロア（レベル5）に1軒、出発エリア（レベル7）に1軒ある。

●郵便局（機場郵政局 Airport Post Office）

レベル7の082室、チェックインカウンターFの近くにある。

☎2182 1620　営8:30～16:00（土曜～12:00）
休日曜、祝日

レベル6のゲート41付近と東ホールの「Miu Miu」の前にポストがある。

●フリーインターネット　Free Internet

デスクトップコンピューターが設置され、無料で使えるフリーインターネットコーナーが、レベル6およびミッドフィールドコンコース（レベル6）に計30ヵ所ある。

●無料のWi-Fiも整備

空港内はWi-Fiで通信可能。自分のパソコンやスマートフォン端末があれば、どこでも無料でインターネットにアクセスできる。アクセスの方法は以下のとおり。

1. パソコンやスマートフォンを無線LAN（Wi-Fi）モードに設定する。
2. 「#HKAirport Free WiFi」のネットワークを選択。
3. インターネットブラウザを起動すると、ログイン画面が表示されるので「Accept and Continue」をクリックすれば接続完了。

●充電コーナー

空港全体に6700ヵ所の充電コーナーがあり、USBケーブルがあれば利用できる。また、ゲート1、15、チェックインカウンターD、Fの付近にはワイヤレス充電器がある。

●子供の遊び場

L6の東ホール、ゲート11の近くにユニークな遊び場「ワンダーエッグシェル Wonder Eggshell」がある。対象は6～12歳、クライミングネットや滑り台などがある。

●エンターテインメント施設

L6のゲート31、41、62付近にはインタラクティブなゲームや遊具があるテーマゾーン「バズ Buzz」、同フロアのゲート2、9、36、46付近には仮想現実体験、ゲームなどを備えた「ワンダー Wonder」がある。

●医療サービス　Airport Medical Centre

レベル 6 の 6T104 室にラッフルズ・メディカル・グループの医務室がある。

☎2261 2626（問い合わせ）、2261 0999（予約）
営24 時間。※レベル 7 またはレベル 5 の北側のエレベーターを利用。

L6 のゲート 34 付近に救護室（Medical Post）がある。開 8:00 ～ 21:00

●足マッサージの「仙足 Oriental Massage Center」

レベル 6 のゲート 64 の近くにある。

☎2261 0086　営10:00 ～ 19:00
料20 分 280HK$、30 分 320HK$

●シャワーと休憩室のある「プラザ・プレミアム・ラウンジ　Plaza Premium Lounge」

空港内に 3 ヵ所あり、シャワーがあるのはレベル 6 のゲート 35、レベル 7 のゲート 60 付近の店。

☎5700 5329　営 L6、ゲート 35 付近の店：23:00 ～翌 15:00、L7、ゲート 60 付近の店:6:00 ～翌 1:00
料1 時間 360HK$、2 時間 640HK$、3 時間 860HK$
カード A M V

●無料のシャワー施設

到着階レベル 5 のゲート 12、43 付近にある。ボディソープ、シャンプー、ヘアドライヤー完備。
開24 時間

[スカイマート SkyMart]

おもにレベル 6（レベル 7 にも店がある）にあるショッピングモール。ここには有名ブランド店、街なかにある人気店やレストランがラインアップされている。DFS も各カテゴリー別に分かれている。営業時間は大部分が 7:00 ～ 23:00 または 23:30。

左／香港デザインの雑貨が豊富な「G.O.D.」は買い忘れたおみやげ買いに　右／香港ディズニーランドのショップは L7 に 2 店舗ある

●レストラン&ショップ

注目店は到着フロアの何洪記粥麵專家（→ P.238）、レベル 7 のビーフ&リバティ。フードコート形式のレストラン街「美食廣場」（レベル 6、ゲート 40 近く）は食のバラエティ豊富。ショップは到着フロアのホームレスや、レベル 6 のゲート 2 近くの G.O.D.（→ P.273）、香港ディズニーランドの限定アイテムが揃う「マジック・オブ・ホンコンディズニーランド」などに注目。

スカイブリッジ　SkyBridge　（天際走廊）

2022 年 11 月にオープンした、ターミナル 1 と T1 サテライトコンコースの間をつなぐ連絡橋。空港制限エリア内では世界最長の全長 200 m、地上から高さ 28 mの所にあり、エアバス A380 がくぐり抜けられる。従来シャトルバスで移動していたターミナル 1 と T1 サテライトコンコースが徒歩 6 ～ 8 分で移動可能になった（エスカレーターと自動歩道が設置されている）。床の両側はガラス張りで飛行機を上から見ることができ、付近にはカフェや展望台もある。将来はより多くのショップがオープン予定。

巨大なゲートのようなデザインのスカイブリッジ（©Hong Kong International Airport）

中国・マカオへの交通機関

深圳、マカオなどへのフェリーが発着するスカイピア SkyPier へはシャトルトレインで約 4 分。旅行会社が運行する中国各地への直通バス乗り場、同じく広東省の町へのリムジンはターミナル 1 の北側、暢達路の 4 號駐車場（Car Park 4）にある。

COLUMN　日本持ち込み品について

薬品、化粧品の日本への持ち込み量

日本の税関規定の「一定数量」は次のとおり。医薬品 2 ヵ月分、要指示薬 1 ヵ月分、化粧品・医薬部外品 1 品目 24 個。

上記の量を超えた場合は、厚生労働省の輸入手続きを経ないかぎり、すべて没収されるので注意が必要だ。

ワシントン条約の輸入規制

ワシントン条約とは絶滅の恐れがある動植物を保護するため捕獲を禁止・制限する規制。指定の動植物を原料とした製品の輸入は、関係機関が発行した輸出許可証がないと許可されない。例えば、希少動物を原料とした漢方薬、ワニやトカゲなどを材料とした皮革製品などがこれに当たる。購入の際は、許可証が得られるかどうか確認のこと。

植物防疫 URL www.maff.go.jp/pps
動物検疫 URL www.maff.go.jp/aqs

香港国際空港

案内所
香港政府観光局カウンター
トイレ
授乳室
警察
エレベーター
エスカレーター
両替店
郵便局
医務室
喫煙室
レストラン
ショップ
フリーインターネット
駐車場
シャトルバス
E1、E2、W1、M1 乗り継ぎエリア

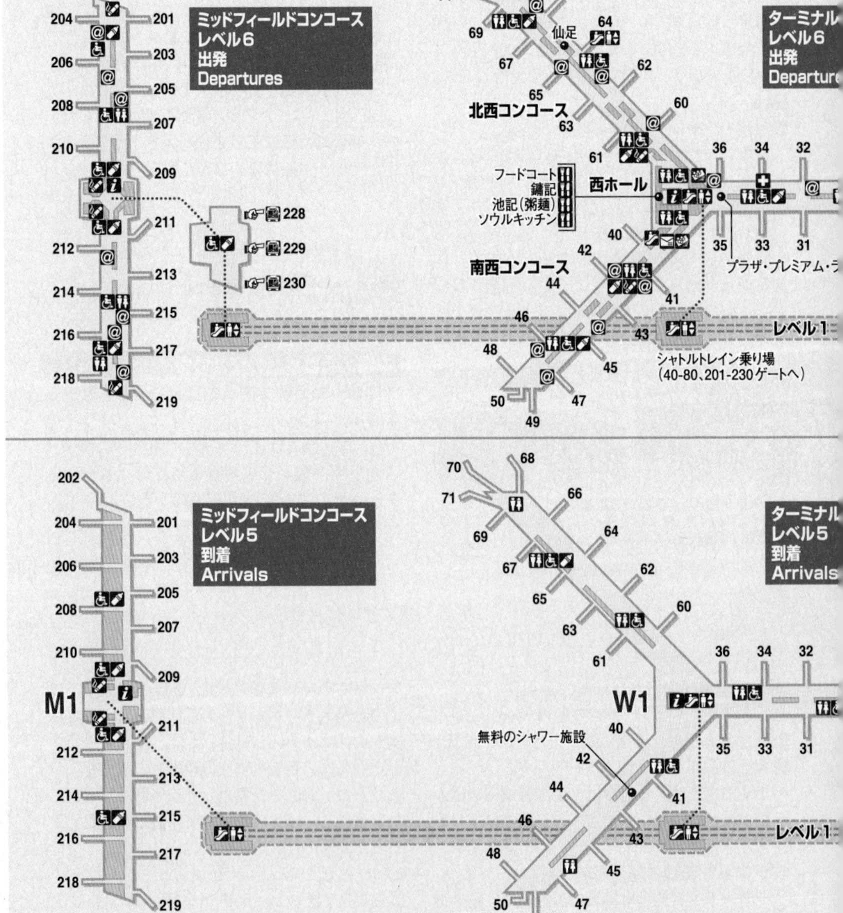

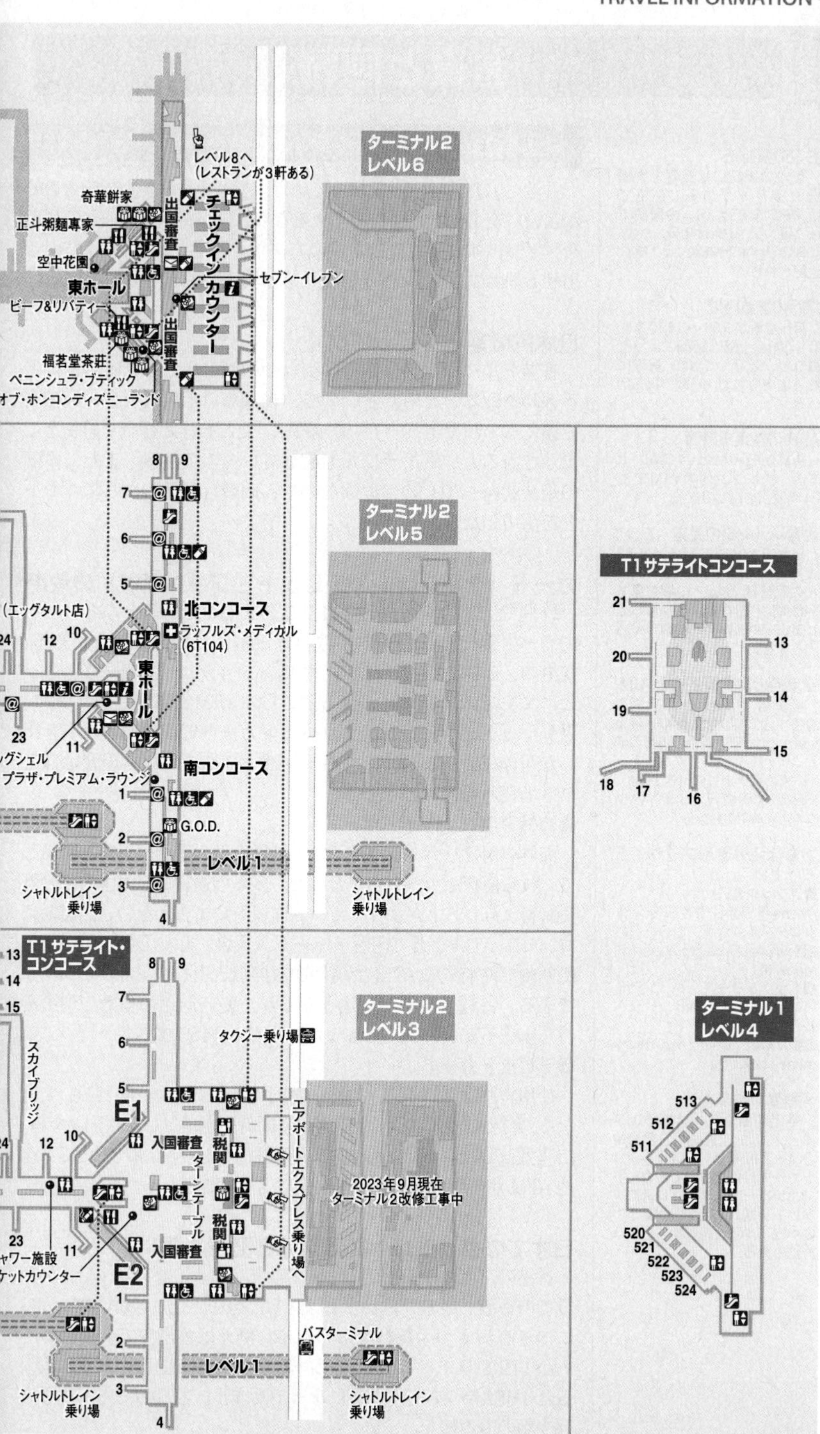
ターミナル2 レベル6
レベル8へ（レストランが3軒ある）
奇華餅家
正斗粥麵專家
空中花園
東ホール
ビーフ&リバティー
福茗堂茶莊
ペニンシュラ・ブティック
オブ・ホンコンディズニーランド
出国審査
チェックインカウンター
セブン-イレブン
ターミナル2 レベル5
北コンコース
ラッフルズ・メディカル（6T104）
（エッグタルト店）
東ホール
プラザ・プレミアム・ラウンジ
南コンコース
G.O.D.
レベル1
シャトルトレイン乗り場
T1サテライトコンコース
T1サテライト・コンコース
スカイブリッジ
ターミナル2 レベル3
タクシー乗り場
E1
E2
入国審査
ターンテーブル
税関
エアポートエクスプレス乗り場へ
2023年9月現在
ターミナル2改修工事中
バスターミナル
ターミナル1 レベル4

通貨と両替

日本から持っていくお金

香港への渡航は現金を持っていき、現地で香港ドルに換えるのがよい。安全面と利便性を考えるなら、クレジットカードの利用をメインにするのも、ひとつの方法だ。香港ドルがATMで引き出せる国際キャッシュカードも一部の銀行から発行されている。

日本円の現金を持っていく

香港ドルへの両替は銀行や街なかの両替商でできる。銀行は手数料を取るところが多いので、少額なら手数料なしの両替商で換えるのが得策（→ P.457 両替）。ただし、両替商でお札をごまかされるというトラブルも起きているので注意。また、多額の現金を持ち歩くのは危険なので、両替は最低限にして、カードを活用したい。

カード（クレジット・デビット・プリペイド）の使用

香港では露店や大衆的な食堂などを除けば、ほとんどの場所でカードが使え、カード手数料は日本よりお得な場合がある。空港内、市内の銀行、MTRの構内、ショッピングモール、コンビニエンスストアなどいたるところにATMが設置されており、クレジット、デビット、プリペイドカードで現地通貨の引き出しが可能。カードを中心に使う場合、3泊4日なら現金はひとり3万円程度あればよい。

●海外専用プリペイドカード

海外専用プリペイドカードは、外貨両替の手間や不安を解消してくれる便利なカードのひとつだ。多くの通貨で日本国内での外貨両替よりレートがよく、カード作成時に審査がない。出発前にコンビニATMなどで円をチャージ（入金）し、入金した残高の範囲内で渡航先のATMで現地通貨の引き出しやショッピングができる。各種手数料が別途かかるが、使い過ぎや多額の現金を持ち歩く不安もない。おもなカードは→ P.456 欄外。

●デビットカード

使用方法はクレジットカードと同じだが支払いはあと払いではなく、発行金融機関の預金口座から即時引き落としが原則となる。口座残高以上に使えないので予算管理をしやすい。加えて、現地ATMから現地通貨を引き出すこともできる。

日本での香港ドルへの両替は必要最小限に

香港の空港内の両替店のレートはあまりよくないが、日本の銀行での香港ドルの両替レートはさらに悪い。売りと買いで1HK$につき2円ずつ手数料を取られる。例えば香港内での両替レートが1HK$ = 19円のとき、日本の銀行で円から香港ドルに換えると1HK$ = 21円の計算になってしまう。どうしても不安な人は少額のみ両替を。

お金の表記法

値段の表記には英語と中国語の書き方がある。英語では1HK$または1$、中国語では1圓、あるいは1元、1蚊。10HK¢（= 0.10HK$）は1毫と表記される。

銀行の営業時間

月～金曜が9:00～16:30または17:00。土曜は銀行によって異なり、ほぼ～13:00。休みになる支店もある。日曜、祝日は休み。

ATMの使える時間

街なかのATMは24時間。セブン-イレブン内のATMでも24時間引き出しできる。

両替レート表の見方

日本円1万円に対し○○ HK$渡すという書き方。日本円からの両替は「Buy」の欄を見て540HK$とあれば、割り算して10000円÷540で1HK$ ≒ 18.5円となる。

空港内の自動両替機とATM

両替店「Travelex」の自動両替機、「外幣自動櫃員機 Foreign Currency」では現金の両替のほか、カード（ビザ、マスターカード）での引き出しも可能。また、HSBC、中国銀行、シティバンクなどのATMもある。

おもな海外専用プリペイドカード

●アプラス発行
「MoneyT Global マネーティーグローバル」
URL www.aplus.co.jp/prepaidcard/moneytg
●トラベレックスジャパン発行
「Travelex Money Card　トラベレックスマネーカード」
URL www.travelex.co.jp/travel-money-card

両替せずに市内へ

空港到着ロビーにあるエアポートエクスプレスの客務中心（→ P.92 欄外）ではクレジットカードが使えるので、カードでエアポートエクスプレスのチケットを購入して、同列車で市内へ出てから、両替するという方法もある。

香港ドル

通貨と紙幣・硬貨

香港で使われている通貨は香港ドル（HK$、港元（ゴンユン））といい、1HK$ = 100HK¢（セント）。$ の表記が米ドルと同じなので混同しないように。また香港ドルは 1US$ = 7.8HK$ 程度のレートで米ドルと常にリンクしている。

3 つの発券銀行が 7 種類の紙幣を発行

香港には日本銀行に当たる中央銀行はなく、3 つの発券銀行——香港上海滙豐銀行 HSBC、香港渣打銀行 Standard Chartered Bank、中國銀行香港分行 Bank of China がそれぞれ異なるデザインの紙幣（色使いはだいたい同じ）を発行している。また、硬貨も返還前後の 2 種の図案があるが、すべて共通に使える。

紙幣の種類はいずれも 10HK$（金融管理局発行）、20HK$、50HK$、100HK$、500HK$、1000HK$ の 6 種類。硬貨は 10¢、20¢、50¢、1HK$、2HK$、5HK$、10HK$ の 7 種類がある。なお、中国本土で使われている人民元（RMB）も、現在では多くの店で使用可能になっている。

両替

香港での両替

両替は銀行と、両替そのものを商売にしている「両替商」でできる。レートがよいとされている銀行だが、手数料を取るところが多いので、注意したい。クレジットカードでのキャッシングは金利がかかるが、銀行の両替手数料よりむしろ低い場合もある。また、明らかに観光客から「ボッてやろう」というような両替商もあるので要注意。レートをよく計算してから利用するようにしたい。

香港ドルの参考レート
1HK$ ≒ 19.4 円（2024 年 3 月 25 日現在）

街なかには両替商が数多くある。両替して受け取った紙幣はその場でチェックすること

重慶大廈のレートのよい両替商

●重慶大廈
住 尖沙咀彌敦道 36-44
36-44 Nathan Rd., Tsimshatsui
map 別冊 P.29-3C

Pacific Exchange Co.
住 重慶大廈 1/F　Shop65
☎2724 4981　營10:00 ～ 17:30（土曜～ 12:30）　休 日曜、祝日

City Foreign Exchange Ltd.（City Forex）
住 重慶大廈 G/F　Shop9
☎2739 2832　營10:00 ～ 19:30（日曜、祝日～ 21:00）　休 無休
※ただし、為替相場の閉まっている時間帯はレートを落とすことがある。

重慶大廈 G/F の City Foreign Exchange Ltd.

上の段から香港渣打銀行、香港上海滙豐銀行、中國銀行香港分行の 20、50、100、500、1000HK$ 紙幣。下段右は政府発行の 10HK$ 紙幣。10HK$ 紙幣はプラスチック製のものもある

2018年末から 2020 年 1 月に発行された 20、50、100、500、1000HK$ 紙幣

左上、上段から 10、2、1HK$、50¢ のコイン。このほかに 5HK$、10、20¢ のコインがある

●両替商で換える

尖沙咀や銅鑼灣など旅行者が多い地域にたくさんある。店の表にレートを表示した看板が出ている。日本円を香港ドルに換える場合は「Buy」のほうのレートを確かめること。

手数料を取るところはほとんどない。繁華街の便利な場所にあり、営業時間も長く休日も開いているので利用価値はあるが、交換レートが極めて悪い店もあるので注意が必要だ。尖沙咀の重慶大廈の中には、銀行並みの高レートで交換する両替商もある（→ P.457 欄外）。ただし、店によって差があるので、何軒か比べてから利用したい。

左／重慶大廈入口付近に並ぶ両替店　右／街なかには両替店が数多くある。両替して受け取った紙幣はその場でチェックすること

●空港での両替と現金の引き出し

空港内の外貨両替店「Travelex」（→ P.449 欄外）や「グローバル・エクスチェンジ」は、市内銀行のレートと比べて1万円当たり10～30HK$ほど換金額が悪いので、空港から市内への交通費など必要最小限の両替やキャッシングにとどめておき、あとは市内のレートのよい両替商で換えたほうが得策だ。

香港国際空港の到着フロアにある「グローバル・エクスチェンジ」。近くに外貨の現金から香港ドルに替えられる両替機もある

●日本円への再両替

香港ドルから日本円への両替は市中銀行、空港の外貨両替店などで可能。空港の両替店や両替機は手軽だが多額の手数料がかかるので、少額なら使いきるか、次回用に残しておいたほうがいいだろう。

カード（クレジット・デビット・プリペイド）

クレジットカードの利用

観光客が利用するレストラン、ショップ、ホテルなどほとんどの場所でカードが使える。街角の公衆電話のなかにはカードで国際電話がかけられる機種もあり、ホテルのデポジットにもカードは役立つ。街なかやコンビニにあるATMも24時間引き出しが可能。クレジットカードでのキャッシングは金利がかかるが、銀行の両替手数料より低い場合が多い。

ATMコーナーは大通りやショッピングモール内、MTRの構内にあり、24時間利用できる。使えるカードの種類はATM機の右側や上方に列記されている

カードのメリット

最大のメリットは紛失や盗難に強いこと。万一のことがあってもカード発行金融機関に連絡すれば、すぐにカードを無効に

カード（クレジット・デビット・プリペイド）の使い方

[ATMで香港ドルを引き出す]

機械の上に表示されている国際対応のロゴマークを確認し、使える機械を探す。

- ▶ VISA、MasterCardのロゴ：VISAカード、マスターカード、JCBなどのカードが使える。
- ▶ Cirrus、Plusのロゴ：同じマークのついたシティバンクカードなどの国際キャッシュカードが使える。

AMEXの場合は、中環や尖沙咀にあるAmerican Express Bankの機械を利用。

[ATMの操作の仕方]

❶カードを入れる。
❷「国際カード決済になりますがよろしいですか？」という英語のメッセージが出るのでYesを押す。
❸4桁のPIN（暗証番号）を入れ、Enterを押す。
❹引き出し方法を選択。
Cash withdrawal by Credit Card→クレジットカードでのキャッシング
Saving Account→デビット、プリペイド、国際キャッシュカードでの現金引き出し
❺Cash withdrawal（現金の引き出し）を選択。
❻金額を入力。100HK$単位で入力する。機械により最高引き出し額が決まっている。
❼現金とカード、レシートを受け取る。
※人民元と香港ドルが選択できる機械もある。

カード会社の入会・サービスに関する問い合わせ先

●アメリカン・エキスプレス
FREE 0120-020222
●ダイナースクラブ
FREE 0120-041962
●JCB　FREE 0120-015870
☎0570-015870（携帯電話専用）
●三井住友VISA、三井住友マスターカード　FREE 0120-816437

でき、万一不正使用などの被害に遭っても、通常そのぶんはカード発行金融機関が補償してくれる。

カード発行金融機関によっては、会員向けにレストラン予約や買い物割引など現地でさまざまな特典を用意しているので、出発前に調べてみよう。海外旅行保険が付帯されているカードもある。

●円建てか香港ドルか

カードで支払う際、日本円払いか香港ドルかを店の人に聞かれた際は、香港ドルを選ぼう。日本円払いを選ぶと、2～5％の両替手数料が上乗せされることが多い。

●カード使用上の注意

クレジットカード偽造集団による不正使用の被害が再増加している。トラブルを未然に防ぐためにも、店員の操作ミスや暗証番号の入力ミスでエラー伝票が出た場合には目の前で処理してもらう、自分で破棄するなどを心がけたい。帰国後は必ず利用代金明細書などで確認しよう。

また、ICチップ付きのクレジットカードで支払う際は、サインではなくPIN（暗証番号）の入力が必要。番号を忘れた場合には日本出発前にカード発行金融機関に確認しておこう。

カードをなくしたら

カード発行金融機関に連絡してカードを無効にする。万一に備えて、カード裏面の発行金融機関名、緊急連絡先を控えておこう。現地警察に届け出て紛失・盗難届出証明書を発行してもらっておくと、再発行の手続きがスムーズ。

［クレジットカード紛失時の現地連絡先］

●アメリカン・エキスプレス
無料 800-963013
●ダイナースクラブ
☎001-81-3-6770-2796（コレクトコール可）
● JCB 無料 001-800-0009-0009
●マスターカード 無料 800-966677
●ビザ ☎1-303-967-1090（コレクトコール可）
●三井住友 VISA、三井住友マスターカード
無料 001-800-1212-1212
☎81-3-6627-4067

チップはどうする !?

香港での滞在中、日本人が頭を痛めることのひとつに「チップ（貼士(ティップシー)）」がある。イギリスの影響を受けた香港ではチップの習慣が残っているが最近は薄れつつあり、あまり気にしなくてもよい。

「チップの額の基準は」というと、「ない」というのが正しいかもしれない。つまり、不愉快な思いをしたらチップは渡さなければいいし、逆にとてもいいサービスを受けたらチップをはずめばいい。だいたいの習慣上の目安を以下にまとめてみた。

レストランで

ほとんどのレストランでは、飲食代の10％をサービスチャージとして上乗せされるので、チップの額は小銭を残す程度でいい。スマートな方法は、会計のときに請求額より多めの金額をウエーターに渡すと、おつりは小銭を多めに返してくる。おつりを取り、食べた額の5％を目安に、20HK$くらいをトレイに残してウエーターに返せばいい。クレジットカードで支払う場合は、渡したいチップの額を伝票に書き込む、または伝票のチップ欄は空欄で請求額をそのまま合計欄に記入し、チップは別途現金で渡してもよい。

トイレで

高級ホテルのトイレには「お掃除のスタッフ」がいるところがあり、蛇口をひねってくれたり、タオルを渡してくれたりする。チップの目安は2～5HK$くらい。

ホテルで

●荷物を運んでくれたベルボーイ

フロントから部屋まで荷物を運んでもらった際などには、荷物を受け取るときに荷物1個につき10HK$程度を渡す。

●「ウエルカムティー」やルームサービスを運んできてくれたとき

届けにきたスタッフには10HK$程度を渡す。

●ベッドメイキング

サイドテーブルの上に10HK$程度を置く。

●ドアマン

タクシーを呼んでもらったときは10HK$程度を渡す。タクシーの乗り降りの際にドアを開けてもらったときは不要。

タクシードライバーに

基本的に不要。特に規定はないが、1HK$以下のタクシー代は切り上げておつりを返してくる場合が多い。また香港の人は、20.6HK$なら21HK$渡し、おつりは受け取らないのが普通。

その他

ファストフード店では、サービスチャージもチップも必要ない。

電話と郵便

電　話

香港の通信キャリア

香港は、世界でも最もネットワークサービス浸透率の高い地域のひとつ。おもな通信キャリア（MNO）には、「四大電訊商」と称される香港移動電訊（CSL）、3 香港（スリーホンコン／ three Hong Kong）、中國移動香港（チャイナモバイル香港／ CMHK）、數碼通（スマートーン／ SmarTone）がある。

電話をかける

日本へ国際電話をかけたり、レストランを予約したりと電話をかける機会は多い。香港は固定電話の市内通話が無料で、時間制限もない。また、世界の携帯電話システムのほとんどが香港でも機能するため、ローミングも快適だ。公共の無料 Wi-Fi スポットも年々増加している。

香港の公衆電話。左はフォンカードとコインが使える銀色の電話器。右はスマートカード、クレジットカードが使える白い電話器

香港の市内電話

●公衆電話

携帯電話の普及で数は減っているが、香港全体で 720 台ほどある。通話時間は 1HK$ で 5 分間。※「Wi-Fi 在此處」と書いてある公衆電話ボックスには、Wi-Fi のホットスポット機能が付いている（P.462 インターネット事情「Wi-Fi.HK」）。

香港域内の番号案内（24 時間対応）

▶ 1081…英語
▶ 1083…広東語
▶ 1088…北京語

国際電話のエリア（国）番号
香 港　852、マカオ　853
日 本　81

公衆電話とテレホンカード

●大部分が HKT（香港電訊）運営の電話機

白い電話機が最も多く、銀色の電話機もある。白い電話機はコインのほか、スマートカード Smartcard（智能電話卡、100HK$ のみ、IC チップ付き）が使用可。クレジットカードが使えるものもある。銀色のタイプは、フォンカードという古いタイプのカード（入手困難）とコインのみ使える。

●どんなタイプの電話機にも使えるハローフォンカード

テレホンカードにカードフリー機能が付いたハローフォンカード（密密傾電話卡）もある。50、100、200HK$ の 3 種類。電話機にカードを差し込まなくても使えるカードなので、どの電話機でも使用できる（国際電話も可能）。これらのカードはコンビニや HKT 専門店、ホテル、両替店などで販売。

例：日本から香港の 1234 5678 へかける場合

事業者識別番号		国際電話識別番号		香港のエリア番号		相手先の電話番号
0033（NTT コミュニケーションズ） 0061（ソフトバンク） 携帯電話の場合は不要	＋	010 ※	＋	852	＋	1234 5678

※携帯電話の場合は 010 のかわりに「0」を長押しして「＋」を表示させると、香港のエリア番号からかけられる。
※ NTT ドコモ（携帯電話）は事前に WORLD CALL の登録が必要。

例：香港から日本（東京）の（03）1234-5678 へかける場合

国際電話識別番号		日本の国番号		市外局番から 0 を除いた番号		相手先の電話番号
001	＋	81	＋	3 ※1	＋	1234-5678

例：ホテルの部屋から香港の携帯電話 9888 9888 へかける場合

外線番号		相手先の電話番号
9	＋	9888-8888

例：ホテルの部屋から日本（東京）の（03）1234-5678 へかける場合

外線番号		国際電話識別番号		日本の国番号		市外局番から 0 を除いた番号		相手先の電話番号
9	＋	001	＋	81	＋	3 ※1	＋	1234-5678

※ 1：携帯電話などの「090」「080」の頭の 0 も取る。

●HKT スマートキオスク
HKT Smart Kiosk
(香港電訊智慧電話)

2023年4月から電話機能に加え、無料Wi-Fi、USB充電、タッチパネルで天気や交通などの情報閲覧ができる「スマート公衆電話」の設置が始まり、まずは銅鑼灣と中環に設置されている。支払いにはオクトパスやクレジットカード、各種電子マネーが使える。

銅鑼灣の記利佐治街にあるHKTスマートキオスク。タッチパネルは英語と中国語での表示

●固定電話

ホテルの電話は自室からかけられ便利だが、市内通話でも1通話につき3～5HK$の手数料を取られる。携帯電話にかける場合には市内通話と同じ規定で、受けたほうが回線使用料を負担するシステム。レストランによっては、無料でかけられる顧客用の電話（市内通話専用）が置いてある。また、空港にも無料で市内通話ができる電話機がある。

国際電話のかけ方

●日本から香港へかける場合

はじめに事業者識別番号、次に国際電話識別番号010をダイヤルし、香港のエリア番号852、続いて相手先の電話番号をダイヤルする。

●香港から日本へかける場合

カード専用電話やホテル客室内の電話からなら、直通で国際電話がかけられる。

かけ方は、はじめに国際電話識別番号001、次に日本の国番号81、続いて市外局番（最初の0は不要）、相手先の電話番号をダイヤルする。

▶公衆電話からかける

10HK$で日本までなら66秒話せる。硬貨でかけるときは最低3HK$を入れてかけること。小銭をたくさん用意しなければならない。

テレホンカードでかけるときは要注意。香港には数種類のテレホンカード、さまざまなタイプの公衆電話があり、それぞれ使えるカードが違う（→P.460欄外）。また、クレジットカードでもダイヤル直通通話がかけられ、電話ボックスにある案内書（日本語もある）に沿って操作する（→P.461欄外）。

▶ホテルの部屋からかける

ホテルの部屋からかけるときは、最初に外線番号（おもに「9」）をつける。料金は各ホテルが自由に手数料を定めてよいことになっているため、割高な料金を請求されることもある。

公衆電話からクレジットカードでかける

カードを電話機に通すと約45秒間カードの審査のために待たされる。その後発信音が聞こえたら001からダイヤルする。通話料金が300HK$に達すると一度切れる仕組みになっている。

公衆電話ボックスの入口に使えるカードが表示されている。この電話はコイン、テレホンカード、クレジットカードが使える

日本での国際電話の問い合わせ先

●NTTコミュニケーションズ
フリーダイヤル 0120-003300
URL www.ntt.com
●ソフトバンク（携帯）
☎157（ソフトバンクの携帯から無料）
無料 0800-919-0157
URL www.softbank.jp
●au（携帯）
☎157（auの携帯から無料）
☎0057
URL www.au.com
●NTTドコモ
☎151（ドコモの携帯から無料）
フリーダイヤル 0120-800-000
URL www.docomo.ne.jp

楽天モバイル＆アハモの海外ローミング

楽天モバイルやアハモ（ahamo）では追加契約なしで海外ローミングができる。楽天モバイルは海外では2GBまで無料で使える。アハモは月間利用可能データ量で、15日以内であれば速度制限がかからずに使える。どちらも機種によって使えない場合があるので、各ウェブサイトで確認を。
●楽天モバイル
URL network.mobile.rakuten.co.jp
●アハモ　ahamo
URL ahamo.com

PHS電話の使用禁止

PHS利用者の減少にともなうライセンス排除のため、香港政府は2016年より香港でのPHS機器の所有および利用を全面禁止。違反者は罰金5万香港ドルまたは禁固2年以下。

インターネット事情

Wi-Fi 環境について

香港は Wi-Fi（インターネットの無線 LAN 接続）が整備されており、インターネットにアクセス可能なスポットが増えている。ホテルに関してはロビーやレストランなど公共エリアだけでなく、客室にも無料 Wi-Fi が完備されているところがほとんど。チェックインの際にフロントに確認し、必要な場合にはパスワードを聞いておこう。

街なかに出れば、政府と民間企業が共同で提供する公共無料インターネットサービス「Wi-Fi.HK」のホットスポットが、観光地や公共施設を中心に香港中に約 3 万 6000 個ある（政府提供の「香港政府 Wi-Fi 通」のホットスポット 1200 個を含む）。

また、ショッピングモールやコーヒーチェーン店、レストランでも無料 Wi-Fi が使える所が多いので、サービスカウンターやスタッフに聞いてみよう。香港国際空港、MTR 全駅構内の MTR FreeWi-Fi（15 分間無料、同一端末から 5 回まで接続可）、エアポートエクスプレス、一部の公共バスでも無料 Wi-Fi や充電器が利用できる。

Wi-Fi.HK について

政府と民間企業の協力で市民や旅行者に公共無料 Wi-Fi を提供している。

●おもなホットスポット

▶香港国際空港、香港オーシャンパーク、ゴンピン 360、ゴンピン・ビレッジなどの観光地、ショッピングモール、レストラン、コンビニ、病院、大学、特定の電話ボックスなど。Wi-Fi.HK のアプリをダウンロードすれば、ホットスポットを検索できる。

●使い方

リストより "Wi-Fi.HK" が頭につく SSID（サービスポイントの識別名）を探してアクセス。利用規約に同意すれば 1 日当たり最低 30 分間無料 Wi-Fi が利用できる（制限時間はポイントによって違う）。問い合わせ
☎2582 6076 URL www.wi-fi.hk

郵　便

旅先から絵はがきを出したり、増えた荷物を日本に送ったりと、郵便のお世話になることもあるはず。香港の郵便制度はイギリス時代から完備されている。

中環の郵便局は規模が大きく、郵便グッズや記念切手などの販売コーナーもある

郵便の種類と料金

はがきまたは 20g までの封書で 5.4HK$、30g まで 8.1HK$、40g まで 10.3HK$、50g まで 12.3HK$（2023 年 9 月現在）。香港から日本まで航空便で通常 8 ～ 10 日程度、船便なら 1 ヵ月以上かかるが料金は安い。郵便が特に混み合う旧正月やクリスマスはこれより遅れることもある。

料金は高いが、追跡システムや保険のある EMS（国際エクスプレスメール）が人気で、クレジットカードも使える。日本へは最短 2 日。

香港の切手各種

日本への所要日数の目安

- ▶航空便：封書 8 ～ 10 日、小包 8 ～ 10 日。
- ▶ EMS：東京 2 ～ 3 日、大阪 3 ～ 4 日、その他の地区 2 ～ 9 日。
- ▶船便：30 ～ 45 日

EMS（国際エクスプレスメール）

香港では特快専遞（タックファイチュンダイ）SpeedPost と呼ぶ。カード M V

小包料金表

種類	重量	料金
船便	1kg まで	250HK$
	2kg まで	268HK$
	5kg まで	322HK$
	10kg まで	412HK$
航空便	2kg まで	317HK$
	5kg まで	389HK$
	10kg まで	509HK$
EMS（国際エクスプレスメール）	2kg まで	280HK$
	5kg まで	458HK$ ※
	10kg まで	628HK$ ※

※ Multi Pack（萬用箱）の形態で送った場合の料金。箱代は送料に含まれる。（2023 年 9 月現在）

自動販売機で買える切手シール

左／街なかで見かける緑の郵便ポスト。左側は大型郵便物専用
右／郵便局のポスト脇に設置された切手シールの自動販売機「Postage Label Vending Machine」。案内の言語は英語、広東語、北京語から選べる。郵便局が閉まったあとでも利用できる

郵便の送り方

切手は郵便局やセブン - イレブン、MTR 駅構内のコンビニなどで買える。また、郵便局の前（入口脇）には切手シール（Postage Label、郵資標籤）の自動販売機が設置されており、オクトパスや各種電子マネーで購入可能。この切手シールを貼って投函してもよい。

宛名は日本宛てなら漢字で書いてもかまわないが、“Air Mail Japan” または「航空日本国」と書き添えるか、窓口にある Air Mail 用の青色のシールを貼ること。

荷物が増えたら小包を利用しよう。書状なら郵便局や街なかや MTR の駅構内のポスト、空港やホテルのコンシェルジュデスクでも投函できる。小包は郵便局へ持っていく。高額品を送った場合は別送品扱いになるので税関で申告手続きを（→ P.451）。

荷造り用品は郵便局で販売

郵便局ではさまざまなサイズや形状の段ボール箱、緩衝材の入ったクッション封筒を売っている。価格は 3 ～ 45HK$。

尖沙咀中間道にある郵便局は規模が大きく、郵便関連のグッズ販売コーナーもある

COLUMN Wi-Fi を使う際に便利な SIM

スマートフォンやタブレットを持って旅行する際、インターネットが使えるかどうかが問題となる。そんなとき手軽に Wi-Fi が使え、国際電話や無料現地通話も可能な「Discover Hong Kong Tourist SIM Card 香港任縱橫儲值卡」が便利。使い方はチップを SIM フリーの端末に差し込むだけで、面倒な登録作業は不要。価格は 10 日間用（88HK$）と 30 日間用（118HK$）の 2 種類で、いずれも 4G の高速通信、有効期間は 180 日。マカオ、台湾、中国本土での使用、最高 1000HK$ までの増額も可能。購入場所は空港到着フロアの「1010」（→ P.452）、尖沙咀スターフェリーコンコースの香港政府観光局、コンビニ、HKT 専門店、csl の支店など。URL www.hkcsl.com/en/discover-hk-tourist-prepaid-sim 問い合わせ：☎1833 803

INFORMATION

香港でスマホ、ネットを使うには

スマホ利用やインターネットアクセスをするための方法はいろいろあるが、一番手軽なのはホテルなどのネットサービス（有料または無料）、Wi-Fiスポット（インターネットアクセスポイント。無料）を活用することだろう。主要ホテルや町なかにWi-Fiスポットがあるので、宿泊ホテルでの利用可否やどこにWi-Fiスポットがあるかなどの情報を事前にネットなどで調べておくとよい。ただしWi-Fiスポットでは、通信速度が不安定だったり、繋がらない場合があったり、利用できる場所が限定されたりするというデメリットもある。そのほか契約している携帯電話会社の「パケット定額」を利用したり、現地キャリアに対応したSIMカードを使用したりと選択肢は豊富だが、ストレスなく安心してスマホやネットを使うなら、以下の方法も検討したい。

☆ 海外用モバイルWi-Fi ルーターをレンタル

香港で利用できる「Wi-Fiルーター」をレンタルする方法がある。定額料金で利用できるもので、「グローバルWiFi（【URL】https://townwifi.com/）」など各社が提供している。Wi-Fiルーターとは、現地でもスマホやタブレット、PCなどでネットを利用するための機器のことをいい、事前に予約しておいて、空港などで受け取る。利用料金が安く、ルーター1台で複数の機器と接続できる（同行者とシェアできる）ほか、いつでもどこでも、移動しながらでも快適にネットを利用できるとして、利用者が増えている。

▼グローバルWiFi

海外旅行先のスマホ接続、ネット利用の詳しい情報は「地球の歩き方」ホームページで確認してほしい。
【URL】http://www.arukikata.co.jp/net/

トラブル対策

トラブルはこうして回避する

香港の治安状況は犯罪発生率で見るかぎり、良好といえる。とはいえ、だまし・詐欺まがいのトラブルから盗難などの被害は出ている。また、注意すべき点として、性犯罪や覚せい剤がらみの犯罪も増加傾向を見せていることも知っておきたい。トラブル例、手口など、知っておくと「イザというときに役立つ」ことをここに一挙紹介!!

なお、2023年9月現在、香港に危険情報は発出されていないが、香港旅行を計画の際には、最新情報を入手することをおすすめする。

新型コロナウイルス感染症について

新型コロナウイルス（COVID-19）の感染症危険情報について、全世界に発出されていたレベル1（十分注意してください）は、2023年5月8日に解除されたが、渡航前に必ず外務省のウェブサイトにて最新情報をご確認ください。

●外務省 領事サービスセンター（海外安全相談班） ☎(03)3580-3311

●外務省海外安全ホームページ（香港）危険情報

URL www.anzen.mofa.go.jp/info/pcinfectionspothazardinfo_016.html#ad-image-0

渡航先で最新の安全情報を確認できる「たびレジ」に登録しよう

外務省の提供する「たびレジ」に登録すれば、渡航先の安全情報メールや緊急連絡を無料で受け取ることができる。出発前にぜひ登録しよう。

URL www.ezairyu.mofa.go.jp/index.html

香港のトラブル等の状況

香港警察によると、2022年の犯罪発生総数は7万48件で前年とほぼ同じ。凶悪事件はそれほど多くないものの、スリは前年比45%の大幅増加となっており、旅行者が巻き込まれやすいトラブルなので十分注意したい。

また、2019～2020年にかけて続いた抗議活動等は、2023年現在は見られなくなり落ち着いているが、今後も不測の事態や突発的な抗議活動等が行われる可能性があり、注意が必要だ。

気をつけるべき事

●抗議活動や衝突などの場に遭遇した場合は巻き込まれないよう、すぐにその場を離れる。スマートフォン等で撮影しないこと。

●警察による取り締まりが強化されているので、街なかで職務質問されることがあるかもしれない。パスポートを携帯しておこう。

●万が一、トラブルに巻き込まれたら、すぐに日本国総領事館に支援を求める。

トラブルの傾向とケース例

スリの手口

高級デパートや有名ショッピングモールに出没。買い物客を狙うスリが増えている。人出の多い週末や祝日を狙い、スーツを着込んだり、普通の主婦の格好をしていて、一見あやしい人物には見えない。グループ犯ではなく、単独犯が多いのも最近の特徴。現金やパスポート、転売のできるブランド物などが狙われる。

スリ以外のトラブルは次のようなものがある。

1. 香港国際空港での紛失、盗難が増えている。特に待合場所で、荷物が体から離れたときに被害に遭うケースが多い。ヴィクトリア・ピーク、廟街や女人街、香港～マカオのフェリー内での荷物やパスポート盗難も報告されている。

2. 客がホテルにチェックイン後、従業員を装って部屋を訪ね、チェックイン手続きにミスがあったとしてパスポートを預かり、そのまま持ち逃げしてしまう。

3. 九龍地区では、いかさま賭博に誘われ所持金をすべて巻き上げられる被害が出ている。

4. 買い物の際、詐欺まがいの商法でトラブルに巻き込まれる。

5. 路上で偽ブランドの腕時計やバッグの購入をもちかけ、興味を示すと雑居ビルに連れ込まれて購入を強要される。

以上のケースの対策としては、**1.** 荷物から目を離さず、スキを作らない。荷物は複数に分けず、なるべくまとめておき、しっかり持っておく。パスポートは肌身離さずに。**2.** まずは本物のホテル従業員かどうかフロントへ電話して確認。従業員がパスポートを預かるということは通常あり得ない。**3.** 香港では賭博は法律で禁止されており、その類の誘いはきっぱりと断る。見知らぬ人を軽々しく信用しない、誘われても知らない場所についていかない。**4.** 信用のおける店で納得のいくものを買う。保証書、領収書は必ず受け取る。**5.** 言葉巧みな誘いにのらない、日本語で話しかけてくる輩は相手にしない。「コピー商品」は日本へ持ち込めないので購入しないこと。

買い物に関するトラブルについては、消費者委員會（Consumer Council）が苦情受付のホットライン（☎2929 2222 ※9:00～17:30、土・日曜、祝日は除く。URL www.consumer.org.hk）を設置している。また、香港政府観光局の加盟店であれば、同観光局が解決のための便宜を図ってくれる。もちろん悪質な場合は警察へ。

実際にあったトラブルケース

スリの手口は巧妙

銅鑼灣の貴金属店で買い物をしたあと、トラムの走る通りを歩いていると、突然背後からドーンと男がぶつかってきた。何事かと思って振り向くと、その男はもう消えていた。私は次の店に入り、支払いのときにジャケットの内ポケットの財布（札入れ）がないことに気づいた。どうやら背後からぶつかってきたときに、前方から来た別の男にすられたようだ。幸い現金はふたつの財布に分けて入れていたので、被害は1万円程度だった。犯人はふたり以上の複数犯で、私は貴金属店を出たときから（あるいは入る前から）マークされていたようだ。抜き取られた瞬間はまったく気づかず、魔法のようで、実に巧妙。　（東京都　匿名希望）['23]

ヴィクトリア・ピークでスリに遭った

ピークの展望台付近で、ガイドさんにカメラを渡し、友人3人と写真を撮っているとき、ふとリュックに手を当てるとファスナーが開いており、慌てて中身を確認したところ、サイフがない。頭の中が真っ白になり、すぐさまガイドさんに「サイフがない」と訴えたが、知らぬ顔。周りを見ると、不審な者が目につき、犯人との確信はないものの大きな声を上げて駆け寄っていったところ、サイフは投げ返された。日本円、香港ドル、カードとも無事だった。このことでリュックはだめ、お金は分けて入れておく、自分の身は自分で守る（ガイドさんはあてにならない）と肝に銘じた。

（大阪府　愛©舞©のママより）['23]

Advice

日本人はスリのターゲットになっているといっても過言ではない。体にぶつかるなどして注意を引き付けている間に貴重品をするという手口も多い。もし不自然にぶつかってこられたらすぐに貴重品を確認する、危険だと感じたらすぐに立ち去る、お金は分散して持つなど、対策を考えておいたほうがよい。そして必要なとき以外、大金やパスポートは持ち歩かないこと（ホテルにセーフティボックスがある場合は、預けておく）。デイパックは胸の前にかかえる。ウエストポーチはスリに遭いやすいのでやめたほうがいい。深圳へ向かう列車や駅で被害に遭う例も多発しているので、要注意。

悪質タクシーの手口と対策

九龍駅までタクシーで行く際には要注意！

香港最後の日、滞在していた某有名Pホテルからエアポートエクスプレスの九龍駅までタクシーに乗った。ドライバーは走り出すとすぐに、無線で誰かと連絡を取り、エアポートエクスプレスが電気系統のトラブルで、現在九龍駅から青衣駅間が不通だと言い出した。荷物も多いし（青衣駅ではチェックインできない）、空港まで行くしかないと思い、見送りに来る予定の友人に携帯から電話した。なんとその友人はエアポートエクスプレスの車中で、電車は正常に運行されていた。そのことをドライバーに広東語で伝えると急にそわそわしだし、明らかにうそがばれたことに動転していた。私たちはこうして事なきを得たが、多分知らないでだまされている旅行者がいると思われる。注意が必要だ。

（神奈川県　武本陽子）['23]

空港の偽エアポートタクシーにも注意

香港国際空港の到着ロビーでタクシーの相乗りを持ちかけてくる偽エアポートタクシーの被害も報告されている。客引きが最初に提示した料金が、降りる際にはひとり分ずつの値段だとふっかけてくる手口。客引きが誘うタクシーや車には乗らないこと。

タクシー運転手とのトラブルは毅然とした態度で！

尖沙咀のホテルから乗ったタクシーは回り道をして目的地に到着後、目の前でメーター横のボタンを2回押し、表示料金を20HK$上げた。「ホテルからの紹介料プラス20HK$払え」といった意味のことを日本語混じりの広東語で早口でまくし立てられた。急いでいたため支払ったが、不当な料金の要求だと思われ、毅然として断るべきだったと反省した。

（大阪府　ももも）['23]

中環のピークトラム駅から銅鑼灣のホテルまで帰ろうとタクシーに乗ったら「遠いから150HK$（実際は60HK$程度）」と言われた。別のタクシーに乗ったところ、この車もメーターを倒さず走り出した。到着時に、家族で乗車したことと夜間料金という理由（もちろんでまかせ）で、140HK$を要求してきた。もちろん拒否。運転手も強気で引かなかったが、名前をメモすると言うと慌て出した。妥当な額の60HK$を払うと、急いで走り去って行った。　（東京都　亀山雅司）['23]

Advice

悪質ドライバーのだます手口も巧妙で、法外な料金を取られても気づかないで帰国してしまう人も多い。また、文句を言おうにも言葉が通じない、つきつけられたメーターを前に、押しの強いドライバーに根負けしてしまう。そこで悪質ドライバーの手口と対策を考えてみよう。

[手　口]

1. 走行中、電子メーターの額面を素早く変えてしまう。2～3倍操作はお手のもの。

2. 目的地をわざと間違える。

3. 多発しているのが、エアポートエクスプレスの駅までと告げたにもかかわらず、わざと間違えたり、だまして空港まで行ってしまうというケース。ホテル前に待機しているタクシーが、旅行者を狙ってこの手口を働くことが多いので、要注意。

4. 大回りをする。

[対　策]

1. 乗る前に、目的地までのおおよその料金を香港人に尋ねておく。目的地を広東語で書いておくといい。

2. 乗車後、メーターが倒れたかどうか確認。目線はメーターから離さないこと。

3. 落ち着きなさそうにバックミラーを見たり、左手がしばしばハンドルから離れるドライバーには要注意。

4. 特に夜遅い時間は女性ひとりでタクシーには乗らないこと。

[法外な料金を請求されたら]

1. あらかじめ聞いていた適正料金しか払えないことを、声を大にして主張する。言葉は日本語でけっこう。毅然とした態度を取れば、たいていの運転手は折れる。

2. 乗車時にドライバーの名札を確認し、何かあったらドライバーの名前、車の番号を控える。ドライバーには小ワルはいても、極悪人は少ない。臆せずに正しいことを主張しよう。

3. 警察に行くことを要求する。

4. タクシーに関する苦情は運輸省交通局☎2889 9999へ。

※ただし、交通渋滞に巻き込まれて高額になってしまうこともあり得る。

重慶大廈の客引きに要注意

重慶大廈前でエアポートバスを降りると、客引きがド～ッと寄ってくる。なかには有名ゲストハウスの名前を騙り、まったく違うゲストハウスへ連れていく客引きもいる。目当ての宿や予約を入れてある宿があるなら振り切ってどんどん行こう。客引きについて行った場合でも、話と違うゲストハウスだったらきっぱり断ろう。　（石川県　裏本優子）['23]

Advice

安宿集合ビル「重慶大廈」(→P.332)の入口付近には客引きがたむろしており、特に日本人とみるとしつこく言い寄ってくる。なかには正当な客引きもいるが、とにかく客引きにはついていかないこと。自分の目で見て気に入った宿を選ぼう。あやふやな態度でなく、きっぱりと断ること。また、宿泊代を払った、払わないといったトラブルも起こり得るので、必ず領収書をもらっておこう。

「いかさま賭博」が香港でも

九龍公園でフィリピン人に声をかけられ、友人を紹介するからと言われ、ついていった。その友人はディーラーをやっているらしく、100%バカラに勝てる方法を教えるので、この方法でお金を巻き上げようと言う。バカラのルールとその方法を教えてもらい、やってきた別のディーラーと勝負した。最初は連勝したが、相手がこっちの元金をはるかに上回る300US$を賭けてきた。僕はこのままつきあっていたら最後には負けると思ったので、むりやりその場から出てきた。

（神奈川県　バルバロイ）['23]

Advice

これは自称○○人と名乗る者が言葉巧みに誘い、大金を巻き上げようと賭博をさせ、結局は大金を賭けさせて、賭け金をだまし取るといった犯罪。被害者以外はすべてグルであり、強く断ると強盗に転じることもある。見知らぬ人の言葉は簡単に信用しないこと。ましてや甘い言葉にのって、ついて行くなど絶対にしないこと。

相手にしないのが肝心

昼間から観光客でにぎわう尖沙咀のプロムナード。そこで頭にターバンを巻いたシーク教徒の集団が観光客に話しかけてきた。「You are happy man.」と言いながら近づいてきて、ポシェットからタロットカードのような物を取り出して何かを始める。私は無視していたが、話にのった観光客がいて、遠巻きに見ていると、最終的にお金を払わされていた。

（神奈川県　中島　賢）['23]

鳥インフルエンザに注意

香港・マカオでは鳥インフルエンザのヒト感染例が増えているので、生きた鳥を扱う市場や飼育場、感染現場には近づかないなど注意が必要。外務省の海外安全ホームページから最新情報を入手しよう。

もしものときの対処法

盗難・紛失時の対処

[パスポートをなくしたら]

まず警察に届け、紛失・盗難証明書「Loss Memo」を発行してもらう。次に日本大使館・領事館で旅券の失効手続きをし、新規旅券の発給（※1）または、帰国のための渡航書の発給を申請する。旅券の顔写真があるページと航空券や日程表のコピーがあると手続きが早い。コピーは原本とは別の場所に保管しておこう。

必要書類および費用

●失効手続き

- 紛失一般旅券等届出書
- 共通：写真(縦45mm×横35mm)1枚　※3

●発給手続き

- 新規旅券：一般旅券発給申請書、手数料（10年用旅券1万6000円、5年用旅券1万1000円）※1※2
- 帰国のための渡航書：渡航書発給申請書、手数料（2500円）※2
- 共通：現地警察署の発行した紛失・盗難届出証明書
- 共通：写真(縦45mm×横35mm)1枚　※3
- 共通：戸籍謄本　1通　※4
- 帰国のための渡航書：旅行日程が確認できる書類（旅行会社にもらった日程表または帰りの航空券）

※1：改正旅券法の施行により、紛失した旅券の「再発給」制度は廃止。
※2：支払いは現地通貨の現金で。
※3：撮影から6ヵ月以内、IC旅券作成機が設置されていない在外公館での申請では、写真が3枚必要。
※4：発行から6ヵ月以内。帰国のための渡航書の場合は原本が必要。

★在香港日本国総領事館
Consulate General of Japan in Hong Kong
住 中環康樂廣場8　交易廣場一座46/F&47/F　46/F&47/F, One Exchange Square, 8 Connaught Place, Central　☎2522 1184
URL www.hk.emb-japan.go.jp
開 9:15～12:00、13:30～16:45
休 土・日曜、祝日（一部日本の祝日と年末年始も休みとなる）　map 別冊P.11-2C

[カード(クレジット・デビット・プリペイド)をなくしたら]

カード発行金融機関に連絡してカードを無効にしてもらう必要がある。紛失の場合を考えて、カード裏面の発行金融機関名、緊急連絡先を控えておこう。また再発行に備えて、警察に「Loss Memo」を発行してもらうこと。

※日本のカード発行金融機関か香港の事務所の連絡先は→P.468。

[航空券をなくしたら]

航空会社の現地支店に対応を依頼する。最も多い対処方法は、なくした区間をノーマル運賃で購入し、一定調査期間に航空券の不正使用がなかったことがわかれば、購入した代金分が返金される、というやり方。なくした区間の航空券を再発行してくれる場合もある。再発行の際は、航空券のコピーか、航空券記載データ（航空券番号、発券代理店名、料金など）があると対応が早くなる。なお、eチケットの場合は紛失や盗難の心配はない。予約確認書（旅程表）を紛失しても再発行できるし、パスポートさえあれば手続きは可能。

※各航空会社の連絡先は→P.468。

病気になったら

香港の医療機関は衛生面、技術面などすべての面において優れており、救急病院も複数ある。

具合が悪くなったら、まずホテルのスタッフに相談し、ホテルのクリニックを利用するか、ホテル専属のドクターを呼んでもらったり、ツアーガイドに相談して病院に連れていってもらう方法が考えられる。救急病院への搬送が必要と判断された場合や交通事故などの場合は救急車（☎999）に連絡し、すみやかに病院へ。

香港の病院は、公立病院以外は非常に治療費が高いので、海外旅行保険に加入しておくほうがよい（→P.445）。

[救急病院]

●港安醫院　Hong Kong Adventist Hospital
住 跑馬地司徒拔道40　40 Stubbs Rd., Happy Valley　☎3651 8888　☎2835 0509（日本語対応は月～金曜および日曜9:00～17:30）
URL www.hkah.org.hk/jp　開 24時間体制（日本語対応は月～木曜9:00～18:00、金曜～17:30、日曜～17:00）　map 別冊P.3-3C

全科あり。日本語を話すスタッフが勤務し、通訳などを務めてくれる。

●嘉諾撒醫院　Canossa Hospital
住 半山舊山頂道1　1 Old Peak Rd., Mid-Level
☎2522 2181、日本語ホットライン☎2825 5848（月～金曜9:00～17:00、土曜9:00～13:00）
URL www.canossahospital.org.hk　開 24時間体制

●養和醫院　Hong Kong Sanatorium & Hospital
住 跑馬地山村道2　2 Village Rd., Happy Valley
☎2572 0211、日本語ホットライン☎2835 8606（月～金曜9:00～17:00）　URL www.hksh.org.hk
開 24時間体制

●伊利沙伯醫院　**Queen Elizabeth Hospital**

住 九龍何文田加士居道 30　30 Gascoigne Rd., Ho Man Tin, Kowloon　☎3506 8888　開24 時間体制　map 別冊 P.25-2D

九龍サイドにある公立総合病院で救急体制もよく、設備も整っているが、混んでいる。日本語通訳が必要な場合は事前に申し込むこと。

● **EMC 香港日本人クリニック　EMC Hong Kong Japanese Clinic**

住 中環皇后大道中 38　萬年大廈 7 樓 704 室　Room 704, 7/F, Manning House, 38 Queen's Rd .C., Central　map 別冊 P.18-3B

住 尖沙咀廣東道 33　中港城第三座 12 樓 13-15A 室　Room13-15A, Tower 3, 12/F, China Hong Kong City, 33 Canton Rd., Tsimshatsui　map 別冊 P.28-1A

日本語ホットライン ☎5746 1234(10:00 ～ 13:00、15:00 ～ 18:00、土曜 10:00 ～ 13:00)

URL www.emchk.com/jp　開24 時間体制(救命救急につき時間外対応可)

日本語を話すスタッフが常駐しており、日本語で診療が受けられる。中環と尖沙咀の 2 ヵ所にある。

★**警察機関**　緊急 ☎999

ユースフルインフォメーション

[香港の関連機関]

政府観光局

香港政府観光局 Hong Kong Tourism Board

住 尖沙咀スターフェリーコンコース内

Star Ferry Concourse, Tsimshatsui

☎2508 1234（ビジター・ホットライン、日本語可）URL www.discoverhongkong.com/jpn

(→ P.438)

領事館

在香港日本国総領事館

Consulate General of Japan in Hong Kong

住 中環康樂廣場 8　交易廣場一座 46/F&47/F

46/F&47/F, One Exchange Square, 8 Connaught Place, Central　☎2522 1184　FAX 2868 0156

URL www.hk.emb-japan.go.jp

入出国管理・ビザ関連

香港入境事務處（入境處）

住 灣仔告士打道 7　入境事務大樓 5 樓

5/F Immigration Tower, 7 Gloucester Rd., Wanchai

☎2824 6111　FAX 2877 7711

URL www.immd.gov.hk

中國簽證申請服務中心

China Visa Application Service Center

住 灣仔告士打道 151　資本中心 20 層

20/F, Capital Center, 151 Gloucester Rd., Wanchai

☎ 2992 1999　FAX 2989 1116

URL ww.visaforchina.cn/HKG2_EN　開 9:00 ～ 16:00（ビザの申請は通常～ 16:00、24 時間発行の申請は～ 13:00。ビザの受け取りは 10:00 ～ 16:00、翌々日および 24 時間発行の受け取りは 12:00 ～ 16:00)

緊急

警察・消防・救急　☎999

警察　日本語ホットライン　☎2529 0000

クレジットカード紛失時の連絡先

アメリカン・エキスプレス　無料 800-963013

ダイナースクラブ　☎001-81-3-6770-2796

JCB　無料 001-800-0009-0009

マスターカード　無料 800-966677

ビザ　☎1-303-967-1090

三井住友 VISA、三井住友マスターカード

無料 001-800-1212-1212　☎81-3-6627-4067

航空会社

キャセイパシフィック航空　Cathay Pacific

☎2747 3333

香港エクスプレス航空

Hong Kong Express Airways　☎3702 7618

日本航空　Japan Airlines　☎3919 1111

全日空　All Nippon Airways　☎2810 7100

大韓航空　Korean Air　☎2366 2001

ピーチ・アビエーション　Peach Aviation

☎2830 4880

消費者委員會

Consumer Council

☎2929 2222　URL www.consumer.org.hk

救急病院

港安醫院 Hong Kong Adventist Hospital

住 跑馬地司徒拔道 40

40 Stubbs Rd., Happy Valley

☎3651 8888、2835 0509（日本語可）

嘉諾撒醫院　Canossa Hospital

住 半山舊山頂道 1　1 Old Peak Rd., Mid-Level

☎2522 2181、☎2825 5848 (日本語可)

伊利沙伯醫院 Queen Elizabeth Hospital

住 九龍何文田加士居道 30

30 Gascoigne Rd., Ho Man Tin, Kowloon

☎3506 8888

[日本国内の関連機関]

香港政府観光局 Hong Kong Tourism Board

〈東京オフィス〉

住 〒108-0073　東京都港区三田 1-4-28　三田国際ビル 24 階

URL www.discoverhongkong.com/jp/index.html

外務省 領事サービスセンター

☎ (03) 3580-3311

外務省海外安全ホームページ

URL www.anzen.mofa.go.jp

香港から中国、そしてアジアへ

香港で航空券を購入するメリットは中国、東南アジア、中東など各方面への豊富なフライト数が挙げられるだろう。特に日本からのフライトの少ない都市へは、香港経由で旅行を計画すると幅が広がる。また、日本と違い、香港発のディスカウントチケットは、帰りの日にちが変更できるオープンのものが多い。また、中国の鉄道旅行の手配に関しても香港は便利。

中国本土への入国は、2023年9月現在ビザが必要。ビザは中国政府公認機関の中國簽證申請服務中心で取得できる。また、代理店に依頼する方法もある（中國簽證申請服務中心で直接取得する方法は→ P.445）。

中国への旅の手配

香港西九龍駅から中国本土各地へ行ける廣深港高速鐵路が運行している。香港中國旅行社外国人業務部では列車チケットはもとより、中国ビザ（シングルビザのみ）、航空券、中国国内のおもな列車の切符の取得など、中国に関連する旅行手配を全般的に取り扱っている。

［問い合わせ先］
香港中国旅行社
China Travel Service（Hong Kong）Limited
※支店多数あり。一部は2023年9月現在休業中。
住 中環皇后大道中77　中旅大廈1樓
1/F China Travel Bldg., 77 Queen's Rd. C., Central
☎2522 0450、2998 7888（ホットライン）
FAX 2877 2033　URL ww1.ctshk.com/zh　営9:00～18:00　休 土・日曜、祝日　カード A M V
map 別冊 P.18-2A

HIS 香港支店（日本語可）
住 尖沙咀麼地道68　帝國中心2樓211室　Unit 211, 2/F, Empire Centre, 68 Mody Rd., Tsimshatsui
☎3961 6888　FAX 2721 6991
URL www.his-j.com　営9:30～18:00
休 土・日曜、祝日
カード A J M V　map 別冊 P.30-3B

COLUMN

7人制ラグビーの世界大会　毎年恒例の「香港セブンズ」

2016年リオデジャネイロ五輪から新競技に加わり、2021年の東京オリンピックでも行われた7人制ラグビー（セブンズ）。香港では、その世界的な大会である「香港セブンズ」が毎年3月下旬から4月上旬頃に開催されている。

国際ラグビー評議会（IRB）が主催する国際大会のひとつで、2023年は3月31日から4月2日までの3日間、男子は世界16ヵ国・地域、女子は12ヵ国・地域からの代表チームを集めて香港スタジアムで開催された。コロナ禍の影響で2020年、2021年大会は中止、2022年は変則的に11月に開催され、ようやく平常開催に戻った。

通常の15人制ラグビーよりも人数が少なく、その分、スピード感あふれる試合は見ているだけで興奮するが、実は「香港セブンズ」は、グラウンドの中だけでなく、観客席の盛り上がりもかなりおもしろい。自分たちの国・地域の代表を応援するために世界中から多くのファンが押し寄せ、派手な衣装やボディペインティングをまとって大絶叫するのだ。なかにはビールやウイスキーなどを飲んで興奮しまくるファンもいるので注意が必要だが、海外からやってくるファンだけでなく、香港市民の中にも「年に一度のお祭り騒ぎ」を楽しみにしている人が多い。日本代表も毎年参加しているので、チャンスがあればぜひ観戦してみては？　2024年の「香港セブンズ」の詳細な日程やチケットの入手方法については、公式サイト（URL hksevens.com）をチェックしよう。（渡辺賢一）

©HKSEVENS

大会期間中の3日間に約80試合が行われる。迫力もスピード感もケタ違いの試合をライブで観戦したい。仮装して観戦する人々に交じって、いつもと違うお祭り騒ぎの香港を楽しむのも格別

香港の祭りと祝祭日（2023 ～ 2024 年）

旧 暦	新 暦	祭りとおもな場所
＊―	2023年1月1日	**新年**　The First Weekday in January　旧暦の正月がメインの香港では、New Year の休みは 1 日だけ。
＊1月1～3日	1月22～24日	**旧暦新年**　Lunar New Year　ほとんどの商店、会社は休み。各家庭では「迎春花」といって梅や桃の花を飾る習慣があり、大晦日の夜には夜店が立つ。2024 年は 2 月 10 ～ 12 日。
＊1月3日	1月24日	**車公誕**　新界・沙田の車公廟。2024 年は 2 月 12 日。
1月15日	2月5日	**元宵**　Lantern Festival　色鮮やかな提灯を飾り、旧正月の終わりを告げる。2024 年は 2 月 24 日。
2月2日	3月21日	**土地公誕**　土地神の祭り。香港島、九龍の古い市街地および新界の村。2024 年は 3 月 11 日。
2月13日	3月14日	**洪聖誕**　洪聖は水上居民の守護神。鴨脷洲、滘西洲、ランタオ島・大澳などの洪聖廟。2024 年は 3 月 22 日。
＊春分から15日目	4月5日	**清明節**　Ching Ming Festival　先祖の供養のため墓参する。2024 年は 4 月 4 日。
3月3日	4月22日	**北帝誕**　香港島・赤柱、青衣島、長洲島の北帝廟。2024 年は 4 月 11 日。
＊―	4月7～10日	**イースター（受難節、復活節とその翌日の月曜日）**　Good Friday（Easter）／ Easter Monday　キリストの復活を祝う。会社は休みとなるが、商店は開いていてにぎやか。
＊―	5月1日	**勞動節（メーデー）**
3月23日	5月12日	**天后誕**　海の神の祭り。廟街やほかの天后廟。2024 年は 5 月 1 日。
＊4月8日	5月26日	**譚公誕**　香港島・筲箕灣の譚公廟。
＊4月8日	5月26日	**佛誕節**　釈迦仏の誕生日。ランタオ島・寶蓮寺ほか、各地の寺。
＊―	5月26日	**長洲饅頭節（太平清醮）**　長洲島の各地でパレードや饅頭配布などのイベントが行われる。日は占いで決定するので年によって変わる。
＊5月5日	6月22日	**端午節**　Tuen Ng（Dragon Boat）Festival　赤柱、筲箕灣、柴灣、香港仔などで龍船レースなどが開催される。2024 年は 6 月 10 日。
＊―	7月1日	**香港特別行政区成立記念日**　1997 年の中国返還より 26 周年を迎え、各地で記念行事が行われる。
6月13日	7月30日	**魯班誕**　建築の神の祭り。香港島西環の魯班先師廟。
6月16日	8月2日	**侯王誕**　九龍城の侯王廟、ランタオ島の東涌。
6月19日	8月5日	**觀音誕**　西貢・白沙灣の觀音廟。
6月24日	8月10日	**關帝節**　三国志の武将・関羽の祭り。香港島・文武廟、長洲島・関帝廟。
7月7日	8月22日	**七姐節**　七夕。灣仔寶雲道情人石公園の姻縁石で良縁を祈る。
7月14日	8月29日	**盂蘭節**　日本でいうお盆。
8月15日	9月29日	**猴王誕**　孫悟空を祀る九龍・秀茂坪の廟。
8月15日	9月29日	**中秋節**　（Mooncake Festival）　月見をして月餅を食べる。ヴィクトリア公園では翌日にかけて提灯カーニバルが開かれる。中秋節の翌日が休日となる。
＊8月16日	9月30日	**中秋節の翌日休み**
＊―	10月1日	**国慶節**
＊9月9日	10月23日	**重陽節**　Chung Yeung Festival　先祖の供養のために墓参する。
＊―	12月25～26日	**クリスマス**　数日前から各ビルはイルミネーションで飾られる。**クリスマス翌日**（ボクシングデー Boxing Day）も公休日となる。
12月24日	2024年2月3日	**灶君節**　かまどの神の祭り。旧正月の準備が始まる。

＊印は休日。移動祝祭日のため毎年変わるので、ここでは 2023 年と 2024 年の一部のものを記載。変更される場合もあるので、出発前に香港政府観光局で確かめておこう。

香港の神々

香港映画界のスーパースター、ジャッキー・チェンが、映画『サンダーアーム』の中で、邪教の教主から「おまえの神は何だ」と問われ、にっこり笑って、「お金さ」と答えるシーンがある。お金こそが唯一の神であり、善であるという香港人たちの“信仰”を皮肉っているような、本音を吐いているようなセリフだ。確かに資本主義が裸のまま大きく成長した香港の社会では、その“信仰”を否定するものは何もないように見える。その一方で、いや、だからこそ香港人たちは、さまざまな縁起をかつぎ、占いを信じ、たくさんの神々を祀っている。

住宅はもちろん、商店やレストランにも赤い祠の神様が祀られている

生活のなかに根を張る道教

最も一般的なのは仏教と道教である。もともと道教自体が仏教の影響を大きく受けて発展してきた宗教で、香港ではこのふたつが渾然一体となっているが、特に道教色がかなり濃く彼らの生活のなかに入り込んでいる。信仰というより、すでに習慣となっているようだ。

仏教の寺や廟と呼ばれる道教の寺院は、全部で360以上あるが、そのなかでも門前に地下鉄の駅まである**嗇色園黃大仙祠**（→P.40）は、いつも人と線香の煙で埋まっている。商売をはじめとするさまざまな願い事や、先祖の供養、また願いがかなってお礼に来る人々が、たくさんの供え物を持って集まるのだ。漁業や海運業の盛んな香港では、**「天后廟」**と呼ばれる**海の女神**を祀った廟も多い。ナイトマーケットで有名な廟街(テンプル・ストリート)の廟（→P.188）も、そのひとつだ。また『三国志』の英雄、関羽を祀った**「關帝廟」**も多い。もともと**武将の神**なので、警察署と黒社会（暴力団）のアジトには必ず祀ってあるという。今では商売の神も兼ねているようで、レストランや商店でも、赤い祠が祀られている。

家の中にも神はたくさんいる。**神台**という赤い神棚には祖先が祀ってあり、台所にはかまどの神の**灶公**、玄関先には**土地公**といった具合である。

家を建てたり店を構えるときは、**風水**という占いをしてもらう人が多い。玄関はどちらに向けたらいいとか、工事や開店の日取りまで決めてもらう。「そんなの迷信だよ」と笑う若者もいるが、尖沙咀にあるインターコンチネンタル・ホンコンのロビーから香港島が見渡せるガラス張りの設計は、**龍脈**

葬儀のときには、あの世で困らないようにと紙製の車や家や家電製品が燃やされる

アパートの各家の玄関口に祀られた土地公

風水と通勝

風水とは「地球磁場と人間との関係学」なのだそうだ。だからその関係を見極めて行動すれば、すべてがうまくいくと説いている。その知識と法則をすべて網羅したのが、“通勝”（トンセン）という暦なのだ。これには結婚式によい大安吉日から、何月何日は東へ行ってはだめ、ということまで、運勢、占い、金言などが、暦とともに載っている。しかし、今の若者たちはこの通勝の読み方を知らない人が多いという。

読者投稿

通勝は日本の暦のようなもの!?

通勝は「永經堂」というメーカーなどから出ている電話帳を縦に切ったような本で、別名「チャイニーズ・バイブル」。風水のすべてを網羅した本で、年末の頃を中心に嗇色園黃大仙祠（→P.40）や本屋、露店で売られている（12～24HK$）。吉凶の方向、忌むべきことがらなどが書かれた日めくりカレンダー「通勝日曆」も7～20HK$である。

（伊藤紀子）［'23］

シーク教徒
なぜ香港にシーク教徒がいるのかというと、19世紀後半、イギリスが香港統治のためにインドからグルカ兵とともに連れてきたのだ。勇敢で屈強な彼らは、当初香港警察の主力部隊として組織されていたが、現地の中国人警官が大半を占める今、その末裔たちは、ホテルや銀行、宝石店のガードマンの職に就き、香港に定着している。
ターバンを巻き、ヒゲをはやした大柄のインド人たちがシーク教徒だ。

という地相に潜む龍が大好きな海で遊ぶことを妨げないためのものだし、中環（チョンワン）にある香港上海滙豐銀行の超近代的ビルの入口に構える一対の獅子像も、この風水のお告げの結果なのだという。

異国の神々たち

以上は中国古来の神々だが、そのほかに海を渡ってきた神々も多い。キリスト教の信者は、**天主教徒**（カトリック）と**基督教徒**（プロテスタント）を合わせると約100万人、全人口の13%近くになる。東南アジアではフィリピンに次いで人口比率が高い。これはイギリスの影響だが、新中国成立前後、大陸から逃れてきた神父や牧師、信者もたくさんいたといわれている。

回教徒（ホイガウ）（イスラム教徒）は約5万人おり、その半数は中国人だという。黄金の1マイルと呼ばれる尖沙咀のネイザン・ロードの繁華街に面してそびえ立つ白亜のモスクは、彼らの勢力を誇示している。ほかにも印度教（ヤントウガウ）（ヒンドゥー教徒約4万人）や、**錫克教**（セッホッガウ）（シーク教）、**猶太教**（ヤウタイガウ）（ユダヤ教）の神々もいる。香港では神々たちもまた、肩を寄せ合って暮らしているのだ。　（長橋廣行）

足でたどる香港の歴史

黄竹坑新圍十號
香港仔黄竹坑道 Wong Chuk Hang Rd. にある。この建物は100年以上の歴史をもち、戸主は周氏。1819年に書かれた『新安懸志』に、初めて「香港村」という地名が出てくるが、それがこの一帯。香木の集積港だったところから、「香港」という名がつき、それが、今の香港の名の元になったという説を裏付ける、貴重な資料となっている。

香港が Hong Kong と呼ばれるようになり、世界史に登場してきたのはわずか200年ほど前である。もちろんそれ以前から人は住んでいたが、この頃は人口7000人ほどの小さな漁村に過ぎなかった。歴史を物語るものとしては、深水埗（サムソイポウ） Sham Shui Po にある李鄭屋邨（レイッエンオッチュン）の後漢（25～220年）期の古墳や、錦田（ガムティン） Kam Tin や沙田（シャティン） Sha Tin の客家の城壁村がある。

香港がアヘン戦争（1840～42年）によってイギリスの植民地となってからの約170年間、ここは世界の自由貿易港として発展し続けてきた。東京都の約半分という街なかに、その若い歴史を物語る物が残されている。これらをたどりながら香港の歴史に思いをはせるのも、また旅のよい思い出になるだろう。

香港仔（ヒョンゴンチャイ）　Aberdeen

香港という名前の由来にはいくつかの説があるが、最も有力なのが**香木の港**説。

昔、製塩や天然真珠の採取とともに、香木の栽培で生計を立てていた人々が多くいた。香港の気候風土にも適していたため、ベトナムあたりから持ち込まれた香木を、現在の新界地区の沙田やランタオ島で大量に生産していたのだ。この香木を広州などに運び出すのに、今では水上レストランで有名な香港島南側のアバディーン（香港仔）付近の港が使われ

以前は水上生活者の船が停泊していたが、現在は姿を消した。観光船が行き来する香港仔の港

た。香木の香りが漂うこの港を、やがて**香りの港――「香港」**と呼ぶようになり、それが香港全体の名前となったという。だから今でも、名前発祥のこの地は、大きな香港に対して**香港仔**――香港の子供、と呼ばれている。英語のHong Kongもこの香港からきている。(→P.158)

大笪地　Possession Point

18世紀後半、イギリスの対中国貿易は完全な輸入超過であった。17世紀に王室で始まったお茶（ティータイム）の習慣は、この頃には一般市民の生活にも欠かせないものとなっていた。中国のお茶や絹、陶器を輸入するために大量の銀や金を支払っていたイギリスは、この膨大な貿易赤字を解消する方法を、あろうことか、**アヘンの密貿易**に求めたのである。

イギリスの国策会社、**東インド会社**はインドでケシの栽培をさせてアヘンを作り、大量に中国へ密輸した。それを阻止すべく清朝から派遣されたのが、欽差大臣（全権大使）**林則徐**であった。彼はたび重なる提出命令にも耳をかさないアヘン商人たちから、1425トンものアヘンを没収し、塩と消石灰を混ぜて使えなくしてから、海へ流してしまった。その報復戦争が**アヘン戦争**である。

「その原因がかくも不正な戦争、かくも永続的な不名誉となる戦争を、私はかつて知らないし、読んだこともない」（グラッドストーン）とさえいわれたこの戦争で、イギリスは香港を植民地として占領することになる。

その最初の上陸地点が、香港島上環Sheung Wan荷李活道Hollywood Rd.の西側にあった公園**"Possession（占領）Point"**である。ここは現在では**荷李活道公園**（→P.149欄外）になってしまったが、その脇の"Possession St."に今もその名を残している。

しかしこれはすべてイギリス側の事情。香港人のほうは、その公園に「太笪地（大きな所）」という間の抜けた名前をつけていたし、道のほうも「水坑口街」と全然関係のない名前をつけている。

維多利亞港　Victoria Harbour

九龍半島と香港島に挟まれたヴィクトリア港。この天然の良港があったがゆえに、香港は植民地の歴史を歩んだ。

今は数多くのフェリーが行き交い、ときには豪華客船も入港するこの港に、アヘン戦争の時代には大量のアヘンを積んだ船やイギリス艦隊が停泊していた。

当時の様子を陳舜臣は『阿片戦争』で次のように描写している。「外国船は棉花や毛織物、あるいは南洋の香辛料を、広州に荷揚げした。だが、さすがに阿片だけは持ち込まなかった。また広州まで阿片を持ち込む必要はなかったのである。なぜなら、虎門の外にイギリスの新たに獲得した香港島が、すでに阿片取引の基地と化していたからである。香港沖に浮かんだ外国船の中には、『出

大笪地
香港島の西側、荷李活道と皇后道西に挟まれている。水坑口街は荷李活道から皇后道中に抜ける道。

文武廟
上環の荷李活道Hollywood Rd.にある。
建てられた年代ははっきりしないが（1847～1862年の間）、香港が港として開かれた初期の時代のものと思われる建築様式は、銅鑼灣の天后廟と似ている。文昌帝、関帝の2帝を祀っている。中環というにぎやかな場所の近くにあることもあって、百数十年、線香の絶えたことはないといわれており、観光名所にもなっている。(→P.152)

香港の歴史的見どころとして一度は訪れてみたい文武廟

侯王古廟
九龍城砦の北西、聯合道Junction Rd.にある。
宋代末期、九龍に逃げてきて病死した楊侯王を祀るため、1730年に建てられたといわれる。当時は、この場所も九龍寨城の内部に位置していたという。

銅鑼灣天后廟
銅鑼灣、ヴィクトリア公園の東側、天后廟道Tin Hau Temple Rd.にある。天后は**海の守護神**。この古廟は18世紀の中頃、戴仕蕃によって建てられたもので、今もなお、戴氏の子孫によって管理されている(→P.146)。map P.144-2A

舊三軍司令官邸
Flagstaff House
中環の紅棉路 Cotton Tree Drive に面した香港公園（旧ヴィクトリア兵舎）の中にある。1846 年にイギリス軍司令官邸として建てられたもので、現存する最も古い西洋建築。現在は修繕が加えられ、**茶具文物館**として、一般公開されている。（→ P.119）

売阿片』─阿片売ります。と大書したノボリを立てているのが少なくなかった。英軍は現地の中国人を雇うだけでも、かなり経費がかかった。今のところ、軍費は現地調達である。阿片を売った金でそれに充てた。香港島の建設費も、阿片売却によって捻出された。」

こうして香港は、アヘン商人と一獲千金を狙う無法者や海賊の集まりとなっていった。当時 “Go to Hong Kong.” といえば、「地獄へ落ちろ！」という罵り言葉だったという。

香港島 1 番地

貿易都市香港は、現在高層ビルが建ち並ぶ中環地区を中心に、東の銅鑼灣 Causeway Bay にジャーディン・マセソン社が本社をおき、西の上環に中国人地区が形成されて始まった。

ジャーディン社はアヘン商人として財を築いたのだが、同社は香港占領の始まる 1841 年、早くも**香港島 1 番地**（Lot1）を買い占めて、マカオから移ってきている。現在ここには、同社系列の怡東酒店 Excelsior Hotel、世界貿易中心大厦 World Trade Centre が立っているが、その前にある銅鑼灣避風塘の岸には、同社の旧址を記念して**ジャーディンの砲台**が置かれている。（→ P.140）

歌賦街と士丹頓街の記念プレート
歌賦街 8 號
「孫中山先生乃中華民國之開創者乃首任總統、曾於一八八七年至一八九二年間與愛國志士在本址樓宇内舉行多次會議。」
士丹頓街 15 號
「孫中山先生乃中華民國之開創者乃首任總統、曾於一八九五年興中會會員在本址樓宇内舉行多次會議。」

歌賦街 Gough St. と士丹頓街 Staunton St.

19 世紀から 20 世紀初頭にかけて、香港は中国革命の拠点の役割を果たすようになる。

辛亥革命に向けての孫文の活動拠点であったことにちなんでつけられた “1911” という名のバー（士丹頓街）

中国革命の父、**孫文**は、ここ香港から広東に乗り込み、辛亥革命（1911 年）を指揮した。彼はマカオの北、香山県（現在の中国広東省中山県）の出身だが、1887 ～ 92 年に香港大学の前身の西醫學院で学んでいる。その頃革命の同志たちとの密会に使った場所が**歌賦街 8 號**である。この道は、大笪地から荷李活道を東に行った所の海側に並行して延びているが、その荷李活道を挟んで山側にある**士丹頓街 15 號**に、1895 年に組織した「**興中會**（革命地下組織）」の拠点があった。孫文らはここで、熱き革命の思いを語り合っていた。今このふたつの場所には、孫文を記念するプレートが張られている。

士丹頓街 15 號の「旧興中會」のあった場所に建てられた案内板。中環から上環にかけては歴史散歩が楽しめる

水警總部大樓
Marine Police Headquarters Building
尖沙咀の梳士巴利道 Salisbury Rd. と廣東道 Canton Rd.、九龍公園徑 Kowloon Park Drive に囲まれた小高い丘の上にある。ジャッキー・チェンの映画『プロジェクト A』の舞台にもなったこの建物は、1884 年に建てられ、以前は香港水上警察の本部だった。長年の改装工事を終えて、2009 年に、昔の趣を残した複合施設「1881 ヘリテージ」として生まれ変わった（→ P.177）。
map 別冊 P.28-4B

樓梯街 Ladder St. の青年會 YMCA

近代中国を代表する作家であり思想家でもある**魯迅**も、香港を訪れている。

中華民国設立後も混乱の続く大陸では、1919 年、日本の 21 ヵ条要求に端を発した五・四運動が起こり、さらに 1921 年の中国

樓梯街の青年會 YMCA
上環地区。荷李活道の中ほどの文武廟脇、樓梯街。階段を上った右側にある。

共産党創立を経て、中国ナショナリズムが高まった。

香港もその影響を受け、1922 年に中国共産党員の指導のもとに海員ストライキが起こり、1925 年には同じく中国共産党の**劉少奇**らの指導のもとで、広東、香港の労働者がストライキを 17 ヵ月間も続け、香港は死の街と化した。

そうした時代を背景とした 1929 年 2 月、当時広州の中山大学文学科主任だった魯迅は、香港島上環樓梯街の**青年會**で、「無声的中国（声なき中国）」「老調子経已唱完（古くさい説教はもうたくさんだ）」と題した講演をしている。古いれんが造りの青年會は、今も当時のたたずまいを残している。

れんが造りの立派な建物だ（青年會 YMCA）

香港禮賓府（旧督憲府）

1941 年 12 月から 1945 年 8 月までの 3 年 8 ヵ月、香港は日本の占領下におかれていた。そのときの様子は別項（「日本人は昔、香港で何をしたのか」下記囲み）を参照。

日本軍は香港占領後、まず尖沙咀 Tsimshatsui の半島酒店 Peninsula Hotel に司令部をおき、日本人初代総督の着任と同時に司令部を中環の香港上海滙豐銀行に移し、香港島ヴィクトリア・ピーク中腹の香港動植物公園の前にある**禮賓府（旧督憲府）**を総督公邸とした。

接収当時は、主楼の脇に増設されたダンスホールがあったが、日本軍はこれをさらに増設。設計を担当した日本人建築家藤村清一は、このふたつの洋風の建物をつなぎ合わせる形で、真ん中に和風の塔のような建物を造った。

建て増しに次ぐ建て増しの禮賓府だが、その後は大きな改築もなく、当時のままの形を保ち、終戦後戻ったイギリス人の総督が、ここにおさまっていた。中国返還後、総督はイギリスへ帰ったが、建物は現在もそのまま残っている。

香港禮賓府
中環地区。上亞厘畢道 Upper Albert Rd. を挟んで、香港動植物公園に面している。
map 別冊 P.11-4C

前九廣鐵路鐘樓
尖沙咀、スターフェリー乗り場の東側にある。
1911 年に開通した九廣鐵路の香港側の始発駅だった所。駅舎は 1916 年に完成したが、時計塔の電動時計が設置されたのは、5 年後の 1921 年。中華民国が成立後、香港にやってきた孫文や魯迅も、この駅に降り立ったわけだ。しかし 1975 年に、駅は紅磡に移され、現在は時計塔だけが残っている。（→ P.182）

COLUMN

日本人は昔、香港で何をしたのか

あまり知られていないが、真珠湾攻撃と同日の 1941 年 12 月 8 日、日本軍は香港侵略を始めている。

日本軍は中国深圳から国境を渡り、旧啓徳空港、九龍市街地の占拠、香港の海上封鎖と進み、香港島へと迫った。イギリス軍は香港島にたてこもったが、淺水灣 Repulse Bay などでの激戦の末、25 日降伏した。

それから日本軍無条件降伏までの 3 年 8 ヵ月、香港は日本軍の南方基地として占領下におかれた。その日本軍が最初にやったことは、尖沙咀のペニンシュラホテルを接収して軍政庁とし、ヴィクトリア・ピークの中腹に香港神社を造ったり（未完成に終わる）、クイーンズ・ロード（皇后大道）を明治通り、ネイザン・ロード（彌敦道）を香取通りといった調子で道路名などを日本語に改名した。

日本軍の軍票の乱発で香港経済はインフレとなり、また、戦局の悪化にともない極端な食糧不足が続き、餓死者が続出、100 万人以上が香港を逃げ出した。

1945 年 8 月 15 日、日本軍は降伏した。すかさずイギリス軍がやってきたが、この日を記念して、8 月最後の月曜日は「香港解放記念日」とされている。

街には日本人観光客があふれ、みやげ物屋では日本語で話しかけられる今の香港。こうした歴史のなかで、日本軍に肉親を殺された人たちが今でも数多く住んでいるのも事実である。何か事あれば沸き上がってくる反日感情が、なぜ香港人たちの心の片隅にひそんでいるかを、私たち日本人は忘れてはならないと思う。

（長橋廣行）

COLUMN

ドンキ、マツキヨが増殖！

コロナ禍で日本に行けなくなった
香港人の“飢餓感”を満たす

中環の皇后大道沿い、中環街市の向かいにある「ドンドンドンキ」（map 別冊 P.18-2A）

日系チェーンの出店ラッシュ

香港の街なかを歩くと、日本でなじみのある小売チェーンや飲食チェーンの看板をよく目にする。かつては吉野家や元気寿司など、香港に進出する日系チェーンの数はかぎられていたが、ここ数年で一気に急増。例えば、日本人駐在員も多く居住する九龍半島南東部の巨大集合住宅エリア、黃埔花園（ワンポアガーデン）では、狭い商業エリアの中にスシロー、コメダ珈琲店、ペッパーランチ、すき家など、いくつもの日系飲食チェーン店がひしめき合っている。2022 年 8 月には、香港で 10 店目となるドン・キホーテの“香港版”「ドンドンドンキ DON DON DONKI」も出店した。

日系チェーンが香港に進出する際には、地元客だけでなく、海外からの観光客も多く訪れる香港島の銅鑼灣（コーズウェイベイ）や九龍半島の尖沙咀（チムサーチョイ）などに 1 号店を出すのが一般的だが、中心部からやや離れた集合住宅エリアにまでこれほど多く店があることは、日系チェーン店による香港での出店攻勢が活発化していることを物語る。

日系チェーンの出店が加速しているのにはいくつか理由がある。日本国内の消費市場が人口減少によって縮小し、海外に活路を求めようとしていること。なかでも、東南アジアは急速な経済成長とともに個人消費が拡大している魅力的なマーケットであることなどが大きな理由だ。香港は中国の一部だが、エリア的には東南アジアに近く、中国本土に比べればビジネスを始めるにあたっての障壁は低い。そのうえ、香港人は日本の食やカルチャーが大好きだということで、多くの日系チェーンが進出先の筆頭候補として香港を選ぶのだ。

香港では日本旅行がトレンド

香港人の“日本好き”は、よく知られている。コロナ禍が始まる前年の 2019 年、日本を訪れた香港人観光客数は 229 万人と、じつに香港の総人口 740 万人の 3 割にも達した。何度も日本を訪れるリピーターも多く、近年では東京、大阪、京都といった主要都市にかぎらず、北海道や東北、北陸、山陰、九州、沖縄といった地方を訪ね歩く“ツウな観光客”も増えている。その結果、地方ごとの特産品の魅力に気づき、寿司や天ぷらといったステレオタイプな日本食とはひと味違う、ご当地のさまざまな食を堪能して、日本料理の奥深さを再発見することに喜びを感じるようになった。

ちなみに、日本から香港への農林水産物・食品輸出額はここ数年、2000 億円前後で推移しており、2021 年に中国に抜かれるまでは世界 1 位だった。

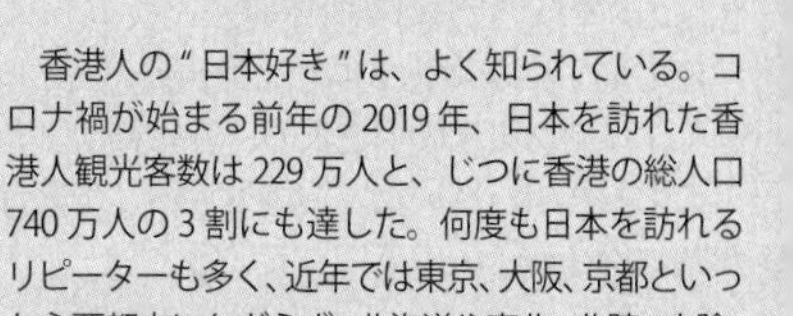

ヴィクトリア湾のアートが飾られている「すき家」尖沙咀金馬倫道店。牛丼は M サイズ 29HK$ と、香港の物価からしてお得感あり。写真はネギと温泉卵のせ牛丼

左／尖沙咀のミラ・プレイス 2 の地下にあるドンドンドンキ（map 別冊 P.29-1C）。総菜コーナーも人気
右／スキンケア用品や日用雑貨のコーナーも充実

2021 年は、中国が 2223 億円、香港が 2190 億円で 1 位を明け渡したが、人口 14 億人の中国に対し、わずか 0.5%の 740 万人しかいない香港がこれほどの額を輸入しているのだから、いかに香港人が日本食を愛しているのかがわかるだろう。

ところが、そんな日本の食や文化を愛してやまない香港人が、日本に行きたくても行けなくなってしまった。理由は、いわずもがなのコロナ禍である。日本による入国制限に加え、香港に戻ってきてからも自宅やホテルにおける最長 3 週間の隔離が強制されたことなどで、2021 年の香港人の訪日観光客はわずか 1252 人まで激減した。

「日本に行って、おいしい日本食が食べたい」という香港人の“飢餓感”は高まり、少しでも癒やそうと、身近にある日系飲食チェーン店に足を運ぶ人の数は増えたようだ。

そんな“飢餓感”を満たすためかどうか、2020 年頃から日系チェーン店による出店攻勢も加速している。

香港のドンドンドンキの特色は

たとえば、ドンドンドンキは 2019 年 7 月、尖沙咀のホテル、ミラ・ホンコンの隣にある商業ビル「ミラ・プレイス 2」に 1 号店をオープンしているが、それからわずか 4 年で 10 店舗を展開した。日本のドン・キホーテと大きく違うのは、店舗スペースの大半を食品売り場が占めていることだ。それも、日本産の肉や魚、野菜といった生鮮食品、弁当やおにぎり、総菜などが、これでもかというほど大量販売されている。日本食好きの香港人のために、あえて食に絞り込んだマーケティングを展開していることがわかる。

その徹底ぶりは、世界中に展開するドンドンドンキの中で初めて、回転寿司店の「鮮選寿司」（センセン スシ）を併設したことにも表れている。回転寿司は、日本を訪れる香港人が一度は体験してみたいと思っている“人気アトラクション”のひとつであり、香港にいながら日本を旅した気分になれることが“飢餓感”を満たしてくれるようだ。

ドンドンドンキの売り場の大半は食品だが、次に大きいのが化粧品や医薬品などのコーナーである。日本ではドラッグストアなどで売られているこれらの商品も、香港人観光客にとって人気のおみやげだ。筆者はかつて、香港の旅行業界関係者から「日本人が買いたいと思う香港のおみやげは？」と聞かれ、「漢方の入った化粧品や、ブランドものの化粧品とかが人気かな？」と答えたところ、不思議な顔をされたことがある。「化粧品なら、やっぱり日本製がイチバンでしょ。なんでわざわざ香港で買うの？」というのだ。

韓流コスメなどに押され気味とはいえ、日本の化粧品の人気もいまだに高い。ドンドンドンキの品揃えは、そんな香港人のニーズを絶妙に捉えていると感じた。

化粧品や医薬品と言えば、中華圏では「松本清」でおなじみのマツモトキヨシも香港で積極的に出店攻勢を掛けている。1 号店は 2022 年 5 月、九龍地区の観塘（クントン）でオープンしたが、それからわずか 1 年で 11 店舗を展開。1 号店のオープン初日には開店前に 100 人前後の行列ができたというから、コロナ禍で日本に行けない香港人が、いかに待ち焦がれていたのかがわかる。

日本好きの香港人をターゲットにした日系チェーン店の香港進出は、これからも続きそうだ。

（渡辺賢一）

尖沙咀金巴利道の「マツモトキヨシ」（map 別冊 P.29-1C）。規模の大きな旗艦店は銅鑼灣にある

COLUMN 香港の教育制度

就学前教育

0～3歳を対象にした幼兒中心と3～6歳を対象にした幼稚園があり、現在はほとんどの子供が幼稚園に通う。さらに3歳以下を対象にした學前班（N班）や高額の學前遊戲小組（Playgroup）も流行しており、将来の進学のための準備として早くから漢字、英語、北京語、芸術などに触れさせる親も年々多くなっている。

無償教育前期（小学・中学）

小学校6年間、中学3年間の合わせて9年間がほぼ日本の義務教育に相当する。小学校では中文（日本の国語に相当）、英語、数学、科学、科技、社会、芸術、体育の8科目を履修。授業は通常広東語で行われ北京語も履修するが、ごく少数、北京語ですべての授業を行う学校もある。小3と小6で統一学力テストが行われ、おもに最終年度の成績とテストの結果により、コンピューターの振り分けで進学する中学が決まる。以前は校舎不足により半日制の学校も多かったが、現在は全日制が推進されている。イギリスやカナダ、オーストラリアなど海外留学組も多く、最近は中国国内への進学も見られる。近年は愛国教育が強化されている。

中学に入学してほっとひと息。中国返還前までは中文以外は英語ですべての科目を教える英文中学がメインだったが、返還後広東語によって授業を行う「母国語教育」が推進された。しかし、有名校、進学校ではいまだに英語で授業を行っているところが多い。政府は母語（広東語）でなく北京語での中文の授業を推進している。

無償教育後期（高校）

政府は2009年から教育改革を推進し、従来の6年（小学）、7年（中学5年＋予科）、3～4年（大学）から、国際的な趨勢（すうせい）の6年（小学）、3年（中学）、3年（高校）、4年（大学）の「三三四學制」に改めた。さらに、それまで小学校～中学3年の計9年間だった無償教育を、高校3年間を含む12年に延長した。

改革前との最も大きな違いは、大学入試にある。1978年の実施以来、中学5年の春に行われてきた、香港人の人生最大の岐路――大学予科入学資格試験「會考（ウイハウ）」は2011年を最後に姿を消し、2012年からは新しい統一試験「香港中學文憑考試（HKDSE）」が実施された。試験は甲乙丙の三部からなり、甲は24の伝統科目、乙は45科目から選択の応用学習科目、丙は英語以外の第二外国語。甲では英語、国語、数学、通識の「核心科目」のうち1科目でも基準点に達しないと大学には進学できない。丙の第二外国語では日本語も選べる。この試験が大学進学や就職に際し重要な判断材料となることは過去の「會考」と同じ。注目すべきは香港や中国、グローバル化などを学ぶ教養課程「通識教育」が、大学入試で最重視される必須科目になったことだ。

大学・高等教育

大学に入るためには、従来は予科2年を経て大学入学資格試験を受験したが、2012年以後は「香港中學文憑」試験の結果に応じ、ガイドラインに沿って大学側が学生を合格させる（予科は2013年に廃止済み）。大学は香港大學、香港中文大學、香港科技大學、香港理工大學、香港城市大學、香港浸會大學、嶺南大學、香港教育大學、香港都會大學、香港樹仁大學、香港恒生大學、聖方濟各大學の12校、ほかに香港演藝學院など大学相当の専門学校がある。近年は教育の場への政治介入も目立ち、2020年の香港國家安全維持法成立により「国家安全教育」が明確に打ち出され、教育界に大きな影響を及ぼしつつある。（大澤真木子）

読者投稿

空港から九龍エリアへ安く行く方法

空港からバスで東涌駅、そこから東涌綫で南昌駅乗り換えで屯馬綫に乗り継ぐのが速くて安上がり。尖東駅で降りれば連絡通路で尖沙咀中心部へ歩いて行ける。ちなみに東涌駅の隣接するシティゲート・アウトレット（→P.270）の地下のスーパーはばらまきみやげを調達するのにもってこい。（東京都　塩原恭介）['23]

黃大仙にエスカレーターが設置された

規模の大きな道教寺院「嗇色園黃大仙祠」（→P.40）。今までは階段で上らなければならなかったが、エスカレーターできて、足の不自由な方や高齢の方が楽に移動できるようになった。

腕のよいマッサージ店

深水埗の西九龍中心（map 別冊P.33-2A）7/Fの「鬆一Zone專業盲人按摩中心」で「頭肩頸按摩」（30分、110HK$）をお願いした。強過ぎず弱過ぎない力で肩、首、頭をまんべんなく指圧し、凝っていた腕やデコルテ周辺もほぐしてくれ、終わったあとは肩や首が楽になった。やはり香港の盲人マッサージ師はマッサージがうまい。（以上、大阪府　竹野順子　'23）

"香港本"で香港を知る

1 小説で読む香港
『慕情』 ハン・スーイン著 深町真理子訳 角川文庫 1970年（絶版）
Han Suyin "A Many-Splendoured Thing" Triad/Granda, Reprinted 1982年
『阿片戦争』 陳舜臣著 講談社文庫全3巻 1973年
『香港・濁水溪』 邱永漢著 中公文庫 1980年
『浅水湾（リパルスベイ）の月』 森瑤子著 講談社文庫 1990年

2 ミステリーで読む香港
『殺戮のオデッセイ』 ロバート・ラドラム著 篠原慎訳 角川文庫3巻 1986年
『龍の契り』 服部真澄著 祥伝社 1995年

3 放浪する香港（エッセイなど）
『香港旅の雑学ノート』 山口文憲著 新潮文庫 1985年
『香港世界』 山口文憲著 ちくま文庫 1986年
『深夜特急1 香港・マカオ』 沢木耕太郎著 新潮文庫 1994年
『香港狂騒曲』 上村幸治著 岩波書店 1994年
『転がる香港に苔は生えない』 星野博美著 情報センター出版局 2000年
『香港路線バスの旅』小柳 淳著 TOKIMEKIパブリッシング 2009年
『香港トラムでぶらり女子旅』 池上千恵（文）・永田幸子（写真）・小野寺光子（イラスト） ダイヤモンド社 2013年

4 香港学
『香港 移りゆく都市国家』 中嶋嶺雄著 時事通信社 1985年
『もっと知りたい香港』 可児弘明編 弘文堂 1984年
『香港と中国 一つの国家二つの制度』 小林進編著 アジア経済研究所 1985年
『2001年の香港』 中野謙二著 研文出版 1985年
『往復書簡 いつも香港を見つめて』 四方田犬彦／也斯著 池上貞子訳 岩波書店 2008年
『返還後香港政治の10年』 竹内孝之著 アジア経済研究所 2007年
『香港 中国と向き合う自由都市』 倉田 徹・張 彧暋著 岩波新書 2015年

5 香港の雑学
『香港読本』 山口文憲選 日本ペンクラブ編 福武文庫 1989年
『香港への道 リュミエール叢書35』 西本 正著 筑摩書房 2004年 ※ブルース・リーを撮った名カメラマンの自叙伝。
『九龍城探訪 魔窟で暮らす人々——City of Darkness』グレッグ・ジラード著・写真 イーストプレス 2004年
『同じ釜の飯 ナショナル炊飯器は人口680万の香港でなぜ800万台売れたか』 中野嘉子ほか著 平凡社 2005年
『張国栄 レスリー・チャン——永遠にあなたを忘れない』「ポップアジア」編集部編 TOKIMEKIパブリッシング 2003年
『現代の香港を知る KEYWORD888』 小柳 淳／田村早苗編 三修社 2007年
『100% 香港製造』 原 智子著 TOKIMEKIパブリッシング 2008年
『香港雑貨店ガイド 生活小物から家具、骨董まで』 久米美由紀（写真）・ジェニー仲村／金澤典子著 日経ＢＰ企画 2008年
『ハッピー香港開運旅行』 鈴木夕未著 TOKIMEKIパブリッシング 2011年

6 香港グルメ
『香港の食いしん坊』 飛山百合子著 白水社 1997年
『香港無印美食』 竜 陽一著 TOKIMEKIパブリッシング 2005年
『スイート・スイーツ・香港』 櫻井景子著 白夜書房 2008年
『蔡瀾（チャイラン）の香港を丸ごと味わう 食在香港、食在蔡瀾』 蔡瀾著・菊地和男（写真） 河出書房新社 2008年
『香港女子的裏グルメ たった500円で大満足！』 池上千恵 著・小野寺光子（イラスト） 世界文化社 2008年

7 香港の自然
『庄司雅昭のプライベートガイド・香港低山散歩』 庄司雅昭著 山と溪谷社 1995年

8 香港を学ぶ
『香港広東語会話』 千島英一著 東方書店 1989年
『広東語辞典』（ポケット版） 香港萬里機構出版有限公司＋東方書店編 1996年
『香港電影的広東語——香港映画で学ぶ広東語名作名シーン名セリフ集』 陳敏儀著 キネマ旬報社 1995年

旅するための実践広東語

香港の言葉

香港でいちばん使われている言葉は、広東語。全人口の92%が中国人で、そのなかでも広東出身者が圧倒的に多いからだ。中国大陸や台湾で使われている北京語を中心とした標準語（普通話・國語）も中国返還のあと、ますます波及してきている。広東の人のほかに潮州や福建の人々もいるが、すでに香港で生まれ育った人が全体の過半数を超えている現在、ほとんどが広東語で生活しているといえる。

意外に身近な広東語

もともと日本の漢字は中国から伝来したもので、その漢字の中国語読みに近い音を音読み（おん）として取り入れている。そして、その伝来した時代によっては広東語の音のほうが一般的だったという。今でも日本語のなかに残っているそうした音を、広東語と北京標準語のふたつと比べてみると、広東語のほうに近い音が多いことがわかる。

	〈日本語〉	〈広東語〉	〈北京標準語〉
訪問	ほうもん	フォンマン	ファンウェン
街	がい	ガイ	ジィエ
医院	いいん	イーユン	イーユエン

それに日本語の「はい」という返事は、実は広東語の“係（ハイ）”（はい、～である）からきている。

時は明治の初め、西洋に学べと政府が送った海外使節団がヨーロッパの帰りに寄った香港で、この“係（ハイ）”を聞いたのだ。当時の日本には、まだこんな簡単な返事の言葉はなく、「ござそうろう」などとやっていたので、これは便利だと、さっそく日本の軍隊に取り入れたのが始まりだという。

現在広東語は、香港、マカオ以外でも、中国本土の広東・広西省は当然のことながら、ニューヨーク、ロンドン、横浜など、世界中のチャイナタウンの広東人の間で使われている。身に付ければかなり役に立つ言葉なのだ。

広東語の漢字と発音

香港では台湾と同じで、戦後日本では使われなくなった正字（繁体字）を今でも使っている。

同じ漢字といっても“**学**”が“**學**”とか“**礼**”が“**禮**”と、かなりややこしいものが多く、若い人はとまどうことも多い。しかし中国大陸のように略し過ぎて原形をとどめていないような略字（簡体字）はないから、中国大陸の漢字よりは、むしろわかりやすいかもしれない。ただ、広東語では表記不可能な音もあるため、

Google 翻訳アプリを活用

Google 翻訳アプリをダウンロードしておけば、観光も現地の人とのコミュニケーションもスムーズ。日本語で話しかけると広東語の音声で返してくれたり、レストランのメニューにかざすと画面上で瞬時に日本語変換してくれたりと機能が充実。

あて字を使ったり、文字で表せないものもある。

広東語にかぎらず、中国語はひとつの音（漢字）がひとつの意味を表すので、同音異義語が多く、それを区別するためにアクセント（**声調**）を変える必要がある。北京標準語では４声だが、広東語ではさらに多く**９声**ある。これは北京語がすでに失っている入声という**無声閉鎖音**があるのと、**高音・中音・低音**と、３段階に分かれているからである。しかしこの無声閉鎖音というのは、乜野（マッイエ）の乜（マッ）のように、つまる音が高・中・低の３声あるだけだから、実際には**６声**覚えておけば広東語は使える。

声調を表す番号

	下がる	上がる	平　音	つまる
高　音	↘ 1		(→) 1°	(→)
中　音		↗ 2	→ 3	(→)
低　音	↘ 4	↗ 5	→ 6	(→)

各声調に付けた番号を覚えてほしい。これはアメリカのイエール大学が発明したイエール式という発音表記法で、ここではこれとカタカナ字表記を併用することにした。

「1°」は１の変形であまり多くないから、１～６の声調とつまる音を覚えればいいのだ。

さあ、実際に旅でよく使う言葉を中心に広東語を身に付けよう *!!*

基本●広東語

●基本名詞

私：我^{5}　**ンゴー**
あなた：你^{5}　**ネイ**
彼・彼女：佢^{5}　**コイ**
複数には哋^{6}　**デイを付ける**

日本：日^{6}本^{2}　**ヤップン**
香港：香^{1}港^{2}　**ヒョンゴン**
中国：中^{1}國^{3}　**チョンクォッ**
仕事：工^{1}作^{3}　**コンチョッ**
会社：公^{1}司^{1}　**コンシー**

これ：呢^{1}個^{3}　**ニーコ**
それ・あれ：嗰^{2}個^{3}　**ゴーコ**
ここ：呢^{1}度^{6}　**ニートウ**
そこ・あそこ：嗰^{2}度^{6}　**ゴートウ**

父：爸^{4}爸^{1}　**パーパー**
母：媽^{4}媽^{1}　**マーマー**
兄：哥^{4}哥^{1}　**ゴーゴー**
弟：細^{3}佬^{2}　**サイロウ**

姉：家^{1}姐^{1}　**ガーチェー**
妹：細^{3}妹^{2}　**サイムイ**
夫：先^{1}生^{1}　**シンサーン**
　　老^{5}公^{1}　**ロウコン**
妻：太^{3}太^{3}　**ターイターイ**
　　老^{5}婆^{4}　**ロウポー**
息子：仔^{2}　**チャイ**
娘：女^{2}　**ノイ**
兄弟：兄^{1}弟^{6}　**ヒンダイ**
姉妹：姉^{1}妹^{2}　**チームイ**

昨日：琴^{4}日^{6}　**カムヤッ**
今日：今^{1}日^{6}　**ガムヤッ**
明日：聽^{1}日^{6}　**テンヤッ**
明後日：後^{6}日^{6}　**ハウヤッ**
一昨日：前^{4}日^{6}　**チンヤッ**
朝：朝^{1}早^{2}　**チウチョウ**
昼間：晏^{3}晝^{3}　**アーンチャウ**
晩：夜^{6}晩^{5}　**イエマーン**

0：零^{4}　**レン**
1：一^{1}　**ヤッ**
2：二^{6}　**イー**
3：三^{1}　**サーム**
4：四^{3}　**セイ**
5：五^{5}　**ン**
6：六^{6}　**ロッ(ク)**
7：七^{1}　**チャッ**
8：八^{3}　**パッ**
9：九^{2}　**ガウ**
10：十^{6}　**サップ**
20：二^{2}十^{6}　**イーサップ**
100：一^{1}百^{3}　**ヤッパッ**
1000：一^{1}千^{1}　**ヤッチン**
1万：一^{1}萬^{6}　**ヤッマーン**

屋台などでの数の表記

1	2	3	4	5
〡	〢	〣	〤	〥
6	7	8	9	10
〦	〧	〨	〩	十

1時：一1點2 ヤッディム
一1點2鐘1 ヤッディムチョン
15分：十6五5分1鐘1
サップ シーファンチョン
4時25分：四3點2二2十6五5分5
セイディム イーサップ シーファン

5時半：五5點1半3 ンーディムブン
1時間：一1個3鐘1頭3
ヤッコチョンタウ
1日間：一1日6 ヤッヤッ
1カ月：一1個3月6 ヤッコユッ
現在：而4家1　イーガー

月～土曜：禮5拜3一1～禮5拜3六6
ライパイヤッ～ライパイロッ
星1期4一1～星1期4六6
センケイヤッ～センケイロッ
日曜：禮5拜3日6 ライパイヤッ
星1期4日6 センケイヤッ

●基本動詞

いる：要3 イウ
いらない：唔4要3 ムニウ
～である：係6 ハイ
～でない：唔4係6 ムハイ
～してください：幫1我5 ポーンンゴー
ある：有5 ヤウ
ない：冇1 モウ

～できる：得1 タッ
～できない：唔4得1 ムタッ
～をください：俾2我5 ペインゴー
行く：去3 ホイ
来る：嚟4 レイ
買う：買5 マーイ
売る：賣6 マーイ

書く：寫2 セー
聞く：聽1 テン
読む：讀5 トッ(ク)
見る：睇2 タイ
食べる：食6 セッ(ク)
飲む：飲2 ヤム
どうぞ：請2 チェン

●疑問詞

なに：乜1°嘢5 マッイェ
なぜ：點2解2 ディムガーイ
いつ：幾2時4 ゲイシー
だれ：邊1°個3 ピンゴ

どなた：邊1°位2 ピンワイ
どれ：邊1°啲1° ピンディ
いくつ：幾2多1個3 ゲイトーコ
いくら：幾2多1錢2 ゲイトーチン

何時：幾2點2鐘1 ゲイディムチョン
どこ：邊1°度3 ピントウ
どのように：點1°樣2 ディムヨン

●簡単な日常会話

おはよう：早2晨4 チョウサン
こんにちは：你5好2 ネイ ホウ
すみません：對3唔4住6
トイムチュー
いいですよ：唔6緊2要3
ムガンニウ
私は(日本人)です：我5係6(日6本2人4)
ンゴーハイ(ヤップンヤン)

(聞いて) わかりません：
唔4識1聽1　ム　セッテン
ありがとう：(行為に対して)
唔4該1　ムゴイ
(物に対して)
多1謝6　トーチェー
さようなら：再3見3　チョイキン
おたずねします：唔4該1　ムゴイ

あなたのお名前は：
貴3姓3呀3 クワイセンア
書いてください：
唔4該1幫1我5寫2一1寫2
ムゴイ　ポーンンゴー　セーヤッセー
もう少しゆっくり話してください：
請2你5講2慢6啲1
チェン　ネイ　ゴン　マンディ

実践●広東語

基本がわかったらいよいよ使える広東語を目指そう！

●平常文

1）AはBです（いわゆる英語のbe動詞だが変化はない） A係6B　AハイB

例）我5 係6 日6 本2人4。　**ンゴー　ハイ　ヤップンヤン**　私は日本人です。

2）Aは～する　A～

例）我5 嚟4 咗2。　**ンゴー　レイジョー**　私は来ました。

㊟ 咗は完了を示す。普通話と違い、ほとんど動詞のすぐあとに付く。

2）の文は目的語が付くと次のようになる。

Aは～が欲しい　我5 要3～　**ンゴー　イウ～**
Aは～したい　我5 想2～　**ンゴー　ショーン～**

例）我5 要3 呢1 個3。　**ンゴー　イウ　ニーコ**　私はこれが欲しい。
我3 想2 睇2 一1 下5。　**ンゴー　ショーン　タイヤッハー**　（私は）ちょっと見せてほしい。

●疑問文

1-1）AはBですか?　A係6B嗎1?　AハイBマ?

例）你5 係6 學6 生1 嗎1?　**ネイ　ハイ　ホクサーンマ**　あなたは学生ですか?

このように平常文の最後に"嗎"を付けるのが最も簡単だが、香港では次の（1-2）の形が一般的に使われている。

1-2）係の次に唔係を付ける。
例）你5 係6 唔4 係6 日6本2人4 呀3?　ネイ　ハイ　ムハイ　ヤップンヤン　ア
あなたは日本人ですか?

1-3）最後に唔係を付ける。
例）你5 係6 日6本2人4, 唔4 係6?　ネイ　ハイ　ヤップンヤン　ムハイ
あなたは日本人ですね?

2-1）一般動詞の場合は、動詞の直後に唔と、そのあとに同じ動詞を付ける。
例）佢5 嚟4 唔4 嚟4 呀3?　コイ　レイムレイ　ア　彼は来ますか?

2-2）語句の最後に未呀を付ける。
例）佢5 嚟4 咗2 未6 呀3?　コイ　レイジョー　メイア　彼は来ましたか?

3）疑問詞を使う場合も、語尾の調子を合わせるために呀を付けることが多い。
例）而4 家1 幾2 點2 鐘1 呀3?　イーガー　ゲイディムチョン　ア　今何時ですか?

●命令文

1-1）～せよ　同4我5～!　トンンゴー～!

1-2）～してください　幫1我5～　ポーンンゴー～

ホテルで

空室はありますか。	有5 冇5 房2 呀3?　**ヤウモウ　フォン　ア**
部屋代はいくらですか。	幾2 錢2 晚5 呀3？　**ゲイチン　マーン　ア**
もっと安い部屋はないでしょうか。	有5冇5 便4 啲1 嘅3 房2 呀3? **ヤウモウ　ペンディゲ　フォン　ア**
（部屋）は何階ですか。	（間1 房4）喺2 幾2樓2 呀3? **(ガーンフォン)ハイ　ゲイラウ　ア**
（日本語）を話せる従業員はいますか。	有5 冇5 同4 事6 識1 講2（日6 文2）呀3? **ヤウモウ　トンシー　セッゴン　(ヤッマン)ア**
これを預かってください。（これを置かせてください、という意味で）	呢1 啲1° 嘢5 放3 喺2 度6 一1下5, 得1° 唔4 得1° 呀5? **ニーディ　イエ　フォン　ハイトウ　ヤッハー　タッムタッ　ア**
預けた荷物を返してください。	想2 攞2 番1 啲1° 行4 李5。 **ショーン　ローファンディ　ハンレイ**
ちょっと待ってください。	請2 等2 一1 陣6。　**チェン　ダン　ヤッチャン**
（お湯）を持ってきてください。	唔4 該1 俾2啲1°（熱6水2）我5。 **ムゴイ　ペイディ(イッソイ)ンゴー**
部屋を替えたいのですが。	我5 想2 換6 房2。**ンゴー　ショーン　ウンフォン**
よろしい。	好2／得1。**ホウ／タッ**
だめです。	唔4 好2／唔4 得1°。**ムホウ／ムタッ**
電話をかけたい。	我5 要3 打2 電6 話2。 **ンゴー　イウ　ダー　ディンワー**
もしもし、王さんをお願いします。	喂2, 唔4 該1 請2 王4 先1 生1 聽1 電6 話2。 **ワイ　ムゴイ　チェン　ウォンシンサーン　テンディンワー**
どなたですか。	你5 係6 邊1° 位2 呀3?　**ネイ　ハイ　ピンワイ　ア**
私は（カギ）をなくしました。	我5 唔4見3咗2（鎖2匙4）。 **ンゴー　ムギンジョー(ソーシー)**
クーラーが効かないのですが。	冷5 氣3 機1 唔4 凍2 嘅3。 **ランヘイゲイ　ムトンゲ**
部屋を掃除してください。	唔4 該1 執1° 房2。**ムゴイ　チャッフォン**
水が出ません。	冇5 水2。　**モウソイ**
今、チェックアウトをしたいのですが。	我5 想2 而4 家1 退3 房2。 **ンゴー　ショーン　イーガー　トイフォン**

関連の単語

- シングル：單1人4房2　**タンヤンフォン**
- ツイン：雙1人4房2　**ションヤンフォン**
- ドミトリー：大6房2 **ダーイフォン**
- ベッド：床4 **チョン**
- お湯：熱6水2 **イッソイ**
- 水（飲み水）：開1水2 **ホイソイ**
- タオル：毛4巾1 **モウカン**
- バスタオル：大6毛4巾1　**ダーイモウカン**
- 石鹸：番1梘2 **ファンガン**
- トイレ：洗2手2間1　**サイサウガーン**
- 毛布：毛4氈1 **モウチン**
- 枕：枕2頭4 **チャムタウ**
- シーツ：床4單1 **チョンターン**
- 掛け布団：被5 **ペイ**
- パスポート：護6照3 **ウーチウ**
- 中国語：中1文2 **チョンマン**
- 日本語：日6文2 **ヤッマン**
- お金：錢2 **チン**
- 高い（値段が）：好2貴3　**ホウグワイ**
- 安い：好2平4 **ホウペン**
- 小さい：細3 **サイ**
- 大きい：大6 **ダーイ**
- 電話番号：電6話2號6碼5　**ディンワーホウマー**

街で

この近く に（1番バス停）はありますか。	呢1度6附1近6有5冇5（一1號6車1嘅3巴1士2站6）？ ニートウ　フーカン　ヤウモウ（ヤッホウチェーゲ　バーシーチャム）
（旺角）はいくつ目ですか。	去3（旺6角3）係6 第6 幾2 個3 站6 呀3？ ホイ（ウォンコッ）ハイ　ダイゲイゴチャム　ア
どれくらい時間がかかりますか。	大6 約3 要3 幾2 耐6 呀3? ダーイヨッ　イウ　ゲイノイ　ア
ここは何通りというのですか。	呢1條4 叫3 乜1°嘢5 街1 呀3? ニーティウ　ギウ　マッイェガイ　ア
（空港）までいくらですか。	去3（機1場4）要3 幾2 多1 錢2 呀3? ホイ（ゲイチョン）イウ　ゲイトーチン　ア
（香港酒店）まで行ってください。	唔4該1 去3（香1港2酒2店3）吖1。 ムゴイ　ホイ（ヒョンゴンチャウディム）ア
ここで待っていてください。	唔4該1喺2度6等2一1陣6。 ムゴイ　ハイトウ　ダンヤッチャン
停めてください。	唔4該1 停4車1。ムゴイ　テンチェー
この（バス）は（中環）に行きますか。	呢1架3（巴1士2）去3唔4去3（中1環4）呀3? ニーガー（バーシー）ホイムホイ（チョンワン）ア
（マカオ）までの切符を1枚ください。	唔4該1 一1張1 去3（澳3門2）嘅3 船4飛1。 ムゴイ　ヤッチョン　ホイ（オウムン）ゲ　シュンフェイ
（油麻地）に到着したら教えてくれませんか。	唔4 該1 可2 唔4 可2 以3 到3（油2 蔴4 地2）嘅3 時4 候6 叫3 一1 叫3 我5 呀3? ムゴイ　ホームホーイー　ドウ（ヤウマテイ）ゲ　シーハウ　ギウヤッギウ　ンゴー　ア
すみません、（カメラの）シャッターを押してくれませんか。	唔4 該1 可2 唔4 可2 以3 幫1 我5 撳6 一1 撳6 掣3 呀3? ムゴイ　ホームホーイー　ポーンンゴー　ガムヤッガムチャイ　ア
（粵劇）はどこで観られますか。	邊1 度6 有5（粵6 劇6）睇2 呀3? ピントウ　ヤウ（ユッケッ）タイ　ア
私の（カメラ）が盗まれた。	我5 部3（相2 機1）俾2人4 偷1 咗2。 ンゴーボウ（ションゲイ）　ペイヤン　タウジョー
サイフをすられた。	銀4 包1 俾2人4 扒4 咗2。 ンガンパーウ　ペイヤン　パージョー
どろぼう!	搶2 嘢5 呀3!　チョンイェ　アー
スリ!	扒4 手2 呀3!　パーサウ　アー
助けて!	救3 命6 呀3!　ガウメン　アー
警察を呼んでください。	唔4 該1 叫3 警2 察3。ムゴイ　ギウ　ギンチャッ
（タクシーで）彌敦道92號へ行ってください。	去3 彌4 敦1 道6 九2 十6 二6 號6。 ホイ　ネイトンドウ　ガウサップイーホウ
（カードを示して）ここへ行ってください。	唔4 該1 去3 呢1度6。ムゴイ　ホイ　ニートウ

関連の単語

- 上：上6便6　シォンビン
- 下：下6便6　ハービン
- 右：右6手2便6　ヤウサウビン
- 左：左4手2便6　ジョーサウビン
- 前：前4便6　チンビン
- 後ろ：後6便6　ハウビン
- 交差点：十6字6路6口2　サップチーロウハウ
- 運転手：司1機1　シーゲイ
- 公園：公1園2　コンユン
- 映画：電6影2　ディンイン
- タクシー：的1°士2　ティクシー
- 地下鉄：地6鐵3　デイティッ
- トラム：電6車1　ディンチェー
- 銀行：銀4行4　ンガーヌホン
- 両替屋：找2換6店3　チャウウンディム

ショッピングのとき

（コンビニ）はどこにありますか。	邊1 處3 有5 便6 利6 店3 呀3？ ピンシュー　ヤウ　ビンレイディム　ア
私は（お酒）を買いたい。	我5 想2 賣5（酒2）。 ンゴー　ショーン　マーイ（チャウ）
見せてください。	唔4該1 俾2 我5 睇2 一1 下5。 ムゴイ　ペインゴー　タイヤッハー
もっと（大きい／小さい）のはありますか。	有5 冇5（大6 啲1／細3 啲1）呀3? ヤウモウ（ダーイディ／サイディ）　ア
もっとまけてよ!	平4 啲1 呀1! ペンディーラー
高いよ!	好2 貴3! ホウグヮイ
いりません。	唔4 要3。ムニウ
ありません。	冇5。モウ
全部でいくらですか。	一1 共6 幾2 多1 錢2 呀3? ヤッコン　ゲイトウチン　ア

関連の単語

- 切手：郵4票3　ヤウピウ
- チャイナドレス：祺4袍2　ケイポウ
- スカーフ：絲1巾1　シーカン
- 漢方薬：中1藥3　チョンヨッ
- 茶：茶4葉6　チャーイッ(プ)
- 貴金属：手2飾1　サウセッ(ク)
- ハンドバッグ：手2袋2　サウトイ

レストランで

この近くにおいしいレストランはありますか。	呢1度6附1近6有5冇5好2嘅3餐1廳1呀3？ ニートウ　フーカン　ヤウモウ　ホウゲ　チャンテン　ア
予約をしています。	我5訂3咗2位2。 ンゴー　デンジョー　トイ
プーアル茶をお願いします。	我5要3飲2普2洱5。 ンゴー　イウ　ヤム　ポウレイ
ここの名物料理は何ですか。	呢1度6最3出1名2嘅3菜3係6乜1°嘢5呀3？ ニートウ　チョイチョッメンゲチョイ　ハイマッイェ　ア
この料理は何という名前ですか。	呢1個3菜3叫3乜1°嘢5名2呀3？ ニーコチョイ　ギウ　マッイエメン　ア
メニューを見せてください。	唔4該1菜3牌2。 ムゴイ　チョイパイ
野菜料理は何がありますか。	有5啲1乜1°嘢5菜3呀3？ ヤウディ　マッイエチョイ　ア
これ（あれ）をください。	唔4該1要3呢1嗰3菜3（嗰2嗰3菜3）吖1。 ムゴイイウニーコチョイ（ゴーコチョイ）ア
（スープ）はありますか。	有5冇5（湯1）呀3？ ヤウモウ(トン)ア
おいしかったです。	好2好2味6。 ホウ　ホウメイ
（ビール）をもう1本ください。	再3要3一1個3（啤1酒2）。 ツォイイウ　ヤッコ(ペーチャウ)
（トイレ）はどこですか。	（洗2手2間1）喺2邊1度6呀3？ (サイサウガーン)ハイピントウア
お勘定をお願いします。	唔4該1埋4單1。 ムゴイ　マイタン
ちょっと! (呼びかけるとき)	小2姐2!（女性）　シウチェー 先1生1!（男性）　シンサーン 唔4該1!　ムゴイ
(ご飯）が まだ来てないのですが。	（飯6）重6未6嚟4嘅2。 (ファン)チョンメイレイ　ゲ

病気やけがのとき

気分が悪い。	唔4舒1服6。ムシューフォッ
食欲がありません。	冇5胃6口2。モウ　ワイハウ
苦しいです。（痛くて）	好2辛1苦2。ホウサンフー
病気になった。	病2咗2。ベンジョー
風邪をひいた。	感4冒6。ガンモウ
下痢になりました。	肚5痾1。トウオー
気分が悪いので、 医者を呼んでください。	我5唔4舒1服6唔4該1叫3醫1生1嚟4吖1。 ンゴー　ムシューフォッ　ムゴイ　ギウ イーサン　レイ　ア
吐き気がします。	我5想2嘔2。ンゴー　ショーン　ンガウ
（おなか/頭/歯）が痛い。	我5（肚5／頭4／牙4）痛3。 ンゴー(トウ／タウ／ンガー)トン
病院に行きたい。	想2去3醫1院2。ショーン　ホイ　イーユン
熱があるようなのですが。	好2似5發3燒1。ホウチー　ファッシウ
保険に入っています。	我5有5買5保2險2。 ンゴー　ヤウ　マーイ　ポウヒム

関連の単語

- レストラン：菜3館3/餐1廳1　チョイグン/チャンテン
- 海鮮料理：海2鮮1料6理5　ホイシンリウレイ
- メニュー：菜3牌2　チョイパイ
- スープ：湯1　トン
- 麺：麵6　ミン
- 肉まん：叉1燒1包1　チャーシウパウ
- ギョウザ：餃2子2　ガウチー
- エビ：蝦1　ハー
- カニ：蟹2　ハイ
- コーヒー：咖3啡1　ガーフェー
- ミルクティー：奶5茶4　ナイチャー
- コーラ：可2樂6　ホーロッ
- マンゴープリン：芒1果2布3甸1　モングォーポウディン
- 安い：好2平4　ホウペン
- 高い：好2貴3　ホウグワイ
- 炒める：炒2　チャウ
- 煮る：煮2　ジュー
- 蒸す：蒸1　チン
- 揚げる：炸3　チャー
- 有名な：出1名2嘅3　チョッメンゲ

関連の単語

- 頭：頭4　タウ
- 胸：心1口2　サムハウ
- おなか：肚5　トウ
- 目：眼2　ンガン
- 口：口2　ハウ
- のど：喉4嚨4　ハウロン
- 腰：腰1　イウ
- 足：脚3　キョッ
- うで：手2　サウ
- 薬：藥3　ヨッ(ク)
- 絆創膏：膠1布3　ガーウポウ

索引

見どころ

〈見方〉 一部の例外（慣習的に広東語読みのほうが一般的な物件）を除いて、広東語の名称は音読みの順に並べてあります。郊外、離島に関しては、カッコ内に地名を入れてあります。
＊レストラン、ホテルは香港主要部のみを、見どころ、ショップは本書掲載の主要なものを載せています。

ショップ（スパ&美容サロンも含む）

レストラン（ナイトスポットも含む）

ホテル

地球の歩き方 関連書籍のご案内

香港とその周辺への旅を「地球の歩き方」が応援します!

地球の歩き方 ガイドブック

D01 中国 ¥2,090
D02 上海 杭州 蘇州 ¥1,870
D03 北京 ¥1,760
D04 大連 瀋陽 ハルビン ¥1,980
D05 広州 アモイ 桂林 ¥1,980
D06 成都 重慶 九塞溝 ¥1,980
D07 西安 敦煌 ウルムチ ¥1,980
D08 チベット ¥2,090
D09 香港 マカオ ¥2,420
D10 台湾 ¥2,090
D11 台北 ¥1,980
D13 台南 高雄 ¥1,650
D17 タイ ¥2,200
D18 バンコク ¥1,870
D19 マレーシア ブルネイ ¥2,090
D20 シンガポール ¥1,980
D21 ベトナム ¥2,090
D27 フィリピン マニラ ¥2,200
D33 マカオ ¥1,760
D34 釜山 慶州 ¥1,540
D37 韓国 ¥2,090
D38 ソウル ¥1,870

地球の歩き方 aruco

02 aruco ソウル ¥1,650
03 aruco 台北 ¥1,650
07 aruco 香港 ¥1,320
10 aruco ホーチミン ¥1,430
13 aruco 上海 ¥1,320
22 aruco シンガポール ¥1,650
23 aruco バンコク ¥1,650
29 aruco ハノイ ¥1,430
30 aruco 台湾 ¥1,320
34 aruco セブ ボホール ¥1,320
38 aruco ダナン ホイアン ¥1,430

地球の歩き方 Plat

03 Plat 台北 ¥1,100
07 Plat ホーチミン ハノイ ¥1,320
10 Plat シンガポール ¥1,100
16 Plat クアラルンプール ¥1,100
20 Plat 香港 ¥1,100

地球の歩き方 リゾートスタイル

R12 プーケット ¥1,650
R13 ペナン ランカウイ ¥1,650
R15 セブ&ボラカイ ¥1,650
R20 ダナン ホイアン ¥1,650

地球の歩き方 旅の名言 & 絶景

悠久の教えをひもとく中国のことばと絶景100 ¥1,650

地球の歩き方 BOOKS

ダナン&ホイアン PHOTO TRAVEL GUIDE ¥1,650
マレーシア 地元で愛される名物食堂 ¥1,430
香港 地元で愛される名物食堂 ¥1,540

※表示価格は定価（税込）です。改訂時に価格が変更になる場合があります。

地球の歩き方 シリーズ一覧 2023年11月現在

＊地球の歩き方ガイドブックは、改訂時に価格が変わることがあります。＊表示価格は定価（税込）です。＊最新情報は、ホームページをご覧ください。www.arukikata.co.jp/guidebo

地球の歩き方　ガイドブック

A　ヨーロッパ

A01	ヨーロッパ	¥1870
A02	イギリス	¥2530
A03	ロンドン	¥1980
A04	湖水地方&スコットランド	¥1870
A05	アイルランド	¥1980
A06	フランス	¥2420
A07	パリ&近郊の町	¥1980
A08	南仏プロヴァンス　コート・ダジュール&モナコ	¥1760
A09	イタリア	¥1870
A10	ローマ	¥1760
A11	ミラノ　ヴェネツィアと湖水地方	¥1870
A12	フィレンツェとトスカーナ	¥1870
A13	南イタリアとシチリア	¥1870
A14	ドイツ	¥1980
A15	南ドイツ　フランクフルト　ミュンヘン　ロマンチック街道　古城街道	¥2090
A16	ベルリンと北ドイツ　ハンブルク　ドレスデン　ライプツィヒ	¥1870
A17	ウィーンとオーストリア	¥2090
A18	スイス	¥2200
A19	オランダ　ベルギー　ルクセンブルク	¥1870
A20	スペイン	¥2420
A21	マドリードとアンダルシア	¥1760
A22	バルセロナ&近郊の町　イビサ島／マヨルカ島	¥1760
A23	ポルトガル	¥1815
A24	ギリシアとエーゲ海の島々&キプロス	¥1870
A25	中欧	¥1980
A26	チェコ　ポーランド　スロヴァキア	¥1870
A27	ハンガリー	¥1870
A28	ブルガリア　ルーマニア	¥1980
A29	北欧　デンマーク　ノルウェー　スウェーデン　フィンランド	¥1870
A30	バルトの国々　エストニア　ラトヴィア　リトアニア	¥1870
A31	ロシア　ベラルーシ　ウクライナ　モルドヴァ　コーカサスの国々	¥2090
A32	極東ロシア　シベリア　サハリン	¥1980
A34	クロアチア　スロヴェニア	¥2200

B　南北アメリカ

B01	アメリカ	¥2090
B02	アメリカ西海岸	¥1870
B03	ロスアンゼルス	¥2090
B04	サンフランシスコとシリコンバレー	¥1870
B05	シアトル　ポートランド	¥2420
B06	ニューヨーク　マンハッタン&ブルックリン	¥1980
B07	ボストン	¥1980
B08	ワシントンDC	¥2420
B09	ラスベガス　セドナ&グランドキャニオンと大西部	¥2090
B10	フロリダ	¥2310
B11	シカゴ	¥1870
B12	アメリカ南部	¥1980
B13	アメリカの国立公園	¥2090
B14	ダラス　ヒューストン　デンバー　グランドサークル　フェニックス　サンタフェ	¥1980
B15	アラスカ	¥1980
B16	カナダ	¥2420
B17	カナダ西部　カナディアン・ロッキーとバンクーバー	¥2090
B18	カナダ東部　ナイアガラ・フォールズ　メープル街道　プリンス・エドワード島　トロント　オタワ　モントリオール　ケベック・シティ	¥2090
B19	メキシコ	¥1980
B20	中米	¥2090
B21	ブラジル　ベネズエラ	¥2200
B22	アルゼンチン　チリ　パラグアイ　ウルグアイ	¥2200
B23	ペルー　ボリビア　エクアドル　コロンビア	¥2200
B24	キューバ　バハマ　ジャマイカ　カリブの島々	¥2035
B25	アメリカ・ドライブ	¥1980

C　太平洋／インド洋島々

C01	ハワイ　オアフ島&ホノルル	¥2200
C02	ハワイ島	¥2200
C03	サイパン　ロタ&テニアン	¥1540
C04	グアム	¥1980
C05	タヒチ　イースター島	¥1870
C06	フィジー	¥1650
C07	ニューカレドニア	¥1650
C08	モルディブ	¥1870
C10	ニュージーランド	¥2200
C11	オーストラリア	¥2200
C12	ゴールドコースト&ケアンズ	¥2420
C13	シドニー&メルボルン	¥1760

D　アジア

D01	中国	¥2090
D02	上海　杭州　蘇州	¥1870
D03	北京	¥1760
D04	大連　瀋陽　ハルビン　中国東北部の自然と文化	¥1980
D05	広州　アモイ　桂林　珠江デルタと華南地方	¥1980
D06	成都　重慶　九寨溝　麗江　四川　雲南	¥1980
D07	西安　敦煌　ウルムチ　シルクロードと中国北西部	¥1980
D08	チベット	¥2090
D09	香港　マカオ　深圳	¥2420
D10	台湾	¥2090
D11	台北	¥1980
D13	台南　高雄　屏東&南台湾の町	¥1650
D14	モンゴル	
D15	中央アジア　サマルカンドとシルクロードの国々	
D16	東南アジア	
D17	タイ	
D18	バンコク	
D19	マレーシア　ブルネイ	
D20	シンガポール	
D21	ベトナム	
D22	アンコール・ワットとカンボジア	
D23	ラオス	
D24	ミャンマー（ビルマ）	
D25	インドネシア	
D26	バリ島	
D27	フィリピン　マニラ　セブ　ボラカイ　ボホール　エルニド	
D28	インド	
D29	ネパールとヒマラヤトレッキング	
D30	スリランカ	
D31	ブータン	
D33	マカオ	
D34	釜山　慶州	
D35	バングラデシュ	
D37	韓国	
D38	ソウル	

E　中近東　アフリカ

E01	ドバイとアラビア半島の国々	
E02	エジプト	
E03	イスタンブールとトルコの大地	
E04	ペトラ遺跡とヨルダン　レバノン	
E05	イスラエル	
E06	イラン　ペルシアの旅	
E07	モロッコ	
E08	チュニジア	
E09	東アフリカ　ウガンダ　エチオピア　ケニア　タンザニア　ルワンダ	
E10	南アフリカ	
E11	リビア	
E12	マダガスカル	

J　国内版

J00	日本	
J01	東京　23区	
J02	東京　多摩地域	
J03	京都	
J04	沖縄	
J05	北海道	
J07	埼玉	
J08	千葉	
J09	札幌・小樽	
J10	愛知	
J12	四国	

地球の歩き方　aruco

●海外

1	パリ	¥1320
2	ソウル	¥1650
3	台北	¥1650
4	トルコ	¥1430
5	インド	¥1540
6	ロンドン	¥1650
7	香港	¥1320
9	ニューヨーク	¥1320
10	ホーチミン　ダナン　ホイアン	¥1430
11	ホノルル	¥1650
12	バリ島	¥1320
13	上海	¥1320
14	モロッコ	¥1540
15	チェコ	¥1320
16	ベルギー	¥1430
17	ウィーン　ブダペスト	¥1320
18	イタリア	¥1760
19	スリランカ	¥1540
20	クロアチア　スロヴェニア	¥1430
21	スペイン	¥1320
22	シンガポール	¥1650
23	バンコク	¥1650
24	グアム	¥1320
25	オーストラリア	¥1430
26	フィンランド　エストニア	¥1430
27	アンコール・ワット	¥1430
28	ドイツ	¥1430
29	ハノイ	¥1430
30	台湾	¥1320
31	カナダ	¥1320
33	サイパン　テニアン　ロタ	¥1320
34	セブ　ボホール　エルニド	¥1320
35	ロスアンゼルス	¥1320
36	フランス	¥1430
37	ポルトガル	¥1650
38	ダナン　ホイアン　フエ	¥1430

●国内

東京	¥1540
東京で楽しむフランス	¥1430
東京で楽しむ韓国	¥1430
東京で楽しむ台湾	¥1430
東京の手みやげ	¥1430
東京おやつさんぽ	¥1430
東京のパン屋さん	¥1430
東京で楽しむ北欧	¥1430
東京のカフェめぐり	¥1480
東京で楽しむハワイ	¥1480
nyaruco　東京ねこさんぽ	¥1480
東京で楽しむイタリア&スペイン	¥1480
東京で楽しむアジアの国々	¥1480
東京ひとりさんぽ	¥1480
東京パワースポットさんぽ	¥1599
東京で楽しむ英国	¥1599

地球の歩き方　Plat

1	パリ	¥1320
2	ニューヨーク	¥1320
3	台北	¥1100
4	ロンドン	¥1320
6	ドイツ	¥1320
7	ホーチミン／ハノイ／ダナン／ホイアン	¥1320
8	スペイン	¥1320
10	シンガポール	¥1100
11	アイスランド	¥1540
14	マルタ	¥1540
15	フィンランド	¥1320
16	クアラルンプール／マラッカ	¥1100
17	ウラジオストク／ハバロフスク	¥1430
18	サンクトペテルブルク／モスクワ	¥1540
19	エジプト	¥1320
20	香港	¥1100
22	ブルネイ	¥1430
23	ウズベキスタン　サマルカンド　ブハラ　ヒヴァ　タシケント	
24	ドバイ	
25	サンフランシスコ	
26	パース／西オーストラリア	
27	ジョージア	
28	台南	

地球の歩き方　リゾートス

R02	ハワイ島	
R03	マウイ島	
R04	カウアイ島	
R05	こどもと行くハワイ	
R06	ハワイ　ドライブ・マップ	
R07	ハワイ　バスの旅	
R08	グアム	
R09	こどもと行くグアム	
R10	パラオ	
R12	プーケット　サムイ島　ピピ島	
R13	ペナン　ランカウイ　クアラルンプール	
R14	バリ島	
R15	セブ&ボラカイ　ボホール　シキホール	
R16	テーマパークｉｎオーランド	
R17	カンクン　コスメル　イスラ・ムヘーレス	
R20	ダナン　ホイアン　ホーチミン　ハノイ	

地球の歩き方　御朱印

朱印でめぐる鎌倉のお寺　三十三観 完全掲載　三訂版	¥1650
朱印でめぐる京都のお寺　改訂版	¥1650
朱印でめぐる奈良の古寺　改訂版	¥1650
朱印でめぐる東京のお寺	¥1650
本全国この御朱印が凄い！　第壱集 補改訂版	¥1650
本全国この御朱印が凄い！　第弐集 道府県網羅版	¥1650
朱印でめぐる全国の神社 運さんぽ	¥1430
朱印でめぐる高野山　改訂版	¥1650
印でめぐる関東の神社　週末開運さんぽ	¥1430
朱印でめぐる秩父の寺社　三十四観 完全掲載　改訂版	¥1650
朱印でめぐる関東の百寺 東三十三観音と古寺	¥1650
印でめぐる関西の神社　週末開運さんぽ	¥1430
朱印でめぐる関西の百寺 国三十三所と古寺	¥1650
朱印でめぐる東京の神社 末開運さんぽ　改訂版	¥1540
朱印でめぐる神奈川の神社 末開運さんぽ　改訂版	¥1540
朱印でめぐる埼玉の神社 末開運さんぽ	¥1430
朱印でめぐる北海道の神社 末開運さんぽ	¥1430
朱印でめぐる九州の神社 末開運さんぽ　改訂版	¥1540
朱印でめぐる千葉の神社 末開運さんぽ　改訂版	¥1540
朱印でめぐる東海の神社 末開運さんぽ	¥1430
朱印でめぐる京都の神社 末開運さんぽ　改訂版	¥1540
朱印でめぐる神奈川のお寺	¥1650
朱印でめぐる大阪 庫の神社　週末開運さんぽ	¥1430
朱印でめぐる愛知の神社 末開運さんぽ　改訂版	¥1540
朱印でめぐる栃木 光の神社　週末開運さんぽ	¥1430
朱印でめぐる福岡の神社 末開運さんぽ　改訂版	¥1540
朱印でめぐる広島 山の神社　週末開運さんぽ	¥1430
朱印でめぐる山陰 陽の神社　週末開運さんぽ	¥1430
朱印でめぐる埼玉のお寺	¥1650
朱印でめぐる千葉のお寺	¥1650
朱印でめぐる東京の七福神	¥1540
朱印でめぐる東北の神社 末開運さんぽ　改訂版	¥1540
朱印でめぐる全国の稲荷神社 末開運さんぽ	¥1430
朱印でめぐる新潟 佐渡の神社 末開運さんぽ	¥1430
印でめぐる静岡 富士 伊豆の神社 末開運さんぽ　改訂版	¥1540
朱印でめぐる四国の神社 末開運さんぽ	¥1430
印でめぐる中央線沿線の寺社 末開運さんぽ	¥1540
印でめぐる東急線沿線の寺社 末開運さんぽ	¥1540
朱印でめぐる茨城の神社 末開運さんぽ	¥1430
朱印でめぐる関東の聖地 末開運さんぽ	¥1430
朱印でめぐる東海のお寺	¥1650
本全国ねこの御朱印&お守りめぐり 末開運にゃんさんぽ	¥1760
朱印でめぐる信州 甲州の神社 末開運さんぽ	¥1430
朱印でめぐる全国の聖地 末開運さんぽ	¥1430
船印でめぐる全国の魅力的な船旅	¥1650
朱印でめぐる茨城のお寺	¥1650
朱印でめぐる全国のお寺 末開運さんぽ	¥1540
本全国 日本酒でめぐる 蔵&ちょこっと御朱印〈東日本編〉	¥1760
本全国 日本酒でめぐる 蔵&ちょこっと御朱印〈西日本編〉	¥1760
東版ねこの御朱印&お守りめぐり 末開運にゃんさんぽ	¥1760

52	一生に一度は参りたい！ 御朱印でめぐる全国の絶景寺社図鑑	¥2479
53	御朱印でめぐる東北のお寺 週末開運さんぽ	¥1650
D51	鉄印帳でめぐる全国の魅力的な鉄道40	¥1650
	御朱印はじめました 関東の神社　週末開運さんぽ	¥1210

地球の歩き方　島旅

1	五島列島　3訂版	¥1650
2	奄美大島～奄美群島1～　3訂版	¥1650
3	与論島　沖永良部島　徳之島（奄美群島②）改訂版	¥1650
4	利尻　礼文　4訂版	¥1650
5	天草　改訂版	¥1760
6	壱岐　4訂版	¥1650
7	種子島　3訂版	¥1650
8	小笠原　父島　母島　3訂版	¥1650
9	隠岐　3訂版	¥1870
10	佐渡　3訂版	¥1650
11	宮古島　伊良部島　下地島　来間島　池間島　多良間島　大神島　改訂版	¥1650
12	久米島　渡名喜島　改訂版	¥1650
13	小豆島～瀬戸内の島々1～　改訂版	¥1650
14	直島　豊島　女木島　男木島　犬島～瀬戸内の島々2～	¥1650
15	伊豆大島　利島～伊豆諸島1～　改訂版	¥1650
16	新島　式根島　神津島～伊豆諸島2～改訂版	¥1650
17	沖縄本島周辺15離島	¥1650
18	たけとみの島々　竹富島　西表島　波照間島　小浜島　黒島　鳩間島　新城島　由布島　加屋	¥1650
19	淡路島～瀬戸内の島々3～	¥1650
20	石垣島　竹富島 西表島 小浜島 由布島 新城島 波照間島	¥1650
21	対馬	¥1650
22	島旅ねこ　にゃんこの島の歩き方	¥1344

地球の歩き方　旅の図鑑

W01	世界244の国と地域	¥1760
W02	世界の指導者図鑑	¥1650
W03	世界の魅力的な奇岩と巨石139選	¥1760
W04	世界246の首都と主要都市	¥1760
W05	世界のすごい島300	¥1760
W06	地球の歩き方的！ 世界なんでもランキング	¥1760
W07	世界のグルメ図鑑 116の国と地域の名物料理を 食の雑学とともに解説	¥1760
W08	世界のすごい巨像	¥1760
W09	世界のすごい城と宮殿333	¥1760
W10	世界197ヵ国のふしぎな聖地& パワースポット	¥1870
W11	世界の祝祭	¥1760
W12	世界のカレー図鑑	¥1980
W13	世界遺産　絶景でめぐる自然遺産　完全版	¥1980
W15	地球の果ての歩き方	¥1980
W16	世界の中華料理図鑑	¥1980
W17	世界の地元メシ図鑑	¥1980
W18	世界遺産の歩き方　学んで旅する！ すごい世界遺産190選	¥1980
W19	世界の魅力的なビーチと湖	¥1980
W20	世界のすごい駅	¥1980
W21	世界のおみやげ図鑑	¥1980
W22	いつか旅してみたい世界の美しい古都	¥1980
W23	世界のすごいホテル	¥1980
W24	日本の凄い神木	¥2200
W25	世界のお菓子図鑑	¥1980
W26	世界の麺図鑑	¥1980
W27	世界のお酒図鑑	¥1980
W28	世界の魅力的な道	¥1980
W29	世界の映画の舞台&ロケ地	¥2090
W30	すごい地球！	¥2200
W31	世界のすごい墓	¥1980

地球の歩き方　旅の名言 & 絶景

ALOHAを感じるハワイのことばと絶景100	¥1650
自分らしく生きるフランスのことばと絶景100	¥1650
人生観が変わるインドのことばと絶景100	¥1650
生きる知恵を授かるアラブのことばと絶景100	¥1650
心に寄り添う台湾のことばと絶景100	¥1650
道しるべとなるドイツのことばと絶景100	¥1650
共感と勇気がわく韓国のことばと絶景100	¥1650
人生を楽しみ尽くすイタリアのことばと絶景100	¥1650
今すぐ旅に出たくなる！ 地球の歩き方のことばと絶景100	¥1650
悠久の教えをひもとく 中国のことばと絶景100	¥1650

地球の歩き方　旅と健康

地球のなぞり方 旅地図 アメリカ大陸編	¥1430
地球のなぞり方 旅地図 ヨーロッパ編	¥1430
地球のなぞり方 旅地図 アジア編	¥1430
地球のなぞり方 旅地図 日本編	¥1430
脳がどんどん強くなる！ すごい地球の歩き方	¥1650

地球の歩き方　GEMSTONE

とっておきのポーランド　増補改訂版	¥1760
ラダック　ザンスカール　スピティ　北インドのリトル・チベット　増補改訂版	¥1925

地球の歩き方　旅の読み物

今こそ学びたい日本のこと	¥1760
週末だけで70ヵ国159都市を旅したリーマントラベラーが教える自分の時間の作り方	¥1540

地球の歩き方　BOOKS

BRAND NEW HAWAII とびきりリアルな最新ハワイガイド	¥1650
FAMILY TAIWAN TRIP #子連れ台湾	¥1518
GIRL'S GETAWAY TO LOS ANGELES	¥1760
HAWAII RISA'S FAVORITES 大人女子はハワイで美味しく美しく	¥1650
LOVELY GREEN NEW ZEALAND 未来の国を旅するガイドブック	¥1760
MAKI'S DEAREST HAWAII	¥1540
MY TRAVEL, MY LIFE Maki's Family Travel Book	¥1760
WORLD FORTUNE TRIP イヴルルド遙華の世界開運★旅案内	¥1650
いろはに北欧	¥1760
ヴィクトリア朝が教えてくれる英国の魅力	¥1320
ダナン&ホイアン PHOTO TRAVEL GUIDE	¥1650
とっておきのフィンランド	¥1760
フィンランドでかなえる100の夢	¥1760
マレーシア 地元で愛される名物食堂	¥1430
やり直し英語革命	¥1100
気軽に始める！大人の男海外ひとり旅	¥1100
気軽に出かける！ 大人の男アジアひとり旅	¥1100
香港　地元で愛される名物食堂	¥1540
最高のハワイの過ごし方	¥1540
子連れで沖縄　旅のアドレス& テクニック117	¥1100
食事作りに手間暇かけないドイツ人、 手料理神話にこだわり続ける日本人	¥1100
親の介護をはじめる人へ 伝えておきたい10のこと	¥1000
総予算33万円・9日間から行く！ 世界一周	¥1100
台北　メトロさんぽ　MRTを使って、 おいしいとかわいいを巡る旅	¥1518
鳥居りんこ　親の介護をはじめたら お金の話で泣き見てばかり	¥1320
鳥居りんこの親の介護は 知らなきゃバカ見ることだらけ	¥1320
北欧が好き！ フィンランド・スウェーデン・デンマーク・ ノルウェーの素敵な町めぐり	¥1210
北欧が好き！2 建築&デザインでめぐるフィンランド・ スウェーデン・デンマーク・ノルウェー	¥1210
地球の歩き方JAPAN ダムの歩き方　全国版 初めてのダム旅入門ガイド	¥1712
日本全国　開運神社 このお守りがすごい！	¥1522

地球の歩き方　スペシャルコラボ BOOK

地球の歩き方　ムー	¥2420
地球の歩き方　JOJO ジョジョの奇妙な冒険	¥2420
地球の歩き方　ディズニーの世界	¥2420

地球の歩き方 旅の図鑑シリーズ

見て読んで海外のことを学ぶことができ、旅気分を楽しめる新シリーズ。
1979年の創刊以来、長年蓄積してきた世界各国の情報と取材経験を生かし、
従来の「地球の歩き方」には載せきれなかった、
旅にぐっと深みが増すような雑学や豆知識が盛り込まれています。

W01
世界244の国と地域
¥1760

W07
世界のグルメ図鑑
¥1760

W02
世界の指導者図鑑
¥1650

W03
世界の魅力的な奇岩と巨石139選
¥1760

W04
世界246の首都と主要都市
¥1760

W05
世界のすごい島300
¥1760

W06
世界なんでもランキング
¥1760

W08
世界のすごい巨像
¥1760

W09
世界のすごい城と宮殿333
¥1760

W11
世界の祝祭
¥1760

- **W10** 世界197ヵ国のふしぎな聖地&パワースポット ¥1870
- **W12** 世界のカレー図鑑 ¥1980
- **W13** 世界遺産　絶景でめぐる自然遺産　完全版 ¥1980
- **W15** 地球の果ての歩き方 ¥1980
- **W16** 世界の中華料理図鑑 ¥1980
- **W17** 世界の地元メシ図鑑 ¥1980
- **W18** 世界遺産の歩き方 ¥1980
- **W19** 世界の魅力的なビーチと湖 ¥1980
- **W20** 世界のすごい駅 ¥1980
- **W21** 世界のおみやげ図鑑 ¥1980
- **W22** いつか旅してみたい世界の美しい古都 ¥1980
- **W23** 世界のすごいホテル ¥1980
- **W24** 日本の凄い神木 ¥2200
- **W25** 世界のお菓子図鑑 ¥1980
- **W26** 世界の麺図鑑 ¥1980
- **W27** 世界のお酒図鑑 ¥1980
- **W28** 世界の魅力的な道 178 選 ¥1980
- **W29** 世界の映画の舞台&ロケ地 ¥2090
- **W30** すごい地球！ ¥2200
- **W31** 世界のすごい墓 ¥1980

※表示価格は定価（税込）です。改訂時に価格が変更になる場合があります。

あなたの**旅の体験談**をお送りください

「地球の歩き方」は、たくさんの旅行者からご協力をいただいて、
改訂版や新刊を制作しています。
あなたの旅の体験や貴重な情報を、これから旅に出る人たちへ分けてあげてください。
なお、お送りいただいたご投稿がガイドブックに掲載された場合は、
初回掲載本を1冊プレゼントします！

ご投稿はインターネットから！

URL www.arukikata.co.jp/guidebook/toukou.html
画像も送れるカンタン「投稿フォーム」
※左記のQRコードをスマートフォンなどで読み取ってアクセス！

または「地球の歩き方　投稿」で検索してもすぐに見つかります

地球の歩き方　投稿  

▶投稿にあたってのお願い

★ご投稿は、次のような《テーマ》に分けてお書きください。

《新発見》――――ガイドブック未掲載のレストラン、ホテル、ショップなどの情報
《旅の提案》―――未掲載の町や見どころ、新しいルートや楽しみ方などの情報
《アドバイス》――旅先で工夫したこと、注意したこと、トラブル体験など
《訂正・反論》―――掲載されている記事・データの追加修正や更新、異論、反論など

※記入例「○○編20XX年度版△△ページ掲載の□□ホテルが移転していました……」

★データはできるだけ正確に。
ホテルやレストランなどの情報は、名称、住所、電話番号、アクセスなどを正確にお書きください。ウェブサイトのURLや地図などは画像でご投稿いただくのもおすすめです。

★ご自身の体験をお寄せください。
雑誌やインターネット上の情報などの丸写しはせず、実際の体験に基づいた具体的な情報をお待ちしています。

▶ご確認ください

※採用されたご投稿は、必ずしも該当タイトルに掲載されるわけではありません。関連他タイトルへの掲載もありえます。
※例えば「新しい市内交通パスが発売されている」など、すでに編集部で取材・調査を終えているものと同内容のご投稿をいただいた場合は、ご投稿を採用したとはみなされず掲載本をプレゼントできないケースがあります。
※当社は個人情報を第三者へ提供いたしません。また、ご記入いただきましたご自身の情報については、ご投稿内容の確認や掲載本の送付などの用途以外には使用いたしません。
※ご投稿の採用の可否についてのお問い合わせはご遠慮ください。
※原稿は原文を尊重しますが、スペースなどの関係で編集部でリライトする場合があります。

あとがき

激動の波にもまれた香港に4年ぶりに訪れてみると、大きく様変わりしていました。老舗が次々に店をたたんだのは寂しいですが、文化やアートを発信する再生スポットや若い人たちの情熱を込めた店に出合うと、新たな香港の息吹を感じます。飽くことのない食のこだわりから美食を生み出し続ける香港に、ワクワクが止まりません。多様な食文化、伝統と新鋭が混じり合う街を散策し、食べ歩きを楽しんでください。最後に、取材にご協力いただいた皆様に心より感謝申し上げます。

STAFF

Producer：福井由香里　Yukari Fukui
Editors：鈴木由美子　Yumiko Suzuki、小坂 歩　Ayumi Kosaka（有限会社アジアランド　Asia Land Co., Ltd.）
Coordinators & Researchers：大澤真木子　Makiko Osawa、林 偉順　Allen Lam
Designer：エメ龍夢　EMERYUMU
Proofreader：株式会社東京出版サービスセンター　Tokyo Shuppan Service Center
Cartographer：辻野良晃　Yoshiaki Tsujino、株式会社ムネプロ　Mune pro Co., Ltd.
Photographers：湯山 繁　Shigeru Yuyama、竹之下三緒　Mio Takenoshita
Cover Designer：日出嶋昭男　Akio Hidejima

協力　八尋利恵さん、渡辺賢一さん、丸目蔵人さん（順不同）

本書についてのご意見・ご感想はこちらまで
読者投稿　〒141-8425　東京都品川区西五反田2-11-8
株式会社地球の歩き方
地球の歩き方サービスデスク「香港　マカオ 深圳編」投稿係
https://www.arukikata.co.jp/guidebook/toukou.html
地球の歩き方ホームページ（海外・国内旅行の総合情報）
https://www.arukikata.co.jp/
ガイドブック『地球の歩き方』公式サイト
https://www.arukikata.co.jp/guidebook/

地球の歩き方 D09
香港　マカオ 深圳 2024～2025年版

2023年11月28日　初版第1刷発行
2024年6月14日　初版第2刷発行

Published by Arukikata. Co., Ltd.
2-11-8 Nishigotanda, Shinagawa-ku, Tokyo, 141-8425, Japan

Advertise Representative
PPN Limited（Phoenix Partners Network Limited）
Tel 97202063

著作編集　地球の歩き方編集室
発行人　新井 邦弘
編集人　宮田 崇
発行所　株式会社地球の歩き方
〒141-8425　東京都品川区西五反田2-11-8
発売元　株式会社Gakken
〒141-8416　東京都品川区西五反田2-11-8
印刷製本　株式会社ダイヤモンド・グラフィック社

※本書は基本的に2023年4月～5月の取材データに基づいて作られています。
発行後に料金、営業時間、定休日などが変更になる場合がありますのでご了承ください。
更新・訂正情報：https://www.arukikata.co.jp/travel-support/

●この本に関する各種お問い合わせ先
・本の内容については、下記サイトのお問い合わせフォームよりお願いします。
URL ▶ https://www.arukikata.co.jp/guidebook/contact.html
・広告については、下記サイトのお問い合わせフォームよりお願いします。
URL ▶ https://www.arukikata.co.jp/ad_contact/
・在庫については　Tel 03-6431-1250（販売部）
・不良品（落丁、乱丁）については　Tel 0570-000577
学研業務センター　〒354-0045　埼玉県入間郡三芳町上富279-1
・上記以外のお問い合わせは　Tel 0570-056-710（学研グループ総合案内）

※本書は株式会社ダイヤモンド・ビッグ社より1988年2月に初版発行したもの（2019年7月に改訂第32版）の最新・改訂版です。
学研グループの書籍・雑誌についての新刊情報・詳細情報は、下記をご覧ください。
学研出版サイト　https://hon.gakken.jp/